do registro oficial da história

1891-2010

do registro oficial da história 1891-2010

Cecília Scharlach
organização

imprensaoficial

DO REGISTRO OFICIAL DA HISTÓRIA

A Imprensa Oficial do Estado de São Paulo, criada em 1891, então Tipografia do Estado, deu origem ao *Diário Oficial do Estado de São Paulo*, em 28 de abril do mesmo ano. Tendo como objetivo tornar públicos os atos do governo, foi instituída, assim, uma prática de transparência governamental que remonta aos primórdios da República em nosso país.

Os registros desses quase 120 anos no *Diário Oficial* – transformado, em 30.12.1932, em *Jornal do Estado* – voltando a ser *Diário Oficial* em 28.09.1933, evidenciam a natureza desse veículo, também sujeito a inúmeras transformações. Nele foram incluídas e excluídas seções noticiosas, esportivas, culturais e de curiosidades, mantendo-se sempre as seções destinadas aos atos de governo e às ações que implicavam em mudanças substanciais na vida da Nação. Assim, foram noticiados os fechamentos e reaberturas do Congresso Nacional, a renovação das Constituições brasileiras e estaduais, alterações constitucionais, revisões de códigos e regulamentos eleitorais e até mesmo medidas que influenciaram o cotidiano dos cidadãos, envolvendo tributos, posturas municipais, nomeações e concursos públicos.

A publicação dos atos e decretos governamentais, assim como o dia a dia das secretarias de Estado, foram aprimorados ao longo do tempo, organizados e classificados em seções, de modo a propiciar leitura mais ordenada, modernizando-se o jornal com a evolução da diagramação e dos procedimentos gráficos.

O *Diário Oficial*, ao longo desses 120 anos, registrou com nitidez a instalação e o transcurso dos estados de exceção, estados de sítios decretados e revogados, os quais deixaram fundas cicatrizes no país, como o Estado Novo promovido por Getúlio Vargas e a ditadura militar, iniciada com o golpe de 1964. É justamente nesses períodos que se constata a censura à imprensa sem meios tons, assim como é decretada uma lei de segurança nacional, pela primeira vez em 1935, e posteriormente, a partir de 1964.

Enquanto durou a ditadura militar, nas primeiras páginas do *Diário Oficial*, interventores ou governadores nomeados – denominados biônicos –, chancelaram apoio explícito aos períodos nacionais mais obscuros, chegando mesmo a exaltar os Atos Institucionais baixados por decreto, com o intuito de dar suporte à ditadura.

Estão também registrados atos e documentos que, por suas minúcias, podem interessar a pesquisadores e estudiosos, auxiliando-os na interpretação da história do país. Destacam-se telegramas e mensagens de presidentes da República e de Estados, como Floriano Peixoto e Cerqueira César; também as ações de sustentação a movimentos históricos como o Manifesto de 1924, a Revolução Constitucionalista de 1932, o Levante do Forte, o referendo nacional para a escolha entre parlamentarismo e presidencialismo, a Passeata dos 100 mil, atentados terroristas à época da ditadura, muitos decretos de estado de sítio, entre outros.

Há fatos e gráficos que ilustram a evolução dos usos e costumes em São Paulo decorrentes de fluxos migratórios; resultados de campanhas eleitorais; publicidade de hotéis de luxo, ditos da elite paulista; anúncios de cassinos e jogos tornados legais por decretos do governo, bem como propaganda de produtos de consumo cotidiano tais como pasta dentifrícia e fumo de corda. Um exame acurado na seção de obituários, no fim do séc. XIX e início do séc. XX, indica o número de mortes cujas causas tiveram origem na febre tifoide e gastrenterite, revelando a ausência de saneamento urbano e de água tratada. No governo Jânio Quadros, político que se caracterizou por excentricidades, foram combatidos os jogos ilícitos, para os quais se exigiu a mais rigorosa repressão, atacando-se os chamados "Clube de carteados".

Essa leitura permite também acompanhar o desenvolvimento urbano e a formação da metrópole de São Paulo, o prenúncio de seu cosmopolitismo fortalecido não apenas pelo fluxo migratório, mas pela criação de instituições importantes como a Pinacoteca do Estado, o Liceu de Artes e Ofícios, o Museu de Arte Sacra, a Hospedaria dos Imigrantes, o Museu da Imagem e do Som. A publicação de concursos públicos como o realizado para a construção do Museu do Ipiranga, as melhorias para o Jardim da Luz, a construção do Parque do Ibirapuera, além de todo um conjunto de informações que somadas, revelam a importância do desenvolvimento qualificado do Centro para a cidade de São Paulo.

Questões internacionais são também focadas, como o rompimento das relações diplomáticas entre Brasil e Portugal sob o governo Floriano Peixoto, e posterior reatamento, quase 3 meses antes da morte do marechal, em 29 de janeiro de 1895. Neste mesmo ano, deu-se o fim do litígio entre Brasil e Argentina, disputando o território das Missões, decidido por meio da arbitragem dos Estados Unidos que favoreceu o Brasil. Em 1933, o noticiário internacional do então *Jornal do Estado* divulga os atentados terroristas em Cuba e os preparativos para a Conferência Econômica Mundial em Washington. A neutralidade do Brasil na Guerra Paraguai-Bolívia é também comentada, assim como a Conferência do Desarmamento. Não se pode afirmar que o noticiário se caracterizava por uma linha regular e constante, mas fatos marcantes da vida nacional e internacional foram, então, destacados.

O *Diário Oficial* também permite constatar a evolução, no tempo e no espaço, da própria Imprensa Oficial. Desde sua primeira sede no largo Sete de Setembro, e depois rua do Quartel, rua da Glória, até os dias de hoje – nos espaços sucessivamente reformados, mantidos em permanente atualização tecnológica na rua da Mooca, assim como as obras gerais de melhoramentos em suas instalações e equipamentos.

Há registros do primeiro prelo Alauzet, das máquinas de pautar, de dourar, da primeira rotativa – de longa atividade e durabilidade – até as modernas máquinas hoje utilizadas, como as impressoras a 5 cores, com aplicação de verniz em linha, a rotativa Goss Urbanite, a rotativa digital as mais sofisticadas impressoras planas, além das máquinas de acabamento com tecnologia de ponta.

Foram selecionados para ilustrar esta edição tópicos dos 120 anos do *Diário Oficial*, referentes a assuntos de interesse, assim classificados – Brasil e Mundo, Governo do Estado, Imprensa Oficial e *Diário Oficial*. Dados e informações de natureza cultural foram acrescentados para completar esse quadro, como a Semana de Arte Moderna de 1922, o Movimento Concretista, lançamentos nas áreas editoriais, teatrais, cinematográficas, revistas que marcaram a vida cultural brasileira e nossas Bienais. Foram lembrados também os acontecimentos e as construções mais importantes da cidade como os primeiros arranha-céus, as primeiras escolas de características marcadamente republicanas, a passagem do Zeppelin, a celebração do IV Centenário de São Paulo, a inauguração da capital federal, entre outros.

Entre esses inúmeros tópicos – com registros fac-similares – encontram-se as ilustrações correspondentes, a maioria extraída do *Diário Oficial* ou do *Jornal do Estado*.

A Imprensa Oficial prossegue com o compromisso da manutenção do *Diário Oficial* e seus valores democráticos e republicanos, garantindo a transparência, a agilidade e o acesso à informação, atingindo milhares de pontos do Brasil, e especialmente o Estado de São Paulo. Seu desdobramento e efeito multiplicador se materializam pelas informações digitalizadas, de 1891 a 2010, cuja consulta pode ser feita *on-line* por todos. As edições do D.O. impressas estão disponíveis para consulta à sede da empresa, à Rua da Mooca, 1921.

Hubert Alquéres

A igreja dos Remedios, sita na praça João Mendes, fazendo angulo com o largo Sete de Setembro. Nos fundos deste templo é que se localizaram as oficinas do "Diario Oficial", com frente para o largo Sete de Setembro e um dos flancos para a rua Onze de Agosto

Escritos originais ou vertidos sobre ciencias, artes, industrias, especialmente a agricola, viação, colonização e outros assuntos de interesse publico;

Anuncios, avisos, declarações ou quaisquer outras publicações de caráter particular, uma vez que estejam de harmonia com a indole do jornal".

E para que não faltasse nada á Repartição, como arma de exploração industrial e como elemento de combate e concorrencia no mercado, alargava o art. 5.º:

"Nessas oficinas (as do "Diario Oficial"), serão editados e prontificados os trabalhos de caráter oficial, e, sendo possivel, igualmente serão editadas e prontificadas encomendas de carater particular, desde que não seja prejudicado o serviço publico".

A Repartição nascia, portanto, com todas as carateristicas de uma oficina que ia fazer concorrencia legitima, e ás claras, aos seus colegas já existentes e que não eram poucos, na pequena cidade de provincia á qual Campinas ainda contendia o direito de ser a capital do Estado.

E contra essa concorrencia, embora já eivada do vicio de monopolio para certas publicações, monopolio que se foi estendendo de ano para ano, a imprensa desorganizada e impreparada do tempo, ainda não aprendêra a protestar.

O pequeno predio em que se instalou o "Diario Oficial", ao nascer. Como se viu no texto, as portas do andar terreo não existiam, como não existia a que aparece debaixo dos cartazes, porquanto a entrada ficava um pouco adiante, mais para os lados da igreja dos Remedios. A esquina que se vê, no "cliché", é a formada pelo largo Sete de Setembro e a rua Onze de Agosto

A "minerva" "Le Soleil" — uma das reliquias da casa — que aparece já no inventario de 1895, mas cuja entrada nas oficinas não está averiguada. O atual chefe da impressão, que conta 38 anos de exercicio, lembra-se de já a haver encontrado em uso e não como maquina nova

E Miguel Cardoso Junior, aproveitando-se da oportunidade, fazia uma carga cerrada contra o prélo "Derriey", para condená-lo e pedir um prélo novo "Marinoni", em substituição, cousa moderna, que devia orçar aí por uns vinte contos de réis.

O Secretario do Interior, diante das ponderações, atendeu o pedido e autorizou a compra. O prélo chegou a Santos em setembro de 1896, mas só foi instalado em julho de 1897, porque chegára com duas peças quebradas, e foi necessario substituí-las.

Miguel Cardoso Junior dirigiu, interinamente, o "Diario Oficial" durante mais de três anos. A não ser a lembrança que teve de solicitar uma "fundidora de tipos", para economia da repartição, nada mais se encontra no arquivo que se possa levar ao seu átivo como iniciativa para tentar ao menos aparelhar as oficinas que administrava, pondo-as em harmonia com o progresso crescente do Estado.

Pelo contrario até, num dos seus relatorios anuais, frizou a circunstancia de estar a repartição preparada para os serviços que déla exigiam. Não chegou a desconfiar que aquilo mal chegava a ser a tentativa de um esboço.

Finda a sua interinidade, ainda permaneceu na casa, na sua função de gerente, até falecer em 1915.

Outra reliquia da casa, a maquina de dourar, que existe, em perfeito funcionamento, desde 1895

dinheiro, o "Diario Oficial", no ano tal. Digamos, 120 contos de réis. Qual foi o total das despesas nesse ano ? Digamos, 230 contos. Logo, o "deficit" é de 110 contos de réis.

O raciocinio é simplista em demasia e denuncia claramente o vicio de origem. Porque a analise da questão dá resultado bem diverso.

Em primeiro lugar, o "Diario Oficial" ou Imprensa Oficial não é uma Repartição, mas duas: o jornal e a tipografia. E a prova está em que, em São Paulo, não ha nenhum jornal que explore as duas atividades ao mesmo tempo. Um, e grande, que o tentou, acabou desembaraçando-se da oficina de obras para só ficar com o jornal.

Ora bem, a arrecadação do "Diario Oficial" é feita exclusivamente pelos serviços que o jornal presta ao público, desde que a venda de obras avulsas, no montante da renda global, figura apenas com um contingente desprezivel que mal chega a 1 % do total.

Logicamente, pois, essa arrecadação, que hoje orça por réis 1.200:000$000, devia servir para custear as despesas do jornal, cousa que éla faz e com saldos insofismaveis e indiscutiveis.

Mas — e aqui entra em jogo a petição de principio — exige-se que o "Diario Oficial", com essa arrecadação exclusiva do jornal, custeie tambem as despesas da tipografia, pagando as obras, folhetos, impressos e avulsos que o governo encomenda á repartição, exigencia estolida, cuja inconsistencia logica aparece logo a quem seja um bocadinho guarda-livros. Felizmente o Estado não encomenda ao "Diario Oficial" todos os impressos de que tem necessidade, repartindo-os a empresas particulares. Mas se um dia, se resolvesse a fazê-lo, o argumento vinha a dar nesta beleza de conclusão: que a Imprensa Oficial, arrecadando 1.200:000$000 anuais, devia, além de pagar as despesas do jornal, pagar ainda todos os impressos, que devem orçar em mais de 3.000 contos. Isto importa em dizer que o "Diario Oficial", do nada teria que tirar uma porção de milhares de contos de réis.

A baléla, contudo, ganhou fôros de cidades desde os primordios da Repartição, insuflada naturalmente por quem sentia as desvantagens de sua existencia — e é mais gente do que parece — e vive por aí, gorda e feliz, ainda nestes nossos modernos tempos de estudos intensivos de economia politica e de técnocracia.

A maquina de pautar Will, n. 2, que ainda presta ótimo serviço na casa, e onde se encontra desde agosto de 1899

alojar o espolio do "Correio Paulistano". Onde estava, na Praça Antonio Prado, no coração da propria "city" custava-lhe isso 60 contos de réis de aluguel por ano. E o acervo do material que ali existia não era uma bagatela, como se vai vêr:

vinte linotipos, dos quais 8 do modelo 5; 1 do modelo 8; 2 do modelo 9; 2 do modelo 14; 6 do modelo 18; 1 do modelo 19;

uma rotativa Marinoni, moderna, montada em 1926, com capacidade para 96 paginas do formato do "Diario Oficial" e 30 mil exemplares por hora;

uma calandra Marinoni;

uma bobinadeira - cortadeira, que se achava em deposito por não ser possivel instalá-la nas oficinas;

um fôrno para fundição das paginas, com dois moldes;

uma serra eletrica, duas fresas, um laminador, dois tornos para fresar a pulso, uma maquina de estereotipia, uma faca para matriz e mais todo o material acessorio, mesas, estantes, caixas para tipos, carrinhos, etc.

O mais simples e mais urgente era, portanto, cuidar de adquirir um novo local onde se pudessem unificar as duas oficinas.

Foi o que fez o A., sendo-lhe em fevereiro oferecido o belo predio em que até recentemente funcionára a Fabrica de Calçado Rocha, á rua da Gloria, 88, com frentes para o Largo São Paulo, para a rua Galvão Bueno e para a Travessa Rocha, predio êsse que em março desse ano, iria á hasta publica.

O inicio das negociações partiu de 500 contos de réis. Tratava-se de um solidissimo edificio com duas frentes de 15 metros cada uma e outra de 90, a que dava para a Travessa Rocha. Tinha dois pavimentos em quasi toda a sua extensão, pois sendo o terreno em declive uma parte do que acedia para a rua Galvão Bueno era térreo, embora correspondesse ao andar superior da parte que dava para o Largo São Paulo (hoje Almeida Junior). A superficie do terreno alcançava 1.350 metros quadrados, a superficie construida mais de 2.300 metros quadrados.

Vistoriado o edificio pelo diretor de Obras Publicas, achou-o solidissimo, capaz de suportar ainda a construção de outro andar, que para isso bastavam as fundações, a espessura das paredes e o vigamento metalico existentes.

Enquanto se procediam a essas negociações, o decreto n.º 4.917, de 3 de março de 1931, transformando a Secretaria do Interior

A fachada do predio da Imprensa Oficial que dá para a travessa Rocha, com 90 metros de extensão. O predio que se vê no fundo, fica na rua Galvão Bueno mas ficou e está funcionando como si fosse um prélo inteiramente novo. E tem 20 anos de uso constante.

Tambem a minerva "Le Soleil", uma das reliquias da casa, reclamou reparos profundos, pois ao remontá-la se havia verificado que suas peças só se conservavam ajustadas em virtude da sujeira que se formára pelo longo uso. Ela já figurava, como afirmámos ha pouco, no ról do inventario que o diretor interino, Miguel Cardoso Junior, fizera em 1895. Más aqui não queria funcionar. Depois da reforma por que passou, a valente maquina continúa a produzir, mantendo a sua antiga capacidade.

Tudo isso não bastava. Já era algo o que se estava fazendo, mas a Imprensa Oficial necessitava de tudo. Tempo exageradamente longo se havia permanecido sem aparelhá-la pelo menos com o indispensavel, e por isso podia-se dizer, sem exageros retóricos, que a Repartição estava em tanga.

Pedimos maquinas novas, que foram adquiridas pelo Departamento Geral de Compras, em fevereiro de 1933. O Governo começava a mostrar-se amavel. Deu á Imprensa três maquinas minervas, tipo "Phenix", uma outra tipo Emile Kahle. E como no acervo do "Correio Paulistano" houvesse tambem outra minerva, tipo Ahogenforst, conservada inativa por dois anos, em virtude de estar com peças quebradas que se julgavam de dificil ou mesmo de impossivel substituição na praça, fizémo-la examinar e conseguimos que as peças fossem feitas. Ganhámos, assim, mais uma maquina inteiramente nova, com o que se elevou a seis o número de minervas em funcionamento, na casa.

Seis minervas e quatro rotoplanas eram um luxo que o "Diario Oficial" nunca havia experimentado, desde que existia. Não quer dizer que elas bastem ao serviço do Estado — a Imprensa Nacional só em rotoplanas possue 40! — e que sejam capazes de dar vasão ao enorme volume de trabalho que teriamos, se todas as Repartições encomendassem aqui todas as publicações de que têm necessidade. Basta pensar na Sorocabana e na Araraquarense para calcular, por alto, esse volume. Mas para quem nunca teve, senão nos melhores tempos, três prélos e uma minerva velha, a nova dotação já tinha aspéto promissor.

A pautação, que encalhára na maquina Will, de 1889, recebeu duas maquinas novas, do mesmo fabricante, de maneira que se póde alí apanhar a evolução do ramo nestes trinta e quatro anos

A rotativa "Marinoni", adquirida pelo "Correio Paulistano" em 1926 e onde, desde 21 de janeiro de 1931, se imprime o "Diario Official".

Uma parte da atual secção de linotipia do "Diario Oficial". Vêm-se apenas

1891

MUNDO E BRASIL

_A primeira Constituição republicana do Brasil é promulgada em 24 de fevereiro.

_A Constituição da República dos Estados Unidos do Brasil começa a ser publicada no *Diário Oficial* n. 2, de 3 de maio.

1. CONSTITUIÇÃO DA REPÚBLICA DOS ESTADOS UNIDOS DO BRASIL

_O Congresso elege Manuel Deodoro da Fonseca presidente e Floriano Peixoto, vice.

_Em 3 de novembro, Deodoro fecha o Congresso, prometendo para o futuro novas eleições e uma revisão constitucional.

_No *Diário Oficial* n. 147, de 6 de novembro, sob o título "Manifesto", publica-se a mensagem do presidente à nação, na qual justifica a dissolução do Congresso Constituinte Federal "por motivos de ordem pública".

2. MANIFESTO DO PRESIDENTE À NAÇÃO

_Diante da reação dos florianistas, da oposição civil e de setores da Marinha, Deodoro renuncia em 23 de novembro. Floriano assume o poder.

_No dia 19 de dezembro, o Congresso Nacional é reaberto. Publica-se no *Diário Oficial* n. 184, de 19 de dezembro, um "Telegrama" do presidente Câmara dos Deputados, Dr. Bernardino de Campos, ao Vice-presidente do estado de São Paulo, Cerqueira César.

3. REGOZIJO PELA REABERTURA DO CONGRESSO NACIONAL

_No *Diário Oficial* n. 185, de 20 de dezembro, um "Telegrama" do presidente da República, Floriano Peixoto, ao presidente do estado de São Paulo, Cerqueira César, informa sobre a reabertura do Congresso, e também a mensagem daquele na sessão de abertura do Congresso Nacional.

4. TELEGRAMA E MENSAGEM DE FLORIANO PEIXOTO

1

ESTADOS UNIDOS DO BRAZIL

DIARIO OFFICIAL

DO ESTADO DE SÃO PAULO

ANNO I—3° DA REPUBLICA—N. 147 SÃO PAULO SEXTA-FEIRA 6 DE NOVEMBRO DE 1891

DIARIO OFFICIAL

Damos abaixo a mensagem dirigida á nação, na qual o sr. Generalissimo Deodoro da Fonseca, Presidente da Republica dos Estados-Unidos do Brazil, justifica o seu acto que dissolveu o Congresso Constituinte Federal, por motivos de ordem publica.

Eis a integra desse importante documento:

MANIFESTO

O Presidente da Republica aos Brazileiros:

Quando a 15 de Novembro de 1889 coube-me a honra de assumir o supremo governo da Republica, em virtude da proclamação solemne do exercito e armada, como altos depositarios da vontade nacional, meu primeiro cuidado foi organisar a administração interna sob os novos moldes democraticos e preparar o Paiz para exercicio da faculdade soberana de eleger os seus legitimos representantes, aos quaes seria commettida a missão de discutir, emendar e approvar a Constituição, que era meu firme designio decretar, antes mesmo de expirado o periodo revolucionario, como ensaio e preparo do povo e vida constitucional.

O governo provisorio providenciou por todos os meios a seu alcance para que as eleições a que se devia proceder, se realisassem em plena paz, garantida absoluta liberdade na manifestação do voto. A nação não era convocada tão sómente para eleger representantes immediatos a uma nova assembléa legislativa; ella tinha que approvar ou reprovar por modo solemne e soberano a obra da revolução, isto é, a Republica.

Este elevado intuito foi conseguido e o Brazil e o mundo puderam verificar que a Republica é a unica fórma de governo compativel com a livre America.

Reunida a Assembléa Constitucional aos 15 de Novembro de 1890 Da nação passou a tratar da sua definitiva organisação politica, acceitando para base dos seus trabalhos a Constituição por mim decretada e promulgada aos 23 de Julho daquelle anno. Nesse documento eu procurei affirmar todo o meu amor á grandeza da liberdade e todo o meu respeito á magestade do Direito, consagrando á fórma federativa, a divisão, harmonia, a independencia dos poderes politicos, a extensão e limites das attribuições respectivas, os direitos e deveres do cidadão brazileiro bem assim as garantias constitucipnaes de que depende o concurso de todos para manutenção da ordem e segurança geral da nação.

A' Constituinte pareceu que essa obra devia ser refundida e transformada, chamando a si a faculdade não só de fazer-lhe os accrescentamentos compativeis com os progressos da sciencia e da democrocia modernas, como ainda de concentrar nas suas mãos a faculdade que lhe era estranha do Governo e administração do paiz.

Não tendo vingado esta ultima pretenção que poria em perigo a segurança geral e abalaria profundamente a ordem estabelecida com referencia aos direitos adquiridos, aos actos inherentes á constituição industrial e economica do paiz, formaram-se desde logo no Congresso Constituinte grupos radicaes e intransigentes, para o fim de introduzir na obra constitucional idéas e principios que transferissem para o poder legislativo a mais vasta somma de attribuições, embora diminuindo e absorvendo muitas das que são da essencia e natureza do poder executivo.

Assisti impassivel á longa gestação dessa obra inçada de perigos que se amontoaram á proporção que as idéas reaccionarias, o desrespeito ás tradicções nacionaes, o espirito das seitas philosophicas obstrusas, as innovações e as utopias iam penetrando nesse organismo destinado a servir á obra do bom senso pratico, definido pelas grandes idéas da liberdade, direito, justiça e ordem.

Contra a autoridade que devia exercer o presidente da Republica recahiram os maiores golpes, justamente porque se acreditava que dictador que havia fundado a Republica, sem effusão de sangue e assegurado a ordem sem o emprego da tyrannia, pensava em transferir-se desta para aquella posição.

Puro engano, erro e injustiça dos homens, julgando as victimas escolhidas pelo destino ou pela providencia para a realisação de uma obra de grandeza e de sacrificio!

Recordarei em rapida synthese o que foi a dictadura e a que alvos dirijo a minha ambição. Calmo e sereno eu só tinha diante de mim a imagem da patria para lembrar-me de que a vingança, a oppressão e a tyrannia diminuiam a generosidade da revolução e converteriam uma nação que se mostrou uma só familia, no dia 15 de Novembro, em fracções hostis dilaceradas pela guerra civil.

Poucas medidas de segurança geral foram tomadas quanto ás pessoas que poderiam ser victimas dos preconceitos e revindictas populares e que assentam contra os factos consummados. A propria liberdade de imprensa que entre nós é a instituição de mais vastos dominios, quasi não experimentou os effeitos da leis de excepção, decretadas por força das circumstancias.

O direito de reunião nenhuma limitação soffreu, e as antigas como as novas opiniões politicas gozaram das mais amplas liberdades onde quer que os cidadãos fossem chamados a manifestar os seus soberanos direitos. Esta situação normal dentro da revolução, attrahiu para o nosso paiz a confiança geral do mundo industrial e financeiro e em poucos mezes o capital e associação transformaram completamente a face do Brazil, sob o ponto de vista economico. Ao mesmo tempo effectuámos todas as reformas que durante tantos annos foram objecto do anhelo universal, não fallando naquellas que derivavam da nova fórma de Governo que adoptámos e que em pouco tempo nos assegurou o prestigio de um povo disciplinado sob a fórma constitucional, por ultimo, a ordem e tranquilidade publicas, condições essenciaes á vitalidade e um titulo de benemerencia á democracia e á historia.

Por ultimo, a ordem e a tranquillidade publica, condições essenciaes á vitalidade das instituições fecundas, ao progresso em todas as manifestações da actividade humana foram mantidas sem a minima violencia, tal o amor dos brazileiros aos inestimaveis beneficios da paz.

Entretanto, como si toda essa obra, que é o orgulho da classe que me desvaneço de pertencer, não representasse um patrimonio sagrado e um titulo de benemerencia perante a democracia e a historia, occorreu que a constituinte, ao encerrar os seus trabalhos, com a eleição do presidente da Republica, procurasse manifestar a sua reprovação á nossa victoria pacifica, levantando contra a minha pessoa o espirito faccioso.

Aguardei os acontecimentos com a calma imperturbavel de quem tinha as maiores recompensas e applausos com que o mundo civilisado saúda a integração da America Republicana.

Todavia, os fermentos das paixões e da indisciplina ahi ficaram e o paiz, si não contasse com o apoio das classes conservadoras, que tanto têm me auxiliado na defeza das novas instituições, teria com certeza assistido aos mais lastimaveis espectaculos da anarchia e das reacções. As circumstancias, porém, se aggravaram de modo a fazernos perder a fé nas nossas incruentas victorias.

Apenas a assembléa constituinte, já eivada de odios e paixões, passou a funccionar como assembléa legislativa ordinaria, desde então o paiz têm-se encontrado face a face com os maiores prejuizos e não só a fé nas nascentes instituições têm-se entibiado com as perspectivas mais ou menos proximas da anarchia como o que é profundamente grave, á mercê desse trabalho lastimavel e funesto tenham os adeptos das depostas instituições levantado a bandeira restauradora.

O momento escolhido para este crime é o mais azado, como ao diante demonstrarei, depois que houver passado em revista alguns dos factos mais salientes da vida do Congresso com o poder executivo.

Todos quantos acompanham a marcha dos negocios publicos terão notado que logo após a iniciação dos trabalhos legislativos ordinarios, o Congresso assumiu, contra o presidente da Republica e seus ministros, posição inteiramente adversa e hostil. De semelhante procedimento, inspirado pelo menoscabo á Constituição votada, resultou o completo falseamento das instituições, assente sobre o regimen presidencial, de todo em todo avesso ás praticas do regimen parlamentar.

E' prova deste facto, que ao paiz causou dolorosa sorpreza, a maneira por que se fez votar nas duas camaras um projecto de lei, em contravenção ao art. 50 da Constituição, pelo qual as funcções de ministro de Estado, apenas incompativeis com o exer-

3

ESTADOS UNIDOS DO BRAZIL

DIARIO OFFICIAL

DO ESTADO DE SÃO PAULO

ANNO 1—3º DA REPUBLICA—N. 184 SÃO PAULO SABBADO 19 DE DEZEMBRO DE 1891

DIARIO OFFICIAL

Telegramma

RIO, 18.

De Bernardino de Campos, Presidente da Camara dos Deputados ao dr. Cerqueira Cezar, Vice-Presidente do Estado de S. Paulo.

Congresso installado. Grande regosijo. Grandes manifestações.

CONGRESSO

O sr. Ferreira Braga:—(Pela ordem) sr. Presidente, a questão está seriamente embaraçosa e V. Exc. tem toda a razão ao que disse em relação ao modo porque está redigido o parecer. E' fóra de questão que compete ao poder legislativo conceder as cartas e patentes de invenção e só por meio do projecto de lei, do poder legislativo esta concessão se fará, salvo si o poder legislativo conferir ao poder executivo o direito de fazer directamente a concessão.

O SR. B. DE ANDRADA:—Peço a palavra.

O ORADOR:—Este tem sido o systema seguido pelo Governo Federal. Assim pois, para obviar inconvenientes, pareceme que seria justo que o parecer voltasse á commissão respectiva ou, si V. Exc. entender melhor, á commissão de Justiça afim de que esta formulasse um projecto conferindo ao poder executivo a faculdade de conceder patentes de invenção, de accordo com a legislação geral que neste ponto é muito bem feita.

O sr. Bueno de Andrada:—(Pela ordem) O meu distincto collega não prestou perfeita attenção ao parecer. O parecer não nega que é ao poder legislativo que compete legislar a respeito e tanto assim que si a commissão entendesse competir ao poder executivo a faculdade de desde já resolver a respeito seria dito simplesmente:—your

1.º secretario, obtem a palavra, faz algumas observações, declarando que acceita a emenda apresentada e pede que a Camara vote por ella.

O sr. Bueno de Andrada faz algumas considerações sobre a emenda, não se oppondo á ella.

Sujeito a votos o projecto, é approvado, sendo em seguida tambem approvada a emenda, que passa á 4.ª discussão.

Entra em 3.ª discussão o projecto n.º 13 (substitutivo) que estabelece a livre concurrencia para a construcção de estradas de ferro no Estado.

O sr. Bueno de Andrada, em nome da commissão elaboradora do projecto, occupa-se largamente do assumpto, mostrando as suas vantagens.

O sr. Alberto Kuhlmann pede a palavra para apresentar um substitutivo.

O sr. Presidente declara adiada a discussão, de conformidade com o additivo ao art. 158 do Regimento, ficando com a palavra o sr. Alberto Kuhlmann.

ORDEM DO DIA 13

1.ª PARTE

1.ª discussão do projecto n.º 53 sobre força publica.

2.ª PARTE

ESTADOS UNIDOS DO BRAZIL

DIARIO OFFICIAL

DO ESTADO DE SÃO PAULO

ANNO I—3° DA REPUBLICA—N. 185 SÃO PAULO DOMINGO 20 DE DEZEMBRO DE 1891

DIARIO OFFICIAL

ACTOS DO PODER EXECUTIVO

DECRETO N. 7

DE 19 DE DEZEMBRO DE 1891

Annulla as nomeações de Juizes de Direito do Estado, por actos de 10 e 11 do corrente.

O Vice-Presidente do Estado, usando das suas attribuições constitucionaes, e no intuito de restabelecer a exacta observancia da Constituição e das leis:

Considerando que a Constituição do Estado, artigo 46, e a Lei que organisa o poder judiciario, n. 18 do corrente anno, artigo 19 n. 3, determinam que o provimento do cargo de Juiz de Direito, seja effectuado mediante concurso;

Considerando que nem a Constituição, nem a citada lei organica abriram excepção ao preceito generico das referidas disposições, dispensando a habilitação em concurso para as primeiras nomeações ou em outro qualque caso;

Considerando que com manifesta infracção da Constituição e da Lei julgou-se o ex-presidente do Estado investido da faculdade de nomear Juizes de Direito para quasi todas as comarcas, prescindindo da habilitação em concurso, donde resulta a nullidade de taes actos;

Decreta:

Artigo 1.° Ficam annulladas as referidas nomeações.

Artigo 2.° Os Juizes com exercicio anterior continuarão nos seus cargos, e aos nomeados não se expedirá o respectivo titulo, nem será conferida a posse, ficando de nenhum effeito as posses já conferidas e os actos consequentes.

Artigo 3.° Ficam revogadas as disposições em contrario.

O Secretario do Estado o faça executar.

Palacio do Governo do Estado de São Paulo, 19 de Dezembro de 1891

JOSE' ALVES DE CERQUEIRA CEZAR.

ULADISLAU HERCULANO DE FREITAS.

Telegramma

O dr. Presidente do Estado, recebeu ante-hontem o seguinte telegramma do sr. marechal Floriano Peixoto, Presidente da Republica:

«Rio, 18.

Realisou-se hoje á 1 hora da tarde a abertura do Congresso Nacional. O povo acclamou com delirio a Republica, o Congresso Nacional, o exercito e a armada. Grande massa popular acompanhou os congressistas, que vieram felicitar o Governo depois da sessão.

Reina completa paz e grande enthusiasmo.—*Floriano Peixoto.*

—

Eis a mensagem do marechal Floriano Peixoto, lida na sessão de abertura do Congresso Nacional.

«Srs. Membros do Congresso Nacional.

Congratulo-me comvosco, com o paiz, vendo-vos iniciar a continuação dos trabalhos legislativos violentamente interrompidos pelo acto de 3 de Novembro, que dissolveu o Congresso Nacional. Sobre esse acto, em suas origens e desenvolvimento, a historia, que já o recolheu, manifestará calmo juizo.

O paiz condemnou-o por uma reacção patriotica, dando definitivo triumpho á Lei Constitucional, tendo sido em consequencia desse triumpho que attestara o amor do povo brazileiro, do exercito e da armada ás liberdades constitucionaes, que assumi a 23 do mez passado, na qualidade de vice-presidente, a suprema direcção do Estado, em virtude da renuncia do generalissimo Manoel Deodoro da Fonseca.

São conhecidos os factos que antecederam e realisaram a revolução de 23 de Novembro; delles fostes vós em grande parte auctores principaes ou testemunhaes.

Apezar da obscuridade que costuma cercar os acontecimentos contemporaneos, pelas paixões que despertam e contestações que levantam, posso affirmar que a revolução triumphante, naquella data que começou por vosso manifesto contra o acto do dia 3 e que não teve aqui publicidade pela suspensão de garantias ás pessoas e á imprensa e á qual seguiram-se a resistencia armada do Estado do Rio Grande do Sul, attitude francamente hostil, do Pará e a surda agitação de outros estados, completando-se com o levantamento da armada, do exercito e do povo desta capital durante a noute de 22 e manhã de 23, foi recebida pelo paiz e pelo mundo civilisado como um feito civico, revelador da virilidade de um povo cioso de suas liberdades e ainda incruento como a revolução de 15 de Novembro, pela patriotismo do general Deodoro da Fonseca, renunciando ao poder de que havia sido investido, para impedir o derromamento de sangue brazileiro.

Assegurado o triumpho pacifico da revolução, o meu principal cuidado consistiu em manter a ordem publica nas ruas e levar a tranquillidade aos espiritos profundamente abalados pela commoção politica que o paiz acabava de atravessar.

O primeiro intento foi-me dado conseguir, auxiliado pelo espirito ordeiro e patriotico do povo brazileiro, sem necessidade do emprego da força publica, com cuja cooperação pela disciplina ás nossas instituições, contei e conto; o segundo de ordem moral e não de menor alcance, realisei egualmente pelo manifesto que dirigi ao paiz, affirmando o meu respeito á lei, condicção essencial para funccionamento regular da sociedade e restituindo á vida civil a sua representação legistativa e as garantias constitucionaes suspensas com a decretação do estado de sitio nesta Capital e na cidade de Nitheroy, capital do Estado do Rio de Janeiro.

Posto que a revolução de 23 de Novembro tivesse se realisado nesta Capital sem grandes e duradouras perturbações materiaes, ás causas que a determinaram, profundas em todo o paiz e aos espiritos menos previdentes, não podia escapar a irradiação que ella teria nos diversos Estados que compoem a União, em alguns dos quaes se apparelhava a reacção contra o decreto que dissolveu o Congresso Nacional.

Foi na previsão dos acontecimentos que se têm realisado já nos Estados do Paraná, Rio de Janeiro, Sergipe, Bahia, Alagoas, Pernambuco; Rio Grande do Norte e S. Paulo, que no manifesto por mim dirigido ao paiz, no dia em que assumi a direcção do Estado, ao mesmo tempo que affirmava com sacratissimo empenho o restabelecimento e o respeito á inviolabilidade da Lei, declarei que egual empenho teria em respeitar a vontade nacional e a dos Estados em suas livres manifestações sob o regimen federal.

Restabelecida a tranquilidade nos Estados do Rio Grande do Sul e do Pará, pelas mesmas causas determinativas desse facto, deram-se perturbações em alguns outros, nos quaes têm sido depostos os respectivos governadores.

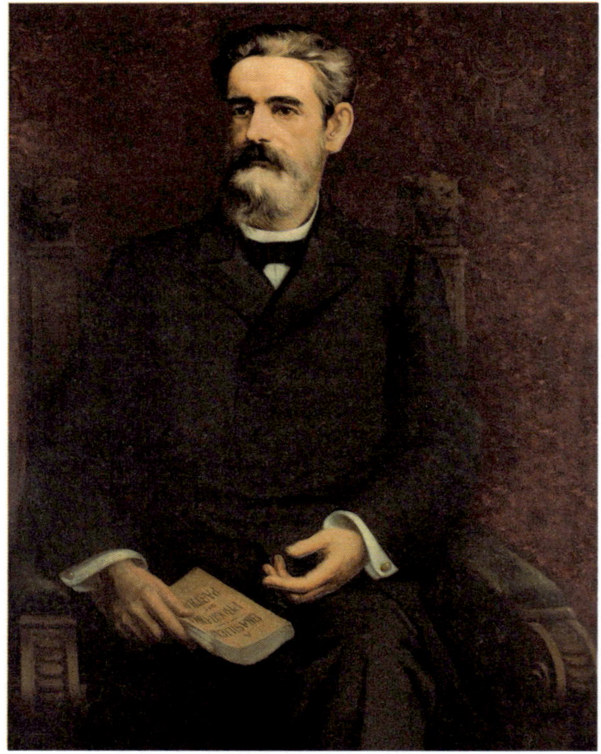

5

Quarta feira 24 DIARIO OFFICIAL Junho (1891) 325

CONSTITUIÇÃO POLITICA
DO
ESTADO DE S. PAULO

PARTE I

Organisação do Estado

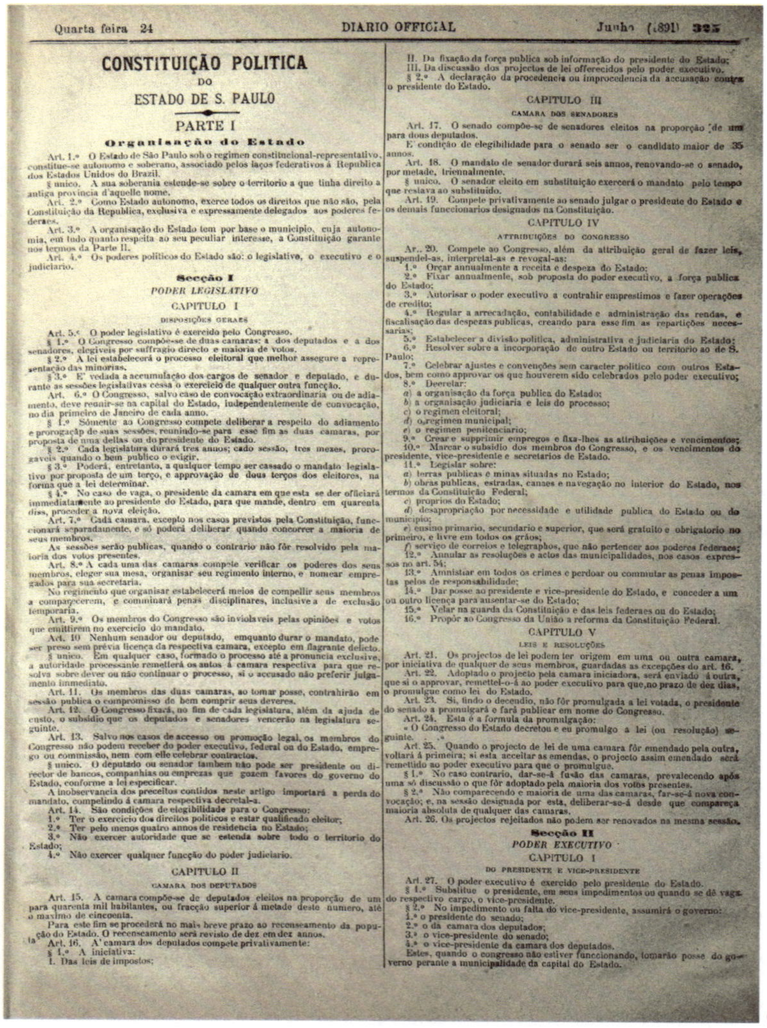

6

GOVERNO DE SÃO PAULO

_O presidente do estado, Américo Brasiliense, nomeado em 7 de março de 1891, tem um mandato conturbado, e abandona o cargo em 15 de dezembro. Assume o vice-presidente do estado, Cerqueira César, que permanece no poder até 23 de agosto de 1892.

5. AMÉRICO BRASILIENSE POR CARLOS TREVI

_Durante o mandato de Américo Brasiliense, é promulgada a primeira Constituição do Estado. Sua publicação no *Diário Oficial*, antes de ser votada, inicia-se em 24 de junho.

6. CONSTITUIÇÃO POLÍTICA DO ESTADO DE SÃO PAULO

_No n.45, de 10 de julho, publica-se a Ata da Instalação do Congresso Constituinte do Estado de São Paulo, ocorrida em 8 de junho.

_Exemplares da Constituição promulgada em 14 de julho, à venda na repartição do *Diário Oficial*, como informa anúncio publicado no n.73, de 4 de agosto.

7. CONSTITUIÇÃO DO ESTADO DE SÃO PAULO

_A Lei n.21, Lei eleitoral, de 27 de novembro, decretada pelo Congresso, promulgada pelo presidente do estado, é publicada no *Diário Oficial* n.172, de 5 de dezembro.

_É possível acompanhar, nas páginas do *Diário Oficial*, o fluxo imigratório. No relatório publicado em 1º de julho, referente ao mês de junho, destaca-se o grande número de italianos, portugueses e espanhóis.

8. FLUXO MIGRATÓRIO

_A Lei n.8, publicada no n.135, de 22 de outubro, "autoriza o presidente do Estado a estabelecer, nas localidades onde mais convier, hospedarias para imigrantes".

9. HOSPEDARIAS PARA IMIGRANTES

_Quanto ao lazer na cidade de São Paulo, destaca-se, nas páginas do *Diário Oficial*, a autorização à Inspetoria dos Jardins para "contratar uma música particular para tocar às quintas-feiras no Jardim da Luz", publicada no n.7, de 9 de maio.

10. AUTORIZAÇÃO PARA MÚSICA NO JARDIM DA LUZ

_O "Relatório apresentado à Câmara dos Deputados pelo inspetor dos jardins públicos", no n.139, de 27 de outubro, detalha as condições em que se encontra então o Jardim da Luz, cuja frequência é crescente, e outros.

11. SITUAÇÃO E FREQUÊNCIA DO JARDIM DA LUZ

_A Lei n.23, publicada no *Diário Oficial* n.174, de 8 de dezembro, "autoriza o governo a adquirir ou mandar construir um prédio para nele funcionar o Liceu de Artes e Ofícios".

12. CONSTRUÇÃO DO LICEU DE ARTES E OFÍCIOS

_Os conflitos do final do governo de Américo Brasiliense bem como sua deposição ficam registrados nas páginas do *Diário Oficial*: no n.178, de 12 de dezembro, publica-se um "Manifesto" do Congresso do Estado, em defesa do então presidente; no n.182, de 17 de dezembro, publica-se o documento sobre seu afastamento do cargo.

13. MANIFESTO EM DEFESA DE AMÉRICO BRASILIENSE

14. DEPOSIÇÃO DE AMÉRICO BRASILIENSE

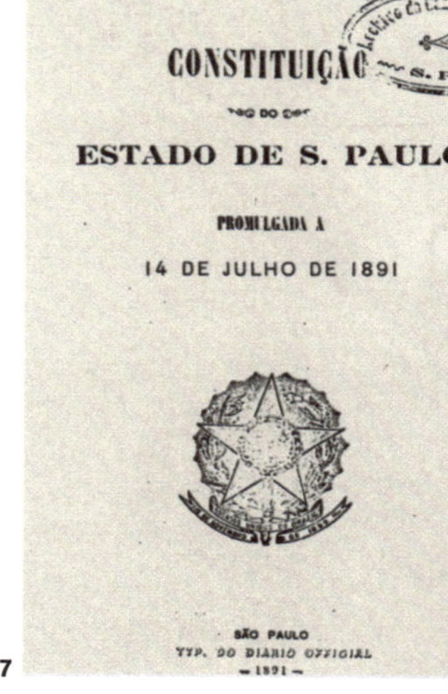

CONSTITUIÇÃO DO ESTADO DE S. PAULO

PROMULGADA A 14 DE JULHO DE 1891

SÃO PAULO
TYP. DO DIARIO OFFICIAL
1891

7

MAPPA DEMONSTRATIVO DO MOVIMENTO DE ENTRADA DE IMMIGRANTES NO RESPECTIVO ALOJAMENTO

durante o mez de Junho de 1891.

	Nacionalidades	Numero de familias	ESTADO: Casados e viuvos	ESTADO: Solteiros	SEXO: Masculino	SEXO: Feminino	EDADE: Maiores de 12 annos	EDADE: De 7 a 12 annos	EDADE: De 3 a 7 annos	EDADE: Menores de 3 annos	Sommas	TOTAES
Expontaneos	Italianos	20	35	91	90	36	96	10	14	6	126	
	Portuguezes	3	4	25	25	4	25	2	1	1	29	
	Austriacos											
	Allemães											
	Hespanhóes											
	Francezes											
	Belgas											
	Inglezes											
	Hollandezes											
	Suissos											
	Russos											
	Suecos											
	Dinamarquezes											
	Sommas	23	39	116	115	40	121	12	15	7	155	155
Por ordem do Governo Geral	Italianos	1667	3286	7080	7149	3217	7599	977	933	857	10366	
	Portuguezes	58	106	179	170	115	212	21	30	22	285	
	Austriacos	11	20	25	24	21	30	4	5	6	45	
	Allemães	65	100	239	226	113	279	19	17	24	339	
	Hespanhóes	85	160	507	500	167	556	51	31	29	667	
	Francezes	55	90	232	230	92	264	21	16	21	322	
	Belgas	18	30	68	68	30	79	7	5	7	98	
	Inglezes	34	60	139	137	62	142	18	16	23	199	
	Hollandezes											
	Suissos	3	4	25	24	5	26		1	2	29	
	Russos											
	Suecos	43	80	268	266	82	264	32	26	26	348	
	Danimarquezes											
	Polacos	20	29	97	97	29	97	9	14	6	126	
	Sommas	2059	3965	8859	8891	3933	9548	1159	1094	1023	12824	12824
Por conta da Sociedade Promotora	Italianos											
	Portuguezes											
	Austriacos											
	Allemães											
	Hespanhóes											
	Francezes											
	Belgas											
	Inglezes											
	Hollandezes											
	Suissos											
	Russos											
	Suecos											
	Dinamarquezes											
	Sommas											

TOTAL GERAL 12.979

Directoria da Immigração em S. Paulo, 1º de Julho de 1891.
O director,
Antonio Alves P. de Almeida.

8

ESTADOS UNIDOS DO BRAZIL

DIARIO OFFICIAL

DO ESTADO DE SÃO PAULO

ANNO I—3º DA REPUBLICA—N. 135 SÃO PAULO QUINTA-FEIRA 22 DE OUTUBRO DE 1891

PARTE OFFICIAL

ACTOS DO PODER LEGISLATIVO

LEI N. 8

DE 19 DE OUTUBRO DE 1891

Autorisa o Presidente do Estado a estabelecer, nas localidades onde mais convier, hospedarias para immigrantes.

O Presidente do Estado de S. Paulo:

Faço saber que o Congresso do Estado decretou e eu promulgo a lei seguinte:

Art. 1.º Fica o Presidente do Estado autorisado a estabelecer, nas localidades onde mais convier, hospedarias para immigrantes, podendo conservar a existente nesta capital, e encarregar as municipalidades, que o queiram, de fiscalisar e dirigir o serviço.

Art. 2.º Ficam revogadas as disposições em contrario.

Mando, portanto, a todas as autoridades, a quem o conhecimento e execução da referida lei pertencer, que a cumpram e façam cumprir tão inteiramente como nella se contém.

O secretario do Estado a faça publicar, imprimir e correr.

S. Paulo, dezenove de Outubro de mil oitocentos e noventa e um, terceiro da Republica dos Estados Unidos do Brazil.

AMERICO BRAZILIENSE DE ALMEIDA MELLO.

CARLOS AUGUSTO DE FREITAS VILLALVA.

Publicada na Secretaria do Governo do Estado de S. Paulo, aos dezenove dias do mez de Outubro de mil oitocentos e noventa e um.

João de Souza Amaral Gurgel.

rio, como prova o exame medico a que submetteu-se; 2º que tem trinta annos e seis dias de exercicio, contados de 1 de Julho de 1861 a 31 de Agosto ultimo, conforme a liquidação feita pelo Thesouro, de accordo com o pareceres da Directoria da Instrucção Publica, da Secretaria do Governo e do Thesouro do Estado, bnseado no § 2º do art. 57 da Constituição do Estado, e nos te mos dos artigos 133 § 1º e 134 § 1º do Regulamento de 22 de Agosto de 1887, concedo a aposentadoria requerida, com direito ao ordenado por inteiro.

De Heitor Galvão de Moura Lacerda, professor publico do bairro de Itatuva, municipio de Itapecerica, solicitando remoção para a Villa do Patrocinio de Santa Isabel.—Remova-se.

De Emilio Leonardo de Campos Filho, professor publico removido para a 2ª cadeira da cidade do Ribeirão Preto, solicitando prorogação por vinte dias do prazo que lhe foi concedido pela Directoria da Instrucção Publica para tomar posse daquella cadeira.—A' Directoria da Instrucção Publica.

De Julio Pestana, professor publico da 1ª cadeira da Villa de Jambeiro, pedindo remoção para a 1ª da cidade de S. José do Barreiro. — Remova-se.

2.ª SECÇÃO

Palacio do Governo do Estado de

9

781 de 25 de Setembro do anno passado, requeira directamente ao Inspector da Thesouraria de Fazenda, a quem compete resolver a respeito.

OFFICIOS DESPACHADOS

De diversos negociantes estabelecidos em José do Parahytinga, pedindo a creação de uma Collectoria Geral nessa villa.— A' Thesouraria de Fazenda para informar.

De Aurelio Martinez de Céspedes e Antonio Garcia, hespanhoes, pedindo passagem para o Rio Claro.— Ao cidadão dr. Chefe de Policia para os devidos fins. Quanto ás passagens que pedem não têm logar visto não terem direito a ellas.

REQUERIMENTOS DESPACHADOS

De diversos immigrantes, pedindo passagem para o Rio Grande Sul, ponto de seu distino.—Ao Director da Hospedaria de Immigrantes para dizer porque motivo e como os immigrantes de que trata esta petição destinando-se ao Estado do Rio Grande do Sul, vieram para esta capital.

De João de Castro Pereira, solicitando pagamento da quantia de réis 295$620, proveniente de generos alimenticios fornecidos á extincta commissão do Alto Paraná, por pedido do respectivo chefe.—A' Thesouraria de Fazenda para informar.

Accusou-se o recebimento dos balancetes do Banco Mercantil de Santos e English Bank of Rio de Janeiro Limited, referentes ao mez findo.

4ª SECÇÃO

Autorisou-se a Inspectoria dos Jardins a contractar uma musica particular para tocar ás quintas-feiras no Jardim da Luz.—Deu-se conhecimento ao Thesouro do Estado.

Foi nomeado o capitão Joaquim Thomaz de Oliveira Tito, para o logar de Collector do Espirito-Santo do Pinhal, sendo exonerado a pedido daquelle cargo, o cidadão José Ribeiro de Oliveira Motta.

OFFICIOS DESPACHADOS

Da Superitendencia de Obras Publicas, pedindo autorisação para construir uma cadêa na villa do Espirito Santo do Pinhal, mediante a verba de 19:057$508 rs.—Ao Thesouro do Estado.

Da mesma, fazendo egual pedido para reparos na estrada de Redempção a Registro, mediante a importancia de 2:780$800.—Idem.

Da Intendencia de Parahybuna, pedindo concertos na estrada que dalli vae a Caraguatatuba.— A' Superintencia de Obras Publicas para informar.

Da de S. Luiz do Parahytinga, solicitando 4:000$000 para reparos do

10

O privilegio para a navegação do rio deve, segundo parece á commissão, ser entendido como concessão de direito exclusivo ao privilegiado, para exercer a industria de transportes pela navegação e, conseguintemente, não deve impossibilitar a terceiros de transportarem generos da propria industria, porquanto neste caso não fossem a industria de transportes que pertence ao privilegiado.

Por isso mesmo que se trata de um privilegio e sua interpretação não póde ser ampliativa e sim restrictiva.

Em taes condições pensa a commissão que a Companhia Ceramica e Constructora, como qualquer outra entidade juridica, não está impossibilitada de navegar o rio Tieté, para transportar os productos proprios.

Offerece pois á consideração da camara o seguinte projecto : N. 61.

O Congresso Legislativo do Estado de S. Paulo decreta :

Art. unico.—A lei n. 62 de 23 de Março de 1889, não impossibilita a qualquer cidadão, empreza ou companhia de navegar o rio Tieté, para n'elle transportar productos de industria propria, sendo porem, vedado qualquer transporte, mesmo a titulo gratuito de generos ou mercadorias de terceiros.

Sala das commissões, 20 de Outubro de 1891.

A. Candido Rodrigues.
Bueno de Andrada.

—

RELATORIO APRESENTADO Á CAMARA DOS DEPUTADOS PELO INSPECTOR DOS JARDINS PUBLICOS

JARDIM DA LUZ

A frequencia no Jardim da Luz tem crescido ultimamente, e, não raras vezes, elle só se mostra insufficiente para conter a multidão que o procura.

O estado geral desse jardim, que recebi em pessimo estado e não condizendo de modo algum com a nossa adeantada civilisação, ainda é máo, não obstante os esforços que tenho feito para melhoral-o, pois a verba que lhe foi destinada no exercicio findo, foi apenas sufficiente para a sua conservação e não para os melhoramentos de que necessita com urgencia ; em sua ultima reunião a Assembléa Provincial lhe havia marcado a verba de 25:000$000, por occasião de reformal-o, mas essa lei, ainda que sanccionada, não foi posta em execução e o Governo Provisorio lhe marcou, para o exercicio que findou, a verba de 12:000$000, de todo insufficiente para qualquer melhoramento.

O aspecto dos grammados e o estado decadente dos seus bosques, bem denotam a pouca fertilidade do sólo, que necessita imperiosamente do emprego de adubos concentrados e energicos, como o guano do Perú, que, por falta de verba sufficiente, apenas pude empregar em quantidade limitada.

Os arvoredos de especies improprias e pouco variadas, precisam em parte ser renovados e augmentados ; com permissão do Governo, que sollicitou do Ministerio da Agricultura as ordens necessarias para que as plantas requisitadas por mim fossem fornecidas pelo Jardim Botanico do Rio de Janeiro e transportadas pela Estrada de Ferro Central, fiz em Dezembro de 1890 uma viagem á Capital Federal, onde as escolhi : em Janeiro recebi do director do Jardim Botanico officio communicando-me estarem as plantas promptas para serem remettidas, e que tambem communicava naquella data ao Ministerio da Agricultura ; até hoje, porém, essas plantas ainda não chegaram.

Havendo ainda uma grande superficie de terreno a ser ajardinada, junto á casa da Inspectoria, mandei apromptar esse terreno, contando plantar nelle as plantas que esperava da Capital Federal, e com consentimento do Governo mandei vir dos Estados Unidos da America a semente necessaria de Laun-Grane para os grammados, e as machinas para o tratamento : essas sementes, demoradas por muito tempo na Alfandega de Santos, apezar de na occasião terem sido tomadas as necessarias precauções para sua prompta retirada soffreram grandemente em sua vitalidade, e parte das machinas ainda continuam retiradas ahi, ainda que chegadas desde o mez de Março, por causa de extraordinaria agglomeração de mercadorias.

Do lado opposto o traçado do Jardim, já primitivamente defeituoso, foi de todo estragado pela abertura da rua do Bom Retiro, sendo de todo indispensavel que um novo traçado seja feito, conjuntamente com novas plantações: não encetei porem ainda esse serviço, porque a acanhada verba de que disponho não o permitte.

Os banco, não obstantes terem sido augmentados por mim durante o exercicio passado, com autorisação especial do Governador, ainda são insufficientes, sendo necessario que o seu numero seja grandemente augmentado.

O mesmo acontece com o serviço de illuminação, pois exceptuando uma pequena area no centro do jardim, todo o resto se conserva ás escuras ; o que é altamente inconveniente, fazendo com que o jardim seja á noite procurado para actos immoraes, o que é impossivel impedir.

O aquarium começado antes de me ser confiada a inspecção do jardim, foi concluido, não obstante eu reprovar não só a sua situação, mas ainda a sua existencia, por parecer-me inutil, si não prejudicial, com os habitos de nossas classes pouco instruidas.

Outro serviço a que tive de attender com urgencia, ainda que dispendioso, foi o supprimento de agua potavel ás pessoas que frequentam o jardim, e que eram forçadas a saciar a sede com a agua do Bexiga, que por sua qualidade repugnava até aos simples jornaleiros do jardim, que para seu uso traziam comsigo agua da Cantareira.

Mandei para isso fazer os necessarios encanamentos, e reclamei da Companhia Cantareira e Exgottos o cumprimento do seu contracto com o Governo, obrigando-se a fornecer gratuitamente ao Jardim da Luz duas pennas de agua, requisição a que ella promptamente accedeu.

Como era opinião minha emittir, em meu relatorio do anno proximo passado, penso que a verba de rs. 25:000$000, que a Assembléa Provincial votou em sua ultima sessão, é de todo necessaria para a boa conservação e os melhoramentos mais urgentes de que carece o Jardim da Luz, principal sinão unico passeio de que dispõe a nossa população.

MICTORIOS E LATRINAS

Frequentado como está sendo o Jardim da Luz, torna-se necessaria e urgente a collocação alli tanto de mictorios como de latrinas.

Por vezes já tenho reclamado providencias n'esse sentido ; o anno passado o Governo autorisou á Superintendencia de Obras Publicas que fossem feitos os necessarios estudos ; o orçamento d'esse serviço foi então apresentado, mas a obra não foi ordenada.

Para esse serviço de urgente necessidade chamo a vossa esclarecida attenção.

RESTAURANT

Pelas manhãs o Jardim da Luz é muito frequentado por familias que levam alli seus filhos a fazerem exercicios, os quaes não encontram conforto algum desde, que sem a abertura da rua Bom Retiro, foi mandado retirar o antigo Chalet Restaurant que alli tinha Jacób Fredericks : ás tardes, sobretudo nos dias feriados o Jardim é muito frequentado, e todos se queixam desta falta.

Com autorisação vossa contractei com o bacharel Antonio Verianno Pereira e Ugo Boniscini, sem onus algum para o Estado, para o qual deve reverter findo o prazo de 20 annos, a construcção de um Chalet Restaurant, que, além daquelles confortos, é obrigado a manter alli uma musica ás quintas-feiras e fornecer jogos infantis ás creanças, ficando debaixo de fiscalisação immediata desta inspectoria, perdendo todos os seus direitos,sem indemnisação alguma quando, a juizo do Governo, tornar-se necessaria, antes de findo aquelle prazo, a retirada do mesmo Chalet.

EDIFICIOS

No interior do Jardim da Luz existiam duas casas, uma muito antiga, feita para moradia dos directores do Jardim Botanico, servia de moradia ao zelador do Jardim.

A outra casa para cuja edificação foi dada concessão ao meu predecessor o fallecido cidadão A. B. Quartim, devendo no fim de certo prazo passar a ser propriedade da Provincia, foi entregue ao Estado em principios de 1890, em muito máu estado de conservação, sendo ordenado ao zelador, quando por occasião da abertura da rua do Bom Retiro, foi destruida a primeira casa, que se passasse para ella.

Posteriormente esta ultima casa foi mandada reparar para moradia do inspector, passando o zelador a morar fóra do Jardim ; penso, porém, que seria de utilidade a edificação de um pequeno chalet que, concorrendo para a ornamentação do Jardim, servisse de morada ao zelador, que assim melhor o fiscalisaria e guardaria.

Como informei ao Governo ,em officios de 17 de Setembro e de 3 de Outubro de 1890, officios para os quaes chamo a vossa attenção, os concertos da casa de que o Estado tomára posse, foram entregues a um empreiteiro pela Superintendencia de Obras Publicas e feitos, sem a menor fiscalisação e muito imperfeitamente, necessitando o edificio de de novos e urgentes reparos.

GUARDA E POLICIA

A guarda do Jardim da Luz é feita por um destacamento, rendido diariamente, de duas praças do corpo de permanentes, das quaes uma fica de sentinella no portão, emquanto a outra é encarregada do policiamento interno. Feito por tal modo, esse serviço é de todo imperfeito e inconveniente, não porque confiado com frequencia a soldados risonhos, elle é mal executado, como por ser um começo de relaxamento e indisciplina para esssas praças entregues a si, longe da immediata inspecção de um superior.

Julgo preferivel que me consintam escolher entre os trabalhadores do jardim um de minha confiança, a quem eu confie a guarda do portão, fazendo com que, á noite, o jardim seja policiado por mais dous, que o farão com um pequeno augmento de salario; devendo porem, aos domingos e dias feriados, visto a grande frequencia que então tem o jardim, sobre tudo das classes menos educadas, ser para alli mandado ás ordens do zelador ou do inspector, um destacamento de seis praças de policia, para fazerem a policia do mesmo. Por esse modo o serviço será melhor executado e o pequeno accrescimo da despeza será mais que compensado pelo serviço melhor empregado das duas praças alli destacadas.

AUGMENTO DO JARDIM

Contiguo ao Jardim da Luz existe um terreno pertencente a herdeiros de d. Maria Marcolina Monteiro de Barros, que, por acto de 16 de Outubro de 1882, foi declarado de utilidade publica, autorisando o art. 37 da lei de 17 de Março de 1883, que se gastasse a quantia necessaria para a sua desappropriação e annexação ao Jardim da Luz.

Penso ser dever meu chamar para isso a vossa attenção, pois si essa annexação já era considerada util em 1882, muito mais deve sel-o hoje, quando a nossa população tem crescido por modo tão espantoso. Na frente do jardim existe egualmente um terreno aberto, pertencente ao Estado, que com pequeno dispendio lhe poderia ser annexado, o que seria tanto mais conveniente, que se deve proceder á abertura da rua Brigadeiro Tobias, obstruido actualmente pela estrada de ferro, a qual se prolongára então pela frente do Jardim.

ILHA DOS AMORES

Por contracto feito com a Presidencia de S. Paulo, foi Michel Loeb empossado da Ilha dos Amores, em 15 de Junho de 1889, conjunctamente com todos os moveis e utensilios n'ella existentes. Em 11 de Dezembro, officiei ao Governo, pedindo instrucções a respeito, e em 17 do mesmo mez e anno, communicando ter, em virtude das clausulas 8 e 11 do contracto, que elle firmára com o governo, em 14 de Maio do mesmo anno, impostas a Michel Loeb, a multa de 200$000 réis, e pedindo a rescisão do contracto, sendo elle obrigado a repor a Ilha no seu antigo estado.

Ambos os meus officios ficaram sem resposta, a Ilha em completo abandono, e Michel Loeb de posse dos moveis e utensilios que ali existiam.

JARDIM DO PALACIO

Tenho procurado conservar o melhor possivel o Jardim do Palacio, onde conservo um jardineiro e o seu ajudante: não me foi porém possivel melhoral-o com a exigua verba de que dispunha, pois orçamento do exercicio que findou, apenas consignava para elle, conjunctamente com o Morro do Carmo, 1:685$000 réis para salario dos trabalhadores, quando o orçamento que na occasião de minha nomeação me foi apresentado pelo zelador de então, Antonio José Fochon, e que communiquei ao Governo, pedia-se para concerto e pintura dos bancos do Jardim do Palacio a quantia de 884$600 réis.

MORRO DO CARMO

Continúa a meu cargo a conservação dos taludes do Morro do Carmo, que penso deveria estar antes entregue á Intendencia Municipal ou a Superintendencia de Obras Publicas, pois verdadeiramente aquillo não é um serviço de jardinagem, carecendo antes dos cuidados de um engenheiro.

As ulimas chuvas fizeram alli grandes estragos, tendo o pedreiro que quiz se encarregar dos concertos me pedido a quantia de rs. 1.600$000, como vos communiquei, importancia que por si só quasi absorveria a verba destinada áquelles taludes e ao Jardim do Palacio.

DO PESSOAL

O pessoal compõe-se de 1 inspector dos jardins e de um jardineiro zelador, de nomeação do presidente do Estado, e dos necessarios jornaleiros escolhidos pelo inspector.

Tendo continuado a pagar aos jornaleiros a diaria de rs. 2$000, os bons trabalhadores promptamente se retiravam certos de, com facilidade, encontrarem melhor remuneração, o que me forçou a eleval-a a 2$500, que ainda não os satisfaz. Por proposta minha os vencimentos do jardineiro zelador foram elevados a rs.1:800$000 annuaes, o que me parece sufficiente,não obstante as

ESTADOS UNIDOS DO BRAZIL

DIARIO OFFICIAL

DO ESTADO DE SÃO PAULO

ANNO I—3º DA REPUBLICA—N. 174 SÃO PAULO TERÇA-FEIRA 8 DE DEZEMBRO DE 1891

PARTE OFFICIAL

ACTOS DO PODER LEGISLATIVO

LEI N. 23

DE 4 DE DEZEMBRO DE 1891

Autorisa o Governo a adquirir ou mandar construir um predio para nelle funccionar o Lyceu de Artes e Officios

O Presidente do Estado de São Paulo:

Faço saber que o Congresso do Estado decretou e eu promulgo a Lei seguinte:

Artigo 1.º Fica o Presidente do Estado autorisado a adquirir ou mandar construir nesta Capital um predio com as accommodações necessarias, para nelle funccionar o Lyceu de Artes e Officios, podendo para esse fim despender até a quantia de cem contos de réis, e fazer as expropriações necessarias.

Artigo 2.º Desde a installação do Lyceu no predio que fôr entregue á respectiva Directoria, esta enviará trimensalmente ao Governo mappas demonstrativos da frequencia e aproveitamento dos alumnos, e sujeitará o estabelecimento á sua fiscalisação.

Artigo 3.º O Governo revogará a concessão do uso e goso do referido predio, si a frequencia das aulas do Lyceu fôr menor de cem alumnos durante um anno, e si a falta de aproveitamento demonstrar a inutilidade d'esse instituto, ou nos casos de infracção do disposto no artigo precedente.

Artigo 4.º. A autorisacão desta Lei fica dependente de consignação de verba na Lei do orçamento.

Artigo 5.º. Revogam-se as disposições em contrario.

Mando, portanto, a todas as autoridades, a quem o conhecimento e execução da referida Lei pertencer, que a cumpram e façam cumprir tão inteiramente como nella se contém.

O Secretario do Estado a faça publicar, imprimir e correr.

São Paulo, quatro de Dezembro de mil oito centos e noventa e um, terceiro da Republica dos Estados Unidos do Brazil.

AMERICO BRAZILIENSE DE ALMEIDA MELLO.

CARLOS AUGUSTO DE FREITAS VILLALVA.

Publicada na Secretaria do Governo do Estado de São Paulo, aos quatro dias do mez de Dezembro de mil oito centos e noventa e um.

João de Souza Amaral Gurgel.

Entra egualmente em continuação da 2.ª discussão o projecto vindo da Camara dos Deputados, sobre a reforma municipal.

Entra em discussão o artigo 32.

O sr. Vieira de Carvalho diz que o artigo 32 concede ás Camaras um recurso do qual podem provir lesões de direito, sem que se dê o remedio competente contra essa injustiça.

No intuito de obviar esse inconveniente apresenta a seguinte emenda: *(lê.)*

E' lida e posta em discussão a seguinte

EMENDA

N. 6

Emenda ao art. 32—accrescente-se:—«O cidadão que se entender prejudicado por não ter sido reconhecido vereador, poderá recorrer, dentro de 10 dias, da decisão da camara municipal para o juiz de direito da comarca a que pertencer o municipio.

Vieira de Carvalho.

O sr. Brazilio dos Santos (Não recebemos.)

O sr. Frederico Abranches (Não recebemos.)

E' lida e posta em discussão a seguinte

EMENDA

N. 5

Emenda ao art. 32—accrescente-se:—«O cidadão que se julgar prejudicado por não ter sido reconhecido vereador, poderá recorrer, dentro de 10 dias, para o Tribunal de Justiça.»

Dr. Frederico Abranches.

O sr. Vieira de Carvalho (Não recebemos.)

O sr. Brazilio dos Santos (Não recebemos.)

Encerrada a discussão e posto a votos é approvado o art. 32, salvo as emendas.

Postas a votos as emendas são tambem approvadas.

O sr. João Monteiro justifica em ligeiras considerações e lê a seguinte emenda, que é posta em discussão.

N. 7

Ao art. 33, ultimas palavras. Em vez de—«a intendencia mais visinha»—diga-se:—«o juiz de direito da comarca.»

João Monteiro.

São approvados o art. 33, e a emenda.

São approvados sem debate os arts. 34, 35, 36, 37 e 38 §§ 1.º e 2.º

O sr. Paula Machado:—Vem offerecer uma emenda ao § 3.º, por entender que de todas as classes sociaes a lauvoura é a mais sobrecarregada de impostos.

12

13

ESTADOS UNIDOS DO BRAZIL

DIARIO OFFICIAL

DO ESTADO DE SÃO PAULO

DIARIO OFFICIAL

MANIFESTO

14

ESTADOS UNIDOS DO BRAZIL

DIARIO OFFICIAL

DO ESTADO DE SÃO PAULO

DIARIO OFFICIAL

TELEGRAMMAS

IMPRENSA OFICIAL

_A Imprensa Oficial do Estado surge com a necessidade de publicação dos Atos Oficiais do governo sob a denominação genérica de Tipografia do Estado de São Paulo.

15. FAC-SÍMILE DO MANUSCRITO DO DECRETO n. 162 QUE CRIA O *DIÁRIO OFICIAL DO ESTADO DE SÃO PAULO*

Aí antes funcionara o jornal abolicionista *A Redenção*, e a mesma máquina Alauzet que o imprimia, passa a estampar o *Diário Oficial*.

16. PRELO ALAUZET

_O governo provisório adquire a Typographia Diniz & Sol — largo Sete de Setembro, n. 10 — onde é instalada a nova repartição, nos fundos da Igreja dos Remédios.

17. PRIMEIRO PRÉDIO DO *DIÁRIO OFICIAL*, ENTÃO TIPOGRAFIA DO ESTADO

_Hoje a igreja não existe mais e o largo foi incorporado à atual praça João Mendes.

18. IGREJA DOS REMÉDIOS

_A brochagem de folhetos e livros era encomendada à Oficina de Casimiro Corrêa Pinto.

_José Pedro Lessa antecedeu o primeiro diretor. A nomeação do primeiro diretor, João José de Araújo, é publicada no *Diário Oficial* n. 29, de 7 de junho; exonerado em 19 de dezembro.

_O "Regulamento do *Diário Oficial*" é publicado no n. 61, de 21 de julho;

19. REGULAMENTO DO *DIÁRIO OFICIAL*

Decreto nº 162

Cria o "Diario Official do Estado de São Paulo".

O Governador do Estado, no exercicio da attribuição conferida pelo artigo 2º § 6º do Decreto nº 7 de 20 de Novembro de 1889;

Decreta:

Artigo 1º - Fica creado um jornal com o titulo de "Diario Official do Estado de São Paulo", que se destinará á publicação dos Actos e do expediente do Governo, bem como do expediente das diversas repartições publicas do Estado.

Artigo 2º - O "Diario Official" será editado em officinas typographicas de propriedade do Estado, ás quaes, sob a denominação generica de "Typographia do Estado de São Paulo", se poderão annexar, como dependencias, officinas para trabalhos concernentes á arte typographica, á pautação e á encadernação.

Artigo 3º - O pessoal encarregado da publicação do "Diario Official" e dos demais serviços será o seguinte:

1 Director.
1 Sub Director.
2 Redactores.
3 Revisores.
1 Administrador.
1 Archivista.
1 Chefe de officina de obras e machinas.
1 Chefe da officina do jornal.
1 Encarregado de remessa.
1 Chefe de contabilidade.
2 Escripturarios.
1 Continuo.

Artigo 4º - O Governador, em regulamento expedido para esse fim, organisará a Repartição do "Diario Official" e discriminará as attribuições dos empregados a que se refere o artigo antecedente, os quaes perceberão os vencimentos constantes da tabella annexa.

O Secretario do Governo o faça publicar.

Palacio do Governo do Estado de São Paulo, 28 de Abril de 1891.

A. [illegible]

15

16

17

18

19

ESTADOS UNIDOS DO BRAZIL

DIARIO OFFICIAL

DO ESTADO DE SÃO PAULO

ANNO I—3º DA REPUBLICA—N. 61 | SÃO PAULO | TERÇA-FEIRA 21 DE JULHO DE 1891

O Governador do Estado, de accôrdo com o art. 4º do Decreto n. 162 A, de 28 do mez findo, resolve que se observe o seguinte:

REGULAMENTO DO "DIARIO OFFICIAL"

CAPITULO I

DO «DIARIO OFFICIAL»

Art. 1º. O *Diario Official* é o orgam de publicidade do Governo do Estado de S. Paulo. Além do que fôr de lei, nelle serão dados á publicidade:

—Os despachos e actos do Governo do Estado;

—Explicação dos actos do Governador, quando convier;

—Os actos, despachos e expediente da secretaria ou secretarias do Estado e de todas as repartições publicas nelle existentes;

—As declarações, annuncios, editaes e avisos das mesmas repartições, bem como dos Juizos e Tribunaes;

—As leis, decretos e regulamentos do Governo Federal que devam ter execução neste Estado;

—Documentos de interesse particular que acompanharem actos ou despachos officiaes.

Art. 2º. Além das publicações a que o artigo anterior se refere, o *Diario Official* deverá inserir, sempre que fôr possivel:

—A chronica do fôro, despachos e sentenças dos Juizos e Tribunaes;

—Noticias sobre o movimento commercial, industrial, scientifico e artistico do Estado;

—Resumo dos debates do Corpo Legislativo do Estado;

—Extractos de relatorios organisados por motivo de serviço publico;

—Noticias succintas sobre o movimento politico, administrativo, commercial, financeiro, scientifico e artistico dos outros Estados da Republica, da Capital Federal e principaes nações estrangeiras;

—Escriptos originaes ou vertidos sobre sciencias, artes, industria, especialmente agricola, viação, colonisação e outros assumptos de interesse publico;

—Annuncios, avisos, declaraçoes ou quaesquer outras publicações de caracter particular, uma vez que estejam de harmonia com a indole do jornal.

Art. 3º. O *Diario Official* será distribuido mediante assignatura; a assignatura só póde ter logar por anno ou semestre.

§ unico. Os funccionarios publicos, pagos pelos cofres do Estado, que autorisarem o desconto mensal de mil réis em seus vencimentos, serão considerados assignantes.

CAPITULO II

DA TYPOGRAPHIA DO ESTADO

Art. 4º. O *Diario Official* será editado em officinas typographicas de propriedade do Estado de S. Paulo, ás [illegible]es, sob a denominação generica de Typographia do Estado, se poderão annexar como dependencias, a juizo do Director, officinas para toda sorte de trabalhos da arte typographica, de pautação e de encadernação.

Art. 5º. Nessas officinas serão editados e promptificados os trabalhos de caracter official, e, sendo possivel, igualmente serão editadas e promptificadas encommendas de caracter particular, desde que não seja prejudicado o serviço publico.

CAPITULO III

DO PESSOAL E NOMEAÇÕES

Art. 6º. O pessoal encarregado da publicação do *Diario Official* e mais serviços é o de que trata o art. 3º do Decreto n. 162 A, de 28 de Abril do corrente anno:— 1 Director, 1 Sub-director, 2 Redactores, 3 Revisores, 1 Administrador, 1 Archivista, 1 Chefe de officinas de obras e machinas, 1 Chefe de officinas do jornal, 1 Encarregado da remessa, 1 Chefe de contabilidade, 2 Escripturarios, 1 Continuo. Esse pessoal perceberá os vencimentos constantes da tabella annexa ao Decreto citado.

Art. 7º. A fixação do numero de funccionarios não inhibe a admissão de auxiliares ou collaboradores assalariados, desde que a affluencia de serviços o exija, a juizo do Director, que sujeitará o seu acto á approvação do Governo.

Art. 8º. Além do mencionado pessoal haverá empregados technicos, aprendizes e serventes que o serviço reclamar, pagos a jornal ou por obra.

Art. 9º. Os empregados a que se referem os artigos 7º e 8º serão pagos semanal ou mensalmente pela Contadoria, na fórma do art. 28, § unico, do cap. VI.

Art. 10. Um dos Revisores será designado pelo Director para o logar de Chefe da revisão.

Art. 11. O Governador nomeará o Director, e, sob proposta deste, o Sub-director, Administrador e Chefe da contabilidade. Os demais empregados são de livre nomeação do Director.

CAPITULO IV

ATTRIBUIÇÕES E FUNCÇÕES

Art. 12. Ao Director compete:

I. Superintender todos os serviços ao cargo do *Diario Official* e da Typographia do Estado, dirigindo superiormente todos os negocios da repartição, correspondendo-se directamente com todas as autoridades federaes ou estaduaes, chefes das repartições e particulares sobre negocios concernentes á mesma repartição.

II. Nomear, suspender e demittir os empregados de sua nomeação; propôr a demissão dos demais funccionarios quando fôr conveniente ao serviço publico; provêr as faltas dos que por este Regulamento não tenham substituição determinada;

III. Dar ingresso aos extranumerarios, nos termos do art. 7º, arbitrando-lhes a respectiva gratificação.

IV. Organisar regulamento interno da repartição e dar instrucções verbaes ou escriptas para a boa ordem do serviço.

V. Fazer e assignar contratos; abrir, despachar e assignar toda a correspondencia e expediente da repartição; visar contas de despezas autorisadas e de pedidos de forne-

20

ACTOS OFFICIAES

Expediente do Governador do Estado de S. Paulo

—

Decreto n. 162 A.

Crêa o «Diario Official do Estado de São Paulo»

O Governador do Estado, no exercicio da attribuição conferida pelo artigo 2º § 6º do Decreto n. 7 de 20 de Novembro de 1889;

DECRETA:

Artigo 1º. Fica creado um jornal com o titulo de *Diario Official do Estado de São Paulo*, que se destinará á publicação dos actos e do expediente do Governo, bem como do expediente das diversas repartições publicas do Estado.

Artigo 2º. O *Diario Official* será editado em officinas typographicas de propriedade do Estado, a que, sob a denominação generica de *Typographia do Estado de São Paulo*, se poderão annexar, como dependencias, officinas para trabalho concernentes á arte typographica, á pautação e á encadernação.

Artigo 3º. O pessoal encarregado da publicação do *Diario Official* e dos demais serviços será o seguinte:

1 Director
1 Sub Director
2 Redactores
3 Revisores
1 Administrador
1 Archivista
1 Chefe de Officina de Obras e machinas
1 Chefe de Officina do jornal
1 Encarregado de remessa
1 Chefe de contabilidade
2 Escripturarios
1 Continuo

Artigo 4º. O Governador, em regulamento expedido para esse fim, organisará a Repartição do *Diario Official* e discriminará as attribuições dos empregados a que se refere o artigo antecedente, os quaes perceberão os vencimentos constantes da tabella annexa.

O Secretario do Governo o faça publicar.

Palacio do Governo do Estado de São Paulo, 28 de Abril de 1891.

Americo Braziliense de Almeida Mello

—

DIA 3 DE JUNHO

1ª SECÇÃO

21

DIARIO OFF

DO ESTADO DE SÃO P

ANNO I—3º DA REPUBLICA—N. 1 SÃO PAULO SE

DIARIO OFFICIAL

Mais para não contravir os estylos do que para explicar o apparecimento desta folha e o fim a que ella destina-se na imprensa, cumpre-nos aqui expender o pensamento que o seu titulo de si mesmo annuncia.

O *Diario Official de S. Paulo* póde e deve visar, sem duvida, um objectivo social, prestando o seu concurso, minimo que seja, á elucidação dos problemas attinentes á conservação da ordem e á causa do progresso economico, industrial e politico do povo paulista. E' porém, antes de tudo, um orgam da administração, destinado a transmittir o pensamento e as deliberações governamentaes aos habitantes do Estado, esclarecendo e explicando os actos administrativos quando mal comprehendidos, e justificando-os quando censurados.

No desempenho dessa missão é o seu maximo dever interpretar fielmente os intuitos do governo, preservando a idéa que preside a gestão dos negocios publicos do falso conceito ou dos ataques dos adversarios, do que, todavia, não resulta que as opiniões sustentadas nesta folha deixem de traduzir a sinceridade duma convicção — a dos seus redactores, livre e expontaneamente devotados á causa da aggremiação politica dominante.

A'quelles cumpre, ainda assim, a bem da sua solidariedade com o poder publico, refrear as tendencias individuaes do seu espirito e mesmo a natural expansão das suas idéas, toda a vez que a acrimonia das censuras ou a violencia do ataque exceda os limites da moderação, da cortezia e da dignidade em que deve manter-se o orgam da administração: em tal caso, a unica resposta será o silencio e o desprezo.

Não são nossas palavras uma impertinente admoestação, mas simples prevenção, talvez superflua, ante o cavalheiroso acolhimento que aguardamos de todos os nossos collegas da imprensa.

—

Sobre ser necessariaou apenas util a creação do *Diario Official*, é indisputavel que a affirmativa tonar-se-á manifesta desde que se attenda ás exigencias da nova phaseem que vae entrar o Estado, após a sua organisação constitucional, e consequente desenvolvimento do expediente official, determinado pelo maior numero e amplitude das attribuições do governo, bem como ao immenso accrescimo da população, das industrias e do commercio no territorio paulista, que hade forçosamente reflectir sobre os serviços a cargo da publica administração.

Em taes condições é de ver-se que a melhor vontade da industria privada não poderá dentro em pouco, supprir a falta da imprensa official com a presteza e segurança indispensaveis aos trabalhos do governo do Estado.

Acreditamos, pois, que a fundação desta folha antecipa apenas alguns dias a satisfação de inilludivel necessidade.

O dr. Chefe de Policia

As folhas da Capital Federal publicaram ante-hontem um longo telegramma enviado desta capital em que, entre muitas inverdades se affirmava que o dr. chefe de policia sob pretexto, de um conflicto no Rio Claro, para alli seguira com força afim de exercer pressão eleitoral.

O conflicto de que se trata não foi um pretexto, infelizmente: houve com effeito, pedido de força, de um fazendeiro que reclamava da autoridade garantias para sua vida, que

DIÁRIO OFICIAL

_O Decreto n.162-A, de 28 de abril, publicado em 6 de junho, oficializa o *Diário Oficial do Estado de São Paulo*; artigo 2º: "O *Diário Oficial* será editado em 'oficinas tipográficas de propriedade do estado, (...) sob a denominação genérica de Tipografia do Estado de São Paulo".

20. CRIAÇÃO DO *DIÁRIO OFICIAL*

_O primeiro número é de 1º de maio, no qual figura uma espécie de editorial com os objetivos do jornal. Surpreende a justificativa de eventual censura.

21. EDITORIAL COM OBJETIVOS DO JORNAL

_Avisos informando os endereços dos escritórios e oficina do *Diário Oficial*, respectivamente, à rua Direita e largo Sete de Setembro.

22. ENDEREÇOS DO *DIÁRIO OFICIAL*

_No n.3, de 3 de maio, uma portaria do governo determina a Diretoria a "mandar publicar no *Diário Oficial* o extrato do expediente diário da repartição".
_Os atos oficiais do governo eram publicados no *Correio Paulistano*. No n.2, de 2 de maio, publica-se a informação sobre a rescisão do contrato com a referida publicação, ocorrida em 1º de junho de 1890.
_No n.4, de 5 de maio, publica-se um requerimento do gerente do *Correio Paulistano*, solicitando pagamento referente a publicações de Atos Oficiais de fevereiro, março e abril.
_Nesse período, a tiragem do jornal é de mil exemplares, com quatro a oito páginas.

23. ATOS OFICIAIS

_No n.56, de 14 de julho, na 4ª seção, comunica-se que "foi aberto no Tesouro do Estado um crédito de 118:024$160 réis, para atender as despesas feitas e por fazer com o *Diário Oficial* até dezembro";

24. CRÉDITO PARA O *DIÁRIO OFICIAL*

_No n.57, de 12 de julho, os assinantes são "convidados" a pagarem seus débitos.

25. DÉBITOS DE ASSINANTES

_No exemplar de 4 de agosto, uma curiosidade – anúncio de tabaco, com ilustração no centro da página.

26. FUMO NEGRO – FORTE E SEM COMPOSIÇÃO

_No n.92, de 29 de agosto, comunica-se a decisão de dividir o *Diário Oficial* em duas seções: Parte oficial e Parte não-oficial, o que já ocorre no número seguinte, de 30 de agosto.

27. DIVISÃO DO *DIÁRIO OFICIAL* | PARTE OFICIAL E NÃO OFICIAL

22

AVISO

O *Diario Official* do Estado de S. Paulo tem sua officina no largo «Sete de Setembro» sendo provisoriamente o escriptorio da administração, á rua Direita n. 37 sobrado.

As assignaturas serão pagas adiantadamente no mesmo escriptorio á razão de 12$000 por anno e 7$000 por semestre, não sendo admittidos assignantes por menos de 6 mezes.

Todas as publicações pagas que tiverem de ser feitas no *Diario Official* deverão ser entregues até ás 3 horas da tarde no Escriptorio, á rua Direita n. 37.

23

DIARIO OFFIC

DO ESTADO DE SÃO PAULC

ANNO I—3º DA REPUBLICA—N. 2 SÃO PAULO SABBADO

AVISO

O *Diario Official* do Estado de S. Paulo tem sua officina no largo «Sete de Setembro» sendo provisoriamente o escriptorio da administração, á rua Direita n. 37 sobrado.

As assignatuas serão pagas adiantadamente no mesmo escriptorio á razão de 12$000 por anno e 7$000 por semestre, não sendo admittidos assignantes por menos de 6 mezes.

Todas as publicações pagas que tiverem de ser feitas no *Diario Official* deverão ser entregues até ás 3 horas da tarde no Escriptorio, á rua Direita n. 37.

ACTOS OFFICIAES

Expediente do Governo do Estado de S. Paulo

Dia 29 de Abril

1ª SECÇAO

OFFICIO DESPACHADO

Da inspectoria de hygiene pedindo ser providenciado o pagamento da despeza de um carro para transporte de variolosos e aluguel

1 Junho de 1890, com o «Correio Paulistano» para a publicação dos Actos officiaes do Governo deste Estado. — Deu-se conhecimento ao administrador daquelle Jornal.

Foi autorisada a Superintendencia de Obras Publicas a despender mais 2:223$431 reis, com os concertos necessarios na estrada de Ytu a Sorocaba.—Deu-se conhecimento ao thesouro do Estado.

REQUERIMENTOS DESPACHADOS

Do Dr. Domingos Jaguaribe, pedindo certidão.

—Certifique-se em termos.

Do Banco de Santos pedindo concessão de privilegio para uma estrada de ferro da quella cidade a Iguape.—Aguarde a reunião do Congresso.

5ª SECÇÃO

—Foram exonerados:

Bento de Godoy Moreira do cargo do subdelegado de policia da estação de Pedreiras;

Lucio Enéas de Mello Fagundes do cargo de delegado de Batataes;

João Pinto Pereira do de subdelegado de Annapolis.

lindo Carneir
em goso de li
—Foi exon
Araujo Maced
gado de polici

REQUERIMI

—De Arlind
Aguiar 2º
judicial e nc
commercial,
vedoria, offic
de hypotheca
tos, pedindo
para tratar de
— De João
e Candido He
movidos a al
Permanente
soldo adiant
fardamentos.
Ao thesour
tender.

Expedien

2ª
OFFICI
Da intende
viando copia
afim de ser ap

Messias Egy-
s.
ido Barbosa,
usto de Oli-
z.
Alves de Si-
ra Sobrinho,
M. de Mou-
Brito, Edu-
iz da Silva,
delegado.
Bueno, Anto-
Benedicto de
ja Matriz.
a.
alachias An-
José Antonio
nto de todos,
al-o pela im-
. Paulo, 8 de
ente,
e Castro.

Paulo

ntonio Caeta-
determinação
a-se aberta,
urso e defi-
omia Politica
ão concedida
lmeida.
prazo de 90
dos arts. 45 e
verão reque-
mentos:
equivalente;
sua residen-
idade profis-
Paulo, 30 de
C. C. de Sá e
30—4

rreios
CLASSE
publico que,
acha aberta
gares de car-
art. 169 do
o concurso
portugueza
arithmetica.
com seus
ão de idade
es de 30 an-
bôa saude e
oridades po-
to.
de S. Paulo,
ador,
Bacellar.

COMMERCIO

A Companhia de Fumos «S. Paulo», estabelecida na capital deste Estado com commercio de fumos, representada pelo seu presidente, vem apresentar a esta Meritissima Junta Commercial a marca acima collada, consistente num homem sentado fumando em um cachimbo, tendo em cima a palavra «Fumo» e em baixo «Negro, forte e sem composição», a qual querem registral-a com o titulo «Fumo Negro». A referida marca é usada pelo supplicante em papel de toda e qualquer côr e applicada como distinctivo nos fumos em pacotes e em latas, contendo o mesmo producto de seu commercio e fabrico.

S. Paulo, 27 de Junho de 1891.

Irineo Villela,
Presidente.

Apresentada na secretaria da Junta Commercial de S. Paulo á 1 hora da tarde de 10 de Julho de 1891.

O secretario, *J. A. de Andrade.*

Registrado sob n. 1 em virtude do despacho da Junta Commercial de S. Paulo, em sessão de 10 de Julho de 1891.

S. Paulo, 13 de Julho de 1891.

O secretario, *J. A. de Andrade.*

Pagou o 1º exemplar 6$000 de sello.

10—7 (alt.) O secretario, *J. A. de Andrade.*

ANNUNCIOS

DIARIO OFFICIAL
DO
ESTADO DE SÃO PAULO

Vendem-se nesta repartição exemplares da Constituição deste Estado, ao preço de 300 réis.

Industrias e Profissões

O imposto relativo ao 2º semestre do exercicio corrente será arrecadado n'esta Estação, á bocca do cofre e sem multa, até o dia 31 do corrente mez.

Collectoria de rendas geraes de S. Paulo 1º de Agosto de 1891.

O Collector
C. Martins dos Santos
3 vs. p. sem.

Banco União de S. Paulo

EMISSÃO DE NOTAS DE 10$000

As notas de 10$000, 1ª serie, 1ª estampa, são assignadas: as de ns. 68.001 a 69.000 pelo director dr. Joaquim Lopes Chaves; as de ns. 69.001 a 70.000 pelo director dr. João Tobias e as de ns. 70.001 a 71.000 pelo director dr. Antonio Paes de Barros, sob a rubrica A. P. Barros e são rubricadas: as de ns. 68.001 a 69.000 pelo fiscal auxiliar da emissão dr. Arthur da Silva Araujo e as de ns. 69.001 a 71.000 pelo fiscal da emissão dr. Martim Francisco Ribeiro de Andrada Sobrinho.

S. Paulo, 31 de Julho de 1891.

O Presidente do Banco,
A. de Lacerda Franco.

Companhia Importadora e Commissaria

2ª Convocação

Não tendo camparecido numero legal de accionistas afim de constituir-se a assembléa geral extraordinaria convocada para o dia 31 do mez findo convido-os de novo a reunirem-se no escriptorio da companhia á rua do Rosario n. 17, no dia 15 do corrente, a uma hora da tarde, a fim de ser apresentado o balanço e resolver-se sobre assumptos de maximo interesse para a companhia.

S. Paulo, 1º de Agosto de 1891.

José Maria Diniz
Presidente da Companhia
(alt.) 5—1

Companhia Descontos e Intermediaria

2ª prestação de capital

São convidados os srs. accionistas da Companhia de Descontos e Intermediaria a realisarem a segunda prestação de capital de 10 % ou dez mil réis por acção de cem mil réis cada uma até 30 do corrente mez á rua do Commercio n. 1 sobrado.

Pede-se aos srs. accionistas apresentarem n'essa occasião os recibos provisorios para serem substituidos por cautelas.

S. Paulo, 1 de Agosto de 1891,

O presidente
Joaquim dos Santos Azevedo
(alt.) 10—1

Companhia São Paulo Fabril

3ª e ultima convocação

Não tendo comparecido accionistas representando dous terços de acções para haver a assembléa geral extraordinaria convocada pela 2ª vez pela directoria para hoje 1º de Agosto, de novo convido aos srs. accionistas a se reunirem sabbado 8 do corrente no edificio do Banco de São Paulo, sala do 2º andar, afim de deliberarem sobre uma proposta da directoria.

Sendo esta a 3ª convocação previno aos srs. accionistas que, de conformidade com o artigo 31 dos estatutos, a assembléa deliberará com qualquer numero de votos.

S. Paulo 1º de Agosto de 1891.

Dr. Antonio Dias Novaes.
Presidente
(seguidas) 6—

4ª SECÇÃO

Foi aberto no Thesouro do Estado um credito de 118:024$160 réis, para attender ás despezas feitas e por fazer com o *Diario Official* até Dezembro proximo.—Remetteu-se ao Thesouro do Estado cópia do acto.

Autorisou-se o dr. Chefe de Policia a mandar fazer acquisição dos materiaes necessarios ás obras que têm de

«DIARIO OFFICIAL»

Convida-se os assignantes abaixo mencionados a virem satisfazer a importancia de seus debitos nesta Repartição, todos os dias, das 10 horas da manhã ás 3 da tarde.

Dr. Francilino.
Eduardo Martins Fontes.
Dr. Francisco de Paula Pinto.
Capitão Joaquim R. de Azevedo Marques.
Francisco de Assis Velloso.
Dr. Estevam Leão Bourroul.
Companhia S. Paulo Hotel.
Dr. Carlos Reis.
Luiz Augusto Corrêa Galvão.
Companhia Importadora de Modas.
José Antonio Leite Queimado.
Banco União de S. Paulo.
Gonçalves Leal & Comp.
Dr. Vicente Ferreira da Silva.
Dr. Eugenio do Amaral Souza.
José Rodrigues Ferraz do Amaral.
Dr. Luiz de Freitas.
Diogo Rodrigues de Moraes.
D. Izabel Serpa.
Ignacio Joaquim de Paula.
Seminario de Educandas.
Dr. Alfredo Ribeiro.
Francisco Corrêa de Moraes.
Alberto Lœfgren.
Lucio Gonçalves da Silva.
João Thomaz Alves Nogueira.
João Candido Martins.
Estevão Fay & Comp.
Antonio Ramos.
Dr. Brazilio Izidro da Silva.
Companhia «União Central».
Rosalia Augusta da Silveira.

Repartição da Contadoria do «Diario Official» 12 de Julho de 1891.

O director,
Dr. João de Araujo.

Pelo contador,
Francisco Luiz dos Santos Silva

ESTADOS UNIDOS DO BRAZIL

DIARIO OFFICIAL

DO ESTADO DE SÃO PAULO

ANNO I—3º DA REPUBLICA—N. 93 SÃO PAULO DOMINGO 30 DE AGOSTO DE 1891

PARTE OFFICIAL

ACTOS OFFICIAES

Expediente da Presidencia do Estado de S. Paulo

Dia 28 de Agosto

1.ª SECÇÃO

Foi approvada a nomeação de D. Maria Roza de Oliveira, para, na qualidade de substituta, reger a 1ª cadeira do Belem do Descalvado, durante o impedimento, por licença, da professora publica D. Maria Lourença de Oliveira Catão.

REQUERIMENTOS DESPACHADOS

De Guilhermina Gomes da Silva, professora publica da 2ª cadeira de Caçapava, solicitando seis mezes de licença em prorogação para tratar de sua saude.—Concedo nos termos do art. 123 § 3º do regulamento de 22 de Agosto de 1887.

De João da Silva Machado, professor publico da freguezia do O', municipio da capital, pedindo que lhe seja computado em seu tempo de exercicio no magisterio, o de serviços geraes por elle prestados.—Complete o sello da petição.

2.ª SECÇÃO

Foi nomeada uma commissão composta dos cidadãos dr. Ignacio Marcondes de Rezende, Arnaldo Vieira de Carvalho, Luiz de Amarante Cruz, Francisco de Oliveiaa Coutinho e Antonio de Cerqueira Lima afim de estudar a reorganisação do serviço do Hospicio de Alienados e indicar as medidas que lhe parecerem convenientes.

Foram exonerados a pedido do cargo de membros do conselho de Ibitinga, os cidadãos Daniel Eduardo Martins e Joaquim Pereira Landim.

Foi nomeado para preenher a vaga existente no conselho da intendencia de Campinas o cidadão Horacio J. Scrosoppi.

Remetteu-se:

Ao director da faculdade de direito, afim de informar o requerimento do dr. Vicente Mamede de Freitas, lente catedratico da mesma faculdade, pedindo tres mezes de licença.

A' intendencia da capital, cópia da indicação apresentada pelos deputados Bueno de Andrada e A. Candido Rodrigues acerca dos terrenos do patrimonio municipal, confórme a doação de Martim Affonso.

OFFICIOS DESPACHADOS

Da intendencia da capital reclamando contra o precedimento da intendencia de Juqueri que a todo transe quer invadir o territorio do municipio, para lançar impostos.—A' intendencia de Juquery, para informar.

Da mesma informando a petição de Beraldo Marcondes de Abreu solicitando licença para transferir a posse de uns terrenos foreiros no extincto Aldeamento de S. Miguel.—Ao dr. procurador fiscal do Thesouro do Estado, para emittir parecer.

Da mesma informando sobre identico pedido feito por José Pedro Rodrigues —Idem.

Da intendencia de Cunha remettendo cópia do regulamento do mercado.— Idem.

Da intendencia de Porto Feliz enviando as contas de despezas feitas com o tratamento de variolosos na importancia de 320$760.—A' Thesouraria de Fazenda para pagar, de accòrdo com sua informação n. 166, de 27 do corrente mez.

REQUERIMENTO DESPACHADO

Do dr. André Dias de Aguiar, secretario da faculdade de direito, impetrando tres mezes de licença, em prorogação daquella em cujo gozo se acha.—Concedo.

3.ª SECÇÃO

Secretaria do Governo do Estado de S. Paulo, 28 de Agosto de 1891. — N.º 18.—Ao cidadão dr. 1º secretario da camara dos senhores senadores.—Em resposta ao vosso officio de 20 do mez andante, remettendo uma cópia do requerimento do senador dr. Frederico José Cardoso de Araujo Abranches, approvado em sessão dessa mesma data, e um exemplar do projecto nº 7 de 17 deste, declarando extinctos os nucleos coloniaes das Cannas em Lorêua, e do Cascalho, no municipio da Limeira, afim de que o dr. presidente do Estado diga sobre elle, manda o mesmo dr. presidente declarar-vos, para os devidos fins, que, tendo o Governo deliberado emancipar a Colonia das Cannas e estabelecer um novo nucleo no municipio de Guaratinguetá, para cujo fim já havia cogitado da acquisição das necessarias terras nessa localidade, isso por entender que a colonisação do Norte do Estado nao se fará por outro meio, visto como os immigrantes para alli não vão expotaneamente, logo que appareceu nessa comarca o mencionado projecto sustou todo o procedimento a tal respeito, aguardando a deliberação do Congresso do Estado.—Manda tambem o dr. presidente enviar-vos o officio nº 998 deste mez, no qual a superintendencia de obras publicas prestou informações a esse respeito.—Saude e fraternidade.—*Carlos Villalva.*

Superintendencia de Obras Publicas do Estado de S. Paulo, n. 998 em 6 de Agosto de 1891. Ao cidadão dr. Americo Braziliense de Almeida Mello dignissimo presidente deste Estado. Parece-nos escusado procurar demonstrar que a zona norte não póde pelos actuaes e proprios elementos concorrer efficazmente para o desenvolvimento do progresso do Estado de S. Paulo, em vista do definhamento ou antes decadencia de sua principal industria-a agricultura, perdendo por suas condições precarias as forças que possuia e das quaes podia se utilisar. Não nos parece, entretanto, a situação desesperadora ; si o sólo não pode concorrer para a monutenção proveitosa das grandes propriedades existentes n'aquella zona, elle pela propria subdivisão e pela cultura apropriada a sua constituição poderá concorrer para que o Estado não venha perder, como contribuinte, pelo abandono ou depauperamento, uma região em que existem recursos mui aproveitaveis. Remediar-se-ha, talvez o actual estado da lavoura si a iniciativa particular fôr acoroçoada pelos poderes publicos do Estado, estabelecendo frisantes exemplos de quão vantajosa e benefica para os seus interesses será a divisão do sólo, a fixação a ella do trabalhador e a propriação da cultura que mais conveniente lhe fôr. E para que esses exemplos, por parte do Estado, sejam acompanhados de beneficos resultados, é preciso que os emprehendimentos por elle a realisar sejam á beira das vias ferreas ou dos rios navegaveis, por meio dos quaes conduzam-se os productos aos pontos de consumo

Domingo 30 DIARIO OFFICIAL Agosto (1891) 891

Dito de Felippe de Fino.—Sim, em termos.

Dito de Joaquim Domingues de Oliveira Belly.—Mesmo despacho.

Dito de William Krug.— Mesmo despacho.

Dito de Francisco Ignacio de Toledo Barboza.—Ao dr. engenheiro para informar.

Conta de João Corrêa dos Santos.—Pague-se.

Requerimento da Companhia Paulista de Carnes Verdes.—A commissão incumbida do negocio de carnes verdes.

Feria de Ulysses Bianchini.—Informe o engenheiro.

Requerimento de Vittorazzo Ermini.—Ao procurador para attender, em termos.

Ditos da Companhia Predial.—Ao contador.

Officio do fiscal Olegario Braziliense — Informe com urgencia o contractante da limpeza.

Requerimento de Carlos Geraldi.—Diga o lançador.

Dito de Urbano Augusto da Silva Macedo.—Ao contador.

PARTE NÃO OFFICIAL

SENADO

Resumo da sessão em 29 de Agosto

PRESIDENCIA DO SR. LUIZ PEREIRA BARRETO

Feita a chamada, compareceram os srs. Rodrigo Lobato, Paula Ramos, João Monteiro, Souza Campos, Mello Freire, Frederico Abranches, Leoncio de Carvalho, Vieira de Carvalho, Brazilio dos Santos, Lycurgo dos Santos, Paula Machado.

E' lida a acta.

O sr. João Monteiro (1º secretario) :—Pede a palavra para declarar ao senado que estando prompto um officio na secretaria para ser dirigido ao director do *Diario Official*, fazendo-lhe notar os erros alli publicados no ultimo resumo dos debates e relativo á epigraphe *Parte não official* que encima a secção do resumo, elle orador se acha completamente satisfeito com as razões expostas no artigo do mesmo *Diario* do dia, razões que plenamente justificam o *Diario Official*. Acha que é quasi impossivel serem publicados os extractos sem o menor lapso, attendendo a que não soffrem a menor correção por parte dos oradores e não são tomados tachygraphicamente.

Visto que os discursos mais tarde têm de ser publicados na integra, algum equivoco typographico ou de redacção será remediado. Termina dizendo que se dá por satisfeito, mas que o senado resolverá se si deve enviar o officio em questão, apesar do que expõe.

O sr. Rodrigo Lobato :—A elle tambem satisfaz plenamente a explicação do director do *Diario Official*.

Não havendo debate sobre o assumpto é approvada a acta.

Lê-se o expediente.

O sr. Frederico Abranches : — Está encarregado pelo sr. senador Elias Chaves de declarar ao senado, que o mesmo sr. senador não tem podido comparecer ás sessões por motivo de ter pessoa de sua familia doente.

Passa-se á primeira parte da ordem do dia, e não havendo debate passa-se á segunda.

O sr. Brazilio dos Santos:—Pergunta se o projecto em discussão deve ou não ser remettido á commissão de fazenda antes de entrar em debate.

Em discussão é o projecto n. 9 remettido á commissão de fazenda.

Passa-se á 3ª parte da ordem do dia.

O sr. Vieira de Carvalho:—Declara que não dá o seu voto ao parecer n. 2 do decreto da Camara dos Deputados, autorisando a impressão de cem mil exemplares da Constituição do Estado.

E justifica a inutilidade do projecto, visto que a industria particular typographica tem feito edições baratas da mesma constituição, e que se acham no mercado.

UMA VOZ :—Era até prejudicarmos essa industria.

O ORADOR considera a despesa pequena mas desnecessaria, eis porque nega o seu voto.

Submettido á approvação é approvado o projecto.

Não havendo nada mais á tratar é encerrada a sessão.

ORDEM DO DIA 31 DE AGOSTO

1ª PARTE

Apresentação de projectos, indicações e pareceres das commissões.

2ª PARTE

1.ª discussão do projecto n. 7, que extingue os nucleos coloniaes das Cannas e do Cascalho.

CAMARA DOS DEPUTADOS

Sessão em 29 de Agosto

PRESIDENCIA DO SR. MIRANDA AZEVEDO

Aos 15 minutos depois do meio dia, feita a 2ª chamada e presentes os srs. Miranda Azevedo, Theophilo Braga, Hippolyto da Silva, Flaquer, Julio de Mesquita, Camarano, Francisco Amaro, Paulino de Lima, Paulo Egydio, Arthur Breves, Lisbôa, Cesario Bastos, Cerqueira Lima, Gonçalves Bastos, Albuquerque Lins, Manoel Alves, Siqueira Reis, Bueno de Andrada, Aureliano Coutinho, Kuhlmann, João Moraes, Candido Rodrigues, Cincinato Braga, é aberta a sessão.

E' lida e sem debate approvada a acta da sessão antecedente.

E' lido e esgotado o expediente que constou de varios requerimentos, officios e representações que são enviadas ás respectivas commissões.

O sr. Cesario Bastos :—Declara á casa que o dr. Vicente de Carvalho o incumbiu de participar que não póde comparecer por motivo justificado.

O sr. Bueno de Andrada :—A casa deve lembrar-se de que hontem o *Diario Official* publicou o resumo dos nossos debates em parte declaradamente não official. Isto causou certa sorpreza.

Que a Camara dos Deputados faz parte dos poderes do Estado de S. Paulo.

Hoje vem no *Diario Official* um artigo explicando o facto e declarando que o resumo de nossos discursos não devem ser editados na parte official.

O SR. JULIO DE MESQUITA :— E com toda a razão.

O ORADOR :— Entretanto, pelo artigo 2º do regulamento declara-se que além da publicação official dos discursos a que se refere o art. 1º, tem um caracter official os resumos a que se refere o art. 2º do regulamento referindo-se aos debates do corpo legislativo do Estado.

O SR. JULIO DE MESQUITA :—Não tem—e nem convinha ter porque a publicação não corre por nossa conta.

O ORADOR :— E' possivel que v. exc. tenha razão.

O SR. JULIO DE MESQUITA :—Não ha duvida.

O SR. THEOPHILO BRAGA:—Os resumos não são corrigidos pelos deputados.

O ORADOR :—Nesse caso nem as actas são corrigidas pelos deputados e são de caracter official. O que eu sei é que o resumo dos discursos é um trabalho da casa.

O sr. Julio de Mesquita :—Eu acho que o director não merece censura.

O ORADOR :—Não acho que faça censura, mas allegando estes motivos, declaro que sou leitor do *Diario Official*, assim como sou leitor de outros jornaes e de muitos livros.

Feita esta declaração, passa a attender ao parecer da commissão de fazenda sobre a creação de uma bibliotheca, porque está certo que não é elle resultado de estudo e conhecimento dos factos, porque senão a maioria da commissão tenderia a formular o seu parecer favoravel ao projecto.

O sr. Miranda Azevedo (Presidente) :—Eu observo ao nobre deputado que não está em discussão o parecer.

O ORADOR :—Peço a v. exc. que tome as minhas palavras como explicação pessoal, porque preciso dar as razões pessoaes aos meus collegas, membros da commissão, justificando meu voto contra o parecer da mesma commissão.

Na 1.ª discussão a votação do projecto deve attender a estas duas idéas : constitucionalidade e utilidade.

Ora que o projecto é constitucional, não ha duvida, nem mesmo o nosso collega, o sr. Camarano, que é o guarda fiel da Constituição, atacou o projecto por este lado.

O sr. Camarano :—Ataquei-o unicamente em defeza dos interesses do Estado. Eu supponho que v. exc. está na mesma combinação.

O ORADOR :—Attenda-me v. exc. Eu estou na combinação e voto pelo projecto por que entendo que elle é util. Julgo que v. exc. se oppõe a esta Bibliotheca por um acto de egoismo.

O SR. CAMARANO :—Não apoiado. Me opponho sempre porque não precisamos de mais Bibliotheca.

O ORADOR :—S. exc. é um homem bastante illustrado que vem de paizes onde as bibliothecas são multiplas. Lá s. exc. bebeu os conhecimentos que hoje ostenta e não quer que nós, que ainda não possuimos esses conhecimentos, não reconheçamos a necessidade que temos de Bibliothecas.

O SR. CAMARANO dá um aparte.

O ORADOR :—Talvez para immortalisar a assembléa na chronica burlesca declare-se que o projecto é inutil.

Entendo que para o engrandecimento de S. Paulo precisamos de perfeita distribuição de justiça e grande discriminação de instrucção.

O nobre deputado, o sr. Camarano tem muito amor pela instrucção, mas é unicamente amor platonico, que nunca chega á realidade.

O sr. Cesario Bastos, como membro da commissão de fazenda declara que essa commissão deu parecer contra o projecto n. 6, sobre a fundação de uma bibliotheca nesta capital, por não conhecer ainda os dados da receita e despesas do Estado.

Que esse parecer não foi uma negação á utilidade desse projecto, mas a incertesa da commissão sobre a receita do Estado.

São approvados em 1ª discussão os projectos n. 6 e 23, conjuctamente com os requerimentos do sr. Paulino de Lima e Cincinato Braga, pedindo para que o projecto n. 23 vá primeiro ás commissões de fazenda, agricultura e especial de serviços de immigração.

E' approvado em 2ª discussão o projecto n. 24.

Entra em 2ª discussão o projecto n. 22, sobre organisação municipal.

Tem a palavra o sr. Albuquerque Lins, que como relator da commissão tem a necessidade de responder ás emendas apresentadas sobre o projecto.

Agradece em nome da commissão as referencias lisongeiras que se fizeram sobre aquelle trabalho.

Declara que viu com satisfação o interesse mostrado pela camara sobre esse assumpto que considera de um interesse capital.

Toma em consideração as differentes emendas, na ordem em que foram apresentadas.

Em nome da commissão declara que acceitará todas as emendas que tiverem por si o assentimento da maioria da Camara, como sendo o resultado do seu estudo ; são qusetões abertas para a commissão todas as que constituem o todo das materias sobre titulos e capitulos.

Vae considerar os pontos de impugnação que soffreu o projecto, segundo a ordem em que foram apresentados. A primeira impugnação foi dirigida á parte que marca o prazo do mandato.

Os collegas impugnaram o projecto justamente na sua parte democratica.

Em quasi todos os paizes de regimen democratico, o prazo estabelecido para a renovação do mandato é menor do que o estabelecido no projecto.

Na Suissa e os Estados-Unidos não se encontra nas corporações electivas e municipaes prazo—é de um anno e de dois no maximo

O sr. Paula Novaes, republicano exaggerado, elevou de 3 a 6 annos, e o sr. Paulino de Lima, republicano historico, parece que se satisfaz com o prazo de 3 annos.

Está em desaccôrdo com o sr. Paulino de Lima e Paula Novaes. Todo o plano que tenha por fim alongar o prazo do mandato é contrario ao systema democratico.

Uma das bellezas do systema é ser obrigado o povo a intervir em pleitos eleitoraes ; como pois se vem fallar contra isto, afastando o povo do cumprimento de suas obrigações ?

Devemos innocular no espirito do povo o antidoto ao nosso defeito, que é a indifferença pelos negocios publicos.

A commissão deveria ter estabelecido a duração do mandato municipal a prazo de 2 annos, no maximo.

Nas idéas de um grande brazileiro, Tavares Bastos, procurou o orador inspirar-se na elaboração deste projecto. O Estado de S. Paulo de hoje não deve ter um regimen municipal inferior em progresso ao que foi delineado, por Tavares Bastos, já no tempo da monarchia.

O orador entende que o sr. Paulino de Lima la-

1892

MUNDO E BRASIL

_No dia 6 de abril, treze generais dirigem-se a Floriano Peixoto exigindo eleições presidenciais. O então presidente reage ao militarismo e toma medidas contra os insurgentes. No *Diário Oficial* n. 273, de 10 de abril, publica-se sua mensagem, "À Nação", em que se pronuncia sobre o fato.

28. MANIFESTO DE FLORIANO PEIXOTO CONTRA OS INSURGENTES

_No Rio de Janeiro, no dia 10 de abril, um grupo de manifestantes aclama marechal Deodoro, reivindicando que assuma o poder. O *Diário Oficial da República* publica, sob o título "A Sedição", um texto que dá conta do fato, reproduzido no *Diário Oficial* de 14 de abril.

_O *Diário Oficial* não circula de 15 a 18, provavelmente em decorrência dos distúrbios. No dia 19 de abril, outro texto com o mesmo título informa sobre o desenrolar dos fatos.

29. "A SEDIÇÃO"

_No dia 13, comemora-se a abolição da escravatura, assinada há apenas quatro anos antes.

30. ABOLIÇÃO DA ESCRAVATURA

_No dia 23 de agosto, falece o marechal Deodoro da Fonseca e o *Diário Oficial* publica, no dia 25, texto sobre o ex-presidente.

31. MORTE DO MARECHAL DEODORO DA FONSECA

_O *Diário Oficial* dedica-se a duas efemérides no mês de maio: no dia 3, publica-se um texto sobre o 392º aniversário do país, pois se acreditava que nessa data Pedro Álvares Cabral havia desembarcado em São Salvador da Bahia.

32. PEDRO ÁLVARES CABRAL NA BAHIA

_Outras efemérides ganham as páginas do *Diário Oficial*: no dia 12 de outubro, o texto "A data de hoje" comemora os quatrocentos anos do descobrimento da América;

33. DESCOBRIMENTO DA AMÉRICA

_O texto "Quinze de Novembro", publicado na mesma data, documenta o terceiro aniversário da Proclamação da República.

34. XV DE NOVEMBRO

28

ESTADOS UNIDOS DO BRAZIL

DIARIO OFFICIAL

DO ESTADO DE SÃO PAULO

ANNO 2—4º DA REPUBLICA—N. 273 SÃO PAULO DOMINGO 10 DE ABRIL DE 1892

DIARIO OFFICIAL

RECTO E FIRME

Quarta-feira, 6 do corrente, por meio de um manifesto sem fundamento, e que é ao mesmo tempo a mais flagrante expressão da indisciplina militar, 13 generaes de terra e mar se dirigiram ao sr. marechal Floriano Peixoto, vice-presidente da Republica, concitando-o a que mandasse quanto antes proceder á eleição presidencial.

Esse acto, reflectido ou irreflectido, trouxe por um momento o alarma á consciencia publica, veiu por um instante perturbar a marcha regular das cousas.

A confiança, o socego e a paz não se fizeram esperar. Acto continuo, o energico vice-presidente da Republica traçou um manifesto á nação e poz em pratica todas as medidas repressivas que o caso exigia.

A vingar o pensamento da insubordinação, teriamos inquestionavelmente iniciado o regimen do militarismo.

O bravo marechal Floriano Peixoto, espirito calmo e eminentemente culto, oppoz-se ao advento do militarismo.

Damos em seguida o seu brilhante manifesto, eloquente pelo patriotismo e pelas verdades que encerra, e logo depois as medidas que julgou dever tomar contra os auctores da indisciplina.

—

A' NAÇÃO

O Governo foi hontem sorprehendido por um manifesto que lhe foi dirigido, e publicado em varios orgams da imprensa desta Capital, assignado por treze generaes de mar e terra, condemnando a deposição dos Governadores que haviam acceitado e applaudido o golpe de Estado de 3 de Novembro; deposição que affirmam ter sido feita com intervenção da força federal, no meio do terror, de innumeras mortes e do luto da familia brazileira, e no qual fazem um appello ao vice-presidente, afim de mandar proceder, quanto antes, á eleição presidencial, nos termos da Constituição, cuja interpretação authentica se arrogam elles o direito de dar como supremo poder.

Não é sem pesar que o Governo vem dirigir-se á Nação que, a estas horas cheia de duvidas e de incertezas, já terá certamente condemnado o procedimento daquelles que, estando investidos de altas patentes para zelar e defender a honra da Patria, a integridade de seu territorio e a ordem interna, são no emtanto, por seus actos incorrectos, os primeiros a animar a desordem no paiz e a levar o seu descredito ao estrangeiro, onde falsamente se poderá acreditar hoje que chegou para a Republica Brazileira a epocha desgraçada dos *pronunciamentos* e de sua completa ruina.

Nada, concidadãos, vos asseguro em nome da minha honra de soldado, nada foi praticado por meu Governo, que tem procurado administrar o paiz com a maior honestidade, que tem respeitado os direitos, garantido a mais ampla liberdade de imprensa e de consciencia, feito a mais escrupulosa justiça nas promoções, cuidado com desvelo, tanto quanto o permittem os recursos de que dispõe, da [illegible]itica situação de nossa praça e das classes proletarias, nada pratiquei, repito, que justifique tão anormal procedimento!

Varios desses velhos camaradas foram hontem os adeptos fervorosos da politica do golpe de Estado, ao passo que outros, solidarios, até ha bem pouco tempo, com o Governo, vêm hoje reprovar e attribuir-lhe actos que não praticou, e que foram apenas a consequencia logica da revolução de 23 de Novembro. Todos elles revelam, porém, um inconveniente espirito de indisciplina, procurando plantar a anarchia no momento critico da reorganização da Patria e da consolidação das instituições republicanas, pois que não receberam legalmente delegação da soberania popular, unica que ao lado da lei respeitamos, para resolver e impor solução a questões que só os poderes constituidos, consagrados em nossa carta constitucional, podem resolver.

Convencido da enorme responsabilidade que tenho sobre meus hombros, entendo que impõe-me o dever dar remedio a tão anormal situação; entendo, mesmo, que torna-se necessario deixar, por momento, o caminho da tolerancia benevola, que tem sido a norma de meu governo. Convencido de que é necessario fazer sentir que a ordem é uma realidade, o Governo saberá salvar—dentro da lei, da qual jámais se afastará, e dos poderes extraordinarios que o patriotico Congresso Nacional conferiu-lhe em momento de angustia, quando a anarchia e a perversidade exploraram a desgraça atravéz das muralhas das prisões de infelizes galés—o prestigio de sua auctoridade, a honra da Republica e os creditos deste povo livre e digno, certo, como está, do patriotismo de todo o exercito e armada nacionaes, confiado no apoio das classes conservadoras, cujos altos interesses não podem ficar á mercê do imprevisto, seguro da confiança de todos os cidadãos que sabem amar a patria e a honra.

Convindo trazer a tranquillidade a todas as consciencias, a confiança ao commercio, a garantia a todos os legitimos interesses, evitando que se continue a explorar a credulidade de uns e a timidez de outros, com grave prejuizo da consolidação da Republica e da ordem no seio da Patria, o Governo resolve tomar as providencias contidas nos decretos que a esta acompanham.

Capital Federal, 7 de Abril de 1892.—*Floriano Peixoto.*

Por esses decretos a que se refere o manifesto foram demittidos na marinha:

— o contra-almirante Dyonisio Manhães Barreto, de membro effectivo do conselho naval;

— o contra-almirante José Marques Guimarães, de commandante da 1ª divisão de cruzadores;

— o contra-almirante Manoel Ricardo da Cunha Couto, de inspector do Arsenal de Marinha da Capital Federal.

Reformados:

— o vice-almirante Eduardo Wandenkolk:

— os contra-almirantes José Marques Guimarães e Dyonisio Manhães Barreto.

Promovidos a contra-almirantes:

— o contra-almirante graduado Joaquim Antonio de Cordovil Maurity;

— os capitães de mar e guerra Francisco Goulart Rollim e Carlos Frederico de Noronha.

Foi graduado no posto de contra-almirante o capitão de mar e guerra João Gonçalves Duarte.

Foi transferido para a 2.ª classe da armada o contra-almirante Manoel Ricardo da Cunha Couto.

Agora em terra:

— o marechal José de Almeida Barreto; os generaes de divisão Antonio Maria Coelho, Candido Costa, José Clarindo de Queiroz; os generaes de brigada José de Cerqueira Aguiar Lima e João Nepomuceno de Medeiros Mallet; o general de brigada graduado João Luiz de Andrade Vasconcellos; e o general de brigada, inspector do serviço sanitario, dr. João Severiano da Fonseca—foram todos reformados.

O general de brigada João José de Bruce, do *Estado-Maior General*, foi transferido para a 2.ª classe do exercito.

Estado-Maior General.—Foram promovidos:

— a marechal, o marechal graduado José Simeão de Oliveira:

— a marechal graduado, o general de divisão Julio Anacleto Falcão da Frota;

— a generaes de divisão, os generaes de brigada Carlos Frederico da Rocha, Carlos Machado de Bittencourt e Bernardo Vasques.

Foram promovidos no *Corpo de engenheiros* a generaes de brigada os coroneis:

— Innocencio Galvão de Queiroz; João Thomaz de Cantuaria (*Estado-maior de 1.ª classe*); Francisco José Teixeira Junior (*Arma de artilharia*); Frederico Solon de Sampaio Ribeiro (*Arma de cavallaria*); Sebastião Raymundo Ewerton e Estevam José Ferraz (*Arma de infanteria*).

Estado-maior de artilharia.—A general de brigada graduado, o coronel Bento José Fernandes Junior.

Repartição sanitaria.—A general de brigada inpector geral, o general de brigada graduado, medico de 1.ª classe, dr. Antonio Pereira da Silva Guimarães; e, a general de brigada graduado, o medico de 1.ª classe, dr. Alexandre Marcellino Bayma.

Quadro extranumerario.—A general de brigada, o coronel da arma de cavallaria, João Baptista da Silva Telles.

—

Deante destes feitos do Poder Executivo, a tranquillidade que pareceu perturbada um momento fez-se de novo, e a nação, confiante, crê na energia do governo e delle espera a manutenção da ordem e da paz.

ACTOS DO PODER EXECUTIVO

Interior

3ª SECÇÃO

Por decreto de 6 do corrente, foi concedida vitaliciedade á professora publica, da 1.ª cadeira de Jacarehy, Claudina de Siqueira Andrade.

Por decreto de egual data, foi concedida á professora publica de Santo Amaro, Rosalia Augusta do Amor Divino, a gratificação da 3.ª parte de seus vencimentos, de que trata o art.

ESTADOS UNIDOS DO BRAZIL

DIARIO OFFICIAL

DO ESTADO DE SÃO PAULO

ANNO 2—4° DA REPUBLICA—N. 276 SÃO PAULO QUINTA-FEIRA 14 DE ABRIL DE 1892

DIARIO OFFICIAL

A SEDIÇÃO

Como seguro criterio para julgamento dos ultimos factos que se deram no Rio, transcrevemos o artigo que, sob o titulo que encima estas linhas, publicou em sua edição de 11 do corrente o *Diario Official* da Republica:

—«O espirito criminosamente anarchico, tão intensamente demonstrado pelos inimigos da paz, da ordem, da Republica e da Patria, tentou hontem, á noite, consummar mais um crime de sedição.

Individuos cuja falta de civismo é bem conhecida, ao par de carencia absoluta de amor ás instituições republicanas, á estabilidade do governo, á paz interna, ao credito do paiz, á tranquillidade das familias, á vida normal da sociedade, instigaram muitos outros a fazer manifestação publica de applauso e acclamação ao marechal Manoel Deodoro da Fonseca.

Pelas 7 horas da noite, um grupo numeroso de sediciosos, com uma banda de musica á frente e precedidos pelo capitão reformado Miranda de Carvalho, dirigiu-se em desordem ao centro da cidade para a casa onde reside o ex-presidente da Republica.

Ahi chegados os mandatarios da acclamação sediciosa, falaram, de uma das janellas da residencia do marechal Deodoro, o dr. José Joaquim Seabra, deputado federal, e o dr. Pardal Mallet, redactor chefe do *Combate*.

Estes cidadãos, em discursos violentos contra o governo constituido, excitaram os individuos do grupo manifestante a irem depôr o marechal Floriano Peixoto do supremo cargo da Republica e delle investir o marechal Manoel Deodoro da Fonseca.

Avisado, em sua residencia, o Chefe do Poder Executivo, das resoluções sediciosas, seguiu immediatamente para o palacete Itamaraty, onde, sabendo que era proclamada a sua deposição pelo grupo criminoso, desceu á rua.

Por este tempo se apeava de um vehiculo da companhia de S. Christovam o tenente-coronel Adolpho da Fontoura Menna Barreto, que dava vivas e acclamava o marechal Deodoro da Fonseca, em frente ao 10º batalhão de infantaria, que formava do lado oriental da Praça da Republica.

Foi ahi preso em flagrante crime de sedição por um grupo de officiaes do exercito, entre os quaes se achava o tenente-coronel Sylvestre Travassos.

Após a prisão do official criminoso, o sr. marechal Vice-Presidente da Republica percorreu as linhas dos batalhões 10º, 23º, 24º de infantaria, e 9º regimento de cavallaria e recebeu de todos esses briosos corpos do exercito as mais seguras provas de apoio e disciplina, e do commandante e officialidade ruidosas acclamações, seguidas pelo hymno nacional, tocado por todas as bandas marciaes.

S. exc. recolheu-se ao Itamaraty, onde reuniu o ministerio, para assegurar medidas de ordem publica e punição aos criminosos.

Recebeu do sr. dr. chefe de policia communicação de se acharem presos diversos cidadãos em flagrante delicto de sedição.

Lealmente e patrioticamente apoiado pela opinião nacional e pelas forças federaes de terra e mar; seguro da exacção do dever, dentro do austero respeito e cumprimento da lei; escudado ainda hontem pelas provas documentaes, na dedicação e solidariedade dos estados, que, por seus congressos, intendencias, governadores eleitos e provisorios, juntas governativas, representantes das forças federaes e estadaes manifestam incondicionaes applausos ao recente acto do governo,--o depositario supremo do poder publico e seus dedicados auxiliares garantem á Nação que as instituições politicas estão avigoradas e firmes, mau grado as investidas antipatrioticas, anarchicas, sediciosas, cheias dos mais revoltantes meios para a consummação dos crimes de lesa patria.

A punição dos criminosos se não fará aguardar, e, por ella, o governo espera restituir inteira a tranquillidade á familia brazileira, resgatando de uma vez o nome nacional dessa desconfiança que o cerca, promovida e fomentada pelos mandantes, conniventes e mandatarios de crimes publicamente provados.»

—

Em consequencia desses factos, e «para assegurar medidas de ordem publica e punição aos criminosos», o Vice-Presidente decretou o estado de sitio ao Rio de Janeiro por 72 horas:

—«O Vice-Presidente da Republica dos Estados Unidos do Brazil, considerando:

que foi commettido o crime de sedição, sahindo cidadãos a depôr o chefe do governo federal;

que intentou-se revoltar contra as instituições nacionaes a força armada mantida para a defeza e garantia dessas mesmas instituições:

que entre os auctores e promotores da sedição se acham membros do Congresso Nacional, que gozam de immunidades por lei prescriptas;

que o crime commettido produziu grave commoção intestina (art. 48 n. 15 e art. 80 § 1º da Constituição Federal);

que é principal dever do Poder Executivo assegurar a ordem e a manutenção das instituições nacionaes;

Resolve, usando das attribuições conferidas pelos citados artigos,

Decretar:

Artigo unico. E' declarado em estado de sitio o Districto Federal e suspensas as garantias constitucionaes, por 72 horas.

O Ministro de Estado dos Negocios do Interior o faça executar.

Capital Federal, 10 de Abril de 1892, 4º da Republica.

FLORIANO PEIXOTO.
Fernando Lobo.

—

Em sua edição de 12 traz ainda o *Diario Official* as seguintes linhas:

—«Francamente applaudindo a conducta energica e patriotica do Poder Executivo, empenhado na salvação da patria republicana, a população desta capital e nomeadamente as classes conservadoras se mantiveram durante o dia de hontem plenamente confiantes na paz e na manutenção da ordem.

A decretação do estado de sitio e a suspensão das garantias constitucionaes, no intuito de armar o poder publico de toda a energia para a punição dos do crime de sedição, foram julgadas medidas de alto valor e opportunidade, no momento em que o espirito de anarchia e revolta dominava alguns orgams da imprensa, porventura escudados em meios materiaes doados por cidadãos, que esperavam a reimplantação do regimen das concessões e favores, sobrepesando sobre o erario, e abrindo margem a insolito jogo e especulações, á depreciação do credito externo, á quéda do cambio e á baixa dos fundos nacionaes nos mercados extrangeiros.

A moderação do governo, se abstendo de empregar meios coercitivos ao abuso da imprensa e aos ataques violentos á pessoa e aos actos do chefe do Poder Executivo, foi julgada timidez, e, porventura, pavor.

O longanimo, com que o depositario da suprema auctoridade se manteve, evitando responsabilizar e punir severamente perturbadores da confiança e do bem estar nacional, foi affirmado temor do governo em face dos seus adversarios.

Viram estes, agora, reconheceu a nação inteira que orientava ao governo o mais escrupuloso respeito ás liberdades publicas, a mais cautelosa conducta em pról das garantias instituidas.

Tanto isso é verdade que, dado o flagrante crime de sedição, colhidos mandantes, conniventes e mandatarios na acção delictuosa de lesa-patria, o poder publico praticou sem hesitações e sem receios o que lhe cumpria, na salvação do bem geral.

Com o representante da magistratura suprema esteve, desde logo, o espirito nacional, já traduzido nas expansões civis, já expresso nas provas da mais louvavel disciplina dos corpos do exercito, nos representantes da armada, nos cidadãos que organizaram batalhões patrioticos.

Cada vez mais certo de ter por si a grande força e salutar assentimento nacional, o Governo Federal se volta para as medidas de punição aos criminosos, dos quaes alguns já se acham presos.

Com a energia, escudando a mais austera justiça, estará o poder federal, que bem sabe estar a delegação da vontade nacional com seus eleitos e executores».

—

Tem o caracter collectivo de *nacional* a sancção que surge de todos os angulos do paiz ás medidas energicas que o marechal Floriano Peixoto soube pôr em pratica.

S. Paulo, pelo orgam de seu vice-presidente, o dr. Cerqueira Cezar, e depois pelo Senado, saudou ao presidente da Republica nos seguintes termos:

—«S. PAULO, 8--Felicito a v. exc. pela attitude energica que tomou para debellar a anarchia, mantendo o principio da ordem. Presta v. exc. o maior serviço que o paiz póde exigir do vosso patriotismo.--*Cerqueira Cezar*, vice-presidente do Estado»;

—»S. PAULO, 11.--Tenho a honra de communicar-vos que o Senado, em sessão de hoje, acaba de approvar, por unanimidade de votos e em votação nominal, a seguinte indicação:

«O Senado de S. Paulo, compenetrado da ineluctavel necessidade de ser mantida inalteravelmente a paz e a tranquillidade publica no paiz, confia firmemente que o benemerito governo da Republica saberá satisfazel-o, empregando todos os meios para que ella não seja perturbada, e certo de que

ESTADOS
DIARIO
DO ESTA
ANNO 2—4° DA REPUBLICA—N. 295

DIARIO OFFICIAL

TREZE DE MAIO

A data de hoje recorda a todos os brazileiros o dia gloriosissimo em que, ha quatro annos apenas, foi decretada a libertação dos escravos.

Nos pontos mais populosos e mais civilizados do paiz, o jubilo causado por esse acto chegou ao delirio, e nem podia ser de outro modo, pois o decreto da libertação dos escravos foi simples e unicamente a realização do desejo nacional.

Para honra nossa, o factor mais poderoso do *13 de Maio*, factor espontaneo, intenso, que cresceu e tudo dominou até á ultima solução, não foi a questão economica, não foi nenhum dos interesses *intellectuaes*, raciocinados, que se prendem a problemas dessa ordem:—foi exclusivamente a generosa acção do *sentimento* brazileiro, sempre elevado e digno, sempre nobre e altruista.

O *13 de Maio* foi uma victoria do coração, em cujas cruzadas S. Paulo brilhou, levando a seus municipios a bandeira branca da paz, libertando a principio o homem, depois os eitos, depois as fazendas inteiras, e creando como reducto da liberdade o *Jabaquára*, que é um nome immortal nas paginas da escravidão paulista.

Quando a escravidão se tornou impossivel, veiu o decreto que nivelou todas as liberdades, não só as adquiridas á força como as que acabavam de ser concedidas pelo proprio acto legislativo.

O tempo, depois, veiu provar que eram infundados todos os receios que havia quanto ás consequencias da libertação dos escravos:—dignificou-se o trabalho, e cada braço livre, que entrou em acção, valeu por muitos braços escravos.

Deante do assombroso desenvolvimento que se nota em todo o paiz depois do *13 de Maio*, parece que ao dar a liberdade aos escravos nós é que nos libertámos delles, nós é que attingimos a uma fecunda liberdade com que mal podiamos sonhar.

Um dos outros grandes receios era o perigo dos escravos *livres*, senhores de si, dando-se á vadiação, ao roubo, ao crime;—dizia-se.

Nada disso aconteceu. Extremamente boa e affectiva, submissa até ao sacrificio, a raça africana transplantada na America foi o mais fiel e poderoso auxiliar da raça européa, nada exigindo, dando-lhe tudo, o trabalho, o affecto, o seu grande e religioso amor, em troca de... nada.

Liberta, a raça africana trabalhou para si; ella estava habituada ao trabalho;—constituiu *seu lar*, vive tranquilla e em paz, sem incommodar a ninguem, sempre humilde, sempre respeitosa. E' rarissimo o roubo e o crime praticados pelo ex-escravo. Elle é tão pacifico, tão respeitador, humilde e retirado, que até parece que se sumiu, que não existe mais, incorporado ao povo brazileiro.

E' nobre que nós, que delles vivemos durante longos e longuissimos lustros, lhes reconheçamos publicamente, no anniversario da sua liberdade, os bellissimos dotes de caracter que elles têm e a dignidade immaculada com que sabem honrar a independencia que conquistaram e a sociedade em que vivem.

ESTADOS UNIDOS DO B
DIARIO OFFI
DO ESTADO DE SÃO PA
ANNO 2—4° DA REPUBLICA—N 378 SÃO PAULO QUINTA-F

DIARIO OFFICIAL

O marechal Deodoro

Após longos soffrimentos falleceu ante-hontem no Rio de Janeiro o velho e verando soldado que se chamou Manoel Deodoro da Fonseca.

De accesso em accesso, desde a luta nos campos da batalha, sempre grandioso e heroico, elle foi subindo até occupar a mais elevada posição do nosso paiz—a de presidente dos Estados Unidos do Brazil, primeiro presidente desta Republica de que foi elle um dos mais gloriosos fundadores.

Deante do tumulo do grande e immortal brazileiro, a Patria se curva respeitosa e agradecida. Seu nome gloriosissimo, egual em valor e brilho aos nomes legendarios dos gloriosos e immortaes fundadores da Grande Republica Norte-Americana, já pertence á Historia, e nella figurará ao lado de Benjamin Constant e entre os demais fundadores das democracias americanas—no seu caracter de Washington da nacionalidade brazileira.

A contingencia humana soprou-lhe á chamma preciosissima de sua vida; mas, ao morrer, viveu, passando do estado da mortalidade objectiva para o da immortalidade subjectiva, immensamente luminosa e offuscante, e que brilhará cada vez mais na reconhecida memoria da posteridade.

Com estas palavras o *Diario Official* interpreta o profundo sentimento do governo do Estado e do povo paulista.

—

—A este respeito o senado approvou hontem a seguinte:

MOÇÃO

O senado de S. Paulo, vivamente commovido pelo passamento do bravo general e inclyto fundador da Republica, o marechal Manoel Deodoro da Fonseca,—resolve suspender a sua sessão e inserir em acta um voto de funda condolencia por este acontecimento. S. Paulo, 24 de Agosto de 1892.—

Dr. Ezequiel de Paula Ramos, Jorge Tibiriçá, Fonseca Pacheco, Paulo Egydio, C. Teixeira de Carvalho, J. Jardim, Luiz Leite, Guimarães Junior, Gustavo Godoy, Bernardo da Silva.

MENSAGEM

com que o vice-presidente do Estado, dr. J. A. de Cerqueira Cesar, passou o governo ao dr. Bernardino de Campos, presidente eleito.

A's vossas mãos passo o governo de S. Paulo. A esse posto de honra vos trouxe a vontade soberana do povo, que, pelas vossas elevadas qualidades de espirito e de caracter, e pelos vossos grandes serviços ao Estado e ao paiz, vos escolheu para tão eminente logar.

Entrego-vos satisfeito a direcção dos negocios paulistas. O progresso e a grandeza desta terra, tradicional para a liberdade e para a Republica, não podiam encontrar quem melhor lhes presidisse os destinos.

De vossa esclarecida, prudente e energica administração o Estado receberá os beneficios de que carece para complemento de suas notaveis conquistas de melhoramento.

A situação em que vos deixo os publicos negocios não podia ser mais lisongeira.

O Estado dispõe da riqueza e do credito preciso para desenvolver a sua vida autonomica no seio do vasto organismo federativo de que é parte, e para emprehender todos os serviços solicitados pelo seu engrandecimento e prosperidade.

A ordem publica permanece inalterada nas regiões de S. Paulo, após os pequenos contrachoques, consequentes do terrivel abalo produzido na União inteira pelo golpe de Estado. A quietação material denuncia a profunda serenidade de espirito deste laborioso povo, que se entrega ao trabalho intelligente e fecundo que fez a nossa grandeza actual e garante os nossos futuros progressos.

Não foi outro o predominante intuito de minha administração sinão restabelecer com o imperio da lei e da verdade republicana, a confiança no espirito de todas as clases sociaes, a certeza de que a Republica, aqui, como em todos os Estados coirmãos, era o dominio da ordem por excellencia, pois que o seu governo decorre e se inspira nas correntes da opinião publica, que é a resultante de todas as opiniões divergentes.

As dissenções politicas produzidas pelo golpe de Estado, se acham amortecidas. Os paulistas comprehendem que a grandeza de sua terra precisa do concurso de todos; que as forças perdidas em estereis divergencias podem fazer falta aos progressos do Estado. Empenhei-me devéras em que fosse geral essa comprehensão; em que todos vissem no governo republicano de S. Paulo, um regimen de tolerancia, de paz e de concordia, capaz de manter em seu seio todas as actividades, capaz de reunir, em um geral esforço pelo bem commum, as mais desencontradas aptidões e crenças.

E' verdade que por vezes foi mister ao governo appellar para a sua energia e para a dos seus auxiliares. Isso mesmo só o fiz, para garantir a permanencia dessa paz indispensavel a todos os bons elementos sociaes. Não ha muito ainda, esta capital foi surprehendida por actos de selvageria attribuidos a extrangeiros, em quem o Estado se acostumára a ver auxiliares poderosos da sua riqueza e do seu desenvolvimento industrial. O facto produziu funda impressão no espirito publico do paiz e do exterior.—Sobre elle negociaram diplomaticamente os poderes da União e da Italia.—No momento, como me cumpria, fiz manter e garantir a a ordem, tendo a satisfacção de ver que, si desordeiros irresponsaveis haviam iniciado a pratica de tropelias condemnaveis, a generosidade da colonia italiana daqui e de fóra do Estado repellia a cor-

ESTADOS UNIDOS DO BRAZIL

DIARIO OFFICIAL

DO ESTADO DE SÃO PAULO

ANNO 2—4º DA REPUBLICA—N. 287 SÃO PAULO TERÇA-FEIRA 3 DE MAIO DE 1892

DIARIO OFFICIAL

O DIA DE HOJE

E' pequena a nossa historia, pequena—mas gloriosa; começou ha 392 annos, na data correspondente á de hoje, sob o reinado de D. Manoel V, —com o desembarque de Pedro Alvares Cabral em S. Salvador da Bahia.

Antes, porém, desse facto historico, já Pinzon e Diego de Lepe tinham pisado em terras do Brazil. Assim, a *terra de Cabral* está para Cabral como a *America* está para Americo Vespucio.

O dia de hoje é a data inicial da nossa existencia, da nossa nacionalidade. A monarchia nunca se importou de chamar o pensamento brazileiro para a contemplação desse dia em que, ha 392 annos, nascemos para a luz e para a civilização; em que este sólo do Novo Mundo foi fecundado pela esquadra de Cabral, que, sobre as vagas do Atlantico, trouxe do Tejo a viril, immorredoura semente da Raça Latina.

Porque, da parte da monarchia, esse longo silencio?—porque o interesse das monarchias é um interesse dynastico, unica e exclusivamente genealogico, nunca popular, nunca nacional.

Governo democratico, a Republica, ao instituir-se, fiel aos principios de sua bandeira, não se podia esquecer, não se esqueceu do dia de hoje:—decretou-o de feriado nacional, para que nos lembremos sempre, *obrigatoriamente*, ao menos uma vez por anno, de que esta é a primeira data da nossa historia, o nosso anniversario natalicio, e recapitulemos em mente, com veneração a esse passado de luctas, todas as phases porque passámos, a progredir sempre, encorporando a pouco e pouco as nossas aspirações de liberdade, até realizal-as, até aperfeiçoal-as em Novembro de 89, fundando a Republica, promulgando a *Constituição*, que é o codigo dos nossos codigos, e que significa o começo do aperfeiçoamento real a que visamos—a unidade intellectual e moral de nossos deveres, o respeito unanime á nossa propria obra institucional, a sua defeza e manutenção espontanea, o entendimento collectivo de que, sem isso, sem essa autonomia cerebral, suggerida pela lei das leis, nada seremos, fragmentando-nos por falta de cohesão, pela ruptura de um vinculo ideal que para nós deve ser sagrado.

A Republica magnificou solemnemente a data de hoje, dignificando a Nação Brazileira.

Não cabe aqui, pequeno que seja, um resumo historico que possa com justeza dar idéa do que se passou de 1500 para cá. Limitamo-nos por isso, como indicação, como um lembrête que desperte os factos associados e omittidos, a dar apenas as datas mais importantes do longo periodo colonial de 322 annos (1500-1822), succedido á descoberta, e, bem assim, as do curto periodo dos 70 annos (1822-1892) que constituem até hoje a nossa vida de povo independente.

PERIODO COLONIAL

1500.—Antes, em 1497, Vasco da Gama, tendo costeado a Africa pelo sul, conseguiu ir até ás costas do Indostão:—é essa a descoberta do *caminho das Indias*. Gama volta de lá em 1499, e o governo portuguez prepara então uma esquadra, a maior que o Tejo viu até áquella data, destinada a seguir *para as Indias*. E' Cabral quem a dirige, levando a missão de estreitar as relações de Portugal com os povos de lá. Cabral, descendo o Atlantico, desviou-se tanto para a direita, que veiu, sem o saber, aproar em terras da Bahia (1500).

1503.—Vinda de uma segunda esquadra, na qual se achava Americo Vespucio, commandando um navio. Funda-se no Brazil a primeira *feitoria*, que os historiadores collocam, uns em Caravellas, outros em Cabo Frio.

Dahi até 1548 continuam a vir esquadras. Estreitam-se as relações da colonia com a Metropole. A immigração, já começada, vai tomando incremento. Divide-se todo o territorio Brazileiro em 15 partes, dadas a 12 donatarios, com largos poderes administrativos e discrecionarios.

1548.—Dahi por deante a população augmenta-se cada vez mais, de modo que se torna necessario um centro de governo:—cria-se então o *Governo Geral* do Brazil, e é Thomé de Souza o primeiro governador.

Cria-se tambem o primeiro bispado, sujeito ao arcebispado de Lisboa.

1550—1623—São 73 annos de grande elaboração colonial. Succedem-se governadores uns aos outros. Criam-se capitanias, que se multiplicam e que florescem. A immigração portugueza—cada vez maior.

1624-1654.—São 30 annos de guerras tremendas, sem treguas, em varios pontos do nosso territorio. E', por excellencia, o *periodo das luctas* nos tempos coloniaes.

1655.—A esse periodo succede o da *febre do ouro:*—ataca-se a terra, rasgam-se lavras, furam-se minas. Vem dahi principalmente o povoamento rapido dos sertões, a profunda internação nas terras do interior. Completa-se a posse geographica do territorio colonial, traçando-se-lhe os limites que são, ainda hoje, os mesmos.

E' o *periodo aureo* da Colonia, o de seu maior desenvolvimento. Emigram de Portugal familias importantes, linhagens fidalgas,—medicos, juristas, industriaes, etc. Os moços brazileiros procuram as academias portuguezas. E' longo esse periodo; vai crescendo sempre, até ao reinado de Maria I, que em 1807 veiu para cá, e cá morreu em 1816.

1792.—O grande e tragico epilogo da *Inconfidencia Mineira*:—o esquartejamento de Tiradentes, morto enforcado, por ter tentado a independencia de sua patria, sonhando para ella um governo republicano.

—Em Portugal, d. João VI, filho de Maria I, succede á mãe, em regencia.

1808.—Tendo Junot invadido Portugal por ordem de Napoleão, D. João parte para cá, chega á Bahia a 21 de Janeiro, ao Rio, a 7 de Março, e ahi fica até 1821, anno em que, voltando para Portugal, aqui deixou como substituto seu filho, o principe D. Pedro.

PRIMEIRO IMPERIO

1822.—A 7 de Setembro, com o pensamento de perpetuar no Novo-Mundo a dynastia portugueza de que era representante, D. Pedro annuncia a *independencia* do Brazil, e a 12 de Outubro faz-se acclamar imperador sob a denominação de Pedro I.

Começa a formação da monarchia no Brazil.

1824.—Promulgação da nossa primeira *Constituição*. Seguem-se todos os longos trabalhos de reformas administrativas, de feitura de leis, etc. Os partidos accentuam-se, a lucta politica arrebenta por toda a parte e Pedro I, dia a dia, perde na confiança de seus governados, até que, sete annos depois, já não póde elle resistir á lucta.

SEGUNDO IMPERIO

1831 (*7 de Abril*).—Abdicação e retirada de Pedro I para Portugal. Regencias interinas até 1840, tempo em que, apesar de só ter 15 annos, foi declarada a maioridade de Pedro II, filho de Pedro I, e já nascido no Brazil.

1841.—E' Pedro II, a 18 de Julho, sagrado e coroado imperador do Brazil.

Segue-se o seu reinado, tempestuoso no começo, prejudicial á nossa evolução, retardando-nos sempre. Esse periodo é bastante conhecido; podemos pôr em seu logar uma linha de reticencias.

Dahi por deante, a data mais importante é a de:

1871 (*28 de Setembro*), em que a *Lei Aurea* (conhecida pelo nome de—*lei—Rio-Branco*) liberta o ventre da mulher escrava.

Dezesete annos mais tarde completa esse trabalho:—

1888 (*13 de Maio*).—São declarados livres todos os escravos no Brazil. O decreto que assim o declarou, o fez, unica e simplesmente, satisfazendo, sanccionando a grande maioria da opinião nacional.

Tanto é isso verdade, que a libertação dos escravos, independente de decreto, já seguia em hymnos triumphaes pela estrada larga e desimpedida que conduzia ás victorias finaes.

REPUBLICA

1889 (*15 de Novembro*).—Queda da monarchia e proclamação da Republica Federativa dos Estados Unidos do Brazil, e

1891 (*24 de Fevereiro*).—Promulgação da nossa *Constituição Federal*.

—

Fundada, só dahi a 322 annos é que póde a Colonia libertar-se da Metropole, proclamando a sua independencia.

Em 66 annos de vida independente, riscámos de vez a escravidão africana que nos tinha vindo da Metropole por intermedio da Colonia, e,—apenas com 67 annos de vida livre—, riscámos tambem, de vez, de nossa patria, a unica monarchia existente no Novo Mundo.

Tudo isso foi feito sem sangue, e, em rigor, sem o menor abalo, por um motivo muito simples:—é que tudo isso não foi nem mais nem menos que a justa realização do pensamento geral de todos os brazileiros.

Somos um povo feliz, de indole pacifica, de uma elevação de sentimentos sem superior, de uma generosidade incomparavel; é a confrontação historica que auctoriza essa affirmativa. Tomados em conjuncto, somos um povo que *pensa*, que *raciocina*; somos, portanto, um povo que progride. Nenhum povo no mundo tem deante de si horizontes tão vastos para se desdobrar em progresso. Nos dominios da Natureza, coube-nos por partilha geographica uma extensão de terra que é, por assim dizer, o coração do planeta. Tudo isso viveu esquecido, até que a Republica, como um sopro vital, animou o inanimado, deu vida ás proprias

33

ESTADOS UNIDOS DO BRAZIL

DIARIO OFFICIAL

DO ESTADO DE SÃO PAULO

ANNO 2—4° DA REPUBLICA—N. 415 SÃO PAULO QUARTA-FEIRA, 12 DE OUTUBRO DE 1892

DIARIO OFFICIAL

A data de hoje

Em todas as grandes cidades do mundo civilizado celebra-se hoje o 4.° anniversario da gloriosa descoberta do nosso continente,—grande acontecimento do fim do seculo 15, de alcance incalculavel naquella epoca (1492).

Ha 400 annos aportou Colombo a uma das Antilhas, descobrindo o Novo Mundo. Elle havia sahido do porto de Palos, na Hespanha, a 3 de Agosto.

Annos depois, Americo Vespucio, navegante florentino, vem ao continente novo algumas vezes. Apparecem os primeiros mappas geographicos da nova terra, e, em vez de *Colombia*, chamam-na os cartographos —*America*.

Até hoje a maior exposição universal que o genio humano tem conseguido organizar é a Exposição de Chicago:—essa exposição é commemorativa da descoerta da America. Lá vão ser estudados todos os factos que se prendem não somente ao grande facto principal da descoberta, como tambem a todas as cousas que, relativas á America, ainda estão indecisas até hoje.

Dizer as consequencias deste descobrimento; expôr, mesmo em succinta resenha, as phases de luctas, colonizações, dominios metropolitanos e succesivas independencias, por que passou a America, subindo sempre em desenvolvimento e extraordinario progresso, é cousa que só se escreve em volume.

A America, porém, não era um continente despovoado. Colombo, ao desembarcar nas Antilhas, não foi o primeiro homem que pisou na terra americana, nem mesmo o primeiro europeu. Antes delle, norueguenses pescadores, que demandavam os mares do norte, aportaram varias vezes ás costas orientaes do norte da America. Nenhuma gloria tira esse facto á descoberta de Colombo; porque, devido a Colombo, é que se soube da existencia da America. Independente do europeu, a elle completamente extranho, um grande povo civilizado existia em nosso continente, os incas, no Perú, cujos monumentos, em ruinas, ainda attestam a grandeza a que elle attingiu. No Mexico houve tambem a civilização dos aztécas, e por toda a parte, desde as terras mais septentrionaes até ás mais meridionaes, dominava o salvagem, o *natural do continente*, vivendo em grandes tribus bellicosas, tendo por mais regular occupação a caça, a pesca e a guerra.

A origem destas raças primitivas do nosso continente, e daquelles povos que chegaram a um alto grau de civilização, ainda não teve a ultima palavra por parte da sciencia; perde-se num passado longinquo, nebuloso e quasi desconhecido.

Os incas, os aztécas, desappareceram; as demais raças indigenas, batidas em todas as direcções, estão quasi extinctas, e seus poucos representantes, agrupados aqui e alli em pequeno numero, refugiam-se nos longinquos sertões, impellidos pela marcha da civilização. E' a lucta do exterminio:—vence o mais forte, succumbe o mais fraco.

E' assim que o europeu povoou e ainda povôa dia a dia a terra de Colombo. O inglez dominou todo o norte, o Canadá, os Estados-Unidos; o hespanhol se extendeu desde o Mexico, passando por toda a America Central e descendo ao longo do Pacifico, até ao sul do continente, á Republica Argentina e ao Uruguay; o portuguez dominou a terra de Cabral, nossa patria. Esses tres povos representam hoje um total nunca inferior a 124 milhões de habitantes, dos quaes bastante mais da metade pertence á raça latina.

Assim, a America «que é dos americanos» na celebre phrase de Monroe, é tambem dos latinos em sua mór parte. Aqui se refugiou e floresce a grande alma illuminada de um dos maiores povos do mundo, o povo do Lacio, que tem na historia do planeta o mais brilhante papel representado pela humanidade em sua evolução. Talvez que venha desse vinculo consanguineo a grande solidariedade dos povos americanos em todas as cousas que se referem a seu continente, a seu futuro.

Ha em taes povos um accordo tacito atravez da Historia.

Em nenhum outro continente o ideal da liberdade, quer pessoal, quer collectiva, attingiu a tamanho grau de perfeição. Foi a America quem deu ao Velho Mundo a prova de que é possivel o governo dos povos sem rei e sem padre. Foi ella quem *humanizou* a lei da evolução, bastando-se a si mesma em seu destino, dando-se as mãos internacionalmente num compromisso de paz e trabalho.

Todos os seus ideaes como que são a conquista da sociologia. O Congresso de Washington creou a arbitragem para os casos de guerra, isto é, deu um grande passo no caminho da civilização:—traçou para um continente inteiro (excepto apenas o Chile) a lei fundamental que tem por fim impedir o rompimento entre as nações americanas.

Não ha exemplo na historia dos povos de um esforço tão grande como o americano para a hegemonia continental.

A democracia completou-se no vasto continente de Colombo; nelle se unificarão por certo muitos outros grandes ideaes, como por exemplo um typo unitario da moeda.

Assim, deante de maravilhas colossaes realizadas apenas em 400 annos, na terra de nossos paes, nossa terra e terra de nossos filhos, o espirito se levanta enobrecido e orgulhoso, e abençôa a fatalidade que fez de um latino o descobridor do Novo Mundo.

Para elle, para o immortal genovez, volve-se hoje o pensamento das nações numa grande homenagem, e a nós, americanos-latinos, pertence a maior parte dessa gloriosa data.

Commemoremol-a com orgulho, congratulando-nos com a incomparavel liberdade de que gosamos em nosso continente democratizado pelo governo do povo pelo povo.

Commemoremol-a, certos de que somos dignos do nome de americanos, pois integrámos a democracia na America, e entre os povos do continente somos inquestionavelmente uma grande força, uma notavel intelligencia e, principalmente, um generosissimo coração.

ACTOS DO PODER EXECUTIVO

DECRETO N. 107 A

DE 22 DE SETEMBRO DE 1892

Fixa em Ibitinga a séde da comarca da Boa Vista das Pedras.

O presidente do Estado designa a villa de Ibitinga para servir de séde da comarca da Boa Vista das Pedras.

Palacio do Governo do Estado de São Paulo, 22 de Setembro de 1892.

BERNARDINO DE CAMPOS.

M. P. DE SIQUEIRA CAMPOS.

34

ESTADOS UNIDOS DO BRAZIL

DIARIO OFFICIAL

DO ESTADO DE SÃO PAULO

ANNO 2—4° DA REPUBLICA—N. 440 SÃO PAULO TERÇA-FEIRA, 15 DE NOVEMBRO DE 1892

DIARIO OFFICIAL

Quinze de Novembro

Ha tres annos que um grande fremito nervoso se irradiou por todo o paiz, atravez dos fios telegraphicos e, transpondo os oceanos, chegou mesmo a abalar os mais longinquos paizes civilizados:—tinhamos proclamado a Republica Federativa; estava integrada a democracia na America.

Para os que sabiam ler atravez das linhas ainda incertas da sociologia; para os que sabiam decifrar os hieroglyphos com que a evolução social presenteia constantemente o futuro,—o facto era esperado, e outra não podia ser a consequencia de innumeros e positivos factores accumulados durante um longuissimo e glorioso passado, cheio de numerosas e eloquentes tentativas de liberdade.

Nobres, firmes na grandeza do nosso caracter e na justiça da nossa intelligencia, eliminámos com inteira dignidade a dynastia que reinava em nossa patria, acercando o velho e venerando monarcha de todas as attenções, respeitos e liberalidades que nos magnificavam e a elle tambem,—e fizemos a nossa Republica em paz, como uma festa em familia,—no seio da grande familia brazileira.

Tão alto, nobre e puro era o nosso ideal, que em nenhum momento os interesses geraes da nossa aspiração se serviram da nova opportunidade para se exercer contra as altas posições então occupadas.

Colossal era a reforma a fazer-se; importava no mais completo refundimento de todas as instituições, usos e costumes inveterados, legislatura, organizações — federaes, estadaes, municipaes, etc. Infinitos problemas de questões internas e externas, ainda não resolvidos, se impunham agora, inadiaveis deante do programma democratico que tão incruenta e gloriosamente acabava de triumphar.

A somma desse enorme trabalho parecia superior em muito ás forças da geração actual.

Os homens, porém, que realizaram o grande sonho brazileiro, e cujos nomes já pertencem ao sacrario da nossa Historia, eram forças vivas que pugnavam, fazia vinte annos, pela victoria alcançada a 15 de Novembro. O que havia a fazer estava de ha muito mais ou menos delineado, e si não tinha uma existencia objectiva, tinha-a subjectiva, real como um facto do espirito, unificada em todas as cabeças pensantes, viva, tão viva que podia ser confundida com uma realidade do mundo exterior.

Assim, dentro de tres annos, temos progredido assombrosamente. Este *assombrosamente* é uma verdade que se impõe por comparação historica, por confronto com outras nacionalidades que passaram pelo mesmo caminho:—é o unico criterio por onde se podem julgar os factos do presente.

Estamos certamente a mais de meio caminho, e chegaremos firmes e folgados ao fim da jornada que encetámos. Todos pontos que pareciam invios estão transpostos. A reacção, muito e muito natural, como que se esvai nas suas ultimas ondulações, na agonia de uma impotencia congenita.

Occorre, sempre que se pensa nos gloriosos factos de tres annos para cá, lembrar a situação financeira que temos atravessado, penosa para todos, e que tem servido de estribilho menos á ignorancia do que á malevolencia despeitada.

Em situações identicas, peiores mesmo, acham-se muitos paizes actualmente, já não dizemos na America do Sul cujas nações, muito novas ainda, atravessam o seu periodo de formação definitiva, mas na propria Europa, —facto que está no conhecimento de todos.

Nunca deixámos de pagar as nossas dividas no dia do vencimento. A vida tornou-se extraordinariamente mais cara, mas o trabalho dobrou tambem de valor,—donde um certo equilibrio na existencia de todas as classes,—manifestado principalmente nas mais desprotegidas, por serem justamente aquellas em que taes effeitos logo se revelam.

Portanto, bem encarado o problema, attenúa-se consideravelmente a gravidade e viabilidade que se lhe costuma emprestar. Demais, tocamos ao fim desse pequenino encrespamento que veiu turvar por alguns segundos a superficie calma da nossa existencia em commum. A *crise* passará fatalmente, e dentro de pouco tempo. Ella não podia existir sinão um momento, e está condemnada a desapparecer, não só pela estabilidade nacional, que se accentúa definitivamente, como pela exuberancia da nossa producção e pela solidez do nosso credito.

—

Somos felizes atravez da Historia.

Ha uma fatalidade generosa que nos guia para o bem, que nos faz ser bons, pacificos, benevolentes, confiantes e nobres. Somos exemplares no cumprimento de nossos deveres privados, publicos ou patrios. Em toda a nossa historia de povo constituido não temos um nome que, tendo occupado posições elevadas, tenha sido menos digno dellas. Temos errado por ignorancia, nunca por cavilosidade. E seguimos o nosso caminho,—e chegaremos a nosso fim.

Dos gloriosos vultos que mais se distinguiram na corporificação do nosso ideal republicano dous já se obumbraram no phenomeno da morte, encerrados talvez para sempre na urna da inconsciencia eterna: — Benjamin Constant, Deodoro da Fonseca.

—O primeiro, que foi o pensamento, passou como uma synthese adamantina da grande aspiração nacional; cahiu para se levantar com mais brilho no pedestal da Historia, na grata lembrança da posteridade que o abençôa, e onde viverá eternamente, e cada vez com maior fulgor, a vida dos grandes predestinados, a sagrada existencia dos immortaes.

—O segundo, alma rude e intemerata, que foi o ponto irradiante da gloriosa acção, que da poeira dos quarteis ascendeu ao mais alto posto de nossa patria,—astro de primeira grandeza, tambem já se atufou no poente, para surgir na Historia, ao lado de seu companheiro de jornada.

Commemorando a data de hoje, não podiamos calar os nomes impereciveis dos dous grandes mortos. A nossa memoria para elles se volta no mais puro e profundo sentimento de gratidão.

—

Os outros, ficos eguaes em brilho e acção, continuam no acabamento da obra que começaram juntos, — unificados pelo esforço do mesmo ideal, cumprindo cada um a sua missão.

A posteridade, longe das paixões actuaes, com aquella justiça insuspeita que só póde ser feita a grandes distancias chronologicas, os elevará em tempo proprio ao pantheon da immortalidade,—para onde elles caminham.

Suppunha se que a obra a realizar excedia ao tempo de que podia dispor a geração presente,—e essa obra vai ser completada em nossos dias, tanto quanto se póde julgar pelo que já está feito.

GOVERNO DE SÃO PAULO

_O Decreto n. 20, publicado no *Diário Oficial* n. 223, de 7 de fevereiro, regulamenta a Lei eleitoral n. 21, publicada no ano anterior.

35. REGULAMENTAÇÃO DA LEI ELEITORAL

_O Decreto n. 28, de 1º de março, publicado no n. 246, de 9 de março, "organiza as secretarias do Interior, da Justiça e da Agricultura, Comércio e Obras Públicas, criadas pela Lei n. 15, de 11 de novembro de 1891".

36. ORGANIZAÇÃO DAS SECRETARIAS DE ESTADO

_A Secretaria do Interior será dividida em três seções, e a terceira seção se incumbirá do *Diário Oficial*. O mesmo decreto é republicado na edição de 11 de março, pois a anterior continha erros.

37. ORGANIZAÇÃO DAS SECRETARIAS DE ESTADO | RETIFICAÇÃO

_As consequências do fechamento do Congresso Federal no ano anterior são sentidas em todo o país. Em São Paulo, o Congresso do Estado é reinstalado em 7 de abril, como informa o *Diário Oficial* n. 272, de 9 de abril.

38. MENSAGEM | REINSTALAÇÃO DO CONGRESSO DO ESTADO

_A Lei n. 55, de 13 de agosto, publicada no *Diário Oficial* em 18 de agosto, determina a obrigatoriedade da publicação de leis e decretos do governo do Estado no *Diário Oficial*, cuja vigência começa trinta dias após a publicação.

39. OBRIGATORIEDADE DA PUBLICAÇÃO DE ATOS DO GOVERNO DO ESTADO NO *DIÁRIO OFICIAL*

_Bernardino de Campos assume a presidência do Estado em 23 de agosto de 1892 e permanece no poder até 15 de abril de 1896.

_A numeração dos dezesseis distritos de paz da comarca da capital é determinada pela Lei n. 106, de 20 de setembro, publicada em 22 de setembro.

_A Lei n. 113, publicada em 5 de outubro, autoriza o governo do Estado a adquirir o quadro de Benedito Calixto, representando a *inundação da Várzea do Carmo*, ocorrida nesse ano; a Várzea do Carmo é o atual Parque Dom Pedro.

40. "A VÁRZEA DO CARMO", TELA DE BENEDITO CALIXTO

35

ESTADOS UNIDOS DO BRAZIL

DIARIO OFFICIAL

DO ESTADO DE SÃO PAULO

ANNO 2—4º DA REPUBLICA—N. 223 SÃO PAULO DOMINGO 7 DE FEVEREIRO DE 1892

DIARIO OFFICIAL

ACTOS DO PODER EXECUTIVO

DECRETO N. 20

DE 6 DE FEVEREIRO DE 1892.

Regulamenta a Lei n.º 21, de 27 de Novembro de 1891, e consolida a legislação anterior a que a mesma se refere.

O Vice-Presidente do Estado, em exercicio, usando da attribuição que lhe confere o § 2º do artigo 36 da Constituição do Estado e tendo em vista o disposto no artigo 48 da Lei n.º 21, de 27 de Novembro de 1891, manda que na execução da mesma Lei se observe o seguinte

REGULAMENTO ELEITORAL

TITULO I

DOS ELEITORES E DO ALISTAMENTO ELEITORAL.

CAPITULO I

Dos requisitos para ser eleitor e sua prova.

Artigo 1.º Para ter voto nas eleições de que trata a Lei n.º 21, de 27 de Novembro de 1891, requer-se:

I. Ser cidadão brazileiro e estar no goso dos direitos politicos.

II. Ser maior de 21 annos.

III. Ter domicilio no Estado.

IV. Saber ler e escrever.

V. Estar incluido no alistamento eleitoral da respectiva comarca.

Artigo 2.º São cidadãos brazileiros:

1.º Os nascidos no Brazil, ainda que de pae estrangeiro, não residindo este a serviço de sua nação;

2.º Os filhos de pae brazileiro e os illegitimos de mãe brazileira, nascidos em paiz estrangeiro, si estabelecerem domicilio na Republica;

3.º Os filhos de pae brazileiro que estiver noutro paiz ao serviço da Republica, embora nella não venham domiciliar-se;

4.º Os estrangeiros, que, achando-se no Brazil aos 15 de Novembro de 1889, não tiverem declarado, até 6 mezes depois de entrar em vigor a Constituição Federal, o animo de conservar a nacionalidade de origem;

5.º Os estrangeiros que possuirem bens immoveis no Brazil e forem casados com brazileiras ou tiverem filhos brazileiros, comtanto que residam no Brazil, salvo si manifestarem a intenção de não mudar de nacionalidade;

6.º Os estrangeiros por outro modo naturalizados.

§ 1.º Perde os direitos de cidadão brazileiro:—I) o que se naturalizar em paiz estrangeiro;—II) o que acceitar emprego ou pensão de governo estrangeiro, sem licença do Poder Executivo Federal.

§ 2.º Suspendem-se os mesmos direitos:—I) por incapacidade physica, ou moral;—II) por condemnação criminal, emquanto durarem os seus effeitos.

Artigo 3.º Não podem alistar-se eleitores, além dos analphabetos (artigo 1.º n.º IV):

a) Os mendigos;

b) As praças de pret do exercito, da armada e dos corpos policiaes, com excepção dos alumnos das escolas militares de ensino superior;

c) E os religiosos de ordens monasticas, companhias, congregações ou communidades de qualquer denominação, sujeitos a voto de obediencia, regra, ou estatuto que importe renuncia da liberdade individual.

§ unico. A probibição relativa ás praças de pret não abrange as reformadas, e na designação —corpos policiaes— comprehendem-se os guardas e vigias das alfandegas, os guardas municipaes, os corpos de bombeiros e todos os mais que tiverem por fim o serviço de policia, qualquer que seja a sua denominação.

Artigo 4.º Salvo prova em contrario, a posse não contestada dos direitos politicos é sufficiente para que seja comprehendido no alistamento o cidadão que tiver os demais requisitos para eleitor; e essa posse se presume pelo exercicio anterior dos direitos politicos, ou de quaesquer cargos publicos.

Artigo 5.º Para prova da idade legal se admittirá, além da certidão de baptismo ou do registro civil, qualquer outro documento publico de que seja licito inferir-se a maioridade de 21 annos.

§ unico. Será dispensada a exhibição dessa prova, quando o cidadão, ao tempo do alistamento, estiver investido de qualquer emprego publico em que se requeira a dita maioridade; fôr graduado com diploma scientifico ou litterario de qualquer faculdade, academia, escola ou instituto nacional ou estrangeiro, seja leigo ou religioso, legalmente reconhecido, ou fôr official do exercito, da armada, ou de corpos policiaes.

Artigo 6.º A prova do domicilio será feita com relação ao districto de paz onde fôr requerido o alistamento, e por meio de certidão ou outro documento authentico de que conste o exercicio, ao tempo da qualificação, de cargo publico a que esteja ligada a condição do domicilio no districto, ou com attestado de qualquer auctoridade civil, criminal, ou administrativa da comarca, termo, ou districto respectivos.

Artigo 7.º Nenhum cidadão será alistado eleitor em mais de um districto de paz, e só poderá sel-o no em que tiver o seu domicilio.

§ 1.º Districto do domicilio é aquelle em que o cidadão reside habitualmente. Na palavra —domicilio— não se comprehendem os escriptorios para o exercicio de qualquer profissão.

§ 2.º Para que se considere o cidadão domiciliado no districto é necessario que nelle resida desde um anno antes da revisão do alistamento, salva a disposição do art. 26 e exceptuado tambem o caso de estar o cidadão exercendo cargo publico no districto (§ unico do art. 5.º).

§ 3.º O prazo designado no § antecedente fica reduzido a quatro mezes para o primeiro alistamento, em o qual se observará tambem o seguinte: o que estiver residindo a menor tempo de quatro mezes será alistado no districto de paz da anterior residencia, e o que chegar vindo de fóra do Estado sel-o-á qualquer que seja o tempo da residencia, comtanto que mostre, com attestado de alguma auctoridade, o animo de permanecer no districto.

Artigo 8.º A prova de saber o cidadão ler e escrever constará de ser do proprio punho e com a sua assignatura o requerimento que fizer para alistar-se, uma vez que a lettra e firma sejam reconhecidas pelo tabellião da comarca, ou pela auctoridade preparadora do alistamento, que assim o declarará no respectivo despacho.

§ 1.º Não é admissivel o reconhecimento indirecto do tabellião, fundado no testemunho de terceiros.

§ 2.º Será admittido requerimento escripto e assignado por especial procurador, no caso somente de impossibilidade physica do alistando escrever, provada com documento; mas, ainda neste caso, deverá o cidadão exhibir papel anteriormente escripto e assignado de proprio punho e com a lettra e assignatura reconhecidas no mesmo papel por tabellião.

CAPITULO II

Do alistamento eleitoral e sua revisão.

Artigo 9.º A primeira qualificação de eleitores sob o regimen da lei n. 21, de 27 de Novembro de 1891, começará no dia 18 de Abril do corrente anno.

Em todos os annos subsequentes será o alistamento revisto no primeiro dia util do mez de Agosto, para os seguintes fins:

§ 1.º De serem eliminados os eleitores que tiverem fallecido, ou mudado de domicilio para fóra da comarca, e os que houverem perdido os direitos de cidadão brazileiro, ou não estiverem no goso de seus direitos politicos.

ESTADOS UNIDOS DO BRAZIL
DIARIO OFFICIAL
DO ESTADO DE SÃO PAULO
ANNO 2 – 4º DA REPUBLICA – N. 246 | SÃO PAULO | QUARTA-FEIRA 9 DE MARÇO DE 1892

ACTOS DO PODER EXECUTIVO

DECRETO N. 28

DE 1.º DE MARÇO DE 1892

Organiza as Secretarias do Interior, da Justiça e da Agricultura, Commercio e Obras Publicas, creadas pela Lei n. 15 de 11 de Novembro de 1891.

O Vice-Presidente do Estado, no exercicio da attribuição conferida pelo artigo 2.º das—Disposições transitorias—da Constituição do Estado e nos termos dos artigos 18 e 41 da Lei n. 15 de 11 de Novembro do anno findo, decreta :

Artigo 1.º. As Secretarias do Interior, da Justiça e da Agricultura, Commercio e Obras Publicas terão a seguinte organização :

CAPITULO I

DA SECRETARIA DO INTERIOR

Artigo 2.º A Secretaria do Interior será dividida em tres secções.

Artigo 3.º Incumbirá á 1.ª Secção—o que fôr relativo :

A' organização politica do Estado.

A' representação do Estado no Congresso Federal.

Ao Congresso do Estado.

A's eleições.

A's Municipalidades.

A's naturalizações.

Ao reconhecimento das autoridades consulares, com jurisdicção no Estado e ás reclamações por ellas dirigidas ao Governo do Estado ou ao da União.

Aos ajustes e ás convenções celebradas na forma do artigo 20 da Constituição do Estado.

A's nomeações dos Secretarios de Estado.

A's questões relativas a limites do Estado.

A's festas do Estado.

A's desapropriações que fôrem da competencia da Secretaria do Interior.

Ao Palacio da Presidencia.

Artigo 4.º Incumbirá á 2.ª Secção o que fôr relativo :

A's relações do Governo do Estado com o Ministerio da Marinha.

A's relações do Governo do Estado com o Ministerio da Guerra.

A' hygiene publica e privada.

A' policia sanitaria dos portos do Estado.

Ao serviço da vaccinação.

Aos soccorros publicos.

Aos hospitaes, hospicios, casas de charidade e estabelecimentos de beneficencia.

Ao serviço funerario.

Aos cemiterios.

A' organização do orçamento dos diversos serviços a cargo da Secretaria do Interior.

A' abertura de creditos extraordinarios e supplementares.

A' escripturação e classificação das despezas da Secretaria do Interior.

A' expedição das ordens de pagamento de qualquer quantia a cargo do Secretario do Interior.

Artigo 5.º A 3.ª Secção incumbirá o que fôr relativo :

A' instrucção publica primaria, secundaria e superior.

Aos estabelecimentos particulares de ensino.

Aos institutos de educacção especial e profissional.

A's bibliothecas, associações litterarias e aos estabelecimentos congeneres.

Ao serviço da Repartição de Estatistica e do Archivo do Estado.

Ao *Diario Official*.

CAPITULO II

DA SECRETARIA DA JUSTIÇA

Artigo 6.º A Secretaria da Justiça será dividida em duas secções.

Artigo 7.º A 1.ª Secção terá a seu cargo ;

A organização judiciaria.

A administração da justiça civil, commercial e criminal.

O quadro da divisão civil e judiciaria.

As nomeações, remoções, demissões, suspensões, provimentos, permutas, e licenças dos magistrados e dos empregados de Justiça.

O assentamento dos juizes, promotores e empregados de justiça, e lançamento dos respectivos exercicios.

A estatistica policial e judiciaria.

O cumprimento das sentenças rogatorias e precatorias da jurisdicção, estrangeira que devam ter execução no Estado.

A extradicção de criminosos.

As queixas e representações contra magistrados e empregados de justiça.

O que fôr relativo ao registro Torrens.

O que disser respeito ao casamento civil.

O que se referir ao registro civil dos nascimentos e obitos.

O que fôr concernente á Junta Commercial.

A organização do orçamento da Secretaria de Justiça.

A abertura de creditos extraordinarios e supplementares.

A escripturação e classificação das despezas da Secretaria da Justiça.

A expedição das ordens de pagamento de qualquer quantia a cargo do Secretario da Justiça.

Artigo 8.º A' 2.ª Secção incumbirá ;

A policia e segurança publica.

A divisão policial.

A nomeação, demissão e licenças do Chefe de Policia e dos empregados da repartição respectiva.

As penitenciarias e as prisões.

As colonias penaes.

A amnistia, a commutação e o perdão de penas.

A organização da força policial do Estado.

A nomeação, demissão, suspensão, remoção, licenças e reforma dos officiaes dos Corpos Militares de Policia.

Os quadros da força publica do Estado.

O que disser respeito ao serviço, ao armamento e á disciplina da força policial.

O que fôr concernente á Companhia de Bombeiros.

O que fôr relativo á Guarda Nacional.

CAPITULO III

DA SECRETARIA DA AGRICULTURA, COMMERCIO E OBRAS PUBLICAS

Artigo 9.º A Secretaria da Agricultura, Commercio e Obras Publicas será dividida em duas secções.

Artigo 10.º A' 1.ª Secção incumbirá o que fôr relativo :

A' Agricultura.

A's terras publicas e particulares e ao serviço cadastral.

Ao serviço da Colonização.

Aos Nucleos coloniaes.

Ao serviço da immigração.

Ao aldeamento e á adaptação de indios.

Aos jardins e aos Passeios Publicos.

Aos Engenhos Centraes.

A' navegação fluvial e maritima.

Aos canaes.

Ao que se referir a trabalhos hydraulicos.

Aos correios.

Aos telegraphos.

ESTADOS UNIDOS DO BRAZIL
DIARIO OFFICIAL
DO ESTADO DE SÃO PAULO
ANNO 2 – 4º DA REPUBLICA – N. 248 | SÃO PAULO | SEXTA-FEIRA 11 DE MARÇO DE 1892

ACTOS DO PODER EXECUTIVO

DECRETO N. 28 (1)

DE 1.º DE MARÇO DE 1892

Organiza as Secretarias do Interior, da Justiça e da Agricultura, Commercio e Obras Publicas, creadas pela Lei n. 15 de 11 de Novembro de 1891.

O Vice-Presidente do Estado, no exercicio da attribuição conferida pelo artigo 2.º das—Disposições transitorias—da Constituição do Estado e nos termos dos artigos 18 e 41 da Lei n. 15 de 11 de Novembro do anno findo, Decreta :

Artigo 1.º. As Secretarias do Interior, da Justiça e da Agricultura, Commercio e Obras Publicas terão a seguinte organização :

CAPITULO I

DA SECRETARIA DO INTERIOR

Artigo 2.º A Secretaria do Interior será dividida em tres Secções.

Artigo 3.º Incumbirá á 1.ª Secção—o que fôr relativo :

A' organização politica do Estado.

A' representação do Estado no Congresso Federal.

Ao Congresso do Estado.

A's eleições.

A's Municipalidades.

A's naturalizações.

Ao reconhecimento das autoridades consulares, com jurisdicção no Estado e ás reclamações por ellas dirigidas ao Governo do Estado ou ao da União.

Aos ajustes e ás convenções celebradas na forma do artigo 20 da Constituição do Estado.

A's nomeações dos Secretarios de Estado.

A's questões relativas a limites do Estado.

A's festas do Estado.

A's desapropriações que fôrem da competencia da Secretaria do Interior.

Ao Palacio da Presidencia.

Artigo 4.º Incumbirá á 2.ª Secção o que fôr relativo :

A's relações do Governo do Estado com o Ministerio da Marinha.

A's relações do Governo do Estado com o Ministerio da Guerra.

A' hygiene publica e privada.

A' policia sanitaria dos portos do Estado.

Ao serviço da vaccinação.

Aos soccorros publicos.

Aos hospitaes, hospicios, casas de charidade e estabelecimentos de beneficencia.

Ao serviço funerario.

Aos cemiterios.

A' organização do orçamento dos diversos servicos a cargo da Secretaria do Interior.

A' abertura de creditos extraordinarios e supplementares.

A' escripturação e classificação das despezas da Secretaria do Interior.

A' expedição das ordens de pagamento de qualquer quantia a cargo do Secretario do Interior.

Artigo 5.º A' 3.ª Secção incumbirá o que fôr relativo :

A' instrucção publica primaria, secundaria e superior.

Aos estabelecimentos particulares de ensino.

Aos institutos de educação especial e profissional.

A's bibliothecas, associações litterarias e aos estabelecimentos congeneres.

Ao serviço da Repartição de Estatistica e do Archivo do Estado.

Ao *Diario Official*.

(1) Reproduz-se este Decreto por ter sahido publicado com alguns enganos.

CAPITULO II

DA SECRETARIA DA JUSTIÇA

Artigo 6.º A Secretaria da Justiça será dividida em duas Secções.

Artigo 7.º A 1.ª Secção terá a seu cargo ;

A organização judiciaria.

A administração da justiça civil, commercial e criminal.

O quadro da divisão civil e judiciaria.

As nomeações, remoções, demissões, suspensões, provimentos, permutas, e licenças dos magistrados e dos empregados de Justiça.

O assentamento dos juizes, promotores e empregados de justiça, e lançamento dos respectivos exercicios.

A estatistica policial e judiciaria.

O cumprimento das sentenças rogatorias e precatorias da jurisdicção estrangeira que devam ter execução no Estado.

A extradicção de criminosos.

As queixas e representações contra magistrados e empregados de justiça.

O que fôr relativo ao registro Torrens.

O que disser respeito ao casamento civil.

O que se referir ao registro civil dos nascimentos e obitos.

O que fôr concernente á Junta Commercial.

A organização do orçamento da Secretaria da Justiça.

A abertura de creditos extraordinarios e supplementares.

A escripturação e classificação das despezas da Secretaria da Justiça.

A expedição das ordens de pagamento de qualquer quantia a cargo do Secretario da Justiça.

Artigo 8.º A' 2.ª Secção incumbirá ;

A policia e segurança publica.

A divisão policial.

A nomeação, demissão e licenças do Chefe de Policia e dos empregados da repartição respectiva.

As penitenciarias e as prisões.

As colonias penaes.

A amnistia, a commutação e o perdão de penas.

A organização da força policial do Estado.

A nomeação, demissão, suspensão, remoção, licenças e reforma dos officiaes dos Corpos Militares de Policia.

Os quadros da força publica do Estado.

O que disser respeito ao serviço, ao armamento e á disciplina da força policial.

O que fôr concernente ao Corpo de Bombeiros.

O que fôr relativo á Guarda Nacional.

CAPITULO III

DA SECRETARIA DA AGRICULTURA, COMMERCIO E OBRAS PUBLICAS

Artigo 9.º A Secretaria da Agricultura, Commercio e Obras Publicas será dividida em duas Secções.

Artigo 10. A' 1.ª Secção incumbirá o que fôr relativo :

A' Agricultura.

A's terras publicas e particulares e ao serviço cadastral.

Ao serviço da Colonização.

Aos Nucleos coloniaes.

Ao serviço da immigração.

Ao aldeamento e á adaptação de indios.

Aos jardins e aos passeios publicos.

Aos Engenhos Centraes.

A' navegação fluvial e maritima.

Aos canaes.

Ao que se referir a trabalhos hydraulicos.

Aos correios.

Aos telegraphos.

ESTADOS UNIDOS DO BRAZIL

DIARIO OFFICIAL

DO ESTADO DE SÃO PAULO

ANNO 2—4º DA REPUBLICA—N. 272 | SÃO PAULO | SABBADO 9 DE ABRIL DE 1892

DIARIO OFFICIAL

O CONGRESSO DO ESTADO

E' Quinta-feira, 7 do corrente, effectuou-se solemnemente a installação do Congresso.

Lá compareceram representantes de todas as classes sociaes,—do commercio, das industrias, da imprensa nacional e extrangeira, sanccionando assim a livre escolha que S. Paulo fez de nomes que o representem no Senado e na Camara dos deputados.

Longo foi o periodo das perturbações nascidas do acto da dissolução do congresso federal, momento tristemente historico, em que se constituiu a dictadura, tendo-se rasgado o que o paiz tinha de mais venerando e inviolavel—a sua Constituição.

Sanado o grande erro, estabelecida a legalidade, as vibrações produzidas pelo choque foram-se á pouco e pouco diminuindo, como era natural, do centro para a peripheria. Hoje, extinctas, voltam os estados a progredir dentro das leis constitucionaes, unidos harmonicamente pelos laços da federação, organismos vivos, independentes, compartes ainda assim da collectividade, que é o todo, e que se chama—Estados Unidos do Brazil.

Esse momento negro teve a sua continuação em S. Paulo. O erro do centro prolongou-se até nosso Estado, onde encontrou a seu serviço todas as fraquezas do patriotismo ausente e da falta de comprehensão da grande obra, solida e luminosa, iniciada a 15 de Novembro com profundo amor, e trabalhada a pouco e pouco até á promulgação de um dos mais admiraveis monumentos de sabedoria, —o codigo fundamental da nossa nacionalidade.

Mas, tambem aqui, como nos outros Estados, a lei se impoz; prevaleceram os principios constitucionaes; reergueu-se o nome de S. Paulo; e hoje, que o segundo congresso já está em acção, a confiança, que nunca falhou, sedimenta-se, crystalliza-se na alma popular e, tudo em ordem, marchamos desassombrados em nosso destino, que nos offerece todas as garantias do trabalho e da paz.

A data de antehontem exprime, portanto, um grande triumpho democratico:—a victoria da lei sobre o arbitrio, a victoria do poder collectivo sobre o poder individual.

A data de antehontem, ligada á installação de um congresso de livre escolha, concretiza a mais sagrada aspiração paulista,—a nossa autonomia e, ao mesmo tempo, o nosso apoio á lettra da constituição.

Assim, S. Paulo, como Estado federado, cumpriu o seu duplo dever:—restabeleceu a legalidade em seu territorio e consolidou com esse feito o pensamento da Constituição Federal, que é a base de todos os direitos e liberdades da Republica.

—

Damos em seguida o documento de alto valor, singello e eloquente, que foi lido na sessão de installação do Congresso pelo dr. Alfredo Pujol, na qualidade de secretario.

Eil-o:

MENSAGEM

Dirigida pelo dr. José Alves de Cerqueira Cesar, vice-presidente do Estado, ao congresso legislativo de S. Paulo, em 7 de Abril de 1892.

SENHORES:

Cumprindo o preceito constitucional, venho expor-vos a situação do Estado; obedecendo ao espirito republicano que o dictou, venho entregar ás vossas mãos de supremos representantes do povo o destino politico da terra paulista, que graves acontecimentos me confiaram provisoriamente.

Duas forças elevaram-me ao posto que occupo desde 15 de Dezembro: a lei, que me impunha, como substituto, o exercicio de um cargo publico abandonado, e um movimento revolucionario, justo, porque era a reacção contra restos de uma tyrannia abatida, legitimo, porque era a expressão vehemente do sentimento popular quasi unanime.

Procurei sempre harmonizar no espirito da minha administração as influencias dessa dupla origem que tem o meu mandato.

Acredito que o consegui.

Oriundo da lei, o meu governo inspirou-se sempre escrupulosamente nella; acclamado por um movimento poderoso da opinião, obedeci-lhe fielmente em todos os meus actos.

A revolução que tinha por intuito restabelecer o regimen legal postergado, reivindicar a soberania popular suffocada, cumpriu o seu destino: em resultado della, alliaram-se de novo, á sombra da lei, o governo e a opinião, antes divorciados.

Uma das necessidades mais urgentes que se impunham ao meu espirito, ao assumir o alto posto em que as circumstancias me collocaram, foi a de proceder ao preenchimento legal do cargo de Presidente do Estado.

Reconheci, entretanto, que me faltava a competencia para declarar vago o logar e mandar, consequentemente, no prazo constitucional, proceder á eleição.

Resolvi deferir-vos a solução do assumpto, que vos compete, e confio do vosso espirito republicano que resolvereis convenientemente appellando, por meio da eleição presidencial, numa suprema consulta, para o julgamento definitivo das urnas.

O Congresso do Estado annullara-se de facto, subordinando-se em Novembro á dictadura que opprimia o paiz, acolytando o poder que rasgara a Constituição do Estado, cuja guarda lhe competia, collaborando pela sua solidariedade ostensiva, nos crimes que então se deram contra o povo e contra a Republica. Do seu proprio seio partiu, entre os applausos da opinião publica indignada, a sentença que o condemnava.

O movimento armado que se realizou de 12 a 15 de Dezembro, depondo o governo que obteve a sua connivencia absoluta, confirmou de um modo eloquentissimo a sua condemnação pelo povo.

Mais ainda: da maior parte dos municipios do Estado chegava a noticia de reuniões de populares, nas quaes eram declarados fóra da lei os representantes culpados de traição ao seu mandato.

Era evidente a incompatibilidade do Congresso com o povo que devia representar. Entretanto só uma poderosa circumstancia superveniente me resolveu a acceitar officialmente essa destituição de poderes que era já um facto.

Até então, preferi esperar que, seguindo o exemplo do Governo com o qual fôra inteiramente solidario, o Congresso abandonasse o logar que indevidamente occupava.

Em 28 de Janeiro, porém, alguns de seus membros mais proeminentes assumiram uma attitude francamente reaccionaria, sendo-me feita intimação para deixar o poder, afim de evitar um movimento armado que se dizia imminente.

Collocada nesse terreno a questão, fazia-se necessaria uma resolução immediata e energica. Offereciam-se-me dous alvitres: a reacção no terreno material, para a qual tanto a lei como a força me facultavam elementos, mas que repugnava ao meu espirito desejoso de manter a tranquillidade do Estado, a que tão consideraveis interesses se prendem, de poupar o sangue paulista, tão precioso sempre; ou a deslocação do conflicto para uma consulta ás urnas, em que o eleitorado decidisse soberanamente.

Não hesitei. Acceitando o facto consummado da annullação do Congresso, determinei nova eleição.

Era um pleito livre offerecido lealmente áquelles que a situação politica não contentava.

O eleitorado confirmou o pensamento popular revelado na revolução de Dezembro: apesar das epidemias que flagellavam cruelmente nove localidades do Estado, sete das quaes importantissimas, mais de vinte e dois mil eleitores se declararam favoraveis ao Governo contra a abstenção significativa dos descontentes.

Infelizmente a crise aguda em que o violento attentado de 3 de Novembro lançou o paiz, influiu, até ha pouco, no organismo politico do Estado.

Deram-se algumas tentativas abortadas de subversão da ordem publica, que não chegaram a traduzir-se em factos de maior alcance, graças, principalmente, á actividade das auctoridades e á disciplina e dedicação da força armada.

De posse de provas contra alguns conspiradores, a auctoridade competente entregou-os, como lhe cumpria, á justiça seccional, que procede na fórma legal.

Em todo o periodo agitado pelas tentativas a que me refiro, o governo agiu, evitando a minima violencia, nos estrictos limites traçados pela lei.

Nem conseguiram essas perturbações interromper o curso regular da administração, como verificareis nos relatorios dos secretarios de Estado.

Attendendo á necessidade urgente de regularizar os diversos serviços, e usando da attribuição que me conferia o art. 2º das disposições transitorias da Constituição, decretei, por acto de 26 de Fevereiro, a organização provisoria das secretarias de Estado, que submetto á vossa apreciação.

Epidemias intensas devastaram durante os ultimos mezes varias localidades do Estado.

O governo não se limitou a proporcionar para o caso todos os recursos de momento ao seu alcance, mas, considerando a gravidade do assumpto, tomou a iniciativa de grandes medidas que, estou certo, approvareis e para as quaes decretareis os meios necessarios.

A primeira dellas refere-se ao saneamento da cidade de Santos.

As epidemias que assolam o principal dos nossos portos, não só perturbam gravemente o mecanismo economico do Estado e ameaçam de ser as

ANNO 2—4° DA REPUBLICA—N 372 SÃO PAULO

ACTOS DO PODER LEGISLATIVO

LEI N. 55

DE 13 DE AGOSTO DE 1892

Auctoriza o presidente do Estado a contractar com algum ou alguns jurisconsultos do Estado ou da União a elaboração das leis do processo, determinada pela constituição estadal.

O dr. José Alves de Cerqueira Cesar, vice-presidente do Estado de São Paulo:

Faço saber que o congresso legislativo do Estado decretou e eu promulgo a lei seguinte:

Artigo 1.º E' auctorizado o presidente do Estado a contractar com algum ou alguns jurisconsultos do Estado ou da União a elaboração das leis do processo, determinada pela constituição estadal.

Artigo 2.º Poderá, em remuneração do serviço de codificação, despender até a quantia de setenta contos de réis (70:000$000), que serão pagos no acto da entrega dos projectos por parte do seu auctor.

Artigo 3.º No contracto, que para esse fim fôr celebrado, será estipulado o prazo para a entrega dos projectos de codigos, não podendo esse prazo exceder a dous annos, contados da data desta lei.

§ unico. O codigo do processo criminal deverá ser apresentado a este congresso na sua sessão legislativa de 1893.

Artigo 4.º Revogam-se as disposições em contrario.

O secretario de Estado dos negocios da justiça o faça executar.

Palacio do governo do Estado de S. Paulo, aos 13 de Agosto de 1892.

J. A. DE CERQUEIRA CEZAR.
M. P. DE SIQUEIRA CAMPOS.

Publicada na secretaria dos negocios da justiça do Estado de S. Paulo, em 13 de Agosto de 1892.—O director geral, *Joaquim Roberto de Azevedo Marques Filho.*

ESTADOS UNIDOS DO BRAZIL

DIARIO OFFICIAL

DO ESTADO DE SÃO PAULO

ANNO 2—4º DA REPUBLICA—N 409 SÃO PAULO QUARTA-FEIRA, 5 DE OUTUBRO DE 1892

ACTOS DO PODER LEGISLATIVO

LEI N. 110

DE 1.º DE OUTUBRO DE 1892

Desannexa do municipio do Belém do Descalvado e annexa, ao de Pirassununga, o districto de paz de Porto Ferreira

O dr. Bernardino de Campos, presidente do Estado de S. Paulo:

Faço saber que o Congresso Legislativo do Estado decretou e eu promulgo a lei seguinte:

Artigo 1.º Fica desannexado do municipio do Belém do Descalvado, e annexado ao de Pirassununga, o districto de paz de Porto Ferreira, com as divisas seguintes:

Principiando no rio Mogy-guassú, na barra do Ribeirão Bonito, e por este acima até á ponte da estrada que vai de Porto Ferreira á fazenda do coronel Severino Pedrozo, e pela estrada até ao ribeirão Santa Rosa; e dahi em rumo ao Mogy-guassú, em frente á barra do corrego da Pedra de Amolar e por este acima até encontrar o corrego da divisa das fazendas de Francisco da Silveira Franco e Cornelio Procopio de Araujo e pela divisa dessas fazendas até ao alto da serra, seguindo aguas vertentes até ao ribeirão Claro, e por este abaixo até ao Campinho, deste á esquerda, a rumo, á cabeceira do

LEI N. 113

Adquire o quadro—panorama do pintor Benedicto Calixto, representando a innundação da Varzea do Carmo

O dr. Bernardino de Campos, presidente do Estado:

Faço saber que o Congresso Legislativo Estadal decretou e eu promulgo a lei seguinte:

Artigo 1.º Fica o Governo do Estado auctorizado a despender até á quantia de dez contos (10:000$000), para adquirir o quadro-panorama do cidadão Benedicto Calixto, representando a *innundação da Varzea do Carmo*.

Artigo 2.º Adquirido o quadro, encarregar-se-á o Governo de dar-lhe competente collocação em estabelecimento publico, que julgar conveniente.

Artigo 3.º Revogam-se as disposições em contrario.

O secretario de Estado dos Negocios do Interior assim o faça executar.

Palacio do Governo do Estado de S. Paulo, 1.º de Outubro de 1892.

BERNARDINO DE CAMPOS

JOÃO ALVARES RUBIÃO JUNIOR

Publicada na secretaria de Estado dos Negocios do Interior, em 1.º de Outubro de 1892.—O director geral, *João de Souza Amaral Gurgel*.

IMPRENSA OFICIAL

_No *Diário Oficial* n. 249, de 12 de março, é publicada a nomeação de Horácio de Carvalho como diretor da repartição, que permanecerá no cargo até 9 de janeiro de 1931. Foi o mais longo mandato na direção da Imprensa Oficial. Ele ainda que tenha estado afastado de maio de 1895 a outubro de 1898 e durante seis meses em 1906 assistiu a duração e passagem da República Velha nesse cargo.

41. NOMEAÇÃO DE HORÁCIO DE CARVALHO

_O Decreto n. 1, de 12 de março, publicado no n. 250, de 13 de março, "marca o pessoal da Repartição do *Diário Oficial* e determina o respectivo vencimento". Republicado em 15 de março, por haver erros na publicação anterior.

_É apresentado o primeiro relatório da Imprensa Oficial.

42. EQUIPE DO *DIÁRIO OFICIAL* E RESPECTIVOS VENCIMENTOS

41

ESTADOS UNIDOS DO BRAZIL

DIARIO OFFICIAL

DO ESTADO DE SÃO PAULO

ANNO 2 - 4° DA REPUBLICA — N. 249 SÃO PAULO SABBADO 12 DE MARÇO DE 189

ACTOS DO PODER EXECUTIVO

Interior

2ª SECÇÃO

Por Decreto de 10 do corrente, foi aberto no Thesouro um credito da quantia de 5:000$000, para occorrer ao pagamento de despezas com o tratamento de indigentes acommettidos da epidemia reinante na cidade do Jahú.

Por Decreto da mesma data, foram nomeados para os cargos de delegados de hygiene:

De Capivary, o cidadão dr. Augusto de Castro Madeira.

De S. Simão, o cidadão dr. Simão Philidory.

3ª SECÇÃO

Foi nomeado para o cargo de Director do *Diario Official* o cidadão Horacio de Carvalho.

Justiça

Por Decreto de 10 do corrente foram exonerados:

O bacharel Joaquim Celidonio Gomes dos Reis Junior do cargo de juiz municipal e de orphams do termo de Batataes, a pedido.

O bacharel José Rodrigues de Souza do logar de promotor publico da comarca de Soccorro, tambem a pedido, sendo nomeado para o de juiz municipal e de orphams do respectivo termo.

O bacharel Gabriel de Oliveira Rocha do cargo de promotor publico da comarca de Itapetininga.

Por Decreto da mesma data, foi nomeado o bacharel Eugenio Gonçalves Tourinho para o logar de juiz municipal e de orphams do termo de Caconde

SECRETARIAS DE ESTADO

Fazenda

Por decretos e portarias de 11 ficaram constituidos a Secretaria de Estado e o Thesouro do Estado pela seguinte fórma:

SECRETARIA DE ESTADO

Official Maior: Dr. Antonio Carlos Ribeiro de Andrada Machado e Silva.

1os Officiaes: Manoel Augusto Galvão e Geraldo Ribas.

2os Officiaes: Leopoldo Augusto Ataliba da Motta e Raymundo Gurgel do Amaral Valente.

Amanuenses: Ephraim Nogueira Alves de Macedo, Alberto Gonçalves da Silva, José Martins da Silva e Diogenes Tupinambá Americano do Brazil.

Continuo: Angelo Ribeiro de Miranda.

THESOURO DO ESTADO

Director Geral: Coronel Pedro Gonçalves Dente.

Sub-director: Lino Gonçalves Peres

Chefes de Secção: Franklin Antão Pedrozo, João Augusto Pereira, José Isidro Gonçalves Neves, Luiz Augusto de Araujo e Antonio Augusto de Araujo Filho.

1os escripturarios: Francisco Mugnaini, Tiburcio Augusto de Oliveira Macedo, Antonio Joaquim de Sant'Anna, José Felizardo Junior e Luiz Gonzaga de Azevedo.

2os escripturarios: Miguel Mugnaini, Lindorf Ernesto Pereira de Vasconcellos, Eduardo Martins Fontes, Manoel Vidal de Mendonça e João Xavier Ferreira.

3os Escripturarios: Manoel Joaquim Nobrega de Almeida, João Gonçalves Dente, Manoel Alves Ribeiro, Ismael Soares de Barros, José Isidro de Oliveira Cruz, Benjamin da Luz Novaes, Joaquim Vaz de Arruda Amaral, Antonio Ernesto da Silva, Marcolino da Luz, Socrates Brazileiro, Norberto de Cerqueira, Francisco Martins Fontes, Deraldo Rodrigues Jordão, Ricardo Azamor e José Pereira da Costa Ribeiro.

Praticantes: José Cupertino Pereira, Celso Cesar da Fonseca, André Lex, Francisco Eugenio Pinheiro e Prado e Pedro Hugo da Fonseca.

Thesoureiro: Major João Mar[illegible] de Azevedo.

Fiel: Francisco Antonio Nog[illegible]ra da Gama.

Escripturario do Caixa: Jo[illegible] José das Chagas.

Ajudante: Paulino da Fonseca[illegible]

Pagador: João Florindo.

Escripturarios: Theophilo de [illegible]raes Nobrega, Adolpho Augusto [illegible]chado, Antonio Francisco Dutra [illegible]drigues e Manoel Augusto Jonas

Procurador Fiscal: Bacharel [illegible] Arthur Varella.

Ajudante: bacharel José Ovi[illegible] do Amaral Gurgel

Official: Luiz da Fonseca Mor[illegible] Galvao.

Solicitador: João Raymundo [illegible] Oliveira.

Amanuenses: Arthur Cezar da [illegible]va Witacker e José Pereira Bic[illegible] Filho.

Archivista: Manoel Chrispini[illegible] Chaves.

Ajudante: João de Souza Ramo[illegible]

Porteiro: Jacob Amelung.

Continuos: Agostinho Pinto [illegible] Mendonça, João Francisco de Li[illegible] Junior e José de Oliveira Chaves.

Interior

Expediente de 10 de Março de 189[illegible]

1ª SECÇÃO

Foram exonerados:

Francisco Antonio e Fernando [illegible]genio Paes de Barros, o 1° por [illegible] incompativel com o logar de juiz [illegible] paz e o 2° por não ter acceitado [illegible] cargo, dos logares de membros [illegible] intendencia de Capivary.

Fernando da Silva Carneiro, a [illegible]dido, do logar de membro da inte[illegible]dencia de S. José do Barreiro. — D[illegible] se conhecimento ás respectivas mu[illegible]cipalidades.

Elevou-se de 7 a 9 o numero [illegible] membros da intendencia de Quel[illegible]

Foram nomeados:

Emiliano de Freitas Novaes, A[illegible]xandre Magno Terra e Thomaz T[illegible]xeira Machado para os logares [illegible] membros da intendencia de Quel[illegible]

Antonio Dias de Aguiar e An[illegible]nio Carlos de Almeida para os log[illegible]res de intendentes de Capivary. — [illegible]pediram-se titulos e deu-se c[illegible]nhecimento ás respectivas intende[illegible]cias.

ESTADOS UNIDOS DO BRAZIL

DIARIO OFFICIAL

DO ESTADO DE SÃO PAULO

ANNO 2—4º DA REPUBLICA—N. 251 SÃO PAULO TERÇA-FEIRA 15 DE MARÇO DE 1892

ACTOS DO PODER EXECUTIVO

DECRETO N. 1 (1)

Marca o pessoal da Repartição do Diario Official e determina o respectivo vencimento

O Vice-Presidente do Estado, usando da attribuição conferida pelo artigo 41 das disposições geraes da Lei n. 15 de 11 de Novembro ultimo, decreta :

Artigo 1.º O pessoal da Repartição do *Diario Official* será o seguinte :

1 Director-Redactor.
2 Auxiliares de Redacção.
1 Gerente
1 Chefe de Officinas.
1 Encarregado de remessa.
1 Escripturario.
1 Auxiliar.
1 Continuo.

Artigo 2.º Os vencimentos de taes empregados serão os constantes da tabella annexa.

Artigo 3.º Emquanto não fôr expedido novo regulamento, vigorará o de 1º de Maio de 1891.

Artigo 4.º Revogam-se as disposições em contrario.

Palacio do Governo do Estado de S. Paulo, 12 de Março de 1892.

J. A. DE CERQUEIRA CESAR.

VICENTE DE CARVALHO.

Tabella a que se refere o Decreto n. 1 desta data

NATUREZA DOS CARGOS	VENCIMENTOS		
	Ordenado	Gratificaçãº	Total
1 Director-Redactor	5:600$000	2:800$000	8:400$000
2 Auxiliares de Redacção	4:000$000	2:000$000	6:000$000
1 Gerente	4:800$000	2:400$000	7:200$000
1 Chefe de Officinas	3:200$000	1:600$000	4:800$000
1 Encarregado de remessa	1:600$000	800$000	2:400$000
1 Escripturario	3:200$000	1:600$000	4:800$000
1 Auxiliar	1:200$000	600$000	1:800$000
1 Continuo	800$000	400$000	1:200$000
Revisão			4:920$000
			41:520$000

Palacio do Governo do Estado de S. Paulo, 12 de Março de 1892.

J. A. DE CERQUEIRA CESAR.

VICENTE DE CARVALHO.

(1) Reproduz-se este decreto para sanar um pequeno erro que sahiu na primeira publicação.

Justiça

Por decretos de 12 do corrente mez :

Foi exonerado o bacharel João Pereira Cursino do cargo de promotor publico de Caçapava.

Foram nomeados :

Promotor publico de Caçapava, bacharel Eugenio de Oliveira e Silva

Promotor publico de S José dos Campos, bacharel Joaquim Fontes da Silva.

Juiz municipal e de orphãos de Silveiras, bacharel Adolpho Mello.

SECRETARIAS DE ESTADO

Justiça

Expediente do dia 12 de Março

1ª SECÇÃO

Solicitou-se do Secretario da Justiça expedição de ordem afim de serem pagas as quantias de 193$600 e 280$400, a primeira proveniente do gaz consumido na Repartição Central de Policia e a segunda de objectos fornecidos á mesma por Thiollier & Comp.

Communicou-se ao mesmo que: a 2 do corrente mez, o bacharel José Maria Bourroul entrou no exercicio do cargo de juiz municipal e de orphams do termo de Itapira, no qual fôra reconduzido.

A 9 do mesmo mez, o bacharel José Pires Fleury entrou em exercicio do cargo de juiz municipal de Araras, para o qual fôra nomeado por acto de 30 de Dezembro ultimo.

Declarou-se, por officio de 12 do corrente, ao Presidente da intendencia de Campinas, em confirmação do telegramma da mesma data que os cargos de juiz de paz são obrigatorios e que quem se recusa a exercel-os, sem motivo legal, incorre em responsabilidade, soffrendo o juiz que não quer assistir ao casamento, sem causa justa, a multa de 20$ a 200$ e devendo-se, si não se puder obter o comparecimento de nenhum juiz ao acto, se chamar os immediatos em votos.

Por despacho de egual data foram concedidas as seguintes licenças:

De trinta dias, para tratamento de sua saude, ao bacharel Elias de Camargo Novaes, juiz municipal e de orphams de Areas.

De quinze dias, em prorogação, para tratar de seu interesse, ao bacharel Argemiro Antonio da Silveira, juiz municipal e de orphams de Jaboticabal

REQUERIMENTO DESPACHADO

Do bacharel Marcellino Poppe da Silva Lopes, pedindo certidão.—Certifique-se, em termos.

2ª SECÇÃO

Foram exoneradas e nomeadas as seguintes auctoridades policiaes:

DIÁRIO OFICIAL

_No *Diário Oficial* n. 250, de 12 de março, publica-se pela primeira vez a seção "Noticiário", com notícias diversas e curiosas.

43. NOTICIÁRIO | CURIOSIDADES

_A seção "Leituras úteis" é publicada pela primeira vez no n. 259, de 24 de março. Nessa edição, o tema é *A bananeira*.

44. LEITURAS ÚTEIS | *A BANANEIRA*

_O aniversário de um ano do *Diário Oficial* ganha uma breve nota na edição n. 286, de 1º de maio.

45. 1º ANIVERSÁRIO DO D.O.

43

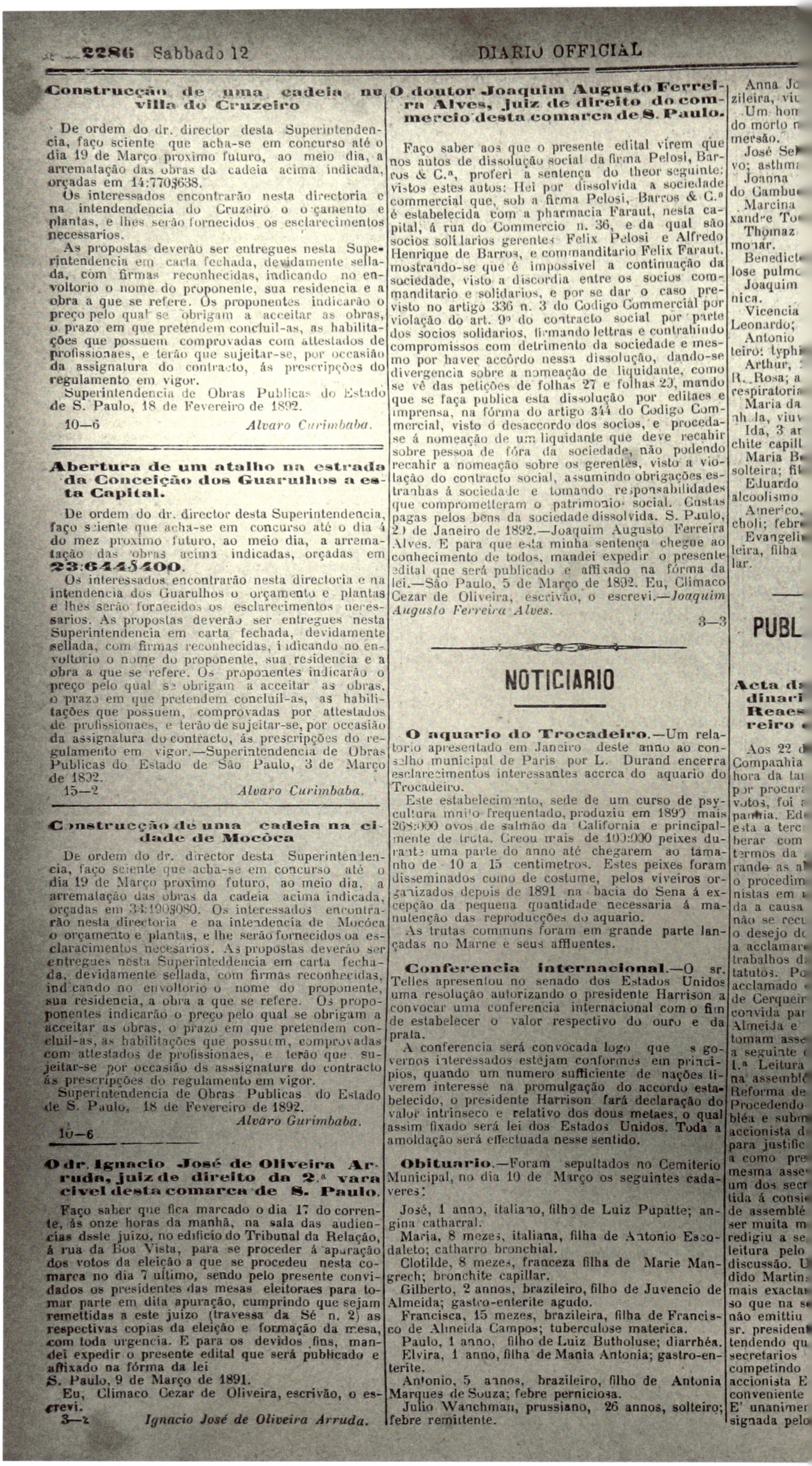

2286 Sabbado 12 DIARIO OFFICIAL

Construcção de uma cadeia na villa do Cruzeiro

De ordem do dr. director desta Superintendencia, faço sciente que acha-se em concurso até o dia 19 de Março proximo futuro, ao meio dia, a arrematação das obras da cadeia acima indicada, orçadas em 14:770$638.

Os interessados encontrarão nesta directoria e na intendendencia do Cruzeiro o orçamento e plantas, e lhes serão fornecidos os esclarecimentos necessarios.

As propostas deverão ser entregues nesta Superintendencia em carta fechada, devidamente sellada, com firmas reconhecidas, indicando no envoltorio o nome do proponente, sua residencia e a obra a que se refere. Os proponentes indicarão o preço pelo qual se obrigam a acceitar as obras, o prazo em que pretendem concluil-as, as habilitações que possuem comprovadas com attestados de profissionaes, e terão que sujeitar-se, por occasião da assignatura do contracto, ás prescripções do regulamento em vigor.

Superintendencia de Obras Publicas do Estado de S. Paulo, 18 de Fevereiro de 1892.

10—6 *Alvaro Curimbaba.*

Abertura de um atalho na estrada da Conceição dos Guarulhos a esta Capital.

De ordem do dr. director desta Superintendencia, faço sciente que acha-se em concurso até o dia 4 do mez proximo futuro, ao meio dia, a arrematação das obras acima indicadas, orçadas em **23:644$400**.

Os interessados encontrarão nesta directoria e na intendencia dos Guarulhos o orçamento e plantas e lhes serão fornecidos os esclarecimentos necessarios. As propostas deverão ser entregues nesta Superintendencia em carta fechada, devidamente sellada, com firmas reconhecidas, indicando no envoltorio o nome do proponente, sua residencia e a obra a que se refere. Os proponentes indicarão o preço pelo qual se obrigam a acceitar as obras, o prazo em que pretendem concluil-as, as habilitações que possuem, comprovadas por attestados de profissionaes, e terão de sujeitar-se, por occasião da assignatura do contracto, ás prescripções do regulamento em vigor.—Superintendencia de Obras Publicas do Estado de São Paulo, 3 de Março de 1892.

15—2 *Alvaro Curimbaba.*

Construcção de uma cadeia na cidade de Mocôca

De ordem do dr. director desta Superintendencia, faço sciente que acha-se em concurso até o dia 19 de Março proximo futuro, ao meio dia, a arrematação das obras da cadeia acima indicada, orçadas em 33:190$080. Os interessados encontrarão nesta directoria e na intendencia de Mocóca o orçamento e plantas, e lhe serão fornecidos os esclaracimentos necesarios. As propostas deverão ser entregues nesta Superinteddencia em carta fechada, devidamente sellada, com firmas reconhecidas, indicando no envoltorio o nome do proponente, sua residencia, a obra a que se refere. Os proponentes indicarão o preço pelo qual se obrigam a acceitar as obras, o prazo em que pretendem concluil-as, as habilitações que possuem, comprovadas com attestados de profissionaes, e terão que sujeitar-se por occasião ds assignature do contracto ás prescripções do regulamento em vigor.

Superintendencia de Obras Publicas do Estado de S. Paulo, 18 de Fevereiro de 1892.

Alvaro Gurimbaba.

10—6

O dr. Ignacio José de Oliveira Arruda, juiz de direito da 2.ª vara civel desta comarca de S. Paulo.

Faço saber que fica marcado o dia 17 do corrente, ás onze horas da manhã, na sala das audiencias dsste juizo, no edificio do Tribunal da Relação, á rua da Boa Vista, para se proceder á apuração dos votos da eleição a que se procedeu nesta comarca no dia 7 ultimo, sendo pelo presente convidados os presidentes das mesas eleitoraes para tomar parte em dita apuração, cumprindo que sejam remettidas a este juizo (travessa da Sé n. 2) as respectivas copias da eleição e formação da mesa, com toda urgencia. E para os devidos fins, mandei expedir o presente edital que será publicado e affixado na fórma da lei

S. Paulo, 9 de Março de 1891.

Eu, Climaco Cezar de Oliveira, escrivão, o escrevi.

3—2 *Ignacio José de Oliveira Arruda.*

O doutor Joaquim Augusto Ferreira Alves, juiz de direito do commercio desta comarca de S. Paulo.

Faço saber aos que o presente edital virem que nos autos de dissolução social da firma Pelosi, Barros & C.ª, proferi a sentença do theor seguinte: vistos estes autos: Hei por dissolvida a sociedade commercial que, sob a firma Pelosi, Barros & C.ª é estabelecida com a pharmacia Faraut, nesta capital, á rua do Commercio n. 36, e da qual são socios solidarios gerentes Felix Pelosi e Alfredo Henrique de Barros, e commanditario Felix Faraut, mostrando-se que é impossivel a continuação da sociedade, visto a discordia entre os socios commanditario e solidarios, e por se dar o caso previsto no artigo 336 n. 3 do Codigo Commercial por violação do art. 9º do contracto social por parte dos socios solidarios, firmando lettras e contrahindo compromissos com detrimento da sociedade e mesmo por haver accôrdo nessa dissolução, dando-se divergencia sobre a nomeação de liquidante, como se vê das petições de folhas 27 e folhas 29, mando que se faça publica esta dissolução por editaes e imprensa, na fórma do artigo 344 do Codigo Commercial, visto o desaccordo dos socios, e proceda-se á nomeação de um liquidante que deve recahir sobre pessoa de fóra da sociedade, não podendo recahir a nomeação sobre os gerentes, visto a violação do contracto social, assumindo obrigações estranhas á sociedade e tomando responsabilidades que comprometteram o patrimonio social. Custas pagas pelos bens da sociedade dissolvida. S. Paulo, 29 de Janeiro de 1892.—Joaquim Augusto Ferreira Alves. E para que esta minha sentença chegue ao conhecimento de todos, mandei expedir o presente edital que será publicado e affixado na fórma da lei.—São Paulo, 5 de Março de 1892. Eu, Climaco Cezar de Oliveira, escrivão, o escrevi.—*Joaquim Augusto Ferreira Alves.*

3—3

NOTICIARIO

O aquario do Trocadeiro.—Um relatorio apresentado em Janeiro deste anno ao conselho municipal de Paris por L. Durand encerra esclarecimentos interessantes acerca do aquario do Trocadeiro.

Este estabelecimento, sede de um curso de psycultura muito frequentado, produziu em 1890 mais 268:000 ovos de salmão da California e principalmente de truta. Creou mais de 100:000 peixes durante uma parte do anno até chegarem ao tamanho de 10 a 15 centimetros. Estes peixes foram disseminados como de costume, pelos viveiros organizados depois de 1891 na bacia do Sena á excepção da pequena quantidade necessaria á manutenção das reproducções do aquario.

As trutas communs foram em grande parte lançadas no Marne e seus affluentes.

Conferencia internacional.—O sr. Telles apresentou no senado dos Estados Unidos uma resolução autorizando o presidente Harrison a convocar uma conferencia internacional com o fim de estabelecer o valor respectivo do ouro e da prata.

A conferencia será convocada logo que s governos interessados estejam conformes em principios, quando um numero sufficiente de nações tiverem interesse na promulgação do accordo estabelecido, o presidente Harrison fará declaração do valor intrinseco e relativo dos dous metaes, o qual assim fixado será lei dos Estados Unidos. Toda a amoldação será effectuada nesse sentido.

Obituario.—Foram sepultados no Cemiterio Municipal, no dia 10 de Março os seguintes cadaveres:

José, 1 anno, italiano, filho de Luiz Pupatte; angina catharral.

Maria, 8 mezes, italiana, filha de Antonio Escodaleto; catharro bronchial.

Clotilde, 8 mezes, franceza filha de Marie Mangrech; bronchite capillar.

Gilberto, 2 annos, brazileiro, filho de Juvencio de Almeida; gastro-enterite agudo.

Francisca, 15 mezes, brazileira, filha de Francisco de Almeida Campos; tuberculose materica.

Paulo, 1 anno, filho de Luiz Butholuse; diarrhéa.

Elvira, 1 anno, filha de Mania Antonia; gastro-enterite.

Antonio, 5 annos, brazileiro, filho de Antonia Marques de Souza; febre perniciosa.

Julio Wanchman, prussiano, 26 annos, solteiro; febre remittente.

FREGUEZIA DO NORTE DA SÉ

O dr. G. Philadelpho, delegado de hygiene deste districto sanitario, intimou a parteira Ursula a comparecer na Inspectoria de Hygiene, afim de regularizar seu diploma para poder exercer a profissão.

Foi visitar, no alto do Cambucy, a casa provisoria onde actualmente se recebem doentes de febres infecto-contagiosas, comò as que reinam actualmeute no interior do Estado.

Verificou que os doentes têm todos os auxilios necessarios; seus leitos são de ferro, porém limpos e asseiados; ha todo cuidado nas desinfecções; o medico encarregado do serviço estava na occasião e o acompanhou nas visitas que fez.

Toma sempre com cuidado e zelo todas as providencias, nada faltando aos doentes ; a casa é pequena, porém está collocada em posição magnifica de altitude e isolamento. Ficou muito satisfeito e retirou-se levando boa impressão da visita a que alli procedeu.

EDITAES

Faculdade de Direito

De ordem do conselheiro director dr. barão de Ramalho, faço publico que as matriculas para os cursos desta Faculdade terão logar nesta Secretaria, de 1 a 15 do proximo mez de Abril, em todos os dias uteis, das 10 horas ao meio dia. As matriculas poderão ser feitas por procurador, si o alumno tiver justo impedimento, a juizo do director; e os respectivos termos serão assignados no dia seguinte ao da apresentação dos requerimentos, que deverão ser escriptos em papel almasso, e conter a declaração da filiação e naturalidade do impetrante ; aos que a requererem para a primeira serie de qualquer dos cursos. incumbe tambem declarar a data de seu nascimento. No ultimo dia, no dia 15, os requerimentos serão recebidos até ás 2 horas da tarde, e as matriculas assignadas das tres ás quatro horas.

Aos matriculandos cumpre attender ao disposto nos artigos ns. 265, 266, 268, 269, 270 e 276 do decreto, n. 1232-F de 2 de Janeiro do anno proximo passado.

Secretaria da Faculdade de Direito de S. Paulo, 24 de Março de 1892.

O secretario,

7—1 *André Dias de Aguiar.*

O dr. Ignacio José de Oliveira Arruda, juiz de direito da provedoria do termo e comarca da capital do Estado de S. Paulo, etc,

Faço saber aos que o presente edital de praça com dispensa de pregões e com o prazo de 20 dias virem, que o porteiro dos auditorios, ou quem suas vezes fizer, no dia 9 do futuro mez de Abril de 1892, sabbado, ao meio dia, em a porta da casa de minha residencia, sita á travessa da Sé, n. 2, trará a leilão de venda e arrematação a quem mais der e maior lanço offerecer, um terreno plantado de capim, todo fechado por vallos, contendo 30 metros de frente para a estrada, 112 metros e 70 centimetros da frente ao fundo e 30 metros de testada nos fundos, no logar denominado Barra Funda, confrontando pelo nascente com casas e terrenos de Antonio Marcello, pelo norte e poente, com terrenos publicos e pelo sul, com a estrada, avaliado pela quantia de 3.000$000; cinco casinhas situadas no terreno acima descripto, avaliadas pela quantia de 2.000$000; um terreno situado á rua Carvalho, medindo 10 metros de frente, por 38 metros de fundo, contendo o mesmo terreno uma casa coberta de telhas, contruida de tijolos, com uma porta e duas janellas de frente, confrontando pelo nascente, norte e poente, com terrenos de Cesario Ramalho, e pelo sul com a dita rua do Carvalho, avaliado pela quantia de 5.000$000; um terreno situado á rua Helvetia, contendo 8 metros de frente para a mesma rua, com 44 metros e 30 centimetros medidos da frente ao fundo, todo fechado por cercas, contendo o mesmo terreno uma casa em fórma de chalet, coberta de telhas, com 5 janellas e 2 portas de frente, construida para dentro do alinhamento da rua, confrontando pelo nascente com o portuguez Gaspar de tal e pelo poente com Madame Mox Morz, avaliado pela quantia de 7:000$, e um terreno plantado de capim, situado á rua Visconde de Parnahyba, com 40 metros de frente para a mesma rua e 126 metros de fundo que dá para a rua da Saúde, onde mede 15 metros de frente, avaliado pela quantia de 8:000$000. Taes bens são pertencentes ao espolio do finado Antonio Pinto de Souza, e vão á praça a requerimento do inventariante, para pagamento de credores, e serão arrematados por quem mais der e maior lanço offerecer, no dia, hora e logar ao principio declarados. E para que chegue ao conhecimento de todos, mandei passar o presente e mais dous de egual teor, que serão affixados nos logares do costume e publicados pela imprensa. Dado e passado nesta cidade e capital do Estado de S. Paulo, aos 19 de Março de 1892. Eu, Manoel Rebouças da Silva, escrevente juramentado, o escrevi. E eu, João José de Araujo Faria, escrivão, o subscrevi. (assignado) *Ignacio José de Oliveira Arruda.* (Estava sellado com estampilhas no valor de quatrocentos réis, devidamente inutilizadas.)

3—1

LEITURAS UTEIS

A BANANEIRA

Bananeira, na Europa, só em estufa. Lá, é planta — ou de estudo para os alumnos que cursam as Sciencias Naturaes, ou então não passa de planta de ornamentação.

Entretanto, de trópico a trópico, verde e elegante, com as suas grandes folhas ensombradoras, viça a bananeira no globo, offerecendo aos povos dessa região um alimento sadío e uma fonte de boas rendas não ainda explorada

Segundo a maioria dos naturalistas, a bananeira é originaria das partes mais quentes da Asia.

A Oceânea, o Archipelago Malayo, as Ilhas Philippinas, a Conchinchina, grande parte da Africa, toda a India, quasi todo o Brazil— a cultivam. Entre nós não ha esse que a não conheça e, naquelles, onde o sentimento da Arte existe, difficil é por certo esquecer a téla vista um dia no recanto da serra ou á beira de uma estrada deserta : — a casa humilde e hospitaleira do camponio, enquadrada na sombra das bananeiras ; por cima, no azul, um sol de rachar ; por baixo, sob a folhagem, as aves domesticas, azas cahidas, bico aberto de mormaço. A esta plastica da Natureza vem sempre unir-se o melancolico mugir de um touro ou o ladrar compassado de algum cão quintaleiro, preso durante o dia.

Todas essas cousas nos ficam na memoria por baixo de uma folha de bananeira.

Aqui, em nosso paiz, ricos e despreoccupados, só sabemos, em geral, que a bananeira produz banana, e que a banana entra em nossa alimentação, como um auxiliar de luxo, um prato de sobremesa, um composto dos cozidos empanturrantes e... nada mais.

De Santos é ella exportada para Montevidéo e Buenos-Aires, em quantidade nulla relativamente á que podia ser.

Em S. Paulo, na classe operaria italiana, tem ella o seu logar distincto e é ingerida com pão pelos valentes trabalhadores immigrados.

Para o hindú, a Bananeira é o symbolo da fertilidade e da abundancia, e, como tal, figura com seus fructos em todas as ceremonias da grande terra dos fakirs.

Mas... quem é quem sabe entre nós que o tronco da bananeira, mesmo depois de cortado, ha muito tempo, conserva a primitiva frescura e é magnifico alimento para os bovinos, lanigeros e suinos ?

Qual o fazendeiro que já se entregou á observação de que esses animaes são pelladinhos por um tronco de bananeira ?

Entretanto, em muitos paizes da India são taes troncos comprados e amontoados a bordo, para provisão de bois, carneiros e porcos, durante as travessias.

Precisassemos mais, fossemos menos ricos e mais entendidos de nossas cousas — e não atirariamos assim ás ortigas tão segura fonte de rendas.

Na Oceânea, nas Antilhas e na India, o tronco é tambem aproveitado, já por fermentação, já por moagem, fornecendo fibras téxteis, de média resistencia e que, alvejadas por varios processos, entre os quaes, a decoada, seccam á sombra e se prestam a varios artefactos, dando cada tronco um kilo de fios, dos quaes as manufacturas mais communs são — cordas, tecidos, cintos, aparelhos de pesca, etc., prestando-se mesmo, com mais aperfeiçoamento, á feitura de tecidos finos.

De taes fibras póde-se ainda tirar uma materia homogenea para a fabricação do papel e para pavios de lampeões, accrescendo que neste ultimo mister corre que taes pavios nunca se queimam.

No Japão a cousa vai mais longe. Na ilha de Kiúsiú fabrica-se com as mesmas fibras um bello estofo parecido com os tecidos de linho, e que acceita e fixa a tinta com facilidade. Em outros logares do imperio fabricam-se ainda outros tecidos, posto que um tanto inferiores ; entre elles ha o conhecido pelo nome de *Bashofu*, feito de fios divididos e torcidos de um lado, e, do outro, só de fios divididos. Conforme o aspecto e a qualidade, os *Bashofus* subdividem-se em *Neri-bashofu*, *Kinubashofu* e *Yori-bashofu*, todos de consumo vulgar.

A agua da bananeira, a que commummente se chama *nódoa*, não só contém diversos saes, como tambem o acido gallico, de acção adstringente, usado nas Indias para minorar as diarrhéas proprias do verão.

Os japonezes deitam saes de ferro na agua da bananeira, que, a essa mistura, fica preta ; de preta passa ella a um preto brilhante, retinto, com uma nova mistura de quaesquer acidos ; de preta passa ainda a esverdeada, recebendo os alcalis : — feito isso, com ella os japonezes untam os objectos frageis ou de pouca resistencia, dando-lhes com taes untadelas mais força, mais solidez.

A verificação é facil ; póde ser experimentada em qualquer casa de familia. Tão simples é o processo, que vale sem duvida a pena de experimental-o, — pois de uso domestico são numerosos os objectos, cujo manuseamento exige muito cuidado e vagar.

No Tonkin, da queima dos troncos tira-se a cinza, e desta se extrai nitrato e oxalato de potassa, usado com vantagem na refinação do assucar.

Dizem que das flores se póde fazer um excellente prato — afogadinhas ou como salada, ou então — de conserva em vinagre.

Quanto ao fructo, á banana, é o que se sabe :— para nós, sobremesa vulgar ; para o estrangeiro, deliciosa ; para as creanças, para muita gente, a toda hora, a todo instante, — gulodice imprescindivel, mastigação sem descanço.

Temol-as de diversos nomes, que exprimem as suas diversas qualidades : — a *ouro*, a *maçan*, pequenas, macias ao paladar, recordando o gosto das maçans, com uma pontinha de cheiro de abacaxi; a *india*, grossa, taluda, quinas na casca, polpa avermelhada, um tantinho adstringente para ser comida crua; a *da terra*, que é a maior que temos, excellente para a cozinha, aproveitada de muitas maneiras; a *anan* ou *d' agua*, que é a que se cultiva para exportação no littoral de nosso Estado, — muito dôce, muito assucarada quando madura, fructa grande, de pé pequeno (donde lhe vem o nome), egualmente aproveitada para varios misteres; a *prata*, a mais rara em S. Paulo, polpa macia, clara, muito dôce e de uso commum em muitos logares; a *de S. Thomé*, tambem rara, gorducha, molle quando madura, muito digerivel; — assada se dá como bom alimento aos convalescentes, aos quaes, se diz, recorda o gosto da marmellada de Lisboa e lhe substitue o principio alimenticio; — em muitos logares, assadinha e dividida em boccados, serve de engana-doentes (principalmente quando são creanças) levando dentro o sulfato de quinina ou quaesquer outros remedios terriveis ao gosto.

Boussingault é de opinião que a banana como alimentação nada fica devendo á batatinha. Outros divergem dessa opinião, mas todos são accordes em affirmar que é ella um alimento *são*.

A composição da banana é mais ou menos rica, isto conforme a qualidade e o terreno. Segundo Corenwinder, têm ellas na média : — 72,450 de agua; 15,900 de assucar cristalizavel; 5,900 de assucar sujo (*interverti* (?)); 2,137 de materias azotadas; 2,588 de pectina, cellulose, etc, — e mais 1,025 de varias substancias mineraes.

A banana faz engordar, tomem nota os magros ; com carne produz excellentes resultados — nutre e alimenta ; presta-se a muitas qualidades de doces, seccos ou de calda, simples ou com outras fructas. Nas ilhas de Sotavento fazem della, para exportação, o *piérê*, que não é mais do que a banana sêcca ao sol, fendida varias vezes ao comprido. O *piérê* está bom quando, sêcco, fica escuro. Enrolam-no então em folhas amarradas, exportam-no, dura muitos mezes e—comel-o é como comer figos sêccos.

Nas Antilhas segue-se com vantagem o mesmo processo, para provisão á marinha ingleza. Tambem na India, assim preparada, é provisão para as longas viagens, alem de ser genero commercial.

Della se extrai ainda aguardente e fecula. O alcool de bananas é egual ao de canna de assucar, —figurou na exposição de Paris, de 1889. Do caldo, por compressão, faz-se uma bedida fresca, muito agradavel, chamada *vinho de banana*, e que, provocada a fermentação acetica, se transforma em vinagre.

A fecula é extrahida de bananas verdes, seccas no forno. Dessa fecula (farinha ou fubá, como quizerem) fazem-se bôlos deliciosos, caldos e sopas para os convalescentes. A' fecula assim feita dão os inglezes da Guyana o nome de—*Coquin-tay*.

Eis ahi algumas informações sobre a Bananeira e a banana :—possam ellas ser uteis ao Estado de S. Paulo.

NOTICIARIO

Epidemias.—Voltou ante hontem, á noite, de sua excursão ás localidades do Oeste, onde grassam epidemias de febres, o dr. Vicente de Carvalho, secretario de Estado do Interior.

O dr. Vicente visitou Descalvado, Porto Ferreira, Pirassununga, Cordeiros, Rio Claro e Jahú.

Observando de perto os factos, o sr. Vicente tomou todas as providencias de momento que as circumstancias exigiam.

Em Descalvado, onde a epidemia reina com intensidade, havia já commissão medica, pharmaceuticos, desinfectadores e enfermeiros. Entretanto, o lazareto offerecia desvantagens, por ser distante da cidade e de caminho difficil. Havia uma só carroça para conduzir doentes e cadaveres. O dr. secretario do Interior providenciou para que se montasse na cidade outra enfermaria em que possa residir medico interno. Os utensilios para a nova enfermaria, camas, colchões, roupas, etc., seguem hoje pelo trem da manhan. Foi providenciado o transporte dos doentes por meio de carros.

O dr. secretario do Interior deixou em Descalvado, além dos que já lá estavam por conta do Governo, um pharmaceutico e quatro enfermeiros, e enviou, como delegado de hygiene, em commissão o dr. Americo Galvão Bueno.

Para Porto Ferreira foi nomeado delegado de hygiene, em commissão, o dr. Miguel Cursino Villanova, incumbido de dirigir o serviço de soccorros aos indigentes.

Para este fim foi aberto um credito de 1:000$. Acha-se trabalhando no logar, por conta do governo, um pharmaceutico.

Em Pirassununga a epidemia não tem grande intensidade. Estão lá, em commissão, tres sextoannistas de medicina. Ha pharmaceuticos, enfermeiros, desinfectadores. Vai ser montada uma enfermaria. O serviço de soccorros está perfeitamente organizado sob a direcção dos drs. Vieira de Moraes e Bernardo Velloso, presidente da intendencia e delegado de hygiene.

Em Cordeiro ha uma pharmacia trabalhando por conta do governo, um desinfectador e um medico. Foi agora nomeado delegado de hygiene, em commissão o dr. Matta de Araujo, com poderes para tomar todas as providencias, entre outras as de soccorrer os indigentes a que falte alimento, montar enfermaria, adquirir logar para enterramentos.

Os cadaveres eram conduzidos para Limeira, a tres leguas, alguns á mão, por falta de outro meio de transporte.

Os utensilios para a enfermaria seguem hoje.

Em Rio Claro está extincta a epidemia. Havia quatro ou cinco casos, em pessoas que voltaram prematuramente para a cidade.

Em Jahú, onde a epidemia é forte, ha 2 medicos em commissão, cinco estudantes de medicina, pharmaceuticos, enfermeiros, desinfectadores, ambulancia. O lazareto é insufficiente e distante. O secretario do Interior providenciou sobre a montagem de nova enfermaria, para a qual seguem hoje os utensilios necessarios. Foi nomeado medico de hygiene, em commissão, o dr. Valentim Butler Bronne.

E' preciso destacar o serviço das commissões medicas e de sexto-annistas, que tem feito jus á gratidão das populações flagelladas, pela dedicação com que trabalham. Os estudantes estão assim destacados : 3 em Campinas, 3 em Limeira, 3 em Pirassununga, 3 em Descalvado, 5 em Jahú. Destes ultimos, por falta de pessoal, dous dirigem a ambulancia do governo, como pharmaceuticos.

O dr. secretario do Interior foi acompanhado em sua excursão pelos drs. Antenor Guimarães, Annibal de Lima, inspector de hygiene interino, e dr. Virgilio de Rezende, delegado de hygiene da capital. Este ultimo voltou do Rio Claro com um forte accesso de febre biliosa, da qual, felizmente, já se acha quasi bom.

Para occorrer ás despesas com diversos serviços da armada, o vice-presidente da Republica resolveu abrir no Thesouro Nacional um credito supplementar á verba—*Munições Navaes*—, na importancia de 219:546$842.

O decreto que auctorizou a abertura desse credito foi precedido de uma exposição de motivos, apresentada pelo contra-almirante Custodio José de Mello, ministro da marinha.

Porto de Santos.— Foram approvadas as providencias dadas pelo inspector da alfandega de Santos, dadas no sentido de minorar as difficuldades com que está luctando o commercio daquella cidade, por causa da demora de descarga de mercadorias, conducção, etc.

Almirante Barroso.—Este navio da nossa esquadra apresta-se para uma viagem de longo curso no extrangeiro.

Patente.— A Jules Kuneman, residente em Haya, na Hollanda, foi concedida pelo governo brazileiro a patente n. 1413, para fermentação rapida dos «caldos de melaços de canna».

Revolta de Santa Cruz.— O 2º sargento Silvino Honorio de Macedo, que se acha em tratamento no hospital de marinha, vai ser interrogado pelo conselho de investigação a que estão respondendo os officiaes do 1º batalhão de artilharia, pelos factos occorridos na fortaleza de Santa Cruz, no mez de Janeiro ultimo.

Licença.—Foram concedidos tres mezes de licença, com vencimentos, ao armazenista da 3ª residencia do ramal de S. Paulo, na estrada Central, o cidadão Randolpho Pereira Borges, para tratamento de sua saude.

Administração dos Correios.—Na repartição dos correios, deste Estado, foram promovidos : a chefe de secção, o 1º official João Baptista dos Santos Cruz ; a 3º official, o praticante de 1ª classe, Flodoardo Justo da Silva.

De Bragança a Santos.— O ministro da agricultura annullou a concessão de privilegio feita pelo seu antecessor aos drs. Joaquim Antonio de Oliveira Botelho e Pamphilo M. Freire de Carvalho, para construcção, uso e goso de uma estrada de ferro, de qualquer das estações da Companhia Bragantina á cidade de Santos.

Eleição Senatorial.—Para preenchimento da vaga aberta pela renuncia do sr. João Severiano da Fonseca, foi designado o dia 21 de Abril proximo para a eleição de um senador pelo districto federal.

Concessão caduca.—O governo declarou caduca a concessão feita á *Companhia Geral de Estradas de Ferro* para a construcção da estrada de Benevente a Minas, em virtude da fallencia judicial daquella empresa.

Ha tres mezes que se achavam interrompidos os trabalhos de construcção da projectada via-ferrea *Benevente a Minas*.

Nickeis para Santos.—O Thesouro Nacional mandou para a alfandega 20 contos de réis em nickeis.

—A Caixa de Amortização, já competentemente auctorizada, vai tambem mandar 50 contos da mesma moeda.

Pequenas noticias.—Procedem da *Academia de Sciencias* de Pariz as seguintes :

—Deslandes, pelos estudos espectroscopicos que realizou, admitte que as estrellas amarellas, em cuja classe o está o nosso sol, podem apresentar em certas partes de sua irradiação caracteres identicos aos peculiares ás estrellas brancas.

—Manen foi nomeado correspondente da secção de geographia e navegação.

—Noticiou-se a morte, em Louvain, de Gilbert, correspondente da secção de mechanica.

—Passy estava procurando determinar o minimo de percepção dos odores.

—Forcraud realizou a preparação do isopropilato de sodio, cujas propriedades constituem objecto de seus estudos.

Applicação da electricidade na ceramica.—Afinal a electricidade fez descobrir o segredo das cores vibrantes e bellissimas, de cobre e braza, com que a arte antiga dos chinezes revestia os elegantes productos de suas fabricas de porcellana.

Esses objectos custavam alto preço antes da descoberta do novo processo, cuja descripção é assim feita pelo *Electricien* :

—«Os vasos são pintados antes da cocção e em seguida levados a um forno a vapor, onde se opera a oxydação, que fornece á porcellana esse tom commissão; e que o Senado deve tomar conhecimento do assumpto, bem como do acto do dr. vice-presidente do Estado, suspendendo o exercicio dos membros do Tribunal. Neste sentido envia á mesa uma emenda, que é apoiada e posta em discussão.

O SR. ANTONIO MERCADO --- Sustenta o parecer da commissão, defendendo-o dos argumentos com que o orador precedente o impugnou.

Analysa o art. 36, e diz que a interpretação a adoptar deve ser a usual ou commum, segundo a qual a palavra--mediante--empregada na Constituição, significa --- precedente e não dependente --- Cita outros arts. em que aquella palavra é empregada em sentido identico.

Confronta a Constituição do Estado com a do sr. Jorge Tibyriçá, provando que s. exc. não tem razão par apoiar o sr. Paulo Egydio.

O SR. PRESIDENTE --- por estar já adeantada a hora, pergunta ao orador si requer prorogação ou prefere adiar a continuação de seu discurso para a primeira sessão.

Pronunciando-se o dr. Mercado por este ultimo alvitre, é suspensa a sessão ás 3 3/4 da tarde.

«Diario Official».--Faz hoje um anno o *Diario Official* de S. Paulo.

Neste curto periodo de sua existencia tem se verificado o quanto era necessario ao governo uma folha desta natureza, que, além de satisfazer immediatamente ás necessidades da administração publica, poupa aos cofres do Estado despesas taes que constituem, só por si, uma grande economia.

O *Diario Official* ainda não é o que deve ser; com mais vagar e mais algum tempo lá chegará, equiparando-se, provavelmente em tudo, ás demais repartições que já estão na altura do brilhante desenvolvimento de nosso Estado.

Guarda Nacional.--O ministerio da Justiça remetteu ao vice-presidente deste Estado, para informar, o requerimento em que os tenentes da guarda nacional da comarca de Mogy das Cruzes, Joaquim de Almeida Vergueiro e Antonio Augusto dos Santos Oliveira, pedem reforma daquelle serviço, no posto de capitão.

Academia.--O ministerio da instrucção deferiu o requerimento de Eurides Cunha e outros, mandando que os supplicantes se dirijam ao director de nossa academia.

Licença.---O sr. Antonio Carlos Ribeiro de Andrada Machado Junior, professor no Conservatorio de Musica do Rio, vai entrar no goso de um mez de licença.

Congresso Nacional.—A 28 do corrente o Senado Federal realizou a sua primeira sessão preparatoria, sob a presidencia do sr. Elyseu Martins.

O expediente constou da leitura de diversos officios e requerimentos e da apresentação das authenticas da eleição de 20, na Capital Federal, para preenchimento de uma vaga de senador.

Compareceram 10 senadores.

A Camara reuniu-se tambem em sessão preparatoria, sob a presidencia do sr. Oliveira Valladão.

Apenas approvou a acta da 1ª sessão preparatoria.

Estiveram presentes 31 deputados.

Alfandega do Rio.--Rendimento de 1 a 28 do corrente: 6.561:890$380.

Rendimento em egual periodo do anno passado: 5.826:215$268.

Informação.--O ministerio da marinha transmittiu ao das relações exteriores uma cópia da informação prestada pelo capitão do porto deste Estado, sobre o incendio que se manifestou a bordo da barca norueguense Jaffet II.

Faculdade de Direito.—Amanhan serão chamados á prova oral do 5 anno:

Sala n. 2, a 1 hora da tarde.
José Bonifacio de Andrada e Silva Sobrinho.
Manoel José de Castro Monteiro de Barros Junior
Joviano Telles.

Resultado dos exames de hontem:

5º ANNO

Plenamente

Nicanor de Queiroz Nascimento.
Randolfo Fernandes das Chagas.
José Pereira Rodrigues Porto Sobrinho.
Levantou-se 1.
Não compareceram 2.

Obituario.—Foram sepultados no Cemiterio Municipal, no dia 29, os seguintes cadaveres:

Leon, 1 mez, filho do francez Leon Barros; atrepsia aguda.

José, 56 annos, brazileiro; amolecimento cerebral.

PUBLICAÇÕES PARTICULARES

Acta da assembléa geral ordinaria da Companhia de Calçamentos e Edificações.

Aos trinta dias do mez de Março de 1892, reunidos os accionistas da Companhia de Calçamentos e Edificações, no salão do Banco da Lavoura, á rua de S. Bento n. 21, nesta capital, á uma hora da tarde, pelo presidente da directoria da mesma companhia, o dr. Francisco de Paula Rabello e Silva, foi declarado que havendo presentes treze accionistas, representando sete mil cento e cincoenta acções, havia numero legal para a assembléa geral ordinaria convocada, deduzidos os votos dos directores, e membros do conselho fiscal presentes, pelo que propunha para presidir a mesa dos trabalhos o cidadão dr. Carlos Carneiro de Barros e Azevedo, o que sendo approvado tomou o mesmo a presidencia e convidou para secretario o accionista Alberto Rodrigues. Pelo presidente foi convidada a directoria a apresentar o relatorio e parecer do conselho fiscal, dispensada a leitura do relatorio, por já ter sido publicado, e lido o parecer foram os mesmos relatorio, balanço do anno findo, tambem apresentado e parecer sujeitos á discussão e votação.

Não havendo discussão foram relatorio, balanço, apresentados pela directoria e parecer do conselho fiscal approvados unanimemente.

Sujeitando o presidente a vòtos a relação do conselho fiscal e supplentes, foram os actuaes reeleitos unanimemente por acclamação, em virtude de proposta do accionista dr. José Manoel da Fonseca Junior. Pelo accionista Francisco Antonio Pedroso, pedida a palavra, requereu a sua exoneração do cargo de director-gerente desta companhia, feito o que, obtida a palavra pelo accionista dr. José Manoel da Fonseca Junior, propoz um voto de louvor ao mesmo cidadão Pedroso, pelo modo pelo qual geriu os interesses da companhia, o que foi unanimemente approvado. Ainda pelo accionista commendador Antonio Augusto Mendes Borges foi dito que em vista da moção de louvor approvada, o director Pedroso, devia retirar o seu pedido de exoneração.

Pelo director Pedroso foi renovado o pedido com insistencia.

Pelo presidente da companhia foi pedido ao presidente da assembléa, que submettesse a discussão dos accionistas presentes um meio de se levantar dinheiro para a companhia proseguir na sua existencia, o que feito pelo presidente da assembléa, obtida a palavra pelo accionista dr. José Manoel da Fonseca Junior, por este foi dito que a directoria deve estar armada para occorrer a quaesquer despesas, e por isso propunha que ficasse a directoria auctorizada a fazer as operações de credito necessarias, cuja proposta, submettida a discussão foi approvada. Pelo accionista director Henri Roberston foi proposto e approvado que a mesa ficasse auctorizada a assignar a presente acta.

Nada mais havendo a tratar o presidente deu por encerrados os trabalhos da presente assembléa geral ordinaria, do que para constar lavrei esta acta, que vai assignada pelo mesmo presidente da assembléa e por mim secretario.—*Carlos Carneiro de Barros e Azevedo.*—*Alberto Rodrigues.*

Companhia Industrial dos Estados

Acta da assembléa geral extraordinaria aos 28 dias do mez de Abril de 1892 no escriptorio da Companhia Industrial dos Estados, á rua de São João n.º 8, ás 11 e meia horas da manhã, achando-se presentes numero legal de accionistas representando duas mil cento e cinco acções, ou dusentos votos, foi aclamado e unanimemente acceito o dr. Paulo Egydio de Oliveira Carvalho, para presidir aos trabalhos da presente assembléa e por este foi convidado para primeiro e segundo secretarios os accionistas Eduardo José Pereira e José Nicolino Marques, que occupando seus lugares declarou o sr. presidente aberta a secção. O sr. presidente fez ver o parecer do conselho fiscal, que depois de ser ouvido foi posto a votos, bem como foi dado a palavra a a qualquer accionista que della quizesse fazer uso para discutir qualquer dos pontos do aludido parecer da commissão fiscal. Fizeram uso da palavra os accionistas dr. Jaguaribe, José Nicolino Marques, dr. Brandão e dr. Liberalino, o que depois bem discutido, o sr. presidente pôz a votos o referido parecer tal qual se acha concebido e foi approvado unanimemente; em vista do que pelo accionista dr. Jaguaribe, propoz que fosse eleita uma commissão com plenos e illimitados poderes para desempenhar a resolução tomada pela assembléa geral, sobre a liquidação da companhia, prestando contas á assembléa geral que se convocará para tal fim. Posta la votos a presente proposta foi unanimemente approvada com a seguinte emenda apresentada pelo accionista Nicolino Marques—que depois de esgotados os meios amigaveis, se procedesse judicialmente, afim de se terminar definitivamente com a existencia da companhia, sendo approvada, foi eleita pela assembléa geral o seguinte commissão para tractar da liquidação da dita companhia, comprehendendo recisão de contractos, responsabilisando na fórma de direito a quem tiver incurso em quaesquer infracções de leis civis e criminaes; haver para os cofres da companhia, tudo que lhes fôr devido; pagar o que julgar justo; vender como entender o acervo da companhia; assignar todos os documentos que para tal liquidação forem necessarios tanto em juiso, como fóra delle, ficando a commissão investido da amplos e illimitados poderes para tal fim. Por unanimidade foi eleita a commissão que se compõe dos srs. dr. Domingos José Nogueira Jaguaribe, dr. V. Liberalino de Albuquerque e José Nicolino Marques.

Pelo presidente foi dito que, estando assim dissolvida a Companhia Industrial dos Estados, entrava ella em liquidação. O que sendo ouvido pelos accionistas presentes foi unanimemente approvado sem discussão.

Pelo dr. Liberalino, foi proposto que a mesa ficasse auctorizada para assignar a presente acta, o que foi approvado. Nada mais havendo a tractar o sr. presidente declara encerrados os trabalhos e levanta a secção. Eu, Eduardo José Pereira, 1.º secretario, escrevi.

S. Paulo, 28 de Abril de 1892.

Eduardo José Pereira.
José Nicolino Marques.

Banco União de S. Paulo

EMISSÃO DE NOTAS DE 20$000

As notas de 20$000, 1ª série, 1ª estampa, são assignadas: as de ns. 1.851 a 3.000 e 5.001 a 5.605, pelo director dr. Antonio Paes de Barros, sob a rubrica A. P. Barros; as de ns. 3.001 a 4.000, pelo director Elias A. do Amaral Sousa e as de ns. 4.001 a 5.000, pelo director dr. João Tobias. São rubricadas pelo fiscal da emissão, dr. Martim Francisco Ribeiro de Andrada Sobrinho.

S. Paulo, 30 de Abril de 1892.

A. DE LACERDA FRANCO,
Presidente do Banco.

3—1

Companhia Commercio e Industria Nacional

De accordo com o art. 147 do Regulamento que baixou com o decreto n. 434 de 4 de Julho de 1891, sobre sociedades anonymas, ficam á disposição dos srs. accionistas, no escriptorio desta Companhia, á rua José Bonifacio, n. 7, durante o mez de Maio iniciado hoje, os documentos de que tratam os numeros 1.º e 2.º do mesmo artigo, referentes ao anno social findo a 31 de Março ultimo.

S. Paulo, 1.º de Maio de 1892.

Dr. Ascendino A. Reis,
Presidente

(1, 2, 3,) 3—1

1893

MUNDO E BRASIL

_Inicia-se a Revolução Federalista no Rio Grande do Sul.

_Um terreno no Planalto Central é destinado à construção da "Futura Capital da República", fato sobre o qual discorre o texto publicado no *Diário Oficial* n. 480, de 18 de janeiro.

46. FUTURA CAPITAL DA REPÚBLICA

_No dia 24 de fevereiro, comemoram-se dois anos da promulgação da primeira Constituição, o que é lembrado no *Diário Oficial* n. 516, com o texto "A Data de Hoje".

47. 2º ANIVERSÁRIO DA 1ª CONSTITUIÇÃO

GOVERNO DE SÃO PAULO

_Diante das intervenções do presidente do Estado, Bernardino de Campos, nos acontecimentos da Revolução Federalista, no Rio Grande do Sul, são realizadas várias manifestações de apoio a ele, como informa o texto e atestam os telegramas publicados no *Diário Oficial* n. 524, de 7 de março.

48. APOIO À REVOLUÇÃO FEDERALISTA NO R.S.

46

Quarta-feira 18

do hygrometro de cabello 86,0, da evaporação 2 da temperatura 24,1, do ozone 4,2,

A média do ozone no mez de Novembro antec dente foi de 6,0.

—Durante o anno proximo findo inscreveram- no registro civil do districto da cidade 212 nasc mentos, 77 casamentos e 321 obitos.

Futura capital da Republica.—A Com missão do *Planalto Central do Brazil* já acab de demarcar a área em que ha de ser assentada futura capital da Republica.

Essa área tem a fórma de um trapezio espher co cujos vertices foram determinados por oper ções astronomicas elevadas, executadas pelos dr Cruls, Tasso Fragozo, Morize e Cavalcanti. A de Novembro mais ou menos já se achavam fixa dos tres desses vertices, faltando o 4.º, devido circumstancia imprevista de ter adoecido o dr. La caille, que era incumbido das observações astro nomicas perto de Formosa.

A 5 de Dezembro estava toda a commissão reu nida em Perynopolis, tendo grande cópia de dado precisos, não só sobre a futura zona federal, com tambem sobre suas circumvizinhanças, riqueza mi neral e vegetal, lavoura, creação, volume de agua clima, população, costumes, etc.

A 12 de Dezembro seguiu o dr. Cruls com par te da commissão para a capital de Goyaz, fican do em Perynopolis o dr. Morize com outra part que seguiria depois.

A 1.ª turma chegou a Goyaz no dia 18 e a 2 poz-se a caminho para Uberaba, onde deverá che gar a 20 do corrente. Desta ultima cidade o dr Cruls entrará em correspondencia como dr. Mori ze, que se demorá em Goyaz, afim de se determina a longitude.

E assim terá a commissão, cuja direcção foi con fiada ao dr Cruls, terminado os seus trabalhos restando apenas ultimar desenhos e relatorios.

A demarcação foi feita com grande rapidez, ape nas em 4 mezes de trabalho,—pois em Agosto que os trabalhos foram iniciados e já em princi pio de Dezembro as turmas se reuniam, para volta rem ao Rio de Janeiro.

A commissão atravessou esses 4 mezes, sem mo lestia em nenhum de seus membros e sem nenhum desgosto.

Obituario.—Foram sepultados no cemiteric municipal os seguintes cadaveres:

Dia 16

João, 2 annos, italiano, filho de Alexandre Bol sani; bronchite chronica catharral.

Tranquillo Cassali, 2 annos, filho do italiano Joã Cassali; gastro-enterite, sarampo.

Berthe Joseph, 36 dias, filho do italiauo Berth João; convulsões.

Um féto do sexo masculino, filho de Raymund Pinto Barboza; inviabilidade.

Um féto do sexo feminino, filha de Marco Bos tante; nasceu morto.

Maria, 2 annos, italiana, filha de Andreotte Eu rico; gastro enterite.

João Pinto, 31 annos, portuguez, solteiro; febr typhoide.

Pio Abbati, 39 annos, italiano; absesso do figa do.

Alexandre, 3 annos, italiano, filho de Francisc Real; febre typho.

Siria, 13 mezes, portugueza, filha de Joaquin Souza; gastro-enterite.

Aswero, 3 annos, brazileiro, filho de Mauoel Au gusto da Silva; debilidade geral.

47

ESTADOS UNIDOS DO BRAZIL

DIARIO OFFICIAL

DO ESTADO DE SÃO PAULO

2º ANNO—5º DA REPUBLICA—N. 516 | SÃO PAULO | SEXTA-FEIRA, 24 DE FEVEREIRO DE 1893

DIARIO OFFICIAL

A data de hoje

O dia de hoje é gloriosamente sagrado para todos os brazileiros. Elle significa, de facto, a consagração da Republica.

Com effeito, ha dous annos, foi nesta data promulgada a nossa CONSTITUIÇÃO, codigo social extraordinariamente admiravel pela sabedoria que contém e pela liberdade que concede,—obra essa que, institucionalmente, como povo que é uma grande nacionalidade, nos nivela com os primeiros povos do mundo, tornando-nos superior a elles em numerosos casos por nós previstos e que suas Constituições não previram.

Para se calcular a immensa importancia desta data, basta pensar o que póde ser um povo sem uma constituição.

O dia de hoje é um dos mais justos feriados da Republica, porque symboliza a data em que, após o periodo revolucionario, nossa patria entrou brilhante e definitivamente no quadro das nações constituidas.

ACTOS DO PODER EXECUTIVO

Justiça

Por decretos de 22 do corrente:

Foi nomeado o dr. Manoel Pedro Villaboim para servir na commissão examinadora dos candidatos ao logar de juiz de direito da comarca de Pindamonhangaba, em substituição ao dr. Brazilio Rodrigues dos Santos, que não acceitou aquelle encargo.

Foram concedidos ao bacharel Gabriel Villela de Andrade, juiz de direito de Santa Rita do Paraiso, trinta dias de licença, afim de tratar da saúde de pessoa de sua familia.

Agricultura

Por decreto de 22 do corrente:

Foi removido o ajudante da 5ª divisão auxiliar da repartição dos serviços technicos de aguas e exgottos da capital, o engenheiro Vicente Huet Bacellar Pinto Guedes, para exercer o mesmo cargo na 2ª secção da Superintendencia de Obras Publi-

ESTADOS UNIDOS DO BRAZIL

DIARIO OFFICIAL

DO ESTADO DE SÃO PAULO

2º ANNO—5º DA REPUBLICA—N. 524 SÃO PAULO TERÇA-FEIRA, 7 DE MARÇO DE 1893

DIARIO OFFICIAL

GOVERNO DO ESTADO

O sr. dr. Bernardino de Campos, presidente do Estado, tem recebido numerosos telegrammas e officios, secundando a attitude que assumiu relativamente aos acontecimentos do Rio Grande do Sul.

Entre esses telegrammas que damos abaixo destaca-se o primeiro, que é justa e summamente honroso ao primeiro magistrado paulista.

—Palacio do presidente da Republica, Rio de Janeiro, 6 de Março de 1893.

Dr. Bernardino de Campos, presidente de S. Paulo. Em nome da Republica, de que sois um dos mais dedicados defensores, vos agradeço, bem como ao patriotico povo paulista, as manifestações de apoio á manutenção efficaz das instituições republicanas. — Saudo-vos. — *Floriano Peixoto.*

Do directorio republicano de Lençóes, ao dr. presidente do Estado:

S. Manoel, 5 de Março.

O povo de Lençóes, reunido pelo directorio republicano, resolve, em *meeting* popular, concorrer com pessoal e com dinheiro para defender as instituições em perigo e expulsar os invasores da Patria.

Pela Patria e pela Republica é a nossa divisa.

Piracicaba, 5.

Ao dr. Bernardino de Campos: Podeis contar com o decidido apoio do partido republicano de Piracicaba contra a invasão do Rio Grande. — *Do directorio republicano.*

S. José do Rio Pardo, 5.

O partido republicano desta cidade, profundamente ferido pelos golpes que traidores da Republica vibram em cheio no coração da Patria, protesta toda a solidariedade á v. exc. e ao centro republicano de S. Paulo e espera ancioso o dia da glorificação dos republicanos. — *Do partido republicano*

Itatiba, 5.

Do tenente-coronel Chateaubriand Joly:

Officiaes da Guarda Nacional em reunião affirmam apoio e adhesão á resolução que tomardes em relação ao Rio Grande. Viva a Republica.

Limeira, 5.

Os republicanos da cidade da Limeira, reunidos neste momento em assembléa geral para eleger o seu novo directorio, protestam o seu apoio incondicional ao Governo do Estado para a Republica energica contra os inimigos da Patria. — *Antonio Augusto Botelho*, presidente; *Joaquim Antonio Machado de Campos, dr. Norberto de Campos Freire, Borges Sampaio, Firmino Pires da Motta, João Quadros Sobrinho.*

S. Simão, 5.

Enthusiasmado pela acção patriotica dos correligionarios da capital, o partido republicano de S. Simão adhere á resolução tomada no *meeting* de 3. Tudo pela Republica, tudo pela Patria. Esforçae-vos por nossa causa, mantendo as nossas instituições. Teremos aqui as sentinellas da Patria e da Republica.

Viva o Governo de S. Paulo! Viva o Marechal Floriano Peixoto! Pedimos a v. exc. a transmissão deste ao presidente da Republica. — O directorio, *dr. João Miranda, José Teixeira Junior, Francisco Pereira Leite Ribeiro.*

Rio Claro, 5.

Em grande reunião hoje effectuada foi unanimemente approvada a seguinte moção: O partido republicano do Rio Claro, reunido em sessão publica, protesta sua adhesão franca e decidida ao presidente do Estado, pelo apoio offerecido patrioticamente ao Governo da União, para debellar a criminosa insurreição que lavra no Estado do Rio Grande do Sul, alimentada e dirigida por perfidos inimigos da Patria e da Republica e põe-se voluntariamente á disposição do presidente do Estado, disposto até ao sacrificio da vida, si tanto fôr necessario para a defesa da Patria e da Republica. Começou com bom successo o alistamento voluntario dos guardas nacionaes. Viva o Estado de S. Paulo! Viva o marechal Floriano! Viva a Republica! — *Do directorio republicano.*

Brótas, 5.

Partido republicano adhere *meeting* do dia 3 e apoia acto convocando Congresso. — *Do directorio republicano.*

Ribeirão Preto, 5.

Povo de Ribeirão Preto, reunido em *meeting*, solidario comvosco e Floriano Peixoto. Segue representação. — *Arthur Diederichsen.*

Ytú, 6.

O professorado de Ytú vos cumprimenta pela energica e patriotica attitude com que vos tendes mostrado relativamente aos acontecimentos antipatrioticos do Rio Grande do Sul. — *Lino Vidal.*

Em relação á tentativa de deposição do governador do Maranhão, recebeu tambem o honrado dr. presidente do Estado o seguinte telegramma do ministro do Interior da União:

Rio, 4.

Tentativa de deposição vice governador do Maranhão foi promptamente reprimida pela força federal. Governo Federal providenciou para que seja restabelecida a ordem. Manáos de accordo respectivo governador. — *Ministro do Interior.*

Sala das sessões da camara municipal da villa de Pinheiros, 28 de Fevereiro de 1893.

N. 8. Illustre cidadão.

Os abaixo assignados, vereadores da camara municipal desta villa, sinceramente felicitam v. exc. pelo facto de ter sido na noite de 19 para 20 do corrente abafada a tentativa de deposição de v. exc. do honroso cargo de presidente deste Estado, que tão dignamente exerceis.

Saúde e fraternidade.

Ao illustre cidadão dr Bernardino de Campos, dignissimo presidente do Estado de S. Paulo.

Luiz Ribeiro da Silva, presidente.
Francisco de Freitas Novaes.
Belarmino Soares do Prado.
Antonio de Avila Rebouças.

Cidadão:

O directorio do partido republicano desta cidade, em nome do eleitorado, felicita-vos pela attitude que tomastes relativamente ao movimento rio-grandense e aproveita o ensejo

1894

MUNDO E BRASIL

_O *Diário Oficial* de 9 de fevereiro publica instruções para as eleições federais que se realizarão em 1º de março.

49. ELEIÇÕES FEDERAIS

_Prudente de Morais é eleito presidente, e Manuel Vitorino, vice.

_Floriano Peixoto rompe relações diplomáticas com Portugal em 13 de março. No dia 18 de maio, o *Diário Oficial* veicula a mensagem do vice-presidente ao Congresso Nacional, datada de 15 de maio, sobre a ruptura e retirada do pessoal da delegação brasileira.

50. BRASIL ROMPE RELAÇÕES DIPLOMÁTICAS COM PORTUGAL

_O Decreto n. 1867 de 17 de março mobiliza a Guarda Nacional para pôr fim à Revolta da Armada, iniciada em 6 de setembro de 1893, como informa o *Diário Oficial* n. 824.

51. MOBILIZAÇÃO DA GUARDA NACIONAL

_No dia 25 de março, o mesmo jornal noticia o fim da revolta.

52. FIM DA REVOLTA DA ARMADA

_A edição n. 850 do *Diário Oficial*, de 21 de abril, lembra a morte de Tiradentes.

53. EVOCAÇÃO DE TIRADENTES

_Prudente de Morais toma posse em 15 de novembro, sem a presença de seu antecessor. A mensagem presidencial é publicada no *Diário Oficial* de 17 de novembro.

54. MANIFESTO DE PRUDENTE DE MORAIS À NAÇÃO BRASILEIRA

49

ESTADOS UNIDOS DO BRAZIL

DIARIO OFFICIAL

DO ESTADO DE SAO PAULO

ANNO 3 6º DA REPUBLICA—N. 794 SÃO PAULO SEXTA-FEIRA 9 DE FEVEREIRO DE 1894

DIARIO OFFICIAL

ELEIÇÕES FEDERAES

Hontem, á vista de communicação do Governo Federal, o dr. secretario do Interior expediu, por telegramma, ā todas as municipalidades do Estado, as seguintes instrucções :

Communico-vos, para os devidos fins, que, segundo communicação do ministro do Interior, por decreto de hoje, foram approvadas as instrucções para eleição de presidente e vice-presidente da Republica, que se devem realizar no dia 1.º de Março vindouro, e dentre as quaes se destacam as seguintes :=Os eleitores votarão perante mesas já eleitas na fórma do art. 40, § 30, da lei n. 35, de 26 de Janeiro de 1892. Nos municipios em que por motivo de força maior não se houver procedido ás eleições dessas mesas, nem ás diligencias recommendadas pelo art. 39 da citada lei, os presidentes e commissões municipaes cumprirão desde já o disposto nos arts. 8.º e 9.º das instrucções annexas ao decreto n. 1542, de 1.º de Setembro ultimo, e depois os presidentes dos governos municipaes providenciarão, nos termos do art. 11, sobre as mesmas instrucções. Embora simultaneas as eleições, os votos serão depositados separadamente, havendo uma urna para a eleição do presidente e vice-presidente da Republica e outra para senadores e deputados, e uma terceira especial para um senador, quando, além da renovação do mandato, se tenha a preencher vaga senatorial aberta por outro motivo.

A mesa fará extrahir tres cópias, acta e assignaturas de eleitores no livro de presença, as quaes, depois de assignadas pelos mesarios, concertadas pelo tabellião ou por qualquer serventuario da justiça ou escrivão *ad hoc*, eserão enviadas, registradas pelo correio, aos secretarios da Camara dos Deputados, Senado e presidentes das juntas apuradoras e districtos eleitoraes. Além destas tres cópias, serão extrahidas mais duas para a apuração da eleição presidencial e senatorial, que serão remettidas, uma á jun a apuradora do districto eleitoral na capital do Estado, outra ao vice-presidente do Senado. Na eleição de presidente e vice-presidente da Republica cada eleitor votará em dous nomes escriptos em cedulas distinctas, sendo uma para presidente e outra para vice-presidente. Para a fiscalização respectiva da apuração dos presidentes ou governos municipaes, desde já communicarão nos Estados, ao presidente ou governador, o numero em que tiver sido dividido o municipio e o numero de eleitores de cada secção. Os presidentes ou governadores dos Estados, em vista desta communicação, que requisitarão quando faltarem, organizarão um quadro contendo todos os municipios dos Estados, guardados a ordem numerica, o numero e secções de cada municipio e numero de eleitores de cada secção. Deste quadro remetterão uma cópia authentica ao presidente da junta apuradora do Estado, que será a mesma do districto da capital e outra cópia ao vice-presidente do Senado.

Quanto ao mais, vigoram as instrucções constantes do decreto n. 1542, de 1.º de Setembro de 1893, combinadas com as do decreto n. 184, de 23 do mesmo mez. — *Dr. Cesario Motta Junior*, secretario do Interior.

ACTOS DO PODER EXECUTIVO

Decreto n. 229

DE 7 DE FEVEREIRO DE 1894

Reorganiza a Secretaria de Estado dos Negocios da Fazenda

O presidente do Estado, attendendo ao que lhe representou o secretario de Estado dos Negocios da Fazenda em exposição de 21 de Março do anno passado, e de accôrdo com o art. 13 da lei n. 118, de 3 de Outubro de 1892, e art. 1º de lei n. 196, da 28 de Agosto do anno findo,

Decreta :

Artigo 1.º A Secretaria da Fazenda passa a constituir uma secção do Thesouro do Estado, regida por um official maior, e directamente subordinada ao secretario da Fazenda.

Artigo 2.º O pessoal da secretaria e vencimentos deste serão os constantes da tabella annexa.

Artigo 3.º A secretaria terá a seu cargo todo o expediente e correspondencia do secretario de Estado e Tribunal do Thesouro, a expedição de titulos ou diplomas, leis, decretos, regulamentos, instrucções e ordens que tenham de ser referendadas ou assignadas pelo mesmo secretario.

Artigo 4.º O official maior da Secretaria da Fazenda, em suas faltas ou impedimentos, será substituido pelo official, e este e os amanuenses por empregados do Thesouro, de categoria correspondente, designados pelo secretario da Fazenda.

Artigo 5.º Os empregados actuaes, que não foram aproveitados na reorganização de que trata o presente decreto, ficarão addidos ao Thesouro do Estado até serem collocados nessa ou em qualquer outra repartição do Estado.

Artigo 6.º Revogam-se as disposições em contrario.

Palacio do Governo do Estado de S. Paulo, 7 de Fevereiro de 1894.

BERNARDINO DE CAMPOS.
JOÃO ALVARES RUBIÃO JUNIOR.

Tabella do numero e vencimentos dos empregados da Secretaria dos Negocios da Fazenda

NUM.	CARGOS	ORDENADO	GRATIFIFICAÇÃO	TOTAL
1	Official maior.....	6:400$000	3:200$000	9:600$000
1	Official	4:000$000	2:000$000	6:000$000
2	Amanuenses	2:400$000	1:200$000	7:200$000
1	Continuo..........	1:600$000	800$000	2:400$000

Palacio do Governo do Estado de São Paulo, 7 de Fevereiro de 1894.

BERNARDINO DE CAMPOS,
JOÃO ALVARES RUBIÃO JUNIOR.

Decreto n. 231

DE 7 DE FEVEREIRO DE 1894

Manda abonar, annualmente, a titulo de quebras de caixa, aos funccionarios constantes deste decreto, as quantias nelle mencionadas, a contar de 1.º de Janeiro.

O Governo do Estado, usando da auctorização que lhe confere o art. 18 da lei n. 239, de 4 de Setembro de 1893, que orça a receita e fixa a despesa para o exercicio corrente, e tendo em vista as informações que lhe foram prestadas pelo Thesouro do Estado sobre o movimento das repartições publicas,

Decreta :

Artigo 1.º A titulo de quebras de caixa se abonará annualmente, por prestações mensaes, a partir de 1.º de Janeiro ultimo :

ACTOS FEDERAES

BRAZIL E PORTUGAL

MENSAGEM DO VICE-PRESIDENTE DA REPUBLICA, MANDADA A 15 DO CORRENTE AO CONGRESSO NACIONAL, E CONTENDO A NOTA DO MINISTERIO DO EXTERIOR, SEGUNDO A QUAL ROMPEU O GOVERNO BRAZILEIRO AS SUAS RELAÇÕES DIPLOMATICAS COM O DE PORTUGAL.

Sr. presidente.—Tenho a honra de passar ás vossas mãos a inclusa mensagem que o sr. vice-presidente da Republica dirige ao Congresso Nacional, levando ao seu conhecimento a solução do incidente havido entre o Brazil e Portugal pela concessão de asylo aos insurgentes a bordo das corvetas *Mindello e Affonso de Albuquerque*.—Saúde e fraternidade.—*Cassiano do Nascimento*.

Srs. membros do Congresso Nacional.—Na mensagem que vos dirigi em 7 do corrente, eu disse que opportunamente vos communicaria a solução do incidente produzido entre o Brazil e Portugal pela concessão de asylo aos insurgentes a bordo das corvetas *Mindello e Affonso de Albuquerque*. Satisfazendo esse compromisso, incluso vos remetto cópia da nota passada hontem pelo ministro de Estado das relações exteriores ao encarregado de negocios de Portugal. Como vereis, suspendi as relações diplomaticas com o governo portuguez, retirando o pessoal da nossa legação e mandando passaporte ao sr. conde de Paraty.—Saúdo-vos.—*Rio de Janeiro, 14 de Maio de 1894.—Floriano Peixoto*.

Ministerio das relações exteriores.—Rio de Janeiro, 13 de Maio de 1894.—O sr. conde Paraty, encarregado de negocios de Portugal, serviu-se communicar-me, por nota de 2 do mez proximo passado, que o seu governo tinha expedido as ordens necessarias para que os insurgentes refugiados a bordo das corvetas *Mindello e Affonso de Albuquerque* fossem desembarcar o mais breve possivel em territorio portuguez, onde guardados em deposito militar pelas auctoridades competentes, seriam impedidos de intervir na lucta politica brazileira.

Não tenho respondido a essa nota, porque o sr. vice-presidente da Republica julgou necessario aguardar o desenlace da situação creada pela viagem das duas corvetas ao Rio da Prata. S. exc. está hoje de posse das informações que dalli esperava.

Dos 493 individuos, que aqui se refugiaram a bordo das duas corvetas, partiram para terra portugueza pelo *Pedro III* sómente 239: os outros evadiram-se e com elle o sr. Saldanha da Gama.

Assim, pois, não obstante as seguranças dadas pelo sr. conde e pelo seu governo, realizou-se o que o sr. vice-presidente da Republica previa. Os rebeldes desembarcaram em terra extranha e em grande numero, não temporariamente para voltarem ao seu refugio, mas como evadidos que conservam toda a liberdade de acção e podem, continuando em rebeldia, reunir-se aos seus alliados do Rio Grande do Sul.

Estou certo de que esse facto se deu contra a intenção do sr. Augusto de Castilho; mas deu-se sem duvida por falta de vigilancia, e veiu aggravar o acto da concessão do asylo, que o sr. marechal Floriano Peixoto, pelas circumstancias em que se effectuou, considera como offensa á soberania nacional.

A revolta da esquadra, iniciada neste porto em 6 de Setembro do anno proximo passado, pelo sr. Custodio de Mello, e continuada pelo sr. Saldanha da Gama, terminou como o sr. conde sabe em 13 de Março do corrente anno.

Durante esses longos seis mezes, primeiro a esquadra e depois ella e as fortalezas de Villegaignon e da ilha das Cobras, bombardearam diariamente as fortalezas que se tinham conservado fieis ao governo legal da Republica, a cidade de Nictheroy, Capital do Estado do Rio de Janeiro e, frequentes vezes, a Capital Federal, ferindo e matando pessoas inoffensivas e destruindo a propriedade publica e particular. Durante esse longo tempo, não obstante a presença de navios de guerra, extrangeiros, os insurgentes apoderaram-se de navios e carregamentos pertencentes a nacionaes e extrangeiros e paralysaram o commercio, causando prejuizos incalculaveis. E o governo federal, privado de recursos navaes, teve de supportar essas hostilidades, até que, com grande sacrificio da fortuna publica, conseguiu organizar uma esquadra.

O sr. Saldanha da Gama que ainda em 25 de Dezembro, por meio dos commandantes das forças navaes extrangeiras e dos respectivos agentes diplomaticos, ameaçava de bombardear esta cidade com os seus maiores canhões, ao chegar aqui aquel la esquadra, reconhecendo que não poderia resistir-lhe, lembrou-se de propor capitulação. O sr. conde de Paraty o sabe, pois que na sua presença entregou-me o sr. Castilho a respectiva proposta, depois de fazer constar ao sr. vice-presidente da Republica que recebera esse encargo. A resposta de s. exc. foi prompta e negativa, como devia ser, e eu a transmitti no dia 12 ao sr. conde. Não é de admirar que o sr. Saldanha da Gama concebesse a esperança de salvar-se por meio de capitulação; mas é certamente de extranhar que o sr. commandante da corveta *Mindello* se encarregasse de apadrinhar a sua pretenção, sabendo, pois era publico e notorio, que um decreto do governo federal havia declarado o dito sr. Gama desertor e traidor á patria.

Mudara-se o estado das cousas. Os rebeldes passavam de bloqueadores a bloqueados e o sr. Augusto de Castilho, que, como os outros commandantes extrangeiros, havia respeitado a situação anterior, em que os rebeldes tinham todas as vantagens, não devia amparal-os no momento da mudança, sobretudo não os tendo o seu governo reconhecido como belligerantes. Mas amparou os, primeiro apoiando a proposta de capitulação, e depois concedendo-lhes refugio em circumstancias que o não justificavam.

Os agentes diplomaticos da Inglaterra, Italia, Estados-Unidos da America, França e Portugal, considerando a approximação de operações decisivas contra os rebeldes, pediram por duas vezes que, no caso de se não poder evitar o bombardeamento desta cidade por effeito de provocação, marcasse o governo um prazo, pelo menos de 48 horas, para que os extrangeiros aqui residentes e os navios tambem extrangeiros, surtos no porto, provessem á sua segurança. Concedeu-se esse prazo e logo depois um augmento de tres horas, contando-se as 51 do meio dia 11 de Março e declarando-se que a concessão só se referia ás forças do littoral.

Assim devia ser, porque as fortalezas da barra e as baterias de Nictheroy tinham estado sempre em actividade e o accôrdo, para que a capital fosse considerada cidade aberta, só se applicava ás baterias estabelecidas nos pontos elevados.

Iam começar as operações e cada um devia manter-se na posição que lhe competia. A dos commandantes das forças navaes extrangeiras era de simples espectadores alheios á contenda. O commandante das forças de Sua Magestade Fidelissima assim o não entendeu.

De conformidade com a promessa do governo, as forças do littoral conservaram-se silenciosas. Antes de expirarem as 51 horas só fizeram fogo as fortalezas da barra e as baterias de Nictheroy. Os rebeldes não respondiam, mas isso não era de extranhar, porque já nos dias anteriores o não faziam e demais a bandeira branca, distinctivo da revolta, estava arvorada nos pontos por elles occupados.

Pouco tempo durou o engano:—os rebeldes não respondiam, porque se tinham refugiado a bordo das corvetas portuguezas.

A conservação da sua bandeira foi talvez um ardil que o sr. Castilho não percebeu, e do qual, sem duvida involuntariamente, se tornou cumplice.

O asylo tornou-se effectivo na manhan do dia 13, como o sr. conde teve a bondade de communicar-me em nota datada de 15.

Assim, pois, ainda antes de expirar o prazo das 51 horas, e portanto durante a suspensão parcial das operações, interveiu o sr. Castilho, com detrimento da soberania territorial e da justiça publica, em questão do dominio interno a que era e devia conservar-se extranho.

O sr. conde de Paraty invocou na sua citada nota os dictames de direito internacional e os principios humanitarios geralmente reconhecidos pelas nações civilizadas.

Civilizado tambem é o Brazil e por isso o governo federal não comprehende que esses principios possam aproveitar aos rebeldes, que, sem attender a elles, fizeram barbaramente tantas victimas, atirando a esmo para esta cidade, durante mais de seis mezes, com os proprios canhões que lhes tinham sido confiados para a conservação da ordem publica e defesa do paiz.

Invocando os dictames do direito internacional, o sr. conde alludiu ao chamado e mal definido direito de asylo. Tambem o seu governo os invocou, bem como o tratado de extradicção, em resposta verbal que o sr. ministro dos negocios extrangeiros deu ao encarregado e negocios do Brazil, quando tambem verbalmente exigiu a restituição dos refugiados.

O tratado de extradicção não é applicavel ao caso presente, porque refere-se a individuos refugiados no territorio real e não no de ficção e que nelle se refugiam sem o prévio consentimento da auctoridade local; os rebeldes, protegidos pelo commandante das forças navaes de Portugal, foram por elle recebidos no portaló e distribuidos pelas duas corvetas.

E' verdade que aquelle tratado exceptúa os accusados de crimes politicos ou connexos com elles; mas ha muito que dizer sobre este assumpto. A excepção, salutar em alguns casos, é perigosa em outros e não convém deixar inteiramente ao abitrio de um commandante de forças navaes uma resolução que póde, como presentemente ferir a

...condições hy-
...escoamento
...por falta de
...itario assim
...to.
...o sanitario é

IA

...cellos, inspe-
...ção, visitou
...rua da Con-
...boas condi-
...res doze e
...satisfactorio.
...casas visita-
...edio n. 129
...idas aconse-
...97, 99 e 99 A
...s e fechados,

IA

...heira, inspe-
...ção, visitou
...a rua Carmo
...ntonio Rosa,
...cs necessa-
...ue delles ca-

IA

...r Sobrinho,
...a secção, vi-
...casas da rua
...adeira 25 de
...m b as con-
...or geral do
...o providen-
...que se con-
...na rua que
...casas da rua
...pendicular á

...inspector
...visitou hoje

...hoje trinta predios nas ruas do dr. Horta e dr. Amaral Gurgel, reclamando dos proprietarios daquellas que encontrou em más condições os necessarios reparos.

Vaccinou quatro pessoas.

NOTICIARIO

Mobilização da Guarda Nacional.—Por decreto n. 1.687, de 17 do corrente, foi mobilizada a Guarda Nacional do Districto Federal e dos seguintes Estados: —S. Paulo, Paraná e Rio Grande do Sul. Eis o teôr desse decreto:

—O vice-presidente da Republica dos Estados-Unidos do Brazil:

Considerando que urge actuar com a maxima rapidez no sentido de restabelecer por completo a ordem e tranquillidade publicas em todo o territorio nacional;

Considerando que para esse fim de interesse geral devem cooperar não só as classes propriamente militares, como tambem os cidadãos que constituem a milicia civica da Republica, e que, pela proximidade em que se acham do local dos acontecimentos, contribuirão com efficacia para ser totalmente extincta, em curto prazo, a rebellião iniciada no sul do paiz e á qual alliou-se uma fracção da armada nacional;

Considerando que, embora seja de competencia privativa do Congresso Nacional mobilizar e utilizar a Guarda Nacional, não poderia o governo, sem intuitivos e incalculaveis prejuizos, aguardar a reunião do Poder Legislativo em Maio vindouro, e adiar a execução das medidas complementares, necessarias para o anniquilamento desse movimento de rebeldia, attento o dever que lhe incumbe de garantir a paz publica e de manter o principio da auctoridade, cuja investidura lhe foi conferida pela nação brazileira;

Resolve mobilizar a Guarda Nacional do Districto Federal e dos Estados do Rio de Janeiro, S. Paulo, Paraná e Rio Grande do Sul, a qual ficará á disposição do Ministerio da Guerra: sendo o presente acto submettido opportunamente á approvação do Congresso Nacional.

Capital Federal, 17 de Março de 1894, 6º da Republica.—FLORIANO PEIXOTO.—*Cassiano do Nascimento*.

Rendas de Matto-Grosso.—A renda arrecadada pela Alfandega de Matto-Grosso, em Janeiro, foi de —57:720$037, contra 53:660$997 do mesmo mez de 1893.

Troca de mulheres.—Organizou-se ha pouco tempo no Delaware, Estados-Unidos, uma nova seita religiosa, que pratica em larga escala a

51

52

Vicente de Azevedo.—O secretario, *Antonio Vieira Braga*.

NOTICIARIO

O fim da revolta.—Ha dias, sob este titulo, resumindo logo depois do dia 13 os importantissimos factos que nelle se deram, e que constituiram por si o *fim da revolta* na bahia do Rio de Janeiro, reproduzimos as primeiras noticias publicadas na Capital Federal, relativas ao sr. Saldanha da Gama e seus officiaes, isto é: — que se tinham passado para bordo da esquadra extrangeira, tendo o sr. Saldanha partido para a Europa a bordo do *Magon*.

Essa noticia precisa de ser corrigida, e o fazemos para que seja completo o registro da revolta nas columnas desta folha:

—O sr. Saldanha não seguiu para a Europa. Elle e todos os seus officiaes se recolheram a bordo da *Mindello* e do *Affonso de Albuquerque*, vasos de guerra da esquadra portugueza, encontrando ahi o asylo que as outras esquadras lhes negaram, por entenderem que, si o concedessem, feririam de frente os direitos da nação brazileira.

O facto provocou uma questão internacional, porque o nosso governo pediu a entrega dos revoltosos abrigados, e corre por conta da diplomacia, tratado de governo a governo.

E' neste pé que está o negocio.

—

No dia 21 do corrente houve no Rio, no Campo de S. Christovam, uma grande e brilhantissima parada militar, em honra ao triumpho da legalidade, e a que compareceram a guarda nacional e os corpos de infanteria e cavallaria da guarnição da capital, e que foram: —*Infanteria*, 1.º, 4.º, 5.º, 7.º, 8.º, 10.º, 15.º e 23.º batalhões; —*Cavallaria*, 2.º e 9.º regimentos, e mais o Batalhão Municipal.

Da guarda nacional, 19 corpos, dos quaes 15 de infanteria e 2 de artilheria, com um effectivo de 7.000 homens, só estiveram presentes 7 batalhões, tendo á frente o seu chefe, —dr. Fernando Mendes de Almeida.

A revista em ordem de marcha foi passada pelo general Bibiano Sergio Macedo da Fontoura Costallat, cuja proclamação, abaixo publicada, foi então entregue a cada um dos ajudantes de corpos.

PROCLAMAÇÃO A TODAS AS FORÇAS QUE DEFENDERAM A LEGALIDADE E A REPUBLICA DESDE 6 DE SETEMBRO ATÉ Á PRESENTE DATA.

Camaradas.—Fostes testemunhas do alvorecer de 6 de Setembro do anno proximo findo, em que parte da armada nacional, esquecendo-se do seu glorioso passado, traiçoeiramente apoderou-se de alguns navios mercantes e de todos os de guerra que se achavam no porto do Rio de Janeiro e formou com elles uma esquadrilha com o fim de hostilizar e derrubar o governo legal: —esse alvorecer foi triste e desolador.

Fostes tambem testemunhas, na tarde de 13 do corrente, de haverem esses rebeldes, cançados da lucta e reconhecendo a impossibilidade de conseguir seus nefandos intentos, abandonado o campo sem offerecer a menor resistencia: — tarde radiante e festival.

Tão assignalada victoria trouxe á população desta cidade e da invicta capital do Estado do Rio de Janeiro o almejado socego e robusteceu a confiança geralmente depositada no eminente cidadão e intemerato patriota que dirige os destinos da Republica, o sr. marechal Floriano Peixoto.

Camaradas, como brazileiros deveis exultar pelo triumpho que o governo obteve sem effusão de sangue e perdas de vidas, que seriam o consectario da resistencia, para a qual o governo se achava fortemente preparado.

O regosijo por parte da força armada é duplo pela consciencia que deve ella ter de haver efficazmente concorrido para tão brilhante resultado, pela constancia, disciplina e valor demonstrados em innumeras occasiões.

A espera foi longa: nem podia deixar de o ser, tanto mais quanto o governo tinha necessidade de obter elementos que pudessem contrabalançar os recursos que possuiam os rebeldes.

Congregados estes elementos, facillima foi a victoria.

Louvores, pois, a todos quantos prestaram a sua muito preciosa cooperação á ingente obra de consolidação da Republica, supremo anhelo dos brazileiros, que ha de ser attingido *custe o que custar*.

Finalmente, congratulando-me com todos os camaradas, brado jubilosamente:

Vivam os defensores da legalidade!

Viva o marechal Floriano Peixoto!

Viva a Republica!

Bibiano Sergio Macedo da Fontoura Costallat, general de brigada.

Coronel Carneiro.—Nome profun... justamente sympathizado em todo S. Paulo, o ...ronel Carneiro foi promovido a general de br... da por acto de 8 de Fevereiro, publicado *Diario Official* da União, de 23 do corrente.

E' do seguinte teôr esse acto que se refer... destemido militar, a quem S. Paulo é summam... grato:

—«O vice-presidente da Republica dos Estados-Unidos do Brazil:

Attendendo aos relevantes serviços prestados pelo coronel do corpo de engenheiros, Antonio Ernesto Gomes Carneiro, tanto na paz como na guerra;

Attendendo á bravura que sempre demonstrou nos differentes encontros com os inimigos da Republica;

Attendendo á heroica resistencia que com a columna sob seu commando tem opposto na cidade da Lapa, Estado do Paraná, desde 17 de Janeiro, ás forças reunidas dos inimigos da patria, resolve promovel-o ao posto de general de brigada, continuando no quadro extranumerario.

O general de brigada, Bibiano Sergio Macedo da Fontoura Costallat, encarregado do expediente do Ministerio da Guerra, assim o faça executar.

Capital Federal, 8 de Fevereiro de 1894, 6º da Republica. —FLORIANO PEIXOTO.—*Bibiano Sergio Macedo da Fontoura Costallat*.

Ladislau Netto.—A 19 do corrente p... deu o Brazil, na pessoa do dr. Ladislau Netto, de seus mais notaveis homens de sciencia, um ...turalista de nome europeu, e que deixa traball... de grande e immorredouro valor.

Tinha apenas 55 annos de edade:—nasceu ... Alagoas, cidade do Estado das Alagoas, a 27 ... Junho de 1839.

Foi com E. Liais que elle iniciou a sua carre... scientifica, —levantando a planta do porto de Pe... nambuco. Depois, com o correr dos annos, exp... rou o rio S. Francisco, dedicou-se ao estudo ... sciencias naturaes e nelle se distinguiu, merecen... as honras de collaborar nos annaes da *Acaden... de Sciencias* de Pariz, sendo o seu nome tido ... grande conceito pelos naturalistas do Velho Mund...

Realizou mais tarde o seu ideal —formando... em sciencias naturaes, em Pariz.

De volta, foi nomeado director da secção de b... tanica do *Museu Nacional* e, nessa qualidade, mo... trou o seu valor dando ao estabelecimento u... novo aspecto scientifico, uma nova phase,—q... elle nunca tinha tido.

Seus numerosos e importantes trabalhos não referem sómente á botanica; occupou-se, com ... mesma segurança, da nossa ethnographia e ... nossa archeologia,—tendo organizado em 1892 ... nossa notavel exposição anthropologica.

Director do *Museu*, eleito deputado á assembl...

ESTADOS UNIDOS DO BRAZIL

DIARIO OFFICIAL

DO ESTADO DE SAO PAULO

ANNO 3º—6º DA REPUBLICA—N. 850 SÃO PAULO SABBADO 21 DE ABRIL DE 1894

DIARIO OFFICIAL

TIRADENTES

Faz hoje 102 annos que foi barbaramente suppliciado no Rio de Janeiro o proto-martyr da Republica actualmente triumphante,—Joaquim José da Silva Xavier, o *Tiradentes*.

A sua vida agitada e simples, a lealdade do seu caracter, a abnegação do seu espirito illuminado por uma fé que nunca esmoreceu, a responsabilidade do seu ideal republicano, que elle nunca alienou de si—levaram-no ao cadafalso, morrendo como materia para reviver eternamente na consciencia brazileira,—como espirito.

De facto, elle, o maior symbolo de nossas livres aspirações, elle, que revive num poema grandioso, que se chama a *Inconfidencia Mineira*, elle existe e existirá perpetuamente na alma de cada brazileiro, como que consubstanciando, mais do que o limitado ideal de uma patria —o grande ideal realizado, amplo e magestoso, das duas Americas republicanas.

Em nossa terra, legou-nos a evolução politica (esta altissima expressão da evolução humana) esse ineffavel penhor de nossa nacionalidade, esse maravilhoso talisman com que, novos cruzados em busca da integração democratica da America, caminhámos dia a dia, durante um seculo, de conquista em conquista, até que a 15 de Novembro de 1889 pudemos desfraldar aos ventos da patria livre a gloriosa bandeira do —*Libertas quæ sera tamen!*

Florescera, fructificara o ideal de 1792 regado pelo sangue do martyr.

. . . .

Depois, tentou-se anniquilar a Republica, reviver em nossa terra ou a velha monarchia sem tradições e sem titulos que a nobilitem, ou o *caudilhismo* exotico, essa especie de cardo inextinguivel que viça nas alluviões do Rio da Prata.

Mais uma vez venceu o grande ideal, cimentando agora a Republica em bases que se não aluem, e levando ao extrangeiro a firme convicção de que —*a America é dos americanos*.

A figura de Tiradentes se prende a todas essas luctas, como uma suggestão permanente, como invencivel bandeira de guerra. Seu ideal, não realizado, foi depois o nosso, então triumphante; e, defendendo-o, dando-lhe vida, glorificamos a legendaria figura historica do martyr immortal, desse grande symbolo de liberdade que, orgulhosos, podemos apresentar ao mundo inteiro.

Em 1892, neste mesmo logar desta folha, terminámos o artigo sobre *Tiradentes* com as seguintes palavras que ainda têm toda a actualidade:

—Cem annos nada significam na existencia de uma nação no berço, nação sem a devida instrucção popular, sem a necessaria densidade de população para que o conhecimento do facto se generalizasse (o facto de seu supplicio), tornando-se espontaneamente, em cada anno, na data de hoje, uma commemoração nacional. Lá chegaremos, —é questão de tempo. Ao rolar da força, o nosso primeiro martyr firmou o vertice de um angulo infinito, e dahi por deante cresce cada vez mais o seu nome entre os lados desse angulo sem fim. A sua integração no caracter nacional é uma fatalidade como a quéda dos corpos; ella se fará de um modo absoluto, sem a discrepancia de uma unica opinião. A historia, como a physica, tem suas leis, que são o enunciado das fatalidades sociaes.

A Republica, installando-se, decretou de feriado nacional o dia de hoje, para que o pensamento de todos se recolhesse no nimbo sagrado que immortaliza a imagem do nosso grande martyr. Fez bem a Republica. Um povo que não tem o culto de seus grandes homens, é como um corpo acephalo, incapaz de se guiar na lucta pela nacionalidade, incapaz de vencer, condemnado mais cedo ou mais tarde a absoluta eliminação.

Um paiz sem tradições é como uma cabeça sem idéias, é como um povo sem bandeira.

Guardemos, pois, o dia de hoje; guardemol-o com veneração, com todos os profundos e delicados sentimentos da confraternização civil, que é a religião dos povos civilizados e virís; e digamos a nossos filhos o que ouvimos de nossos paes e o que lemos em nossos livros, isto é: —que *Tiradentes*, que morreu pela nossa liberdade, foi o precursor mais glorioso de todas as liberdades posteriormente conquistadas em nossa evolução; que foi grande como nenhum outro, abnegado e heroico, confiante e altruista ainda como nenhum outro.

Digamo-lhes que lhe venerem o immaculado nome, porque um povo que abre a sua historia com as bases de uma tradição como esta, que equivale á apothéose de uma nacionalidade —é um povo que não morre e que está destinado na historia do planeta a traçar o longo cyclo de uma civilização assombrosa.

Façamos isto e, por livros, estatuas, operas, com todos os recursos que a Arte nos offerece, popularizemos o grande Martyr; —que daqui a um seculo, no seu segundo centenario, os filhos e os netos de nossos filhos saberão, num grande paiz de 70 a 80 milhões de habitantes, commemorar, desde as mais insignificantes aldeias até ás maiores cidades, o bi-centenario daquelle que, quasi um Deus, morreu pela liberdade de um povo, assombrando com a grandiosa estatura de sua personalidade, o proprio julgamento da Historia.

CONGRESSO DO ESTADO DE S. PAULO

SENADO

9.ª sessão ordinaria, em 18 de Abril de 1894

PRESIDENCIA DO SR. GUIMARÃES JUNIOR

SUMMARIO:—*Chamada.—Acta.—Ordem do dia: 3ª discussão do projecto n. 155, da Camara, de 1893.—Requerimento do sr. G. Godoy.—Discussão unica do parecer n. 2, deste anno.—Discussão unica do parecer n. 3, deste anno.—Considerações dos srs. A. Mercado e P. Egydio e requerimento deste.—2ª discussão do projecto n. 136, da Camara, do anno passado:—Considerações e sub-emenda do sr. Vieira de Moraes.—Considerações do sr. S. Junior.—Discussão unica do parecer n. 6, deste anno.—Ordem do dia 19.*

A' hora regimental, feita a chamada, acham-se presentes os srs. Guimarães Junior, João Tobias, Salles Junior, Peixoto Gomide, Gustavo Godoy, Paulo Egydio, Paulo Queiroz, Vieira de Moraes, Teixeira de Carvalho, Antonio Mercado, Ricardo Baptista e Fonseca Pacheco.

Presentes 12 srs. senadores, abre-se a sessão.

E' lida e approvada sem debate a acta da sessão antecedente.

Não havendo expediente, passa-se á

ORDEM DO DIA

—Entra em 3ª discussão o

PROJECTO N. 155, DE 1893, DA CAMARA,

concedendo um anno de licença, para tratar de sua saúde, ao dr. Annibal Lima, ajudante da directoria de hygiene.

Pede a palavra

O sr. Gustavo Godoy (*pela ordem*):—Sr. presidente, sendo conhecida a noticia do fallecimento do dr. Annibal Lima, não ha mais necessidade de discutir-se o projecto que lhe concede um anno de licença, e por isso peço a v. exc. que mande archival-o.

—Vai á mesa, é lido, apoiado, posto em discussão e approvado, indo o projecto a archivar, o seguinte

REQUERIMENTO

Havendo fallecido o dr. Annibal Lima, requeiro que o presente projecto seja retirado da discussão e archivado.

Sala das sessões, 18 de Abril de 1894.—*Gustavo Godoy.*

—Entra em discussão unica e é sem debate approvado, determinando a mesa que seja enviada cópia da representação e parecer ao secretario do Interior, o

PARECER N. 2, DESTE ANNO,

sobre a representação da camara municipal da Limeira, pedindo a creação de escolas mixtas em diversos bairros daquelle municipio.

—Entra em discussão unica o

ESTADOS UNIDOS DO BRAZIL

DIARIO OFFICIAL

DO ESTADO DE SAO PAULO

ANNO 4º—7º DA REPUBLICA—N. 1018 SÃO PAULO SABBADO 17 DE NOVEMBRO DE 1894

MANIFESTO
DO
DR. PRUDENTE DE MORAES

A' NAÇÃO BRAZILEIRA

Assumindo hoje a presidencia da Republica, obedeço á resolução da soberania nacional, solemnemente enunciada pelo escrutinio de 1.º de Março.

Acceitando este elevado cargo, que não pretendi por julgal-o muito superior ás minhas forças, especialmente na actual situação, submetto-me a imperioso dever patriotico, e não pouparei esforços nem sacrificios para corresponder á extraordinaria prova de confiança de meus concidadãos, manifestada de modo inequivoco no pleito eleitoral mais notavel da vida nacional.

Cumpre-me, neste momento, manifestar á Nação quaes os principios e normas que me guiarão no desempenho da honrosa, mas difficil missão que me foi imposta.

O lustro de existencia, que hoje completa a Republica brazileira, tem sido de luctas quasi permanentes com adversarios de toda a especie, que têm tentado destruil-a, empregando para isso todos os meios.

Como expressão concreta desse periodo de funestas dissenções e luctas, rememoro com amargura a revolta de 6 de Setembro do anno proximo passado.

Essa revolta, que foi o mais violento abalo de que se podia resentir o regimen proclamado a 15 de Novembro de 1889, iniciada sob o pretexto de defender a Constituição da Republica e de libertar a Patria do jugo de uma supposta dictadura militar, reuniu, sob a sua bandeira, todos os elementos adversos á ordem e á paz publicas, concluindo no caracterizar-se em um movimento formidavel de ataque ás instituições nacionaes, arvorando o estandarte da restauração monarchica.

Mas, por isso mesmo que essa lucta tremenda foi travada pela colligação de todos os inimigos, a victoria da Republica foi decisiva para provar a estabilidade das novas instituições, que tiveram para defendel-as a coragem, a pertinacia e a dedicação do benemerito chefe do Estado, auxiliado efficazmente pelas forças militares de terra e mar,—fieis á Constituição a 6 de Setembro de 1893—como a 23 de Novembro de 1891,—pelo concurso enthusiasta da mocidade das escholas, da guarda nacional, dos batalhões patrioticos e da policia, e pela solidariedade unanime dos Estados da União, cujo apoio foi de extraordinario valor.

Essa revolta que, durante tantos mezes,—substituindo a paz e o trabalho por luctas fraticidas,—perturbou a vida nacional e causou enormes males, damnificando a fortuna publica e particular, produziu, entretanto, o grande beneficio de convencer ainda aos mais incredulos de que a fórma republicana, tal como está consagrada na Constituição de 24 de Fevereiro, é indubitavelmente a que tem de reger para sempre os destinos do Brazil, porque é no seu admiravel mechanismo que está a mais segura garantia da harmonia permanente entre a unidade nacional e a vitalidade e expansão das forças locaes.

A Republica está, pois, firmada na consciencia nacional; lançou raizes tão fundas que jamais será dahi arrancada.

Ao passo que a monarchia cahiu sem a menor resistencia, não obstante haver dominado o paiz durante setenta annos com o seu regimen centralizador, —a Republica, apesar de sua curta e perturbada existencia, defendeu-se heroicamente e venceu a poderosa revolta restauradora, porque tinha a seu lado a opinião nacional, manifestada pelo consenso unanime dos Estados, que, havendo experimentado a influencia benefica da autonomia, que lhes deu o novo regimen, não se sujeitarão jamais a retrogradar á condição de provincias sem recursos, manietadas em seus desenvolvimentos pelas pieas atrophiantes da centralização.

Os adversarios das novas instituições devem estar desilludidos: segura pela poderosissima ancora da federação, a Republica resistirá a todas as tempestades que contra ella se desencadeiem, por mais fortes e violentas que sejam.

As constantes agitações que, no primeiro quinquennio, perturbaram a vida da Republica, não causaram surpresa; eram previstas como consequencias da revolução de 15 de Novembro.

Não se realizam revoluções radicaes, substituindo a fórma de governo de uma nação, sem que nos primeiros tempos as novas instituições encontrem a resistencia e os attritos, motivados pelos interesses feridos pela revolução, que embaraçam o funccionamento regular do novo regimen.

Foi o que aconteceu ao Brazil.

Felizmente, a attitude pertinaz e energica do marechal Floriano Peixoto, secundado pela grande maioria da nação,—parece ter encerrado em nossa patria o periodo das agitações, dos pronunciamentos e das revoltas, que lhe causaram damnos inestimaveis, sendo muitos delles irreparaveis.

Nesta situação, exige o patriotismo que todos os brazileiros, especialmente os depositarios do poder publico, contribuam com seus esforços dedicados e perseverantes para conseguirem que a Republica seja o que deve ser—um regimen de paz e de ordem, de liberdade e de progresso, sob o imperio da justiça e da lei.

Essa é a ardente aspiração nacional, manifestada no escrutinio de 1.º de Março, porque só assim será possivel a reparação, ainda que lenta, dos damnos soffridos pelo paiz.

Na esphera de minhas attribuições, esforçar-me-ei pela realização desse *desideratum* observando estas normas e principios:

—Execução fiel do regimen livre e democratico adoptado pela Constituição de 24 de Fevereiro, firmando e mantendo escrupulosamente a autonomia dos Estados, harmonica com a soberania da União, e a independencia e o mutuo respeito dos poderes instituidos como orgams dessa soberania;

—Respeito ao exercicio de todas as liberdades e garantias constitucionaes, mantendo concorrente e energicamente a obediencia á lei e o prestigio da auctoridade, condições indispensaveis para assegurar a ordem e o progresso;

—Administração da Fazenda Publica com a maxima fiscalização na arrecadação e no emprego da renda e com a mais severa e perseverante economia, reduzindo a despesa de modo a equilibral-a com a receita, extinguindo assim o *deficit* do orçamento, convertido este em realidade;

—Pontualidade na satisfação dos compromissos successivos, que desde passado remoto se têm accumulado em onus pezadissimos a transmittirem-se de geração a geração; e resgate gradual da moeda fiduciaria para elevar o seu valor depreciado;

—Animação á iniciativa particular para a exploração e desenvolvimento da agricultura e das industrias, e introducção de immigrantes que, povoando o nosso vasto territorio, fecundem com o trabalho as suas riquezas inexgottaveis;

—Garantia efficaz á plena liberdade do suffragio, base fundamental da democracia representativa;

—Manutenção da tranquilidade no interior e da paz com as nações extrangeiras, sem sacrificio da nossa dignidade e de nossos direitos, cultivando e desenvolvendo as relações com as nações amigas.

Obedecendo a este programma, espero poder contribuir para o bem-estar e para a felicidade da nossa Patria.

Conheço e avalio bem os grandes embaraços e difficuldades de toda a ordem com que terei de luctar no desempenho de minha ardua missão; — desanimaria, si não me sentisse apoiado pela Nação e si não contasse com a cooperação patriotica de cidadãos dos mais illustrados e competentes.

Como era facil prever, os tristes acontecimentos a que alludi, tendo abalado e perturbado profundamente a vida nacional durante muitos mezes, aggravaram bastante a nossa má situação politica e financeira.

Os germens da insubordinação e da anarchia expandiram-se, os compromissos do Thesouro foram grandemente augmentados com as despesas extraordinarias que se tornaram indispensaveis.

Mas restabelecida a paz em condições de estabilidade, mantida a ordem no paiz—pelo respeito á lei e pelo prestigio da auctoridade, restaurada a confiança do capital e do trabalho para promoverem a expansão da agricultura, das industrias e do commercio, fiscalizada e severamente economizada a Fazenda Publica,—os inexhauriveis recursos do

IMPRENSA OFICIAL

_Encontra-se à venda nas repartições do *Diário Oficial* a "Coleção das Leis e Decretos do Estado de S. Paulo 1893", como informa o anúncio veiculado na edição n.1005, de 31 de outubro.

55. ANÚNCIO DE VENDA DE COLEÇÃO DE LEIS

_O Decreto n.232, de 20 de fevereiro, publicado em 22 de fevereiro, declara "de utilidade pública o terreno sito à rua do Quartel, adjacente à casa n.23 da mesma rua, e pertencente ao Convento do Carmo, para ser desapropriado, a fim de alargar-se a área destinada ao prédio em construção para o *Diário Oficial* e para o Fórum".

56. TERRENO PARA O PRÉDIO DO *DIÁRIO OFICIAL*

55

LEIS E DECRETOS
DO
ESTADO DE S. PAULO
1893

A' venda no escriptorio do «DIARIO OFFICIAL» a 8$000 o exemplar.

Estrada de Ferro Bragantina

Faço publico que a taxa cambial para applicação das tarifas moveis no mez de Novembro proximo futuro é de 12 d. por 1$000. Bragança, 20 de Outubro de 1894. —*F. Santos Pinto*, inspector geral.
5—3

56

ESTADOS UNIDOS DO BRAZIL

DIARIO OFFICIAL

DO ESTADO DE SÃO PAULO

ANNO 3°—6° DA REPUBLICA—N. 805 SÃO PAULO QUINTA FEIRA 22 DE FEVEREIRO DE 1894

ACTOS DO PODER EXECUTIVO

Decreto n. 232

DE 20 DE FEVEREIRO DE 1894

Declara de utilidade publica o terreno sito á rua do Quartel, adjacente á casa n. 23 da mesma rua, e pertencente ao Convento do Carmo, para ser desapropriado, afim de alargar-se a área destinada ao predio em construcção para o Diario Official e para o Forum.

O presidente do Estado, usando da attribuição que lhe confere o art. 2.° da lei n. 38, de 18 de Março de 1836,

Decreta:

Artigo 1.° E' declarado de utilidade publica, para ser desapropriado, afim de alargar-se a área destinada ao predio em construcção para o *Diario Official* e para o *Forum*, o terreno sito á rua do Quartel, adjacente á casa n. 23 da mesma rua, e pertencente ao Convento do Carmo, com as seguintes dimensões: frente 5m,95; fundo 35m,40, dividindo de um lado com a casa sitada, do outro com terrenos do dito Convento e pelo fundo com terrenos que são em parte dependencia da referida casa n. 23, comprehendendo a área total 206.069 metros quadrados.

Artigo 2.° O processo de desapropriação do citado terreno será intentado de accórdo com as disposições da supradita lei.

Artigo 3.° Revogam-se as disposições em contrario.

Palacio do Governo de S. Paulo, 20 de Fevereiro de 1894.

BERNARDINO DE CAMPOS.
DR. CESARIO MOTTA JUNIOR.

Justiça

Por decreto de 19 do corrente mez

carros de qu tro rodas para conducção de doentes, tres ditos para conduzir roupas para o desinfectorio e

REQUERIMENTOS DESPACHADOS

De Francisco de Paula Andrade, professor publico de S. Manoel do Paraiso, solicitando tres mezes de licença para tratar de sua saúde.—Indique a molestia.

Do padre João Vicente Cabral, professor publico de Caraguatatuba, fazendo egual pedido.—Concedo, nos termos do artigo 147, § 1.°, do regulamento de 27 de Novembro de 1893, depois de sellado o documento.

De d. Amelia do Patrocinio Ourique de Carvalho, professora publica da 4.ª cadeira da Limeira, fazendo o mesmo pedido por um mez.—Indeferido.

De Nazario Rodrigues Borba, professor publico do bairro da Barra Funda, nesta capital, solicitando a nomeação de um adjuncto para sua escola.—Indeferido, em vista do parecer da Directoria Geral da Instrucção Publica.

—

COMMISSÃO DE DESINFECÇÃO

Cidadão dr. Cesario Motta Junior, digno secretario do Interior do Estado de S. Paulo.—Remetto-vos com este as relações das visitas domiciliares feitas durante a semana. Pela

1895

MUNDO E BRASIL

_A arbitragem dos Estados Unidos favorece o Brasil na disputa na questão de Palmas ou das "Missões" com a Argentina. No *Diário Oficial* n.1089, de 14 de fevereiro, na seção "Noticiário", publicam-se telegramas sobre o desfecho da contenda.

57. FIM DO LITÍGIO | TERRITÓRIO DAS MISSÕES

_No dia 16 de março, o Brasil restabelece relações diplomáticas com Portugal, como informa o telegrama do Ministério das Relações Exteriores ao presidente do Estado de São Paulo, publicado no *Diário Oficial* de 19 de março.

58. RESTABELECIMENTO DAS RELAÇÕES DIPLOMÁTICAS COM PORTUGAL

_Floriano Peixoto falece em 29 de junho. O *Diário Oficial* não circula de 30 de junho a 4 de julho; no dia 5 de julho, noticia a morte do presidente.

59. MORTE DO MARECHAL FLORIANO PEIXOTO

_Mensagem Presidencial ao Congresso Nacional ressaltando os avanços do Brasil nas relações diplomáticas com os países da América do Sul, Europa e China.

60. MENSAGEM PRESIDENCIAL AO CONGRESSO NACIONAL

57

DIARIO OFFICIAL Fevereiro 1895 12759

NOTICIARIO

Telegrammas.—O dr. presidente do Estado recebeu do ministro do Interior os seguintes telegrammas :

Rio, 12 de Fevereiro de 1895.

Imponente manifestação popular em homenagem a Rio Branco pela feliz terminação do litigio das Missões ; acclamam ministro argentino : presidente palacio, fez alevantado e notabilissimo discurso em resposta vibrante oração Serzedello. Presidente falou longo tempo com grande eloquencia sobre o presente e o futuro da Republica e da patria, sendo vivamente victoriado ; enthusiasmo indescriptivel na patriotica manifestação, que correu na melhor ordem.

—Envio-vos telegramma que o povo acaba de expedir a Rio Branco : O povo brazileiro, reunido em grande *meeting*, acclama entre palmas o vosso nome e envia-vos saudações enthusiasticas pela honrosa decisão do litigio das Missões. A Republica brazileira e a Confederação Argentina, commemorando a victoria da paz e do direito pelo arbitramento, firmam o fecundo e patriotico exemplo do verdadeiro engrandecimento das nações americanas ; a alma nacional, vibrando de contetamento, festeja, por todos os recantos do paiz, a feliz nova do auspicioso acontecimento que, pondo termo na secular questão, digna e honrosamente enaltece ambas as nações. Os abaixo assignados, em nome do povo aqui reunido, e exprimindo o sentimento unanime da nação, saúdam-vos com enthusiasmo delirante, porque a commissão de que sois digno chefe bem mereceu da patria e da America republicana. Rio, 12 de Fevereiro de 1895. A commissão : Serzedello Correia, Agostinho dos Reis, Elpidio de Mesquita, Antonio Azevedo e Lins de Vasconcellos. Congratulações.—*Ministro do Interior*.

Rio Grande do Sul.—O dr. Bernardino de Campos recebeu do dr. Julio de Castilhos, presidente do Rio Grande do Sul, o seguinte telegramma, datado de 11 do corrente :

«Agradecido e penhorado pelo vosso nobre interesse pelo Rio Grande informo-vos sobre a situação legal do Estado, que é a seguinte : Nenhuma novidade tem occorrido nas fronteiras onde estacionam vigilantes, devidamente localizadas, tres fortes divisões, promptas a repellir quaesquer tentativas de invasão.

Os revoltosos, na sua maioria, continuam emigrados nos dous paizes vizinhos, não tendo ainda adquirido elementos para poderem continuar a lucta, apesar da protecção que lhes tem sido dispensada pelas auctoridades locaes das fronteiras.

Informações seguras, procedentes do Rio da Prata, dizem que elles estão desanimados, sem esperança de receber os recursos ha muito promettidos por Gaspar da Silveira Martins e Saldanha da Gama.

Dentro do territorio do Rio Grande existem sómente alguns grupos em correrias, procedendo por conta propria, guiados pela cubiça do saque e sempre fugindo ás forças legaes, que os perseguem.

São salteadores, que se dizem revoltosos como supposta attenuante dos assassinatos, depredações e roubos que commettem. Desses grupos os maiores são o de Guerreiro Victorio, antigo companheiro de Gumercindo e que, perseguido no sul, transpoz o rio Camaquan saqueando a villa do mesmo nome ; e o do faccinora Baptista que, rodeado de desertores e assassinos, e embrenhado na serra de S. Francisco de Paula, ahi recebe o concurso dos bandidos fugitivos de Santa Catharina.

Contra ambos estão agindo as forças legaes.

Tomaram-se tambem providencias de modo a anniquilar o banditismo, unico elemento perturbador da paz geral que existe em todas as regiões deste Estado.

Asseguro-vos que são falsas as noticias enviadas do Rio da Prata á imprensa do Rio sobre a derrota de nossas forças, sobre a tomada de diversas villas, etc.

De resto, o senador Pinheiro Machado, que está sciente de tudo, poderá ahi prestar-vos mais detalhadas informações.

Saudações cordiaes.—*Julio de Castilhos*.

Concessões caducas.—Ao requerimento da Companhia Estrada de Ferro Estreito e S. Francisco ao Chopim, pedindo, de accôrdo com o art. 6.º § 4.º n. 3 do orçamento promulgado pela lei n. 266, de 24 de Dezembro de 1894, que seja revalidada a concessão da referida estrada, que foi declarada caduca depois de 6 de Setembro de 1893, deu o sr. dr. Antonio Olyntho, ministro da Industria, o seguinte despacho :

«Indeferido, porquanto a pretenção da nova companhia que se organizou para explorar a concessão não é abrangida nem pela lettra, nem pelo espirito da disposição legislativa.

Effectivamente essa disposição refere-se ás concessões que *tenham caducado* dentro de um certo prazo, e a caducidade decorre implicitamente da não satisfação de qualquer exigencia legal e não do acto do poder publico, que apenas *declara* a caducidade.

A concessão foi *declarada* caduca dentro do prazo marcado na disposição do orçamento ; mas a caducidade deu-se por factos anteriores e que em ultima instancia foram reconhecidos pelo Poder Judiciario a 19 de Setembro de 1892, um anno antes do começo do prazo marcado na disposição do orçamento.

Tambem o espirito da disposição orçamentaria não favorece a pretenção ; pois, não póde haver duvida sobre os motivos que determinaram a decretação da medida de que se trata.

E, de facto, para aquellas concessões cujos trabalhos foram perturbados pela revolta nos Estados em que esta se manifestou, suspendendo por assim dizer a continuidade de sua vida normal, trouxe o Poder Legislativo um remedio de ordem geral, tendente a não fazel-as responsaveis por circumstancias extranhas de força maior cujos effeitos não podem ser evitados pelos concessionarios.

Portanto, a disposição do orçamento só deve ter applicação ás concessões que tenham incorrido em caducidade por circumstancias que nasceram directamente da revolta, o que não se verifica no caso.

Por mais respeitaveis que sejam as opiniões de alguns srs. deputados emittidas no correr da discussão e citadas pelo supplicante, não passam de opiniões individuaes que não constituem elementos seguros de interpretação, e que, na hypothese, flagrantemente contrariam o espirito do texto legal».

«Revista Litteraria».—Tal é o titulo de um periodico litterario, de publicação semanal, que acaba de apparecer nesta cidade.

A *Revista* é dirigida pelos srs. Amadeu do Amaral e Maximo Pinheiro Lima, e conta com varios collaboradores conhecidos na imprensa da capital.

Agradecendo a visita, desejamos-lhe todas as prosperidades.

O café.—E. Raoul e E. Darolles publicaram recentemente um estudo completo sobre o café, que hoje faz parte dos habitos de todo o mundo, como excitante psychico e tambem como agente hygienico, visto que o seu uso acarreta o uso do fumo, attenuando este os effeitos prejudiciaes daquelle, e vice-versa.

POLICIAMENTO SANITARIO

Expediente de 18 de Março de 1895

Vaccinação

Os drs. Arthur Seixas, Vieira de Mello e Evaristo Bacellar, inspectores sanitarios, vaccinaram hoje, em S. Bernardo, mais cento e dez pessoas.

SÉ

2.ª secção

O dr. Paulo Bourroul, inspector sanitario desta secção, visitou hoje quarenta casas da rua João Alfredo, encontrando-as, em geral, em boas condições de asseio.

Neste numero estão 3 vendas, 3 açougues, 1 fabrica, 2 barbearias e 1 cortiço.

Fez intimações, com o fim de melhorar as condições hygienicas, aos proprietarios das casas de ns. 5, 21, 21 A, 29 e 61 A.

E' bom o estado sanitario.

SÉ

3.ª secção

O dr. Henrique Thompson, inspector sanitario desta secção, visitou hoje cincoenta e tres casas das ruas do Quartel e Santa Thereza, encontrando-as em regulares condições de asseio, a excepção das de ns. 6, 8, 16 da rua do Quartel e 2 A, 8 A, 10 A, e 26 da rua de Santa Thereza.

Foram tomadas todas as providencias com relação ás casas encontradas em más condições, inclusive a de n. 2 A da rua de Santa Thereza café, cujas aguas furtadas são habitadas por duas familias compostas de grande numero de creanças.

No numero das visitas estão 1 companhia, 1 deposito, 3 officinas, 3 cafés, 1 açougue, 1 chapellaria, 5 escriptorio, 2 marcenarias, 5 armazens e 1 tabacaria.

SANTA EPHIGENIA

1.ª secção

O Dr. Cunha Vasconcellos, inspector sanitario desta secção, visitou hoje quarenta e quatro predios das ruas da Conceição e Bom Retiro, encontrando em boas condições 28, em regulares 7 e em más nove.

No numero das casas visitadas estão incluidos 2 hoteis, 7 depositos, 1 açougue, 1 restaurant e 1 loja.

Foram dadas as necessarias providencias com relação ás casas encontradas em más condições de hygiene.

E' satisfactorio o estado satario.

SANTA EPHIGENIA

4.ª secção

O Dr. Orencio Vidigal, inspector sanitario desta secção, visitou hoje quarenta casas da rua D. Antonio de Mello, encontrando-as em regulares condições de asseio.

Neste numero estão 1 padaria, 1 cortiço e 1 marcenaria.

O estado sanitario é bom.

CONSOLAÇÃO

1.ª secção

O dr. Evaristo da Veiga, inspector sanitario desta secção, visitou hoje trinta e uma casas da rua de S. João, inclusive as de ns. 54 da rua do Ypiranga, 161 do General Osorio, encontrando estas duas ultimas e mais a de n. 207 da rua de S. João, em más condições.

Intimou o arrendatario da de n. 207 a fazer os concertos necessarios e já reclamados.

O da de n. 159 da rua de S. João foi intimado a demolir um quartinho de taboas, que contra as intimações anteriores mandou fazer para alugar, faltando todas as condições hygienicas.

As demais casas estavam em boas condições

CONSOLAÇÃO

2.ª secção

O Dr. Gualter Pereira, inspector sanitario desta secção, visitou hoje trinta e cinco casas das ruas do Sol e 13 de Maio, encontrando-as em regulares condições.

Neste numero estão 1 cortiço, 1 açougue, 1 cocheira e 3 vendas.

CONSOLAÇÃO

3.ª secção

O Dr. Vital Brazil, inspector sanitario desta secção, visitou hoje quarenta casas das ruas Dr. Abranches e D. Maria Antonia, encontrando as na sua maioria em regulares condições de asseio, a excepção da de ns. 417, 95 e 13 da rua do Dr. Abranches e uma sem numero da rua de d. Maria Antonia.

BRAZ

4.ª secção

O Dr. Bento de Souza, inspector sanitario desta secção, visitou hoje trinta e oito casas da rua da Mooca, além da estrada de ferro, encontrando as na sua maioria em satiscfatorias condições de asseio.

Inspeccionou 3 armazens, 3 cocheiras e 1 estabulo.

E' bom o estado sanitario.

NOTICIARIO

Telegramma.—O dr. presidente do Estado recebeu o seguinte telegramma:

Rio, 16.

Restabelecidas relações Portugal.—*Ministro Exterior.*

Relações Exteriores.—Ao restabelecerem-se em data de 16 do corrente as relações diplomaticas entre o Brazil e Portugal, o *Diario Official* da União publicou as seguintes notas, trocadas entre o sr. George Greville, encarregado dos negocios da Gran-Bretanha, e o sr. dr. Carlos de Carvalho, ministro do Exterior:

Traducção —Rio de Janeiro, 16 de Março de 1891.

O abaixo assignado, encarregado de negocios de sua magestade Britannica, em cumprimento de instrucções do secretario de Estado dos Negocios Extrangeiros, tem a honra de fazer a s. exc. o sr. ministro das Relações Exteriores da Republica dos Estados-Unidos do Brazil a seguinte declaração:

«O governo de sua magestade Britannica, tendo-se encarregado de empregar os seus bons officios com o fim de effectuar o restabelecimento entre o Brazil e Portugal das relações rôtas pelo governo brazileiro em consequencia da recepção dos refugiados brazileiros a bordo dos navios portuguezes na bahia do Rio de Janeiro e da fuga de alguns delles quando no Rio da Prata, considerou cuidadosamente os documentos que lhe foram communicados pelos governos brazileiro e portuguez.

O governo de sua magestade recebeu tambem do ministro portuguez na côrte de Saint James a seguinte declaração:

«Só para obedecer a sentimentos de humanidade, e não para prestar auxilio aos revoltosos brazileiros, foi que o governo portuguez manteve o asylo concedido e o fez sob condições que, fundadas em principios do direito internacional, infelizmente não foram observadas por seus agentes O governo portuguez não previu, nem podia prever, as circumstancias especiaes em que esse asylo se tornou um facto.

Dados os antecedentes de amizade e mutuo respeito inalteraveis entre os dous paizes, nenhuma intenção teve, nem poderia ter o governo portuguez de offender a soberania da Republica dos Estados-Unidos do Brazil.

O governo portuguez viu com pezar que á concessão do asylo não correspondeu a lealdade dos asylados e que por actos, que aliás deu-se pressa a submetter aos tribunaes judiciaes, estabeleceu-se uma situação internacional que não póde constituir precedente.

Sendo o asylo acto de humanidade e não meio de favorecer hostilidades, o governo portuguez só fez cessar a detenção dos asylados que desembarcaram em territorio portuguez, quando se convenceu que não abusariam da liberdade para continuar a lucta contra o governo brazileiro, considerando-se assim relevado da responsabilidade que voluntariamente assumira.

Tendo o governo portuguez feito esta declaração, que, segundo parece ao governo de sua magestade, remove toda a causa de desintelligencia entre o Brazil e Portugal. o governo de sua magestade está convencido de que os dous governos não se demorarão em estabelecer uma reconciliação formal, acreditando simultaneamente representantes em Lisboa e no Rio de Janeiro.

O abaixo assignado aproveita esta opportunidade para renovar a s. exc. o sr. dr. Carlos de Carvalho as seguranças da sua mais alta consideração. —*George Greville.*—A s. exc. o sr. dr. Carlos de Carvalho, ministro das Relações Exteriores».

—«2.ª secção n. 6—Ministerio das Relações Exteriores—Rio de Janeiro, 16 de Março de 1895.

O abaixo assignado recebeu a nota que o sr. George Greville, encarregado de negocios da Gran-Bretanha, lhe dirigiu hoje, fazendo-lhe a seguinte declaração:

(Segue-se a nota supra).

58

59

Marechal Floriano Peixoto.—Suspensos os trabalhos das secretarias, inclusive os do *Diario Official*, só agora é possivel mencionar nesta folha as profundas e innumeras demonstrações de pesar que o passamento do benemerito patriota provocou em todos os pontos da Republica; e as homenagens já feitas e as que se preparam para honrar a memoria do eminente cidadão, que tantos e inestimaveis serviços prestou ao seu paiz.

Com referencia especial a S. Paulo, egualmente intensa foi a consternação que o luctuoso acontecimento produziu, e successivas e multiplas são as manifestações que a imprensa tem registrado.

—O dr. Bernardino de Campos, presidente do Estado, logo que teve conhecimento da morte do marechal Floriano Peixoto, além de telegraphar de Santos, onde se acha, determinando que, nesta capital, se prestassem homenagens ao illustre finado expediu tambem um telegramma ao deputado Francisco Glycerio pedindo que, em nome deste Estado, fosse depositada uma corôa sobre o ataúde e que os representantes de S. Paulo o acompanhassem nessas demonstrações.

O dr. Bernardino de Campos expediu, além disso, um telegramma de pezames á viuva do marechal, tambem em nome de S. Paulo.

—Das homenagens do Congresso do Estado, destaca-se este projecto:

«O Congresso Legislativo do Estado de S. Paulo decreta:

Art. 1.º Fica o Governo auctorizado a mandar erigir na Praça da Republica da capital do Estado um monumento para perpetuar a memoria do marechal Floriano Peixoto.

Art. 2.º Para execução da presente lei, será aberto concurso artistico e contractada a realização do monumento com quem o juizo do Governo apresentar melhor projecto.

Art. 3.º Para os gastos com o concurso fica o Governo auctorizado a despender até a quantia de 5:000$000, e a abrir o respectivo credito, podendo pôr em concurso o projecto referido.

Art. 4.º Revogam-se as disposições em contrario.

Sala das sessões, 1.º de Julho de 1895.

Alvaro Carvalho, João Galeão Carvalhal, Lucas de Barros, João Rodrigues Guião, A. Costa Carvalho, Nogueira Cobra, Carlos de Campos, Manoel Bento, Eugenio Egas, Cardozo de Almeida, Pedro de Toledo, Emygdio Piedade, Almeida Vergueiro, Oliveira Braga, Alvares Rubião, Pereira de Queiroz, Raphael de Campos, Arnolpho Azevedo, Luiz Piza, Arthur Prado, Alfredo Pujol».

ESTADOS UNIDOS DO BRAZIL

DIARIO OFFICIAL

DO ESTADO DE SÃO PAULO

ANNO 5.º—7.º DA REPUBLICA—N. 1153 | SÃO PAULO | TERÇA-FEIRA, 7 DE MAIO DE 1895

MENSAGEM PRESIDENCIAL

AO

CONGRESSO NACIONAL

«Srs. Membros do Congresso Nacional.—No momento em que ides inicar os trabalhos da presente Sessão Legislativa, venho, cumprindo o preceito do art. 48, n. 9, da Constituição da Republica, dar-vos conta da situação do Paiz e indicar-vos as providencias que se me afiguram mais urgentes e cuja adopção depende de vossas luzes e auctoridade.

Foi, como sabeis, em periodo difficil da vida nacional que, obedecendo á determinação de meus compatriotas, assumi a suprema direcção dos negocios publicos e, do que tenho feito, na orbita administrativa, vos informarão minuciosa e circumstanciadamente os relatorios que me foram apresentados pelos ministros de Estado e que em breves dias serão submettidos á vossa apreciação.

E'-me agradavel assignalar que estamos em paz com todas as Nações e com ellas cultivamos relações de amizade que me empenho em manter e desenvolver.

O importante papel que, no aperfeiçoamento da civilisação e do bem estar social, a America do Sul terá de representar por suas condições economicas, é simples questão de tempo, que muito se abreviará si nas relações internacionaes se accentuar indefectivel cordialidade e desejo sincero de paz e de união, o que sob a fórma republicana, lealmente respeitada, assegurará a todos os direitos a mais ampla expansão e real effectividade.

Com Portugal foram restabelecidas as relações diplomaticas, mediante os bons officios do governo de S. M. Britannica. E' um acontecimento feliz que todos já conhecem, mas que tenho o grato dever de communicar-vos.

A questão de limites com a Republica Argentina, entregue ao julgamento do illustre Presidente dos Estados-Unidos da America, teve, como era de justiça, decisão favoravel ao Brazil e que foi acatada pelo Governo Argentino como acto que remove todo receio de alterações das relações de amizade que ambos os Governos com a maior solicitude têm sempre procurado manter.

Congratulo-me convosco por esse notavel successo, que despertou em todos os corações brazileiros expansões de jubilo patriotico.

Servindo-me do credito que concedestes ao Governo para concluir a demarcação de limites com a Bolivia, dei as providencias necessarias para que esse trabalho seja feito com brevidade.

A Commissão Brazileira já está em caminho para reunir-se á Boliviana, que deve encontrar na fronteira.

De accôrdo com o Governo Francez, está resolvida a exploração do territorio litigioso no extremo norte da Republica, e, para isso, foi aberto o credito necessario. Já se declarou áquelle Governo, por meio da sua legação, que o do Brazil está prompto para satisfazer o compromisso que contrahiu.

E' necessario que, com brevidade, se resolva esta questão de limites.

Julguei conveniente suspender as disposições tomadas para a negociação de tratado de amizade e commercio com a China, e destinada principalmente a facilitar a emigração para o Brazil, e resolvi ao mesmo tempo procurar um accôrdo para egual fim com o Japão, esperando realizal-o sem enviar áquelle paiz uma custosa embaixada.

No relatorio do Ministerio das Relações Exteriores, encontrareis noticia de acontecimentos na fronteira com a Republica Oriental, que, comquanto sejam de alguma gravidade, não têm influido nas nossas relações com aquelle paiz. Os dous governos, satisfazendo-se mutuamente no que fôr de justiça, saberão evitar, como até agora, todo o risco de desintelligencia.

Para decidir de accôrdo com os principios do direito internacional, tenho submettido a apurado estudo uma grande quantidade de reclamações amparadas por bons officios diplomaticos. Em muitas dellas a regra de direito a applicar é certa e está recebida na doutrina e na pratica, mas os factos que a invocam nem sempre são precisos ou caracteristicos, tornando difficil liquidal-os sem transacção ou mutuas concessões. Para conseguir conveniente resultado não vejo necessidade de meios extraordinarios de julgamento. O direito publico interno os fornece perfeitamente seguros. A boa vontade do Governo e o desejo sincero de não offender o direito ou a justiça dos reclamantes têm contribuido para que se torne menos irritante a demora na solução desses assumptos aos quaes liga toda a consideração.

A adopção de medidas sanitarias no sentido de impedir a importação de molestias epidemicas tem sido motivo de reclamações por via diplomatica, que o Governo procura attender conciliando o mais possivel as exigencias da saúde publica com os interesses do commercio internacional. Com esse intuito já se tem feito bastante para tranquillizal-os, tal a comprehensão que tem o Governo de sua relevancia.

Essas estreitas e multiplas relações, quando haja o Brazil de premunir-se contra invasão de molestias transmissiveis, acaso existentes em paizes extrangeiros que frequentemente se communicam com o nosso, trouxeram ao Ministerio da Justiça e Negocios Interiores notavel augmento de expediente, pela constante correspondencia directamente mantida com os nossos agentes diplomaticos e consulares na Europa e na America, e pelo estudo e solução de reiteradas reclamações encaminhadas em sua maior parte, pelo Ministerio das Relações Exteriores.

Estas ligeiras considerações bastam, pelo seu alcance, para aconselhar a transferencia do serviço federal de que trato para a competencia exclusiva daquelle Ministerio, onde as questões, como o exige a sua natureza, poderão ser tratadas e decididas com muito mais facilidade e promptidão.

A não serem casos isolados da molestia com caracter choleriforme que, em Novembro ultimo, manifestou-se no valle do Parahyba, accommettendo varias localidades dos Estados do Rio de Janeiro, S. Paulo, Minas e ulteriormente do Espirito Santo, não teve felizmente a Capital Federal, onde ella não constituiu fóco epidemico, que luctar com as enfermidades proprias da estação calmosa.

Entretanto, o lisonjeiro estado da saúde publica, devido talvez ao excepcional verão ultimo, de par com as medidas occasionaes tomadas pelos Governos da União e do municipio, não deve dar motivo a que os altos poderes do Estado, despreoccupalos momentaneamente do assumpto, deixem de sobre elle providenciar por modo efficaz e definitivo no intuito de ficar a Municipalidade do Districto Federal apparelhada com os meios indispensaveis afim de iniciar, como lhe compete, a realização já tão adiada dos grandes melhoramentos sanitarios reclamados para a Capital da Republica, cuja população augmenta consideravelmente de dia para dia.

Si, por um lado, o problema é complexo e sua solução exige o dispendio de avultados capitaes, por outro, elementos de estudo accumulados ha longos annos facilitarão uma decisão justa, e o emprego dos alludidos capitaes, obtidos por operações de creditos, é despesa que será compensada, em futuro não remoto, pelo maior incremento de riqueza e prosperidade que do saneamento do Rio de Janeiro advirá a esta já tão importante cidade, por onde se affere, em geral no extrangeiro, a situação das demais localidades do vastissimo territorio nacional.

A materia merece, pois, vossa attenção, visto que a Municipalidade, com os seus recursos ordinarios, não póde occorrer ao grande dispendio reclamado por esse importante serviço, que interessa a toda a Republica.

No que respeita á hygiene interna seria tambem conveniente rever a organização do Instituto Sanitario Federal, de modo que elle possa preencher cabalmente os fins para que foi destinado. Além de outros trabalhos, compete-lhe o que se relaciona com o exercicio da medicina e da pharmacia; mas, neste particular, faz-se necessaria a interpretação do art. 72 § 21 da Constituição no que diz respeito áquelle exercicio, visto que, em alguns Estados da União, tem sido entendido a

IMPRENSA OFICIAL

_Anúncio publicado no n. 1151, de 3 de maio, informa o endereço da repartição do *Diário Oficial* à rua do Quartel, n. 21.

61. NOVO ENDEREÇO À RUA DO QUARTEL

_Mudança para o prédio da rua do Quartel (atual Onze de Agosto). Sobra pouco espaço para o *Diário Oficial*, mas ele aí permanece por 37 anos, de maio de 1895 a 1932.
Na imagem à página seguinte, o anúncio do Xarope São João colado à parede do prédio, o risco divisório indica a parte da fachada pertencente à repartição, apenas com o portão e duas janelas no térreo e uma única janela na parte superior.

62. PRÉDIO ONDE SE INSTALOU O *DIÁRIO OFICIAL* EM 1895

_Descontente com a mudança, Horácio de Carvalho é afastado do cargo, substituído por Pedro Braga e Miguel Cardoso Júnior.
_O prelo Dirrier quebra, e o *Diário Oficial* passa a imprimir em outra tipografia, a Schettini, na rua da Glória.

63. UMA DAS RELÍQUIAS DA IMPRENSA OFICIAL | A IMPRESSORA *LE SOLEIL*

_A impressora Minerva *Le soleil*, e a máquina de dourar constam no inventário de 1895.

64. MÁQUINA DE DOURAR

DIARIO OFFICIAL — Maio 1895

Conselho Superior da Instrucção Publica do Estado

De ordem do exmo. dr Presidente do Conselho Superior da Instrucção Publica do Estado, faço publico que foram approvados pelo Governo, resoluções do Conselho Superior, em suas ultimas reuniões, de serem classificadas como provisorias as escholas constantes da seguinte relação.

6.º DISTRICTO

1 Ribeirão, sexo masculino, municipio de Lagoinha.
2 Curralinho, sexo masculino municipio de Lagoinha.
3 Ponte Nova, sexo masculino municipio de Lagoinha.
4 Sant'Anna, mixta, municipio de Lagoinha.

11.º DISTRICTO

5 Pouso Alegre, sexo masculino municipio de Santa Izabel.

12.º DISTRICTO

6 Itapetinga, sexo masculino, municipio de Atibaia.
7 Matto Dentro, sexo masculino, municipio de Atibaia.
8 Rio Abaixo, sexo masculino, municipio de Atibaia.

17.º DISTRICTO

9 Santo Antonio da Rifania, villa, sexo masculino.

22.º DISTRICTO

10 Boa Esperança, sexo masculino, municipio de Araraquara.

23.º DISTRICTO

11 Belém do Descalvado, 1.ª eschola, sexo masculino
12 Belém do Descalvado 2.ª eschola sexo feminino.
13 Porto Ferreira, municipio de Pirassununga, sexo masculino.
14 Cachoeirinha, municipio de Pirassununga sexo masculino.

28.º DISTRICTO

15 Espirito Santo da Fortaleza, villa, sexo masculino.
16 Espirito Santo da Fortaleza, villa, sexo feminino.

Secretaria Ceral da Instrucção Publica do Estado de S. Paulo, 29 de Abril de 1895.

O official encarregado do expediente,
Antonio Gonçalves de Campos
10—3

O major José Maragliano, presidente da commissão de alistamento do districto do Norte da Sé.

Faz publico que, tendo começado os trabalhos deste districto do Norte da Sé, pelo que convida todos os cidadãos que se acharem nas condições exigidas pela lei n. 35, de 26 de Janeiro de 1892, apresentarem e enviarem a esta commissão os seus requerimentos devidamente instruidos. Outrosim, faz saber que a mesma commissão funccionará por trinta dias concecutivos, das 10 horas da manhan ás 4 da tarde, no edificio onde funcciona a camara municipal, á rua 15 de Novembro n. 4. E para que chegue ao conhecimento de todos mandou lavrar este edital que será publicado pela imprensa e affixado na porta do edificio aonde funcciona esta commissão. Eu, Edmundo de Sá, escrivão *ad-hoc* nomeado pela commissão, o escrevi. Sala da commissão de alistamento eleitoral do districto do Norte da Sé, aos 21 de Abril de 1895. — *José Maragliano*, presidente
10—7

O professor Antonio Mariano Galvão de Moura Lacerda, inspector litterario do 30.º districto do Estado de S. Paulo.

Faz saber aos interessados que, desta data á 30 dias, na sala da camara municipal da cidade da Faxina, sede do 30.º districto, terão logar os exames dos candidatos ás cadeiras publicas provisorias seguintes:

1 do sexo feminino na Villa do Rio Verde (1.ª cadeira).
1 do sexo masculino na Villa de Lavrinhas (2.ª cadeira).
1 do sexo masculino da Villa do Itararé (2.ª cadeira)
1 do sexo feminino da Villa do Itararé (2.ª cadeira).
1 do sexo masculino da Villa do Ribeirão Branco (1.ª cadeira).
1 do sexo masculino na Villa do Bom Successo (1.ª cadeira).

PROGRAMMA DO EXAME

Leitura de um trecho classico, principios de calculo comprehendendo fracções em geral, juros e systema metrico decimal, escripta, principios basicos das constituições da Republica e do Estado e geographia geral do Brazil. Documentos exigidos para a inscripção.—Certidão de edade, folha corrida e attestado de vaccina.—As petições serão feitas ao inspector, com especificação da cadeira pretendida e, dirigidas a Agencia do Correio, dessa cidade endereçadas ao mesmo inspector.

Observa que, a falta de qualquer dos documentos exigidos, importa em não ser inscripto o opositor.

Para chegar ao conhecimento do publico, lavrou o presente e mais oito de egual teor para serem affixados nos logares mais publicos das localidades do districto.

Itapira da Faxina, 10 de Abril de 1895.

O inspector litterario do 30.º districto,
Antonio M. G. de Moura Lacerda
10—3

Agua e Exgottos

Achando-se nesta repartição contas expedidas contra Francisco de Assis Borba, Guilhermina Justina de Almeida, João Galli, José de Julio, José Oliva, Luiz Domingos, Mauricio Abrahm, Roci, Bacci, Tarquino Tarant e Vital Alvaro da Silva provenientes de obras feitas nas respectivas casas sem que tenham sido pagas, convido as pessoas acima mencionadas a virem pagal-as amigavelmente no Thesouro do Estado, sob pena de serem obrigadas a fazel-o executivamente. Repartição do Contenciozo, 27 de Abril de 1895.—Official, *Luiz da Fonseca Moraes Galvão Junior*.
3—3 alt.

PUBLICAÇÕES PARTICULARES

Companhia Paulista de Materiaes para Construcção

ASSEMBLÉIA GERAL ORDINARIA

Segunda convocação

Não se tendo reunido numero legal de accionistas para a reunião convocada para hoje, convido novamente os srs. accionistas a reunirem-se no dia 15 do corrente, ao meio dia, á rua 15 de Novembro, n. 35 A, para os fins já expostos na anterior convocação: apresentação do balanço, annexos e parecer do conselho fiscal, relativos ao anno de 1894

S. Paulo, 1 de Maio de 1895.—*Joaquim Franco de Cammargo Junior*, presidente da Companhia.
5—1 alt. ult. a 15.

Companhia Upton Importadora

Não tendo comparecido numero sufficiente dos srs accionistas para se realizar a assembléia geral ordinaria convocada para o dia 29 de Abril proximo passado, de novo convido os srs. accionistas desta companhia a se reunirem no escriptorio da mesma a rua Florencio de Abreu n. 16 na quarta-feira 8 do corrente ás 4 horas da tarde para os mesmos fins da primeira convocação.

S. Paulo, 1 de Maio de 1895 —O director gerente, *F. Upton*.
3—2 alt.

AVISO

Assigna-se o «Diario Official» nesta repartição ao preço de 18\$000 por anno e 9\$000 por semestre para fóra; e de 16\$000 e de 8\$000 para a capital; começando sempre no dia 1.º de cada mez e terminando em fins de Março, Junho, Setembro e Dezembro

Todas as publicações pagas só serão recebidas até ás 3 horas da tarde.

A repartição do «Diario Official» funcciona á rua do Quartel n. 21, para onde devem ser dirigidas a correspondencia e todas as reclamações.

Typ. do «Diario Official»

XAROPE SÃO
E' O MELHOR PAR

63

64

1896

ESTADOS UNIDOS DO BRAZIL

DIARIO OFFICIAL

DO ESTADO DE SÃO PAULO

ANNO 5.º—8.º DA REPUBLICA—N. 1411 SÃO PAULO QUINTA-FEIRA, 9 DE ABRIL DE [illegible]

CONGRESSO DO ESTADO

MENSAGEM PRESIDENCIAL

Enviada pelo Dr. Bernardino de Campos
e lida, pelo 1º secretario, na sessão solemne de installação, a 7 de Abril

Senhores Deputados e Senadores ao Congresso de São Paul[o]

Considerações

AO DAR-VOS conta dos negocios publicos, pela ultima vez, apresentando os relatorios das Secretarias de Estado, e indicando as providencias necessarias ao interesse geral; seja-me permittido lançar um rapido golpe de vista sobre a phase decorrida, desde que, obedecendo ao voto popular, assumi as funcções do Governo, no intuito de facilitar o exame e a apreciação dos factos e do exacto conhecimento do espirito que orientou a administração.

A quadra politica entregue á minha direcção e que já vinha conduzida com firmesa e sabedoria pelo meu patriotico antecessor, o senhor Dr. José Alves de Cerqueira Cezar, resentiu-se das profundas agitações que assignalaram os annos de 1891 e 1892 e que tiveram a sua culminancia na desastrosa revolta de 6 de Setembro.

Em São Paulo, onde o partido republicano, já no regimen imperial, éra uma força reconhecida e acatada, estava a gestão da causa publica confiada aos representantes do ideal democratico, cidadãos, cuja experiencia, capacidade e fidelidade a um programma definido, justo e sensato, tinham sido comprovadas em mais de uma emergencia difficil. Eram elles solidarios pelas idéas e sentimentos com a opinião, cujos suffragios animavam assim a direcção governamental.

Estas responsabilidades que prendiam a situação a todo o passado, cheio de tradições luminosas, cingiam os depositarios do poder aos mais graves e serios compromissos.

Cumpria-lhes converter em realidade fagueira e satisfactoria a doutrina preconisada.

Nada podia servir melhor para convencer os espiritos refractarios, e persuadir e contentar o povo confiante, do que a utilidade demonstrada, a sufficiencia, a efficacia dos processos e dos apparelhos offerecidos e propagados como a exacta relação, ligando as aspirações do bem publico á sua normal execução.

Era preciso que se inaugurasse uma época de paz, de tranquillidade, propria á formação e manutenção da ordem economica e financeira, á segurança do direito, garantindo a estabilidade e a permanencia dos elementos componentes da vida publica.

Bem conscientes desse dever foram os esforços empenhados em dar-lhe fiel cumprimento; faina laboriosa, paciente, buscando na consciencia esclarecida dos actos o estimulo e apoio para debellar a hostilidade e a lucta oppostas pelas ambições irrequietas e fogosas dos pretendentes ao poder e dos adeptos do imperio abolido, que, alheios ao

66

MUNDO E BRASIL

_O governo organiza expedições contra Canudos. As tropas federais são derrotadas pelos rebeldes.

GOVERNO DE SÃO PAULO

_No dia 15 de fevereiro, realizam-se eleições para presidente e vice-presidente do Estado, o que o *Diário Oficial* informa em seu noticiário. Vencem Campos Salles e Peixoto Gomide, respectivamente.

65. NOTICIÁRIO | ELEIÇÕES DE CAMPOS SALLES (RETRATO POR CARLOS DE SERVI) E PEIXOTO GOMIDE

_No dia 9 de abril, o *Diário Oficial* publica a mensagem presidencial ao Congresso do Estado, lida no dia 7 de abril, uma espécie de relatório da gestão de Bernardino de Campos.

66. MENSAGEM PRESIDENCIAL BERNARDINO DE CAMPOS

_Peixoto Gomide, também presidente do Senado, assume o poder em 15 de abril — como informa o *Diário Oficial* — e permanece no cargo até 1º de maio. Campos Salles governa de 1º de maio de 1896 a 31 de outubro de 1897.

67. ASSUMEM O PODER CAMPOS SALLES E PEIXOTO GOMIDE

65

65

o sr. F. Alves; revisores os srs. Oliveira Ribeiro e C. Saraiva.

Deu-se provimento, reformando-se o despacho aggravado; contra o voto do sr. Ferreira Alves.

Não votou por impedido o sr. Ignacio Arruda.

Levantou-se a sessão ás 4 horas da tarde.

NOTICIARIO

Governo do Estado.—Realizam-se hoje as eleições de presidente e vice-presidente do Estado.

A commissão central do partido republicano, de accôrdo com as indicações prévias dos directorios locaes, appresenta ao eleitorado as candidaturas dos illustres cidadãos drs. Manoel Ferraz de Campos Salles, para presidente, e Francisco de Assis Peixoto Gomide, para vice-presidente.

Alfandega de Santos.—Pelo ministerio da fazenda foi approvado o acto da delegacia fiscal deste Estado mandando entregar a diversos

67

16823 Quarta-feira 15

cenarias, 2 armazens, 1 barbearia, 1 sellaria, 2 cortiços, 1 chapelaria, 1 padaria e 1 fabrica,

E' satisfactorio o estado sanitario.

Vaccinou uma pessoa na repartiçoã.

Braz

3ª. secção

O dr. Paulo Lima, inspector sanitario desta secção, visitou hoje 32 casas das ruas Campos Salles, Aristides Lobo e coronel Mursa, encontrando-as em condições regulares.

Nesse numero estão incluidos 4 vendas. 3 hospedarias e 2 sapatarias.

BRAZ

4ª. secção.

O dr. Honorio Libero, inspector sanitario deste secção, visitou hoje 97 casas da Avenida da Intendencia, encontrando-as em condições regulares.

E' bom o estado sanitario.

NOTICIARIO

CONGRESSO DO ESTADO

SENADO

ORDEM DO DIA PARA A PRIMEIRA SESSÃO ORDINARIA

1.ª PARTE

Expediente, apresentação de projectos, indicações e requerimentos.

2.ª PARTE

Discussão unica do parecer n. 107, sobre recurso da Companhia Paulista contra actos de diversas camaras municipaes.

Continuação da 2.ª discussão do projecto sobre crimes de responsabilidade do presidente do Estado.

—

Governo do Estado.—Tendo o sr. dr. Bernardino de Campos concluido o seu periodo presidencial, como substituto legal assume hoje o governo do Estado o sr. dr. Francisco de Assis Peixoto Gomide, presidente do Senado e vice-presidente eleito para o novo periodo que começa a 1.º de Maio.

A solemnidade da posse effectua-se no Paço do Congresso e a ella assistirá o illustre cidadão que nesta data deixa o governo e a quem se preparam brilhantes manifestações de apreço pelos serviços que prestou durante a sua benefica e fecunda administração.

Justiça Federal.—Em observancia do art. 27, § 1.º, da lei n. 221, de 20 de Novembro de 1894, o ministro da Justiça e Negocios Interiores, communicou ao presidente do Supremo Tribunal Federal que se acha vago o logar de juiz seccional do Estado do Amazonas, por ter sido aposentado o bacharel Antonio José Pinto.

Estrada de Ferro Central.—O *Diario Official* da União publicou o decreto que approva o novo regulamento do Estrada de Ferro Central do Brazil.

Por esse regulamento o serviço da estrada será dirigida por um director de livre escolha do Governo Federal, immediatamente subordinado ao ministro da Industria, Viação e Obras Publicas,

1897

ESTADOS UNIDOS DO BRAZIL

DIARIO OFFICIAL

DO ESTADO DE SÃO PAULO

ANNO 7.º—9.º DA REPUBLICA—N. 1853 SÃO PAULO TERÇA FEIRA, 9 DE NOVEMBRO DE 1897

DIARIO OFFICIAL

O *Diario Official* da União, de 6 do corrente, publica o seguinte manifesto do Presidente da Republica e a noticia das lamentaveis occurrencias que se deram no dia 5 deste mez.

Trasladamol-as para estas paginas na ordem em que foram publicadas:

Á NAÇÃO

«Ferido, profundamente, em meus sentimentos de homem e de brazileiro, pelo attentado contra mim premeditado e que victimou um dos mais dedicados servidores da Nação, o bravo marechal Carlos Machado de Bittencourt, devo affirmar, do modo o mais solemne, que esse horroroso crime não terá o effeito de demover-me, uma só linha, do cumprimento da minha missão constitucional.

O precioso sangue de um marechal do Exercito Brazileiro, derramado heroicamente na defesa da pessoa do Chefe do Estado, dá a certeza de que os incumbidos da sustentação da auctoridade publica e das instituições não hesitam no cumprimento do seu dever, ainda mesmo quando levado ao extremo sacrificio.

A nobre indignação popular manifestada naquelle tragico momento, as inequivocas provas de apoio e solidariedade, dadas ao Presidente da Republica, fortalecem-me a convicção de que posso contar com o povo brazileiro para manter inteira a auctoridade, de que estou investido pelo seu voto espontaneo e soberano.

A lei ha de ser respeitada, como o exige a honra da Republica.

Capital Federal, 5 de Novembro de 1897.

PRUDENTE J. DE MORAES BARROS.

Hontem, cerca de 1 hora da tarde, regressando de bordo do vapor *Espirito Santo*, onde fôra visitar as forças expedicionarias que regressavam da Bahia e ao atravessar a alameda principal do Arsenal de Guerra, o sr. Presidente da Republica foi violentamente accommetido por um soldado do exercito, que, tomando o passo a S. Exc., tentou desfechar-lhe em pleno peito e á queima-roupa uma pistola.

A arma negou fogo por duas vezes; e nessa occasião o sr. marechal Carlos Machado de Bittencourt, ministro da guerra, que se achava ao lado do sr. presidente, atirou-se contra o soldado, com quem travou luta corporal, procurando desarmal-o.

Acudiram outras pessoas, entre as quaes o sr. coronel Luiz Mendes de Moraes, chefe da casa militar de s. exc., e alguns dos seus ajudantes de ordens, que todos esforçavam-se por paralysar as repetidas investidas do soldado.

Travou-se então rapido e terrivel conflicto, do qual sahiram feridos o sr. marechal Machado de Bittencourt, em cinco partes do corpo, e o sr. coronel Mendes de Moraes com uma facada no abdomen.

Tão graves foram os ferimentos recebidos pelo sr. Marechal Bittencourt, que S. Ex. expirou momentos depois em uma das salas do pavimento terreo do Arsenal, para onde fôra conduzido.

O sr. coronel Moraes, depois de acompanhar o sr. Presidente até ao portão, onde se achava a carruagem presidencial, foi medicado no Arsenal e logo depois levado em padiola para sua residencia.

Emquanto se desenrolava esta scena lutuosa, o sr. Presidente da Republica era cercado por algumas pessoas da sua comitiva e por grande numero de cidadãos, que o rodearam para evitar que o assassino lograsse seu intento e fizeram com que S. Ex. se desviasse do local e proseguisse, envolto na massa popular e por entre vivas e acclamações, até ao portão, onde embarcou no seu carro e regressou a Palacio sem haver soffrido felizmente o menor desacato physico. Essa circumstancia não permittiu a S. Ex. conhecer o desfecho da luta, do qual só algum tempo depois e já em Palacio teve noticia.

Este ignobil attentado, que não póde deixar de repercutir dolorosamente em todos os corações bem formados, produziu profunda impressão em toda a Republica.

Hontem mesmo ao Sr. Presidente da Republica foram dirigidas quer pessoalmente, quer por meio de cartas e telegrammas do paiz e do estrangeiro, innumeras manifestações de pezar pela morte do inditoso marechal Bittencourt, gloriosamente ferido no seu posto de honra.

S. Ex. recebeu igualmente muitas congratulações por haver escapado illeso de tão reprovavel ataque.

Em homenagem ao illustre militar, que tantos e tão relevantes serviços prestou á Patria e á Republica, o Governo resolveu que os funeraes sejam feitos pelo Estado, devendo ficar hoje fechadas todas as repartições publicas e hasteando-se a meio-páo a bandeira nacional.

Resolveu, outrosim, tomar luto por espaço de oito dias.

Durante o mesmo periodo a secretaria da D ctoria do Serviço Sanitario distribuiu 250 t com polpa vaccinica a diversas auctoridades interior do Estado.

Secretaria da Directoria do Serviço Sanit S. Paulo, 22 de Novembro de 1897.—O secret *João Rodrigues de Souza.*

ACTOS FEDERAES

O Presidente da Republica dos Estados Un do Brazil:

Tendo em consideração as difficuldades de a ordem com que lutaram as forças em opera no interior do Estado da Bahia; e no exercici attribuição conferida pelo art. 48, n. 6, da Cor tuição:

Resolve indultar as praças que, fazendo p dessas forças, tiveram a infelicidade de dese não só as que se acham presas e em process já condemnadas por esse crime, como as qu apresentaram ás auctoridades civis ou militares União, dentro do prazo de sessenta dias, conta da publicação deste decreto em cada um dos tados.

Capital Federal, 19 de Novembro de 1897, da Republica.—PRUDENTE J. DE MORAES BAR —*João Thomaz de Cantuaria.*

NOTICIARIO

Indulto.—Na secção competente está publi do o decreto do poder executivo pelo qual são dultadas as praças que desertaram das forças operações no sertão da Bahia.

Inspector de saúde do porto Santos.—O Ministerio de Justiça e Negocios teriores solicitou do ministerio da Fazenda a ex dição de ordens afim de que se pague na alfand de Santos ao inspector de saúde do porto daqu cidade, dr. Luiz de Faria, a quantia de 1:833$ correspondente ás gratificações dos logares de a dante e auxiliar da respectiva inspectoria, mezes de Janeiro a Outubro ultimos, por ter ex cido cumulativamente aquelles logares, que não achavam providos.

Requerimentos despachados.—P Ministerio da Fazenda foram despachados os guintes requerimentos:

—Orphanato «Christovam Colombo», de São Pau solicitando isenção de direitos de consumo pa uma caixa, vinda da Italia, contendo objectos pa uso do dito estabelecimento.—Indeferido.

—Cincinato Martins Costa, despachante geral alfandega de Santos, requerendo revogação do acto respectiva inspectoria que o suspendeu, por tempo determinado, do exercicio de suas funcções.—D ferido, á vista do parecer da directoria das Re das e da informação do inspector da alfandega Santos.

Papeis a informar.—O Ministerio Guerra remetteu ao inspector da alfandega de

MUNDO E BRASIL

_Presidida por Machado de Assis, a Academia Brasileira de Letras instala-se no Pedagogium, no Rio de Janeiro.

_Tropas do governo ocupam Canudos. Antônio Conselheiro morre em 22 de setembro.

_No dia 5 de novembro, Marcelino Bispo de Carvalho, ex-combatente de Canudos, em atentado contra o presidente da República, no Rio de Janeiro, mata o ministro da Guerra Marechal Carlos Machado de Bittencourt.

_No dia 9 de novembro, o *Diário Oficial* republica matéria sobre o assunto acrescido do manifesto assinado pelo presidente da República Prudente J. de Moraes Barros, veiculado no *Diário Oficial da União*, no dia 6 de novembro.

68. ATENTADO CONTRA O EX-MINISTRO DA GUERRA POR EX-COMBATENTE DE CANUDOS

_O "Ato Federal" publicado no *Diário Oficial* do dia 23 de novembro indulta os praças que desertaram do conflito de Canudos.

69. INDULTO AOS DESERTORES DE CANUDOS

_O Decreto n. 2693, de 27 de novembro, publicado no *Diário Oficial* de 30 de novembro, dá instruções para as eleições para presidente e vice-presidente a serem realizadas em 1º de março de 1898.

70. INSTRUÇÕES PARA ELEIÇÕES PRESIDENCIAIS

GOVERNO DE SÃO PAULO

_Peixoto Gomide assume o poder como presidente do Estado em 31 de outubro de 1897 e seu mandato se estende até 10 de novembro de 1898.

70

Terça-feira 30 — DIARIO OFFICIAL — Novembro 1897 22243

ACTOS FEDERAES

DECRETO N. 2.693—DE 27 DE NOVEMBRO DE 1897

Dá instrucções para a eleição de Presidente e Vice-Presidente da Republica

O Presidente da Republica dos Estados Unidos do Brazil:

Attendendo á necessidade de consolidar e regulamentar as disposições vigentes, relativas a eleição para os cargos de Presidente e Vice-Presidente da Republica:

Resolve que na eleição a realizar-se no dia 1 de Março vindouro, para os cargos de Presidente e Vice-Presidente da Republica, se observem as instrucções que este acompanham, assignadas pelo Ministro de Estado da Justiça e Negocios Interiores.

Capital Federal, 27 de Novembro de 1897, 9.º da Republica.

PRUDENTE J. DE MORAES BARROS.

Amaro Cavalcanti.

Instrucções para a eleição de 1.º de Março proximo vindouro, a que se refere o decreto n. 2.693 desta data

CAPITULO I

DA ELEIÇÃO

Artigo 1.º Na eleição para os cargos de presidente e de vice presidente da Republica, a que se ha de proceder a 1.º de Março proximo vindouro, os eleitores votarão perante as mesas já eleitas, na fórma do art. 40, § 3.º, da lei n. 35 de 26 de Janeiro de 1892, para servir em todas as eleições federaes que se realizarem durante o periodo da actual legislatura.

Paragrapho unico. Para as mesas nas secções que houverem accrescido, em virtude do alistamento de novos eleitores em numero excedente ao maximo determinado na lei, serão nomeados vinte dias antes da eleição, os respectivos mesarios.

(Lei n. 35 de 26 de Janeiro de 1892, art. 40 combinado com o de n. 38).

Artigo 2.º O presidente do governo municipal communicará, até 20 de Fevereiro do anno proximo, nos Estados ao respectivo presidente ou governador, e no Districto Federal ao ministro do Interior, o numero de secções em que nos termos dos arts. 38 e seguintes da lei n. 35, tiver sido dividido o municipio e o Districto Federal, e o numero de eleitores de cada secção, inclusive as accrescidas.

§ 1.º O presidente ou governador do Estado e o ministro do interior, em vista dessas communicações (que requisitarão quando faltarem), organisarão um quadro conforme o modelo annexo, contendo todos os municipios do Estado e todas as freguezias do Districto Federal, e bem assim, guardada a ordem numerica, o numero de secções de cada municipio e freguezia o numero de eleitores de cada secção.

§ 2.º Desse quadro remetterão antes do dia da eleição, uma cópia authentica ao presidente da junta apuradora do Estado ou do Districto Federal, e outra ao vice-presidente do Senado.

(Lei n. 347 de 7 de Dezembro de 1895, art. 1º).

Artigo 3.º Nos municipios em que, por qualquer motivo, não se houver ainda procedido ás diligencias recommendadas pelo art. 33 da lei n. 39, nem á nomeação das mesas, os presidentes das commissões municipaes cumprirão desde já o que se acha disposto na mesma lei, e em tempo opportuno os presidentes dos governos municipaes providenciarão para a organização das ditas mesas.

Paragrapho unico. Si o presidente do governo municipal ou qualquer outro membro ou o secretario deixar de fazer, no prazo legal, a convocação para nomeação das mesas eleitoraes, qualquer immediato em votos poderá fazel-a.

(Decreto n. 1668 de 7 de Fevereiro de 1894, art. 2.º; e Decreto Legislativo n. 181 de 23 de Setembro de 1893, art. 2º).

Artigo 4.º Vinte dias antes da eleição, o presidente da commissão municipal mandará affixar editaes e publical-os pela imprensa, convidando os eleitores a dar o seu voto, declarando o dia, logar e hora da eleição e o numero de nomes que o eleitor deve incluir em suas cedulas, e prevenindo a discriminação dos involucros.

(Lei n. 35, art. 39, § 2º).

Artigo 5.º Quando o presidente da commissão municipal, até cinco dias antes da eleição, não tiver publicado edital com a designação dos edificios em que se devam effectuar os trabalhos eleitoraes, qualquer dos membros eleitos para as mesas eleitoraes poderá fazel-o, devendo tal designação prevalecer em relação a qualquer outra que posteriormente se realise.

(Lei n. 35, art. 39, § 3º).

Artigo 6.º O presidente da commissão municipal fará, em tempo, extrair cópias authenticas do alistamento das secções, segundo a divisão effectuada, para serem remettidas aos presidentes das respectivas mesas.

Paragrapho unico. A remessa dessas cópias será feita pelo correio, sob registro, ou por official de justiça, cumprindo áquelle a quem for entregue accusar o recebimento.

(Lei n. 35, art. 41).

Artigo 7.º Quando até oito dias antes da eleição, o presidente da mesa não tiver recebido a cópia do alistamento referente á sua secção, poderá qualquer dos membros della requisitar do secretario da municipalidade, o qual, sob pena de responsabilidade, satisfará immediatamente a requisição.

(Lei n. 35, art. 42).

CAPITULO II

DO PROCESSO ELEITORAL

Artigo 8.º Os membros das mesas eleitoraes reunir-se-ão no dia da eleição, ás 9 horas da manhan, no logar designado, e elegendo, á pluralidade de votos o seu presidente e o secretario, aquelle designará, de entre os demais membros, os que devam fazer a chamada dos eleitores, receber as listas e examinar os titulos, lavrando o secretario immediatamente acta, em livro proprio, aberto, numerado, rubricado e encerrado pelo presidente do governo municipal.

A eleição começará e terminará no mesmo dia.

(Lei n. 35, art. 43.)

Artigo 9.º Proceder-se-ha á eleição sempre que comparecer, ao menos, um dos membros da mesa, até ás 10 horas do dia marcado para ella.

Nesse caso, o mesario presente convidará dois dos eleitores da secção e com elles elegerá os outros, que funccionarão, até o fim dos trabalhos, sob sua presidencia.

§ 1.º Si comparecerem dois mesarios, cada um convidará um dos eleitores presentes e os quatros elegerão o quinto, que será escolhido á sorte, si houver empate.

§ 2.º Si comparecerem tres mesarios, convidará a mesa dois dos eleitores presentes afim de occupar os logares vagos.

§ 3.º Quando comparecer mais de um dos mesarios e nenhum for o presidente, este será substituido pelo mais velho daquelles.

§ 4.º Cada eleitor votará na secção em que estiver alistado. Si, porém, até ás 10 horas do dia da eleição não comparecer nenhum dos mesarios da secção, os eleitores desta poderão votar em outra qualquer secção, onde seus votos serão tomados em separado e detidos os diplomas até terminar a apuração.

§ 5.º Installada a mesa, terá começo a chamada dos eleitores, pela ordem em que estiverem na respectiva copia do alistamento.

A falta dessa copia de alistamento, porém, não impedirá o recebimento das cedulas dos eleitores que comparecerem e exhibirem os seus titulos devidamente legalisados.

§ 6.º O eleitor não será admittido a votar sem apresentar o seu titulo, não podendo, em caso algum, exhibido este, lhe ser recusado o voto, nem tomado em separado, excepção dos casos previstos no § 4.º deste artigo e no § 5.º do art. 11 destas instrucções.

No dia da eleição, si nenhum dos mesarios houver ainda recebido a copia do alistamento, a eleição se realisará fazendo-se a chamada por qualquer copia, que será posteriormente authenticada, ou mesmo, na falta de copia, se procederá á eleição sem chamada, sendo admittidos a votar todos os eleitores que se apresentarem munidos de seus titulos.

§ 7.º O recinto em que estiver a mesa eleitoral será separado do resto da sala por um gradil, proximo daquella, para que possam os eleitores presentes fiscalisar de fóra do recinto todo o processo eleitoral; dentro do recinto e junto aos mesarios estarão os fiscaes dos candidatos.

§ 8.º Antes da chamada, a urna será aberta e mostrada ao eleitorado, para que verifique estar vasia.

§ 9.º O eleitor, logo que tenha depositado na urna duas cedulas, manuscriptas ou impressas, em involucros distinctos, uma — para Presidente da

1898

MUNDO E BRASIL

_Campos Salles é eleito presidente; Rosa e Silva, vice. A sessão solene de afirmação da posse de Campos Salles, de 15 de novembro, fica documentada no *Diário Oficial* de 19 de novembro.

71. POSSE PRESIDENCIAL DE CAMPOS SALLES

GOVERNO DE SÃO PAULO

_O presidente do Estado Fernando de Albuquerque assume o poder em 10 de novembro de 1898, permanecendo no cargo até 1º de maio de 1900.

IMPRENSA OFICIAL

_Horácio de Carvalho reassume a direção do *Diário Oficial* em 7 de outubro de 1898.

DIÁRIO OFICIAL

_ O *Diário Oficial*, que, desde o primeiro número de 1891 até o último de 1898, vinha sendo numerado de forma corrida, passa a ser numerado a partir do 1º em janeiro, reiniciando-se a numeração a cada ano.

71

ESTADOS UNIDOS DO BRAZIL

DIARIO OFFICIAL

DO ESTADO DE SÃO PAULO

ANNO 8.º – 11 DA REPUBLICA—N. 2137 SÃO PAULO SABBADO, 19 DE NOVEMBRO DE 1898

POSSE PRESIDENCIAL

Sessão solemne do Congresso Nacional de affirmação e posse do presidente e do vice-presidente da Republica dos Estados Unidos do Brazil, eleitos para servirem no periodo presidencial de 1898 a 1902, em 15 de Novembro de 1898.

PRESIDENCIA DO SR. MANOEL DE QUEIROZ

A' 1 hora da tarde, presentes no edificio do Senado Federal os srs. senadores e deputados, o sr. presidente abre a sessão e nomeia as seguintes

DEPUTAÇÕES

Para receber o sr. Presidente eleito da Republica—os srs. deputados Juvencio de Aguiar, Ildefonso Alvim e Heredia de Sá, e os srs. senadores Almeida Barreto, Rosa Junior e Leopoldo de Bulhões.

Para receber o sr. Vice-Presidente eleito da Republica—os srs. deputados Alfredo Ellis, Paula Guimarães e Angelo Netto, e os srs. senadores Paula Souza, Gomes de Castro e Alvaro Machado.

Annunciada a chegada dos cidadãos eleitos Presidente e Vice-Presidente da Republica, o sr. presidente do Congresso convida as respectivas deputações para recebel-os á porta do edificio e introduzil-os no recinto.

Introduzidos no recinto, com as formalidades regimentaes, tomam assento na Mesa, á direita do sr. presidente do Congresso.

Em seguida, annuncia este que os cidadãos eleitos Presidente e Vice-Presidente da Republica vão fazer a affirmação solemne, determinada no art. 44 da Constituição Federal.

Depois de lavrado e lido pelo sr. 1.º secretario, é assignado pelos cidadãos eleitos Presidente e Vice-Presidente da Republica e pelos membros da Mesa o seguinte

Termo de affirmação e posse do Presidente e do Vice Presidente da Republica dos Estados Unidos do Brazil, eleitos para servirem no 3.º periodo constitucional de 1898 a 1902.

Aos 15 dias do mez de Novembro de 1898, 10.º da Republica, reunido o Congresso Nacional, em sessão solemne, no edificio do Senado Federal, sob a presidencia do sr. Manoel de Queiroz Mattoso Ribeiro, comparecem os srs. Manoel Ferraz de Campos Salles e Francisco de Assis Rosa e Silva, eleitos por suffragio directo da Nação e maioria absoluta de votos em 1 de Março do corrente anno, reconhecidos pelo Congresso Nacional e proclamados pelo respectivo presidente, em sessão do dia 28 de Junho, Presidente e Vice-Presidente da Republica dos Estados Unidos do Brazil para servirem no terceiro periodo presidencial e proferem a seguinte

AFFIRMAÇÃO CONSTITUCIONAL

« Prometto manter e cumprir com perfeita lealdade a Constituição Federal, promover o bem geral da Republica, observar as suas leis, sustentar-lhe a união, a integridade e a independencia. »

E para constar se lavrou o presente termo, que vae assignado pelos cidadãos eleitos e empossados pela Mesa do Congresso.

Manoel Ferraz de Campos Salles.
Francisco de Assis Rosa e Silva.
Manoel de Queiroz Mattoso Ribeiro.
Joaquim Sarmento, 2.º secretario do Senado.
Julio de Mello Filho, 1.º secretario da Camara.
Carlos Augusto Valente de Novaes, 2.º secretario.
Generoso Ponce, 3.º secretario, servindo de 2.º do Senado.

Terminada esta leitura, o sr. presidente do Congresso declara que estão empossados o presidente e vice-presidente da Republica, eleitos para servirem no 3º periodo presidencial.

Então convida as respectivas deputações para acompanhal-os e elles retiram-se com as mesmas formalidades com que foram recebidos.

Regressando ao recinto as Deputações, o sr. presidente do Congresso declara encerrada a sessão.

Manifesto inaugural do Exm. sr. dr. Manoel Ferraz de Campos Salles, presidente eleito para o quatriennio de 1898 a 1902.

A' NAÇÃO

Ao assumir o governo da Republica, cheio de confiança nos poderosos elementos de vitalidade nacional e seguro da dedicação patriotica dos meus concidadãos, cumpre-me expor á Nação, com sinceridade e clareza, todo o meu pensamento na direcção dos seus altos destinos.

Em presença das urnas, quando o eleitorado brazileiro precisava conhecer para escolher, fallei a linguagem franca e leal, que me dictava a consciencia e me aconselhava o patriotismo. Investido do poder, venho trazer ao paiz, sob o imperio dos mesmos sentimentos, ratificação solemne de todos os meus compromissos.

Elevado a este posto de honrosa confiança e de incommensuravel responsabilidade, apraz-me acreditar que o que pretendeu o voto popular, nos comicios de 1º de Março, foi collocar no governo da Republica o espirito republicano, na sua accentuada significação.

E esse intuito é naturalmente presumivel, dada a indole do nosso regimen, que com a responsabilidade unipessoal, preferiu eliminar a politica de uma collectividade, para concentral-a na pessoa da suprema auctoridade, em quem reside constitucionalmente o criterio que dirige, delibera e applica.

Mas si os meus antecedentes, em que se caracteriza a firmeza republicana, puderam dar semelhante sentido ao suffragio da nação, elles mesmo responderão, como seguro penhor, pela correcção da minha conducta no desempenho do mandato.

Com effeito, tendo tomado a minha parte de responsabilidade, primeiro na preparação do sentimento republicano e depois na organisação do organismo institucional da Republica, não perdi jamais de vista o dever, imposto pela honra politica e estimulado pelo proprio patriotismo, de consagrar, na sua conservação, todas as energias e toda a perseverança de uma crença inabalavel.

Temos, felizmente, chegado ao momento em que a existencia da Republica Brazileira não é, não pode mais ser objecto de apprehensões nem sobresaltos para o espirito nacional. Coube-me a fortuna de vel-a acolhida com as mais penhorantes mostras de affectuosa sympathia por povos e governos extrangeiros, cujos sentimentos, traduzidos por actos reiterados de delicada cortezia, são todos pela prosperidade de nossa patria, com a qual elles se acham estreitamente relacionados por laços de ordem moral e economica, que se formaram na reciprocidade de consideraveis e legitimos interesses. Firmou-se, portanto, dentro e fóra do paiz, a crença indestructivel de haver a Republica aqui fundado o seu «domicilio perpetuo.»

E' minha convicção, por vezes revelada, que as violentas commoções por que tem passado o paiz e que teem sido, para todos os povos, o invariavel legado das grandes transformações politicas ou sociaes, teem todavia deixado atravéz dos seus effeitos perniciosos a prova irrecusavel de que a forma republicana, tal como a concebeu a constituição de 24 de Fevereiro, é positivamente a que tem de reger para sempre os destinos da nação brazileira, pois que é no seu admiravel organismo que reside a mais solida garantia de perpetuo accordo entre a unidade nacional e a vitalidade das forças locaes.

Não ha, pois, desse lado, perigos a debellar. As forças sociaes—as unicas que asseguram as victorias fecundas e garantem e perpetuidade das conquistas moraes—estão definitivamente arregimentadas ao lado da Republica. A revolução a proclamou, a perseverança republicana a consolidou e agora responde por ella a vigilante solicitude do sentimento nacional.

Temos, emfim, chegado ao momento em que as estreitezas do exclusivismo, que a situação geral do paiz não comporta, devem ceder o logar aos largos horizontes de uma politica nacional, de to-

1899

IMPRENSA OFICIAL

_Em agosto, a Imprensa Oficial adquire, da Casa Laemmert & Cia., do Rio de Janeiro, a máquina de pautar.

72. A MÁQUINA DE PAUTAR WIIL N. 2 TODA EM MADEIRA, QUE FUNCIONOU ATÉ A DÉCADA DE 1950

72

1900

MUNDO E BRASIL

_Inauguração da primeira linha de bondes elétricos da cidade de São Paulo.

GOVERNO DE SÃO PAULO

_O presidente do Estado Rodrigues Alves assume o poder em 1º de maio de 1900 e permanece no cargo até 13 de fevereiro de 1902.

IMPRENSA OFICIAL

_A Lei n.758, de 17 de novembro, publicada em 22 de novembro, fixa a despesa e orça a receita para o ano financeiro de 1º de janeiro a 31 de dezembro de 1901.

73. DESPESA E RECEITA ORÇAMENTÁRIA PARA 1901

1901

MUNDO E BRASIL

_Inauguração da Estação da Luz, em São Paulo.
_Criado em 23 de janeiro o Instituto Butantan, em São Paulo.
_Publicação de *Porque me Ufano do meu País*, de Afonso Celso.
_Inicia-se a publicação da revista *A Lanterna*.

IMPRENSA OFICIAL

_Em junho, o diretor Horácio de Carvalho dá parecer contrário a um pedido da Light & Power para a instalação de um motor elétrico, sustentando que o motor a gás era mais econômico e mais cômodo.

ESTADOS UNIDOS DO BRAZIL

DIARIO OFFICIAL

DO ESTADO DE SÃO PAULO

ANNO 10º—12º DA REPUBLICA—N. 261 | SÃO PAULO | QUINTA-FEIRA, 22 DE NOVEMBRO DE 1900

ACTOS DO PODER LEGISLATIVO

LEI N. 758

DE 17 DE NOVEMBRO DE 1900

Fixa a despeza e orça a receita para o anno financeiro de 1 de Janeiro a 31 de Dezembro de 1901

O Dr. Francisco de Paula Rodrigues Alves, Presidente do Estado de São Paulo.

Faço saber que o Congresso Legislativo decretou e eu promulgo a Lei seguinte:

CAPITULO I

DA DESPESA

Artigo 1.º E' a despesa ordinaria do Estado de São Paulo, para o anno financeiro de 1.º de Janeiro a 31 de Dezembro de 1901, fixada na quantia de . . . . 41.633:463$825

Artigo 2.º Por conta da importancia fixada no artigo 1.º, é o Governo auctorizado a despender com os serviços a cargo da Secretaria de Estado do Interior e Instrucção Publica a quantia de . . . 9.574:516$225

§ 1.º PRESIDENCIA DO ESTADO			
Ao presidente do Estado .		42:000$000	
Ao vice-presidente do Estado		18:000$000	
1 official de gabinete . .	2:400$000		
1 ajudante de ordens. .	2:000$000	4:400$000	
Para despesas com expediente		12:000$000	76:400$000
§ 2.º SENADO			
Subsidio a 20 senadores .	120:000$000		
Ajuda de custo	2:200$000	122:200$000	
Para pagamento do pessoal da secretaria. . . .		44:100$000	
Para publicação dos debates e serviço tachygraphico		42:000$000	
Para despesas com expediente		6:000$000	214:300$000
§ 3.º CAMARA DOS DEPUTADOS			
Subsidio a 40 deputados	235:200$000		
Ajuda de custo	4:400$000	239:600$000	
Para pagamento do pessoal da respectiva secretaria.		61:800$000	
Para publicação dos debates e serviço tachygraphico, reconstituição e impressão dos Annaes da Constituinte de 1891. . .		71:800$000	
Custeio da bibliotheca do Congresso, expediente e mais despesas. . . .		12:000$000	385:200$000
§ 4.º SECRETARIA DE ESTADO			
Para pagamento do respectivo pessoal		216:800$000	
Para despesas com o expediente		12:000$000	228:800$000
§ 5.º BIBLIOTHECA PUBLICA			
Para pagamento do respectivo pessoal		10:200$000	
Aluguel de casa, salario a um servente, expediente, compra de livros e assignaturas de jornaes e revistas.		15:000$000	25:200$000
§ 6.º INSPECÇÃO GERAL DO ENSINO			
Para pagamento do respectivo pessoal. . . .		75:000$000	
Passagens e diarias a inspectores escholares, expediente e mais despesas .		35:000$000	110:000$000
§ 7º ESCHOLAS NORMAL, COMPLEMENTAR, MODELO E JARDIM DA INFANCIA			
Eschola Normal			
Para pagamento do respectivo pessoal . .	182:280$000		
Eschola Complementar			
Para pagamento do respectivo pessoal . . .	43:200$000		
Eschola Modelo			
Para pagamento do respectivo pessoal . . .	58:800$000		
Jardim da Infancia			
Para pagamento do respectivo pessoal . . .	36:360$000	320:640$000	
Diversas despesas			
Expediente e compra de livros para a bibliotheca.		17:000$000	337.640$000
§ 8º ESCHOLA COMPLEMENTAR MODELO DE ITAPETININGA			
Para pagamento do respectivo pessoal		110:400$000	
Despesas com o expediente		2:400$000	112:800$000
§ 9º ESCHOLA COMPLEMENTAR DE PIRACICABA			
Para pagamento do respectivo pessoal . . .		54:000$000	
Despesas com o expediente		4:000$000	58.000$000
§ 10. ESCHOLAS MODELO			
Segunda Eschola Modelo			
Para pagamento do respectivo pessoal	69:600$000		
Aluguel de casa. . . .	16:000$000		
Despesas com o expediente	4:000$000	89:600$000	
Eschola Modelo Prudente de Moraes e Complementar annexa			

Para pagamento do pes-

1902

MUNDO E BRASIL

_Rodrigues Alves é eleito presidente da República; Silviano Brandão, vice. O "Manifesto Inaugural" de Rodrigues Alves é publicado no *Diário Oficial* de 18 de novembro.

74. MANIFESTO INAUGURAL | RODRIGUES ALVES

_Publicação de *Os Sertões*, de Euclides da Cunha.

75. 1ª EDIÇÃO DE *OS SERTÕES*, CAPA, FOLHA DE ROSTO

GOVERNO DE SÃO PAULO

_Domingos Correia de Morais é o presidente do Estado de 13 de fevereiro a 3 de julho.
_Bernardino de Campos vence as eleições para presidente do Estado realizadas em 21 de maio.
_O *Diário Oficial* de 3 de julho publica o Edital das eleições. Campos assume o poder de 3 de julho de 1902 a 1º de maio de 1904.

76. EDITAL DE APURAÇÃO DAS ELEIÇÕES | VENCE BERNARDINO DE CAMPOS

IMPRENSA OFICIAL

_É adquirida a máquina de costurar para encadernação.
_Desde seus primórdios, a repartição tipográfica do *Diário Oficial* publicava obras científicas de interesse geral ou especializado.

77. CURSO DE ZOOTECHNIA GERAL E ESPECIAL

77

74

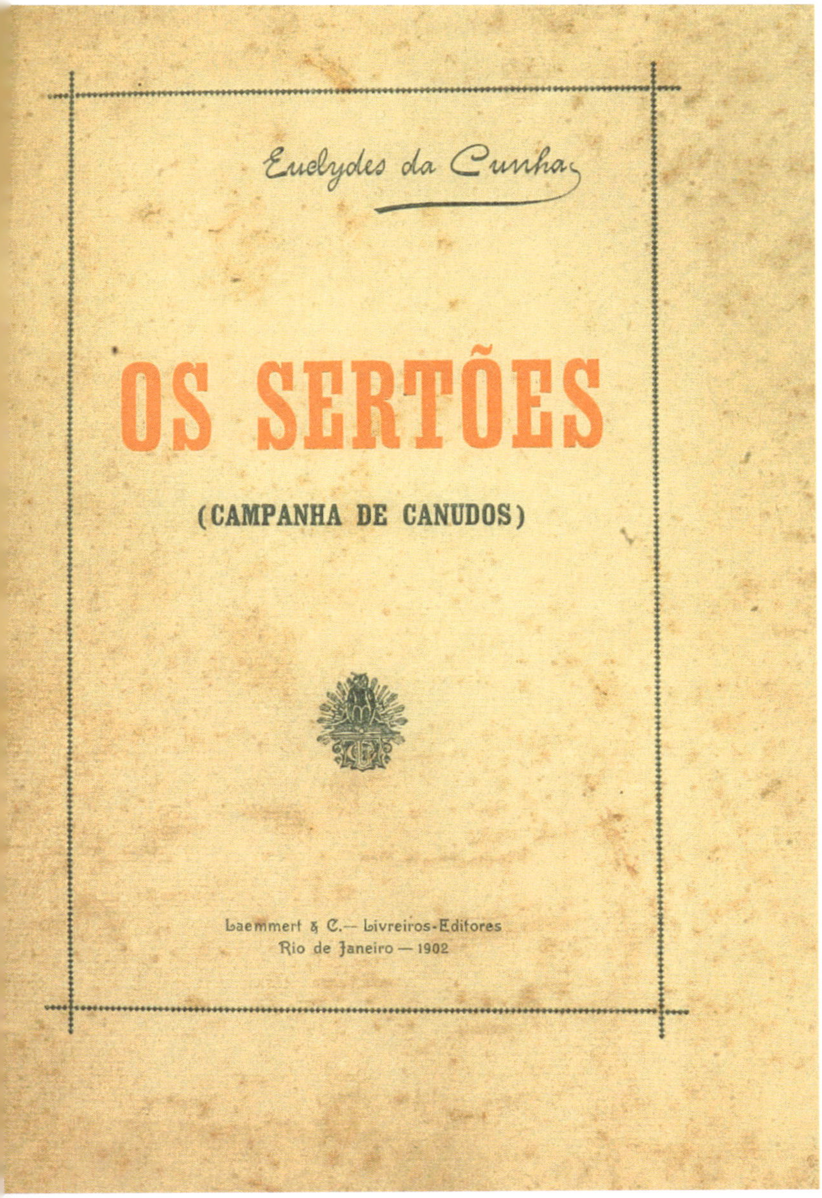

75

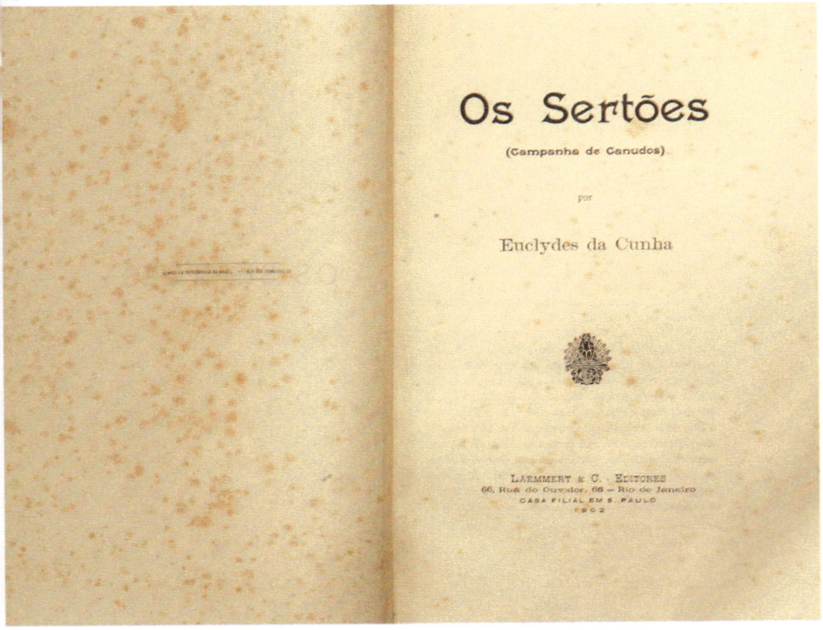

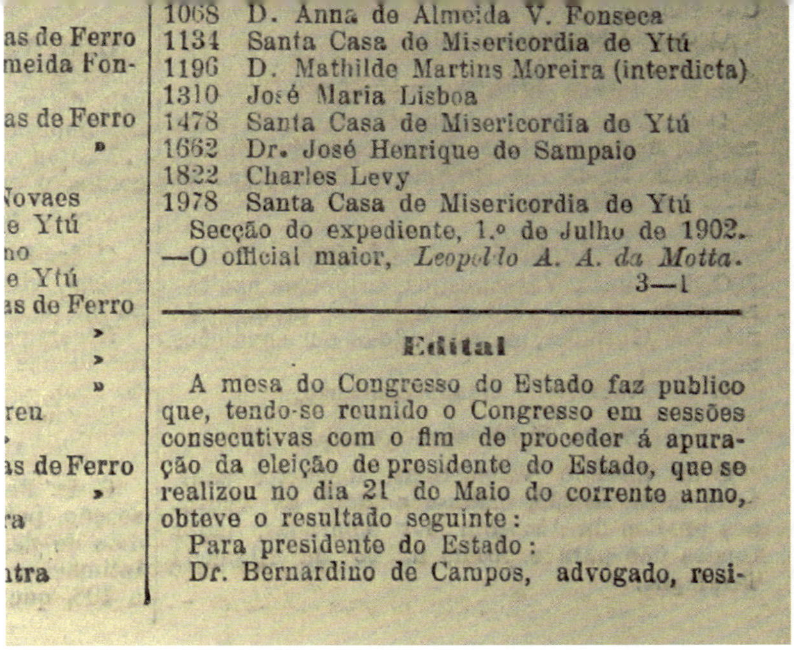

1068 D. Anna de Almeida V. Fonseca
1134 Santa Casa de Misericordia de Ytú
1196 D. Mathilde Martins Moreira (interdicta)
1310 José Maria Lisboa
1478 Santa Casa de Misericordia de Ytú
1662 Dr. José Henrique de Sampaio
1822 Charles Levy
1978 Santa Casa de Misericordia de Ytú

Secção do expediente, 1.º de Julho de 1902. —O official maior, *Leopoldo A. A. da Motta.* 3—1

Edital

A mesa do Congresso do Estado faz publico que, tendo-se reunido o Congresso em sessões consecutivas com o fim de proceder á apuração da eleição de presidente do Estado, que se realizou no dia 21 de Maio do corrente anno, obteve o resultado seguinte:

Para presidente do Estado:

Dr. Bernardino de Campos, advogado, resi-

76

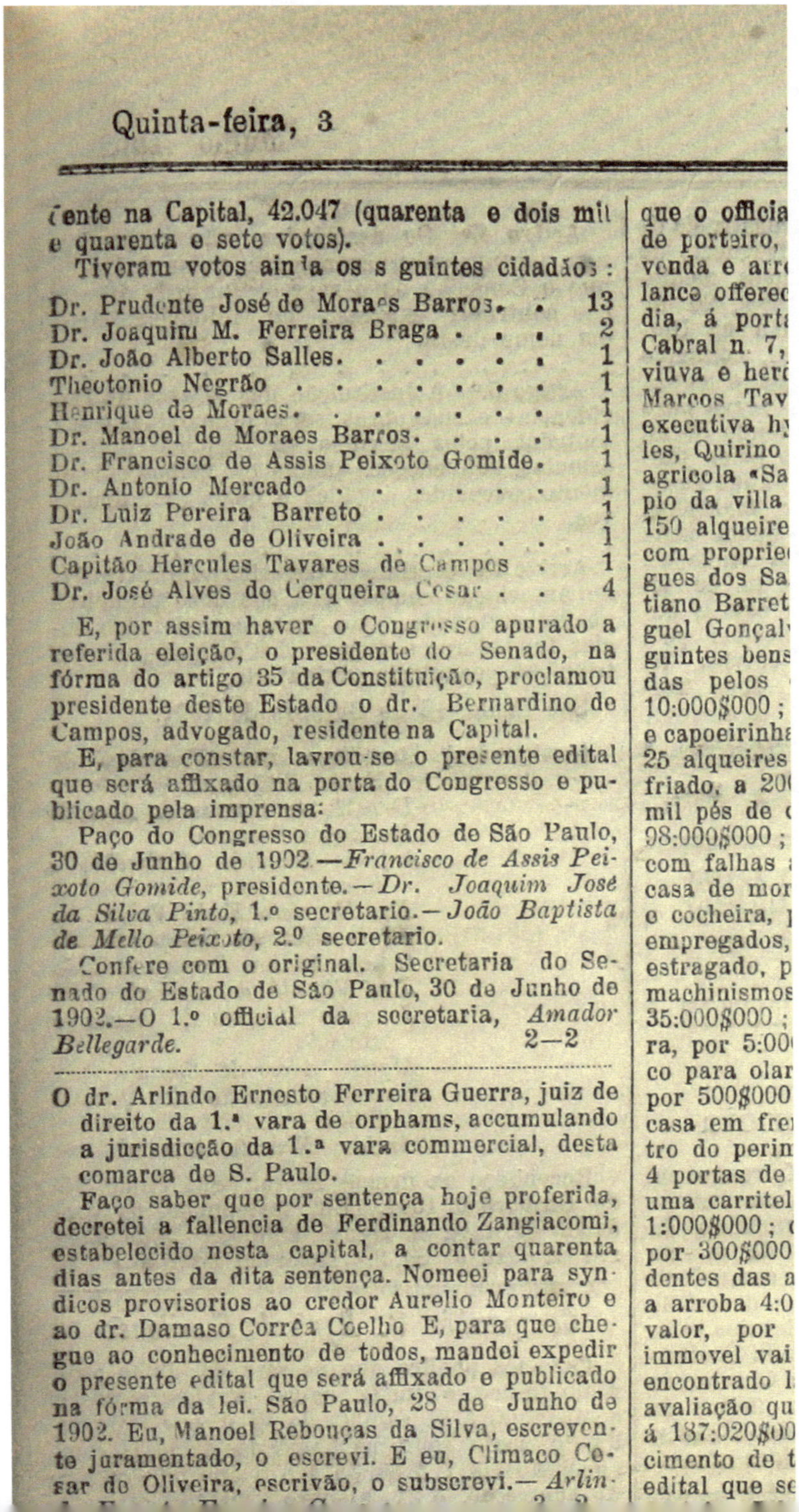

Quinta-feira, 3

dente na Capital, 42.047 (quarenta e dois mil e quarenta e sete votos).

Tiveram votos ainda os seguintes cidadãos:

Dr. Prudente José de Moraes Barros	13
Dr. Joaquim M. Ferreira Braga	2
Dr. João Alberto Salles	1
Theotonio Negrão	1
Henrique de Moraes	1
Dr. Manoel de Moraes Barros	1
Dr. Francisco de Assis Peixoto Gomide	1
Dr. Antonio Mercado	1
Dr. Luiz Pereira Barreto	1
João Andrade de Oliveira	1
Capitão Hercules Tavares de Campos	1
Dr. José Alves de Cerqueira Cesar	4

E, por assim haver o Congresso apurado a referida eleição, o presidente do Senado, na fórma do artigo 35 da Constituição, proclamou presidente deste Estado o dr. Bernardino de Campos, advogado, residente na Capital.

E, para constar, lavrou-se o presente edital que será affixado na porta do Congresso e publicado pela imprensa:

Paço do Congresso do Estado de São Paulo, 30 de Junho de 1902 —*Francisco de Assis Peixoto Gomide,* presidente.—*Dr. Joaquim José da Silva Pinto,* 1.º secretario.—*João Baptista de Mello Peixoto,* 2.º secretario.

Confere com o original. Secretaria do Senado do Estado de São Paulo, 30 de Junho de 1902.—O 1.º official da secretaria, *Amador Bellegarde.* 2—2

O dr. Arlindo Ernesto Ferreira Guerra, juiz de direito da 1.ª vara de orphams, accumulando a jurisdicção da 1.ª vara commercial, desta comarca de S. Paulo.

Faço saber que por sentença hoje proferida, decretei a fallencia de Ferdinando Zangiacomi, estabelecido nesta capital, a contar quarenta dias antes da dita sentença. Nomeei para syndicos provisorios ao credor Aurelio Monteiro e ao dr. Damaso Corrêa Coelho E, para que chegue ao conhecimento de todos, mandei expedir o presente edital que será affixado e publicado na fórma da lei. São Paulo, 28 de Junho de 1902. Eu, Manoel Rebouças da Silva, escrevente juramentado, o escrevi. E eu, Climaco Cesar de Oliveira, escrivão, o subscrevi.—*Arlin-*

1904

MUNDO E BRASIL

_A Light & Power inicia suas atividades no Brasil.
_São realizadas as primeiras experiências com o telégrafo sem fio no país.
_Os operários de São Paulo comemoram, pela primeira vez no Brasil, o 1º de maio.
_Ocorre a Revolta da Vacina.

GOVERNO DE SÃO PAULO

_Jorge Tibiriçá assume a presidência do Estado de 1º de maio de 1904 a 1º de maio de 1908.

1905

MUNDO E BRASIL

_Lançada a revista *Fon-Fon*, no Rio de Janeiro.
_Lançada a revista infantil *O Tico-Tico*, criada por Ângelo Agostini.

78. *O TICO-TICO*

_Lançado em São Paulo, pelos anarquistas, o jornal *A Terra Livre*.

IMPRENSA OFICIAL

_Ainda é usado motor a gás.

ANNO I — RIO DE JANEIRO—QUARTA-FEIRA, 11 DE OUTUBRO DE 1905 — NUM. 1

MANDA QUEM PÓDE

O MALHO:—Mas isso é gréve? E' revolução? que é que vocês querem, afinal de contas, ó pequenas esperanças da Patria?

—Queremos um jornal exclusivamente para nós. Você, seu «Malho», é muito bem feito, é muito divertido, mas... não nos basta!

O MALHO:—Eu acho que vocês todos tem razão. Na verdade chega a ser uma injustiça que no Brasil todas as classes tenham o seu jornal e só vocês o não tenham. Pois bem! Futuros salvadores da Patria e mães de familia futuras, d'aqui em diante, ás quartas-feiras, exigi de vossos paes o «Tico-tico»!

—Bravos! Viva «O Malho» e viva o «Tico-tico»! Viva! Vivôôôô!...

CARLITO E ZIZI:—Papae! Papae! que é o que o sr. traz ahi?
A MULHER E A SOGRA:—Satisfez o desejo das creanças, naturalmente...
O PAE:—Penso que sim; ora tomem lá, seus maganões...
São gostosissimos estes biscoitos!

CARLITO E ZIZI, «furiosos, atirando os embrulhos e esborrachando-os no chão»:
—Não era isto o que estavamos esperando! Era o «Tico-tico»! Então papae não se lembrou de que hoje era quarta-feira!

A MULHER:—Tambem você não trazer uma coisa que as creanças estavam esperando ha tanto! A SOGRA:—Realmente, sr. meu genro!

—E olhem que não tivé remedio senão vir mesmo comprar este tal «Tico-tico»! Para que é que «O Malho» foi inventar mais esta? Só se vêem pequenos por todos os cantos a lerem o «Tico-tico»... Vá, passe-me 3 numeros, a sogra tambem ha de querer, que os velhos viram creanças...

—Mas então os senhores estão nas suas sete quintas! E até a sogra! Eu não dizia! Sabes que mais, minha cara mulher? Nós dois não podemos ficar roubados! Vou comprar mais dois «Tico-ticos», um p'ra mim, outro p'ra você. Vira tudo creança, daqui em diante! Vira tudo creança!

REDACÇÃO E ADMINISTRAÇÃO Rua do Ouvidor, 182 — RIO DE JANEIRO
(Publicação d'O MALHO)

mento com muita pompa indo adeante de todos, os dous irmãos da noiva.

APEZAR DE NÃO TER COMIDO HAVIA TRES DIAS, O REI DEU TRES PULOS

A pedido de Roseta foram perdoados a aia e o capitão do navio e o rei deu muito dinheiro ao pescador.

Viveram então todos na maior felicidade, inclusive o *Lindinho* que foi nomeado guarda-mór da cozinha real.

M. MAITLAND

GAIOLA DO "TICO-TICO"

Parenta proxima da famosa *Caixa do Malho*, servir esta *gaiola* para responder a todas as crianças que nos qui zerem honrar com a sua collaboração artistica ou litterari

E' uma gaiola que falla e canta: não rufa, como Caixa, na pelle dos «camaradinhas». Apenas tem um a çapão onde *cahirá* tudo que não servir...

Que esta secção é uma necessidade, prova-o o facto d já termos as seguintes respostas:

Aristeu Coelho (Rio) — Sim, senhor: póde manda os versinhos. O que será difficil é o amiguinho vel-os pu blicados, visto que se referem á sua namorada... Na su idade, o seu melhor namoro deve ser a sabbatina do col legio e o doce de côco que a vóvó faz, de se lamber beiço.

Nelson Noronha (Rio) — Vê-se que o camaradinh fez um grande esforço para nos contar em verso a histo ria da *Mezada do papai*. Damos-lhe um conselho: conte nos isso em prosa simples, que terá mais graça.

Carlos Andrade Neves (Rio) — Com essa idade já tã triste e tão dramatico? Pelo amor de Deus! Adoce um pouco os seus nervos, ainda que para isso tenha de gasta uns cobres em *tablettes* da Companhia Assucareira.

O Bubú é um menino intelligente e esperto, qu promette... saber ganhar muito bem a vida. Elle teve qu recitar uma fabula deante de sua madrinha, num dia d festa.

Chegando á casa da madrinha, pergunta-lhe:

—Disseram-me que a senhora me daria dez tostões si eu recitasse uma fabula em sua presença?

— Sim, meu travesso.

— Pois si quizer recito-lhe duas por mil e quinhentos

A MULHER ENGANOU O DIADO

— Eu vou sahir. Olha que alli dentro tem o diabo. Não mexas alli!

— Mas terá mesmo o diabo? Qual! Sou como S. Thomé: — Só acredito no que vejo.

Tirada que foi a rolha, sahiu o diabo e disse que ajudaria a dar a *sóva* com que seu marido iria premiar sua curiosidade.

A mulherzinha teve então uma idéa e disse: — Tu não estavas ahi dentro!

— Estava sim, respondeu o diabo.

— Qual! E' mentira! Tu és um grande mentiroso!

— Estava, já disse.

— Só acreditarei si entrares para eu ver.

O diabo então entrou para provar. A mulhersinha arrolhou a garrafa.

Botou-a lá no canto e riu muito de ter enganado o diabo e de se ver livre da surra, que de certo levaria si elle tivesse ficado solto.

A MORTE DO GATO

1) Todos os dias D. Ludovina se queixava de que o gato sujava a casa toda e pedia que puzessem fóra aquelle bicho tão feio... mas *seu* Fortunato, que tem muito bom coração, ficava com pena.

2) Até que um dia, tanto a mulher insistiu que elle resolveu ir jogar o gato ao rio. Amarrou-lhe uma pedra no pescoço e sahiu, mas o bicho não quiz andar nem por nada.

3) *Seu* Fortunato teve que carregal-o ao collo e o gato arranhou-o todo, rasgando-lhe a roupa... Quando chegaram ao rio...

4) *seu* Fortunato estava em misero estado. Atirou o gato e ficou olhando com muito pesar.

5) O bichano quiz nadar mas a pedra puxava-o para o fundo. Quando seu Fortunato viu que elle estava quasi se afogando, só com uma patinha de fóra, não se conteve e atirou-se ao rio para o salvar.

6) Imaginem com que cara ficou D. Ludovina ao ver voltar o marido encharcado d'agua, sem chapéo, todo rasgado, todo arranhado... e com o gato!

1906

MUNDO E BRASIL

_Afonso Pena é eleito presidente, Nilo Peçanha, vice.
_Santos Dumont desenha e constroi o 14-bis, e realiza o primeiro voo público em Paris.
_Realizam-se o Primeiro Congresso Operário Brasileiro e a III Conferência Pan-Americana no Rio de Janeiro.
_Ergue-se o Palácio Monroe, no Rio de Janeiro.
_Aberto o Conservatório Dramático e Musical de São Paulo.

IMPRENSA OFICIAL

_Horácio de Carvalho afasta-se do cargo e retorna seis meses depois.

1907

MUNDO E BRASIL

_Greve geral em São Paulo pela jornada de oito horas.
_Capistrano de Abreu publica *Capítulos de História Colonial*.

IMPRENSA OFICIAL

_O Decreto n. 1505, de 31 de agosto, publicado em 1º de setembro, reorganiza o *Diário Oficial do Estado*. Limita a repartição à publicação do *Diário Oficial*, suprimindo as oficinas de obras e encadernação.

79. DECRETO QUE REORGANIZA E REGULAMENTE O D.O.

79

ESTADOS UNIDOS DO BRAZIL

DIARIO OFFICIAL

DO ESTADO DE SÃO PAULO

ANNO 17.º—19.º DA REPUBLICA—N. 197 SÃO PAULO DOMINGO, 1 DE SETEMBRO DE 1907

ACTOS DO PODER EXECUTIVO

DECRETO N. 1505

DE 31 DE AGOSTO DE 1907

Reorganiza o Diario Official do Estado

O Presidente do Estado de São Paulo, de conformidade com a auctorização constante do artigo 43 da lei n. 1059, de 28 de Dezembro de 1906, usando da attribuição que lhe confere o artigo 36, n. 2.º da Constituição do Estado,

Decreta:

A repartição do *Diario Official* do Estado terá a seu cargo exclusivamente a publicação do jornal *Diario Official*, ficando supprimidas as officinas de obras, de encadernação e outras quaesquer que lhe estejam annexas. Nesta repartição será observado o seguinte

Regulamento do «Diario Official» do Estado

CAPITULO I

DO DIARIO OFFICIAL

Artigo 1.º O jornal *Diario Official* continuará a ser destinado á publicação dos actos officiaes do Governo do Estado de São Paulo.

Nelle serão publicados:

As leis e resoluções do Congresso Legislativo do Estado;

Os decretos, regulamentos, actos e expediente do Presidente do Estado;

Os actos, despachos e expediente dos Secretarios de Estado;

O expediente das Secretarias de Estado e das repartições que lhes são subordinadas;

Os editaes, avisos declarações e annuncios das mesmas Secretarias e repartições;

As leis, decretos e regulamentos do Governo Federal que devam ter execução neste Estado;

Os editaes, avisos e declarações dos juizes e tribunaes do Estado de interesse publico e de natureza *ex officio*;

Os editaes, avisos, declarações, annuncios e publicações de interesse particular, mediante pagamento.

Paragrapho unico. O *Diario Official* tambem poderá inserir:

Resumos dos debates do Congresso Legislativo do Estado;

Chronica do fôro, despachos e sentenças dos juizes e tribunaes;

Noticias sobre o movimento agricola, commercial, industrial, scientifico, artistico e financeiro deste e dos outros Estados da União e paizes extrangeiros;

Extractos de relatorios organizados por motivo de serviço publico.

Artigo 2.º O *Diario Official* será distribuido mediante assignatura annual paga adeantadamente.

Paragrapho unico. Aos funccionarios publicos, pagos pelos cofres do Estado, será facultado o pagamento da assignatura por meio de desconto mensal em seus vencimentos.

Artigo 3.º O *Diario Official* continuará a ser impresso em officina typographica de propriedade do Estado.

Artigo 4.º A repartição do *Diario Official* é directamente subordinada ao Secretario de Estado dos Negocios do Interior.

CAPITULO II

DO PESSOAL, SUAS ATTRIBUIÇÕES, VANTAGENS E DEVERES

Artigo 5.º O pessoal do *Diario Official* será o seguinte e perceberá os vencimentos annuaes abaixo mencionados, que lhe serão pagos mensalmente pelo Thesouro do Estado:

1 director-redactor	7:800$000
1 gerente	6:600$000
1 auxiliar de redação. . . .	3:000$000
1 escripturario-caixa	4:200$000
1 chefe da officina	4:800$000
1 encarregado da remessa . .	2:400$000
1 continuo.	1:800$000

Artigo 6.º Além destes empregados, haverá os revisores, pessoal technico, typographos e serventes que o serviço reclamar, todos assalariados, que não serão considerados empregados publicos.

§ unico. Este pessoal será pago quinzenalmente na repartição pelo director com a importancia que este receber do Thesouro do Estado para esse fim.

Artigo 7.º Os empregados constantes do artigo 5.º serão nomeados por decreto do Presidente do Estado e prestarão compromisso e tomarão posse perante o Secretario do Interior. O pessoal de que trata o artigo 6.º será contractado pelo director da repartição.

Artigo 8.º Ao director-redactor compete:

§ 1.º Superintender todos os serviços da repartição e velar pela regular publicação do *Diario Official*;

§ 2.º Encerrar diariamente o ponto dos empregados da repartição;

§ 3.º Assignar a correspondencia e despachar o expediente da repartição;

§ 4.º Abrir, rubricar e encerrar os livros da escripturação da repartição;

§ 5.º Fiscalizar a escripturação dos livros, afim de que seja feita com clareza e fidelidade;

§ 6.º Contractar e dispensar o pessoal de que trata o artigo 6.º;

§ 7.º Auctorizar as despesas ordinarias, visar as respectivas contas e solicitar do Secretario do Interior o pagamento das mesmas;

§ 8.º Recolher mensalmente ao Thesouro do Estado a renda do *Diario Official*;

§ 9.º Enviar ao Secretario do Interior, até o dia 15 do mez seguinte, o balancete da receita e despesa do *Diario Official* no mez anterior;

§ 10. Justificar, até 15 annualmente, as faltas de comparecimento dos empregados.

§ 11. Mandar organizar, mensalmente, em duplicata, a folha de pagamento dos empregados e assignal-a, enviando um exemplar ao Thesouro do Estado e outro á Secretaria do Interior.

§ 12. Apresentar, annualmente, ao Secretario do Interior, até o dia 31 de Janeiro, relatorio circumstanciado do movimento da repartição durante o anno anterior, acompanhado do balanço geral da receita e despesa.

Artigo 9.º Ao gerente compete:

§ 1.º Rubricar e encaminhar para a officina os autographos e originaes destinados á publicação no *Diario Official*.

2502 Domingo, 1 DIARIO OFFICIAL Setembro 1907

§ 2.º Superintender a venda de exemplares avulsos ou collecções do jornal.

§ 3.º Fiscalizar o serviço de expedição e remessa da folha.

§ 4.º Velar pela guarda das collecções do *Diario Official* e de outros jornaes que devam ser conservados.

§ 5.º Velar pela guarda e conservação dos originaes enviados para publicação.

§ 6.º Providenciar a respeito do supprimento do material e objectos necessarios ao bom funccionamento da officina e repartição, submettendo ao visto e auctorização do director as requisições formuladas para esse fim.

Artigo 10. Ao auxiliar da redacção incumbe executar os trabalhos de redacção de que o director encarregar.

Artigo 11. Ao escripturario-caixa incumbe:

§ 1.º Os serviços relativos á correspondencia official do director;

§ 2.º Os serviços concernentes á escripturação dos livros diario, da receita e despesa e outros da repartição, executando-os com asseio, promptidão e ordem.

§ 3.º Extrahir contas e recibos das publicações pagas e das assignaturas, assim como as guias para o recolhimento da venda do *Diario Official* ao Thesouro do Estado e as de que trata o artigo 25.

§ 4.º Arrecadar a receita do *Diario Official*, prestando contas diariamente ao director;

§ 5.º Organizar as folhas de pagamentos dos empregados da repartição e pessoal assalariado da officina;

§ 6.º Organizar mensalmente o balancete e annualmente o balanço geral da receita e despesa do *Diario Official*, afim de, assignados pelo director, serem enviados ao Secretario do Interior.

Artigo 12. Ao chefe da officina incumbe:

§ 1.º Dirigir o trabalho e manter a bôa ordem do serviço da officina;

§ 2.º Registrar a entrada dos autographos e originaes e distribuil-os para composição;

§ 3.º Tomar o ponto diario das faltas de comparecimento do pessoal da officina.

§ 4.º Entregar diariamente ao director a nota da tiragem do *Diario Official*.

§ 5.º Requisitar do gerente o material necessario á officina.

§ 6.º Propôr ao director o que julgar conveniente no sentido de melhorar o serviço.

Artigo 13. O encarregado da remessa tem a seu cargo o serviço de expedição e remessa do *Diario Official*, de accôrdo com a lista que lhe for fornecida e ordens que receber, para o que deverá comparecer diariamente á repartição.

Artigo 14. São deveres do continuo:

§ 1.º Abrir e fechar a repartição.

§ 2.º Cuidar do asseio e conservação dos moveis e objectos da repartição.

§ 3.º Cumprir o que lhe for determinado por seus superiores.

Artigo 15. Nas suas faltas e impedimentos, o director será substituido pelo gerente e, na falta deste, pelo auxiliar de redacção; o gerente será substituido pelo escripturario-caixa e este, pelo gerente.

Paragrapho unico. O substituto perceberá, além do seu vencimento integral, uma gratificação egual á differença entre este e o do logar substituido; o gerente, quando substituir o escripturario, além do seu vencimento proprio, perceberá mais a gratificação deste cargo.

Artigo 16. E' vedado aos empregados do *Diario Official* a accumulação do outro qualquer emprego ou cargo publico retribuido.

Artigo 17. O não comparecimento á repartição por 30 dias consecutivos, sem licença, importa em abandono e renuncia do logar, que será considerado vago, independente de qualquer formalidade.

Artigo 18. As nomeações caducarão si dentro de 30 dias, contados da data da publicação do acto no *Diario Official*, os [...]meados não entrarem em exercicio dos logares.

Artigo 19. O escripturario-caixa prestará, antes de [...] em exercicio, uma fiança, cuja importancia será arbitrada [...] Secretario do Interior.

Artigo 20. Além do vencimento que lhe compete, o [...]pturario-caixa perceberá 300$000 annuaes, a titulo de q[...] de caixa.

Artigo 21. Aos empregados do *Diario Official* serão [...]plicaveis as disposições do regulamento da Secretaria do In[...] relativas a faltas de comparecimento, descontos, goso de f[...] penas disciplinares, perda do logar, licenças e aposentad[...] assim como as referentes a vantagens, deveres e obrigaçõe[...] respectivo pessoal, no que não estiver expressamente estabel[...] no presente regulamento.

Artigo 22. Todos os empregados do *Diario Official* [...] sujeitos ao ponto diario, excepto o director que, entretanto, d[...] comparecer regularmente á repartição.

CAPITULO III

DISPOSIÇÕES GERAES

Artigo 23. O director do *Diario Official* organizará [...]gimento interno da repartição e o submetterá á approvaçã[...] Secretario do Interior.

Paragrapho unico. O regimento interno, além das me[...] concernentes á boa marcha e regularidade do serviço da r[...]tição, estabelecerá:

a) As horas de entrada e sahida dos empregados e do[...]soal da officina;

b) O preço da assignatura annual e das collecções e [...]meros avulsos do *Diario Official* e o das publicações particul[...]

c) Os casos de distribuição e remessa gratuita do D[...] *Official* e de permuta com outros jornaes;

d) As multas em que possam incorrer revisores e mai[...]soal da officina;

e) O prazo durante o qual devam ser conservados os [...]ginaes publicados no *Diario Official*, findo o qual se proc[...] á sua inceniração, com aviso prévio ás respectivas repartiç[...]

Artigo 24. A escripturação no livro *diario* será feita [...] fórma mercantil, com toda a clareza, de modo a prestar r[...] esclarecimento quando consultada.

Artigo 25. As assignaturas do *Diario Official* serão tom[...] e pagas na propria repartição do *Diario Official*. De cada [...]gnatura tomada por funccionario publico, será enviada uma [...] ao Thesouro do Estado, para o respectivo desconto no pagam[...] mensal dos vencimentos, conforme o paragrapho unico do [...]tigo 2.º.

Artigo 26. O director do *Diario Official* receberá qui[...]nalmente do Thesouro do Estado, em virtude de requisiçã[...] Secretaria do Interior, a importancia necessaria para effectu[...] pagamento do salario do pessoal da officina, da qual pres[...] contas até o meiado da quinzena seguinte á do pagamento.

Artigo 27. Os casos omissos e as duvidas que por ven[...] se suscitarem na intelligencia ou execução deste regulam[...] serão resolvidos de plano, por decisão do Secretario do Inte[...]

Artigo 28. As obras cuja impressão estiver começada [...] encadernações já principiadas serão terminadas com a ma[...] presteza; aquellas que ainda não tiverem sido iniciadas não t[...] andamento, sendo os originaes das obras e os livros e p[...] enviados para encadernar devolvidos ás repartições que [...] remetteram.

Artigo 29. Revogam-se as disposições em contrario.

Palacio do Governo do Estado de São Paulo, 31 de Ag[...] de 1907.

JORGE TIBIRIÇA.
GUSTAVO DE OLIVEIRA GODOY.

1908

MUNDO E BRASIL

_Grande Exposição Nacional comemora o centenário da abertura dos portos brasileiros.
_Chega ao Brasil a primeira leva de imigrantes japoneses.
_Criado o Automóvel Clube de São Paulo.
_Machado de Assis falece em 22 de novembro.
_Inicia-se a publicação da revista de humor *A Careta*.
_Neste ano, são instituídos o Serviço Militar obrigatório e o Dia da Bandeira (19 de novembro).

GOVERNO DE SÃO PAULO

_Albuquerque Lins é o presidente do Estado de 1º de maio de 1908 a 1º de maio de 1912.

1909

MUNDO E BRASIL

_Com a morte de Afonso Pena, no dia 14 de junho, Nilo Peçanha assume a presidência. O falecimento do presidente é noticiado em nota publicada no *Diário Oficial* do dia 17 de junho.

80. MORTE DE AFONSO PENA | ASSUME A PRESIDÊNCIA NILO PEÇANHA

_Fundação do Partido Republicano Conservador.
_Fundação da Academia Paulista de Letras.
_Inaugurado o Teatro Municipal do Rio de Janeiro.
_Euclides da Cunha falece, vítima de um crime passional.

81. ILUSTRAÇÃO PUBLICADA EM "O MALHO", DE 1909, SOBRE A MORTE DE EUCLIDES

80

ESTADOS UNIDOS DO BRAZIL

DIARIO OFFICIAL

DO ESTADO DE SÃO PAULO

Anno 19.º—21.º da Republica—N. 129 SÃO PAULO Quinta-feira, 17 de Junho de 1909

DIARIO OFFICIAL

Por não terem funccionado as officinas do *Diario Official*, não nos foi possivel registrar antes o fallecimento do Snr. Presidente da Republica, Dr. Affonso Augusto Moreira Penna, facto esse occorrido na Capital Federal, ás 2 1/2 horas da tarde do dia 14 do corrente.

Registrámos agora o luctuoso acontecimento, tanto mais para lastimar quando elle veiu ferir de surpresa a alma nacional e extinguir em plena e fecunda operosidade um estadista cuja acção governamental se fazia sentir não só pela prudencia dos seus processos politicos, como tambem pelas reformas e melhoramentos que estava levando a termo com uma perseverança e com um tino que nunca serão por demais encarecidos.

Figura saliente na politica do Paiz desde o passado regimem, o Dr. Affonso Penna trouxe, dos altos cargos que exerceu naquelle tempo, o seu patriotismo nunca desmentido e a sua larga experiencia, que lhe permittiram descortinar nos horisontes mais dilatados do regimem republicano um futuro para onde elle ia conduzindo sua Patria grande prospera e feliz.

E foi na plenitude do seu labor, na serena e desassombrada execução de um programma que se estava assignalando por grandes e incontestados progressos, que a morte veio colhel-o.

Morreu no seu posto. Todos os homens bem intencionados reconhecem agora que elle morreu cumprindo o seu dever e o futuro dirá amanhan si elle foi ou não um grande homem.

Do *Diario Official* da União, extrahimos os seguintes dados biographicos:

«O Dr. Affonso Augusto Moreira Penna nasceu na cidade de Santa Barbara, na então Provincia de Minas Geraes, a 30 de Novembro de 1847. Foram seus paes, o Coronel Domingos José Teixeira Penna e d. Anna Moreira Teixeira Penna.

Em 1859 iniciou seu curso de preparatorios no Collegio Caraça, terminando-o em 1866.

Nessa data matriculou-se na Faculdade de Direito de S. Paulo, bacharelando-se em sciencias juridicas e sociaes em 1870 e doutorando-se em 1871, após brilhante defesa de these, approvada plenamente.

Em 1873 alistou-se nas fileiras do partido liberal, sendo, em 1874, eleito Deputado á Assembléa Provincial de Minas Geraes. Exerceu este mandato até o anno de 1879, data em que foi eleito Deputado geral, filiando-se ao grupo chefiado por Martinho Campos.

Em 1882, no gabinete Martinho Campos, foi o Dr. Affonso Penna convidado para dirigir a Pasta da Guerra, sendo-lhe nesse mesmo anno conferido o titulo de membro do Conselho de Sua Magestade o Imperador.

Em 1883, sendo chefe do Ministerio o conselheiro Lafayette Rodrigues Pereira, foi S. Ex. chamado para occupar a Pasta da Agricultura e Obras Publicas. Em 1885, no gabinete Dantas, occupou S. Ex. o cargo de Ministro da Justiça.

Desde 1874 até 15 de Novembro de 1889, foi S. Ex. ininterruptamente eleito Deputado geral pela sua Provincia.

Fundado o novo regimen, S. Ex. collaborou na organização politica e administrativa do seu Estado, elegendo-se em 1891 membro da Constituinte Mineira.

Em consequencia do golpe de Estado de 1891, e terminados os trabalhos da Constituinte de sua terra, o Dr. Affonso Penna renunciou o seu mandato e recolheu-se á vida particular.

A agitação politica, que se seguiu á renuncia do então presidente estadual, General Cesario Alvim, levou o Congresso Mineiro, em sessão ordinaria da 1.ª legislatura, a reunir-se na Convenção e, a 2 de Fevereiro de 1892, indicar o Dr. Affonso Penna á Presidencia, como o homem capaz de dirimir a crise do momento. A 30 de Maio do mesmo anno, foi S. Ex. unanimemente eleito, assumindo o poder a 14 de Julho. No seu governo S. Ex. tratou de dar cumprimento á lei do Congresso Mineiro que mudou a capital do Estado, iniciando a construcção de Bello Horizonte, hoje a cidade official de Minas. Ainda no seu governo S. Ex. fundou a Faculdade Livre de Direito de Minas, estabelecimento do qual foi eminente director até a sua eleição á Vice-Presidente da Republica. Na sua administração S. Ex. prestou ainda o inolvidavel serviço de fundar a Academia de Commercio de Juiz de Fóra, primeiro estabelecimento deste genero instituido no Brasil.

Em 1895, no governo do Dr. Prudente José de Moraes Barros, foi o Dr. Affonso Penna successivamente nomeado Ministro Plenipotenciario na Republica Oriental e Ministro do Supremo Tribunal Federal. S. Ex., porém, recusou um e outro cargo, a despeito da insistencia com que pretendeu demovel-o desse proposito o Governo de então.

Em Outubro de 1895, o Dr. Prudente de Moraes o nomeou presidente do Banco da Republica.

Em 1896 foi novamente eleito senador estadual, exercendo o mandato até 1901. Nesse mesmo anno foi eleito Vice-Presidente da Republica, na vaga deixada pelo Dr. Silviano Brandão.

Em 1904 foi S. Ex. indicado á Presidencia da Republica e eleito no pleito de 1 de Março de 1905, por uma votação superior a 400.000 votos. A 15 de Novembro de 1906 assumiu a Presidencia da Republica, exercendo sem interrupção o governo até o momento em que foi colhido, hontem, pela morte.

O Dr. Affonso Penna falleceu aos 62 annos de idade. Era casado com a Exma. Sra. D. Maria Guilhermina de Oliveira Penna, sua prima, e irmã do Sr. Senador Feliciano Penna. Deste consorcio nasceram oito filhos, tendo fallecido, ha um anno, o Dr. Alvaro Penna, official de gabinete de S. Ex.»

81

O MALHO

A TRAGEDIA DA ESTRADA DE SANTA CRUZ

A MORTE DO DR. EUCLYDES DA CUNHA

Causou a mais funda e dolorosa impressão o fim tragico do maior escriptor brazileiro da actual geração, o genial pensador, o possante geographo, o deslumbrante estylista e o immaculado republicano, que tanto honrava o nosso paiz e tanto renome lhe dava no estrangeiro.

DR. EUCLYDES DA CUNHA, O ASSASSINADO
Ultimo retrato do inditoso escriptor tirado dias antes da tragedia e offerecido a varios amigos.

Fazendo nossas as palavras com que a *A Tribuna* noticiou o terrivel desenlace de uma existencia tão preciosa, transcrevemol-as do brilhante vespertino de 16 do corrente:

EUCLYDES DA CUNHA

Uma rajada de tragedia cortou bruscamente, hontem, o fio de uma vida em pleno esplendor de pujança e de gloriosa actividade intellectual.

Temperamento violento e explosivo, como bem o attestam os seus periodos, cheios de nervos, daquella formidavel affirmação de escriptor que foram *Os Sertões*, Euclydes da Cunha, ferido pela mais cruel das suspeitas, que lhe attingia o mais delicado melindre de homem, foi, com o impeto e a coragem que têm os desforços de honra, em busca d'aquelle a quem fazia responsavel pela traição para matal-o.

E foi elle o assassinado. Deus sabe em que circumstancias, porque d'essa tragedia só se sabe o que contam o suspeitado e um seu irmão, unidos que foram ambos no momento da aggressão para a defesa commum.

Faltam pormenores e detalhes da tragedia, obumbrando-se as suas causas verdadeiras dentro do discreto recato que costuma encobrir esses tremendos casos domesticos

O proprio respeito que nos deve inspirar o morto de hontem impede-nos de esmeuçar essas causas.

Cabe-nos apenas lamentar o desapparecimento brusco e brutal do homem eminente, de poderosa cerebração, que, de golpe, num assomo victorioso e vencedor, conquistou rapidamente uma das mais notorias celebridades litterarias.

Euclydes da Cunha era natural de Cantagallo, Estado do Rio de Janeiro, onde nasceu em 1866.

Ao lado do talento que revelou desde os primeiros tempos da mocidade, na antiga Escola Militar, Euclydes da Cunha desde então mostrava a impetuosidade de temperamento e a inteireza moral que o caracterisavam, reveladas em assomos explosivos de dignidade, principalmente em duas situações salientes de sua vida: quando, alumno da antiga Escola Militar, atirou a espada aos pés do ministro Thomaz Coelho, repugnando á sua sinceridade de republicano continuar a jurar fidelidade ao regimen monarchico, e quando lavrou o mais audacioso dos protestos, pelas circumstancias da occasião em uma carta que escreveu pelas columnas da *Gazeta de Noticias*, a proposito de se fallar em suffocar com cal os presos politicos na Detenção.

Tanto mais valor teve esse ousado protesto quanto Euclydes da Cunha militara como um bravo nas fileiras dos legalistas contra os revoltosos de 1893.

Tendo completado o curso de engenheiro militar, depois de matriculado de novo, em 1889, na Escola Militar, de onde se fizera excluir sob o seu nobre gesto, pouco tempo se conservou no exercito, demittindo-se de 1º tenente.

Por occasião da campanha de Canudos seguiu, na qualidade de jornalista, a acção e de lá trouxe de um livro maravilhoso, d'esse *Os Sertões*, o inicio de uma brilhante carreira litteraria e a affirmação definitiva e concludente do seu grande valor intellectual.

Este livro intenso conquistou logo o meio e o publico, renovando o raro phenomeno de ir além da 1ª edição.

D'ahi por deante os seus triumphos foram successivos, fazendo-se incluir membro do Instituto Historico e eleger-se para a Academia de Lettras.

Foi desde logo chamado para auxiliar technico do barão do Rio Branco no estudo de questões de fronteiras, prodigalisando-se numa grande copia de trabalhos de livro e artigos para jornaes.

A RECONSTITUIÇÃO DA SCENA TRAGICA:
O Dr. Euclydes da Cunha entrando violentamente no quarto onde se achava Dillermando de Assis trava com este um verdadeiro duello de morte.

1910

MUNDO E BRASIL

_Hermes da Fonseca é eleito presidente; Venceslau Brás, vice.
_Revolta da Chibata.
_Cândido Rondon cria o Serviço de Proteção aos Índios.

IMPRENSA OFICIAL

_O Decreto n.1922, de 04 de agosto, publicado em 06 de agosto, reorganiza e dá regulamento à repartição do *Diário Oficial*, autorizando-a a confeccionar trabalhos concernentes à arte tipográfica, encadernação e pautação, e restabelece a oficina de obras. Revoga o Decreto n.1505. O decreto de 04 de agosto nomeia Horácio de Carvalho para o cargo de diretor-redator.

82. DECRETO REORGANIZA E REGULAMENTA *DIÁRIO OFICIAL*

_Entre 1910 e 1913, são adquiridas máquinas para a gráfica.

2434 Sabbado, 6 DIARIO OFFICIAL

auctorisação que lhe é concedida pelo artigo 3.° da lei n. 1197 de 29 de Dzeembro de 1909,

Decreta:

Artigo unico. Fica aberto no Thesouro do Estado, á Secretaria d'Estado dos Negocios do Interior, um credito supplementar de tresentos contos de réis (300:000$000) para occorrer as despesas de que trata o § 19 do artigo 2.° da lei do orçamento vigente, com o sustento e vestuarios a doentes recolhidos ao Hospicio de Alienados.

Palacio do Governo de São Paulo, 4 de Agosto de 1910.

FERNANDO PRESTES DE ALBUQUERQUE.
CARLOS GUIMARÃES.

Interior

Por decreto de 4 do corrente foram nomeados para o *Diario Official* os seguintes senhores: Horacio de Carvalho, para o cargo de director-redactor; Miguel Cardoso Junior, para o de gerente; bacharel Pedro C. Canto e Mello, para o de auxiliar da redacção; Elviro da Cunha Leal, para o de chefe das officinas typographicas do jornal e obras; Julio Moreira, para o de chefe das officinas de encardenação, pautação e douração; Bento Lucas Cardoso, para o de contador; Francisco Luiz dos Santos Silva e Arlindo Justo da Silva, para os de escripturarios.

Por decreto de 4 do corrente foram nomeados os professores:

Messias da Fonseca, director interino do grupo escholar de Cajurú para o de director effectivo do mesmo estabelecimento.

D. Lucinda Ramos Pinto, substituta effectiva do grupo escholar de Cravinhos para o cargo de adjuncta do mesmo estabelecimento.

D. Carlina Caçapava, com exercicio na 1.ª eschola de Igarassú para o cargo de adjuncta do grupo escholar de S. Manoel

D. Julieta Ghirlanda, substituta effectiva da «Eschola Barnabé», de Santos, para o cargo de adjuncta do mesmo estabelecimento.

Por decreto da mesma data foram dispensados:

Alcino Cotti, do logar de adjuncto do grupo escholar de Avaré.

D. Maria Ramos, a pedido, do logar de adjuncta do grupo escholar de Guaratinguetá.

Por decreto de 4 do corrente foram removidos, a pedido, os seguintes professores:

Benedicto Vieira da Motta, da 3.ª eschola de Pitangueiras, para a da freguezia do O', desta Capital;

D. Sylvana Monteiro de Oliveira, da 1.ª eschola da Estação de «Salles Oliveira», em Orlandia, para a mixta do bairro do Rio Claro, em Caçapava;

D. Firmina Excelsa Medici, da do bairro de Piratininga, em Baurú, para a 1.ª de Patrocinio de Sapucahy;

D. Carolina de Arruda Campos, da 1.ª escola do bairro da Dobrada, em Mattão, para a 2.ª eschola reunida da mesma cidade.

Por decreto da mesma data foi nomeada d. Maria Cardoso do Amaral, complementarista, para reger a eschola mixta do bairro do Tatú, em Limeira.

Foram designadas a 2.ª eschola de Caconde e a mixta do bairro dos Monteiros, em S. Bento do Sapucahy, para nellas terem exercicio, respectivamente, Alcino Cotti e d. Maria Ramos, dispensados dos grupos escholares de Avaré e Limeira.

Foi revalidado o decreto de 7 de Junho ultimo, que nomeou d. Maria Stella Damy, para reger a eschola mixta da Estação de Santa Ernestina, em Mattão.

Foram exoneradas, a pedido, d. Hellena Josephina Belluomini, do cargo de professora da eschola mixta do bairro do Pinhal, em Itapetininga e d. Aurora de Mello Franco, da eschola do bairro da Chapadinha, em Itapetininga.

Resolve suspender o funccionamento da 1.ª eschola da villa de Apiahy, regida pelo professor Francisco Ferreira Delgado, de accôrdo com o artigo 94 do reg. de 11 de Janeiro de 1898.

Concede mais a quarta parte do ordenado, por ter completado trinta annos de effectivo exercicio, ao professor da eschola da Estação de Barnery, em Parnahyba, João da Matta e Luz.

Por dec
cisco Amanc
paz do distri
Por dec
apresentadas
Antonio
cio de 6.° es
da Capital;
João Le
de paz e offi

Por dec
nomeadas as

1.° suppl
Worms Junio
Subdeleg
3.° supp

1.° supp
rindo de Az
Subdeleg
3.° supp

Subdeleg

Subdeleg

Subdeleg
2.° suppl

2.° suppl

2.° suppl

2.° suppl
licissimo.

2.° subde
Meyer.

g) extrahir contas e verbas das publicações pagas e das assignaturas, assim como as guias para recolhimento ao Thesouro da renda do *Diario Official*;

h) fazer preço de publicações particulares, de accô do com a respectiva tabella, e dar o competente recibo;

i) executar todas as ordens e determinações do director, relativas a escripturação e mais serviços a seu cargo.

Artigo 13. Aos escripturarios compete executar os serviços que lhes forem determinados pelo contador, ou pelo director, excepção feita da escripturação dos livros e do pagamento, serviço que compete exclusivamente ao contador.

DOS CHEFES DAS OFFICINAS

Artigo 14. A cada um dos chefes das officinas compete;

a) dirigir o trabalho e manter a bôa ordem do serviço;

b) tomar nota diaria das faltas de comparecimento do pessoal e apresental-a ao contador;

c) registrar a entrada dos originaes, e distribuil-a para a composição;

d) entregar diariamente ao gerente a nota da tiragem do jornal, avulsos e obras promptas;

e) requisitar do gerente o material necessario ás officinas;

f) registrar o andamento das obras em execução e sua sahida para outra officina;

g) propôr ao director, a exclusão, suspensão ou multa de qualquer operario, fundamentando sua proposta.

DOS ZELADORES

Artigo 15. Aos zeladores compete:

1.° abrir e fechar a repartição;

2.° receber, diariamente, a correspondencia destinada ao *Diario Official*;

3.° zelar pelo asseio e conservação dos moveis;

4.° executar as ordens que forem dadas por seus superiores;

5.° levar ao seu destino a correspondencia official;

6.° conduzir os papeis de umas para outras secções;

7.° cumprir as ordens que, em relação ao serviço, lhes forem dadas.

§ unico. Ao director compete a distribuição do serviço como julgar mais conveniente.

DAS SUBSTITUIÇÕES

Artigo 16. Serão substituidos:

a) o director pelo gerente, e na falta deste, pelo auxiliar de redacção;

b) o gerente pelo auxiliar de redacção e este por aquelle;

c) o contador pelo escripturario que o director designar;

d) os chefes das officinas pelo operario mais antigo;

e) os zeladores por quem o director designar.

§ unico. O substituto perceberá, além dos seus vencimentos, mais a differença dos vencimentos do seu cargo e os do substituido. Quando se tratar de substituição de chefe de officinas, perceberá o substituto, além de sua diaria, mais a gratificação do substituido.

DISPOSIÇÕES GERAES

Artigo 17. Todos os empregados estão sujeitos ao ponto diario, excepto o director.

Artigo 18. O contador, antes de entrar em exercicio, prestará uma fiança que fica arbitrada em 5:000$000.

Artigo 19. O contador terá, a titulo de quebra, a gratificação de 300$000 annualmente.

Artigo 20. As assignaturas do *Diario Official* poderão ser tomadas na propria repartição, no Thesouro, ou em qualquer estação arrecadadora das rendas do Estado.

Artigo 21. O contador receberá quinzenalmente, do Thesouro, em vista da requisição do Secretario do Interior, a importancia necessaria para pagamento do salario do pessoal das officinas, da qual prestará contas até o sexto dia seguinte ao do pagamento.

Artigo 22. O director organisará com a maior brevidade e sujeitará á approvação do secretario do Interior o regulamento interno, no qual, alem das medidas concernentes á bôa marcha e regularidade do serviço da repartição, estabelecerá:

a) as horas de entrada e saida dos empregados e do pessoal das officinas;

b) as multas em que possa incorrer os revisores e mais pessoal das officinas;

c) o prazo durante o qual devam ser conservados os originaes publicados no *Diario Official*, findo o qual se procederá a sua incineração, com aviso prévio ás respectivas repartições.

Artigo 23. O regulamento da Secretaria do Interior, será applicado á repartição do *Diario Official* em tudo que não estiver previsto neste.

Artigo 24. Os casos omissos e as duvidas que por ventura se suscitarem na intelligencia ou execução deste regulamento, serão resolvidos de plano pelo secretario do Interior.

Artigo 25. Os vencimentos dos empregados serão os da taballa annexa.

Artigo 26. O presente regulamento entrará em vigor desde já.

Artigo 27. Revogam-se as disposições em contrario.

Palacio do Governo do Estado de S. Paulo, aos 4 de Agosto de 1910.

FERNANDO PRESTES DE ALBUQUERQUE.
CARLOS GUIMARÃES.

ANNEXO

Tabella dos vencimentos annuaes do pessoal do «Diario Official»

CARGOS	VENCIMENTO DE CADA UM	TOTAL
1 director redactor	9:600$000	9:600$000
1 gerente.	7:800$000	7:800$000
1 auxiliar de redacção . . .	6:000$000	6:000$000
1 contador	4 800$000	4:800$000
2 escripturarios	4:200$000	8:400$000
2 chefes de officinas . . .	4:800$000	9:600$000
2 zeladores	2:400$000	4:800$000

Palacio do Governo do Estado de S. Paulo, aos 4 de Agosto de 1910.

FERNANDO PRESTES DE ALBUQUERQUE.
CARLOS GUIMARÃES.

DECRETO N. 1923

DE 4 DE AGOSTO DE 1910

Abre no Thesouro do Estado á Secretaria do Interior, um credito supplementar da quantia de 300:000$000, para pagamento das despesas que trata o § 19 do art. 2, da Lei do Orçamento vigente.

O presidente do Estado, attendendo ao que lhe representou o dr. secretario d'Estado dos Negocios do Interior, e usando da

1911

MUNDO E BRASIL

_O governo federal intervém nos estados, procurando desalojar do poder as oligarquias locais.
_Inauguração do Teatro Municipal de São Paulo.
_Abertura da I Exposição de Belas-Artes, no dia 24 de dezembro.
_Lima Barreto publica em folhetim *Triste Fim de Policarpo Quaresma*.
_Simões Lopes Neto publica *Contos Gauchescos*.

GOVERNO DE SÃO PAULO

_Criado o Departamento Estadual do Trabalho.
_A Lei n. 1271, de 21 de novembro, publicada no *Diário Oficial* de 24 de novembro, regulamenta a Pinacoteca do Estado, que fica subordinada à Secretaria do Interior e da Justiça.

83. ATO QUE REGULAMENTA A PINACOTECA DO ESTADO

83

ESTADOS UNIDOS DO BRAZIL

DIARIO OFFICIAL

DO ESTADO DE SÃO PAULO

ANNO 21.°—23.° DA REPUBLICA—N. 255 | SAO PAULO | SEXTA-FEIRA, 24 DE NOVEMBRO DE 1911

Actos do Poder Legislativo

LEI N. 1268

DE 16 DE NOVEMBRO DE 1911

Auctoriza o Governo a concorrer com a quantia de 100:000$000 para auxilio as victimas das innundações e temporaes nos Estados do Paraná e de Santa Catharina

O dr. Manoel Joaquim de Albuquerque Lins, Presidente do Estado de São Paulo.

Faço saber que o Congresso Legislativo do Estado decretou e eu promulgo a lei seguinte:

Artigo 1.° Fica o Governo auctorizado a concorrer com a quantia de cem contos de réis (100:000$000) para auxiliar as victimas das innundações e temporaes nos Estados do Paraná e de Santa Catharina.

Artigo 2.° A remessa do auxilio será feita em partes eguaes dos Presidentes daquelles Estados, ficando ao criterio delles a respectiva destribuição.

Artigo 3.° Para esse fim o Governo abrirá o necessario credito, dando execução a presente lei immediatamente depois de publicada.

O Secretario de Estado dos Negocios do Interior assim a faça executar.

Palacio do Governo do Estado de São Paulo, aos 16 de Novembro de 1911.

M. J. ALBUQUERQUE LINS.
CARLOS GUIMARÃES.

Publicada na Secretaria de Estado dos Negocios do Interior, aos 16 de Novembro de 1911.—O director-geral, *Alvaro de Toledo*.

LEI N. 1271

DE 21 DE NOVEMBRO DE 1911

Dispõe sobre a organização da Pinacotheca do Estado

O dr. Manoel Joaquim de Albuquerque Lins, presidente do Estado de São Paulo.

Faço saber que o Congresso Legislativo do Estado decretou e eu promulgo a lei seguinte:

Artigo 1.° A Pinacotheca do Estado é destinada a receber quaesquer obras de arte, de autores nacionaes ou extrangeiros, que serão cuidadosamente conservadas para exposição permanente ao publico.

Artigo 2.° Os orçamentos annuaes do Estado consignarão as necessarias verbas para custeio da Pinacotheca, bem como para acquisição de novos trabalhos, baseada esta exclusivamente no valor artistico dos mesmos.

Paragrapho unico. Os quadros offerecidos á acquisição do Governo deverão ser primeiramente expostos ao publico.

Artigo 3.° As salas da Pinacotheca ficarão sob a responsabilidade immediata de um conservador, com os vencimentos annuaes de tres contos e seiscentos (3:600$000) e a ininterrupta fiscalização de dois guardas, com os vencimentos de dois contos e quatrocentos mil réis annuaes (2:400$000) para cada um.

Artigo 4.° A Pinacotheca será franqueada á visita gratuita diariamente (inclusivé aos domingos e feriados, de 1 ás 5 horas da tarde), das 11 horas da manhan ás 5 horas da tarde, salvo ás terças-feiras, destinadas exclusivamente á lavagem aseptica das salas e ao alimpamento rigoroso dos objectos de arte, e aos sabbados, em que o ingresso custará um mil réis (1$000) para cada visitante.

Artigo 5.° A's segundas-feiras, quartas-feiras e sextas-feiras, das 11 horas da manhan á 1 hora da tarde, fica facultado aos artistas e amadores copiar quaesquer dos quadros da galerias, uma vez que respeitem as observações do pessoal de guarda e se sujeitem ás disposições do regimento interno que o governo expedir.

Paragrapho unico. Os interessados deverão, entretanto, trabalhar de fórma a não prejudicar a vista publica.

Artigo 6.° A's quintas-feiras, tambem das 11 horas da manhan á 1 hora da tarde, e aos domingos, da 1 ás 3 horas, será reservado o ingresso para os estabelecimentos de ensino, publicos e particulares, do Estado, cujos alumnos poderão comparecer incorporados, sendo permittidas explicações em voz alta por parte dos professores que os acompanham.

Artigo 7.° O Governo fornecerá o costume a ser usado quando em serviço, pelo pessoal da Pinacotheca.

Artigo 8.° Esta lei entrará em vigor na data da sua publicação, abrindo se os necessarios creditos para se lhe dar execução.

Artigo 9.° Revogam se as disposições em contrario.

O Secretario de Estado dos Negocios do Interior, assim a faça executar.

Palacio do Governo do Estado de S. Paulo, em 21 de Novembro de 1911.

M. J. ALBUQUERQUE LINS.
CARLOS GUIMARÃES.

Publicada na Secretaria de Estado dos Negocios do Interior, em 21 de Novembro de 1911.—O director-geral, *Alvaro de Toledo*.

LEI N.

Dispõe sobre os officiaes da Força Publica que forem considerados invalidos

O Dr. Manoel Joaquim de Albuquerque Lins, Presidente do Estado de São Paulo,

Faço saber que o Congresso Legislativo do Estado, decretou e eu promulgo a lei seguinte:

Artigo 1.° Os officiaes da Força Publica em actividade antes da lei n. 2 244, de 27 de Dezembro de 1910, que forem considerados invalidos, de conformidade com as disposições do artigo 13 d'aquella lei e não tiverem o tempo exigido para a refórma permanecerão como addidos ao estado maior e nos respectivos postos, até que possam ser reformados.

Artigo 2.° Revogam-se as disposições em contrario.

1912

MUNDO E BRASIL

_O barão do Rio Branco falece, aos 67 anos.
_Guerra do Contestado.
_Construção da Estrada de Ferro Madeira-Mamoré.
_Criação da Faculdade de Medicina, em São Paulo.
_Criação da Sociedade de Cultura Artística, em São Paulo.

GOVERNO DE SÃO PAULO

_Rodrigues Alves assume o cargo de presidente do Estado de 1º de maio de 1912 a 1º de maio de 1916.

84. FRANCISCO DE PAULA RODRIGUES ALVES POR CARLOS DE SERVI

_Pelo Decreto n. 2234, de 22 de abril, publicado no *Diário Oficial* de 23 de abril, o governo do Estado "cria o Pensionato Artístico de São Paulo e dá-lhe regulamento".

85. ATO CRIA E REGULAMENTA O PENSIONATO ARTÍSTICO

84

85

Terça-feira, 23 DIARIO OFFICIAL Abril 1912 *1743*

Artigo 26. Revogam-se as disposições em contrario.
Palacio do Governo do Estado de São Paulo, aos 3 de Abril de 1912.

M. J. ALBUQUERQUE LINS
A. DE PADUA SALLES.

Nota:—Publicado 2.ª vez por ter sahido com incorrecções.

DECRETO N. 2234

DE 22 DE ABRIL DE 1912

Crea o Pensionato Artistico de S. Paulo e dá-lhe regulamento

O Presidente do Estado de S. Paulo, usando da attribuição que lhe confere a Constituição do Estado, artigo 38, § 2.º, resolve crear o Pensionato Artistico do Estado de S. Paulo e dar-lhe o regulamento, que com este baixa, assignado pelo dr. Altino Arantes, Secretario de Estado dos Negocios do Interior.
Palacio do Governo do Estado de S. Paulo, 22 de Abril de 1912.

M. J. ALBUQUERQUE LINS
ALTINO ARANTES.

Regulamento do «Pensionato Artistico do Estado de S. Paulo»

TITULO I

DO PENSIONATO

Artigo 1.º O Estado de São Paulo manterá, em centros artisticos da Europa, na qualidade de seus pensionistas ou subvencionados, moços paulistas dos que maior vocação artistica houverem demonstrado para o estudo da pintura, da escultura, da musica ou do canto.

Artigo 2.º O numero dos pensionistas do Estado será regulado segundo as verbas orçamentarias destinadas ao custeio do «Pensionato Artistico», ficando-lhes em todo o caso assegurado o prazo de que trata o artigo seguinte.

Artigo 3.º As pensões serão concedidas pelo prazo de cinco annos, e serão mantidas, dentro desse prazo, emquanto o pensionista cumprir os seus deveres, revelando aproveitamento real.

Artigo 4.º Dentro do prazo do artigo 3.º ou terminado elle, voltará o pensionista ao Estado, onde fará demonstração publica das suas qualidades e dos seus progressos artisticos, sendo-lhes concedidos, si houver revelado dotes excepcionaes, mais um ou dois annos de pensionato no extrangeiro, com a faculdade de, livremente, percorrer at várias capitaes do mundo, para aperfeiçoamento da sua cultura.

Artigo 5.º Aos actuaes pensionistas do Estado fica assegurada a sua permanencia na Europa até se completar o prazo fixado pelo artigo 3.º, conforme as condições nelle exaradas, e a contar do inicio do respectivo pensionato, ficando-lhes igualmente salvas as regalias do artigo 4.º.

TITULO II

DAS PENSÕES

Artigo 6.º As pensões serão a qualquer tempo concedidas pelo Secretario do Interior, ouvida a «Commissão Fiscal do Pensionato Artistico», de que trata o Titulo VI.

Artigo 7.º A contar da data do presente Regulamento, as pensões concedidas serão de 500 francos mensaes para cada pensionista, pagaveis no logar da residencia e por mez vencido.

Artigo 8.º O pensionista receberá, ao partir, passagem de ida, em 1.ª classe, para a cidade a que se destinar, além de uma joia de quinhentos francos, destinada ás despesas da primeira installação.

Artigo 9.º Terminado o prazo regulamentar, ou interrompido este, seja qual fôr o motivo dessa interrupção, receberá o pensionista passagem de 1.ª classe, para se transportar a São Paulo.

TITULO III

DOS PENSIONISTAS

Artigo 10. O candidato ao Pensionato Artistico deverá provar, perante a Commissão Fiscal:
a) ser paulista;
b) ter completado 12 annos de edade e ter menos de 25;
c) ter decidida vocação para a carreira artistica.

§ 1.º A prova dos dois primeiros requisitos será feita com a exhibição de certidão do Registro Civil, ou documento equivalente.

§ 2.º A prova do terceiro requisito será feita com a apresentação de desenhos, cópias e trabalhos originaes, em se tratando de artes plasticas, e com uma ou mais audições, em se tratando da musica.

Artigo 11. Observado o disposto no artigo antecedente a Commissão Fiscal proporá ao Governo o candidado habilitado, declarando si o foi, ou não, por unanimidade de votos, para que se applique ao caso o dispositivo do artigo 21.

Artigo 12. Iniciado o regimen do Pensionato Artistico, a pensão será ininterruptamente paga, emquanto o contrario não propuzer a commissão-fiscal ao Secretario do Interior, que resolverá em definitiva.

§ unico. Entender-se-á o silencio da commissão como tácita affirmação de que as pensões devem ser mantidas.

Artigo 13. Ao pensionista que não cumprir os seus deveres será, mediante proposta da commissão-fiscal, suspensa a pensão do Estado, continuando suspensa até que apresente as razões justificativas da sua omissão.

§ unico. O Secretario do Interior, conhecendo de defesa do pensionista, resolverá sobre a sua continuação no Pensionato, ou sobre a sua exclusão, caso em que mandará pôr á sua disposição os meios do artigo 9.º

Artigo 14 O pensionista não poderá se retirar por espaço maior de 15 dias do logar que lhe fôr determinado para residencia e estudo, sem auctorização do Secretario do Interior, com audiencia da commissão-fiscal.

Artigo 15. O pensionista de pintura ou esculptura deverá enviar, a começar do segundo anno de pensionato e dentro do respectivo prazo, em periodos successivos:
a) tres academias pintadas e seis desenhos de modelo vivo;
b) seis academias pintadas e tres esboços sobre assumpto historico, biblico ou mythologico;
c) duas cópias de quadros celebres;
d) a execução do esboço escolhido de entre aquelles mencionados na letra *b*;
e) um quadro original para a Pinacotheca do Estado, terminado o seu quinto anno de estudos.

Artigo 16. O pensionista de musica instrumental ou ou de canto deverá:
a) remetter, annualmente, attestados dos seus professores, dizendo sobre frequencia, applicação e approveitamento;
b) encaminhar as declarações que obtiver dos representantes officiaes da União Federal ou do Estado a respeito do seu procedimento na sociedade e na escola;
c) enviar ao Conservatorio de São Paulo, si os tiver, trabalhos de composição, para que examinados e approvados, sejam entregues ao dominio publico;
d) fazer-se ouvir, quando o seu estado de adeantamento o permitta, em concertos publicos, e mandar as apreciações externadas pelos orgams de publicidade do logar.

Artigo 17. Os actuaes pensionistas do Estado darão conta dos seus estudos á Commissão Fiscal, juntando attestados dos seus professores e certificados das referencias e recompensas obtidas em razão dos seus esforços.

§ unico. Deante dos attestados, certificados e quaesquer outras informações que lhe cheguem, a Commissão

1913

MUNDO E BRASIL

_Giulio Michele projeta o Viaduto Santa Ifigênia, em São Paulo.

_Primeira exposição de Lasar Segall no Brasil.

1914

MUNDO E BRASIL

_Início da Primeira Guerra Mundial.

_Wenceslau Brás é eleito presidente, e Urbano dos Santos, vice. A nota sobre a posse, publicada no *Diário Oficial da União*, ganha as páginas do *Diário Oficial* de 18 de novembro.

86. POSSE DO PRESIDENTE WENCESLAU BRÁS

_É lançada a revista *A Cigarra*.

86

DIARIO OFFICIAL — Novembro 1914

O sr. Moretz-Sohn ao sr. Saldanha, a civel 7625 da Capital e ao sr. Urbano as civeis 7356 de Santos, 7299, 7459, 7688 e 7788 da Capital.

O sr. Urbano ao sr. Saldanha, as civeis 7683 de S. Simão, 6206 de S. Manoel, 7430, 587 e 357 da Capital.

O sr. dr. Procurador Geral do Estado deu parecer nas appellações civeis 7640 de Tieté, 7586 da Capital, 7701 de Mocóca, e 7734 de Santos e nos embargos 7480 da Capital.

Julgamentos

— Embargos:

relatados pelo sr. ministro F. Saldanha:

n. 1569. Santos — Embargante, Joaquim Silverio de Sant'Anna Junior; embargados, Anastacio e Irmão, Rejeitaram os embargos;

relatados pelo sr. ministro R. Sette:

n. 7577. Capital — Embargante, Carlos Zuccoli; embargado, Antonio Augusto R. Bahia. Concederam dispensa de revisão para ser julgada na 1.ª conferencia.

— Appellações civeis:

relatada pelo sr. ministro M. Reis:

n. 3902. Atibaia — Appellantes. d. Sabina Gertrudes de Jesus e outro; appellado, Benedicto Miguel Barbosa. — Deram provimento.

relatada pelo sr. ministro F. Whitaker:

n. 7639. Santos — Appellante, Jacob Galdemberg; appellado, A. Konffmam. — Negaram provimento.

relatadas pelo sr. ministro Meirelles Reis:

n. 7678. Capital — Appellante, a Sociedade Cooperativa de Construcções; appellado, Antonio de Siqueira Franco Damasio. — Deram provimento, e julgaram provados os embargos.

Actos Federaes

Do *Diario Official* da União, de 16 do corrente:

Sob a presidencia do sr. vice-presidente do Senado, realizou-se hontem, ás 13 horas, a sessão solenne de affirmação e posse do Presidente e do Vice-Presidente da Republica dos Estados-Unidos do Brazil, eleitos para servirem no periodo presidencial de 1914 a 1918.

Reunidos no recinto do edificio do Senado Federal os srs. senadores e deputados, o sr. presidente do Congresso abriu a sessão solenne e nomeou as seguintes commissões:

Para receber o sr. Presidente eleito da Republica os srs. senadores Francisco Glycerio, Antonio Azeredo e Bueno de Paiva e deputados Eusebio de Andrade, Collares Moreira e Luciano Pereira

Para receber o sr. Vice-Presidente eleito da Republica os srs. senadores Mendes de Almeida, Erico Coelho e Gonçalves Ferreira e deputados Cincinato Braga, Thomaz Delfino e Pereira Nunes.

Com as formalidades regimentaes e acompanhados das respectivas commissões, foram introduzidos no recinto e tomaram assento á mesa os srs. Wenceslau Braz Pereira Gomes, á direita do sr. presidente do Congresso, e Urbano Santos da Costa Araujo á esquerda.

Em seguida, o sr. presidente do Congresso annunciou que os cidadãos eleitos Presidente e Vice-Presidente da Republica iam fazer a affirmação solemne, determinada no art. 44 da Constituição Federal.

Levantando-se todos os presentes, os cidadãos eleitos Presidente e Vice-Presidente da Republica pronunciaram, em voz alta, cada um por sua vez, a affirmação constitucional, depois da qual foi lavrado, lido e assignado pelos eleitos e empossados Presidente e Vice-Presidente da Republica, e pelos membros do Congresso o seguinte termo:

«Ao quinze dias do mez de Novembro de mil novecentos e e quatorze, vigezimo-sexto da Republica, ao Congresso Nacional, em sessão solenne, no edificio do Senado Federal, sob a presidencia do sr. Vice-Presidente do Senado, compareceram os srs. drs. Wenceslau Braz Pereira Gomes e Urbano Santos da Costa Araujo, eleitos por suffragio directo da Nação e maioria absoluta de votos, em primeiro de Março do corrente anno, reconhecidos pelo Congresso Nacional e proclamados pelo respectivo presidente, em sessão de 30 de Junho, Presidente e Vice-Presidente da Republica dos Estados-Unidos do Brazil, para servirem no periodo presidencial, e proferem a seguinte Affirmação Constitucional:

«Prometto manter e cumprir, com perfeita lealdade, a Constituição Federal, promover o bem geral da Republica, observar as suas leis, sustentar-lhe a união, a integridade e a independencia».

Terminada a leitura deste documento, o sr. presidente do Congresso declarou empossados os srs. Presidente e Vice-Presidente eleitos, para servirem no setimo periodo presidencial.

Em seguida, a sr. presidente do Congresso convidou as respectivas commissões a acompanhar os srs. Presidente e Vice-Presidente da Republica, que se retiraram com as mesmas formalidades com que foram recebidos.

As continencias ao sr. Presidente da Republica foram prestadas por uma força mixta da Marinha e Exercito, sob o commando em chefe do sr. general Sousa Aguiar, dando uma bateria do 1.º regimento de artilharia uma salva de 21 tiros por occasião da posse.

De volta ao palacio presidencial s. excia. foi comprimentado pelo corpo diplomatico, missões especiaes das Republicas do Chile, da Argentina e do Uruguay, senadores e deputados, altas patentes do Exercito e da Armada, funccionarios publicos e muitas pessôas gradas.

S. excia. o sr. Presidente acompanhou o sr. marechal Hermes da Fonseca até a estação da Praia Formosa, onde o ex-Presidente da Republica tomou o trem para Petropolis.

—

Foram nomeados:

dr. Carlos Maximiliano Pereira dos Santos, ministro da Justiça e Negocios Interiores;

dr. Lauro Severiano Müller, ministro das relações exteriores;

dr. Sabino Barroso Junior, ministro da Fazenda;

1915

MUNDO E BRASIL

_Aprovado o Código Civil Brasileiro, de autoria de Clóvis Bevilacqua.

IMPRENSA OFICIAL

_A Lei n.1447, de 28 de dezembro de 1914, publicada em 1º de janeiro de 1915, proíbe as publicações particulares gratuitas na repartição do *Diário Oficial*.

87. PUBLICAÇÕES PARTICULARES GRATUITAS PROIBIDAS

_A Imprensa Oficial imprime "Bibliothecosophia", obra dedicada à organização e administração de bibliotecas.

88. BIBLIOTECOSOPHIA

Sexta-feira, 1 — DIARIO OFFICIAL — Janeiro 1915 17

LEI N. 1.446 — DE 28 DE DEZEMBRO DE 1914

Transfere para a povoação de S. Jeronymo a séde do districto de paz de Avanhandava, do municipio e comarca de Rio Preto.

O doutor Carlos Augusto Pereira Guimarães, Vice-Presidente do Estado, em exercicio,

Faço saber que o Congresso Legislativo do Estado decretou, e eu promulgo, a lei seguinte:

Artigo 1.º Fica transferida para a povoação de S. Jeronymo a séde do districto de paz de Avanhandava, no municipio e comarca de Rio Preto.

Artigo 2.º Revogam-se as disposições em contrario.

O Secretario de Estado dos Negocios do Interior assim a faça executar.

Palacio do Governo do Estado de São Paulo, aos vinte e oito de Dezembro de mil novecentos e quatorze.

CARLOS AUGUSTO PEREIRA GUIMARÃES
Altino Arantes.

Publicada na Secretaria de Estado dos Negocios do Interior, em 31 de Dezembro de 1914. — O director-geral interino, *Carlos Reis.*

LEI N. 1.447 — DE 28 DE DEZEMBRO DE 1914

Prohibe as publicações particulares gratuitas no «Diario Official»

O doutor Carlos Augusto Pereira Guimarães, Vice-Presidente do Estado, em exercicio,

Faço saber que o Congresso Legislativo do Estado decretou, e eu promulgo, a lei seguinte:

Artigo 1.º Ficam prohibidas, no *Diario Official*, as publicações ou impressões gratuitas de particulares.

§ unico. Ficam revogadas todas as auctorizações até agora dadas para impressão de obras particulares, não sendo concedidas novas auctorizações sinão em virtude de resolução legislativa.

Artigo 2.º Revogam-se as disposições em contrario.

O Secretario de Estado dos Negocios do Interior assim a faça executar.

Palacio do Governo do Estado de São Paulo, aos vinte e oito de Dezembro de mil novecentos e quatorze.

CARLOS AUGUSTO PEREIRA GUIMARÃES
Altino Arantes

Publicada na Secretaria de Estado dos Negocios do Interior, em 31 de Dezembro de 1914. — O director-geral interino, *Carlos Reis.*

LEI N. 1448 — DE 28 DE DEZEMBRO DE 1914

Modifica as divisas do districto de paz de Cerradão, do municipio e comarca de Rio Preto

O Doutor Carlos Augusto Pereira Guimarães, Vice-Presidente do Estado, em exercicio.

Faço saber que o Congresso Legislativo do Estado decretou e eu promulgo a lei seguinte:

Artigo 1.º As divisas do districto de paz de Cerradão, do municipio e comarca de Rio Prato, passarão a ser as seguintes:

«Principiam na barra do ribeirão da Corredeira, no rio Tieté, sóbem por aquelle ribeirão até a barra do Corrego Fundo e por este até ao espigão divisor das aguas vertentes do ribeirão dos Ferreiras; e seguem por este espigão, á direita — pelas divisas das fazendas Pantaninho, Bôa Vista dos Castillos e Jacaré ou Pintos — até á nova estrada de S. Jeronymo a Rio Preto; seguem por esta estrada até ao espigão divisor das fazendas Jacaré e Campos, e por esta espigão á direita até frontear a cabeceira do corrego da Laudelina, — divisa judicial dos quinhões adjudicados na respectiva divisão a Anna Candida de Jesus e Nicolau Gonzales —; e, finalmente, por este corrego abaixo até ao ribeirão Jacaré e por este até ao ribeirão Fartura, e por este ao rio Tieté, e por este até ao ponto de partida».

Artigo 2.º Revogam-se as disposições em contrario.

O Secretario de Estado dos Negocios do Interior assim a faça executar.

Palacio do Governo do Estado de S. Paulo, aos vinte e oito de Dezembro de mil novecentos e quatorze.

CARLOS AUGUSTO PEREIRA GUIMARÃES.
Altino Arantes.

Publicada na Secretaria de Estado dos Negocios do Interior, em 31 de Dezembro de 1914. — O director-geral-interino, *Carlos Reis.*

LEI N. 1449 — DE 28 DE DEZEMBRO DE 1914

Crêa o districto de paz de «Icem» com séde no povoado de Agua Doce, no municipio e comarca de Barretos.

O Doutor Carlos Augusto Pereira Guimarães, Vice-Presidente do Estado em exercicio.

Faço saber que o Congresso Legislativo do Estado decretou e eu promulgo a lei seguinte:

Artigo 1.º Fica creado o districto de paz de «Icem», com séde na povoação de Agua Doce, e tomará o mesmo nome do districto, no municipio e comarca de Barretos.

Artigo 2.º As divisas do districto de paz de «Icem» são as seguintes:

«Começam no Rio Grande, no logar denominado Pingador, ponto de divisa da Fazenda da Barra Grande com a fazenda Posses do Rio Grande, seguem pelo espigão do Pingador até o espigão da fazenda Sant'Anna, por este espigão até encontrar as divisas da fazenda corrego Rico, continuando por estas até frontearem a cabeceira do mesmo corrego Rico, do espigão divisor das aguas dos rios Turvo e Rio Grande; seguem dahi em rumo ao mesmo rio Turvo, descendo por este até a sua barra no Rio Grande; seguem finalmente por este rio acima até o seu ponto inicial, no Pingador».

Artigo 3.º Revogam-se as disposições em contrario.

O Secretario de Estado dos Negocios do Interior assim a faça executar.

Palacio do Governo do Estado de S. Paulo, aos vinte e oito de Dezembro de mil novecentos e quatorze.

CARLOS AUGUSTO PEREIRA GUIMARÃES.
Altino Arantes.

Publicada na Secretaria de Estado dos Negocios do Interior, em 31 de Dezembro de 1914. — O director-geral interino, *Carlos Reis.*

LEI N. 1.450 — DE 29 DE DEZEMBRO DE 1914

Crêa o districto de paz de "Fernando Prestes" no municipio de Monte Alto, da comarca de Jaboticabal.

O doutor Carlos Augusto Pereira Guimarães, Vice-Presidente do Estado em exercicio.

Faço saber que o Congresso Legislativo do Estado decretou e eu promulgo a lei seguinte:

Artigo 1.º Fica creado no municipio de Monte Alto e comarca de Jaboticabal o districto de paz de «Fernando Prestes», com séde no povoado do mesmo nome.

Artigo 2.º As divisas do novo districto são as seguintes:

Partindo da divisa do municipio de Taquaratinga, do espigão entre as fazendas «Cachoeira» e «Mendes», no ponto fronteiro á cabeceira do corrego dos Mendes em terras que foram da herança de José Francisco de Castilho e hoje de propriedade de José Xavier de Mendonça Filho, seguirão a alcançar a dita cabeceira do corrego dos «Mendes» e por elle descerão até a divisa entre terras que foram da menor Idalina Gonçalves e hoje de propriedade de João Maria e Antonio Bianchi e terras que foram da menor Maria Gonçalves e hoje de propriedade de João Prandi; seguirão á direita entre as ditas propriedades, continuando no mesmo rumo até o espigão das fazendas «Mendes» e «Bôa Vista», e á direita pelo espigão até alcançar a cabeceira do corrego de Antonio Salvador, e por este corrego abaixo até a sua confluencia no corrego da Bôa Vista, na propriedade de Saul

87

88

BIBLIOTHECOSOPHIA

(BIBLIOTHEKS-WISSENSCHAFT)
(Sciencia das bibliothecas)

OU

Ligeiras notas referentes á organisação

e á administração de bibliothecas

1916

MUNDO E BRASIL

_Início da publicação da *Revista do Brasil*.

89. 1ª EDIÇÃO REVISTA DO BRASIL | CAPAS

_Este é o ano de "Pelo telefone", primeiro samba de carnaval, de Donga (Ernesto dos Santos) e Mauro de Almeida.

90. ALMIRANTE EXIBE A PARTITURA DE "PELO TELEFONE", 1º SAMBA DE CARNAVAL, RIO DE JANEIRO, C. 1950, FOTÓGRAFO DESCONHECIDO

GOVERNO DE SÃO PAULO

_Altino Arantes é o presidente do Estado de 1º de maio de 1916 a 1º de maio de 1920.

89

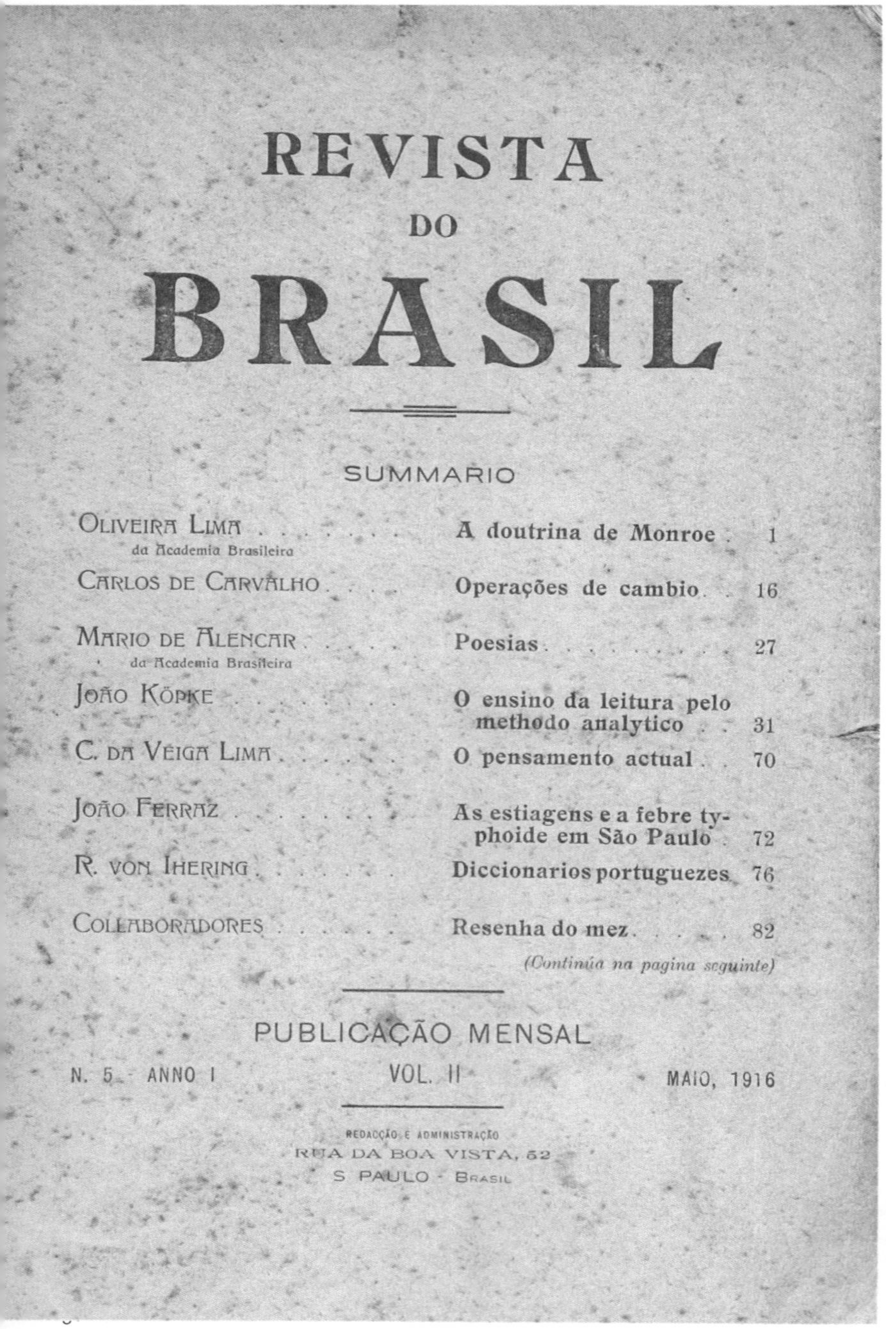

REVISTA
DO
BRASIL

SUMMARIO

(Continúa na pagina seguinte)

PUBLICAÇÃO MENSAL

N. 5 - ANNO I — VOL. II — MAIO, 1916

REDACÇÃO E ADMINISTRAÇÃO
RUA DA BOA VISTA, 52
S. PAULO - BRASIL

A "REVISTA DO BRASIL" só publica trabalhos ineditos

Revista do Brasil

PUBLICAÇÃO MENSAL DE SCIENCIAS, LETRAS, ARTES, HISTORIA E ACTUALIDADES

PROPRIEDADE DE UMA SOCIEDADE ANONYMA

DIRECTORES: L. P. BARRETTO, JULIO MESQUITA, ALFREDO PUJOL

REDACTOR-CHEFE: PLINIO BARRETO

SECRETARIO-GERENTE: PINHEIRO JUNIOR

ASSIGNATURAS:

ANNO	12$000
SEIS MEZES	7$000
ESTRANGEIRO	20$000
NUMERO AVULSO	1$500

REDACÇÃO E ADMINISTRAÇÃO:

RUA DA BOA VISTA, 52 — S. PAULO

CAIXA POSTAL, 1373 - TELEPHONE, 4210

Toda a correspondencia deve ser endereçada ao secretario-gerente.

90

Pelo Telephone

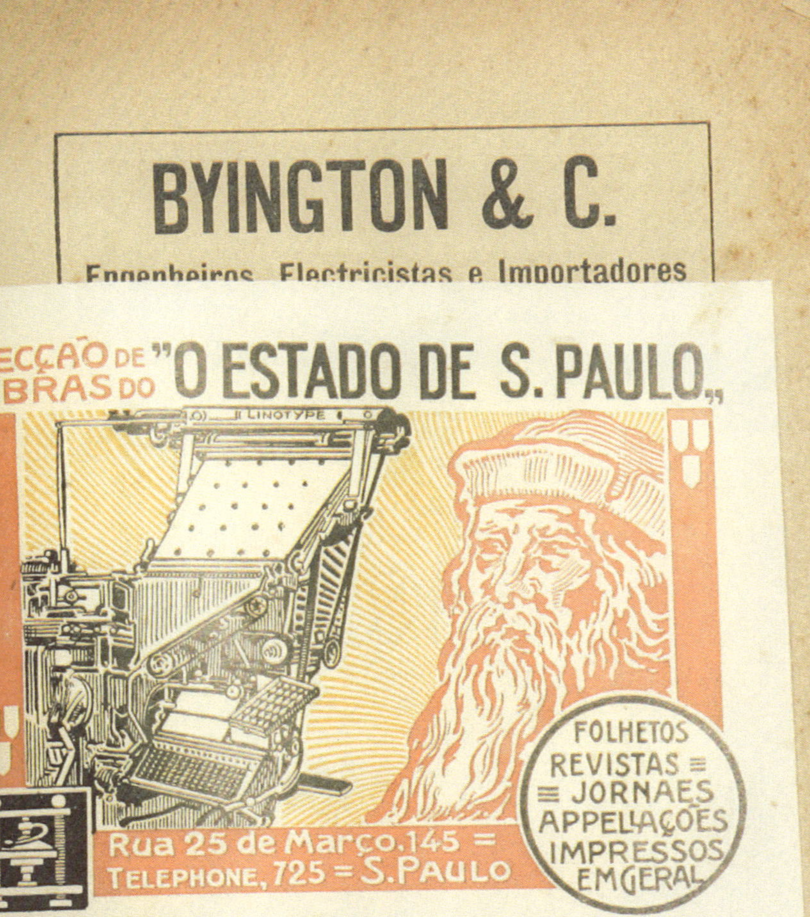

BYINGTON & C.
Engenheiros, Electricistas e Importadores
ECÇÃO DE
BRAS DO "O ESTADO DE S. PAULO"
LINOTYPE
FOLHETOS
REVISTAS
JORNAES
APPELLAÇÕES
IMPRESSOS
EM GERAL
Rua 25 de Março, 145
TELEPHONE, 725 S. PAULO
Para preços e informações dirijam-se a
BYINGTON & COMP.
Largo da Misericordia, 4
TELEPHONE, 745
SÃO PAULO

1917

MUNDO E BRASIL

_Os alemães torpedeiam navios brasileiros, o que provoca a entrada do Brasil na Primeira Guerra Mundial.
_Greve geral em São Paulo.
_Exposição de Anita Malfatti causa polêmica, impulsionada pelo artigo de Monteiro Lobato, conhecido como "Paranoia ou Mistificação".

1918

MUNDO E BRASIL

_Fim da Primeira Guerra Mundial.
_Rodrigues Alves é eleito presidente da República, mas não toma posse, vitimado pela gripe espanhola. Assume o vice, Delfim Moreira que convoca novas eleições presidenciais.
_Publicação de *Urupês*, de Monteiro Lobato.

91. 1ª EDIÇÃO DE *URUPÊS* | CAPA, ILUSTRAÇÃO DE J. WASTH RODRIGUES

91

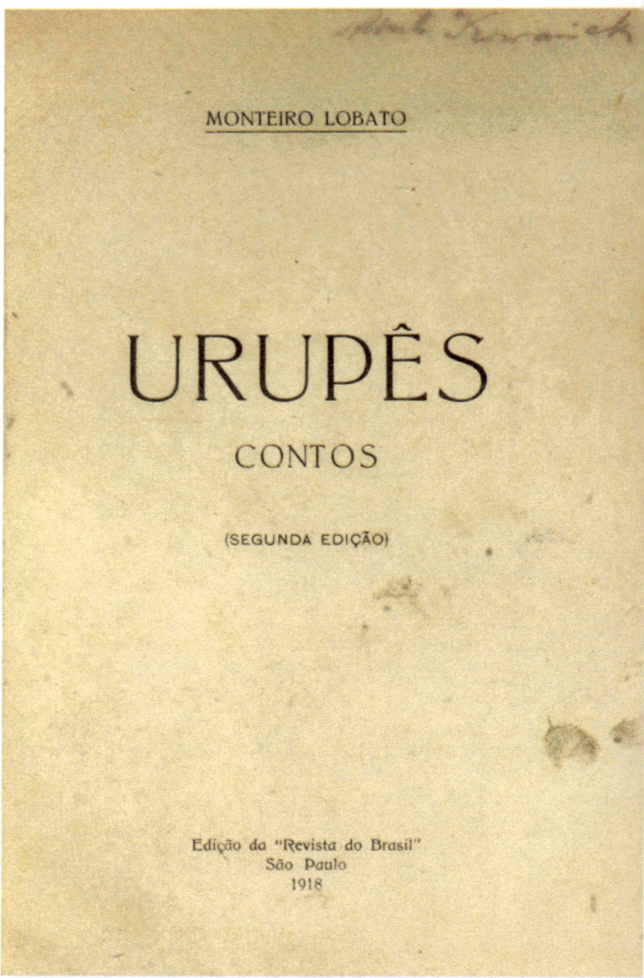

1919

MUNDO E BRASIL

_No dia 15 de março, começa a ser divulgado, no *Diário Oficial*, aviso de prorrogação de prazo do concurso para a construção do Monumento do Ipiranga.

92. CONCURSO PARA A CONSTRUÇÃO DO MONUMENTO DO IPIRANGA

_Epitácio Pessoa vence a eleição para presidente. O *Diário Oficial* publica em uma pequena nota o resultado parcial da eleição, no dia 15 de abril.

93. EPITÁCIO PESSOA | PRESIDENTE DA REPÚBLICA

_Greve geral em São Paulo.
_Publicação de *Carnaval*, de Manuel Bandeira.
_Lançada a revista *Para Todos*.

92

chado, ajudante, escrevi. Eu, Carolino Barreto, escrivão, subscrevi. — *Miguel de Godoy Sobrinho.* 3 — 1

Monumento do Ypiranga

De ordem do exmo. sr. dr. Secretario de Estado dos Negocios do Interior, faço saber aos interessados que o prazo para apresentação de planos para a construcção do Monumento Commemorativa da Independencia Nacional fica prorog do até 30 de Junho do anno vindou o de 1919.

S cretaria dos Negocios do Interior, 19 de Dezembro de 1918. — Director-geral, *João Chrysostomo B. R. Junior*,

93

DIARIO OFFICIAL — Abril 1919 — 2521

gues Dias e Ferreira Fontes e Irmão. domiciliados na Capital deste Estado; Olegario Franco da Silveira, domiciliado em Resaca, comarca de Mogy-Mirim. e dona Lucia, viuva de Francisco Silverio de Carvalho. domiciliada em Lagôa, comarca de Casa Branca, para virem á primeira audiencia deste Juizo, depois de findo o prazo do presente edital e feitas as demais citações, o que tambem será avisado por edital na occasião opportuna, afim de louvarem-se com o promovente Florencio Gonçalves de Andrade em agrimensor, arbitradores e respectivos supplentes, que procedam á divisão e demarcação do referido immovel na forma do Regulamento approvado pelo decreto federal numero 720, de 5 de Setembro de 1890, e de outras disposições legaes de divisões de terras, e, para reciprocamente abonarem-se as despezas, sob pena de revelia e lançamento; ficando assim desde logo citados para todos os actos judiciaes da causa até final sentença e sua execução; outrosim, faço saber a todos os condominos e interessados da referida fazenda que as audiencias deste Juizo são dadas ás quartas feiras ao meio dia no edificio da cadêa publica, ou ás mesmas horas do primeiro dia util seguinte, quando aquelle fôr feriado. E, para que chegue ao conhecimento de todos mandou expedir o presente edital, que será affixado no lugar do costume. reproduzido pela imprensa local, *Diario Official* e remettidos para ser affixados tambem nos lugares do costume nas comarcas de de São Paulo, Casa Branca e Mogy-Mirim. Dado e passado nesta cidade de Palmeiras, aos cinco (5) dias do mez de Abril do anno de mil novecentos e dezenove (1919). Eu, Antonio Costa Pereira, escrivão, que o subscrevi. — (a) *Antonio de Paula Souza Tibiriçá.* Conferido por mim Antonio Costa Pereira, escrivão do 2.° officio.

Resultado da Eleição

PARA PRESIDENTE DA REPUBLICA, DISTRICTO DA LIBERDADE — CAPITAL

1.ª, 2.ª e 3.ª Secção, Conselheiro Ruy Barbosa, 133 votos; Dr. Epitacio Pessoa, 113 votos; Dr. Washington Luiz, 1 voto; Dr. Assis Brazil, 1 voto; Dr. Lauro Müller, 1 voto: em branco, 1 voto;.

4.ª e 5.ª Secção, Dr. Epitacio Pessoa, 62 votos; Conselheiro Ruy Barbosa, 103 votos; Dr. Assis Brazil, 1 voto; General Dantas Brrreto, 1 voto.

6.ª secção, dr. Epitacio Pessoa, 35 votos; conselheiro Ruy Barbosa, 35 votos.

Compareceram e votaram 487 eleitores.

O doutor Manoel Polycarpo Moreira de Azevedo Junior, juiz da 3.ª vara civel desta comarca de São Paulo.

Faz saber aos que o presente edital virem, com 20 dias de prazo, que no dia 2 de Maio proximo, ás 14 horas, em frente ao edificio do Forum Civel, á rua do Thesouro n. 2. nesta Capital, o porteiro dos auditorios, João de Sousa Dias Batalha ou quem suas vezes fizer, levará a publico leilão, digo, a publico pregão de venda e arrematação, a quem mais dér e maior lanço offerecer, acima da avaliação, os immoveis que adeante se descreve, penhorados no executivo hypothecario que Miguel Pecrazzi move a João Teixeira Pombo e sua mulher, a saber: uma casa e seu respectivo terreno, de construcção antiga, sisa á rua Scuvero n. 5, freguezia do Cambucy, desta Capital, com duas janelias de frente e um portão de madeira ao lado, contendo quatro commodos, inclusive, cosinha, cimentada, todos forrados, e como dependencia no quintal um telheiro, onde tem um tanque para lavar roupa, medindo vinte metros da frente, ao fundo trinta e seis metros; um terreno na mesma rua referida, medindo vinte metros de frente por quarenta e quatro de fundo, confrontando o predio e o terreno pelos fundos com herdeiros do barão de Campinas e pelos fundos com Francisco de Azevedo Junior. O predio com seu respectivo terreno pela avaliação de oito contos de réis ...... (8:000$000) e o terreno annexo pela avaliação de quatro contos de réis...... (rs. 4:000$000). E, para que chegue ao conhecimento de todos, mandei expedir o presente edital que será publicado e affixado na fórma da lei. Dado e passado nesta cidade de São Paulo, aos 12 de Abril de 1919. Eu, Apparicio Saraiva, ajudante habilitado, o escrevi. Eu, Joaquim Avila Junior, subscrevi. — *Miguel de Godoy Sobrinho.* Está devidamente sellado

15, 25 e 2 de Maio 3 — 1

1920

MUNDO E BRASIL

_Fundação da Universidade do Brasil, futura UFRJ, primeira universidade do país.

GOVERNO DE SÃO PAULO

_Washington Luís assume a presidência do Estado de 1º de maio de 1920 a 1º de maio de 1924.

1921

IMPRENSA OFICIAL

_Os relatórios manuscritos de Horácio de Carvalho para o governo se caracterizavam por extrema criatividade – peças cujas capas eram quase caleidoscópicas e com páginas compostas com cercaduras pitorescas.

94. RELATÓRIO DE HORÁCIO DE CARVALHO

94

S. Paulo
O
Diario Official
em
1921
Relatorio apresentado ao Exmº Sr. Dr. Alarico Silveira, M.D. Secretario do Interior,
por
Horacio de Carvalho

1921 Quadro da distribuição gratuita 1921

Na Capital:

Repartições e funccionarios publicos:

— = 373 assignaturas annuaes; uma de 6 mezes, e uma de dous mezes (= 375), á razão de 12$000 por anno.... 4:484$000

405 assignaturas

— Mais 30, annuaes, a 18$000 por anno.......... 540$000

No Interior:

Repartições e funccionarios publicos:

— 21 assignaturas annuaes, e uma de tres mezes, á razão de 12$000 por anno..... 351$000

55 assignaturas

— Mais 22 annuaes e 3 de 9 mezes, a 20$000 por anno.......... 485$000

No Extrangeiro:

2 assignaturas

Repartições publicas:

— Uma annual........ 18$000

— Outra, annual.... 26$000

Portanto:

— Assignaturas, 462 — no valor de 5:904$000

Mais 21 assignaturas e mais 1:193$500 do que em 1920

1922

MUNDO E BRASIL

_Realiza-se a Semana de Arte Moderna no Teatro Municipal de São Paulo.

95. CAPA DO CATÁLOGO DA EXPOSIÇÃO DA SEMANA DE ARTE MODERNA DE 1922, ILUSTRAÇÃO DE DI CAVALCANTI, REPRODUZIDO NA *CAIXA MODERNISTA*, IMPRENSA OFICIAL – EDUSP, UFMG, 2004

_Publicação de *Paulicéia Desvairada*, de Mário de Andrade.

96. 1ª EDIÇÃO DE *PAULICEA DESVAIRADA* | CAPA, FALSA FOLHA DE ROSTO COM DEDICATÓRIA DO AUTOR A RUBENS BORBA DE MORAES E FOLHA DE ROSTO

_Lançada a primeira revista do Modernismo, *Klaxon*.
_Centenário da Independência do Brasil.
_Artur Bernardes vence as eleições presidenciais.
_Fundação do Partido Comunista Brasileiro.

95

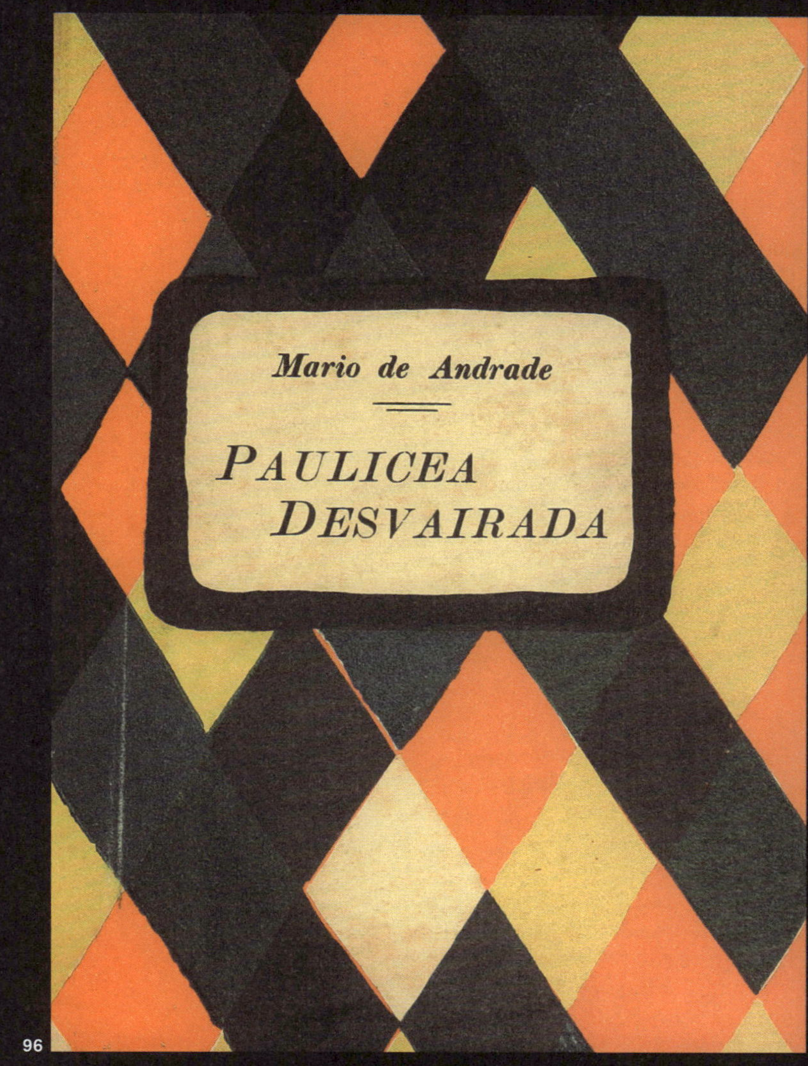

96

PAULICEA DESVAIRADA

por

Mario de Andrade

Dezembro de 1920
a
Dezembro de 1921

1922

CASA MAYENÇA

S. PAULO

A
Rubens de Moraes
of.
Mario de Andrade
S. Paulo 25/VIII/922

Paulicea Desvairada

1923

MUNDO E BRASIL

_Gráficos de São Paulo vencem greve de 42 dias. No dia 7 de fevereiro, passa a ser comemorado o "Dia do Gráfico".
_Promulgada a Lei de Imprensa.
_Criado o Conselho Nacional de Trabalho.
_Vicente do Rego Monteiro publica *Légendes, Croyances et Talismans des Indiens de l'Amazone.*

97. EDIÇÃO FAC-SIMILAR DE *LÉGENDES, CROYANCES ET TALISMANS DES INDIENS DE L'AMAZONE*, COEDIÇÃO DA EDUSP E IMPRENSA OFICIAL DO ESTADO LANÇADA EM PARIS (MAISON DE L'AMÉRIQUE-LATINE) E NA PINACOTECA DE SÃO PAULO, EM JANEIRO DE 2006, CAPA DAS DUAS VERSÕES, JORGE SCHWARTZ (ORG.)

_Fundação da Rádio Sociedade do Rio de Janeiro, primeira Estação de Rádio do Brasil.
_Villa-Lobos compõe *Noneto.*

IMPRENSA OFICIAL

_É autorizado o uso da luz elétrica e a aquisição do autocaminhão Ford; antes, o transporte para as estações ferroviárias era feito por carregadores.

1924

MUNDO E BRASIL

_Coluna Prestes.
_"Manifesto da Poesia Pau Brasil", de Oswald de Andrade, publicado no *Correio da Manhã*, do Rio de Janeiro, em 18 de março.
_Blaise Cendrars visita o Brasil.

98. 2ª EDIÇÃO DO LIVRO *A AVENTURA BRASILEIRA DE BLAISE CENDRARS* | EDITADO PELA IMPRENSA OFICIAL, EDUSP, FAPESP, SÃO PAULO, 2ª EDIÇÃO, 2001.

_A Revolução de 1924 eclode em 5 de julho e termina às quatro da manhã de 28 de julho. O apelo aos paulistas, para que combatam os rebeldes, assinado, entre outros, pelo presidente da República, Washington Luís, datado de 13 de julho, é publicado no *Diário Oficial* apenas no dia 1º de agosto, pois o jornal não circulou de 6 a 31 de julho, em decorrência do episódio. O mesmo ocorre com o manifesto do presidente do Estado, Carlos de Campos, em que afirma não apoiar a Revolução, datado de 23 de julho.

99. O MANIFESTO CONTRA A REVOLUÇÃO DE 1924. AO LADO, DESTAQUE.

_Decretado estado de sítio de maio de 1924 a 31 de dezembro de 1926.
_Construção do Edifício Sampaio Correia em São Paulo, primeiro edifício de grande porte em concreto armado.

DIÁRIO OFICIAL

_O *Diário Oficial* não circula de 6 a 31 de julho, devido à Revolução de 1924.

97

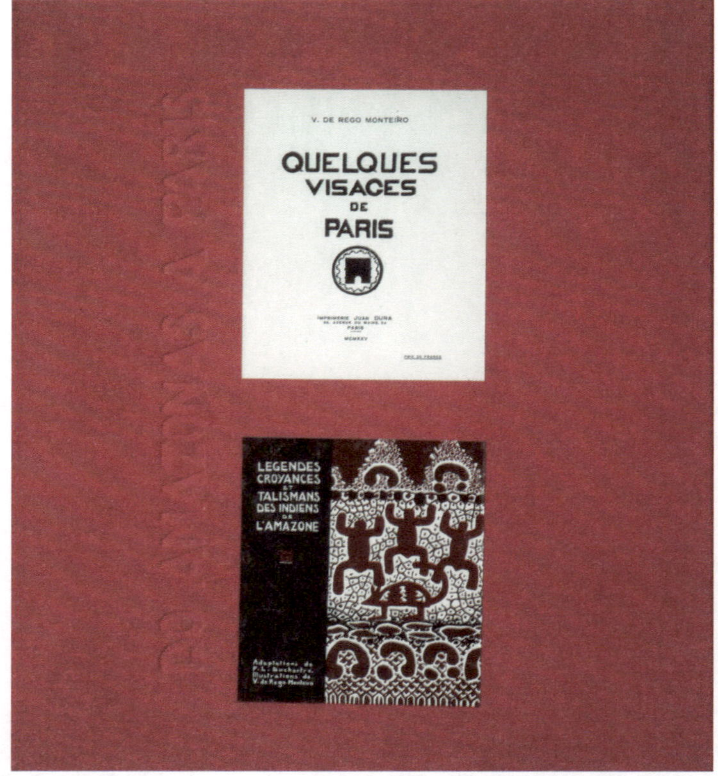

A AVENTURA BRASILEIRA DE BLAISE CENDRARS

Alexandre Eulalio

2ª edição
revista e ampliada por
Carlos Augusto Calil

Inéditos de
Blaise Cendrars

IMPRENSA OFICIAL
edusp
FAPESP

ESTADOS UNIDOS DO BRAZIL

DIARIO OFFICIAL

DO ESTADO DE SÃO PAULO

ANNO 33 — 36.º DA REPUBLICA — N. 151 SÃO PAULO SEXTA-FEIRA, 1.º DE AGOSTO DE 1924

Actos do Poder Executivo

DECRETO N. 3719 — DE 29 DE JULHO DE 1924

Considera feriados para as repartições e estabelecimentos publicos os dias decorridos de 5 do corrente até 5 de Agosto p. f. excepto para as Pagadorias do Thezouro, que funccionarão do dia 1.º de Agosto em diante.

Artigo 1.º — Ficam considerados feriados, nas repartições e estabelecimentos publicos, os dias decorridos de 5 do corrente mez inclusive, até 5 de Agosto p. futuro, tambem inclusive, excepto nas Pagadorias do Thezouro, que funccionarão do dia 1.º de Agosto em diante.

Artigo 2.º — Revogam-se as disposições em contrario.

Palacio do Governo do Estado de São Paulo, 29 de Julho de 1924.

(a) *Carlos de Campos*
(a) *José Manuel Lobo*

O Presidente do Estado de São Paulo, usando da faculdade que lhe conferem a lei n. 916 B, de 2 de Agosto de 1904, art. 5.º e o decreto n. 437, de 20 de Março de 1897, art. 107.

Decreta:

Artigo 1.º — Ficam desligados da Força Publica do Estado de São Paulo todos os officiaes, inferiores e praças que, na recente revolta, attentaram contra a integridade do Estado, contra o exercicio dos governos da União e de São Paulo e contra a Constituição Federal.

Artigo 2.º — Revogam-se as disposições em contrario.

Palacio do Governo do Estado de S. Paulo, aos 29 de Julho de 1924.

(a) CARLOS DE CAMPOS
(a) *Bento Bueno*

JUSTIÇA

Por decreto de 31 de Julho corrente, foi demittido, a bem do serviço publico, do cargo de promotor publico da comarca de Pirajuhy, o bacharel João de Deus Cardoso de Mello.

INTERIOR

O Secretario d'Estado dos Negocios do Interior designa o dia 11 de Agosto proximo futuro para se proceder á apuração da eleição de Senadores ao Congresso Estadoal, visto não se ter a mesma realizado na época legal. — Secretaria do Interior, 29 de Julho de 1924.

(a) *José Manuel Lobo.*

"Diario Official"

Depois dos 23 dias da inqualificavel, criminosa e insolita affronta com que a nossa cidade, o Estado e o Governo do Estado foram surprehendidos na manhan de 5 do mez hontem findo, affronta levada a effeito por bandidos e aventureiros conhecidos em todo o Brasil, e que encontraram na tenaz e gloriosa resistencia do Governo o anniquilamento que mereciam, volta hoje o *Diario Official* á sua labuta quotidiana.

E' com legitimo e verdadeiro orgulho que abrimos hoje a nossa primeira columna ao luminoso manifesto lançado ao povo de S. Paulo, em 23 de Julho pelo exmo. sr. dr. Carlos de Campos, Presidente do Estado, manifesto já publicado pela imprensa, não só desta Capital, como do Rio e de outros Estados. Damos em seguida o brilhante appêllo de 14 do mesmo mez, feito de Itapetininga a esse mesmo povo por nomes da mais alta responsabilidade politica e do mais elevado prestigio nas cousas da nossa vida publica.

A REDACÇÃO.

O manifesto do sr. Presidente do Estado

«Tenho como dever supremo do governo paulista, no triste momento que ainda atravessamos sobre a trahição armada que ha dias surprehendeu a nossa tranquilla Capital orientar-vos sobre os factos occorrentes. Para isso bastará expor-vos simplesmente a verdade, que os salteadores de S. Paulo vos tem propositalmente occultado, isolando-vos das communicações com a Capital Federal e com os Estados, afim de melhor agirem na ignobil campanha contra a legalidade, pelas suas armas predilectas — a mentira e a calumnia.

Posso assegurar-vos, sob minha palavra de brasileiro e de paulista, que ha mais de quarenta annos se dedica, modesta mas esforçadamente, ao cumprimento dos seus deveres civicos:

E' falso que o Brasil esteja apoiando o vil bando de aventureiros; tanto que a Capital de S. Paulo está cercada de tropas de todos os corpos do Exercito e da Marinha; assim como das policias do Rio Grande do Sul, de Santa Catharina, do Paraná, do Rio de Janeiro, de Minas e do Espirito Santo, contando ainda a legalidade com o apoio moral e material dos Governos e das populações dos demais Estados.

E' falso que a Capital Federal esteja em desordem, tanto que lá se encontra, no seu maior prestigio e auctoridade o illustre Presidente da Republica, vivamente auxiliado por todos os seus ministros, decididos a esmagarem a rebellião, ao mesmo tempo, que lá tambem decorre toda a vida social e politica da cidade em plena calma e confiança.

E' falso que reine qualquer perturbação civil ou militar nos Estados.

E' falso que os rebeldes contem qualquer apoio no interior do nosso Estado, onde, ao contrario, os paulistas se armam em massa para os repellir, ajudados por grandes tropas federaes e estaduaes que, garantindo as vias férreas marcham sobre a Capital.

E' falso que os trahidores da fé militar brasileira tenham qualquer apoio da opinião ou da imprensa do Paiz. Ao contrario, é unanime a condemnação da criminosa emboscada, por parte de todos os jornaes do Rio e dos Estados; e esta seria realmente uma hora de gloria para a nossa imprensa, se não tivessemos a vergonha de registrar a covardia de algumas folhas da nossa Capital já aos pés e ao soldo dos saqueadores de S. Paulo.

E' falso que as tropas legalistas escasseiam generos e munições de guerra. Ligadas ao Rio e ao resto do paiz pela Central, por Santos e pelo interior do Estado, nada lhes faltou, nem faltará. Alegres e resolutos só esperam a hora de entrar em S. Paulo, para o castigo dos seus assaltantes.

E' falso que as forças legalistas se descuidem das vidas e propriedades da população: dispondo aqui da artilharia mais potente do Brasil, só della tem usado na repulsa aos ataques: e se ainda demora a offensiva final, é justamente para poupar essas vidas e quaesquer damnos materiaes.

E' falso que o governo do Estado se tenha afastado de São Paulo ou interrompido suas funcções legaes. Coagido pelos obuzes rebeldes, retirou-se para Guayauna, de onde

4500 Sexta-feira, 1 DIARIO OFFICIAL Agosto 1924

lançou logo um manifesto que os falsarios supprimiram á leitura do povo. Acolhido com seus bravos soldados pelas forças federaes com ellas está cooperando e com ellas voltará dentro em breve a Palacio, para alli reencetar a normalidade da administração.

A vós, paulistas, que amais a nossa terra de paz e de progresso e a vós extrangeiros, que nos trazeis o concurso da vossa actividade, confiantes na nossa ordem legal, cumpre, antes de tudo, evitar qualquer contacto com os invasores, prestes a succumbirem e que mais uma vez vos querem trahir, envolvendo vossos nomes na sua infame aventura.

Não vos esqueçais de que viviamos em pleno socego, trabalho e prosperidade e que foram os contumazes profissionaes de motins militares que nos lançaram na desoladora situação a que chegamos — a guerra, o saque, a fome!

Não vos esqueçais de que foram os profanadores da honra e do credito do Brasil que nos bombardearam as casas indefesas para posse da cidade prospera e rica, que lhes deveria servir de abrigo e degrau a desmedidas ambições.

Não vos esqueçais de que tudo vos promettendo, até mesmo a anarchia bolchevista, já fracassada no velho mundo, nada vos poderão dar, por já se acharem sitiados, quasi sem munições com seus homens exhaustos e em continuas deserções dos que nos procuram e nos referem os ignominiosos processos de embustes a que foram e a que estais sujeitos.

Deante do exposto, posso affirmar-vos, com a inteira responsabilidade do alto cargo para o qual me elegestes, que não tarda a fechar-se para sempre este negro e vergonhoso periodo de crime, contra a nossa boa fama de povo grande, generoso e culto.

Mais alguns instantes de paciencia e confiança e a legalidade estará restaurada em nossa terra.

Guayaúna, 25 de Julho de 1924. — CARLOS DE CAMPOS, Presidente do Estado.

O "appello" lançado de Itapetininga

«Com um audacioso golpe de mão, officiaes insubordinados apoderaram-se de alguns chefes das forças organizadas do Estado, tentando estabelecer entre nós a anarchia.

O levante sedicioso promovido por uma facção das forças federaes e por alguns contingentes rebeldes da Força Publica, está sendo atacado pelas grandes forças patrioticas do nosso glorioso Exercito e pelas forças fiéis da nossa milicia estadoal.

Os brasileiros, num gesto unico, condennam o levante e o execram. Todos os paulistas contra elle se armam.

O governo Carlos de Campos, que se iniciou sob os applausos unanimes dos paulistas não merecia o insulto dessas invejas accumuladas.

A Constituição está em vigor! Por ella nos devemos bater.

E' a Constituição da Democracia, da Republica, da Federação.

E' dentro della, segundo as suas disposições, que o Sr. Presidente da Republica foi eleito num pleito a que concorreram todas as forças politicas do paiz, manifestando-se, então, a seu favor, a vontade soberana da nação.

Dentro della está elle governando e ha de continuar governar, para manter as tradições de ordem e respeito á lei.

E' dentro della que trinta milhões de brasileiros, reunidos num unico ideal, tornaram o Brasil uma das mais nobres nações do mundo. Dentro della é que as maiorias governam a União, os Estados e os municipios.

Desmanchar, pois, essa obra, é commetter o crime innominavel de assassinar uma nacionalidade!

O Dr. Carlos de Campos, presidente de São Paulo, com energia e heroismo, prestigiado por toda a nação, dá combate sem treguas aos revoltosos. O presidente da Republica, fortalecido pelo apoio de todos os brasileiros, o auxilia, serena e efficazmente, para o restabelecimento da ordem e da legalidade, condição unica para podermos viver e prosperar. O Marechal Setembrino de Carvalho, Ministro da Guerra, em communicação constante com o governo e chefes de São Paulo, dá providencias para o immediato restabelecimento da ordem constitucional.

O estado de sitio, decretado pelo Congresso para o immediato restabelecimento dessa ordem, autoriza medidas energicas e excepcionaes, para a consecução desses elevados fins. Todas as autoridades constituidas devem ser mantidas e prestigiadas nos seus cargos. As autoridades policiaes devem concorrer para assegurar o exercicio dessas attribuições dentro da ordem legal.

Paulistas: A postos! Que este nosso vehemente protesto repercuta em vossos corações palpitantes de patriotismo condemnando aquelles que vieram perturbar vossa paz e vosso trabalho, esforço fecundo com que todos, irmanados pelo mesmo anceio, collaboravam na grandeza e prosperidade do Brasil!

Viva a Republica!

Fernando Prestes — Washington Luis — Ataliba Leonel — Julio Prestes.

Itapetininga, 14 de Julho de 1924.»

99

"Diario Official"

Depois dos 23 dias da inqualificavel, criminosa e insolita affronta com que a nossa cidade, o Estado e o Governo do Estado foram surprehendidos na manhan de 5 do mez hontem findo, affronta levada a effeito por bandidos e aventureiros conhecidos em todo o Brasil, e que encontraram na tenaz e gloriosa resistencia do Governo o anniquilamento que mereciam, volta hoje o *Diario Official* á sua labuta quotidiana.

1925

MUNDO E BRASIL

_Publicação de *Pau Brasil*, de Oswald de Andrade, com ilustrações de Tarsila do Amaral.

100. CAPA DA REEDIÇÃO DE *PAU BRASIL* COEDIÇÃO IMPRENSA OFICIAL, EDUSP E EDITORA UFMG, CONSTANTE DA *CAIXA MODERNISTA* | SÃO PAULO, 2003

_Formação do Grupo Verde-Amarelo: Guilherme de Almeida, Menotti Del Picchia, Plínio Salgado e Cassiano Ricardo.
_Manifesto "Acerca da Arquitetura Moderna", de Gregori Warchavchik.
_Pela primeira vez, o dia 1º de maio é feriado no Brasil.
_Começa a circular em São Paulo o jornal *Folha da Manhã*.
_Realiza-se a primeira corrida de São Silvestre, em São Paulo.

IMPRENSA OFICIAL

_O Decreto n.3870, de 3 de julho, publicado em 9 de julho, reorganiza o quadro do pessoal do *Diário Oficial,* dá outras providências, e regulamenta o Museu Paulista.

101. DECRETO REORGANIZA O QUADRO DO D.O. E REGULAMENTA O MUSEU PAULISTA

100

ESTADOS UNIDOS DO BRAZIL

DIARIO OFFICIAL

DO ESTADO DE SÃO PAULO

ANNO 35 37.° DA REPUBLICA N. 146 SÃO PAULO QUINTA-FEIRA, 9 DE JULHO DE 1925

Actos do Poder Executivo

DECRETO N. 3870 — DE 3 DE JULHO DE 1925

Reorganisa o quadro do pessoal do «Diario Official» e dá outras providencias

O Presidente do Estado de São Paulo, usando das attribuições que lhe confere a Constituição do Estado e de conformidade com a autorização dada pelas leis ns. 1999, de 19 de Dezembro de 1924, e 2028, artigo 25, de mesmo mez e anno.

DECRETA:

Artigo 1.° — Continúa em vigor o decreto n. 1922, de 4 de Agosto de 1910, que reorganizou a repartição do *Diario Official*, observando-se, porém, o Regulamento da Secretaria do Interior, approvado pelo decreto n. 3855, de 4 de Junho de 1925, no tocante a nomeações, posse, demissões e remoções; faltas de comparecimento, substituições, férias, licenças, aposentadorias, penas disciplinares, vitaliciedade, gratificações *pró-labore* e mais disposições que lhe sejam applicaveis.

Artigo 2.° — Os escripturarios do *Diario Official* continuarão percebendo os mesmos vencimentos actuaes, sendo, porém, em caso de vacancia, os seus cargos convertidos nos de terceiros escripturarios, com vencimentos eguaes aos de outros da mesma categoria.

Artigo 3.° — Não estão sujeitos ao pagamento de novo sello sobre os seus vencimentos os funccionarios que já o pagaram na base dos que lhe são estabelecidos no artigo 79 do Regulamento da Secretaria do Interior.

Artigo 4.° — Além do pessoal do quadro, conforme a tabella annexa, haverá os revisores, pessoal technico, typographos e serventes que o serviço exigir, os quaes serão contractados e dispensados pelo director e não serão considerados funccionarios publicos, deixando de gozar, portanto, as regalias a estes inherentes.

Artigo 5.° — Será supprimido, quando vagar, o cargo de gerente do *Diario Official*, cujas funcções passarão a ser exercidas pelo director.

Artigo 6.° — Os vencimentos do pessoal da repartição serão os da tabella annexa, a contar de 1.° de Janeiro do corrente anno.

Artigo 7.° — Revogam-se as disposições em contrario.

Palacio do Governo de São Paulo, 3 de Julho de 1925.

CARLOS DE CAMPOS
José Manoel Lobo

Tabella de vencimentos

CARGOS	CADA	TOTAL
1 director	—	14:400$000
1 gerente	—	12:000$000
1 auxiliar de redacção	—	7:800$000
1 contador	—	6:480$000
2 escripturarios	5:760$000	11.520$000
2 chefes de officinas	6:480$000	12:960$000
2 zeladores	3:480$000	6:960$000

Palacio do Governo do Estado de São Paulo, aos 3 de Julho de 1925.

CARLOS DE CAMPOS
José Manoel Lobo.

Publicado na Secretaria de Estado dos Negocios do Interior, em 3 de Julho de 1925.

João Chrysostomo B. dos Reis Junior, Director geral.

DECRETO N. 3871 — DE 3 DE JULHO DE 1925

Reorganisa o Museu Paulista e lhe dá regulamento

O Presidente do Estado, usando das attribuições que lhe confere a Constituição do Estado, e de conformidade com a autorisação dada pela lei n. 1.999, de 19 de Dezembro de 1924, e lei n. 2.028, de 30 de Dezembro de 1924, artigo 25, reorganisa o Museu Paulista e manda que nelle se observe o seguinte:

Regulamento do Museu Paulista

CAPITULO I

DA INSTITUIÇÃO E SEUS FINS

Artigo 1.° — O Museu Paulista é um instituto destinado a collecionar elementos representativos dos reinos da Natureza no Brasil e objetos que se prendam á Historia Nacional e especialmente á de S. Paulo.

Artigo 2.° — O Museu será dividido em tres secções:

a) a de Historia Nacional e especialmente de São Paulo;

b) a de Zoologia;

c) a de Botanica.

CAPITULO II

DO PESSOAL

Artigo 3.° — Constará o pessoal do Museu dos seguintes funccionarios:

1 Director
1 Secretario
1 Bibliothecario traductor
1 Terceiro escripturario
1 Porteiro
2 Continuos
13 Serventes.

Secção de Zoologia

2 Assistentes
1 Sub-assistente
1 Naturalista-collecionador
1 Preparador
1 Preparador-auxiliar.

Secção de Historia Nacional

1 Assistente
1 Conservador do Museu de Ytú.

Secção de Botanica

1 Assistente
1 Sub-assistente.
2 Quartos escripturarios.

1926

MUNDO E BRASIL

_Posse de Washington Luís como presidente da República.

102. RETRATO DE WASHINGTON LUÍS POR CARLOS SERVI

_Criação do Partido Democrático, em São Paulo, de oposição.
_Publicação de *Pathé-Baby*, de Alcântara Machado.
_Lançados o jornal modernista *Terra Roxa e Outras Terras* e a revista *Novíssima*.
_Exposição de Tarsila do Amaral na Galerie Percier, em Paris.
_Marinetti (escritor, poeta, iniciador do Futurismo) visita São Paulo e o Rio de Janeiro.

102

1927

MUNDO E BRASIL

_Formação do Partido Democrático Nacional.
_O governo aprova uma lei que permite a repressão das atividades políticas e dos sindicatos dos trabalhadores.
_Começa a construção da primeira casa modernista de Gregori Warchavchik em São Paulo.
_Publicação de *Brás, Bexiga e Barra Funda*, de Alcântara Machado.

103. 1ª EDIÇÃO DE *BRÁS, BEXIGA E BARRA FUNDA* | CAPA E FOLHA DE ROSTO

_Inicia-se a revista *Verde* (Cataguases, Minas Gerais). No n.3, é divulgado o Manifesto do Grupo Verde de Cataguases.

GOVERNO DE SÃO PAULO

_Com a morte de Carlos de Campos, em 27 de abril, Antonio Dino da Costa Bueno assume a presidência do Estado de 28 de abril a 14 de julho.
_No dia 16 de julho, o *Diário Oficial* publica a "Mensagem" de Costa Bueno apresentada ao Congresso Legislativo em 14 de julho, ao transmitir o cargo, na qual faz um balanço de sua gestão e do governo anterior.

104. MENSAGEM DE COSTA BUENO

_Júlio Prestes assume a presidência do Estado de 14 de julho de 1927 a 24 de outubro de 1930.
_Flávio de Carvalho faz um projeto para o Palácio do Governo de São Paulo.

103

BRÁS
BEXIGA
E
BARRA FUNDA
NOTÍCIAS
DE
SÃO PAULO
POR
ANTÓNIO
DE
ALCÂNTARA
MACHADO

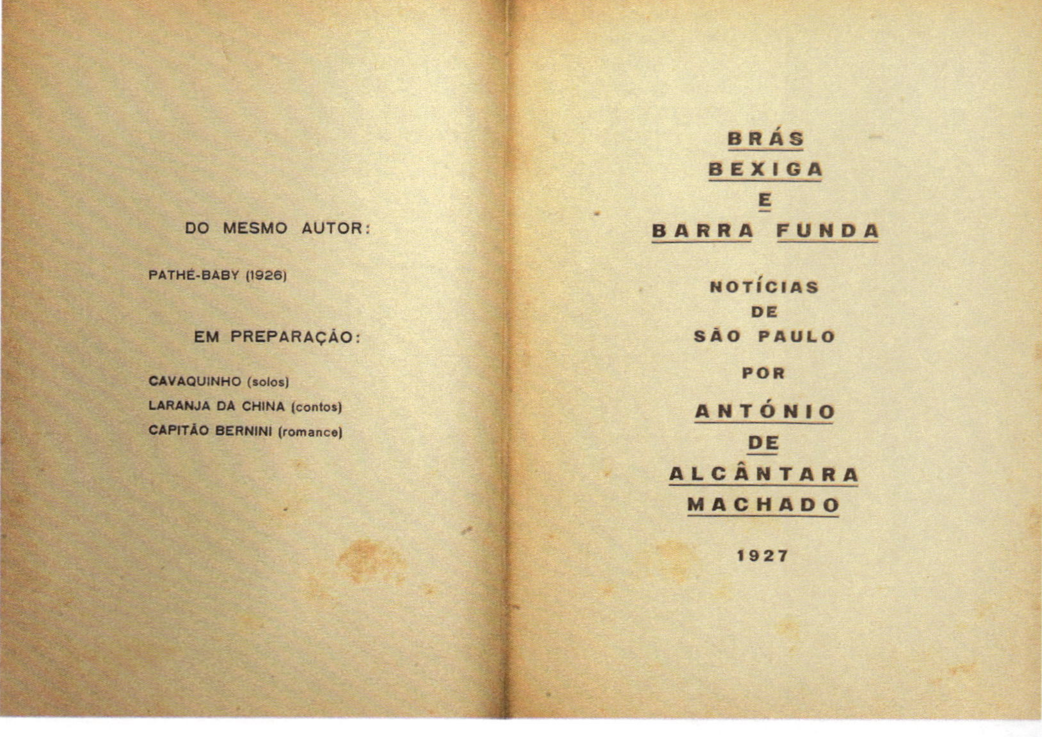

DO MESMO AUTOR:

PATHÉ-BABY (1926)

EM PREPARAÇÃO:

CAVAQUINHO (solos)
LARANJA DA CHINA (contos)
CAPITÃO BERNINI (romance)

BRÁS
BEXIGA
E
BARRA FUNDA
NOTÍCIAS
DE
SÃO PAULO
POR
ANTÓNIO
DE
ALCÂNTARA
MACHADO
1927

ESTADOS UNIDOS DO BRAZIL

DIARIO OFFICIAL

DO ESTADO DE SÃO PAULO

ANNO 37.° — 39.° DA REPUBLICA — N. 147 S. PAULO SABBADO, 16 DE JULHO DE 1927

MENSAGEM

apresentada ao Congresso Legislativo, em 14 de Julho de 1927, pelo

DR. ANTONIO DINO DA COSTA BUENO

Presidente do Estado de São Paulo

Senhores Membros do Congresso Legislativo

Ao comparecer perante vós, para a installação da sessão legislativa do corrente anno, é com o mais profundo pesar que trago ao vosso conhecimento a noticia do passamento inesperado do illustre paulista, Carlos de Campos, que, escolhido pelo livre suffragio da população eleitoral do Estado, exercia, com a maior competencia e o mais alevantado patriotismo, as eminentes funcções de presidente do Estado de São Paulo.

Não precisarei de estender-me em longas paginas para dizer-vos — a vós, que tão bem o conhecestes e com elle cooperastes efficientemente, na regular execução de seu notavel programma administrativo — quem foi, na vida publica, essa personalidade que, pelos seus excepcionaes predicados, tão profundo sulco deixou no seio da opinião publica do nosso Estado, com extensão por todos os outros Estados, que lhe sagraram a memoria por occasião do seu fallecimento.

A grandiosa apotheose que, pelos seus funeraes, lhe fez o povo desta capital, e de outras localidades paulistas, por todas as suas classes indistinctamente — manifestação até agora sem egual nos annaes de nossa vida civica, — fala mais alto perante vós que as mais ardentes palavras e orações que eu pudesse proferir neste momento de evocação e de saudade.

Deputado e presidente da Camara Estadual; secretario da Justiça num dos governos mais movimentados e mais progressistas que temos tido — o de Campos Salles; Deputado e Senador Estadual, Deputado Federal e "leader" da maioria governamental e da bancada paulista, — em todos esses postos de evidente responsabilidade e de trabalho, houve-se Carlos de Campos com o talento a serenidade e a firmeza que constituiam o fundo mesmo de sua privilegiada organização cerebral.

O desempenho admiravel dado ás funcções inherentes a taes postos, o ardor de sua alma republicana, que nunca bruxoleou nos momentos mais criticos das nossas acirradas luctas politicas dos ultimos tempos, indicavam-no naturalmente para o alto cargo de presidente do Estado, — cargo que, como sabeis perfeitamente, não ambicionou jámais, e antes acceitou, depois de insistentemente solicitado pelas nossas forças partidarias, dando assim um salutar exemplo de sábio acatamento á disciplina, sem a qual é impossivel o exito de collectividades quaesquer na lucta pela victoria dos respectivos programmas.

Logo ao inicio de seu governo, quando mal tinha começado a delinear os primórdios de sua actuação administrativa, rebenta, de surpresa, nesta capital, a revolta militar de 5 de julho, enchendo de panico, de apprehensões e de sobresaltos, a população de todo o territorio paulista. Nessa emergencia revelou Carlos de Campos singulares faculdades de commando, ás quaes devemos, em grande parte, o esmagamento completo desse impatriotico e injustificavel movimento subversivo, que cobriu de luto tantos lares, e de vergonha todos os corações integrados no amor e no serviço da terra paulista, mais attingida na sua justa fama de cultora da paz e do trabalho industrial, do que o governo que debalde se quiz derrubar antes que tivesse praticado qualquer acto que, ao menos, explicasse, aos olhos do povo, a causa, os motivos, as razões supremas, por que elementos rebeldes de algumas unidades das classes armadas contra elle imprevistamente se insurgiram.

A' impavida resistencia de Carlos de Campos deve-se, principalmente, não ter a honra de São Paulo sossobrado no tumulto revolucionario, nem a autoridade decahido de seu prestigio constitucional. E essa heroica resistencia é que deu tempo a que o governo federal pudesse organizar a barreira formidavel que impediu que os revoltosos, obedecendo ao plano preconcebido, marchassem sobre o Rio de Janeiro, arrastando comsigo, pela solidariedade ou pela força, os elementos militares que acaso encontrassem pelo trajecto a percorrer.

Dominado o insólito movimento, voltou Carlos de Campos as suas vistas de administrador para a execução do vasto programma que delineara e que foi a preoccupação constante de seu espirito votado dedicadamente á grandeza de São Paulo. A rude jornada de que acabava de sahir, aliás galhardamente, não lhe havia esmorecido o animo, nem desilludido os sãos propositos, ou arrefecido o ardente enthusiasmo com que iniciára a opportuna execução de seus projectos.

Parece mesmo que a injustiça da emboscada de que fôra victima, mais lhe retemperára a fibra moral energica, como que estimulando-o a demonstrar, pela pratica de actos uteis e de relevante civismo, o quanto fôra revoltante essa injustiça.

E vemol-o empenhado afanosamente em resolver, de um modo integral, problemas importantes que, por defficiencia de nossos recursos orçamentarios ordinarios, vinham sendo parcialmente resolvidos, sob a premencia e angustia das circumstancias, pelos operosos governos que o tinham antecedido. O problema dos transportes, para desafogar a producção de uma immensa zona fertilissima, foi abordado com a remodelação da Sorocabana; o abastecimento de agua potavel á população desta capital, problema que era a instante preoccupação de todas as administrações paulistas e um gravame a pesar, annualmente, nos orçamentos da despesa; e, finalmente, a instituição desse modelar Instituto de Café com o qual se organizou, em moldes originaes, a defesa permanente e systematica do nosso principal producto — pedra basilar do nosso edificio economico e financeiro — eis o triplice florão de glorias da intelligente e proficua administração do sr. Carlos de Campos.

Mas nem só nesses tres problemas, não obstante sua importancia capital e as tremendas responsabilidades delles decorrentes, se deteve o espirito resoluto do benemerito paulista. Veiu elle encontrar em fóco, agitando a imprensa, e emocionando vivamente a opinião publica, a questão da lepra, cuja prudente e habil solução se impunha a um governo bem intencionado como o seu. Era uma série de mutiplas questões fundamentaes que se prendiam, por élos successivos e inseparaveis, a um mesmo e unico problema: a extirpação do mal do sólo paulista, por meio de medidas energicas mas que não chocassem a bondade innata nos corações paulistas. Aspectos economicos, aspectos juridicos, aspectos sanitarios, aspectos moraes, tinham de ser cuidadosamente estudados para dar-se ao problema uma solução que não creasse difficuldades ao Thesouro, que não postergasse o direito, que não se afastasse das suggestões modernas da sciencia e que se não insurgisse contra os mais respeitaveis sentimentos humanos. Estudados todos esses aspectos, tivemos a lei n. 2.169, de 27 de dezembro de 1926, que, para ser convenientemente applicada, só lhe falta a base financeira pela decretação opportuna dos

1928

MUNDO E BRASIL

_Fundação do Centro das Indústrias do Estado de São Paulo (CIESP).
_"Manifesto Antropófago", de Oswald de Andrade, publicado no primeiro número da *Revista de Antropofagia*, de São Paulo.
_Publicação de *Macunaíma*, de Mário de Andrade; *Retrato do Brasil*, de Paulo Prado.

1929

MUNDO E BRASIL

_Quebra da Bolsa de Nova York.
_Inauguração do Edifício Martinelli em São Paulo, como o maior arranha-céu da América do Sul.

105. POSTAL COM EDIFÍCIO MARTINELLI

_O balão dirigível Zeppelin passa por São Paulo e é fotografado pelo *Jornal do Estado* na Praça Patriarca.

106. ZEPPELIN SOBREVOA A PRAÇA PATRIARCA

_Inaugurada a primeira estação automática de telefones no Rio de Janeiro.
_"Manifesto Nhengaçu Verde-Amarelo", do Grupo da Anta.
_Estreia do filme *São Paulo, A Sinfonia da Metrópole*, de Rodolpho Lustig e Adalberto Kemeny.

IMPRENSA OFICIAL

_Afastamento de Horácio de Carvalho, por motivos de saúde, após dirigir o *Diário Oficial* desde, praticamente 1892, mas permanecerá no cargo até 1931. Assume como diretor Bento Lucas Cardoso.

107. HORÁCIO DE CARVALHO

106

107

1930

MUNDO E BRASIL

_Revolução de 1930.
_Golpe de Estado. Inicia-se a chamada Segunda República. A nota "Governo da República", publicada no *Diário Oficial* de 5 de novembro, informa que Getulio Vargas, "Chefe Civil da Revolução Vencedora", assumiu a presidência em 3 de novembro.

108. GOLPE DE ESTADO. INICIA-SE A CHAMADA SEGUNDA REPÚBLICA.

_Dia 11 de novembro de 1930 é instituído o Governo Provisório através do Decreto n. 19.398

109. DECRETO N. 19.398

_Fundação da Cinédia, no Rio de Janeiro, primeira grande companhia de produção cinematográfica.
_*Exposição de uma Casa Modernista*, de Gregori Warchavchik, em São Paulo.
_Construção, na avenida Paulista, do Casarão das Rosas, último projeto de Ramos de Azevedo, onde está instalada hoje uma das livrarias da Imprensa Oficial

110. CASA DAS ROSAS PROJETO DE RAMOS DE AZEVEDO

_*Limite,* filme de vanguarda e marco de modernidade, filmado em 1930, seria lançado em 1931, única obra de Mário Peixoto, que o dirigiu aos 23 anos.

111. MÁRIO PEIXOTO POR EDGAR BRASIL, C. 1936

_Publicação de *Alguma Poesia*, de Carlos Drummond de Andrade.

112. 1ª EDIÇÃO DE *ALGUMA POESIA*, CAPA E FOLHA DE ROSTO COM DEDICATÓRIA DO AUTOR A PRUDENTE DE MORAES, BELO HORIZONTE 13.05.1930

109

DECRETO N. 19.398 — de 11 de Novembro de 1930

Institue o governo provisorio dos Estados Unidos do Brasil e dá outras providencias

O chefe do governo provisorio dos Estados Unidos do Brasil decreta:

Art. 1.° — O governo provisorio exercerá discrecionariamente, em toda a sua plenitude, as funcções e attribuições não só do poder executivo, como tambem do poder legislativo, até que, eleita a Assembléa Constituinte, estabeleça esta a reorganisação constitucional do paiz.

Paragrapho unico. — Todas as nomeações e demissões de funccionarios ou de quaesquer cargos publicos, quer sejam effectivos, interinos ou em commissão, competem exclusivamente ao chefe do governo provisorio.

110

111

112

CARLOS DRUMMOND DE ANDRADE

ALGUMA POESIA

EP

EDIÇÕES PINDORAMA
BELLO HORIZONTE
1930

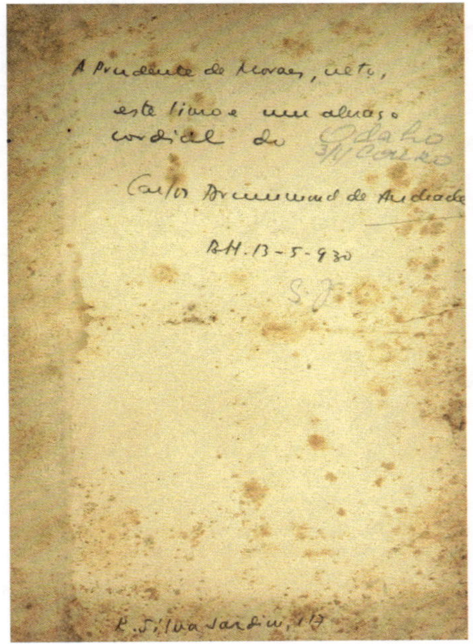

08

ESTADOS UNIDOS DO BRASIL

DIARIO OFFICIAL

DO ESTADO DE SÃO PAULO

ANNO 40.º — 42.º DA REPUBLICA — N. 246 S. PAULO QUARTA-FEIRA, 5 DE NOVEMBRO DE 1930

Governo da Republica

No dia 3 do corrente, ás 16 horas, na Capital Federal, perante a Junta Governativa Provisoria, composta dos srs. generaes Tasso Fragosso e Menna Barreto e o almirante Isaias de Noronha, assumiu a Presidencia da Republica o sr. doutor Getulio Vargas, Chefe Civil da Revolução vencedora.

Foi constituido o Ministerio que presidirá aos diversos departamentos da administração publica do novo Governo, recahindo a escolha nos nomes seguintes:

Fazenda — Sr. José Maria Whitacker;
Agricultura — Sr. Assis Brasil;
Interior e Justiça — Sr. Oswaldo Aranha;
Viação — General Juarez Tavora;
Relações Exteriores — Sr. Afranio Mello Franco;
Guerra — General Leite de Castro;
Marinha — Almirante Isaias de Noronha.

Por acto do novo Governo foi nomeado Chefe de Policia do Districto Federal — o sr. Baptista Luzardo.

Actos do Poder Executivo

INTERIOR

Por decreto de 3 do corrente foi concedido ao sr. Carlos Escobar Bueno, 4.º escripturario da Repartição de Estatistica e Archivo do Estado, um anno de licença, em prorogação.

Secretarias de Estado

INTERIOR

1.ª DIRECTORIA

1.a SECÇÃO

Expediente do dia 3 de Novembro de 1930

Foi nomeada d. Isola Rodrigues, para substituir a professora d. Carolina de Souza Costa, adjuncta do Grupo Escolar Modelo annexo á Escola Normal de Campinas, a contar de 24 de Setembro ultimo, durante o seu impedimento por licença.

Licenças concedidas

Vinte (20) dias, a contar de 25 de Outubro ultimo, para tratar de sua saúde, a d. Isaura Angelino Conceição, adjuncta do Grupo Escolar Modelo annexo á Escola Normal de Pirassununga.

Trinta (30) dias, a contar de 3 de Outubro ultimo, para tratar de sua saúde, a d. Antonia Moraes Bicudo, adjuncta do Grupo Escolar Modelo «Peixoto Gomide», annexo á Escola Normal de Itapetininga.

Dois (2) mezes, em prorogação, para tratar de sua saúde, ao sr. Procopio Westin Cabral de Vasconcellos, lente da Escola Normal de Pirassununga.

Requerimentos despachados

D. Celina Portelli. — Aguarde a supplicante opportunidade.

D. Rosaida Pagano. — Aguarde opportunidade.

Sr. Antonio Moraes Sampaio. — Não pode ser attendido.

2.ª SECÇÃO

Expediente do dia 4 de Novembro de 1930

Licenças concedidas

D. Isabel Fonseca, 3.ª escripturaria desta Secretaria, um mez; ao sr. Cesar Aquino Gonçalves, guarda-sanitario da Inspectoria de Prophylaxia da Lepra, um anno.

Requerimentos despachados

Ricardo Kohleisen. — Concedo praso até o fim do corrente anno.

Luiz Tamburro. — Concedo o praso até o fim do corrente anno.

Miranda & Gonçalves. — Suspensa a multa, por 30 dias, para que dê cumprimento á exigencia sanitaria.

Manoel Rodrigues Pedro. — Dou provimento ao recurso, visto não ser o proprietario da cocheira.

Rocco Petroni. — Concedo um praso improrogavel de 90 dias.

Sebastião Martins Blumer Bastos. — Relevada a multa.

Viuva Cinquini. — Concedido praso improrogavel de 60 dias.

Francisco Délia. — Relevo a multa, uma vez que o supplicante mantenha a cocheira com asseio.

Affonso Forino. — Deferido, pagas, porem pelo interessado as custas já vencidas do processo.

2.ª DIRECTORIA

1.ª SECÇÃO

Foi nomeada, d. Lourdes da Silva, para substituir a professora d. Lucinda Ramos Corrêa, adjuncta do 1.º Grupo Escolar de Araraquara, durante o seu impedimento por licença.

Licenças concedidas

40 dias, a contar de 27 de Outubro ultimo, a d. Zuleika de Paula Castro, adjuncta do Grupo Escolar «Francisco Glycerio», de Campinas.

1 mez, em prorogação, a d. Thereza Jardim, adjuncta do 2.o Grupo Escolar do Braz, desta Capital, em commissão no Grupo Escolar de Brotas.

24 dias, em prorogação, a d. Maria Elisa Silveira, adjuncta do Grupo Escolar «Dr. Esteves da Silva», de Ubatuba.

Officiou-se

A' Secretaria da Fazenda e do Thesouro do Estado, solicitando providencias no sentido de ser pago a d. Jocelyna Grillo, adjuncta do Grupo Escolar Barnabé, de Santos, o ordenado relativo aos dias 15, 16, 17 e 18 de Julho do corrente anno, nos termos do art. 72 da Consolidação das leis do Ensino.

2.a SECÇAO

Foram nomeados os seguintes srs. para substituir adjunctos de Grupos Escolares

Sr. Simeão Sobral de Oliveira — Substituida: d. Francisca Vieira de Camargo, do «João Florencio», de Tatuhy.

GOVERNO DE SÃO PAULO

_Governo provisório entre 25 de outubro e 26 de novembro de 1930.

_João Alberto Lins de Barros é o interventor federal de 26 de novembro de 1930 a 25 de julho de 1931.

_Mensagens do interventor federal publicadas no *Diário Oficial* de 27 de novembro: alerta ao povo que não consentirá agitações de caráter comunista ou anarquista, bem como reprimirá com severidade as tentativas de perturbar a ordem política; avisa à classe operária que não atenderá as reclamações de trabalhadores que se acharem em greve.

113. MENSAGEM DO INTERVENTOR FEDERAL

_O Decreto n. 4781, de 29 de novembro, publicado no *Diário Oficial* de 30 de novembro, "dá instruções sobre a organização municipal", tendo em vista a dissolução dos órgãos legislativos ou deliberativos do país pelo artigo n. 2 do Decreto n. 19398, de 10 de novembro.

114. ATOS DO GOVERNO PROVISÓRIO

113

ESTADOS UNIDOS DO BRASIL

DIARIO OFFICIAL

DO ESTADO DE SÃO PAULO

ANNO 40.º — 42.º DA REPUBLICA — N. 264 S. PAULO QUINTA-FEIRA, 27 DE NOVEMBRO DE 1930

GOVERNO DO ESTADO

AO POVO

O interventor federal, cel. João Alberto Lins de Barros, os secretarios de Estado, o chefe de policia e o prefeito municipal, constituindo o governo provisorio de S. Paulo, assentaram, em perfeita harmonia de vistas, imprimir caracter civil á administração publica. Embora garanta plena liberdade de pensamento, o governo paulista não consentirá em agitações de caracter communista ou anarchista, estando firmemente resolvido a reprimir com severidade as tentativas que se façam para perturbar a ordem publica, damnificar a propriedade particular ou para offender as pessoas. As medidas de caracter provisorio, que o cel. João Alberto tomou para pacificação do operariado, serão mantidas unicamente em relação aos operarios que continuarem a trabalhar e durante o prazo já estabelecido. As soluções definitivas, se não puderem ser convencionadas entre os proprios interessados, deverão ser pedidas ao governo federal, pondo o governo de São Paulo, entretanto, os seus bons officios ao serviço dos patrões e dos operarios para entendimentos equitativos. Todos os direitos privados serão respeitados e todas pessoas protegidas e todas as actividades licitas amparadas.

Não serão poupados esforços para minorar as difficuldades com que lutam as classes trabalhadoras, procurando-se collocar os desoccupados e favorecendo-se por todos os modos, dentro das normas da mais rigorosa justiça, o desenvolvimento do bem estar collectivo.

JOÃO ALBERTO LINS DE BARROS
PLINIO BARRETO
FRANCISCO DE MONLEVADE
JOSÉ CARLOS DE MACEDO SOARES
ERASMO DE ASSUMPÇÃO
HENRIQUE DE SOUZA QUEIROZ
VICENTE RÁO
CARDOSO DE MELLO NETO.

Aos trabalhadores de S. Paulo

O coronel João Alberto Lins de Barros, interventor do Governo Provisorio em S. Paulo, avisa a classe operaria em geral de que não attenderá absolutamente as reclamações de trabalhadores que se acharem em greve.

A mesma autoridade lembra aos operarios que ha dez dias atrás baixou espontaneamente, instrucções mandando augmentar de 5 % o salario e determinando o horario minimo de 40 horas por semana, tornando assim extensiva a toda a classe proletaria uma concessão que era apenas solicitada por obreiros de algumas fabricas.

Não contentes com isso, numerosos operarios declararam-se, hontem, em greve, e contrariando determinações do decreto de 16 do corrente, impediram que seus companheiros de outras fabricas continuassem a trabalhar.

Ora, o actual governo, forte como é, amparado pelas forças armadas e pela força da opinião publica, não póde admittir que as suas deliberações sejam desrespeitadas.

Elle garantirá com auxilio dessa força a ordem material dos estabelecimentos industriaes e bem assim a todo operario que queira continuar trabalhando

Ou a classe operaria tem confiança no governo e nos seus propositos de assistencia social aos trabalhadores ou não tem essa confiança.

Se confia, deve ella mesma propiciar ao governo um ambiente de serenidade e de calma, para que os seus orgams competentes possam, na tranquilidade dos gabinetes, resolver os multiplos e complexos problemas que se relacionam com a questão social.

Esses problemas, pode o governo affirmar, serão resolvidos de um ponto de vista elevado, fóra do ambiente gerado pelas paixões partidarias e attendendo exclusivamente aos interesses da collectividade e do Estado.

A revolução pode assim agir porque não é porta-voz do capitalismo, nem instrumento cégo das aspirações extravagantes do operariado.

Este precisa ter consciencia das suas necessidades reaes, na medida do possivel do justo e do equitativo.

Deve tambem, se confia no governo, repellir explorações da politicagem e da demagogia, todas contrarias aos interesses reaes dos trabalhadores, e feitas apenas em beneficio dos exploradores e em prejuizo da actividade administrativa e reconstructora economica do Estado e de todas as classes sociaes.

O governo espera que os operarios voltem ao trabalho.
Concita-os a esse gesto.

Pede-lhes que aguardem fora das estereis agitações de rua, a acção ponderada dos que estão á frente dos destinos de São Paulo neste grave momento da sua vida politica e economica.

Palacio Campos Elyseos, 25 de Novembro de 1930.

ESTADOS UNIDOS DO BRASIL

DIARIO OFFICIAL

DO ESTADO DE SÃO PAULO

ANNO 40.° — 42.° DA REPUBLICA — N. 267 S. PAULO DOMINGO, 30 DE NOVEMBRO DE 1930

AVISO

O *Diario Official* recebe annuncios e publicações particulares, diariamente, das 8 ás 10 e das 12 ás 17 horas.

Actos do Governo Provisorio

DECRETO N. 4781 — de 29 de Novembro de 1930

Dá instrucções sobre a organização municipal

O Governo Provisorio de São Paulo :

Considerando que, pelo artigo 2. do decreto n. 19.398, de 10 de Novembro de 1930, do Governo Provisorio da Republica dos Estados Unidos do Brasil, foram dissolvidos todos os «orgãos legislativos ou deliberativos do paiz» ;

Considerando que, pelo § 4.° do artigo 14, do decreto acima referido, cada municipio deve ter um prefeito «que exercerá ahi todas as funcções executivas e legislativas» ;

Considerando que para o bom desempenho de seus cargos, é necessaria a regularisação dos serviços municipaes ;

Decreta :

Artigo 1.° — Continuam em vigor as leis de organização dos municipios, assim como as posturas e deliberações municipaes, em tudo que não fôr contrario ás disposições deste e do decreto n. 19398 citado, ficando os Prefeitos dos municipios investidos dos direitos e sujeitos aos deveres e obrigações que se seguem.

Artigo 2.° — Nenhum Prefeito nomeará, para cargo publico, parente seu consanguineo ou affim, até o 6.° grão.

Artigo 3.° — Depois de regularmente empossado, o Prefeito ratificará expressamente, ou revogará, os actos ou deliberações das administracções anteriores, inclusivé os que tenha praticado.

Artigo 4.° — Para manter o regimen de publicidade, especialmente em materia de arrecadação e applicação dos dinheiros publicos, ficam os Prefeitos obrigados a publicar:

a) por edital, cada dia, affixado na portaria da Camara, o movimento de caixa ;

b) em jornal local, escolhido por concurrencia publica, os seus actos, e os motivos que o determinaram, ou, não havendo imprensa local, por affixação de editaes na portaria da Camara ;

c) no «Diario Official» do Estado, o balancete mensal da Receita e Despeza ;

Artigo 5.° — Cada seis mezes, o Prefeito fará, perante uma commissão especial, na Secretaria do Interior, a sua prestação de contas, expondo, ao mesmo tempo, as medidas que houver posto em pratica, bem como as que julgar uteis ao desenvolvimento economico do municipio.

Artigo 6.° — O Prefeito procederá immediatamente :

a) ao exame dos emprestimos e debitos das administrações anteriores, verificando-lhes a legitimidade, e effectuando-lhes o resgate, se legitimos ;

b) ao exame dos contractos concessões e privilegios municipaes, verificando lhes a legalidade, e communicando ao Governo os que não corresponderem á necessidade ou utilidade publica.

Artigo 7.° — Para attender ás necessidades dos serviços municipaes o Prefeito reorganizará o quadro dos funccionarios, mantendo os que tiverem sido efficientes, idoneos e necessarios.

Artigo 8.° — Deverão os Prefeitos realisar rigoroso córte nas despezas publicas, sem sacrificio, porém, dos serviços de evidente necessidade.

Artigo 9.° — O expediente diario das repartições municipaes será de oito horas integraes.

Artigo 10. — Com a dissolução das camaras municipaes, nos termos do decreto n. 19398 citado, ficam dispensados todos os seus funccionarios que não forem aproveitados pelo Prefeito na reorganização dos serviços da prefeitura.

Artigo 11. — Na revisão dos quadros dos funccionarios, para a reorganização geral dos serviços, os vencimentos podem ser alterados, mas não augmentados.

Artigo 12. — Ficam os Prefeitos autorisados a fazer a cobrança amigavel, sem multa, da divida activa dos munipios, atrazada, dentro do praso que fixarem.

Artigo 13. — Vigorarão, no exercicio de 1931, os orçamentos da receita e fixação das despezas deste exercicio, salvo no que for por proposta dos Prefeitos, modificado pelo Governo Provisorio do Estado.

§ unico — Até o dia 20 de Dezembro deste anno, enviarão os Prefeitos copias dos orçamentos actuaes, com as propostas de modificação, devidamente justificadas, á Secretaria do Interior.

Artigo 14. — Podem os Prefeitos proseguir, dentro dos orçamentos, nas obras imprescindiveis, ou emprehender novas, inadiaveis.

Artigo 15. — E' prohibido aos Prefeitos contrahirem emprestimos de qualquer natureza, outorgarem privilegios, ou firmarem contractos de concessão de serviços publicos, sem autorisação expressa do Governo Provisorio do Estado.

Artigo 16. — Nomearão os Prefeitos commissões, para examinarem, gratuitamente, a escripturação e archivo das respectivas municipalidade, apurarem responsabilidades, e proporem a dispensa dos culpados, enviando á Secretaria do Interior os respectivos processos, acompanhados de relatorios, para os fins de direito.

Artigo 17. — Deverão os Prefeitos fornecer aos Secretarios d'Estado e ao director da Repartição de Archivo as informações e estatisticas que lhes forem solicitadas, assim com inteirar o Governo da existencia e extensão de molesias contagiosas e pragas nas lavouras, no municipio.

Artigo 18 — Todos os fornecimentos á Prefeitura, além da quantia de 5:000$000, (cinco contos de réis) devem ser feitos por concurrencia administrativa, salvo autorização expressa do Governo Provisorio.

Artigo 19. — Ficam prohibidas quaesquer subvenções ou fornecimentos a pessoas ou entidades, salvo hospitaes e casas de beneficencia que prestarem assistencia publica gratuita.

Artigo 20. — O subsidio do prefeito é o que tiver sido estabelecido nas leis ultimas, salvo alterações autorisadas pelo Governo Provisorio do Estado.

Artigo 21. — Os prefeitos são obrigados a depositar, diariamente, em agencia do Banco do Brasil, ou na de qualquer outro banco nacional, ou nas caixas economicas, os saldos de caixa do dia anterior.

Artigo 22. — Onde houver agencia de bancos nacionaes, todos os pagamentos serão effectuados por cheques nominativos, assignados pelos prefeitos.

Artigo 23 — Fica prohibido dar a ruas, praças, ou estabelecimentos publicos, nomes de pessoas vivas.

Artigo 24. — De todos os actos dos prefeitos haverá recurso para o Governo Provisorio do Estado.

§ 1.° — O recurso será tomado por termo, no prazo de 10 dias e encaminhado pelo Prefeito, em cinco dias, com a sua informação, á Secretaria do Interior.

§ 2.° — O recurso tambem poderá ser interposto directamente á Secretaria do Interior.

Artigo 25. — Ficam excluidas deste regulamento as Prefeituras Sanitarias e a Prefeitura da Capital, que se regerão por deliberações directas do Governo.

1931

MUNDO E BRASIL

_Criação do Ministério do Trabalho, Indústria e Comércio.
_Lucio Costa inaugura, no Rio de Janeiro, o Salão de 1931 ou Salão Revolucionário. Cícero Dias expõe *Eu Vi o Mundo... Ele Começava no Recife* (1926-29).
_Oswald funda com Pagu o jornal *O Homem do Povo*.
_Publicação de *Cobra Norato*, de Raul Bopp.

115. 1ª EDIÇÃO DE *COBRA NORATO* | CAPA E FOLHA DE ROSTO

_Publicado em São Paulo o primeiro volume da Coleção Brasiliana, pela Companhia Editora Nacional.

116. 1ª EDIÇÃO DE *FIGURAS DO IMPÉRIO E OUTROS ENSAIOS* | 1º VOLUME DA COLEÇÃO BRASILIANA | CAPA E FOLHA DE ROSTO

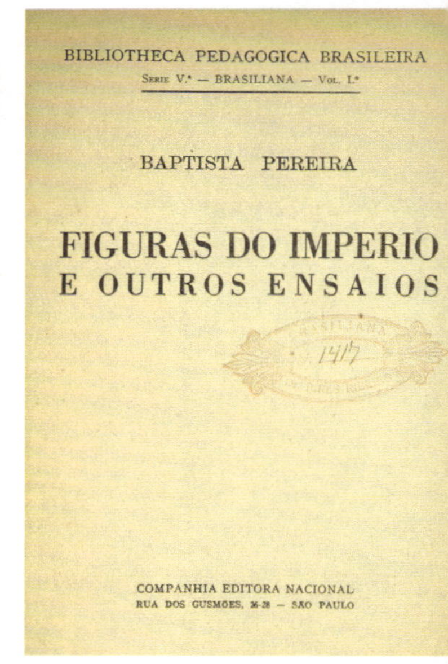
BIBLIOTHECA PEDAGOGICA BRASILEIRA
Serie V.ª — BRASILIANA — Vol. 1.ª

BAPTISTA PEREIRA

FIGURAS DO IMPERIO
E OUTROS ENSAIOS

COMPANHIA EDITORA NACIONAL
RUA DOS GUSMÕES, 26-28 — SÃO PAULO

116

GOVERNO DE SÃO PAULO

_Laudo Ferreira de Camargo é o interventor federal de 26 de julho a 13 de novembro de 1931. Nesta data, sucede-o Manoel Rabello, permanecendo no cargo até 7 de março de 1932.

115

R A U L B O P P

Cobra
Norato

Nheengatú da margem esquerda do Amazonas

Capa de Flavio de Carvalho

1 9 3 1
Estabelecimento Graphico Irmãos Ferraz
Rua Brigadeiro Tobias, 28 — São Paulo

IMPRENSA OFICIAL

_Todos os maquinismos, máquinas, acessórios e seus pertences existentes nas oficinas de composição e impressão do jornal *Correio Paulistano*, são desapropriados, por utilidade pública, pelo Decreto n. 4814, de 5 de janeiro, publicado em 6 de janeiro, e imediatamente incorporados às oficinas do *Diário Oficial do Estado*.

117. DECRETO DE TRANSFERÊNCIA DA MAQUINARIA DO *CORREIO PAULISTANO*

118. SEÇÃO DE LINOTIPIA | MÁQUINAS HERDADAS DO *CORREIO PAULISTANO*

119. ROTATIVA MARINONI, ADQUIRIDA EM 1926 PELO *CORREIO PAULISTANO*, DESAPROPRIADA EM 1931

_O Decreto n. 4816, de 7 de janeiro, publicado em 8 de janeiro (e novamente no dia 10, por ter saído com incorreções), cria a Imprensa Oficial do Estado e dá outras providências.

120. DECRETO CRIA A IMPRENSA OFICIAL

_Sud Mennucci é nomeado diretor em 8 de janeiro e assume o cargo em 10 de janeiro.

_A repartição do *Diário Oficial*, que sempre fora subordinada à Secretaria do Interior, é transferida para a Secretaria de Estado dos Negócios da Fazenda e do Tesouro, pelo Decreto n. 4917, de 3 de março, publicado em 4 de março.

_O Decreto n. 4949, de 31 de março, publicado em 1º de abril, abre um crédito especial de 350:00$000 (350 contos de réis), para pagamento da arrematação em hasta pública, de um prédio destinado à Imprensa Oficial.

_É comprado o prédio da antiga fábrica de calçados Rocha, na rua da Glória, para servir de sede à Imprensa Oficial.

121. PRÉDIO DA IMPRENSA OFICIAL À RUA DA GLÓRIA | FACHADA LATERAL DANDO PARA A TRAVESSA ROCHA

_O Decreto n. 5071, de 17 de junho, publicado em 30 de junho, autoriza a reprodução de publicações de ordem administrativa na imprensa comum, e dá outras providências.

_São adquiridas máquinas para a repartição, inclusive quatro máquinas de escrever.

_Admitida a primeira funcionária mulher na empresa, a revisora Olympia de Oliveira Mussolini.

122. PRIMEIRA MULHER CONTRATADA NA EMPRESA

117

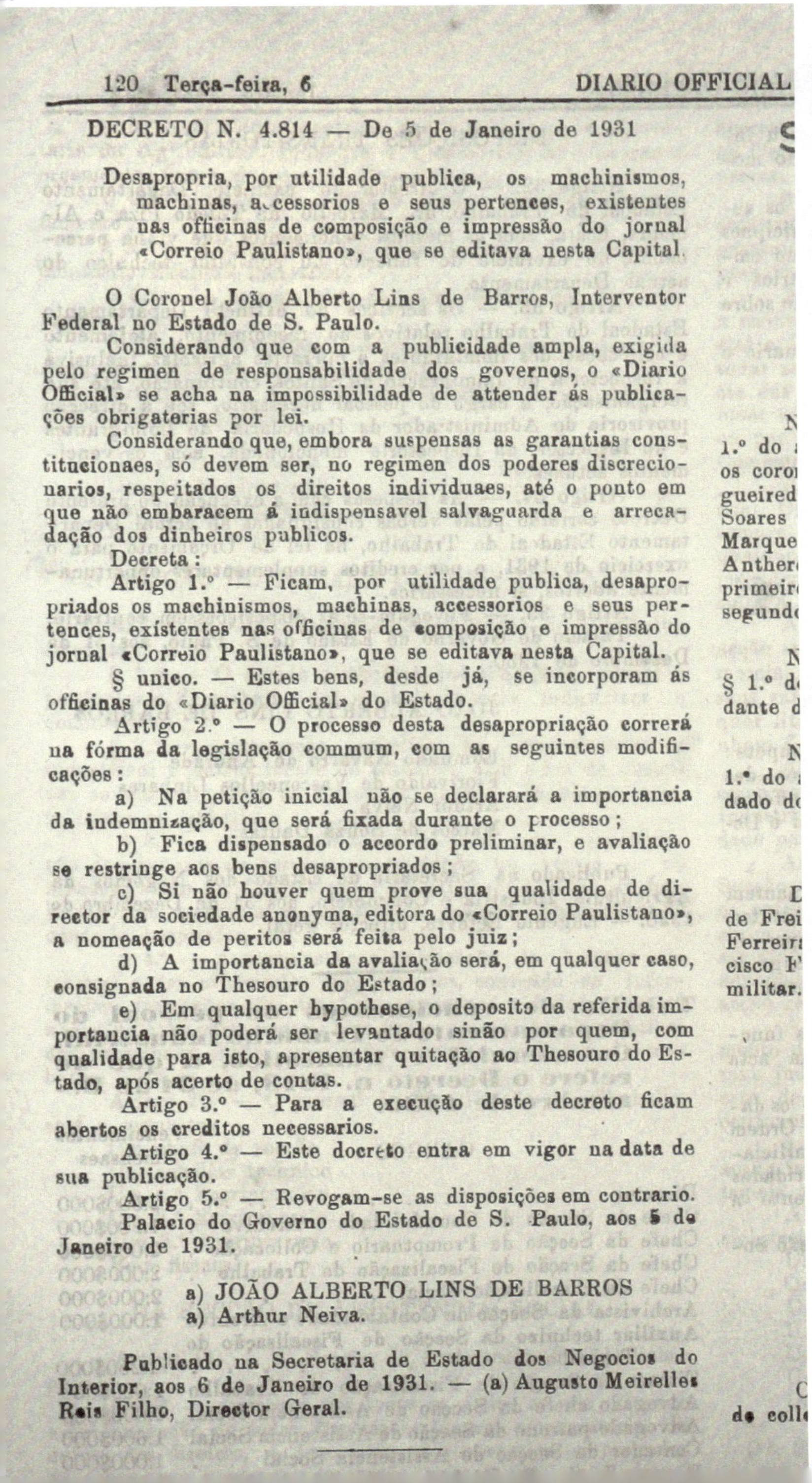

120 Terça-feira, 6 DIARIO OFFICIAL

DECRETO N. 4.814 — De 5 de Janeiro de 1931

Desapropria, por utilidade publica, os machinismos, machinas, accessorios e seus pertences, existentes nas officinas de composição e impressão do jornal «Correio Paulistano», que se editava nesta Capital.

O Coronel João Alberto Lins de Barros, Interventor Federal no Estado de S. Paulo.

Considerando que com a publicidade ampla, exigida pelo regimen de responsabilidade dos governos, o «Diario Official» se acha na impossibilidade de attender ás publicações obrigatorias por lei.

Considerando que, embora suspensas as garantias constitucionaes, só devem ser, no regimen dos poderes discrecionarios, respeitados os direitos individuaes, até o ponto em que não embaracem á indispensavel salvaguarda e arrecadação dos dinheiros publicos.

Decreta:

Artigo 1.º — Ficam, por utilidade publica, desapropriados os machinismos, machinas, accessorios e seus pertences, existentes nas officinas de composição e impressão do jornal «Correio Paulistano», que se editava nesta Capital.

§ unico. — Estes bens, desde já, se incorporam ás officinas do «Diario Official» do Estado.

Artigo 2.º — O processo desta desapropriação correrá na fórma da legislação commum, com as seguintes modificações:

a) Na petição inicial não se declarará a importancia da indemnização, que será fixada durante o processo;

b) Fica dispensado o accordo preliminar, e avaliação se restringe aos bens desapropriados;

c) Si não houver quem prove sua qualidade de director da sociedade anonyma, editora do «Correio Paulistano», a nomeação de peritos será feita pelo juiz;

d) A importancia da avaliação será, em qualquer caso, consignada no Thesouro do Estado;

e) Em qualquer hypothese, o deposito da referida importancia não poderá ser levantado sinão por quem, com qualidade para isto, apresentar quitação ao Thesouro do Estado, após acerto de contas.

Artigo 3.º — Para a execução deste decreto ficam abertos os creditos necessarios.

Artigo 4.º — Este decreto entra em vigor na data de sua publicação.

Artigo 5.º — Revogam-se as disposições em contrario.

Palacio do Governo do Estado de S. Paulo, aos 5 de Janeiro de 1931.

a) JOÃO ALBERTO LINS DE BARROS

a) Arthur Neiva.

Publicado na Secretaria de Estado dos Negocios do Interior, aos 6 de Janeiro de 1931. — (a) Augusto Meirelles Reis Filho, Director Geral.

118

119

120

ESTADOS UNIDOS DO BRASIL

DIARIO OFFICIAL

DO ESTADO DE SÃO PAULO

ANNO 41.° — 43.° DA REPUBLICA — N. 6 S. PAULO QUINTA-FEIRA, 8 DE JANEIRO DE 1931

Actos do Governo Provisorio

DECRETO N.° 4.816, de 7 de Janeiro de 1931

Cria a Imprensa Official do Estado e dá outras providencias.

O Governo Provisorio do Estado de São Paulo,

Considerando que é essencial ao governo do povo a publicidade da lei e actos da administração publica;

Considerando que, por disposições legaes, é obrigatoria a publicação, na imprensa official, de actos forenses e de direito privado;

Considerando que, para os serviços officiaes, são necessarios impressos de diversa natureza e factura de obras varias,

Decreta:

Artigo 1.° — Fica criada, no Estado de São Paulo, subordinada á Secretaria do Interior, a Imprensa Official.

Artigo 2.° — São seus objectivos:

a) editar o «Diario Official»;

b) imprimir trabalhos necessarios á administração publica.

Artigo 3.° — O «Diario Official» conterá:

a) O DIARIO DO EXECUTIVO, que publicará as leis e os regulamentos e actos de expediente das Secretarias de Estado;

b) O DIARIO DO CONGRESSO, que publicará os debates parlamentares, pareceres das commissões de congressistas e ordem do dia das sessões do Congresso, quando este vier a funccionar;

c) O DIARIO DA JUSTIÇA, que publicará os accordãos, despachos e o expediente do Tribunal de Justiça, as sentenças dos juizes estaduaes, bem como o expediente do fôro da Capital;

d) O «Diario dos Municipios», em que serão publicadas as leis, resoluções, balancetes e prestações de contas das municipalidades da Capital e do Interior;

e) «Publicações Particulares» que devam ser feitas por força de disposições legaes, e as que obtenham a necessaria auctorização do director da Imprensa.

§ unico — Nenhuma outra publicação, além das especificadas acima, ou notas de caracter official, será permittida no «Diario Official».

Artigo 4.o — Serão confeccionados nas officinas da Impresa Official, salvo impossibilidade technica ou de tempo, os relatorios das Secretarias de Estado, os trabalhos officiaes, que devam ser publicados, as formulas e os impressos usuaes nas repartições publicas, bem como, a juizo do Governo, quaesquer obras e trabalhos de interesse publico.

§ unico. — Nenhuma publicação se fará gratuitamente.

Artigo 5.o — A Imprensa Official terá a seguinte organisação:

a) uma directoria;

b) uma redacção do «Diario Official»;

c) uma gerencia;

d) uma contabilidade;

e) uma technica de obras;

f) uma portaria.

§ 1.° — A redacção do «Diar'o Official» comprehende duas secções:

a) uma para o «Diario do Executivo» e «Diario da Justiça»;

b) outra para o «Diario do Congresso» e «Diario dos Municipios» e das publicações particulares.

§ 2.° — A gerencia abrange as duas secções:

a) o expediente;

b) almoxarifado e o archivo do jornal e de obras.

§ 3.° — A contabilidade se divide em duas secções:

a) a escripta do jornal;

b) a escripta das officinas e folhas de pagamento.

§ 4.° — A technica de obras terá tres secções:

a) as officinas do «Diario Official»;

b) as officinas de obras;

c) a officina de encadernação.

Artigo 6.° — Será este o pessoal da Imprensa:

a) um director;

b) um redactor do «Diario Official», tres auxiliares de redacção, e revisores;

c) um gerente, dois primeiros escripturarios, tres segundos escripturarios, e quatro terceiros escripturarios;

d) um contador, um sub-contador, dois primeiros escripturarios, tres segundos escripturarios e quatro terceiros escripturarios;

e) um technico de obras, mestres e operarios;

f) um porteiro e serventes.

§ unico. — O numero de revisores, de mestres, de operarios e de serventes, depende das necessidades dos serviços.

Artigo 7.° — São attribuições do director:

a) superintender todos os serviços da Imprensa Official;

b) autorizar as publicações que não forem obrigatorias por lei;

c) contractar e dispensar os auxiliares de redacção, os revisores, os serventes e os demais empregados contractados;

d) auctorizar a compra de materia prima necessaria ao estabelecimento;

e) auctorizar o pagamento do pessoal e das despezas necessarias á conservação das officinas;

f) distribuir os escripturarios pelas varias secções segundo a conveniencia dos serviços;

g) propor ao Secretario do Interior as tabellas de preços das assignaturas e das publicidades no «Diario Official», de collecção de leis e de outras publicações;

h) publicar, cada mez, no «Diario Official», o balancete da receita e da despeza, recolhendo ao Thesouro o saldo que se verificar;

i) apresentar ao Secretario do Interior o relatorio annual da sua administração, e prestação de contas.

Artigo 8.° — Compete ao redactor do «Diario Official»:

a) propor ao director a nomeação de auxiliares da redacção e revisores;

b) secretariar o «Diario Official»;

c) distribuir os serviços do jornal entre os auxilares da redacção e os revisores.

Artigo 9.° — Incumbe ao gerente:

a) substituir o director em suas faltas ou impedimentos;

121

b) contractar com os clientes, de accordo com a tabella official, as publicações legaes ou autorizadas;

c) estabelecer preços e fazer orçamentos para os trabalhos encommendados nas officinas;

d) comprar com autorização do director a materia prima necessaria ao estabelecimento;

e) remetter ao Thesouro do Estado a relação dos funccionarios assignantes que pagam assignaturas em descontos nos vencimentos;

e) recolher diariamente no Banco do Estado de São Paulo a renda arrecadada;

f) organizar as folhas de pagamento do jornal;

g) fiscalizar a receita diaria do jornal e do avulso;

h) organizar o serviço de expedição e remessa da folha;

i) receber dos Bancos e do Correio Geral as importancias dos cheques e vales postaes remettidos á Imprensa Official;

j) organizar o mappa mensal do material entrado na repartição e della sahido.

Artigo 10. — Cumpre ao Contador.

a) organizar toda a escripturação mercantil da Imprensa Official;

b) ter sob sua guarda todos os livros e documentos relativos á contabilidade da repartição;

c) remetter diariamente á Directoria um boletim demonstrativo da receita arrecadada no dia anterior;

d) apresentar, até o dia 5 de cada mez, o balancete da receita e despesa da repartição;

e) apresentar no fim de cada exercicio, até o dia 10 de Janeiro, o balanço annual da receita e despesa da Imprensa official.

Artigo 11. — Cabe ao Technico de Obras:

a) organizar industrialmente a officina;

b) distribuir os serviços pelos mestres e operarios;

c) contractar e dispensar livremente mestres e operarios;

d) dar orientação technica e artistica aos trabalhos das Officinas;

e) fornecer ao director guias dos serviços contractados;

f) entregar á gerencia notas dos serviços feitos;

g) organizar diariamente o ponto dos operarios e calcular o serviço de cada um;

h) zelar pela conservação e bom funccionamento dos machinismos e accessorios;

i) ter sob sua guarda o inventario de todas as machinas, pertences, e material das officinas;

j) fornecer diariamente ao director a relação do comparecimento do pessoal ás officinas;

k) informar ao director, cada dia, da tiragem do jornal e do papel gasto.

Artigo 12. — São estes os vencimentos do pessoal:

Director	30:000$000	annuaes
Gerente	24:000$000	»
Redactor	24:000$000	»
Technico de Obras . .	24:000$000	»
Contador	18:000$000	»
Sub-contador	14:400$000	»
1.º escripturario . . .	12:000$000	»
2.º escripturario . . .	9:600$000	»
3.º escripturario . . .	7:200$000	»
Porteiro	6:300$000	»
Auxiliar da Redacção .	6:000$000	»
Revisores	3:600$000	»

Artigo 13 — O porteiro será nomeado pelo Secretario do Interior.

§ 1.º — O pessoal contractado nas officinas e os serventes terão os ordenados que forem, com approvação do Secretario do Interior, fixados segundo os usos da praça pelo technico de obras.

§ 2.º — O pessoal contractado e os serventes serão admittidos e demittidos pelo director.

Artigo 14 — Os actuaes funccionarios do «Diario Official» que não forem aproveitados na Imprensa Official serão dispensados na forma seguinte:

1 — Os que tiverem mais de 20 annos de serviço publico poderão requerer a sua aposentadoria na forma das leis em vigor; ou serão licenciados sem vencimentos se o Governo os julgar inefficientes para as funcções novas.

2 — Os demais ficarão addidos, sem vencimentos, á Secretaria do Interior, até que sejam aproveitados em novos logares ou em vagas occorrentes.

3 — Para este aproveitamento, é necessario que sejam considerados pelo Governo aptos para o trabalho, mediante exame medico e prova de habilitação.

Artigo 15. — Serão admittidos como aprendizes nas officinas e demais departamentos da Imprensa Official na medida das possibilidades e a juizo do director, os menores que forem apresentados pelo Juizo de Menores da Capital.

Artigo 16. — O Secretario do Interior expedirá o Regulamento deste decreto.

Artigo 17. — Ficam abertos os creditos necessarios á execução deste Decreto.

Artigo 18. — Este Decreto entrará em vigor na data da sua publicação.

Artigo 19. — Revogam-se as disposições em contrario.

Palacio do Governo do Estado de São Paulo, aos 7 de Janeiro de 1931.

JOÃO ALBERTO LINS DE BARROS
Arthur Neiva

Publicado na Secretaria do Interior, em 7 de Janeiro de 1931. — A. Meirelles Reis Filho, Director Geral.

DECRETO N. 4815 de 6 de Janeiro de 1931

Reorganisa o Instituto do Café do Estado

Considerando que o Instituto do Café do Estado de São Paulo, creado de accordo com a Lei n. 2004, de 19 de Dezembro de 1924, tendo passado pelas modificações constantes das Leis ns. 2110-A, de 20 de Dezembro de 1925, n. 2122, do mesmo mez e anno e n. 2144, de 26 de Outubro de 1926, ficou sem a cooperação directa da lavoura cafeeira e da praça de Santos na sua vida administrativa;

considerando de toda a justiça e conveniencia a participação effectiva de ambas na direcção dos serviços de defesa do café;

considerando que o Thesouro do Estado tomou a responsabilidade do emprestimo externo contrahido pelo Instituto;

considerando a multiplicidade dos interesses communs ao Thesouro do Estado e ao Instituto;

considerando que a consulta directa aos lavradores e á praça de Santos está sujeita a delongas que a situação actual não comporta;

O Coronel João Alberto Lins de Barros, Interventor Federal no Estado de São Paulo,

Usando da autorisação prevista no art. 11 do Decreto Federal n. 19398, de 11 de Novembro de 1930,

Decreta:

Artigo 1.º — Fica supprimido o Conselho com attribuições fiscaes, ora existente no Instituto do Café do Estado de São Paulo, e creado em sua substituição o Conselho Director do mesmo Instituto, composto do Secretario da Fazenda, de dois representantes dos interesses da lavoura cafeeira e de um dos da praça de Santos.

§ unico — Os membros do Conselho Director exercerão as suas funcções independentemente de qualquer remuneração.

Artigo 2.º — Ao Conselho incumbem as attribuições administrativas do Instituto, actualmente confiadas ao Secretario da Fazenda e do Thesouro, ficando, entretanto, sujeito ao veto do Governo do Estado qualquer acto que en-

122

1932

MUNDO E BRASIL

_Criada a carteira profissional; Vargas decreta a jornada de oito horas e outros direitos trabalhistas.
_Promulgado o Código Eleitoral.

123. NOVO CÓDIGO ELEITORAL PARA TODO O PAÍS

_Criação da Aliança Integralista Brasileira por Plínio Salgado.
_Criada a Escola Paulista de Medicina, em São Paulo.
_Formação da Sociedade Pró-Arte Moderna (SPAM) e do Clube dos Artistas Modernos (CAM).
_Uma nota, publicada no *Diário Oficial* de 13 de agosto, conclama os contribuintes a pagarem o imposto de renda, "como uma forma de cooperação patriótica das mais valiosas".

124. CONCLAMAÇÃO PARA O PAGAMENTO DO IMPOSTO DE RENDA

Num. 183 — Sábado, 13 de Agosto de 1932 — Anno 42

Diario Oficial

do Estado de São Paulo (E. U. do Brasil)

NUMERO DO DIA . . . . 500 REIS — NUMERO ATRAZADO DO ANO CORRENTE . . . . 600 REIS

Diario do Executivo

Atos do Governador do Estado

DIARIO OFICIAL

Sumario

DIARIO DO EXECUTIVO

ATOS DO GOVERNADOR DO ESTADO

SECRETARIAS DE ESTADO

BALANCETES DOS MUNICIPIOS

PUBLICAÇÕES PARTICULARES

DIARIO DA JUSTIÇA

EDITAIS — Fôro da Capital — Fôro do Interior.

(*) DECRETO N.o 5.394, — DE 18 DE JULHO DE 1932

Aprova o contrato celebrado entre a Diretoria de Estradas de Rodagem e a Sociedade Colonizadora do Brasil Limitada, para a construção de uma ponte sobre o rio Tietê, em Lussanvira, na Estrada de Ferro Noroeste do Brasil.

O DOUTOR PEDRO DE TOLEDO, GOVERNADOR DO ESTADO DE SÃO PAULO, por aclamação do Povo Paulista, do Exercito Nacional e da Força Publica,

DECRETA:

Artigo 1.o — Fica aprovado o contrato celebrado entre a Diretoria de Estradas de Rodagem da Secretaria da Viação e Obras Publicas e a Sociedade Colonizadora do Brasil Ltda., para construção de uma ponte sobre o rio Tietê, em Lussanvira, na Estrada de Ferro Noroeste do Brasil, nos termos do decreto n. 5.388, de 17 de fevereiro de 1932 e de conformidade com as clausulas que com este baixam, assinadas pelo diretor interino da Diretoria de Estradas de Rodagem.

Artigo 2.o — Este decreto entrará em vigor na data de sua publicação.

Palacio do Governo do Estado de São Paulo, aos 18 de julho de 1932.

PEDRO DE TOLEDO.

Francisco Emygdio da Fonseca Telles.

Publicado na Secretaria de Estado dos Negocios da Viação e Obras Publicas, aos 18 de julho de 1932.

(a.) Luiz Silveira,
Diretor Geral.

V. S. ainda não pagou o seu imposto sobre a renda?

Se não o pagou, vá paga-lo sem mais protelações, pois essa é uma forma de cooperação patriotica das mais preciosas no momento e que nada custa ao contribuinte.

Alguns individuos, talvez derrotistas, e até pessoas cultas, de bom senso e boa fé, têm se obstido de fazer tal pagamento, alegando que o Fisco Federal pode não reconhecer a sua validade.

Nada mais infundado.

O imposto é arrecadado pela propria repartição federal encarregada da cobrança, a qual fornece ás partes recibo em forma perfeitamente regular.

E diante desse recibo que é uma quitação revestida de todas as formalidades legais, não ha, perante juiz nenhum, ação executiva possivel para uma segunda cobrança.

Até 20

Diario Oficial

TELEFONES:

Rua 11 de Agosto, 39	Rua João Bricola, 2, Sub-Gerencia e Oficinas 2-1154. Expediente do Escritorio da Sub-Gerencia: das 10 ás 17 e 1/2 horas. Oficinas abertas das 19 horas em deante.
Gerencia . . . 2-1376	
Contadoria . . 2-0065	
(Expediente das 12 ás 18 horas)	

TABELA DE PREÇOS

ASSINATURAS		Parte Comercial, Editais e Publicações Particulares	
Por ano	40$000	1 Pagina	
Por semestre	22$000	por uma vez	350$000
PARA O EXTRANGEIRO		Repetição	300$000
Por ano	100$000	1/2 Pagina	
Por semestre	60$000	por uma vez	190$000
As assinaturas começam em qualquer época e terminam sempre a 30 de junho e 31 de dezembro		Repetição	150$000
PARA FUNCIONARIOS PUBLICOS:		1/4 de Pagina	
Por ano	24$000	por uma vez	95$000
Por semestre	12$000	Repetição	75$000
Pagos diretamente na Imprensa Oficial		1 Centimetro de coluna, por uma vez	3$500
		Repetição	3$000

Imprensa Oficial — Pagina — 1 —

Domingo, 23 de Abril de 1933 — JORNAL DO ESTADO — (2.a Fase) — Num. 91 — Ano I
(Orgão oficial dos poderes do Estado de S. Paulo - Brasil)

CODIGO ELEITORAL

REGULA EM TODO O PAI'S O ALISTAMENTO ELEITORAL E AS ELEIÇÕES FEDERAIS, ESTADUAIS E MUNICIPAIS

Decreto n. 21.076 – de 24 de Fevereiro de 1932

O Chefe do Governo Provisorio da Republica dos Estados Unidos do Brasil,

Decreta o seguinte:

CODIGO ELEITORAL

Parte Primeira

INTRODUÇÃO

Art. 1.º — Este Codigo regula em todo o país o alistamento eleitoral e as eleições federais, estaduais e municipais.

Art. 2.º — E' eleitor o cidadão maior de 21 anos, sem distinção de sexo, alistado na forma deste Codigo.

Art. 3.º — As condições cidadania e os casos em que se suspendem ou perdem os direitos de cidadão, regulam-se pelas leis atualmente em vigor, nos termos do decreto n.º 19.398, de 11 de novembro de 1930, art. 4.º entendendo-se, porém, que:

a) — o preceito firmado no art. 69, n.º 5, da Constituição de 1891, rege igualmente a nacionalidade da mulher estrangeira casada com brasileiro;

b) — a mulher brasileira não perde sua cidadania pelo casamento com estrangeiro;

c) — o motivo de convicção filosofica ou politica é equiparado ao de crença religiosa, para os efeitos do art. 72, § 29, da mencionada Constituição;

d) — a parte final do art. 72, § 29, desta, sómente abrange condecorações ou titulos que envolvam fóros de nobreza, privilegios ou obrigações incompativeis com o serviço da Republica.

Art. 4.º — Não pódo alistar-se eleitores:

a) — os mendigos;

b) — os analfabetos;

c) — as praças de pré, excetuados os alunos das escolas militares de ensino superior.

§ unico — Na expressão praças de pré, não se compreendem:

1.º) — os aspirantes a oficial e os sub-oficiais;

2.º) — os guardas civis e quaisquer funcionarios da fiscalização administrativa, federal ou local.

Parte Segunda

DA JUSTIÇA ELEITORAL

Art. 5.º — E' instituida a Justiça eleitoral, com funções contenciosas e administrativas.

§ unico — São orgãos da Justiça Eleitoral:

1.º) — um Tribunal Superior, na Capital da Republica;

2.º) — um Tribunal Regional, na Capital, de cada Estado, no Distrito Federal e na séde do Governo do Territorio do Acre;

3.º) — juizes eleitorais nas comarcas, distritos ou termos judiciarios.

Art. 6.º — Aos magistrados eleitorais são asseguradas as garantias da magistratura federal.

Art. 7.º — Salvo motivo justificado perante o Tribunal Superior, a exoneração de seus membros ou a de membros dos Tribunais Regionais sómente póde ser solicitada dois anos depois de efetivo exercicio.

Art. 8.º — Ao cidadão, que tenha servido efetivamente dois anos nos Tribunais Eleitorais, é licito recusar nova nomeação.

CAPITULO I

Do Tribunal Superior

Art. 9.º — Compõe-se o Tribunal Superior de oito membros efetivos e oito substitutos.

§ 1.º — E' seu presidente o vice-presidente do Supremo Tribunal Federal.

§ 2.º — Os demais membros são designados do seguinte modo:

a) — dois efetivos e dois substitutos, sorteados dentre os ministros do Supremo Tribunal Federal;

b) — dois efetivos e dois substitutos, sorteados dentre os desembargadores da Côrte de Apelação do Distrito Federal;

c) — tres efetivos e quatro substitutos, escolhidos pelo Chefe do Governo Provisorio dentre 15 cidadãos, propostos pelo Supremo Tribunal Federal.

§ 3.º — Sómente póde figurar na proposta quem reuna os seguintes requisitos:

1.º) — ter notavel saber juridico e idoneidade moral;

2.º) — não ser funcionario demissivel **ad-nutum**;

3.º) — não fazer parte da administração de sociedade ou empresa que tenha contrato com os poderes publicos, ou goze mediante concessão, de isenções, favores ou privilegios;

4.º) — ser domiciliado na séde do Tribunal.

Art. 10.º — Não pódem fazer parte do Tribunal Superior pessôas que tenham, entre si, parentesco até o 4.º grau; sobrevindo este exclue-se o juiz por ultimo designado.

Art. 11. — Ao juiz do Tribunal Superior, por sessão a que compareça, é abonado o seguinte subsidio:

a) — 100$000, sem prejuizo dos vencimentos integrais, quando exerça outra função publica remunerada;

b) — 150$000, em caso contrario.

Art. 12. — Dentre os seus membros, elege o Tribunal Superior, um vice-presidente e um procurador para as funções do Ministerio Publico.

Art. 13. — Salvo disposição em contrario, delibera o Tribunal Superior por maioria de votos, em sessão publica, com a presença de cinco membros, pelo menos, além do que ocupar a presidencia, que tem apenas voto de desempate.

Art. 14. — São atribuições do Tribunal Superior:

1) — Elaborar seu regimento e o dos Tribunais Regionais;

2) — organizar sua secretaria dentro da verba orçamentaria fixada;

3) — superintender sua secretaria e propôr ao Chefe do Governo Provisorio a nomeação dos respectivos funcionarios;

4) — fixar normas uniformes para a aplicação das leis e regulamentos eleitorais, expedindo instruções que entenda necessarias;

5) — julgar, em ultima instancia, os recursos interpostos das decisões dos Tribunais Regionais;

6) — conceder originariamente **habeas-corpus**, sempre que proceda de Tribunal Regional a coação alegada;

7) — decidir conflitos de jurisdição entre Tribunais Regionais ou entre juizes eleitorais de regiões diferentes;

8) — propôr ao chefe do Governo Provisorio as providencias necessarias, para que as eleições se realizem no tempo e fómra determinados em lei.

Art. 15. — As decisões do Tribunal Superior, nas materias de sua competencia, põem termo aos processos.

SECÇÃO UNICA

Da Secretaria do Tribunal Superior

Art. 16. — Divide-se a secretaria do Tribunal Superior em duas secções: 1.ª, a do expediente; 2.ª, a do registro e arquivo eleitorais.

Art. 17. — Tem a secretaria um diretor, um vice-diretor e os funcionarios julgados necessarios.

§ unico — O diretor é, ao memso tempo, secretario do Tribunal Superior.

Art. 18. — Incumbe á secretaria:

1) — publicar o **Boletim Eleitoral**;

2) — realizar operações tecnicas de carater eleitoral;

3) — prestar informações de natureza eleitoral, solicitadas pelos partidos politicos;

4) — em geral, excercer as atribuições que lhe sejam conferidas em regimento, bem como cumprir as determinações do Tribunal Superior.

Art. 19. — Além das publicações ordenadas pelo Tribunal Superior, devem constar do **Boletim Eleitoral**:

a) — as inscrições arquivadas até o dia anterior á publicação do **Boletim**;

b) — as inscrições canceladas e revalidadas;

c) — as decisões que alterem direitos eleitorais;

d) — a relação dos atestados de obito remetidos pelos oficiais competentes.

Art. 20 — Comprcende o arquivo eleitoral os seguintes registros:

1) — o datiloscopico,

2) — o patronimico;

3) — o domiciliario;

4) — o fotografico;

5) — o de processos;

6) — o eleitoral nacional;

7) — o de inscrições plurais;

8) — o de cancelamentos;

9) — o de inhabilitados;

10) — o supletorio nacional.

CAPITULO II

Dos Tribunais Regionais

Art. 21. — Compõem-se os Tribunais Regionais de seis membros efetivos e seis substitutos.

§ 1.º — Preside ao Tribunal Regional:

1) — nos Estados, o vice-presidente do Tribunal de Justiça de mais alta graduação;

2) — no Distrito Federal, o vice-presidente da Côrte de Apelação;

3) — no Territorio do Acre, o presidente do Tribunal de Apelação.

§ 2.º — Os demais membros são designados do seguinte modo:

I — Quanto aos Estados:

a) — o juiz federal, servindo o da 2.ª Vara, si houver mais de uma.

§ unico — Na falta ou impedimento do juiz efetivo, funcionará o juiz da 1.ª vara, ou, si houver apenas uma, o juiz de direito mais antigo da Capital do Estado;

b) — dois efetivos e dois substitutos, sorteados dentre os membros do Tribunal de Justiça local;

c) — dois efetivos e tres substitutos, escolhidos pelo chefe do Governo Provisorio, dentre 12 cidadãos porpostos pelo Tribunal de Justiça local.

II — Quanto ao Distrito Federal:

a) — o juiz federal da 2.ª Vara e, em sua falta ou impedimento, respectivamente, o da 1.ª e o da 3.ª;

b) — dois efetivos e dois substitutos, sorteados dentre os desembargadores da Côrte de Apelação;

c) — dois efetivos e tres substitutos, escolhidos pelo Chefe do Govêrno Provisorio dentre 12 cidadãos propostos pela Côrte de Apelação.

III — Quanto ao Territorio do Acre:

a) — o juiz federal e, em sua falta ou impedimento, o juiz de direito da séde do Governo;

b) — os dois outros membros do Tribunal de Apelação;

c) — dois efetivos e cinco substitutos, nomeados pelo Chefe do Governo Provisorio dentre 12 cidadãos propostos pelo Tribunal de Apelação.

Art. 22 — Por sessão a que compareça, ao juiz do Tribunal Regional é abonado o seguinte subsidio:

a) — 80$000, sem prejuizo dos vencimentos integrais, quando exerça outra função publica remunerada;

b) — 120$000, em caso contrario.

Art. 23 — São atribuições do Tribunal Regional:

1) — cumprir e fazer cunprir as decisões e determinações do Tribunal Superior;

2) — organizar sua secretaria dentro da verba orçamentaria fixada;

3) — superintender sua secretaria, bem como as repartições eleitorais da respectiva região;

4) — propôr ao Chefe do Governo Provisorio a nomeação dos funcionarios da mesma secretaria e dos encarregados das identificações nos cartorios eleitorais;

5) — decidir, em primeira instancia, os processos eleitorais;

6) — processar e julgar os crimes eleitorais;

7) — julgar, em segunda instancia, os recursos interpostos das decisções dos juizes eleitorais;

8) — conceder "habeas-corpus" em materia eleitoral;

9) — fazer publicar, diariamente, no jornal oficial, a lista dos inscritos na vespera;

10) — dar publicidade a todas as resoluções, de carater eleitoral, referente á região respectiva;

11) — fazer a apuração dos sufragios e proclamar os eleitos.

Art. 24 — Dentro de 15 dias depois de instalados, devem os Tribunais Regionais, para o efeito do alistamento:

a) — dividir em zonas o territorio de sua jurisdição;

b) — designar as varas eleitorais e os oficios que ficam incumbidos do serviço de qualificação e identificação.

Art. 25 — Aplicam-se aos Tribunais Regionais as disposições dos arts. 9.º, § 3, 10.º, 12.º e 13.º, reduzida, porém, ao minimo de quatro o numero de membros que devem estar presentes á sessão.

SECÇÃO UNICA

Da Secretaria dos Tribunais Regionais

Art. 26 — Divide-se a secretaria de cada Tribunal Regional em duas secções: 1.ª, a do expediente; 2.ª, a do registro e arquivo eleitorais.

Art. 27 — Cada secretaria tem um diretor e os funcionarios julgados necessarios.

Paragrafo unico — O diretor é, ao mesmo tempo, secretario do Tribunal Regional.

Art. 28 — Incumbe á secretaria:

1) — realizar ou ultimar a inscrição dos alistaveis;

2) — receber e classificar os processos eleitorais remetidos pelos cartorios:

3) — coligir a prova nos processos de exclusão;

4) — expedir titulos eleitorais;

5) — prestar as informações solicitadas pelos partidos politicos;

6) — em geral, exercer as atribuições que lhe sejam conferidas em regimento, bem como cumprir as determinações do Tribunal Regional.

Art. 29 — Devem os arquivos regionais compreender, pelo menos, os seguintes registros:

1) — o datiloscopico;

2) — o patronimico;

3) — o domiciliario;

4) — o fotografico;

5) — o de processos.

CAPITULO III

Dos Juizes Eleitorais

Art. 30 — Cabem aos juizes locais vitalicios, pertencentes á magistratura, as funções de juiz eleitoral.

§ 1.º — Onde haja mais de uma vara, o Tribunal Regional designa aquela, ou aquelas, a que se atribue a jurisdição eleitoral.

§ 2.º — Nas varas de mais de um oficio, servirá o escrivão que fôr indicado pelo Tribunal.

Art. 31 — Compete aos juizes eleitorais:

1) — cumprir e fazer cumprir as determinações do Tribunal Superior ou Regional;

2) — preparar os processos eleitorais, servindo tambem como juizes de instrução, ao Tribunal Regional, em virtude de delegação expressa deste;

3) — dirigir e fiscalizar os serviços de identificação nos cartorios eleitorais;

4) — despachar, em primeira instancia, os requerimentos de qualificação e as listas de cidadãos incontestavelmente alistaveis, enviadas pelas autoridades competentes.

§ unico — Nas comarcas, municipios, ou termos, em que não existam juizes nas condições previstas pelo artigo 30, preparam os processos as autoridades judiciarias locais, mais graduadas, remetendo-se, para julgamento, ao juiz que preencha tais requisitos, na comarca, distrito ou termo mais proximo.

Art. 32 — Aos juizes eleitorais é abonado o subsidio de um conto e duzentos mil réis por ano, pago em quotas mensais.

SECÇÃO UNICA

Dos cartorios eleitorais

Art. 33. — Subordinado a cada juiz eleitoral, funciona, diariamente, das 9 ás 12 e das 13 ás 17 horas, um cartorio, que tem a seu cargo as operações insicias de inscrição.

Art. 34. — Compõe-se o cartorio do respectivo escrivão e dos funcionarios nomeados pelo Tribunal Regional.

Art. 35. — Ao escrivão designado para os serviços eleitorais é abonada a gratificação de seiscentos mil réis por ano, paga em quotas mensais.

Parte Terceira

DO ALISTAMENTO

TITULO I

Da qualificação

Art. 36. — Faz-se a qualificação **ex-oficio** ou por iniciativa do cidadão.

CAPITULO I

Da Qualificação "ex-oficio"

Art. 37. — São qualificados **ex-oficio**:

a) — os magistrados, os militares de terra e mar, os funcionarios publicos efetivos;

b) — os professores de estabelecimentos de ensino oficiais ou fiscalisados pelo Governo;

c) — as pessoas que exerçam, com diploma cientifico, profissão liberal;

d) — os comerciantes com firma registrada e os socios de firma comercial registrada;

e) — os reservistas de 1.ª categoria do Exercito e da Armada licenciados nos anos anteriores.

§ 1.º — Os chefes das repartições publicas civis ou militares, os diretores de escolas, os presidentes das ordens dos advogados, os chefes das repartições onde se registrem os diplomas e as firmas sociais, são obrigados, nos 15 dias imediatos á abertura do alistamento a fornecer ao juiz eleitoral, sob cuja juriedição estejam, listas de todos os cidadãos qualificados **ex-oficio**.

§ 2.º — Devem as listas conter, em referencia a cada cidadão, o nome e pronome, o cargo e profissão que exerça, e o que conste quanto á nacionalidade, idade e residencia.

§ 3.º — Recebidas as listas, declara o juiz qualificados os que se encontrem nas condições legais, dando disto conhecimento ao Tribunal Regional.

GOVERNO DE SÃO PAULO

_Pedro Manoel de Toledo é o interventor federal de 7 de março a 2 de outubro. A ata de sua aclamação, lavrada em 10 de julho, é publicada no *Diário Oficial* em 14 de julho.

125. ACLAMAÇÃO DO GOVERNADOR DO ESTADO DE SÃO PAULO

_Em decorrência da Revolução Constitucionalista em São Paulo, são tomadas várias medidas, regulamentadas por decretos do interventor federal:

_O Decreto n.5597, de 18 de julho, publicado em 20 de julho, "dispõe sobre a requisição de veículos de transporte" para a movimentação das tropas.

_O Decreto n.5599, de 10 de julho, publicado em 20 de julho, "decreta feriados os dias 21, 22 e 23, e férias forenses indeterminadas e dá outras providências", por considerar que é indispensável a mobilização de todos para a defesa da causa constitucionalista;

126. DECRETO DE FERIADOS E FÉRIAS FORENSES DEVIDO À CAUSA CONSTITUCIONALISTA

O Decreto n.5612, de 28 de julho, publicado em 31 de julho, "providencia sobre o maior aproveitamento do trigo nos moinhos e a confecção do pão de guerra";

127. TRIGO E PÃO DE GUERRA

O Decreto n.5627, de 10 de agosto, publicado em 11 de agosto, reconhece como de utilidade pública a milícia civil MMDC e seus serviços.

128. A MILÍCIA CIVIL MMDC É RECONHECIDA DE UTILIDADE PÚBLICA

_O Decreto n.5650, de 26 de agosto, publicado em 28 de agosto, "estabelece medidas atinentes ao consumo de gasolina".

_Pelo Decreto n.5656, de 29 de agosto, publicado em 30 de agosto, adota-se um brasão de armas para o Estado de São Paulo.

129. BRASÃO DE ARMAS DO ESTADO DE SÃO PAULO

_Em 6 de outubro de 1932, Waldomiro Castilho de Lima assume o cargo de interventor federal, no qual permanece até 27 de julho de 1933.

_Em homenagem à memória de Santos Dumont, um ato do governo do Estado, publicado em 17 de dezembro, determina que seja ponto facultativo nas repartições públicas do Estado a data em que seus restos mortais deixarão São Paulo para serem sepultados na capital do país.

_Decreto determina que a coleção da Pinacoteca seja reunida e instalada na antiga sede da Imprensa Oficial do Estado, à rua Onze de Agosto, n.39.

125

Num. 156 Quinta-feira, 14 de Julho de 1932

Diario Of

do Estado de São Paulo

Diario do Exe

Atos do Governador dc

ACLAMAÇÃO DO GOVERNADOR DO ESTADO

JUSTIÇA E SEGURANÇA PUBLICA

Imprensa Oficial

Num. 161 — Quarta-feira, 20 de Julho de 1932 — Anno 42.º

Diario Oficial

do Estado de São Paulo (E. U. do Brasil)

NUMERO DO DIA . . . . 500 RÉIS — NUMERO ATRAZADO DO ANO CORRENTE . . . 600 RÉIS

Diario do Executivo

Atos do Governador do Estado

DIARIO OFICIAL

Sumario

DIARIO DO EXECUTIVO

ATOS DO GOVERNADOR DO ESTADO

Decreto n. 5.597, de 18 de julho de 1932 — Dispõe sobre a requisição de veiculos de transportes.

Decreto n. 5.598, de 18 de julho de 1932 — Regula o pagamento de obrigações comerciais e civis, em moeda extrangeira, e transfere para o Banco do Estado de S. Paulo a exclusividade do serviço de cambio estabelecida a favor do Banco do Brasil.

Decreto n. 5599 de 19 de julho de 1932 — Decreta feriados os dias 21, 22 e 23 e ferias forenses indeterminadas e dá outras providencias.

SECRETARIA DA JUSTIÇA E DA SEGURANÇA PUBLICA — Nomeações.

SECRETARIAS DE ESTADO

SECRETARIA DA JUSTIÇA E DA SEGURANÇA PUBLICA — **Diretoria de Justiça** — (1.a secção) — Requerimento despachado — Comunicações á Fazenda — (3.a secção) — Requerimentos despachados. — **Repartição Central de Policia** — (1.a secção) — Atos — (2.a secção) — Requerimentos despachados — (3.a secção) — Requerimentos despachados — Escala do Serviço Policial.

SECRETARIA DA EDUCAÇÃO E DA SAUDE PUBLICA — Ato — Portaria — Secção de Grupos Escolares — Secção de Escolas Reunidas e Isoladas. — **Diretoria Geral do Ensino** — Grupos Escolares — **Serviço Sanitario** — Inspetoria de Higiene Escolar.

SECRETARIA DA VIAÇÃO E OBRAS PUBLICAS — Comunicados — Contadoria.

PREFEITURA DO MUNICIPIO DE S. PAULO — Ato n. 372, que dispõe sobre livre transito de veiculos de tração animal — Tesouro — Expediente do dia 19 de Julho.

Departamento da Administração Municipal — Nomeações — Telegrama circular — Despachos do sr. Diretor — Aviso.

BALANCETES DOS MUNICIPIOS

PUBLICAÇÕES PARTICULARES

DIARIO DA JUSTIÇA

EDITAIS — Fôro da Capital — Fôro do Interior.

DECRETO N. 5.597 — DE 18 DE JULHO DE 1932

Dispõe sobre a requisição de veiculos de transporte.

O DOUTOR PEDRO DE TOLEDO, Governador do Estado de São Paulo, por aclamação do Povo Paulista, do Exercito Nacional e da Força Publica,

Considerando que, declarado o movimento constitucionalista militar, toda a população do territorio paulista, sem exceção, acorreu a prestar ao Estado toda a colaboração moral e material, que o instante reclamava;

[illegible]

Publicado na Secretaria de Estado dos Negocios da Justiça e Segurança Publica, Diretoria Geral, aos 18 de abril de 1932.

Carlos Villalva,
Diretor Geral.

DECRETO N.º 5.598, — DE 18 DE JULHO DE 1932

Regula o pagamento de obrigações comerciais e civis, em moeda extrangeira, e transfére para o Banco do Estado de São Paulo a exclusividade do serviço de cambio estabelecida a favor do Banco do Brasil.

O DOUTOR PEDRO DE TOLEDO, Governador, por aclamação, do Estado de São Paulo, atendendo ao que lhe representou o Secretario da Fazenda e do Tesouro, para obviar a situação do mercado de cambio e possibilitar a liquidação de obrigações comerciais e civis, em moeda extrangeira,

Decreta:

Art. 1.º — O pagamento das obrigações comerciais e civis, em moeda extrangeira, venciveis de 11 de julho corrente até 31 de agosto proximo futuro, cuja exigibilidade ficou prorrogada nas condições e pelos prazos declarados no Decreto n.º 5.588 de 14 do corrente, poderá ser feito mediante deposito, no Banco incumbido da respectiva cobrança, da importancia correspondente em moeda nacional, feita a conversão á base da taxa cambial do Banco do Brasil, do dia 9 do corrente.

Art. 2.º — Por ocasião do resgate do titulo, será liquidada a diferença de cambio verificada.

Art. 3.o — O serviço de cambio, dentro do territorio do Estado, inclusivé a compra de letras de exportação, que estava a cargo do Banco do Brasil, com exclusividade para este, passa a ser feito pelo Banco do Estado de São Paulo, nas mesmas condições.

Art. 4.º — O presente decreto entrará em vigor na data da sua publicação, revogadas as disposições em contrario.

Palacio do Governo do Estado de São Paulo, aos 18 de julho de 1932.

PEDRO DE TOLEDO,
Paulo de Moraes Barros.

Publicado na Secretaria da Fazenda e do Tesouro do Estado, em 18 de julho de 1932.

P. Freitas,
Diretor Geral.

DECRETO N. 5.599, DE 19 DE JULHO DE 1932

Decreta feriados os dias 21, 22 e 23, e férias forenses indeterminadas e dá outras providencias.

O DOUTOR PEDRO DE TOLEDO, Governador do Estado de São Paulo, por aclamação do Povo Paulista, do Exercito Nacional e da Força Publica,

considerando que a mobilização de todos os elementos indispensaveis á defesa da causa constitucionalista abraçada por São Paulo, levou ás fileiras de suas tropas muitos juizes, advogados, serventuarios e oficiais de justiça;

considerando que dessarte, ficou a vida forense do Estado, de fáto, suspensa, e tambem em razão dos feriados até amanhã vigentes e cujos motivos determinantes ainda perduram;

Decreta:

Art. 1.o — Considerar-se-ão feriados os dias 21, 22 e 23 do corrente nos termos do decreto n. 5.587, de 11 de julho de 1932.

[illegible]

JUSTIÇA E SEGURANÇA PUBLICA

AUTORIDADES POLICIAIS

Por decreto de 15 do corrente, o DOUTOR PEDRO DE TOLEDO, Governador do Estado de São Paulo, resolve nomear o bacharel Francisco de Figueiredo Lyra para o cargo de comissario da delegacia regional de policia de Campinas.

Por decreto de 18 do corrente:

O DOUTOR PEDRO DE TOLEDO, GOVERNADOR DO ESTADO DE SÃO PAULO, resolve nomear os seguintes delegados de policia de carreira:

Bacharel Manoel Augusto da Silva, para o municipio de DOIS CORREGOS — 5.a classe;

bacharel Adamastor Ribeiro Vergueiro, para o municipio de ARIRANHA — 5.a classe;

bacharel Salviano Leite Rolim, para o municipio de SANTO NASTACIO — 5.a classe;

bacharel Milton Peixoto de Barros, para o municipio de Pirajuí — 3.a classe;

bacharel João Rodrigues Soares Junior, para o municipio de AMPARO — 3.a classe;

bacharel Theodomiro de Souza Pacheco, para o municipio de XIRIRICA — 5.a classe;

bacharel Marcello Amaro Chagas Arouche, para o municipio de BORBOREMA — 5.a classe;

bacharel Francisco Tinoco Cabral, para o municipio de VIRADOURO — 5.a classe;

bacharel Lapercio Valença, para o municipio de SERTÃOZINHO — 5.a classe;

bacharel José Bella Junior, para o municipio de BATATAIS — 4.a classe;

bacharel Raphael de Lorenzo, para o municipio de RIBEIRÃO BONITO — 5.a classe;

bacharel João Baptista Marques da Silva, para o municipio de Pirajú — 3.a classe;

bacharel Anotnio Casado Lima, para o municipio de TANABÍ — 5.a classe;

bacharel Joaquim Pinto de Castro, para o municipio de VILA AMERICANA — 5.a classe;

bacharel Paulo Ramos de Oliveira para o municipio de SANTA IZABEL — 5.a classe;

bacharel Heraldo Pio Pimenta Bueno para o municipio de JAMBEIRO — 5.a classe.

— Por decreto da mesma data, foram removidos os seguintes delegados de policia de carreira:

bacharel Mario Ribeiro da Silva, do municipio de CANANÉA — 5.a classe, para o municipio de ITAPORANGA;

bacharel Gil Cesar Pereira da Silva, do municipio de DOIS CORREGOS — 5.a classe, para o municipio de BICA DE PEDRA — 5.a classe.

— Por decreto da mesma data, foram promovidos os seguintes delegados de policia de carreira:

bacharel Washington de Oliveira Filho do cargo de comissario da delegacia regional de policia de CAMPINAS — para o cargo de delegado de policia do municipio de ARARAS — 4.a classe.

bacharel João Gualberto da Silva, do cargo de delegado de policia do municipio de VILLA AMERICANA — 5.a classe, para o cargo de delegado de policia do municipio de SALTO GRANDE — 4.a classe.

— Por decreto da mesma data, foi retificado o decreto n. 112, de 12 do corrente, na parte referente á nomeação do bacharel Antonio Ribeiro da Silva para o cargo de delegado de policia do municipio de PINDORAMA — 5.a classe, afim de declarar que o nomeado se chama: Antonio Ribeiro de Andrade.

DEPARTAMENTO DA ADMINISTRAÇÃO MUNICIPAL

PALACIO DO GOVERNO

[illegible]

126

Num. 172 — Domingo, 31 de Julho de 1932 — Ano 42.º

Diario Oficial

do Estado de São Paulo (E. U. do Brasil)

NUMERO DO DIA . . . . 500 RÉIS — NUMERO ATRAZADO DO ANO CORRENTE . . . . 600 RÉIS

Diario do Executivo

Atos do Governador do Estado

DIARIO OFICIAL

Sumari[o]

DIARIO DO EXECUTIVO

ATOS DO GOVERNADOR DO ESTADO

Decreto n. 5.612, de 28 de julho de 1932 — Providencia sobre o maior aproveitamento do trigo nos moinhos e a confecção do pão de guerra.

Decreto n. 5.616, de 30 de julho de 1932 — Extingue os Conselhos Consultivos Municipais.

Secretaria da Fazenda — Nomeações.

Secretaria da Viação e Obras Publicas — No-

fe, nomeado pelo Secretario da Agricultura, com os auxiliares e fiscais admitidos com aprovação deste.

Art. 6.o — Ao Chefe da Comissão do Pão de Guerra incumbe:

a) — Fixar o aumento progressivo da porcentagem de mistura da farinha de trigo, conforme o previsto no art. 2.o;

b) — Fixar a tabela de preços para a farinha de trigo e para o pão com farinha misturada;

c) — Providenciar sobre o aprovisionamento de milho, farinho de milho e de raspa de mandioca que se tornem necessarios para o fabrico do pão de guerra;

d) — Providenciar sobre a distribuição equitativa do trigo pelos moinhos menos provisionados, de modo que todos se mantenham em trabalho, na medida do possivel;

e) — Velar pela perfeitura execução do disposto no presente Decreto, entendendo-se com o Departamento de Administração Municipal sobre as instrucções que devam ser expedidas ás prefeituras ou autoridades municipais a respeito das providencias que lhes ficam cabendo.

f) — Admitir os auxiliares e fiscais necessarios ao serviço nos termos do artigo 5.o.

DEPARTAMENTO DA ADMINISTRAÇÃO MUNICIPAL

Expediente do dia 30 de Julho de 1932

São Paulo

DESPACHOS DO SR. DIRETOR

AVAÍ — Of. 48, de 7-6-32 — P. 2639 — (Pedido de prorrogação de prazo para pagamento de impostos, sem multa). O decreto n. 5571, de 7-7-32, atende de um modo geral ao pedido feito. (Aviso 13200).

SÃO JOÃO DA BOA VISTA — Of. 6, de 3-2-32 — P. 724 — (Pedido de autorização para crear o cargo de fiscal rural) — Aprovado. (Aviso 13201).

SOCORRO — Of. 124, de 14-5-32 — P. 2362. — (Pedido de um tecnico eletricista) — Deferido, nos termos do parecer. (Aviso 13211).

BARIRÍ — [O]f. 142, de 16-6-32 — P. 2833. — (Contrato de advogado para cobrança da divida ativa) — A-

127

Num. 181 — Quinta-feira, 11 de Agosto de 1932 — Anno 42

Diario Oficial

do Estado de São Paulo (E. U. do Brasil)

Diario do Executivo

Atos do Governador do Estado

DIARIO OFICIAL

Sumario

DIARIO DO EXECUTIVO

BALANCETES DOS MUNICIPIOS

PUBLICAÇÕES PARTICULARES

DIARIO DA JUSTIÇA

Diario Oficial

TELEFONES:

Rua 11 de Agosto, 39

Gerencia . . . 2-1376

Contadoria . . 2-0065

(Expediente das 12 ás 18 horas)

Rua João Bricola, 2. Sub-Gerencia e Oficinas 2-1154. Expediente do Escritorio da Sub-Gerencia: das 10 ás 17 e 1|2 horas. Oficinas abertas das 19 horas em deante.

TABELA DE PRECOS

JUSTIÇA E SEGURANÇA PUBLICA

Imprensa Oficial — Pagina — 1 —

DECRETO N. 5.627 — DE 10 DE AGOSTO DE 1932

O DOUTOR PEDRO DE TOLEDO, Governador do Estado de São Paulo, por aclamação do Povo Paulista, do Exercito Nacional e da Força Publica,

considerando que, ao lado da organização dos serviços publicos, tem sido notavelmente eficiente a cooperação dos particulares na coordenação dos esforços de todos em pról do Movimento Constitucionalista;

considerando que a mobilização civil no Estado se operou espontaneamente, deparando-se ás autoridades, desde o primeiro momento, já em ação os serviços da guerra;

considerando que a milicia civil M. M. D. C. (iniciais dos nomes Martins, Miragaia, Drausio e Camargo, estudantes vitimados na noite de 23 de maio pelos partidarios da ditadura) é uma organização surgida, após o movimento civico daquela nóite, para a defesa da autonomia de São Paulo;

considerando que a M. M. D. C. centraliza, neste momento, todos os serviços de mobilização civil no Estado de São Paulo, cooperando valiosamente com a administração do Estado e com os Comandos Militares;

considerando que é necessario manter e tornar mais amplos esses serviços de mobilização civil;

128

IMPRENSA OFICIAL

_O Decreto n. 5637, de 17 de agosto, publicado no *Diário Oficial* em 18 de agosto, extingue, na Imprensa Oficial, "por desnecessários", os lugares de diretor, redator e subgerente; o cargo de gerente passa a ser de diretor-gerente, acumulando duas funções.

_O Decreto n. 5724, de 10 de novembro, publicado em 11 de novembro, declara nulo o anterior.

_A redação e as oficinas da Imprensa Oficial são transferidas para a rua da Glória, n. 88. Um anúncio publicado pela primeira vez em 27 de agosto divulga o novo endereço.

130. ANÚNCIO DE MUDANÇA PARA A RUA DA GLÓRIA

_A Imprensa Oficial fica subordinada à Secretaria da Educação e Saúde Pública, conforme o Decreto n. 5783, de 30 de dezembro, publicado em 31 de dezembro.

DIÁRIO OFICIAL

_O Decreto n. 5783, de 30 de dezembro, publicado em 31 de dezembro, transforma o *Diário Oficial* em *Jornal do Estado*, de caráter noticioso.

131. *DIÁRIO OFICIAL* É TRANSFORMADO EM *JORNAL DO ESTADO*

Num. 196 | Terça-feira, 30 de Agosto de 1932 | Anno 42.º

Diario Official

do Estado de São Paulo (E. U. do Brasil)

NUMERO DO DIA . . . . 500 RÉIS | NUMERO ATRAZADO DO ANO CORRENTE . . . . 600 RÉIS

Diario do Executivo

Atos do Governador do Estado

DECRETO N. 5.656 — DE 29 DE AGOSTO DE 1932

Adota um brazão de armas para o Estado de São Paulo.

O DOUTOR PEDRO DE TOLEDO, Governador do Estado de São Paulo, por aclamação do Povo Paulista, do Exercito Nacional e da Força Publica,

DECRETA:

Art. 1.º — Adota o Estado de São Paulo o Brazão de Armas, lançado no desenho anexo e com os seguintes carateristicos:

"EM CAMPO DE GÓLES AS LETRAS S P EM CHEFE E UMA ESPADA EM PALA COM A PONTA AO ALTO E O PUNHO BROCANTE SOBRE O CRUZAMENTO DE DOIS RAMOS DE LOURO E CARVALHO, TUDO EM PRATA. TIMBRE: UMA ESTRELA DE PRATA. FITÃO EM GÓLES COM A DIVISA — **"PRO BRASILIA FIANT EXIMIA"** — EM LETRAS DE PRATA. SUPORTES: DOIS RAMOS DE CAFE', FRUTIFICADOS E DE SUA CÔR".

O Estado de São Paulo, ao contrario dos demais Estados da Federação, não possue, ainda, brazão de armas. Vai possui-lo agora, em hora oportuna como poucas. Como tudo o que é seu, como tudo o que se acha incorporado ao seu patrimonio moral e material, este brazão de armas será, tambem, uma conquista do seu povo. Ao invéz de consagrar unicamente glorias antigas, consagrará, tambem, glorias presentes. Os simbolos que no mesmo figuram viverão pelo que dizem do passado e pelo que confirmam no presente.

São Paulo vive um instante de apogeu. A historia de Piratininga, tão ilustre hoje como na éra das Bandeiras, veiu culminar nesta epopéa pelo direito e pelas liberdades publicas. A espada batalhante encontra, mais uma vez, mãos que a empunham, enristam e dignificam. Essa espada desbravou sertões, alargou fronteiras, fundou cidades, desembainhou-se pela Independencia, cobriu-se de gloria nas guerras do Sul, ajudou a implantar e a consolidar a Republica e agora se levanta contra a dictadura, para salvar e redimir o Brasil. A sua missão, no passado, como no presente, é de pelejar, vitoriosamente, pelas grandes causas da nacionalidade, a cujos destinos, varias vezes, tem aberto novos rumos.

BRAZÃO DE ARMAS DO ESTADO DE SÃO PAULO

O escudo é o portuguez, como convém a descendentes de portuguezes e de acordo com o uso já consagrado no Brasil. De uma só côr e um só metal, como é de bom estilo em heraldica, ficando, assim, dentro da maior simplicidade e em harmonia com o brazão da cidade de São Paulo. O vermelho, esmalte representativo da altivez, da audacia e da gloria, perpetua o valor do povo paulista, que jamais trepidou em afrontar as asperezas da luta e a derramar o seu sangue pelo Brasil e pela liberdade. A prata, metal simbolico da lealdade e da nobreza, alude tambem ao tope branco usado tradicionalmente pelos partidarios da Constituição, desde os tempos coloniais, e adotado como distintivo dos soldados constitucionalistas no atual movimento revolucionario. Diz bem do caracter ordeiro da nossa gente, que sómente quer viver sob o regimen da lei e das garantias juridicas, pelo qual ainda agora se bate.

As iniciais S P significam que o proprio nome de São Paulo evoca melhor o seu valor e as suas glorias do que quaisquer simbolos ou emblemas. O uso de letras iniciais está consegrado na heraldica desde os tempos antigos, o que se póde ver no armonial portuguez, e, entre os paizes na França, que adotou as letras R F, pondo de lado simbolos de grande prestigio, que poderia ostentar.

A espada romana, usada pelo apostolo São Paulo, evoca o padroeiro do Estado. Lembra ainda o gesto de Amador Bueno, a epopéa das Bandeiras, Pedro I proclamando a Independencia na colina do Ipiranga e, finalmente a espada que, na hora atual, foi "desembainhada em continnecia á Lei."

Os ramos de louro e carvalho consagram o valor militar de São Paulo, que desde os tempos coloniais tem sabido enobrecer as tradições de bravura do povo brasileiro, e o seu valor civico, sempre á frente das grandes iniciativas tendentes a criar para o Brasil uma situação proeminente no concerto dos povos cultos.

Como timbre, uma estrela de prata: indica que São Paulo é uma das unidades da Federação Brasileira, symbolisadas por 21 estrelas nas armas federais.

A divisa — "PRO BRASILIA FIANT EXIMIA" — "PELO BRASIL FAÇAM-SE GRANDES COUSAS" — afirma o profundo sentimento de brasilidade do Povo Paulista. Lembra o esforço de que sempre se mostraram capazes os filhos deste Estado quando a Nação exigiu deles o maximo de sacrificios, como ainda agora está acontecendo.

Os ramos de café indicam a base da fortuna publica do Estado e a tradição de riqueza que São Paulo soube criar, através de arduos trabalhos.

Art. 2.º — Entrará este decreto em vigor imediatamente, revogadas as disposições em contrario.

PALACIO DO GOVERNO DO ESTADO DE SÃO PAULO, 29 DE AGOSTO DE 1932.

PEDRO DE TOLEDO
Waldemar Ferreira
Francisco de Cunha Junqueira
Paulo de Moraes Barros
Francisco Emygdio da Fonseca Telles
J. Rodrigues Alves Sobrinho

PUBLICADO NA SECRETARIA DE ESTADO DOS NEGOCIOS DA JUSTIÇA E SEGURANÇA PUBLICA — DIRETORIA GERAL — AOS 29 DE AGOSTO DE 1932.

Carlos Villalva
Diretor Geral.

Num. 2 — Terça-feira, 3 de Janeiro de 1933 — (2.a Fase) — Ano I

JORNAL DO ESTADO

(Orgão oficial dos Poderes do Estado de São Paulo — Brasil)

NUMERO DO DIA . . . . 500 RE'IS — NUMERO ATRAZADO DO ANO CORRENTE . . . . 600 RE'IS

SUMARIO

Diario do Executivo

Atos do Governo Militar do Estado

DECRETO N.º 5.729, — DE 19 DE NOVEMBRO DE 1932

Aprova a tomada de contas relativa aos anos de 1928, 1929 e 1930 da via ferre apertencente á Companhia Melhoramentos de Monte Alto.

Publicado no "Diario Oficial" de 22 de novembro de 1932. — Retificação.

Na tabela II — Conta de Trafego, letra A, onde se lê "1928 — 377:877$790" leia-se "1928 — 337:877$790".

DECRETO N.º 5.769, — DE 22 DE DEZEMBRO DE 1932

Aprova novo regulamento para execução dos serviços de aguas e esgotos na cidade de São Paulo.

Publicado no "Diario Oficial" de 24 de dezembro de 1932 — Retificação.

No Regulamento, art. 15.º onde se lê "receba agua sem que passe" leia-se "receba agua sem que esta passe".

No art. 57, onde se lê "que obedecem um" leia-se "que obedece a um".

Onde se lê "Arthur Motta" leia-se "General Waldomiro Castilho de Lima. Arthur Motta".

(*) DECRETO N.º 5.747-A, — De 2 DE DEZEMBRO DE 1932 Publicado no "Diario Oficial" de 3 dezembro de 1932. — Retificação.

No Art. 2.º onde se lê, "depois de apuradas pelo Governo" leia-se: "depois de apuradas em tomada de contas e aprovadas pelo Governo".

(*) Publicado novamente por ter saido com incorreções.

DECRETO N.º 5.782-A, — DE 28 DE DEZEMBRO DE 1932

Restabelecendo o cargo de sub-diretor da Diretoria de Estradas de Rodagem, na Secertaria da Viação e Obras Publicas.

O GENERAL DE DIVISÃO, WALDOMIRO CASTILHO DE LIMA, Governador Militar do Estado de São Paulo, usando das atribuições que lhe são conferidas pelo Governo Provisorio da Republica,

considerando que, por ocasião da publicação do Decreto n.º 5.063, de 13 de outubro de 1931, que extinguiu a Diretoria de Estradas de Rodagem, o Engenheiro Carlos Quirino Simões exercia as funções de sub-diretor;

considerando que, pelo Decreto n.º 5.213, de 1.º de outubro de 1931, a Diretoria de Estradas de Rodagem foi novamente restabelecida, com algumas modificações;

considerando que, a despeito do restabelecimento da referida repartição, deixou de ser restabelecido o cargo de sub-diretor, cujas funções, para a boa organização e marcha dos serviços, não podem ser exercidas cumulativamente por outro funcionario,

Decreta:

Artigo 1.º — Fica restabelecido, na Diretoria de Estradas de Rodagem, na Secretaria da Viação e Obras Publicas, o cargo de sub-diretor, com as atribuições que lhe competiam no regimen do Decreto n.º 4.216, — de 13 de abril de 1927, que regulamentou a Lei n.º 2.187, de 30 de dezembro de 1926.

Artigo 2.º — Para o referido cargo será nomeado o funcionario que o exercia anteriormente, com os vencimentos mensais de dois contos, duzentos e cincoenta mil réis (2:250$000).

Artigo 3.º — Fica autorizada a abertura de credito necessario para ocorrer ao pagamento das despesas decorrentes deste Decreto.

Artigo 4.º — O presente decreto entrará em vigor na data de sua publicação, ficando revogadas as disposições em contrario.

Palacio do Governo do Estado de São Paulo, aos 28 de dezembro de 1932.

GENERAL WALDOMIRO CASTILHO DE LIMA.
Arthur Motta.

Publicado na Secretaria de Estado dos Negocios da Viação e Obras Publicas, aos 28 de dezembro de 1932.

Mario da Veiga,
Oficial Maior do Expediente.

DECRETO N.º 5.784-A, — DE 31 DE DEZEMBRO DE 1932

Estabelece novo prazo para a cobrança do imposto de veiculos e eleva esse imposto em relação aos automoveis particulares comuns e de luxo.

O GENERAL WALDOMIRO CASTILHO DE LIMA, Governador Militar do Estado de São Paulo, usando das atribuições que lhe foram conferidas pelo Chefe do Governo Provisorio da Republica, e tendo em vista a sugestão que lhe foi apresentada pela Comissão Tecnica de Estudos Economicos e Financeiros,

Decreta:

Art. 1.º — O imposto estadual de veiculos será cobrado integralmente, em todo o Estado, nesta conformidade:

No mês de janeiro — os particulares, de passageiros, a tração mecanica ou animal.

No mês de fevereiro — os de carga em geral.

De 1.º a 10 de março — os de aluguel, de passageiros, a tração mecanica ou animal.

Art. 2.º — Este imposto, quando se tratar de automoveis particulares de luxo, será de Rs. 500$000 (quinhentos mil réis) fixos, por ano, acrescido dos respectivos adicionais.

Paragrafo unico — E' considerado de luxo o automovel particular, de valor superior a Rs. 20:000$000 (vinte contos de réis), classificado como tal pela repartição arrecadadora. Em caso de má classificação, poderá a parte recorrer dela ao Secretario da Fazenda, dentro de dez (10) dias, sem efeito suspensivo.

Art. 3.º — O imposto relativo aos automoveis particulares comuns, de passageiros, será o constante da seguinte tabela:

Até 25 HP	100$000
de mais de 25 a 35 HP	150$000
de mais de 35 a 60 HP	200$000
de mais de 60 HP	300$000

Paragrafo unico — Esse imposto será acrescido dos adicionais em vigor.

Art. 4.º — O presente decreto entrará em vigor na data da sua publicação, revogadas as disposições em contrario, especificadamente os decretos n.º 5.764 e 5.774, respectivamente, de 22 e 23 do corrente.

Palacio do Govreno do Estado de São Paulo, aos 31 de dezembro de 1932.

GENERAL WALDOMIRO CASTILHO DE LIMA.
P. Freitas.

Publicado na Secretaria da Fazenda e do Tesouro do Estado, aos 31 de dezembro de 1932.

Arthur Viveiros Costa,
Diretor Geral.

(*) DECRETO N.º 5.786, — DE 30 DE DEZEMBRO DE 1932

Suprime os impostos e taxas que incidem sobre a exportação de café de produção do Estado e estabelece outras medidas de caracter financeiro.

O GENERAL WALDOMIRO CASTILHO DE LIMA, Governador Militar do Estado de São Paulo, usando das atribuições que lhe foram conferidas pelo Governo Provisorio da Republica e tendo em vista as propostas e sugestões que lhe foram apresentadas em relatorio pela Comissão Tecnica, constituida para estudo dos Orçamentos e de todas as questões que se relacionam direta ou indiretamente com a situação economico-financeira do Estado, e considerando:

1.o) — que constitue necessidade imperiosa suprimir os impostos e taxas que oneram diretamente a nossa produção de café e prejudicam a sua exportação;

2.o) — que a supressão imediata desses onus não pode fazer-se sem forte repercussão sobre a atividade do Estado que outras fontes de receita provocariam;

3.o) — que, entretanto, a referida produção pode ser grandemente libertada dos onus que dificultam o seu comercio;

4.o) — que, o decrescimo de receita correspondente a essas providencias deve, com justiça, ser suprido por tributação que se distribua pelas atividades em geral;

5.o) — que, novas fontes de receita podem simultaneamente ser creadas sem prejuizo para a vida economica do Estado;

6.o) — que de tais providencias resultará distribuição mais equitativa dos encargos fiscais, dentro de regimen comercial satisfatorio em relação ao café, objetivado pelas providencias gerais já tomadas em consequencia de sua super-produção e da orientação anteriormente seguida,

Decreta:

Art. 1.o — Ficam suprimidos os impostos e taxas estaduais que gravam a exportação do café, ressalvada, porém, pela forma prevista no artigo seguinte, a garantia dada aos banqueiros contratantes do Emprestimo Externo de 1921, quanto á sobretaxa de 5 francos.

Art. 2.o — E' devida, a partir de 1.o de janeiro proximo futuro, a titulo de emergencia, a taxa fixa de 5$000 por saca de café de produção do Estado, a qual recái:

a) — sobre o café que chegar a Santos ou a outros portos do Estado, por qualquer via de transporte;

b) — sobre o café que sair do territorio do Estado, por qualquer meio de comunicação, salvo quando tenha sido préviamente paga a referida taxa, nos termos da letra a.

§ 1.o — A taxa óra creada será arrecadada:

a) — em Santos, pela Recebedoria de Rendas do Estado;

b) — nos outros portos do Estado, pelas respectivas coletorias;

c) — na Capital Federal, por intermedio da agencia local do Instituto de Café do Estado de São Paulo;

d) — nos demais casos, pelas estradas de ferro, coletorias estaduais e postos fiscais da fronteira.

§ 2.o — Do produto dessa taxa será retirado o equivalente á sobretaxa de 5 francos por saca de café exportado, calculado o seu valor pela mesma forma atual e aplicando-se o respectivo montante, exclusivé e integralmente, no serviço do Emprestimo Externo de 1921, de acôrdo com o contrato de emissão desse Emprestimo.

§ 3.o — Os certificados de pagamento da taxa a que se refere o presente artigo, e correspondentes aos cafés adquiridos pelo Conselho Nacional do Café, a partir da vigencia deste decreto, acompanharão esses cafés e serão entregues á Recebedoria de Rendas para o competente cancelamento.

A Imprensa Oficial do Estado mudou-se definitivamente para a RUA DA GLORIA, 88 aonde deve ser dirigida, daqui por deante, toda a sua correspondencia.

130

DECRETO N.º 5.782, — DE 28 DE DEZEMBRO DE 1932

Reorganiza o Gabinete do Chefe de Policia do Estado de São Paulo.

O GENERAL DE DIVISÃO, WALDOMIRO CASTILHO DE LIMA, Governador Militar do Estado de São Paulo, usando das atribuições que lhe são conferidas no paragrafo 1.o, artigo 11.º do Decreto Federal n.º 19.398, de 11 de novembro de 1930; resolve reorganizar o Gabinete do Chefe de Policia, da seguinte forma:

Artigo 1.º — O Gabinete do Chefe de Policia terá os seguintes funcionarios em comissão:

1 Secretario,
2 Oficiais de Gabinete
1 Ajudante de Ordens
2 Continuos
2 Correios
1 Servente.

Artigo 2.º — Os vencimentos do Secretario serão de ... 1:800$000 mensais e os dos demais funcionarios acima os mesmos constantes do decreto n.º 5.496, de 2 de maio do corrente ano, que reorganizou a Secretaria de Estado dos Negocios da Justiça e Segurança Publica.

Artigo 3.º — Revogam-se as disposições em contrario, entrando o presente decreto em vigor na data de sua publicação.

Palacio do Governo do Estado de São Paulo, em 28 de dezembro de 1932.

GENERAL WALDOMIRO CASTILHO DE LIMA.
Carlos Villalva.

Publicado na Secretaria da Justiça e Segurança Publica, em 28 de dezembro de 1932.

Arthur Marcelin Teixeira,
Diretor da Justiça.

DECRETO N. 5.783, DE 30 DE DEZEMBRO DE 1932

O GENERAL DE DIVISÃO WALDOMIRO CASTILHO DE LIMA, Governador Militar do Estado de São Paulo,

considerando que a Imprensa Oficial, embora a reforma promovida pelo decrêto n. 4.816, de 7 de janeiro de 1931, lhe haja sensivelmente alargado a esféra de ação, ainda é passivel de melhoria para mais ampiamente alcançar a sua finalidade;

considerando mais que essa melhoria póde fazer-se sem que acarrete onus para a Fazenda Publica, uma vez que o aumento de despesa será compensado pelo acrescimo da renda;

Decreta:

Art. 1 — A Imprensa Oficial do Estado fica subordinada á Secretaria da Educação e Saude Publica.

Art. 2 — A Imprensa Oficial editará o "Jornal do Estado", e imprimirá todos os trabalhos necessarios á administração publica.

§ 1.o — O "Jornal do Estado", que se editará diariamente, exceto aos domingos e feriados, conterá:

a) — O "Diario do Executivo", que estampará todas as leis e regulamentos, além dos decretos e outros atos do expediente das Secretarias de Estado, cujo conhecimento interesse ao publico;

b) — O "Diario do Congresso", que publicará os debates parlamentares, os pareceres das comissões de congressistas e as ordens do dia das sessões do Congresso;

c) — O "Diario da Justiça", que publicará os acordãos, relação dos despachos e expediente do Tribunal de Justiça; as sentenças dos juizes estadoais e dos juizes federais com alçada neste Estado, bem como o expediente util do fôro da Capital, inclusivé o resumo diario do movimento do Tribunal do Juri';

d) — O "Boletim Federal", que publicará toda a legislação federal que diga respeito ao Estado, e o expediente do Serviço Eleitoral, da Região Militar, da Circunscrição do Alistamento Militar e de outras repartições federais, expediente cuja divulgação seja de real interesse para o publico;

e) — O "Diario Noticioso", em que serão publicadas noticias locais, telegramas do país e do extrangeiro, nôtas e artigos de colaboração, tanto de caráter doutrinario como cientifico, secção comercial, além de uma secção ineditorial para inserir, a pagamento, balanços e balancetes, prestações de contas e mais publicações das camaras municipais; publicações particulares que devam ser feitas por força de disposições legais e mais as que, como anuncios, avisos, comunicados, etc., obtenham autorização do diretor da Imprensa Oficial.

§ 2.o — Nenhuma publicação nem impresso de trabalhos oficiais se fará em estabelecimento ou empresa particular sem que o diretor da Imprensa Oficial haja expressamente declarado a impossibilidade material de executá-lo, sob pena de responsabilidade da importancia gasta pelo autor da encomenda.

§ 3.o — Exceptua-se desta ultima disposição as repartições expressamente autorizadas pelo Governo.

Art. 3.o — A Imprensa Oficial do Estado compreenderá: diretoria, administração, redação do "Jornal do Estado", contadoria, oficina de jornal, oficina de obras, oficina de encadernação e anexos, almoxarifado, arquivo e portaria.

Art. 4.o — A Imprensa Oficial terá o seguinte pessoal titulado: diretor, administrador, contador, sub-contador, chefe da correspondencia, chefe da publicidade, almoxarife, encarregado do arquivo, chefe da oficina do jornal, chefe da oficina de obras, seis correntistas, seis faturistas, um porteiro, um porteiro-ajudante, tres zeladores, tres continuos guardiões, seis mensageiros-serventes.

Art. 5.o — A Imprensa Oficial terá o seguinte pessoal contratado: no jornal — um redator-chefe, seis redatores, um chefe da revisão, um sub-chefe, dois revisores de primeira classe, dois revisores de segunda classe, quatro conferentes; na oficina de obras: um chefe da revisão, um revisor de primeira classe e dois revisores de segunda classe e um tipógrafo chefe; na oficina de encadernação e anexos: um chefe; na secção de impressão de obras: um chefe, na expedição do jornal, um chefe.

Art. 6.o — Além do pessoal previsto, o diretor da Imprensa Oficial poderá propor os faturistas, auxiliares de redação, revisores, conferentes, continuos e serventes-mensageiros que o volume dos serviços torne necessários.

Art. 7.o — Será proposto pelo diretor da Imprensa Oficial todo o pessoal técnico necessário ás oficinas do jornal, de obras e encadernação e anexos.

Art. 8.o — As funções dos funcionarios serão fixadas em regulamento que se publicará dentro do prazo de três mêses contados da publicação deste decreto.

Art. 9.o — Toda a renda será recolhida, semanalmente, ao Tesouro do Estado.

Art. 10.o — O diretor apresentará anualmente relatorio circunstanciado de sua gestão, fazendo a competente prestação de contas ao Tesouro do Estado, ao qual enviará tambem balancetes trimestrais do movimento.

Art. 11.o — Fica obrigatoria a publicação, no "Jornal do Estado", dos editais de proclámas de casamento da comarca da Capital, exigindo-se dos oficiais dos cartorios do registro civil a anexação aos autos do recibo da despesa feita com tal publicação.

Art. 12.o — A Imprensa Oficial pode vender a prazo e em prestações sob reserva de dominio, os produtos da oficina de obras e da encadernação e anexos, sempre que a natureza da venda comporte essa modalidade de garantia.

Art. 13.o — Em todas as publicações particulares que devam ser feitas por força de disposições legais, institue-se fiscal do cumprimento exato dessas disposições a Imprensa Oficial, pelo seu diretor e administrador, com a faculdade de aplicar multas variaveis entre 100$000 e um conto de réis, segundo os casos, e dobraveis nas reincidencias, e precedidas sempre de um aviso com oito dias de antecedencia.

Art. 14.o — As publicações e impressos destinados ás Secretarias de Estado, depois de standardizados pelo Departamento Geral de Compras, só serão fornecidos de acôrdo com os modelos por este adotados.

Art. 15.o — Os funcionarios publicos estaduais, federais e municipais, uma vez provada essa qualidade, têm direito a um desconto de trinta por cento sobre o preço comum das assinaturas.

§ 1.o — Igual concessão se fará ás Camaras Municipais, que gosarão de identica regalia para todas as suas demais publicações oficiais.

§ 2.o — As assinaturas serão tomadas, exclusivamente, nos escritórios da Imprensa Oficial, a qual poderá manter agencias nos bairros da Capital e nas cidades do interior, dando aos seu representantes a porcentagem de praxe em tais serviços.

Art. 16.o — O chefe da publicidade, toda a vez que a renda bruta mensal, em dinheiro, ultrapasse de cento e cincoenta contos de réis, terá direito a uma gratificação adicional, arbitrada pelo Govêrno.

Art. 17.o — Passará á categoria de efetivo com todos os direitos e vantagens dos demais funcionarios publicos, o empregado contratado que provar ter mais de doze anos de exercicio efetivo na casa, sem nota que o desabone.

Art. 18.o — Serão nomeados para os cargos novos previstos por este decreto, os mesmos empregados que os ocupam presentemente em carater de contratados.

Art. 19.o — Os atuais redator e auxiliar da redação, continuarão exercendo o cargo com os mesmos titulos e com os vencimentos de 1:500$000 e 1:000$000, respectivamente.

§ Unico — Com a vacancia dos lugares, o provimento será por contrato.

Art. 20.o — Os vencimentos do pessoal da Imprensa Oficial são os constantes da tabela inclusa.

Art. 21.o — O presente decreto entrará em vigor a 1.o de janeiro de 1933, revogadas as disposições em contrário.

Palacio do Govêrno do Estado de São Paulo, aos 30 de dezembro de 1932.

GENERAL WALDOMIRO CASTILHO DE LIMA

Meirelles Reis Filho.

TABELA DE VENCIMENTOS MENSAIS DO PESSOAL TITULADO E CONTRATADO DA IMPRENSA OFICIAL

Pessoal titulado:	
Diretor	2:500$000
Administrador	2:000$000
Contador	1:500$000
Sub-Contador	1:200$000
Chefe de correspondencia	1:250$000
Chefe de publicidade	1:250$000
Almixarife	800$000
Encarregado do arquivo	800$000
Chefe da oficina do jornal	1:500$000
Chefe da oficina de obras	1:500$000
Correntista	900$000
Faturistas	750$000
Porteiro	525$000
Porteiro-ajudante	450$000
Zelador	450$000
Continuo-guardião	425$000
Mensageiro-servente	350$000
Pessoal contratado:	
Redator chefe	1:500$000
Redator	1:000$000
Chefe da revisão	600$000
Sub-chefe	500$000
Revisor de 1.a classe	480$000
Revisor de 2.a classe	420$000
Conferente	380$000
Auxiliar de redação	600$000
Chefe de encadernação	800$000
Chefe de impressão	800$000
Chefe da remessa	600$000
Tipografo chefe da oficina de obras	800$000

Palacio do Governo do Estado de São Paulo, em 28 de dezembro de 1932.

GENERAL WALDOMIRO CASTILHO DE LIMA.
A. Meirelles Reis Filho.

DECRETO N. 5.784, DE 30 DE DEZEMBRO DE 1932

Dispõe sobre nomeação, remoção e exoneração dos membros do Ministerio Publico.

O GENERAL DE DIVISÃO, WALDOMIRO CASTILHO DE LIMA, Governador Militar do Estado de São Paulo, usando das atribuições que lhe são conferidas pelo Governo Provisorio da Republica,

Decreta:

Art. 1.o — O Governo do Estado podera nomear, remover ou exonerar livremente os membros do Ministerio Publico e da Policia Civil.

Art. 2.o — Este decreto entrará em vigor na data da sua publicação, revogadas as disposições em contrario.

Palacio do Governo do Estado de São Paulo, aos 30 de dezembro de 1932.

GENERAL WALDOMIRO CASTILHO DE LIMA

Carlos Villalva

Publicado na Secretaria da Justiça e Segurança Publica, aos 30 de dezembro de 1932.

Arthur M. Teixeira
Pelo Diretor Geral

1933

Sábado, 1 de Abril de 1933 — JORNAL DO ESTADO — (2.a Fase) — Num. 75 — Ano 1

(Orgão oficial dos poderes do Estado de S. Paulo - Brasil)

O novo Mercado Municipal entregue ao publico

A visita da imprensa ás suas instalações

Hontem, ás 21 horas, os representantes da imprensa paulistana visitaram as instalações do novo Mercado Municipal.

Estavam presentes o dr. José Vergueiro Steidel, da Intendencia dos Mercados, drs. Ricardo Severo, e Arnaldo Villares, engenheiros arquitetos e contrutores do novo Mercado, e Albertino de Castro, administrador do mesmo.

Compareceu tambem o dr. Theodoro Ramos, prefeito munipal, em companhia do seu oficial de gabinete, dr. Homem de Mello.

Os visitantes, em companhia de autoridades e pessoas gradas presentes, percorreram todas as dependencias do Mercado Municipal, tendo tido palavras de elogio ás suas admiraveis instalações internas.

Foi organizada nesta Capital a Auto Viação Leste de São Paulo, cujos carros trafegam dentro do edificio do Mercado.

Essa empresa de transportes funciona de manhã e a tarde, com horarios fixos.

A partir de hoje, o novo Mercado Municipal está entregue ao publico.

A FACHADA PRINCIPAL DO NOVO MERCADO E TRES ASPECTOS INTERNOS DO MESMO

A MUDANÇA DE HORA DE VERÃO PARA A DE INVERNO

O NOVO REGIME HORARIO ESTA' VIGORANDO A PARTIR DE UMA HORA DA MADRUGADA.

Estamos hoje em plena transformação da hora de verão para a de inverno.

O novo regime horario teve inicio á uma hora da madrugada, com o atrazo dos relogios para meia-noite. As estradas de ferro e o trabalho em geral obedecerão á nova hora astronomica, até a cessação do regime hibernal.

JORNAL DAS FARMACIAS

Recebemos, da Associação dos Proprietarios de Farmacias de S. Paulo, o numero correspondente ao mês de março, do "Jornal das Farmacias", orgão oficial daquela sociedade.

O "Jornal das Farmacias", que apresenta cuidada parte de redação e bom feitio grafico, aparece com uma pagina dedicada ao cooperativismo, contendo ainda outras secções de interesse para a classe de que é porta-voz.

A GUERRA NO EXTREMO ORIENTE

AS FORÇAS NIPONICAS OCUPARAM MAIS UMA CIDADE DA PROVINCIA DE JEHOL

CHENGTEHFU, 31 (U. P.) — As forças japonêsas ocuparam Fengning, na provincia de Jehol, em virtude da derrota do general Tangyuulin, cujo paradeiro é ignorado. Os vinte mil soldados que esse cabo de guerra chinês comandava, fugiram para o oéste, perseguidos pelas forças niponicas.

COMBATE NAS PROXIMIDADES DE CHUMENKOW

SHANHAIKWAN, 31 (U. P.) — As forças chinêsas e japonêsas iniciaram esta manhã, ás 7 horas, encarniçado combate em torno de Chumenkow.

A luta desenvolve-se em vasta extensão.

DESCARRILAMENTO DE UM TREM

POGRANICHNAYA, 31 (U. P.) — As tropas irregularos chinêsas que adotaram a tatica de guerrilha fizeram descarrilar um trem no tunel de Mataoshi. O acidente ocorreu hoje, ás 3 horas e 30 minutos. Noticias recebidas nesta localidade dizem que o numero de vitimas é consideravel. A guarda manchu' e japonêsa, que viajava no mesmo comboio, dispersou os chinêses. Morreram dois soldados japonêses e ficaram cinco feridos.

O PARTIDO SOCIALISTA NO INTERIOR DO ESTADO

TELEGRAMAS ENVIADOS AO SR. GENERAL DE DIVISÃO WALDOMIRO CASTILHO DE LIMA

O sr. General de Divisão Waldomiro Castilho de Lima, Interventor Federal em São Paulo, recebeu dos diversos nucleos do Partido Socialista, instalados no interior do Estado, as seguintes comunicações:

DE SÃO PEDRO

SÃO PEDRO — Temos a honra comunicar V. Excia. instalou-se hoje nesta cidade Diretorio Partido Socialista Brasileiro, sendo resolvido telegrafasse a V. Excia. hipotecando inteiro apoio seu governo, cuja sábia orientação merece francos aplausos de todos que se interessam destinos São Paulo. Atenciosas saudações (a) Olegario de Moura, Pedro de Azevedo Aguiar, Paulo Azevedo Godoy, Izaac Jorge Roston, Edmundo Andrade Frota.

DE SANTO ANTONIO DA ALEGRIA

ARARÍ — Diretorio Partido Socialista, Santo Antonio de Alegria, apresenta Vossencia inteira solidariedade, obra vem sendo constituida pela grandeza Brasil Unido. — (a) Calimerio José de Paiva.

Imprensa Oficial — Pagina — 5 —

132

MUNDO E BRASIL

_Em 1º de abril, o novo Mercado Municipal é entregue ao público, como noticia a matéria publicada no *Jornal do Estado* na mesma data.

132. INAUGURADO O NOVO MERCADO MUNICIPAL DE SÃO PAULO

_O "Código Eleitoral", que "regula em todo o país o alistamento eleitoral e as eleições federais, estaduais e municipais", a serem realizadas nesse ano, é publicado no *Jornal do Estado* de 23 de abril.
_O Congresso da Imprensa do Estado de São Paulo, realizado no Clube Comercial, é noticiado na edição de 28 de abril.

133. CONGRESSO DA IMPRENSA DO ESTADO DE SÃO PAULO

_Getúlio Vargas e sua esposa sofrem um acidente na estrada Rio-Petrópolis. O *Jornal do Estado* noticia o fato com destaque em 28 de abril e nas edições seguintes.

134. GETÚLIO ACIDENTADO NA ESTRADA RIO-PETRÓPOLIS

135. CONVALESCENÇA DE GETÚLIO

_Em 3 de maio, são realizadas eleições para a Assembleia Nacional Constituinte; as mulheres têm direito a voto pela primeira vez e, também pela primeira vez no Brasil uma mulher é eleita para a Câmara dos deputados. O *Jornal do Estado* registra o fato em 5 de maio. O resultado da apuração das eleições começa a ser publicado no *Jornal do Estado* em 21 de maio.
_Na edição de 23 de maio, o noticiário internacional aponta agitação política em Cuba acompanhada de atentados terroristas, além dos preparativos para a Conferência Econômica Mundial, em Washington.

136. A AGITAÇÃO POLÍTICA EM CUBA | PREPARATIVOS PARA A CONFERÊNCIA ECONÔMICA MUNDIAL

_A edição de 4 de junho informa sobre o término, no dia anterior, da apuração de todas as urnas não-impugnadas. A ata da apuração, lavrada em 21 de junho, é publicada em 2 de julho.
_O chefe do governo provisório assina o decreto que define a posição de neutralidade do Brasil em face da guerra paraguaio-boliviana, informa o *Jornal do Estado* em 25 de maio.

137. NEUTRALIDADE DO BRASIL NA GUERRA PARAGUAI-BOLÍVIA

Sexta-feira, 28 de Abril de 1933 — JORNAL DO ESTADO — (2.a Fase) — Num. 95 — Ano 1

(Orgão oficial dos poderes do Estado de S. Paulo - Brasil)

Congresso da Imprensa do Estado de S. Paulo

Realizou-se, no salão do Club Comercial, a 1.a sessão do Congresso da Imprensa do Estado de São Paulo.

Presente grande numero de congressistas iniciaram-se os trabalhos que tiveram grande animação.

Aos congressistas foram distribuidos cartões para a participação ao congresso, mediante a contribuição de uma importancia correspondente ao pagamento de duas mensalidades; sendo deliberado pela assembléia que a impossibilidade de qualquer jornalista efetuar tal pagamento não seria motivo que o impedisse de comparecer ás sessões do Congresso.

Foi deliberado mais pela assembléia que a mesa se comporia de um presidente e dois secretarios, além de ter como órgão informativo os membros da comissão que procederem aos trabalhos preliminares de instalação da Associação Paulista de Imprensa.

A assembléia teve conhecimento de um atencioso oficio da Feira Internacional de Amostra cedendo, para o seu fundo social, a renda do dia da inauguração do seu certamen, que se inicia no dia 30 do corrente, e a cessão de local para que nele o Congresso realize com solenidade a sua sessão de fechamento.

Nesse mesmo oficio a Feira Internacional de Amostras ofertava ás Associações Brasileira e Paulista de Imprensa um terreno em Campos do Jordão, para uma futura localização de um retiro para jornalistas naquela estancia climaterica.

Esta oferta, feita por intermedio da Feira Internacional de Amostras, é do Prefeito Municipal de Campos do Jordão.

Os jornalistas, com a apresentação dos seus cartões de congressistas, poderão entrar na Feira, independente de qualquer contribuição.

Foram distribuidos aos congressistas permanentes da Empresa Serrador que valerão até o dia 30 do mês corrente.

A eleição da mesa, que deveria ser feita todos os dias, foi revogada e a assembléia deliberou que se elegesse uma mesa que presidisse a todos os trabalhos do Congresso até a sua terminação.

Quando nos retiramos do recinto a assembléia aclamava como seu presidente o nosso colega Siqueira Reis, que se excusou de ocupar a presidencia, pelos seus muitos afazeres.

Deixamos de dar outras noticias sobre o Congresso pelo adiantado da hora em que os seus trabalhos ainda perduravam.

Os jornalistas que compareceram á sessão inaugural do Congresso da Imprensa do Estado de São Paulo

A mesa que presidiu os trabalhos do Congresso da Imprensa

REGRESSOU ONTEM

a São Paulo a exma. sra. d. Edith de Lima

Regressou ontem, pela manhã, a esta Capital, procedente do Rio, tendo viajado no "Cruzeiro do Sul", a exma. sra. d. Edith de Lima, esposa do sr. general Waldomiro Castilho de Lima, Interventor Federal em São Paulo.

O seu desembarque, na Estação do Norte, esteve bastante concorrido, vendo-se muitas senhoras da nossa sociedade que foram levar-lhe cumprimentos de boas vindas.

Viam-se, tambem, na plataforma, por ocasião da chegada do "Cruzeiro do Sul", o dr. Heitor Bergalio, o sr. capitão Oswaldo Melchiades Pereira, chefe da casa militar do sr. Interventor Federal, capitão Adalberto Pereira, ajudante de ordens, e dr. Luiz Parigot de Sousa, oficial de gabinete.

TELEGRAMAS

endereçados ao sr. dr. Paulo Tacia, [illegible] de gabinete do sr. General de Divisão Waldomiro Castilho de Lima

O sr. Dr. Paulo Tacia, oficial de Gabinete do sr. General de Divisão Waldomiro Castilho de Lima, Interventor Federal em São Paulo, recebeu os seguintes telegramas:

ITAPIRA

"Dr. Paulo Tacia — Palacio Campos Eliseos — S. Paulo — Em nome do novo Diretorio Partido Socialista local tenho a honra de hipotecar a v. excia. inteira solidariedade bem assim ao prefeito Francisco Rocha, sempre prestigioso pelo povo. — Virgolino Oliveira, [illegible] etario Geral".

ELIAS FAUSTO

"Excelentissimo sr. dr. Paulo Tacia, diginissimo oficial de Gabinete Interventor Federal — Palacio do Governo — São Paulo — Acusamos telegrama vossa excelencia e é-nos grato comunicar a vossa excelencia que a colonia siria hipotéca incondicional apoio ao ilustre e benemerito prefeito Tenente Carlos Demetrio Souza, cuja operosa honesta e patriotica administração é digna de aplausos da população e cuja atuação neste municipio é a garantia de paz de ordem e do bem estar cheia de civismo de justiça de honestidade. Atenciosas saudações. — Pela Colonia Siria: Felicio Maluf, Rachid Calil, David Haddad, Francisco Haddad".

A supressão da taxa de emergencia

RECONHECIMENTO

AS HORAS DE TRABALHOS DOS BARBEIROS

133

134

JORNAL DO ESTADO

(Orgão oficial dos Poderes do Estado de São Paulo — Brasil)

O desastre na estrada Rio-Petropolis

Não serão admitidas cedulas manuscritas no proximo pleito

UMA CIRCULAR

do sr. Interventor Federal aos srs. prefeitos

LIBERDADE DE PROPAGANDA ELEITORAL

SINDICATO MUNICIPAL

O governo do Estado garante plena liberdade de propaganda eleitoral

135

O desastre na estrada Rio-Petropolis

E' tranquilizador o estado de saude do Sr. Getulio Vargas e de sua Exma. Sra. - Pormenores sobre o acidente

O sr. Getulio Vargas entra em convalescença

Dentro de trinta dias S. Excia. terá alta definitiva — O estado de saude da exma. sra. d. Darcy Vargas — Boletim medico de ontem

Num. 95 Sexta-feira, 28 de Abril de 193[3]

JORNAL DO

(Orgão oficial dos Poderes do Estado de São P

NUMERO DO DIA . . . . 200 REIS NUMERO A

O desastre na estrada Rio-Petropolis

Em boletim distribuido ontem, os medicos do Chefe do Governo e de d. Darcy Vargas afirmam ser satisfatorio o estado dos ilustres enfermos

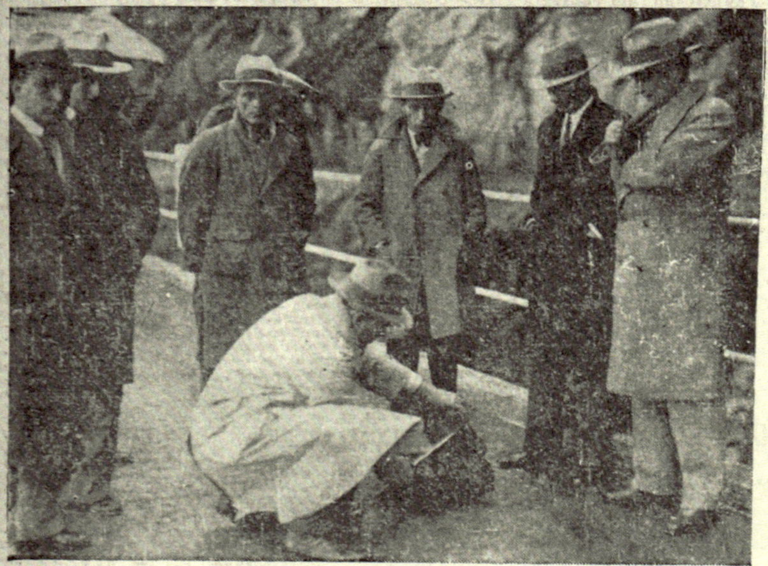

Os peritos da Policia examinando a pedra no local em que ela cai'u. Foi o chaufeur da limousine presidencial quem a retirou do carro, proseguindo sua viagem.

RIO, 27 (Pelo telefone — Da sucursal do "Jornal do Estado") — Os medicos forneceram hoje ás 12 horas um boletim sobre o estado do chefe do Governo, sr. Getulio Vargas e sua exma. sra. Esse boletim é o seguinte:

"Boletim medico n. 3 — 27 de 4 de 33. — 12 horas. — 1.o — O chefe do Governo passou bem a noite. Pulso, temperatura e movimentos respiratorios normais. Estado geral continua muito bom. Vão ser aplicados aparelhos definitivos.

2.o — A sra. Getulio Vargas passou a noite relativamente bem. A's 11 horas foi submetida a uma intervenção cirurgica. Estado geral continua bom. (assinados) — Drs. Florencio de Abreu, Castro de Araujo e Haroldo Leitão da Cunha".

DECLARAÇÕES DO DR. FLORENCIO DE ABREU, MEDICO PARTICULAR DO CHEFE DO GOVERNO

RIO, 27 (Pelo telefone — Da sucursal do "Jornal do Estado") — Falando hoje á "A Noite", sobre o estado do chefe do Governo Provisorio e sua exma. consorte, o dr. Florencio de Abreu, medico particular do sr. Getulio Vargas e familia, declarou que têm sido de absoluta exatidão os boletins medicos até agora fornecidos á imprensa.

Disse continuar o estado de ambos perfeitamente satisfatorio. O dr. Getulio Vargas, uma vez colocado o aparelho definitivo, o que se dará dentro de dois dias, mais ou menos, poderá imediatamente retomar a sua atividade de gabinete. E' claro que sem se locomover.

Quanto á Exma. Sra. D. Darcy Vargas, passou a noite de ontem para hoje perfeitamente bem e o seu estado não apresenta alterativas, continuando bom.

Essas foram as palavras do dr. Florencio de Abreu.

NÃO APRESENTAM GRAVIDADE AS FRATURAS SOFRIDAS PELO DR. GETULIO VARGAS

RIO, 27 (Pelo telefone — Da sucursal do "Jornal do Estado". — Falando hoje aos jornalista de Petropolis, o sr. Haroldo Leitão da Cunha, medico do sanatorio de São José, declarou que se o chefe do Governo imobilisasse completamente as pernas seriam desnecessarios os aparelhos que serão aplicados apenas como medida de prudencia e acentuou:

"Nunca vi ninguem fraturar as pernas com tanta sorte!

Apezar das fraturas, os ossos não se desligaram.

Sabe-se que o sr. Getulio Vargas apresenta nas pernas duas fraturas. Uma na parte superior, acima do tornozelo, e outra na parte media.

Não obstante seu estado seja presentemente bastante lisongeiro o chefe do Governo Provisorio não deseja deixar o sanatorio enquanto sua esposa seja forçada a permanecer ali, afim de completar os tratamentos.

Da. DARCY VARGAS SUBMETIDA A LIGEIRA INTERVENÇÃO CIRURGICA

RIO, 27 (Pelo telefone — Da sucursal do "Jornal do Estado") — Pouco depois das 11 hs., a sra. Getulio Vargas foi levada á sala de curativos, onde os seus medicos assistentes procederam a minucioso exame da fratura.

Verificou-se haver inflamação, decorrendo desse estado a necessidade de ligeira intervenção, prolongando-se um pouco esses cuidados, que a paciente suportou com boa disposição de animo. A seguir foi a ilustre senhora conduzida aos seus aposentos, ficando em repouso e passando bem. A intervenção constou de duas incisões e da drenagem da ferida.

DECLARAÇÕES DO MOTORISTA QUE CONDUZIA O CARRO DO CHEFE DO GOVERNO

RIO, 27 (Pelo telefone — Da Sucursal do "Jornal do Estado") — A proposito do desastre da Rio-Petropolis, no qual perdeu a vida o capitão tenente Celso Pestana e ficaram feridos o sr. Getulio Vargas e Exma. Senhora, "A Noite" ouviu hoje, em Petropolis, o "chauffeur" Euclydes Joaquim Fernandes, condutor do carro em que viajava o chefe do Governo Provisorio quando ocorreu o lamentavel acidente.

As palavras do motorista, publicadas na terceira edição daquele vespertino, são as seguintes:

— Quando ouvi o extranho ruido da pedra sobre o carro tive dois presentimentos. O primeiro, de que fôra uma bomba atirada no

(Conclue na 5.ª pagina)

O governo do Estado garante p
de propaganda eleit

O sr. General Waldomiro Castilho de Lima, Intervent instruções no sentido de que os candidatos dos partidos que pleito eleitoral tenham a mais ampla liberdade, quer pelo ra fazer a propaganda de suas candidaturas. Os mesmos, assumi ponsabilidade de suas ações e palavras, no que transgredire deres constituidos da Nação ou pregação de idéas contrarias tria.

O Governo comunica, igualmente, que não ha em quais do, um só preso politico, o que atesta a inteira liberdade que existir para os partidos fazerem livremente a propaganda de s de conduta, que tem sido seguida pelo Governo do Estado, des panha eleitoral, é ratificada, novamente, em virtude de estar p nada para as eleições.

Terça-feira, 23 de Maio de 1933

JORNAL DO ES

(Orgão oficial dos poderes do Estado de

NOTAS

O sr. General de Divisão Waldomiro Castilho de Lima, Interventor Federal neste Estado, recebeu do sr. Antonio Rodrigues Bicudo, prefeito de Nazaré, o seguinte telegrama a respeito das eleições de 3 do corrente:

"Com grande satisfação comunico a V. Excia. que Nazaré jamais assistiu a uma eleição igual á de 3 de maio, em que se verificou o maior respeito á suprema vontade das consciencias.

Outrora as eleições neste municipio decorriam debaixo das maiores violencias e fraudes vergonhosas, onde até os mortos votavam.

Triunfou, portanto, a revolução brasileira e somente a instituição do voto secreto vale por uma vitória.

Salve os condutores da Revolução Brasileira, que abriu definitivamente o caminho para a Republica Socialista.

Saude e fraternidade. — Antonio Rodrigues Bicudo, Prefeito Municipal".

* * *

A proposito do parecer do Conselho Consultivo do Estado, favoravel á remoção da comarca de Piratininga para Duartina, recebeu o sr Interventor Federal em S. Paulo os despachos abaixo:

De Duartina — "Todas as classes sociais de Duartina, pedem ao Diretorio do Partido Socialista local a remoção da comarca de Piratininga para Duartina, conforme parecer do Conselho Consultivo do Estado. Situação topográfica, vias de comunicação e desenvolvimento material ambiente grandes interesses possessorio, necessita de justiça rapida, fôro acessivel para o beneficio de extensa zona paulista. Saudações. — Oswaldo Frederique, Presidente do Partido Socialista".

De Duartina — "Por ser velha e justa aspiração do povo deste municipio, causou imenso jubilo a noticia do bem fundamentado parecer do Conselho Consultivo do Estado, favoravel á remoção da comarca de Piratininga, para Duartina, quando, em sessão de 16 do corrente, aprovou o processo numero 575, relativo á criação da comarca de Marilia. A Comissão Censitaria, deste municipio, secundando o grande movimento popular, pede a vossa preciosa atenção e esclarecido espirito de justiça de V. Excia. para a grande causa de Duartina. Pela Comissão Censitaria de Duartina, cordiais saudações — Adalberto do Amaral, Domingos do Nascimento Reis, Francisco Pinheiro Chagas, Pedro Piazintene".

* * *

A respeito da instalação da Comissão Censitaria de Araçatuba, recebeu o sr. Interventor Federal, os telegramas seguintes:

De Araçatuba — "Comunico a v. excia. a instalação da Comissão Censitaria, desta cidade, havendo grande entusiasmo na classe dos Lavradores, sendo o nome de v. excia. aplaudido carinhosamente por elementos do Partido da Lavoura local. Cordiais saudações. — (a) Baptista Pereira".

De Araçatuba — "Ao instalarmos a Comissão Censitaria de Araçatuba, nomeados pelo Instituto de Café, que, com esta providencia dá inicio á execução do decreto 5.871, de 20 de fevereiro, referente á organização dos sindicatos municipais dos lavradores, que brevemente passarão a dirigir os destinos da classe, congratulamo-nos com v. excia. pela iniciativa patriotica, digna de aplauso de todos quantos se esforçam pelo ressurgimento da Lavoura Cafeeira. Atenciosas saudações. — (aa) Paulo Leite Ribeiro, Raphael Aticiote, Affonso Vitule, Francisco Brito Sobrinho, Theodoro José das Neves.

* * *

Recebemos o seguinte comunicado do Partido Socialista Brasileiro de S. Paulo:

"I — Representaram o Partido Socialista Brasileiro de São Paulo, na posse do novo chefe de policia, sr. major Olympio Falconieri, os companheiros Paulo Tacla, Atos Ribeiro e Stoll Nogueira.

Usou da palavra, saudando o novo chefe de policia, o brilhante companheiro Paulo Tacla.

II — Na séde do Partido tomaram posse e iniciaram imediatamente os seus trabalhos os Conselhos de Assistencia Social, de Propaganda, Economico e de Coordenação e Ação Partidaria".

* * *

Durante o quarto de hora Socialista, irradiado pela "Radio Educadora Paulista", ás 20 1|2 horas de hoje, ocupará o microfone o dr. Clovis da Nobrega, do Diretorio Central do Partido Socialista Brasileiro.

O brilhante lider socialista, dirigirá uma mensagem á mocidade, repassada de confiança na colaboração que ela não negará á renovação economica, politica e social do Brasil.

* * *

Por despacho de hontem foram remetidos para o Conselho Consultivo, os autos em que são interessados Alcides Jordão e outros.

* * *

Comunicado do Instituto de Café: "O valor da taxa do mil réis ouro durante o mês de junho proximo vindouro, será equivalente a 7$300".

* * *

O dr. Paulo Tacla recebeu os seguintes telegramas:

Santos — Felicito-o pela sincera e eloquente oração proferida na Radio Educadora. — Cordiais cumprimentos. — Jairo Castilho Dascias.

— **Assis**: O Partido Socialista de Assis, congratula-se com V. Excia. brilhantes discursos irradiados. — Saudações — Noronha.

— **Tietê** — Minhas felicitações pela feliz escolha, nomeação Capitão Stol Nogueira, secretario Partido Socialista Brasileiro. Tietê, 20 de maio de 1933. — Lafayette Camargo Madeira. Prefeito.

— **São Carlos**: Assumindo, nesta data, a Delegacia de Policia de São Carlos, peço ao distinto amigo agradecer em meu nome ao sr. General Waldomiro, a quem rendo as minhas homenagens. Abraços. — Marcillio Freitas, Delegado de Policia de São Carlos.

Os preparativos da Conferencia Economica Mundial

AS CONVERSAÇÕES DA CASA BRANCA

WASHINGTON, 22 (U. P.) — A terceira semana das conversções preliminares á Conferencia Economica Mundial, entre o presidente Roosevelt e os delegados dos governos dos outros países será iniciada hoje com a recepção dos representantes do Panamá e o prosseguimento das negociações com a missão brasileira. Amanhã, o chefe do Estado conferenciará com os enviados da Bolivia e do Paraguai e na quarta-feira com os da Costa Rica e Honduras, terminando nesse dia a série de entrevistas até agora preparadas com os delegados das nações latino-americanas.

A data da conferencia do presidente Roosevelt com os representantes do Chile só será fixada quando o sr. Torres e seus auxiliares chegaram a Washington. Com excepção do Brasil, todos esses países completarão as negociações em uma entrevista. Em virtude da aparente tendencia do Congresso a abandonar, pelo menos temporariamente, o projeto do imposto alfandegario sobre o café, chá, cacau e bananas e da tregua economica internacional, provavelmente os partidarios da referida taxa não farão por ora nenhuma tentativa no sentido de reativar a agitação tendente a conseguir a adoção pelos poderes publicos de direitos aduaneiros sobre os referidos produtos.

Acredita-se que as conversações futuras não encontrarão qualquer dificuldade. Nos circulos politicos e economicos acredita-se que o governo não cogita de concluir acôrdos bi-laterais com as pequenas nações.

Quem é c

Para exercer esse c
Costa — Um
thur Saboya,

O sr. General Waldomir Interventor Federal em S. assinou, ante-ontem, o dec demissão, a pedido, do dr. Saboya do cargo de prefe terino da Capital.

Esse decreto é do s teôr:

"O General de Divisão miro Castilho de Lima, inte federal no Estado de São usando das atribuições confere o Chefe do Gover visorio, exonera, a pedido, Arthur Saboya do cargo feito interino do municipio pital.

Palacio do Governo do de São Paulo, aos 21 de n 1933.

(a.) **General Waldomiro ma".**

O NOVO PREFEITO

Para substituir o dr.

O FALECIMENTO
da exma. espos
Interventor do P

O Exmo. Sr. General de Waldomiro Castilho de Lima, disposição do sr. Interventor raná, sr. Manoel Ribas, um especial para conduzir o c sua exma. esposa, falecida de Janeiro.

O carro especial da Soro partirá ás 16 horas com de Coritiba.

SOCIEDADE DOS AM
DE ALBERTO TOR

O NUCLEO PARANAEN

E' o seguinte o parecer missão de Nucleos dos Est Sociedade dos Amigos de Torres, sobre a criação do Paranaense.

"A iniciativa da organiza nucleo torreano do Paran movida pelos drs. Hostilio de Sousa Araujo e Jurandy fredini, surgiu apoiada, de go, por uma brilhante e pleiade de elementos de e intelectualidade daquele Esta de a obra do nosso patrono merosos e notaveis cultores. prensa paranaense, que é u expressão da mentalidade n se constituiu um dos mais fulgurantes fócos de irradia idéias de Alberto Torres.

Os drs. Hostilio Cesar de Araujo e Jurandyr Manfredi mes de destacado valor inte vinculados á nossa instituiçã somente pela adesão ao seu ma, mas, pelos serviços p á sua creação e desenvolvi reunem, sem duvida, as cre necessarias para o desempe missão de organizar aquele estadual. — Juarez Tavora, Vivacqua e Helio Gomes".

A AGITAÇÃO PO
CA EM CUBA

REPETEM-SE ATENTAD TERRORISTAS

Explosão de um petardo n dencia do General Herr

HAVANA, 22 (U. P.) — te todo o dia de ontem e ram em diversos pontos de pital sete bombas.

Na residencia do general rera, chefe do Estado Ma Exercito, explodiu um p causando apenas ligeiros es

CRUENTOS COMBATES NA VINCI DE SANTA CLA

HAVANA, 22 (U. P.) — Alfredo Vivar Hoffman, da "United Press", fez um cursão a serviço desta e pela zona da provincia de Clara, onde os revoltosos ram um movimento contra verno.

O nosso enviado calcula o numero de mortos nos co travados no decorrer da passada. Dos 14 feridos tra tados de Santi Espiritus par ta Clara, após o encontro d corrente, morreram 11. Os dos governistas feridos são dos com o maximo segredo. ta que os ferimentos apre sintomas de infecção ind esse fato que os rebeldes velmente usam "dum-duns".

Num. 117 — Quinta-feira, 25 de Maio de 1933 — (2.a Fase) — Ano I

JORNAL DO ESTADO

(Orgão oficial dos Poderes do Estado de São Paulo — Brasil)

NUMERO DO DIA .. .. .. 200 RE'IS — NUMERO ATRAZADO DO ANO CORRENTE .. .. 400 RE'IS

A neutralidade do Brasil na guerra Paraguaio-Boliviana

Foi assinado pelo Chefe do Governo Provisorio o decreto que define á posição do Brasil em face do conflito

RIO, 24 (Da sucursal do "Jornal do Estado" — pelo telefone) — O chefe do governo assinou, na pasta do Exterior, o decreto que manda ser observada, completa neutralidade durante a guerra entre a Bolivia e o Paraguai. E' o seguinte o teor do referido decreto, que traz o n. 22.744:

"O chefe do Governo Provisorio da Republica dos Estados Unidos do Brasil, considerando que, deante do fato profundamente lamentavel de uma guerra entre duas nações americanas a ambas as quais o Brasil se acha estreitamente ligado por laços de antiga amizade e por esse conjunto de interesses, principios e sentimentos comuns, de ordem internacional, que constitue o caracteristico ambiente da America, o Brasil tem necessidade imperiosa de definir a sua posição de pai's neutro;

considerando que não sendo membro da Sociedade das Nações, o Brasil não está adstricto aos preceitos de pacto e que tendo de afirmar a sua neutralidade, se orienta pelo Direito Internacional escrito e consuetodinario e pelos altos ditames da moral e da justiça que a civilização depositou na consciencia dos povos cultos;

considerando que as **Regras Gerais de Neutralidade** adotadas pelo Brasil, durante a Grande Guerra, emquanto a ela não foi arrastado, as quais foram estabelecidas pelo decreto n. 11.037, de 4 de agosto de 1914, e completadas ou modificadas por atos ulteriores, não satisfazem plenamente as necessidades do presente momento, porque ao tempo da sua publicação se tinha em vista a guerra, em outro continente, sendo os atos de beligerencia no mar os que mais deviam preocupar o pai's, ao passo que agora, a luta se trava entre nações visinhas e mediterraneas, surgem problemas de navegação fluvial e além de ter o espirito internacional tomado um largo surto, nestes ultimos anos, as idéas sobre a guerra se modificaram consideravelmente;

considerando que estas ponderações mostram ainda que os canones sobre neutralidade maritima e terrestre, consignadas nas convenções ns. 5 e 13, de Haya, em 1907, publicadas no Brasil, que as assinou e aprovou pelo decreto n... 10.719, de 4 de fevereiro de 1914, sendo embora direito internacional positivo, reclamam desdobramento inspirados na doutrina melhor fundada, afim de atender á situação especial que se apresenta;

considerando que conquanto não tenha sido ratificado até a presente data a convenção de neutralidade maritima que subscreveu em Havana, a 20 de fevereiro de 1928, conjuntamente com as nações representadas na Sexta Conferencia Pan-Americana, o Brasil não póde deixar de ter em apreço o grande valor que ela tem como expressão concreta do conceito juridico de neutraliadde consagrado pelo direito internacional americano;

considerando que em materia de contrabando de guerra, intimamente relacionada com o respeito á propriedade privada, o direito positivo é sobremodo deficiente; que a Declaração Naval de Londres, em 1909 tem apenas valor doutrinario; que o pensamento do conselheiro Paranhos ao interpretar o sentimento brasileiro na comunicação feita ás potencias signatarias da "Declaração de Paris", de 16 de abril de 1856, continua, passados 76 anos, em estado de aspiração, para que se complete a obra de paz e civilização expressa nas maximas então proclamadas e melhor se assegure a propriedade particular inofensiva;

considerando, porém, que para a solução dos incidentes que acaso apareçam e para dirigir o procedimento do Brasil e dos brasileiros, ha o conceito geral de neutralidade que consiste em abster-se o Estado neutro de prestar concurso direto ou indireto á ação dos beligerantes; em não estorvar por qualquer modo as operações de guerra realizadas fora do seu territorio; em não permitir dentro deste que se realizem atos de hostilidade e em ter assegurada a liberdade do seu comercio pacifico, expressão de sua soberania que a guerra no estrangeiro não póde, razoavelmente limitar, deduzindo-se desta ultima proposição que somente a finalidade normal da mercadoria e seu destino podem influir para a sua classificação como hostil ou inocente;

considerando que desde anos vem tomando corpo a idéa de se colocarem os povos em posição mais decisiva em favor da paz que é o ambiente normal da civilisação, mas que as condições atuais não lhes tendo permitido obter resultados positivos no sentido de impedir a guerra e dar á atividade pacifica a preeminencia a que incontestavelmente tem direito, subsistem os principios acima invocados;

considerando finalmente que o Governo Federal recebeu notificação oficial do governo paraguaio de que o Paraguai se acha em estado de guerra com a Bolivia;

resolve que, enquanto durar o referido estado de guerra, sejam fiel e rigorosamente observadas e cumpridas pelas autoridades brasileiras as Regras de Neutralidade que a estes acompanham, assinádas pelo ministro de Estado das Relações Exteriores.

Rio de Janeiro, 23 de maio de 1933, 112º da Independencia e 45º da Republica — Getulio Vargas — Afranio de Mello Franco — Augusto Ignacio do Espirito Santo Cardoso — Protogenes Pereira Guimarães.

SÃO AS SEGUINTES AS "REGRAS DA NEUTRALIDADE" DO BRASIL ANEXA AO DECRETO N. 22.744

1.o — Os residentes nos Estados Unidos do Brasil, nacionais ou estrangeiros, devem abster-se de qualquer participação em auxilio em favor dos beligerantes e não deverão praticar ato algum que possa ser tido como de hostilidade a uma das potencias em guerra.

2.o — Não é permitido aos beligerantes promover no Brasil o alistamento de nacionais seus, de cidadãos brasileiros ou de naturais de outros países, para servirem nas suas forças armadas.

3.o — E' proibido aos agentes do governo federal, ou dos Estados brasileiros, exportar ou favorecer diréta ou indirétamente, á remessa de artigos belicos a quaisquer dos beligerantes.

4.o — A disposição do artigo anterior não impéde o livre transito fluvial e terrestre assegurado por tratados em vigor, entre o Brasil e qualquer dos beligerantes.

5.o — Aos beligerantes é proibido fazer no territorio terrestre, fluvial ou maritimo dos Estados Unidos do Brasil, bases de operação de guerra, ou praticar atos que possam constituir infração da neutralidade do Brasil .

§ unico — Considera-se ato ilicito internacional o desrespeito á neutralidade pela qual responde o beligerante, cabendo outrossim ao estado neutro, a defesa de sua posição juridica .

6.o — O governo federal usará dos meios de que dispõe para impedir o equipamento ou armamen-

(CONCLUE NA 2.a PAGINA)

Chá oferecido á oficialidade da 2.ª Região Militar

Aspécto tirado por ocasião do chá oferecido pelo sr. General Daltro Filho e exma. sra. á oficialidade da II Região Militar. — Vêm-se na fotografia o ilustre militar em companhia do sr. Interventor Federal e exma. esposa e de varias autoridades civis e militares, assim como de distintas senhoras e senhoritas.

O general Daltro Filho e exma. senhora ofereceram ontem um chá á oficialidade da 2.a Região Militar e suas exmas familias.

A's 17 horas, o general Waldomiro Lima, acompanhado de sua excelentissima familia, chegava á Região. Após ter cumprimentado o comandante da mesma, o interventor federal no Estado permaneceu palestrando com os generais Daltro Filho e Colatino Marques, e outras patentes do Exercito e da Força Publica do Estado, que lá se encontravam.

Compareceram igualmente o major Olimpio Falconiére, novo chefe de Policia, o tenente-coronel Oswaldo Costa, prefeito da Capital, e inumeras pessoas gradas.

Após ter sido servido o chá, nos salões ornados com inumeras corbelhas, seguiu-se um festival dançante.

Ao som de dois "jazz-bands", os pares começaram a dançar, nos principais salões da Região.

A CONFERENCIA DO DESARMAMENTO

UM NOVO PLANO DE PACTO CONSULTIVO

GENEBRA, 24 U.P.) — Sir John Simon ministro do Exterior da Inglaterra e representante deste país na comissão do desarmamento apresentou hoje um novo plano de pacto consultivo.

Esse plano propõe que na hipotese de quebra ou ameaça de quebra do Pacto Kellog o Conselho, a Assembléa ou um qualquer país não membro da Sociedade "poderá propor uma consulta imediata entre o Conselho e a Assembléa e qualquer das partes presentes á convenção.

O plano declara que o objetivo da consulta deve ser: — primeiramente, na hipotese de uma ameaça de desrespeito do Pacto Kellog — "para trocar opiniões a respeito da manutenção da paz"; em segundo logar, no caso de desrespeito do referido Pacto — "para fazer uso dos seus bons oficios afim de obter o restabelecimento da paz"; terceiro, na hipotese de se tornar impossivel a restauração da paz "determinar quais as partes ou parte envolvidas na disputa afim de fixar as responsabilidades".

O plano conclue declarando que os artigos anteriores de nenhum modo prejudicam os direitos ou obrigações dos membros da Sociedade das Nações, não estabelecem conflitos com os mesmos, nem limitam os poderes e os deveres da Assembléa, segundo o termo do convenio.

O aniversario da batalha de Tuiutí

As homenagens á memoria do General Osorio

RIO, 24 (Da Sucursal do "Jornal do Estado" — pelo telefone) — Comemorou-se hoje, pela manhã, em frente á estatua do general Osorio, na praça 15 de Novembro, o feito que em Tuiuti imortalizou a memoria do grande cabo de guerra brasileiro.

A estatua do general Osorio, Marquez de Herval, amanheceu hoje toda enfeitada com flores naturais. No pedestal notamos o quadro contendo a fotografia e o historico da espada de honra oferecida pelo Exercito ao bravo comandante.

Sob o comando do coronel Octavio Pires Coelho desfilou diante da estatua um destacamento misto, composto de forças da terra e mar.

A ordem observada no desfile foi a seguinte: — Marinheiros nacionais, Corpo de Fuzileiros Navais, C. P. O. R. da 1.a Região Militar, 3.o R. I., Policia Militar, Corpo de Bombeiros e 1.o R. C. D.

A aviação militar vôou sobre o local da parada, em formação de esquadrilha.

Por ocasião do inicio do desfile, as fortalezas salvaram com vinte e um tiros.

Entre o elevado numero de pessôas presentes, destacamos as seguintes: — General Espirito Santo Cardoso, Ministro da Guerra; almirante Protogenes Guimarães, Ministro da Marinha; ministros Antunes Maciel, Juarez Tavora e Salgado Filho; representantes dos ministros da Educação e da Fazenda; coronel Pantaleão Pessôa, representante do Chefe do Governo Provisorio; generais Andrade Neves, Góes Monteiro, Emilio Lucio Esteves, João Guedes da Fontoura, Eurico Gaspar Dutra, Pargas Rodrigues, Aranha da Silva, Charles Huntzinger, chefe da missão militar francêsa, dr. Amaral Peixoto, representante do dr. Pedro Ernesto; almirante Roure Mariz, Amphiloquio Reis, Gitahy de Alencastro, Americo dos Reis, Graça Aranha, Dr. Amorim, capitão Dulcidio Cardoso, diretor de Educação; coroneis Corrêa do Lago, Queiroz Sayão, Gustavo Cordeiro de Faria, Valentim Felicio da Silva, Julio Freire Esteves, representantes dos generais Alvaro Mariante, comandante da 1.a Região, Paes de Andrade, chefe do Departamento da Guerra e Jorge Pinheiro, diretor de Engenharia Militar.

A questão do embarque dos cafés paulistas

RIO, 24 (Da Sucursal do "Jornal do Estado" — pelo telefone) — Procedente de São Paulo, chegou hoje ao Rio e hoje mesmo conferenciou com o presidente do Departamento Nacional do Café, uma comissão composta dos seguintes diretores do Instituto: Dr. Armando Simões, dr. João Silveira Prado, Raul Furquim e Mario Cabral.

O motivo dessa conferencia foi a questão do embarque dos cafés paulistas, cuja forma a ser adotada não chegou a ser concluida em São Paulo, quando ali esteve o dr. Armando Vidal.

NAL DO ESTADO (2.a Fase) — Num. 121 — Ano I

ial dos poderes do Estado de S. Paulo - Brasil)

RECEPÇÃO QUINZENAL DA SRA. WALDOMIRO LIMA

Amanhã a senhora Waldomiro de ma, exma. esposa do general aldomiro Lima, Interventor Feral em São Paulo, dará a sua stumeira recepção quinzenal á ciedade paulista. No Palacio dos mpos Eliseos, por essa ocasião verá uma parte musical a cargo maestro Francisco Mignone na al tomarão parte o pianista Alpho Tabacow, violinista professor Gino Alfonsi e o tenor A. Santorato. Independente do pequeno ograma a ser executado, a seora Ema Rocha Brito, da nossa ta sociedade, far-se-á ouvir em dos trechos liricos evidenciando seus recursos de cantora.

O programa a ser executado na cepção da senhora Edith Lima organisado pelo maestro Mignone, e fará os acompanhamentos, é o guinte:

Gustan Macho — "Staccato Senado", sôlo de violino pelo professor Gino Alfonsi; **Chopin** — 'alsa" — sôlo de piano pelo professor Adolpho Tabacow; **Donizzet-** — "Uma furtiva lagrima" — canpelo tenor A. Santorato; **Granas** — "Dança espanhola" — vioo por G. Alfonsi; **Francisco Mione** — "El retablo de Alcazar" A. Tabacow; **Puccini** — "E lun le stelle", por A. Santorato; **ndelssohn** — "Acron" — Canto Romance", por Gino Alfonsi; **pomuceno** — "Batuque", por A. bacow;**Francisco Mignone** — ma surpreza), canto e piano o autor.

ARTIDO SOCIALISTA BRASILEIRO DE DE S. PAULO

COMUNICADO N. 5

"I — São convocados a comparecer á Séde do Partido, á rua 11 Agosto n. 22, ás 10 horas, os ndidatos a deputados á Constinte, para deliberarem sobre asnto de maxima importancia.

II — Foram reconhecidos pelo C. A. P. os seguintes Conse-os Distritais:

Belemzinho — Eugenio Proença mes, José Capuano, José Marino, timo Soldati, Agenor Garcia ssos, Salvador Monzani, João rrios, Benedicto Nozaris, Alendre Martins Costa, Crescentino llo, José Galletti, Conti Ferru-.

— Sub Conselho de Vila Maria Alfredo Fernandes da Silva, el Baptista, Antonio Cardoso, tonio Fernandes Vicente, Joaim Carlos Paes, Manuel Pedro, ronimo Lopes, José Gomes, Pe- Vale.

— Sub Conselho da Vila Carrão José Dias Cardoso, Lucio Confo, Benedicto J. Sant'Anna, Dongos da Silva Braga, Nicola avasi, Lucco Arditi, Caetano Ato, José Gallucci, Antonio Diaoli, Paschoal Cartone, Caetano ce, José Grauso.

II — A Comissão incumbida da dação do Regimento Interno já resentou o respectivo ante-projeo que vai ser submetido á imeta aprovação do Partido.

V — A mesma Comissão apretou tambem o projéto de deração de principios a ser adotapara os que queiram se filiar Partido sendo essa declaração xtrato das téses que constituem programa do Partido.

— Foram nomeados os mems que integrarão o Conselho de dicancia do Partido, diretamensubordinado ao C. C. A. P.".

oluntarios destinados á 2.a Região Militar

IO, 30 (UTB) — Com procedendo Estado da Bal'a, chegou no or "Itaipé", um contingente de voluntarios alistados no 19.o B. com destino á 2.a Região Mili, e que foi mandado encostar á R. M. até seguir o seu destino.

A primeira exposição de arte moderna em São Paulo

Spam é a Sociedade Paulista de Artistas Modernos que, entre nós, reuniu os maiores pintores que aqui se encontram e se destacam porque acompanham a moderna evolução da pintura. E Spam foi acolhida pela sociedade paulistana como uma grande novidade.

Resta agora saber se ainda nos

Picasso, o complexo Picasso, póde apenas mostrar uma faceta do seu genio nos pequenos quadros que figuram na exposição.

Annita Malfatti, apresenta-se bem, não obstante a prejudicar a preocupação de pequenos detalhes que sacrificam o conjunto harmonioso dos seus trabalhos. Mais a-

"Natureza Morta", de Hugo Adami

dias que correm "algo de nuevo" ha ainda a apresentar. Depois que na Europa passou o saudavel tufão que expurgou da pintura todos os serodios modelos, é visivel, e já da ha muito, o retorno á época que se pode, com alguma propriedade, chamar de nossa época, a que conosco vai marchando...

O tufão renovador serviu para matar de vez os deuses os quais não mais podiamos ficar na eterna posição de barbaros adoradores..

Pois, senhores, nesta florenta Paulicéa, que Sarah Bernard, hospede amavel, chamou de capital artistica do Brasil, ainda os nossos pintores continuam com o intuito visivel de "épater" o indigena, a pintar como se em arte nada mais conhecessemos além de meia duzia de quadros celebres que da Europa nos trouxeram os novos ricos e alguns artistas espalhafatosos.

Se, porém, em Spam, com o rotulo de arte moderna, uns poucos artistas descambaram para o extravagante e o absurdo, ha trabalhos como os do sr. Hugo Adami, por exemplo, que agradam em cheio, pois que sobre serem feitos com talento, são modernissimos, e escoimados de todo e qualquer exagero. Dos mestres eles são marcados, tão somente, pelo que de definitivo e belo eles legaram ás gerações.

Mas, falemos de todos em conjunto. Logo á entrada do salão nossos olhos cáem sobre os quadros d Tarsila. Dois são grandes, como "Religião Brasileira", cuja paternidade podemos atribuir a Picasso, pois que lembra a sua época de dinamismo. Tem Tarsila, porém, a deformação não tem razão de ser ou, melhor, existe como expressão chocante de sensualismo. Em Picasso, ao contrario, como em "Corredor", a deformação dos pés visa dar a idéa de uma figura em movimento. Os demais quadros de Tarsila, com os seus motivos ingenuos, são quasi felizes, embora lembrem Rousseau. Mas, tudo isso é velho. Ingenuamente, Tarsila penso que apresenta coisa nova...

Fugita expõe tres quadros, que têm o mesmo senso caligrafico e frio e que foram executados com a habilidade dos japonêses. De Chirico acha-se bem representado com uma cabeça pintada com a simplicidade dos mestres do renascimento, inspirada nos pompeianos, e de excelente força de expressão. O mesmo artista expõe um pequeno quadro "Musas e Apollo", admiravel pelo colorido; é este o seu primeiro ensaio metafisico. Onde, porém, o vemos num mundo todo seu, com toda a sua sensibilidade, é no grande quadro "Coluna" feito de longos planos, numa atmosfera fantastica de sonho.

Os quadros de Segall se impõem pela força plastica, poder expressivo e firmeza de "gris". De Tolle ha uma figura de um cubismo romantico e um quadro de "jogadores de futebol" do mais elevado senso decorativo.

Marie Lourancin tem o poder de emocionar pela finura dos tons e uma leve sensibilidade.

diante Paulo Rossi revela certo rigor de expressão em "Moreninha", mas nas outras telas deixa transparecer a sua frieza, o que o artista, entretanto, facilmente poderia corrigir.

O pintor Hugo Adami, como sempre, prova que tem profundo conhecimento da sua arte. Seus quadros, pintados com tons liquidos, dizem que ele possue elevado senso realista orientado de madeira a mais superior. Esse pintor, que ha pouco nos devolveu a Europa, onde o saudou a critica mais autorizada, será em breve um dos maiores nomes da pintura em o nosso país. Por fim, ali está, moço, apresentando-se pela primeira vez, o pintor Arnaldo Barbosa. Os seus tabalhos têm uma certa alegria. Arnaldo Barbosa pinta com segurança e quasi sempre é feliz nas suas criações.

E ai' está, no que tem de melhor, a exposição promovida por Spam, á rua Barão de Itapetininga. Constitue ela alguma novidade? Com certeza que não, mas dentre tanto exagero se pode apontar alguma coisa que valia a pena ser revelada.

M. P.

AÇÃO INTEGRALISTA BRASILEIRA

Comunicam-nos da secretaria da Ação Integralista Brasileira:

Pelo chefe nacional da Ação Integralista Brasileira foi nomeado chefe do Triunvirato da Provincia de Goiás o dr. Benjamin da Luz Vieira, lente de filosofia do Direito da Faculdade de Direito da Capital goiana.

Foi tambem nomeado chefe do Triunvirato da Provincia do Espirito Santo o dr. Arnaldo Magalhães, d alto comercio de Vitória.

Foi nomeado coordenador do movimento integralista na Provincia da Paraiba, o dr. Pedro Baptista, do alto comercio de João Pessôa.

Ao chefe nacional, o chefe do Triunvirato do Ceará, cap. Jeovah Motta, endereçou minucioso elatori do movimento integralista náquela Provincia, comunicando que em começo de junho, desfilará a milicia dos "camisas-verdes" em Fortaleza.

O escritor Olbiano de Mello, chefe do Triunvirato de Minas Gerais, enviou á chefia nacional do integralismo a copia do manifesto que a "Ação Integralista" naquela Provincia dirige ao povo montanhês.

O movimento em São Paulo continua átivamente, principalmente a organização da milicia. No proximo dia 5, segunda-feira, no Teatro Recreio, á Praça João Mendes, realizar-se-á uma grande sessão integralista.

hefe nacional, dr. Plinio Salgado, em continuação do curso de integralismo que está realizando na Capital da Republica, fará mais uma conferencia hoje no Rio de Janeiro. Amanhã, o dr. Plinio Salgado irá a Niteroi, onde empossará o "Grupo de Centralização" da Provincia do Rio, realizando nova conferencia".

Pagina — 3 —

Num. 135 — Sábado, 17 de Junho de 1933

JORNAL DO E

(Orgão oficial dos Poderes do Estado de São Paulo -

NUMERO DO DIA .. .. .. 200 REIS — NUMERO ATRAZAD

Coligação das esquerdas

FOI ENVIADO AO SR. GETULIO VARGAS UM TELEGRAMA COMUNICANDO A SUA CONSTITUIÇÃO E AFIRMANDO A SUA SOLIDARIEDADE AO GOVERNO PROVISORIO E INTERVENTORES DOS ESTADOS

Telegrama identico foi enviado aos ministros de Estado, interventores e comandantes das diferentes regiões militares.

TELEGRAMA

Presidente Getulio Vargas
Palacio do Catete
RIO

As forças politicas e revolucionarias de São Paulo, que levaram ás urnas no pleito de 3 de maio ultimo cerca de 100 mil votos, numa expressão eleitoral, a ampliar-se de momento a momento em razão de novas e expontaneas adesões que vêm recebendo diariamente e que, por isso, constituem, de já, a maior força de opinião organizada dentro do Estado, e a maior eclosão de civismo do Pai's.

Considerando:

que a revolução de outubro foi consequencia — da campanha alevantada, de ha muito, em prol da regeneração dos costumes politicos e da reintegração dos brasileiros no pleno exercicio dos seus direitos e na exata compreensão dos seus deveres;

que todo o povo brasileiro acolheu e consagrou a revolução como passo decisivo para o engrandecimento moral e material da Patria;

que, entretanto, os seus inimigos não esmorecem no esforço pertinaz pelo retrocesso dos tempos idos; e

que, assim sendo, cumpre a todos os brasileiros a defesa inquebrantavel da obra revolucionaria, afim de evitar-se que o Pai's retroceda e recáia em poder dos reacionarios,

vêm trazer ao conhecimento de V. Excia. que se constituiram em coligação politica para, em perfeita harmonia defender intransigentemente a revolução, prestigiando, apoiando, e amparando, a todo o custo, os proceres revolucionarios, já do Governo da Republica, já dos Governos dos Estados, que, fieis á obra revolucionaria, a levarem para a frente sem esmorecimentos.

Trazendo a V. Excia. esta comunicação, congratulamo-nos com o Pai's, por ser ela uma demonstração inequivoca de que, no grande e generoso Estado de São Paulo, ainda não pereceram os sentimentos de patriotismo e de brasilidade.

Pela Legião Civica 5 de Julho, Octavio Ramos
Pelo Partido Socialista, J. Moreira Porto
Pelo Partido da Lavoura, Antonio Bento Vidal
Rubião Meira
Antonio Feliciano
Angelo Mendes Corrêa

"A s

AFIR

Ontem, discursos lo Tacla ração. O tido Social aspectos sa vida em seguida

"A vitori ação revol Waldomiro expressa tiça aos se tes, como representa socialistas ro, cortant do, da reaç

A destit ria do Inst mo Institut ouro para déa Brasile Patria, rep da Revoluç trativo e, de novos ru ganização mentos, nur las suas pr

O Genera trou que um chefe dor dos fe esses milita correram, monstrou thur Eozem alguns secu politica do militar: um do logico, materia de ministrativa brasileiro gação. No ultrapassou macia do problema ta, que era

O G

O que miss As

O com os ao seu Um neral sol

_A exposição da Sociedade Pró Arte Moderna – Spam é comentada no artigo "A Primeira Exposição de Arte Moderna em São Paulo", publicado no *Jornal do Estado*, em 31 de maio, com duras críticas e poucos elogios à arte moderna.

138. PRIMEIRA EXPOSIÇÃO DE ARTE MODERNA EM SÃO PAULO

_É constituída a "Coligação das Esquerdas" – que reúne a Legião Cívica, o Partido Socialista e o Partido da Lavoura –, solidária ao governo provisório e aos interventores dos estados, como registra o telegrama enviado a Getúlio Vargas, publicado no *Jornal do Estado* de 17 de junho.

139. É FORMADA A "COLIGAÇÃO DAS ESQUERDAS"

_No dia 5 de julho, são realizadas diversas homenagens em comemoração ao aniversário do Levante do Forte de Copacabana e da Revolução paulista de 1924. O *Jornal do Estado* de 4 e 7 de julho registra amplamente os festejos.

140. HOMENAGEM AO LEVANTE DO FORTE

_São introduzidas algumas modificações no regulamento da primeira exposição artística do Salão Paulista de Belas-Artes, publicadas no *Jornal do Estado* em 12 de agosto.

_Com o fim da censura, o Decreto n.6027, de 16 de agosto, publicado em 17 de agosto, determina que fiquem adidos à Imprensa Oficial os censores da Seção de Publicidade do Departamento de Censura, até que possam ser aproveitados em cargos equivalentes de outras repartições do estado.

141. FIM DA CENSURA E DESTINO DOS CENSORES

_Publicação de *Serafim Ponte Grande*, de Oswald de Andrade; *Caetés*, de Graciliano Ramos; *Cacau*, de Jorge Amado; *Clarissa*, de Érico Veríssimo; *Casa-Grande & Senzala*, de Gilberto Freyre, com ilustrações de Cícero Dias; *Evolução Política do Brasil*, de Caio Prado Júnior.

142. 1ª EDIÇÃO DE *CASA-GRANDE & SENZALA* | CAPA E FOLHA DE ROSTO

143. 1ª EDIÇÃO DE *EVOLUÇÃO POLÍTICA DO BRASIL* | CAPA E FOLHA DE ROSTO

140

Num. 150 Sexta-feira, 7 de Julho de 1933 (2.a Fase) – Ano 1

JORNAL DO ESTADO

Orgão oficial dos Poderes do Estado de São Paulo – Brasil)

Brilhantes comemorações de 5 de julho

S. Paulo rendeu aos heróis de Copacabana e de 1924 magnificas homenagens – A sessão civica no Municipal – Os discursos

Não poderiam ter sido mais brilhantes e expressivas as comemorações de ante-ontem no Teatro Municipal em homenagem aos herois do Forte de Copacabana e revolucionarios de 1924. S. Paulo inteiro, no que mais possue de representativo, compareceu em massa ao local designado pela Comissão de Festejos, afim de vitoriar aqueles que tombaram pelo Brasil e pelo ideal.

Raramente temos verificado em recintos fechados tão compacta massa humana disposta a render aos brasileiros ilustres, homenagens eloquentes.

Anunciado antecipadamente pela imprensa que o sr. general Waldomiro Castilho de Lima compareceria á sessão civica, e que tambem a ela acorreriam as figuras mais representativas das duas revoluções, como era natural, desde cedo, muito antes da hora anunciada, grande multidão estacionava defronte ao Teatro Municipal.

No saguão, a banda musical da Guarda Civil executava algumas marchas inspiradas nos motivos da data, o que mais aumentava o entusiasmo do povo.

O palco, artisticamente enfeitado, teve a ocupa-lo os membros da Comissão de Festejos, antigos combatentes das colunas de 1924 e demais pessoas pertencentes aos partidos que se faziam representar na solenidade.

A's vinte e uma horas e meia, chegava ao teatro, acompanhado de sua exma. senhora, do dr. Ulysses Luna, oficial de gabinete, e capitão Adalberto Pereira dos Santos, ajudante de ordens, o sr. general Waldomiro Castilho de Lima que ocupou um dos camarotes. Neste momento, a banda iniciou o Hino Nacional, erguendo-se a assistencia, para minutos após renovar, em manifestações patrioticas,

Parte da assistencia que compareceu ao nosso magno teatro afim de prestar homenagem aos herois de 22 e 24

---

tos de réis. Cumpre acentuar que nessa soma não entrou o beneficio proporcionado pela abolição do imposto de exportação. E é este um estudo que não deixaremos da fazer oportunamente".

de empreendimentos industriais e conquanto deva passar ainda algum tempo antes de que o mecanismo industrial volte de novo a funcionar livremente, as manobras dos especuladores mostram-se inclinadas a encerrar o periodo dos preços baixos, dos valores industriais brasileiros, até á volta de melhores tempos".

As comemorações de 5 de julho em S. Paulo

A grande data revolucionaria de amanhã será condignamente festejada

5 de Julho no calendario da nossa historia politica, é um marco-limite entre os erros do passado e as conquistas que no presente o Brasil usufru'e. Um marco que relembra o momento em que o povo, que por muitos lustros sofrêra os erros dos governantee, sentiu-se na obrigação de reivindicar com armas na mão aquilo que as suas palavras não conseguiam obter. E os dois "Cincos de Julho" vieram finalmente, não como incendios devoradores, prontos para destruir o Regime que os homens subverteram pelo seu capricho e ambição, mas unicamente para preservar a Republica destes mesmos elementos que não mais exprimiam a vontade popular e pactuavam com todos os erros e desmandos do poder.

A apopéa de Copacabana e a Revolução paulista de 5 de Julho foram duas explosões do incontido sofrimento popular, protesto dos governados que discordavam da atuação politica dos governantes.

O levante do forte de Copacabana foi o inicio do rastilho que se estendeu á revolução de 24, para, finalmente, produzir Outubro de 1930, que constituiu a soma dos esforços dispendidos, dos martirios impostos a brasileiros ilustres e os mortos que tombaram no campo do ideal, tendo-lhes a animar o gesto, o exclusivo, o unico desejo de bem servir a Patria.

As comemorações civicas de amanhã têm, pois, um grande significado para quem contempla o desenrolar dos acontecimentos politicos. Nélas tomarão parte os revolucionarios de todo país, sendo S. Paulo teatro, por esse motivo, de uma série de comemorações cujo objetivo é consagrar, definitivamente, na consciencia popular, o nome dos que se tornaram credores da sua admiração.

BANDEIRA DOS DEZOITO

Da organização patriotica "Bandeira dos Dezoito", secção de São Paulo, recebemos o seguinte comunicado:

"Em comemoração á data, a Bandeira dos Dezoito realiza no dia 5 do corrente, ás 20 e meia horas, no Salão da Lega Lombarda, sita no largo S. Paulo, uma grande reunião revolucionaria.

Falarão além dos seus oradores, os representantes de varias entidades, ás quais se acha ligada a Bandeira na campanha anti-fascista.

A entrada é franca para todos os trabalhadores, revolucionarios.

COMISSÃO ORGANIZADORA DOS FESTEJOS DE 5 DE JULHO

Recebemos da Comissão acima, o seguinte comunicado:

"A Comissão organizadora dos festejos 5 de julho, reuniu grande numero de companheiros e amigos afim de coordenar os preparativos dos que tomarão parte na ação civica do Teatro Municipal e receber ao mesmo tempo sugestões que possam abrilhantar as comemorações da gloriosa data.

Dentre o que foi alvitrado, ficou conhecido:

1.o — Ampliar a Comissão.

2.o — Nomear Comissões de Imprensa e de Recepção.

3.o — Nomear especial comissão para convidar pessoalmente as autoridades principais do Estado.

4.o — Enviar telegramas e convites aos companheiros do Rio e outros Estados.

5.o — Convidar por intermedio dos Partidos e do Departamento Municipal, todos os Prefeitos do Interior.

6.o — Pedir aos srs. Prefeitos denominar a uma das praças ou ruas da séde do Municipio, 5 de Julho.

7.o) — Pedir ao sr. Prefeito da Capital designar dora avante a avenida Agua Branca, com o nome de 5 de Julho.

8.o) — Oficiar ao sr. Interventor, lembrando comemorar a data decretando-se uma lei de aposentadoria com recursos varios, para amparar os mutilados, soldados civis da Revolução.

9.o — Instalar nas imediações do Teatro, alto falantes. Irradiar os discursos.

10.o — Recomendar aos srs. oradores designados de que os discursos referir-se-ão somente, a data.

11.o — Convidar a Imprensa para quem será reservado a 1.a fila da platéa.

12.o) — A Comissão recebeu amplos poderes para organizar definitivamente o programa dos festejos.

Pela comissão — João Cabanas, secretario.

(CONCLU'E NA 2.a PAG.)

A COMEMORAÇÃO CIVICA DE AMANHÃ, NO TEATRO MUNICIPAL

A data de 5 de julho que marca o inicio das reivindicações politica vitoriosas com a revolução de 1930, terá amanhã, uma consagração extraordinaria na qual tomarão parte todos os revolucionarios desta Capital e do interior, tendo á mesma aderido o Partido Socialista Brasileiro de S. Paulo. Os herois nacionais, que tiveram a c[illegible] civica da realização do primeiro esforço na luta contra as [illegible]arquias que dominavam pais, [illegible] que t[illegible] valorosamente em 1922, no cumprimento de um dever que a consciencia lhes apontava, serão [illegible] condignamente, na imponente sessão civica do Teatro [illegible]

[illegible] a sessão do Teatro Municipal, o Exmo. sr. General Waldomiro Castilh[o] de Lima, Interventor Federal em São Paulo, que especialmente convidado pela Comissão Organizadora das Homenagens, aquiesceu em prestigiar com a sua presença na direcção do grande comicio a homenagem patriotica p[re]stada aos herois e á data historica de 5 de julho.

Atos do Interventor Federal no Estado

DECRETO N. 6.025, DE 16 DE AGOSTO DE 1933

Dispõe sobre a mudança de denominações da Diretoria Geral do Ensino e repartições subordinadas

O GENERAL MANOEL DE CERQUEIRA DALTRO FILHO, Interventor Federal, interino, no Estado de S. Paulo, usando das atribuições que lhe são conferidas pelo Governo Provisorio da Republica, e,

CONSIDERANDO que não ha necessidade de expedição de novos titulos para os funcionarios da Diretoria Geral do Ensino e repartições a éla subordinadas, em virtude de alterações no nome dessas repartições ou estabelecimentos;

CONSIDERANDO que nem siquer ha necessidade de apostilar os titulos com que serviam os respectivos funcionarios, uma vez que não houve em suas funções e retribuição mudança alguma,

DECRETA:

Artigo 1.o — Os funcionarios da Diretoria Geral do Ensino e os de repartição ou estabelecimentos a ela subordinados, continuarão a servir com os mesmos titulos de nomeação, independentemente de apostilas ou averbações especiais, não obstante a mudança de denominações a que se referem os Decretos ns. 6.019 e 6.020, de 10 de agosto do corrente ano.

Artigo 2.o — Este Decreto entra em vigor na data de sua publicação, revogadas as disposições em contrario.

Palacio do Governo do Estado de São Paulo, aos 16 de agosto de 1933.

GENERAL MANOEL DE CERQUEIRA DALTRO FILHO
A. Meirelles Reis Filho.

Publicado na Secretaria da Educação e da Sau'de Publica, em 16 de agosto de 1933.

Alfredo C. Costa
Pelo Diretor Geral.

DECRETO N. 6.026, DE 16 DE AGOSTO DE 1933

Aprova os termos do contrato para o arrendamento de um predio á Avenida Floriano Peixoto, n. 135, na cidade de Botucatu'.

O GENERAL DE BRIGADA MANOEL DE CERQUEIRA DALTRO FILHO, Interventor Federal, interino, no Estado de São Paulo de acôrdo com o disposto no Decreto n. 5.427, de 5 de março de 1932, revolve aprovar o contrato celebrado na Secretaria de Estado da Educação e da Sau'de Publica para o arrendamento ao Governo do Estado, pelo prazo de cinco anos, de um predio de propriedade de dona Michelina Laurindo Blasi, situado á Avenida Floriano Peixoto, n. 135, na cidade de Botucatu' neste Estado, e destinado ao funcionamento de um estabelecimento de ensino.

Palacio do Governo do Estado de São Paulo, 16 de agosto de 1933.

(a) GEN. DE BRIGADA MANOEL DE CERQUEIRA DALTRO FILHO.
(a)A. Meirelles Reis Filho.

Publicado na Secretaria de Estado da Educação e da Sau'de Publica, em 16 de agosto de 1933.

O. Barros
Pelo Diretor Geral.

DECRETO N. 6.027, DE 16 DE AGOSTO DE 1933

O GENERAL DE BRIGADA MANOEL DE CERQUEIRA DALTRO FILHO, Interventor Federal, Interino, no Estado de São Paulo, usando das atribuições que lhe confere o Chefe do Governo Provisorio da Republica,

considerando que, em virtude da cessação da censura á imprensa se tornam desnecessarios os serviços da Secção de Publicidade do Departamento de Censura, a que se refere o decreto n. 5.714, de 25 de outubro de 1932;

considerando que, pelos bons serviços prestados ao Estado os seus atuais funcionarios devem ser aproveitados em outras repartições do Estado,

Decreta:

Art. 1.o — Ficam os atuais censores da Secção de Publicidade do Departamento de Censura, senhores Candido Oliveira Barbosa, Apollonio Rodrigues de Queiroz, Cristovam Pinto Ferraz, Monçaide Ferreira, Odilon Negrão e Sebastião Schiffini, adidos á Imprensa Oficial do Estado de São Paulo, com os vencimentos atuais, até que possam ser aproveitados em cargos equivalentes, de outras repartições do Estado.

Art. 2.o — Ficam adidos ao Departamento de Censura, em identicas condições aos funcionarios mencionados no art. 1.o deste decreto, os censores senhores Raimundo Pessôa Ramalho e Antonio Golini.

Art. 3.o — Revogam-se as disposições em contrario.

Palacio do Governo do Estado de São Paulo, aos 16 de agosto de 1933.

GENERAL DALTRO FILHO.
Carlos Villalva.
Meirelles Reis.

Publicado na Secretaria da Justiça e Segurança Publica, em 16 de agosto de 1933.

Eurico M. Machado,
Diretor Geral Interino.

DECRETO N. 6.028, DE 16 DE AGOSTO DE 1933

O GENERAL DE BRIGADA, MANOEL DE CERQUEIRA DALTRO FILHO Interventor Federal, interino, neste Estado, usando das atribuições que lhe são conferidos pelo parag. 1.o, art. 11 do Decreto 19.398, de 11 de novembro de 1930:

considerando que a Diretoria Geral da Repartição Central de Policia tem a seu cargo importantes questões de direito, algumas até de alta relevancia, como as atinentes á extradição, naturalização e passaporte:

considerando que o diretor geral dessa repartição tem por atribuição estudar os assuntos da alçada da Diretoria Geral e sobre eles interpor paraceres; e é então evidente que deve o cargo ser desempenhado por pessoa diplomada em direito,

considerando que a lei atual assim não entende, mandando que o preenchimento se faça por acesso — quando deve ser livre escolha entre os que reunam a condições expostas e que melhor garantam o perfeito andamento e solução das importantes questões ligadas ao cargo, que dia a dia crescem de volume e importancia;

Decreta:

Art. 1.o — O cargo de Diretor Geral da Repartição Central de Policia será de livre nomeação do governo, dentre os doutores ou bachareis em direito, com mais de cinco anos de exercicio da advocacia, da carreira policial, do ministerio publico ou da judicatura, no Estado, sendo o funcionario conservado em quanto bem servir;

Parag. unico: — Terá preferencia na escolha o sub-diretor geral que reunir as condições fixadas no artigo antecedente.

Art. 2.o — Revogam-se as disposições em contrario.

Art. 3.o — O presente decreto entrará em vigor na data da sua publica.

Palacio do Governo do Estado de São Paulo, 16 de agosto de 1933.

GENERAL DE BRIGADA, MANOEL DE CERQUEIRA DALTRO FILHO.
Carlos Villalva.

Publicado na Secretaria da Justiça e Segurança Publica, em 16 de agosto de 1933.

Eurico M. Machado,
Diretor Geral Interino.

JUSTIÇA E SEGURANÇA PUBLICA

POR DECRETOS DE 16 DE AGOSTO DE 1933

Foram efetivados nos cargos de censores do Departamento de Censura os cidadãos João Paulo Medeyros e Luiz Viegas no cargo de auxiliar de escriturario, do mesmo Departamento, Euclydes Cunha

Foram removidos os seguintes promotores publicos:

Bel. Edgard Vieira Cardoso da comarca de Amparo para a comarca de Rio Preto;

Bel. Octavio Moreira Salles da comarca de Atibaia para a comarca de Amparo;

Bel. Raul Cintra Leite da comarca de São Joaquim para a comarca de Atibaia;

Foi nomeado para o cargo de promotor publico da comarca de São Joaquim, o bel. Flavio Torres.

Foram nomeados para a comarca de Marilia:

Promotor Publico bel. João de Goes Ferreira.

Oficial do Registro Geral de Hipotecas e Anexos, Edgard da Silva Lima;

1.o Tabelião de Notas e Anexos, Nelson Carvalho;

2.o Tabelião de Notas e Anexos, Amando de Oliveira Rocha Filho,

Distribuidor, Contador e Partidor, Adorcino de Oliveira Lyrio.

Foi removido o bel. Fernando Augusto Nogueira Cavalcanti do cargo de Juiz de Direito da comarca de Apiaí, para igual cargo, na comarca de Marilia.

Foi removido o bacharel Francisco Gonçalves Belchior, do cargo de delegado de Policia de Taubaté para Itararé — 3.a classe; bacharel Carlos Ribas de Mello Leitão, de Itararé para Taubaté;

Foi exonerado, por abandono, o bacharel Raul Patricio do cargo de delegado de Policia de Vila Americana, 6.a classe e nomeando para o mesmo cargo, o bacharel Luiz Gonzaga Nacleriо Homem.

FAZENDA

O GEN. DE BRIGADA MANOEL DE CERQUEIRA DALTRO FILHO, Interventor Federal, Interino, no Estado de São Paulo, usando das atribuições que lhe confere o Chefe do Governo Provisorio da Republica, nomeia o doutor Angelo Mendes Corrêa, para o cargo de sub-diretor do Departamento Geral de Compras.

Palacio do Governo do Estado de São Paulo, aos 16 de agosto de 1933.

(a) GENERAL DALTRO FILHO.
(a) **José Mascarenhas**

O GENERAL DE BRIGADA MANOEL DE CERQUEIRA DALTRO FILHO, Interventor Federal, Interino, no Estado de São Paulo, usando da atribuições que lhe confere o Chefe do Governo Provisorio da Republica,

considerando o modo insolito pelo qual o sr. Joaquim Galvão de França Pacheco, Fiscal do Governo junto ao Instituto de Café e membro d Comissão de Sindicancia do mesmo Instituto, insinua, em oficio dirigido ao Chefe do Governo o critério pelo qual deve proceder;

considerando ainda que o mesmo oficio está vasado em linguagem desrespeitosa e grosseira, contendo acusações improprias de um tal documento, feitas a estranhos e sob a irresponsabilidade de uma forma que não póde e nem deve chegar oficialmente ao seu conhecimento:

considerando por fim que o Governo não póde sugeitar-se a ter um delegado que faça insinuações em que se dissimule a desconfiança de que haveria alguem capaz de influir no seu animo, reconhecidamente inflexo,

resolve demitir o sr. Joaquim Galvão de França Pacheco, dos cargos de fiscal do Estado junto ao Instituto de Café e membro da comissão de sindicancia do mesmo Instituto.

Palacio do Governo do Estado de São Paulo, aos 16 de agosto de 1933.

GENERAL DALTRO FILHO
José Mascarenhas.

Imprensa Oficial — Pagina — 17 —

141

DECRETO N. 6.027, DE 16 DE AGOSTO DE 1933

O GENERAL DE BRIGADA MANOEL DE CERQUEIRA DALTRO FILHO, Interventor Federal, Interino, no Estado de São Paulo, usando das atribuições que lhe confere o Chefe do Governo Provisorio da Republica,

considerando que, em virtude da cessação da censura á imprensa se tornam desnecessarios os serviços da Secção de Publicidade do Departamento de Censura, a que se refere o decreto n. 5.714, de 25 de outubro de 1932;

considerando que, pelos bons serviços prestados ao Estado os seus atuais funcionarios devem ser aproveitados em outras repartições do Estado,

Imprensa Oficial

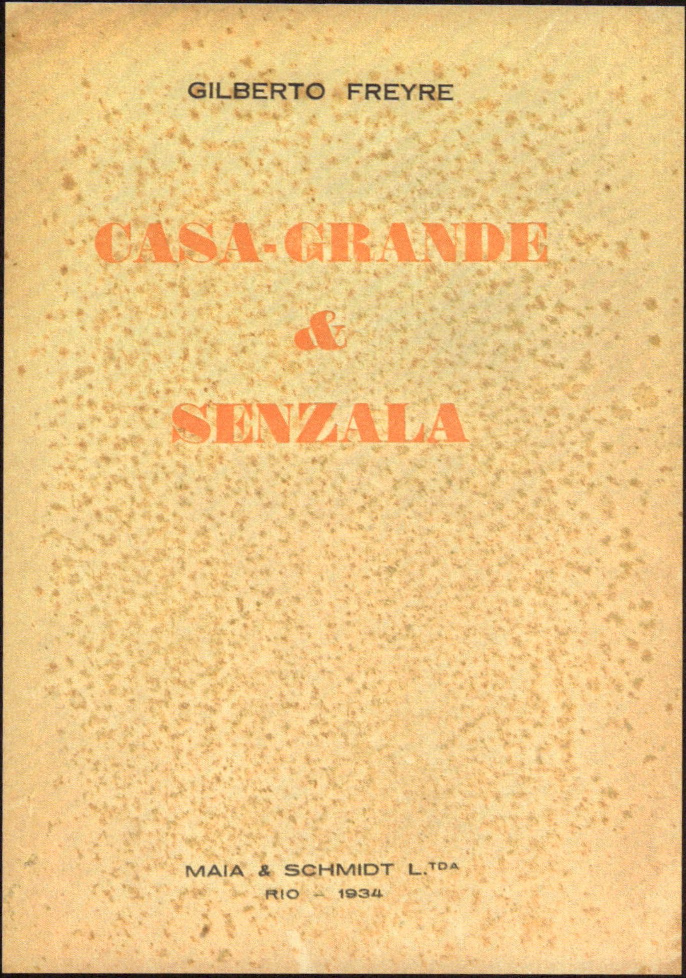

142

GILBERTO FREYRE

CASA-GRANDE
&
SENZALA

MAIA & SCHMIDT L.TDA
RIO – 1934

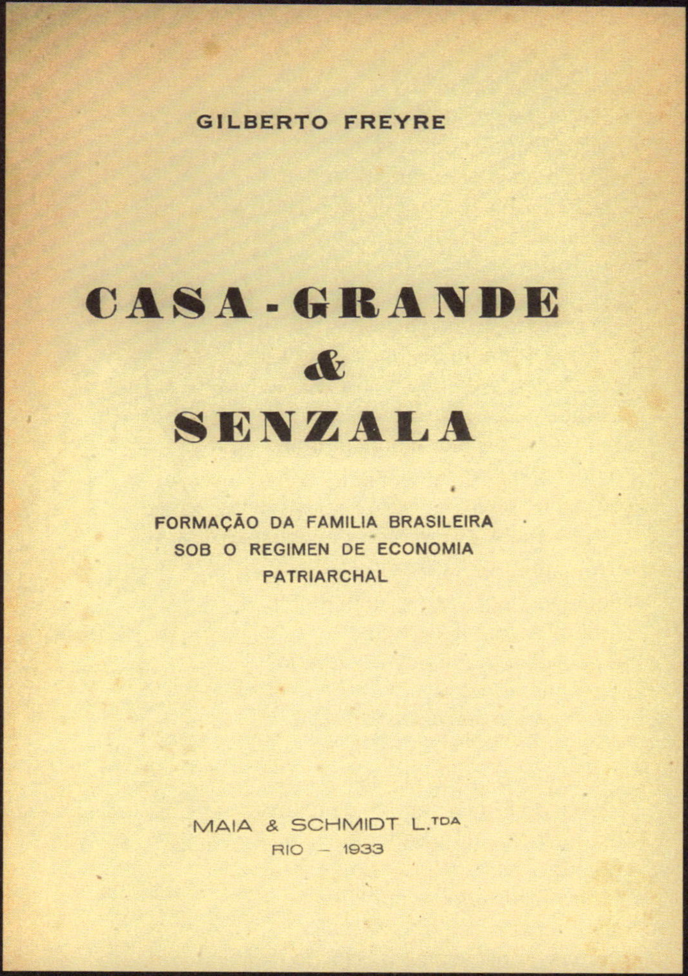

GILBERTO FREYRE

CASA-GRANDE
&
SENZALA

FORMAÇÃO DA FAMILIA BRASILEIRA
SOB O REGIMEN DE ECONOMIA
PATRIARCHAL

MAIA & SCHMIDT L.TDA
RIO – 1933

143

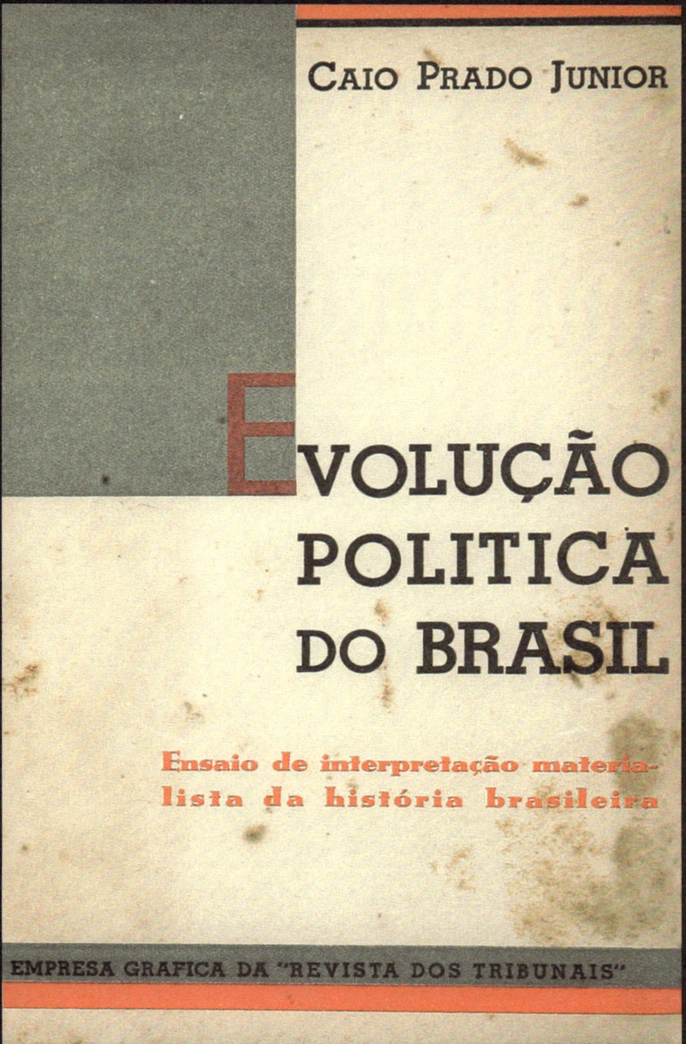

CAIO PRADO JUNIOR

EVOLUÇÃO
POLITICA
DO BRASIL

Ensaio de interpretação materia-
lista da história brasileira

EMPRESA GRAFICA DA "REVISTA DOS TRIBUNAIS"

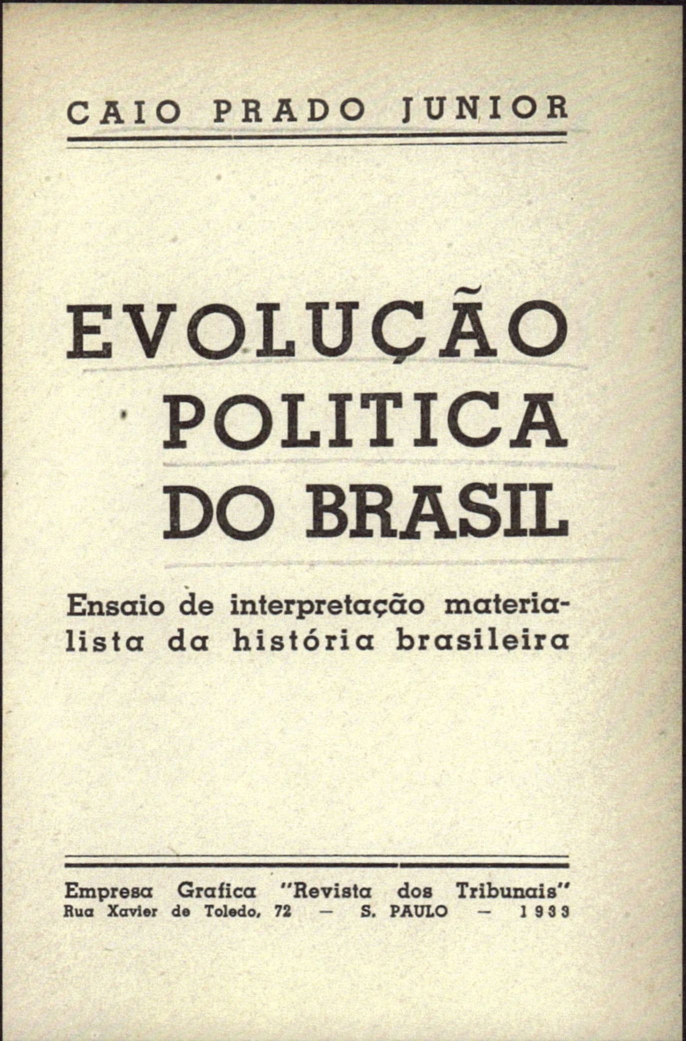

CAIO PRADO JUNIOR

EVOLUÇÃO
POLITICA
DO BRASIL

Ensaio de interpretação materia-
lista da história brasileira

Empresa Grafica "Revista dos Tribunais"
Rua Xavier de Toledo, 72 – S. PAULO – 1933

GOVERNO DE SÃO PAULO

_Em 17 de janeiro de 1933, o *Jornal do Estado* noticia as homenagens ao interventor Waldomiro Castilho de Lima, por ocasião de seu aniversário.

144. HOMENAGEM DE SÃO PAULO AO GENERAL

_O prefeito de São Paulo Arthur Saboya é afastado e substituído pelo tenente-coronel Oswaldo Gomes da Costa. O *Jornal do Estado* noticia o fato em 23 de maio e destaca a cerimônia de posse em 25 de maio.

145. POSSE DO NOVO PREFEITO

_Armando de Salles Oliveira é nomeado, por Vargas, interventor federal no dia 16 de agosto, o que é publicado no *Jornal do Estado* em 17 de agosto.

146. ARMANDO DE SALLES OLIVEIRA POR MÁRIO GRUBER

_Waldomiro de Lima publica no *Jornal do Estado*, em 25 de julho, uma espécie de balanço de sua gestão. Passa o poder ao general Daltro Filho, interventor interino, em carta dirigida a Getúlio Vargas, publicada no *Jornal do Estado* em 27 de julho.

147. CARTA DO INTERVENTOR A GETÚLIO

_Toma posse em 21 de agosto, Armando de Salles Oliveira, permanecendo no cargo até 29 de dezembro de 1936. O *Jornal do Estado* noticia a transferência de cargo em 22 de agosto.

148. POSSE DE ARMANDO DE SALLES OLIVEIRA

Num. 13 Terça-feira, 17 de Janeiro de 1933 (2.a Fase) —

JORNAL DO ESTAD

(Orgão oficial dos Poderes do Estado de São Paulo — Brasil)

NUMERO DO DIA . . 200 RE'IS NUMERO ATRAZADO DO ANO CORRENTE . . .

A HOMENAGEM DE S. PAUL

ao General Waldomiro Castilho de Lima

O grande acontecimento politico-social de domingo

A grandiosa homenagem de domingo ultimo, que o povo de São Paulo, representado por todas as classes sociais prestou ao sr. Governador Militar do Estado, general de divisão Waldomiro Castilho de Lima, iniciada que foi como uma simples manifestação carinhosa, pela passagem de seu aniversario natalicio, terminou numa consagração indiscutivel da obra administrativa e politica que o ilustre militar está aqui realizando.

Recebido com as reservas naturais advindas do fato de haver o sr. General Waldomiro Castilho de Lima comandado o exercito federal numa das suas frentes, de não ser nascido em nossa terra, de não haver assiduamente frequentado a seára dos administradores, tudo parecia indicar nele uma severa figura de militar, brilhante, sem duvida, pela sua fé de oficio, mas sem talvez aquela "souplesse", aquele tacto superior que o momento estava a exigir.

Os cem dias já decorridos da administração do sr. General bastaram para demonstrar, entretanto, que era justamente o homem da situação, com a calma, a serenidade, a cautela, a ponderação requeridas num dos transes mais delicados da vida do Estado e com o desembaraço, o desempeno, o "savoir-faire" dos velhos homens afeitos ao comando não apenas das rigidas composições militares, mas tambem a dirigir e orientar as irrequietas e moveis classes civis.

Mais alto que qualquer comentario falam as saudações de que foi alvo ante-hontem e que provam, sem possibilidade de sonegação possivel, o acerto, tino e sabedoria com que se ha conduzido na suprema curul de São Paulo.

O PORQUE DA HOMENAGEM

Como dissemos acima, a idéa da homenagem teve cunho eminentemente afetivo e surgiu para demonstrar o carinho de São Paulo pelo seu governador no dia de seu aniversario natalicio.

Encampada logo por um grupo constituido de todas as classes sociais, organizou-se imediatamente e rapidamente uma comissão promotora, constituida dos seguintes senhores:

General Daltro Filho, general Colatino Marques, dr. Gaspar Ricardo, dr. José Martiniano Rodrigues Alves, Conde Sylvio Penteado, M. P. Powel, dr. Fausto Ferraz Filho, dr. Virgilio de Aguiar, dr. Figueira de Mello, dr. João de Oliveira Prado, dr. Cornelio Taddei, dr. Moacyr Bueno de Moraes, dr. França Galvão, dr. Mucio Whitacker, academico Maximiliano Ximenes, academico Elias Schamas, comendador Argante Fanuchi, dr. José Americo Sampaio, dr. Assad Bechara, dr. Oscar Tollens, Theodolindo de Arruda Mendes, dr. Ulysses de Souza, dr. Floriano Antonio de Moraes, dr. Celso Vieira, major Octaviano da Silveira, professor Frederico de Marco, Oscar Canteiro, Joaquim Ribeiro Branco, René Scups, dr. Roberto Vieira Isler, Armando Sestini, dr. Victor Morse, dr. Joaquim Candido de Azevedo, dr. Nelson Leite do Amaral e Riskala Jorge.

AS ADESõES

A comissão não teve muitos dias para trabalhar, porquanto o prazo para a realização do grande agape era curto demais. Apesar disso, a lista de adesões elevou-se celeremente, como se póde ver nesta resenha, que, colhida de afogadilho, não podemos asseverar esteja integralmente completa:

Dr. Getulio Vargas, Chefe do Governo Provisorio.
Ministro José Americo de Almeida.
Interventor dr. Pedro Ernesto.
Ministro Oswaldo Aranha.
Dr. José Bernardino, Secretario das Finanças de Minas Gerais.
Dr. Gustavo Capanema, Secretario do Interior de Minas Gerais.
Interventor Leonidas Mattos.
Interventor General Flores da Cunha.
Presidente dr. Olegario Maciel.
General Pedro Aurelio de Góes Monteiro.
Coronel Dimas Siqueira de Menezes, Comandante Geral da Força Publica.
Dr. José Coriolano Carvalho.
Argemiro da Silva Camargo, prefeito de Promissão.
José Antonio da Silveira, prefeito de Serra Negra.
José Trevisan, prefeito de Itapolis.
Costa Barros, prefeito de Avanhandava.
Abelardo Pinheiro Guimarães, prefeito de Santa Cruz do Rio Pardo.
Dr. Amoacyr Niemeyer, pelo Partido Socialista Brasileiro.
Dr. Clovis da Nobrega, pelo Partido Socialista Brasileiro.
Dr. Cordeiro de Mello, pelo Partido Socialista Brasileiro.
Professora d. Eponina Gaudie Ley, pelo Partido Socialista Brasileiro.
Dr. Olinto Nogueira, pelo Partido Socialista Brasileiro.
Academico Monsinho, pelo Partido Socialista Brasileiro.
Dr. Motta Lima, pelo Partido Socialista Brasileiro.
Dr. Paes Barreto, pelo Partido Socialista Brasileiro.
Dr. Euvaldo Loddi.
Dr. Raul Santiago Bergallo.
Dr. Julio Oliveira Esteves.
Dr. Assis Tavora.
Antonio do Couto Pereira.
Partido Socialista de Jaboticabal.
Dr. Carlos Pereira, prefeito de Tabatinga.
Eduardo Lima, pelo Partido Socialista de Araraquara.
Luiz Prado de Souza, secretario do Partido Socialista de Itapolis.
José Frezan, prefeito de Itapolis.
Gastão Meirelles, prefeito de Guaratinguetá.
Dr. Assis Nepomuceno, prefeito de Pederneiras.
João Simões, prefeito de Casa Branca.
Antonio Barbosa Filho, prefeito de Franca.
Manoel Borges Monteiro, Presidente Prudente.
Cap. Edgard Armond.
Dr. L. Corrêa da Silva, prefeito de Limeira.
Dr. Lessa, prefeito de Pindamonhangaba.
Vicente Freitas, prefeito de Espirito Santo do Pinhal.
Dr. Raul de Oliveira, prefeito de Novo Horizonte.
Deodoro Pinheiro Machado, agente dos Correios — Botucatu'.
Leonidas Cardoso, prefeito de Botucatu'.
João Leopoldo Azeredo, prefeito de Igarapava.
Dr. Auto Barbosa Filho, prefeito de Franca.
Dr. Faria Leão, prefeito de Taquaritinga.
Francisco Rocha — Itapira.
Luiz Lemos do Val, prefeito de Santa Adelia.
Dr. Adolpho Curio, prefeito de São Simão.
José Domingos de Vasconcellos, prefeito de S. José dos Campos.
Paulo Leme, prefeito de Bragança.
Hicrolio do Amaral, prefeito de Socorro.
João Lima Sampaio, prefeito de São Manoel.
Ignacio da Cunha Caldeira, prefeito de Piracicaba.
Sinval Ribeiro, prefeito de Jau'.
Sebastião Domingues, prefeito de Pirassununga.
Aristides Garcia.
Cyrillo Machado.
João Silveira.
Carlos Simplicio.
Theophilo B. de Souza Carvalho.
J. S. Barbosa Saraiva.
General Daltro Filho.
General Colatino Marques.
Dr. Gaspar Ricardo.
Dr. José Martiniano Rodrigues Alves.
Conde Sylvio Penteado.
M. P. Powel.
Dr. Fausto Ferraz Filho.
Dr. Virgilio de Agujar.
Dr. Figueira de Mello.
Dr. João de Oliveira Prado.
Dr. Cornelio Taddei.
Dr. Moacyr Bueno de Moraes.
Dr. França Galvão.
Dr. Mucio Whitaker.
Academico Maximiliano Ximenes.
Academico Elias Schamas.
Com. Arganti Fanuchi.
Dr. José Americo Sampaio.
Dr. Assad Bechara.
Dr. Oscar Tollens, representando o sr. General Flores da Cunha.
Theodolindo de Arruda Mendes.
Dr. Ulysses de Souza.
Dr. Floriano Antonio de Moraes.
Dr. Celso Vieira.
Major Octaviano da Silveira.
Professor Frederico de Marco.
Oscar Canteiro.
Joaquim Ribeiro Branco.
René Scups.
Dr. Roberto Vieira Isler.
Armando Sestini.
Dr. Victor Morse.
Dr. J. Candido de Azevedo.
Dr. Nelson Leite do Amaral.
Riskala Jorge.
Dr. Pergentino de Freitas.
Conde Francisco Matarazzo.
Cav. Of. Francisco de Vivo.
Cav. Arthur Odscalchi.
Conde André Matarazzo.
Dr. Eugenio Lefévre.
Sebastião Clame.
Aristides Silveira Bueno, prefeito municipal de Mogi-Mirim.
Licurgo Franco, comissão de Mogi-Mirim.
Otto Simaneck, comissão de Mogi-Mirim.
Crescencio da Silveira, comissão Mogi-Mirim.
Januario Cantatore, comissão de Mogi-Mirim.
Dr. José Carlos de Ataliba Nogueira.
Ulysses Xavier de Souza.
João de Ataliba Nogueira.
Cap. Alcirio Gouveia.
Julio de Sá.
Pedro Curtti e Nicola Carnevale, pela Comissão dos Açougeiros de São Paulo;

O general de Divisão Waldomiro Castilho de Lima, G[overnador] Militar do Estado.

Dr. Arthur Caetano;
Major L. Santos Pacheco;
João Silveira.
Virgilio de Aguiar;
Dr. Armando Pamplona;
Dr. Antonio S. de Queiroz;
José de Barros Ribeiro.
João da Costa Aguiar;
Odilon de Barros Ribeiro.
Dr. João Baptista Vasques;
Tte. Cel. Ary Cruz.
Dr .Moacyr de Toledo Pinto.
Dr. J. Duarte Badaró.
Dr. Alipio Canteiro.
Prefeito Municipal de São Roque.
Dr. José Candido de Oliveira e Costa.
Soc. An. Industria de Seda Nacional.
Dr. Oswaldo Rizzo
Tecelagem de Seda Italo Brasileira.
Dr. A. Pompeu.
João Manna, pelo Prefeito de Itapolis.
Marques Sobrinho, Prefeito de Chavantes.
Estacio Pessôa
Nestor Freire
Th. Marinho de Andrade
Dr. Sebastião Comparato.
Dr. Francisco A. Cavalcanti.
Bolivar Lacerda.
Franklin Silva.
Com. Mario Guastini.
João Luetosa Ribas Junior.
Antonio Rosa Junior, Prefeito Municipal de Lorena.
Cap. Carlos Villaça, pelo 5.o R. I.
Dr. Gabriel Pinheiro, Prefeito de Mocóca.
João Leopoldino de Azevedo, Prefeito Municipal de Igarapava.
Dr. José Vizioli.
Dr. Francisco de Araujo Cintra, Prefeito Municipal de Novo Mundo.
Major dr. Daniel de Souza Ramos.
Roberto Vieira Salles
Rodolpho Billon
Genaro Pilar do Amara
Antonio Gonçalves Mach
Dr. Ivo Felisberto.
Dr. Armenio Jouvin.
Benedicto de Oliveira.
Virgilio Limor.
Miguel Zangari.
Emilio Sverguini, Prefei[to Mu]nicipal de Capão Bonito.
Dr. Humberto Bulamark[...]mões.
Dr. Souza Carvalho.
Soc. Anonima Cinzano.
José Romeiro Pinto
J. H. Nogueira da Gam[a, Pre]feito Municipal de Itararé
Antonio Fogaça de [...] Prefeito Municipal de Ita[...]ga.
David Chacur.
Miguel Bechara.
Dr. Francisco F. Lopes, [Prefei]to Municipal de Santo Am[...]
Elias de Siqueira Ca[...] pelo Prefeito de Marilia.
Raul Bastos, pela S|A. Votorantin.
B. Ruy Campos.
Mario Murta, pela Prefei[tura de] Mogi das Cruzes.
Pedro Campos Lacerda, [...] Industria de Mogi das Cru[zes]
José Cury Andere, pelo [...]cio de Mogi das Cruzes.
Dr. Isidoro Boucault.
Dr. Milton Cruz.
Dr. João Amatti, Prefei[to Mu]nicipal de Ariranha.
Dr. Elias Abb.
Adib N. Aun.
Chafik N. Aun.
H. D. Mammigon.
Braziluso Lopes.
Presidente e Secretario [...]sa de Fundos Publicos.
Dr. Silva Gordo.
J. J. Sá Albuquerque.
Dario Bezerra Junior.
F. Velloso.
Labieno da Costa Mach[ado]
João M. de Mello Franco

Imprensa Oficial Pagina — 1

144

145

JORNAL DO ESTADO (2.a Fase) — Num. 115 — Ano I

(Orgão oficial dos poderes do Estado de S. Paulo - Brasil)

Quem é o novo prefeito da Capital

Para exercer esse cargo foi escolhido o tenente-coronel Oswaldo Gomes da Costa — Uma carta dirigida pelo sr. General Waldomiro Lima ao dr. Arthur Saboya, prefeito demissionario

O sr. General Waldomiro Lima, Interventor Federal em S. Paulo, assinou, ante-ontem, o decreto da demissão, a pedido, do dr. Arthur Saboya do cargo de prefeito interino da Capital.

Esse decreto é do seguinte teôr:

"O General de Divisão Waldomiro Castilho de Lima, interventor federal no Estado de São Paulo, usando das atribuições que lhe confere o Chefe do Governo Provisorio, exonera, a pedido, o dr. Arthur Saboya do cargo de prefeito interino do municipio da Capital.

Palacio do Governo do Estado de São Paulo, aos 21 de maio de 1933.

(a.) **General Waldomiro de Lima**".

O NOVO PREFEITO

Para substituir o dr. Arthur Saboya, o general Waldomiro Lima convidou o tenente-coronel Oswaldo Gomes da Costa, membro do Conselho Consultivo, que aceitou o cargo.

O novo prefeito ainda não designou o dia exato da sua posse, a qual poderá dar-se hoje ou amanhã.

UMA CARTA DO SR. GENERAL WALDOMIRO LIMA AO DR. ARTHUR SABOYA

Ao prefeito demissionario, o sr. General Waldomiro Lima endereçou, ontem, a seguinte carta:

"Senhor dr. Arthur Saboya,

Venho cientificar-vos, pela presente carta, que deliberei nomear para o cargo de prefeito do municipio da Capital o tenente-coronel Oswaldo Gomes da Costa.

No momento de assinar a vossa exoneração, agradeço-vos os bons serviços prestados ao meu governo e à população de São Paulo, desempenhando o elevado cargo de prefeito desta Capital com grande competencia, inexcedivel zelo e dedicação. Durante a vossa profícua interinidade, no exercicio daqueles funções, puzestes a vossa cultura e inteligencia ao serviço publico, que delas pôde auferir lucro apreciavel.

Renovando-vos os meus agradecimentos por mais este concurso prestado ao meu governo, envio-vos as minhas atenciosas saudações.

(a.) **General Waldomiro de Lima.**"

A POSSE DO NOVO PREFEITO MUNICIPAL

A posse do novo prefeito municipal está marcada para amanhã, às 14,30 horas.

O FALECIMENTO

AERONAUTICA

Quinta-feira, 25 de Maio de 1933 — JORNAL DO ESTADO — (2.a Fase) — Num. 117 — Ano I

(Orgão oficial dos poderes do Estado de S. Paulo - Brasil)

NOTAS

O novo prefeito da Capital

Tomou ontem posse do seu cargo o tenente coronel Oswaldo Gomes da Costa — Os discursos trocados entre o dr. Arthur Saboya, prefeito demissionario, e o atual ocupante daquele posto

A cerimonia da posse do sr. Osvaldo Costa na prefeitura — Junto a S. Excia. acham-se sua exma. esposa, o dr. Arthur Saboya, prefeito demissionario, o cap. Osvaldo Melquiades Pereira, representante do sr. Interventor Federal, o coronel Dimas de Menezes, comandante da Força Publica e outras pessoas gradas

O tenente coronel Oswaldo Costa, novo prefeito desta Capital

Imprensa Oficial — Pagina — 3 —

145

146

Num. 166 Quinta-feira, 27 de Julho de 1933 (2.a Fase) — Ano I

JORNAL DO ESTADO

(Orgão oficial dos Poderes do Estado de São Paulo — Brasil)

NUMERO DO DIA .. .. .. 200 RÉIS NUMERO ATRAZADO DO ANO CORRENTE.. .. .. 400 RÉIS

A interventoria do General Waldomiro Castilho de Lima

"Como revolucionario, cumpri o meu dever", diz o exmo. sr. Interventor Federal em São Paulo, na carta que publicamos abaixo, dirigida ao exmo. sr. dr. Getulio Vargas

"Rio de Janeiro, 9 de junho de 1933.

Exmo. Sr. Dr. Getulio Vargas

D. D. Chefe do Governo Provisorio.

Respeitosas Saudações.

V. Excia. ha de se recordar, por certo, daquele momento de angustias marcado pela indecisão de muitos, mas culminante para o seu governo, quando por assim dizer fui retirado do ostracismo politico para ser investido duma missão, bem longe das minhas cogitações, qual a de comandar o destacamento de Exercito do Sul. Não relutei, então, em assentir ao chamamento de V. Excia., embora, naquele instante, eu trocasse uma situação comoda pelas agruras da guerra e pelas tremendas responsabilidades dum comandante de exercito. E assim procedendo, dizia-me a consciencia, eu cumpria um dever para com a Nação, a Revolução e para com o Chefe do Governo Provisorio, fiador, sem duvida, dum programa todo de reivindicações e de reformas que deve ser realizado, a menos que mintamos aos nossos concidadãos e ao povo.

Já em pleno teatro de operações, á ponta do meu destacamento de exercito, a unica tropa de cavalaria então disponivel, mal eu desembarcava para enfrentar as forças da contra-revolução, bandeara-se para o campo inimigo. Não foram poucos os olhares desesperadores que vislumbraram nesse fato lamentavel a propria derrota de nossas armas. A situação era deveras critica. O animo e a fé, porém, jámais se me intibiaram. Medi os meus recursos. Estava em franca inferioridade material. Atacante, deveria possuir, como garantia de sucesso, o triplo do efetivo do adversario. Voltei-me, no entanto, para meus oficiais. Rodeavam-me moços revolucionarios convitos, orgulho do Exercito e do Pai's. Falei-lhes solenemente, como convem ao soldado que bem pesa as suas responsabilidades e honra os compromissos assumidos: "Vamos travar, camaradas, uma batalha talvez decisiva, cujo valor se medirá, mais pelas suas grandes e profundas consequencias politicas e psicologicas, do que propriamente pela sua expressão técnica militar. Faz-se mistér, todavia, para que se logre a vitoria, muita decisão, um grande e prolongado esforço, muita energia, espirito de sacrificio e bravura. Vencedores, a nossa vitoria anunciará a ressurreição revolucionaria; vencidos, vencido estará o Governo e a idealogia que o fundou". A resposta, imediata e firme, foi esta: "Dê ordens, General!" Estive presente á batalha. A consequencia do esforço, a expressão da coragem, o valor do sacrificio de todos, comandante e comandados, verdadeiramente comoventes, medi-os bem. A soma de tudo isso, deu-nos a vitoria, cujos resultados psicologicos e politicos foram aqueles que eu previra. Foi um alivio brutal e, com o prosseguimento consequente da violenta ofensiva do Destacamento do Exercito do Sul, se repetia, a uma voz: "salvou-se a Ditadura, a Ditadura venceu!" O passado de ontem testemunha que Itararé foi o tumulo das esperanças e das ambições dos politicos da frente-unica.

Tinhamos, nem há duvida, conseguido muito. Não era tudo, porém, muito ainda tinhamos que porfiar e sofrer. Durante quasi tres mêses tentamos a mais feroz e cruel das campanhas. Os combates diarios, numa frente de cerca de duzentos quilometros, obrigando a movimentação rapida e exaustiva da tropa dum setor para outro, sem embargo da precariedade das estradas e dos caminhos; o retardamento da remessa de aviões eficientes, que deu ensejo a que a aviação adversaria, sempre com supremacia, nos castigasse tão rudemente, causando-nos tantas e tão preciosas baixas; a extensão dos terrenos conquistados a despeito da desesperada resistencia inimiga, a morosidade de locomoção de reforços á retaguarda, e, por fim, a rebeldia franca de alguns corpos, contra cuja rebeldia opuz tão só a minha coragem pessoal e o prestigio que todo chefe deve ter sobre seus subordinados, refletem, de relance, qual tenha sido a contribuição do Destacamento do Exercito Sul. A vitoria das armas fizera finda a luta. Consolidando o Governo da Revolução, entrei em São Paulo quasi sósinho, com o meu ajudante de ordens apenas, expondo a minha vida. Porque assim procedi? A minha missão de soldado se findara. Outra, muito mais espinhosa, me era imposta: a de pacificador. Assim, era mistér dar ao povo a prova concreta dos propositos que animavam o Delegado do Governo Provisorio, que jámais pretendeu, como assoalham seus adversarios, o amesquinhamento do grande Es-

General Waldomiro Lima

tado. Ficava, de outra parte, tambem, a idéa de que os revolucionarios não eram sómente os portadores de baionetas para a retomada do poder. Foi-me dado governar São Paulo logo após o movimento de 32. Depois de muito relutar diante do honroso convite, e da resistencia de V. Excia. o poder veio-me ás mãos por via de uma ordem de carater militar de V. Excia., a que eu não me poderia furtar.

Não ambicionei nunca governar o povo paulista que, dada a situação, esperava naturalmente encontrar no Delegado de v. excia. um terrivel algoz. A espectativa era de que a mentalidade das trincheiras iria prevalecer. Para pacificar S. Paulo, só duas formulas eram possiveis: a reacionaria e a revolucionaria. A reacionaria seria a da força bruta, da violencia, do odio, do terror, da opressão e do despotismo. A revolucionaria: a da tolerancia, da persuasão, do bom senso, da energia serena, do respeito que póde e deve se ter para com quem alimentou ideais e por eles se bateu e sacrificou. Como revolucionario, cumpri o meu dever. Posso dizer, com orgulho e ufania: assaz concorri para a pacificação do grande povo de Piratininga. Julgo que ninguem fará a injustiça de me negar esse serviço á Patria e á Revolução.

Depois, nomeado Interventor Federal por v. excia., uma vez cessados os motivos que deram lugar ao Governo Militar, entreguei-me á tarefa sobre-humana de reajustar, em todos os seus departamentos, a grande e poderosa maquina administrativa de S. Paulo, bastante combalida pelos ultimos acontecimentos. O meu esforço, neste particular, foi enorme e, melhor do que as minhas proprias palavras, diz desse meu esforço a propria obra que realizei. Vieram as eleições. Deixei que a suposição dos despeitados desse o meu prestigio como arranhado, através da atitude imparcial que mantive, antes e durante o pleito, muito embora dois partidos — o Socialista e o da Lavoura — fossem solidarios com a minha gestão. Mesmo assim, a expressão do eleitorado, que condenou a Chapa - Unica dos partidos coligados, inegavelmente o primeiro, o mais forte reduto politico das oligarquias que até então feudalisaram o Brasil, representou o ponto culminante em toda a historia politica do pais. De fáto, como se processavam, ontem, as eleições? Como se processou a ultima eleição para Presidente da Republica, notadamente em São Paulo? Sangue, lama e vergonha, eram as palavras que, de preferencia, a imprensa paulista escolhia para caracterizar a mistificação eleitoral tão rudemente condenada pelo publico. Delegado dum Governo **Revolucionario, soldado e crente** da propria Revolução, não poderia desautorizar, á frente dos destinos da maior unidade da Federação, quem me confiou, em seu e em nome das suas responsabilidades, a dificil incumbencia de passar de general contra a rebelião para amainador de odios e paixões, e coordenador da paz. Debelando a rebeldia, ganhando a guerra, o Governo Provisorio, por mais esse motivo, adquiriu as credenciais de governo forte. Com tais credenciais, quererá, acaso, entregar em São Paulo, o bastão da vitoria?

As revoluções que vingaram, e cuja mentalidade transpoz os mais duros elementos, com suas conquistas materiais, politicas e morais, exonera a paz e a prosperidade no seio de cada povo que as animou, foram as que, por este ou aquele mito subjugaram para efeito de sua propria e integral manifestação, os motivadores naturais das reações populares, não permitindo que repontasse a herva má.

A embriaguez revolucionaria de 89 entregou a França ao descontrole dos elementos vitoriosos, derivando da discordia entre os libertados o seu proprio enfraquecimento e o advento de Napoleão, resultando do choque de duas forças, uma que não soube vencer e outra que não foi vencida.

Em nosso pais, com efeito, defrontamo-nos com duas correntes em luta franca. A corrente velha, reacionaria, rotineira, decadente, e a corrente nova, revolucionaria, idealista, reformadora. Uma almeja o poder pela volupia do poder. A outra quer o poder pela reabilitação do poder e para te-lo como instrumento poderoso das reformas politicas e sociais.

Tanto nos que governam, como nos governados, as duas correntes tem representação, aliados e amigos. E' preciso que a Revolução seja cumprida e defendida. Cumprida nas nossas medidas, defendida nos nossos gestos. Decorre dai' a necessidade de se imprimir de fáto á revolução, nos postos diretivos, verdadeira homogeneidade, unidade de pensamento e de ação, unidade de doutrina sociologica e unidade de realização pratica, por maiores que sejam os obices a vencer, pois que, sómente assim, poderemos lograr tranquilidade para a realização das grandes reformas, em nome das quais tanto sangue foi derramado. A unidade revolucionaria é a unica conjugação de esforços e de sacrificios que assegurará a paz e a coesão do Brasil.

Tentar esmagar a revolução será a deflagração do morticinio. A revolução apeada será o advento do mais feroz e desabusado dominio reacionario, a reposição do odio para estimular o imperio da violencia o sangue, a ruina, a desagregação nacional. A hora reclama renovação em todos os setores da atividade humana. Os problemas são outros, e muito mais complexos e exigem, por isso, que se encarem sob outros aspectos, debaixo de uma orientação geral nova, em harmonia com os principios que regem, na atualidade, a propria evolução dos povos.

O povo descreu de muitos dos "leaders" do movimento de outubro e, pelos átos des-

Num. 189 — Terça-feira, 22 de Agosto de 1933 — (2.a Fase) — Ano 1

JORNAL DO ESTADO

(Orgão oficial dos Poderes do Estado de São Paulo — Brasil)

NUMERO DO DIA .. .. .. 200 RÉIS — NUMERO ATRAZADO DO ANO CORRENTE.. .. .. 400 RÉIS

O general Daltro Filho deu ontem posse ao dr. Armando de Salles Oliveira no cargo de Interventor Federal em São Paulo

A TRANSMISSÃO DE PODERES SE REVESTIU DA MAXIMA SOLENIDADE — A CERIMONIA REALIZOU-SE, POUCO DEPOIS DAS 15 HORAS, NO PALACIO DA CIDADE — AS TROPAS DA FORÇA PUBLICA QUE FORMARAM — OS DISCURSOS PRONUNCIADOS PELO GENERAL DALTRO FILHO E DR. ARMANDO DE SALLES OLIVEIRA — O ASPE'CTO DO LARGO DO PALACIO DURANTE A CERIMONIA — ACLAMAÇÕES DA MULTIDÃO — COMUNICAÇÃO AO CHEFE DO GOVERNO PROVISORIO — AS POSSES DOS SRS. SECRETARIOS DE ESTADO SE VERIFICARAM SUCESSIVAMENTE — OUTRAS NOTAS

O dr. Armando de Salles Oliveira, cercado pelos seus auxiliares de governo

Com a instalação, ontem, do novo governo do Estado, cuja cerimonia se revestiu da maior solenidade, como era desejo do ilustre general Daltro Filho, que esteve interinamente á frente do mesmo, foi satisfeita a maxima aspiração do nosso povo, que é a de ser governado por um interventor civil paulista.

Para substituto do general Daltro Filho, que na suprema direção dos negocios do Estado, se revelou um administrador de largo folego, pautando sempre os seus atos, por mais insignificantes, dentro da mais severa linha de conduta moral, teve o chefe do governo provisorio a precaução de escolher um homem filho da terra paulista, que, pelo seu passado e pelo seu presente, limpos de maculas, e alheio aos partidos politicos, pudesse governar com honestidade e de acordo com a população do Estado.

A opinião publica, já manifestada pessoalmente, com grandes simpatias, pela imprensa, ao ato que nomeou o dr. Armando de Salles Oliveira para a interventoria de São Paulo, e as significativas manifestações ontem feitas a s. excia. por ocasião de sua posse, é o melhor indicio de que São Paulo o apoia.

Para aplaudir o novo interventor, acorreu ao Palacio da cidade uma grande multidão, que não se cançou de bater palmas, levantando-lhe entusiasticos vivas.

O ASPECTO DO LARGO DO PALACIO

A posse do dr. Armando de Salles Oliveira estava marcada para 15 horas. Já ás 13 horas, entretanto, ali se via grande numero de pessôas, que ia engrossando com o decorrer do tempo. A's 14 horas todo o largo do Palacio estava tomado por uma multidão irrequieta, que aguardava, ansiosa, a cerimonia que se realizou um pouco mais tarde.

O 2.o batalhão da Força Publica, acompanhada da respectiva banda de musica, e um contingente de cavalaria, emprestaram muito brilho á cerimonia, vestindo uniforme de grande gala.

A Guarda Civil tambem prestou o seu concurso, sendo os seus elementos destacados para fazer o policiamento nos arredores e em frente ao Palacio da cidade, fazendo-se acompanhar da sua banda de musica.

As praças de infantaria da nossa milicia postaram-se em frente ao Palacio, aonde deram entrada ás 14 1|2 horas, alongando-se pelo viaduto da Bôa Vista.

Na sua ala esquerda, formaram os cavalarianos, que se estendiam até a sua frente. Igualmente ostentavam uniforme de grande gala.

DENTRO DO PALACIO

No Palacio da Cidade, ocupando as suas principais dependencias, viam-se senhoras e senhoritas da nossa sociedade, diretores das Secretarias de Estado, ministros do Tribunal de Justiça, juizes, promotores, delegações representativas de associações de classes, funcionarios publicos superiores, altas patentes do Exercito e da Força Publica, jornalistas e outras pessôas.

Entre as personalidades eminentes que compareceram á cerimonia da posse, notavam-se o arcebispo D. Duarte Leopoldo e Silva, que se fez acompanhar do seu secretario particular; os ministros Manuel Carlos Ferraz, Sylvio Portugal, Costa Manso, Hermogenes Silva, desembargador Vieira Ferreira, e outros vultos de grande destaque, representantes da justiça federal e estadual.

A REPRESENTAÇÃO DO EXERCITO E DA FORÇA PUBLICA

Representando a II Região Militar compareceram os comandantes de todas as guarnições federais aquarteladas em São Paulo, e o coronel Porto Alegre, chefe do Estado Maior do General Daltro Filho.

A Força Publica esteve representada por comissões de oficiais superiores, pertencentes a todos os seus batalhões.

O CORPO CONSULAR ESTEVE PRESENTE

Pouco antes da hora designada para a posse do novo interventor, já se encontravam, no Palacio da cidade, todos os representantes das nações estrangeiras que constituem o corpo consular acreditado junto ao governo brasileiro.

A CHEGADA DO GENERAL DALTRO FILHO

O General Daltro Filho, comandante da II Região Militar, e interventor federal interino, chegou ao Palacio da Cidade precisamente ás 14 horas e cincoenta minutos, acompanhado do capitão Mario Barbosa Pinto.

Por essa ocasião, a banda de musica da Força Publica executou o Hino Nacional, ouvindo-se, dos populares, vivas entusiasticos ao nome de s. excia.

Ao entrar no salão principal, novamente se ouviram aplausos ao General Daltro Filho, a São Paulo e ao Brasil.

A ENTRADA DO CARRO CONDUZINDO O NOVO INTERVENTOR

O carro que conduziu o dr. Armando de Salles Oliveira, da sua residencia até ao Palacio da Cidade, escoltado por um piquete de lanceiros, deu entrada no largo do Palacio ás 15 horas e 15 minutos.

A' sua chegada, novamente a banda de musica da Força Publica executou o hino nacional. A multidão ali estacionada, prorrompeu em vivas ao nome do substituto do General Daltro Filho.

Descendo do carro, S. Excia. imediatamente se encaminhou para o salão da ala direita do Palacio. Ali, as aclamações se repetem, vibrantes. Trocados os cumprimentos.

O GENERAL DALTRO FILHO

toma a palavra, pronunciando, diante do microfone de uma das nossas estações irradiadoras o seguinte discurso:

"Exmo. sr. dr. Armando de Salles Oliveira! Tenho eu, a subida honra de transmitir a V. Excia, em nome do Exmo. Sr. Chefe do Governo Provisorio, o Governo do Estado de S. Paulo.

Um discurso ou uma saudação politica é quasi sempre uma oração em que se diz muito com o proposito assentado de não se dizer nada. E' um discurso que um soldado não pode e não sabe dizer, porque a palavra de um soldado só diz rigorosamente a verdade.

O Governo de um Estado, Excelentissimo Senhor Interventor, na sua feição estrictamente administrativa, parcela-se em duas porções bem distintas, embora intimamente relacionadas.

Uma simples, modesta, terrena, exige apenas que o administrador seja honesto, inteligente e corajoso, e que se deixe, como eu me deixei, preocupadamente, escravizar aos ditames incoerciveis da lei.

A outra complexa, elevada, divina, que encerra as grandes soluções dos grandes problemas sociais, requer muita coragem, muita inteligencia e muita honestidade, porque supõe o estadista no homem de Estado.

Estou em que Vossa Excelencia dispõe dos altos dotes indispensaveis para exerce-la. E para exercê-la recebe das minhas mãos o

O general Daltro Filho fala ao povo da sacada do Palacio

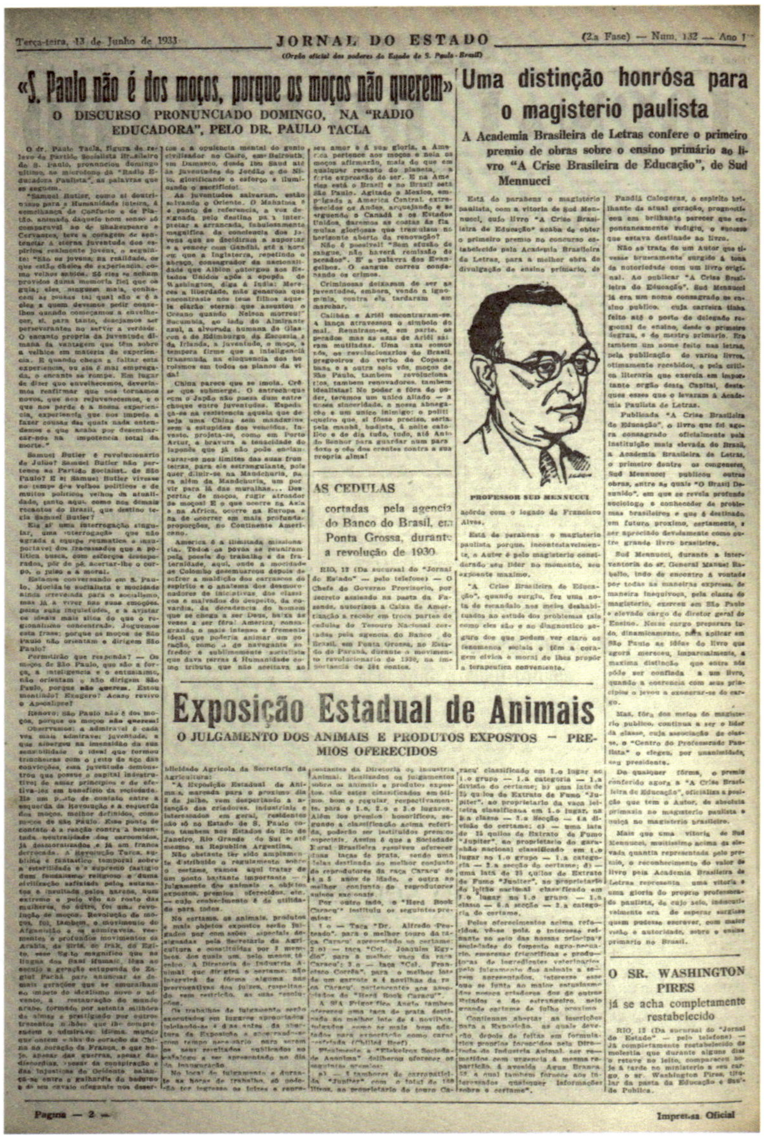

Terça-feira, 13 de Junho de 1933 — JORNAL DO ESTADO — (2a Fase) — Num. 132 — Ano 1

«S. Paulo não é dos moços, porque os moços não querem»

O DISCURSO PRONUNCIADO DOMINGO, NA "RADIO EDUCADORA", PELO DR. PAULO TACLA

Uma distinção honrósa para o magisterio paulista

AS CEDULAS

cortadas pela agencia do Banco do Brasil, em Ponta Grossa, durante a revolução de 1930

Exposição Estadual de Animais

O JULGAMENTO DOS ANIMAIS E PRODUTOS EXPOSTOS — PREMIOS OFERECIDOS

O SR. WASHINGTON PIRES

já se acha completamente restabelecido

Pagina — 2 —

Imprensa Oficial

149

ESTADO — (2.a Fase) — Num. 132 — Ano 1

Uma distinção honrósa para o magisterio paulista

A Academia Brasileira de Letras confere o primeiro premio de obras sobre o ensino primário ao livro "A Crise Brasileira de Educação", de Sud Mennucci

Está de parabens o magisterio paulista, com a vitoria de Sud Mennucci, cujo livro "A Crise Brasileira de Educação" acaba de obter o primeiro premio no concurso estabelecido pela Academia Brasileira de Letras, para a melhor obra de divulgação de ensino primario, de

PROFESSOR SUD MENNUCCI

acôrdo com o legado de Francisco Alves.

Está de parabens o magisterio paulista porque, incontestavelmente, o Autor é pelo magisterio considerado seu lider no momento, seu expoente maximo.

"A Crise Brasileira de Educação", quando surgiu, fez uma nota de escandalo nos meios deshabituados ao estudo dos problemas tais como eles são e ao diagnostico seguro dos que podem ver claro os fenomenos sociais e têm a coragem civica e moral de lhes propôr a terapeutica conveniente.

Pandiá Calogeras, o espirito brilhante da atual geração, prognosticou em brilhante parecer que expontaneamente redigiu, o sucesso que estava destinado ao livro.

Não se trata de um Autor que tivesse bruscamente surgido á tona da notoriedade com um livro original. Ao publicar "A Crise Brasileira de Educação", Sud Mennucci já era um nome consagrado no ensino publico, cuja carreira tinha feito até o posto de delegado regional de ensino, desde o primeiro degrau, o de mestre primario. Era tambem um nome feito nas letras, pela publicação de varios livros, otimamente recebidos, e pela critica literaria que exercia em importante orgão desta Capital, destaques esses que o levaram á Academia Paulista de Letras.

Publicada "A Crise Brasileira de Educação", o livro que foi agora consagrado oficialmente pela instituição mais elevada do Brasil, a Academia Brasileira de Letras, o primeiro dentre os congeneres, Sud Mennucci publicou outras obras, entre as quais "O Brasil Desunido", em que se revela profundo sociologo e conhecedor de problemas brasileiros e que é destinado, em futuro proximo, certamente, a ser apreciado devidamente como outro grande livro brasileiro.

Sud Mennucci, durante a interventoria do sr. General Manuel Rabello, indo de encontro á vontade por todas as maneiras expressa, de maneira inequivoca, pela classe do magisterio, exerceu em São Paulo o elevado cargo de diretor geral do Ensino. Nesse cargo preparara tudo, dinamicamente, para aplicar em São Paulo as idéas do livro que agora mereceu, imparcialmente, a maxima distinção que entre nós póde ser confiada a um livro, quando a coerencia com seus principios o levou a exonerar-se do cargo.

Mas, fóra dos meios do magisterio publico, continua a ser o lider da classe, cuja associação de classe, o "Centro do Professorado Paulista" o elegeu, por unanimidade, seu presidente.

De qualquer fórma, o premio conferido agora a "A Crise Brasileira de Educação", oficializa a posição que tem o Autor, de absoluta primazia no magisterio paulista e quiçá no magisterio brasileiro.

Mais que uma vitoria de Sud Mennucci, muitissimo acima da elevada quantia representada pelo premio, o reconhecimento do valor do livro pela Academia Brasileira de Letras representa uma vitoria e uma gloria do proprio professorado paulista, de cujo seio, indiscutivelmente era de esperar surgisse quem pudesse escrever, com maior visão e autoridade, sobre o ensino primario no Brasil.

...al de Animais

...RODUTOS EXPOSTOS — PREMIOS

...racu' classificado em 1.o lugar no 1.o grupo — 1.a categoria — 1.a divisão do certame; b) uma lata de 25 quilos de Extrato de Fumo "Jupiter", ao proprietario da vaca leiteira classificada em 1.o lugar, na 5.a classe — 3.a Secção — 4.a divisão do certame; c) — uma lata de 25 quilos de Extrato de Fumo "Jupiter", ao proprietario do garanhão nacional classificado em 1.o lugar no 1.o grupo — 1.a categoria — 2.a secção do certame; d) — uma lata de 25 quilos de Extrato de Fumo "Jupiter", ao proprietario do leitão nacional classificado em 1.o lugar no 1.o grupo — 1.a classe — 6.a secção — 2.a categoria do certame.

Pelos oferecimentos acima referidos, vê-se pois, o interesse relevante no seio das nossas principais sociedades do fomento agro-pecuario, empresas frigorificas e produtoras de ingredientes veterinarios pelo julgamento dos animais a serem apresentados, interesse esse que se junta ao maior entusiasmo dos nossos criadores dos de outros Estados e do estrangeiro, pelo grande certame de julho proximo.

Continuam abertas as inscrições para a Exposição, as quais deverão, depois de feitas em formularios proprios fornecidos pela Diretoria de Industria Animal, ser remetidos com urgencia á mesma repartição. A avenida Agua Branca, 53, a qual tambem fornece aos interessados quaisquer informações sobre o certame".

O SR. WASHINGTON PIRES

já se acha completamente restabelecido

RIO, 12 (Da sucursal do "Jornal do Estado" — pelo telefone) — Já completamente restabelecido da molestia que durante alguns dias o reteve no leito, compareceu hoje á tarde no ministerio a seu cargo, o sr. Washington Pires, titular da pasta da Educação e Saude Publica.

Imprensa Oficial

150

_Página do *Jornal do Estado* destaca a homenagem a Sud Mennucci conferida pela ABL.

149. HOMENAGEM A SUD MENUCCI

_Sud Mennucci recebe o primeiro prêmio de obras sobre o ensino primário, conferido pela Academia Brasileira de Letras, pela publicação do livro *A crise brasileira de educação.*

150. SUD MENUCCI É PREMIADO PELA ACADEMIA BRASILEIRA DE LETRAS

_É publicado no *Jornal do Estado*, de 27 de maio, um artigo sobre o livro *Brasil Desunido* de Sud Mennucci, na seção Vida Literária. Neste mesmo número constam publicidade de produtos de consumo e anúncio de cassino autorizado a funcionar por decreto legal.

151. SEÇÃO VIDA LITERÁRIA E PUBLICIDADE INSERIDA NO *JORNAL DO ESTADO*

_O *Jornal do Estado* noticia as modificações introduzidas no regulamento da primeira exposição ocorrida no Salão Paulista de Belas Artes, em 12 de agosto de 1935. Inclusos anúncios de medicamentos, hotel e cassino.

152. NOTÍCIA SOBRE O SALÃO PAULISTA DE BELAS ARTES E ANÚNCIOS PAGOS

(Orgão oficial dos poderes do Estado de S. Paulo - Brasil)

VIDA LITERARIA

BRASIL DESUNIDO

Sob os titulos acima, o sr. Antonio Constantino publicou no "Comercio de Franca" de 21 do corrente o seguinte artigo sobre o livro "Brasil desunido", do professor Sud Mennucci:

"Brasil Desunido", Sud Mennucci, edição da Tipografia Siqueira, S. Paulo, 1932".

* * *

"A leitura do livro de Sud Mennucci lembra-me o Eduardo Prado de "A Ilusão Americana", como se existisse afinidade de espirito entre ambos os escritores paulistas. E afinidade existe, embora a diferença de estilos marque duas figuras literarias de linhas inteiramente dissimiles no temperamento. Eduardo Prado é o tipo do "frondeur" do panfletarismo, destruidor das opiniões que não se tomam pela craveira das suas idéas. Sud Mennucci, critico de renome, é o sereno pensador cujo trabalho visa mostrar aos compatricios a rota das realizações, e tambem assim tem sido a profissão de fé da critica literaria por ele exercida como raros.

O ponto de contato entre os dois prosadores é o objetivo das obras, tanto que Sud não seria menos feliz se désse ao livro o titulo de "A Ilusão Brasileira". Verberando o macaquismo dos republicos, Eduardo Prado revelou os perigos do esfacelo da nacionalidade com os erros da nossa politica, relativamente ás nações estrangeiras, politica toda de subserviencia aos Estados Unidos; e Sud Mennucci analisa, embora a largos traços, outros perigos conducentes á mesma ameaça, porém, originarios da estrutura da federação, viciosa no repartimento dos territorios estaduais. Vê-se, portanto, a procedencia da afinidade, referida no começo destes comentarios.

Sud Mennucci é dos nomes mais ilustres nas letras do Brasil contemporaneo, nome firmado na elevação da sua obra, constituida de estudos que abrem sempre novas picadas e descortinam novos horizontes. Obra de pensador e de sociologo. Quando o cabotinismo de noventa por cento de escritores e publicistas compra o reclamistico berreiro dos seus aplaudentes, forçando a gloria de encomenda e artificio, o lidador paulista vai pondo, a golpes de clava, abertas na confusão das idéas e por onde escorre a luz dos ensinamentos.

Tenho muito entusiasmo por este escritor, mais isso não averba de parcial o conceito que dele faço. Ainda critico eu fosse. Estas notas, escritas á margem dos volumes sob meus olhos, longe estão de ser cronicas de critica. Dessarte, posso declarar, se justifica a minha admiração, não se anula o valor do conceito. Falo com sinceridade.

* * *

O livro objéto destas linhas é coletanea e desenvolvimento de artigos publicados em "O Estado de S. Paulo".

E' trabalho de folego, não obstante ser escrito na pressa do jornalismo diario, evidenciando a vasta cultura do escritor, autoridade em assuntos de geografia tambem, indicando nessas cento e cincoenta paginas os erros da organização administrativa, isto é, da "maneira de construir o corpo nacional, encarado do ponto de vista elementar da estrutura de seus orgãos". Em consequencia, o A. explana o ilogismo do a que se chamou federação na velha carta constitucional, porque faltam os proprios principios elementares que constituem aquela fórma de administração. Está certo, o A., no criterio de apreciar o delicadissimo problema? Ninguem deixará de reconhecer o acerto dos seus argumentos. Basta o leitor possuir dose regular de conhecimento da historia e da politica da sua patria.

Discordo, contudo, de alguns pontos do livro de Sud Mennucci, não quanto á idéa, porém, quanto á execução pratica, alterando-se, como quer, a divisão administrativa, cousa para mim irrealizavel em face dos sentimentos de regionalismo, ou localismo na frase de Oliveira Vianna ("Populações Meridionais"), que estabeleceram, em definitiva, os marcos divisorios entre os Estados. Tais sentimentos se agravaram, após os ultimos acontecimentos registrados no país, e dormem, como brasas em baixo das cinzas, a espera de ocasiões de reexplodirem. A sabedoria recomenda aos condutores da republica o tacto da prudencia, afim de se inutilizarem os abólicos intentos das térmitas da fragmentação do país.

Usando da frase de Galeot — "les hommes chechent le mieux et souvent trouvent le pire" ("De l'organisation des activités humaines"), digo do que o A., buscando o bem da patria com a redivisão dos territorios estaduais, encontraria logo o mal das discordias sem concerto. Como sem concerto ha de permanecer a republica, se os administradores não outorgarem a autonomia a cada Estado e o leme da propria vida "Com a constituição atual poderiamos talvez compor uma confederação, em que fossem minimas as exigencias mutuas", diz o A., e é uma profunda verdade, digna de ser meditada pelos futuros legisladores da assembléia constituinte.

Talvez esteja no sistema confederativo o meio de conduzir a nacionalidade ao periodo do sossego duradouro.

* * *

Examinemos a tese do A., condensada nestes periodos: "Qualquer leitor dotado de mediana dóse de bom senso compreende a injustiça fundamental que existe na estrutura da federação brasileira. E' um vicio de origem que provém de se haverem feito uns órgãs muito grandes e outros muito pequenos, querendo, depois, que se entendam em harmonia. O resultado é esse de incapacidade de crescimento que temos revelado em quarenta anos de republica, como atingidos de grave perturbação funcional. Não nego que há outros males, agravando o estado geral do doente. Mas este é o elementar e é dele que precisamos cuidar em primeiro turno. Antolha-se-me possivel que muitos desarranjos internos se vejam repentinamente sanados só com dar nova disposição aos nossos órgãos. A senha deveria ser, preliminarmente reordenar o nosso aspecto geografico.

O ideal seria chegar-se ao extremo de apagar do mapa do Brasil a configuração de todos os Estados atualmente existentes. Era medida logica e acertada a de refazer, á luz dos dados estatisticos, as divisas estaduais da nova republica de 1930, com o intuito preconcebido de destruir o espirito de localismo e de regionalismo que se vai criando no país, acabando, ao mesmo tempo, com os predominios indevidos, os primados malquistos e as hegemonias perigosas á paz e á concordia da familia brasileira. Não compreendemos ainda que é essa luta pela supremacia politica, numa terra sem base economica organizada, luta disputada entre poucas e grandes circunscrições, diante da inerme passividade das outras, que nos levará a um termo infeliz e indesejado: á secessão territorial, ao parcelamento do Brasil em duas ou tres ou mais pequenas patrias, que ninguem garante sejam capazes de conservar, ao depois, a sua independencia" (paginas 19 e 20).

Exposta a questão nos capitulos seguintes, o A. esclarece a maneira como deviam ser retificados os limites internos do Brasil, formando-se o equilibrio de acordo com as bases estatuidas. Em logar de vinte Estados, seriam doze entre Estados e provincias e mais um grande territorio. Compreendemos o amor dedicado á sua terra, pois o livro atesta em alto gráu a lealdade do patriotismo despojado das estreituras arraialescas. No entanto, aí estão os fatos, no encadeamento das vicissitudes e entrechoques, das maguas e odios, das desconfianças e vinditas, mostrando que a reforma das áreas dos territorios, para serem subdivididos conforme os interesses fundamentais da nação, é incompativel com os nossos principios. O Brasil não tem a mentalidade em condições de aceitar o alvitre. E nunca terá.

Qual Estado concordaria com a perda de parte de terras, mesmo com o beneficio de se lhe anexarem outras maiores?

O regionalismo vai dominando, mais e mais, as consciencias. E' o mal nascido desde os tempos das Capitanias. Ao formarem-se os nucleos iniciais, começaram no Brasil a desenhar-se as regiões cujos povos fatalmente se diferenciariam de uma a outra parte.

Queiram-no ou não, sómente lá pelo norte existe a identificação de clans e costumes. Da Baia para cima, os nossos patricios se entendem ás mil maravilhas. As desavenças são de Minas para baixo. Paulistas, mineiros, paranáenses, gauchos, e barigas-verdes jamais se submetem a acordos de cessão de terrenos e povos afim de se remodelar a superficie dos Estados para o bem do país. Cada um tem carater delineado, havendo até quem fale em nome de uma raça...

Oliveira Martins, sociologo de valor discutivel, mas historiador notavel, teve a perfeita visão do Brasil, quando se exprimiu a respeito da era colonial:

"No sul, desenvolviam-se de modo espontaneo os elementos de uma nação futura; enquanto o norte sujeito a administração corrupta e meticulosa, dependente da introdução dos negros e de uma cultura exotica, pagava a opulencia com a vida menos estavel e população menos homogenea. Sem exagerar demasiado o valor deste termo, póde dizer-se que, pelos fins do seculo XVI, a região de S. Paulo apresentava os rudimentos de uma nação; ao passo que a Baia e as dependencias do norte eram uma fazenda de Portugal na America". ("Brasil e Colonias", 5.a edição). E' o juizo do lusitano livre dos preconceitos da nossa gente, apto a medir os acontecimentos sem particularidades de afetos e bairrismos. Nos tempos coloniais, pronunciavam-se as regiões na radical diferença sob todos os modos de ver.

Aos comentarios em torno do livro quero juntar o meu testemunho do que verifiquei em diversas zonas de cinco Estados por onde viajei antes da revolução de 1930. Em algumas cidades convizinhas a S. Paulo, recusavam-se os moradores a beber a cerveja Antartica, porque é paulista, dando preferencia á da Brahma, porque é carioca; liam sómente jornais do Rio de Janeiro; fumavam cigarros da Capital Federal, de onde mandavam vir as roupas. Não se tratava de chiquismo. Boicotavam tudo quanto trouxesse a marca de paulista. Como admitir a hipotese de semelhantes povos anuirem na sua anexação do Estado que abominam?

No Paraná, dentro da redação do jornal dirigido pelo filho de ilustre bandeirante, o professor Cesar Prieto Martinez e eu (trabalhavamos juntos naquela folha de Coritiba) ouvimos, vezes muitas, nos chamarem estrangeiros... Quantos incidentes, por esse motivo?!

E assim por diante.

A revolução de 1930 cometeu enorme erro, quando ovacionou a idéa da coligação dos Estados septentrionais organizando o "vice-reinado", campo dobrado de lamentaveis intrigas. O sul ficou de sobreaviso, porém, multi-dividido pelas discordias de sempre.

Continua, entretanto, a solidariedade das provincias do norte, obedientes á orientação unica. Mau exemplo. Até julho de 1932, corria que aqueles Estados reivindicavam, para si, os auxilios e favores do governo; e os agentes malignos envenenavam a historia, premeditando a luta do norte e o sul, reeditando-se aqui o sangrento conflito da secessão da America do Norte.

Mas o movimento constitucionalista creou outras situações, mais delicadas, que sómente o férreo espirito de sacrificio solucionará.

Se na primeira republica era impraticavel a refórma das áreas territoriais, agora sobretudo não encontrará meios de simples ensaio, em vista da coexistencia de tantos fatores capazes de fazer originar daí uma catastrofe.

Sud Mennucci tem razão. Diz a verdade. Os brasileiros inenxergam a causa dos males do país.

A federação jamais terá o remedio salvador, se deixar de estabelecer o equilibrio de terras e populações nos Estados. O atual sistema administrativo ficará nisso. Adotemos, então, o confederacionismo, liquidando-se, como diz o A., a perniciosa tendencia separatista.

* *

"Brasil Desunido" desperta e provoca discussões, devido assim ao valor do estudo nele feito como aos méritos da robusta inteligencia que o escreveu. Pouquissimos, os trabalhos de tamanho interesse no Brasil. Sem exagero de minha parte, este livro ha de durar entre as obras melhores do pensamento nacional, em cujos capitulos acharão os nossos politicos e os nossos estadistas a fonte de sérios ensinamentos.

Leiam, os brasileiros, as paginas de Sud Mennucci e meditem nos erros apontados ali. Que não se aceitem os seus remedios; porém, que não se olvidem nunca as lições ditadas pela realidade e pelos sofrimentos de uma patria e seus filhos.

Nestes derradeiros dez anos, com o "Retrato do Brasil", de Paulo Prado, é o "Brasil Desunido" o clamor da nacionalidade que se deve manter integra e forte".

152

O Salão Paulista de Belas Artes

Algumas modificações introduzidas no regulamento da primeira exposição artistica desse instituto

O regulamento definitivo do primeiro Salão Paulista de Belas Artes, aprovado em definitivo na sessão de 10 do corrente pelo Conselho de Orientação Artistica, está assim redigido:

CAPITULO I

Do Salão

CAPITULO II

Dos trabalhos

PEDIDO DE RECONSIDERAÇÃO

a despacho do diretor da Marinha Mercante

153

IMPRENSA OFICIAL DO ESTADO
GRAFICO DO MOVIMENTO DA PRODUÇÃO INDUSTRIAL E DA RENDA BRUTA, NOS ANOS DE 1892, 1898, 1911, 1921 E 1931.

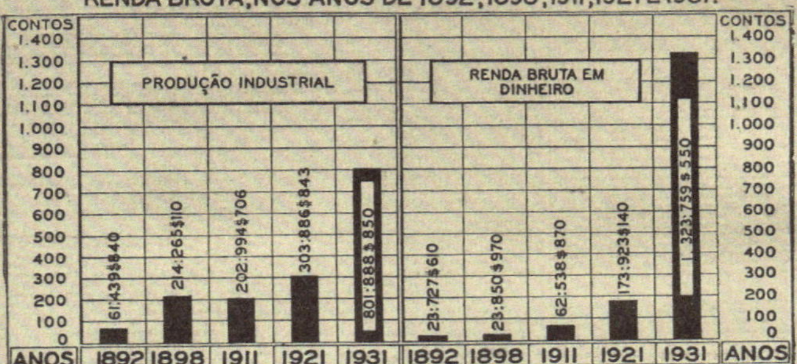

IMPRENSA OFICIAL DO ESTADO
GRAFICO DO MOVIMENTO DE TIRAGEM DIARIA NOS ANOS DE 1892, 1898, 1911, 1921, 1931 E 1933.

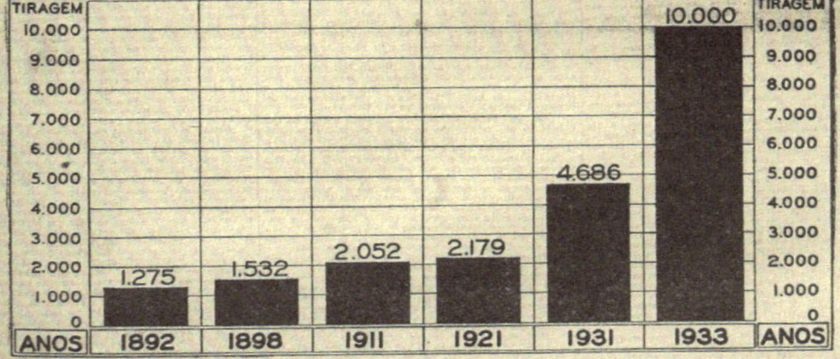

Cooperativismo

Construção de casas para operarios

O CORONEL JOÃO ALBERTO LINS DE BARROS, Interventor Federal no Estado de São Paulo, nomeia o Sr. Sud Mennucci para exercer o cargo de Director da Imprensa Official do Estado.

PALACIO DO GOVERNO DO ESTADO DE SÃO PAULO, aos 7 de janeiro de 1931.

O DIRETOR GERAL DA SECRETARIA DA EDUCAÇÃO E DA SAUDE PUBLICA declara, para os devidos fins, que o portador do presente titulo continua exercendo o mesmo cargo, de acordo com o decreto 5783, de 30 de dezembro do ano findo.-

SECRETARIA DE ESTADO DA EDUCAÇÃO E DA SAUDE PUBLICA, São Paulo, 26 de janeiro de 1933.-

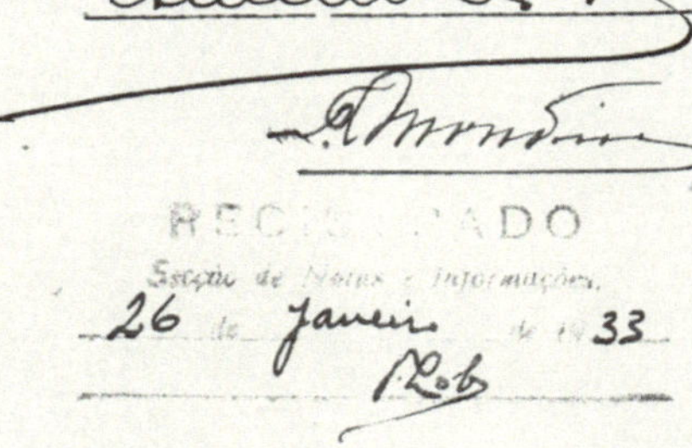

154

_Em 25 de julho, o *Jornal do Estado* publica o gráfico do movimento da produção industrial e da renda bruta da Imprensa Oficial referente aos anos de 1892, 1898, 1911, 1921 e 1931.

153. GRÁFICOS DE PRODUÇÃO INDUSTRIAL E TIRAGEM DA IMPRENSA OFICIAL

_Sud Mennucci é nomeado pelo interventor do Estado de São Paulo, Diretor da Imprensa Oficial do Estado em 7 de janeiro de 1931.

154. FAC-SÍMILE DO DOCUMENTO OFICIAL DE NOMEAÇÃO DE SUD MENUCCI E RETRATO DE MENUCCI

154

DIÁRIO OFICIAL

_O *Jornal do Estado* passa a ser editado e impresso pela Imprensa Oficial, publicado no Decreto n. 5.783, Art. de 31 de dezembro de 1932.

155. O *JORNAL DO ESTADO* PASSA A SER EDITADO PELA IMPRENSA OFICIAL

_Uma nota, publicada em 18 de janeiro, comenta a transformação da publicação em um jornal moderno e noticioso. Na mesma edição, começam a ser publicadas as novas seções: "Jornal dos Esportes" e "Teatros e Cinemas".

156. PROGRAMA DE TRANSFORMAÇÃO DO JORNAL | JORNAL DOS ESPORTES

_A partir de 19 de janeiro, a publicação contará com uma seção dedicada a livros, "Novidades literárias".

157. NOVIDADES LITERÁRIAS

_Em 22 de janeiro, outra nova seção, que será publicada aos domingos: "Cinema educativo".

158. CINEMA EDUCATIVO

_Em 24 de abril, é inaugurada a sucursal do *Jornal do Estado* em Santos, como informa o jornal em 25 de abril.

159. O *JORNAL DO ESTADO* EM SANTOS

_O *Jornal do Estado* ganha uma nova seção em 9 de junho: "A Quinzena Artística".

160. QUINZENA ARTÍSTICA

_O Decreto n. 6100, de 28 de setembro, determina que o *Jornal do Estado* volte a ser *Diário Oficial*, com caráter meramente informativo, e publicação dos atos administrativos e burocráticos, o que ocorre a partir de 30 de setembro.

161. *JORNAL DO ESTADO* VOLTA A SER *DIÁRIO OFICIAL* | A VOLTA DO D. O.

155

Sábado, 31 de Dezembro de 1932 — DIARIO OFICIAL — do Estado de São Paulo (E. U. do Brasil) — Num. 294 — Anno 42.º

DECRETO N.º 5.782, — DE 28 DE DEZEMBRO DE 1932

DECRETO N. 5.783, DE 30 DE DEZEMBRO DE 1932

DECRETO N. 5.784, DE 30 DE DEZEMBRO DE 1932

PALACIO DO GOVERNO

JUSTIÇA E SEGURANÇA PUBLICA

EDUCAÇÃO E DA SAUDE PUBLICA

DEPARTAMENTO DA ADMINISTRAÇÃO MUNICIPAL

Expediente do dia 30 de Dezembro de 1932

Imprensa Oficial — Pagina — 7 —

156

JORNAL DOS ESPORTES

O CONFLITO DE LETICIA

157

NOVIDADES LITERARIAS

No ultimo numero do "Boletim de Ariel", o interessantissimo mensario critico-bibliografico que se publica, no Rio de Janeiro, sob a direção de Gastão Cruls e Agripino Grieco, os dois nomes vitoriosos das letras nacionais, encontramos a seguinte noticia:

Sud Mennucci — 100 ANOS DE INSTRUÇÃO PUBLICA e BRASIL DESUNIDO — Editores Salles Oliveira, Rocha e Cia. — S. Paulo, 1932. — O QUE FIZ E PRETENDIA FAZER — Editora Piratininga — São Paulo, 1932.

Certas afirmações do autor, no ultimo livro acima arrolado, foram feitas em carater **pro domo** e, como tal, podem sofrer controversia. Mas quasi todas as paginas do **Brasil desunido**, e especialmente o vigoroso conjunto dos **100 anos de instrução publica**, são de um tecnico dos problemas de ensino, de um homem livre que deseja o desafogo das consciencias, de um intelectual que coloca os postulados de cultura acima de todos os conluios de partidos mais ou menos precarios. Critico dos mais ilustres, belo retratista de espiritos, tendo ligado o seu nome a um forte ensaio sobre os nossos humoristas e a um comovido estudo sobre o ciclo poetico de Amadeu Amaral, o sr. Sud Mennucci passa agora em revista, com uma franqueza desembuçada e viril, o que tem sido a instrução em terras brasileiras, de dom João VI até nós. E', para nos socorrermos de sub-titulos do proprio autor, o "balanço educativo" de tantos "esforços isolados" combatidos pela "mercancia indigna" e vencidos quasi sempre pela "incapacidade orçamentaria".

Dr. M. A. Teixeira de Freitas — O REAJUSTAMENTO TERRITORIAL DO QUADRO POLITICO DO BRASIL — Imprensa Oficial — Belo Horizonte — 1932.

E' uma valiosissima contribuição ao estudo de uma nova distribuição das terras do Brasil, no tocante á sua divisão em Estados. O A. passa em revista o que se ha dito a respeito no Brasil, lembrando que o assunto já interessou, no tempo da monarquia, a Bernardo da Veiga, Pimenta Bueno, Vernhagem, Fausto de Souza, Vergueiro, Candido Mendes, Quintino Bocayuva; durante a Republica, Magalhães Castro, Rangel Pestana, Pinheiro Guedes, Amaro Cavalcanti, Costa Machado, Felisberto Freire, Mello Vianna, Carlos Maximiliano, Sylvio Romero, Theodoro Figueira de Almeida, Alberto Torres, Segadas Vianna, Oscar Martins Gomes, João Ribeiro, Affonso Celso, Augusto de Lima, Sud Mennucci, Bernardo de Souza, Oliveira Vianna, Agenor de Roure, Hello Gomes, Luiz Barbosa Bahiana, Max Fleiuss.

Depois de verificar quais as hipoteses mais extremas, inclina-se pela formula Segadas Viana, um tanto modificada. Aquele autor propuzera um limite territorial oscilando entre 180 a 400 mil kms. quadrados para superficie dos Estados. Texeira de Freitas sugere 250 a 350.000 kms. afim de não sacrificar nem São Paulo nem o Rio Grande do Sul, que classifica como entidades perfeitamente constituidas e caraterizadas.

Apela depois para a idéa de Rangel Pestana, que Sud Mennucci resuscitou, da creação de uma entidade intermediaria entre o Estado e o Territorio: a Provincia, com mais liberdades que este, com menos prerrogativas e franquias que aquele, concedendo tambem, a titulo facultativo, a possibilidade da organização departamental, para salvaguardar direitos das regiões que viessem a perder a autonomia estadual e mesmo para evitar atritos e divergencias de carater politico, a chocarem-se contra sentimentos tradicionais.

Aceita tambem a formula dos 2 milhões e meio de habitantes, que Sud Mennucci lembrara, fazendo apenas uma restrição á renda estadual, que lhe parece de "valor meramente supletivo".

Ha uma idéa felicissima no plano, que é, no seu conjunto, inteiramente razoavel e sensato, perfeitamente ao par das realidades. E' a que lembra a mudança da Capital Federal para Belo Horizonte. Não se trata de uma sugestão bairrista, preocupada unicamente em valorizar a principal cidade das "alterosas". Existe um motivo de ordem superior que lhe faz ditar a medida, motivo que revela uma grande precaução com o porvir.

Um ponto sem duvida esquecido de futuras discordias, é a posse das zonas ferriferas do país. Quando o dia chegar em que o Brasil seja uma terra altamente industrializada, pela posse plena de suas jazidas minerais, o dissidio fatalmente surgirá entre os Estados irmãos e proveniente por certo da hegemonia que vai exercer aquele que mais opulento fôr nessa materia.

Teixeira de Freitas, cauto e precavido, antecipa-se ao acontecimento e alvitra uma forma de acabar com a ameaça antes que ela se concretize em realidade: o distrito federal será o distrito ferrifero. E como ele se acha proximo a Belo Horizonte, nada mas facil do que transformar a linda cidade serrana na Capital da Republica. A lembrança é de ouro e só por ela talvez valesse a pena realizar o plano.

No Tribunal

O exmo. sr. General Waldomiro Castilho de Lima, p... Justiça, alistou-se como eleitor, — O nosso clic... lhe tomaram as impressões digitais.

Pela paz cor...

O projeto de tratado anti-belico sul-americano...

A aprovação, pelo Brasil, da proposta do dr. Carlos ... ções Exteriores da Argentina — Comunicado...

RIO, 18 (A. B.) — O Ministerio das Relações Exteriores distribuiu hoje, á imprensa, a seguinte comunicação que a 20 de dezembro passado, o sr. A. Mello Franco dirigiu ao sr. Mora y Araujo, embaixador da Argentina, nesta Capital:

"Sr. embaixador:

Tenho a honra de acusar recebida, no devido tempo, a nota confidencial n. 48, de 30 de agosto ultimo, e o memorandum de igual data, que me dirigiu v. excia. e por meio dos quais essa embaixada, desobrigando-se da incumbencia que lhe cometêra o ministro das Relações Exteriores da Republica Argentina, sr. dr. Carlos Saavedra Lamas, teve a bondade de oferecer á consideração deste Ministerio um projeto de tratado anti-belico sul-americano de não agressão e conciliação, formulado pelo governo de seu país, com o fim de o propôr aos paises que, em face do litigio do Chaco, subscreveram, em Buenos Aires, o acôrdo de 6 de agosto p. p., e entre os quais o Brasil se desvanece de encontrar-se.

Explica v. excia., em a referida nota, que o projeto visa principalmente, dar feição permanente e fórma organica ao acôrdo de vontade traduzido naquele nobre ato de solidariedade americana, que — acrescenta — inspirado em elevados propositos pacifistas, veiu, mais uma vez, pôr de manifesto os vinculos já seculares que unem as nossas patrias.

A s. excia. o sr. Antonio Mora y Araujo,

Embaixador da Nação Argentina:

Ainda no mesmo documento, declara v. excia que o projeto é expressão da continuidade de uma corrente ininterrupta de afétos historicos e laços de vizinhança, destinada a robustecer-se no futuro, por basear-se nos sólidos alicerces de uma harmonia internacional indiscutivel, que ha de levar os nossos dois povos a desenvolver suas magnificas possibilidades de progresso, aumentando o cabedal de riqueza comum e o intercambio de suas relações comerciais.

"Recordando a tradicional politica do Brasil, em virtude da qual foram entregues todas as nossas questões de limites, não resolvidas por negociações diretas, a decisões arbitrais, em cujo acatamento — ajunta a nota — vê o governo argentino exemplares atitudes, dignas de consignar-se no direito internacional, lembrando as clausulas da constituição fede... orientam a nossa politica no sentido da paz, inf... excia. que seu governo ... consideração essas carate... a seu juizo especiais, para ... ferencia com que honra ... em propôr-lhe o projetad...

Traz v. excia. ainda ao ... nhecimento que o governo ... tino reputa imprescindivel ... peração do Brasil para a ... tação do projeto aos den... vos, sob os auspicios de u... coordenada, que acentuará ... nificação e importancia d... destinado a promover a ... netração pacifica dos nos... paises, condição necessaria ... senvolvimento de ambos, d... generoso paralelismo a qu... pelo determinismo irre... oriundo de sua posição g... e da adversidade fecunda ... zonas de produção.

Esclarece ainda v. exc... para melhor concertar s... com a do Brasil, no parti... governo argentino, ao el... plano que, por intermedi... embaixada, submeteu á c... ção desse Ministerio, teve ... manha consideração classi... cessões brasileiras na ... que, em alguns dos dispos... projeto, se inspirou del... mente no pensamento de ... tas nossos, como Ruy Bar... os auspicios de cuja mem... lóca varias das estipula... projeto tratado.

Acrescenta v. excia. em ... a que me refiro, que o go... seu paiz formulou o proj... maneira tal que suas dis... não possam alterar, dero... dificultar, de modo algum ... cação, as relações america... as de ordem universal, de ... outra convenção ou trata... rior, que se inspire nos ... altos objetivos por aque... dos, mas, ao revés, os ve... bustecer, ampliando-os e ... çoando-os, em sua finalid... fista.

O governo brasileiro ... se, com o devido cuidado, ... teudo da mencionada no... projeto e da notavel expo... motivos, que lhe vieram ... bem como do já referido ... randum e vem comunicar ... por meu intermedio, pedin... fineza de transmitir a se... no, que muito o sensibiliz... deferencia da proposta, n... nos termos, sobremaneir... sos para o Brasil, em qu... mulou a chancelaria arge...

ASSOCIAÇÕES

SOCIEDADE RURAL BRASILEIRA

Realizou-se hontem, na Sociedade Rural Brasileira, a sua sessão semanal ordinaria. A ela compareceu elevado numero de socios, discutindo-se assuntos de importancia para a economia agricola do Estado.

CENTRO DOS PRODUTORES DE SÃO PAULO

Realizar-se-á a 22 do corrente, ás 9 horas, em segunda convocação, a assembléa geral do Centro dos Construtores de São Paulo, afim de ser eleita a diretoria para o corrente ano.

ASSOCIAÇÃO PAULISTA DE CIRURGIÕES DENTISTAS

Realizou-se a 2 do corrente a posse da diretoria eleita para dirigir esta associação durante o corrente ano, a qual está assim constituida:

Presidente, dr. Romeu de Paulo; vice-presidente, dr. Luiz Stamatis; secretario geral, dr. Vicente Jungers; 1.o secretario, dr. Alcindo Palavigna; 2.o secretario, dr. Ralph Hard; tesoureiro, dr. Tasso Medeiros; bibliotecario, dr. Benedicto Novaes.

Comissão fiscal: Presidente, dr. Octavio Demacq Rosas; membros: dr. Salvador Caruso, dr. José Alvim de Aguiar e dr. Henrique Auberti.

Comissão de sindicancia: Presidente, dr. Anizio Ferreira; membros: dr. José Costa Machado e dr. Antonio Menezes Paiva.

CENTRO DO COMERCIO DE SÃO PAULO

A 14 do corrente, em assembléa realizada em a sua séde, foram empossados para dirigir aquela associação, no corrente ano:

Arthur Loureiro, presidente; Manuel Coutinho, vice-presidente; Alberto Bagnolesi, 1.o secretario; Rosario Pagano, 2.o secretario; José D'Aprile, 1.o tesoureiro; Joaquim Pereira Roldão, 2.o tesoureiro; Henrique Setti, contador.

Conselho Fiscal: Agapito Esteves, Jacyntho Barroso e Caetano Bovino.

Comissão de sindicancia: Antonio Rodrigues Valle, Miguel Zangari e Paschoal Guglielmi.

Suplentes: João Araujo Pinto, Carlos Gonçalves e Elias Benjamin da Silva.

ASSOCIAÇÃO MUTUA DOS CARTEIROS DE SÃO PAULO

No dia 21, ás 19 horas, á rua Dr. Ubaldino do Amaral, realizar-se-á a assembléa geral ordinaria da Associação Mutua dos Carteiros de São Paulo, devendo por essa ocasião ser empossada a sua nova diretoria.

ATROPELADO POR UM AUTO

Quando transitava pela rua Conselheiro Brotero, hontem, ás 18 horas, o menor Rui, de 9 anos de idade, filho de Dionisio Barbosa, morador á rua Candido Pereira ..., foi atropelado pelo auto P. 2336. O menor sofreu contusão e escoriação no joelho esquerdo e ferimento contuso na região frontal, sendo medicado pela Assistencia. A autoridade de serviço na Central instaurou inquerito.

158

ESCOLAS

GINASIO DO ESTADO

As provas graficas de desenho do Ginasio do Estado, marcadas para hontem, foram adiadas para o dia que será oportunamente anunciado.

INSTITUTO PEDAGOGICO "CAETANO DE CAMPOS"

Curso de Aperfeiçoamento Pedagogico — A secretaria do Instituto Pedagogico "Caetano de Campos", receberá das 12 ás 15 horas, de 25 a 30 do corrente mês, a matricula dos alunos do Curso de Aperfeiçoamento, e a inscrição de candidatos ás vagas, do 1.o ano.

Campanha da Solidariedade

MAIS UMA ETAPA FESTIVA — A ULTIMA SESSÃO — RELATORIO — VARIAS SUGESTÕES — HOMENAGEM A' IMPRENSA BRASILEIRA E A' PAULISTA, EM PARTICULAR — NOTAS

A REBELIÃO NICARAGUENSE

A SITUAÇÃO DOS GRUPOS DIAZ E PINEDA.

MANAGUA, 21 (U. P.) — Anuncia-se que um dos grupos de rebeldes composto de cem homens é chefiado por José Leo Diaz, ao passo que outro, de 140 homens, obedece á direção de Luiz Pineda.

UM NOVO SUPER-TRANSATLANTICO PARA A LINHA FRANÇA-AMERICA DO SUL

TREMENDA EXPLOSÃO NO MEXICO

O BONDE FOI DE ENCONTRO A' CARROÇA

GREVE DOS EMPREGADOS DE "ONIBUS" DE LONDRES

CINEMA EDUCATIVO

(AOS DOMINGOS)

FURTOU A CARTEIRA DE UMA SENHORA E FOI PRESO

ATROPELADO POR UM AUTO

ATROPELADO POR UM AUTO-CAMINHÃO

Sexta-feira, 9 de Junho de 1933 — JORNAL DO ESTADO — (2.a Fase) — Num. 129 — Ano I

(Orgão oficial dos poderes do Estado de S. Paulo - Brasil)

A QUINZENA ARTISTICA

AS ULTIMAS EXPOSIÇÕES — OS GRANDES SUCESSOS: SPAM, CIPICCHIA, KATE KOLLWITZ — S. PAULO REVÊ UM VELHO AMIGO, ANTONIO PARREIRAS

"Socando passoca", outra deliciosa figurinha de Mestre Cipicchia

São Paulo, póde-se afirmar sem temor de contestação, é a Canaan maravilhosa dos artistas brasileiros, o vale natural para onde afluem todas as vocações legitimas e propensas á realização do bélo.

Os dias que correm e os ultimos do mês passado, constituiram nesta cidade uma verdadeira homenagem á Arte.

A musica, a pintura e a escultura, após um relativo estagio, retornaram á Paulicéa, para gáudio dos impenitentes que como nós não se cansam de louvar e tambem de criticar os artistas verdadeiros.

Rubinstein, Parreiras, Cipicchia, Kate Kollwitz... Os dois primeiros já nos eram familiares. Os dois ultimos, e não vejam nisso uma formula laudatoria como muitas outras, podem se considerar no ról dos ótimos artistas. Bem o merecem.

De Rubinstein pouco falaremos. S. Paulo inteiro o conhece, e melhor do que nós diz o seu trabalho. O Municipal foi pequeno para as "récitas" do interprete de Chopin.

Dentro em breve, teremos a visita de Brailowsky. Ha quem ache ser este maior do que aquele. Estamos ainda debaixo da impressão que nos causou Rubinstein, e ficaremos deveras satisfeitos em poder fazer um cotejo entre ambos.

Lemos ontem uma noticia que nos entristeceu bastante.

E' esta:

"A proposito de um incidente havido entre o pianista Alexandre Brailowski e artistas brasileiros, a "Ação Social Brasileira" enviou áquele grande pianista um protesto dizendo entre outras coisas que se o mesmo não tem tempo para ouvir musicas brasileiras, tambem não o deve ter para fazer ouvir a sua e muito menos para ganhar o nosso dinheiro, devendo retirar-se do Brasil ao envez de ir agora a S. Paulo".

Como vêm os leitores, a vinda de Brailowsky é ainda problematica.

Da exposição da Sociedade Pró Arte Moderna, este jornal já falou demoradamente, tecendo em torno dos trabalhos expostos o seu juizo.

Quem esquecerá aquela cabeça de Brancusi, que tantos e tão disparatados comentarios provocou?

E quem não guardou para sempre nos olhos a lembrança do delicioso "guitarrista" de Brecheret?

E não era apenas nisso que residia o interesse da mostra da S. P. A. M. Foi essa a primeira vez que nos foi dado ver reunidas produções de Leger, Picasso, Segall e outras grandes figuras da arte moderna.

O que diremos das outras exposições de pintura? Muito, certamente, pois nunca quanto agora foi a nossa urbs enevoada e evocativa, tomada por estes admiraveis ciganos cuja vestimenta feita de retalhos de todas as côres e de todos os céus.

Parreiras não nos visitava ha muito. Vimo-lo, como tambem a sua exposição de quadros, alí no salão da rua Barão de Itapetininga. Muita gente admirava os quadros expostos. A escola é a mesma. Mesmas as tintas.

"Guitarrista", de Brécheret, que figura na mostra de "Spam"

Na exposição de Parreiras, onde não faltam paizagens e vultos, admiramos o **Juan Hernandez**, quadro evocativo representando um homem sentado á praia, debaixo de uma cruz tosca e feita por suas mãos. O olhar traduz, ao mesmo tempo, ansiedade e despreso. O desgraçado procura na linha do horizonte que a gente não vê mas intu'e, uma náu que traga em sua véla os ventos da patria distante...

Falemos agora de Cipicchia, já que para conhece-lo facil foi dobrar a rua Barão de Itapetininga e admirar os seus trabalhos.

Já estavam todos adquiridos. Tiveram gosto ,e em "raffinée", os amantes da escultura. Chamou alguem a Cipicchia de feiticeiro. Não ha força de expressão. E' verdade. Só mãos afeitas á mandinga têm poder de fazer o que querem. Mãos que do madeiro tosco tiram formas a imagem do homem.

"Negro Velho", o trabalho mais "torturado" de Cipicchia

Si o leitor quizer nos acompanhar, aconselhamo-lo tambem que faça a sua visita ás exposições de Clodomiro Amazonas e Marques Campão. O primeiro trouxe uns "carvões" e algumas "sépias" de grande valor.

Campão é forte na aquarela ou "aguarêla", como ele fez questão de dizer.

De proposito, deixamos para falar em ultimo, da arte de Kate Kollwitz.

Dizia noutro dia alguem, a proposito da obra da artista, nestas mesmas colunas:

"E' uma arte nada feminina, essencialmente máscula, essencialmente viril. Ninguem diria, vendo aquelas gravuras em aço, ou em madeira, de traços firmes e nitidos, aqueles desenhos de linhas grossas, que aquilo é obra de uma mulher, que foi mão feminina que iluminou aquelas folhas brancas com um pouco da genialidade que a animava. A propria escolha do assunto fóge ao temperamento e á mentalidade comum das mulheres de todas as latitudes. Kate Kollwitz só vê a miseria, a fóme, a guerra e a morte."

Com este rapido comentario no espirito, dirigimo-nos ao Club dos Artistas Modernos. Efetivamente, quem se detivesse por instantes diante daquelas "aguas fortes" sentiria em si, forte, os ressaibos amargosos da tortura, a ansia de se despojar da carne e voar, bem alto, para longe dos homens cujas figuras desenhou com rara maestria.

Kate Kollwitz não enxerga a vida através dos óculos de Pangloss. Ela só a compreende pelo lado mau, e sente-se bem quando num desafogo expõe ao publico as perfeições da sua arte que reproduzem outras tantas imperfeições do genero humano.

Kollwitz... Parreiras... Cipicchia... Campão... Rubinstein...

"Cabeça" de Brancuri, o "clou" da Exposição da "Spam"

Quinzena bonita a que se foi. E que as futuras sejam como esta, tão cheia de harmonia.

"Sem trabalho", gravura em madeira de Kate Kollwitz

Associações

ASSOCIAÇÃO DOS DIPLOMADOS EM CIENCIAS ECONOMICAS E COMERCIAIS

Faculdade de Ciencias Economicas e Comerciais — Sob a presidencia do professor Carmello S. Crispino, presidente da Associação dos Diplomados em Ciencias Economicas e Comerciais, reuniu-se a Comissão de Educação daquela associação para tratar do relatorio a ser apresentado ao sr. general Waldomiro Castilho de Lima, interventor federal neste Estado, com referencia á Faculdade de Ciencias Economicas e Comerciais do Estado.

Para redigir e relatar o projeto de lei e programa da Faculdade foram escolhidos os seguintes socios da Associação: Dr. Pedro de Alcantara Tocci, dr. Zoroastro de Gouveia e dr. Carmello S. Crispino.

O referido projeto foi apresentado pelo dr. Carmello S. Crispino.

CENTRO ACADEMICO XI DE AGOSTO

Indo ao encontro do desejo dos estudantes de Direito desta Capital, que em boa hora iniciaram intensa campanha para aumento do patrimonio inalienavel do Centro XI de Agosto, o sr. Heitor da Cunha Bueno, por intermedio do Sr. J. Cunha Bueno Netto, dôou ao Centro cinco ações integralizadas da Cia. Paulista de Estradas de Ferro.

CLUBE DOS ADVOGADOS DE SÃO PAULO

Afim de se proceder á eleição do representante do Clubo dos Advogados de São Paulo, na conformidade do Decreto Federal n. 22.696, de 20 de abril de 1933, está convocada para hoje, ás 20 horas e meia, no salão do Clube Português, uma assembléia geral.

INSTITUTO HISTORICO E GEOGRAFICO DE S. PAULO

No dia 5 do corrente realizou o Instituto Historico e Geografico de São Paulo, ás 21 horas, em sua séde social, á rua Benjamin Constant n. 40, a nona sessão regimental do corrente ano.

Na primeira parte da ordem do dia dos trabalhos foram encaminhadas as propostas de novos socios que se encontravam sobre a mesa.

Passando-se á segunda parte da ordem do dia dos trabalhos, o socio efetivo dr. Plinio Ayrosa, prosseguiu no seu interessante estudo sobre "Palavras de origem tupí que ingressaram no vocabulario nacional". Foram examinados os termos caruru', cuéra, aibi, panêma, coivára, beréba e catinga. O termo "caruru'", disse o orador, além de designar a herva muito conhecida em todo o Brasil, designa tambem o prato que com ela se prepara. De origem tupi, não é mais que caá-ruru', isto é, a folha ou a herva inchada, a planta mucilaginosa. Não ha motivo algum para ser considerado o termo como de origem africana, como querem alguns autores. "Cuéra", que na linguagem corrente diz a pessôa valente, habilidosa ou esperta, em tupi póde ter duas significações, conforme seja empregado na frase. Ou exprime os predicados acima citados, ou funciona como sufixo para determinar o preterito dos substantivos, grafado ás vezes goéra. Em certos casos exprime ainda a idéa de pluralidade. No Rio Grande do Sul ha um termo homografo que se dá a certa ferida dos cavalos, tambem conhecida por unheira. Ao animal doente chama-se cuêrudo. "Aibi" designa o pequeno rio que, desembocando no mar, sofre as influencias das marés, tornando-se, com o fluxo marinho, murmurejante. A palavra é provavelmente corruptela de a-i-pu' ou a-i-bu', que diz o ruido ou o murmurio da agua. "Panêma", é termo corrente no norte do Brasil e é empregado na mesma acepção dos termos portuguêses: desdita, desventura, caiporismo, etc. Não houve alteração de sentido e nem de grafia. No guarani diz-se "Panê". "Coivára", disse o orador, apesar das varias opiniões, deve provir de "co-uára", que traduz a roça jazente, a roça cortada, o galhame que se queima após a roçada. Em todo o Brasil "coivára" significa realmente os gravetos, os paus mal queimados que ficam na roça. Não acha o orador razão segura para se decompôr o termo em "co-ibá", que diz cousa muito diversa. "Bereba", pereba e mesmo merêba não é mais que "pereb", que rigorosamente significa a cicatriz, a ferida antiga, as marcas da pele. Não sofreu tambem esta palavra alteração alguma, sendo empregada pelo nosso povo na mesma acepção e com a mesma fórma porque o fazia o aborigene. Teschauer cita o termo perexéca como derivado de "pereba", mas não parece que isso seja possivel. O termo "catinga", embora usado com a mesma grafia de outro que se deriva de "caá-tinga", diz rigorosamente o odôr forte ou aquilo que é rescendente. Esse odôr póde ser agradavel ou desagradavel, expressando o termo apenas a sua intensidade. Não é mais que "catim", "cati" e mesmo "caxi", que sob esta ultima fórma aparece em abacaxi ou ibá-caxi, isto é, a fruta cheirosa. A respeito de cada um destes termos citou o orador varias notas e autores para justificar as suas conclusões.

O sr. presidente felicitou-se com os presentes por mais este interessante trabalho do dr. Plinio Ayrosa, concitando o orador a prosseguir nos seus estudos. Agradeceu a visita do general Borges Fortes e teve palavras de agradecimento para o dr. Djalma Forjaz, por motivo de algumas considerações que achou por bem fazer sobre os representantes brasileiros ás Côrtes de Lisbôa, considerações estas suscitadas pela oferta do diploma do deputado José Ricardo da Costa Aguiar.

Nada mais havendo a tratar, o sr. presidente suspendeu a sessão, ás 22 horas e meia, marcando nova reunião para o proximo dia 20, ás 21 horas.

...erça-feira, 25 de Abril de 1933 — JORNAL DO ESTADO — (2a Fase) — Num. 92 — Ano I
(Orgão oficial dos poderes do Estado de S. Paulo - Brasil)

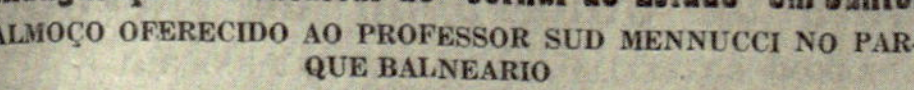

A inauguração da sucursal do "Jornal do Estado" em Santos

O ALMOÇO OFERECIDO AO PROFESSOR SUD MENNUCCI NO PARQUE BALNEARIO

Depois do almoço, na sala de visitas do Parque Balneario

Domingo ultimo, foi inaugurada em Santos a sucursal do "Jornal do Estado".

Cidade de capital importancia, e um dos maiores portos brasileiros, todos os grandes jornais da nossa Capital nela mantêm as suas sucursais, pois de Santos se irradia não só grande parte do nosso noticiario comercial, mas, tambem, noticias varias de real interesse, não só para a vida do nosso Estado, mas de todo o país.

...ram os seguintes senhores: Malachias de Oliveira Freitas, Felicio Marmo, Celso da Cunha Alves, Francisco Xavier de Castro, David Ferreira, representando o sr. Antonio Xande, administrador da Recebedoria de Rendas; João Severino Villela, dr. Amazonas Duarte, diretor da "Gazeta Popular"; Mario Amazonas, diretor do "Jornal da Noite"; Armando Carneiro da Cunha, representando o sr. Alberto Marques, inspetor da Alfandega; ...varenga, diretor do "Diario da Manhã", Moacyr Telles de Menezes, Armando Bellegarde, Luiz Galhanone, Comandante Pinto Aleixo e Gabriel Pelliciotti.

Ao "champagne", o dr. Amazonas Duarte, em nome dos presentes, saudou o professor Sud Mennucci, pondo em relevo, em magnifico improviso, as qualidades do homenageado, como pedagogo, jornalista e sociologo, tendo agradecido, muito sensiibilizado, o diretor...

A mesa do almoço no Parque Balneario

Congresso da Imprensa do Estado de S. Paulo

Pode-se considerar vitoriosa a iniciativa do Congresso da Imprensa do Estado de São Paulo, cujo objetivo principal é constituir definitivamente a Associação Paulista de Imprensa.

O projeto dos estatutos publicado no "Jornal do Estado" no dia 21 do corrente, está sendo distribuido aos jornalistas da Capital e remetido a todos os jornais do interior.

A ordem dos trabalhos do Congresso e o seu regulamento já foram organizados nas linhas gerais.

O numero de adesões á A. P. I. e ao Congresso tem aumentado de maneira apreciavel. Já começaram a ser retirados os cartões-credenciais de congressistas, pagando cada qual a quota de inscrição, que correspoderá ao pagamento antecipado de duas mensalidades da A. P. I., ficando, assim, os aderentes dispensados de uma contribuição especial.

A Comissão Organizadora conseguiu que um dos hoteis centrais faça uma redução no preço das "diarias" para favorecer aos congressistas do interior.

Tambem com o fim de facilitar a vinda dos jornalistas do interior a mesma Comissão dirigiu uma solicitação de redução nos preços das passagens aos diretores das estradas.

A Sociedade Anonima Serrador acedeu á solicitação da Comissão, concedendo ingressos aos congressistas, para a frequencia aos seus cinemas.

Tambem foi conseguida com a diretoria da Penitenciaria permissão para uma visita dos congressistas áquele estabelecimento penal.

Conforme tem sido noticiado, o Congresso será realizado nos dias 27 a 30, no salão do Clube Comercial, gentilmente cedido para esse fim, devendo ser comunicado em outra noticia o horario das sessões.

A Comissão Organizadora faz saber que o convite para a participação ao Congresso é feita em carater geral a todos os jornalistas do Estado, solicitando a todos que procurem acompanhar as noticias aparecidas na imprensa em virtude da exiguidade do tempo não permitir comunicações individuais.

Além das listas já publicadas, aderiram mais os seguintes jornalistas:

Jorge Worms, Carlos Cilin, Dario de Barros, K. Saadeh Bey, Eduardo Borges da Cruz, Maximo de Moura Santos, Guanabara de Mi- Moura Santos, Guanabara de Mila, Alfredo Gomes, Francisco Rodrigues Leite, Antenor Cavalheiro Dias, Mario Franco, Aleixo Corrêa Silva, Humberto Basso, Firmiano Pinto e Silva, Maria Borges de Almeida, prof. José Ferraz Camargo, Fortunato Pastore, Tacito Silveira da Motta, Antoino Constantino, Brasilino Custodio da Silva, Frederico João Horn, Lauro Montanari, João Xavier da Silveira, Jorge Bittar, J. I. Benevides de Rezende, Walfrido Rolim de Moura, Edmundo Barreto, Clovis Teixeira, Adelino Tavares, Octacilio Gomes, Americo José Rodrigues, Fonseca Rangel, Alfredo Nagib, Francisco Satriani, Rodolpho Filippe, João Damasceno de Arruda Lobo, C. F. Haydu', prof. José Haydu', Aristides Augusto Fernandes, José Armenio, Luiz Jovane, Edgard de Moraes França, Elias Ferraz do Prado, José Armando de Macedo Soares Afonseca e Antonio Picarolo.

CLUBES AGRICOLAS PARA MENORES

Comunicado da Diretoria de Publicidade Agricola da Secretaria da Agricultura:

"Ha cousa de uns quinze anos, por iniciativa do professor Thales de Andrade, lente hoje da Escola Normal de Piracicaba, foi fundado, naquela prospera cidade paulista, o "Clube da Horta", destinado não só a infundir nas crianças das escolas o prazer pelos trabalhos agricolas, como a facilitar a compreensão, pelos cerebros infantis, das complicadas...

...infantis! E que de beneficios tal fato não trará ao país!

Os clubes infantis cubanos se dedicam: a) á lavoura, com o objetivo de que seus membros se instruam sobre a cultura de cereais, hortaliças, frutas, assim como o tudo o que se refere á rotação das culturas e, enfim, sobre tudo quanto se necessite conhecer para satisfazer os interesses da coletividade; b) á criação de ani...

A REPRESENTAÇÃO do funcionalismo na Constituinte

O MOMENTO FINANCEIRO NORTE-AMERICANO

Num. 221 — Sábado, 30 de Setembro de 1933 — Ano 43

Diario Oficial do Estado de São Paulo (E. U. do Brasil)

SUMARIO

Diario do Executivo

Atos do Interventor Federal no Estado

Diario do Executivo

Num. 220 || Sexta-feira, 29 de Setembro de 1933 || Ano I

SUMARIO

DIARIO DO EXECUTIVO

ATOS DO SR. INTERVENTOR FEDERAL NO ESTADO

Atos do Interventor Federal no Estado

DECRETO N. 6.100 DE 28 DE SETEMBRO DE 1933

Reorganiza a Imprensa Oficial do Estado.

O DOUTOR ARMANDO DE SALLES OLIVEIRA, Interventor Federal no Estado de São Paulo, ...

ARMANDO DE SALLES OLIVEIRA

TABELA DE VENCIMENTOS MENSAIS

1934

MUNDO E BRASIL

_Pelo Decreto n.6283, de 25 de janeiro, publicado em 27 de janeiro, o governo do Estado cria a Universidade de São Paulo e dá outras providências.

162. CRIADA A UNIVERSIDADE DE SÃO PAULO

_É promulgada a segunda Constituição republicana do Brasil, que começa a ser publicada nas páginas do *Diário Oficial* em 20 de julho.

163. PROMULGADA A 2ª CONSTITUIÇÃO REPUBLICANA

_Getúlio Vargas é eleito presidente da República pela Assembleia Constituinte.

_Getúlio oferece a Monteiro Lobato, e este recusa, a direção do Departamento de propaganda e Difusão Cultural.

_José Olympio instala a editora no Rio de Janeiro.

_Realização do I Salão Paulista de Belas-Artes.

_O Decreto n.6734, de 4 de outubro, publicado em 6 de outubro, "abre, no Tesouro do Estado, à Secretaria da Educação e Saúde Pública, o crédito especial de 150:000$000 (cento e cinquenta contos de réis), para atender às despesas decorrentes da confecção de impressos e outros serviços para o próximo pleito eleitoral".

_ No dia 14 de outubro, é publicado no *Diário Oficial* o registro dos partidos, legendas e candidatos, pelo Tribunal Regional de Justiça Eleitoral do Estado de São Paulo.

164. TRIBUNAL REGIONAL DE JUSTIÇA ELEITORAL CRIA REGULAMENTOS

Num. 20 | Sábado 27 de Janeiro de 1934 | Ano 44.º

Diario Oficial
do Estado de São Paulo (E. U. do Brasil)

NUMERO DO DIA .. .. .. 200 RE'IS | NUMERO ATRAZADO DO ANO CORRENTE .. .. 400 RE'IS

SUMARIO

DIARIO DO EXECUTIVO

A'TOS DO INTERVENTOR FEDERAL NO ESTADO DE S. PAULO

Decreto n.º 6.283, de 25 de janeiro de 1934 — Cria a Universidade de São Paulo e dá outras providencias.

Decreto n.º 6.284, de 25 de janeiro de 1934: — Considera de utilidade publica o Instituto de Organização Racional do Trabalho (I. D. O. R. T.).

Decreto n.º 6.284, de 26 de janeiro de 1934: — Aprova o contrato celebrado entre a Repartição Central de Policia e o sr. Avelino Lemos, para arrendamento do predio n.º 159 da rua da Liberdade, nesta Capital, destinado a uma das dependencias do Gabinete de Investigações.

JUSTIÇA E SEGURANÇA PUBLICA — Licença.

AGRICURTURA, INDUSTRIA E COMERCIO — Aumento da 4.ª parte do ordenado.

EDUCAÇÃO E DA SAUDE PUBLICA — Aposentadoria — Remoção.

DEPARTAMENTO DA ADMINISTRAÇÃO MUNICIPAL — Atos do Interventor Federal — Exonerações de prefeitos municipais — Conselho Consultivo Municipal — Expediente — Despachos do Diretor Interino — Orçamento para 1934.

SECRETARIAS DE ESTADO

SECRETARIA DA JUSTIÇA E SEGURANÇA PUBLICA — Diretoria da Justiça — 3.ª Secção — Requerimentos despachados — Junta Comercial — Sessão de 1 de dezembro de 1933 — Contratos — Distratos — Firmas.

Repartição Central de Policia — 1.a Secção — Atos do Chefe de Policia — Requerimentos despachados — 3.ª Secção: Expediente — 4.ª Secção: Autorizações expedidas — Escala do Serviço Policial.

Força Publica — Estado Maior — 1.ª Secção: Licenças — Alistamento — Despachos — Escala do Serviço.

Guarda Civil — Boletim n.º 22.

SECRETARIA DA FAZENDA E DO TESOURO — Comunicado — Taxa de caça e pesca — Pagamentos ordenados — Departamento Central de Estatistica Imobiliaria — Instituto de Café.

SECRETARIA DA AGRICULTURA, INDUSTRIA E COMERCIO — Requerimentos despachados.

Diretoria de Contabilidade: — Expediente á Fazenda — Extrato n.º 6.

Departamento Estadual do Trabalho: — Agencia Oficial de Colocação.

SECRETARIA DA EDUCAÇÃO E DA SAUDE PUBLICA — Secção de Higiene — Secção de Escolas Secundarias e Superiores — Secção de Grupos Escolares. — Secção de Escolas Isoladas, Reunidas e Grupos Escolares de 4.ª categoria — Secção de Contabilidade — Secção de Notas e Informações.

Diretoria Geral do Ensino — Concurso de ingresso e revissão ao magisterio — Requerimentos despachados — 1.ª Secção: Protocolo e Arquivo. — 2.ª Secção: Escolas Isoladas.

Serviço Sanitario — Secretaria — Secção de Expediente — Exames de praticos de farmacia — Secção de Contabilidade.

SECRETARIA DA VIAÇÃO E OBRAS PUBLICAS — Despachos do Secretario — Oficios — Expediente da Diretoria Geral — Requisições de pagamento — Diretoria de Viação — Expediente da 4.ª Secção.

Repartição de Aguas e Esgotos: — Expediente dos dias 19, 22, 23 e 24 do corrente — Oficios expedidos — Faturas encaminhadas.

EDITAIS DO EXECUTIVO.

DIARIO DOS MUNICIPIOS

PREFEITURA DO MUNICIPIO DE SÃO PAULO — Tesouro — Pagamentos efetuados — Requerimentos despachados — Expediente das diversas Diretorias — Serviço de Divertimentos Publicos — Aviso — Serviço de Exames de Motoristas.

EDITAIS

BALANCETES

BOLETIM FEDERAL

2.ª Região Militar — Boletins n.ºs 20 e 21.

Tribunal Regional de Justiça Eleitoral — Autos julgados em sessão de 26 do corrente.

4.ª Circunscrição de Recrutamento — Boletins ns. 11 e 12.

Recebedoria Federal em São Paulo.

DIARIO DA JUSTIÇA

PALACIO DA JUSTIÇA

TRIBUNAL DE JUSTIÇA — Sessão de Camaras Civis. — Sessão da 1.ª Camara — Sessão de Camaras Conjuntas — Sessão da 2.ª Camara — Sessão da 3.ª Camara.

Presidencia — Requerimentos despachados — Despachos — Portarias — Distribuição de autos.

Secretaria — Secção Administrativa: movimento de juizes — Editais — Secção judiciaria: 1.ª sub-secção: ordem do dia da 1.ª Camara em 29; expediente; acórdãos — 2.ª Sub-secção: autos entrados em 24 e preparos; acórdãos. — Secção de Contabilidade: — deserções.

Procuradoria Geral do Estado — Expediente — Pareceres.

Cartorios — 1.º oficio: expediente e acórdãos — 3.º oficio: expediente; e acórdãos.

EDITAIS — Fôro da Capital. — Fôro do interior.

INEDITORIAIS.

PUBLICAÇÕES PARTICULARES.

Num. 157 — Sexta-feira, 20 de Julho de 1934 — Anno 44.º

Diario Oficial
do Estado de São Paulo (E. U. do Brasil)

NUMERO DO DIA .. .. .. 200 RE'IS — NUMERO ATRAZADO DO ANO CORRENTE .. .. 400 RE'IS

Nós, os representantes do Povo Brasileiro, pondo a nossa confiança em Deus, reunidos em Assembléa Nacional Constituinte para organizar um regime democratico, que assegure á Nação a unidade, a liberdade, a justiça e o bem estar social e economico, decretamos e promulgamos a seguinte

CONSTITUIÇÃO DA REPUBLICA DOS ESTADOS UNIDOS DO BRASIL

TITULO I

Da Organização Federal

CAPITULO I

DispOsições preliminares

Art. 1.o A Nação Brasileira, constituida pela união perpetua e indissoluvel dos Estados, do Districto Federal e dos Territorios em Estados Unidos do Brasil, mantém como fórma de governo, sob o regime representativo, a Republica federativa proclamada em 15 de Novembro de 1889.

Art. 2.o Todos os poderes emanam do povo, e em nome delle são exercidos.

Art. 3.o São orgãos da soberania nacional dentro dos limites constitucionaes, os Poderes Legislativo, Executivo e Judiciario, independentes e coordenados entre si.

§ 1.o E' vedado aos Poderes constitucionaes delegar as suas attribuições.

§ 2.o O cidadão investido na funcção de um delles não poderá exercer a de outro.

Art. 4.o O Brasil só declarará guerra se não couber ou mallograr-se o recurso do arbitramento; e não se empenhará jámais em guerra de conquista, directa ou indirectamente, por si ou em alliança com outra nação.

Art. 5.o Compete privativamente á União:

I, manter relações com os Estados estrangeiros, nomear os membros do corpo diplomatico e consular, e celebrar tratados e convenções internacionaes;

II, conceder ou negar passagem a forças estrangeiras pelo territorio nacional;

III, declarar a guerra e fazer a paz;

IV, resolver definitivamente sobre os limites do territorio nacional;

V, organizar a defesa externa, a policia e segurança das fronteiras e as forças armadas;

VI, autorizar a producção e fiscalizar o commercio de material de guerra de qualquer natureza;

VII, manter o serviço de correios;

VIII, explorar ou dar em concessão os serviços de telegraphos, radiocommunicação e navegação aerea, inclusive as installações de pouso, bem como as vias-ferreas que liguem directamente portos maritimos a fronteiras nacionaes, ou transponham os limites de um Estado;

IX, estabelecer o plano nacional de viação ferrea e o de estradas de rodagem, e regulamentar o trafego rodoviario interestadual;

X, crear e manter alfandegas e entrepostos;

XI, prover aos serviços da policia maritima e portuaria, sem prejuizo dos serviços policiaes dos Estados;

XII, fixar o systema monetario, cunhar e emittir moeda, instituir banco de emissão;

XIII, fiscalizar as operações de bancos, seguros e caixas economicas particulares;

XIV, traçar as directrizes da educação nacional;

XV, organizar defesa permanente contra os effeitos da secca nos Estados do norte;

XVI, organizar a administração dos Territorios e do Districto Federal, e os serviços nelles reservados á União;

XVII, fazer o recenseamento geral da população;

XVIII, conceder amnistia;

XIX, legislar sobre:

a) direito penal, commercial, civil, aereo e processual, registros publicos e juntas commerciaes;

b) divisão judiciaria da União, do Districto Federal e dos Territorios, e organização dos juizos e tribunaes respectivos;

c) normas fundamentaes do direito rural, do regime penitenciario, da arbitragem commercial, da assistencia social, da assistencia judiciaria e das estatisticas de interesse collectivo;

d) desapropriações, requisições civis e militares, em tempo de guerra;

e) regime de portos e navegação de cabotagem, assegurada a exclusividade desta, quanto a mercadorias, aos navios nacionaes;

f) materia eleitoral da União, dos Estados e dos Municipios, inclusive alistamento, processo das eleições, apuração, recursos, proclamação dos eleitos e expedição de diplomas;

g) naturalização, entrada e expulsão de estrangeiros, extradição; emigração e immigração, que deverá ser regulada e orientada, podendo ser prohibida totalmente, ou em razão da procedencia;

h) systema de medidas;

i) commercio exterior e interestadual, instituições de credito; cambio e transferencia de valores para fóra do paiz; normas geraes sobre o trabalho, a producção e o consumo, podendo estabelecer limitações exigidas pelo bem publico;

j) bens do dominio federal, riquezas do sub-solo, mineração, metallurgia, aguas, energia hydro-electrica, florestas, caça e pesca e sua exploração;

k) condições de capacidade para o exercicio de profissões liberaes e technico-scientificas, assim como do jornalismo;

l) organização, instrucção, justiça e garantias das forças policiaes dos Estados, e condições geraes da sua utilização em caso de mobilização ou de guerra;

m) incorporação dos silvicolas á communhão nacional.

§ 1.o Os actos, decisões e serviços federaes serão executados em todo o paiz por funccionarios da União, ou, em casos especiaes, pelos dos Estados, mediante accôrdo com os respectivos governos.

§ 2.o Os Estados terão preferencia para a concessão federal, nos seus territorios, de vias-ferreas, de serviços portuarios, de navegação aerea, de telegraphos e de outros de utilidade publica, e bem assim para a acquisição dos bens alienaveis da União. Para attender ás suas necessidades administrativas, os Estados poderão manter serviços de radio-communicação.

§ 3.o A competencia federal para legislar sobre as materias dos ns. XIV e XIX, letras "c" e "i" "in fine", e sobre registros publicos, desapropriações, arbitragem commercial, juntas commerciaes e respectivos processos; requisições civis e militares, radio-communicação, emigração, immigração e caixas economicas; riquezas do sub-solo, mineração, metallurgia, aguas, energia hydro-electrica, florestas, caça e pesca e a sua exploração, não exclue a legislação estadual suppletiva ou complementar sobre as mesmas materias. As leis estaduaes, nestes casos, poderão, attendendo ás peculiaridades locaes, supprir as lacunas ou deficiencias da legislação federal, sem dispensar as exigencias desta.

§ 4.o As linhas telegraphicas das estradas de ferro, destinadas ao serviço do seu trafego, continuarão a ser utilizadas no serviço publico em geral, como subsidiarias da rêde telegraphica da União, sujeitas, nessa utilização, ás condições estabelecidas em lei ordinaria.

Art. 6.o Compete tambem, privativamente, á União:

I, decretar impostos:

a) sobre a importação de mercadorias, de procedencia estrangeira;

b) de consumo de quaesquer mercadorias, excepto os combustiveis de motor de explosão;

c) de renda e proventos de qualquer natureza, exceptuada a renda cedular de immoveis;

d) de transferencia de fundos para o exterior;

e) sobre actos emanados do seu governo, negocios da sua economia e instrumentos de contractos ou actos regulados por lei federal;

f) nos Territorios, ainda, os que a Constituição attribue aos Estados;

II, cobrar taxas telegraphicas, postaes e de outros serviços federaes; de entrada, sahida e estadia de navios e aero-naves, sendo livre o commercio de cabotagem ás mercadorias nacionaes, e as estrangeiras, que já tenham pago imposto de importação.

Art. 7.o Compete privativamente aos Estados:

I, decretar a Constituição e as leis por que se devam reger, respeitados os seguintes principios:

a) fórma republicana representativa;

b) independencia e coordenação de poderes;

c) temporariedade das funcções electivas, limitada aos mesmos prazos dos cargos federaes correspondentes, e prohibida a reeleição de Governadores e Prefeitos para o periodo immediato;

d) autonomia dos Municipios;

e) garantias do Poder Judiciario e do Ministerio Publico locaes;

f) prestação de contas da administração;

g) possibilidade de refórma constitucional e competencia do Poder Legislativo para decretal-a;

h) representação das profissões;

II, prover, a expensas proprias, ás necessidades da sua administração, devendo, porém, a União prestar soccorros ao Estado que, em caso de calamidade publica, os solicitar;

Domingo, 14 de Outubro de 1934 — DIARIO OFFICIAL do Estado de São Paulo (E. U. do Brasil) — Num. 225 — Anno 44.o

Boletim Federal

TRIBUNAL REGIONAL DE JUSTIÇA ELEITORAL DO ESTADO DE SÃO PAULO

Em cumprimento ao disposto no artigo 14 das Instrucções do Tribunal Superior, faço publico que se registraram até ás 18 horas de hontem, 9 do corrente na Secretaria deste Tribunal, os seguintes partidos, legendas e candidatos:

RELAÇÃO DOS PARTIDOS REGISTRADOS

1 — Federação dos Voluntarios de São Paulo
2 — Partido Nacionalista de São Paulo
3 — Partido Democratico
4 — Partido Republicano Paulista
5 — Partido Socialista Brasileiro de São Paulo
6 — Partido da Lavoura
7 — Partido Liberal Paulista
8 — Acção Integralista Brasileira
9 — Partido Constitucionalista
10 — Partido Independente Municipal
11 — Legião Civica 5 de Julho

RELAÇÃO DOS CANDIDATOS E LEGENDAS, REGISTRADOS PARA A ASSEMBLÉA CONSTITUINTE ESTADUAL

1 — PARTIDO REPUBLICANO PAULISTA (25)

Alayde Pinheiro Borba
Adhemar Pereira Barros
Alberto Americano
Alfredo Ellis Junior
Alvaro de Toledo Barros
Antonio Ferreira de Castilho Filho
Aulus Plautius Coelho Pereira
Carlos Cyrillo Junior
Decio Pereira de Queiroz Telles
Diogenes Augusto Ribeiro de Lima
Epaminondas Ferreira Lobo
Felix Guisard Filho
Francisco Alvares Florence
Francisco Gayotto
Francisco de Paula Bernardes Junior
Frederico José Marques
Ignacio Zurita Junior
Innocencio Seraphico de Assis Carvalho
Irineu Penteado
Cap. Ismael Torres Guilherme Christiano
João Abilio Gomes
Pe. João Baptista de Carvalho
João Baptista Ferreira
João Cambau'va
João Gomes Martins Filho
João Machado de Araujo
Joaquim Camillo de Moraes Mattos
Jonas Deocleciano Ribeiro
José de Almeida Sampaio Sobrinho
José Augusto Cesar Salgado
José Bastos Cruz
José Getulio de Lima
José da Moura Rezende
José Rodrigues Alves Sobrinho
José Soares Hungria Junior
José Vicente Alvares Rubião
Joviano Alvim
Pe. Luiz Fernandes de Abreu
Luiz Pereira de Campos Vergueiro
Manoel Carlos de Siqueira
Mariano de Oliveira Wendel
Miguel Archanjo de Abreu de Lima Pereira Coutinho
Nelson Silveira d'Avila
Octacilio Nogueira
Oscar Thompson
Percival de Oliveira
Plinio Calado de Castro
Raul de Frias Sá Pinto
Rolando de Almeida Prado
Sebastião de Magalhães Medeiros
Sylvio Margarido da Silva
Tarcisio Leopoldo e Silva
Theophilo Ribeiro de Andrade
Thyrso Queirolo Martins de Souza
Urbano Telles de Menezes
Uriel Cypriano de Carvalho
Valdemar Mercadante
Valdomiro Lobo da Costa
Vicente Checchia
Vladimir de Toledo Piza (60).

A COLLIGAÇÃO PROLETARIA E O PARTIDO SOCIALISTA BRASILEIRO PELA EMANCIPAÇÃO DOS TRABALHADORES (28)

Alziro Machado da Silva
Americo Paulo Sesti
Antonio Alves Passig
Antonio Freitas Guimarães
Antonio Jorge
Aristides da Silveira Lobo
Arizio de Viana
Belizio Vicente de Amorim
Benedicto Dias Baptista
Cacilda Polino
Carmelo S. Crispino
Claudionor de Azevedo Marques
Crispim Cesar Pinto
Edison Dutra Barroso
Edmundo Scala
Eurico Paranhos
Gilberto João Antonio Florentino
Hedilberto Martins de Queiroz
Jacob Medeiros Miranda
Jeronymo de Cunto Junior
João Cabanas
João Correia das Neves
João Jorge da Costa Pimenta
João Luiz Barbosa
João da Motta Felippe Aderley
João Wenceslau da Silva
José Neves
Ladislau Camargo
Lazaro Maria da Silva
Manuel Deodoro Pinheiro Machado
Maria Candida Quadros
Natal Chiodi
Noemia Brandão Nogueira Cobra
Oswaldo Villaiva de Araujo
Pedro Fernandes Alonso
Pedro Lameira de Andrade
Pedro Magalhães Junior
Romeu de Campos Vergal
Salvador Gulizia
Sylvio Marques
Theophilo Souza Ribeiro
Valeriano Alvarez
Waldemar Godoy
Waldemar Rangel Belfort Mattos
Walfredo Affonso Costa

3 — INTEGRALISMO (53)

Alberto Zirondi Netto
Alceu Cordeiro Fernandes
Alfredo Buzaid
Almiro Alcantara
Alpinolo Lopes Casali
Amilcar Quintella Junior
Angelo José Simões de Arruda
Antonio Barrachini Junior
Antonio de Toledo Piza
Antonio Salem
Carlos Crisci
Deobulo Amazonas Duarte
Diogo José da Silva Netto
Edmundo Amaral
Edoardo Graziano
Ferdinando de Martino Filho
Geraldo Coelho
Goffredo da Silva Telles Junior
João Carlos Fairbanks
João Fragoso Coimbra
José Balbino Moreno
José Ernesto Germano
José Loureiro Junior
José Pires Pimentel de Oliveira Junior
Luiz [illegible] Crujol
Luiz Vicoglia Amadeu
Mario Antunes Maciel Ramos
Mario Giorgi
Miguel Reale
Nelson Guilherme de Almeida
Octacilio Pousa Senne
Octavio Oscar Campello de Souza
Paulo Paulista de Ulhôa Cintra
Pedro Francisco Ribeiro Filho
Renato Egydio de Souza Aranha
Roland Cavalcanti de Albuquerque Corbisier
Ruy de Arruda Camargo
Sebastião Portugal Gouvêa (53

TUDO POR SÃO PAULO! (52)

Alarico Franco Caiuby
Albino Camargo Netto
Alfredo Cecilio Lopes
Almeirinho Meyer Gonçalves
Americo Maciel de Castro Junior
Antenor Soares Gandra
Antonio Carlos Pacheco e Silva
Aristides Bastos Machado
Aristides de Macedo Filho
Arnaldo dos Santos Cerdeira
Benedicto Montenegro
Bento de Abreu Sampaio Vidal
Brasilio Gonçalves da Rocha
Candido Motta Filho
Carlos de Moraes Barros
Carlos de Souza Nazareth
Cassio da Costa Vidigal
Celso Torquato Junqueira
Clovis de Paula Ribeiro
Cory Gomes de Amorim
Dante Delmanto
Edgard de Novaes França
Elias Machado de Almeida
Ernesto de Campos
Ernesto de Moraes Leme
Eugenio de Toledo Artigas
Francisca Pereira Rodrigues
Francisco Mesquita
Francisco Vieira
Henrique Neves Lefévre
Henrique Smith Bayma
Israel Alves dos Santos
Joaquim Amaral Mello
Joaquim Baptista Ferreira Sobrinho
Joaquim Celidonio Gomes dos Reis Filho
José Augusto de Souza e Silva
José Pinto Antunes
Laerte Teixeira de Assumpção
Leonel Benevides de Rezende
Manfredo Antonio da Costa
Marcos Mélega
Maria Thereza Nogueira de Azevedo
Maria Thereza Silveira de Barros Camargo
Mario Pinto Serva
Miguel Paulo Capalbo
Monsenhor Domingos Magaldi
Oscar Cintra Gordinho
Oscar Pirajá Martins
Paulo Alpheu Monteiro Duarte
Paulo de Castro Pupo Nogueira
Plinio de Queiroz
Reginaldo Fernandes Nunes
Renato Bueno Netto
Romão Gomes
Sylvio de Andrade Coutinho
Thales Castanho de Andrado
Thiago Masagão
Thomaz Lessa
Valdomiro Silveira
Valentim Gentil
(60)

ALLIANÇA SOCIALISTA E LIBERAES, PELA JUSTIÇA SOCIAL (59)

Abel Bezerra Cavalcanti
Alfredo Luzzi Galliano
Amador da Cunha Bueno Junior
Antonio Golini
Antonio Oribe Nascimento
Belmiro da Silva Porto
Benjamim Franklin Silveira da Motta
[illegible] Machado de Oliveira
Camillo de Sá Pereira Passalacqua
Celso Barroso
Cezar Graciano Capella
Eugenio Agostini Filho
Heraclio Campos do Amaral
Hilario Gomes
João Fina Sobrinho
Jovelino Camargo Junior
Lauro Blum
Luiza Pessanha Camargo Branco
Nelson Tabajara de Oliveira
Nuncio Soares Silva
Paulo Buriamaqui Kopke
Pedro de Alcantara Tocci
Probo Falcão Lopes
Sebastião Vieira de Carvalho
Virginio Figueiredo
Wercingetorix Moreira da Silva (26)

UNIÃO OPERARIA E CAMPONEZA DO BRASIL (58)

Attilla Borja Dias
Cyrillo Antonio da Silva
Durval Antonio Pereira
Herminio Sacchetta
Hygino Nicolau Zumbano
José Maria do Nascimento
Mario Maia Coutinho
Octavio Malta
Oswaldo Lopes Mello (9).

[illegible] ARIOS (37)

Abilio Pereira de Almeida
Adolpho Bastos Filho
Alberto Jackson Byington Junior
Antonio Wey
Custodio Cardoso de Almeida Junior
[illegible]ima Forjaz Junior
Edgard Carlos Schewb Lobo
Euclydes de Lima
Heitor Basto Cordeiro
João Baptista de Souza Soares
José Gonçalves de Andrade Figueira
[illegible] Guedes de Azevedo
José de Toledo
Julio Eugenio Bertrand
Lix da Cunha
[illegible] Bueno de Arruda Camargo
[illegible]rio Beni
Mirabeau Prado
[illegible] de Barros Pereira
Oscar Furquim Werneck de Almeida
Paulo Botelho de Camargo
Pedro Fraga
Romeu de Andrade Lourenção
[illegible] Monteiro de Carvalho Silva
Vicente Luiz de Oliveira Ribeiro (25).

LIBERDADE E JUSTIÇA (51)

[illegible]erto Americano
Alberto Jackson Byington Junior
Alceu Osias Martins
Alfredo Ellis Junior
Antonio Carlos Pacheco e Silva
Antonio Ernesto da Silva
Aureliano Carlos Fonseca
Benjamim Simon
Elias Machado de Almeida
Eugenio de Toledo Artigas
Francisco Augusto Pereira Junior
Hermogenes Prado
Ismael Torres Guilherme Christiano
José Wilson Coelho de Souza
Lix da Cunha
Mariano de Oliveira Wendel
Mario Pinto Serva
Miguel Rizzo Junior
Moysés de Campos Aguiar
Nicolau R. Soares do Couto Esher
Paulo Botelho de Camargo
Romão Gomes
Salvador Farina Filho
Silas Botelho
Theodomiro Emerique (25).

LIGA ELEITORAL DOURADENSE (42)

Francisco Metidieri
João Bonini (2).

PELA JUSTIÇA E PELO DIREITO COM O CANDIDATO INDEPENDENTE (43)

José Gomes da Silva Junior

COLIGAÇÃO DOS INDEPENDENTES

Adail Valente do Couto
Alarico Franco Caiuby
Alberto Conte
Altino de Camargo Neto
Alcebiades Silveira Castilho
Alceu Osias Martins
Antonio Carlos Pacheco e Silva
Aristides de Macedo Filho
Balbino Antonio dos Santos
Benedicta Ribas Furtado
Benedicto Campos Carvalho
Benedicto José Barbosa
Benedicto Montenegro
Bento de Abreu Sampaio Vidal
Bruno Alberto Fritz Kraemer
Bruno Ongari
Candido Motta Filho
Carlos de Moraes Barros
Carlos de Souza Nazareth
Cassio da Costa Vidigal
Clovis de Paula Ribeiro
Domingos Vieira Marcondes
Edgar de Novaes França
Elias Machado de Almeida
Ernesto de Moraes Leme
Eugenio de Toledo Artigas
Francisco Marcondes Vieira
Francisco Mesquita
Francisco Octaviano Silveira
Henrique Neves Lefevre
Henrique Smith Bayma
Hermogenes de Almeida Prado
João Olavo do Canto
Joaquim Celidonio Gomes dos Reis Filho
[illegible] Baptista
José Augusto de Souza e Silva
José Vizioli
Laerte Teixeira de Assumpção
Luiz Lustosa da Silva
Manfredo Antonio da Costa
Manoel Cicero de Barros
Maria Thereza Nogueira de Azevedo
Mario Pinto Serva
Martinho Bento dos Santos
Nelson Espindola Lobato
Oscar Cintra Gordinho
Paulo Alfeu Monteiro Duarte
Pedro Belfort de Aguiar Silva
Romão Gomes
Salvador Farina Filho
Sylvio de Andrade Coutinho
Tertuliano Delfim Junior
Waldomiro Silveira
Valentim Gentil
(54)

CANDIDATOS AVULSOS

Abel Bezerra Cavalcanti (n. 26)
Adail Valente do Couto (n. 13)
Alberto Conte (n. 20)
Alberto de Oliveira Coutinho Filho (n. 8)
Alcebiades Silveira Castilhos (n. 10)
Alceu Ozias Martins (n. 27)
Alfredo Farhat (n. 57)
Antonio Ernesto da Silva (tte. coronel) (n. 5)
Balbino Antonio dos Santos (n. 28)
Benedicta Ribas Furtado (n. [illegible])
Benedicto Campos Carvalho (n. [illegible])
Benedicto José Barbosa (n. 29)
Bernardino Duarte Gomes (n. 7)
Bruno Alberto Fritz Kraemer (n. 17)
Domingos Vieira Marcondes (n. 14)
Francisco Augusto Pereira Junior (n. 4)
Francisco Octaviano da Silveira (n. 45)
Hermogenes de Almeida Prado (n. 9)
Hippolito Ramos de Freitas (n. 44)
João Baptista Monteiro de Cantis (n. 49)
João Olavo do Canto (n. 47)
Jonathas Baptista (n. [illegible])
José Adriano Marrey Junior (n. 24)
José Vizioli (n. 19)
Julio Nazareth da Silva Sá (n. 56)
Luiz Lustosa da Silva (n. 23)
Manoel Cicero de Barros (n. 33)
Manoel Lopes do Livramento Dóca (n. 3)
Martinho Bento dos Santos (n. 34)
Nelson Espindola Lobato (n. 16)
Nicolau R. Soares do Couto Esher (n. 35)
Ongari Bruno Antonio (n. 36)
Pedro Luz (n. 39)
Plinio Corrêa de Oliveira (n. 46)
Rolando Henrique Guarany (n. 40)
Salvador Farina Filho (n. 18)
Tertuliano Delfim Junior (n. 15)
Wercingetorix Moreira da Silva (n. 41)

(35 candidatos)

RELAÇÃO DOS CANDIDATOS E LEGENDAS REGISTRADOS PARA A CAMARA FEDERAL

1 — Partido Republicano Paulista (25)

Alvaro Teixeira [illegible] Filho
Antonio Bias da Costa Bueno
Antonio Martins Fontes Junior
Arthur PequerobY de Aguiar Whitaker
Carlos Pinto Alves
Cid Bierrembach de Castro Prado
Cincinato Cesar da Silva Braga
Coriolano de Araujo Góes Filho
Durval Accioli
Edgard Baptista Pereira
Cel. Euclydes Oliveira Figueiredo
Eurico Azevedo Sodré
Francisco de Paula Rodrigues Alves Filho
Felix Bulcão R[illegible]
Gilberto de Arruda Sampaio
Heitor Macedo Bittencourt
Henrique Jorge Guedes
Ibrahim de Almeida Nobre
João Baptista Gomes Ferraz
José Alves Palma
José Carlos Pereira de Souza
Laerte Setubal
Pe. Leopoldo Ayres
Licurgo de Castro Santos
Luciano Gualberto
Manoel Hippolito do Rego
Mario Whately
Odecio Bueno de Camargo
Cel. Palimercio Resende
Plinio Rodrigues de Moraes
Raphael Corrêa de Sampaio
Raul da Rocha Medeiros
Renato Granadeiro Guimarães
Roberto dos Santos Moreira.
(34)

2 — A COLLIGAÇÃO PROLETARIA E O PARTIDO SOCIALISTA BRASILEIRO PELA EMANCIPAÇÃO DOS TRABALHADORES (38)

Americo Paulo Sesti
Antonio Freitas Guimarães
Cesar Bianchi
Dioceslo de Paula
Eurico Paranhos
Francisco Giraldes Filho
Helios Coelho
João Jorge da Costa Pimenta
João da Motta Felippe Aderley
João Wenceslau da Silva
José Mariano de Oliveira Lobo
José Martins Quadros
José Neves
Jovelino Moraes Camargo
Luiz Neves
Manoel Carreira Medeiros
Natal Chiodi
Ruy Fogaça de Almeida
Tancredo Alcantara Gomes
Zoroastro Gouvêa (20)

[illegible] (53)

Antonio de Toledo Piza
Carlos Crisci
Eduardo Graziano
João Carlos Fairbanks
José Pires Pimentel de Oliveira Junior
Miguel Reale
Renato Egydio de Souza Aranha
(7)

— P. C. TUDO POR S. PAULO! (52)

Abelardo Vergueiro Cesar
Antonio Augusto de Barros Penteado
Antonio Carlos de Abreu Sodré
Antonio Castilho de Alcantara Machado d'Oliveira
Antonio Pereira Lima
Aureliano Leite
Carlos de Moraes Andrade
Carlota Pereira de Queiroz
Dagoberto Salles
Domicio de Lacerda Pacheco e Silva
Fabio C. de Camargo Aranha
Francisco Alves dos Santos Filho

IMPRENSA OFICIAL

_No dia 27 de setembro, publica-se no *Diário Oficial* o anúncio de venda do *Repertório Fiscal*, publicado pela Imprensa Oficial, de interesse de juízes, advogados e promotores.

165. ANÚNCIO DE VENDA DO REPERTÓRIO FISCAL

_É publicado o livro de Sud Menucci — *História do Diário Oficial*, pela Imprensa Oficial.

166. CAPA E FOLHA DE ROSTO

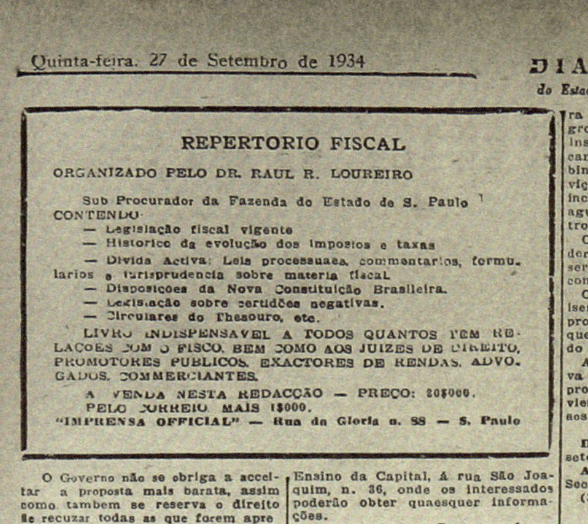

Quinta-feira, 27 de Setembro de 1934

REPERTORIO FISCAL

ORGANIZADO PELO DR. RAUL R. LOUREIRO

Sub Procurador da Fazenda do Estado de S. Paulo

CONTENDO

— Legislação fiscal vigente
— Historico da evolução dos impostos e taxas
— Divida Activa: Leis processuaes, commentarios, formularios e jurisprudencia sobre materia fiscal.
— Disposições da Nova Constituição Brasileira.
— Legislação sobre certidões negativas.
— Circulares do Thesouro, etc.

LIVRO INDISPENSAVEL A TODOS QUANTOS TEM RELAÇÕES COM O FISCO, BEM COMO AOS JUIZES DE DIREITO, PROMOTORES PUBLICOS, EXACTORES DE RENDAS, ADVOGADOS, COMMERCIANTES.

A VENDA NESTA REDACÇÃO — PREÇO: 20$000.
PELO CORREIO MAIS 1$000.
"IMPRENSA OFFICIAL" — Rua da Gloria n. 88 — S. Paulo

O Governo não se obriga a acceitar a proposta mais barata, assim como tambem se reserva o direito de recuzar todas as que forem apre

Ensino da Capital, á rua São Joaquim, n. 36, onde os interessados poderão obter quaesquer informações.

165

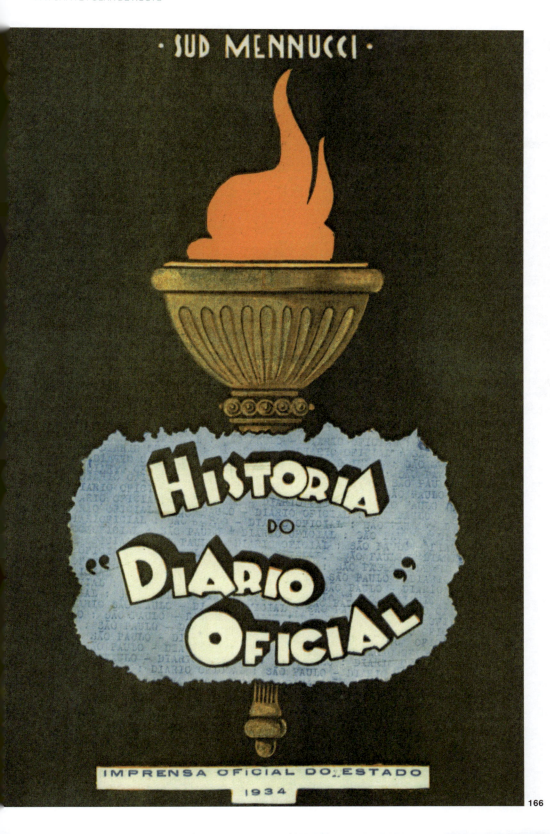

166

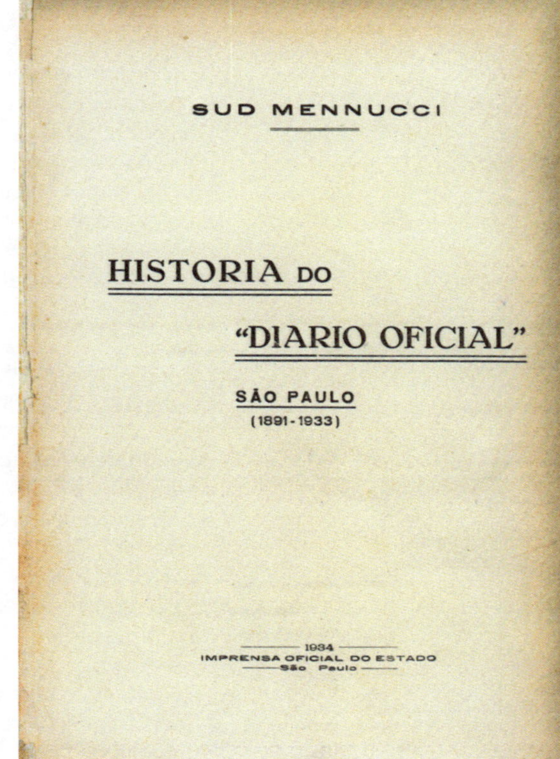

SUD MENNUCCI

HISTORIA DO "DIARIO OFICIAL"

SÃO PAULO
(1891-1933)

1934
IMPRENSA OFICIAL DO ESTADO
São Paulo

166

1935

MUNDO E BRASIL

_Lançada em São Paulo a Aliança Nacional Libertadora, movimento de massas, anti-fascista, logo posto na ilegalidade por decreto baixado pelo governo Vargas.
_Decretada a Lei de Segurança Nacional.
_O Decreto n. 7089, de 6 de abril, publicado em 12 de julho, aprova o regulamento da Faculdade de Filosofia Ciências e Letras da Universidade de São Paulo.

167. REGULAMENTO DA FACULDADE DE FILOSOFIA CIÊNCIAS E LETRAS DA UNIVERSIDADE DE SÃO PAULO

_Em virtude do falecimento do embaixador Pedro de Toledo, o Decreto n. 7365, de 29 de julho, publicado em 30 de julho, institui luto oficial por oito dias e suspende o expediente por três dias, nas repartições públicas, estaduais e municipais, em sinal de pesar.

168. LUTO OFICIAL PELA MORTE DE PEDRO DE TOLEDO

_Intentona Comunista. Em 23 de novembro, eclode rebelião em Natal, organizada pela ANL, esmagada três dias após. Em 24 de novembro, se rebelavam e em 27 do mesmo mês, foi a vez do Rio de Janeiro. Com o fracasso do movimento, inicia-se um período de perseguições políticas no país, com a criação de leis e tribunais de exceção.
_Decretado estado de sítio.
_Estreia de *Hora do Brasil*, programa que depois passará a chamar-se *A Voz do Brasil*.
_Fundação da Universidade do Distrito Federal.
_Inauguração da Rádio Nacional.
_Início da publicação da *Revista Acadêmica*.

169. CARTAZ DA ANL, INTEGRANTE DA CAMPANHA PELO GOVERNO POPULAR NACIONAL REVOLUCIONÁRIO

167

Num. 160 — Sexta-feira, 12 de Julho de 1935 — Anno 45.o

Diario Official do Estado de São Paulo — (E. U. do Brasil)

NUMERO DO DIA ..... 200 RÉIS — NUMERO ATRAZADO DO ANNO CORRENTE .... 400 RÉIS

SUMMARIO

DIARIO DO EXECUTIVO

ACTOS DO PODER EXECUTIVO

Decreto n. 7.069, de 6 de abril de 1935 — Approva o Regulamento da Faculdade de Philosophia, Sciencias e Letras, da Universidade de São Paulo (Rectificação).
Decreto n. 7.263, de 1.o de julho de 1935 — (Rectificação).
Decreto n. 7.310, de 5 de julho de 1935 — Reorganiza o Departamento de Assistencia ao Cooperativismo e dá outras providencias — (Rectificações).
Decreto n. 7.311, de 5 de julho de 1935 — Altera disposições do decreto n. 6.621, de 24 de agosto de 1934, que reorganisou o Instituto Biologico de Defesa Agricola e Animal e dá outras providencias — (Rectificação).
Decreto n. 7.312, de 5 de julho de 1935 — Reorganiza o Instituto Agronomico do Estado, em Campinas (Rectificação).
Decreto n. 7.313, de 5 de julho de 1935 — Reorganiza a Directoria de Industria Animal — (Rectifica-

SEGURANÇA PUBLICA — Decretos de 4, 5 e 11 do corrente — Nomeações — Promoções — Reformas.

SECRETARIAS DE ESTADO

SECRETARIA DA JUSTIÇA E NEGOCIOS DO INTERIOR — 1.o Secção — Actos — 2.a Secção — Directoria da Contabilidade — Departamento de Administração Municipal — Departamento Estadual do Trabalho.
SEGURANÇA PUBLICA — Directoria Geral — 1.a Directoria — 1.a Secção — Actos de 10 e 11 do corrente — 2.a Secção — 3.a Secção — 2.a Directoria — 2.a Secção — Protocollo e Archivo — Escala do Serviço Policial.
Delegacia Especializada de Transito — Despachos — Infracções de 5 de julho.
Guarda Civil — Boletim n. 158.
Força Publica — Estado Maior — 1.a Secção — Expediente de 11 de julho de 1935. — Boletim n. 152.
SECRETARIA DA FAZENDA DO ESTADO — Despachos do Secretario.
Directoria da Fiscalização — Expediente de 11.
Balso de Fundos Publicos.
EDUCAÇÃO E DA SAUDE PUBLICA — Secção de

DIARIO DOS MUNICIPIOS

PREFEITURA DO MUNICIPIO DE SÃO PAULO
Acto n. 886 de 6 de julho de 1935 — Organiza e regulamenta o entreposto municipal de carnes e dá outras providencias — Discriminação do dinheiro entrado — Pagamentos effectuados — Requerimentos despachados — Departamento de Obras e Serviços Municipaes — Divisão de Expediente — Serviço de emplacamento — Directoria da Receita — Directoria de Policia Administrativa — Departamento de Cultura e Remoção — Directoria do Patrimonio.
EDITAES
BALANCETES

DIARIO DA ASSEMBLE'A

ASSEMBLE'A LEGISLATIVA DE SÃO PAULO — 2.a sessão ordinaria em 11 de julho. — Presidencia dos srs. Benedicto Montenegro e Alarico Caiuby. — Secretarios, srs. Motta Filho e Valentim Gentil. — Leitura da acta e do expediente. — Discursos.

168

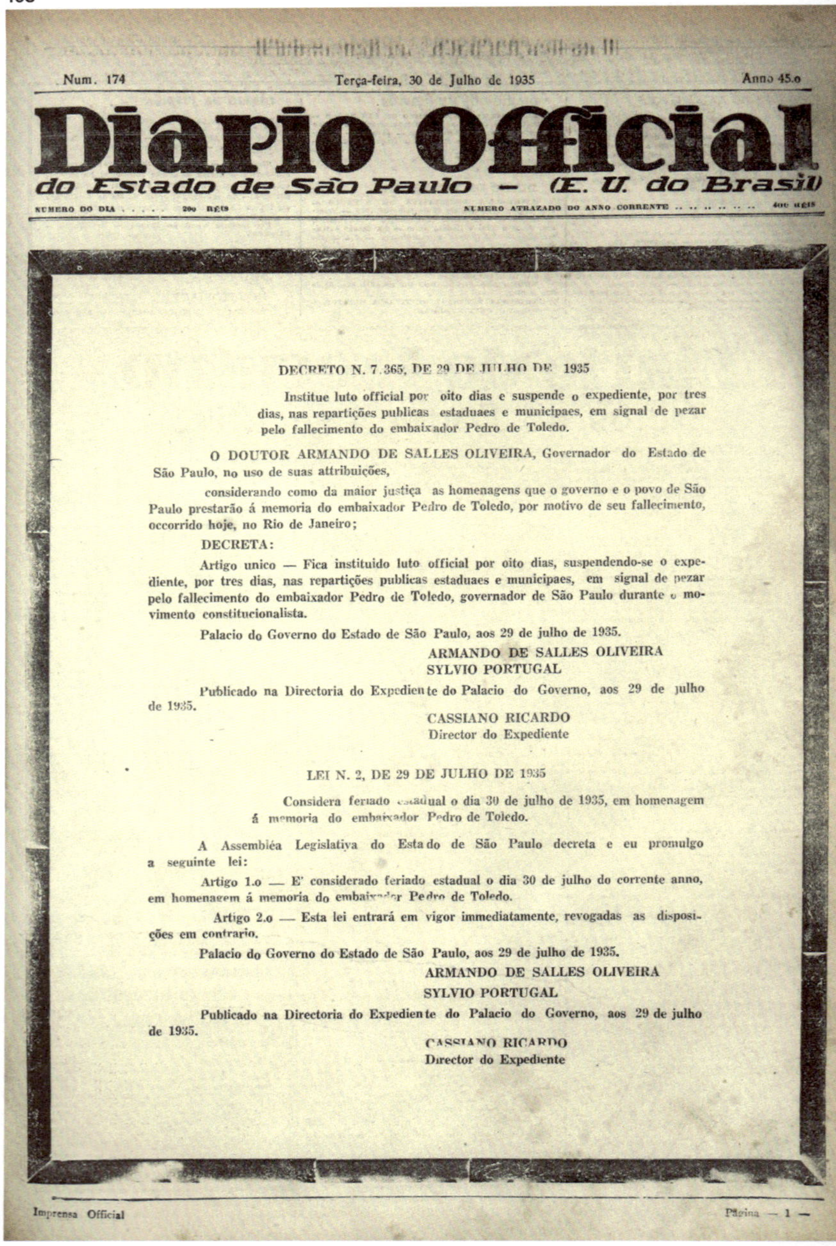

Num. 174 — Terça-feira, 30 de Julho de 1935 — Anno 45.o

Diario Official do Estado de São Paulo — (E. U. do Brasil)

NUMERO DO DIA ..... 200 RÉIS — NUMERO ATRAZADO DO ANNO CORRENTE .... 400 RÉIS

DECRETO N. 7.365, DE 29 DE JULHO DE 1935

Institue luto official por oito dias e suspende o expediente, por tres dias, nas repartições publicas estaduaes e municipaes, em signal de pezar pelo fallecimento do embaixador Pedro de Toledo.

O DOUTOR ARMANDO DE SALLES OLIVEIRA, Governador do Estado de São Paulo, no uso de suas attribuições,

considerando como da maior justiça as homenagens que o governo e o povo de São Paulo prestarão á memoria do embaixador Pedro de Toledo, por motivo de seu fallecimento, occorrido hoje, no Rio de Janeiro;

DECRETA:

Artigo unico — Fica instituido luto official por oito dias, suspendendo-se o expediente, por tres dias, nas repartições publicas estaduaes e municipaes, em signal de pezar pelo fallecimento do embaixador Pedro de Toledo, governador de São Paulo durante o movimento constitucionalista.

Palacio do Governo do Estado de São Paulo, aos 29 de julho de 1935.

ARMANDO DE SALLES OLIVEIRA
SYLVIO PORTUGAL

Publicado na Directoria do Expediente do Palacio do Governo, aos 29 de julho de 1935.

CASSIANO RICARDO
Director do Expediente

LEI N. 2, DE 29 DE JULHO DE 1935

Considera feriado estadual o dia 30 de julho de 1935, em homenagem á memoria do embaixador Pedro de Toledo.

A Assembléa Legislativa do Estado de São Paulo decreta e eu promulgo a seguinte lei:

Artigo 1.o — E' considerado feriado estadual o dia 30 de julho do corrente anno, em homenagem á memoria do embaixador Pedro de Toledo.

Artigo 2.o — Esta lei entrará em vigor immediatamente, revogadas as disposições em contrario.

Palacio do Governo do Estado de São Paulo, aos 29 de julho de 1935.

ARMANDO DE SALLES OLIVEIRA
SYLVIO PORTUGAL

Publicado na Directoria do Expediente do Palacio do Governo, aos 29 de julho de 1935.

CASSIANO RICARDO
Director do Expediente

Imprensa Official — Pagina — 1 —

«Pelo Governo Popular Nacional
Revolucionario»
Luiz Carlos Prestes
$300

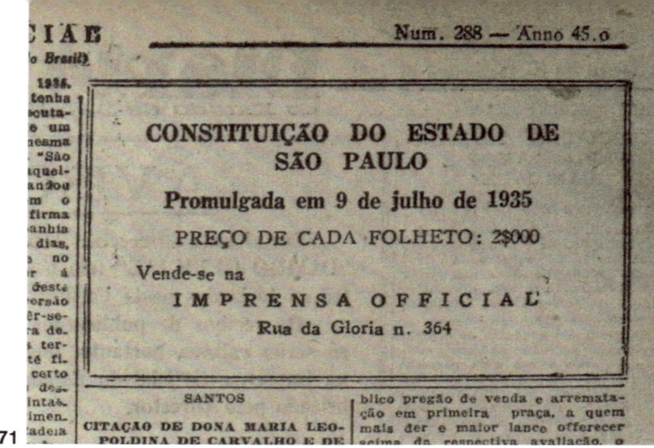

Num. 288 — Anno 45.o

CONSTITUIÇÃO DO ESTADO DE SÃO PAULO

Promulgada em 9 de julho de 1935

PREÇO DE CADA FOLHETO: 2$000

Vende-se na

IMPRENSA OFFICIAL

Rua da Gloria n. 364

171

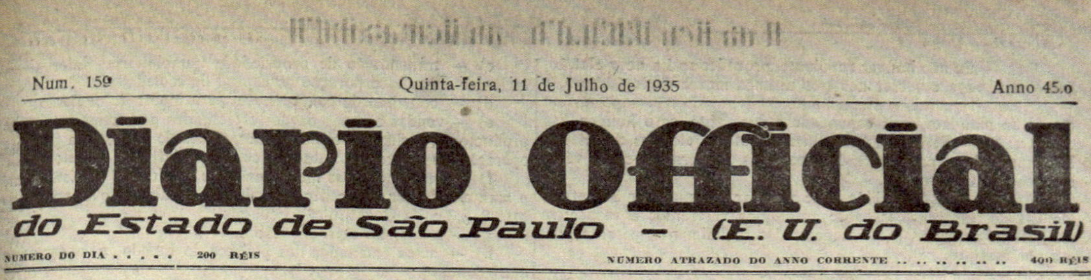

Num. 159 Quinta-feira, 11 de Julho de 1935 Anno 45.o

Diario Official
do Estado de São Paulo — (E. U. do Brasil)

NUMERO DO DIA . . . . . 200 RÉIS — NUMERO ATRAZADO DO ANNO CORRENTE .. .. 400 RÉIS

(*) Constituição do Estado de São Paulo

A Assembléa Constituinte, reunida para organizar juridicamente o Estado, invocando o nome de Deus, decreta e promulga a presente

CONSTITUIÇÃO DO ESTADO DE SÃO PAULO

TITULO I

DA ORGANIZAÇÃO DOS PODERES

CAPITULO I

Disposições Preliminares

Art. 1 — O Estado de São Paulo, parte integrante da Federação Brasileira, exerce, em seu territorio, todos os poderes que não tiverem sido, pela Constituição Federal, explicita, ou implicitamente, attribuidos á União.

Art. 2 — Os poderes constitucionaes do Estado são o Legislativo, o Executivo e o Judiciario, independentes e coordenados entre si.

§ 1.º — E' vedado a qualquer desses poderes delegar a outro o exercicio de suas funcções.

§ 2.º — O cidadão investido nas funcções de um dos poderes não poderá exercer as de outro.

Art. 3 — O Estado assegura a autonomia dos Municipios, em tudo quanto respeite ao seu peculiar interesse.

CAPITULO II

Do Poder Legislativo

SECÇÃO I

Da sua organização

Art. 4 — O Poder Legislativo é exercido pela Assembléa Legislativa, constituida por deputados do povo e deputados das organizações profissionaes, durando quatro annos cada legislatura.

§ 1.º — E' fixado em sessenta o numero dos deputados do povo, eleitos mediante systema proporcional e suffragio universal, egual e directo; em quinze, o das organizações profissionaes, eleitos na fórma fixada pela lei, por suffragio indirecto daquellas associações, sendo quatro da lavoura e pecuaria, quatro da industria, quatro do commercio e transportes, um dos funccionarios publicos, um das profissões liberaes e um da imprensa.

§ 2.º — O deputado do povo deve ser brasileiro nato, eleitor, maior de vinte e cinco annos e residente no Estado ha mais de dez.

§ 3.º — O representante de organizações profissionaes deverá ter os mesmos requisitos acima, dispensado o prazo de residencia no Estado e, ainda, pertencer a uma associação do grupo que o eleger.

Art. 5 — A Assembléa reune-se na Capital do Estado independentemente de convocação, a 9 de julho de cada anno, encerrando-se a sessão legislativa a 31 de dezembro.

§ 1.º — E' licito á Assembléa, por iniciativa propria, adiar, ou prorogar a sessão legislativa.

§ 2.º — A Assembléa poderá ser convocada extraordinariamente, declarado o motivo, pela maioria absoluta de seus membros, ou pelo Governador do Estado.

Art. 6 — A Assembléa funccionará com a presença de um quarto, pelo menos, de seus membros, em sessões publicas, salvo resolução em contrario.

Paragrapho unico — Suas deliberações, exceptuados os casos expressos nesta Constituição, serão tomadas por maioria de votos, presente, no minimo, metade e mais um de seus membros.

Art. 7 — A' Assembléa incumbe eleger sua Mesa, regular a propria policia, votar o Regimento Interno e organizar sua Secretaria, nomeando os respectivos funccionarios e fixando-lhes as attribuições e vencimentos.

Art. 8 — Nenhuma alteração regimental será approvada sem proposta escripta, impressa, distribuida em avulso e discutida, pelo menos, em dois dias de sessão.

Art. 9 — Será assegurada, nas commissões, a representação proporcional das correntes de opinião definidas na Assembléa.

Art. 10 — A Assembléa procederá, logo após á sua installação, ao julgamento das contas do Governador, relativas ao exercicio findo.

Paragrapho unico — Se o Governador não as tiver prestado, a Assembléa elegerá uma commissão especial para levantal-as e, confórme o apurado, providenciará sobre a punição dos responsaveis.

Art. 11 — Os deputados perceberão uma ajuda de custo annual e um subsidio mensal fixados, em cada legislatura, para a seguinte.

Art. 12 — Em nenhuma responsabilidade, civil ou criminal, incorrerão os deputados, por suas opiniões, palavras e votos, no exercicio do mandato.

§ 1.o — Depois de diplomado e até o inicio da legislatura seguinte, nenhum deputado poderá ser preso, salvo caso de flagrante em crime inafiançavel, nem processado criminalmente, sem licença da Assembléa.

§ 2.o — A prisão em flagrante será logo communicada ao Presidente da Assembléa, com remessa do auto e dos depoimentos, para que esta autorize, ou não, a formação da culpa.

Art. 13 — Nenhum deputado poderá:

I — desde a expedição do diploma:

a) — Celebrar contrato com a administração federal, esdual, ou municipal;

b) — Acceitar cargo, commissão, ou emprego publico remunerado, salvo missão diplomatica, ou commissão do Estado no exterior, precedendo licença da Assembléa;

c) — patrocinar causas contra a União, o Estado ou o Municipio;

d) — pleitear interesses privados perante a administração publica, como advogado, ou procurador;

II — desde a posse:

a) — ser director, proprietario, ou socio de empresa beneficiada com privilegio, concessão, isenção, ou favor, em virtude de contrato com a administração publica;

b) — accumular o mandato com outro de caracter electivo.

§ 1.o — Durante as sessões, o deputado, que for funccionario civil ou militar, contará, por duas legislaturas, no maximo, tempo para promoção, aposentadoria, ou refórma e só receberá dos cofres publicos ajuda de custo e subsidio, sem outro qualquer provento do cargo de que seja titular.

§ 2.o — No intervallo das sessões, poderá reassumir o cargo, com as vantagens correspondentes.

§ 3.o — A infracção deste artigo implica a perda do mandato, cabendo á Justiça Eleitoral decretal-a, mediante provocação do Presidente da Assembléa, de qualquer deputado, ou eleitor, assegurada plena garantia á defesa.

§ 4.o — E' permittida a accumulação do exercicio do mandato com o do magisterio secundario, ou superior, havendo compatibilidade de horario.

§ 5.o — As prohibições constantes do n. I, letras **a, c e d,** tambem se estendem ao primeiro supplente.

§ 6.o — Os membros da Assembléa, nomeados Secretarios de Estado, não perdem o mandato, sendo substituidos, emquanto exercerem o cargo, pelos supplentes respectivos.

Art. 14 — Importa em renuncia do mandato a ausencia do deputado ás sessões, durante tres mezes consecutivos, sem causa justificada e, bem assim, a mudança de domicilio para fóra do Estado.

Art. 15 — Para substituir ao deputado que fallecer, renunciar, ou perder o mandato, convocar-se-á o supplente, na fórma da lei eleitoral.

Imprensa Official — Pagina — 1 —

170

GOVERNO DE SÃO PAULO

_Armando Salles é eleito governador de São Paulo pela Assembleia Constituinte, na primeira sessão ordinária, em 10 de abril. A ata é publicada no *Diário Oficial* em 11 de abril.

_A Constituição do Estado de São Paulo, promulgada em 9 de julho, é publicada no *Diário Oficial* em 11 de julho.

170. CONSTITUIÇÃO DO ESTADO DE SÃO PAULO

_Um anúncio publicado em 14 de dezembro informa sobre a venda de exemplares dessa publicação na Imprensa Oficial, rua da Glória, n. 364.

171. ANÚNCIO DE VENDAS DE EXEMPLARES DA CONSTITUIÇÃO DE SÃO PAULO

IMPRENSA OFICIAL

_O Decreto n. 6893, de 31 de dezembro de 1934, publicado em 10 de janeiro, "fixa a despesa do Estado para o exercício financeiro de 1935". Inclui-se o orçamento da Imprensa Oficial.

172. ORÇAMENTO DA IMPRENSA OFICIAL PARA O ANO

_O Decreto n. 7078, de 4 de abril, publicado em 6 de abril, subordina a Imprensa Oficial à Secretaria de Estado dos Negócios da Justiça, que passa a chamar-se Secretaria de Estado, Justiça e Negócios do Interior, e dá outras providências.

_O Decreto n. 7342, de 5 de julho, publicado em 9 de julho, "consolida a legislação referente à Imprensa Oficial do Estado e dá Regulamento à repartição".

_Um anúncio publicado no *Diário Oficial* de 10 de setembro informa que, em virtude do Decreto n. 7342, o *Diário Oficial* não possui mais agentes autorizados na capital ou no interior.

173. NÃO TEMOS AGENTES AUTORIZADOS

172

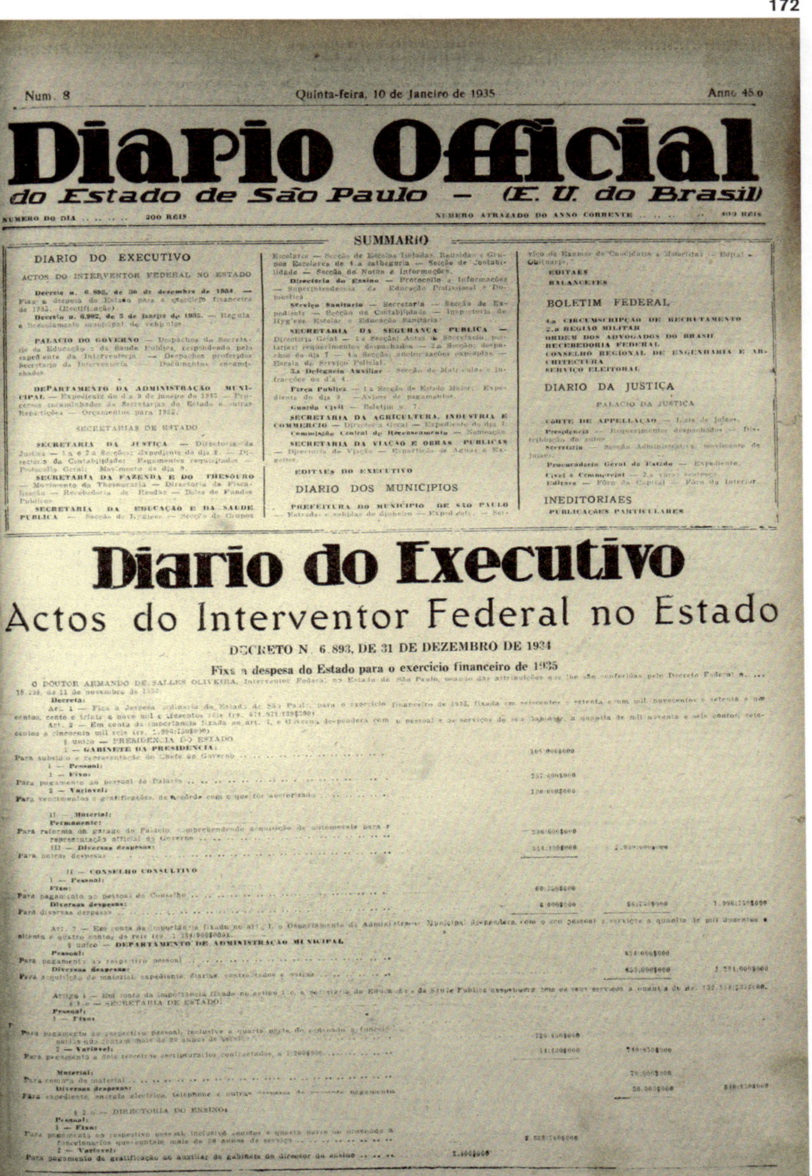

Num. 8 — Quinta-feira, 10 de Janeiro de 1935 — Anno 45.o

Diario Official
do Estado de São Paulo — (E. U. do Brasil)

NUMERO DO DIA ... 200 RÉIS — NUMERO ATRAZADO DO ANNO CORRENTE ... 400 RÉIS

SUMMARIO

DIARIO DO EXECUTIVO

ACTOS DO INTERVENTOR FEDERAL NO ESTADO

Decreto n. 6.893, de 30 de dezembro de 1934. — Fixa a despesa do Estado para o exercicio financeiro de 1935. (Rectificação).

Decreto n. 6.902, de 5 de janeiro de 1935. — Regula o licenciamento municipal de vehiculos.

PALACIO DO GOVERNO — Despachos da Secretaria da Educação e da Saude Publica, respondendo pelo expediente da Interventoria. — Despachos proferidos Secretario da Interventoria — Documentos encaminhados.

DEPARTAMENTO DA ADMINISTRAÇÃO MUNICIPAL — Expediente do dia 9 de janeiro de 1935 — Processos encaminhados às Secretarias do Estado e outras Repartições — Orçamentos para 1935.

SECRETARIAS DE ESTADO

SECRETARIA DA JUSTIÇA — Directoria da Justiça — 1.a e 2.a Secções: Expediente do dia 8. — Directoria da Contabilidade: Pagamentos requisitados — Protocollo Geral: Movimento do dia 9.

SECRETARIA DA FAZENDA E DO THESOURO — Movimento do Thesouraria — Directoria da Fiscalização — Recebedoria de Rendas — Bolsa de Fundos Publicos.

SECRETARIA DA EDUCAÇÃO E DA SAUDE PUBLICA — Secção de Hygiene — Secção de Grupos Escolares — Secção de Escolas Isoladas, Reunidas e Grupos Escolares de 4.a cathegoria — Secção de Contabilidade — Secção de Notas e Informações.

Directoria do Ensino — Protocollo e Informações — Superintendencia da Educação Profissional e Domestica.

Serviço Sanitario — Secretaria — Secção de Expediente — Secção de Contabilidade — Inspectoria de Hygiene Escolar e Educação Sanitaria.

SECRETARIA DA SEGURANÇA PUBLICA — Directoria Geral — 1.a Secção: Actos do Secretario; portarias; requerimentos despachados — 2.a Secção: despachos do dia 7 — 4.a Secção: autorizações expedidas — Escala do Serviço Policial.

3.a Delegacia Auxiliar — Secção de Matriculas e Infracções no dia 4.

Força Publica — 1.a Secção do Estado Maior: Expediente do dia 9. —Avisos de pagamentos.

Guarda Civil — Boletim n. 7.

SECRETARIA DA AGRICULTURA, INDUSTRIA E COMMERCIO — Directoria Geral — Expediente do dia 7. Commissão Central de Recenseamento — Nomeação.

SECRETARIA DA VIAÇÃO E OBRAS PUBLICAS — Directoria de Viação — Repartição de Aguas e Exgottos.

EDITAES DO EXECUTIVO

DIARIO DOS MUNICIPIOS

PREFEITURA DO MUNICIPIO DE SÃO PAULO — Entradas e sahidas de dinheiro — Expediente. — Serviço de Exames de Candidatos a Motoristas — Edital — Obituario.

EDITAES

BALANCETES

BOLETIM FEDERAL

4.a CIRCUMSCRIPÇÃO DE RECRUTAMENTO
2.a REGIÃO MILITAR
ORDEM DOS ADVOGADOS DO BRASIL
RECEBEDORIA FEDERAL
CONSELHO REGIONAL DE ENGENHARIA E ARCHITECTURA
SERVIÇO ELEITORAL

DIARIO DA JUSTIÇA

PALACIO DA JUSTIÇA

CORTE DE APPELLAÇÃO — Lista de feitos.
Presidencia — Requerimentos despachados — Distribuição de autos.
Secretaria — Secção Administrativa: movimento de juizes.
Procuradoria Geral do Estado — Expediente.
Civel e Commercial — 2.a vara: sentença.
Editaes — Fôro da Capital — Fôro do Interior.

INEDITORIAES

PUBLICAÇÕES PARTICULARES

Diario do Executivo
Actos do Interventor Federal no Estado

DECRETO N. 6.893, DE 31 DE DEZEMBRO DE 1934

Fixa a despesa do Estado para o exercicio financeiro de 1935

O DOUTOR ARMANDO DE SALLES OLIVEIRA, Interventor Federal no Estado de São Paulo, usando das attribuições que lhe são conferidas pelo Decreto Federal n. ... 19.398, de 11 de novembro de 1930.

Decreta:

Art. 1 — Fica a despesa ordinaria do Estado de São Paulo, para o exercicio financeiro de 1935, fixada em seiscentos e setenta e um mil novecentos e setenta e um contos, cento e trinta e nove mil e trezentos réis (rs. 671.971:139$300).

Art. 2 — Em conta da importancia fixada no art. 1, o Governo despenderá com o pessoal e os serviços do seu Gabinete, a quantia de mil noventa e seis contos, setecentos e cincoenta mil réis (rs. 1.096:750$000).

§ unico — PRESIDENCIA DO ESTADO

I — GABINETE DA PRESIDENCIA:

Para subsidio e representação do Chefe do Governo ...	105:000$000
1 — Pessoal: 1 — Fixo: Para pagamento ao pessoal do Palacio ...	357:000$000
2 — Variavel: Para vencimentos e gratificações, de accôrdo com o que fôr autorizado ...	120:000$000

II — Material: [illegible]

Imprensa Official — Pagina — 1 —

Quinta-feira, 10 de Janeiro de 1935 — DIARIO OFFICIAL do Estado de São Paulo (E. U. do Brasil) — Num. 8 — Anno 45.o

XIV — NUCLEOS DE ENSINO PROFISSIONAL DA LAPA (S. PAULO), E DE JUNDIAHY, ARARAQUARA, BAURU', BEBEDOURO E CRUZEIRO

Pessoal: 1 — Fixo: Para pagamento ao respectivo pessoal ...	190:800$000			
2 — Variavel: Para pagamento de gratificação aos funccionarios que trabalharem nos cursos nocturno e de aperfeiçoamento ...	24:000$000	214:800$000		
Diversas despesas: a) — Para aluguel de predios ...	24:000$000			
b) — Para despesas de expediente e manutenção dos nucleos ...	14:400$000	38:400$000	253:200$000	

XV — SEMINARIO DE EDUCANDAS

Pessoal: 1 — Fixo: Para pagamento ao respectivo pessoal ...	74:700$000			
2 — Variavel: Para pagamento ao pessoal contractado ...	40:320$000	115:020$000		
Material: a) — Para compra de materiaes de custeio ...	18:000$000			
b) — Para alimentação e vestuario das educandas ...	86:000$000	104:000$000		
Diversas despesas: a) — Para telephone, consumo de gaz e energia electrica ...	6:000$000			
b) — Para expediente e despesas de prompto pagamento ...	12:000$000	18:000$000	237:020$000	

XVI — ESCOLAS PROFISSIONAES MUNICIPAES

Pessoal: Para pagamento aos directores das Escolas Profissionaes Municipaes de Tatuhy, Limeira, Pirajuhy, Marilia, Rio Claro, Orlandia e Santo Amaro ...			45:505$000	

XVII — ENSINO PROFISSIONAL AGRICOLA

Para o desenvolvimento do ensino profissional agricola ...			134:000$000	4.212:890$000

§ 7.o — ALMOXARIFADO DA SECRETARIA

Pessoal: 1 — Fixo: Para pagamento ao respectivo pessoal, inclusive a 4.a parte do ordenado ao que conta mais de 30 annos de serviço ...		265:300$000	
2 — Variavel: Para pagamento de gratificação ao auxiliar do director, e aos 3 terceiros escripturarios encarregados, respectivamente, da Arrecadação, Distribuição e Expedição ...	12:000$000		
Para pagamento ao pessoal diarista ...	120:000$000	132:000$000	397:300$000

§ 8.o — BIBLIOTHECA PUBLICA DO ESTADO

§ 9.o — IMPRENSA OFFICIAL DO ESTADO

§ 10.o — MUSEU PAULISTA

§ 11.o — PINACOTHECA DO ESTADO

§ 12.o — REPARTIÇÃO DE ESTATISTICA E ARCHIVO

§ 13.o — CONSELHO DE ORIENTAÇÃO ARTISTICA

§ 14.o — DEPARTAMENTO DE EDUCAÇÃO PHYSICA

Imprensa Official — Pagina — 7 —

Terça-feira, 10 de Setembro de 1935 — **Diario Official** do Estado de São Paulo (E. U. do Brasil) — Num. 208 — Anno 45.o

AVISO

Em virtude do recente decreto n. 7 342, o "Diario Official" não possue mais agentes autorizados nesta Capital ou no Interior.

Os originaes de publicações ou pedidos de assignaturas deverão ser encaminhados, portanto, directamente á Imprensa Official do Estado, á rua da Gloria, 358.

S|A. COMPANHIA MELHORAMENTOS MUNICIPAES

ACTA DA SETIMA ASSEMBLE'A GERAL EXTRAORDINARIA DOS ACCIONISTAS, REALIZADA NO DIA DOIS DE SETEMBRO DO ANNO DE MIL NOVECENTOS E TRINTA E CINCO

PERFUMARIA LOPES S|A.

EXPORTADORA DE PRODUCTOS BRASILEIROS S. A. — "PROBRAS"

ACTA DA PRIMEIRA ASSEMBLE'A GERAL EXTRAORDINARIA

CAIXA DE LIQUIDAÇÃO — SOCIEDADE ANONYMA — SANTOS

COMPANHIA NITRO CHIMICA BRASILEIRA

CINZANO S.A.

SÃO PAULO

BALANÇO GERAL EM 30 DE JUNHO DE 1935

173

1936

MUNDO E BRASIL

_Criação do Tribunal de Segurança Nacional.
_Publicação de *Raízes do Brasil*, de Sérgio Buarque de Holanda; *Sobrados e Mucambos*, de Gilberto Freyre.

174. *RAÍZES DO BRASIL* | CAPA E FOLHA DE ROSTO DA 3ª EDIÇÃO, REVISTA PELO AUTOR

_Victor Brecheret inicia o *Monumento às Bandeiras*, em São Paulo.
_Le Corbusier chega ao Rio de Janeiro.
_Constitui-se o Projeto do edifício do Ministério da Educação e Saúde Pública, posteriormente Ministério da Educação e Cultura (MEC), sob a direção de Lucio Costa, Le Corbusier como consultor, paisagismo de Roberto Burle Marx, murais de Candido Portinari, esculturas de Bruno Giorgi e Celso Antônio. Oscar Niemeyer também integrou a equipe de seis arquitetos, destacando-se pelas soluções propostas.
_A pedido do ministro Gustavo Capanema, Mário de Andrade elabora um projeto para a criação do Serviço do Patrimônio Histórico e Artístico Nacional — SPHAN, que começa a funcionar em caráter provisório sob a direção de Rodrigo Melo Franco de Andrade.
_Criação do Instituto Nacional do Livro (INL).

GOVERNO DE SÃO PAULO

_Henrique Smith Bayma assume o governo do Estado de 29 de dezembro de 1936 a 5 de julho de 1937.

IMPRENSA OFICIAL

_No *Diário Oficial* de 30 de março, publica-se uma Portaria da Secretaria dos Negócios da Segurança Pública que determina que todos os originais sejam submetidos à censura.

175. A VOLTA DA CENSURA

174

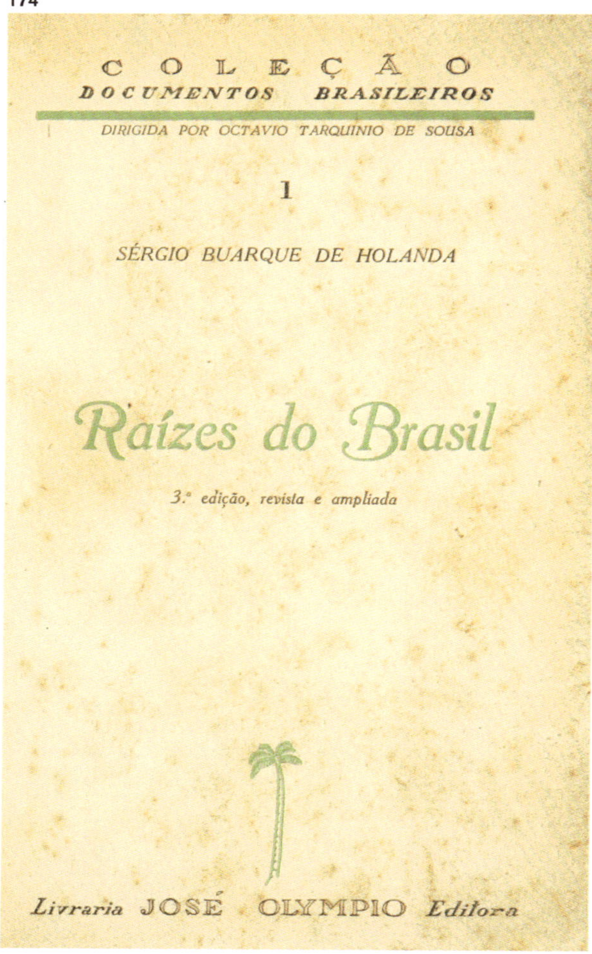

Coleção Documentos Brasileiros

Dirigida por Octavio Tarquinio de Sousa

1

SÉRGIO BUARQUE DE HOLANDA

Raízes do Brasil

3ª edição, revista pelo autor

Livraria José Olympio Editôra

Rua do Ouvidor, 110 — Rio de Janeiro — 1956

175

Acto n. 13, sem prejuizo do funccionamento regular da linha autorizada.

Art. 3.o — A concessão da licença ficará sempre subordinada á condicção de que não se recebam passageiros dentro do itine-

[...] collector estadual, quando se tratar de professor, e do Director do estabelecimento de ensino, quando [...] de alumnos.

S. Paulo, 19 de março de 1936

Domingos Theodoro Gallo

Eng. Encarregado do Serviço

Editaes

SECRETARIA DOS NEGOCIOS DA SEGURANÇA PUBLICA

PORTARIA

Chegando ao meu conhecimento que na imprensa désta Capital se tem publicado matéria sonegada á Censura, determino que doravante sejam observadas as seguintes disposições:

Todos os originais (tais como colaborações, editoriais, ineditoriais, dezenhos, caricaturas, etc.) deverão ser exibidos á Censura, em duas vias, assinadas pelo representante do jornal, e uma delas será restituida a este com o despacho do Censor autorizando ou não a respectiva publicação.

Esta norma prevalecerá em todo o Estado, emquanto durar o estado de sitio, com fundamento no artigo 175, numero 2, letra "c" e § 5.o da Constituição Federal.

São Paulo, em 19 de março de 1936.

(a.) ARTHUR LEITE DE BARROS JUNIOR

Secretario da Segurança Publica.

Procuradoria Fiscal da Fazenda do Estado

TRIBUNAL DE IMPOSTOS E TAXAS

EM 19 DE MARÇO DE 1936

O Procurador Fiscal do Estado faz publico que se acham na 1.a Sub-Procuradoria (rua Alvares Penteado, 23, 1.o andar, sala 7), para assignatura dos interessados, os contractos de pagamento parcellado de debitos fiscaes, com decisão favoravel do Tribunal de Impostos e Taxas:

Miguel Greco [...]

DEPARTAMENTO DE INDUSTRIA ANIMAL

EDITAL

Abertura da Estação de Caça.

FAÇO publico, para conhecimento dos interessados, que de accordo com o artigo 119 do Codigo de Caça e Pesca, a estação da caça será aberta, em todo o Estado, a 15 de abril e encerrada a 31 de agosto do corrente anno.

Em cada caçada só poderá ser abatido, por pessoa, o seguinte numero de cabeças:

Aves

Quando a caçada fôr de um dia apenas, de 10 a 20 cabeças. Excedendo aquelle lapso de tempo, de 5 a 10 por dia.

Mammiferos

Quando a caçada fôr de um dia apenas, de 1 a 2 cabeças. Excedendo aquelle lapso de tempo, 1 por dia.

Departamento de Industria Animal, 16 de março de 1936.

Mario Maldonado,

Director superintendente.

(Diariamente até 15 de abril).

Secretaria da Educação e Saude Publica

DIRECTORIA DO ENSINO

Edital de concorrencia para aluguel, arrendamento ou venda ao Estado, de um predio para o funccionamento do grupo escolar de Timbury, em Piraju'

De ordem do sr. Director do Ensino, convido os interessados em alugar, arrendar ou vender ao Estado, um predio a construir ou já existente e susceptivel de adaptação, para nelle funccionar o grupo escolar de Timbury, em Piraju', a apresentarem suas propostas até o dia 22 de março proximo vindouro, na Delegacia Regional do Ensino em Santa Cruz do Rio Pardo, onde os interessados poderão obter todas e quaesquer informações.

Para venda ao Governo só serão tomadas em consideração as propostas de predios construidos es-

ABRIGO DE MENORES
N. 9-2026

MANICOMIO JUDICIARIO
Linha Rural
Juquery - Estação.

REFORMATORIO MODELO
N. 9-0027 — Gabinete do Director.
N. 9-0771 — Resid. do Director.

PENITENCIARIA DO ESTADO
N. 4-9727 — Directoria
N. 4-9793 — Sub-Directoria
N. 4-9752 — Resid. do Director.

PROCURADORIA JUDICIAL DA FAZENDA
N. 2-5522

DEPARTAMENTO ESTADUAL DO TRABALHO
N. 9-1268 — Director
N. 9-0839 — Sub-Director.

archivo; galpão de abrigo e recreios separados para ambos os sexos; installações sanitarias externas para meninas e meninos, (fossa sceptica); motor electrico para elevação de agua; serviço completo de agua e exgottos, incluindo-se um reservatorio com capacidade para 1.500 litros.

O arrendamento só poderá exceder de 4 annos no caso de serem altamente vantajosas as condições da offerta. O Estado não se compromette a executar outras obras que não sejam as de conservação do predio, bem assim, não concede nenhuma isenção de impostos.

A Directoria do Ensino se reserva o direito de rejeitar todas as propostas si nenhuma dellas convier aos interesses do Ensino ou aos do Estado.

Directoria do Ensino, 22 de fevereiro de 1936.

Archimedes de Azevedo

Director da Secretaria.

(Alt. até 22-3-36)

Universidade de S. Paulo

FACULDADE DE DIREITO

Collegio Universitario

1937

MUNDO E BRASIL

_Em 13 de janeiro, a Lei n.378 cria o SPHAN.

_Ocorre a discussão do projeto para a criação do Departamento do Patrimônio Histórico e Artístico do Estado, da qual participa Paulo Duarte. O *Diário Oficial* de 12 de novembro publica o discurso pronunciado na sessão de 8 de novembro.

176. PAULO DUARTE E O DEPARTAMENTO DO PATRIMÔNIO HISTÓRICO E ARTÍSTICO DO ESTADO

_Golpe de Estado, em 10 de novembro tropas cercam e dissolvem o Congresso. Vargas anuncia o Estado Novo e entra em vigor a nova Constituição (a terceira republicana), suprimindo os partidos políticos. Início do Estado Novo. A Constituição é publicada no *Diário Oficial da União* em 11 de novembro, e no *Diário Oficial do Estado* em 17 de novembro. O presidente afirma que este documento visa a "assegurar à nação a sua unidade, o respeito à sua honra e à sua independência, e ao povo brasileiro, sob um regime de paz política social, as condições necessárias à sua segurança, ao seu bem-estar e à sua prosperidade".

177. A NOVA CONSTITUIÇÃO NO ESTADO NOVO

_Criada a União Nacional dos Estudantes (UNE).

_Realizam-se, em São Paulo, o I Salão de Maio, e o I Salão da Família Artística Paulista, que reúne artistas de origens diversas, além dos integrantes do Grupo Santa Helena.

GOVERNO DE SÃO PAULO

_José Joaquim Cardoso de Mello Neto é o interventor federal de 5 de julho de 1937 a 25 de abril de 1938. Sua mensagem, apresentada à Assembleia Legislativa em 9 de julho, é publicada *no Diário Oficial* do dia seguinte.

176

Diario da Assembléa

Num. 230 || Sexta-feira, 12 de Novembro de 1937 || Anno 3.o

ASSEMBLÉA LEGISLATIVA DE SÃO PAULO

DISCURSO PRONUNCIADO NA SESSÃO DO DIA 8-11-1937

O sr. Paulo Duarte — Sr. presidente, vou concordar, como autor do projecto, com a sua volta á Commissão de Educação e Cultura. Faço-o como mais uma demonstração da minha isenção de animo, á vista dos longos debates a que vimos de assistir. Quero, entretanto, dizer algumas palavras sobre a tormenta que se tem desencadeado sobre o mesmo, e a respeito das verdadeiras causas dessa tormenta que, aliás, meus nobres colegas oppositores ao projecto, desconhecem.

Desejo, pois, que vejam nas palavras que vou proferir apenas o intuito de esclarecer e de abrir á Assembléa os bastidores da questão levantada a respeito do patrimonio artistico e historico de São Paulo.

Uma celeuma, toda ella artificial, levantou-se nestes ultimos dias em torno do projecto n. 279, tive a honra de apresentar nesta Assembléa e que hoje entrou em terceira discussão. Propositalmente, para que não parecesse ou não se approximasse do mesmo systema de coacção usado lá fóra pelos pequenos adversarios do projecto, pretendia mesmo deixar para expender estas ligeiras considerações em explicação pessoal em logar de fazel-o quando se o discutia.

A opposição levantada contra o Departamento do Patrimonio Historico restringiu-se a um unico ponto: o de não incluir-se no serviço de protecção ao patrimonio historico o serviço de protecção ao patrimonio artistico! Ora, o parecer approvado pela Commissão de Justiça e cujas conclusões a Assembléa acaba de conhecer, esplanou e esclareceu esse ponto meridianamente.

O sr. Alarico Caiuby — V. excia. permitte um aparte?

O sr. Paulo Duarte — Os apartes de v. excia. só me honram.

O sr. Alarico Caiuby — Obrigado. Sou membro da Commissão de Justiça e não tive a honra de assignar o parecer ora em discussão. Em todo caso teria duvidas sobre si deveria appôr minha assignatura a este brilhantissimo parecer, pela seguinte circumstancia :de accôrdo com o art. 19, paragrapho unico, da Constituição do Estado de São Paulo, cabe exclusivamente ao governador do Estado a iniciativa de leis que criem empregos em serviços já existentes e organizados e parece-me que, pelo projecto de v. excia., em virtude do art. 6.o do mesmo, são criados varios cargos.

O sr. Paulo Duarte — Em serviço que ainda não existe.

O sr. Alarico Caiuby — Em serviço já existente, como, por exemplo, a Pinacotheca.

O sr. Paulo Duarte — A Pinacotheca não é o serviço de protecção ao patrimonio artistico: é apenas um museu de pintura, um pormenor, um accidente minusculo do projecto.

O sr. Alarico Caiuby — Si tivesse estado presente á reunião da Commissão eu teria levantado esta duvida e, talvez, me curvasse em face dos argumentos de v.excia.

O sr. Paulo Duarte — Si v. excia. tivesse suscitado esta duvida na reunião em que esteve presente, tenho certeza de que ella não persistiria em face dos esclarecimentos que lhe seriam facilitados.

O sr. Alarico Caiuby — V. excia. então, entende que seu projecto não apresenta esta eiva de inconstitucionalidade?

O sr. Paulo Duarte — Perfeitamente. Estou inteiramente consciente da assignatura que appuz ao mesmo.

O sr. Alarico Caiuby — E os cargos a serem criados não dizem respeito a serviços já organizados?

O sr. Paulo Duarte — Não dizem respeito a serviços já criados.

O sr. Alarico Caiuby — Agradeço o esclarecimento de v. excia.

O sr. Paulo Duarte — Não era posivel estabelecer a lei paulista em contradicção com as leis federaes já existentes, sob pena de tornal-a "irrita e nulla", como bem accentuou o illustre relator do ultimo parecer da Commissão de Justiça. O que pretenderam os pequeninos oppositores não foi nada mais nada menos que a Assembléa Estadual revogasse textos federaes! Pretensão perfeitamente justificavel pela ignorancia, mas impossivel de ser adoptada pelo legislativo paulista.

O sr. João C. Fairbanks — Eu disse um ponto ha pouco que pediria a v. excia. que attentasse sobre elle. Admitto, para argumentar, apenas que fosse real e exacto o ponto de vista expendido por v. excia. de que as emendas iriam de encontro á lei federal. Mesmo assim seria facil: era só modificar a letra das emendas, de maneira que ella, pelo seu espirito, se encaixasse dentro da legislação federal.

O sr. Paulo Duarte — Mas a lei federal declara que o serviço de patrimonio é relativo ao patrimonio historico e ao artistico e as emendas visam separar completamente o historico do artistico.

O sr. João C. Fairbanks — Mas essa lei federal, de accôrdo com a emenda que apresentei, pede dois tombamentos, portanto, edificio, administração, etc., poderiam ser o mesmo mas as repartições seriam differentes.

O sr. Paulo Duarte — V. excia. quer dizer — o mesmo serviço com duas orientações differentes?!...

O sr. João C. Fairbanks — Mas se são duas materias differentes.

O sr. Paulo Duarte — Engano. São materias connexas.

O sr. João C. Fairbanks — O serviço de Viação e Obras Publicas não funccionam na mesma Secretaria?

O sr. Paulo Duarte — Porque são serviços connexos, com a mesma orientação, subordinados ao mesmo secretario de Estado. V. excia. reforça a minha argumentação

As leis federaes alludidas são os arts. 10, n. 3, da Constituição Federal, regulamentados pelo decreto 24.735, de 1936 e pela lei 378, de 13 de janeiro de 1937. As duas ultimas leis é que estabeleceram o "Serviço do Patrimonio Historico e "Artistico" Nacional", serviço que, pela sua natureza, deve funccionar e existir conjunctamente, apesar de installado recentemente, no Rio de Janeiro, onde referido "Serviço de Patrimonio Historico e "Artistico" Nacional" é dirigido pela intelligencia clara do dr. Rodrigo de Mello Franco e constitue um orgam admiravel, tendo-se em vista os resultados já obtidos.

O projecto paulista está, pois, calcado na lei federal. E todos os pontos que vêm sendo atacados são todos elles da lei federal que, aliás, é excellente. Não vou mais deter-me neste ponto porque o parecer que os srs. deputados têm em mão estuda pormenorizadamente esta face da questão.

O caso, porém, já fóra não foi posto em seus verdadeiros termos.

Todo esse escarceu não foi levantado pelos artistas de São Paulo, aquelles que, verdadeiramente, merecem este nome. Uma unica pessôa, cujos interesses exclusivamente pessoaes, o Departamento do Patrimonio Historico e Artistico de São Paulo, virá atrapalhar é o cabeça e o orientador de um pseudo movimento de classe e cujo espirito de intriga conseguiu arrastar mesmo o endosso de algumas pessôas de bôa fé e desprevenidas.

O sr. João C. Fairbanks — Esse cidadão é technico ou não?

O sr. Paulo Duarte — Diz-se technico.

O sr. Leopoldo e Silva — Tem valor ou não?

O sr. Paulo Duarte — Nego a menor parcello de valor a esse cavalheiro.

O sr. Leopoldo e Silva — E' opinião de v. excia., pois que innumeras exposições feitas por esse technico em S. Paulo tem demonstrado exactamente o contrario.

O sr. Paulo Duarte — O numero de exposições vulgares nada demonstra.

O sr. Alarico Caiuby — E' o director de uma escc[illegible] de bellas artes, si é que v. excia. se refere ao sr. Lopes de Leão.

O sr. Paulo Duarte — E' verdade, trata-se do sr. Paulo Vergueiro Lopes de Leão, personalidade mediocre como artista, mas de notavel capacidade quando se trata de promover uma intriga.

Vamos expôr os factos claramente.

Quando eu estudava a lei que se acha em terceira discussão, procurei, naturalmente, varias pessôas que pudessem collaborar commigo no sentido de dar a S. Paulo uma obra digna de sua cultura. Assim, mostrei o trabalho inicial, solicitando suggestões, a Affonso de Taunay, Alcantara Machado, Plinio Barreto, Alfredo Ellis Junior, Plinio Ayrosa, Fernando de Azevedo, Mario de Andrade e outros. Dos artistas, foram ouvidos, além de varios, Victor Brecheret, Waht Rodrigues, Figueira, Gomide e até o sr. Paulo Vergueiro Lopes de Leão. De toda a collaboração recebida, só o sr. Leão enviou uma carta que não contém cousa alguma de interesse geral, só interesse pessoal. Essa carta, datada de 25 de junho de 1937, é a seguinte:

"S. Paulo, 25 de junho de 1937.

Meu caro Paulo.

Conforme prometti, hoje, a "voçe", no Congresso, aqui envio as informações sobre o pessoal da Pinacotheca do Estado, creada pela lei n. 1.271 de 21 de novembro de 1911, e regida pelos: Decreto n. 3878, de 11-7-1925 — Lei n. 2128, de 31-12-1925 — Lei n. 2.244, de 31-12-1928 — Decreto n. 4.562, de 27-2-1929 — Decreto n. 5361, de 23 — 1 — 1932.

Os funccionarios da Pinacotheca são:

1 Conservador (Paulo Corrêa) .. .. 9:000$000
1 Porteiro .. .. 6:300$000
2 Guardas (cada 4:800$000) .. .. 9:600$000
1 Servente (Galdino Cesarino) .. 3:750$000

Tendo o porteiro Francisco Ferreira se aposentado em 22 de agosto de 1936, não foi ainda preenchido definitivamente o cargo, que está sendo exercido interinamente pelo guarda effectivo, Affonso Conde.

Com a aposentadoria de um guarda effectivo foi contractado "a cerca" de 3 annos, d. Alzira S. S. Ferreira, que exerce interinamente essas funcções.

Quer me parecer que o cargo de guarda deve ser sempre exercido por homem.

Como vê "voçê", além de ser diminutissimo, está bastante desfalcado o quadro, que, havendo alguma reforma, deve ser augmentado com mais 2 guardas e um servente, sendo necessario tambem um archivista e um dactylographo.

A' Escola de Bellas Artes de São Paulo, que, como "voçê" sabe, reorganizou e vem dirigindo a Pinacotheca sem onus algum para o Estado, é que devem o Governo e o publico a existencia dessa pequena collecção de arte, que lhe foi entregue espontaneamente em 1931, pela Secretaria de Educação, através da Directoria do Ensino, então exercida pelo dr. Lourenço Filho, ante o perigo de ser esphacelada.

Se mais não fez a Escola pela Pinacotheca, deve-se á falta absoluta de verbas necessarias para serviços imprescindiveis, mas de uma vez realizados aos poderes publicos pela sua directoria e pelo Conselho de Orientação Artistica.

Desde 1932, organizado que foi o Conselho de Orientação Artistica, vem elle, tambem sem onus algum para o Estado, exercendo sua benefica tutela sobre o ensino das artes e sobre a Pinacotheca, á qual, apesar dos meios di[illegible] de que dispõe, tem enriquecido com multas acquisições de valor, parallelamente á organização e manutenção do salão annual e á fiscalização de estabelecimentos de ensino artistico reconhecidos pelo Estado.

Junto envio um exemplar dos decretos n. 5361 de 1932, n. 7106, de 1935 e 7687, de 1936; os Estatutos e Regulamentos da Escola de Bellas Artes.

Excusado é dizer que continuo aqui á sua inteira disposição se para alguma cousa valer a minha despretenciosa mas sincera cooperação.

Um grande abraço amigo do **L. de Leão**".

Por este documento, que transcrevo com a redacção e a orthographia originaes, limita-se o seu signatario a achar que tal cargo não deve ser exercido por tal funccionario, porque esse funccionario não convem ao sr. Leão e por ahi além. Aliás, cheia dos mais comezinhos erros grammaticaes e de orthographia, como "voçê", com ç, "a cerca de tres annos", como se o verbo haver fosse preposiçao, etc., attribui logo a pobreza espiritual á falta de cultura do seu autor e dahi, evidentemente, o não ter levado em consideração essas suggestões de caracter pessoal.

O sr. Nelson Ottoni de Rezende — Mas, lembro a v. excia. que o pintor Lopes de Leão é bacharel em direito pela Faculdade de Direito da Universidade de São Paulo.

O sr. João C. Fairbanks — Desejava chamar a attenção do nobre orador para o seguinte: esse professor a que v. excia., se refere é considerado technico, no sentido artistico, dos pintores.

O sr. Paulo Duarte — Elle é bacharel em Direito, segundo acabo agora de ouvir.

O sr. João C. Fairbanks — Mas está dirigindo uma Escola de Bellas Artes. Não é promotor e nem juiz de direito...

O sr. Paulo Duarte — Mas, como bacharel, precisava ao menos saber orthographia... Continuo, sr. presidente.

Como vimos, essa carta foi a 25 de junho de 1937 e nunca mais, apesar de innumeras vezes me haver encontrado com o sr. Leão, com o qual sempre mantive bôas relações, nunca mais este me disse a menor coisa sobre o projecto mesmo quando foi approvado em primeira e segunda discussão. Note-se ainda que o mesmo sr. é assiduo ás sessões da Assembléa.

O sr. João C. Fairbanks — Se v. excia., permitte direi o seguinte: o nosso nobre collega, sr. Nelson Ottoni de Rezende já explicou os motivos pelos quaes esse professor, quando das 1.a e 2.a discussões do projecto, estando no Rio de Janeiro em visita a pessôa de sua familia, que veiu a fallecer, não pôde ter o prazer, que seria reciproco, de conversar com v. excia., a respeito.

O sr. Paulo Duarte — Pois esse nosso collega foi enganado pelo sr. Leão porque, a esse tempo, elle esteve commigo aqui varias vezes e nunca me falou a respeito do projecto.

O sr. Nelson Ottoni de Rezende — No entanto, a carta que recebi do sr. Leão, quando se discutia aqui esse projecto, era datada do Rio de Janeiro.

O sr. Paulo Duarte — Pois affirmo a v. excia., que elle, varias vezes, esteve aqui na Assembléa.

Mas, sr. presidente, o sr. Leão, como se sabe, é director de uma Escola de Bellas Artes. E' tambem chefe de uma pequena panellinha, na sua maioria, sem a menor significação nos meios artisticos de São Paulo. Destaca-se este grupo apenas pelo odio terrivel que tem aos artistas modernos e a todos aquelles cujos nomes não tenham castiça etymologica nacional. Para tal grupo, Portinari, por exemplo, ao ver do sr. Leão, além de um imbecil, é estrangeiro, apesar de nascido em Brodowski; Brecheret, é estrangeiro e idiota; Wasth Rodrigues, mau grado artista e grande artista da chamada velha escola, tambem está excommungado por causa do seu primeiro nome e porque costuma dar o seu justo valor aos que o têm e assim por diante...

O sr. João C. Fairbanks — Então eu tambem seria excommungado! (Riso).

O sr. Leopoldo e Silva — O sr. Torquato Bassi não é estrangeiro?

O sr. Paulo Duarte — Do sr. Torquato Bassi, habitante do Brasil ha quarenta annos, tenho tambem o seu apoio ao projecto.

Entretanto, sr. presidente, como ia dizendo o sr. Leão, ha dias, procurou-me cordialmente e solicitou meus officios junto do sr. prefeito da Capital, no sentido de ser dado á sua Escola de Bellas Artes um auxilio de .... 20:000$000, porque, declarou-me elle textualmente, a situação da Escola era a mais precaria possivel e a fechar as suas portas, dado aos atrazos de pagamento, a penuria em que vivia, emfim uma série de choramingações.

O sr. Nelson Ottoni de Rezende — Elle tambem já me havia procurado varias vezes para falar a respeito desses 20 contos.

O sr. Paulo Duarte — Conversei com o sr. prefeito municipal a respeito e este declarou-me a difficuldade em attender pela absoluta falta de verba e motivos outros que não vêm ao caso.

O sr. Nelson Ottoni de Rezende — Aliás v. excia., me transmittiu esses esclarecimentos.

O sr. Paulo Duarte — Levei, no dia seguinte, no proprio recinto da Assembléa, onde se encontrava o sr. Leão, a resposta do prefeito. Achava-se muita gente na sala. Leão, ao ouvir o meu esclarecimento, dado com toda a delicadeza, bruscamente em voz alta, quasi a urrar, declarou, olhando para os lados, como á procura de auditorio:

— Então, esse prefeito ou não comprehende o alcance de uma Escola de Bellas Artes ou tem questão pessoal contra mim!

Ao que eu, antes de voltar-lhe as costas, repliquei que, quanto á primeira parte da sua supposição, bastava

Pagina — 50 — Imprensa Official

Num. 258 — Quarta-feira, 17 de Novembro de 1937 — Anno 47.o

Diario Official
do Estado de São Paulo — (E. U. do Brasil)

NUMERO DO DIA . . . . 200 RE'IS — NUMERO ATRAZADO DO ANNO CORRENTE .. .. 400 RE'IS

O PRESIDENTE DA REPUBLICA DOS ESTADOS UNIDOS DO BRASIL:

(*) Attendendo ás legitimas aspirações do povo brasileiro á paz politica e social, profundamente perturbada por conhecidos factores de desordem, resultantes da crescente aggravação dos dissidios partidarios, que uma notoria propaganda demagogica procura desnaturar em lucta de classes, e da extremação de conflictos ideologicos, tendentes, pelo seu desenvolvimento natural, a resolver-se em termos de violencia, collocando a Nação sob a funesta imminencia da guerra civil;

Attendendo ao estado de apprehensão creado no paiz pela infiltração communista, que se torna dia a dia mais extensa e mais profunda, exigindo remedios de caracter radical e permanente;

Attendendo a que, sob as instituições anteriores, não dispunha o Estado de meios normaes de preservação e de defesa da paz, da segurança e do bem estar do povo;

Com o apoio das forças armadas e cedendo ás inspirações da opinião nacional, umas e outra justificadamente apprehensivas deante dos perigos que ameaçam a nossa unidade e da rapidez com que se vem processando a decomposição das nossas instituições civis e politicas;

Resolve assegurar á Nação a sua unidade, o respeito á sua honra e á sua independencia, e ao povo brasileiro, sob um regimen de paz politica social, as condições necessarias á sua segurança, ao seu bem estar e á sua prosperidade;

Decretando a seguinte Constituição, que se cumprirá desde hoje em todo o paiz:

CONSTITUIÇÃO DOS ESTADOS UNIDOS DO BRASIL

DA ORGANIZAÇÃO NACIONAL

Art. 1.o — O Brasil é uma republica. O poder politico emana do povo e é exercido em nome delle, e no interesse do seu bem estar, da sua honra, da sua independencia e da sua prosperidade.

Art. 2.o — A bandeira, o hymno, o escudo e as armas nacionaes são de uso obrigatorio em todo o paiz. Não haverá outras bandeiras, hymnos, escudos e armas. A lei regulará o uso dos symbolos nacionaes.

Art. 3.o — O Brasil é um Estado Federal, constituido pela união indissoluvel dos Estados, do Districto Federal e dos Territorios. E' mantida a sua actual divisão politica e territorial.

Art. 4.o — O territorio federal comprehende os territorios dos Estados e os directamente administrados pela União, podendo accrescer com novos territorios que a elle venham a incorporar-se por acquisição conforme as regras do direito internacional.

Art. 5.o — Os Estados podem incorporar-se entre si, sub-dividir-se ou desmembrar-se para annexar-se a outros, ou formar novos Estados, mediante a acquiescencia das respectivas Assembléas legislativas, em duas sessões annuaes consecutivas, e approvação do Parlamento Nacional.

Paragrapho unico. — A resolução do Parlamento poderá ser submettida pelo Presidente da Republica ao plebiscito das populações interessadas.

Art. 6.º — A União poderá crear, no interesse da defesa nacional, com partes desmembradas dos Estados, territorios federaes, cuja administração será regulada em lei especial.

Art. 7.º —O actual Districto Federal, emquanto séde do Governo da Republica, será administrado pela União.

Art. 8.º — A cada Estado caberá organizar os serviços do seu peculiar interesse e custeal-os com os seus proprios recursos.

Paragrapho unico — O Estado que, por tres annos consecutivos, não arrecadar receita sufficiente á manutenção dos seus serviços será transformado em territorio até o restabelecimento de sua capacidade finanmeira.

Art. 9.º — O Governo Federal intervirá nos Estados mediante a nomeação, pelo Presidente da Republica, de um Interventor, que assumirá no Estado as funcções que pela sua Constituição competirem ao Poder Executivo, ou as que, de accordo com as conveniencias e necessidades de cada caso, lhe forem attribuidas pelo Presidente da Republica:

a) para impedir invasão imminente de um paiz estrangeiro no territorio nacional ou de um Estado em outro, bem como para repellir uma ou outra invasão;

b) para restabelecer a ordem gravemente alterada, nos casos em que o Estado não queira ou não possa fazel-o;

c) para administrar o Estado, quando, por qualquer motivo, um dos seus poderes estiver impedido de funccionar;

d) para reorganizar as finanças do Estado que suspender, por mais de dois annos consecutivos, o serviço de sua divida fundada, ou que, passado um anno do vencimento, não houver resgatado emprestimo contrahido com a União;

e) para assegurar a execução dos seguintes principios constitucionaes;

1 — forma republicana e representativa de governo;
2 — governo presidencial;
3 — direitos e garantias asseguradas na Constituição.

f) para assegurar a execução das leis e sentenças federaes.

Paragrapho unico — A competencia para decretar a intervenção será do Presidente da Republica nos casos das letras a, b e c; da Camara dos Deputados no caso das letras d e e; do Presidente da Republica, mediante requisição do Supremo Tribunal Federal, no caso da letra f.

Art. 10 — Os Estados tem a obrigação de providenciar, na esphera da sua competencia, as medidas necessarias á execução dos tratados commerciaes concluidos pela União. Si o não fizerem em tempo util, a competencia legislativa para taes medidas se devolverá á União.

Art. 11 — A lei, quando de iniciativa do Parlamento, limitar-se-á a regular, de modo geral, dispondo apenas sobre a substancia e os principios ,a materia que constitue o seu objecto. O Poder Executivo expedirá os regulamentos complementares.

Art. 12 — O Presidente da Republica pode ser autorizado pelo Parlamento a expedir decretos-leis, mediante as condições e nos limites fixados pelo acto de autorização.

Art. 13 — O Presidente da Republica, nos periodos de recesso do Parlamento ou de dissolução da Camara dos Deputados, poderá, si o exigirem as necessidades do Estado, expedir decretos-leis sobre as materias de competencia legislativa da União, exceptuadas as seguintes:

a) modificações á Constituição
b) legislação eleitoral;
c) orçamento;
d) impostos;
e) instituição de monopolios;
f) moeda;
g) emprestimos publicos;
h) alienação e oneração de bens immoveis da União.

Paragrapho unico — Os decretos-leis para serem expedidos dependem de parecer do Conselho de Economia Nacional, nas materias da sua competencia consultiva.

Art. 14 — O Presidente da Republica, observadas as disposições constitucionaes e nos limites das respectivas dotações orçamentarias, poderá expedir livremente decretos-leis sobre a organização do governo e da administração federal, o commando supremo e a organização das forças armadas.

Art. 15 — Compete privativamente á União:

I — manter relações com os Estados estrangeiros, nomear os membros do corpo diplomatico e consular, celebrar tratados e convenções internacionaes;

II — declarar a guerra e fazer a paz;

III — resolver definitivamente sobre os limites do territorio nacional;

IV — organizar a defesa externa, as forças armadas, a policia e segurança das fronteiras;

V — autorizar a producção e fiscalizar o commercio de material de guerra de qualquer natureza;

VI — manter o serviço de correios;

VII — Explorar ou dar em concessão os serviços de telegraphos, radio-communicação e navegação aerea, inclusive as installações de pouso, bem como as vias ferreas que liguem directamente portos maritimos a fronteiras nacionaes ou transponham os limites de um Estado;

VIII — Crear e manter alfandegas e entrepostos e prover aos serviços da policia maritima e portuaria;

IX — Fixar as bases e determinar os quadros da educação nacional, traçando as directrizes a que deve obedecer a formação physica, intellectual e moral da infancia e da juventude;

X — Fazer o recenseamento geral da população;

XI — Conceder amnistia.

Art. 16 — Compete privativamente á União o poder de legislar sobre as seguintes materias:

I — Os limites dos Estados entre si, os do Districto Federal e os do territorio nacional com as nações limitrophes.

II — A defesa externa, comprehendidas a policia e segurança das fronteiras;

III — A naturalização, a entrada no territorio nacional e sahida do territorio, a emigração e immigração, os passaportes, a expulsão de extrangeiros do territorio nacional e prohibição de permanencia ou de estada no mesmo, a extradição;

IV — A producção, e o commercio de armas, munições e explosivos;

V — O bem estar, a ordem, a tranquillidade e a segurança publicas, quando o exigir a necessidade de uma regulamentação uniforme;

VI — As finanças federaes, as questões de moeda, de credito, de bolsa e de banco;

VII — Commercio exterior e interestadual, cambio e transferencia de valores para fóra do paiz;

VIII — Os monopolios ou estadização de industrias;

IX — Os pesos e medidas, os modelos, o titulo e a garantia dos metaes preciosos;

X — Correios, telegraphos e radio-communicação;

XI — As communicações e os transportes por via ferrea, via dagua, via aerea ou estradas de rodagem, desde que tenham caracter internacional ou interestadual;

XII — A navegação de cabotagem, só permittida esta, quanto a mercadorias, aos navios nacionaes;

XIII — Alfandega e entrepostos; á policia maritima, a portuaria e a das vias fluviaes;

XIV — Os bens do dominio federal, minas, metallurgia, energia hydraulica, aguas, florestas, caça e pesca e sua exploração;

XV — A unificação e estandardização dos estabelecimentos e installações electricas, bem como as medidas de segurança a serem adoptadas nas industrias de producção de energia electrica; o regime das linhas para as correntes de alta tensão, quando as mesmas transponham os limites de um Estado;

XVI — O direito civil, o direito commercial, o direito aéreo, o direito operario, o direito penal e o direito processual;

XVII — O regimen de seguros e sua fiscalização;

XVIII — O regimen dos theatros e cinematographos;

XIX — As cooperativas e instituições destinadas a recolher e empregar a economia popular;

XX — Direito de autor; imprensa; direito de associação, de reunião, de ir e vir; as questões de estado civil, inclusive o registro civil e as mudanças de nome;

XXI — Os privilegios de invento, assim como a protecção dos modelos, marcas e outras designações de mercadorias;

XXII — Divisão judiciaria do Districto Federal e dos Territorios;

XXIII — Materia eleitoral da União, dos Estados e dos Municipios;

XXIV — Directrizes da educação nacional;

XX V— Amnistia;

XXVI — Organização, instrucção, justiça e garantia das forças policiaes dos Estados e sua utilização como reserva do Exercito;

XXVII — Normas fundamentaes da defesa e protecção da sau'de especialmente da sau'de da criança.

Art. 17 — Nas materias de competencia exclusiva da União a lei poderá delegar aos Estados a faculdade de legislar, seja para regular a materia, seja para supprir as lacunas da legislação federal quando se trate de questão que interesse, de maneira predominante, a um ou alguns Estados. Nesse caso, a lei votada pela Assembléa Estadual só entrará em vigor mediante approvação do Governo Federal.

Art. 18 — Independentemente de autorização, os Estados podem legislar, no caso de haver lei federal sobre a materia, para supprir-lhe as deficiencias ou attender ás peculiaridades locaes, desde que não dispensem ou diminuam as exigencias da lei federal, ou, em não havendo lei federal e até que esta os regule, sobre os seguintes assumptos:

a) riqueza do sub-solo, mineração, metallurgia, aguas, energia hydro-electrica, florestas, caça e pesca e sua exploração;

b) radio-communicação; regime de electricidade, salvo o disposto no n. XV do art. 16;

c) assistencia publica, obras de hygiene popular, casas de saude, clinicas, estações de clima e fontes medicinaes;

d) organizações publicas, com o fim de conciliação extra-judiciaria dos litigios ou sua decisão arbitral;

e) medidas de policia para a protecção das plantas e dos rebanhos contra as molestias ou agentes nocivos;

f) credito agricola, incluidas as cooperativas entre agricultores;

g) processo judicial ou extra-judicial.

Paragrapho unico — Tanto nos casos deste artigo, como no do artigo anterior, desde que o Poder Legislativo Federal ou o Presidente da Republica haja expedido lei ou regulamento sobre a materia, a lei estadual ter-se-á por derogada nas partes em que fôr incompativel com a lei ou regulamento federal.

Art. 19 — A lei pode estabelecer que serviços de competencia federal sejam de execução estadual; neste caso ao Poder Executivo Federal caberá expedir regulamentos e instrucções que os Estados devam observar na execução dos serviços.

Art. 20 — E' da competencia privativa da União:

I — Decretar impostos:

a) sobre a importação de mercadorias de procedencia estrangeira;

b) de consumo de quaesquer mercadorias;

c) de renda e proventos de qualquer natureza;

d) de transferencia de fundos para o exterior;

e) sobre actos emanados do seu governo, negocios da sua economia e instrumentos ou contractos regulados por lei federal;

f) nos Territorios, os que a Constituição attribue aos Estados;

II — Cobrar taxas telegraphicas, postaes e de outros serviços federaes; de entrada, sahida e estada de navios e aeronaves, sendo livre o commercio de cabotagem ás mercadorias nacionaes e ás estrangeiras, que já tenham pago imposto de exportação.

Art. 21. — Compete privativamente aos Estados:

I, decretar a Constituição e as leis por que devem reger-se;

II, exercer todo e qualquer poder que lhes não for negado, expressa ou implicitamente, por esta Constituição.

Art. 22. — Mediante accordo com o Governo Federal, poderão os Estados delegar a funccionarios da União a

1938

MUNDO E BRASIL

_Criado o CNP – Conselho Nacional de Petróleo

_Monteiro Lobato em carta a Getúlio Vargas conclama o presidente à defesa da soberania nacional no que tange a questão do petróleo.

GOVERNO DE SÃO PAULO

_O *Diário Oficial* publica, em 25 de abril, a nota de Cardoso de Mello ao deixar o governo.

178. CARDOSO DE MELLO DEIXA O GOVERNO

Adhemar Pereira de Barros é o interventor federal de 27 de abril de 1938 a 4 de junho de 1941.

179. ADHEMAR DE BARROS POR MÁRIO GRUBER

IMPRENSA OFICIAL

_O Decreto n. 8988, de 14 de fevereiro, publicado em 15 de fevereiro, "estabelece a maneira pela qual a Imprensa Oficial atenderá aos pedidos de confecção de trabalhos que lhe sejam feitos pelas Secretarias de Estado". Todas as repartições públicas são obrigadas a fazer encomenda de seus impressos à Imprensa Oficial, que só os fornecerá mediante nota de empenho.

_O Decreto n. 9018, de 25 de fevereiro, publicado em 26 de fevereiro, estabelece a maneira pela qual a Imprensa Oficial poderá fazer serviços extraordinários, fixando a remuneração de seus funcionários.

178

Núm. 88

Diári

do Estado de Sã

NÚMERO DO DIA .. .. 200 RÉIS

Diário

Atos do

PALÁCIO DO GOVÊRNO DO ESTADO

Ao deixar hoje o govêrno de São Paulo, quero tornar expressos meus sinceros agradecimentos ao funcionalismo e á Força Pública que, com sua indefectivel lealdade, prestaram ao meu govêrno a colaboração que tornou possivel fazê-lo respeitado do povo e digno das tradições de justiça e amôr á Patria, que São Paulo incarna.

J. J. CARDOZO DE MELLO NETO

DECRETO N. 9.131 — DE 24 DE ABRIL DE 1938

Crea mais um lugar de Juiz Civil e um de advogado no Superior Tribunal de Justiça Militar da Fôrça Pública.

O DOUTOR JOSÉ JOAQUIM CARDOZO DE MELLO NETO, Interventor Federal no Estado de São Paulo, usando das atribuições que lhe confere o artigo 181 da Constituição da República, de 10 de novembro de 1937, e

considerando que, nos têrmos do artigo 18 da mesma

179

1939

MUNDO E BRASIL

_Eclode a Segunda Guerra Mundial.
_Criação do Departamento de Imprensa e Propaganda (DIP).
_Hans-Joachim Koellreutter lança o movimento Música Viva.

IMPRENSA OFICIAL

_Victor Caruso, diretor em Comissão, assume, em 9 de dezembro, o lugar de Sud Mennucci, quando este é convidado pelo governo federal a atuar como delegado do Recenseamento Nacional, em São Paulo.

DIÁRIO OFICIAL

_Tiragem em 31 de dezembro: 10208 exemplares diários.

180

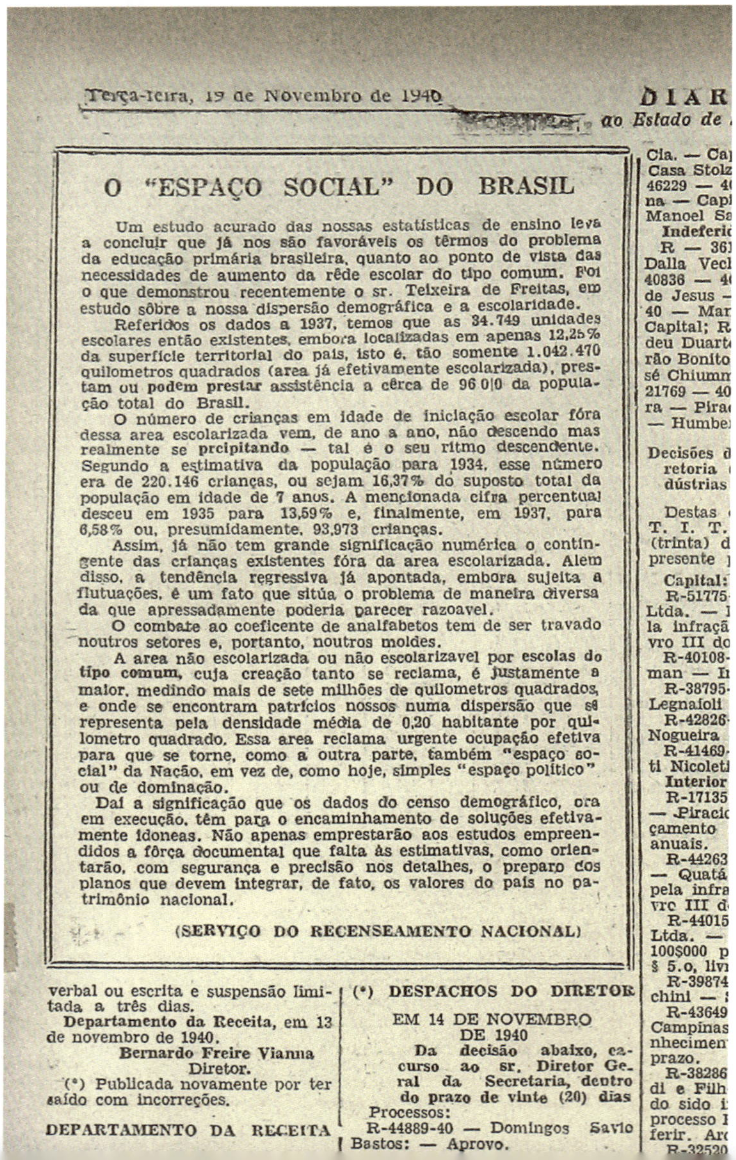

Terça-feira, 19 de Novembro de 1940

DIAR... ao Estado de ...

O "ESPAÇO SOCIAL" DO BRASIL

Um estudo acurado das nossas estatísticas de ensino leva a concluir que já nos são favoráveis os têrmos do problema da educação primária brasileira, quanto ao ponto de vista das necessidades de aumento da rêde escolar do tipo comum. Foi o que demonstrou recentemente o sr. Teixeira de Freitas, em estudo sôbre a nossa dispersão demográfica e a escolaridade.

Referidos os dados a 1937, temos que as 34.749 unidades escolares então existentes, embora localizadas em apenas 12,25% da superfície territorial do país, isto é, tão somente 1.042.470 quilometros quadrados (area já efetivamente escolarizada), prestam ou podem prestar assistência a cêrca de 96 0|0 da população total do Brasil.

O número de crianças em idade de iniciação escolar fóra dessa area escolarizada vem, de ano a ano, não descendo mas realmente se precipitando — tal é o seu ritmo descendente. Segundo a estimativa da população para 1934, esse número era de 220.146 crianças, ou sejam 16,37% do suposto total da população em idade de 7 anos. A mencionada cifra percentual desceu em 1935 para 13,59% e, finalmente, em 1937, para 6,58% ou, presumidamente, 93,973 crianças.

Assim, já não tem grande significação numérica o contingente das crianças existentes fóra da area escolarizada. Alem disso, a tendência regressiva já apontada, embora sujeita a flutuações, é um fato que situa o problema de maneira diversa da que apressadamente poderia parecer razoavel.

O combate ao coeficente de analfabetos tem de ser travado noutros setores e, portanto, noutros moldes.

A area não escolarizada ou não escolarizavel por escolas do tipo comum, cuja creação tanto se reclama, é justamente a maior, medindo mais de sete milhões de quilometros quadrados, e onde se encontram patrícios nossos numa dispersão que se representa pela densidade média de 0,20 habitante por quilometro quadrado. Essa area reclama urgente ocupação efetiva para que se torne, como a outra parte, também "espaço social" da Nação, em vez de, como hoje, simples "espaço político" ou de dominação.

Daí a significação que os dados do censo demográfico, ora em execução, têm para o encaminhamento de soluções efetivamente idoneas. Não apenas emprestarão aos estudos empreendidos a fôrça documental que falta às estimativas, como orientarão, com segurança e precisão nos detalhes, o preparo dos planos que devem integrar, de fato, os valores do país no patrimônio nacional.

(SERVIÇO DO RECENSEAMENTO NACIONAL)

verbal ou escrita e suspensão limitada a três dias.
Departamento da Receita, em 13 de novembro de 1940.
Bernardo Freire Vianna
Diretor.
(*) Publicada novamente por ter saído com incorreções.

DEPARTAMENTO DA RECEITA

(*) DESPACHOS DO DIRETOR

EM 14 DE NOVEMBRO DE 1940

Da decisão abaixo, cabe recurso ao sr. Diretor Geral da Secretaria, dentro do prazo de vinte (20) dias
Processos:
R-44889-40 — Domingos Savio Bastos: — Aprovo.

1940

MUNDO E BRASIL

_O governo institui o salário mínimo.
_A nota "O Espaço Social do Brasil", publicada em 19 de novembro, informa sobre a importância do recenseamento.

180. O ESPAÇO SOCIAL DO BRASIL

_A Editora Martins lança a série *Biblioteca Histórica Brasileira*.

GOVERNO DE SÃO PAULO

_O *Diário Oficial* publica, nos meses de outubro e novembro, todos os orçamentos das prefeituras municipais do Estado, enviados e aprovados pelo Departamento Administrativo do Estado.

IMPRENSA OFICIAL

_A guerra impede a importação de papel da Escandinávia, como fora feito até 1939, e a Imprensa Oficial tem que aceitar o papel que chega a Santos, do Canadá, 31,8% mais caro. Um decreto federal determina a economia de papel.
_Publicação do livro *Historia Naturalis Brasiliae*, de Jorge Marcgrave, iniciada em 1939 e concluída em 1942; até então, só havia dois exemplares no Brasil; iniciativa de Afonso de E. Taunay, diretor do Museu Paulista.

181. *HISTÓRIA NATURAL DO BRASIL* | CAPA, FOLHA DE ROSTO, PREFÁCIO, FOLHAS INTERNAS, CÓLOFON

_Impressão de 100 mil cadernetas do Departamento Estadual do Trabalho.

182. VISTA DA SEÇÃO DE LINOTIPIA DA I.O. NOS ANOS 1940

183. MÁQUINAS DE ACABAMENTO NA GRÁFICA DA RUA DA GLÓRIA, NA MESMA ÉPOCA

_Em 10 de outubro, o interventor federal Adhemar Pereira de Barros visita a Imprensa Oficial; pela primeira vez, um Chefe de Estado foi conhecer a repartição.

DIÁRIO OFICIAL

_Tiragem em 31 de dezembro: 8545 exemplares diários. Diminuição significativa das assinaturas gratuitas.
_Total publicado em 1940: 300 edições; tiragem total: 2.738.190.

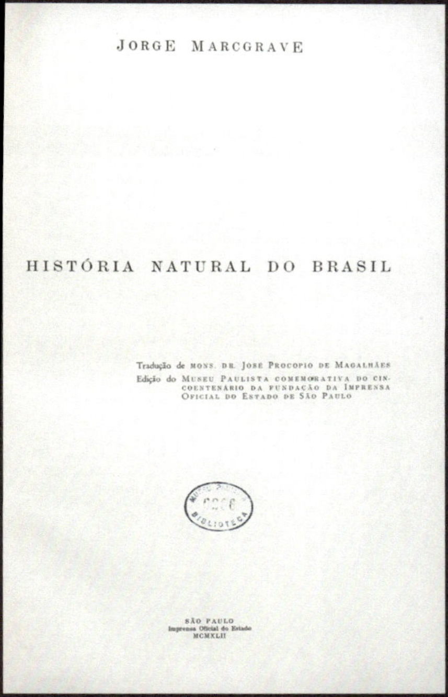

JORGE MARCGRAVE

HISTÓRIA NATURAL DO BRASIL

Tradução de MONS. DR. JOSÉ PROCOPIO DE MAGALHÃES
Edição do MUSEU PAULISTA COMEMORATIVA DO CINCOENTENÁRIO DA FUNDAÇÃO DA IMPRENSA OFICIAL DO ESTADO DE SÃO PAULO

SÃO PAULO
Imprensa Oficial do Estado
MCMXLII

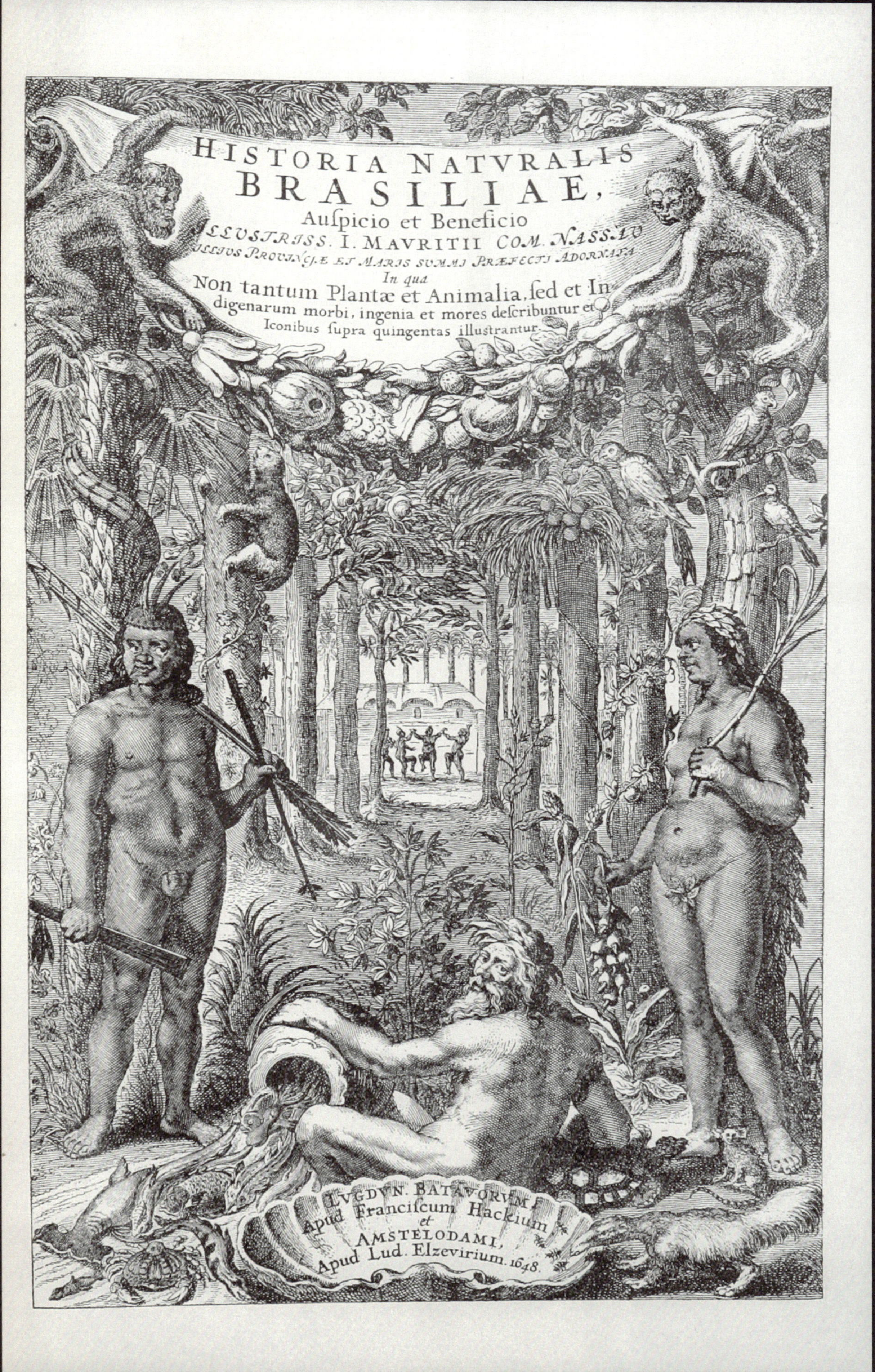

HISTORIA NATVRALIS BRASILIAE,
Auſpicio et Beneficio
ILLUSTRISS. I. MAVRITII COM. NASSAU
ILLIUS PROVINCIÆ ET MARIS SUMMI PRÆFECTI ADORNATA
In qua
Non tantum Plantæ et Animalia, ſed et Indigenarum morbi, ingenia et mores deſcribuntur et Iconibus ſupra quingentas illuſtrantur.

LUGDUN. BATAVORUM,
Apud Franciſcum Hackium
et
AMSTELODAMI,
Apud Lud. Elzevirium. 1648.

JORGE MARCGRAVE

HISTÓRIA NATURAL DO BRASIL

Tradução de MONS. DR. JOSÉ PROCOPIO DE MAGALHÃES
Edição do MUSEU PAULISTA COMEMORATIVA DO CINCOENTENÁRIO DA FUNDAÇÃO DA IMPRENSA OFICIAL DO ESTADO DE SÃO PAULO

SÃO PAULO
Imprensa Oficial do Estado
MCMXLII

REPÚBLICA DOS ESTADOS UNIDOS DO BRASIL
ESTADO DE S. PAULO
UNIVERSIDADE DE S. PAULO
MUSEU PAULISTA
IMPRENSA OFICIAL DO ESTADO DE SÃO PAULO

Na PRESIDÊNCIA DA REPÚBLICA *do Exmo. Sr.* DR. GETULIO D. VARGAS, *sendo Interventor Federal no Estado de São Paulo o Exmo. Sr.* DR. ADHEMAR P. DE BARROS, *Secretários da Justiça e da Educação os Exmos. Srs.* DRS. JOSÉ DE MOURA RESENDE *e* ALVARO DE FIGUEIREDO GUIÃO, *Reitor da Universidade de S. Paulo o Exmo. Sr. Prof.* DR. DOMINGOS RUBIÃO ALVES MEIRA, *encetou-se, a 22 de novembro de 1939, nas oficinas da Imprensa Oficial do Estado de S. Paulo, por iniciativa do* MUSEU PAULISTA, *a confecção dêste volume, primeira tradução integral da* HISTÓRIA NATURALIS BRASILIÆ, *da autoria de* JORGE MARCGRAVE DE LIEBSTAD, *devendo esta tiragem solenizar a passagem do cincoentenário da fundação, em 1891, do* DIÁRIO OFICIAL DO ESTADO DE S. PAULO. *Terminou a fatura do volume a 14 de março de 1942 sendo Interventor Federal o Exmo. Sr.* DR. FERNANDO COSTA, *Secretários da Justiça e da Educação os Exmos. Srs.* DRS. ABELARDO VERGUEIRO CESAR *e* JOSÉ RODRIGUES ALVES SOBRINHO *e Reitor da Universidade de S. Paulo o Exmo. Sr. Prof.* DR. JORGE AMERICANO.

PREFÁCIO

Um dos nossos projetos, desde longo lapso dos mais acarinhados, era publicar uma tradução portuguesa, condignamente ilustrada, da *História Natural do Brasil*, da autoria do moço genial que o culto e largo espírito de JOÃO MAURICIO DE NASSAU ao Brasil trouxe, na sua comitiva famosa de cientistas e artistas: êsse JORGE MARCGRAVE, tão prematuramente arrebatado à Ciência, aos trinta e quatro anos de idade, deixando o mais valioso espólio documentador da cerebração extraordinária de seu autor...

Uma dívida, não só brasileira como americana, destarte se pagaria à memória não só do primeiro naturalista como do primeiro astrônomo do Novo Mundo. Ou melhor talvez ainda: do primeiro observador que no continente americano fez ciência pura.

Desejávamos, sobremaneira, que o Museu Paulista a si avocasse a iniciativa dêste preito de justiça agora realizado muito acima da nossa espectativa por intermédio desta edição, por assim dizer fac-similar, larga e autorizadamente comentada.

Cometimento de tal porte demandava, porém, acurados esforços e dispendiosos sacrifícios. Assim tivemos de perder em tempo o que ganhámos em economia e sobretudo em exercício de paciência imposta pelas circunstâncias.

Exigia a emprêsa, gastos assaz avultados para os recursos da instituição que a promovia.

Começámos, como era aliás imperioso, neste caso mais do que em qualquer outro, pelo princípio essencial: a tradução do texto de MARCGRAVE. Entregamo-la aos cuidados de latinista, muito justamente reputado, Monsenhor Dr. JOSÉ PROCOPIO DE MAGALHÃES, o acatadíssimo professor do Seminário Central do Ipiranga, da Arquidiocese de S. Paulo.

A grande reputação de humanista de Mons. MAGALHÃES encareceu-nos a opinião do ilustre e saudoso arcebispo de São Paulo, D. DUARTE LEOPOLDO E SILVA quando lhe pedimos a indicação do nome de um dos membros de seu Clero a-fim-de que o convidássemos a realizar a versão desejada.

Foram os capítulos finais da obra revistos pela Exma. Sra. D. NADIR RAJA GABAGLIA DE TOLEDO, do Museu Nacional quando a sua comentadora, Dra. HELOISA ALBERTO TORRES, redigia a sua apreciação sôbre êste final do livro de MARCGRAVE. Humanista de alta reputação procurou atualizar o texto da versão com a tecnologia etnográfica moderna.

Convém recordar que não foi MARCGRAVE quem imprimiu a *Historia Naturalis Brasiliæ* e sim seu amigo JOÃO DE LAET. Quando o fez, em 1648, já havia quatro anos que o sábio de Liebstadt desaparecera do número dos vivos.

Relata LAET que recebera os originais do admirado amigo, sobremodo desordenados. Tudo fazia crer que frequentemente não lhes dera definitiva redação. Daí a sua rigidez provavel. Tratando-se de descrições de sistemática a tradução literal se acomoda às exigências da expressividade colimada. Mas as notas biológicas e ecológicas se tornariam mais amenas ao leitor se o estilo do autor houvesse recebido segunda revisão.

Assim em geral é o texto marcgraviano áspero, por vezes muito áspero até, e quasi sempre sobremodo sêco.

Da trabalhosa incumbência desempenhou-se Monsenhor MAGALHÃES com real felicidade, árduo serviço, patrioticamente realizado pelo ilustre sacerdote brasileiro.

Fica-lhe a nossa bibliografia nacional devedora dêste benefício eminente pois apesar do seu vasto conhecimento do latim versava o trabalho sôbre especialidade absolutamente diversa da sua: as ciências teológicas.

Aos textos de botânica, zoologia, etnografia e linguística comentaram diversos naturalistas nossos compatriotas, dentre os mais reputados. A parte de botânica que compreende metade da obra anotou um dos mais prestigiosos especialistas brasileiros: o Sr. Professor Dr. ALBERTO JOSÉ DE SAMPAIO, antigo chefe de secção do Museu Nacional, cujos belos e valiosos trabalhos sôbre a flora brasileira tanto são conhecidos quanto acatados.

Aposentado continua a trabalhar indefessamente. Ainda não há muito publicou uma revisão universal do gênero *Coffea* que lhe valeu, por parte de seus confrades, os mais calorosos elogios.

GEORGI MARCGRAVI DE LIEBSTAD,
MISNICI GERMANI,

HISTORIÆ
RERVM NATVRALIVM
BRASILIÆ,

LIBRI OCTO:

Quorum

TRES PRIORES AGVNT *DE* PLANTIS.
QUARTUS *DE* PISCIBVS.
QUINTUS *DE* AVIBVS.
SEXTUS *DE* QUADRVPEDIBVS, *ET* SERPENTIBVS.
SEPTIMUS *DE* INSECTIS.
OCTAVUS *DE* IPSA REGIONE, *ET* ILLIVS INCOLIS.

CVM

APPENDICE *DE* TAPUYIS, *ET* CHILENSIBVS.

IOANNES DE LAET, ANTVVERPIANVS,
In ordinem digeſſit & Annotationes addidit multas, & varia ab Auctore
Omiſſa ſupplevit & illuſtravit.

JORGE MARCGRAVE DE LIEBSTAD,
ALEMÃO DA MÍSNIA,

HISTÓRIA
DAS COUSAS NATURAIS DO BRASIL

OITO LIVROS

Dos Quais:

OS *TRÊS* PRIMEIROS TRATAM DAS PLANTAS
O *QUARTO DOS* PEIXES
O *QUINTO DAS* AVES
O *SEXTO DOS* QUADRÚPEDES E SERPENTES
O *SÉTIMO DOS* INSETOS
O *OITAVO DA* REGIÃO E SEUS HABITANTES.

COM

APÊNDICE SÔBRE OS TAPUIAS E CHILENOS.

Ordenado e, no que foi omitido pelo Autor, copiosamente anotado, suprido e ilustrado por

JOÃO DE LAET, ANTUERPIANO.

57

JORGE MARCGRAVE
HISTÓRIA DAS PLANTAS
LIVRO II
Das plantas frutíferas e arbustos
CAPÍTULO I
Das Plantas com as quais se fabrica o Anil.

ERVA D'ANIR (têrmo português). (O autor não indica o nome indígena desta planta; parece que os selvagens não a conheciam). De uma raiz fina, longa, dividida em muitos ramos, lenhosa e mole, procedem vários caules, do comprimento de dois, três e até mais pés, redondos, rastejando pela terra e fixando-se a ela por meio de filamentos erguendo-se depois, nas extremidades. Dêstes caules, que se fixam na terra, procedem outros que se levantam em número de oito, nove e até dez, em cada um; são estes caules, por sua vez, redondos, lenhosos, um pouco vermelhos de um lado. Todos os caules 144
são ornados de râmulos de um dedo de comprimento, dispostos em série alternada, tendo cada um sete folíolos cinzentos, opostos dois a dois e um só terminal
(extremo) *. Os folíolos têm, no 145
meio, no sentido longitudinal, um nêrvulo; não dentadas, semelhantes às fôlhas do Trifolium conicularis de Dodoneus, lib. XIX, cap. 17. Junto dos râmulos, nascem curtos pedículos e neles quatro, cinco ou mais flósculos, muito pequenos, purpúreos com mescla de branco com a figura de um capacete aberto, como em Hedera terrestre ou a Urtica mortua, de odor agradável.

Esta planta nasce, por tôda a parte no Brasil; com ela pode-se preparar a côr de anil.

Nota. José Scaligero. *Nil* ou antes *Nir* é para os árabes a côr azul, a qual é chamada pelos espanhóis *Anir* ou *Anil*. Os árabes dão às vezes à erva o nome de *Nil*.

Garcias do Horto (lib. II, cap. XXVI. *Anil* nome usado pelos árabes, turcos e em tôdas estas nações; em Guzarate, onde é preparado, chama-se *Gali*; agora é chamado *Nil* por alguns.

É a erva que se servia todos os anos, semelhante ao mangericão (Ocymum); colhe-se do mesmo modo e é socada depois de sêca. Depois de socada e coagulada em forma de pães, se expõe para secar; toma então uma

H 3 côr

A nossa tiragem marcgraviana será como que um têrmo sobremodo digno da série do famoso volume do *Rerum per octennium* em tão boa hora mandada traduzir pelo Sr. Ministro GUSTAVO CAPANEMA, numa edição que o público tanto apreciou e terá dentro em breve os foros de verdadeiro cimélio de nossa bibliografia nacional.

Merece-o aliás plenamente pelo vigor e a elegância da versão, do Sr. Dr. CLAUDIO BRANDÃO, e a série de pranchas que a ela ilustram.

Assim, e no mais breve prazo, possam outras e muitas grandes e raríssimas obras de nossa *Bibliografia Xeno-brasílica vetustíssima* ser oferecidas ao público como a *De Indiæ utriusque re naturali* de PISO, as *Singularitez de La France Antarctique* e quantas mais, para maior renome da cultura do nosso país que à memória dêstes velhos tratadistas deve certamente tal homenagem em nome da civilização de que procede o Brasil e da qual foram êles pioneiros ilustres na terra de Santa Cruz.

AFFONSO DE E. TAUNAY

São Paulo, 23 de julho de 1941.

JORGE MARCGRAVE
HISTÓRIA DAS COUSAS NATURAIS
LIVRO VI
Dos Quadrúpedes e Serpentes 623

CAPÍTULO I
Ai ou Preguiça.

AI (têrmo indígena), *Priguiza* * (têrmo português). Lupaert em nossa língua. 624
Animal do tamanho de uma de nossas raposas medíocres, tendo o comprimento de um pé ou um pouco mais, do pescoço até à cauda, e grossura uniforme. O pescoço é curto, do comprimento de dois ou três dedos, no máximo; as pernas anteriores têm sete dedos de comprimento, até aos pés; as posteriores, seis. Os pés anteriores medem dois dedos ou dois e meio; os posteriores igualmente, desde a curvatura inferior da perna até às unhas; estas são em número de três, em cada pé, com o comprimento de dois dedos e meio, nos pés interiores, e de dois sòmente, nos posteriores; o dedo médio é mais longo do que os outros (com exceção de alguns, em que todos são iguais). Estes dedos são de côr amarela clara e curvos para baixo; em cima têm forma de arco e em baixo têm forma de quilha. A cabeça é pequena, medindo aproximadamente três dedos de comprimento e arredondada. A bôca é cônica, não grande; os dentes, como os do cordeiro, não são grandes, nem agudos. O nariz é chato, elevado, preto; os olhos são pequenos, pretos, sonolentos; a bôca sempre está cheia de saliva; não se encontram orelhas;* 625

a cauda é do comprimento de dedo e meio, obtusa, com a figura de pão de açúcar. O corpo
é coberto de uns cabelos prolixos,* de dois dedos de comprimento, de côr cinzenta, semelhantes 626
aos do teixo, porém um pouco mais tenros, mesclados de branco. No dorso, os cabelos são
mais brancos e pelo seu meio corre uma linha fusca;* a partir da cabeça, à maneira de juba, 627
se desenvolvem pelo pescoço lateralmente uns cabelos mais longos do que no restante do corpo.
Êste animal é muito preguiçoso e quasi inapto para andar; pelas árvores sobe muito vagarosamente arrastando-se e aí reside, alimentando-se das fôlhas, e nunca bebe.* Emite rarissima-
mente o som *iiiii*, como um gatinho; pode segurar com fôrça o que agarra com as unhas; 628
quando sobe move mui vagarosamente sua cabeça levantada; receia muito a menor chuva.
Cortei uma fêmea viva,* que trazia em si um feto inteiramente perfeito e observei o seguinte: 629
o coração conservava, depois de separado do corpo, um movimento fortíssimo por meia hora;
a placenta * uterina constava de muitas partículas carnosas, como substância de rins, rubicundas, 630
de variado tamanho, como favas; aquelas partículas carnosas (eram ligadas entre si por tênues membranas) traziam anexos, por muitas ramificações, vasos umbilicais. O feto achava-se encerrado

disposição e oposição dos ramos e fôlhas; produz três ou quatro flósculos juxtapostos. Depois vem o fruto, do tamanho do fruto da uva spina ou menor, redondo, de côr lútea, coberto por uma cutícula como o "Ribes",
262 com um umbigo, como o fruto da uva spina; o sabor é um pouco adstringente. Cada um tem um ou dois caroços, do tamanho da semente do cânhamo; é comestível e muitas vezes agradável.

ANDA (têrmo indígena). Árvore ampla e elegante, cujas flores e fôlhas podem ser conhecidas pela imagem; a côr das flores é lútea carregada. A madeira tem vários usos; os bárbaros fazem uso de sua casca para apanhar peixes porque a água, em que se lança esta casca, narcotiza todos os animais. Produz esta árvore um fruto redondo, coberto por uma casca verde como a juglans; êste fruto, que em si contém uma noz, é do tamanho de uma maçã; numa das extremidades é acuminado, na outra tem uma cisura; sua casca é dura e contém duas castanhas doces, de bom sabor.

Estas duas castanhas purgam a bilis e a pituita, sem inconveniente algum; servem para tôda idade e sexo, até para as mulheres grávidas.

Pode-se preparar com elas, adicionando-lhes um pouco de açúcar, semente de aniz e cinamomo, umas pastilhas agradáveis para os que sentem averião aos purgantes; a dose deve ser de duas castanhas.

Nota. Descrevi essa mesma árvore, na descrição da América, lib. XV. cap. VIII. Apresentei a imagem do fruto, no lib. XVI. cap. XI. de' um modo bem vivo e no seu

263

tamanho natural. Ignorava, porém, de que árvore fosse fruto ou qual fosse seu nome; depois, porém,

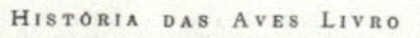

mancha branca, que se estende, no sentido longitudinal, até um dedo e meio. A cauda também é totalmente preta; o resto do corpo é de côr celeste; as pernas azuladas; a pupila dos olhos, um pouco escura, rodeada de um círculo amarelado. Faz o ninho, no alto das árvores *Acaya* e de preferência, junto das casas. Estas aves constroem ninhos elegantes, de forma cilíndrica; os quais ficam apensos às extremidades dos galhos, formadas por varinhas. Gritam como nossas pegas pintadas.

IUPUJUBA ou IAPU (têrmo indígena). Ave da mesma forma da precedente que faz o ninho do mesmo modo, tendo a cauda um pouco mais curta. O corpo é coberto de penas muito pretas; no meio de uma e outra asa, acha-se uma mancha amarela do comprimento de um dedo. Na extremidade do dorso e junto do anus, esta ave é amarela (vi também algumas totalmente pretas com o dorso de côr de sangue),* a parte inferior da cauda, da origem ao meio, é amarela; a outra metade é preta; a parte superior da cauda é preta, tendo de um e outro lado até o meio uma pena amarela. As pernas e os pés são pretos; o bico é de côr sulfúrea; 503 504

os olhos da côr da safira com a pupila preta; a língua de côr cerúlea é bifurcada ou duplicada, na parte anterior. Junto a casa do senhor de engenho *Tapucurai* acha-se uma árvore *Ulé*,* da 505
qual pendem mais de quatrocentos ninhos destas aves, que ali vivem em número muito grande e costumam ter filhotes três vezes por ano. O ninho, de côr fusca e formato de abóbora com pescoço, é feito de capim sêco e pêlos de cavalo. Seu comprimento total é de pé e meio; da parte inferior até à altura de um pé é oco como uma bôlsa e a parte superior restante é compacta e permanece dependurada da extremidade de um galho. Todos os ninhos ficam pendentes das extremidades dos ramos mais finos.

SAYACU (têrmo indígena). Ave do tamanho do tentilhão com o corpo coberto de penas 506
de côr mesclada de cinzento e verde-mar. Nas asas e no dorso, o verde-mar é de tal natureza, que se produz um brilho, quando recebe os raios do sol; o biquinho desta ave, bem como os olhos, é inteiramente preto.

ANI (têrmo indígena). Ave do tamanho do tordo, inteiramente preta, nas penas, bico, olhos e pés. Tem a cauda levantada com seis dedos de comprimento, o bico é alto, largo, do comprimento de um dedo ou um pouco mais, sendo a parte inferior quasi reta, e a superior alta, larga, da figura semilunar e fina, de modo a formar uma espécie de lâmina. As penas e os pés são bem finos e nêles há quatro dedos, dois dianteiros e dois traseiros, como os papagaios. 507

Clama com alta voz *yiiiy*, com um só tom, um pouco mais ele- 508
vado no meio do canto.* São abundantes nas matas,* mas inúteis para alimento. 509

GUIRA GUAINUMBI (têrmo dos indígenas tupinambás). Ave aparentemente do tamanho da pomba por causa da abundância de penas, mas não excede o tamanho do tordo. A cabeça é um pouco maior que a do tordo; o bico é preto, do comprimento de dois dedos mais ou menos, sendo a parte superior um pouco mais longa que a inferior. A parte superior do bico, bem como a inferior é talhada à semelhança de uma serra, servindo assim de dentes. As penas são pretas, curtas e não excedem muito a um dedo; os pés têm três dedos, um para trás e três para a frente, mas 510

CAPÍTULO VI
Vestes e ornatos dos homens e das mulheres indígenas.

Os homens agora vestem quasi sempre saiotes de linho, também alguns têm camisas, e usam barretes, mas andam a maior parte de cabeça nua, e com cabelos cortados à moda dos lu-

sitanos. Caminham com os pés nus, e cobertos de nenhum calçado. Também alguns cobrem sòmente os quadrís com um avental de pano, os restantes sem vestimenta. Porém já as mulheres são vestidas com longas camisas feitas de pano de linho ou de algodão, não tendo além disso cousa alguma de vestimentas. Porém ou deixam pender os cabelos compridos da cabeça, ou também à moda das mulheres da nossa gente prendem com fitinhas.

Tanto os homens quanto as mulheres e as crianças pintam a pele de várias côres, de preto, de vermelho, de côr de ouro, para o qual uso tiram o suco do fruto imaturo *Ianipaba*, que tinge de preto; *Uracou*, que tinge de vermelho, e assim usam nas restantes ou algum fruto ou madeira.

Tanto as mulheres tapuias como os homens em geral andam nus, e arrancam os pêlos ao redor das partes pudendas. Os homens contraem em si a abertura do seu membro genital e envolvem ligando com alguma fitinha, e chamam isto com o qual amarram o membro *Tacoaynhaâ*. Porém desatam quando é necessário para que urinem. Porém são afetados de maior pudor do que nós mostrando descoberto o penis. E dêste modo alguns outros brasileiros amarram seus membros genitais.

Trazem os cabelos da cabeça caídos quasi até os ombros, e cortam mais baixo igualmente à moda dos camponeses da Suévia. Também na fronte igualmente trazem cortado rente; mas por necessidade igualmente feitas quasi mais acima na região dos ouvidos, e também com ângulos feitos de um e outro lado nas têmporas. Inteiramente do mesmo modo as mulheres fazem também com os seus cabelos, e trazem à moda dos homens. Os homens atam ao redor da cabeça coroas feitas com penas de *Guara* ou *Caninde;* dependuram na parte mais posterior da coroa algumas vezes com penas mais compridas da cauda da *Arara* ou *Caninde*. E assim as coroas não prendem especialmente com ângulos feitos com cabelos, amarrando em tôrno de si atam as mesmas. Alguns também amarram em volta da cabeça sòmente uma cordinha de algodão, da qual pendem na parte posterior algumas compridas penas vermelhas ou azues que chamam *Acanbuaçaba*.

Fazem também as roupas com fios grossos de algodão semelhantes a redes unidas, e com qualquer nó é atada a pena, assim como é feita coberta de penas tôda a roupa, e quasi dêste modo e com gôsto as penas se dispõem em ordem alternadamente, como as escamas dos peixes. Porém esta capa tem na parte superior um capuz de sorte que pode cobrir tôda a cabeça, os ombros,

COMPOSTO E IMPRESSO NAS OFICINAS DA
IMPRENSA OFICIAL DO ESTADO DE SÃO PAULO

sendo Diretores: Srs. Prof. SUD MENNUCCI e VICTOR CARUSO
(em comissão)

Gerentes: Srs. JOSÉ B. DE OLIVEIRA CHINA e
MANUEL NOGUEIRA DE CARVALHO

Chefe da Oficina de Obras: Srs. ANTONIO ANDRADE NETTO e
DOMINGOS DOMINGUES

„ „ Encadernação: Sr. JOÃO GUILHERME PAULI

„ „ Impressão: Sr. BENEDITO PEDRO

„ „ Tipografia: Sr. ERNESTO LA TORRE

Direção de: CARLOS AMADEU DE CAMARGO ANDRADE

Chefe da Revisão: Sr. BENEDITO LEAL

Compositores: Srs. GERALDO MARCONDES e JOSÉ PINHEIRO

Impressor: Sr. JOSÉ MACHADO

SÃO PAULO
Imprensa Oficial do Estado
MCMXLII

182

183

1941

MUNDO E BRASIL

_No *Diário Oficial* de 3 de junho, publicam-se despachos do Departamento Estadual de Imprensa e Propaganda (DEIP), e são informados os números de telefones da repartição.

184. DEPARTAMENTO ESTADUAL DE IMPRENSA E PROPAGANDA

_Lançada a revista *Clima*, em São Paulo.

185. 1ª EDIÇÃO DA REVISTA *CLIMA* | CAPA E PÁGINAS INTERNAS

_Fundação da Atlântida, produtora cinematográfica, em 18 de setembro, cujas chanchadas farão grande sucesso.

GOVERNO DE SÃO PAULO

_Fernando de Souza Costa é o interventor federal de 4 de junho de 1941 a 27 de outubro de 1945.

184

DIÁRIO OFICIAL do Estado de São Paulo (E. U. do Brasil)

DEPARTAMENTO ESTADUAL DE IMPRENSA E PROPAGANDA

(DEIP)

RUA XAVIER DE TOLEDO N. 70

7.o andar — Diretoria Geral (Secretaria) 4-2622
7.o andar — Serviços Auxiliares (Protocolo) 4-4124
6.o andar — Divisão de Imprensa, Propaganda e Rádio Difusão 4-2481
8.o andar — Divisão de Turismo e Diversões Públicas 4-1495
5.o andar — Agência Nacional 4-1474
1.o andar — Censura Sanitária 4-2470

Imprensa Oficial — Página — 5 —

185

CLIMA

Manifesto .... Redação.
A Elegia de Abril .... Mario de Andrade.

Marcel Proust e a nossa época ..... Ruy de Andrada Coelho.
As "ciências" dos casos individuais Cicero Christiano de Sousa.
Três Poemas .... Almeida Salles.
"Week-End" com Teresinha .... Gilda Morais Rocha.

A primeira realização de "Clima"
Bolsa de Estudos

Livros .... Antonio Candido de Mello e Souza.
Música .... Antonio Branco Lefèvre.
Artes Plásticas .... Lourival Gomes Machado.
Cinema .... Paulo Emilio Salles Gomes.
Economia e Direito .... Roberto Pinto de Souza.
Ciência .... Marcello Damy de Souza Santos.

São Paulo • Maio de 1941 • N. 1

Artes Plásticas

Lourival Gomes Macha[do]

O OUTRO CAVALO DE TROIA

Mau grado a avalanche de ignorância e sectaris[mo] inseparáveis desta questão, ainda muito se fala a[cer]ca da pintura brasileira ou, como preferimos, da pint[ura] para o Brasil. A cada momento, artigos e conferên[cias] são atraidos para este eixo de centripetação da cr[ítica] nativa. Continua a haver êste interêsse nos jornais, [nas] palestras, nas revistas, e — característico fatal [—] assuntos teimosamente desconhecidos — a única ma[neira] de se tentar uma ordem no cáos é meter-se nele. [Se] adotamos esta maneira de agir, não será sinal de fal[sa] modéstia protestarmos uma falta de pretensão à solu[ção] definitiva. Basta de soluções pedantes. É hora de ten[tar] um melhor ajuste das peças do "puzzle" confuso.

Classicamente tem-se querido colocar o problema [em] tôrno de oposição entre o determinismo dos fatôr[es] ambientes e a liberdade individual.

O artista encontra, no meio em que vive, uma qua[n]tidade de coerções físicas, de pressões locais naturais [que] o levam, pelo simples uso do material e do instrument[o], a conformar, de determinado modo, a obra começada. [Na] verdade são os pequenos detalhes simples os respons[á]veis por esta marca, muito embora o seu aspecto singel[o e] pobre de expressão, pareça fraca base para tão grand[e] impulso: são as formas mais adaptáveis a um moment[o] geográfico e são (também êles) os materiais na [sua] expressão mais simples como a palavra para o escritor [e] para o pintor, a côr e a luz. O explendor barrôco não pode se negar a uma primeira e primitiva hipótese [que] demonstre as possibilidades elementares de seu enra[i]...

1942

MUNDO E BRASIL

_Navios brasileiros são bombardeados pelos alemães, o que determina a entrada do Brasil na guerra.
_Criação do Serviço Nacional da Indústria – Senai.
_Publicado *Formação do Brasil Contemporâneo*, de Caio Prado Júnior.

186. 1ª EDIÇÃO DE *FORMAÇÃO DO BRASIL CONTEMPORÂNEO* | CAPA E FOLHAS DE ROSTO

DIÁRIO OFICIAL

_Em 1º de março, o *Diário Oficial* passa a incluir o caderno Judiciário.

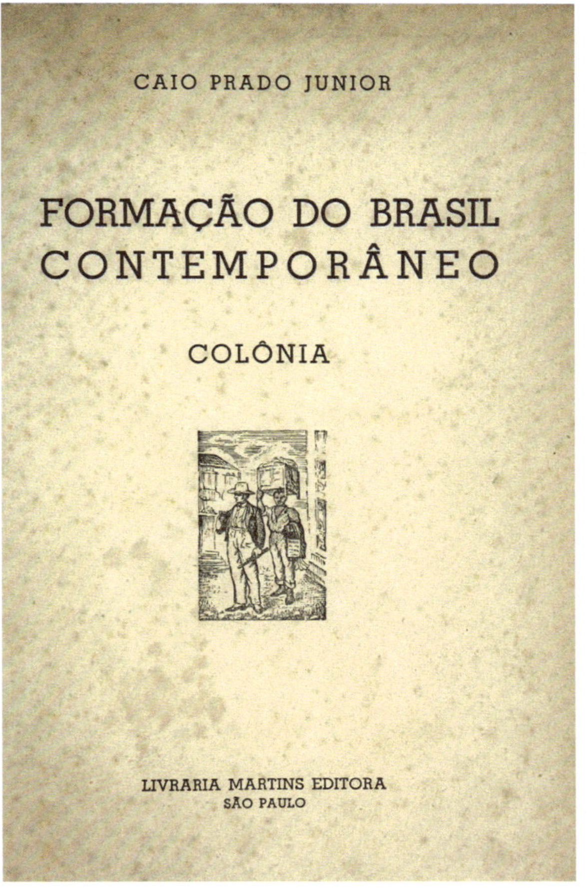

186

1943

MUNDO E BRASIL

_O governo promulga a Consolidação das Leis do Trabalho (CLT).
_Criação do Serviço Social da Indústria — SESI.
_Inauguração do Edifício do Ministério da Educação e Cultura (MEC).
_É fundada a Editora Brasiliense por Caio Prado Júnior.
_Publicação de *Perto do Coração Selvagem*, de Clarice Lispector.

187. 1ª EDIÇÃO DE *PERTO DO CORAÇÃO SELVAGEM* | CAPA E FOLHA DE ROSTO

IMPRENSA OFICIAL

_Sud Mennucci reassume a direção da Imprensa Oficial em março, cuja carteira de identificação profissional passa a ser a primeira da empresa.

187

CLARICE LISPECTOR

PERTO DO CORAÇÃO SELVAGEM

ROMANCE

A NOITE EDITORA — RIO DE JANEIRO

CLARICE LISPECTOR

PERTO DO CORAÇÃO SELVAGEM

ROMANCE

Capa de Santa Rosa

EDITORA A NOITE — RIO DE JANEIRO

1945

188

MUNDO E BRASIL

_Os Estados Unidos lançam duas bombas atômicas sobre as cidades de Hiroshima e Nagasaki
_Fim da Segunda Guerra Mundial.
_O I Congresso Brasileiro de Escritores manifesta-se pelas liberdades democráticas e
_Redemocratização plena do país.

188. I CONGRESSO BRASILEIRO DE ESCRITORES

_Formação dos partidos UDN, PSD e PTB.
_O presidente Getúlio Vargas é deposto por um movimento militar. Fim do Estado Novo. Eleições democráticas levam Eurico Gaspar Dutra à presidência.
_Publicação de *A Rosa do Povo*, de Carlos Drummond de Andrade.

GOVERNO DE SÃO PAULO

_A Carta Constitucional do Estado de São Paulo, outorgada pelo interventor federal Fernando Costa, em 24 de outubro, é publicada no *Diário Oficial* de 27 de outubro.

189. CARTA CONSTITUCIONAL DO ESTADO DE SÃO PAULO

_Sebastião Nogueira de Lima é o interventor federal de 27 de outubro a 7 de novembro.
_José Carlos de Macedo Soares é o interventor federal de 7 de novembro de 1945 a 14 de março de 1947.

189

Núm. 237 Sábado, 27 de outubro de 1945 Ano 55.º

Diário Oficial

do Estado de São Paulo — (E. U. do Brasil)

NUMERO DO DIA ... Cr$ 0,40 NUMERO ATRAZADO DO ANO CORRENTE ... Cr$ 0,50

Diario do Executivo

INTERVENTORIA FEDERAL

Carta Constitucional do Estado de São Paulo

O INTERVENTOR FEDERAL NO ESTADO DE SÃO PAULO, usando das atribuições que lhe foram conferidas pelo Decreto-lei Federal n. 8.063, de 10 de outubro de 1945, e até que a Assembléia Legislativa, eleita em 2 de dezembro de 1945, com poderes constituintes, decrete e promulgue a Constituição Política do Estado de São Paulo, invocando o nome de Deus, outorga a seguinte

CARTA CONSTITUCIONAL

TÍTULO I

Da Organização dos Poderes

CAPÍTULO I

Disposições Preliminares

Art. 1.º — O Estado de São Paulo, parte integrante dos Estados Unidos do Brasil, exerce, em seu território, todos os poderes que, pela Constituição Federal, explícita ou implicitamente, não tenham sido atribuidos à União.

Art. 2.º — São Poderes do Estado: O Legislativo, o Executivo e o Judiciário, independentes e harmônicos entre si.

Parágrafo único — O cidadão investido das funções de um poder não poderá exercer as de outro.

Art. 3.º — A organização do Estado tem por base o Municipio cuja autonomia em tudo quanto respeite ao seu peculiar interesse, lhe é assegurada.

CAPÍTULO II

Do Poder Legislativo

SECÇÃO I

De sua organização

Art. 4.º — O Poder Legislativo é exercido pela Assembléia Legislativa.

§ 1.º — A Assembléia é constituida por oitenta deputados, eleitos pelo povo mediante o sistema proporcional, sufrágio universal e voto direto e secreto.

§ 2.º — São condições para ser eleito deputado:

1.º — Ser brasileiro nato;

2.º — Ser maior de 21 anos;

3.º — Ser eleitor.

Art. 5.º — A Assembléia se reune na Capital do Estado, independente de convocação, a 3 de maio de cada ano.

§ 1.º — A sessão legislativa será encerrada a 20 de dezembro, salvo adiamento ou prorrogação, de que tiver tomado a iniciativa.

§ 2.º — A Assembléia poderá ser convocada extraordináriamente pela maioria absoluta de seus membros ou pelo Governador do Estado.

§ 3.º — É de quatro anos a duração de cada legislatura.

Art. 6.º — A Assembléia funcionará com o presença mínima de vinte deputados.

§ 1.º — São públicas as sessões, salvo resolução em contrário.

§ 2.º — Suas deliberações, ressalvados os casos expressos nesta Carta, serão tomadas por maioria de votos, presente no mínimo metade mais um de seus membros.

Art. 7.º — Incumbe à Assembléia:

a) — eleger sua mesa;

b) — votar seu regimento interno;

c) — regular sua polícia interna;

d) — organizar sua Secretaria, nomeando os funcionários e fixando-lhes as atribuições e vencimentos.

Art. 8.º — Os deputados terão uma ajuda de custo anual, e subsídio mensal fixados em cada legislatura para a seguinte.

Art. 9.º — Em nenhuma responsabilidade, civil ou penal, incorrerão os deputados, por suas opiniões e votos no exercício do mandato.

§ 1.º — Depois de diplomado e até o início da legislatura seguinte, nenhum deputado poderá, sem licença da Assembléia, ser preso, salvo caso de flagrante em crime inafiançavel, nem processado criminalmente.

§ 2.o — A prisão em flagrante será logo comunicada ao Presidente da Assembléia, com remessa do auto e dos depoimentos, para que esta autorize, ou não, a formação da culpa.

Art. 10 — Nenhum deputado poderá:

1 — desde a expedição do diploma:

a) — celebrar contrato com a administração federal, estadual ou Municipal;

b) — aceitar cargo, comissão, ou emprego público remunerado, salvo missão diplomática, ou comissão da União ou do Estado no Exterior, precedendo licença da Assembléia;

c) — patrocinar causas contra a União, o Estado ou o Município;

d) — pleitear interesses privados perante a administração pública, como advogado ou procurador;

2 — desde a posse: ser diretor, proprietário, ou sócio de empresa beneficiada com privilégio, concessão, isenção ou favor, em virtude de contrato com a administração pública.

Parágrafo único — Os membros da Assembléia nomeados Secretários de Estado, não perdem o mandato, sendo substituidos, enquanto exercerem o cargo, pelos suplentes respectivos.

Art. 11 — Importa em renúncia do mandato a ausência do deputado às sessões, durante três meses consecutivos, sem causa justificada e a juizo da Assembléia, e, bem assim, mudança de domicílio para fóra do Estado.

Art. 12 — Para substituir o deputado que falecer, renunciar ou perder o mandato, convocar-se-á o suplente, na forma da lei eleitoral.

§ 1.o — Se não houver suplente, proceder-se-á a nova eleição, salvo se a vaga ocorrer nos três últimos meses da legislatura.

§ 2.o — Quando o afastamento do deputado não importar em perda do mandato, será convocado o suplente, se houver.

Art. 13 — Processar-se-ão por escrutínio secreto as eleições da Assembléia e as deliberações sobre votos e contas do Governador.

Art. 14 — A Assembléia ou qualquer das suas comissões pode convocar qualquer Secretário de Estado para, sob pena de responsabilidade, pessoalmente ou por escrito, prestar informações sobre matérias sujeitas à sua deliberação.

Parágrafo único — O Secretário de Estado, independentemente de qualquer convocação, pode pedir a Assembléia, ou a qualquer de suas comissões, dia e hora para ser ouvido sobre questões sujeitas à deliberação do Poder Legislativo.

Imprensa Oficial — Pagina — 1 —

IMPRENSA OFICIAL

_Em fevereiro, o diretor em comissão é Manoel Nogueira de Carvalho.

_Em 30 de outubro, Sud Mennucci figura, em anúncio no *Diário Oficial*, como diretor efetivo da Imprensa Oficial.

190. SUD MENUCCI, DIRETOR EFETIVO DA IMPRENSA OFICIAL

_Entre 1930 e 1945, a Imprensa Oficial imprime 470 títulos.

190

Núm. 239 Terça-feira, 30 de outubro de 1945 Ano 55.º

Diário Oficial

do Estado de São Paulo — (E. U. do Brasil)

NÚMERO DO DIA .... Cr$ 0,40 NÚMERO ATRASADO DO ANO CORRENTE .... Cr$ 0,50

Diário do Executivo

INTERVENTORIA FEDERAL

SEGURANÇA PÚBLICA

DECRETOS DE 25 DO CORRENTE

AGRICULTURA INDÚSTRIA E COMÉRCIO

DECRETOS DE 19 DO CORRENTE

IMPRENSA OFICIAL DO ESTADO

Diretor efetivo: SUD MENNUCCI

Diretor em comissão MANOEL NOGUEIRA DE CARVALHO

Gerente em comissão: CYRO DE ARAUJO CINTRA

Redator secretário: JOÃO DE OLIVEIRA FILHO

Rua da Gloria ns. 358-364 - C. Postal, 231-B

SECRETARIA DA INTERVENTORIA

UNIVERSIDADE DE SÃO PAULO

REITORIA

DIRETORIA DE CONTABILIDADE

DEPARTAMENTO DA RECEITA

VIADUTO BOA VISTA, 115

DEPARTAMENTO DAS MUNICIPALIDADES

DIRETORIA GERAL

DEPARTAMENTO ESTADUAL DE ESTATÍSTICA

SERVIÇO DA ADMINISTRAÇÃO

Departamento do Serviço Público

EXPEDIENTE DO DIRETOR GERAL

Imprensa Oficial Página — 1 —

1946

MUNDO E BRASIL

_Quarta Constituição republicana do Brasil.
_Publicação de *Sagarana*, de Guimarães Rosa.

191. 1ª EDIÇÃO DE *SAGARANA* | CAPA E FOLHA DE ROSTO

IMPRENSA OFICIAL

_Sud Menucci apresenta um memorial em 12 de março:
_Superfície construída de 40 mil m².
_"[A Diretoria] está instalada num longo cubículo, separado por tabiques de madeira, mal iluminado e com aeração insuficiente."
_A Redação não tem sala própria.
_"[O Arquivo] nunca logrou estar instalado em condições aceitáveis. Fica num desvão, dividido por tabiques, [...]"
_Espaço insuficiente onde estão instaladas as oficinas gráficas, a seção de impressão, a oficina de obras.
_Equipamento péssimo, maquinário velho e péssima conservação.

DIÁRIO OFICIAL

_Em virtude da escassez de papel, o *Diário Oficial* avisa, em nota publicada em 17 de setembro, que se restringirá a publicar somente o necessário, e pede que as autoridades competentes limitem a remessa de originais ao estritamente inadiável para evitar a supressão por parte da própria Imprensa Oficial.

192. ESCASSEZ DE PAPEL

_Em 20 de setembro, outra nota avisa que o fornecimento será reduzido às repartições públicas e mesmo suspenso temporariamente em algumas delas.

193. RETIFICAÇÃO SOBRE FORNECIMENTO DE PAPEL

191

J. GUIMARÃES ROSA

SAGARANA

Capa de
GERALDO DE CASTRO

1946
EDITORA UNIVERSAL
RIO DE JANEIRO

190

— Secretaria das Finanças — Boletim Financeiro — Expediente — Secretaria de Cultura e Higiêne — Expediente — Editais.
BOLETIM FEDERAL
Tribunal Regional Eleitoral — 193.a Sessão Ordinária, em 16 do corrente.
INEDITORIAIS
PUBLICAÇÕES PARTICULARES.

Refletindo-se nesta Repartição a escassez de papel com que se debatem as empresas jornalísticas do País, ora agravada com a falta de transporte oriunda da greve dos marítimos no estrangeiro e em face da impossibilidade do suprimento de papel nacional em quantidade suficiente, a Direção do "Diário Oficial", devidamente autorizada, faz um apêlo a todas autoridades competentes que limitem a remessa de originais ao estritamente inadiavel e cuja divulgação não comporte outros meios, a-fim-de evitar que a iniciativa de sua supressão por parte desta Imprensa Oficial recaia em matéria indispensável. O fornecimento do "Diário Oficial" será reduzido para as repartições públicas e mesmo suspenso temporariamente para algumas delas, até que sejam restabelecidos os recebimentos de papel de jornal nacional e estrangeiro.

Palácio do Govêrno do Estado de São Paulo, aos 11 de setembro de 1946.
JOSÉ CARLOS DE MACEDO SOARES.
Francisco Malta Cardoso.
Publicado na Diretoria Geral da Secretaria do Govêrno, aos 14 de setembro de 1946.
Raul de Carvalho Guerra,
Diretor Geral, subst.

192

193

1946 Ano 56.º
ficial
(E. U. do Brasil)
...MERO ATRAZADO DO ANO CORRENTE .... Cr$ 0,60
ecutivo
FEDERAL

SECRETARIA DA EDUCAÇÃO E SAUDE PUBLICA — Diretoria de Informações — Inspeção medica — Processos despachados — Diretoria do Expediente — Diretoria de Assistência a Psicopatas —
SECRETARIA DA VIAÇÃO E OBRAS PUBLICAS — Repartição de Aguas e Esgotos —
EDITAIS DO EXECUTIVO
DIÁRIO DOS MUNICÍPIOS
PREFEITURA DO MUNICIPIO DE SÃO PAULO
Decreto n. 903 — Gabinete do Prefeito — Despacho Secretaria de Negócios Internos e Jurídicos — Despachos — Secretaria de Cultura e Higiene — Expediente —
BOLETIM FEDERAL
TRIBUNAL REGIONAL ELEITORAL — 194.a Sessão Ordinária, em 19 do corrente —
INEDITORIAIS
PUBLICAÇÕES PARTICULARES.

Refletindo-se nesta Repartição a escassez de papel com que se debatem as empresas jornalísticas do País, ora agravada com a falta de transporte oriunda da greve dos marítimos no estrangeiro e em face da impossibilidade do suprimento de papel nacional em quantidade suficiente, a Direção do "Diário Oficial", devidamente autorizada, faz um apêlo a todas autoridades competentes que limitem a remessa de originais ao estritamente inadiavel e cuja divulgação não comporte outros meios, a-fim-de evitar que a iniciativa de sua supressão por parte desta Imprensa Oficial recáia em matéria indispensável.

O fornecimento do "Diário Oficial" será reduzido para as repartições públicas e mesmo suspenso temporariamente para algumas delas, até que sejam restabelecidos os recebimentos de papel de jornal nacional e estrangeiro.

da Secretaria da Viação; e 2 (dois) de Escriturário, classe J, lotados na Secretaria da Fazenda;

b) — na classe N: 1 (um) de Artifice, classe J, lotado no Serviço de Sericicultura, da Secretaria da Agricultura...

1947

MUNDO E BRASIL

_Criado o Partido Socialista Brasileiro. Cassado o registro eleitoral do PCB.
_Fundação do Museu de Arte de São Paulo Assis Chateaubriand – MASP.

GOVERNO DE SÃO PAULO

_Adhemar Pereira de Barros é o governador de 14 de março de 1947 a 31 de janeiro de 1951.

IMPRENSA OFICIAL

_Sud Mennucci é substituído por Pedro Caropreso, que permanece no cargo de diretor até 1957.
_Caropreso manda construir um novo prédio, anexo ao já existente, concluído em 1959. Adquire a prensa Goss, com cinco unidades e capacidade para imprimir 160 páginas, formato tablóide, em um só caderno.
_Os funcionários da Imprensa Oficial passam dia e noite imprimindo a constituição paulista; nas eleições para governador, tiveram a seu cargo a rodagem das cédulas e dos mapas eleitorais.

1948

MUNDO E BRASIL

_Fundação da Sociedade Brasileira para o Progresso da Ciência (SBPC).
_Fundação do Museu de Arte Moderna de São Paulo – MAM-SP.
_Fundação do Museu de Arte Moderna do Rio de Janeiro – MAM-RJ.

1949

MUNDO E BRASIL

_Fundação da Companhia de Produção Cinematográfica Vera Cruz, em São Paulo.
_Érico Veríssimo publica *O Continente*, início de *O tempo e o Vento*.

1950

MUNDO E BRASIL

_Getúlio Vargas é eleito e volta à presidência.
_Primeiro canal de televisão, TV Tupi, em São Paulo.
_Publicação da revista *Anhembi*, sob a direção de Paulo Duarte.

194. 1ª EDIÇÃO DA REVISTA *ANHEMBI* | CAPA, PÁGINAS INTERNAS COM PUBLICIDADE

IMPRENSA OFICIAL

_O *Diário Oficial* de 3 de outubro publica a tabela de impressos oficiais e de decretos-leis e portarias federais à venda na Imprensa Oficial.

194

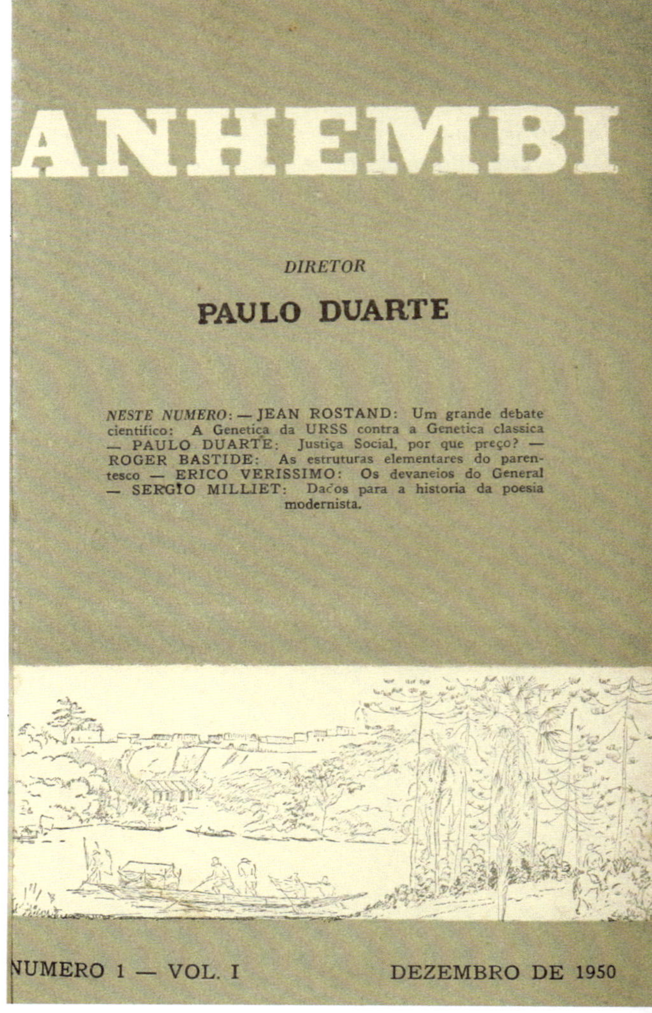

ANHEMBI
DIRETOR
PAULO DUARTE
NESTE NUMERO: — JEAN ROSTAND: Um grande debate cientifico: A Genetica da URSS contra a Genetica classica — PAULO DUARTE: Justiça Social, por que preço? — ROGER BASTIDE: As estruturas elementares do parentesco — ERICO VERISSIMO: Os devaneios do General — SERGIO MILLIET: Dados para a historia da poesia modernista.
NUMERO 1 — VOL. I
DEZEMBRO DE 1950

O ESTADO DE S. PAULO
NOTICIAS DE TODO O MUNDO
PARA TODO MUNDO

FERRAGENS FINAS

LA FONTE

A fechadura que fecha e dura

SANITARIOS
NACIONAIS E ESTRANGEIROS
Conjuntos coloridos
Azulejos

CARVALHO MEIRA S/A

Rua Libero Badaró, 605
Telefones: escritorio e
loja, 3-3197 — S. Paulo

Endereço telegrafico: "RODOL"
Caixa postal n. 201
BRASIL

LEGITIMO PATRIMONIO
DAS CLASSES
PRODUTORAS!

METALURGICA MATARAZZO S/A

A lata é o unico vasilhame que protege o conteudo contra:

O AR EXTERIOR — A LUZ — OS GERMES — A POEIRA — OS MAUS TRATOS

A METALURGICA MATARAZZO S/A está aparelhada para resolver qualquer problema de embalagem em latas de folha de flandres.

1951

MUNDO E BRASIL

_Getúlio Vargas toma posse em 31 de janeiro.

_É realizada a I Bienal Internacional do Museu de Arte Moderna de São Paulo.

195. CARTAZ DA I BIENAL INTERNACIONAL DO MAM-SP

GOVERNO DE SÃO PAULO

_Lucas Nogueira Garcez é governador de 31 de janeiro de 1951 a 31 de março de 1955.

196. LUCAS NOGUEIRA GARCEZ POR MARIO GRUBER

1952

MUNDO E BRASIL

_Inicia-se a campanha "O Petróleo é Nosso".

_Darcy Ribeiro e marechal Rondon criam o Museu do Índio no Rio de Janeiro.

_É implantado o Conselho Nacional de Desenvolvimento Científico e Tecnológico - CNPq.

_Criação da Conferência Nacional dos Bispos do Brasil - CNBB.

_Adolpho Bloch lança a revista *Manchete*.

_Formação do Grupo Noigandres e publicação da revista *Noigandres*, n.1, em São Paulo.

_Exposição e Manifesto do grupo Ruptura, de São Paulo, no Museu de Arte Moderna.

_Primeira retrospectiva do Cinema Brasileiro, em São Paulo.

195

196

1953

MUNDO E BRASIL

_Getúlio Vargas implanta a Petrobras.
_Trezentos mil trabalhadores em greve, em São Paulo, reivindicam reajuste salarial.
_Realiza-se a I Exposição Nacional de Arte Abstrata, em Petrópolis, no Rio de Janeiro.
_O filme *O Cangaceiro*, de Lima Barreto, é premiado em Cannes com o prêmio internacional de melhor filme de aventura e menção honrosa pela música.

197. CARTAZ DE *O CANGACEIRO*

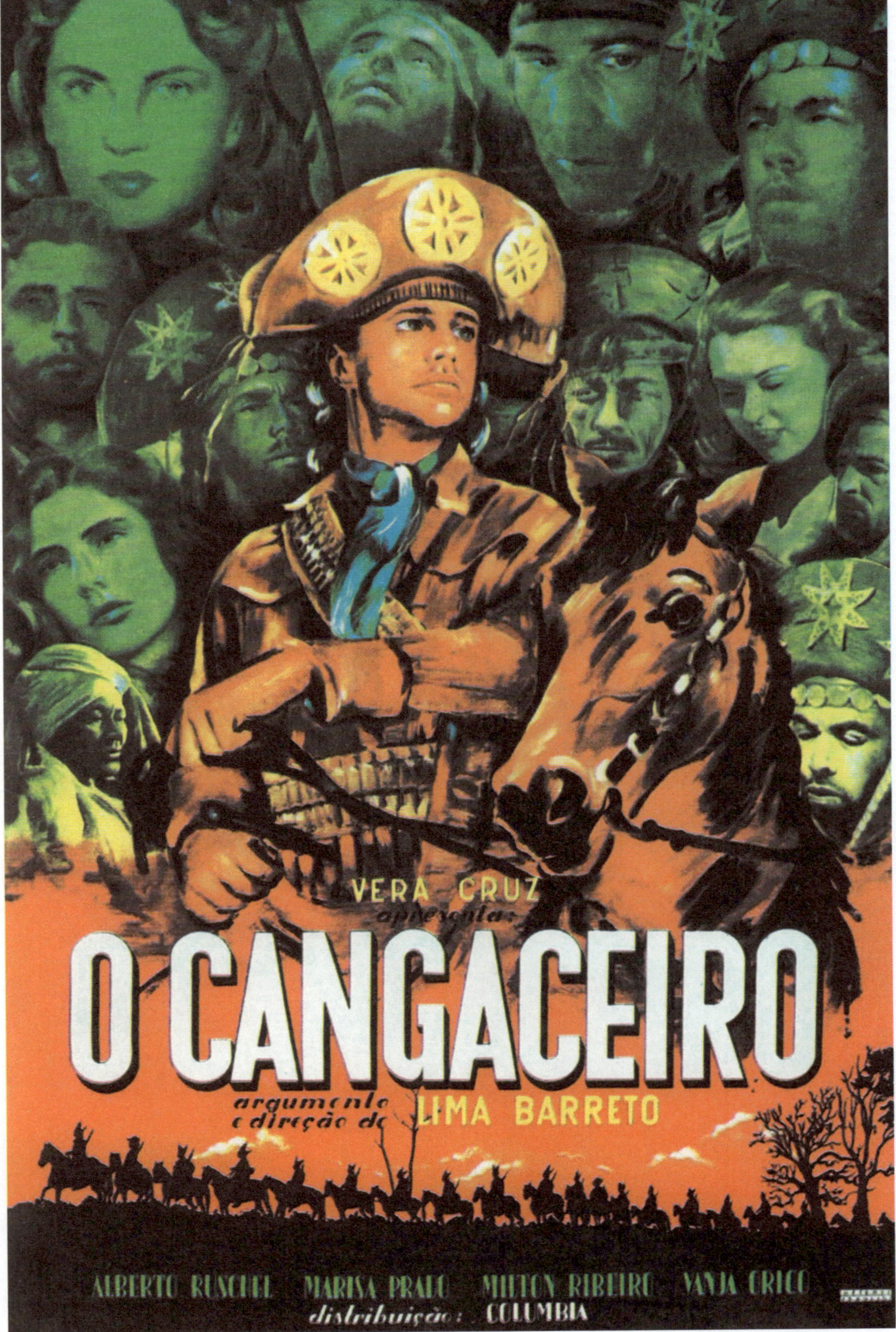

197

1954

MUNDO E BRASIL

_Getúlio Vargas suicida-se em 24 de agosto; Café Filho assume a presidência. O Decreto n. 23572, de 24 de agosto, publicado no *Diário Oficial* na mesma data, institui luto oficial por oito dias e suspende o expediente nas repartições públicas estaduais.

198. LUTO OFICIAL
SUICÍDIO DE GETÚLIO

_Dante Moreira Leite publica *O Caráter Nacional Brasileiro*.
_Ferreira Gullar publica *A Luta Corporal*.

199. 1ª EDIÇÃO DE *A LUTA CORPORAL*:
CAPA E FOLHA DE ROSTO

_Inauguração do Parque do Ibirapuera, projeto de Oscar Niemeyer e equipe.

200. NIEMEYER DESENHA O SÍMBOLO E MONUMENTO AO IV CENTENÁRIO DE SÃO PAULO NA INAUGURAÇÃO DO PARQUE DO IBIRAPUERA

201. MAQUETE DO PARQUE IBIRAPUERA

_Oswald de Andrade lança o primeiro volume de seu livro de memórias, falecendo meses depois.

202. VICTOR BRECHERET, ESCULTOR QUE MARCOU A PAISAGEM PAULISTANA NOS ANOS 1940 E 1950, DÁ ACABAMENTO AO MONUMENTO A CAXIAS, EM 1945

198

EXTRA

A NAÇÃO EM ESTADO DE CHOQUE ANTE O ES-
PANTOSO DESFECHO DA CRISE POLITICO-MILITAR

SUICIDOU-SE
GETULIO

Diário da Noite

DE NORTE A SUL TODO O PAIS SE CURVA
AO DESTINO DESSA VIDA INTENSAMENT
PRESA AOS RUMOS HISTORICOS DO BRASI

Providências excepcionais de segurança em toda a cidade

QUADRO DE DESESPERO

A ULTIMA MENSAGEM DE VARGAS

2,40 – A HORA DO GESTO TRÁGICO

CAFÉ CIENTIFICADO

DESMAIOU O GENERAL CAIADO DE CASTRO

NINGUEM QUERIA ACREDITAR NO PALACIO DA GUERRA

PROFUNDA DESOLAÇÃO

A LUTA CORPORAL

ferreira gullar

a luta corporal

ferreira gullar

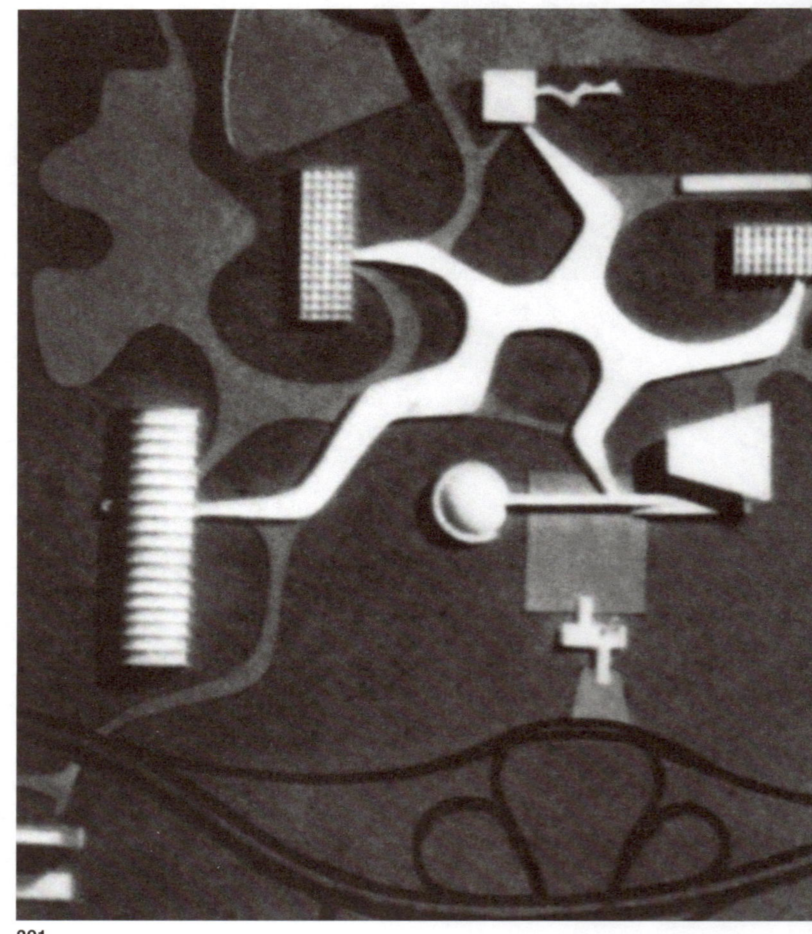
201

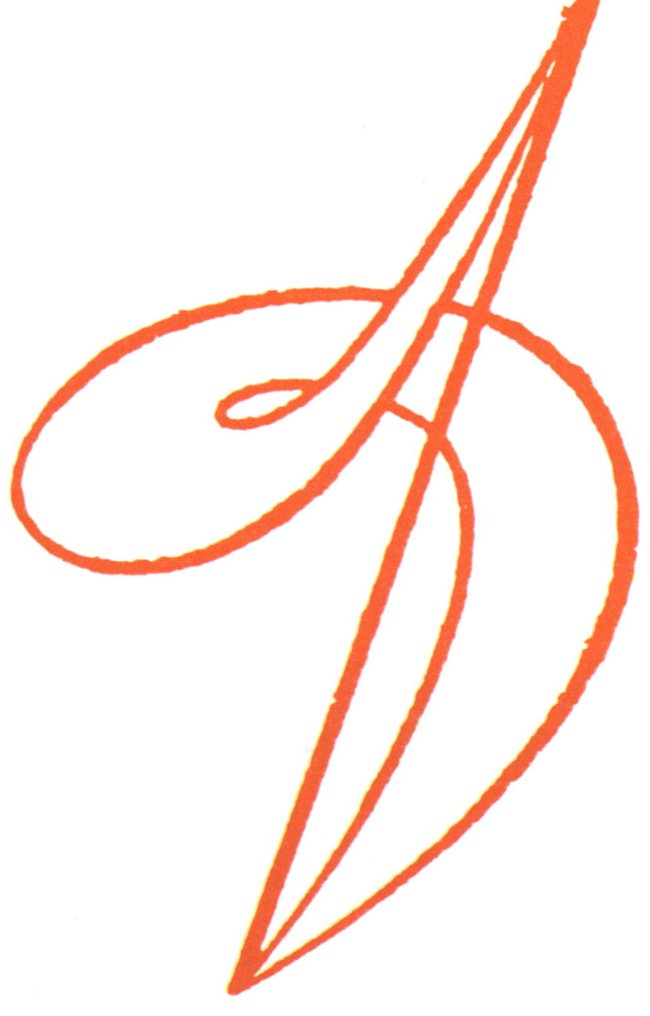
200

1955

MUNDO E BRASIL

_Criação do Instituto Superior de Estudos Brasileiros — ISEB.

_Juscelino Kubitschek é eleito presidente da República.

_Em 9 de novembro, Café Filho se licencia por doença; Carlos Coimbra da Luz, presidente da Câmara, assume a presidência; em 11 de novembro, o Congresso declara Café Filho e Carlos Coimbra impedidos; Nereu Ramos, vice do Senado, assume a presidência; em 25 de novembro, decreta estado de sítio, que vigora até a posse de Juscelino Kubitschek, em 31 de janeiro de 1956.

_João Cabral de Melo Neto publica *Morte e Vida Severina*.

203. 1ª EDIÇÃO DE *MORTE E VIDA SEVERINA* | CAPA E FOLHA DE ROSTO DO PROGRAMA DE MONTAGEM TEATRAL, 1966

_Cinema Novo: *Rio 40 graus*, de Nelson Pereira dos Santos.

_Caio Prado Júnior lança a *Revista Brasiliense*, de ensaios sociopolíticos, cujo conselho editorial conta com Sérgio Milliet, Sérgio Buarque de Holanda e outros.

_A revista infantil O *Tico-Tico* completa cinquenta anos. O Requerimento n. 912, publicado no *Diário Oficial*, de 6 de outubro, delibera que se lance em ata um voto de congratulações.

204. VOTOS AO CINQUENTENÁRIO DA REVISTA *O TICO-TICO*

GOVERNO DE SÃO PAULO

_Jânio da Silva Quadros é o governador de 31 de março de 1955 a 31 de março de 1959.

205. JÂNIO DA SILVA QUADROS POR MÁRIO GRUBER

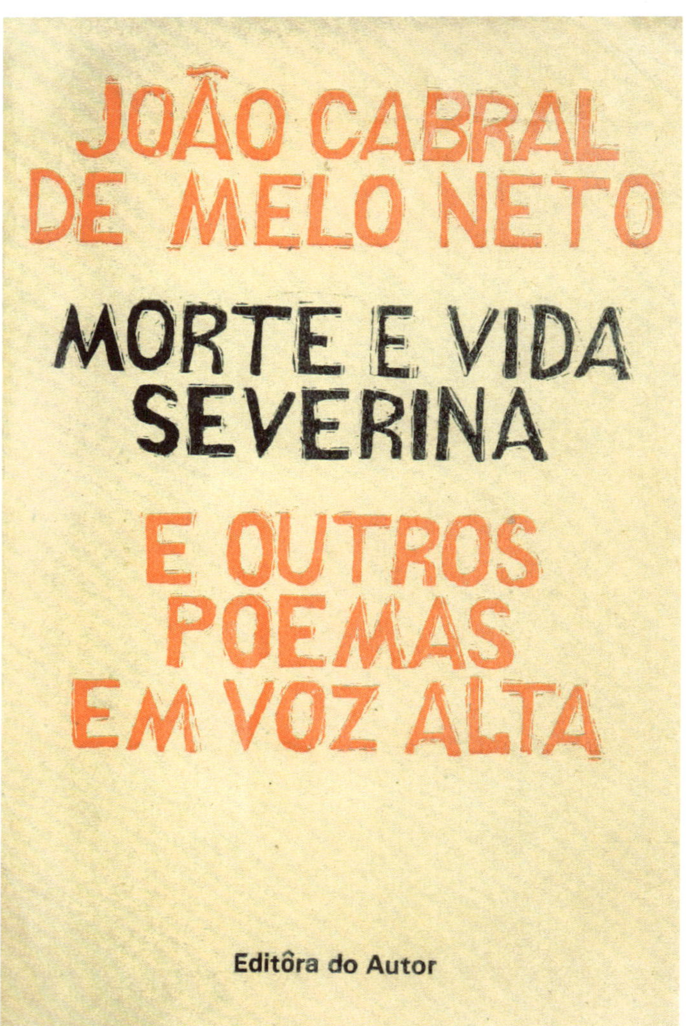

203

JOÃO CABRAL DE MELO NETO

MORTE E VIDA SEVERINA

E OUTROS POEMAS EM VOZ ALTA

EDITÔRA DO AUTOR

205

meida Pinto — Salgado Sobrinho — Paes de Barros Neto — Cruz Secco — Blota Júnior — Diogo Bastos — Ferreira Keffer — Lauro Pozzi — Leôncio Ferraz Jr. — Leônidas Camarinha — Luciano Nogueira Filho — Luiz Roberto Vidigal — Conceição da Costa Neves — Martinho Di Ciero — Manoel Figueiredo Ferraz — Maurício dos Santos — Miguel Petrilli — Osny Silveira — Oswaldo Junqueira — Oswaldo Massei — Abreu Sodré — Ubirajara Keutenedjian — Vicente Botta — Paula Lima — Victor Maida — Wilson Rahal e Gabriel Quadros.

No decorrer da sessão compareceram mais os seguintes srs. deputados: Hilário Torloni — Leôncio Ferraz Jr. e Oswaldo Massei.

O SR. PRESIDENTE — Convido o Sr. 2.o Secretário a proceder à leitura da Ata da sessão anterior.

O Sr. 2.o Secretário procede à leitura da Ata da sessão anterior, que é posta em discussão e sem debate aprovada.

O SR. PRESIDENTE — Convido o Sr. 1.o Secretário a proceder à leitura do Epediente.

O Sr. 1.o Secretário dá conta do seguinte:

EXPEDIENTE

MENSAGEM N. 426, DO SR. GOVERNADOR DO ESTADO

São Paulo, 22 de setembro de 1955.
Senhor Presidente

Tenho a honra de solicitar as dignas providencias de Vossa Excelência a fim de ser restituído ao Executivo, para reexame do assunto, o projeto de lei n. 1422, de 1953, dispondo sobre permuta de imóveis no distrito de Mairinque, município e comarca de São Roque.

O referido projeto de lei acompanhou a mensagem governamental n. 226, dirigida a essa nobre Assembléia em 19-11-53.

Reitero a Vossa Excelência os protestos de minha alta consideração.

JANIO QUADROS
Governador do Estado

A Sua Excelência o Senhor Doutor André Franco **Montoro, Presidente da Assembléia** Legislativa do Estado.

REQUERIMENTOS

REQUERIMENTO N. 912, DE 1955

Transcorrendo no dia 11 de outubro o 50.o aniversario da fundação da revista infantil "Tico-tico", que, alem de constituir uma tradição a que estão ligadas todas as gerações que nasceram neste ultimo meio seculo, vem realizando uma obra sadia de formação moral e preparação cultural da infancia em nosso país, requeiro que ouvido o plenario, se lance em ata um voto de congratulações e se comunique essa deliberação da Assembleia à direção daquela revista.

Sala das Sessões, 28 de setembro de 1955.
(a) Juvenal Rodrigues de Moraes

JUSTIFICAÇÃO

Está na consciencia **de** todos os homens sensatos o mal enorme que vem causando à infancia o genero de revistas que, nos ultimos tempos, atraiu, pela seu sensasionalismo de mau gosto, a leitura de crianças e adolescentes.

O assunto tem sido objeto de interessantes debates, sem que entretanto se haja encontrado uma solução sa-

órgãos competentes, para a reforma do predio em que funciona o grupo escolar de Sabino.

JUSTIFICATIVA

O grupo escolar de Sabino funciona, há longos anos, num velho edifício de propriedade da Prefeitura local. Suas condições gerais são péssimas, reclamando ampla reforma que coloque alunos, professores e funcionários a salvo de possíveis acidentes.

Em favor dessa providencias, desejada pelas autoridades e pela população de Sabino, é feita a presente Indicação.

Sala das Sessões, em 5 de outubro de 1955.
(a) — Bento Dias Gonzaga

INDICAÇAO N. 1.455, DE 1955

Indico à Mesa se digne de oficiar ao Poder Executivo solicitando-lhe, por intermédio da Secretaria da Saúde Pública e da Assistência Social, a nomeação de um médico para o PAMS de Presidente Bernardes.

JUSTIFICATIVA

Sou informado de que o PAMS de Presidente Bernardes se encontra sem médico. E uma situação que não deve perdurar. Não obstante as deficiências da rede de postos de assistência médico-sanitária que serve à maioria dos municípios paulistas, a eles se devem, inegavelmente, grandes serviços na defesa da saúde de nossas populações. As camadas mais modestas do povo, em cada localidade, encontram no PAMS recursos que não poderiam obter de outra forma.

A presença permanente de um médico no PAMS constitui, assim, mais do que obrigação administrativa, um imperativo de consciência social. E essa presença se faz particularmente necessária nas zonas de imigração, a onde chegam continuamente grandes levas de trabalhadores humildes, carecidos de meios para a obtenção de assistência médica particular.

E o caso de Presidente Bernardes, que urge seja solucionado. E' o que visa a presente Indicação.

Sala das Sessões, em 5 de outubro de 1955.
(a) — Bento Dias Gonzaga.

PARECER

PARECER N. 1.753, DE 1955, DO DEP. MARCIO PORTO

Relator Especial, designado nos termos do Artigo 58 do Regimento interno, sôbre o Projeto de Lei n. 282, de 1955.

Designado pelo sr. Presidente, coube-nos a tarefa de apreciar o Projeto de lei n. 282-55, quanto ao aspecto que tocaria à Comissão do Serviço Público Civil examinar.

A proposição em apreço foi elaborada pela douta Comissão de Constituição e Justiça com base em proposta formulada pelo Egrégio Tribunal de Alçada.

Ao endereçar à Assembléia sua proposta, pretendencia esse órgão do Poder Judiciário ver equiparados os cargos de direção de sua Secretaria aos postos correspondentes do Egrégio Tribunal de Justiça.

Tais circunstâncias vêm citadas no parecer da douta Comissão de Constituição e Justiça, sob n. 682-55.

Entre as providências pleiteadas está a fixação de novos vencimentos para o cargo de Secretário-Diretor Geral. Acontece, entretanto, que a lei posterior à remessa da proposta — Lei n. 3.096, de 13 de agosto de 1955 — alterou para "Secretário" a denominação do cargo de "Secretário-Diretor Geral" do quadro do Egrégio Tribunal de Justiça e bem assim fixou os respectivos vencimentos no padrão Z-4.

Atendendo, portanto, à proposta original do Egrégio

trabalhador, que se esclarece dia a dia. O mais importante disso tudo é que os trabalhadores puderam ver com seus próprios olhos o govêrno que temos. Em plena véspera de eleições o povo foi a Palácio exigir do governador o barateamento do custo de vida. Puderam sentir na própria carne a resposta do govêrno. Chegou o 3 de outubro. Todo aquêle povo compreendeu definitivamente a importância da utilização do voto, e às urnas compareceu. O futuro Presidente da República já está eleito pela vontade soberana da massa popular. Basta apenas que se conheça seu nome agasalhado nas milhares de urnas em milhões de votos, que ainda estão sendo contados. Agora é preciso, mais do que nunca, que o povo se organize e se una, como numa só família, na defesa de um único ideal, sem côres partidárias e, se preciso fôr, saia às ruas para exigir a posse do candidato eleito pela maioria dos votos populares. Qualquer dos candidatos, eleito pela vontade do povo tomará posse, porque assim o povo exigirá. Nossa democracia e nossa Carta Magna serão respeitadas. O povo elegeu, o candidato será empossado, seja êle qual fôr. Esta é a soberania popular.

Era o que tinha a dizer, Sr. Presidente.

O SR. PRESIDENTE — Tem a palavra o nobre deputado Paulo Teixeira de Camargo. **(Pausa)** — Não se encontrando presente S. Exa., tem a palavra o nobre deputado Gabriel Quadros. **(Pausa)** — Não se encontrando presente S. Exa., tem a palavra o nobre deputado Derville Allegretti.

O SR. DERVILLE ALLEGRETTI (Sem revisão do orador) — Sr. Presidente, Srs. deputados, felizmente, a abstenção verificada no pleito de segunda-feira foi menor que a das penúltimas eleições. Penso, todavia, que seria sensivelmente reduzida se outra fôsse a mecânica da votação. A verdade é que o processo de votação foi muito demorado. Era comum ver-se atopetados os corredores dos edifícios onde funcionaram as mesas. As filas foram numerosas e constantes. E ainda o eram em centenas de secções quando se escoou o prazo legal de votação. Não creio que se possa falar de abstenção apreciável no último pleito. Houve, isso sim, possibilidades reduzidas de todos poderem votar. No entanto, será fácil corrigir, para o futuro, os erros perpetrados segunda-feira última. Assim, parece-nos que uma providência a ser tomada será a de a cédula única ser entregue ao eleitor já dobrada. Foi o que se verificou em diversas mesas, como pude constatar pessoalmente, com grande resultado. O eleitor só terá de dispender o tempo necessário para assinalar, com uma cruz, o candidato de sua preferência. Pode dizer-se que essa providência evitará a formação de filas extensas, de difícil movimentação. Outra medida útil será, a nosso ver, permitir que o eleitor vote, ao mesmo tempo, nos candidatos majoritários e o candidato a outros cargos eletivos. Ir duas vêzes à cabina indevassável para o exercício do voto não é, ao que saibamos, imposição legal. Essa dupla viagem, se assim se pode dizer, consome muito tempo. Melhor seria que o Presidente da mesa ou os mesários instruíssem, na hora da votação, o eleitor, que necessitasse de esclarecimento, permitindo-lhe, porém, o exercício simultâneo do voto duplo. Tive oportunidade de observar que, numa seção pelo menos êsse processo prático foi levado a efeito com excelente resultado. Se forem adotadas ao menos essas providências, suponho que não se repetirão, nas próximas eleições, as deficiências assinaladas nas de segunda-feira passada. Deficiências que, afinal de contas, acarretam transtornos não só dos que puderam votar como a quantos não puderam fazer, apesar de, no término do prazo legal se acharem pacientemente, integrando a enorme fila de sua seção eleitoral, não admitida ao exercício do voto. E' claro que nossas palavras não envolvem crítica ao trabalho dos mesários. São, todos êles, dignos de

1956

MUNDO E BRASIL

_Publicados *Grande Sertão: Veredas* e *Corpo de Baile*, de Guimarães Rosa.

206. 1ª EDIÇÃO DE *GRANDE SERTÃO: VEREDAS* | CAPA E FOLHA DE ROSTO | ILUSTRAÇÕES DE POTY

_Realiza-se a I Exposição Nacional de Arte Concreta, no Museu de Arte Moderna de São Paulo.

206

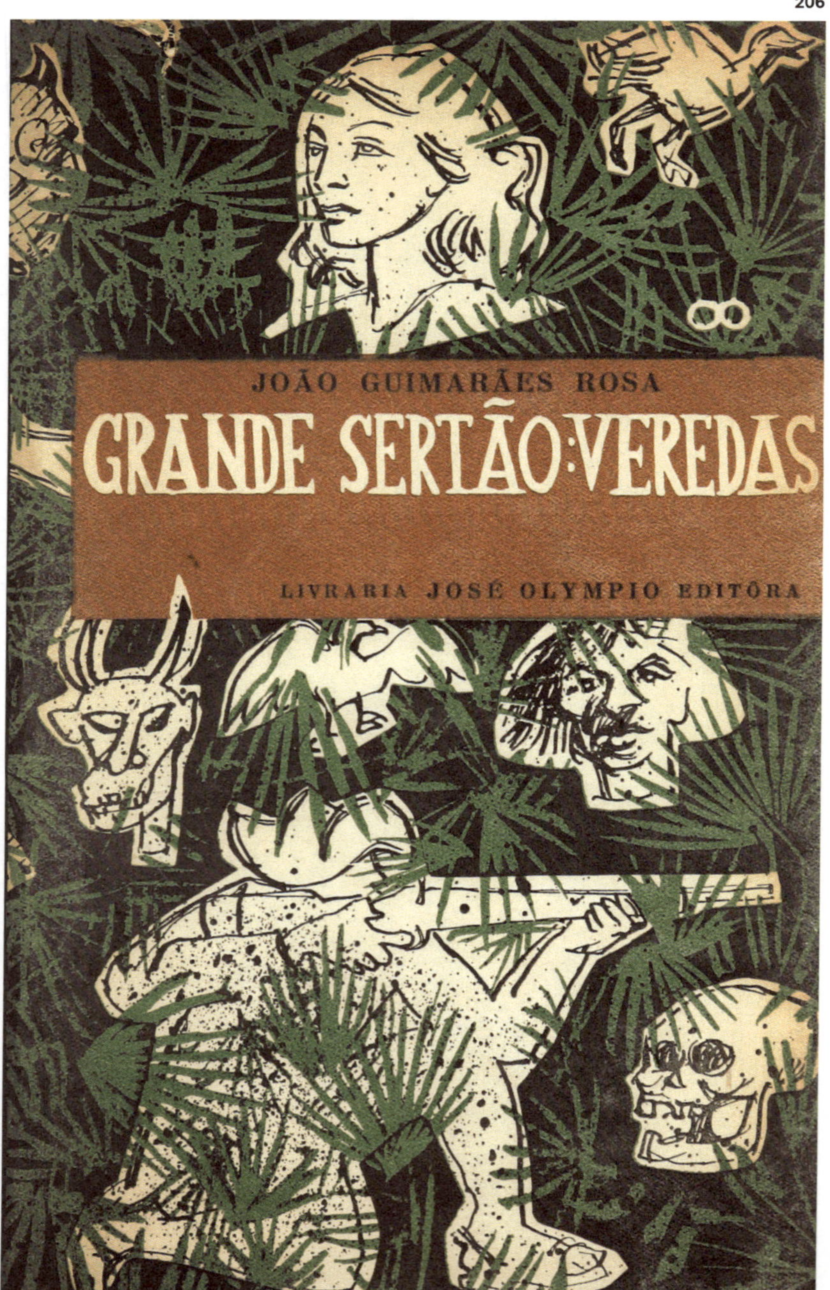

JOÃO GUIMARÃES ROSA

Grande Sertão : Veredas

("O DIABO NA RUA, NO MEIO DO REDEMOINHO...")

Capa de Poty

LIVRARIA *JOSÉ OLYMPIO* EDITÔRA
Rua do Ouvidor, 110 — Rio de Janeiro — 1956

1957

MUNDO E BRASIL

_Lucio Costa vence o Concurso do Plano Piloto da Nova Capital do Brasil e se inicia a construção de Brasília.

207. CROQUIS DE LUCIO COSTA PARA O PLANO PILOTO DE BRASÍLIA

_I Exposição Nacional de Arte Concreta, itinerante, no edifício do MEC, no Rio de Janeiro.
_Greve geral.

IMPRENSA OFICIAL

_Em 1º de maio, o *Diário Oficial* publica matéria sobre a conclusão do prédio da Imprensa Oficial; no dia anterior, o coronel Faria Lima, secretário de Viação, e Queiroz Filho, secretário da Justiça, visitaram o novo prédio.

208. CONCLUSÃO DO NOVO EDIFÍCIO DO D. O.

_O jornalista Wandyck Freitas é nomeado diretor pelo governador Jânio Quadros em 28 de maio, em decreto publicado no *Diário Oficial* de 29 de maio.

_O secretário da Justiça Diniz Junqueira inaugura a nova máquina rotativa, Goss Headline, com capacidade para rodar 40 mil exemplares por hora do *Diário Oficial*, e 32 páginas em cada uma de suas cinco unidades impressoras; grampeação automática.

209. INAUGURAÇÃO DA GOSS HEADLINE

DIÁRIO OFICIAL

_O *Diário Oficial* volta a ser noticioso em 1º de maio, com diagramação avançada e ilustrado por fotografias.

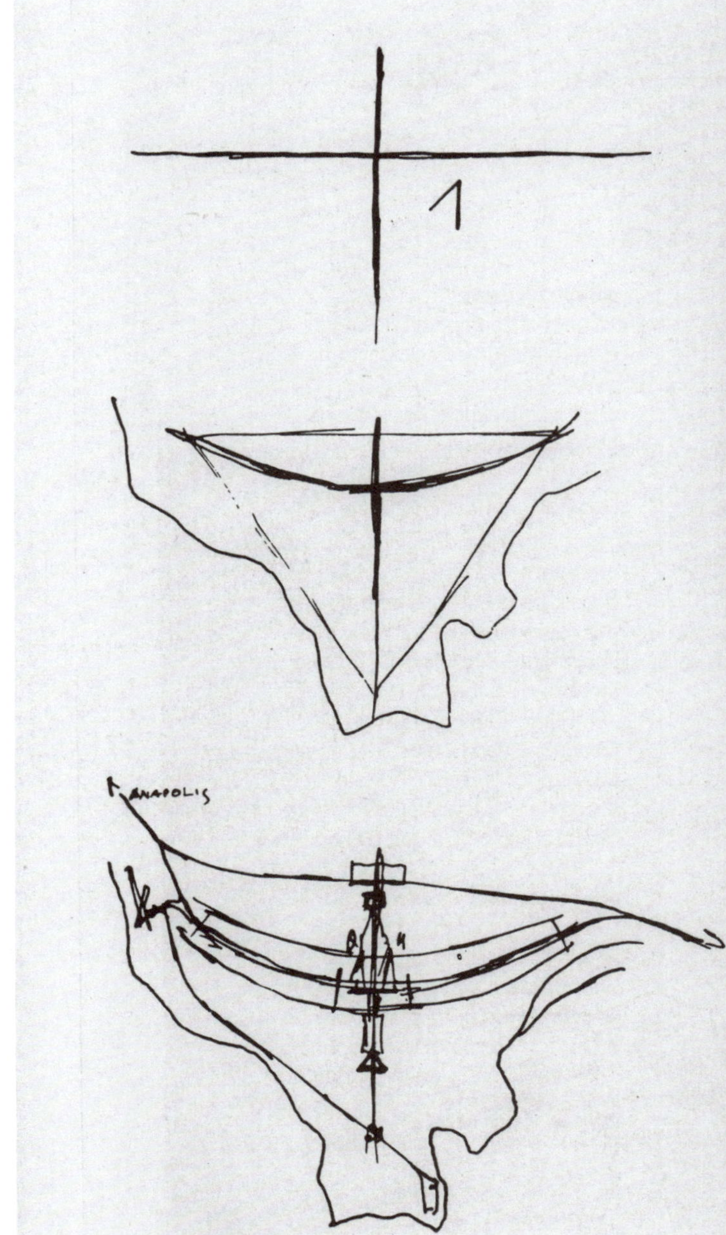

207

O valor do contrato é de Cr$ 695.000,00, devendo os trabalhos estar concluídos dentro de noventa dias aproximadamente.

CONCLUSÃO DO PRÉDIO DA IMPRENSA OFICIAL

Os srs. cel. Faria Lima, secretário da Viação e Queiroz Filho, secretário da Justiça, em companhia do engenheiro Pietro Ghirardi, diretor da Diretoria de Obras Pública e do representante da firma construtora, visitaram ontem o novo prédio da Imprensa Oficial, construído pela DOP e já concluído.

Foram tomadas providências para a instalação da rotativa de vulto e já adquirida pela Comissão Central de Compras.

Foram tambem visitadas as antigas oficinas, determinando-se providências para que sejam efetuados estudos visando a melhoria da aeração e instalação de exaustores.

USINA HIDRELÉTRICA DE PEIXOTO

O ministro Alvaro de Sousa Lima, Diretor Geral do

208

209

1958

MUNDO E BRASIL

_São realizadas eleições para governadores estaduais, deputados federais e senadores. O *Diário Oficial* de 3 de outubro publica o horário e locais de votação.

210. REALIZADAS ELEIÇÕES

_É criado por Edgard Cavalheiro, presidente da CBL — Câmara Brasileira do Livro, o prêmio Jabuti, que viria a se tornar o mais importante e tradicional prêmio literário brasileiro.

_O "Plano-Piloto para Poesia Concreta", de Haroldo e Augusto de Campos e Décio Pignatari, publicado na revista *Noigandres*, n. 4, marca o início do Concretismo.

DIÁRIO OFICIAL

_Em 12 de novembro de 1958 o jornal, com caráter noticioso, estampa em sua primeira página as hidrelétricas de Barra Bonita e Central Termelétrica do Vale do Ribeira, além da proibição de jogos ilícitos.

211. PRIMEIRA PÁGINA DO D.O.

ANO LXVIII — Nº 220 — SEXTA-FEIRA, 3 DE OUTUBRO DE 1958

HORÁRIO E LOCAIS DA VOTAÇÃO DO PLEITO DE HOJE

A eleição de hoje teve inicio às 8 horas da manhã e encerra-se às 17 horas (5 horas da tarde). Ninguém poderá ser admitido a votar depois dessa hora, sob qualquer pretexto.

Para saber onde votar, verifique em seu titulo (novo) a secção eleitoral em que deve fazê-lo. Quanto ao local em que essa mesa receptora estará funcionando, peça informações ao T.R.E., pelos telefones 37-6151, 37-6152, 37-6153, 37-6154, 37-6155, 37-6156, 37-6157, 37-6158, 37-6159 e 37-6150.

NINGUÉM VOTA FORA DA SECÇÃO

Salvo raras exceções previstas na lei eleitoral (mesarios, fiscais credenciados perante os juizes eleitorais, candidatos, etc.), ninguém pode votar fora da própria secção eleitoral, ainda que se trate de pessoas enfermas ou em serviço. Os enfermos, as senhoras gravidas e as pessoas idosas podem ser atendidas com preferencia, fora de filas, mas sempre nas suas próprias secções eleitorais.

APURAÇÃO DO PLEITO

A apuração das eleições de hoje, na Capital, será feita por 58 juntas apuradoras, instaladas no Pavilhão da Feira Internacional, no Parque do Ibirapuera (entrada pelo portão n.o 8, da Avenida República do Libano). Os trabalhos serão iniciados as 12 horas de amanhã, sabado. No interior do Estado, cabe a cada juiz eleitoral designar o local e o horário em que deverão ser realizadas as apurações do pleito.

ELEITOR FORA DE SEU MUNICIPIO NO DIA DE HOJE

Não poderá votar quem se encontrar hoje fora da cidade em que está alistado eleitor. A falta do eleitor ausente de seu municipio, no entanto, pode ser facilmente justificada, por uma das seguintes maneiras:

ELEITORES SEM O TITULO

Quem já tirou o novo titulo eleitoral, mas esteja sem esse titulo, fora de sua cidade, poderá comparecer a qualquer delegacia de policia e pedir atestado que será fornecido pela autoridade policial, mediante apresentação de prova de identidade. Esse atestado, que é gratuito, deverá servir para que o eleitor requeira, dentro de 30 dias, a contar de hoje, a justificação de sua falta perante o juiz eleitoral da zona em que está alistado.

ELEITORES COM O TITULO NOVO

Os que estiverem com seus titulos novos poderão procurar o cartório eleitoral da cidade em que estiverem. Na Capital, os interessados serão atendidos em dois locais: Palacio 9 de Julho (Assembléia Legislativa) no Parque Dom Pedro II ou Tribunal de Alçada, na rua 7 de Abril, 151, das 8 às 17 horas de hoje. A esses eleitores será expedido um certificado, de côr azul, em duas vias. A primeira via é entregue ao eleitor, para prova futura de que justificou sua falta. A segunda via do certificado, será remetida diretamente ao juiz eleitoral da sua zona, para que este justifique a falta do eleitor, que não precisará tomar qualquer outra providência.

JUSTIFICAÇÃO DE FALTA AO PLEITO

O eleitor que deixar de votar, sem causa justa, será multado, variando a pena entre cem e mil cruzeiros. Alem disso, sem prova do exercicio do voto, da justificação da falta ou do pagamento da multa, não poderá o eleitor inscrever-se em concursos publicos, obter passaporte e carteira de identidade, tomar posse ou receber vencimentos de cargos publicos, etc.

Para justificar sua falta, deve o eleitor requerê-lo ao juiz eleitoral da zona a que pertence, desde amanhã até o dia 3 de novembro proximo.

COMUNICADO AOS MESARIOS

Os Juizes Eleitorais da Capital recomendam instantemente aos senhores membros de mesas receptoras que cumpram fielmente as instruções que lhes foram dadas verbalmente, assim como as constantes do extrato de instruções (côr azul), sem atender a quaisquer outras que não lhes sejam dadas por intermédio dos Juizes Eleitorais, ou pelo Tribunal Regional de São Paulo.

PARA VOTAR: SÓ SERVE O TITULO NOVO

Só quem é portador do novo titulo de eleitor, expedido de 1955 em diante, em formato de cartão branco, com fotografia do eleitor do lado esquerdo, é que poderá votar nestas eleições. Só esses eleitores possuem, nas secções eleitorais, a folha individual de votação, sem a qual ninguem pode votar. Não servem para a votação portanto, os titulos antigos, tanto os sem fotografias como os titulos verdes, em formato de carteirinha quando dobrados, ainda que tenham a fotografia do portador.

ELEITOR QUE PERDEU O TITULO NOVO

Quem já tiver obtido o novo titulo eleitoral, pode votar ainda que tenha perdido o referido titulo, levando documento de identidade. E' preciso saber antecipadamente qual a secção em que votará. Para isso, o interessado pode telefonar para o cartório da Zona Eleitoral a que pertence, pelos seguintes números: 1.a zona: .. 33.7573; 2.a zona: 35.7674; 3.a e 4.a zonas: 33.9555; 5.a zona: ... 33.9374 e 6.a zona: 36.1741.

CEDULA SEM LEGENDA É VÁLIDA

De acordo com a lei eleitoral, será contada normalmente a cedula que contiver apenas o nome do candidato e o cargo ao qual concorre. A falta da legenda impressa na cedula não é motivo de anulação do voto, que será apurado para o candidato e para o partido a que pertence.

RECOLHIMENTO DE URNAS DA PROXIMA ELEIÇÃO

Como já fez em eleições anteriores, o Tribunal Regional Eleitoral, visando facilitar a missão dos presidentes de mesas receptoras, que são responsáveis pela entrega das urnas à Justiça Eleitoral após o encerramento da votação, providenciará o recebimento dessas urnas, em vários pontos da cidade. Nesses locais, juizes eleitorais, especialmente designados, receberão as urnas entregues pelos mesários, aos quais será fornecido o recibo devido. Para conhecimento de todos os interessados, o T. R. E. informa que as urnas serão recebidas no Parque do Ibirapuera (Pavilhão da Feira Internacional) com entrada pelo portão n. 8, da avenida República do Libano, ou nos seguintes locais:

Primeira Zona Eleitoral

Escola Politécnica — Edificio São Tiago, praça Cel Fernando Prestes (urnas dos distritos de Santa Ifigênia e Sé)

Parque Infantil — Rua Paulo Eiró (Santo Amaro) — (urnas de Santo Amaro, Cidade Ademar, Cidade Dutra e Campo Grande).

Segunda Zona Eleitoral

Parque Infantil da Barra Funda — Rua Anhanguera, 489 (urnas do distrito da Barra Funda)

Sociedade Amigos da Casa Verde — Rua Jaguareté, 414 (urnas da Casa Verde e Cachoeirinha)

Escola do Senai — Rua Nossa Senhora da Lapa, 76 (urnas da Lapa, Vila Ipojuca, Vila Leopoldina, Vila Anastacio e Vila Romana)

Grupo Escolar Silva Jardim — Avenida Tucuruvi, 724 (urnas de Tucuruvi, Vila Mazzei, Isolina Mazzei, Jaçanã, Edú Chaves e Tremembé).

Terceira Zona Eleitoral

Grupo Escolar Pandiá Calógeras — Avenida Paes de Barros, 1.025 (urnas do Alto da Moóca)

Escola Profissional Dom Bosco — Rua Afonso Pena, 233 (urnas do Bom Retiro)

Grupo Escolar Romão Puigari — Avenida Rangel Pestana, 1.483 (urnas do Brás)

Grupo Escolar Eduardo Carlos Pereira — Rua da Moóca, 363 (urnas da Moóca)

Escola Profissional Carlos de Campos — Rua Monsenhor de Andrade, 798 (urnas do Pari)

Grupo Escolar João Vieira — Avenida Guilherme Cotching, 1.272 (urnas da Vila Maria).

Quarta Zona Eleitoral

Colégio Estadual e Escola Normal Domingos Faustino Sarmiento — Rua 21 de Abril, 970 (urnas do Belém)

Grupo Escolar Pedro Taques — Guaianases (urnas de Guaianases)

Grupo Escolar Alvares de Azevedo — Rua da Estação, s|n. (urnas de Itaquera)

Clube Esportivo da Penha — Rua João Cesário, 347 (urnas da Penha)

Clube de Regatas Tietê — Praça dos Esportes, 117 (urnas de Santana)

Sede Social do Clube de Regatas Nitro-Quimica — Rua da Fábrica, s|n. (urnas de São Miguel Paulista)

Biblioteca Municipal do Tatuapé — Avenida Celso Garcia, 4142 — (urnas do Tatuapé)

Grupo Escolar Frederico Steidel — Avenida Atlântida, s|n. — (urnas de Vila Carrão)

Grupo Escolar João Teodoro — Rua Dona Matilde, s|n. (urnas de Vila Matilde)

Grupo Escolar de Artur Alvim — Rua Vinte e Dois, s|n. (urnas de Artur Alvim)

Grupo Escolar Orville Derby — Rua Saigon, s|n. (urnas de Vila Formosa)

Quinta Zona Eleitoral

Colégio Estadual Fernão Dias Paes — Rua Pedroso de Moraes, 230 (urnas de Vila Madalena e Butantã)

Grupo Escolar Manoel da Nóbrega — Rua Itaberaba, 67 (urnas de Nossa Senhora do Ó, Pirituba, Perus e Jaraguá)

Grupo Escolar Marechal Bittencourt — Osasco (urnas de Osasco)

Cine Jardim — Rua Santo Antonio com Prof. João da Mata (Barueri) — (urnas de Barueri, Carapicuiba e Aldeia)

Grupo Escolar Tenente Coronel Gaspar de Godoy Colaço — Santana de Parnaiba (urnas de Santana de Parnaiba, Cajamar, Pirapora do Bom Jesus)

Grupo Escolar Batista Cepelos — Rua Dr. Julio Prestes, s|n. (Cotia) — (urnas de Cotia, Caucaia do Alto, Itapevi e Jandira)

C. A. Expedicionários — Rua Azevedo Soares, 131 (Franco da Rocha) — (urnas de Franco da Rocha, Caieiras, Francisco Morato e Mairiporã)

Sexta Zona Eleitoral

Escola SENAI — Rua Muniz de Souza, 3 (urnas do Cambuci)

Grupo Escolar Visconde de Itaúna — Rua Silva Bueno, s|n. (urnas do Ipiranga)

Escolas Agrupadas do Moinho Velho — Rua Belgrado, 4 (urnas do Sacomã)

Colégio Archidiocesano — Rua Domingos de Moraes, 2565 (urnas da Saúde)

Grupo Escolar República do Paraguai — Rua Icatu, 221 (urnas de Vila Prudente e Vilas Alpina, Bela e Califórnia)

Aperfeiçoamento de pescadores e alunos do Instituto de Pesca

Realizou-se, no dia 21 do corrente, no Instituto de Pesca Marítima, em Santos, com a presença do sr. Secretário da Agricultura, técnicos do D.P.A. e mais autoridades, a cerimônia de entrega de certificado de 12 jovens que concluiram o curso de aperfeiçoamento de pesca e marinhagem (dois anos) nos barcos de Tayo Fishery Co., mediante acôrdo com o govêrno brasileiro.

Dessa forma vem sendo cumprido o pragrama de preparação de tripulações brasileiras para operar embarcações de pesca em alto mar, como primeiro passo no sentido da melhoria e racionalização da nossa marítima.

Esse fato cresce de importância, quando nos lembramos de que a pesca marítima na costa paulista, se desenvolvida em bases racionais poderá fornecer cêrca de 2 milhões de toneladas de pescado, anualmente. Tal quantidade de peixes representa uma inestimável contribuição para elevar o fornecimento de proteínas de origem animal, com evidente benefícios para a alimentação pública e, ainda, dos animais domésticos. Cabe registrar aqui que só o Estado de São Paulo pode absolver aproximadamente 1,5 milhões de toneladas de pescado fresco ou sob a forma de enlatados, salgados, farinha de peixe, cola, adubos etc., podendo o excedente ser exportado para outras unidades brasileiras ou para países estrangeiros.

PÁGINA 3

210

Diário Oficial

ESTADO DE SÃO PAULO — (ESTADOS UNIDOS DO BRASIL)

Gerente: GABRIEL GRECO | Diretor: WANDYCK FREITAS | Redator-Secretário: LUCIO BARBOSA

ANO LXVIII | SÃO PAULO — QUARTA-FEIRA, 12 DE NOVEMBRO DE 1958 | NÚMERO 252

DIÁRIO DO EXECUTIVO

GOVÊRNO DO ESTADO

NOTICIÁRIO

HIDRELÉTRICA DE BARRA BONITA — Constituindo mais um passo para a plena concretização do Plano Estadual de Eletrificação, elaborado com o propósito de dotar os mais afastados rincões paulistas de energia elétrica, prosseguem os trabalhos de construção da Usina Hidrelétrica de Barra Bonita. A construção foi iniciada pela Companhia Hidrelétrica do Rio Pardo, em janeiro de 1957, e as obras atacadas imediatamente. Acaba de ser concluída, agora, a construção da secção da barragem junto à margem esquerda do rio e grande porção do bloco da eclusa para navegação. No dia 1.o do corrente procedeu-se ao desvio do rio Tietê, em Barra Bonita, que passou a correr através de canalizações para isso deixadas na secção da barragem já erguida, que virá permitir a construção da Casa de Fôrca e da secção da barragem junto à margem direita. Mostra a foto, aspecto das obras da Usina, que terá a potência de 132 mil quilovates, com a produção anual de 450 milhões de quilovates-horas. A sua inauguração está prevista para o ano de 1960, quando ficará interligada com as usinas de "Jurumirim" e "Salto Grande", do Paranapanema, e com "Limoeiro" e "Euclides da Cunha, do Rio Pardo.

Bastante adiantada a construção da Central Termelétrica do Vale do Ribeira

PREVISTA PARA O FIM DO ANO O FINANCIAMENTO DA USINA DE JUQUIÁ

Ao elaborar o Plano de Eletrificação do Estado, a Secretaria da Viação incluiu, entre as obras a serem realizadas nesse setor, a construção de usinas termelétricas, visando o atendimento mais rápido das necessidades de extensas regiões do interior que careciam do elemento prpoulsor de progresso — a eletricidade. O Vale do Ribeira era uma das regiões que mais necessitavam de energia para seu desenvolvimento. Para a região, além da construção de estradas pelo D.E.R., a Secretaria da Viação através do Departamento de Aguas e Energia Elétrica, programou a construção da Central Termelétrica do Vale do Ribeira.

A Usina de Juquiá, com potência de 10.000 kW, teve sua construção contratada em março de 1957, iniciando-se a manufatura das máquinas no mês de abril. As construções civis da Usina — casa das máquinas, casa para tratamento de óleo, almoxarifado, garage, residências para engenheiros e operadores — tiveram início em novembro de 1957 e encontram-se pràticamente prontas Em fevereiro deste ano começaram a ser recebidos os materiais importados, iniciando-se então, a montagem do primeiro grupo gerador, cuja conclusão está prevista para dezembro, devendo entrar em funcionamento imediatamente. Será, nessa ocasião, iniciada a montagem do segundo grupo gerador. Cada grupo gerador terá a potência de .. 5.000 kW. Para a construção da Usina de Juquiá, inclusive equipamentos importados, foram despendidos 214 milhões de cruzeiros.

Para a utilização da energia produzida em Juquiá, serão construidos 250 km de linhas de 66 kV

(Conclui na 2.a página)

Quase nove mil metros de extensão de esgotos

O cel. Faria Lima, titular da Pasta da Viação, enviou ao governador Jânio Quadros ofício comunicando a conclusão das obras de extensão de 8.651,50 m. da rêde de esgotos, servindo a diversos bairros da Capital.

Fechamento sumário dos clubes que praticarem jogos ilícitos

Recomendação do governador ao titular da Pasta de Segurança

O governador Jânio Quadros enviou ao titular da pasta da Segurança Pública, o seguinte despacho:

"Excelência. 1) — A mais rigorosa repressão aos chamados "Clubes de Carteado", nos quais são praticados jogos ilícitos. Nenhuma condescendência. Cassar o alvará e fechar sumariamente. 2) — Uma cópia do inquérito referente à depredação dos veículos de transportes coletivos permanecerá em Palácio, por cinco dias, para exame de qualquer do Povo. Verificar-se-á, então, qual a conduta do Govêrno, que, desordeiros, agitadores suspeitos e extremistas acusaram de violências. Remeter cópia dêsse inquérito à Chefia da Casa Civil. (a) — Jânio Quadros".

EMPRÉSTIMO À PREFEITURA DE BEBEDOURO

Em despacho ao presidente da Caixa Economica do Estado, o governador do Estado autorizou o emprestimo de 10 milhões de cruzeiros à Prefeitura de Bebedouro, para obras de pavimentação.

CRIAÇÃO DE FACULDADE DE MEDICINA VETERINÁRIA E ZOOTECNIA EM BARRETOS

Enviado pelo governador do Estado projeto de lei à Assembléia Legislativa

O governador Jânio Quadros enviou à consideração da Assembléia Legislativa do Estado projeto de lei dispondo sobre a criação, organização e finalidade de uma Faculdade de Medicina Veterinária e Zootécnia na cidade de Barretos.

Salienta a mensagem que as mesmas razões que justificaram a apresentação, pelo Executivo, dos projetos criando institutos congeneres em Franca e Araçatuba, justificam o atual projeto isto é, de ser o municipio de Barretos considerado o maior entreposto de gado da America Latina, projetando-se ainda pelo fato de possuir os mais selecionados planteis de raças zebuinas, circuntâncias que já determinaram fosse escolhido como sede de um Posto de Vigilância Sanitária Animal e de um Laboratório de Fabricação de Produtos Veterinários, mantidos pelo Ministério da Agricultura, e também preferido por inumeras empresas particulares que se dedicam ao comercio de carnes de leite e derivados. "Representará pois — salienta a mensagem — medida de indiscutivel influencia e utilidade para toda a região a localização, no mencionado municipio, de uma Faculdade de Medicina Veterinaria e Zootécnia".

Agradecimento do Prefeito de Santos

O prefeito de Santos, sr. Silvio Fernandes, em rádio dirigido ao governador do Estado manifestou os seus agradecimentos pelas "imediatas providências determinadas com referência ao memorial encaminhado pelo secretário da Viação e Obras Públicas, sôbre o problêma do desmoronamento do Morro do Marapé, nesta cidade, solicitação feita através de oficio deste gabinete".

CONCURSO DE PROVAS NO ENSINO PRIMÁRIO

A Secretaria da Educação, em cumprimento ao plano de reformas que se traçou, para solucionar os problemas relativos ao nível do ensino, encaminhará à consideração do governador Jânio Quadros um trabalho do Departamento de Educação, restabelecendo, no concurso de ingresso do magistério primário, as provas escritas e orais.

Trata-se de providência de há muito reclamada pelas autoridades escolares e o ensino em geral e que o titular da Pasta, Prof. Alipio Corrêa Netto, e o de Educação, Prof. Luiz Contier, levam agora a bom termo, com indiscutiveis vantagens para a instrução pública.

1959

MUNDO E BRASIL

_Juscelino declara o rompimento do Brasil com o FMI.
_Publicação de *Formação Econômica do Brasil*, de Celso Furtado; *Visão do Paraíso*, de Sérgio Buarque de Holanda.

212. 1ª EDIÇÃO DE *VISÃO DO PARAÍSO* | CAPA E FOLHA DE ROSTO

_Ferreira Gullar rompe com os poetas concretos de São Paulo e lança o "Manifesto Neoconcreto".
_I Exposição de Arte Neoconcreta, no Museu de Arte Moderna do Rio de Janeiro.
_"Teoria do Não-Objeto", de Ferreira Gullar.
_Diaulas Riedel institui o troféu Jabuti por meio de um concurso entre escritores, cujo 1º vencedor foi Jorge Amado com *Gabriela, Cravo e Canela.*

213. 1ª EDIÇÃO DE *GABRIELA, CRAVO E CANELA* | CAPA E PÁGINAS INTERNAS | 1º VENCEDOR DO PRÊMIO JABUTI

GOVERNO DE SÃO PAULO

Carlos Alberto Alves de Carvalho Pinto é o governador de 31 de março de 1959 a 31 de março de 1963.

214. CARVALHO PINTO POR MÁRIO GRUBER

212

SÉRGIO BUARQUE DE HOLANDA

VISÃO DO PARAÍSO

Os Motivos Edênicos no Descobrimento e Colonização do Brasil

Tese apresentada ao Concurso para provimento da Cadeira de História da Civilização Brasileira da Faculdade de Filosofia, Ciências e Letras da Universidade de São Paulo.

SÃO PAULO
1958

SÉRGIO BUARQUE DE HOLANDA

VISÃO DO PARAÍSO

Os Motivos Edênicos no Descobrimento e Colonização do Brasil

Tese apresentada ao Concurso para provimento da Cadeira de História da Civilização Brasileira da Faculdade de Filosofia, Ciências e Letras da Universidade de São Paulo.

SÃO PAULO
1958

JORGE AMADO
GABRIELA
CRAVO E CANELA
MARTINS

213

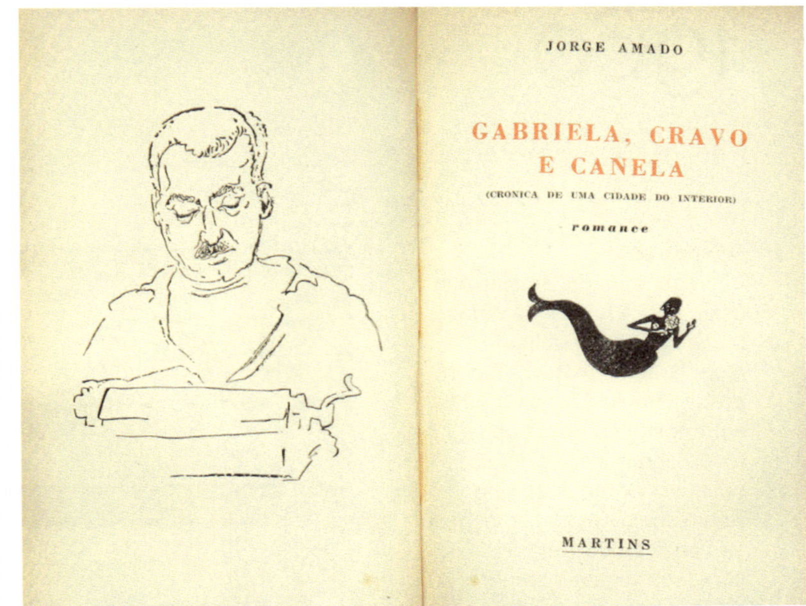
JORGE AMADO
GABRIELA, CRAVO
E CANELA
(CRONICA DE UMA CIDADE DO INTERIOR)
romance
MARTINS

213

214

1960

MUNDO E BRASIL

_Inauguração de Brasília em 21 de abril. Na mesma data, o *Diário Oficial* publica a declaração do governador de São Paulo, Carvalho Pinto, a propósito da nova capital e o telegrama a ele dirigido pelo presidente Juscelino Kubitschek, no qual comunica a expedição do Decreto que determina a incorporação de mais uma estrela à bandeira, para simbolizar o estado da Guanabara.

215. BRASÍLIA INAUGURADA

_Jânio Quadros vence as eleições presidenciais em 3 de outubro; João Goulart é vice. O fato fica documentado no *Diário Oficial* do dia 2 de outubro, que publica declarações do governador sobre o pleito.

216. DECLARAÇÕES DO GOVERNADOR SOBRE AS ELEIÇÕES

215

Diário Oficial

ESTADO DE SÃO PAULO — (ESTADOS UNIDOS DO BRASIL)

Gerente: GABRIEL GRECO — Diretor: WANDYCK FREITAS — Redator-Secretário: LUCIO BARBOSA

ANO LXX | SÃO PAULO — QUINTA-FEIRA, 21 DE ABRIL DE 1960 | NÚMERO 87

221 milhões de cruzeiros

Tiveram suas obras contratadas ontem prédios para mais 17 grupos escolares

Duzentas e doze novas salas de aula para a Capital e o Interior — Palavras do Governador

Em cerimônia realizada ontem, no gabinete do Governador Carvalho Pinto, foram assinados contratos para a construção de prédios destinados a 17 Grupos Escolares na Capital e no Interior, num total de 212 salas de aula, importando o custo das obras em 221 milhões de cruzeiros.

PRESENÇA DO PLANO DE AÇÃO

Falando no ato, o governador destacou o fato de que o Plano de Ação se está voltando para todos os setores da administração, em todas as regiões do Estado, tanto no Interior e no litoral como na Capital.

Ao ressaltar o ritmo de progresso que dinamiza o Estado, o prof. Carvalho Pinto aludiu à comunicação anteontem recebida dos cientistas do Instituto de Energia Atômica, de que São Paulo está em condições de produzir combustível nuclear puro por métodos próprios.

O Governador concluiu sua oração afirmando que êsse fato significa "a nossa emancipação e a nossa independência no terreno da energia atômica".

PALAVRAS DO SECRETÁRIO DA EDUCAÇÃO

O titular em exercício da Pasta da Educação, prof. Carlos Pasquale, afirmou que a solenidade representava "um largo passo para a eliminação do "deficit" de vagas nas escolas". Finalizou dizendo que "o Govêrno do Estado caminha para o seu alvo, que é o de não deixar até o fim da presente administração uma só criança sem banco escolar".

"ADMINISTRAÇÃO SUPERIOR"

O Secretário da Viação, brig. Faria Lima, em sua oração, disse que os contratos assinados representavam uma parcela de 3% do total de 7.000 salas estabelecido pelo Plano de Ação. Afirmou que a Diretoria de Obras Públicas prossegue no ritmo determinado pelo Governador, visando a dotar o Interior e a Capital dos grupos escolares previstos no Plano de Ação. Nos próximos dias, revelou o titular da Viação, novos contratos de vulto serão firmados em Palácio, não somente para escolas como também para a construção de pontes, cujo programa caminha em ritmo acelerado.

Concluiu asseverando que "São Paulo dá a todo o Brasil um brilhante exemplo de administração superior".

FALAM PARLAMENTARES

Falou, também, o deputado Roberto Cardoso Alves, que aludiu aos rumos dados à administração e declarou que o Plano de Ação do Governador Carvalho Pinto antecipa "o São Paulo de amanhã".

Em nome da Câmara Municipal de São Paulo, falou o vereador Scalamandré Junior, para asseverar ser aquela cerimônia "mais uma evidência de que o Plano de Ação se volta para todo o Estado, seja o Interior ou a Capital".

Estiveram presentes à solenidade o deputado Abreu Sodré, presidente da Assembléia Legislativa, e outros parlamentares, bem como vereadores, o eng. Pietro Ghirardi, diretor da D.O.P. e outras pessoas.

AS OBRAS

Os prédios cujas obras foram ontem contratadas, destinam-se aos seguintes Grupos Escolares: "Angelo M. Almeida", no Jabaquara; "Benedito E. dos Santos", no Tatuapé; "Marquês de Tamandaré", na Freguesia do O'; "Prof. Renato Braga", na Vila das Belezas; "Profa. Adelaide F. Olivei-

(Conclui na 2.ª pág.)

Telegrama ao Chefe da Nação

O Governador Carvalho Pinto enviou, anteontem à noite, o seguinte telegrama ao presidente Juscelino Kubitschek:

"Tenho a honra de informar a V. Exa. que acabo de receber dos cientistas do Instituto de Energia Nuclear da Universidade de São Paulo, comunicação oficial de haverem conseguido, mediante processo próprio, obter uranio nuclearmente puro para reatores. Com essa notável conquista cientifica, coloca-se o Brasil entre os paises de vanguarda no estudo de aproveitamento da energia atomica, abrindo-se novas perspectivas em beneficio da integração econômica das regiões de nosso país desprovidas de fontes de energia hidreletrica. Apresso-me assim a levar ao conhecimento do eminente chefe da Nação o auspicioso acontecimento, que, coincidente com a hora histórica da interiorização da capital da República, constituirá certamente motivo de grande júbilo para todos os brasileiros."

No mesmo sentido o Governador telegrafou ao sr. Jânio Quadros. Assinala o telegrama que o Brasil toma um lugar de vanguarda no campo das pesquisas nucleares, graças a medidas "em boa hora tomadas em seu patriótico Governo, propiciando o desenvolvimento das pesquisas atomicas".

CONCLUÍDA A VARIANTE DE SÃO JOAQUIM DA BARRA

Conforme telegrama recebido pelo brig. Faria Lima, secretário da Viação, do Chefe da Regional do D. E. R., em Ribeirão Preto, foi concluída e entregue ao tráfego a variante de S. Joaquim da Barra.

Esclarece a mensagem que, na pavimentação dessa variante de 17 km de extensão, foram gastos 3 mil metros cúbicos de pedra britada, 415 mil litros de asfalto e 51 mil sacos de cimento, tendo as obras atingido ao total de 34,6 milhões de cruzeiros.

a variante de São Joaquim da Barra estabelecerá conexão desse importante centro da Mogiana com a rodovia pavimentada que ligará Ribeirão Prêto a Igarapava.

MAIS UMA ESTRÊLA NA BANDEIRA NACIONAL

O governador Carvalho Pinto recebeu do sr. Juscelino Kubitschek, presidente da República, o seguinte telegrama:

"Apraz-me comunicar a Vossa Excelência que expedi hoje decreto dispondo sôbre a incorporação à Bandeira Nacional, a partir de 21 de abril corrente, de mais uma estrêla de primeira grandeza, para simbolizar o Estado da Guanabara. A posição da nova estrêla será ligeiramente à esquerda do eixo do Cruzeiro do Sul, abaixo do dístico Ordem e Progresso e acima do Cruzeiro. O Govêrno Federal está tomando tôdas as providências para que já a 21 de abril seja a Bandeira hasteada em todos os edifícios públicos em sua nova configuração, de modo a comemorar condignamente a criação do Estado da Guanabara e a transferência da Capital para o planalto central do País. Muito agradeceria a colaboração de Vossa Excelência no sentido de serem adotadas idênticas providências nêsse Estado, de modo que as comemorações cívicas do próximo dia 21 de abril possam alcançar o merecido brilho e expressão".

Providências sôbre a transferência da Capital da República estão em curso junto às autoridades escolares, tendo o Departamento de Educação, através de comunicado expedido pela Chefia do Ensino Primário, focalizado o assunto. Os esclarecimentos a esse respeito foram publicados no Diário Oficial de 14 do corrente.

AUXÍLIO A MARIÁPOLIS

Para ocorrer a despesas com aluguel de motoniveladora, no atendimento de serviços rodoviários de sua rêde, o brig. Faria Lima, secretário da Viação, aprovou resolução do Conselho Rodoviário que autoriza o Departamento de Estradas de Rodagem a liberar, em favor da Prefeitura Municipal de Mariápolis, a importância de Cr$ 144.000,00.

Tal importância faz parte da cota do Auxílio Rodoviário Estadual a que faz jús aquele município.

Auxílio para a realização do II Congresso Sindical

O Governador Carvalho Pinto enviou à Assembléia Legislativa, acompanhado de mensagem, projeto de lei que autoriza o Poder Executivo a conceder, no corrente exercício, auxílio na importância de 500 mil cruzeiros ao Conselho Sindical dos Trabalhadores no Estado de São Paulo.

O referido órgão, que congrega todas as entidades sindicais neste Estado, promoverá, no corrente mês, em São Paulo, o II Congresso Sindical, destinando-se o auxílio proposto a contribuir para o êxito do certame.

"Esse certame — acentua a mensagem governamental — que reunirá dirigentes e trabalhadores de todas as categorias profissionais, visa a incentivar o sindicalismo. Ao mesmo deverão comparecer delegados de fábricas, eleitos nos próprios locais de trabalho, fato que constituirá autêntica inovação nesse gênero de reunião de trabalhadores, esperando, também, seus promotores, que dêle venham a participar cêrca de 2000 trabalhadores, representando entidades que funcionam em todo o Estado".

POSSE DO CONSELHO REGIONAL DE DESPORTOS

Dia 28 do corrente às 20,30 horas, o governador Carvalho Pinto dará posse ao Conselho Regional de Desportos, na sede do Departamento de Educação Física e Esportes (DEFE). Nessa ocasião, as Federações Esportivas prestarão uma homenagem ao chefe do Executivo.

"EM NOME DE SÃO PAULO SAÚDO EM BRASÍLIA A ALVORADA DO GRANDE BRASIL DE AMANHÃ"

Declarações do Governador Carvalho Pinto a propósito da inauguração da nova Capital da República

O Governador Carvalho Pinto, em companhia de sua esposa segue hoje às 6 horas, por via aérea, para Brasília, a fim de participar das solenidades inaugurais da nova Capital da República.

A propósito do acontecimento, o chefe do Executivo fêz as seguintes declarações à imprensa:

"São Paulo, pelo seu Governador, associa-se ao acontecimento histórico do dia 21 de abril de 1960: a inauguração da Nova Capital da República. Não é sem emoção que vemos realizado, nas paragens onde palmilhou o bandeirante, o sonho dos Inconfidentes e do Patriarca da Independência e dado, dessa forma, um passo tão importante para o desenvolvimento do País em têrmos de equilíbrio harmônico entre tôdas as suas parcelas.

Este o significado fundamental de Brasília: vencer os desequilíbrios e contrastes que marcam a paisagem social e econômica brasileira. Acredito que a interiorização da Capital possibilitará tão justo anseio do nosso povo e os sacrifícios de todos exigidos para que êle pudesse tornar-se realidade hão de ser, assim, compensados pelos benefícios decorrentes.

Congratulo-me, pois, com o Presidente Juscelino Kubitschek de Oliveira e com todos que com Sua Excelência colaboraram na realização de Brasília, testemunho da capacidade empreendedora de nossa gente. Envolvo numa particular homenagem os humildes "candangos", heróis anônimos da vitoriosa batalha da interiorização da Capital. Fazem todos jus ao reconhecimento da Pátria. E em nome de São Paulo saúdo em Brasília a alvorada do grande Brasil de amanhã".

Pagamento de diferença de proventos no IPESP

O Instituto de Previdência do Estado de São Paulo, por sua Divisão de Contribuintes e Benefícios, informa aos reformados da Fôrça Pública e aposentados da Guarda Civil de São Paulo, com seus proventos vinculados ao Instituto, que a partir do dia 26 do corrente poderão receber, nas respectivas agências pagadoras, a diferença a que fazem jus, por fôrça da elevação de vencimentos determinada pela Lei n. 5.588-60.

Aplicação de 245 milhões em obras e equipamentos de vários aeroportos

O Governador Carvalho Pinto, em despacho com o brig. Faria Lima, secretário da Viação, aprovou a aplicação de 245 milhões de cruzeiros, dentro do Plano de Ação do Govêrno, em obras e equipamentos aeroportuários.

Dêsses 245 milhões de cruzeiros, 225 milhões serão aplicados em obras e 20 milhões de cruzeiros em equipamentos, tais como, carros de combate a incêndio, tratores, varredeiras, etc., para o aeroporto internacional de Viracopos, em construção na cidade de Campinas, e outros do Interior.

A dotação de 225 milhões de cruzeiros será aplicada, de acôrdo com o mesmo despacho governamental, da seguinte forma: Aeroporto de Viracopos: conclusão da pavimentação da pista, taxi e pátio, rêde de energia elétrica, telefones, adaptação da Estação Provisória, desapropriação, início da Estação definitiva, Cr$ 172.000.000,00; Aeroporto de Congonhas: luzes de aproximação, remodelação do balizamento elétrico, conclusão do subsolo da Estação, taxi de ligação das pistas I e II, Cr$ 21.000.000,00; execução de pistas de terra nos aeroportos de Dracena, Andradina, Votuporanga, Jales e Assis, Cr$ .. 9.000.000,00; Estações Aeroviárias: aeroportos de Araçatuba, Dracena, Andradina, Votuporanga, Assis e Jales, Cr$ 15.500.000,00; balizamento elétrico: aeroportos de Lins e Marília, Cr$ 3.000.000,00; Auxílios a Prefeituras do Interior para obras em aeroportos, Cr$ .... 4.500.000,00.

Diário Oficial

ESTADO DE SÃO PAULO — (ESTADOS UNIDOS DO BRASIL)

Gerente: GABRIEL GRECO | Diretor: WANDYCK FREITAS | Redator-Secretário: LUCIO BARBOSA

ANO LXX | SÃO PAULO — DOMINGO, 2 DE OUTUBRO DE 1960 | NÚMERO 221

No setor rodoviário

JÁ CONTRATADOS NOVENTA POR CENTO DAS OBRAS PROGRAMADAS NO PLANO DE AÇÃO

Revelação feita pelo Governador Carvalho Pinto, ao presidir a solenidade de contratação de novas obras — O valor dos contratos ontem assinados atinge um bilhão e 343 milhões de cruzeiros

O Governador Carvalho Pinto acaba de aprovar o Plano Adicional de Construção e Pavimentação de estradas de rodagem, que compreende cerca de 700 quilômetros de construção e 1300 km de pavimentação.

A propósito do assunto, terminada a cerimônia de assinatura de contratos de novas obras de construção e pavimentação de estradas no valor de 1 bilhão e 343 milhões de cruzeiros, o Chefe do Executivo informou aos jornalistas que a execução do Plano Adicional será gradual e desenvolvida na medida da obtenção de recursos.

Por outro lado, o brigadeiro Faria Lima, Secretário da Viação, que se encontrava presente, referindo-se também à matéria, informou que o Plano compreende a pavimentação de estradas em quatro setores: 1 — obras especiais, como a estrada Campinas-São José dos Campos e a duplicação da Via Anhanguera, de Campinas até Limeira; 2 — pavimentação de cerca de 1000 km de estradas com tráfego superior a 300 veículos por dia; 3 — vias de acesso às cidades e, finalmente, 4 — pavimentação de estradas substitutivas de ramais ferroviários altamente deficitários.

OBRAS PREVISTAS

O Plano Adicional de Construção e Pavimentação compreende essencialmente as seguintes obras: **Obras denominadas especiais**: pavimentação da 2.a pista da Via Anhanguera, trecho Campinas-entroncamento Washington Luiz; pavimentação da Via Anhanguera-São José dos Campos, trecho Valinhos-Atibaia-Nazaré Paulista e acesso a Piracaia; estudos do trecho Nazaré Paulista-São José dos Campos, da ligação Via Anhanguera-São José dos Campos; estudos da nova ligação para Santos.

Pavimentação de estradas: São Bernardo-Rudge Ramos; via Dutra-Quirirím-Roseira; — Iacanga-Bauru; Caieiras-Campinas (estrada Velha); Bauru-Santa Cruz do Rio Pardo; Pinhal-Santo Antonio do Jardim-Divisa; Pirapòzinho-Porto Afonso de Camargo; Palmital-divisa (Paraná); Pico do Jaraguá, estrada de acesso no km 18 da Via Anhanguera; Itanhaém-Peruíbe-BR-2; Salto de Indaiatuba-Viracopos, trecho Indaiatuba-Viracopos; marginal direita da Via Anchieta, trecho do km 15,50 a km 18,00; Jaboticabal-Taquaritinga; entroncamento Washington Luiz; Mirassol-Votuporanga; São Manoel-Avaré entroncamento BR-34; Piraçununga-Cachoeira da Emas; São João da Boa Vista-São José do Rio Pardo; Vargem Grande do Sul-Casa Branca; Batatais-Altinópolis; Ituverava-Miguelopolis; Santo Anastácio-Mirante do Paranapanema; Aguaí-São João da Boa Vista; Limeira-Moji-Mirim; Piraçununga-Aguaí; São José do Rio Preto-São Joaquim da Barra, trecho São José do Rio Preto-Barretos; São José do Rio Preto-São Joaquim da Barra, trecho Barretos-São Joaquim da Barra; Piracicaba-São Pedro; Socorro-Bragança Paulista; ramal de Termas de Ibirá; Aguas de Lindoia-divisas; Jurumirim-Cerqueira Cesar-Santa Barbara do Rio Pardo; Mogi Mirim-Aguaí-Casa Branca; Jaú-Dois Corregos-Torrinha, trecho Jaú-Mineiros do Tietê; Variante externa de Limeira; Variante externa de Piracicaba; Iracemapolis-entroncamento Limeira-Piracicaba acesso Itirapina-Via Anhanguera; acesso Matão-Via Anhanguera; acesso Tupi Paulista-Marília-Panorama; Bauru-Andradina-Rio Paraná, trecho Andradina-Rio Paraná; Capão Bonito-Itapeva.

Pavimentação de ramais de acesso: Foi consignado no Plano Adicional, para esse efeito, a importância de 500 milhões de cruzeiros cuja aplicação ficará a cargo do DER.

Substituição de ramais ferroviários deficitários por estradas pavimentadas: As estradas de substituição serão construídas à medida que o DER receba os recursos correspondentes.

Construção de estradas: Bebedouro-Icem-Paulo de Faria, trecho Icem-Paulo de Faria; Buri-DR-34; Guaira-Igarapava; Serra Negra-

(Conclui na 2.ª pág.)

ESTENDE-SE A RÊDE DE ESGOTOS NA CAPITAL

Concorrência pública no DAE, para a execução de 190 km de novas rêdes na Bacia do Aricanduva e do Bom Retiro

Prosseguindo na rápida execução dos programas para a ampliação dos serviços de esgotos na Capital, de acôrdo com o Plano de Ação do Governador Carvalho Pinto, o Departamento de Águas e Esgotos, por determinação do brig. Faria Lima, secretário da Viação, vem estudando os projetos de esgotos referentes aos bairros ainda não servidos por êsse melhoramento, tendo contratado com firma especializada o projeto da rêde de esgotos da Bacia do Aricanduva e do Bom Retiro.

190 QUILÔMETROS

Êsses projetos já foram entregues ao DAE, devendo o Departamento abrir, dentro de 20 dias, concorrência pública para a execução de 190 km de novas rêdes de esgotos para os referidos bairros. Estão previstos para a Bacia do Aricanduva, 150 km de novas rêdes e que irão coletar os esgotos domiciliares de 13 bairros e respectivas ruas. A execução dessas novas rêdes custará ao Estado 410 milhões de cruzeiros.

Estão previstos para a Bacia do Bom Retiro, 40 km de rêdes coletoras, 3.000 metros de coletores-tronco e uma estação elevatória. O custo dessas obras está avaliado em Cr$ 132.500.000,00.

Deverá o Departamento realizar concorrência pública para execução de novas rêdes de esgotos, ainda no presente exercício, para os bairros do Tatuapé, Osasco, Butantã e Mandaqui.

O atual Govêrno do Estado, para conseguir remover o problema dos fundos de vales, que entravava a execução das obras de esgotos, tomou a iniciativa de desapropriar terrenos para dar passagem aos coletores-tronco e emissários.

A Capital, que em 1955 contava com 1.200 km de rêdes de esgotos, terá aumentado até fins de 1962 (portando, em apenas 7 anos) de 78,1% a sua rêde beneficiando, assim, mais 730.000 habitantes.

APROVADO PELO GOVERNADOR PLANO ADICIONAL DE CONSTRUÇÃO E PAVIMENTAÇÃO DE ESTRADAS

Prevista a abertura de 700 km de novas estradas e a pavimentação de mais 1300 km — Obras de importância incluídas no programa suplementar do DER

O Governador Carvalho Pinto presidiu ontem, em seu gabinete, à cerimonia de assinatura de contratos de obras de pavimentação e construção de estradas de rodagem, obras de arte e serviços de aerofotogrametria importando em 1 bilhão e 343 milhões.

Falando na ocasião o Chefe do Executivo afirmou sentir naquele instante dupla satisfação pois o ato significava a reafirmação da capacidade administrativa do Estado e a serenidade com que são executadas as obras do Plano de Ação, assim como demonstrava que, mesmo tendo participado da campanha política contribuindo para o esclarecimento da opinião pública a máquina governamental ficara imune a ingerência político-eleitorais.

Revelou o Governador que 90% das obras programadas no Plano de Ação, no setor rodoviário, para todo o restante do quatriênio de sua administração, já foram contratadas. Acrescentou que 1 690 km de estradas já foram pavimentados em seu Govêrno e construídos outros 900 km, constituindo o fato uma resposta àqueles que não acreditavam na consecução dos objetivos previstos no PA.

Em sua oração, o brig. Faria Lima afirmou que o Govêrno do Estado está dando demonstração cabal do intenso ritmo com que executa suas obras, construindo e pavimentando boas estradas que atendem às necessidades da técnica, do transporte da economia, contribuindo para o desenvolvimento nacional.

Usaram ainda da palavra os srs. eng. Marcelo de Oliveira Borges, diretor do DER; Lauro de Barros Siciliano, presidente do Conselho Rodoviário; Walter Engracia de Oliveira, diretor do Serviço de Obras de Aguas e Esgotos do ABC e Guarulhos, e o prefeito de Guarulhos Fioravante Iervolino.

Além dos oradores citados, estavam presentes o dep. Sólon Borges dos Reis, autoridades de mu-

(Conclui na 2.ª pág.)

Obras em estabelecimentos de ensino primário

O Governador Carvalho Pinto, em despacho com o brig. Faria Lima, secretário da Viação, autorizou a Diretoria de Obras Públicas a celebrar contratos para a execução das seguintes obras em estabelecimentos de ensino público primário: reforma do prédio do Grupo Escolar "Raul da Rocha Medeiros", em Monte Alto, pelo valor de Cr$ ... 718.371,00 e prazo de 90 dias; reforma do prédio do Grupo Escolar de Ibirarema, pelo valor de Cr$ 877.534,00, e prazo de 40 dias; e construção do muro de fecho e mureta do Grupo Escolar "Dr. Lopes Rodrigues", em Jaú, pelo valor de Cr$ 752.640,00 e prazo de 40 dias.

Pelo mesmo despacho, foi a D.O.P. autorizada a expedir ordem de serviço no valor de Cr$ ..... 585.909,70, para as obras de reforma da Escola Isolada de Vila Braço, no município de Eldorado Paulista, no prazo de 90 dias.

Declarações do Governador sôbre o pleito de amanhã

Falando através de uma emissora sôbre o pleito de amanhã, o Governador Carvalho Pinto declarou o seguinte:

"No instante em que o povo de São Paulo, no exercício de seus deveres cívicos, vai comparecer às urnas, para a escolha do futuro presidente da República, renovo a confiança na população da minha terra, sempre atenta a seus deveres e sempre cônscia das suas responsabilidades. Esta eleição marca um instante decisivo para a Nação, da maior significação para os seus próprios destinos. Tive ocasião, há poucos meses, de conclamar a população de minha terra para a campanha de ampliação do nosso colégio eleitoral, porque São Paulo, na verdade, não tinha ainda um eleitorado à altura de suas dimensões e do seu próprio desenvolvimento. Fui prontamente atendido pela população de minha terra, que elevou em poucos dias, consideràvelmente, o colégio eleitoral, revelando, assim, consciência de seus deveres e de seus propósitos de oferecer uma colaboração mais próxima, mais direta, na condução dos próprios destinos da Nação. E êste espírito cívico que eu, agora, espero ver renovado. Nesta hora em que são Paulo comparece às urnas, no propósito de colaborar para a escolha do futuro Presidente da República e levar com a sua decisão a sua inestimável cooperação, São Paulo, que tem uma invencível vocação de brasilidade, saberá certamente reafirmá-la, no instante em que vai exercer o seu dever cívico. A todo o povo paulista, o meu reconhecimento pela ordem e pela compreensão cívica, pelo respeito democrático com que participou da campanha eleitoral e que o erige hoje como um verdadeiro modêlo para tôda a Nação. Modêlo de civismo, modêlo das mais altas virtudes patrióticas."

REQUISIÇÃO DE FÔRÇAS PELA JUSTIÇA ELEITORAL

O Governador Carvalho Pinto enviou ontem ao Secretário da Segurança Pública, Sr. Francisco José da Nova, o seguinte memorando: "Sr. Secretário. — Recomendo a V. Excia., que, no decorrer dos trabalhos relatívos ao próximo pleito eleitoral, sejam atendidas, com a maior eficiência e presteza, tôdas as requisições de elementos da Fôrça Pública e da Guarda Civil formuladas pela Egrégia Justiça Eleitoral, zelando, outrossim, essa Secretaria, pela integral manutenção da ordem pública e das prerrogativas eleitorais".

Fixado o quadro do pessoal do Hospital das Clínicas

Em solenidade realizada em seu gabinete de trabalho, ontem, o Governador Carvalho Pinto assinou o decreto que fixa o quadro do Hospital das Clínicas da Faculdade de Medicina da Universidade de São Paulo.

No quadro ficarão incluidos todos os servidores do nosocômio que, a 27 de junho de 1959, contavam pelo menos 5 anos de serviço público estadual.

Com a assinatura dêsse decreto, fica solucionado um problema que se vinha arrastando há dez anos, passando o Hospital das Clínicas a contar com estrutura mais condizente com as suas necessidades e a sua importância. Cêrca de dois mil funcionários, assim, passam a ter situação estável e segura, sendo atendidos em velha e justa reivindicação.

ORADORES

O Chefe do Executivo foi inicialmente saudado pelo prof. Eurico Bastos, presidente do Conselho de Administração, usando, ainda, da palavra, dois outros funcionários do Hospital das Clínicas.

Agradeceu o Governador Carvalho Pinto as homenagens que lhe eram prestadas e disse que, assinando o decreto que fixa o quadro do pessoal do nosocômio, não fazia favor, mas atendia a uma velha e justa reivindicação de dedicados servidores, de uma classe a quem

1961

Diário Oficial

ESTADO DE SÃO PAULO — (ESTADOS UNIDOS DO BRASIL)

Gerente: GABRIEL GRECO — Diretor: WANDYCK FREITAS — Redator-Secretário: LUCIO BARBOSA

ANO LXXI | SÃO PAULO — SÁBADO, 26 DE AGOSTO DE 1961 | NÚMERO 192

REINAM ORDEM E TRANQUILIDADE EM TÔDAS AS REGIÕES DO ESTADO

O Governador Carvalho Pinto recebeu a comunicação da renúncia do Presidente da República às 13 horas, por via telefônica — Conferência com o sr. Jânio Quadros — Contacto telefônico com o novo Presidente da República, sr. Ranieri Mazzili

Renúncia do Presidente da República

SEIS GOVERNADORES PEDEM AO CONGRESSO QUE NÃO ACEITE A RENÚNCIA DO PRESIDENTE

EUCALIPTO NÃO EMPOBRECE OS SOLOS

Cafezal bem sucedido em terras antes cobertas por aquela essência — Utilização

Demolição da antiga delegacia de Americana

ABSOLUTA ORDEM NO TERRITÓRIO NACIONAL

Ligação incluída no Plano Rodoviário

AGÊNCIAS DO "BANCO DE LA NACIÓN" NAS CIDADES DE SÃO PAULO E SANTOS

Um bilhão de cruzeiros para o Fundo de Expansão Agropecuária

Almôço a quatro Governadores

VISITA AO GOVERNADOR

MUNDO E BRASIL

_Jânio Quadros toma posse em 31 de janeiro, e renuncia à presidência em 25 de agosto. O *Diário Oficial* do dia 26 de agosto publica o telegrama do ministro da Justiça ao governador Carvalho Pinto, no qual comunica que está levando ao Congresso o pedido de renúncia, indicando ao governador que adote as medidas de segurança cabíveis; noticia também que seis governadores (Goiás, Piauí, Espírito Santo, Minas Gerais, São Paulo e Paraná), após terem apelado ao presidente para que retirasse sua mensagem de renúncia, enviam pedido ao Congresso para que este não aceite a renúncia.

217. TELEGRAMA DO MINISTRO DA JUSTIÇA AO GOVERNADOR DO ESTADO INFORMA SOBRE RENÚNCIA DO PRESIDENTE JÂNIO QUADROS

218. *FOLHA DE S. PAULO* | JÂNIO RENUNCIOU | 3ª EDIÇÃO

_O país enfrenta uma grave crise política. O *Diário Oficial* n.197, de 1º de setembro, publica uma matéria sobre a viagem do governador de São Paulo à Guanabara, aonde irá se reunir com outros governadores para discutir a situação.

219. VIAJA CARVALHO PINTO

No dia 5 de setembro, o *Diário Oficial* n.200 publica a "Mensagem do Governador Carvalho Pinto ao Povo Brasileiro", pronunciada no dia anterior, visando a tranquilizar os paulistas; afirma que o novo presidente assumirá em breve e pede apoio à emenda constitucional do parlamentarismo.

220. MENSAGEM DE CARVALHO PINTO AO POVO BRASILEIRO

_A emenda constitucional n.4, de 2 de setembro, instaura o parlamentarismo no Brasil.

_João Goulart toma posse como presidente em 7 de setembro.

_Promulgada a Lei de Diretrizes e Bases da Educação.

_Glauber Rocha filma *Barravento*, prêmio Obra-prima no Festival Internacional de Karlov Vary, Tchecoslováquia.

221. CARTAZ DE *BARRAVENTO*

GOVERNO DE SÃO PAULO

_O *Diário Oficial* n.60, de 16 de março, publica uma mensagem apresentada pelo governador Carvalho Pinto à Assembleia Legislativa do Estado, em 14 de março, por ocasião do aniversário de dois anos no poder.

222. MENSAGEM DE CARVALHO PINTO

Diário Oficial

ESTADO DE SÃO PAULO — (ESTADOS UNIDOS DO BRASIL)

Gerente: GABRIEL GRECO | Diretor: WANDYCK FREITAS | Redator-Secretário: LUCIO BARBOSA

ANO LXXI | SÃO PAULO — SEXTA-FEIRA, 1.º DE SETEMBRO DE 1961 | NÚMERO 197

A situação nacional

SEGUIU PARA A GUANABARA O GOVERNADOR CARVALHO PINTO

O Governador Carvalho Pinto seguiu ontem para o Rio de Janeiro, onde participará de entendimentos visando à solução da crise que atravessa o País.

Dêsses entendimentos participarão também Chefes de Executivo de vários Estados, entre os quais Minas Gerais, Paraná, Espírito Santo, Santa Catarina, Rio de Janeiro e Guanabara, e representantes das fôrças políticas e militares.

O Chefe do Executivo embarcou em Congonhas, às 17 horas, em avião especial da VASP, viajando em sua companhia os srs. Prof. Queiroz Filho, Secretário da Justiça; José Bonifácio Nogueira, Secretário da Agricultura; Hélio Bicudo, assessor do Governador; e Ruy Marcucci, chefe do Serviço de Imprensa do Palácio. A chegada ao Rio deu-se às 18,30 horas.

A convite do Prof. Carvalho Pinto, seguiu no mesmo avião o Secretário da Justiça do Rio Grande do Norte, sr. Grimaldi Ribeiro, que veio a São Paulo, em nome do Governador Aluísio Alves, para acompanhar o desenrolar dos acontecimentos.

O chefe da Casa Civil, sr. Américo Portugal Gouvêa, e os auxiliares diretos do Chefe do Executivo, permanecem em seus postos no Palácio dos Campos Elíseos, bem como, nas várias Secretarias, os seus titulares e respectivos chefes de gabinete.

ENTENDIMENTOS

O Governador Carvalho Pinto manteve, durante todo o dia de ontem, numerosos contactos com autoridades civis e militares, a propósito da situação nacional. Despachou ainda seu expediente normal.

Reuniu-se sucessivamente com os vários Secretários e com seus assessores, mantendo ao mesmo tempo conversações telefônicas com autoridades da República e os Governadores de Minas, Rio de Janeiro e Paraná. Recebeu a visita do ex-governador Lucas Nogueira Garcez, com quem conferenciou durante 30 minutos.

A situação do Estado é de absoluta ordem, continuando a população entregues a seus afazeres normais.

P.A. construiu grupo escolar no Município de Indiaporã

Em Indiaporã, o Plano de Ação do Govêrno Carvalho Pinto concluiu um grupo escolar, que beneficiará uma população superior a mil habitantes. O prédio, construido pelo Instituto de Previdência do Estado de São Paulo, conta com as seguintes dependências: seis salas de aula, sala do diretor, sala dos professôres, sala do pré-primário, portaria e galpão.

O Grupo Escolar de Indiaporã, que custou ao Estado a importância de Cr$ 2.200.000,00, tem capacidade de matrícula para 480 alunos.

Reforma de hospital em Santos

Despachando expediente da Secretaria da Viação, o Governador do Estado autorizou, conforme o programa do PA, a Diretoria de Obras Públicas a contratar, pelo valor de Cr$ 4.779.766,30, as obras de reforma dos pavilhões 2, 3 e 4 do Hospital "Dr. Guilherme Alvaro", localizado na cidade de Santos. As obras deverão ser executadas em 3 meses.

JABOTICABAL TERÁ MAIS ÁGUA

Dentro do programa do Plano de Ação, que visa a possibilitar abastecimento de água tratada às populações do Interior, o Departamento de Obras Sanitárias da Secretaria da Viação foi autorizado a contratar obras de novo serviço de abastecimento de água para a cidade de Jaboticabal. Constam essas obras de captação no córrego Rio, com a construção de caixa de areia, instalação de três conjuntos motor-bomba, construção de 5.770 metros de linha adutora de 400 mm de diâmetro, estação de tratamento de água e construção de 75.000 metros de rêde que poderá servir a uma população de até 47 mil habitantes.

Inicialmente, vai o DOS, construir obras da primeira etapa dêsse programa, as quais atingem o valor de Cr$ 86.301.456,70, sendo financiadas pela Caixa Econômica do Estado e com o objetivo de servir a uma população atual de 16 mil habitantes. As obras deverão estar concluídas dentro de 2 anos.

Reiniciam-se as aulas em todo o Estado

Comunicado expedido pela Secretaria da Educação

O Gabinete do Secretário da Educação expediu a seguinte nota: "O Secretário da Educação de São Paulo determina que hoje, sexta-feira, dia 1.o de setembro, voltem a funcionar normalmente todas as escolas primárias e de nível médio do Estado.

Nesta oportunidade chama a atenção das famílias para o fato de que a quase totalidade dos alunos de estabelecimentos secundários é composta de menores de 18 anos, que não têm idade para ser eleitores, não tendo sentido, portanto, façam eles manifestações políticas, mesmo pacíficas.

Mais quatro grupos escolares para a Capital e o Interior

Em despachos recentes com o Secretário da Viação o Governador Carvalho Pinto autorizou a contratação, através do DOP de mais os seguintes grupos escolares, previstos no Plano de Ação:

das obras de construção do prédio, pelo valor de Cr$ 16.358.000,00, com prazo de conclusão de 10 meses.

EXTRA 3ª EDIÇÃO FOLHA DE S. PAULO ★ EXTRA

Um jornal a serviço do Brasil

ANO XL ★ São Paulo — Sexta-feira, 25 de agosto de 1961 ★ N.º 11.782

JANIO RENUNCIOU

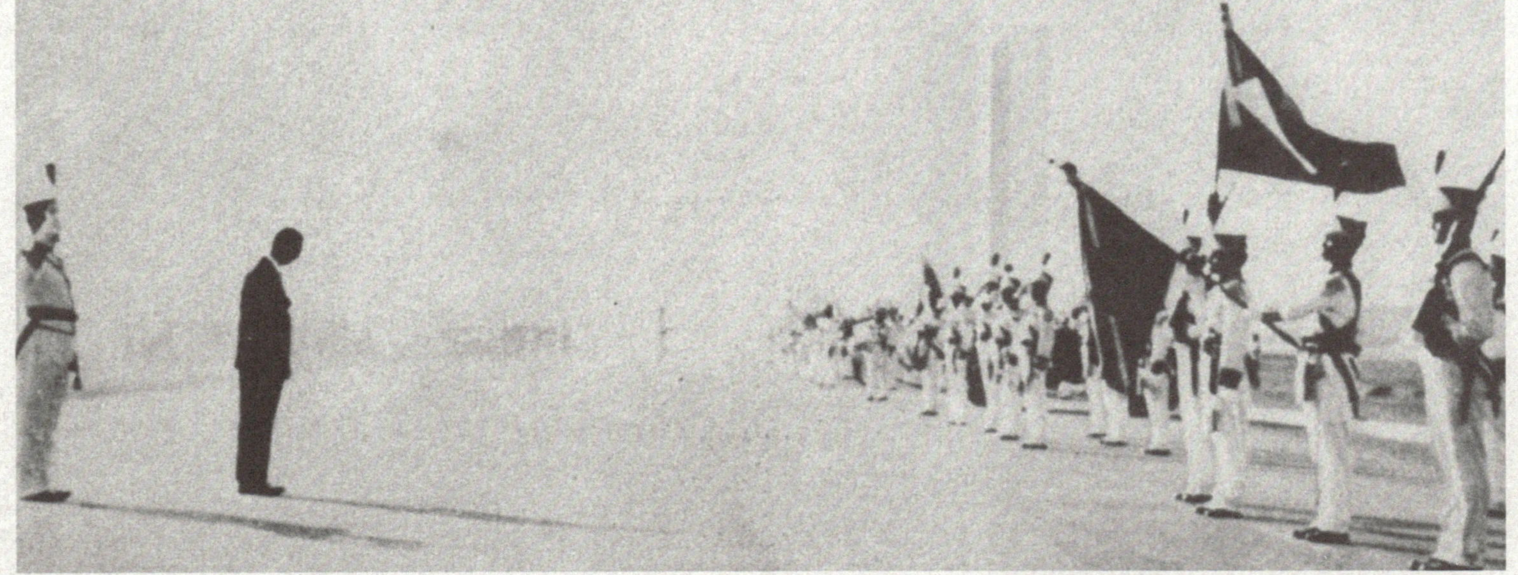

Diário Oficial

ESTADO DE SÃO PAULO — (ESTADOS UNIDOS DO BRASIL)

Gerente: Gabriel Greco | Diretor: Wandyck Freitas | Redator-Secretário: Lucio Barbosa

ANO LXXI | SÃO PAULO — TERÇA-FEIRA, 5 DE SETEMBRO DE 1961 | NÚMERO 200

Mensagem do Governador Carvalho Pinto ao povo brasileiro

O Governador Carvalho Pinto dirigiu, na tarde de ontem, a seguinte mensagem ao povo brasileiro:

"A grande crise, que assoberbou a Nação Brasileira, aproxima-se do seu fim. Nuvens sombrias e carregadas de ameaças já não escurecem o horizonte. O novo Presidente da República assumirá, em breve, o pôsto que lhe fôra designado pela vontade popular e na forma da Constituição hoje em vigor no País. Vencemos a crise e, dentro da legalidade, pudemos testemunhar ao mundo a maturidade política do Brasil. E, neste instante, quando já nos encontramos nas vizinhanças da pacificação nacional, acredito que é do meu dever, como Governador de todos os paulistas, endereçar o meu apêlo aos que fazem restrições à solução encontrada, para que se coloquem acima de eventuais divergências e ajustem o seu esfôrço ao esfôrço comum do povo brasileiro, que deseja, com inabalável firmeza, a consolidação do regime democrático e a tranquilidade indispensável ao prosseguimento do seu trabalho, a serviço da Pátria. A emenda institucional do parlamentarismo — é certo — não se exime de críticas, por vezes procedentes. Mas, dentro do quadro da crise que envolveu as instituições republicanas, e como solução de emergência, salvaram-se, através dela, a democracia e a própria unidade do Brasil. O Presidente João Goulart assumirá o Govêrno da República, segundo esperamos, plenamente consciente das suas responsabilidades e, em harmonia com o Congresso Nacional, deverá organizar o seu Gabinete com homens capazes, dignos e à altura da gravidade da hora que estamos vivendo. Govêrno que unifique o País, desarme os espíritos, supere as dissenções entre o poder político e os poderes responsáveis pela segurança nacional e restitúa, finalmente, a paz à grande Família Brasileira. Cumpre-me, ainda, agradecer ao povo de São Paulo a renovação da confiança com que tanto me honrou nos recentes episódios. Irmanado com êle, pôde o Govêrno de São Paulo assegurar em todo o Estado absoluta tranquilidade, sem recursos à violência, mas ao contrário dentro do respeito devido aos direitos fundamentais do homem. Se me foi possível, em todos os lances da evolução da crise, prestar o meu concurso para serenar os ânimos e vencer as dissidências que ameaçaram o Brasil, devo-o, segundo me diz a consciência, à compreensão, à confiança e à amizade do povo de minha terra, que jamais me desamparou em tôdas as fases da minha vida pública. Abre-se, agora, certamente, um novo capítulo da História. E o Brasil, fiel à sua vocação cristã, prosseguirá, inquebrantàvelmente uno, nos seus destinos de desenvolvimento, de independência, de civilização e cultura. Essa a esperança de São Paulo. Essa a esperança do Brasil".

Trezentos milhões para auxílios de leitos-dia

O Governador Carvalho Pinto assinou decreto dispondo sôbre a abertura, através do Conselho Estadual de Assistência Hospitalar, e dentro do Plano de Ação, de crédito especial no valor de 300 milhões de cruzeiros, destinados a atender a auxílios de leitos-dia, a entidades hospitalares do Estado.

PAGAMENTO DE IMPOSTOS ESTADUAIS COM CHEQUES SEM "VISTO" BANCÁRIO

Instruções baixadas pelo Secretário da Fazenda

Diante da situação criada para o comércio e a indústria em virtude dos últimos feriados bancários e tendo presentes as dificuldades daí resultantes para o atendimento das obrigações fiscais pelos contribuintes, o Secretário da Fazenda, sr. Gastão Eduardo de Bueno Vidigal, expediu ordem interna às repartições fazendárias para que recebam cheques não visados pelos estabelecimentos de crédito no pagamento de impostos.

A determinação do titular foi expedida logo que se tornou pública a suspensão das atividades bancárias, antes mesmo que o assunto fôsse objeto de consideração das entidades representativas das classes produtoras, visando a facilitar ao comércio em geral o provimento de verba para o recolhimento do impôsto sôbre vendas e consignações e demais tributos.

O Secretário da Fazenda reiterou há dias, as instruções anteriores, de modo que a medida te- (Conclui na 2.ª pág.)

Quatro novos grupos escolares na Capital

Despachando expediente da Secretaria da Viação, e dentro do previsto no Plano de Ação, no que se refere ao aumento de 7.000 salas de aula para os cursos primários, o Governador Carvalho Pinto autorizou a Diretoria de Obras Públicas a contratar as obras de mais os seguintes grupos escolares na Capital: G. E. de Vila Paranaguá, em São Miguel Paulista; G. E. de Vila da Saúde; G. E. de Vila Sto. Estevão; e G. E. de Vila Zilda — Parque S. Jorge.

As obras serão contratadas pelo valor de Cr$ 137.096.837,30. com prazo de conclusão de 12 meses.

PRESIDENTE E VICE-PRESIDENTE DA ASSEMBLÉIA

Estiveram no Palácio dos Campos Elísios, anteontem à noite, por volta das 21 horas, os deputados Abreu Sodré e Conceição da Costa Neves, presidente e vice-presidente da Assembléia Legislativa, os quais conferenciaram com o Governador Carvalho Pinto a respeito da presente situação política.

Novas mensagens recebidas pelo Governador do Estado

Prefeitos, presidentes de Câmaras, vereadores e outras personalidades representativas da família paulista continuam dirigindo-se ao Governador Carvalho Pinto, a fim de hipotecar-lhe solidariedade na presente situação política, e, bem assim, expressar aplausos pela atitude assumida por S. Exa. em face das acontecimentos que se seguiram à renúncia do sr. Jânio Quadros.

DIGNA SERENIDADE

O prefeito Municipal de Barretos, sr. Christiano Carvalho, encaminhou a seguinte mensagem ao Governador do Estado: "Ouvi, com entusiasmo, a proclamação do eminente Governador de todos os paulistas, cuja serenidade de propósitos diz bem da integridade de V. Exa., no momento crucial que atravessa o nosso País; a atitude digna demonstrada em tôdas as ocasiões justifica bem o alto grau de estima de todos os seus governados. Solidário com todos os têrmos da proclamação, estou, como estive, ao lado de V. Exa., hipotecando-lhe meu incondicional apoio".

VOTO DE CONFIANÇA

Em telegrama assinado por seu presidente, sr. Frederico Abranches Brotero, o Instituto de Engenharia de São Paulo comunicou que, "frente à gravidade do momento que envolve as instituições democráticas, vem trazer o seu voto de plena confiança na atuação do Governador, no sentido da concordia de todos os brasileiros, para solução da crise que assoberba a Nação".

SERRANA

Os srs. Angelo Cavalheiro e Plácido Martins de Assis, respectivamente Prefeito e presidente da Câmara Municipal de Serrana, assinaram o seguinte telegrama: "o povo serranense solidariza-se com o ilustre Governador pela atitude assumida na presente conjuntura nacional".

SOROCABA

Telegrama endereçado ao Governador pelo Prefeito Municipal de Sorocaba, sr. Artidoro Mascarenhas, diz: "Nesta situação, em que a Pátria vive um dos seus mais cruciantes momentos, comunico ao ilustre Governador minha irrestrita solidariedade e meu apoio pela atitude tomada em nome do Estado bandeirante, informando ainda que reina absoluta ordem no Município de Sorocaba".

APLAUSOS DO POVO SANTISTA

"A Câmara Municipal de Santos, reunida em caráter permanente, honra-se de manifestar a V. Exa. seus aplausos e os do povo santista, ante o desassombrado e patriótico pronunciamento em favor da defesa das liberdades públicas e preservação das instituições legais" — Êstes foram os têrmos da mensagem enviada pela Edilidade de Santos, e que foi assinada pelo respectivo presidente, sr. Fernando Oliva.

TAUBATE'

"Em face dos últimos acontecimentos, sinto-me no dever de manifestar a V. Exa. o meu integral apoio às medidas que forem tomadas pelas autoridades constituídas, para manutenção da ordem e continuidade do regime democrático. Respeitosamente, José Ribeiro da Cunha, prefeito de Taubaté".

PAGAMENTO DOS INATIVOS

Comunicado da Secretaria da Fazenda

Comunica a Secretaria da Fazenda:

O pagamento dos inativos, de responsabilidade do Tesouro Estadual, que normalmente era feito através das agências da Caixa Econômica da Capital, está sendo efetuado, excepcionalmente, nos guichês da Secretaria da Fazenda, à Avenida Rangel Pestana, 300 — térreo. Com relação ao pagamento dos aposentados que anteriormente recebiam nos guichês da Secretaria da Fazenda não houve alteração, prevalecendo portanto as mesmas condições.

Seguem abaixo os guichês que estão atendendo ao pagamento do mês de agôsto, dos proventos dos inativos que recebiam nas diversas agências da Caixa Econômica:

Agência — Guichê

Perdizes — 01; IV Centenário — 2; Santana — 3; Brás — 4; Cambuci — 5; Penha — 6; Tucuruvi — 7; Santo Amaro — 8; Jabaquara — 9; Tatuapé — 9; Clóvis Bevilaqua — 10; Bom Retiro — 12; Casa Verde — 12; Butantã — 13; Moóca — 14; Ipiranga (Bom Pastor) — 15; Pinheiros — 16; Itaim — 17; Lapa (Clélia) — 18; Lapa (Guaicurus) — 19; Mercado — 20; Ibirapuera — 21; Pompéia — 22; Vila Mariana — 23; Itaberaba — 24; Osasco — 25; Vila Carrão — 25; Vila Maria — 26; Ipiranga (Silva Bueno) — 27; Carandiru — 27; Jaçanã — 27.

Os pagamentos serão efetuados até o 14.o dia útil, obedecendo ao seguinte horário: das 12 às 16,30 horas, diàriamente, e aos sábados, das 9 às 11 horas.

Recorde de contratos e de dispêndio de verbas para obras rodoviárias do D.E.R.

O D.E.R. da Secretaria da Viação assinalou, em agôsto último, recorde de assinatura de contratos e conclusão de rodovias no Estado, dentro do programa de mais 3 mil km. de pavimentação de estradas. Em 1959, conforme dados fornecidos pelo D.E.R. a media mensal de contratos foi de 867 e a de conclusão de pavimentação de estradas, de 619 kms. Em 1960, a média mensal foi de 101 para contratos e de 53 para conclusão de rodovias. Já no correute ano a média de contratos atingiu 165 (julho/61) e a de conclusão de pavimentação de rodovias 107 (tambem julho/61).

DISPÊNDIO EM OBRAS

O quadro de dispêndio em obras contratadas (pavimentação e construção) revela tambem recorde do D.E.R. em 1961 (mês de julho). Em 1959 a média mensal de dispêndio para aquele fim atingiu 165 milhões de cruzeiros e o total de dispêndio nêsse ano foi de 1 bilhão e 980 milhões de cruzeiros. Em 1960 a media mensal atingiu 245 milhões de cruzeiros e o total dos dispêndios foi de 2 bilhões e 958 milhões de cruzeiros. Já em 1961, sòmente no mês de julho passado, a media de dispêndio para pavimentação e construção de estradas atingiu Cr$ 533.605.000,00.

Audiências e despachos do Governador do Estado

Anteontem, à noite, o Governador Carvalho Pinto recebeu os deputados Abreu Sodré e Conceição da Costa Neves, presidente e vice-presidente da Assembléia Legislativa, respectivamente; na madrugada de ontem, conferenciou com o brigadeiro Lavanère Wanderley, comandante da IV Zona Aérea; à tarde recebeu o jornalista Joaquim Pinto Nazário, secretário executivo do PTB.

Durante o dia de ontem o Chefe do Executivo despachou, sucessivamente, com os srs. Queiroz Filho, Paulo Marzagão e José Bonifácio Nogueira, Secretários da Justiça, Trabalho e Agricultura.

VISITA AO GOVERNADOR

O jornalista Joaquim Pinto Nazário, secretário da Comissão Executiva do PTB de São Paulo, esteve ontem nos Campos Elíseos, tendo conferenciado com o Governador Carvalho Pinto.

A saída, falando aos jornalistas, declarou:

"Conversei longamente com o Governador Carvalho Pinto, transmitindo-lhe impressões da situação no Rio Grande do Sul e no Paraná, alí diretamente colhidas durante todo o transcurso dos acontecimentos: há anseios de solução imediata da crise excessivamente prolongada, com graves prejuizos para a Nação. A posição do sr. João Goulart, segundo pude observar, se resume em "paz da família brasileira dentro da lei". Esta observação, eu transmiti pessoalmente ao Governador Carvalho Pinto" — finalizou o sr. Joaquim Pinto Nazário.

Reconhecido por instituição estrangeira

Nível elevado de pesquisas científicas da Faculdade de Medicina de Ribeirão Prêto

O Governador Carvalho Pinto recebeu ofício do Prof. Zeferino Vaz, diretor da Faculdade de Medicina de Ribeirão Prêto, da Universidade de São Paulo, informando que o Instituto Nacional de Saúde do Serviço de Saúde Pública dos EE. UU., por recomendação do Conselho Nacional de Saúde daquêle país, colocou à disposição da Cadeira de Farmacologia daquela Escola de Medicina importância de 30.000 dólares para pesquisas sôbre 'Farmacologia da Bradicinina'. O programa de pesquisas sôbre a matéria foi examinado e aprovado por aquêle Departamento, de acôrdo com as investigações que estão sendo feitas pelo prof. Maurício Oscar da Rocha e Silva, catedrático de Farmacologia da Faculdade de Medicina de Ribeirão Prêto.

No ofício, o diretor do estabelecimento observa que a Faculdade recebeu, recentemente, doações de 250.000 dólares da Fundação Rockefeller, 9.700 dólares da FAO (Food and Agriculture Organization); 26.726 dólares do Instituto Nacional de Saúde dos EE. UU.; e 30.000 do Departamento de Pesquisas Científicas da Fôrça Aérea dos EE. UU.

Despachando no documento, o Prof. Carvalho Pinto assim se manifestou: "Faculdade, Sr. Diretor. É realmente motivo de júbilo para o Govêrno assistir ao crescente renome dessa instituição, graças, sobretudo, à seriedade e valor dos estudos e esforços do seu ilustre diretor e professôres, aos quais cumprimento".

Iglu Filmes

Rex Schindler

APRESENTAM

BARRAVENTO

COM

Antonio Sampaio
Luiza Maranhão
Aldo Teixeira
Lucy Carvalho

DIREÇÃO DE
Glauber Rocha

ILUMINAÇÃO DE
Tony Rabatony

Realizado nas Praias e Mares da Bahia

Diário Oficial

ESTADO DE SÃO PAULO — (ESTADOS UNIDOS DO BRASIL)

Gerente: GABRIEL GRECO | Diretor: WANDYCK FREITAS | Redator-Secretário: LUCIO BARBOSA

ANO LXXI | SÃO PAULO — QUINTA-FEIRA, 16 DE MARÇO DE 1961 | NÚMERO 60

Diário da Assembléia

1.ª SESSÃO SOLENE, DA 3.ª SESSÃO LEGISLATIVA, DA 4.ª LEGISLATURA, EM 14 DE MARÇO DE 1961

PRESIDÊNCIA do Sr. Abreu Sodré

SECRETÁRIOS, Srs.: Nunes Ferreira e Jacob Zveibil

O SR. PRESIDENTE — Havendo número legal, declaro aberta a sessão.

Às 15 horas abre-se a sessão com a presença dos seguintes Srs. deputados: Alberto da Silva Azevedo — Alfredo Farhat — Altimar Ribeiro de Lima — Nunes Ferreira — Marco Antônio — Anacleto Campanella — André Nunes Júnior — Ângelo Zanini — Aníbal Hamam — Farabulini Júnior — Antônio Mastrocola — Antônio Moreira — Padre Godinho — Antônio Sampaio — Archimedes Lammóglia — Athié Jorge Coury — Augusto do Amaral — Anacleto Barbosa — Realindo Corrêa — Bento Dias Gonzaga — Camillo Ashcar — Carlos Kherlakian — Arruda Castanho — Cid Franco — Costábile Romano — Ciro Albuquerque — Dante Perri — Leonardo Cerávolo — Lot Neto — Eduardo Barnabé — Osvaldo Santos Ferreira — Fernando Mauro — Francisco Franco — Luciano Lepera — Scalamandré Sobrinho — Cel. Geraldo Martins — Geraldo de Barros — Germinal Feijó — Gustavo Martini — Henrique Peres — Hilário Torloni — Toshifumi Utiyama — Israel Novaes — Jacob Pedro Carolo — Jacob Zveibil — Jairo Azevedo — Jéthero de Faria Cardoso — Bravo Caldeira — João Hornos Filho — Mendonça Falcão — João Sussumu Hirata — Chaves de Amarante — Castelo Branco — José Costa — José Felício Castellano — Magalhães Prado — José Maria Costa Neves — Rocha Mendes Filho — Santilli Sobrinho — Juvenal Rodrigues de Moraes — Lavínio Lucchesi — Leôncio Ferraz Júnior — Leônidas Camarinha — Leônidas Ferreira — Luciano Nogueira Filho — Luiz Roberto Vidigal — Marcondes Filho — Conceição da Costa Neves — Mário Telles — Maurício Leite de Moraes — Jorge Nicolau — Modesto Guglielmi — Murillo Sousa Reis — Nagib Chaib — Avalone Júnior — Norberto Mayer Filho — Onofre Gosuen — Orlando Zancaner — Benedito Matarazzo — Pedro Paschoal — Cardoso Alves — Abreu Sodré — Almeida Barbosa — Ruy Junqueira — Semi Jorge Resegue — Sólon Borges dos Reis — Vicente Botta — Lopes Ferraz — Walter Menk — Wilson Lapa e Tereza Delta.

O SR. PRESIDENTE — Convido o Sr. 2.o Secretário a proceder à leitura da Ata da sessão anterior.

O SR. 2.o SECRETÁRIO procede à leitura da Ata da sessão anterior, que é considerada aprovada.

O SR. PRESIDENTE — Srs. deputados, devendo chegar a esta Casa, dentro de poucos instantes, o Sr. Governador do Estado, nomeio a seguinte comissão para receber S. Exa. e acompanhá-lo a êste recinto: nobres deputados Antônio Sampaio, Santilli Sobrinho, Luciano Nogueira Filho, Costabile Romano, Antônio Mastrocola, Angelo Zanini, Miguel Jorge Nicolau, Cid Franco, Augusto do Amaral, Wilson Lapa, Alberto da Silva Azevedo, Mendonça Falcão e Conceição da Costa Neves.

Dá entrada no recinto, sob salva de palmas, acompanhado de sua comitiva e da comissão designada pelo Sr. Presidente, o Sr. Governador do Estado.

E' executado o Hino Nacional (Palmas.)

O SR. PRESIDENTE — Declaro instalados os trabalhos da 3.a Sessão Legislativa da 4.a Legislatura da Assembléia Legislativa do Estado de São Paulo.

A Presidência acaba de receber das mãos de S. Exa., o Sr. Governador do Estado de São Paulo, mensagem à Assembléia Legislativa referente a 1961 e convida o Sr. 1.o Secretário a proceder à sua leitura.

O SR. 1.o SECRETÁRIO lê a seguinte:

MENSAGEM

APRESENTADA PELO GOVERNADOR CARLOS ALBERTO A. DE CARVALHO PINTO À ASSEMBLÉIA LEGISLATIVA DO ESTADO DE SÃO PAULO EM 14 DE MARÇO DE 1961

Senhor Presidente

Senhores Deputados

Ao comparecer perante esta Egrégia Assembléia, em obediência à norma constitucional que assim o determina, para, mais uma vez, dar-lhe conhecimento da gestão dos negócios públicos, já agora ao término do segundo ano do meu Govêrno, desejo, preliminarmente, reiterar afirmações por mim feitas, nesta ilustre Casa, em duas outras oportunidades, no desempenho da mesma e honrosa missão, e em tôdas as ocasiões em que as tarefas do Govêrno me permitiram a convivência e o contacto com os membros dêste Poder.

Essas afirmações configuram não só o meu respeito por esta Casa, que representa a vontade popular, como, e acima de tudo, a convicção de que os objetivos que me propus, ao assumir a governança do nosso Estado, e a sua eficaz concretização, teriam que repousar, como repousam, na compreensão e no apoio dos legisladores de São Paulo.

Optando por um tipo de govêrno baseado na análise objetiva das necessidades, na seleção rigorosa de fins a atingir e na adoção de processos de execução adequados a êsses fins, a política do Estado, como ideologia e programa, deveria necessàriamente preceder à ação pròpriamente dita.

Formulado um Plano de Ação em que se consubstanciou o meu programa de Govêrno e que dependia, para que fôsse executado, da autorização dos meios necessários, pude, felizmente, contar com o integral apoio dos Senhores Deputados para um conjunto de medidas que define a própria política geral do Estado, exposta, delineada e configurada nas suas linhas mestras como nos seus pormenores.

Não teria sido possível conceber mais fecunda colaboração, que, proporcionando ao Poder Executivo a segurança indispensável ao empreendimento de seu programa, conferiu a esta nobre Assembléia, com a garantia de plena e fiel observância, a participação direta, não numa série de medidas isoladas, mas na execução de todo um plano de administração para o período de quatro anos de govêrno.

Dessa mesma colaboração dão testemunho os recentes e memoráveis debates havidos no Plenário desta Casa e os trabalhos das doutas Comissões Técnicas, dos quais resultou a aprovação da lei agrária, que dotou São Paulo do primeiro estatuto racional de revisão das condições do trabalhador rural, dando-lhe o irrecusável acesso às terras, para que possa, êle próprio, cultivá-las.

Completado, pois, o primeiro biênio do meu Govêrno, e quando se fazem marcantes os resultados da obra comum, é com a Casa do Povo que quero congratular-me, pela oportunidade que me foi dada de servir à nossa gente.

Senhor Presidente

Senhores Deputados

Ao menos arguto observador não terá passado despercebido o fato de que atravessamos, como grupo social, momento decisivo de nossa evolução histórica.

1962

MUNDO E BRASIL

_É fundado o CPDOC – Centro de Pesquisa e Documentação da História Contemporânea do Brasil da Fundação Getulio Vargas.

_Anselmo Duarte dirige o filme *O Pagador de Promessas*, ganhador da Palma de Ouro em Cannes.

_É fundado o CPC – Centro Popular de Cultura, ligado a UNE, por Oduvaldo Vianna Filho, Leon Hirszman e Carlos Estevam Martins.

1963

MUNDO E BRASIL

_Em 5 de janeiro, realiza-se um referendo sobre o sistema de governo. O *Diário Oficial* de 8 de janeiro reproduz um telegrama do governador de São Paulo a João Goulart, no qual informa sobre a normalidade em que transcorreu o referendo. Vence o presidencialismo.

223. CUMPRIMENTOS PELO REFERENDO

_É promulgada a lei que institui o Estatuto do Trabalhador Rural.

_Manifesto Música Nova, de Willy Corrêa de Oliveira e Gilberto Mendes.

_O Museu Paulista, até então órgão da Secretaria da Educação, é transformado em instituto da USP, mediante lei sancionada pelo governador Carvalho Pinto em 24 de janeiro; a matéria sobre o tema é publicada no *Diário Oficial* de 25 de janeiro.

224. CRIAÇÃO DO MUSEU PAULISTA DA USP

_Criado o Museu de Arte Contemporânea da Universidade de São Paulo.

GOVERNO DE SÃO PAULO

_No dia 31 de janeiro, termina o mandato do governador Carvalho Pinto, o que fica registrado em matéria publicada no *Diário Oficial* na mesma data. Adhemar Pereira de Barros é seu sucessor, permanecendo no cargo até 6 de junho de 1966.

225. TERMINA O GOVERNO CARVALHO PINTO

Oficial

(ESTADOS UNIDOS DO BRASIL)

edação: LUCIO BARBOSA Red. Secretário em exercício: ALBINO G. AMARAL

EIRA, 8 DE JANEIRO DE 1963 | NÚMERO 5

.M. em Dep. aos Menores

regionais e locais dará eficácia e autenticidade ao trabalho a que se propõe o DASM.

Após discorrer sôbre as várias Divisões que integrarão o DASM, conclui afirmando que "o que pretende esta reforma é garantir as conquistas obtidas com esfôrço e luta que São Paulo não pode perder, dando à assistência ao menor possibilidade de crescimento na linha adotada pelo atual Serviço Social de Menores. É necessário que o impulso recebido não tenha representado apenas uma grande e expressiva experiência, mas fique consagrado por esta lei como a diretriz da assistência social a menores do Estado".

Referendo: telegrama do Governador ao Chefe da Nação

O Governador Carvalho Pinto enviou domingo à noite o seguinte telegrama ao Presidente João Goulart:

"Tenho a satisfação de comunicar a V. Exa. que a votação popular, hoje pela quinta vez realizada durante o quatriênio de meu Govêrno, se processou no costumeiro ambiente de ordem, liberdade e respeito democrático. Congratulo-me com V. Exa. pela demonstração de civismo do povo paulista, que acusou elevado índice de comparecimento".

NORMALIDADE ABSOLUTA

Ao mesmo tempo, o Serviço de Imprensa do Palácio distribuiu a seguinte nota sôbre a realização do referendo no Estado:

"O Governador Carvalho Pinto, após ter votado pela manhã em sua própria secção eleitoral, no bairro de Vila Nova Conceição, permaneceu nesta Capital durante todo o dia de domingo, acompanhando o desenrolar do referendo. Encerrada a votação, em contacto telefônico com o presidente do TRE e com a Secretaria da Segurança Pública, e de acôrdo com informações chegadas a Palácio, constatou que a consulta popular decorreu na mais absoluta normalidade em todos os pontos do Estado, sendo expressivo o comparecimento às urnas".

Secretário executivo do Grupo de Planejamento seguiu para o México

O sr. Diogo Nunes Gaspar, secretário executivo do Grupo de Planejamento do Govêrno do Estado e membro do Comitê da Aliança Para o Progresso incumbido de examinar os Planos apresentados pelo México para aquele movimento de cooperação internacional, viajou domingo para o México, onde se reunirá aos demais membros do Comitê.

Naquele País, o sr. Diogo Nunes Gaspar permanecerá durante 20 dias no exame dos planos, retornando em seguida ao Brasil e viajando logo após para Washington onde deverá permanecer até meados de maio, quando o Comitê dos Seis apresentará seu parecer final sôbre o planejamento oferecido pelo México.

OBRAS EM QUATRO MUNICÍPIOS

Por determinação do eng. Francisco de Paula Machado de Campos, Secretário da Viação, o Departamento de Obras Sanitárias abriu concorrência pública para aquisição de tubos de pressão destinados às obras do serviço de abastecimento de água do Município de São José do Barreiro.

Por outro lado, o DOP, por determinação do eng. Francisco de Paula Machado de Campos, Secretário da Viação, abriu concorrência pública para as obras de reforma do prédio e construção de mureta do Grupo Escolar "Dr. Júlio Lucant", em Rancharia; e construção de instalações sanitárias e complementação de reforma no prédio do Grupo Escolar "Cel. Queiroz", em Redenção da Serra.

A Prefeitura Municipal de Jacareí está desenvolvendo um plano de ampliação de seus serviços de esgotos, com supervisão do Departamento de Obras Sanitárias da Secretaria da Viação. Para essas obras aquêle departamento acaba de adquirir, por conta da aluoida prefeitura, vários materiais necessários à ampliação em tela, alcançando as compras o valor de Cr$ 3.691.080,00, valor êsse que foi financiado pela Caixa Econômica do Estado.

Comissão Apuradora do referendo

A Comissão Apuradora designada pelo TRE para o referendo de 6 do corrente iniciará seus trabalhos, hoje, terça-feira, às 9 horas, em sessão pública, na Sala das Sessões do TRE, à Rua do Seminário, 61, 9.º andar.

ÁGUA PARA RIBEIRÃO VERMELHO DO SUL

Representando a Prefeitura de Ribeirão Vermelho do Sul, o Departamento de Obras Sanitárias, da Secretaria da Viação, contratou, para aquela cidade, a conclusão de várias obras destinadas à implantação do serviço de água em Ribeirão Vermelho do Sul. As obras incluem a conclusão de um reservatório enterrado de 200.000 litros de capacidade; a instalação de 5.900 metros de rêde abastecedora; e a construção de rêde de transmissão de energia elétrica. Essas obras, que atingem o valor de Cr$ 11.079.023,20, são financiadas pela Caixa Econômica do Estado. O serviço de água da cidade beneficiará cêrca de 700 habitantes.

uxílios stradas

Santa Albertina, do Rio Pardo, São iá.

sôbre o rio Sapucaí

emorando enviado ontem ao diretor do D.E.R., o Gover- Pinto recomenda "urgentes providências para repara- sôbre o rio Sapucaí, na Via Anhanguera, avariada por im caminhão-tanque".

enda, ainda, o Chefe do Executivo, que os "trabalhos luta prioridade, em 24 horas, de modo a restabelecer o im do corrente mês".

smo memorando, o Governador do Estado realça a ne- ficiente conservação das estradas municipais que servem itindo o trânsito na melhor forma possível" e solicita o al do diretor do DER para o assunto, marcando o pra- ra informações.

Diário Oficial

ESTADO DE SÃO PAULO — (ESTADOS UNIDOS DO BRASIL)

Diretor: WANDYCK FREITAS

ANO LXXIII | SÃO PAULO — SEXTA-FEIRA, 25 DE JANEIRO DE 1963 | NÚMERO 18

Transfere-se para sua nova sede o Tribunal de Contas do Estado

Ontem à tarde, com a presença de altas autoridades, foram inauguradas dependências do novo prédio do Tribunal de Contas, que, com verbas do Plano de Ação, ergue-se na avenida Rangel Pestana, defronte à Secretaria da Fazenda. Trata-se de edifício de 16 andares, construído na atual administração e onde doravante passa a funcionar em instalações condignas, a Justiça de Contas do Estado.

A solenidade de inauguração dos três andares superiores, que se realizou na sala destinada à realização das sessões plenárias, estiveram presentes, entre outras pessoas, o Governador Carvalho Pinto; o Cardeal Dom Carlos Carmelo de Vasconcellos Motta, arcebispo de São Paulo; General Aurélio Lyra Tavares, comandante da 2.a R.M.; Desembargador Joaquim de Sylos Cintra, presidente do Tribunal de Justiça; Ministro Cyro dos Anjos, presidente do Tribunal de Contas de Brasília; Conselheiro Oswaldo Gordinho, do Tribunal de Contas da Bahia; Ministros Vitor Nunes Leal e Pedro Chaves, do Supremo Tribunal Federal; Coronel José Lopes da Silva, presidente do Tribunal de Justiça Militar; todos os membros do T.C.; Secretários de Estado; Ministro Portugal Gouvêa e Coronel Geraldo Profício, respectivamente chefes das Casas Civil e Militar do Govêrno do Estado; representantes das autoridades militares; parlamentares; autoridades civis e militares e funcionários.

A SOLENIDADE

Presidindo à solenidade, o Ministro Vicente Paula Lima, anunciou aos presentes, em primeiro lugar, que Dom Carlos Carmelo de Vasconcellos Motta iria proceder à benção das novas instalações daquela Côrte. Em seguida, o Governador Carvalho Pinto descerrou a placa comemorativa do ato.

Com a palavra, o Ministro Alci-

(Conclui na 2.ª pág.)

"Cidadão Emérito de São Paulo" o Prof. Carvalho Pinto

O Governador Carvalho Pinto receberá hoje, às 16 horas, em sessão solene da Câmara Municipal, o título de "Cidadão Emérito de São Paulo", que lhe foi unânimemente conferido pela Edilidade. Às 20 horas, receberá homenagem dos Prefeitos e vereadores do Interior, no Restaurante Fasano. Às 22 horas, ser-lhe-á entregue o Troféu "João Ramalho", conferido pela Revista "Edição Extra", ato em que será representado pelo sr. Hélio Damante, seu Assessor de Imprensa. Amanhã, às 10 horas inaugurará, no C E A S A no bairro do Jaguaré, o maior silo da rêde construída pelo Plano de Ação. Domingo, deverá visitar a cidade de Campinas.

Fundo de Assistência ao Menor

Concedidos auxílios a mais 14 consórcios inter-municipais

No salão nobre da Secretaria da Justiça, sob a presidencia do titular da Pasta, Desembargador Justino Maria Pinheiro, reuniu-se, ontem, pela ultima vez, o atual Conselho Diretor do Fundo de Assistencia ao Menor, integrado pelos srs. Aldo de Assis Dias, titular da Vara Privativa de Menores; Artur Oliveira Costa, Juiz Auxiliar da Vara de Menores; Zuleika Sucupira Kenworthy, 1.a Curadora de Menores; Mario Altenfelder Silva, diretor do Serviço Social de Menores; Olintho Franco da Silveira, diretor do Instituto Modelo de Menores; Aureliano Nascimento, assessor do diretor do SSM e Égle de Mello, secretaria Executiva do FAM, para tratar de varios assuntos pertinentes à assistencia ao menor abandonado, necessitado e infrator.

AUMENTO DO "PER CAPITA"

Após a prestação de contas dos trabalhos realizados por êsse organismo e do agradecimento do juiz Aldo de Assis a todos os membros do Fundo de Assistencia ao Menor pelos "revelantes serviços prestados durante os quatro anos do atual Govêrno que se finda", o sr. Mário Altenfelder Silva comunicou aos presentes que, tendo em vista a elevação do custo de vida, o governador Carvalho Pinto havia autorizado a elevação do auxilio "per capita" que o FAM e o SSM concedem a entidades particulares que prestam assistência a menores. O aumento a ser concedido é da seguinte ordem:

Valor auxilio "per capita"	Atualizado
Cr$ 3.500,00 —	Cr$ 5.000,00
Cr$ 4.000,00 —	Cr$ 5.500,00
Cr$ 7.000,00 —	Cr$ 8.500,00.

BATALHÃO POLICIAL

Na mesma reunião os conselheiros tomaram conhecimento da minuta do decreto, a ser assinado pelo Governador, e que regulamenta o funcionamento do 14.o Batalhão Policial, cuja atribuição é auxiliar a Justiça de Menores e o S.S.M.

OBRAS EM PONTES MUNICIPAIS

O Departamento de Obras Públicas, por determinação do eng. Francisco de Paula Machado de Campos, Secretário da Viação, abriu concorrência pública para a construção de ponte sôbre o rio Itariri, em Pedro de Toledo; e execução de obras complementares da ponte sôbre o corrego Lajeado, em Penápolis, na ligação com Avanhandava.

TRANSFORMADO EM INSTITUTO DA U.S.P. O MUSEU PAULISTA

O Governador Carvalho Pinto sancionou ontem lei que transfere para a Universidade de São Paulo, na qualidade de instituto universitário, o Museu Paulista, até aqui órgão da Secretaria da Educação. O terreno e o edifício da tradicional instituição e todo o seu acêrvo e bens, bem como o Museu Republicano, de Itu, ficam sob a posse e administração do Museu, ora integrado na Universidade. Dentro de 60 dias o Reitor, após a manifestação do Conselho Universitário, baixará o Regulamento do Museu Paulista. Da mesma forma, cargos e funções, passam a integrar-se na Universidade.

Foram vetados, parcialmente, o artigo 5.o do projeto e seu parágrafo único, relativo à criação de cargo, por inconstitucional, bem como parte do artigo 6.o, a fim de possibilitar que a instituição disponha das verbas já consignadas no orçamento, para seu perfeito funcionamento neste exercício.

SIGNIFICADO

O projeto de lei ora sancionado, e de iniciativa do Executivo, adquire a mais alta significação para o desenvolvimento dos estudos históricos no País e a própria finalidade para o qual foi criado o Museu Paulista. Agora, como instituto da Universidade de São Paulo, adquire o velho Museu do Ipiranga condições ideais para seu desenvolvimento, de maneira a corresponder a seu altos fins, como instituição universitária autêntica.

FINANCIAMENTO PARA EQUIPAMENTOS AGRÍCOLAS

Foi autorizado pelo Governador do Estado a celebração do convênio entre o Estado e o GERCA, do Instituto Brasileiro do Café, objetivando o financiamento para construção de instalações para a lavoura, aquisição de equipamentos e implementos agrícolas, bem como para a produção e preparo de sementes em geral.

CUSTAS E EMOLUMENTOS DOS CARTÓRIOS

O Governador Carvalho Pinto, sancionou ontem, vetando alguns artigos, a lei que dispõe sôbre a cobrança em dôbro das custas e emolumentos constantes das tabelas de "A" a "M", anexas à lei n. 4.831, de 28 de agôsto de 1958. A lei sancionada estabelece ainda que os vencimentos dos escreventes, auxiliares e fiéis dos cartórios não oficializados serão revistos e fixados pelo secretário da Justiça, dentro de 50 dias, não podendo ser inferiores ao salário mínimo local.

Os dispositivos vetados estabelecem, respectivamente, que é fixada a quantia de 400 cruzeiros para a distribuição prevista no ítem I da tabela "B" da já citada lei 4 831, e que o Estado fica obrigado a indenizar os serventuários de justiça pelas custas e emolumentos devidos pelos réus pobres, nos processos criminais e pelos beneficiários de assistência jurídica, nas causas cíveis.

MENSAGEM

Concomitantemente, o Chefe do Executivo assinou mensagem encaminhando à Assembléia Legislativa projeto de lei dispondo sôbre o mesmo assunto, trabalho êsse elaborado por uma comissão especialmente designada para êsse fim e da qual participou representante da Corregedoria Geral da Justiça.

Nessa Mensagem, o governador assinala que ao dar sanção parcial ao projeto sôbre a cobrança em dôbro das custas e emolumentos, "tive em vista a situação criada para os mesmos serventuários, que se vêm compelidos, diante da elevação do custo de vida, a melhorar os salários de seus escreventes, sendo necessário, portanto,

(Conclui na 2.ª pág.)

Concluída pelo DER a estrada Martinópolis - Presidente Prudente

Mais um trecho da grande transversal que liga São José do Rio Prêto a Presidente Prudente foi concluído pelo Departamento de Estradas de Rodagem, da Secretaria da Viação: Martinópolis-Presidente Prudente. Construída e pavimentada na atual Administração (iniciada em setembro de 1960) tem 24 km de extensão e custou mais de 242 milhões de cruzeiros. O tipo de pavimentação é de solo-cimento.

Com êsse trecho mais de 205 km dos 261 da transversal São José do Rio Preto-José Bonifácio-Salto do Avanhandava-Parapuã-Martinópolis-Presidente Prudente estão concluídos e entregues ao tráfego. E' uma transversal das mais importantes, pois liga três grandes troncos rodoviários que, partindo de São Paulo, atingem as barrancas do rio Paraná, no Mato Grosso, além da rodovia que liga Bauru à cidade de Panorama, na divisa com o mesmo Estado. Estabelecerá também, futuramente, mais uma ligação de São Paulo com o Paraná e Minas Gerais.

OS TRABALHOS

Os trabalhos de construção e pavimentação da São José do Rio Preto-Presidente Prudente foram objetos de seis contratos, cujo valor global atinge a mais de 1 bilhão e 250 milhões de cruzeiros. O tre-

(Conclui na 2.ª pág.)

AGRADECE O T.R.E. À COMISSÃO DE VEÍCULOS OFICIAIS

O presidente do Tribunal Regional Eleitoral do Estado de São Paulo, desembargador Raphael de Barros Monteiro, em ofício ao Governador Carvalho Pinto, agradece a colaboração prestada pela Comissão de Veiculos Oficiais do Estado, sob a presidência do tenente coronel Geraldo Profício, "na execução dos planos estabelecidos para os serviços de transporte dêste Tribunal, durante os trabalhos relativos ao referendo de 6 do corrente".

Inaugurado o novo edifício do DAE

O Governador Carvalho Pinto inaugurou, na manhã de ontem, o novo edifício do Departamento de Águas e Esgotos — D.A.E., na avenida Santos Dumont, 555. Trata-se de moderno edifício, de 7 pavimentos, com área coberta de 18 mil metros quadrados, construido de acôrdo com a mais avançada técnica arquitetônica. A obra custou 500 milhões de cruzeiros, executada conforme programação do Plano de Ação.

Engenheiros, técnicos, funcionários e grande número de trabalhadores do D.A.E. receberam o governador paulista que estava acompanhado do vice-governador Porphyrio da Paz. No local, o Chefe do Executivo foi recebido pelo Secretário da Viação, sr. Francisco Machado de Campos; srs. Jorge Cunha Lima, subchefe da Casa Civil; Joaquim Faria Cardoso Junior, diretor-geral do DAE; Caetano Alvares, do Conselho de Águas e Energia Elétrica e outras altas autoridades.

Descerrada a placa comemorativa, falou o sr. Francisco Machado de Campos, Secretário da Viação, que disse da satisfação de ver concluido tal empreendimento e da presença do chefe do Executivo paulista no ato inaugural. O prédio é realmente dos mais modernos e funcionais. Receberá de maneira condigna não sòmente os funcionários da repartição, anteriormente trabalhando de maneira precária, no prédio velho, mas também beneficiará o público, por sua amplitude e funcionalidade. Por fim, dirigindo-se ao governador, disse: "V. Exa. continua sendo o símbolo do trabalho organizado em São Paulo".

FALA O GOVERNADOR

Em seguida, falou o Prof. Carvalho Pinto. Recordou que sua primeira visita, ao assumir o Govêrno de São Paulo, fôra ao Departamento de Águas e Esgotos. Ali encontrou não sòmente o público atendido em corredores estreitos, mas os funcionários trabalhando em salas exíguas, com mesas e cadeiras quase superpostas. Cuidou então da solução não apenas dos problemas do abastecimento de água, como também da melhor localização da sede do D.A.E. E aí estava o novo edifício, construido conforme programação do PAGE. Mencionou o crescimento da rêde de águas, durante sua administração, elevada de 835 para 1.600 quilômetros, e a de esgotos, de 300 para 655. Disse da necessidade de se prosseguir os trabalhos de captação de águas, assinalando a importância do setor, que diz de perto dos interêsses da população quanto à saúde. Com referência à localização do edifício — na Ponte Pequena — salientou que, a princípio, parece um pouco fora de mão, mas que, com o estabelecimento de uma linha de ônibus para o transporte gratuito, da ci-

(Conclui na 2.ª pág.)

HIDRÔMETROS PARA CAMPINAS

O Departamento de Obras Sanitárias, por determinação do eng. Francisco de Paula Machado de Campos, Secretário da Viação, abriu concorrência pública para aquisição de hidrômetros domiciliares destinados ao serviço de abastecimento de água da sede do Município de Campinas.

Diário Oficial

ESTADO DE SÃO PAULO — (ESTADOS UNIDOS DO BRASIL)

Diretor: WANDYCK FREITAS

ANO LXXIII | SÃO PAULO — QUINTA-FEIRA, 31 DE JANEIRO DE 1963 | NÚMERO 21

DESPEDE-SE DO POVO PAULISTA O GOVERNADOR CARVALHO PINTO

Apresentando, ontem à noite, suas despedidas ao povo, pela televisão, o Governador Carvalho Pinto fez uma prestação de contas de seu Govêrno, assinalando de início:

— "Há pouco mais de quatro anos, as mais expressivas correntes da opinião pública do Estado de São Paulo conclamavam-me a aceitar a honrosa responsabilidade de candidato ao Govêrno da minha terra. Relutei em aceder a esta conclamação, pois não era político militante, não tinha qualquer ambição política. Avêsso a posições de tôda espécie, não me parecia que fôsse o único candidato em condições de merecer, àquela altura, uma convocação daquela natureza. Entretanto, quando percebi que a minha recusa poderia significar a fuga aos meus mais indeclináveis deveres cívicos e, quando verifiquei que, dessa atitude, poderia resultar a própria perda de uma das maiores conquistas tão árduamente alcançadas, como foi a recuperação financeira de São Paulo, que restituiu ao nosso Estado a normalidade econômica, a eficiência administrativa, a dignidade funcional e sua própria autonomia política, não tive dúvidas e aceitei a candidatura desenvolvendo, então um a campanha que os anais de nossa vida pública registram pela sua elevação, pela impessoalidade com que foi desenvolvida, pela serenidade com que foi conduzida. Distante das provocações a que procuravam levar os nossos adversários e desvinculada de quaisquer compromissos ou transigências que pudessem perturbar a ação futura do governante.

Eleito — e a expressiva e consagradora votação de outubro de 1958 foi a demonstração de que outra não poderia ter sido a minha atitude — passei, imediatamente, à elaboração do Programa de Govêrno, catalogando e alinhando os itens programáticos, ideológicos, ao longo dos quais desenvolvera tôda minha modesta vida pública, ao mesmo tempo que, elaborando o Plano de Ação, isto é, o plano em detalhe da ação administrativa a não houvesse dificuldades de tôda espécie. Ao contrário, elas se desenvolver no quatriênio".

DIFICULDADES ECONÔMICAS

"Iniciado o Govêrno passei à execução dêstes objetivos. Não foi um período fácil, um período onde

(Conclui na 2.ª pág.)

"Não podíamos deixar de fazer justiça"

"Vocês fizeram o trabalho da abelhinha do Plano de Ação. Trabalho anônimo, pertinaz, fecundo, que encheu de realizações a colméia do Estado. E nós não podíamos encerrar nosso Govêrno sem fazer justiça a esta imensa e laboriosa classe do funcionalismo".

Com tais palavras o governador Carvalho Pinto agradeceu a homenagem que lhe prestaram ontem à tarde, em seu gabinete, os escriturários do serviço público estadual, a qual constou da entrega de um cartão de ouro com dizeres de gratidão pela reestruturação da classe. Na oportunidade, o Chefe do Executivo foi saudado pelo sr. Fortunato Ataliba Salaverry, presidente da comissão pró-reestruturação dos escriturários, que lembrou ter sido "atendida por êste Govêrno uma reivindicação pela qual a nossa classe lutava há mais de 20 anos".

Transmissão do cargo de Governador

A transmissão do cargo de Governador do Estado realizar-se-á hoje, às 17 horas, nos Campos Elíseos, após o Governador eleito, Dr. Adhemar Pereira de Barros, prestar o compromisso de praxe e empossar-se perante a Assembléia Legislativa. À solenidade, que decorrerá com tôdas as formalidades previstas no cerimonial do Palácio, estarão presentes o Núncio Apostólico, o Corpo Consular e altas autoridades federais, estaduais e municipais.

A TRANSFORMAÇÃO DO MUSEU PAULISTA EM INSTITUTO DA UNIVERSIDADE DE SÃO PAULO

Esteve ontem em Palácio, a fim de agradecer ao Governador Carvalho Pinto a sanção da lei que transformou o Museu Paulista em Instituto Universitário, o sr. Mário Neme, diretor da tradicional instituição cultural do Alto do Ipiranga.

A saída, em rápida palestra com os jornalistas, assegurou o sr. Mário Neme que com a reestruturação por que vai passar em decorrência da lei que o transformou em instituto da nossa Universidade oficial, o Museu deverá contribuir decisivamente para o incremento do estudo da História do Brasil e de São Paulo, em bases efetivamente científicas — que é o que mais tem faltado a êsse gênero de estudo. Daí deverá advir um grande passo no conhecimento da nossa formação histórica, social e econômica, de cuja precariedade se têm ressentido, entre nós, tôdas as ciências que tratam de homem, de suas ações e realizações, assim como das instituições que êle criou no correr do tempo.

Na sua vinculação com a Universidade de São Paulo — acrescentou — notadamente no que se refere a alguns departamentos e cadeiras da Faculdade de Filosofia, Ciências e Letras, será das mais construtivas a cooperação do Museu. Entre outras, citaríamos as seguintes modalidades pelas quais o nosso Instituto poderá colaborar com os departamentos de ensino da Universidade: cooperar na realização de aulas e seminários, utilizando-se para tal fim das peças de que o Museu dispõe, objetos, documentos manuscritos e impressos, mapas, telas, desenhos, gravuras, além das obras de sua biblioteca especializada; incrementar a especialização dos alunos e dos recém-formados por meio de cursos especiais, de extensão universitária, de pós-graduação, e por outras formas que forem sugeridas pela prática; proporcionar meios de orientação a alunos e licenciados na realização de pesquisas de aperfeiçoamento, especialização e documento.

(Conclui na 2.ª pág.)

"Obra que constitui exemplo fecundo"

Dirigentes da Associação Comercial de São Paulo, tendo à frente o sr. Paulo de Almeida Barbosa, seu presidente, estiveram ontem à tarde nos Campos Elíseos a fim de apresentar suas despedidas e seus agradecimentos ao Governador Carvalho Pinto. Foi, então, entregue ao chefe do Executivo um ofício, no qual a entidade manifesta "o alto aprêço que dedica à notável obra administrativa que seu Govêrno soube realizar e que constitui exemplo fecundo para todos quantos sejam responsáveis por negócios públicos no País".

Realça o documento, em seguida: "ao fazer entrega dêste ofício a Vossa Excelência, o presidente e os diretores da entidade dirão, de viva voz, que o comércio de São Paulo acompanhou a administração de Vossa Excelência com entusiasmo e confiança, procurando sempre emprestar-lhe colaboração construtiva, inclusive e especialmente ao ter elaborado o Plano de Ação que introduziu coerência e disciplina na ação do Govêrno, permitindo-lhe alcançar os objetivos que se havia proposto. Mantendo sua tradicional independência de atitudes, esta Casa louvou e criticou atos do Govêrno de Vossa Excelência, mas no balanço dêste quatriênio, é inegável o saldo enormemente positivo da ação governamental."

25 bilhões para a Educação

A fim de completar as obras programadas pelo I Plano de Ação e dar início a novas, o Governador Carvalho Pinto determinou a liberação, no setor de Educação Primária e Média, recursos de 5 bilhões de cruzeiros para o fundo estadual de Construções Escolares. O plano aprovado se enquadra na orientação adotada pelo Govêrno de garantir a continuidade dos programas destinando recursos a tôdas as obras em andamento.

CONCLUSÃO DE OBRAS

Para a conclusão de obras em final, o plano aprovado reservou recursos de 1 bilhão, 443 milhões de cruzeiros, que se destinam à construção de Grupos Escolares e Ginásios em numerosas cidades do Interior e em bairros da Capital.

Para as obras em fase inicial, ou seja, com concorrência pública já realizada e aprovada, o plano de aplicação prevê recursos no montante de 2 bilhões e 49 milhões de cruzeiros, beneficiando igualmente núcleos da Capital e do Interior.

NOVAS OBRAS

Diversas obras com a fase preliminar de projeto e escolha de terrenos já concluída, deverão ser iniciadas nêste exercício, estando em preparo as respectivas concorrências públicas. Com êste conjunto de providências tomadas e

(Conclui na 2.ª pág.)

Homenagem da indústria paulista

O Governador Carvalho Pinto recebeu ontem à tarde, em seu gabinete, as diretorias da Federação e do Centro das Indústrias do Estado de São Paulo, tendo à frente os seus presidentes, srs. Raphael Noschese e Antônio Devisate, respectivamente, que na oportunidade apresentaram ao chefe do Executivo cumprimentos "pelo êxito de sua administração".

Saudando o governador em nome de seus companheiros, o sr. Antônio Devisate disse que "a indústria paulista vinha ao Palácio para prestar suas homenagens ao governador que, em todo o seu mandato, soubera sempre agir com o mais elevado espírito público". Assinalou que "as portas dos Campos Elíseos sempre estiveram abertas para os que, como nós, buscaram orientação e colaboração para resolver problemas que diziam respeito aos verdadeiros interesses da coletividade"

Agradecendo a homenagem, o Prof. Carvalho Pinto, referindo-se à colaboração que havia recebido da indústria paulista, disse que "mantivemos as melhores relações visando sempre ao bem de São Paulo e do País". Afirmou, em seguida, que deixa o Estado em condições financeiras excepcionais, "como nenhum outro govêrno e fez ou o recebeu anteriormente". Ao final, manifestou a certeza de que a indústria paulista prosseguirá nos seus esforços para promover o maior desenvolvimento de São Paulo, auxiliando também poderosamente as demais regiões do País e expressou os melhores votos de êxito à nova diretoria da Federação e do Centro das Indústrias.

Acompanhando os srs. Antônio Devisate e Raphael Noschese, estiveram presentes à solenidade os srs. José Ermírio de Moraes Filho, Oscar Augusto de Camargo e Francisco da Silva Vilela, vice-presidentes das entidades da indústria; Nadir Figueiredo e Humberto Reis Costa, presidentes eméritos; Mario Amato, Herbert Arruda Pereira, Aristides Pillegi e Vitorio Ferraz, diretores.

Na oportunidade, o governador assinou decreto que outorga ao Centro Paulista de Feiras e Exposições — Feira de São Paulo, sociedade civil sem intuitos lucrativos, nos têrmos do convênio estabelecido entre o Govêrno da União e o Govêrno do Estado, todos os direitos e deveres que tal instrumento a êste conferiu para a organização de exposições-feiras internacionais nesta Capital.

Elogio aos servidores do Palácio

O Governador Carvalho Pinto encaminhou ontem o seguinte memorando aos Secretários de Estado e chefes de suas Casas Civil e Militar:

"Ao término de meu mandato, numerosas vêzes marcado por apreensões e cuidados de tôda a natureza, desejo prestar pública homenagem aos servidores das Casas Civil e Militar dêste Palácio, pela dedicação com que se houveram em tôdas as circunstâncias. Determino aos Secretários de Estado e diretores de autarquias e sociedades de economia mista façam consignar nos prontuários dos servidores destacados na sede do Govêrno, um elogio e o agradecimento pessoal do Governador".

DIVULGAÇÃO DE EDITAIS NA IMPRENSA

O Chefe do Executivo sancionou a lei n. 7.755, ontem publicada no Diário Oficial, que dispõe: "Sempre que o Executivo fizer publicar no Diário Oficial edital de concorrência de obras ou serviços públicos de valor igual ou superior a cinco milhões de cruzeiros, deverá publicar, também, em pelo menos dois jornais de grande circulação em São Paulo, anúncios chamando a atenção dos interessados para o edital oficial. Quando o objeto da concorrência fôr a execução de obras ou serviços públicos em qualquer cidade do interior, além dos anúncios mencionados, deverá ser publicado, também, pelo menos um anúncio na respectiva cidade".

Foram vetados, "por nocivos ao interêsse público, parte do artigo 2.o e o artigo 3.o, que introduziam modificações na sistemática vigente para as concorrências públicas.

Crédito especial de 600 milhões para o D.A.E.E.

Por decreto de ontem, o Governador abriu, no Departamento de Águas e Energia Elétrica, um crédito especial de 600 milhões de cruzeiros, com vigência até 31 de janeiro de 1966, destinado a atender às despesas afetas ao Govêrno do Estado de São Paulo na execução do convênio celebrado em 27 de novembro de 1962, com o Ministério das Minas e Energia, os Estados da Guanabara, Rio de Janeiro e Minas Gerais, para levantamento do potencial energético da região Centro-Sul do País, sob supervisão da ONU. O valor dêsse crédito será coberto com os recursos provenientes da contribuição que fará a Comissão Interestadual da Bacia Paraná-Uruguai, nos têrmos de convênio firmado com o D.A.E.E.

CUMPRIMENTOS AO GOVERNADOR

Esteve ontem à tarde em Palácio o sr. Décio de Toledo Leite, presidente do Tribunal Regional do Trabalho, a fim de apresentar seus cumprimentos ao Governador Carvalho Pinto, "pela profícua Administração realizada à frente do Govêrno de São Paulo".

Com o mesmo objetivo, estiveram igualmente nos Campos Elíseos os Prefeitos de Santos e São Roque.

Aumento para 5 bilhões do capital do Banco do Estado

Projeto de lei encaminhado ontem à Assembléia Legislativa pelo Governador Carvalho Pinto, autoriza a Fazenda do Estado a subscrever, até o limite de Cr$ 1.869.000.000,00, ações do **Banco do Estado de São Paulo S/A., resultantes do aumento do** seu capital de 2 para 5 bilhões de cruzeiros.

"A providência ora proposta — assinala o Chefe do Executivo em sua mensagem — permitirá ao Banco do Estado intervir com maior autoridade nos negócios de interêsse do Govêrno, permitindo, desde logo, a obtenção de novas cartas patentes e o aumento no limite do redesconto".

1964

MUNDO E BRASIL

_No dia 9 de abril, é assinado o Ato Institucional n.1, que depõe o presidente e dá início às cassações.

_O marechal Castelo Branco é eleito pelo Congresso em 15 de abril e toma posse na mesma data. O *Diário Oficial* de 15 de abril informa que o governador de São Paulo comparecerá à cerimônia.

226. GOVERNADOR DE SÃO PAULO VAI À POSSE DO MARECHAL CASTELO BRANCO

_Golpe militar. O presidente João Goulart é deposto em 2 de abril, e se asila no Uruguai. O presidente da Câmara, Ranieri Mazzilli, assume o poder. Em pronunciamento à nação, o governador de São Paulo, Adhemar de Barros, afirma: "Aqueles que infelicitaram o Brasil não podem continuar em sua obra nefasta e destruidora", informa matéria publicada no *Diário Oficial* de 8 de abril.

227. MENSAGEM À NAÇÃO DO GOVERNADOR ADHEMAR DE BARROS

_Criação do Serviço Nacional de Informações – SNI.

_Afirmação do Cinema Novo com *Vidas Secas*, de Nelson Pereira dos Santos (vencedor do Prêmio dos Cinemas de Arte, em Cannes, Prêmio do OCIC – Organização Católica Internacional do Cinema), e *Deus e o Diabo na Terra do Sol*, de Glauber Rocha (Grande Prêmio Latino-americano do Festival de Mar del Plata).

228. CARTAZ DE *VIDAS SECAS*

229. CARTAZ DE *DEUS E O DIABO NA TERRA DO SOL*

226

Diário Ofici

ESTADO DE SÃO PAULO — (ESTADOS UNIDOS DO BR

Diretor: WANDYCK FREITAS

ANO LXXIV | SÃO PAULO — QUARTA-FEIRA, 15 DE ABRIL DE 1964

Atendido apêlo do Governador

PREÇO DA CARNE VAI BAIXAR EM SÃO PAULO

Representantes de frigoríficos paulistas, acompanhados do sr. João Jorge Saad, estiveram ontem reunidos com o Governador Adhemar de Barros, ocasião em que foram examinadas providências visando à contenção do preço da carne em nosso Estado. Ao final dos entendimentos, os representantes da indústria da carne comprometeram-se a reduzir os preços dêsse gênero alimentício, operando com a menor margem de lucro possível.

Após essa reunião, os visitantes mantiveram contacto com o sr. Arthur Audrá, chefe da Casa Civil do Governador, sugerindo que fossem igualmente convidados os pecuaristas a colaborar nas providências patrocinadas pelo Govêrno do Estado, pois a redução do custo do boi em pé permitiria uma baixa sensível no preço do produto para o consumidor.

Estiveram presentes ao encontro com o Governador os representantes dos Frigoríficos Mouran, São Carlos do Pinhal, T. Maia, Cruzeiro, Minerva e Swift do Brasil.

Governador irá à posse do Gal. Castelo Branco

Em avião especial que sairá de Congonhas cêrca das 8,30 horas de hoje, o Governador Adhemar de Barros seguirá para Brasília a fim de assistir às solenidades de posse e assunção do Presidente da República, Gal. Humberto Castelo Branco. O Chefe do Executivo paulista, que viajará acompanhado de Secretários de Estado, parlamentares, outras autoridades e jornalistas, deverá regressar a São Paulo ainda na noite de hoje.

Adiantamento de verbas para o Dep. dos Institutos Penais

Solicitado pelo Prof. Miguel Reale, Secretário da Justiça, ao Governador Adhemar de Barros, em seu último despacho, foi autorizado pelo Chefe do Executivo o adiantamento, ao Departamento dos Institutos Penais do Estado, de várias verbas que se destinam a atender ao pagamento de socorros clínicos, dos serviços de conservação e manutenção de máquinas de escritório e à aquisição de utilidades urgentes, em diversos estabelecimentos penitenciários de todo o Estado.

Assim, foram concedidos adiantamentos de 100 mil cruzeiros à Casa de Custódia e Tratamento de Taubaté; de 210 mil cruzeiros ao Instituto Penal Agrícola de Bauru; de 455 mil cruzeiros ao Instituto de Reeducação de Tremembé e de 525 mil cruzeiros ao Instituto Penal Agrícola de São José do Rio Prêto.

Esses adiantamentos correrão à conta dos diversos itens da verba 46 do orçamento vigente e serço pagos em parcelas mensais, de acôrdo com as necessidades dos vários estabelecimentos penais beneficiários da medida.

Concursos do D desenvolvem-se e

O Departamento de Educação está dando prosseguimento aos Concursos de Ingresso e Remoção no Magistério oficial, referentes ao Ensino Primário, Secundário e Normal, verificando-se andamento nor-

Serviço Social de Menores

227

Diário Oficial

ESTADO DE SÃO PAULO — (ESTADOS UNIDOS DO BRASIL)

Diretor: WANDYCK FREITAS

ANO LXXIV | SÃO PAULO — SEXTA-FEIRA, 8 DE ABRIL DE 1964 | NÚMERO 63

Proclama o Governador Adhemar de Barros à Nação:

"Aquêles que infelicitaram o Brasil não pod continuar em sua obra nefasta e destruido

O Governador Adhemar de Barros dirigiu ontem ao povo brasileiro, através da Rêde da Liberdade a seguinte mensagem:

"Brasileiros e brasileiras, volto a falar-lhes num momento extraordinàriamente — importante. Vocês devem ter sentido o cuidado com que me dirigi, ontem, à Nação, ao falar sôbre o rumo dos acontecimentos, porque todos nós sabemos como as coisas começam, mas sòmente Deus é que pode dizer como elas irão terminar.

Nêste episódio, como em tantos outros a Divina Providência conduziu os acontecimentos e somos, por isso mesmo, obrigados a repetir a afirmação de que Deus é brasileiro, pois pudemos reintegrar o Brasil em suas tradições democráticas sem o derramamento de uma gôta de sangue.

Nós nos havíamos organizado e tudo estava providenciado para que a máquina funcionasse, se fôsse preciso. Entretanto, é com alegria de alma e júbilo no coração que anunciamos a todos, às mulheres do Brasil, às mães, às noivas, às espôsas, às filhas, aos trabalhadores da cidade e do campo, aos estudantes, a todos, enfim, que não houve violência, não se derramou o generoso sangue brasileiro.

Disse-lhes ontem que a luta não terminara e falei-lhes com cautela porque temos procurado sempre alertar sem alarmar, prevenir sem tirar o sossêgo interior, a paz de espírito do nosso povo. Posso dizer-lhes hoje, estamos falando pouco antes do meio dia, que o povo paulista procedeu conforme esperávamos e no dia de ontem, não obstante a responsabilidade assumida por São Paulo, tudo funcionou normalmente, o comércio, a indústria, a lavoura, a pecuária, as profissões liberais, as escolas; quer dizer: São Paulo, mais uma vez, não parou.

Não é minha intenção falar-lhes dos episódios das últimas horas, nem mesmo comentar a fuga do presidente João Goulart, que abandonou o seu cargo, porque não me cabe fazer comentários a respeito. O que desejo dizer-lhes é que o momento ainda é sério e grave e desejo dirigir, mesmo, uma palavra e nossos irmãos gauchos, vo bravo e querido, que

(Continua na

Medidas efetivas para restabelecer a Democracia

O Governador Adhemar de Barros dirigiu ontem, à noite um segundo telex ao Presidente Ranieri Mazzilli, vazado nos seguintes têrmos:

"Reportando-me aos têrmos do telex enviado esta manhã, reafirmo a V. Exa. ser indispensável a plena consolidação dos altos ideais que nortearam o vitorioso movimento pela liberdade e Constituição. Para não vermos frustradas as esperanças do povo brasileiro e possam ser asseguradas efetivas condições de restabelecimento autêntico do regime democrático, isento de quaisquer infiltrações extremistas, estou certo da compreensão de V. Exa. no sentido de que o nôvo Govêrno, em todos os altos postos de confiança, será a expressão legítima exclusivamente das correntes políticas que se empenharam em prol da continuidade da vida democrática, ao lado das gloriosas Fôrças Armadas. Sòmente assim, livres de nefastas influências e dos elementos que com elas pactuaram pondo em risco valores da nossa civilização, saberemos os civis corresponder ao gesto patriótico e desassombrado dos bravos militares de nossa terra. Estou en-

(Conclui na 3.ª pág.)

Missa em ação de graças pela vitória democrática

O Governador Adhemar de Barros informou ontem que o Govêrno do Estado mandará rezar no próximo dia 12, às 10 horas na Catedral da Sé, missa em ação de graças pela vitória da Democracia em nosso País. O ofício religioso será celebrado pelo Cardeal Arcebispo de São Paulo, Dom Carlos Carmelo de Vasconcelos Motta, estando tôda a população paulistana convidada para êsse ato de fé e de civismo.

Intervenção na Alfândega de Sa

O Governador Adhem ros nomeou, ontem, inte ra a Alfândega de Sant terventoria, de acôrdo creto assinado, será exe sr. José do Lago Albuqu é agente fiscal do imp neiro.

Mal. Nelson de Mello Gal. Cordeiro de Fa visitaram o Governad

O Governador Adhemar de Barros recebeu ontem à tarde, nos Campos Elíseos, a visita do Marechal Nelson de Mello e do General Cordeiro de Faria, dois dos mais destacados chefes militares do movimento que visa a restaurar a Democracia em nosso País.

À saída, ao lado do Governador, que os acompanhou até a porta do Palácio, ambos fizeram rápidas declarações à imprensa.

VARRIDO O COMUNISMO

a serviço de uma potência estrangeira. políticos, os Governadores, é que têm a pa ra reconstruir a vida democrática".

FÔRÇAS ARMADAS OBEDECER

A seguir, o General Cordeiro de clarou que "nesta epopéia, as Fôrças Ar Brasil obedeceram exclusivamente a um co resistível: a opinião pública. Ela comando dados de Caxias, para impedir que o Br

NOVAS INSTRUÇÕES SÔBRE O

VIDAS SECAS

nelson pereira dos santos

copacabana filmes apresenta

deus e o diabo na terra do sol

yoná magalhães
geraldo d'el rey
othon bastos
mauricio do valle

um filme de glauber rocha
produção: luiz augusto mendes

1965

MUNDO E BRASIL

_O Ato Institucional n.2, de 27 de outubro, extingue os treze partidos existentes e torna indiretas as eleições para presidente. O governador de São Paulo apoia o AI-2 em um telegrama dirigido ao presidente, publicado no *Diário Oficial* de 29 de outubro.

230. GOVERNADOR DE SÃO PAULO APOIA AI-2

_Instituído o bipartidarismo, com os partidos Arena – Aliança Renovadora Nacional e MDB – Movimento Democrático Brasileiro.

DIÁRIO OFICIAL

_Um "Aviso", publicado no *Diário Oficial* de 1º de outubro e repetido nos dias seguintes, informa que, devido à inesperada suspensão no fornecimento do papel nacional, o *Diário Oficial* vê-se obrigado a limitar o número de páginas de suas edições diárias até que se normalize o abastecimento.

231. REDUÇÃO DA EDIÇÃO DEVIDO À FALTA DE PAPEL

Diário Oficial

ESTADO DE SÃO PAULO — (ESTADOS UNIDOS DO BRASIL)

Diretor: WANDYCK FREITAS

ANO LXXV | SÃO PAULO — SEXTA-FEIRA, 29 DE OUTUBRO DE 1965 | NÚMERO 202

MAIS 680 MILHÕES EM AUXÍLIOS E EMPRÉSTIMOS PARA O INTERIOR

TELEGRAMA DO GOVERNADOR AO PRESIDENTE DA REPÚBLICA

TALÃO DA FORTUNA: TREZE SORTEADOS DA CAPITAL RECEBERÃO OS PRÊMIOS AMANHÃ

AVIÕES PARA COMBATE AO MAL DE "SIGATOKA"

Posse na CHERP

O IPESP no caminho certo

Em defesa do interêsse público

Governador anulou concorrências num total superior a 28 bilhões

Reunião de inspetores do ensino profissional

Autorizadas obras públicas no valor de 203 milhões

IMPRENSA OFICIAL DO ESTADO

AVISO

Apesar dos esforços do Govêrno do Estado no sentido de contornar as dificuldades criadas há meses à Imprensa Oficial com a inesperada suspensão do fornecimento do papel de produção nacional, o "Diário Oficial" vê-se obrigado a limitar o número de páginas de suas edições diárias até que se normalize o abastecimento da referida matéria prima. Ficam, assim, sujeitas a cortes e atrasos as publicações oficiais e particulares, e suspensa a prioridade para publicação de estéreos.

230

IMPRENSA OFICIAL DO ESTADO

AVISO

Apesar dos esforços do Govêrno do Estado no sentido de contornar as dificuldades criadas há meses à Imprensa Oficial com a inesperada suspensão do fornecimento do papel de produção nacional, o "Diário Oficial" vê-se obrigado a limitar o número de páginas de suas edições diárias até que se normalize o abastecimento da referida matéria prima. Ficam, assim, sujeitas a cortes e atrasos as publicações oficiais e particulares, e suspensa a prioridade para publicação de estéreos.

231

1966

Diário Oficial

ESTADO DE SÃO PAULO — (ESTADOS UNIDOS DO BRASIL)

Diretor: WANDYCK FREITAS

ANO LXXVI | SÃO PAULO — TERÇA-FEIRA, 7 DE JUNHO DE 1966 | NÚMERO 101

Governador Laudo Natel:

"QUERO DAR AO PÔVO DE MINHA TERRA A CERTEZA DE UM GOVÊRNO TRANQUILO"

Ao assumir na tarde de ontem, no Palácio dos Bandeirantes, a chefia do Executivo paulista, o sr. Laudo Natel prestou à imprensa as seguintes declarações:

"Quero neste momento dar ao povo de minha terra a certeza de um governo tranquilo, que não tem contas a ajustar como ninguem. Estamos somente interessados no desenvolvimento de São Paulo, mediante um trabalho de boa vontade e paz.

São Paulo não pode reduzir sua marcha de progresso. O meu trabalho será desenvolvido sem qualquer motivo de preocupação pessoal".

CHEGADA AO PALACIO

Exatamente às 14,30 o sr. Laudo Natel, em carro precedido por um grupo de batedores da Fôrça Pública, chegou ao Palácio dos Bandeirantes para assumir o cargo de governador do Estado. Imediatamente após desembarcar, passou em revista a tropa da Companhia de Guardas, formada em uniforme de gala defronte ao Palácio, e recebeu as honras militares devidas ao chefe do Executivo. Milhares de pessoas, postadas nas escadarias, aplaudiram o novo governador que, a seguir, foi envolvido pela multidão que o desejava cumprimentar e manifestar-lhe o seu apreço.

Posteriormente, já em seu gabinete, o sr. Laudo Natel recebeu os cumprimentos de altas autoridades civis e militares, parlamentares, dirigentes de prestigiosas entidades, prefeitos e outras autoridades do Interior, personalidades de destaque da vida paulista, representantes de organizações de trabalhadores, membros do Corpo Consular e centenas de amigos e correligionarios.

A seguir, em seu gabinete, o governador Laudo Natel adotou as primeiras providencias para organizar o seu quadro de auxiliares diretos, a fim de poder sem demora impulsionar os negocios da administração.

CHEFE DA CASA CIVIL E SECRETÁRIO DA SEGURANÇA

O governador Laudo Natel assinou ontem decretos nomeando o deputado José Salvador Julianelli, para chefiar a sua Casa Civil e o gal. João Paulo da Rocha Fragoso, para secretário da Segurança Pública.

Foi igualmente nomeado o cel. João Batista de Figueiredo, do Exército, para o comando geral da Fôrça Pública.

Outros atos do chefe do Executivo designaram os srs. José Kalil, Morato Proença e Lucio Antonio Salvador Pizotti para responderem, respectivamente, pelos expedientes das Secretarias da Agricultura, Saúde e Obras.

PRIMEIROS ATOS DO NÔVO GOVÊRNO

O governador Laudo Natel baixou ontem à tarde os primeiros atos de sua administração, assinando decretos de exoneração dos srs. Julio D'Elboux Guimarães, José Adolpho da Silva Gordo, André Broca Filho e José Ataliba Nogueira, dos cargos, respectivamente, de secretários de Justiça, Fazenda, Agricultura e Educação. A seguir, nomeou os srs. Antonio Delfim Neto para o cargo de secretário da Fazenda e os srs. Orlando Brando Felinto e José Neyde Cesar Lessa para responderem, respectivamente, pelos expedientes das Pastas da Justiça e Educação.

PRIMEIRA DAMA DO ESTADO SAÚDA A MULHER PAULISTA

D. Zilda Natel, esposa do governador Laudo Natel, prestou na tarde de ontem as seguintes declarações:

"Ao assumir as honras de primeira dama do Estado, sejam minhas primeiras palavras de saudação à mulher Paulista, certa que estou que, como o meu marido, terei o apoio e a simpatia de toda a população. Sei bem das dificuldades e necessidades do povo de minha terra, eis que, como dona de casa que sou, sofro tambem as mesmas injunções e os mesmos problemas. As portas do Palácio estarão sempre abertas para aqueles que necessitarem dos meus préstimos. Rogo a Deus que nos auxilie como até aqui a levar avante as obras sociais e beneméritas que neste momento passo a orientar. Reitero ao povo de São Paulo a minha gratidão e a gratidão de Laudo Natel pela simpatia com que nos recebeu.

CUMPRIMENTOS DO COMANDANTE DO II EXÉRCITO

O governador Laudo Natel, recebeu ontem à tarde, no Palácio dos Bandeirantes, a visita do gal. Amaury Kruel, comandante do II Exército. O ilustre militar, que se achava acompanhado do gal. Durval Macedo de Campelo, chefe do Estado Maior do II Exército, apresentou cumprimentos ao chefe do Executivo paulista pela sua investidura e externou votos de felicidade ao governador. "Tenho certeza — declarou — que V. Exa. fará um govêrno de paz e progresso, em beneficio de São Paulo e do Brasil".

APOIO AO GOVERNADOR

Chegaram ontem à tarde ao Palacio dos Bandeirantes numerosos telegramas e oficios de apoio ao sr. Laudo Natel, no instante em que assume a chefia do Executivo paulista.

A Associação Comercial de São Paulo, pelo seu presidente, sr. Daniel Machado de Campos, oficiou ao governador nos seguintes têrmos:

"Tomando conhecimento do decreto assinado pelo exmo. sr. presidente da República, de suspensão dos direitos politicos e consequente perda do mandato do governador sr. Adhemar de Barros, considero essa grave decisão como uma demonstração de patriotismo do primeiro mandatario da Nação, e uma decorrencia dos principios que norteiam a Revolução de 31 de Março, com o qual estamos solidarios. Confiamos na ação patriotica do novo governador Laudo Natel, de cujas qualidades pessoais e de homem publico, muito poderá esperar São Paulo para restabelecimento de seu prestigio perante a nação brasileira".

Por seu lado, a Federação da Agricultura do Estado de São Paulo, pelo seu presidente, sr. Fabio Yassuda, telegrafou cumprimentando o sr. Laudo Natel pela sua investidura na chefia do Executivo, formulando votos de feliz e proficua gestão. "Esta entidade — diz a mensagem já conclamou os agricultores paulistas para enfrentar com ponderação, firmeza e confiança, as medidas governamentais que conduziram V. Exa. ao mais alto posto do nosso Estado, fazendo-o dentro da ordem legal e espirito publico que sempre nortearam seus passos".

1.o CURSO DE ATUALIZAÇÃO EM MEDICINA NUCLEAR

Iniciou-se no Centro de Medicina Nuclear, anexo a Faculdade de Medicina da Universidade de São Paulo, o 1.o Curso de Atualização em Medicina Nuclear, organizado pelos Drs. Têde Eston, Diretor do C.M.N. e Nelson Carvalho, Chefe da Divisão Clinica do C.M.N. e sob o patrocinio do Ministério da Saúde. O curso destina-se a médicos interessados em obter conhecimento sobre os metodos de pesquisa, diagnostico e terapia que utilizam radioisotopos, não se exigindo do interessado a frequencia previa ao Curso de Metodologia nem a execução de provas praticas de Laboratorio.

As aulas serão ministradas das 8,00 às 10,00 horas, no anfiteatro e laboratorios do Centro de Medicina Nuclear, sob a responsabilidade de elementos de Centro de Medicina Nuclear e dos seguintes colaboradores: Drs. Camilo Segreto, Eudes Dias Tatit, José Martins Campos, Josef Feher, Jurandir Amorim Baltazar, M. O. Rocho Nobre, Milton Maretti, Paulo de Paula e Silva, Roland Veras Saldanha e Wanderley Nogueira da Silva.

FISIOPATOLOGIA DAS RADIAÇÕES

Segundo comunicação recebida pela Reitoria da USP., o Prof. Frederic Ludwig, da Faculdade de Medicina de San Francisco, Universidade de California, virá a São Paulo a convite do Centro de Medicina Nuclear e sob o patrocinio do Conselho Nacional de Pesquisas a fim de ministrar um curso sobre "A Ação das Radiações Ionizantes Sobre os Seres Vivos, com Especial referencia ao homem e aos mamiferos", que versará sobre os seguintes assuntos: 1) — Noções fundamentais dos danos provocados pelas radicações; 2) Os efeitos da bomba atomica sobre o homem; 3) Hematologia da radiação; 4) Leucemia resultante da radiação; 5) Efeitos tardios não malignos da radiação; 6) O controle humoral do numero de leucócitos; 7) O envelhecimento como problema experimental; 8) Radiotoxicose e o sistema reticulo-endotelial.

As conferencias serão pronunciadas todas as tardes, das 14,30 às 16,30 horas, nos dias 13 a 17 de junho, no anfiteatro do Centro de Medicina Nuclear, à Rua Professor Ovidio Pires de Campos (travessa da Av. Rebouças, atrás do Hospital das Clinicas).

O curso é franqueado a todos os interessados, sendo concedido certificado de frequencia aos que comparecerem a todas as conferencias. O curso será em espanhol.

Para inscrição e demais informações: Centro de Medicina Nuclear — Travessa da Rua Prof. Ovidio Pires de Campos, Tel. .... 8-5298, Caixa Postal 22022, São Paulo.

Reunem-se professôres de crianças surdas

O Serviço de Educação de Surdos, do Departamento de Educação, promoverá em sua sede (rua Diogo Freitas, 474), hoje às 10 horas e amanhã, às 14,30 horas, reuniões de professores a ele subordinados.

Técnicos de fomento reunem-se em Campinas

Reunem-se hoje, às 9,00 horas em Campinas, nas dependencias da Divisão de Assistencia Tecnica Especializada (DATE), os tecnicos da Divisão de Fomento Agricola (DFA). A reunião será presidida pelo eng. agr. José Calil, diretor geral do Departamento da Produção Vegetal, e será coordenada pelo eng. agr. João Tacla, diretor substituto da DFA. Estará em pauta assuntos técnicos e administrativos da DFA, especialmente quanto à sistematica da rede de Casas da Lavoura, da Secretaria da Agricultura. Participarão da reunião os eng. agr. João Jacob Hoelz, diretor substituto do PDV e Carmine d'Alescio diretor substituto da Divisão de Sementes e Mudas.

Dia 11 em Andradina:

Leilão de reprodutores das raças Guzerá Gir e Nelore

O Departamento da Produção Animal, da Secretaria da Agricultura, promoverá no dia 11 do corrente importante leilão de reprodutores das raças Guzerá, Gir e Nelore, na Fazenda Experimental de Criação de Gado Indiano, em Andradina.

Durante a reunião os interessados terão oportunidade de conhecer varios experimentos que vem sendo feitos na referida propriedade, no setor da engorda de bovinos. Entre outros assuntos os tecnicos do Departamento falarão sobre a engorda em confinamento e seus aspectos economicos, materia de grande interesse para os pecuaristas.

E' o seguinte o programa a ser desenvolvido:

8 horas — Visita às instalações e informação sobre trabalhos executados e em andamento.

9 horas — Esclarecimentos tecnicos sobre possibilidades de exito economico na produção de novilho gordo, face à administração de rações. Engorda em confinamente e aspectos economicos.

10 horas — Inicio do leilão. — Venda de 45 animais sendo 8 garrotes da raça Guzerá, 7 novilhas da raça Guzerá, 10 novilhas Nelore, 4 vacas Nelore, 1 garrote Gir, 10 novilhas Gir e 5 vacas Gir.

12 horas — Churrasco às autoridades e demais pessoas presentes.

13 horas — Reinicio do leilão.

FORMAS DE PAGAMENTO

Para a aquisição de qualquer um dos animais, os interessados poderão efetuar o pagamento das seguintes formas:

a) — Com sinal de 25% no ato da arrematação e 75% em três parcelas anuais, acrescidas de juros de 3% ao ano.

b) — Com sinal de 25% no ato da arrematação e 75% até 48 horas depois.

Os interessados na compra de animais a prazo deverão apresentar documento de quitação com o serviço militar, sem o que não será efetuada a transação.

Não poderão adquirir animais a prazo os criadores de outros Estados e os que não tiverem suas propriedades devidamente registradas no Departamento da Produção Animal, da Secretaria da Agricultura de São Paulo.

Reunião de autoridades escolares

Inspetores e Diretores de Grupos Escolares subordinados à Delegacia de Ensino Elementar de São Roque reunem-se no proximo dia 10, às 10 horas, no Grupo Escolar "Dr. Bernardino de Campos" daquela cidade.

MUNDO E BRASIL

_O Ato Institucional n.3, de 5 de fevereiro, determina a realização de eleições indiretas para governador e prefeito.

_Em 3 de outubro, Costa e Silva vence as eleições indiretas para presidente.

_Em abril, a montagem de *Morte e Vida Severina*, musicada por Chico Buarque, realizada no ano anterior, no TUCA, é premiada no IV Festival de Teatro Universitário de Nancy, na França.

_A UNICAMP – Universidade Estadual de Campinas é inaugurada em 5 de outubro.

_Em novembro, é criado o Instituto Nacional de Cinema.

_Arena vence as eleições parlamentares realizadas em 15 de novembro.

_O Ato Institucional n.4, de 7 de dezembro, leva o Congresso a votar o Projeto de Constituição.

GOVERNO DE SÃO PAULO

_Em junho, Adhemar de Barros é afastado do governo de São Paulo. Laudo Natel sucede-o, permanecendo no cargo até 31 de janeiro de 1967. Por ocasião de sua posse, em 6 de junho, declara: "Quero dar ao povo de minha terra a certeza de um governo tranquilo", como informa o *Diário Oficial* de 7 de junho.

232. POSSE DE LAUDO NATEL

_O *Diário Oficial* de 8 de dezembro informa que o governador comparecerá à noite de autógrafos de Vinicius de Moraes, Fernando Sabino, Sérgio Porto, Paulo Mendes Campos, Câmara Cascudo e João Cabral, a realizar-se no dia 15, no Clube dos Artistas e Amigos da Arte, em São Paulo.

233. GOVERNADOR COMPARECERÁ À NOITE DE AUTÓGRAFOS NO CLUBE DOS ARTISTAS E AMIGOS DA ARTE

IMPRENSA OFICIAL

_A Lei n.9559, de 16 de dezembro, publicada no *Diário Oficial* de 17 de dezembro, transforma a Imprensa Oficial do Estado em autarquia e todo o quadro de funcionários passa a ser sujeito à legislação trabalhista. A Imprensa Oficial é então subordinada à Secretaria de Estado dos Negócios da Fazenda.

234. DECRETO TRANSFORMA IMPRENSA OFICIAL EM AUTARQUIA

DIÁRIO OFICIAL

_Em 1º de fevereiro, o *Diário Oficial* passa a incluir o caderno Ineditoriais.

233

Diário Oficial

ESTADO DE SÃO PAULO — (ESTADOS UNIDOS DO BRASIL)

Diretor: WANDYCK FREITAS

ANO LXXVI | SÃO PAULO — QUINTA-FEIRA, 8 DE DEZEMBRO DE 1966 | NÚMERO 229

Empossada a Diretoria da CESP

Centrais elétricas concretizam um velho anseio de São Paulo

LAUDO RETIRA PRAZO PARA ESTUDO DE PROJETO

EMBAIXADOR DO SENEGAL EXALTA A ATUAÇÃO DO SR. LAUDO NATEL

CONSERVAÇÃO DOS LEITOS CARROÇÁVEIS DA CAPITAL

ASSINATURAS DO "DIÁRIO OFICIAL"

... ral de Eletrificação. "Isso criará para o govêrno estadual, através da CESP, disponibilidades crescente de recursos para investimentos prioritários em outros setores, e

(Conclui na 2.ª página)

GOVERNADOR COMPARECERÁ À NOITE DE AUTÓGRAFOS

O governador Laudo Natel deverá comparecer, no próximo dia 15, às 21 horas, na sede do Clube dos Artistas e Amigos da Arte de São Paulo. Na oportunidade, o chefe do Executivo prestigiará Noite de Autógrafos dos escritores Vinicius de Moraes, Fernando Sabino, Sergio Porto (Stanislau Ponte Preta), Paulo Mendes Campos, Luis da Câmara Cascudo e João Cabral de Melo Neto, e que contará também com a presença de personalidades do nosso mundo artístico e intelectual. O chefe do Executivo confirmou sua presença ontem, ao receber convite nesse sentido da diretoria daquela tradicional entidade.

TOMA POSSE NÔVO CONSELHO ESTADUAL DE OBRAS PÚBLICAS

Em cerimônia realizada ontem, no gabinete do Secretário dos Serviços e Obras Públicas, eng. Renato Della Togna, tomou posse o nôvo Conselho Estadual de Obras Públicas, presidido pelo eng. Nilo de Andrade Amaral e composto dos seguintes membros: eng. Theodoro Rosso, representante do Instituto de Engenharia; arquiteto Alvaro da Cunha Caldeira, representante do Instituto dos Arquitetos do Brasil (secção de São Paulo); eng. Dagmar Mallet de Andrade, diretor do Departamento de Obras Públicas e membro nato do Conselho; e arquiteto Iracy de Moura, representante do Departamento de Obras Públicas. Os novos conselheiros tiveram seus nomes apresentados à consideração do Governador Laudo Natel, que os aprovou, durante audiência concedida ao titular de Obras do Estado, e terão mandato por 3 anos.

Na oportunidade, o eng. Renato Della Togna saudou os novos conselheiros, acentuando a responsabilidade que lhes cabe na apreciação da política de obras públicas do Estado.

O QUE FAZ O CONSELHO

O Conselho Estadual de Obras Públicas foi criado pela lei 9296, de 14 de abril de 1966, exerce relevante participação na política de obras públicas em todo o Estado, permitindo a coordenação das providências, atualmente esparsas, entre os vários órgãos da administração. Com isso evita a complexidade burocrática que caracterizava as realizações de obras e serviços públicos, imprimindo maior rapidez na sua efetivação.

Cabe ao Conselho opinar sôbre os planos de trabalho e a situação econômico-financeira do Departamento de Obras Públicas, propondo as medidas que julgar convenientes e bem assim dar parecer em anteprojetos de lei de matéria pertinente à autarquia, e em questões correlatas que lhe sejam propostas pelo governador do Estado, pelo Secretário dos Serviços e Obras Públicas ou pelo diretor do Departamento de Obras Públicas.

... procurado, por todos os meios, reforçar cada vez mais os laços de amizade e de intercâmbios com os países da Africa, por entender que tanto o nosso país como os países africanos têm garantido um destaque no concêrto das Nações.

Ao final da visita, o chefe do Executivo paulista convidou o embaixador para assistir à partida de futebol, no Pacaembu, entre Santos e o Cruzeiro, de Minas Gerais.

CONFERIDOS OS PRÊMIOS "GOVERNADOR DO ESTADO"

A Secretaria de Estado dos Negócios do Govêrno, por intermédio de suas Comissões de Teatro e Cinema, assim como, pela comissão constituida para o julgamento do Prêmio "Governador do Estado" de Rádio e Televisão, comunica a relação dos premiados nas várias categorias artísticas:

CINEMA — PREMIO GOVERNADOR DO ESTADO — 1965

	Cr$
Melhor Produtor: Flávio Tambellini — pelo filme "O Beijo"	750.000
Melhor Diretor: Anselmo Duarte — pelo filme "Vereda da Salvação"	750.000
Melhor Ator: Reginaldo Farias — pelos filmes "Selva Trágica" e "O Beijo"	500.000
Melhor Ator: Rodolfo Mayer — pelo filme "Viagem aos seios de Duilia"	500.000
Melhor Atriz: Fernanda Montenegro — pelo filme "A Falecida"	500.000
Melhor Argumento: Luis Sérgio Person — pelo filme "São Paulo S|A."	250.000
Melhor Roteiro: Luiz Sérgio Person — pelo filme "São Paulo S|A."	250.000
Melhor Música: Diogo Pacheco — pelo filme "Vereda da Salvação"	250.000
Melhor Fotografia: Ricardo Aronovich — pelos filmes "Os Fuzis", "São Paulo S|A." e "Vereda da Salvação"	500.000
Melhor Montagem: Glauco Mirco Laurelli — pelo filme "São Paulo S|A."	250.000
Melhor Atriz Coadjuvante: Joana Fomm — pelo filme "Crime de Amor"	250.000
Melhor Ator Coadjuvante: Nelson Xavier — pelo filme "Os Fuzis"	250.000

Menção Honrosa: Produtor Thomaz Farkas, pelos documentários "Memórias do Cangaço", "Viramundo", "Subterrâneos do Futebol" e "Escola de Samba".

TEATRO — PREMIO GOVERNADOR DO ESTADO — 1965

	Cr$
Melhor Espetáculo: "A Megera Domada" — encenado no Teatro Aliança Francêsa	500.000

(Conclui na 2.ª página)

Diário Oficial

ESTADO DE SÃO PAULO — (ESTADOS UNIDOS DO BRASIL)

Diretor: WANDYCK FREITAS

ANO LXXVI | SÃO PAULO — SÁBADO, 17 DE DEZEMBRO DE 1966 | NÚMERO 236

"Laudo — o que mais fêz em menos tempo"

IMPRENSA OFICIAL DO ESTADO PASSOU A SER AUTARQUIA

Ontem, em nossas instalações, o governador Laudo Natel assinou a lei que transforma êste órgão oficial em autarquia. Fê-lo na presença de funcionários de tôdas as seções e aqui esteve em companhia dos srs. Oswaldo Muller da Silva, secretário da Justiça, José Antônio Fonseca, Chefe da Assessoria Técnico Legislativa e do Capitão Ajudante de Ordens, Oiandim Tineli Pereira.

Pouco antes do ato solene de assinatura, o governador Laudo Natel indagou do nosso diretor, sr. Wandyck Freitas:

— "Como é, a casa tôda recebeu com alegria a transformação em autarquia?"

— "De fato. Havia uma descrença desfeita pelo ato de V. Exa."

Em seguida, o sr. Wandyck Freitas saudou o governador, dizendo entre outras coisas: "Há quase um decenio reivindicamos nôvo regime jurídico, uma nova estrutura, um nôvo edifício e a renovação e modernização do equipamento da I.O.E. a fim de possibilitar a sua expansão, há tantos anos contida no velho e inadequado prédio em que funciona há 33 anos".

O QUE MAIS FEZ EM MENOS TEMPO

Prosseguindo disse:

"Finalmente, sr. Governador, no curto govêrno de V. Exa., de quem tão pouco esperávamos, considerando seus poucos meses de mandato — êrro que nos apressamos em reparar reconhecendo que foi V. Exa. quem em menos tempo mais enalteceu a administração de São Paulo com o seu descortinio, a sua operosidade e a nobreza dos seus sentimentos — e graças a notável gestão do professor Oswaldo Muller da Silva, a frente da nossa Secretaria, atuação que jamais deixaremos de louvar — a Imprensa Oficial do Esta o encerra hoje a sua triste odisséia de 75 anos de vicissitudes.

Devemos dizer a V. Exa., com a franqueza que entendemos indispensável aos colaboradores leais do govêrno, conscientes de suas responsabilidades e capazes de colocar acima de tôdas as conveniências pessoais os supremos e sagrados interêsses do Estado, que a simples transformação da Imprensa Oficial em autarquia, com a autonomia que lhe dará maior eficiência, ainda não representa integralmente a nossa aspiração.

Esta somente se completará na medida em que considere o homem, o servidor, o elemento fundamental; na medida em que ela possa valorizá-lo e dignificar a função social que êle desempenha.

Porisso insistimos em que a obra de V. Exa. deve completar-se e engrandecer-se no Regulamento a ser elaborado para esta autarquia, no qual o servidor e as suas necessidades devem ser melhor consideradas, melhor compreendidas a importância do seu trabalho; melhor repesado o valor da sua dedicação e do seu esfôrço.

E é justamente fiados na visão do grande administrador que é V. Exa. e no carinho que tem dispensado ao servidor público, que, esperamos, não serão frustradas as esperanças dos trabalhadores da Imprensa Oficial".

RUMO AO DESENVOLVIMENTO

São ainda do nosso diretor as palavras que seguem:

A iniciativa que V. Exa. neste momento converte em lei, representa o grande passo para a emancipação há tanto esperada pela Imprensa Oficial. Derrubando hoje a estrutura obsoleta a que estava atrelada desde 1935 e instituindo um nôvo regime, permite o govêrno de V. Exa. que a Imprensa Oficial melhor se resguarde também dos efeitos das crises econômicas e políticas, como as que atingiram nos últimos anos o Brasil e, justamente na fase de transição que ora vivemos, possa esta Repartição, tipicamente industrial, alcançar o seu pleno desenvolvimento através do reinvestimento dos seus lucros, crescimento que fatalmente trará muitos benefícios para o Estado, estancando a evasão de rendas representada pelos vultosos gastos em papéis e impressos oficiais que o nosso escasso equipamento não conseguiu até agora impedir fôssem desviados para as emprêsas privadas.

Não queremos, é evidente, o reinvestimento em busca de maiores lucros, pois êle não representa uma condição de sobrevivência da Imprensa Oficial, mas em busca do nosso aprimoramento técnico, do desenvolvimento da nossa produtividade, da nossa autosuficiência, em benefício, isto sim, da economia do Estado que, com tanto empenho, o govêrno de V. Exa. soube restaurar e fortalecer.

Com a lei que V. Exa. fêz questão de assinar aqui em nossa oficina, como mais uma demonstração generosa de apreço à Imprensa Oficial e como uma reverência à memória dos que por aqui passaram e dignificaram êste órgão oficial — gesto que profundamente nos sensibiliza e faz aumentar ainda mais a admiração e a estima que lhe consagramos — abre V. Exa. as mais promissoras perspectivas para o futuro da I.O.E.

PALAVRA CUMPRIDA

Em sua fala, o sr. Oswaldo Muller da Silva, secretário da Justiça, lembrou que há alguns meses "visitara esta casa de trabalho, quando tive o ensejo de dizer ao seu Diretor, uma das mais extraordinárias figuras da administração paulista, que falhas seriam sanadas. Prometi e sabia que poderia fazê-lo, pois conheço o sentido humanitário e dinâmico de V. Exa., Sr. Governador. Aqui se concretiza o mais importante ato para a solução dos seus problemas e êle tornará irreversível o processo rumo ao progresso da Imprensa Oficial do Estado. A palavra do Govêrno está cumprida. Nada mais poderá deter a marcha irreversível da Imprensa Oficial que é um galardão de glória paulista".

VALORIZAR O HOMEM

O governador Laudo Natel iniciou seu discurso afirmando de início que por duas vêzes visitara a Imprensa Oficial. "A primeira vez, despretensiosamente, sem aviso-prévio para dar um abraço no Wandick e saudar outros funcionários daqui. Vi que as condições de alguns Departamentos eram pouco propícias neste velho prédio. Prometi realizar algo. O resto fêz o Muller, o resto fêz o Wandick, o resto fêz o Fonseca".

Em seguida assinalou o chefe do Executivo paulista: "É agradável, em meio a muitas atribuições e embaraços, naturais no Govêrno, assinar êste ato de tanto significado e que é o primeiro passo".

Fazendo breve pausa, o governador Laudo Natel disse que desejava fazer "uma confissão que é uma penitência". Quando vim para a vida pública tinha um receio, natural em homens de emprêsa privada: o de aproximar-me de funcionários. Mas vejo agora que o funcionalismo, na sua maioria, é competente, tem espírito público, é esforçado, abnegado. O fundamental para o Estado é valorizar o elemento humano, sem o que não poderá funcionar com eficiência. E o funcionário, valorizado, deve render o máximo para que o emprêgo público não seja considerado apenas "bico" e possa corresponder à expectativa do Estado".

"Dou o primeiro passo. E confio que outras administrações prossigam. Fiz questão de assinar, aqui, nesta casa de trabalho, a lei. E o fiz também como homenagem a Wandick Freitas que deixou de ser um diretor para se transformar num patrimônio da Imprensa Oficial do Estado".

Após o ato solene, o nosso diretor disse ao Governador:

— "Gerações de funcionários, há 75 anos, esperavam que um Governador do Estado assinasse o ato que agora é transformado em realidade".

— Respondendo, o chefe do Executivo paulista disse:

— Gosto de comparar a função de governar com a prática do atletismo. Numa corrida de longo curso, o atleta pode dosar a sua marcha, dando o máximo no final depois de coordenar esforços. Numa corrida de velocidade é diferente. Dá o máximo logo de início. Foi como no meu Govêrno".

Após a assinatura, o governador Laudo Natel demorou-se em palestra com funcionários de várias seções, tendo visitado as instalações das oficinas.

PRIMEIRA DAMA PAULISTA ENTREGA ESTANDARTE À COMPANHIA DE GUARDAS

"Num gesto de cativante fidalguia, tão próprio de uma Dama que dignifica o amor ao próximo, a nobreza de sentimentos e o carinho que dispensa à Fôrça Pública, através da Companhiá de Guardas, quis a excelentíssima senhora primeira dama do Estado homenagear a nossa Milícia. Daqui para a frente, onde quer que a Companhia esteja, lá estará tremulando, ao lado do Pavilhão Nacional, o estandarte alvi-celeste para estimular ainda mais todos os seus componentes nos momentos difíceis da vida. Será êle, o nosso estandarte, o guia seguro que nos permitirá empenharmo-nos com ardor e entusiasmo, sem poupar esforços e sem medir sacrifícios, para bem servir ao nosso Estado".

Êste é um trecho do boletim especial lido ontem cêdo no Palácio dos Bandeirantes pelo comandante da Companhia de Guardas da sede governamental, capitão Jair Benedicto Conti, durante a solenidade de entrega, pela primeira dama, do estandarte daquela unidade.

O ato foi presidido pelo governador Laudo Natel e contou com a presença do comandante geral da Fôrça Pública, coronel João Batista de Oliveira Figueiredo; do chefe do Estado Maior da corporação, coronel Felix de Barros Morgado; dos srs. coronel João

(Conclui na 2.ª página)

DESFILE E DEMONSTRAÇÕES ENCERRARÃO AMANHÃ A "SEMANA DA FÔRÇA PÚBLICA"

Encerrando as festividades comemorativas do 135.o aniversário de sua fundação, a Fôrça Pública do Estado de São Paulo realizará, amanhã, às 9 horas, imponente desfile no Vale do Anhangabau, o qual será precedido de demonstrações de bombeiros, cães pastores, motociclistas, cadetes, banda de música e inumeras outras atrações.

NOVOS OFICIAIS

Na manhã de ontem, realizou-se no auditório do Batalhão de Guardas a cerimônia de formatura de 22 oficiais e cinco sargentos professores de educação física. Entre os oficiais formandos figuram 2 da Polícia Militar do Paraná e 3 da Polícia Militar da Bahia.

São os seguintes os novos Professores de Educação Física: Capitães Iracy Vieira Catalano e Celso Betoni, 1.os Tenentes Aristides Trevisan, Romualdo Fuga, Adilson Aparecido Gonzaga, João Nikoluk, Antonio Joaquim de Oliveira Júnior, Albino Carlos Pazelli e Antonio Carlos Mendes. 2.os Tenentes Amauri de Araujo, Júlio Bono Neto, Hermes Coutinho Tôrres, José Claudio Silva Carvalho, Sílvio Garcia, Sebastião Alberto Corrêa de Carvalho, Sérgio Antunes Cocenas, José Hamilton Port. 1.o Tenente Lúcio de Matos Júnior (P. M. Paraná). 1.o Tenente Antonio Roque Costa (P.M. da Bahia). 2.os Tenentes Antonio Carlos Pires (P. M. da Bahia) e Carlos Augusto Costa Sá (P.M. Bahia). 2.o Tenente Miguel Arcanjo Caprio (P. M. do Paraná). 3.os Sargentos Valdemar Costa, Sérgio de Almeida, Adilson Felício Dalmíglio, Benedito do Nascimento Valverde e Antônio Pereira Neto.

LAUDO GANHA BRAZÃO DA FP POR VALORIZAR O POLICIAL FARDADO

"Nada a Fôrça Pública deve ao governador que, interpretando-lhe os anseios, que considero justos, nada mais faz do que cumprir uma natural obrigação. Eu é que desejo agradecer, sinceramente, ao comandante, à oficialidade, aos sargentos, cabos e soldados, a cooperação inestimável que a digna corporação tem prestado ao meu govêrno que, para sobrepujar as dificuldades da hora presente, sobejamente conhecidas, exige a maior soma de sacrifícios e esforços de todos nós".

Com estas palavras, o governador Laudo Natel iniciou o breve discurso que pronunciou, de improviso, agradecendo significativa homenagem que lhe foi tributada, ontem, pela manhã, pelo Comando da Fôrça Pública de São Paulo.

O coronel João Batista Figueiredo entregou ao chefe do Executivo um mimo representando o brazão da Milícia paulista. Presentes à solenidade estavam, também, os comandantes das Polícias Militares da Guanabara, de Minas Gerais e do Paraná, respectivamente, coroneis Aracy Nazaro, Elos Iris de Carvalho e Paulo Guimarães.

"ALTO ESPIRITO PÚBLICO"

Salientou, mais, o governador Laudo Natel que, reafirmando tôda uma histórica tradição de luta em defesa dos legítimos interêsses da coletividade paulista, a Fôrça Pública cercou-o de todo o apôio, desde o instante em que assumira a chefia do govêrno num dos mais críticos momentos da vida política do país.

"Era exatamente o que esperava da gloriosa Milícia de Tobias de Aguiar. E, numa homenagem ao notável espírito público e patriótico do comandante e de todos os demais componentes da Fôrça Pública, cumpre-me assinalar que se não fôsse a atuação decisiva e dedicada da nossa Polícia Militar, desenvolvi-

(Conclui na 2.ª página)

PRORROGAÇÃO DE AFASTAMENTOS NA SECRETARIA DA EDUCAÇÃO

O prof. Carlos Pasquale, secretário da Educação, face ao Decreto n. 47.334 de 9 de dezembro último, baixou ato prorrogando até 15 de fevereiro de 1967, os efeitos dos atos que concederam afastamentos, de Servidores da Pasta, nos têrmos do art. 218 da C.L.F., para prestarem serviço em repartições ou órgãos diferentes daquele em que são lotados, exceto os casos que, a critério da Administração, foram objeto de atos determinando o retôrno do servidor a órgão ou repartição de lotação.

LAUDO NO INTERIOR

Pelo menos três cidades do Interior serão visitadas hoje pelo governador Laudo Natel: São João da Boa Vista, Americana e São José do Rio Prêto. Em São João da Boa Vista, o chefe do Executivo paulista inaugurará as novas unidades armazenadoras da Companhia de Armazéns Gerais do Estado de São Paulo — CAGESP — com uma área coberta de mais de quatro mil metros quadrados e com capacidade para cêrca de 9 mil toneladas. Em Rio Prêto, o governador inaugurará o nôvo prédio do Fôro e um nôvo transformador da CHERP. A comitiva governamental embarcará pela manhã.

1967

MUNDO E BRASIL

_Nova Constituição aprovada em 24 de janeiro.
_Costa e Silva toma posse como presidente em 15 de março; a Constituição começa a vigorar na mesma data.
_É criado o Movimento Tropicalista.
_José Celso Martinez Corrêa monta *O Rei da Vela*, de Oswald de Andrade.
_Lançado o filme *Terra em Transe*, de Glauber Rocha (Prêmio FIPRESCI – Festival de Cannes e indicado à Palma de Ouro; Grand Prix Festival de Locarno, Suíça; Prêmio da Crítica de Melhor Filme em Havana).

235. CARTAZ DE *TERRA EM TRANSE*

GOVERNO DE SÃO PAULO

_Abreu Sodré é o governador de 31 de janeiro de 1967 a 15 de março de 1971. Seu discurso de posse é publicado no *Diário Oficial* de 1º de fevereiro, bem como o de transferência de cargo, pronunciado por seu antecessor.

236. DISCURSO DE POSSE DE ABREU SODRÉ

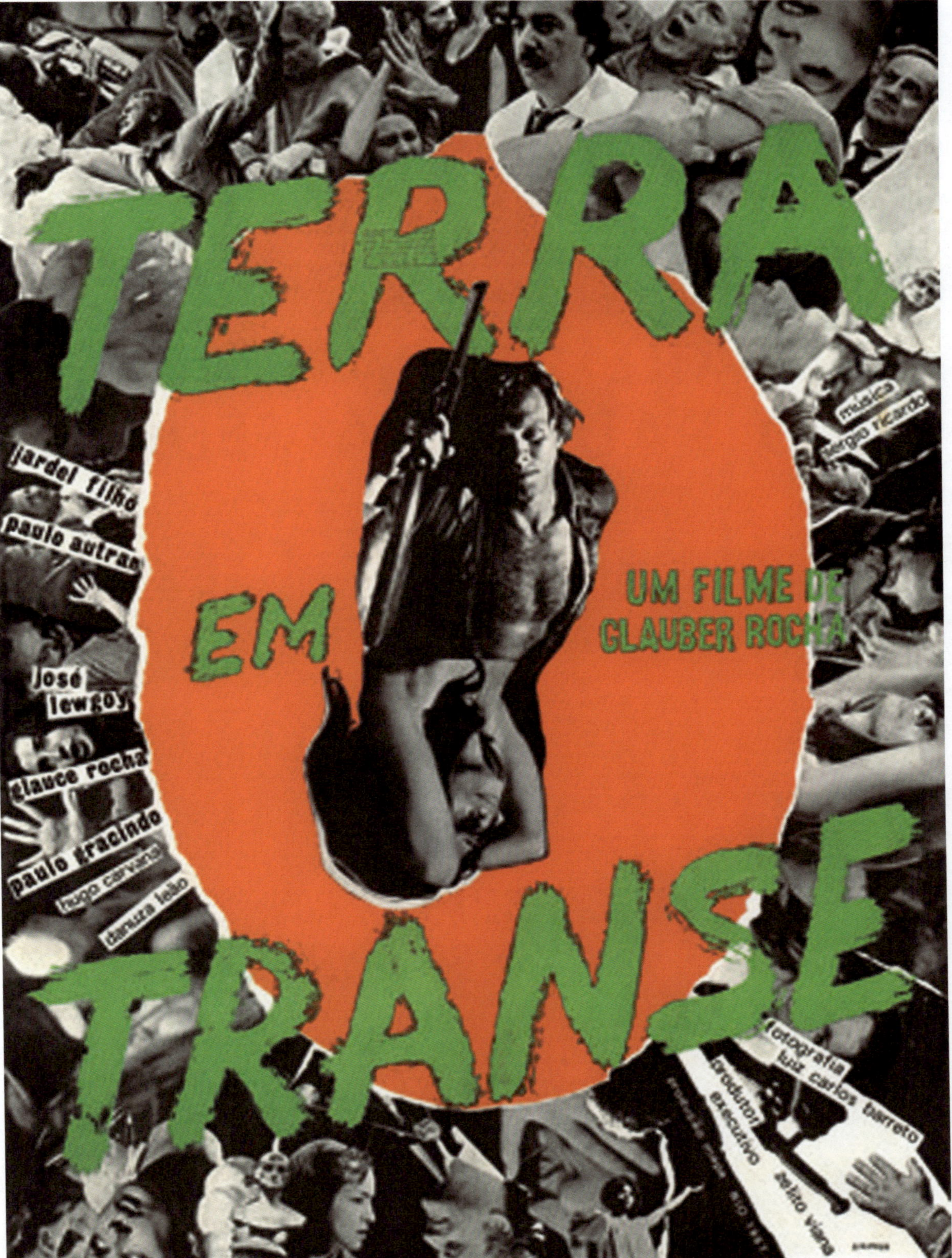

235

Diário Oficial

ESTADO DE SÃO PAULO — (ESTADOS UNIDOS DO BRASIL)

Diretor: WANDYCK FREITAS

ANO LXXVII | SÃO PAULO, QUARTA-FEIRA, 1.º DE FEVEREIRO DE 1967 | NÚMERO 21

Sodré ao assumir o Govêrno do Estado:

"LUTAREI PARA REINTEGRAR SÃO PAULO NA FEDERAÇÃO"

Falando na cerimônia da transmissão do cargo, o governador Abreu Sodré pronunciou o seguinte discurso:

Minhas Senhoras;
Meus Senhores:

Há poucos instantes, em obediência ao rito constitucional, assumimos, sob solene compromisso, o cargo de Governador do Estado de São Paulo. Agora, aqui na sede do Poder Executivo, recebemos das mãos honradas do Senhor Laudo Natel o exercício, em sua plenitude dos deveres de governar o povo paulista.

Nesta circunstância, à frente da sua equipe de trabalho, o Governador deve dizer, com brevidade, o que pretende.

GERAÇÃO COMBATENTE

Somos da geração que se tornou adulta lutando nos subterrâneos da liberdade e que recebe agora o duo encargo de dirigir os destinos de São Paulo.

Naquela luta, não nos foi poupado nem o holocausto, nem o sofrimento e nem mesmo o cárcere. Temperados fomos no bom combate contra a ditadura que, em nossa mocidade, humilhou a Nação, empobreceu-a moral e materialmente, mistificando o povo brasileiro com o endeusamento de fantasmas carismáticos. Esta geração combatente, militante obstinada da liberdade, emergiu para a vida pública em 1945, formando ao lado de Eduardo Gomes, figura lendária da nossa meninice de 22 e que encarnava os nossos ideais democráticos. Agora, na maturidade, esta geração experimentada nas lutas da mocidade, assume as responsabilidades do govêrno. Revisto o áspero caminho, em décadas de vicissitudes, sentimos, revigoradas no espírito e na ação, as vertentes ideológicas da juventude, convencendo-nos de uma retilínea coerência doutrinária: a liberdade, então ideal em si mesmo, e a repugnância moral à corrupção.

O ideário dos moços daquela luta, na violência das ruas e na provação das masmorras, é agora, também a serviço do povo, concreta oportunidade político-administrativa: o exercício do govêrno de um estado com 17 milhões de brasileiros, responsável por 32% do total da renda nacional e por 52% da receita tributária da Nação.

OPORTUNIDADES E BEM ESTAR SOCIAL

Conquistada a liberdade, outrora objetivo único da nossa luta, porque condição para atingir os outros alvos, cumpre-nos agora impedir que seja novamente posta em perigo e nos cabe dar-lhe a indispensável consistência, conferindo-lhe o conteúdo social e econômico sem o qual as franquias democráticas

(Continua na 2.ª pág.)

4 memorandos do nôvo Governador

Carnaval não interromperá atividades do nôvo Govêrno do Estado de São Paulo

Tão logo assumiu o Govêrno do Estado, o governador Abreu Sodré expediu os seguintes memorandos:

Memorando n. 1, de 31/1/67
De: Governador do Estado
Para: Srs. Secretários de Estado.
Assunto: Exame dos Diagnósticos Setoriais Para a elaboração do Plano de Govêrno.

Sr. Secretário.

Solicito a V. Sa. a sua permanência, na Capital do Estado, nos feriados de Carnaval, a fim de, juntamente com o Governador, serem examinados os diagnósticos setoriais, necessários à elaboração do Plano de Govêrno.

II — Sei da disposição de trabalho de V. Ss. e por esta razão animo-me a fazer-lhe esta solicitação.

Atenciosamente
Abreu Sodré

Memorando n. 2, de 31/1/67
De: Governador do Estado
Para: Sr. Presidente do Banco do Estado de São Paulo
Assunto: Solicitação da Federação dos Bancários do Estado de São Paulo

Sr. Presidente

Solicito a V. Sa. apreciar, conjuntamene com o Sr. Presidente do Centro Estadual de Abastecimento, a solicitação da Federação dos Bancários do Estado de São Paulo, que me foi transmitida por ocasião de audiência com os dirigentes sindicais.

II — Trata-se do funcionamento, em razão de interêsse da população e dos usuários do referido Centro de Abastecimento, de Agência do Banco do Estado de São Paulo, cumprindo horário ininterrupto.

III — Rogo a V. Sa. seja o assunto apreciado sob os seguintes aspectos:

a) Peculiaridade de funcionamento do mencionado Centro Estadual de Abastecimento, que tan-

(Conclui na 2.ª pág.)

NATEL: "DEIXO O GOVÊRNO COM A CERTEZA DO DEVER CUMPRIDO"

Durante a solenidade de transmissão de cargo ao nôvo governador Roberto de Abreu Sodré, o governador Laudo Natel pronunciou o seguinte discurso:

"Cumpro neste instante, o honroso dever de transmitir-vos. Senhor Governador Roberto de Abreu Sodré, a Chefia do Poder Executivo do Estado de São Paulo. Faço-o com justificado regozijo cívico, por ver elevar-se à suprema magistratura bandeirante uma figura excepcional de nossa amadurecida geração.

Chefe de Poder fôsles. Chefe de Poder voltais a ser.

A vossa escalada política já dura por um quartel de século, a maior parte do tempo consumida na agreste orografia da oposição, desde quando, jovem combatente, fazeis dos bancos acadêmicos a trincheira da democracia.

E ainda ressoam, no Parlamento paulista, os ecos da vossa trajetória, descrita sem uma sombra, dentro daquela mesma e irretratável linha de coerência, em três proficuos mandatos consecutivos, na liderança de seus Pares e na renovada condução à Presidência da Assembléia Legislativa.

Vindes, pois, preparado para o "munus" público, que ora vos é cometido.

Faça-o, também, com viva satisfação pessoal, por ter a certeza de que o ingente esfôrço de meu Govêrno, redobrado em razão de modéstia de minhas fôrças, fica depositado nas vossas mãos ilibadas.

Timbrel, dentro de exíguo período governamental, em cumprir a Lei e fazê-la ser cumprida.

É êsse um dos salutares cânones da Revolução para reconduzir o povo brasileiro aos seus destinos, sòmente atingíveis dentro de um

(Conclui na 2.ª pág.)

Posses e transmissões de cargos dos novos Secretários

O programa das posses e transmissões de cargos dos novos Secretários de Estado é o seguinte:

Dia 1.o — Às 17 horas — Na Secretaria da Justiça, transmissão do cargo de secretário da Justiça, ao dr. Anésio de Paula e Silva.

Dia 2 — às 10 horas — Palácio dos Campos Elíseos — Posse coletiva do Secretariado, exceto os deputados federais, perante o secretário da Justiça. No mesmo dia, às 12 horas, na Secretaria da Segurança Pública, transmissão do cargo de secretário da Segurança, ao coronel Sebastião Ferreira Chaves.

Dia 3 — às 10 horas — Secretaria do Interior — Transmissão do cargo de secretário do Interior, ao dr. Hely Lopes Meirelles. Às 15 horas, na Secretaria de Obras, transmissão do cargo de secretário de Obras, ao eng. Eduardo Yassuda. No mesmo dia, às 17 horas, na Secretaria da Educação, transmissão do cargo de Secretário da Educação, ao prof. Ulhôa Cintra.

Dia 8 — às 17 horas — Secretaria da Justiça — Posse dos deputados federais Herbert Levy e José Henrique Turner, respectivamente nos cargos de secretário da Agricultura e secretário Extraordinário.

Dia 9 — às 11 horas — Secretaria da Agricultura — Transmissão do cargo de secretário da Agricultura ao deputado Herbert Levy. Às 15 horas, na Secretaria dos Transportes, transmissão do cargo de secretário dos Transportes, ao eng. Firmino Rocha de Freitas. Às 17 horas, na Secretaria do Planejamento, transmissão do cargo de secretário do Planejamento, ao dr. Luiz Arrobas Martins.

A solenidade de transmissão de cargo dos secretários da Saúde, Trabalho, Govêrno e Turismo, está na dependência de fixação de data por parte dos respectivos titulares. Na Secretaria da Fazenda não haverá transmissão de cargo, porquanto o prof. Delfim Neto continua como titular dessa pasta.

A Cerimônia da Transmissão de Cargo no Salão Dourado do Palácio dos Bandeirantes

Após a sua posse, ontem, na Assembléia Legislativa do Estado, no cargo de governador do Estado, o nôvo chefe do Executivo paulista, acompanhado do vice-governador Hilário Torloni e respectivas esposas, dirigiu-se ao Palácio dos Bandeirantes, para a transmissão do cargo.

Recebido na entrada principal do Palácio pelo sr. Laudo Natel e membros do govêrno cujo mandato ontem terminou, pelo brig. Carlos Alberto Huet de Oliveira, comandante da IV Zona Aérea e no ato representando o presidente da República; representantes de governadores de Estado; pelo ministro Severo Gomes, da Agricultura; ex-governador Carlos Lacerda, da Guanabara, as mais altas autoridades civis e militares de São Paulo, parlamentares paulistas e numerosos Estados, dirigentes das classes produtoras, figuras representativas de todos os círculos sociais, delegações do Interior, representações de trabalhadores e milhares de pessoas de tôdas as categorias, o nôvo governador de São Paulo foi conduzido ao Salão Dourado do Palácio dos Bandeirantes para a transmissão do cargo

Com o Salão totalmente tomado pela multidão, seguiu-se a solenidade da transmissão. Fizeram, então uso da palavra, o ex e o nôvo governador, cujos discursos vão publicados nesta mesma edição.

Terminada a cerimônia e sob os aplausos dos presentes, o governador Abreu Sodré e sua espôsa acompanharam até a saída o casal Laudo Natel, que foi conduzido à sua residência pelo vice-governador Hilário Torloni e pelo chefe da Casa Militar, cel. Edmur de Moura Salles.

Retornando ao Salão Dourado, o governador Sodré deu posse ao seu secretário da Justiça, sr. Anésio Paula e Silva, recebendo, em seguida, os cumprimentos de todos os presentes.

SODRÉ INAUGURA ANO JUDICIÁRIO

Hoje, às 14 horas, o Governador Abreu Sodré comparecerá ao Palácio da Justiça para a solenidade de inauguração do Ano Judiciário. Altas autoridades do Estado acompanharão o chefe do Executivo paulista.

Primeira dama dirige proclamação ao povo

Na tarde de ontem, momentos antes do ato de transmissão de posse no Palácio dos Bandeirantes, d. Maria do Carmo de Abreu Sodré, espôsa do nôvo Governador de São Paulo, dirigiu à população paulista esta declaração:

"Ao assumir hoje o cargo de primeira dama desejo apenas continuar o exemplo de tradição, dignidade e altivez da mulher e da mãe paulistas, tão bem caracterizadas nas pessoas que me antecederam, como d. Leonor Mendes de Barros, d. Carmelita Garcez, d. Eloá Quadros, d. Yolanda Carvalho Pinto e d. Zilda Natel. Espero, com a colaboração delas, poder solucionar os problemas sociais que afligem a população de nosso grande Estado".

POSSE NA ASSEMBLÉIA

A Assembléia Legislativa de São Paulo deu posse, ontem, em sessão solene, ao governador Roberto de Abreu Sodré e ao vice-governador Hilário Torloni.

A mesa foi presidida pelo deputado Francisco Franco tendo o deputado Roberto Cardoso Alves lido o têrmo de posse.

O automóvel que conduzia o governador e o vice-governador de São Paulo chegou às 16,20 horas no Palácio Nove de Julho precedido pelos batedores da Fôrça Pública e sob escolta de cavalarianos da Milícia Estadual. Ambos estavam acompanhados pelo chefe da Casa Civil do governador Laudo Natel, prof. Leão Machado e pelo chefe da Casa Militar, cap. Jayr Benedito Conti. Uma comissão de deputados recebeu o novo chefe do Govêrno à porta do prédio do Legislativo bandeirante acompanhando-o, juntamente com o vice-governador, ao plenário da Casa.

"Prometo cumprir e fazer cumprir a Constituição Federal e a do Estado, observar as leis e desempenhar com lealdade as funções de governador do Estado de São Paulo foi o juramento constitucional do sr. Roberto de Abreu Sodré assumindo a superior magistratura paulista. Identico juramento, para as funções de vice-governador foi prestado pelo sr. Hilário Torloni.

O presidente Francisco Franco leu mensagem de saudação aos empossados, em nome da Assembléia Legislativa de São Paulo, agradecendo a presença de autoridades e convidados.

A mesma comissão de deputados acompanhou o governador e o vice-governador do Estado à saída do Palácio Nove de Julho quando o sr. Roberto de Abreu Sodré passou em revista a tropa formada.

PRIMEIRA REUNIÃO DO SECRETARIADO

O Governador Abreu Sodré marcou para amanhã, às 16 horas, no Palácio dos Bandeirantes, a primeira reunião do seu Secretariado. Em pauta, para êsse encontro, a reforma da Constituição do Estado.

1968

MUNDO E BRASIL

_Em 21 de junho, uma passeata realizada no Rio de Janeiro por verbas para a educação é reprimida com violência e deixa 28 mortos; a *Passeata dos 100 mil*, realizada em protesto em 26 de junho, tem desdobramentos em todo o país.

_O Secretário de Segurança Pública afirma que intensificará o policiamento em toda a capital de São Paulo, informa o *Diário Oficial* de 22 de junho.

237. POLICIAMENTO INTENSO EM TODA A CAPITAL

Matéria publicada no mesmo jornal, em 26 de junho, cita discurso do governador Abreu Sodré, em que cumprimenta a polícia por sua atuação, que deu "tranquilidade a São Paulo" em face dos últimos acontecimentos.

238. GOVERNADOR CUMPRIMENTA A POLÍCIA POR SUA ATUAÇÃO

237

Diário Oficial

ESTADO DE SÃO PAULO

Diretor: WANDYCK FREITAS

ANO LXXVIII | SÃO PAULO — SÁBADO, 22 DE JUNHO DE 1968 | NÚMERO 116

POLICIAMENTO SERÁ INTENSIFICADO EM TÔDA A CAPITAL: PROVIDÊNCIAS

O secretário da Segurança Pública, prof. Hely Lopes Meirelles, presidiu importante reunião no auditório do Palácio da Polícia, para coordenar e planejar a execução de medidas visando a intensificar o policiamento geral na Capital. Do encontro, que durou cêrca de 3 horas, participaram os principais dirigentes de todos os órgãos policiais do Estado, entre os quais o delegado geral René Mota, o comandante geral da Fôrça Pública, cel. Antonio Ferreira Marques, o comandante da Guarda Civil, Inspetor Mário Teixeira, e o titular da coordenação operacional, dr. João Batista de Santana.

Além do secretário da Segurança, que frisou a necessidade da adoção de medidas mediatas e imediatas para a intensificação do policiamento geral, falaram na reunião aquelas autoridades da cúpula policial, bem como titulares de Delegacias Auxiliares e de Delegacias de Zonas, comandantes e subcomandantes de Batalhões Policiais da Fôrça Pública, inspetores chefes de Agrupamentos da Guarda Civil e a subcomandante da Polícia Feminina, que expuseram seus pontos de vista sôbre diversos aspectos do problema, apresentando sugestões.

PROVIDÊNCIAS

Após o encontro, o titular da Pasta sintetizou as principais providências por êle adotadas para dinamizar o policiamento preventivo e repressivo da Polícia.

A curto prazo, foram aprovadas as seguintes medidas: 1) aumento do policiamento a pé, nas vias públicas, pela Polícia fardada;

2) intensificação de rondas com viaturas, tanto centralizadas como pelos distritos;

3) melhoria do equipamento dos distritos, para propiciar maiores facilidades às autoridades policiais no desempenho de suas funções (comunicações, transporte e pessoal).

Por outro lado, foi decidido que, até o final do corrente ano, as chefias das Zonas Policiais serão dotadas do equipamento necessário à descentralização dos serviços técnicos para a execução de suas tarefas (Polícia Técnica, transporte de presos e de cadáveres, laudos médicos e outros).

PARTICIPAÇÃO DO ESTADO NO ACÔRDO MEC-BID

O governador Abreu Sodré encaminhou, ontem, ofício ao ministro Tarso Dutra, da pasta da Educação e Cultura, afirmando que o Govêrno de São Paulo assegurará a suplementação de NCr$ 2.240.000,00 (dois milhões e duzentos e quarenta mil cruzeiros novos) necessários à integralização da parcela correspondente à Universidade de São Paulo no convênio a ser formulado entre o MEC e o Banco Interamericano de Desenvolvimento.

O ofício do governador Abreu Sodré foi calcado em estudo realizado pela Secretaria de Economia e Planejamento e que fixou as disponibilidades para participação de São Paulo naquele acôrdo para desenvolvimento das Universidades brasileiras.

Ainda ontem, e em nome do governador Abreu Sodré, o secretário do Planejamento, sr. Onadyr Marcondes, manteve reunião com o sr. Raul Barbosa, diretor brasileiro do BID, acertando o fornecimento de dados acêrca dos investimentos do Govêrno do Estado no setôr do ensino.

DIRETOR DO FECE INAUGURA HOJE NÔVO GRUPO ESCOLAR EM FRANCA

Representando o governador Abreu Sodré, com o qual despachou ontem, no Palácio dos Bandeirantes, seguiu hoje para Franca, o eng. José Washington Boarin, diretor-executivo do FECE, que, naquela cidade, presidirá à cerimônia de inauguração do Grupo Escolar "Homero Alves".

Construido pelo Fundo Estadual de Construções Escolares, em convênio com a Prefeitura Municipal, o novo estabelecimento de ensino é dotado dos mais modernos requisitos da pedagogia educacional, contando com 8 salas comuns e duas pré-primárias, completamente equipadas. O edifício foi construido numa área de 1.400 m2., tendo custado a importância de NCr$ .. 199.153,60, inclusive equipamentos e poderá atender a cerca de 800 alunos, em dois períodos.

INSPEÇÕES

Ainda em Franca, o eng. Boarin aproveitará para inspecionar as obras em andamento, naquela cidade, dos seguintes estabelecimentos de ensino: Ginásio Estadual "João Marciano de Almeida" com 23 salas especiais e capacidade para 3.100 alunos, em 3 períodos; Grupo Escolar Vila Aparecida, no bairro da Capelinha, com 8 salas de aula e capacidade para 800 alunos, em dois períodos, e, finalmente, as instalações das oficinas pluricurriculares do Instituto de Educação "Torquato Calheiro".

O diretor-executivo do FECE aproveitará, ainda, esta sua viagem para inspecionar diversas outras obras do setor e cuja construção se acham sob a responsabilidade do órgão que dirige, naquela região.

CONTRATOS PARA ILUMINAÇÃO MODERNA EM DOIS MUNICÍPIOS

A Secretaria de Cultura, Esportes e Turismo, através de seu titular, deputado Orlando Zancaner, dentro do plano de assistência aos municípios que representam atração turística do Govêrno Abreu Sodré, acaba de firmar mais dois contrátos de instalação de luminárias, respectivamente com as prefeituras de Termas de Ibirá e de Mirassol.

Em têrmas de Ibirá serão instalados 76 postes de concreto armado vibrado, 80 braços de iluminação pública, galvanizado de tubo de ferro, 80 luminárias para lâmpadas a vapor de mercúrio, construídas em alumínio e vidro refrator especial, resistente a choques térmicos, assim como dotados de espêlhos internos para a direção dos fachos de luz; 80 lâmpadas a vapor de mercúrio de côr corrigida, 80 interruptores foto-sensíveis e 80

O contrato prevê ainda o término e entrega das referidas instalações em prazo mínimo de 60 dias. Outros contratos estão em estudos na Secretaria de Cultura, Esportes e Turismo e espera-se para breve a concretização de novos convênios, beneficiando outras e importantes cidades incluídas no roteiro turístico do Estado.

"MISSES" VISITAM O GOVERNADOR

Trinta e quatro "misses", 19 de São Paulo e 15 dos Estados, candidatas ao título de "Miss Brasil", estiveram ontem no Palácio dos Bandeirantes, em visita ao governador Abreu Sodré. Foram apresentadas ao chefe do Executivo pelo sr. Raul Roulien, diretor daquele concurso.

Ao ensêjo do aniversário natalício do chefe do Executivo, as representantes da beleza brasileira cantaram para o governador "Parabens a Você".

AUTORIDADES MUNICIPAIS EM PALÁCIO

Estiveram ontem no Palácio dos Bandeirantes, sendo recebidos pelo sr. Holanda de Freitas, subchefe da Casa Civil para os Assuntos dos Municípios, os srs.: Ary Floriano de Athayde, prefeito e Oscar Ribeiro Filho, vereador em Paulo de Faria; José Jorge Junqueira, presidente da Câmara de São Joaquim

CONCLUÍDA 1.a PARTE DA UNIDADE

Diário Oficial

ESTADO DE SÃO PAULO

Diretor: WANDYCK FREITAS

ANO LXXVIII | SÃO PAULO — QUARTA-FEIRA, 26 DE JUNHO DE 1968 | NÚMERO 118

Governador na Secretaria da Segurança Pública:

"ATUAÇÃO DISCIPLINADA DA POLÍCIA DEU TRANQUILIDADE AOS PAULISTAS"

A fim de cumprimentar a Polícia de São Paulo pela atuação que teve nos acontecimentos de anteontem em nossa Capital, o governador Abre Sodré visitou ontem pela manhã o Palácio da Polícia, o comando da Fôrça Pública e o Comando da Guarda Civil.

Na Secretaria da Segurança Pública, o governador compareceu ao Gabinete do titular da Pasta, prof. Hely Lopes Meirelles, onde o cumprimentou em nome do Govêrno do Estado e, na presença de numerosas autoridades policiais e representantes da imprensa, pronunciou o seguinte discurso:

"É esta visita para trazer a palavra de confiança do Govêrno na nossa Polícia, civil e fardada, pela forma como se conduziu ontem, atendendo às determinações do Govêrno, de dar tranquilidade a São Paulo e de saber agir com serenidade, mesmo diante das provocações insólitas de pequeno grupo que, não sabendo respeitar as liberdades, abusou daquilo que o govêrno deseja dar: liberdade.

"Não poderia deixar de trazer uma palavra amiga à polícia civil, pela maneira extraordinária como se conduziu ontem, o que demonstra que nós temos hoje um dispositivo de segurança que pode dar a êste Estado a tranquilidade que êle precisa e pode agir com energia, quando os que não sabem gozar da liberdade exigirem de nós ação enérgica, pois assim agiremos.

"Trago a V. Exa., senhor secretário, prof. Hely Lopes Meirelles, a gratidão do Govêrno de São Paulo à polícia que V. Exa. dirige, dando a tranquilidade a São Paulo. Nós desejamos que assim continue, fixando as responsabilidades daqueles que, por não saberem gozar da liberdade, destroem patrimônio do Estado e patrimônios particulares. Destruindo patrimônios do Estado, impedem que que a juventude tenha mais escolas.

"Ontem procuraram destruir exatamente as escolas: vieram para obter escolas, e resolveram destruí-las. Muito obrigado, senhor secretário, nós saberemos agir com energia na hora devida".

"ESTÍMULO PARA A POLÍCIA"

A seguir, agradecendo a visita e os cumprimentos formulados à Polícia do Estado, o secretário da Segurança Pública pronunciou as seguintes palavras:

"Senhor governador: não poderia ser mais agradável para a Polícia de São Paulo a surprêsa da visita de V. Exa. que, na tranquilidade de governador e consciência de paulista, soube dar aos paulistas a tranquilidade que todo o povo esperava.

"Todo o povo do nosso Estado pode estar certo de que êsse estímulo servirá para que a Polícia de São Paulo, nos seus três órgãos — Polícia Civil, Fôrça Pública e Guarda Civil, que ontem estiveram integrados nas suas conscientes responsabilidades — continue a seguir fielmente as instruções, as determinações do governador, e a cumprir com disciplina a sua missão de dar tranquilidade ao povo de São Paulo.

"Creio expressar a satisfação, a honra mesmo, de todos os integrantes desta gloriosa Polícia de São Paulo, multas vêzes incompreendida nas suas atitudes de preservar a ordem pública; incompreendida quando defende a vida e o patrimônio, empregando a fôrça, e, às vezes, incompreendida quando atua sem o emprêgo da fôrça, visando preservar exatamente êsse patrimônio que é a vida e a incolumidade do cidadão. Como agiu ontem, seguindo à risca as instruções de V. Exa., pôde evitar maiores consequências,

(Conclui na 2.a página)

GOVERNADOR NA GUARDA CIVIL

Na Guarda Civil de São Paulo, que visitou na manhã de ontem, dirigindo-se ao superintendente Mario Teixeira, disse o governador:

"Quero congratular-me pela forma com que a Guarda Civil se comportou no dia de ontem, atendendo as determinações do Govêrno. de dar tranquilidade e paz ao povo de São Paulo. O desejo do govêrno, através suas policias, é garantir trabalho aos que querem trabalhar, escolas aos que querem frequenta-las, tranquilidade aos que querem viver em paz. Nós saberemos agir com energia na hora devida."

Após as palavras de agradecimento do superintendente Mário Teixeira, o chefe do Executivo retirou-se da Guarda Civil, retornando ao Palácio dos Bandeirantes.

RECURSOS DE NCr$ 5,4 MILHÕES PARA O ENSINO INDUSTRIAL E AGRÍCOLA

O governador Abreu Sodré, em despacho ontem, com o secretário de Economia e Planejamento, aprovou Plano de Aplicação no setôr de Educação, num total de NCr$ 5.361.225,60, representados por investimentos no ensino profissional e agrícola e no Serviço de Educação e Formação pelo Fadio e TV. Os recursos constantes do Plano de Aplicação ontem aprovado deverão ser liberados em parcelas trimestrais até o fim do corrente exercício.

ENSINO PROFISSIONAL COM MAIS VAGAS

No setor do ensino profissional, as verbas ontem aprovadas permitirão a ampliação dos cursos técnicos e da manutenção de Colégios Técnicos que funcionam em regime de convênio com a União, as Prefeituras e instituições privadas, garantindo ainda a melhoria das atuais instalações do Departamento de Ensino Profissional e do Instituto Pedagogico de Ensino Industrial, que passará a ter secções de Marcenaria e Tipografia.

A dotação liberada pelo despacho do governador Sodré atenderá as seguintes escolas: Escola Técnica Industrial "Conselheiro Antonio Prado", de Campinas, que passará a comportar mais 250 alunos e que construirá 6 novos laboratórios; ao Colégio Técnico de Jundiaí, que passará a atender, neste ano ainda, mais 170 alunos; à Escola Técnica Industrial "Lauro Gomes, de São Bernardo do Campo, que instalará laboratorios de Física, Química, Metalografia, Ótica e Eletrotécnica; Escola Técnica Industrial "Everardo Passos", de São José dos Campos, que terá condições de abrigar mais 250 alunos.

ENSINO AGRÍCOLA

Os recursos liberados para a Diretoria de Ensino Agrícola permitirão a instalação de extensões nas atuais unidades escolares, capacitando-as, ainda êste ano, à matricula dos alunos excedentes dos exames de admissão nos Ginásios Agrícolas.

GINÁSIO EM ANGATUBA

O governador do Estado baixou decreto denominando "Ivens Vieira" o Ginásio Estadual do município de Angatuba, como homenagem que a administração presta ao ex-prefeito angatubense e recentemente falecido.

Exposições e Feiras Agropecuárias têm nova regulamentação

A Secretaria da Agricultura constituirá em carater permanente um grupo de trabalho que coordenará as feiras e exposições agro pecuárias a serem realizadas no Estado de São Paulo e que forem assistida tècnicamente por aquela pasta, determina o decreto 49.860 assinado pelo governador Roberto da Costa Abreu Sodré e regulamentando o assunto. Segundo o mesmo documento legal, todos êsses certames deverão constar obrigatoriamente de calendário oficial anual a ser elaborado até o dia 31 de outubro de cada ano para o ano subsequente.

Outras determinações do citado decreto: a Secretaria da Agricultura participará no julgamento dos produtos e mostras, conferências, palestras, debates, demonstrações e na orientação da parte técnica pertinente; a mesma pasta poderá locar espaços para montagem de seus "stands", de acôrdo com os regulamentos dos certames; mas a participação do órgão oficial não implicará em responsabilidade de organização e execução dos certames, nem em despesas sob a forma de subvenção.

EM S. PAULO

As exposições que se realizarem no recinto "Fernando Costa" (Parque da Água Branca) em São Paulo serão de responsabilidade da Secretaria da Agricultura. O decreto que regulamenta êsses certames especifica as exposições de gado leiteiro, cavalos de raça, jumentos, ovinos, caprinos, aves, coelhos e suinos; e de gado de corte, cavalos de trabalho e esporte.

TERMINADO LEVANTAMENTO DO ESTOQUE DE ALGODÃO

O estoque de algodão em pluma existente no Estado de São Paulo em 31 de dezembro de 1967, data considerada como o fim da safra algodoeira, atingia a 33.339.522 quilos, representando aumento de quase 3.300 toneladas em relação ao existente na mesma data do ano anterior, quando chegava a 30.048.830 kg. O levantamento, feito pela Secretaria da Agricultura, com a colaboração da Bolsa de Mercadorias, mostrou ainda que desse total, 15.353 toneladas se encontravam em depósito nas fiações; 13.077 ton. em armazéns gerais e o restante distribuído entre usinas descaroçadoras do interior (1.111 ton), depósitos ou armazéns particulares (2.082 ton), em processamento nas fiações (1.150 ton) e em trânsito (567 ton).

PROCEDÊNCIA

O mesmo levantamento levou em consideração a procedência do algodão em pluma existente, verificando-se que a grande maioria era originário de São Paulo: 22.818 ton. em 31.12.1967, enquanto o existente na mesma data do ano anterior atingia a 22.176 ton. Verificou-se também que houve aumento do algodão entrando do Paraná, que de 875 ton. em 1966 passou para 3.741 ton. em 1967.

O restante era procedente dos seguintes Estados, em 1966 e 1967, respectivamente (em toneladas). Minas Gerais (228 e 56); Mato Grosso (13 e 23); Goiás (292 e 325); Maranhão (18 e 13); Ceará (2.572 e 1.412); Pernambuco (995 e 1.045); Paraíba (1.690 e 2.068); e Rio Grande do Norte (1.189 e 1.511). Da Guanabara, Bahia e Alagoas procederam 19, 162 e 147 toneladas, respectivamente, apenas em 1967.

SAFRAS

O levantamento do estoque mostrou ainda que existiam 522 quilos de algodão em pluma de safras anteriores a 1965; 19.266 quilos da safra de 1965; 322.204 quilos de 1966; e 32.997.530 quilos da safra do mesmo ano de 1967.

Conselho Estadual de Educação

Em ato baixado ontem o governador do Estado nomeou o prof. Paulo Nathanael Pereira de Souza para substituir o conselheiro Carlos Pasquale nas funções de membro do Conselho Estadual de Educação, durante o período de licença de 180 dias, solicitado por este.

Governador no QG da Fôrça Pública:

"COM DISCIPLINA E RESPEITO GARANTIREMOS ORDEM EM S. P."

Ao visitar o QG da Fôrça Pública, na manhã de ontem, em companhia do secretário da Segurança Pública, prof. Hely Lopes Meirelles, o governador Abreu Sodré disse estas palavras:

"Vim cumprimentá-los, a Fôrça Pública, a Guarda Civil e a Policia Civil, pela forma com que se comportaram no dia de ontem, no cumprimento do dever e das determinações partidas do Govêrno, de dar tranquilidade a êste Estado, de procurar garantir a ordem neste Estado, de procurar fazer com que o povo de São Paulo possa trabalhar. Infelizmente, poucos não souberam compreender a liberdade que o Govêrno lhes garantiu, mas estamos atentos, o Govêrno, através da nossa polícia para garantir aos que querem trabalhar, aos que querem estudar, aos que querem viver em paz.

"Portanto, a polícia de S. Paulo merece receber esta visita de cumprimentos, pela forma com que cumpriu as ordens emanadas do Govêrno. Permita que lhe transmita, sr. cel. Marques, comandante da Fôrça Pública, os cumprimentos do governador, pela disciplina da tropa. É assim que nós haveremos de dar tranquilidade à São Paulo" — finalizou o governador.

O cel. Antonio Ferreira Marques, a seguir, agradeceu a visita do governador, afirmando que a Fôrça Pública, disciplinada e coesa, está ao lado do chefe do Executivo, em benefício da ordem e da paz neste Estado.

SEGURANÇA DO PALÁCIO

Resolução baixada ontem pelo governador Abreu Sodré institui junto a seu Gabinete Grupo de Trabalho encarregado de apresentar, em 30 dias, estudos sôbre o sistema de segurança do Palácio Bandeirantes, bem como normas para o atendimento das autoridades e público que procuram a sede do Govêrno. Integram o Grupo de Trabalho os srs. Hélio Motta, subchefe da Casa Civil; João Tabajara de Oliveira, chefe do Cerimonial; eng. Godofredo Augusto de Campos Marques, diretor do Departamento de Obras Públicas; capitão Torquato Tasso, subchefe da Casa Militar; eng. Alberto Consentino, encarregado das reformas do Palácio Bandeirantes; e Guilherme Hellwing, coordenador administrativo dos serviços do Palácio.

_Em 26 de junho, o QG do 2º Exército, em São Paulo, sofre um atentado; nota publicada no *Diário Oficial* no dia seguinte informa que o governador foi visitar "o alvo do atentado terrorista".

239. QUARTEL-GENERAL DO 2º EXÉRCITO SOFRE ATENTADO TERRORISTA

_Passeata de estudantes reúne 30 mil no Rio de Janeiro, em 4 de julho. No dia seguinte, o ministro da Justiça, Gama e Silva, proíbe manifestações públicas em todo o país.

_Montado em São Paulo o musical *Roda Viva*, de Chico Buarque, com direção de José Celso Martinez Corrêa; no dia 17 de julho, durante a encenação, o Teatro Galpão é invadido e depredado pelo Comando de Caça aos Comunistas (CCC).

240. APRESENTAÇÃO DO ESPETÁCULO *RODA VIVA*

_A sede da Associação Brasileira de Imprensa do Rio de Janeiro sofre um atentado a bomba.

_O Ato Institucional n.5 é assinado em 13 de dezembro. Em 18 de dezembro, o *Diário Oficial* publica a seguinte afirmação do governador de São Paulo, Abreu Sodré, por ocasião da assinatura de contratos: "Nosso dever é servir ao ideal da Revolução de 64".

241. GOVERNADOR DE SÃO PAULO APOIA O GOLPE DE 64

para a construção, dentro de 100 dias, de um pavilhão para a instalação do almoxarifado e oficina do Hospital do Servidor Público do Estado de São Paulo, nesta Capital.

Durante a atual administração estadual diversas verbas têm sido liberadas pelo governador Abreu Sodré, para melhoria e ampliação daquêle nosocômio, recordando-se que há pouco, mais de NCr$ .... 55.000,00 foram destinados à execução de água, esgotos, combate a incêndios, vapor, gás, ar comprimido, oxigênio, etc.

NOVO PRÉDIO

Devido à grande afluência de pessoas ao Hospital do Servidor, em virtude de seu alto padrão de tratamento, suas instalações vêm necessitando constantes ampliações e, porisso, há meses atrás, o governador Sodré autorizou o DOP, a contratar a execução dos projetos necessários ao aumento daquêle importante conjunto hospitalar lo... a 32.000 m2. Essas novas obras serão erguidas em dois blocos com 4 e 15 andares, onde respectivamente ficarão instalados os ambulatórios, e os laboratórios e enfermarias. Além dêsses serviços de novas edificações, o Departamento de Obras Públicas vem executando trabalhos de ampliação e reforma em várias dependências do Hospital, tendo em vista colocá-lo em condições de perfeito funcionamento, a fim de atender as suas reais finalidades.

o novo prédio do Hospital do ... tos.

GOVERNADOR INTEIRADO DA SITUAÇÃO EM S. PAULO

O governador Abreu Sodré, que passou o dia de ontem em Brasília, onde manteve contato com o presidente da República, ministros de Estado e altas autoridades, participando, ainda, da instalação da Convenção Nacional da ARENA inteirou-se, durante o dia, dos acontecimentos em São Paulo, através de ligações telefônicas e via telex com seu gabinete no Palácio dos Bandeirantes.

Coube ao sr. Onadyr Marcondes, secretário do Planejamento, e ao prof. Hely Lopes Meirelles, secretário da Segurança Pública, especialmente designados pelo chefe do govêrno, informarem seguidamente o governador das ocorrências nesta Capital, principalmente as relacionadas com o atentado ao Q. G. do II Exército.

O sr. Abreu Sodré regressará hoje a São Paulo, no avião do Govêrno, que, desde ontem, encontrava-se à sua disposição em Brasília.

Com o governador do Estado, permaneceram ontem na Capital Federal, mantendo contatos com as autoridades citadas e participando da Convenção da ARENA, os secretários da Fazenda, Transportes, Agricultura, Trabalho, Informações e ainda o secretário particular.

GOVÊRNO DEPLORA

O governador Abreu Sodré, antes de embarcar para Brasília, na manhã de ontem, esteve em visita ao QG do II Exército, deplorando o novo atentado terrorista e o ato de covardia dos agitadores.

As 10 horas, no Palácio dos Bandeirantes, o sr. Onadyr Marcondes, em nome do Govêrno do Estado, prestava as seguintes declarações:

"Estamos pondo todo o aparelhamento policial do Estado na caça dos responsáveis por um atentado que, inegàvelmente, contraria as nossas tradições de um povo pacífico e civilizado. E' triste que o Govêrno do Estado de São Paulo tenha, neste instante, que deplorar a morte de um soldado do nosso glorioso Exército, causado por terroristas da pior espécie, os quais nada consegue deter, nem a atitude morigerada do Govêrno que tem permitido que tôdas as manifestações decorram com tranqüilidade, nem o próprio desejo da família paulista de trabalhar e de progredir em paz. Deploramos que isso ocorra e chamamos a atenção do povo de São Paulo, da grande maioria que deseja paz e tranquilidade, para o desserviço, o crime, que nesse instante se pratica contra São Paulo e contra o Brasil.

Mantive contato telefônico com o governador Sodré, que está em Brasília, tranqüilo e a par do que ocorre em São Paulo, pois à frente da Secretaria da Segurança Pública encontra-se o prof. Hely Lopes Meirelles, com tôdas as instruções, para tôdas as emergências".

Encontro da Juventude da Baixada Santista

A Secretaria da Promoção Social, com o patrocínio da Liga Santista de Esportes Aquáticos e com a colaboração do C.M.E., de Santos; C. M. E. de São Vicente, Clebe Internacional de Regatas Saldanha da Gama, Regatas Santista e Tumiarú, realizará de 5 a 7 de julho, em São Vicente, o Primeiro Encontro da Juventude de Natação da Baixada Santista.

A iniciativa é do Serviço Social de Menores e Serviço Social do Estado, através de seus departamentos sediados naquela cidade.

O encontro será dividido em três partes: a esportiva, a associativa e a cultural.

Na parte esportiva, serão realizadas provas de natação. Na parte de associativismo, a aproximação dos jovens com ...

PREFEITURA-ESCOLA DE VALINHOS

O deputado Waldemar Lopes Ferraz, como primeira providência que adotou, na qualidade de secretário de Estado dos Negócios do Interior, foi a de expedir instruções do órgão competente da Pasta — CEPAM, no sentido de, em cumprimento ao convênio firmado com o Serviço Nacional dos Municípios — SENAM e a Prefeitura de Valinhos, intensificar e dar cumprimento às atividades pertinentes à implantação de uma Prefeitura-Escola, cujo objetivo precípuo é o de servir de modêlo às suas congêneres e treinar funcionários municipais.

Em decorrência dessa determinação, adotada em caráter prioritário, o Secretário, instalará no próximo dia 2 de julho, às 20 horas, no edifício da Prefeitura Municipal de Valinhos, o Curso de Treinamento de Funcionários Municipais, da Prefeitura-Escola de Valinhos, que será ministrado a 120 funcionários de Prefeituras dêste Estado, divididos em seis grupos, entre os meses de julho e dezembro dêste ano.

O curso de Treinamento de Funcionários Municipais é dado em decorrência de convênio firmado entre a Secretaria do Interior, o Serviço Nacional dos Municípios e a Prefeitura Municipal de Valinhos, cabendo ao Centro de Estudos e a Pesquisas de Administração Municipal, da Secretaria do Interior, a sua coordenação e realização.

As aulas serão ministradas por técnicos da Secretaria do Interior, contratados pelo CEPAM, a versarão sobre as seguintes matérias: Legislação Municipal (Prof. Ivan Fleury Meirelles), Organização Administrativa (Prof. Waldemiro Teixeira Lustosa), Orçamento e Contabilidade (Prof. Clovis Gloeden), Tributos Municipais (Prof. Adalmir da Cunha Miranda) e Planejamento Local Integrado (Profa. Clementina De Ambrosis). O Curso de Treinamento tem orientação teórica e prática, com o objetivo de transmitir aos servidores municipais conhecimentos atualizados sôbre as matérias do currículo, que possam ser utilizados pelas administrações municipais.

Estarão presentes à instalação do Curso de Treinamento da Prefeitura-Escola de Valinhos, além do Secretário do Interior, Secretários de Estado, Prefeitos Municipais, o Diretor do CEPAM, Prof. Eurico de Andrade Azevedo, e os alunos do primeiro grupo, indicados pelos seguintes município: Auriflama; Borá; Cordeirópolis; Coroados; Ibitinga; Igaratá; Itaí; Lavínia; Maracaí; Mira Estrêla; Monte Alegre do Sul; Oriente; Orindiuva; Penápolis; Sagres; Santa Bárbara D'Oeste; Santa Rosa de Viterbo; Santo Antônio da Alegria; São Miguel Arcanjo e São Simão. A aula inaugural será proferida pelo arquiteto Flávio Villaça, especialista em planejamento, membro da equipe do Pe. Lebret, que falará sôbre problemas de Planejamento Local Integrado.

ENTREGA DE PRÊMIOS DO "TALÃO DA FORTUNA"

A irmã Celeste Xavier de Carvalho e o prof. Oswaldo Sangiorgi, vencedores dos dois últimos sorteios do Talão da Fortuna, receberão os respectivos prêmios de 20 mil cruzeiros novos, em cerimônia a ser presidida pelo secretário da Fazenda, sr. Arrôbas Martins, às 15,30 horas da próxima segunda-feira, dia 1.o de julho, no 8.o andar do prédio da Secretaria da Fazenda. Na oportunidade receberão seus prêmios os demais contemplados nos sorteios das 32.a e 33.a séries.

A irmã Celeste Xavier de Carvalho, que doará seu prêmio para a construção do Educandário São Vicente de Paula, em Guarulhos, receberá também, 2 mil cruzeiros novos da Companhia Paulista de Alimentos (Duchen) para as obras daquêle Educandário. Essa emprêsa efetuará ainda o pagamento de mais 16 prêmios no valor de NCr$ 1.700,00.

CONTEMPLADOS DA 29.a SÉRIE

Dia 28 do corrente expirará o prazo para recebimento dos prêmios pelos contemplados no sorteio da 29.a série, côr branca, realizado no dia 28 de dezembro de 1967. Para alertar os interessados a Comissão Permanente do "Talão da Fortuna" publicou edital convocando os seguintes contemplados com NCr$ 200,00, para receberem os seus cheques: Bela Broner, 59.o prêmio; Giuseppe Riagi, 60.a prêmio; José de Melo Pimenta, 61.o prêmio; Mário Grecco, 79.o prêmio; Gelcy A. Magalhães Costa, 81.o prêmio; Antonio de Almeida Cavalcanti, 89.o prêmio; Luiz Carlos Franco Ferreira, 91.o prêmio; Kemle Abrão Marinho, 205.o prêmio; João Natal, 206.o prêmio, Hugo João Felipozzi, 218.o prêmio; Paulo Thermm de Barros, 233.o prêmio; Leonor Rodrigues, 243.o prêmio; Ivone Lindenberg, 291.o prêmio; Dirceu Datti, 302.o prêmio e Diva Baddini Bandeira Cabeça, 82.o prêmio.

EM SANTOS O I SALÃO NACIONAL DE TURISMO

O I Salão Nacional de Turismo será realizado em Santos, no período de 13 a 20 de julho vindouro, na sede social de Santos Futebol Clube, Parque Balneário, certame que conta com a colaboração da Secretaria de Cultura, Esportes e Turismo do Estado e da Secretaria de Turismo da vizinha cidade.

Do programa constam coleção de fotografias das principais cidades ...

A data da inauguração, 13 de julho, coincide com o Dia do Turismo, em Santos.

Todo o material destinado ao I Salão Nacional de Turismo deve ser endereçado à caixa postal n. 157, Santos.

COMUNICADO DO TRIBUNAL

Reajustametno dos preços da cana e do leite

O deputado Herbert Levy enviou telegrama ao ministro Edmundo Macedo Soares e Silva, da Indústria e Comércio, agradecendo a atenção que êste demonstrou durante o encontro que mantiveram e no qual o secretário da Agricultura fêz a entrega de dados demonstrando que os atuais preços de cana de açúcar não cobrem os preços de produção. A mensagem diz:

"O reestudo da questão determinado por Vossa Excelência à direção do Instituto do Açúcar e do Alcool constituem promessa de ...

Diário Oficial

ESTADO DE SÃO PAULO

Diretor: WANDYCK FREITAS

ANO LXXVIII | SÃO PAULO — SEXTA-FEIRA, 18 DE DEZEMBRO DE 1968 | NÚMERO 238

Estado investe 108 bilhões em obras no setor de transportes

O Governador Abreu Sodré assinou ontem, em solenidade no Palácio dos Bandeirantes à qual estava presente o Governador de Alagôas, sr. Antonio Lamenhá Filho, novos contratos de obras, no valor total de 50 bilhões e 500 milhões de cruzeiros velhos, destinados à retificação do trecho da Cia. Paulista de Estradas de Ferro entre Bauru e Garça e melhoramentos no aeroporto de Congonhas.

Estes novos contratos elevam a 108 bilhões de cruzeiros velhos o montante dos investimentos determinados pelo Governador Abreu Sodré desde o início desta semana.

Na ocasião, o Govêrno do Estado anunciou que está sendo estudada a instalação de um novo aeroporto na região de São Paulo, para aliviar Congonhas, que caminha para a saturação. Revelou-se também que no domingo, dia 15, sairá de Campinas, às 10 e 30, o primeiro trem de passageiros da linha regular entre aquela cidade e Brasília.

Imensa frente de trabalho

No discurso que pronunciou o Governador Abreu Sodré acentuou que, dentro da filosofia do govêrno de dar ênfase à valorização do homem, o contrato relativo à Cia. Paulista de Estradas de Ferro «abre uma imensa frente de trabalho».

Mencionou o sentido de integração nacional que tem o programa da administração estadual: «Quando falamos de integração, falamos de integração nacional e não integração única e exclusivamente regional de nosso Estado. Quando se fala na valorização de nossas companhias de transportes, estamos procurando aproximar o Brasil, diminuir as distâncias, além de

(Conclue na 2.a página)

O Secretário da Justiça inaugura Subprocuradoria

Dentro da orientação do govêrno Abreu Sodré de cada vez mais dinamizar a administração pública, o Sr. Luiz Francisco da Silva Carvalho, Secretário da Justiça esteve no último fim de semana em São José do Rio Prêto onde presidiu as solenidades da inauguração da Subprocuradoria local.

Inicialmente falou o Dr. Otto Costa, Procurador Geral do Estado expondo as vantagens da descentralização das atividades da Procuradoria. Mostrou como Rio Prêto e os diversos municípios que ficarão subordinados à competência da Subprocuradoria Regional irão se beneficiar principalmente no campo fiscal com esta instalação. Disse ainda, que a Subprocuradoria teria um serviço de assistência judiciária para atender aos menos favorecidos pela sorte. A seguir o Dr. Carlos Corrêa Gomes encarregado da Subprocuradoria falou agradecendo as autoridades locais o auxílio prestado para a concretização daquela iniciativa. Encerrando falou o Sr. Luiz Francisco informando que êste ano já instalara além da de Rio Prêto, a Subprocuradoria de Rio Claro e Sorocaba e pretendia até o

(Conclue na 2.a página)

GOVERNADOR NÃO CONCEDEU EXONERAÇÃO A SECRETÁRIOS

O Governador Abreu Sodré decidiu ontem não conceder a exoneração que havia sido solicitada pelos Secretários do Planejamento e do Trabalho, respectivamente srs. Onadyr Marcondes e Raphael Baldacci Filho.

Em cartas que enviou aqueles dois Secretários de Estado, o chefe do Executivo nega a exoneração solicitada e os convoca a prosseguirem nos trabalhos de sua equipe do Govêrno.

Carta do Sr. Onadyr Marcondes

É o seguinte, na íntegra, o teor da carta por intermédio da qual o Secretário do Planejamento havia solicitado exoneração do cargo:

São Paulo, 10 de dezembro de 1968

«Meu Caro Amigo

Governador Abreu Sodré

Houve, como é do conhecimento geral, uma polêmica entre dois Secretários de seu govêrno, consubstanciada em entrevistas dadas à imprensa.

Não é preciso e nem oportuno invocar-se o mérito das diferentes opiniões nelas externadas.

Pareceu-me, entretanto, claro que o prosseguimento da querela só poderia resultar em intranquilidade no corpo de seus auxiliares diretos, com dano positivo para a harmonia que deve e precisa existir entre os que compõem o secretariado de um Governador que se empenha numa grande obra administrativa.

Daí, sob os impulsos da mais viva lealdade, haver eu resolvido pelo pedido de demissão da Secretaria de Economia e Planejamento — cami-

(Conclue na 2.a página)

Ao assinar contratos Governador afirma:

"NOSSO DEVER É SERVIR AO IDEAL DA REVOLUÇÃO DE 64"

«O nosso dever é servir ao ideal e seguir a filosofia da Revolução de 1964. Esta é a responsabilidade que todos temos de seguir os princípios que inspiraram aquêle movimento de libertação e emancipação nacional», declarou ontem o Governador Abreu Sodré, ao presidir, no Palacio dos Bandeirantes, solenidade de assinatura de novos contratos de obras, em valor superior a 50 bilhões de cruzeiros velhos.

«No Govêrno de São Paulo, temos trabalhado com êste objetivo: representar uma mentalidade para a democracia brasileira e demonstrar ao povo, antes desesperançado, que a Revolução de 1964, pedida pelo povo e deflagrada pelo valor, pela coragem e pelo patriotismo das Fôrças Armadas, tem o sentido de uma alteração de tudo o que existia antes, não apenas da estrutura política ultrapassada, senão viciada, como também na mentalidade de administração» — acrescentou o chefe do Executivo.

Defesa da Democracia

Em outro ponto de seu pronunciamento, o Governador assinalou: «Para que o homem possa gozar de liberdade, e, sobretudo, para que possa defendê-la é preciso dar instrução ao povo. Esta tem sido a meta principal do nosso programa de govêrno, porque não basta que o povo tenha consciência e saiba defender o sentido doutrinario da democracia, mas é necessário que esteja preparado para fazer do Brasil uma nação desenvolvida».

«Cuidamos, por isso, de sanar as finanças combalidas do Estado. Atingido êste objetivo, demos ênfase a um programa de educação e saúde que não tem precedentes em São Paulo, não só pelo vulto dos investimentos feitos e programados para êsses dois setores, como das próprias dotações orçamentárias reservadas às respectivas Secretarias. Acreditamos, assim, estar preparados para o grande desafio do nosso tempo, que nos é lançado pela juventude, para assegurar liberdade e trabalho a todos» — concluiu.

MIN. DA FAZENDA CUMPRIMENTA O GOVERNADOR

O Governador Abreu Sodré recebeu do ministro da Fazenda, Delfim Neto, o seguinte telegrama:

"Cumprimento V. Exa. pelo excelente resultado financeiro anunciado. Eliminando o deficit, São Paulo contribuiu de forma positiva para a diminuição dos problemas monetários brasileiros."

Investimentos do Estado dobraram em menos de 2 anos

"Devemos criar um clima de otimismo. Não o otimismo falso dos óculos de Pangloss, mas um otimismo consciente, sem o medo de enfrentar os percalços que tôda a administração pública deve enfrentar" — disse ontem o Governador Abreu Sodré durante o almôço de encerramento do exercício e prestação de contas promovido pela Associação Nacional de Programação Econômica e Social — ANPES, ao qual compareceu como convidado especial, em companhia do Governador do Estado de Alagoas, sr. Lamenha Filho.

"Ao assumirmos o cargo — frisou o Governador Abreu Sodré — encontramos, no exercício orçamentário de 1966 para 1967, um deficit de 700 milhões de cruzeiros novos. No exercício de 1967/1968, êsse deficit foi reduzido para 380 milhões de cruzeiros novos e, no de 1968/1969, será igual a zero".

Ao alinhar êsses números, disse o Governador Abreu Sodré que estava fazendo uma prestação de contas à ANPES e a todo o empresariado paulista, pois, ao assumir o cargo, havia recebido, a título de colaboração, um estudo sócio-econômico daquela entidade, no qual se louvou para o saneamento das finanças estaduais.

Almoço

Ao almôço compareceram, além dos governadores Abreu Sodré e Lamenha Filho, tôda a diretoria da ANPES, o secretário dos Transportes, sr. Firmino Rocha de Freitas, e grande número de figuras representativas do empresariado paulista.

O primeiro orador foi o sr. Lelio de Toledo Piza, que, após agradecer a presença dos convidados, fez breve prestação de contas das atividades da ANPES. Acrescentou que vários trabalhos já estão programados para 1969, entre os quais os que dizem respeito a novos aspectos da inflação no Brasil, política e exportação, educação e política fiscal.

Falou, a seguir, o governador Lamenha Filho, de Alagoas:

"Chegamos a São Paulo no momento certo em que o Estado é governado pelo meu particular amigo Abreu Sodré, que chegou para fazer São Paulo retomar a sua caminhada de gigante com botas de sete léguas".

Ao convidar o empresariado paulista a visitar Alagoas, acrescentou:

"Convido-os a irem a Alagoas para ver o que um govêrno, moldado da mesma forma que o govêrno Abreu Sodré, pode realizar".

Como último orador, falou o Governador Abreu Sodré. Disse que queria também fazer uma prestação de contas do que vem sendo realizado nos seus quase dois anos de govêrno. Frisou que, ao assumir o cargo, não tinha experiência anterior de administração, uma vez que tôda a sua carreira política esteve sempre ligada ao Legislativo.

"Minha história de governador passou, então, a associar-se à história da ANPES" — afirmou, esclarecendo que, no início de seu govêrno, foi procurado pelo sr. Sérgio Mellão, que lhe ofereceu o trabalho de um grupo de técnicos dessa entidade, sôbre a problemática sócio-econômica do Estado.

"Êles me ofereceram — continuou — a ferramenta de que todo o govêrno necessita: análise dos problemas e planejamento".

Citou que, com base nesses estudos, cuidou inicialmente do sanea-

(Conclue na 2.a página)

Casa Branca recebe o Secretário da Justiça

Amanhã o Secretário viajará para Casa Branca, onde receberá o título de cidadania, que lhe será outorgado pela cidade.

No dia seguinte em São João da Boa Vista, presidirá a inauguração do nôvo Forum local e a 16 em Botucatu, estará presente à instalação da nova Subprocuradoria Regional.

Defensivos Agropecuários e Implicações com Saúde Pública

Por sugestão da Secretaria da Agricultura, o governador Abreu Sodré assinou resolução dispondo sôbre a prorrogação dos estudos para utilização de inseticidas sistêmicos, previstos quando da designação do respectivo Grupo de Trabalho, a 1.o de abril do corrente ano, devendo ser incluídos, nesses estudos, os produtos clorados, diante das severas implicações, de alguns dêles, com relação à saúde pública.

A resolução tem por base a conveniência da continuação de tais estudos em face da próxima reunião internacional a realizar-se ainda êste mês em Genebra e da reunião, em janeiro próximo, com autoridades federais, o que possibilitará a atualização da ação do Grupo de Trabalho.

PROMOÇÕES NA POLÍCIA CIVIL E FÔRÇA PÚBLICA

Em despacho com o Governador Abreu Sodré, o Secretário da Segurança Pública, prof. Hely Lopes Meirelles, apresentou-lhe e obteve sua aprovação para os atos de promoção de 453 funcionários da Polícia Civil, de 29 oficiais e de 665 praças da Fôrça Pública.

Foram beneficiados com promoção, na Polícia Civil: 9 artífices, 18 carcereiros, 16 dactiloscopistas, 25 escreventes datilógrafos, 40 escriturários-assistentes de administração, 21 escrivães de polícia, 17 guardas marítimos, 204 investigadores de polícia, 9 médicos, 7 médicos legistas, 6 peritos criminais, 30 pesquisadores dactiloscópicos, 4 radiocontroladores de policiamento e 47 serventes-contínuos-porteiroes.

Na Fôrça Pública, foram promovidos os seguintes oficiais: 9 a major, 9 a capitão e 11 a 1.o tenente. E os seguintes praças: 6 a subtenente, 12 a 1.o sargento, 11 a 2.o sargento, 238 a 3.o sargento e 398 a cabo.

Ampliação de serviços

No mesmo despacho, ficou acertada a ampliação dos serviços policiais e a complementação da descentralização da Polícia paulista, tanto na Capital como na região do ABCD. O Governador e o Secretário da Segurança aprovaram as linhas gerais do respectivo projeto, que está sendo elaborado pela assessoria do titular da Pasta.

Votos de Aplausos da Câmara de Natal

A Câmara Municipal de Natal, em ofício assinado pelo seu presidente, sr. Ernani Silveira, comunica ao Governador Abreu Sodré ter sido ali aprovada, por unanimidade, a consignação de " um voto de aplauso a V. Exa. e ao dr. Lélio de Toledo Piza, pelo interêsse do início imediato da construção da nova agência local do Banco do Estado de São Paulo".

Aposentados do IPESP do Interior

O Instituto de Previdência do Estado de São Paulo comunica aos aposentados que recebem seus proventos pelo Interior, inclusive os pertencentes as Autarquias e Orgãos Autônomos, que de acôrdo com entendimentos havidos com a Secretaria da Fazenda (Departamento de Serviços do Interior), os formulários de que trata a Resolução n.o 2.135/68, ou seja, inscrição na Pensão Mensal e Declaração de Família, poderão ser retirados junto às Agências da Caixa Econômica do Estado, a partir do próximo dia 16.

O apoio do mesmo governador ao AI-5 é noticiado pelo *Diário Oficial* de 18 de dezembro: "O Ato n. 5 rompe totalmente com o passado e deve abrir perspectivas imensas para que se realize a revolução nacionalista, democrática e progressista que todos aspiramos".

242. GOVERNADOR ABREU SODRÉ TEM ESPERANÇAS NO AI-5

MPRENSA OFICIAL

_O Decreto n. 50476, de 2 de outubro, determina a desapropriação da Cia. de Calçados Clark, na rua da Mooca, ns. 1839, 1881, 1889 e 1921, para a instalação da Imprensa Oficial.

243. FÁBRICA NA RUA DA MOOCA DESAPROPRIADA PARA A INSTALAÇÃO DA IMPRENSA OFICIAL | AUTOR HANS GUNTER FLIEG

242

Diário Oficial

ESTADO DE SÃO PAULO

Diretor: WANDYCK FREITAS

ANO LXXVIII | SÃO PAULO — QUARTA-FEIRA, 18 DE DEZEMBRO DE 1968 | NÚMERO 241

36 BILIÕES EM OBRAS NA CAPITAL E INTERIOR

Em cerimônia realizada na manhã de ontem, no Palácio dos Bandeirantes, foram assinados contratos, convênios e ordens de serviço num total de NCr$ 36.482.020,82, para novas obras públicas na capital e no interior, através da Secretaria de Serviços e Obras Públicas e órgãos a ela subordinados.

Na ausência do Governador Abreu Sodré, que ainda não havia retornado da Guanabara, onde se avistou com o presidente Costa e Silva, o ato foi presidido pelo Secretário de Estado chefe da Casa Civil, deputado José Henrique Turner, presentes o Secretário de Obras, prof. Eduardo Yassuda, o presidente do Banco do Estado, sr. Lelio de Toledo Piza, e outras autoridades.

39 Obras Públicas

São as seguintes as obras autorizadas hoje, através dos contratos e convênios assinados:

Departamento de Obras Públicas: 1) conclusão do Instituto de Cardiologia, no Ibirapuera, no valor de NCr$ 2.533.474,09; 2) construção de ponte sôbre o rio Canoa, em Mococa, no valor de NCr$ .... 236.896,51; 3) construção de ponte sôbre o rio Camanducaia, em Amparo, no valor de NCr$ 178.362,54; 4) construção de ponte sôbre o Ribeirão das Palmeiras, em Santa Bárbara do Rio Pardo, no valor de NCr$ 55.749,45; 5) construção de ponte sôbre o Ribeirão das Palmeiras, também em Santa Bárbara do Rio Pardo, no valor de NCr$ .... 40.900,30; 6) construção de ponte sôbre o rio Manguaguá, em Mongaguá, no valor de NCr$ 358.567,56; 7) construção de ponte sôbre o rio Novo, em Avaré, no valor de NCr$ .. 183.000,29; 8) construção de ponte sôbre o rio Feio, em Cafelândia, no valor de NCr$ 561.583,33; 9) construção de ponte sôbre o rio São Martinho, em Colina, no valor de NCr$ 160.334,55; 10) construção de ponte sôbre o rio Cascavel, em Urânia, no valor de NCr$ 147.267,36; 11) construção de ponte sôbre o rio Maria Roberta, em Guaira, no valor de NCr$ 97.316,70; 12) construção de ponte sôbre o córrego do Macaco, em Sagres, no valor de NCr$ 232.666,43 13) construção de ponte sôbre o Ribeirão Palmira, em Lins, no valor de NCr$ 130.137,44; 14) construção de passagem superior sôbre os trilhos da E. F. Araraquarense, em Valentim Gentil, no valor de NCr$ 94.972,92.

Departamento de Águas e Esgotos: 1) assentamento de 13.520 m de coletores de esgoto e 11.200 m de tubos cerâmicos, na Vila D. Pedro II, capital, no valor de NCr$ .. .. 872.710,91; 2) assentamento de 9.950 m de coletores de esgoto e 7.385 m de tubos cerâmicos, na Vila Hebe, capital, no valor de NCr$ 665.613,31; 3) assentamento de 11.300 m de coletores de esgoto e 7.030 m de tubos cerâmicos, na Vila Gumercindo, capital, no valor de NCr$ 945.370,07; 4) reposição de pavimentação e reconstrução de passeios, de acôrdo com o convênio DAE-Prefeitura, no valor de NCr$ 564.004,99;

Companhia Metropolitana de Água de São Paulo — COMASP: 1) aquisição de tubos e peças em aço, para a terceira adutora de água bruta e para o trecho inicial da ter-

Conclue na 2.a página)

GOVERNADOR COM O PRESIDENTE

O Governador Abreu Sodré seguiu na tarde de segunda-feira para a Guanabara, onde, ontem, foi recebido em audiência especial pelo presidente Costa e Silva, no Palácio das Laranjeiras. Ao término da audiência, já no escritório do Govêrno de São Paulo na Guanabara, o chefe do Executivo expediu a seguinte nota:

"Acabo de manter com o Sr. Presidente da República entendimento, durante o qual expressei-lhe, consubstanciado em uma carta, o pensamento do Govêrno de São Paulo sôbre os últimos acontecimentos.

Minha posição, conforme acentuei ao Sr. Presidente da República, é o da sustentação do processo revolucionário Nem podia ser de outra forma, já que na luta pela transformação das estruturas jurídicas, políticas, sociais e economicas do Brasil, engajei-me desde quando começaram os primeiros entendimentos entre civis e militares para pôr côbro à situação reinante no País, anterior a 1964.

O Ato n. 5 rompe totalmente com o passado e deve abrir perspectivas imensas para que se realize a revolução nacionalista, democrática e progressista que todos aspiramos.

O Presidente da República, dirigente supremo da Nação, tem hoje em mãos os instrumentos de poder necessários para realizar as transformações que nossa realidade exige e para afirmar nossa grandeza e nossa projeção internacional.

A edição do Ato n.º 5 — complementada por uma doutrina que oriente as reformas indispensáveis — permitirá que se enfrente a corrupção, a subversão, o revanchismo e as oligarquias, renovando as instituições e devolvendo aos brasileiros a plenitude de suas liberdades, como é o desejo do povo, do Govêron e das Fôrças Armadas.

O Govêrno de São Paulo, fiel à sua origem revolucionária e aos anseios da renovação de estruturas e sistemas em prol do bem-estar do povo brasileiro, ofereceu sua colaboração para essa nova fase da vida nacional.

Confiante na coragem, na serenidade, prudência e firmeza do Sr. Presidente da República, estou certo de que conseguiremos construir uma pátria mais justa, sob o primado da liberdade".

O Governador Abreu Sodré retornou a São Paulo às 13 horas de ontem, acompanhado pelo secretário da Segurança Pública, prof. Hely Lopes Meirelles, pelo secretário do Planejamento, sr. Onadyr Marcondes, pelo chefe da Casa Militar, cel. Edmur Moura Salles, e pelo secretário de Informações, sr. Mauro Guimarães.

AMPARO AO MENOR, AO EXCEPCIONAL E AO DESENVOLVIMENTO COMUNITÁRIO

Hoje, às 11 horas, no Palácio dos Bandeirantes, o governador Abreu Sodré assinará contratos da Promoção Social no valor de 6 milhões de cruzeiros novos.

Pelos documentos a serem assinados, a Secretaria da Promoção Social terá à sua disposição mais entidades que, somadas às existentes permitirão melhor e mais amplo atendimento nos diversos setores de suas atividades.

Serão beneficiadas 172 cidades do Estado e atendidas as faixas de amparo ao menor, ao excepcional e ao desenvolvimento comunitário.

Nesse setor vários consórcios de promoção social receberão substancial auxílio do Estado para a implantação de programas a serem desenvolvidos com a assistência técnica da Secretaria da Promoção Social.

Nos consorcios os municípios beneficiados colaboram com parcelas à altura de suas possibilidades e os programas são elaborados de comum acôrdo, estabelecendo-se as prioridades de acôrdo com os problemas de cada cidade e região.

Significa que, atendendo aos dispositivos legais, Estado, Município lize os seus programas de trabalho e consiga levar, principalmente ao interior do Estado a sua mensagem de organização e desenvolvimento comunitário.

CONTRIBUINTES PODEM RENOVAR AS INSCRIÇÕES

O diretor do Departamento da Receita, da Secretaria da Fazenda, expediu o seguinte comunicado sôbre renovação de inscrição de contribuinte:

"A Secretaria da Fazenda comunica que se encerrou em 15

ESCOLA DE TECNOLOGIA EM BAURU

A criação da Escola Superior de Tecnologia e Faculdade de Ciências da Fundação Educacional de Bauru foi aprovada pelo governador Abreu Sodré, em parecer comum com o Conselho Estadual de Educação. O projeto para a reforma do Ensino Superior no Brasil, aprovado, recentemente, pelo Congresso Nacional veio oferecer as bases legais para a criação e instalação da Escola Superior de Tecnologia, a primeira a funcionar no Brasil.

A funcionalidade do ensino dentro das exigências do panorama sócio-econômico do País é o objetivo da recente reforma da Lei de Diretrizes e Bases, aprovada pelo Congresso Nacional. Dentro do da à prática. Terminado êste ciclo de 2 anos, o estudante receberá o certificado de «Tecnologo», tendo desde já uma apresentação profissional, podendo ou não continuar o segundo ciclo de mais 2 anos, que lhe concederá o licenciamento num dos ramos da Engenharia: civil, eletrônica, mecânica, têxtil, minas e naval.

O relator do projeto da nova Escola superior, professor Octavio Gaspar de Souza Ricardo, afirmou: «Guardo há muito a esperança de que o sistema de ensino paulista incluisse aquilo que existe há muito tempo, na Europa, na América do Norte (Canadá e Estados Unidos) e na Asia, sob as mais diferentes designações, «Colleges of cos que poderiam estar imediatamente aplicando suas forças nas indústrias enriquecendo-se com a prática profissional.

Outros objetivos a serem alcançados com a Escola Superior de Tecnologia apresentam-se também como solução para o problema de formação pessoal do jovem e do estudante. Quanto à formação pessoal surge o fornecimento de diplomas de Tecnologia em Mecânica Eletrônica, Química ou «Técnico Superior em Mecânica, Eletrônica e Química, no nível de 2 anos além dos colégios.

Excedentes

«Quanto à juventude há o aproveitamento dos «excedentes», interpretando esta palavra como a

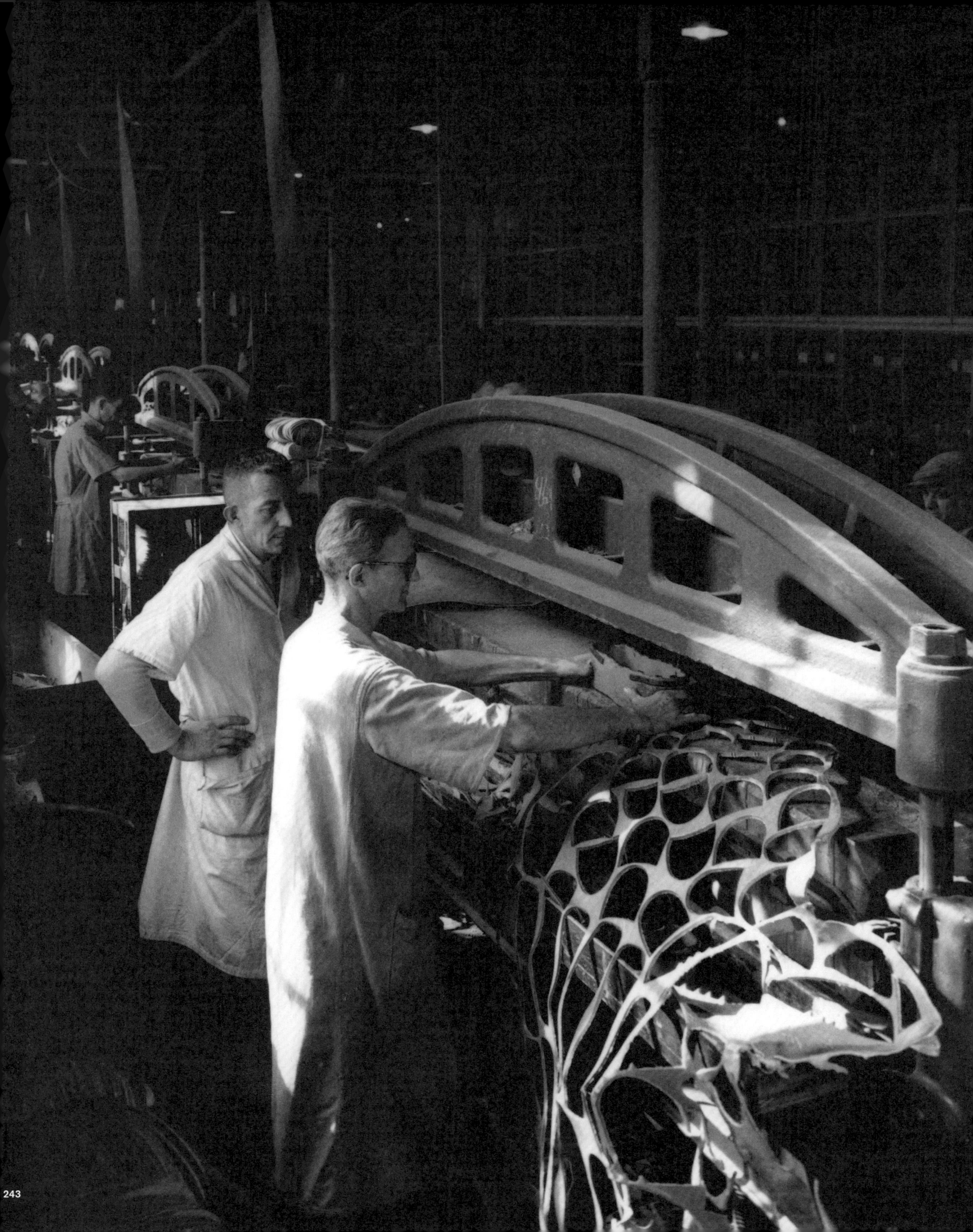

1969

244

Exclusivo:

Odete Lara conta tudo sôbre Cannes

Chico Buarque escreve: Por que sou tricolor

E MAIS: JAGUAR, TARSO DE CASTRO, SERGIO CABRAL, CLAUDIUS, DON MARTIN, MILLÔR FERNANDES, FORTUNA, ZIRALDO, MARTA ALENCAR, SERGIO NORONHA, LUIZ CARLOS MACIEL

O PASQUIM

Rio — GB, 26 de junho de 1969 — Número I — Aos amigos, tudo; aos inimigos, justiça — NCr$ 0,50

Ibrahim: sou imortal sem fardão

O PASQUIM surge com duas vantagens: é um semanário com autocrítica, planejado e executado só por jornalistas que se consideram geniais e que, como os donos dos jornais não reconhecessem tal fato em têrmos financeiros, resolveram ser empresários. É também um semanário definido — a favor dos leitores e anunciantes, embora não seja tão radical quanto o antigo PSD. Até agora O PASQUIM vai muito bem — pois conseguimos um prazo de trinta dias para pagar as faturas. Êste primeiro número é dedicado à memória do nosso Sérgio Pôrto, que hoje deveria estar aqui conosco. No mais, divirt am-se — enquanto é tempo e não chega o número dois.

MUNDO E BRASIL

_O semanário *O Pasquim* é lançado no Rio de Janeiro.

244. 1ª EDIÇÃO DE *O PASQUIM*

_A Operação Bandeirante (OBAN) é criada em São Paulo; integra policiais e militares na repressão, tortura e eliminação dos opositores ao regime militar.

_O presidente Costa e Silva é afastado por problemas de saúde; uma junta formada por ministros militares assume o poder.

_O Congresso elege Emílio Garrastazu Médici como presidente em 25 de outubro; na mesma data, entra em vigor a Constituição da Junta Militar, que incorpora o Ato Institucional n. 5.

_O Museu de Arte Sacra é criado em São Paulo. O *Diário Oficial* n. 199, de 17 de outubro, informa sobre a assinatura, no dia anterior, pelo governador Abreu Sodré, de um convênio com a Mitra Arquidiocesana, que estabelece a transformação do antigo Convento da Luz em Museu de Arte Sacra.

245. CRIADO O MUSEU DE ARTE SACRA

_O governador Abreu Sodré encaminha o projeto de constituição do Museu da Imagem e do Som (MIS), que será integrado à Cinemateca Brasileira. O *Diário Oficial* noticia o fato em 5 e 7 de novembro.

246. CRIADO O MUSEU DA IMAGEM E DO SOM

_A Pinacoteca do Estado adquire a obra completa de Marcelo Grassmann, correspondente a 25 anos de gravura. A notícia é divulgada no *Diário Oficial* n. 238, de 11 de dezembro, por ocasião da abertura da mostra do artista, com 387 gravuras, no Museu de Arte Moderna de São Paulo.

247. PINACOTECA ADQUIRE OBRA COMPLETA DO GRAVADOR MARCELO GRASSMANN

_O ex-presidente Costa e Silva falece em 17 de dezembro. O *Diário Oficial* n. 243, do dia 18 de dezembro, publica a declaração do governador Abreu Sodré sobre o fato: "Presidente Costa e Silva merecerá a recordação da história".

248. ABREU SODRÉ REVERENCIA COSTA E SILVA

_Em setembro, é criada a Embrafilme.

_Criado em São Paulo o Centro Brasileiro de Análise e Planejamento (CEBRAP).

nadas com a política internacional do café. Diante disso, e para não prejudicar os cafeicultores, encontrou esta solução: aplicar os recursos decorrentes da cobrança do ICM sôbre o café no financiamento de um plano de renovação da cafeicultura, que visa, essencialmente, elevar a produtividade dessa lavoura e a obtenção de cafés finos.

O PLANO

Lembrou o sr. Arrôbas Martins que na primeira etapa o plano financiará o replantio de 30 milhões de cafeeiros observando-se o limite de 20.000 por propriedade. A meta final, em 4 anos, será de 200 milhões de pés de café. Para atender à execução desse projeto, que custará ao Estado soma superior a 240 milhões de cruzeiros novos, o Govêrno utilizará os recurso decorrentes da desmobilização do patrimônio do Institutuo do Café do Estado de São Paulo — (ICESP) e da arrecadação do ICM incidente sôbre aquele produto.

O sr. Arrôbas Martins fez um rápido histórico do ICESP, que foi criado em 1926, com a finalidade de promover o desenvolvimento da cafeicultura, então em sua fase aurea. Naquela oportunidade, foi feito um empréstimo de 10 milhões de libras esterlinas, oferecendo-se como ga-

— São Paulo sentia, com tristeza, que a cultura de café não acompanhava o desenvolvimento das demais atividades agrícolas. A falta de estímulos oficiais e diante de uma conjuntura internacional desfavorável, os cafeicultores paulistas passaram à erradicar os cafeeiros,

OBRAS EM EXECUÇÃO

Atualmente, no chamado "Circuito das Aguas", o Estado está realizando numerosas obras de saneamento e de infra-estrutura, indispensáveis ao desenvolvimento das Estâncias e à ampliação das

CRIADO MUSEU DE ARTE SACRA DE SÃO PAULO

O Governador Abreu Sodré assinou ontem, no Palácio dos Bandeirantes, convênio com a Mitra Arquidiocesana, que estabelece a transformação do antigo Convento da Luz em Museu de Arte Sacra. O Govêrno já destinou os recursos necessários ao início das obras de restauração do convento, devendo o museu ser aberto ao público até o início do ano que vem, exibindo as peças de arte sacra que constituem o acêrvo da Mitra Arquidiocesana de São Paulo, o maior do Brasil.

Lembrando as palavras do pintor Quissak Junior, que dizia que a arte plástica no Brasil pode ser dividida em quatro etapas — a da influência francesa, a de Aleijadinho (barroco-colonial), a de Semana da Arte Moderna de 1922 e a da Bienal — o Governador Abreu Sodré afirmou:

"Com a compreensão de D. Agnelo Rossi, hoje fazemos com que uma daquelas etapas — a do colonial-barroco — seja exibida, através das obras de arte sacra, para a formação e sensibilidade de uma juventude sequiosa de saber, que é a juventude brasileira. Hoje se constitui êste museu.

"Tenho a imensa honra de assinar êste convênio, pois iremos marcar — com a presença da Mitra Metropolitana, a iniciativa de D. Agnelo Rossi e o esfôrço do Govêrno — uma fase que há de sensibilizar e ficar na história da inteligência paulista. Damos assim mais uma demonstração de que São Paulo é, ao mesmo tempo, um Estado sensível aos programas de cum-

(Conclue na 2.a página)

Acôrdo entre o Estado e a Santa Casa de Santos

O Governador Abreu Sodré autorizou, durante despacho com o secretário Henrique Turner, chefe da Casa Civil, a celebração de acôrdo entre a Secretaria da Saúde e a Santa Casa de Santos, que manterá 15 leitos para atendimento de pacientes de moléstias infecto-contagiosas. O atendimento será gratuito para os internados, pagando o Estado à instituição a importância de NCr$ 144 mil.

"Filosofia em São Paulo" — .... 1962; "Pluralismo e Liberdade" — 1963; "Anulamento e Revogação do Ato Administrativo" — 1968; "O Direito como Experiência" — 1968; "Direito Administrativo" — 1969. Do seu curso de Filosofia do Direito há a tradução italiana feita pelo professor Luigi Bogolini e Ricci, da Universidade de Gênova, 1957.

Em 1949, fundou o Instituto Brasileiro de Filosofia, do qual é presidente, promovendo a realização de três Congressos Nacionais de Filosofia e de um Internacional. Em 1951, fundou, como presidente do I.B.F. a "Revista Brasileira de Filosofia", já em seu 63.o fascículo trimestral, constituindo hoje em dia o maior repositório do pensamento filosófico brasileiro.

Sócio fundador da Sociedade Interamericana de Filosofia, foi seu primeiro presidente, eleito pelos instituidores da entidade membro permanente da Comissão Diretora.

É membro correspondente de várias instituições culturais, dentre as quais a Academia das Ciências da Universidade de Bolonha, da Sociedade Argentina de Filosofia e do Instituto Argentino de Filosofia Jurídica e Social; é sócio honorário da Sociedade Italiana de Filosofia do Direito, bem como da Sociedade Mexicana de Filosofia e da Sociedade Espanhola de Filosofia do Direito.

Foi escolhido pelos organizadores do XII Congresso Internacional de Filosofia, realizado em Veneza, para ser um dos dez relatores gerais do certame, cabendo-lhe a missão de relatar o tema "Liberdade e Valor". Representou o Brasil em diversos Congressos Internacionais de Filosofia, como os de Santiago do Chile, Washington, Buenos Aires e São José da Costa Rica, cabendo-lhe uma das vice-presidências de todos êsses certames. Participou, também, como convidado especial, do Congresso de Estudos Humanísticos de Roma, em 1952, onde apresentou um trabalho intitulado "Cristianismo e razão de Estado no Renascimento lusíada".

Em julho de 1951, foi delegado do Govêrno Brasileiro junto a Conferência da Organização Internacional do Trabalho (O. I. T.) em Genebra.

Presidente do III Congresso N cional de Filosofia, recebeu ne certame o título de "benemé da cultura nacional".

E', atualmente, membro do C selho Estadual de Educação e Comissão Editorial da Universi de de São Paulo.

Membro da "Academia Nacio de Direito" (cadeira Silvio Ron ro).

Recebeu o título de Doutor "I noris Causa" da Universidade Genova e, em 1968, o Prêmio T xeira de Freitas, do Instituto Advogados Brasileiros.

GOVERNADOR TERÁ HOJE ESTUDOS SÔBRE O MUSEU DA IMAGEM E DO SOM

O governador Abreu Sodré receberá hoje, às 16.30 horas, relatório sôbre a criação do Museu da Imagem e do Som de São Paulo, que se constituirá, segundo os relatores, "num instrumento destinado à eternização, através da imagem e do som, das figuras e acontecimentos da nossa História"

O documento, elaborado pelos srs. Francisco Luiz de Almeida Salles, presidente do Conselho Estadual de Cinema, e Paulo Emilio Salles Gomes, da Fundação Cinemateca Brasileira, será entregue ao sr. Abreu Sodré por êstes e demais integrantes da comissão nomeada pelo governador para estudar o assunto. São êles os srs. Nelson Marcondes do Amaral, Odylo Costa Filho, Luiz Erne Kawall, Mauricio Loureiro Gam Rudá de Andrade. Os dois re tores estudaram trabalhos de ir titutos idênticos, já criados, co o Museu da Imagem e do Som Paris, que é o repositório da h tória e da cultura viva da Fra ça, e o Museu congênere do F de Janeiro. Vários contatos fora mantidos com o conservador MIS carioca, sr. Ricardo Cravo A bim.

De acôrdo com o estudo o M de São Paulo, ao qual, de imedi to, seria destinada verba de NC 400.000,00, funcionaria administr tivamente conjugado à Fundaç Cinemateca Brasileira, como exemplo francês.

DO EXECUTIVO

NO DO ESTADO

SEÇÃO II

Das Atribuições

Artigo 6.º — As atribuições do Conselho Técnico, citado no arti 5.o dêste decreto, serão definidas em Regulamento.

Artigo 7.º — A Divisão de Geografia incumbe realizar pesquisas, e tudos e trabalhos sôbre tôdas as questões relativas à geografia, serviços de f togrametria, estudos e trabalhos sôbre a divisão administrativa e territorial Estado, seus municípios e distritos, e ainda, realizar pesquisas e trabalhos r ferentes à Fitogeografia.

Artigo 8.º — À Divisão de Geologia incumbe efetuar o levantamen geológico do Estado e realizar pesquisas sôbre geologia, mineralogia, petrograf paleontologia, geofísica e geoquímica, e executar análises de minerais, aplican o resultado dos estudos no desenvolvimento das áreas minerífiras do Estado.

Artigo 9.º — Ao Serviço de Comunicações Técnico-Científicas incum be manter e desenvolver a Biblioteca, a Mapoteca e o Museu Geográfico e Ge lógico, assim como executar trabalhos de desenho e reprografia, e publicar trabalhos técnicos do Instituto.

Artigo 10 — Ao Serviço de Administração incumbe prestar os serv ços administrativos gerais, que se fizerem necessários à execução dos trabalh do Instituto.

Artigo 11 — A definição das áreas de atuação das Seções Técnic será feita por Portaria do Coordenador da Pesquisa de Recursos Naturais, m diante proposta do Diretor Geral do Instituto Geográfico e Geológico (IGG).

SEÇÃO III

Das Disposições Gerais

Artigo 12 — A estrutura do Instituto Geográfico e Geológico — IG instituída pelo presente decreto, será implantada no corrente ano, ressalvado disposto nos seguintes parágrafos:

§ 1.º — No segundo semestre de 1970, serão implantadas:

1 — uma Seção Técnica da Divisão de Geologia;

2 — uma Seção Técnica da Divisão de Geografia.

§ 2.º — No segundo semestre de 1971 será implantada uma Seç Técnica da Divisão de Geologia.

Artigo 13 — O Secretário da Agricultura designará servidores pa o exercício das funções de direção, assessoria e chefia, previstas neste decret mediante proposta do Coordenador da Pesquisa de Recursos Naturais.

Artigo 14 — Dentro de noventa dias, a contar da publicação dês decreto, o Regulamento e as Normas Internas do Instituto Geográfico e Ge lógico, e o Regulamento do Conselho Técnico deverão ser submetidos à apr vação do Secretário da Agricultura.

Artigo 15 — O Instituto Geográfico e Geológico é considerado In tituto de Pesquisa para os fins da Lei n. 4.477, de 24 de dezembro de 1957.

Artigo 16 — A Junta Deliberativa da Secretaria da Agricultura, n têrmos do artigo 11, do Decreto n. 48.133, de 20 de junho de 1967, poderá atribu ao Instituto Geográfico e Geológico outras funções que lhe sejam pertinente dentro da programação da Secretaria da Agricultura.

Artigo 17 — Êste decreto e suas disposições transitórias entrarão e vigor na data de sua publicação, ficando expressamente revogados os Decreto n. 9.871, de 28 de dezembro de 1938 e n. 9.942, de 23 de janeiro de 1939.

Palácio dos Bandeirantes, 4 de novembro de 1969.

ROBERTO COSTA DE ABREU SODRÉ

Luís Arrôbas Martins, Secretário da Fazenda e Coordenado da Reforma Administrativa

Antonio José Rodrigues Filho, Secretário da Agricultura

DAS DISPOSIÇÕES TRANSITÓRIAS

Artigo 1.º — O Serviço de Administração do Instituto Geográfico Geológico — IGG, da Secretaria da Agricultura, contará, além do órgão definid nos sistemas de administração financeira e orçamentária, com as seguint unidades:

I — Seção de Comunicações Administrativas;

II — Seção de Pessoal;

III — Seção de Administração de Subfrota, com:

a) Setor de Operações;

IV — Seção de Administração Patrimonial, com:

a) Setor de Segurança e Limpesa;

V — Seção de Material e Atividades Auxiliares, com:

a) Setor de Compras;

b) Setor de Almoxarifado;

c) Setor de Vendas.

Palácio dos Bandeirantes, 4 de novembro de 1969.

ROBERTO COSTA DE ABREU SODRÉ

Luís Arrôbas Martins, Secretário da Fazenda e Coordenado da Reforma Administrativa

Antonio José Rodrigues Filho, Secretário da Agricultura

Publicado na Casa Civil, aos 4 de novembro de 1969.

Maria Angelica Galiazzi, Responsável pelo S.N.A.

SÃO PAULO VAI TER O SEU MUSEU DA IMAGEM E DO SOM

O governador Abreu Sodré encaminhou o projeto de constituição do Museu da Imagem e do Som de São Paulo, que lhe foi entregue ontem pela comissão especialmente formada para tal fim, ao secretário da Fazenda, sr. Luiz Arrôbas Martins, para que o integre no plano geral de aproveitamento do antigo Palácio dos Campos Elíseos. O MIS-SP, segundo o projeto, será integrado à Fundação Cinemateca Brasileira, a qual poderá sedear-se na antiga sede governamental, juntamente com outras instituições culturais, conforme disposição do governador.

UM COMPLEMENTO

O Museu da Imagem e do Som — de acôrdo com o projeto elaborado pelos srs. Francisco Luiz de Almeida Salles e Paulo Emílio Salles Gomes — terá a finalidade principal de registrar os depoimentos de personalidades que se salientaram na vida brasileira, bem como registrar a história e a evolução da paisagem urbana e rural do país. O estudo para sua criação, entregue ao governador Abreu Sodré, salienta que desde o início do atual govêrno abriu-se uma possibilidade de salvar-se a Fundação Cinemateca Brasileira, que funciona em condições precárias. Devido à falta de recursos próprios, seus arquivos foram parcialmente destruídos por dois incêndios, o primeiro em 1957, o segundo êste ano.

Assim, uma das soluções encontradas para a continuação das atividades da Cinemateca é a sua fusão com o Museu da Imagem e do Som, abrindo-se, neste caso, a possibilidade de apôio estadual às duas iniciativas. No estudo para a criação do MIS paulista, ficou evidenciado o fato de que criar um Museu nôvo seria desprestigiar a Fundação Cinemateca Brasileira. No caso, a Cinemateca continuaria a funcionar em condições que não permitiriam a continuidade de suas funções. Em pouco tempo, ante a falta de recursos, teria de ser dissolvida. Seu riquíssimo patrimônio — cópias de filmes raros, nacionais e estrangeiros, documentos históricos raros etc — ficaria, assim, completamente perdido.

A complementação da Cinemateca pela criação do Museu da Imagem e do Som daria àquela entidade uma importância mais ampla. Por outro lado, o MIS seria beneficiado porque teria condições de iniciar suas atividades beneficiando-se do acervo da Cinemateca — biblioteca, fototeca, filmoteca — em vez de partir da estaca zero. O estudo sôbre a criação do MIS recomenda, assim, que o govêrno do Estado não institua uma nova Fundação, mas estabeleça um acôrdo com a Fundação Cinemateca Brasileira no sentido de acrescentar-lhe o MIS para o registro da história viva. Integrando-se o nôvo órgão numa Fundação já existente como a FCB, o govêrno estadual estaria salvando um patrimônio já existente e que só não pode funcionar por causa da carência de maiores recursos técnicos, materiais e humanos.

SOLUÇÕES

O trabalho entregue ao governador Abreu Sodré, para estudos, sugere como solução mais urgente para a conservação do patrimônio da Fundação Cinemateca Brasileira a construção, de três armazéns especializados de filmes, estimados em 400 mil cruzeiros novos. Nêles seriam instalados os depósitos da Cinemateca — atualmente funcionando em condições precaríssimas no Ibirapuera, em depósitos da Prefeitura — e do MIS. Nos depósitos seriam arquivados os negativos e positivos de filmes da FCB, da Universidade de São Paulo e do próprio governador do Estado. O estudo sugere a construção dos armazéns no Horto Florestal, local com área capaz de abrigar todos os arquivos fílmicos.

O MUSEU

O ante-projeto de lei submetido à apreciação do governador propõe um acôrdo entre o govêrno do Estado e a Fundação Cinemateca Brasileira para: conservar e difundir culturalmente os documentos da história do cinema, realizar cursos, seminários, festivais, exposições, manter biblioteca, fototeca e museu do cinema. Estas são finalidades já desenvolvidas pela Fundação Cinemateca Brasileira. No campo audio-visual, que será o MIS, registrar pela imagem e pelo som os depoimentos de personalidades da vida nacional, os acontecimentos e outros fatos de importância históricas.

A denominação «Fundação Cinemateca Brasileira» seria alterada para «Fundação Cinemateca Brasileira — Museu da Imagem e do Som» a fim de abranger as atividades do registro da história viva, não previstas nos estatutos da FCB. Após a instituição de duas Fundações — a TV Educativa, que democratizará o ensino e a formação cultural, e a Fundação do Remédio Popular, que disseminará o medicamento barato para o povo — a criação do MIS funcionará como defesa da nossa civilização, considerada como «civilização do vandalismo e do extermínio».

Com a fusão Cinemateca-MIS, a primeira entidade oferecerá seu patrimônio para a Fundação e cederá suas instalações para o funcionamento do MIS até que se efetue a instalação definitiva da nova entidade.

FINALIDADES ESPECÍFICAS

O estudo considera que serão tidas como finalidades específicas da Fundação Cinemateca Brasileira — Museu da Imagem e do Som as seguintes: no campo fílmico: preservar cópias positivas ou negativas da produção cinematográfica brasileira, desde suas origens, e selecionar os filmes estrangeiros marcantes em cada época, adotando-se como critério a importância de cada um como documento histórico e artístico; promover a localização e aquisição de filmes nacionais e estrangeiros, realizar intercâmbio com entidades congêneres do estrangeiro para troca e aquisição de filmes da história do cinema; conservação dos filmes, restauração de cópias, manutenção dos arquivos de documentação cinematográfica, difusão de filmes através de sessões, ciclos, festivais, difusão da cultura cinematográfica através de cursos, seminários, debates, exposições e publicações; produção de filmes culturais em colaboração com entidades culturais do Estado; promoção de estudos e pesquisas históricas, estéticas, econômicas e técnicas sôbre o cinema e encorajar o cinema amador didático, científico e experimental.

No campo audio-visual, que será o MIS: registrar depoimentos de personalidades — artistas, escritores, filósofos, estadistas, políticos, homens de emprêsa, músicos, autores e atores teatrais, atores, diretores e técnicos de cinema, administradores — e tôdas as figuras salientes no campo social, político, administrativo, artístico, econômico, religioso ou filantrópico.

Registrar os acontecimentos importantes da vida brasileira, recuperar documentos do passado, registrar a fisionomia da paisagem urbana e rural de São Paulo e do Brasil e acompanhar as suas transformações; adquirir fotos, discos, manuscritos, livros, mapas ligados à história paulista e brasileira; editar postais com reproduções de obras marcantes da história do Estado e do país; reproduzir em discos, documentos de sua coleção.

O estudo sugere também a realização de acôrdo entre a FCB-MIS e a Fundação Padre Anchieta, para que a TV Educativa possa usufruir de todo o acervo fílmico e audio-visual da Cinemateca-Museu da Imagem e do Som.

Restauração do velho convento de Itanhaém

Solenidade realizada no gabinete de trabalho do secretário de Cultura, Esportes e Turismo do Estado, deputado Orlando Zancaner, marcou a assinatura de convênio entre o Govêrno Abreu Sodré e a Prefeitura Municipal de Itanhaém, que tem como objetivo proceder à restauração do velho Convento daquela cidade, visando a preservar as ricas obras de arte indígenas existentes em seu interior. Como se recorda, tempos atrás o velho convento foi parcialmente destruído por violento incêndio e recentemente tombado pelo Departamento do Patrimônio Histórico e Artístico Nacional.

Com a medida tomada pelo Govêrno do Estado, o importante monumento histórico será totalmente restaurado, no prazo de 120 dias, estando as obras orçadas em aproximadamente quarenta mil cruzeiros novos.

Promovidos investigadores e escrivães de polícia

Mas de 800 Investigadores e Escrivães de Polícia foram promovidos na reunião de ontem do Conselho da Polícia Civil, realizada no Auditório da Secretaria da Segurança Pública, sob a presidência do Titular da Pasta, General Olavo Vianna Moog.

Foram preenchidas 404 vagas na carreira de Investigador de Polícia, sendo 203 por antiguidade e 201, por merecimento. Na carreira de Escrivão de Polícia, foram promovidos 412 dêsses funcionários, dos quais 207 por antiguidade e 205 por merecimento.

Os atos de promoções serão publicados no Diário Oficial nos próximos dias.

Para os concursos de promoção instaurados, foi adotado o regulamento vigente para a carreira de Delegado de Polícia.

As promoções de ontem são as primeiras que se realizam no Conselho da Polícia Civil, nessa sua nova fase, em que êsse órgão de cúpula da Polícia de São Paulo passa a se incumbir de processos dessa natureza referentes, não só à carreira de Delegado de Polícia como às demais carreiras policiais da Secretaria da Segurança Pública.

COMEÇA A SER . . .

(Conclusão da 1.a Página)

mal zero do "Cebolão" (1 milhão e 390 mil cruzeiros novos e 350 dias), sôbre o rio Pinheiros, no ramo de entroncamento do Anel e da Castelo Branco (2 milhões e 700 mil cruzeiros novos e 250 dias).

O imenso trevo terá 4,34 qilometros de extensão e será construido em concreto protendido. A área total dos tabuleiros das pontes e dos viadutos terá 74 mil metros quadrados, isto é, mais de três alqueires.

SEIS RAMOS DE TRÁFEGO

O "Cebolão" se projetará por seis ramos, no sentido dos pontos cardiais. Quatro ramos terão 13,5 metros de largura, com duas faixas de capacidade de vazão de 3.000 veiculos por hora. O quinto ramo terá 17 metros de largura, com duas faixas para o fluxo de 4.500 veiculos por hora. O ramo mais monumental é o sexto. Terá 20,5 metros de largura, com 4 faixas de tráfego e capacidade para 6.000 veiculos por hora.

Ao imponente conjunto se incorporam mais três pistas para entrada e saida, totalizando nove pistas rápidas, entrelaçadas.

— "Com tôda a obra concluída, o Govêrno Abreu Sodré dará à Capital um sistema de viadutos que ultrapassará tudo o que foi construido em São Paulo e no Brasil. A vazão será de 32.400 veiculos, à velocidade média de 80 quilômetros, sem nenhum cruzamento", explicou o eng. Firmino Rocha de Freitas.

PENSANDO NO TIETÊ

Informou o secretario dos Transportes que o "Cebolão" foi projetado pensando-se na navegabilidade do Tietê. Assim, sob os viadutos passarão embarcações de qualquer tipo convencional.

"O "Cebolão" será o principal ponto de entrada e saida da Castelo Branco. Distribuirá suavemente o tráfego, sem nenhum conflito com o Anel Rodoviário, proporcionando a interligação das alas norte e sul do Anel.

A construção da obra exigirá o consumo de 450.000 sacos de cimento, os quais, enfileirados, cobririam uma distância de 270 quilômetros; serão aplicados 40 mil metros cúbicos de pedras, 50 mil de areia, 70 mil de concreto e 6 mil toneladas de aço.

ESCOAMENTO DA PRODUÇÃO

Pela sua excepcional localização o trevo será uma obra de rara beleza. Quando a "Castelo Branco" estiver totalmente concluida, será a via de escoamento da produção do norte do Paraná e da região da Alta Sorocabana, os maiores centros fornecedores de produtos agropecuários para a Grande São Paulo. O trevo que o Govêrno Abreu Sodré começa a construir, como complemento à Castelo Branco, possibilitará a chegada da produção diretamento ao — CEAGESP, o grande centro armazenador de São Paulo.

IMPRENSA OFICIAL DO ESTADO
DIÁRIO OFICIAL
RUA DA GLÓRIA N. 358 — SÃO PAULO
Diretor: Wandyck Freitas
Gerente: Gabriel Greco
Diretor de Redação Substituto: Albino Guimarães Amaral

///

Telefones

Diretoria	278-5653	SEÇÃO DO MATERIAL (Almoxarifado):	
Gerência	278-5886	Rua da Glória n. 891	278-5724
Expediente	278-7343		
Seção do Pessoal ..	278-7132	SERVIÇOS DE ARTES GRÁFICAS	
Contadoria	278-5897	Rua dos Estudantes n. 394:	
Tesouraria e Publicações	278-5815	Oficinas	278-0644
Assinaturas e Arquivo	278-5859	Chefia	278-3543
Redação	278-4096		
Revisão	278-5753		
Oficina do Jornal ..	278-5688		
Impressão e Manutenção	278-7142		

///

Venda avulsa

NÚMERO DO DIA ... ... NCr$ 0,20
NÚMERO ATRASADO ... ... NCr$ 0,25

Assinaturas

DIÁRIO DA JUSTIÇA — DIÁRIO DO EXECUTIVO
DIÁRIO DE INEDITORIAIS

ANUAL ... ... NCr$ 30,00
SEMESTRAL ... ... NCr$ 15,00

///

As assinaturas podem ser tomadas em qualquer data e os prazos de 1 ano ou 6 meses, são contados do dia imediato ao que constar do recibo.

Os funcionários públicos gozarão de desconto de 30% — mediante apresentação de comprovante, que é isento de sêlo e de reconhecimento de firma — assinado por autoridade competente. ....

///

PARA A COMPRA DE IMPRESSOS EM GERAL, COLEÇÕES DE LEIS E DECRETOS, FOLHETOS, SEPARATAS, JORNAIS ATRASADOS, E PARA CONSULTA:
RUA DA GLÓRIA N. 346

— 70 —

GRUPO DE TRABALHO "PROJETO RONDON"

A Subcoordenação da Capital do G. T. Projeto Rondon está ultimando a primeira seleção de universitários para atuação no PR/V. A lista dos selecionados e o cronograma dos trabalhos preparatórios serão divulgados em fins desta semana.

Os selecionados deverão participar obrigatoriamente das sessões preparatórias.

A distribuição por áreas de atuação e por profissionais específicos será a seguinte: Efetivo próprio: — a) Maranhão — Medicina (60), Enfermagem (30), Odontologia (60), Engenharia (30), Educação — Pedagogia (60), Veterinária (30), Nutrição e Farmácia (30), Outros (30), Economia (15), Direito (15), Comunicações (15); b) — Piauí (Grupo de Trabalho do ABC-Santos): Medicina (20), Enfermagem (10), Engenharia (10), Educação-Pedagogia (20), Outros (10), Economia (5), Direito (5); complementando outras Subcoordenações e Grupos de Trabalho ABC-Santos: 1 — Vale do Paraíba-Amapá Marajó: Veterinária (4), Nutrição e Farmácia (4), Comunicações (2); 2 — São José do Rio Prêto — Oiapoque: Comunicações (1); 3 — Bauru-Alto Madeira: Comunicações (2); 4 — Campinas-Alto Juruá: Veterinária (4), Comunicações (2); 5 — Ribeirão Prêto-Alto Purus, Comunicações (2); 6 — G. T. ABC-Santos — Piauí — Odontologia (20), Veterinária (10), Nutrição e Farmácia (10), Comunicações (5); 7 — Bauru — Mato Grosso Sul: Comunicações (4).

Complementando outras subcoordenações e G. T. ABC-Santos, irão: Vale do Paraíba, para Amapá e Marajó; São José do Rio Prêto para Oiapoque; Bauru, para o Alto Madeira; Campinas, para o Alto Juruá; Ribeirão Prêto, para o Alto Purus, e Bauru, para Mato Grosso.

Para o Vale do São Francisco e Centro Oeste, a Capital irá complementar os efetivos, e a subcoordenação de São Carlos (Piracicaba) complementará a equipe do Maranhão com 30 e a do Piauí com 10 agrônomos.

Para maiores informações os interessados poderão dirigir-se ao Dr. Domingos Baggio — Coordenador Estadual do G. T. «Projeto Rondon» — Av. Dr. Arnaldo, 715 — Caixa Postal, 8099 — São Paulo.

GOVERNADOR . . .

(Conclusão da 1.a Página)

importância técnica, as seguintes: a) tôdas as fases de preparação e acondicionamento da água serão mecanizadas e sujeitas a contrôle integral; b) em lugar dos tradicionais filtros de areia, serão empregados modernos filtros de duas camadas (com areia e antracito) que, além de permitir maior produção, asseguram melhor qualidade da água tratada.

Tôdas as fases da purificação da água serão controlados através de um centro de comando equipado com medidores, indicadores e dispositivos eletrônicos. Pela primeira vez no Brasil, será utilizada a aplicação de polieletrólitos, para aumentar a eficiência do processo.

USINA ELEVATÓRIA

A Estação Elevatória de Santa Ines, cujas obras também serão inspecionadas hoje pelo governador Abreu Sodré, terá uma capacidade — quando o Sistema Juqueri estiver totalmente construido — para bombear 33 metros cubicos de água por segundo, o que equivale a duas vezes e meia o consumo atual da Grande São Paulo.

Reunindo condições para atender a uma população de 9 milhões de pessoas, a Estação Elevatória de Santa Inês será uma das maiores do mundo, superior à do Guandú, instalada no Estado da Guanabara. Suas bombas de recalques estarão instaladas 50 metros abaixo da superfície.

Promoção Social na região de Sorocaba

O governador Abreu Sodré, sempre com a atenção voltada para os problemas humanos da população paulista, determinou à Secretaria da Promoção Social que acelerasse os seus programas de desenvolvimento. Na área geográfica de Sorocaba, os problemas do êxodo rural e de capacitação de mão de obra, estão sendo cuidados devidamente.

Visando a tomar contacto com a realidade da região o dep. Felício Castellano e seus assessores Raymundo Farias de Oliveira e Mário Varisco estiveram em Mairinque, Capela do Alto e Araçoiaba da Serra. Nessas cidades realizaram reuniões com os respectivos Prefeitos e Vereadores, com o objetivo de ampliar o atendimento por parte do Estado e criar condições para a verdadeira integração das populações que ainda não participam do processo de desenvolvimento.

Segundo o secretário da Promoção Social a criação de centros sociais e a implantação de artesanato serão atividades básicas dentro daquele objetivo.

trução do Centro de Saúde, no valor de NCr$ 166.416,02; Piquete — convênio para cessão, em comodato, de luminárias.

carreira de Delegado de Polícia.

Os decretos de promoção serão publicados no Diário Oficial nos próximos dias.

ESTADO ADQUIRE A OBRA COMPLETA DE GRASSMANN

— Marcello Grassmann vendeu ao Estado tôdas as suas obras, representando 25 anos de gravura, para que todos pudessem ter o privilégio de vê-las — disse o governador Abreu Sodré ao inaugurar, no Museu de Arte Moderna, no Ibirapuera, a mostra de 387 gravuras adquiridas pela Pinacoteca do Estado ao famoso gravador brasileiro.

O chefe do Executivo exaltou a importância da exposição pondo em relêvo o fato de que, pela primeira vez, desde 1905, ano de sua fundação, ter feito a Pinacoteca uma "aquisição tão grande e valiosa". Ao falar logo após, o sr. Delmiro Gonçalves, diretor da Pinacoteca, disse que "a obra completa de Grassmann, representando suas gravuras de 1944 a 1969, enriquece de maneira extraordinária o acêrvo da entidade oficial, colocando-a, no campo das artes plásticas, num plano elevado, que, por si só, justifica a política cultural que vem acertadamente desenvolvendo o Govêrno Abreu Sodré".

A INAUGURAÇÃO

O governador Sodré compareceu à inauguração acompanhado de sua espôsa, d. Maria do Carmo Sodré, e dos secretários José Henrique Turner, chefe da Casa Civil, Luiz Arrôbas Martins, da Fazenda, e Orlando Zancaner, da Cultura, Esportes e Turismo. Estavam presentes o representante do prefeito da Capital, sr. Paulo Zingg, secretário da Educação da Municipalidade; o gravador Grassmann, os integrantes do Conselho Estadual de Cultura, diretores dos vários museus de arte moderna e contemporânea de São Paulo, cônsules, artistas, críticos de arte e amigos do famoso gravador paulista.

MATERIAIS EXCEDENTES

A Divisão Estadual de Material Excedente — DEMEX — publica no setor da Coordenação da Administração do Material da Secretaria do Trabalho e Administração, relação discriminada de todos os materiais excedentes, que se encontram à disposição dos Órgãos da Administração, de acôrdo com o Decreto n. 50.179, de 7 de agôsto de 1968.

io Oficial

ESTADO DE SÃO PAULO

Diretor: WANDYCK FREITAS

LO — QUINTA-FEIRA, 18 DE DEZEMBRO DE 1969 | NÚMERO 243

nclama Prefeitos a trabalhar ento do Regime Democrático

missão a cumprir em favor de São Paulo e do Brasil".

Acrescentou que a preocupação do Govêrno do Estado é idêntica com as pequenas e as grandes cidades, sejam elas administradas por prefeitos da oposição ou da situação.

CRÍTICAS

Depois de reiterar sua fidelidade partidária, disse o governador que não aceita críticas "daqueles que nada fazem em benecifio da coletividade e muito fazem em benefício de si próprios. Só respeito as críticas daqueles que lutam, porque criticar é fácil, difícil é realizar".

Condenou em seguida o uso do poder para a consecução de objetivos políticos. "Jamais usarei o poder do govêrno para trazer alguém para o meu partido ou fazer com que adotem minhas idéias. Não quero adesão em têrmos de mêdo, mais sim em têrmos de conquista, pois só assim poderemos consolidar a democracia e deixar um exemplo para nossos filhos".

PALÁCIO ABERTO

Concluindo, depois de agradecer as homenagens de que foi alvo, o governador declarou abertas as portas do Palácio, a todos os pre-

(Conclui na 2.a página)

ENVIOU 1.300 VAGÕES A TRANSPORTAR TRIGO

mitida ao governador Abreu Sodré pelo secretário dos Transportes, eng. Firmnio Rocha de Freitas, durante o seu despacho semanal. Segundo relatou o secretário dos Transportes, desde o dia 10 de novembro as duas ferrovias paulistas estão atendendo à solicitação da Rêde Ferroviária, que se via impossibilitada de transportar em tempo toda a safra.

Assim, cêrca de 30 vagões por dia foram conduzidos àqueles Estados e ali estão operando.

Como a Rêde Ferroviária está com problemas para a tração dêsses vagões, o secretário Firmino Rocha de Freitas determinou à Sorocabana, segundo informou ao governador, que estude a possibilidade de emprestar também algumas locomotivas.

PREFEITO CONVIDA O GOVERNADOR

Esteve ontem no Palácio dos Bandeirantes o prefeito da Capital, eng. Paulo Maluf, que convidou o governador Abreu Sodré para presidir a cerimônia de inauguração do Viaduto "31 de Março", sôbre o Parque D. Pedro, amanhã, às 16 horas. A denominação, segundo disse o Prefeito, "relembra a data em que o Brasil reencontrou o seu destino, de país autênticamente fundado em sua tradição cristã e democrática".

Ao deixar o gabinete, governador e prefeito informaram à imprensa que, em virtude da morte do presidente Costa e Silva, a cerimônia de inauguração do Viaduto constaria apenas de corte simbólico da fita inaugural, formadas guarnições militares ao longo da nova unidade viária.

GOVERNADOR: "PRESIDENTE COSTA E SILVA MERECERÁ A RECORDAÇÃO DA HISTÓRIA"

Ao tomar conhecimento do falecimento do presidente Costa e Silva, o governador Abreu Sodré fêz as seguintes declarações:

"O desenlace da enfermidade do presidente Costa e Silva, que enluta os lares brasileiros, consternou a Nação que acompanhava a penosa e sofrida recuperação de sua saúde.

Cidadão de sensibilidade e formação democrática, no exercício da presidência da República, como líder da Revolução de 64, devotou-se até o extremo sacrifício de suas fôrças físicas, a ásperos esforços de normalização constitucional do país e de reconstrução, em sua plenitude, do regime democrático.

Soldado, foi exemplo de dignidade profissional, espírito de camaradagem, de fidelidade às tradições democráticas das Fôrças Armadas. Cumpriu a sua longa carreira com devotamento ao Exército, em largos períodos vividos em comandos, no Estado de São Paulo, convivendo conosco e aqui conquistando, pelos seus nobres atributos humanos, inúmeras amizades, entre as quais tenho a honra de inscrever-me com minha família.

Revolucionário, o presidente Costa e Silva foi a serena energia que, nas horas de grandes decisões, assegurou à Revolução de 64 a sua institucionalização, cuja etapa final, de democratização do país, foram os seus últimos desígnios.

Em nome do povo paulista e do Govêrno de São Paulo, a que nunca faltou o caloroso afeto e apoio do presidente Costa e Silva, cumpro, consternado, o dever de amigo, e com gratidão de governante, de prestar as homenagens que lhe são devidas como chefe de Estado e à memória de quem honrou a carreira das Armas, enobreceu, com seu coração generoso, a convivência dos homens e, estadista, merecerá a recordação da História".

Pessoal especializado em telecomunicações

O secretário da Segurança Pública, general Olavo Vianna Moog, assinou ato, instituindo na Academia de Polícia o Curso de Operadores em Telecomunicações, que terá a duração de um ano letivo e destina-se à formação e ao aperfeiçoamento de operadores de telecomunicações.

Considera o secretario, ao baixar êsse ato, que a implantação do SISTEL (Sistema de Telecomunicações da Secretaria da Segurança Pública) exigirá, para garantir perfeita comunicação entre os órgãos policiais em todo território do Estado de São Paulo, pessoal habilitado e em condições de operar com perfeição o moderno equipamento em aquisição. Considera ainda que os quadros da Secretaria ressentem-se de pessoal habilitado em número suficiente para guarnecer todos os postos, já instalados pela Divisão de Comunicações da Polícia Civil — DICOM, no Interior e na Capital.

Esse ato do secretário da Segurança Pública suspende, a partir do ano letivo de 1970, pelo tempo que a Diretoria da Academia de Polícia julgar necessário, o funcionamento do Curso de Radiotelegrafistas, ficando assegurado aos seus atuais alunos a matrícula no nôvo curso para operadores em telecomunicações.

SECRETARIA DA SAÚDE PROCURA FORMAR MÉDICOS SANITARISTAS

Entre as profundas modificações introduzidas na organização da Secretaria da Saúde, em conformidade com a Reforma Administrativa do Serviço Público Estadual encetada há três anos pelo Govêrno do Estado, destaca-se a criação de uma carreira funcional destinada a médicos especializados em saúde pública, visando a constituição estável de um corpo de administradores sanitários em regime de dedicação exclusiva, a fim de gerir a extensa rêde de unidades sanitárias do Estado.

Criada por decreto-lei de 2 de outubro último, a carreira oferece a médicos jovens que tenham vocação para êsse campo, posição estável e perspectiva de acesso, além de condições de trabalho que vão sendo estabelecidas com a implantação da reorganização por que passou a Secretaria.

O ingresso, mediante concurso, exige diploma de curso de pós-graduação em saúde pública. Depois de aproveitar médicos já pertencentes ao seu quadro, está a Secretaria interessada em propiciar a formação de novos sanitaristas.

Para tanto, oferece a médicos não servidores públicos, formados no máximo há cinco anos, bolsa de estudo (estipêndio mensal em dinheiro) de fevereiro a dezembro do próximo ano, a fim de lhes tornar possivel frequentar curso de pós-graduação na Faculdade de Higiene da USP, título que os habilitará à inscrição em concurso para provimento de cargos de médico sanitarista do quadro da Secretaria da Saúde.

Os interessados devem procurar, até 10 de janeiro vindouro, o Gabinete do Secretário da Saúde, à Av. São Luiz, 99 — 10.o andar, para a inscrição bem como para colher outras informações que desejarem.

No ato de inscrição, devem exibir para anotação: a) registro definitivo ou provisório no Conselho Regional de Medicina do Estado de São Paulo; b) cédula de identidade; c) quitação com o serviço militar; d) título de eleitor; e) comprovação de idade não superior a 32 anos.

Nova Lei Orgânica dos Municípios

O secretário do Interior, deputado federal Chaves Amarante, durante sua audiência de ontem com o governador Abreu Sodré, fêz a entrega ao chefe do Executivo do anteprojeto de reforma da Lei Orgânica dos Municípios. O nôvo estatuto, segundo declarações do sr. Abreu Sodré, deverá ser promulgado no próximo dia 31. A lei contém alterações importantes, fruto da experiência em assuntos municipais dos técnicos que a elaboraram, bem com as necessárias adaptações aos novos textos das Constituições da República e do Estado.

GOVERNO DE SÃO PAULO

_O governador Abreu Sodré promulga a Emenda Constitucional n. 2 à Constituição do Estado de São Paulo, adaptando-a à Constituição da República. A Emenda e a notícia sobre o fato são publicadas no *Diário Oficial* n. 208, na mesma data.

249. ABREU SODRÉ NA POSSE DE MÉDICI

249

Diário Oficial

ESTADO DE SÃO PAULO

Diretor: WANDYCK FREITAS

ANO LXXIX	SÃO PAULO — QUINTA-FEIRA, 30 DE OUTUBRO DE 1969	NÚMERO 208

"SÃO PAULO CRÊ QUE SE INICIA UMA GRANDE ERA PARA O PAÍS"

O governador Abreu Sodré seguiu na manhã de ontem, em avião de carreira, para Brasília, onde assistirá às cerimônias de posse do general Emílio Garrastazu Médici, no cargo de presidente da República. Ao embarcar, em contato com os jornalistas, declarou o governador:

"Levo para Brasília a saudação e a esperança do povo paulista. A esperança que se transforma, a cada dia que passa, na certeza de um grande govêrno de um homem equilibrado, de um homem disposto ao trabalho, de um homem disposto a servir ao Brasil. Sinto que vamos ter a fase Revolucionária, que se iniciou com Castelo Branco e continuou com Costa e Silva, reiniciada com proficiência, coragem e firmeza através do nôvo presidente da República, que amanhã se empossa. São Paulo crê, enfim, que se inicia uma grande era para o País."

Acompanharam o governador a Brasília os secretários José Henrique Turner, da Casa Civil; Arrôbas Martins, da Fazenda; Chaves do Amarante, do Interior; Virgilio Lopes da Silva, do Trabalho; Antonio Rodrigues Filho, da Agricultura; cel. Antonio da Silva, chefe da Casa Militar e o sr. Nelson Marcondes do Amaral, secretário do governador.

VISITA DE FUTUROS MINISTROS

O governador revelou ter recebido anteontem à noite, em sua residência, a visita dos srs. Alfredo Buzaid e Fábio Yassuda, escolhidos pelo presidente Médici para os cargos de ministros da Justiça e de Indústria e Comércio, respectivamente. A propósito, declarou o governador:

«A conversa foi muito longa, mas foi meramente efetiva. Foram levar o abraço dos dois ministros que sairam de São Paulo, para servir ao Brasil, ao amigo e ao governador do Estado. Assuntos diversos foram discutidos, mas nenhum especificamente. O que senti e muito me orgulhei disso, é que ambos estão com os olhos postos no Brasil e não se sentem representantes de São Paulo, mas de toda a Nação».

PROMULGADA PELO GOVERNADOR EMENDA CONSTITUCIONAL

O governador Abreu Sodré promulgou a Emenda Constitucional n. 2 à Constituição do Estado de São Paulo, adaptando-a às exigências da Constituição da República. A emenda, que é publicada hoje para entrar em vigor imediatamente, juntamente com a nova Constituição federal, foi preparada por comissão de juristas de alto nível, presidida pelo prof. Hely Lopes Meirelles, secretário da Justiça.

US$ 1,5 MILHÕES PARA MELHORAR TECNOLOGIA DE ALIMENTOS EM S. P.

Uma comissão da Organização das Nações Unidas estará, a partir de segunda-feira, realizando uma visita ao ITAL — Instituto Tecnologico de Alimentos — dependencia da Secretaria da Agricultura que funciona em Campinas. O objetivo é inspecionar a execução do convênio em vigor entre a ONU e o ITAL, no valor de 1 milhão de dolares, com vistas à prorrogação, por mais 5 anos, no montante de 1 milhão e meio de dolares. Todos os setores serão observados, mas especialmente os que se referem à tecnologia do leite, carne e peixe para melhorar as condições de produção e fornecimento desses alimentos à população.

A comissão da ONU é integrada pelos srs. Gustavo Contese, da FAO; A. Chavez e A. Holcombe, [...]

Estado e ainda às visitas ao governador Abreu Sodré e ao secretário da Agricultura, sr. Antonio Rodrigues Filho. A inspeção terá a duração de 3 semanas; parte do tempo será dedicada às instalações e programas do ITAL em Campinas, estando programadas visitas ao Litoral, Interior e também a outros Estados.

Entregues as primeiras Carteiras de Estrangeiro

O general Olavo Vianna Moog, secretário da Segurança Pública, entregou ontem, pela manhã, no Auditório do Palácio da Polícia, as dez primeiras carteiras de identidade para estrangeiro, que substituem a antiga, modêlo «19». À solenidade, estiveram presentes os membros do Conselho da Polícia Civil.

Ao entregar as primeiras carteiras do nôvo modêlo, o general Vianna Moog, ressaltou que êsse documento representa o acolhimento amigo do Brasil ao estrangeiro. Lembrou o secretário a ação desenvolvida pelos estrangeiros que aqui se radicaram, num trabalho conjunto e harmônico visando ao desenvolvimento do País.

O papel usado nas novas carteiras procede da Casa da Moeda e tem margem de segurança contra violação. O impresso é recoberto de plástico especial, hermeticàmente fechado, inquebrável e inviolável.

COTESP SOLUCIONA PROBLEMA DO INTERURBANO NO LITORAL NORTE

Em ação coordenada com a Companhia Telefônica Brasileira, [...] telefônicos diretos ligando o Litoral Norte à Capital paulista.

Campanha de Erradicação da Varíola começa hoje em Presidente Prudente

A Campanha Estadual de Erradicação da Varíola será lançada hoje, oficialmente, em Presidente Prudente, durante solenidade que se realizará às 19 horas, na praça principal dessa cidade. Estarão presentes o secretário da Saúde, prof. Walter Leser, que no ato representará o governador do Estado, e diversas autoridades municipais e do setor de saúde pública.

A Campanha Estadual de Erradicação da Varíola já resultou na imunização de cerca de 7 milhões de paulistas. Lançada no Vale do Paraíba, em agôsto de 1968, a CEV, por meio de trinta equipes de vacinadores, abrangeu 392 municípios, imunizando contra a doença tôda a

(Conclue na 2.a página)

Promoção Social vai a Santo André

O secretário da Promoção Social, dep. Felício Castellano, irá a Santo André, hoje à noite, para pronunciar uma conferência sôbre a «Promoção Social e o Problema do Menor», que faz parte de um ciclo de palestras que se realiza naquela cidade e, com a presença de autoridades de tôda a Região.

A palestra do titular da Pasta da Promoção Social terá lugar no auditório do Centro Cívico da Secretaria de Educação e Cultura da Prefeitura de Santo André.

O ciclo de palestras é promovido pelos prefeitos, juizes e curadores, presidentes de Câmaras e pessoas ligadas à Assistência Social objetivando ao estudo do problema do menor na região do ABCDMR (Santo André, São Bernardo, São Caetano, Diadema, Mauá e Ribeirão Pires), bem como a encontrar soluções que venham a atender aos menores carenciados e infratores dessa região localizada na Grande São Paulo.

Agradecimentos do Interior

Promoção Social em Ituverava

No dia 27, às 15 hs. em sessão solene realizada na Câmara Municipal de Ituverava, instalou-se o Consórcio de Promoção Social da região, com a presença de prefeitos, vereadores, juizes, promotores, sob a presidência do dep. Felício Castellano.

A região enfrenta problemas relacionados com os safreiros, isto é, os trabalhadores rurais que nas entre-safras não encontram colocação.

O Consórcio visa à solução dêsse problema e o dos excepcionais, pois, na oportunidade foi lançada a pe-

1970

MUNDO E BRASIL

_Em maio de 1970, a OBAN passa a se chamar Departamento de Operações e Informações – Centro de Operações e Defesa Interna (Doi-Codi).

_Criação do Instituto Nacional de Colonização e Reforma Agrária (Incra).

_Em 15 de novembro, são realizadas eleições parlamentares, com ampla vitória da Arena. Ao apurar o primeiro voto, o governador de São Paulo destaca o "sentido democrático" das eleições, como informa o *Diário Oficial* de 17 de novembro.

250. VITÓRIA DA ARENA

_Paulo Freire publica a *Pedagogia do Oprimido*.

_É criado o Movimento Brasileiro de Alfabetização (Mobral).

IMPRENSA OFICIAL

_Em fevereiro de 1970, a Imprensa Oficial é transferida da rua da Glória para a rua da Mooca. São mantidas e ocupadas as instalações já existentes.

251. MAQUETE DE NELSON DARCY DA NOVA SEDE DA IMESP, QUE SERIA CONSTRUÍDA EM 1970 NA RUA DA MOOCA

_O Decreto, s/n., de 15 de outubro, publicado em 16 de outubro, declara de utilidade pública, para fins de desapropriação, o imóvel pertencente à Cia. de Louças Esmaltadas, situado na rua da Mooca, ns. 1821/1933, necessário à ampliação da Imprensa Oficial.

251

Diário Oficial

ESTADO DE SÃO PAULO

Superintendente: Wandyck Freitas

ANO LXXX | SÃO PAULO — TERÇA-FEIRA, 17 DE NOVEMBRO DE 1970 | NÚMERO 216

"SEMANA SABIN" COMEÇA AMANHÃ

A Secretaria da Saúde promoverá no período de 18 a 26 de dêste mês mais uma semana de aplicação da vacina Sabin, destinada a imunizar contra a paralisia infantil tôdas as crianças de 2 meses até 3 anos de idade.

Nesse período será intensificada a distribuição da vacina em tôdas as unidades sanitárias da Capital e do Interior, nas quais deverão ser vacinadas contra a poliomielite também as crianças que não pertençam àquele grupo etário e que não tenham ainda sido imunizadas ou não completaram o número de doses necessárias para afastar a ameaça da paralisia infantil, isto é, três doses e mais uma de "refôrço".

A iniciativa da Secretaria da Saúde conta com o apôio da Secretaria de Higiene da Prefeitura da Capital e de numerosas entidades cívicas, culturais e recreativas, associações de amigos de bairros e instituições oficiais que, a exemplo das campanhas anteriores, cederão suas sedes para a instalação de postos de vacinação. Além disso, essas entidades realizarão junto à comunidade trabalho de esclarecimento acerca da importância de se imunizar as crianças contra a poliomielite.

Ao anunciar ontem a realização da terceira "Semana Sabin" dêste ano — as anteriores se desenvolveram em março e agôsto últimos — o Secretário da Saúde, prof. Walter Leser salientou que a paralisia infantil ainda não foi definitivamente vencida, o que se comprova pelos surtos que vêm ocorrendo em outros Estados e pelos casos que se verificam, no Estado de São Paulo, em crianças não devidamente vacinadas. Os pais precisam lembrar que seus filhos estão correndo um risco desnecessário e que precisam ajudar, levando-os aos Postos de Vacinação, para que fiquem protegidos.

OUTORGADA A ILUSTRES PERSONALIDADES DE SP A "ORDEM DO IPIRANGA"

Por decreto assinado ontem, o governador Abreu Sodré outorgou a Ordem do Ipiranga, no grau de comendador, à sra. Dorina de Gouvêa Norwill e aos srs. Luís Arrobas Martins, Euríclides de Jesus Zerbini e Francisco Matarazzo Sobrinho.

A mais elevada honraria de São Paulo, que vem sendo conferida com extrema parcimônia, visa a distinguir os que, por elevados méritos e serviços de excepcional relevância prestados ao Estado e ao País, se fizeram dignos de especial destaque.

Dona Dorina de Gouvêa Norwill, primeira mulher a receber a láurea, vem dedicando sua existência ao ensino dos cegos, seu aprimoramento e integração na sociedade. Abnegadamente, vem participando de tôdas as iniciativas que dizem respeito à difusão da cultura entre os cegos.

O dr. Euríclides de Jesus Zerbini, notabilizou-se por suas pesquisas e alta proficiência na cirurgia cardíaca, a que devota tôda sua vida de médico dedicado e cientista emérito.

As atividades de Luiz Arrobas Martins, hoje Conselheiro do Tribunal de Contas do Estado e até recentemente membro da equipe do governador Abreu Sodré, como secretário da Fazenda e da Economia e Planejamento, não se limitaram ao campo da restauração financeira e implantação da reforma administrativa, mas se desenvolveram também no terreno da arte e da cultura. Deve-lhe o Estado grande número de iniciativas nestes setores, entre as quais a instituição do Museu de Arte Sacra.

Francisco Matarazzo Sobrinho revelou-se autêntico patrono e divulgador das artes, estimulando talentos, promovendo exposições e dimensionando o nome do Brasil e de São Paulo, como respeitável centro artístico. É o criador da Bienal de São Paulo, realização que de há muito se impôs como uma das mais importantes do gênero em todo o mundo.

ESTABILIDADE PARA PROFESSÔRES DE GRÁU MÉDIO

A Secretaria da Educação deverá ultimar até o fim do corrente mês a publicação de resoluções declaratórias da estabilidade de professores de grau médio que tenham direito ao benefício constitucional. Os pedidos de estabilidade, cujo número se estima em cêrca de .. 4.500, são examinados pela Consultoria Jurídica da pasta do ensino.

Ainda sábado último o «Diário Oficial» publicou numerosas resoluções a êsse respeito.

Técnicos da OEA enaltecem a reforma tributária paulista

As reformas que estão sendo procedidas na sistemática da administração fiscal do Estado, mediante os projetos-de-lei encaminhados pelo governador Abreu Sodré à Assembléia Legislativa, dentro da «Operação Engajamento», «colocarão a administração estadual em posição altamente progressista quanto à matéria».

Essa afirmação foi feita pelos técnicos em administração tributária, Rodolfo Balbi e José Maria Sotto Cerda, da OEA (Organização dos Estados Americanos), que estiveram com o secretário Dilson Funaro, da Fazenda, ao término de vários dias de estudo sôbre a administração tributária do Estado.

Os técnicos procedem a uma série de pesquisas quanto à administração tributária, em repartições fiscais da América Latina, a fim de relatar suas conclusões perante reunião de administradores tributários, a ser realizada em princípios do próximo ano, sob o patrocínio da Organização dos Estados Americanos.

ESTADO RENOVARÁ AUXÍLIO À FACULDADE DE SOROCABA

O governador Abreu Sodré aprovou ontem o relatório da comissão que designou para estudar a normalização didática e administrativa da Faculdade de Medicina de Sorocaba e que lhe foi entregue pelo prof. Zeferino Vaz, reitor da Universidade Estadual de Campinas. O trabalho foi em seguida encaminhado pelo chefe do Executivo ao secretário da Educação, prof. Paulo Ernesto Tolle, para execução das seguintes providências sugerídas, sem prejuízo de outras medidas que julgar convenientes:

1) prorrogação do convênio entre o Estado e a Faculdade, por três anos, mas condicionado à

2) obrigatoriedade da renovação da estrutura administrativa e didática da Faculdade, sob aprovação do Conselho Estadual de Educação.

Acompanharam o prof. Zeferino Vaz em seu despacho com o governador os srs. Paulo Gomes Rosa, presidente do Conselho Estadual de Educação, e Pérsio Furquím Rebouças, membros da comissão incumbida pelo chefe do Executivo de "propor medidas visando à normalização administrativa, didática e financeira da Faculdade de Medicina de Sorocaba".

ENTREGA DE LIVRO

Ao final do despacho, o prof. Zeferino Vaz entregou ao governador exemplares do livro "Renovação do Ensino Superior", lançado pela Editôra da Universidade de Campinas, contendo as diretrizes da política universitária do Govêrno paulista, na atual administração.

A obra reune e enfeixa, através de conferências, aulas, orações de paraninfo, discursos e palestras, "tôda a ação e o pensamento do governador Abreu Sodré como chefe do Executivo de São Paulo, de 1967 aos dias de hoje".

GOVÊRNO DESTINARÁ Cr$ 40 MILHÕES PARA PESQUISAS BÁSICAS

Um plano no valor total de Cr$ 40 milhões acaba de ser elaborado pela Assessoria Técnica da Secretaria da Agricultura, com vistas a um acôrdo entre os governos Federal e Estadual, para a execução de um programa de dinamização da pesquisa agropecuária e dos recursos naturais. O objetivo principal é a diversificação de nossa produção agrícola e o aumento da produtividade das culturas, com ênfase para o café e as criações, tornando-as rentáveis sócio-econômicamente. O programa de pesquisa, já concluido e encaminhado ao ministro Delfim Neto, da Fazenda, será examinado em todos os seus pormenores por uma comissão de alto nível, que tomou posse e iniciou seus trabalhos ontem, em reunião presidida pelo secretário Paulo da Rocha Camargo, da Agricultura.

A Comissão está constituida dos srs. João Barisson Vilares, Rui Miler Paiva, Mario Decourt Homem de Melo, Hermindo Antunes Filho, Ismar Ramos, Antonio Gentil Gomes, Olavo José Book, Alvaro Zingra do Amaral, (coordenador), Salomão Schattan, Irineu Koyama e Hermano Vaz de Arruda. Durante a reunião de ontem debateu-se a orientação a ser adotada para o funcionamento da Comissão que estudará o Plano, de modo a dar-lhe a maior viabilidade executiva. Uma nova reunião ficou marcada para depois de amanhã, às 9 horas, na Secretaria da Agricultura.

AÇÃO DA JUSTIÇA ELEITORAL DESTACADA PELO GOVERNADOR

O governador Abreu Sodré ao apurar ontem, no Ibirapuera, o primeiro voto da primeira urna da 1.a Zona, bairro da Aclimação, juntamente com o desembargador Pedro Barbosa Pereira, presidente do TRE, destacou o sentido democrático das eleições efetuadas domingo e o fortalecimento da confiança do govêrno e do povo na Justiça Eleitoral.

Além do governador e do desembargador Pedro Barbosa Pereira, estavam presentes ao início oficial das apurações no Ibirapuera, o secretário do Interior, Tibiriçá Botelho; o secretário da Justiça, Hely Lopes Meirelles; o presidente da ARENA paulista, Lucas Nogueira Garcez; deputados federais e estaduais, vereadores e outras autoridades civis e militares.

Logo depois de apurar o primeiro voto, o governador Abreu Sodré afirmou que «a Justiça de São Paulo enobrece com sua ação, êste Estado e mais uma vez demonstra ser capaz de presidir, com correção e tranquilidade, a um pleito. Agradeço a todos os seus membros, dos mais humildes aos mais categorizados. Agradeço à Polícia Militar de São Paulo, que garantiu a segurança. Agradeço ao povo pela forma correta como compareceu às urnas. E destaco, como consequencia de todo êste trabalho harmônico, a tranquilidade que encontramos em todo o Estado de São Paulo. É uma honra ver uma Justiça como esta».

Analisando o modo como se portaram os candidatos dos dois partidos que concorreram às eleições, «de forma escorreitas», o governador Abreu Sodré afirmou que «isso tudo demonstra que estamos amadurecidos para o regime democrático». Concluindo, o chefe do Executivo paulista considerou vitoriosos, para o Senado, os dois candidatos da ARENA.

Em seguida, o governador Abreu Sodré percorreu algumas juntas de apuração, ficando por minutos a observar os trabalhos da 17.a, da 2.a Zona.

IMPRENSA OFICIAL DO ESTADO

TABELA DE PREÇOS

A partir do dia 23 do corrente, 2.ª feira, passam a vigorar os seguintes preços de publicações no "Diário Oficial":

DIÁRIO DO EXECUTIVO INEDITORIAIS BOLETIM FEDERAL	Cr$
Linha cheia (atas, editais, editais forenses, editais de imposição de multas, etc.) - por centímetro de coluna ...	5,00
Tabelas e balanços (recorridos ou não) - por centímetro de coluna .	6,00

PUBLICAÇÕES COM PREÇO FIXO	Cr$
Editais de proclamas de casamento (conforme modêlo da I.O.E.) ..	15,00
Documentos perdidos — conforme modêlo da I.O.E.) - 3 vêzes ..	10,00

ASSINATURAS	Anual	Semestral
Executivo .	70,00	35,00
Justiça	70,00	35,00
Ineditoriais .	70,00	35,00

VENDA AVULSA DO JORNAL	Cr$
Número do dia	0,40
Número atrasado do ano	0,45

— As Prefeituras terão desconto de 30% nas publicações.

— Os funcionários públicos federais, estaduais e municipais gozarão desconto de 30% nas assinaturas.

— O mesmo desconto é concedido às repartições públicas estaduais.

RUA DA MOÓCA, 1921

FONES: PBX - 93-5186 - 93-5187 - 93-5188 - 93-5189

1971

MUNDO E BRASIL

_O governo federal cria a Financiadora de Estudos e Projetos (Finep).

GOVERNO DE SÃO PAULO

_Em 15 de março de 1971, Laudo Natel toma posse como governador, o que o *Diário Oficial* noticia no dia seguinte; permanece no cargo até 15 de março de 1975.

252. POSSE DE LAUDO NATEL

252

Diário Oficial

ESTADO DE SÃO PAULO

Superintendente: Wandyck Freitas

ANO LXXXI | SÃO PAULO — TERÇA-FEIRA, 16 DE MARÇO DE 1971 | NÚMERO 49

GOVERNADOR LAUDO NATEL ASSUME E EXPÕE AS LINHAS MESTRAS DE SUA ADMINISTRAÇÃO

"Voltado aos propósitos do Govêrno Federal, notadamente do eminente Presidente Médici; com a colaboração e o apôio da Assembléia Legislativa e do meu partido, a ARENA; das autoridades judiciárias; dos profissionais liberais; dos educadores; da juventude; de todos os trabalhadores; das classes empresariais; dos órgãos de imprensa e a graça de Deus, confio em que cumprirei o meu dever". Com estas palavras, o sr. Laudo Natel assumiu ontem o govêrno do Estado de São Paulo, em solenidade realizada, às 18 horas, no Palácio dos Bandeirantes.

POSSE COLETIVA DO SECRETARIADO

MENSAGEM DA PRIMEIRA DAMA AO POVO PAULISTA

1972

MUNDO E BRASIL

_A Emenda Constitucional n.2, de 3 de abril, torna indiretas as eleições para governador, a serem realizadas em 1974. Sobre isso, o governador de São Paulo, Laudo Natel, afirma que o presidente interpretou a vontade do povo, como informa a matéria publicada no *Diário Oficial* de 5 de abril.

253. ELEIÇÕES TORNAM-SE INDIRETAS PARA GOVERNADOR

_O presidente de Portugal vem ao Brasil trazer os restos mortais do imperador Pedro I e é saudado pelo governador Laudo Natel, como informa o *Diário Oficial* de 27 de abril.

254. GOVERNADOR SAÚDA O PRESIDENTE DE PORTUGAL

_Por ocasião dos 150 anos da Independência, em 7 de setembro, os restos mortais de Pedro I são sepultados no Parque do Ipiranga, em São Paulo.

IMPRENSA OFICIAL

_A Imprensa Oficial adquire a máquina *offset* Cottrell, com capacidade para rodar 40 mil exemplares por hora e 16 páginas em cada uma das seis unidades impressoras.

253

Governador fala sobre a emenda constitucional

A respeito da emenda constitucional proposta pelo presidente Médici ao Congresso Nacional, estabelecendo eleições indiretas para governador em 1974, o governador Laudo Natel fez as seguintes declarações:

«O presidente Médici, ao encaminhar ao Congresso Nacional o projeto de emenda à Constituição, mantendo o sistema de eleição indireta para governador e vice-governador, bem interpretou a vontade do povo, que deseja, tão-somente, um clima de paz e tranquilidade para trabalhar e, sobretudo, consolidar a obra revolucionária, que vem sendo realizada e cujos méritos estão no consenso geral».

Essas declarações do governador Laudo Natel foram feitas ontem, em Marília, onde o chefe do Executivo se encontrava a fim de presidir ao ato de instalação da 11.a Região Administrativa do Estado.

DE 12 A 18 ... VACINAR DO...

Diário Oficial

ESTADO DE SÃO PAULO

Diretor-Superintendente: Wandyck Freitas

ANO LXXXII | SÃO PAULO — QUINTA-FEIRA, 27 DE ABRIL DE 1972 | NÚMERO 78

GOVERNADOR: ESTE ENCONTRO PERMITE QUE BRASIL E PORTUGAL REAFIRMEM CONSTITUIR UMA SÓ COMUNIDADE

O governador Laudo Natel e esposa, da. Zilda Natel, ofereceram ontem à noite, nos salões do Jóquei Clube de São Paulo, um jantar ao presidente de Portugal, almirante Américo Thomaz, e esposa, da. Maria Natália Rodrigues Thomaz, ao qual estiveram presentes os membros da comitiva do chefe da Nação portuguesa, as mais altas autoridades de São Paulo e personalidades especialmente convidadas.

Na ocasião, saudando o presidente Américo Thomaz, o governador Laudo Natel pronunciou o seguinte discurso:

"Ao dar as boas-vindas a vossa excelência e ilustre comitiva, cumpro o mais agradável dos deveres: o de retribuir, com a modéstia mas com o imenso calor da hospitalidade paulista, à dupla honra com que Portugal sumamente nos distingue nesta ocasião.

Saúdo em Vossa Excelência, Senhor Presidente, o "peito ilustre lusitano", só ele capaz de fidalgos gestos como o de enriquecer os festejos do sesquicentenário da nossa independência da forma como Portugal o faz: ensejando-nos a suprema ventura de receber de volta os despojos do príncipe que foi nosso primeiro imperador; e aquiescendo em que esse comovido reencontro entre a pátria e o seu herói se faça, em nossa Nação, na presença da própria Nação Portuguesa, simbolizada em Vossa Excelência.

São Paulo abre, para receber tão augusta visita, não apenas suas portas.

Abre também seu coração.

Nestas terras, foram escritos alguns dos mais expressivos episódios da história luso-brasileira.

Em 1641, um brasileiro, o paulista Amador Bueno da Ribeira, recusou a coroa de Rei, que os homens de Piratininga lhe ofereciam. Dera-se, havia pouco, a restauração em Portugal, e muitos habitantes de São Paulo entendiam ser aquele o momento propício à emancipação de sua terra, aproveitando as dificuldades políticas então existentes na península ibérica.

Amador Bueno dissuadiu-os.

Frustrou o movimento, negando-se a aceitar a simbólica coroa ao mesmo tempo em que reiterava sua lealdade a Portugal.

Quase duzentos anos mais tarde, em 1822, um português, o príncipe D. Pedro, aceita a coroa de Imperador do Brasil, depois de proclamar-lhe a independência.

Ambos, o brasileiro leal a Portugal e o português leal ao Brasil, sem que o deixassem de ser à terra natal, revelaram ter, no mais alto grau, um profundo senso da história.

Amador Bueno compreendeu, com aguda intuição, que, àquela altura, a separação era intempestiva e prematura, prejudicial às duas partes — e por isso combateu-a.

Ao revés, Pedro I, com admirável discernimento, convenceu-se, em 1822, de que soara a hora da separação — e por isso não apenas a apoiou como a efetivou pessoalmente.

Não lhes tolheu as ações a circunstância de haverem nascido além ou aquém-mar. Acreditavam servir — como de fato serviram — aos mais altos interesses da luso-brasilidade.

Ao estabelecer esse paralelo, Senhor Presidente, é minha intenção salientar o quanto se entrelaçam, e se misturam, e se confundem, os destinos de Portugal e do Brasil, brasileiros a agirem como portugueses da melhor cepa, portugueses a encarnarem, em passos decisivos da nossa história, as mais legítimas aspirações brasileiras.

São Paulo, onde se desenrolou o episódio vivido por Amador Bueno, também recebeu da providência a dádiva de ser o palco dos acontecimentos protagonizados por Pedro I.

Foi em terras paulistas, nesta mesma cidade que hoje se engalana para receber Vossa Excelência, que o filho de D. João VI deu um novo sentido à comunidade luso-brasileira, separando-a em dois grandes ramos, cada um fiel à sua destinação histórica, mas indissoluvelmente ligados pelo patrimônio espiritual e cultural comum e por afinidade que o correr dos tempos só tem acentuado

Somos imensamente gratos, Senhor Presidente, pelos momentos de excepcional vibração cívica e inexcedível emoção que Portugal nos proporciona, ao comemorarmos, pela centésima-quinquagésima vez, a nossa maior data.

A trasladação dos despojos de D. Pedro, da Pátria em que nasceu para a Pátria que fundou, seria por si só o coroamento máximo que poderíamos desejar para as festas do sesquicentenário.

Desdobrou-se, porém, a generosidade portuguesa em assinalar, de forma mais cativante, a sua fraterna participação em nossas alegrias.

A honra da vinda dos restos mortais, acrescentou a da presença de Vossa Excelência e expressiva comitiva, a acompanhá-los.

Enseja-se, assim, a oportunidade por que todos ansiávamos: a de agradecermos, de viva voz, ao povo português, na pessoa de seu chefe de Estado, pelas demonstrações de amizade com que temos sido honrados.

Mas ainda: permite este encontro que Brasil e Portugal reafirmem constituir uma só comunidade. Em dois ramos distintos, que se abraçam através do oceano.

Em São Paulo, encontrará Vossa Excelência milhares de compatriotas, que não esqueceram a terra natal — e quem poderia esquecer, ainda mais tratando-se de Portugal? — o que não os impediu de

(Conclui na 2.a pag.)

HOMENAGEM A DOM PEDRO SOBERANO DE DUAS PÁTRIAS

Mais de dez mil pessoas postaram-se nas imediações do Monumento do Ipiranga, onde o governador Laudo Natel aguardava o presidente Américo Thomaz, para uma homenagem a Dom Pedro — "Soberano de Duas Pátrias". Era o que estava escrito na palma de bronze colocada entre as estátuas de Diogo Antonio Feijó e José Bonifácio de Andrada e Silva, sob a escultura feita segundo um quadro de Pedro Américo.

Após a solenidade, depois que as escoltas de cadetes da Polícia Militar recolheram as bandeiras do Brasil e de Portugal, o presidente Américo Thomaz e o governador Laudo Natel foram até a parte subterrânea do monumento, percorrendo a Capela Imperial de São Paulo e observando o túmulo de dona Leopoldina e também aquele que receberá os restos mortais de Pedro I.

A sra. Aparecida Paiva Rodrigues — guardiã e conservadora do Museu — foi a única pessoa que falou, dando algumas explicações, em voz alta, sobre os festejos comemorativos do Sesquicentenário da Independência. A comitiva presidencial demorou-se um pouco mais — e, em silencio — deixou a capela. Lá fora, centenas de crianças buscavam aproximar-se do presidente Américo Thomaz e acenavam as bandeiras do Brasil e Portugal.

Logo à chegada do presidente de Portugal, aviões B-26, pertencentes à esquadrilha da 1.a Força Aerotática de Cumbica, sobrevoaram o Monumento do Ipiranga, guarnecido pela Polícia Militar. A banda de clarins da Cavalaria da PM saudou a comitiva e, em seguida, ouviu-se a salva de tiros por canhões do CPOR. Na parte inferior do Monumento estavam também formados os cadetes da PM, que conduziram até o presidente visitante a palma ornada com flores em bronze, pesando cerca de 30 quilos. A inscrição diz: "A D. Pedro, soberano de duas Pátrias, a homenagem da Nação Portuguesa". Por alguns instantes, o almirante Américo Thomaz permaneceu sozinho, contemplando o Monumento, num preito a D. Pedro. Depois, voltou-se para onde estava o governador Laudo Natel e ouviram-se novos e calorosos aplausos da multidão.

CHEGADA EM CONGONHAS

O presidente Américo Thomaz, de Portugal, foi recebido oficialmente, ontem pela manhã, em São Paulo, pelo governador Laudo Natel, e aclamado carinhosamente por membros da comunidade luso-brasileira, por estudantes e pelo povo, ao longo do trajeto percorrido pela comitiva, de Congonhas até o São Paulo Clube, onde o chefe da Nação portuguesa se hospeda, até esta manhã.

Ao desembarcar do jato da VASP que o trouxe do Rio de Janeiro, o

(Conclui na 2.a pag.)

PRESIDENTE DE PORTUGAL PREGA DINAMIZAÇÃO DO INTERCÂMBIO ECONÔMICO EM BASES SÓLIDAS

Ao agradecer as homenagens recebidas do povo e das autoridades paulistas o presidente de Portugal, almirante Américo Thomaz, pronunciou o seguinte discurso durante o jantar que lhe foi oferecido ontem à noite, no Jóquei Clube de São Paulo, pelo governador Laudo Natel:

"No roteiro de viagem dum português pela imensidão da Terra brasileira, São Paulo figura como um ponto de paragem obrigatório. E por não poucas razões, históricas umas, outras de flagrante atualidade. Mas quando à hospitalidade protocolar se juntam um acolhimento tão amigo, um convívio tão simpático, tantas provas de gentileza, como estas que eu e minha mulher estamos a receber do Povo e das Autoridades paulistas, então a visita deixa de ser um simples acontecimento protocolar para se transformar, para os visitantes, numa íntima e encantadora experiência pessoal, num prazer deveras empolgante. E' o que sucede conosco neste momento. Quisera, pois, que as minhas palavras traduzissem, como desejamos, toda a alegria que sentimos e toda a emoção que nos invade perante as demonstrações de afeto de que temos sido cumulados desde que chegarmos a S. Paulo. E quisera também que as minhas palavras exprimissem o sentimento da nossa viva gratidão ao magnífico Povo e às digníssimas Autoridades paulistas, a começar por Vossas Excelências, Senhor Governador e Senhora Laudo Natel, que com tanta amizade e não menor fidalguia se dignam obsequiar-nos.

Não esqueço, porém, que tão extraordinárias manifestações de carinho se explicam e se justificam na medida em que elas se dirigem à própria Nação Portuguesa, na pessoa do seu mais alto representante. Aceito-as, portanto, como prova de fraternal amizade que o Povo e as Autoridades paulistas quiseram endereçar ao meu País, e, como tal, recolho-as, comovidamente agradecido, no meu coração de português.

Ao contemplar maravilhado esta grandiosa cidade, fremente de energia dinâmica, rasgada para os mais audaciosos empreendimentos do presente e do futuro, julgo ver passar diante dos meus olhos um cenário pleno de palpitante interesse humano.

No início, vejo as personagens quase lendários que balizaram os primórdios do Estado de São Paulo, pioneiros no melhor sentido da palavra, que com olhos de águia souberam desencantar, numa visão ampla e perspicaz, a gloriosa promessa de futura prosperidade encerrada no imenso manancial de riqueza que jazia inerte nesta região abençoada pela Providência. Só os espíritos excepcionalmente clarividentes e corajosos podiam lançar no planalto áspero e selvático de então os alicerces da vigorosa urbe de hoje, centro impulsionador do progresso dum florescente Estado. E, por isso, rendo a minha homenagem de admiração e respeito a esses ínclitos pioneiros, que vindos de Portugal fizeram do desenvolvimento desta terra brasileira a sua empresa, para me servir da conhecida expressão do insigne Padre Manuel da Nóbrega, fundador desta cidade, que tanto amou o Brasil e que ocupa a justo título o lugar cimeiro entre todos os luso-paulistas. Recordo também a curiosa figura de João Ramalho, fundador da povoação de Santo André da Borda do Campo, a primeira tentativa de colonização nestas cercanias, mais tarde unida à povoação de São Paulo. E que dizer daquelas plêiades heróicas de bandeirantes, cuja expressão máxima foi Raposo Tavares, que penetraram a selva a golpes de audácia, desempenhando um papel fundamental no desbravamento do Brasil e na delimitação das suas fronteiras? Foi aqui, em São Paulo, que se caldearam os espíritos que tanto contribuíram não só para o desenvolvimento das imensas terras em redor, mas sobretudo para o reconhecimento e unificação do território brasileiro.

Mas a obra destes pioneiros luso-paulistas teria finado em apagada e vil tristeza, se não tivesse encontrado continuadores à altura do empreendimento. Felizmente os houve em todas as épocas que se seguiram e os há hoje, como atestam à evidência a juventude, a pujança, o espantoso ritmo de vida e de crescimento econômico deste progressivo Estado e da sua operosa Capital. E é-me sobremaneira grato constatar que, nesta tarefa, sempre participaram numerosos portugueses, grandes figuras de empresários ou simples operários, que contribuíram no passado e continuam a contribuir hoje, uns com a sua inteligência e capacidade de organização, outros com a força do seu braço leal e disciplinado, para que se processe em linha sempre ascendente e a passo cada vez mais acelerado o desenvolvimento econômico e social da cidade e do Estado de São Paulo.

Esta leal colaboração, de que resulta o esfusiante progresso da terra paulista e da sua gente, é um exemplo e dá bem a medida do quanto pode realizar o esforço conjugado de brasileiros e portugueses. Estou firmemente convencido de que este exemplo de colaboração luso-brasileira, a par de tantos outros que encontramos em outras partes, embora em escalas quantitativamente mais reduzidas, pode e deve constituir uma fonte adicional de inspiração e estímulo para a dinamização do intercâmbio econômico da Comunidade Luso-Brasileira, que todos nós desejamos cada vez mais atuante, em termos práticos e com estruturas sólidas. Ouso, pois, esperar que deste Estado e desta cidade, herdeiros dos grandes pioneiros luso-paulistas, partam novas e arrojadas iniciativas para o engrandecimento dá Comunidade Luso-Brasileira.

Vou terminar. Vim ao Brasil, a convite de Sua Excelencia o Presidente Medici, acompanhando os restos mortais de D. Pedro, que serão brevemente conduzidos à à sua morada definitiva. Por determinação do Governo brasileiro, caberá a São Paulo a honra de guardar para a eternidade tão preciosas relíquias. Congratulo-me, pois, com o Povo e com as Autoridades paulistas por tão honrosa incumbência. E formulo os mais sinceros votos por que a patriótica missão, que lhes caberá desempenhar, os incite a cometimentos ainda mais audazes do que aqueles que tão brilhantemente exornam as gloriosas páginas da sua quadricentenária história".

Transmissão do Comando Geral da Polícia Militar

A Secretaria da Segurança Pública comunica que amanhã às 15 horas, ocorrerá a transmissão do Comando Geral da Polícia Militar do Estado, no Salão Nobre do Quartel General da PM, sita à Praça Cel. Fernando Prestes, 115. Ao ato estarão presentes o General Sérvulo Mota Lima, Secretário da Segurança Pública; os comandantes de guarnições da PM na Capital e no Interior, oficiais superiores da Milícia, autoridades civis, militares e convidados.

O novo Comandante Geral da Polícia Militar, Cel. PM Theodoro Cabette, receberá o Comando das mãos do Cel. Ex. Mário Humberto Galvão Carneiro da Cunha.

1973

MUNDO E BRASIL

_Em janeiro, se realiza o Primeiro Festival de Cinema de Gramado, no Rio Grande do Sul.

_Com o apoio dos Estados Unidos e de grupos conservadores do país, o general Augusto Pinochet liderou um golpe de Estado que depôs o presidente socialista Salvador Allende e implantou uma ditadura militar. Golpe Militar derruba o presidente Salvador Allende

IMPRENSA OFICIAL

_O Decreto n. 2441, de 18 de setembro, declara de utilidade pública, para fins de desapropriação, o imóvel situado à rua Sacramento Blake, ns. 63, 79, 89, 97 e 107, necessário à ampliação das instalações da Imprensa Oficial do Estado.

1974

MUNDO E BRASIL

_O general Ernesto Geisel é eleito presidente pelo Colégio Eleitoral em 15 de janeiro, e assume o poder em 15 de março.

_Começa a funcionar um trecho da primeira linha do metrô, em São Paulo, ligando as zonas norte e sul da cidade.

_Em 3 de outubro, são realizadas eleições livres para a Câmara e o Senado. A Arena sofre grande derrota.

IMPRENSA OFICIAL

_A Lei n. 228, de 30 de maio, "autoriza a transformação da Imprensa Oficial do Estado em Sociedade por Ações, denominada Imprensa Oficial do Estado S.A. – Imesp". O *Diário Oficial* n. 102, de 31 de maio, publica a lei e uma matéria sobre ela.

255. I.O. TRANSFORMA-SE EM SOCIEDADE POR AÇÕES

Diário Of

ESTADO DE SÃO PAULO

Diretor-Superintendente: Wandyck Freitas

ANO LXXXIV | SÃO PAULO — SEXTA-FEIRA, 31 DE MAIO

ESTADO INVESTE 300 MILHÕ PARA CONSOLIDAR A VIA C

O Governo do Estado está executando um amplo programa rodoviário, no qual investe cerca de 300 milhões de cruzeiros, destinado a consolidar e dar plena funcionalidade ao trecho já em tráfego da rodovia Castelo Branco, com a construção de acessos asfaltados a mais de uma dezena de municípios que ela atravessa.

"Ao invés de executar imediatamente o prolongamento da rodovia Castelo Branco, o Governo do Estado, no início de minha gestão, fez uma opção tecnicamente correta, que foi a de ampliar a eficiência dessa rodovia no seu trecho já em utilização", afirmou o governador Laudo Natel, ao examinar os resultados desse programa de implantação e pavimentação de acessos à Castelo Branco.

DENTRO DE 9 MESES NOVO RECINTO PARA MOSTRAS DE ANIMAIS

O novo recinto para exposições de animais, na Capital, deverá estar funcionando dentro de aproximadamente 9 meses, no Parque Estadual das Fontes do Ipiranga, bairro da Água Funda.

A informação foi prestada pelo sr. Tharcísio Bierrenbach de Souza Santos, que está respondendo pela Secretaria da Agricultura, ao presidir à abertura das propostas para a construção do novo recinto, numa área de 80 mil metros quadrados.

A primeira etapa das obras custará Cr$ 56.958.287,26, incluindo, além da terraplenagem, a construção das arquibancadas, pistas de exposição, de leilões e julgamento, dependências de administração, depósito de rações e forragens, passarelas, local de chegada, departamento de veterinária e baias.

Nessa primeira fase, o recinto terá capacidade para 820 bovinos e 220 equinos, sendo que a capacidade final será de 2.000 bovinos e 600 equinos.

O local é de fácil acesso aos expositores e ao público em geral, dispondo de parque de estacionamento para 1.500 veículos.

"Projetada para ser o grande elo de ligação com o Oeste, a rodovia não apresentava condições de aproveitamento total, porque estava desligada dos numerosos municípios que atravessa", enfatizou o chefe do Executivo. "Por isso — prosseguiu — o Estado programou a construção de acessos asfaltados a esses municípios, a fim de que eles pudessem dispor de uma ligação rápida com São Paulo".

"São mais de 200 quilômetros de estradas que o Estado constrói, ligando a rodovia Castelo Branco a municípios da importância de Sorocaba e Botucatu e a outros que, por diversas razões, não atingiram igual nível de desenvolvimento e que passam a ter, na rodovia, um fator adicional para o seu progresso".

Frisou o sr. Laudo Natel que "está sendo, também, construída a Estrada do Açúcar, que promoverá o acesso da região açucareira de Piracicaba à via Castelo Branco".

"Consolidado o trecho inicial da rodovia — disse ainda o governador Laudo Natel — pois a maior parte das obras programadas já está concluída ou em fase adiantada de execução, agora o Governo do Estado parte decididamente para o prolongamento da Castelo Branco, já tendo aberto concorrência para a execução do primeiro trecho, de cerca de 26 quilômetros, prevendo-se para breve a concorrência de outros 45 quilômetros, o que elevará sua extensão para 314 quilômetros".

222 QUILÔMETROS

Além dos acessos já contratados — que representam obras na extensão de 167 quilômetros, orçadas em Cr$ 175 milhões de cruzeiros — o Estado colocou outras duas em concorrência e está concluindo a elaboração do projeto de um novo acesso, que será colocado em concorrência imediatamente.

Todas essas obras — concluídas, em execução, em concorrência ou em fase de projeto — somam 222 quilômetros de novas estradas, o que representa mais de 90% da

(Conclui na 2.ª pag.)

LIBERADOS CR$ 45 PARA 68 OBRAS

Recursos superiores a 45 milhões e ... rados pelo governador Laudo Natel, par... uma etapa do programa de melhoria e ... colar do Estado.

Essa verba permitirá ao FECE — F... ções Escolares realizar mais 68 obras ... formas, ampliações e construções de uni... obras beneficiarão a Capital e 57 o In... regiões administrativas do Estado.

No plano de construções, estão incluídos o GESC do Conjunto Residencial do Jardim Santo Antônio, na Capital, que custará ao Estado Cr$ 6.549.008,00; o CE Aníbal de Freitas, em Campinas (Cr$ .... 5.345.851,00); GIES de Boa Esperança do Sul (Cr$ 803.874,00); UEPG do Jardim Tomás (Cr$ .... 2.332.868,00); GESC Experimental de Jardim Cipava, Osasco (Cr$ ... 2.316.846,00); GIES Prof. Pedro Torres, em Botucatu (Cr$ .... 2.682.044,00); GESC Benedito Tolosa, Capital (Cr$ 2.407.713,00); e GESC Abílio Fontes, em Itapetininga (Cr$ 2.548.680,00).

Deverão entrar em obras, visando à ampliação de sua capacidade de acomodação, o GESC Júlia Collaço França, na Capital, onde serão investidos Cr$ 213.673,00; o CIES Fulvio Morganti, em Ibaté (Cr$ 179.416,00); GESC Vital Fogaça de Almeida, Capital (Cr$ .... 1.077.313,00); GESC Chiquinha Rodrigues, Capital (Cr$ .... 1.143.656,00); GESC de Vila Nova, Barueri (Cr$ 155.718,00); e GESC de Alvares Machado (Cr$ ...... 287.723,00).

Obras de ampliação e reforma das instalações existentes estão previstas para o GESC Lázaro Soares, em Ribeirão Vermelho do Sul, com verbas no valor de Cr$ 867.079,00 para ampliação e Cr$ 298.031,00 para reforma; GESC Ivonete S. Rocha, em Fernandópolis, com Cr$ 494.859,00 para ampliação e Cr$ ... 2.275,00 para reforma; GESC Vicente Russo do Amaral, em Itaporanga (Cr$ 947.751,00 e Cr$ .... 215.237,00); GIES de Santa Bárbara do Rio Pardo (Cr$ 1.630.716,00 e Cr$ 148.794,00); e GIES Industrial de Penápolis (Cr$ 2.450.686,00 e Cr$ 282.120,00).

TRANSFORMADA EM EMPRESA A IMPRENSA OFICIAL DO ESTADO

O governador Laudo Natel sancionou, ontem, a lei que transforma a Imprensa Oficial do Estado (IOE) em sociedade por ações. A empresa, que no prazo de 90 dias estará funcionando com uma estrutura administrativa mais flexível e dinâmica, passa, a partir de agora, a denominar-se "Imprensa Oficial do Estado S.A. — IMESP".

A passagem da IOE de autarquia para empresa dotada de personalidade jurídica de direito privado e patrimônio próprio, virá permitir a implantação de novos métodos e sistemas de trabalho, com resultados positivos para o aumento da produtividade.

Ao ato de assinatura da lei — que resultou de projeto encaminhado pelo Executivo e recentemente aprovado pela Assembléia Legislativa — estiveram presentes os secretários Waldemar Mariz de Oliveira Júnior, da Justiça, e Henri Aidar, chefe da Casa Civil; o sr. Wandyck Freitas, superintendente da Imprensa Oficial do Estado, e o prof. Francisco Papaterra Limongi, chefe do gabinete da Casa Civil.

INDÚSTRIA GRÁFICA MODERNA

A estrutura empresarial que agora será adotada na Imprensa Oficial do Estado representa, se-

(Conclui na 2.ª pag.)

DIVISÃO ESTADUAL DE MATERIAL EXCEDENTE

A Divisão Estadual de Material Excedente — DEMEX publica no Setor da Coordenadoria da Administração de Material, da Secretaria do Trabalho e Administração, relação discriminada de todos os materiais excedentes que se encontram à disposição dos órgãos da Administração, de acordo com o Decreto n.o 50.179, de 7-8-68.

HOJE A CONVENÇÃO DE PRES

1975

MUNDO E BRASIL

_Êxito teatral de *Gota d'Água*, de Chico Buarque e Paulo Pontes.

_Assassinato do jornalista Wladimir Herzog, no Doi-Codi, em São Paulo.

_Lançamento de *Lavoura Arcaica*, de Raduan Nassar.

256. 1ª EDIÇÃO DE *LAVOURA ARCAICA*

GOVERNO DE SÃO PAULO

_Em 15 de março de 1975, Paulo Egydio Martins toma posse como governador, o que o *Diário Oficial* registra em sua edição de 16 de março; permanece no cargo até 15 de março de 1979.

257. POSSE DE PAULO EGYDIO MARTINS

DIÁRIO OFICIAL

_A partir de 21 de março, o *Diário Oficial* não é mais noticioso.

_Em 2 de dezembro, o *Diário Oficial* passa a incluir o caderno Diário do Município.

256

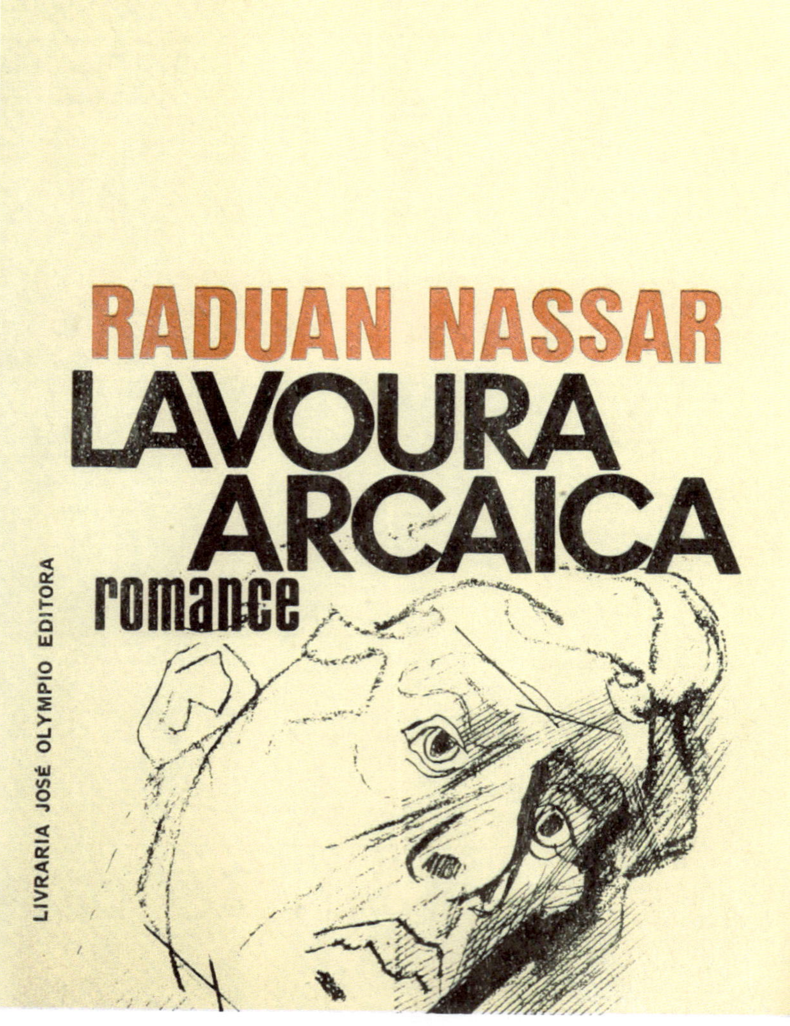

RADUAN NASSAR

LAVOURA ARCAICA

ROMANCE

LIVRARIA
JOSÉ OLYMPIO
EDITORA
RIO — 1975

Diário Oficial

ESTADO DE SÃO PAULO

Diretor-Superintendente: Wandyck Freitas

ANO LXXXV | SÃO PAULO — DOMINGO, 16 DE MARÇO DE 1975 | NÚMERO 52

GOVERNADOR PAULO EGYDIO ASSUME A CHEFIA DO EXECUTIVO PAULISTA

"Sejam minhas palavras, neste instante, palavras de fé e de esperança. Esperança de que, com a ajuda de Deus e a boa vontade dos homens, o Governo que hoje se instala trabalhe e construa, sem desfalecimento, a segurança, a ordem, a tranquilidade, o progresso e o desenvolvimento cada vez maiores de São Paulo. São Paulo merece tudo de nós. Tudo estamos dispostos a dar-lhe. Esperamos tudo fazer por ele. Não esperamos somente. Temos fé."

São palavras do sr. Paulo Egydio Martins ao assumir ontem o Governo do Estado de São Paulo, em solenidade realizada às 18,00 horas, no Palácio dos Bandeirantes.

Chegada ao Palácio

O Governador Paulo Egydio Martins e senhora e o vice-governador Manoel Gonçalves Ferreira Filho e senhora chegaram à sede do Governo às 17,30 horas, procedentes da Assembléia Legislativa, onde se realizara a solenidade de posse. Acompanhavam-nos os srs. Henri Couri Aidar, secretário chefe da Casa Civil e o tenente-coronel Antonio Nogueira Cesar, chefe da Casa Militar, do Governo cessante. Foram recebidos na escadaria do Palácio dos Bandeirantes pelo governador Laudo Natel e senhora, o Secretariado do Governo que encerrava o mandato e o prefeito da Capital.

A solenidade de transmissão da chefia do Executivo paulista realizou-se no auditório do Palácio dos Bandeirantes, onde já se encontravam os membros do novo Secretariado estadual, altas autoridades civis, militares e eclesiásticas, parlamentares, personalidades de destaque da vida paulista e grande número de pessoas.

Foi o seguinte o discurso com que o sr. Paulo Egydio Martins assumiu as funções de governador do Estado de São Paulo:

«Senhor Governador Laudo Natel,

Minhas Senhoras,

Meus Senhores:

Recebo, neste instante, o Governo do Estado de S. Paulo. Caber-me-à dirigir-lhe os destinos durante os próximos quatro anos. A honra suprema da investidura não me tolda a visão nítida da responsabilidade que passa a recair sobre os meus ombros, de hoje em diante. Este momento, sobre todos solene, marca o início de nova fase da história político-administrativa da terra bandeirante. E é essa compreensão sincera de que se trata apenas de nova fase, em continuação de uma mesma história, que me dá a esperança de levar a bom termo o encargo agora recebido, desde que não me falte a colaboração estimulante dos meus conterrâneos. É a inspiração colhida nos lances gloriosos da nossa história comum, que me dá confiança para cumprir a missão que ora principia.

Revezam-se, no comando, os dirigentes. Mas a terra é a mesma. O mesmo é o povo. As mesmas as aspirações por uma vida cada vez mais digna, cada vez mais humana, cada vez mais próspera, dentro de uma sociedade cujo dogma fundamental seja o respeito mútuo por aquilo que distingue o homem de todos os demais seres: uma vontade livre, que a inteligência guia pelos caminhos do bem e da verdade».

Continuidade de princípios

«Se, desde antes, a fidelidade à nossa história nunca nos permitiu desvios irrecuperáveis, a partir de 1964, as mudanças de governo não significam alterações de base, pois, quaisquer que sejam os dirigentes estaduais ou federais, mantém-se a continuidade dos princípios que inspiraram a vitória de 31 de março. Graças a essa continuidade de princípios e de idéias, não cessou o esforço pela recuperação econômica, pela melhoria do nível geral de vida e pelo aperfeiçoamento das instituições políticas do país, através destes onze anos em que se desdobrou a ação revolucionária, sob a presidência do marechal Castelo Branco, cujo nome evoco sempre com carinhosa reverência, do marechal Costa e Silva e dos generais Emílio Médici e Ernesto Geisel.

Orientando-se por uma diretriz que viu sempre a nação globalmente, como um todo, os governos da Revolução — federais ou estaduais — ao mesmo tempo que atingiam, com êxito absoluto, as suas metas econômicas, buscavam fortalecer a unidade nacional, eliminando diferenças, soldando, em definitivo, as fissuras que ameaçavam abrir-se em rachaduras profundas e que acabariam por justificar a existência dos «dois brasis», da observação de famoso sociólogo francês. Foi um Brasil só que a Revolução procurou construir, voltando suas preocupações para as áreas menos desenvolvidas e dando-lhes a atenção e o auxílio necessários para que pudessem, devidamente aparelhadas e amparadas, perseguir na senda de progresso já atingida por outros Estados.»

Modelo político

«Os êxitos conseguidos nesses setores não foram, entretanto, acompanhados com igual velocidade, no terreno político, embora, desde o início, tenha a Revolução dado os primeiros passos para a criação e elaboração de um modelo político original, plasmado sobre a nossa realidade.

O Presidente Geisel, a quem o Brasil já deve tanto, em tão pouco tempo, e cujas preocupações pela área política são uma constante, tem reclamado, mais de uma vez, que a imaginação dos nossos homens públicos colabore no aperfeiçoamento desse modelo, dando-lhe feição definitiva. Feição que a inteligência criadora desses mesmos políticos, com os olhos postos no presente, mas lançando vistas para o passado e sobre o futuro, sintam ser a mais conveniente e a mais oportuna para ajustar a vida pública à nossa maneira de ser, garantindo a estabilidade das instituições, pela continuidade do desenvolvimento global e da segurança, suas pedras basilares.

Em 1922, partiu daqui de São Paulo, com a Semana de Arte Moderna, o movimento que procurou mergulhar-nos nas raízes de nós mesmos, buscando o cerne da brasilidade, para que, libertando-nos da avassaladora influência estrangeira, o Brasil encontrasse em si mesmo e através do seu próprio caminho, a rota do seu destino. Desde então, o País persegue esse programa de fidelidade a si próprio com intervalos de mais ou menos intensidade, mas sem perder de vista o objetivo final. Com a Revolução de 1930 e, depois, ainda mais, com a de 1964, acentuou-se o espírito renovador de 22, "manifestado especialmente pela arte, mas manchando também com violência os costumes sociais e políticos", como disse um de seus adeptos. A busca de um Brasil autêntico, em todas as suas feições e características, tem sido uma das metas da Revolução.

O exame mais ligeiro do atual momento da vida brasileira mostrará, à saciedade, o desajuste crescente entre a sua expansão econômica, a sua organização administrativa, o seu equilíbrio social, de um lado, e, de outro, debilitada como que se estiolando, a vida política.

É verdade que não só em nosso País, mas em todo o mundo, é sensível o desgaste dos órgãos mais acentuadamente políticos. A crise do Poder Legislativo, que já antes da Primeira Grande Guerra vinha sendo observada, recrudesceu em nosso tempo, como notou Milton Campos em notável ensaio sobre os parlamentos estrangeiros. E para deter o chamado "crepúsculo dos parlamentos", ou seja o declínio da vida política — da qual eles são o oxigênio — estudos, seguidos de medidas para a modernização, a atualização e a adaptação dessas Assembléias, têm sido realizados em profundidade. Aqui mesmo, no Brasil, experimentamos, ontem e há pouco, fazer algo de positivo nesse sentido, quando se dinamizou o Congresso Nacional.

A classe política, procura o seu rumo definitivo, mas, apesar dos meritórios esforços empreendidos, ainda não pôde oferecer ao País as novas instituições políticas que ele espera, para a garantia da sua estabilidade democrática, para sempre abandonados os vícios do passado, que tanto mal lhe fizeram e que são os responsáveis pelos eclipses democráticos em que nos vimos submergidos.

Bertrand Russell, que apreciava tomar aos poetas epígrafes para os seus livros de filosofia política, cita, de Shelley, a observação onde se afirma que uma das mais sórdidas criações do tempo, mais perniciosas, mesmo, que a fraude, é o "velho costume". O "velho costume", sim, o hábito enraizado, que, bloqueando a visão do que se está passando à nossa frente e é conhecido de todos como impróprio, obsoleto, anacrônico, assim mesmo leva ao receio das mudanças, alterações ou reparos que se impõem, opondo-se a que se promovam as inovações reclamadas pela necessidade."

Lição para meditar

"Desde 1964, as classes armadas não têm hesitado em clara, aberta e corajosamente buscar novos caminhos, cumprindo a missão histórica que lhes têm sido imposta desde a República, quando passaram a ser, de fato, o poder moderador que existiu de direito, durante o Império.

Esta é uma lição para meditar. É chegada a hora de a classe política debruçar-se sobre a realidade e os fatos, para de ambos extrair os dados positivos e necessários às reformulações que se fazem imperiosas, preservada a nossa tradição profundamente democrática, tanto no campo social como no político. Esta é a contribuição que se espera dela e que ela é capaz de dar.

Saneado o País e devolvido à normalidade democrática, o poder moderador de fato terá cumprido a sua missão. Entretanto, deixará um vazio. A história republicana demonstra que esse vazio não deve existir. Urge, por isso, dar as costas ao "velho costume" e encarar, frente a frente, a necessidade de pensar em alguma instituição que exerça a função de poder moderador de direito, nas horas cruciais e asfixiantes das grandes crises."

Instituições fundamentais

«Nas Sociedades Abertas e Pluralistas como a nossa, a legitimidade das Instituições Políticas Básicas deve pairar acima das controvérsias partidárias. As divergências das correntes de opinião, sempre salutares e fecundas, não devem atingir os fundamentos do regime, depois de instaurado ele pelo Conselho Livre da Nação. O segredo da estabilidade dos regimes inglês e americano está no intocável respeito pelas instituições políticas fundamentais, que adotaram.

Entre nós e em muitos outros países, desenvolvidos ou em desenvolvimento, as lutas partidárias descambam, com frequência, para o ataque às próprias bases do regime. Quando isso acontece, o resultado eleitoral não satisfaz os vencidos, que se voltam contra os próprios fundamentos do regime político, os quais tentam mudar pela violência.

Se atentarmos para a nossa vida política nos anos que antecederam a revolução de 30, e desta à revolução de 64, verificaremos que as regras do jogo sempre foram postas em dúvida, que o resultado dos pleitos nunca satisfez plenamente as classes dirigentes, nunca mereceu aceitação pacífica das correntes políticas.

Por isso mesmo, se muitas vezes a atmosfera política pareceu tranquila, nunca tivemos uma perfeita estabilidade governamental.

Travem-se as lutas e as discussões em torno das idéias, da ação dos homens, da orientação dos Governos, dos programas administrativos, que isso é próprio, é da essência do regime democrático, que é o da nossa vocação. Mas respeitem-se, guardem-se, preservem-se as instituições, que elas, e só elas, são as guardiãs da estabilidade dos regimes e da confiança que depositamos naqueles que o encarnam momentaneamente, através do poder que lhes é dado para ser exercido em benefício do povo e do Estado, dentro dos limites constitucionais».

(Conclui na 2.ª pag.)

POSSE COLETIVA DO SECRETARIADO

Hoje, às 11,30 horas, no Palácio dos Bandeirantes, perante o governador Paulo Egydio Martins, o secretário da Justiça, prof. Manoel Pedro Pimentel, ontem empossado, dará posse aos novos secretários de Estado.

Tomarão posse os titulares da Fazenda, sr. Nelson Gomes Teixeira; da Educação, sr. José Bonifácio Coutinho Nogueira; da Saúde, prof. Walter Leser; da Promoção Social, sr. Mário de Moraes Altenfelder Silva; dos Transportes, sr. Thomaz Pompeo Borges de Magalhães; Extraordinário para Assuntos Metropolitanos, sr. Roberto Cerqueira Cesar; de Serviços e Obras Públicas, sr. Francisco Henrique Fernando de Barros; da Agricultura, sr. Pedro Tassinari Filho; da Segurança Pública, coronel Antonio Erasmo Dias; de Cultura, Ciência e Tecnologia, sr. José E. Mindlin; do Planejamento, sr. Jorge Wilhelm; do Interior, sr. Raphael Baldacci Filho; da Administração, sr. Adhemar de Barros Filho; do Turismo, sr. Ruy Silva; do Trabalho, sr. Jorge Maluly Neto e na Chefia da Casa Militar, o coronel Moacyr Teixeira da Silva Braga.

O secretário da Justiça, prof. Manoel Pedro Pimentel, foi designado pelo governador Paulo Egydio Martins, para responder, cumulativamente, pela Chefia da Casa Civil.

1976

MUNDO E BRASIL

_Em agosto, Juscelino Kubitschek morre em um acidente automobilístico.
_O semanário *O Pasquim* é apreendido.
_Vários deputados são cassados e muitas pessoas são torturadas e assassinadas; o presidente Geisel admite a existência de tortura.
_João Goulart morre no exílio, na Argentina.

IMPRENSA OFICIAL

_Conclui-se a construção do primeiro edifício da Imprensa Oficial, no terreno da rua da Mooca, n.1921.
_O Decreto n.8100, de 24 de junho, publicado no *Diário Oficial* de 25 de junho, declara de utilidade pública, para fins de desapropriação, o terreno situado à rua Sacramento Blake, ns. 25, 41 e 55, destinado à Imprensa Oficial do Estado.

1977

MUNDO E BRASIL

_Em abril, o presidente Geisel fecha o Congresso e, em seguida, realiza a reforma do Judiciário, mediante a Emenda Constitucional n.7.
_O Congresso é reaberto em 15 de abril, mas são impostas eleições indiretas para governador e a nomeação de 1/3 do Senado.
_Estudantes promovem o Dia Nacional de Luta pela Anistia em 19 de maio; as manifestações são duramente reprimidas na Universidade de Brasília.
_Intelectuais franceses enviam carta ao presidente Geisel, em julho, pedindo liberdade e anistia para o Brasil.
_Em agosto e setembro, são realizadas várias manifestações que defendem, inclusive, o direito à Constituinte.
_Rachel de Queiroz é a primeira mulher eleita para a Academia Brasileira de Letras.

1978

MUNDO E BRASIL

_O general João Batista Figueiredo vence eleições indiretas para presidente, em outubro.
_O AI-5 é revogado em 31 de dezembro.
_Dois grandes sucessos no teatro: *Macunaíma*, dirigido por Antunes Filho, e *Ópera do Malandro*, de Chico Buarque.

IMPRENSA OFICIAL

_Wandyck Freitas falece em 15 de junho.
_A nomeação de Eugênio Gertel como diretor da Imprensa Oficial é publicada no *Diário Oficial* de 17 de junho.

1979

MUNDO E BRASIL

_O general João Batista Figueiredo assume a presidência em 15 de março.

_Aprovada a Lei de Anistia em 28 de agosto. Vários exilados regressam ao país.

_Restabelecido o pluripartidarismo.

258. APROVADA A LEI DE ANISTIA.

GOVERNO DE SÃO PAULO

_Paulo Salim Maluf é o governador de 5 de março de 1979 a 14 de maio de 1982.

IMPRENSA OFICIAL

_Caio Plínio Aguiar Alves de Lima é eleito diretor em 28 de março; reformulação da estrutura administrativa.

_Começa a circular, em junho, com periodicidade mensal, o *Unimesp*, órgão interno dos funcionários da Imprensa Oficial do Estado S.A.—Imesp.

_É criada a Associação dos Funcionários da Imprensa Oficial do Estado de São Paulo—Afimesp.

1980

MUNDO E BRASIL

_O manifesto de fundação do PT - Partido dos Trabalhadores é aprovado em 10 de fevereiro.

_O Congresso aprova emenda que restabelece eleições diretas para governador, a partir de 1982.

DIÁRIO OFICIAL

_O Decreto n.16435, de 19 de dezembro, publicado em 20 de dezembro, determina que o *Diário Oficial* passe a ser dividido em: Executivo Seção I, Executivo Seção II, Poder Judiciário e Ineditoriais. A medida entra em vigor em 18 de março de 1981.

259. NORMAS DE PUBLICAÇÃO PARA O D.O.

FOLHA DE S.PAULO

Editor Responsável: Boris Casoy • São Paulo, quarta-feira, 29 de agosto de 1979 • Um jornal a serviço do Brasil • Ano 58 • N.o 18.410 • Al. Barão de Limeira, 425 • Cr$ 10,00

Gasolina a 13,20 segunda-feira

O aumento, homologado ontem pelo Conselho Nacional do Petróleo, fica abaixo dos índices anteriormente previstos, o que está sendo considerado uma "vitória de Delfim Neto". O botijão de gás passa para Cr$ 115,00. —Página 19

A anistia em vigor, com veto

Apenas com o veto à expressão "em quaisquer outros diplomas legais", incluída no artigo 1.º do projeto original, o presidente João Batista Figueiredo sancionou ontem pela manhã a lei da anistia, nos termos do substitutivo aprovado pelo Congresso Nacional.

Apesar do veto, segundo esclareceu o ministro Said Farhat, a lei entra em vigor imediatamente, pois apenas a parte vetada volta ao Congresso para apreciação dentro do prazo constitucional. A lei da anistia será publicada no "Diário Oficial" que circula hoje.

Após a sanção, uma alta fonte do Palácio do Planalto assegurou que "até 1981 não haverá mais presos políticos no País", em consequência das medidas que se seguirão ao ato assinado ontem.

O MDB, contudo, continuará lutar pela anistia ampla, geral e irrestrita, conforme anunciou ontem Ulisses Guimarães.

Presos Beneficiados

Em São Paulo sete presos políticos foram beneficiados pela anistia e deverão ser postos em liberdade brevemente. Em Pernambuco, 3 foram anistiados.

Ontem, o presidente do CBA-SP, Luís Eduardo Greenhalg, denunciou que no mesmo momento em que o Congresso aprovava a anistia foi procurado por pessoas que "foram seguidas pela polícia política e estão recebendo telefonemas ameaçadores". PAGs. 4 e 5

Leia editorial "A espera do indulto", na Página Dois.

Nova opção para a volta de Brizola

Ainda persistem dúvidas sobre a possibilidade do ex-governador Leonel Brizola desembarcar no território brasileiro em São Borja, como é seu desejo, devido à inexistência, naquela cidade gaúcha, de alfândega e dos serviços da Polícia Federal.

A opção para Brizola poderá ser Uruguaiana ou a cidade fronteiriça argentina de São Tomé, da qual o ex-governador poderia passar, atravessando o rio Paraná, para São Borja.

Brizola voou ontem de Lisboa para Nova York, onde desembarcou às 15 horas (16h30 de Brasília). Na cidade norte-americana, o ex-governador permanece até dia 3, quando viaja para Assunção, no Paraguai, última etapa antes de entrar em território brasileiro. PAG. 5

OPINIÃO
• "Hóspedes, convenções e distorções", de Newton Rodrigues, e "Nacionalismo, por que não?", de Jorge Boaventura. Página Três

NACIONAL
• A Marinha brasileira realizou, no início de agosto, manobras nas costas do Senegal, Guiné-Bissau e Cabo Verde, para demonstrar que o governo brasileiro defenderia estes países em caso de agressão — informou alta fonte do governo em Brasília. PAG. 8

O reajuste semestral é escalonado

As duas propostas para mudança da política salarial no País, a serem analisadas hoje pelo Conselho de Desenvolvimento Econômico (CDE), prevêem mais de um reajuste salarial por ano para faixas de até 20 salários mínimos. Pela primeira proposta, todas as faixas até 20 salários mínimos teriam reajustes semestrais, mas os trabalhadores de 1 a 5 mínimos receberiam, no primeiro semestre, o índice de custo de vida mais 10% deste índice; no segundo semestre os salários seriam reajustados com base no custo de vida mais a taxa de produtividade.

Na segunda proposta, os reajustes seriam trimestrais (de 1 a 5 mínimos), quadrimestrais (6 a 10) e semestrais (11 a 20 salários mínimos), também de acordo com o custo de vida. PAG. 18

Vigilantes decidem continuar a greve

Acompanhados de perto pela polícia, que realizou 200 prisões (todos foram liberados ainda ontem pelo Deops), os vigilantes de indústrias e bancos de São Paulo decidiram ontem à tarde continuar a greve desencadeada na segunda-feira, apesar do início das negociações com os patrões encaminhadas pela Delegacia Regional do Trabalho. Hoje, a categoria se reúne novamente às 10 horas, na DRT, para apreciar possíveis contrapropostas patronais, e às 19 horas haverá assembléia geral na igreja Nossa Senhora da Paz, no Glicério.

Os bancários paulistas também rejeitaram ontem as novas propostas feitas pelos banqueiros e insistiram na reivindicação de 50% de aumento mais Cr$ 3 mil fixos. PAG. 18

Postos vão abrir dia 8 de setembro

Da Sucursal de Brasília

No próximo dia 8 de setembro, sábado, os postos de gasolina de todo o País funcionarão das 6 às 12 horas, tendo em vista o feriado de 7 de setembro, na sexta, quando esses estabelecimentos estarão fechados e não poderão prestar nenhum serviço.

A decisão de funcionamento dos postos no dia 8 foi tomada ontem pelo Conselho Nacional do Petróleo (CNP) e anunciada pela assessoria de imprensa do Ministério das Minas e Energia. Para conceder a autorização, o CNP baseou-se no fato de que, sendo feriado na sexta-feira e com a proibição de venda de gasolina aos sábados e domingos, os carros particulares ficariam 81 horas ininterruptas sem abastecimento.

Ministro confirma os novos horários

O ministro das Minas e Energia, César Cals, confirmou ontem que os postos de gasolina poderão mesmo permanecer abertos, nos dias úteis, somente das 7 às 19 horas, e disse que a margem de revenda dos derivados de petróleo será aumentada nas próximas semanas. Contrariando suas próprias palavras na semana passada, quando afirmou, de forma categórica, que "a lei não será desrespeitada", Cals explicou ontem sua nova posição: "Lamentamos, mas deixaremos que os postos operem na hora que desejam. Não podemos fazer nada contra este item de funcionamento, porque está afeto diretamente à legislação comercial."

Fontes do setor comentavam ontem que o governo poderá oficializar o novo horário em todo o País. PAG. 19

Surgem mais acusações na área nuclear

Incêndio do Detran tem um suspeito

IRA fere dez num atentado em Bruxelas

Num atentado do Exército Republicano Irlandês (IRA), ontem, em Bruxelas, ficaram feridas dez pessoas — inclusive quatro soldados britânicos

Guerra contra as kombis que fazem lotação

Guarani, outra ameaça à noite para Teixeira

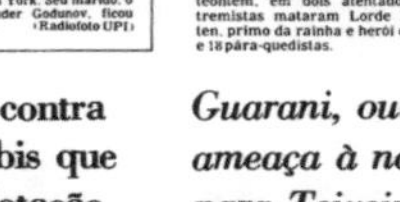

258

Suplementa	TOTAL	16.87.021	16.87.523
3.1.1.1 — Pessoal Civil	800.000	—	800.000
3.2.5.1 — Inativos	2.610.000	2.610.000	—
3.2.8.0 — Contribuições para Formação do Patrimônio do Servidor Público — PASEP	142.742	142.742	—
TOTAL	3.552.742	2.752.742	800.000

Reduz	TOTAL	16.87.021	16.87.523
3.1.1.1 — Pessoal Civil	400.000	200.000	200.000
3.1.1.3 — Obrigações Patronais	800.000	300.000	500.000
3.2.5.3 — Salário-Família	60.000	15.000	45.000
TOTAL	1.260.000	515.000	745.000

Artigo 3.º — A redução de recursos, no valor de Cr$ 1.260.000,00 (hum milhão e duzentos e sessenta mil cruzeiros), constante do artigo anterior, efetivar-se-á nos termos do inciso III, § 1.º, do artigo 43, da Lei Federal n.º 4.320, de 17 de março de 1964.

Artigo 4.º — Fica alterada a Programação Orçamentária da Despesa do Estado, estabelecida pelo Anexo I, de que trata o artigo 3.º, do Decreto n.º 14.667, de 11 de janeiro de 1980, conforme segue:

A N E X O — I

Suplementa

16 — SECRETARIA DOS TRANSPORTES ADMINISTRAÇÃO INDIRETA

16.56 — Departamento Aeroviário do Estado de São Paulo

TOTAL	2.292.742
4.a Quota	2.292.742

Reduz

99 — RESERVA DE CONTINGÊNCIA ADMINISTRAÇÃO DIRETA

99.99 — Reserva de Contingência

TOTAL	2.292.742
4.a Quota	2.292.742

Artigo 5.º — Este decreto entrará em vigor na data de sua publicação.

Palácio dos Bandeirantes, 19 de dezembro de 1980.

PAULO SALIM MALUF

Affonso Celso Pastore, Secretário da Fazenda

Rubens Vaz da Costa, Secretário de Economia e Planejamento

Publicado na Casa Civil, aos 19 de dezembro de 1980.

Maria Angélica Galiazzi, Diretora da Divisão de Atos Oficiais.

DECRETO N.º 16.434, DE 19 DE DEZEMBRO DE 1980

Dispõe sobre abertura de crédito suplementar, nos termos do artigo 1.º, da Lei n.o 2.491, de 23 de outubro de 1980

PAULO SALIM MALUF, GOVERNADOR DO ESTADO DE SÃO PAULO, no uso de suas atribuições legais, e

Considerando a necessidade de suplementar o orçamento vigente da Secretaria de Agricultura e Abastecimento a fim de atender despesas decorrentes do Convênio a ser firmado com a Fundação Padre Anchieta — Centro Paulista de Rádio e TV Educativa,

Decreta:

Artigo 1.º — De conformidade com o que dispõe o artigo 1.o, da Lei n.o 2.491, de 23 de outubro de 1980, fica aberto à Secretaria de Agricultura e Abastecimento, um crédito suplementar de Cr$ 3.160.000,00 (três milhões, cento e sessenta mil cruzeiros), observando-se nas classificações Institucional, Econômica e Funcional-Programática, a seguinte discriminação:

13 — SECRETARIA DE AGRICULTURA E ABASTECIMENTO

Suplementa

13.02 — Coordenadoria de Assistência Técnica Integral	
3.1.2.0 — Material de Consumo	1.400.000
3.1.3.2 — Outros Serviços e Encargos	1.760.000
TOTAL	3.160.000

Atividade	Correntes	TOTAL
04.18.111.2.001 — Assistência Técnica Integral	3.160.000	3.160.000

Artigo 2.º — O valor do presente crédito será coberto com recursos de que trata o inciso II, do § 1.o, do artigo 43, da Lei Federal n.o 4.320, de 17 de março de 1964.

Artigo 3.º — Fica alterada a Programação Orçamentária da Despesa do Estado, estabelecida pelo Anexo I, de que trata o artigo 3.o, do Decreto n.o 14.667, de 11 de janeiro de 1980, na seguinte conformidade:

ANEXO I

Suplementa

13 — SECRETARIA DE AGRICULTURA E ABASTECIMENTO ADMINISTRAÇÃO DIRETA

13.02 — Coordenadoria de Assistência Técnica Integral

TOTAL	3.160.000
4.ª Quota	3.160.000

Artigo 4.º — Este decreto entrará em vigor na data de sua publicação.

Palácio dos Bandeirantes, 19 de dezembro de 1980.

PAULO SALIM MALUF

Affonso Celso Pastore, Secretário da Fazenda

Rubens Vaz da Costa, Secretário de Economia e Planejamento

Publicado na Casa Civil, aos 19 de dezembro de 1980.

Maria Angélica Galiazzi, Diretora da Divisão de Atos Oficiais.

DECRETO N.º 16.435, DE 19 DE DEZEMBRO DE 1980

Estabelece normas sobre publicação de atos administrativos e altera o Decreto n.º 5.054, de 20 de novembro de 1974

PAULO SALIM MALUF, GOVERNADOR DO ESTADO DE SÃO PAULO, no uso de suas atribuições legais, e

Considerando que o crescente volume de matérias destinadas à publicação no Diário Oficial do Estado representa enorme sobrecarga para o Erário;

Considerando que a produção nacional de papel para a imprensa não atende à demanda de todo o país, tornando imperativa a adoção de medidas tendentes a reduzir o seu consumo;

Considerando que a publicação, em separado, de uma Seção de assinatura facultativa, destinada aos atos não normativos concernentes aos funcionários e servidores, terá tiragem reduzida, contribuindo para diminuir o consumo de papel;

Considerando que a adoção do sistema "off-set" de impressão, já utilizado nos Diários Oficiais da União, de outros Estados, do Município e no Diário da Justiça do Estado de São Paulo, acarretará apreciável diminuição nos custos de produção;

Considerando que as alterações introduzidas no regime de administração de pessoal tornam necessária a atualização do Decreto n.º 5.054, de 20 de novembro de 1974, que disciplina a publicação de atos oficiais no Diário Oficial do Estado;

Considerando, finalmente, as conclusões a que chegou o Grupo de Trabalho instituído pelo Decreto n.º 14.951, de 11 de abril de 1980;

Decreta:

Artigo 1.º — O Diário Oficial do Estado será editado em duas Seções:

I — Seção I, na qual serão publicados:

a) Emendas à Constituição;

b) Leis complementares e ordinárias;

c) Decretos numerados;

d) Resoluções, Deliberações, Portarias, Pareceres e outros atos administrativos de caráter normativo ou geral;

e) Decretos não numerados, despachos governamentais e outros atos administrativos de caráter individual, não atinentes a pessoal da Administração Pública centralizada ou descentralizada;

f) Editais, contratos, avisos, comunicados, notificações, intimações e quaisquer atos administrativos não relacionados com o pessoal da Administração Pública centralizada ou descentralizada;

g) Matéria proveniente da Assembléia Legislativa, Tribunal de Contas, União e Municípios.

II — Seção II, na qual serão publicados os decretos não numerados e demais atos administrativos atinentes ao pessoal da Administração Pública centralizada ou descentralizada, não incluídos no inciso anterior.

§ 1.º — Serão vendidas e assinadas em separado as Seções I e II do Diário Oficial do Estado.

§ 2.º — A editoração do Diário Oficial do Estado na forma prevista neste artigo terá início 90 (noventa) dias a contar da publicação deste decreto, data a partir da qual aplicar-se-á o disposto no parágrafo anterior.

Artigo 2.º — Passa a vigorar com a seguinte redação e acrescido de dois parágrafos, o artigo 3.º do Decreto n.º 5.054, de 20 de novembro de 1974.

"Artigo 3.º — Não serão publicados:

I — concessões e indeferimentos de licença para tratamento de saúde pelas Secretarias de origem do funcionário ou servidor;

II — escalas de férias;

III — deferimento de férias do exercício ou de exercícios anteriores;

IV — indeferimento de férias por absoluta necessidade de serviço;

V — concessões de salário-família e salário-esposa;

VI — adjudicação e homologação desta, nas licitações mediante convite;

VII — parecer sobre assuntos que não sejam de interesse geral ou que, por dependerem de apreciação por autoridade superior, ainda não tenham caráter final.

§ 1.o — As concessões e os indeferimentos de licença para tratamento de saúde serão publicados com o expediente da Secretaria da Administração, na parte destinada ao Departamento Médico do Serviço Civil do Estado.

§ 2.º — Os interessados terão ciência dos atos a que se referem os incisos III e IV, no processo em que foi proferida a decisão."

Artigo 3.º — As materias destinadas ao Diário Oficial do Estado obedecerão às normas constantes do Anexo que faz parte integrante deste decreto.

Artigo 4.º — O Grupo de Seleção e Desenvolvimento de Recursos Humanos, da Coordenadoria de Recursos Humanos do Estado da Secretaria da Administração, em conjunto com os órgãos setoriais do Sistema de Administração de Pessoal, dentro de 30 (trinta) dias a contar da publicação deste decreto, promoverá a execução de programa de treinamento do pessoal da Administração Pública centralizada e descentralizada, incumbido de preparar, para publicação, os atos administrativos de caráter individual.

Parágrafo único — A execução do programa de que trata este artigo contará com a colaboração da Imprensa Oficial do Estado S.A. — IMESP.

Artigo 5.º — Não se aplicam as normas deste decreto ao Diário Oficial da Justiça, cujas publicações continuarão a reger-se pelo Anexo II do Decreto n.º 5.054, de 20 de novembro de 1974.

Artigo 6.º — Este decreto entrará em vigor na data de sua publicação, revogadas as disposições em contrário, em especial as contidas no Anexo I do Decreto n.º 5.054, de 20 de novembro de 1974.

Palácio dos Bandeirantes, aos 18 de dezembro de 1980.

PAULO SALIM MALUF

José Carlos Ferreira de Oliveira, Secretário da Justiça

Affonso Celso Pastore, Secretário da Fazenda

Guilherme Afif Domingos, Secretário de Agricultura e Abastecimento

Walter Coronado Antunes, Secretário de Obras e do Meio Ambiente

José Maria Siqueira de Barros, Secretário dos Transportes

Luiz Ferreira Martins, Secretário da Educação

Adib Domingos Jatene, Secretário. da Saúde

Octávio Gonzaga Júnior, Secretário da Segurança Pública

Antonio Salim Curiati, Secretário da Promoção Social

Antonio Henrique Cunha Bueno, Secretário Extraordinário da Cultura

Osvaldo Palma, Secretário da Indústria, Comércio, Ciência e Tecnologia

Francisco Rossi de Almeida, Secretário de Esportes e Turismo

Sebastião de Paula Coelho, Secretário de Relações do Trabalho

Wadih Helu, Secretário da Administração

Rubens Vaz da Costa, Secretário de Economia e Planejamento

Arthur Alves Pinto, Secretário do Interior

Calim Eid, Secretário de Estado-Chefe da Casa Civil

Silvio Fernandes Lopes, Secretário dos Negócios Metropolitanos

José Blota Júnior, Secretário Extraordinário de Informação e Comunicações

Publicado na Casa Civil, aos 19 de dezembro de 1980.

Maria Angélica Galiazzi, Diretora da Divisão de Atos Oficiais.

A N E X O

NORMAS PARA PUBLICAÇÕES NO DIÁRIO OFICIAL DO EXECUTIVO

1. Os atos destinados à Seção I serão nitidamente datilografados em espaço um, em papel tamanho ofício, sem pauta, e encaminhados para a Imprensa Oficial do Estado S.A. — IMESP em cópias reprográficas, com impressão nítida em cor preta.

2. Os atos destinados à Seção II serão nitidamente datilografados, em cor preta, espaço um, papel modelo-padrão, distribuído gratuitamente pela Imprensa Oficial do Estado S.A.

3. Os atos encaminhados para publicação não conterão emendas ou rasuras.

4. Os atos encaminhados para publicação serão ordenados segundo a importância de cada um, de acordo com as normas estabelecidas pelo artigo 3.o do Decreto n.o 1, de 11 de julho de 1972.

5. Os atos da mesma natureza, que abranjam vários funcionários ou servidores, serão objeto de um só instrumento, evitando-se a divulgação unitária, principalmente nos casos em que os preâmbulos desses atos sejam idênticos.

6. As resoluções e portarias numeradas somente serão publicadas na integra quando tiverem caráter normativo.

7. Serão publicados em resumo:

a) as resoluções, portarias e os despachos de caráter funcional;

b) as apostilas;

c) os editais de concorrência ou de tomada de preços;

d) os editais de licitação de obras públicas;

e) os contratos, convênios e ordens de execução de serviços;

f) os contratos, bem como aditamentos, referentes a obras públicas;

g) os editais de citação de réus da Capital;

8. As apostilas de enquadramento ou reenquadramento, em decorrência de evolução funcional, adicional, ou qualquer vantagem conferida por lei ou decisão judicial serão publicadas em resumo, mencionando o nome do funcionário ou servidor, o R.G., o cargo, o fundamento, o padrão em que fica enquadrado e a data a partir da qual vigorará o enquadramento.

9. Não serão publicados despachos concessivos de adicional a funcionários e servidores abrangidos pela Lei Complementar n.o 180/78, mas apenas as respectivas apostilas de enquadramento.

10. Cada edital de abertura de concurso público ou processo seletivo será publicado na integra apenas uma vez. Publicações posteriores do mesmo edital conterão apenas os dados que o identifiquem, bem como a data e página do Diário Oficial em que foi publicado.

11. Serão suprimidos os vocábulos senhor, senhora, dona e senhorita.

12. A expressão "referência" será usada abreviadamente quando se seguir o valor numérico correspondente. Ex.: ref. 60.

13. Não serão usadas aspas para destacar a referência e o grau, ressalvadas as hipóteses de transcrição ou enunciado de despachos.

14. A expressão "no uso de suas atribuições legais" só será admitida nos decretos.

15. As disposições legais que atribuem competência a autoridade abaixo do Governador do Estado não serão publicadas.

16. Não será usado o vocábulo "ato" para designar a manifestação de uma autoridade, mas a denominação especifica determinada pelo Decreto n.o 1, de 11 de julho de 1972.

17. As datas serão grafadas com algarismos.

1981

IMPRENSA OFICIAL

_Começa a expansão da Imprensa Oficial, com a construção de um novo edifício em suas dependências.

DIÁRIO OFICIAL

_Em 18 de março, o *Diário Oficial* passa a ser publicado de acordo com o Decreto n. 16435.

260. NOVA FORMA PARA A PUBLICAÇÃO DO D.O.

_Em 31 de julho, publica-se a última edição tipográfica do *Diário Oficial*, desativando-se a velha impressora Goss de 1957.

261. ÚLTIMA EDIÇÃO DO *DIÁRIO OFICIAL* IMPRESSO NA VELHA GOSS

D. O. E., Seç. I, São Paulo, 91 (143), quinta-feira, 30 jul. 1981

IMPRENSA OFICIAL DO ESTADO S/A
IMESP

Diretor-Superintendente
CAIO PLINIO AGUIAR ALVES DE LIMA

DIÁRIO OFICIAL DO ESTADO

O Diário Oficial do Estado de São Paulo foi criado pelo Decreto n.º 162, de 24 de abril de 1891, iniciando-se sua publicação em 1.º de maio do mesmo ano. Atualmente é editado em quatro seções:

1) **SEÇÃO I** — PODER EXECUTIVO (atos normativos e de interesse geral); PODER LEGISLATIVO; TRIBUNAL DE CONTAS DO ESTADO; EDITAIS; DIARIO DOS MUNICIPIOS e BOLETIM FEDERAL.

2) **SEÇÃO II** — PODER EXECUTIVO (atos referentes ao pessoal da Administração Pública Centralizada e Descentralizada).

3) **PODER JUDICIÁRIO**

4) **INEDITORIAIS.**

A editoração do Diário Oficial do Estado sob a forma de Seção I e Seção II, em 18 de março de 1981, atendeu ao disposto no Decreto n.º 16.435, de 19 de dezembro de 1980.

Os originais para publicação devem obedecer as normas estabelecidas pelos Decretos n.º 5.054, de 20-11-74 e n.º 16.435, de 19-12-80.

SEDE E ADMINISTRAÇÃO — Rua da Mooca, 1921 — 03103 — São Paulo • Telefone: (011) 291-3344 (PABX). Ramais: Publicidade (220), Assinaturas (221), Venda Avulsa-Impressos (246), Arquivo-Xerox (223). • Horário de atendimento ao público: 9 às 17 horas.

REDAÇÃO — Rua João Antonio de Oliveira, 152 — 03103 — São Paulo • Telefones: (011) 93-0484 e (011) 291-3344 (PABX) Ramal (242) • Recebimento de originais até 19 horas.

AGENCIA CENTRO — Galeria Prestes Maia (Piso Anhangabaú) • Telefones — (011) 37-2380 e 37-3015 • Horário de atendimento ao público: 9 às 17 horas.

AGENCIA JUNTA COMERCIAL — Rua Maria Antonia, 294 • Telefone 256-7232 • Horário de atendimento ao público: 8,30 às 12 e das 13 às 16 horas.

ASSINATURAS

As quatro seções do Diário Oficial do Estado são vendidas e assinadas em separado. Preços da assinatura para cada seção — repartições e particulares: Cr$ 3.800,00 (anual) e Cr$ 1.900,00 (semestral) — funcionários e servidores estaduais: Cr$ 3.040,00 (anual) e Cr$ 1.520,00 (semestral).

As assinaturas poderão ser feitas em qualquer data e os prazos de 1 ano ou 6 meses serão contados do dia imediato ao que consta do recibo.

A renovação deverá ser efetuada com antecedência de 30 dias da data do vencimento da assinatura, diretamente ou através de carta, à Imprensa Oficial do Estado S/A — IMESP, acompanhada de cheque nominal, pagável na praça de São Paulo, conforme verificação de vencimento no cabeçalho de endereçamento no jornal. Vencido o prazo, a assinatura será suspensa independentemente de aviso prévio.

Os pedidos de assinatura de funcionários e servidores estaduais devem ser acompanhados de comprovante de sua situação funcional.

VENDA AVULSA

Exemplar do dia .... Cr$ 30,00 — **Exemplar atrasado .... Cr$ 37,00**

A Imprensa Oficial do Estado S/A não mantém agentes coletores de assinaturas. Não existem leis ou decretos que obriguem estabelecimentos de ensino a assinarem o Diário Oficial.

do Servidor Público Estadual "Francisco Morato de Oliveira", as seguintes funções-atividades:

I — 3 (três) de Assistente Técnico de Direção I, referências inicial e final 4 e 19 da Escala de Vencimentos 4, fixadas a Amplitude em A-I e a Velocidade Evolutiva em VE-1;

II — 1 (uma) de Auxiliar de Técnico de Perfusão, referências inicial e final 8 e 25 da Escala de Vencimentos 6, fixadas a Amplitude em A-II e a Velocidade Evolutiva em VE-2;

III — 3 (três) de Contador, referências inicial e final 7 e 30 da Escala de Vencimentos 3, fixadas a Amplitude em A-V e a Velocidade Evolutiva em VE-5;

IV — 1 (uma) de Técnico de Aparelhos de Hemodinâmica, referências inicial e final 11 e 30 da Escala de Vencimentos 6, fixadas a Amplitude em A-III e a Velocidade Evolutiva em VE-3;

V — 1 (uma) de Técnico Geneticista, referências inicial e final 11 e 30 da Escala de Vencimentos 6, fixadas a Amplitude em A-III e a Velocidade Evolutiva em VE-3;

VI — 1 (uma) de Técnico de Holter e Ergometria, referências inicial e final 11 e 30 da Escala de Vencimentos 6, fixadas a Amplitude em A-III e a Velocidade Evolutiva em VE-3;

VII — 2 (duas) de Técnico de Perfusão, referências inicial e final 11 e 30 da Escala de Vencimentos 6, fixadas a Amplitude em A-III e a Velocidade Evolutiva em VE-3;

VIII — 1 (uma) de Técnico de Radioisótopos, referências inicial e final 11 e 30 da Escala de Vencimentos 6; fixadas a Amplitude em A-III e a Velocidade Evolutiva em VE-3;

IX — 1 (uma) de Técnico de Vecto e Fonocardiografia, referências inicial e final 11 e 30 da Escala de Vencimentos 6, fixadas a Amplitude em A-III e a Velocidade Evolutiva em VE-3.

§ 1.º — As funções-atividades previstas neste artigo serão exercidas:

1. em Jornada Completa de Trabalho, as mencionadas nos incisos I, II, III, VI e IX;

2. em jornada de trabalho inferior a 30 horas semanais, as mencionadas nos incisos IV, V, VII e VIII.

§ 2.º — As funções-atividades de que trata o inciso I serão preenchidas, respectivamente, por Engenheiro Civil, Engenheiro Eletrônico e Arquiteto, com observância do disposto no artigo 40 do Regulamento do IAMSPE, aprovado pelo Decreto n.o 52.474, de 25 de julho de 1970.

Artigo 2.o — As despesas decorrentes da execução deste decreto correrão à conta das dotações consignadas no Orçamento-Programa vigente da Autarquia.

Artigo 3.º — Este decreto entrará em vigor na data de sua publicação.

Palácio dos Bandeirantes, 23 de julho de 1981.

PAULO SALIM FALUF

WADIH HELÚ, Secretário da Administração

Publicado na Casa Civil, aos 28 de julho de 1981.

Maria Angélica Galiazzi, Diretora da Divisão de Atos Oficiais.

Diário Oficial

ESTADO DE SÃO PAULO

v. 91 | n. 144 | São Paulo | sexta-feira, 31 de julho de 1981

SEÇÃO I

ATOS NORMATIVOS E

DE INTERESSE GERAL

Sumário

PODER EXECUTIVO

DECRETO N.º 17.403, DE 30 DE JULHO DE 1981

Dispõe sobre abertura de crédito suplementar, nos termos do artigo 27, inciso III, da Lei Complementar n.º 247, de 6/4/81

PAULO SALIM MALUF, GOVERNADOR DO ESTADO DE SÃO PAULO, usando de suas atribuições legais, e

Considerando a necessidade de suplementar o orçamento vigente do Hospital das Clínicas da Faculdade de Medicina de Ribeirão Preto da Universidade de São Paulo, com recursos hábeis, destinados a atender ao incremento de despesas relativas a Pessoal e Reflexos, decorrentes da aplicação da Lei Complementar n.º 247, de 06/04/81,

Decreta:

Artigo 1.º — De conformidade com o que dispõe o artigo 27, inciso III, da Lei Complementar n.º 247, de 06/04/81, fica aberto ao Gabinete do Governador, um crédito no valor de Cr$ 545.814.919 (quinhentos e quarenta e cinco milhões, oitocentos e quatorze mil, novecentos e dezenove cruzeiros), suplementar às suas dotações orçamentárias vigentes, observando-se nas classificações Institucional, Funcional-Programática e Econômica, a seguinte discriminação:

Suplementa

07 — GABINETE DO GOVERNADOR

07.01 — Casa Civil

Atividade	Correntes	TOTAL
13.75.021.2.056 Ativ. Hosp. Clín. Fac. Medic. Rib. Preto USP	545.814.919	545.814.919
3.2.1.1 — Transferências Operacionais		545.814.919

Artigo 2.º — O crédito suplementar de que trata o artigo anterior será coberto com recursos previstos pelo inciso II, § 1.º, do artigo 43, da Lei Federal n.º 4.320, de 17/03/64, consoante faculta o artigo 27, inciso III, da Lei Complementar n.º 247, de 06/04/81.

Artigo 3.º — Em decorrência do disposto no artigo anterior, o orçamento vigente do Hospital das Clínicas da Faculdade de Medicina de Ribeirão Preto da Universidade de São Paulo, aprovado pelo Decreto n.º 16.458, de 26/12/80, fica suplementado no valor de Cr$ 545.814.919 (quinhentos e quarenta e cinco milhões, oitocentos e quatorze mil, novecentos e dezenove cruzeiros), obedecendo a seguinte distribuição:

I — No Demonstrativo da Estrutura Funcional-Programática, Classificada por Categoria Econômica:

07.56 — Hospital das Clínicas da Faculdade de Medicina de Ribeirão Preto da USP

Suplementa

Atividade	Correntes	TOTAL
13.75.021.2.001 Administração Geral do Hospital	545.814.919	545.814.919

II — No Discriminativo da Despesa por Subprogramas a Nível de Elemento:

07.56 — Hospital das Clínicas da Faculdade de Medicina de Ribeirão Preto da USP

Suplementa	TOTAL	13.75.021
3.1.1.1 — Pessoal Civil	472.855.542	472.855.542
3.1.1.3 — Obrigações Patronais	67.671.410	67.671.410
3.2.5.1 — Inativos	1.249.268	1.249.268
3.2.5.3 — Salário-Família ...	4.038.699	4.038.699
TOTAL	545.814.919	545.814.919

Artigo 4.º — Fica alterada a Programação Orçamentária da Despesa do Estado, estabelecida pelo Anexo I, de que trata o artigo 6.º, do Decreto n.º 16.508, de 07/01/81, conforme segue:

ANEXO I

Suplementa

07 — GABINETE DO GOVERNADOR

ADMINISTRAÇÃO INDIRETA

07.56 — Hospital das Clínicas da Faculdade de Medicina de Ribeirão Preto da USP

TOTAL	545.814.919
3.ª Quota	151.176.228
4.ª Quota	394.638.691

Artigo 5.º — Este decreto entrará em vigor na data de sua publicação.

Palácio dos Bandeirantes, 30 de julho de 1981.

PAULO SALIM MALUF

Affonso Celso Pastore, Secretário da Fazenda

Rubens Vaz da Costa, Secretário de Economia e Planejamento

Publicado na Casa Civil, aos 30 de julho de 1981.

Maria Angélica Galiazzi, Diretora da Divisão de Atos Oficiais.

DECRETO N.º 17.404, DE 30 DE JULHO DE 1981

Dispõe sobre abertura de crédito suplementar, nos termos do artigo 6.º, inciso I, da Lei n.º 2.610, de 15/12/80

PAULO SALIM MALUF, GOVERNADOR DO ESTADO DE SÃO PAULO, usando de suas atribuições legais, e

Considerando a necessidade de reforçar as dotações orçamentárias do Departamento de Edifícios e Obras Públicas, a fim de viabilizar a execução do seu programa de obras de arte, reformas em edifícios públicos e transferências a Municípios,

Decreta:

Artigo 1.º — De conformidade com o que dispõe o artigo 6.º, inciso I, da Lei n.º 2.610, de 15/12/80, fica aberto à Secretaria de Obras e do Meio Ambiente, um crédito suplementar no valor de Cr$ 50.000.000 (cinqüenta milhões de cruzeiros), observando-se nas classificações Institucional, Econômica e Funcional-Programática, a seguinte discriminação:

Suplementa

15 — SECRETARIA DE OBRAS E DO MEIO AMBIENTE

15.01 — Secretaria de Obras e do Meio Ambiente

4.3.1.1 — Auxílios para Despesas de Capital		50.000.000
Projeto	**Capital**	**TOTAL**
03.07.025.1.057 Projetos do DOP	50.000.000	50.000.000

Reduz

99 — RESERVA DE CONTINGÊNCIA

99.99 — Reserva de Contingência

9.0.0.0 — Reserva de Contingência		50.000.000
Atividade		
99.99.999.2.001 Reserva de Contingência		50.000.000

(Continua na página 2)

Escola de Engenharia de São Carlos fará Concurso para Livre-Docência

Estarão abertas na Assistência Técnica para Assuntos Acadêmicos da Escola de Engenharia de São Carlos (USP), durante todo o mês de agosto de 1981, das 9 às 12 e das 14 às 18 horas, as inscrições ao Concurso de Livre-Docência junto aos seguintes Departamentos: Arquitetura e Planejamento; Estruturas; Hidráulica e Saneamento; Eletricidade; Engenharia Mecânica; Geotecnia; Vias de Transporte e Topografia; Materiais, desta unidade universitária. Somente poderão candidatar-se os portadores de diploma universitário que já tenham conquistado o grau de Doutor.

Página 28

Odontologia de Araçatuba (UNESP) abre inscrições para Professor Assistente

A Faculdade de Odontologia de Araçatuba — UNESP — abrirá inscrições ao Concurso Público de títulos e provas para provimento efetivo de um cargo de Professor Assistente, no Departamento de Odontologia Social, área de Economia Profissional desta Faculdade. O programa da área de conhecimentos de Economia Profissional e Odontologia Legal e Deontologia encontra-se de fls. 5 a 15 do processo FOA 070/81 e será fornecido aos candidatos no ato da inscrição. O candidato deverá comprovar que possui o grau de Mestre, que tem 5 anos de graduado e 8 anos de exercício no ensino superior.

Página 30

1982

MUNDO E BRASIL

_A cantora Elis Regina falece em São Paulo.

_Concedido registro ao PT, criado em 1979.

_Em 5 de abril, o filme *Pra Frente Brasil*, de Roberto Farias, é proibido, até 15 de dezembro, por denunciar torturas (Prêmio C.I.C.A.C. no Festival de Berlim, 1983; Melhor filme e Melhor edição, em Gramado, 1982).

262. CARTAZ *PRA FRENTE BRASIL*

_São realizadas eleições diretas quase gerais, exceto para presidente, e o Partido Democrático Social - PDS perde na maioria dos estados.

GOVERNO DE SÃO PAULO

_José Maria Marin é o governador de 14 de maio de 1982 a 15 de março de 1983.

263. D.O. PUBLICA A RELAÇÃO DE BENS DO GOVERNADOR JOSÉ MARIA MARIN

IMPRENSA OFICIAL

_O *Diário Oficial* de 13 de maio publica um caderno especial sobre a inauguração das obras de ampliação e remodelação da sede da Imprensa Oficial, com a presença do governador Paulo Maluf e do chefe da Casa-Civil, Calim Eid. Na ocasião, o governador acionou o botão de uma das oito unidades da nova rotativa *offset* Goss Urbanite.

DIÁRIO OFICIAL

_Começa a ser publicado o *D.O. Leitura*. O n.1 é encartado no *Diário Oficial* n.106, de 9 de junho, com periodicidade mensal.

264. EDIÇÃO ACOMPANHADA DO ENCARTE D.O. LEITURA

265. D.O. LEITURA ILUSTRADO | ALDEMIR MARTINS

266. CADERNO ESPECIAL SOBRE A INAUGURAÇÃO DAS OBRAS NA SEDE DA IMPRENSA OFICIAL

263

30 D. O. E., Seç. I, São Paulo, 92 (089), sábado, 15 maio 1982

PODER LEGISLATIVO

LEI N.º 3.285, DE 14 DE MAIO DE 1982

Dá a denominação de "Nicola Capucci" ao ramal de acesso SP-81/66, que liga a via SP-66 (Estrada Velha São Paulo-Rio), em Guararema, à BR-116 (Rodovia Presidente Dutra), em Jacareí

A ASSEMBLÉIA LEGISLATIVA DO ESTADO DE SÃO PAULO decreta e eu, Januário Mantelli Neto, na qualidade de seu Presidente, promulgo, nos termos do § 4.º do artigo 26 da Constituição do Estado (Emenda Constitucional n.º 2, de 30 de outubro de 1969), a seguinte lei:

Artigo 1.º — Passa a denominar-se "Nicola Capucci" o ramal de acesso SP-81/66, que liga a via SP-66 (Estrada Velha São Paulo-Rio), em Guararema, à BR-116 (Rodovia Presidente Dutra), em Jacareí.

Artigo 2.º — Esta lei entrará em vigor na data de sua publicação.

Assembléia Legislativa do Estado de São Paulo, aos 14 de maio de 1982.

a) **Januário Mantelli Neto,** Presidente

Publicada na Secretaria da Assembléia Legislativa do Estado de São Paulo, aos 14 de maio de 1982.

a) **Sergio Costa,** Diretor Geral

DIÁRIO DA ASSEMBLÉIA LEGISLATIVA

EXPEDIENTE

da 47.ª Sessão Ordinária, da 4.ª Sessão Legislativa, da 9.ª Legislatura, realizada em 14/05/1982

OFICIOS

OFICIO DA CAMARA DOS DEPUTADOS

RELAÇÃO DE BENS PERTENCENTES AO SR. DOUTOR JOSE MARIA MARIN

RG 266.328 — SP

REGINALDO FARIA
ANTÔNIO FAGUNDES
NATÁLIA DO VALE
ELIZABETH SAVALLA
PRÁ FRENTE
BRASIL
CARLOS ZARA
CLÁUDIO MARZO
Direção:
ROBERTO FARIAS
Música:
EGBERTO GISMONTI
Fotografia:
DIB LUFTI
Produção:
R. F. FARIAS
EMBRAFILME
distribuição
EMBRAFILME
Criação
Fernando Pimenta
Foto
Alexandre S. Lima

PORTE PAGO
ECT - DR/SP
UNIDADE: Cidade de São Paulo
ISR - 40 - 3051/81

Diário Oficial

ESTADO DE SÃO PAULO

v. 92 | n. 106 | São Paulo | quarta-feira, 9 de junho de 1982

SEÇÃO I
ATOS NORMATIVOS E
DE INTERESSE GERAL

Sumário

PODER EXECUTIVO

LEI N.º 3.360, DE 8 DE JUNHO DE 1982

Declara de utilidade pública a "Creche Nossa Senhora Aparecida", com sede em Restinga

O GOVERNADOR DO ESTADO DE SÃO PAULO:
Faço saber que a Assembléia Legislativa decreta e eu promulgo a seguinte lei:

Artigo 1.º — É declarada de utilidade pública a "Creche Nossa Senhora Aparecida", com sede em Restinga.

Artigo 2.º — Esta lei entrará em vigor na data de sua publicação.

Palácio dos Bandeirantes, 8 de junho de 1982.

JOSÉ MARIA MARIN
José Carlos Ferreira de Oliveira, Secretário da Justiça
Dured Fauaz, Secretário da Promoção Social

Publicada na Assessoria Técnico-Legislativa, aos 8 de junho de 1982.
Esther Zinsly, Diretor (Divisão — Nível II).

LEI N.º 3.361, DE 8 DE JUNHO DE 1982

Dá a denominação de "Prefeito Bento Rotger Domingues — Bentinho" à estrada que liga Itapecerica da Serra a Embu-Guaçu

O GOVERNADOR DO ESTADO DE SÃO PAULO:
Faço saber que a Assembléia Legislativa decreta e eu promulgo a seguinte lei:

Artigo 1.º — Passa a denominar-se "Prefeito Bento Rotger Domingues — Bentinho" a estrada que liga Itapecerica da Serra a Embu-Guaçu, composta de trechos das Rodovias SP-234 e SP-214.

Artigo 2.º — Esta lei entrará em vigor na data de sua publicação.

Palácio dos Bandeirantes, 8 de junho de 1982.

JOSÉ MARIA MARIN
José Maria Siqueira de Barros, Secretário dos Transportes

Publicada na Assessoria Técnico-Legislativa, aos 8 de junho de 1982.
Esther Zinsly, Diretor (Divisão — Nível II).

D.O. Leitura

Novo suplemento do Diário Oficial do Estado está circulando hoje

O historiador Pedro Calmon *analisa aspectos da vida e da obra de José do Patrocínio, enaltecendo suas qualidades de liderança; a teoria de Darwin como suporte científico para o totalitarismo é um estudo de* J. O. Meira Penna, *ex-diplomata e professor da Universidade de Brasília; os principais segredos da difícil arte de escrever não são muitos, como revela o escritor e jornalista* Geraldo Pinto Rodrigues; *encenar Shakespeare para as platéias de todo o Brasil deixou de ser um grande risco, é o que conclui o ator e crítico* Jairo Arco e Flexa, *após a experiência bem-sucedida de Othello; embora nem sempre coincidente, não é impossível a escolha dos dez mais que influíram na formação do pensamento nacional, segundo mostra o jornalista* Luís Carlos Lisboa; *Lobato, o sonhador, em sua literatura infantil e Lobato, o patriota, são duas das quatro faces do filho de Taubaté, cujo centenário de nascimento está sendo comemorado e das quais se ocupa o romancista* Mario Donato; *"Guardados e pertencidos do meu sertão", o tema de um trabalho do autor de "Capitão Jagunço",* Paulo Dantas; *a psicóloga Denise Gimenez Ramos traça a vida paralela de todos nós, os sonhos e as razões pelas quais eles não devem ser esquecidos; "Compadres", um conto sem parágrafos e com muito suspense, de autoria de Jorge Medauar; "No país do futebol", um caso rememorado por José Silveira, comentarista esportivo que atuou em várias Copas.*

Com ilustrações de Aldemir Martins, um traço brasileiro sobre quem escreve Alberto Beuttenmüller, é o que contém o primeiro número de D. O. Leitura, *suplemento mensal do Diário Oficial do Estado, que circula hoje encartado nos DD.OO. — Poder Executivo, Seções I e II, Poder Judiciário e Ineditoriais.*

D. O. Leitura *objetiva, como é enfatizado em sua apresentação, divulgar a cultura pelos mesmos e áridos canais em que são veiculados, para dezenas de milhares de leitores e assinantes, os atos oficiais.*

Acompanha este exemplar o D.O. LEITURA

D.O. Leitura

Ano Um • Número Um • São Paulo, junho de 1982

Surge **D. O. Leitura** inovando, ao inserir num órgão mais especificamente destinado à publicação de atos oficiais, páginas votadas à divulgação da cultura.

Com essa iniciativa, cria-se uma singular oportunidade de enriquecimento cultural em benefício de vasta parcela da população, distribuída em diferentes estratos sociais, de todos os pontos do Estado.

Já neste número inaugural, evidenciam-se os sinais de que vozes expressivas da inteligência brasileira se reúnem para atender ao chamamento pioneiro. E, no conteúdo de brasilidade que marca a quase totalidade dos trabalhos publicados, desponta a convicção de que todos os caminhos levam ao mesmo encontro que, ao final, é a comunicação daquilo que somos. Ainda nesse passo, veio juntar-se ao esforço comum o pincel de um artista de características telúricas, em cujos traços se insinua, com invariabilidade, a mitologia da terra brasileira.

A fim de que todo esse universo chegue mais direto ao leitor, **D. O. Leitura** terá como norma fundamental imprimir em seus textos o sinete da linguagem objetiva, direta, acessível, sem prejuízo do espírito crítico e da profundidade, tudo correndo paralelo a uma disposição gráfica que torne mais convidativo o contato com suas páginas.

Este é o nosso projeto de trabalho. Ambicioso, sem dúvida, mas que desejamos tornar exeqüível, como contribuição à tarefa primordial de disseminar a cultura.

É com esse ânimo, antepondo ao sonho os lances da paixão e da fé, que iniciamos. Assim, ao agregar-se a Imprensa Oficial do Estado a esse exercício que ajuda a iluminar os caminhos, empolga-a o mesmo ardor que soerguia Rimbaud em sua esperançosa profecia: "Ao amanhecer, armados de uma ardente paciência, entraremos nas esplêndidas cidades".

Ruy Marcucci - Editor

Além disso, carrega um dragão nas costas; e quem vai amar uma mulher que carrega um dragão nas costas? (Pág. 4)

Na antiga Mooca, uma IMESP mais moderna

A fisionomia de um quarteirão inteiro da rua da Mooca começou a se alterar há vários meses. Ontem, com a inauguração das obras da Imprensa Oficial do Estado, o antigo bairro ganhou novo e vistoso edifício, inteiramente erguido para uso dos funcionários da IMESP, nas horas de refeição e lazer, e ainda com biblioteca e vestiários, departamento médico e consultório dentário. O complexo da IMESP ocupa uma área de 21.000m2, da qual 19.000m2 construídos.

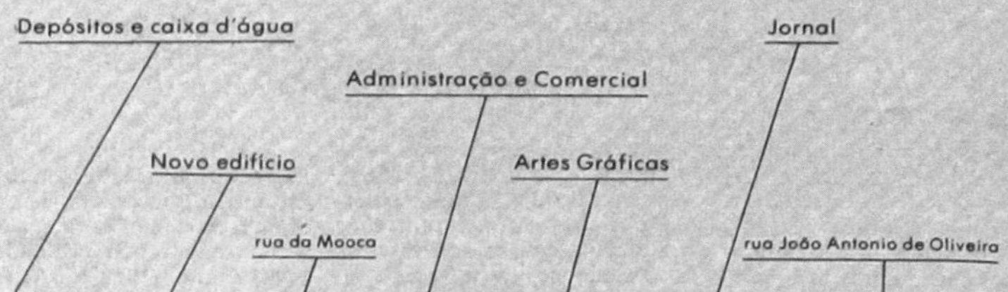

O EDIFÍCIO

DO 1.º AO 4.º PAVIMENTO, TUDO PARA O FUNCIONÁRIO

1.º — **Vestiários** (masculino e feminino), com 648 armários, chuveiros, banheiros, ambulatório médico e consultório dentário.
2.º — **Cozinha e restaurante**, com cardápio variado diariamente e opções para diversos pratos.
3.º — **Lazer**, com salão de leitura, sala de TV e jogos recreativos.
4.º — **Biblioteca**, com livros periódicos e folhetos, de caráter técnico e cutural.

Erguido em quatro pavimentos, numa área de 2.605 m2, junto às instalações já existentes, o edifício foi projetado no sentido de que as melhorias introduzidas, a par da funcionalidade, pudessem proporcionar conforto e ambiente de trabalho adequado aos funcionários.

Com esse propósito, visando ao melhor resguardo da saúde dos servidores da Imprensa Oficial do Estado, construiu-se no primeiro pavimento o ambulatório médico com todos os aparelhos indispensáveis a um bom atendimento, desde o bisturi elétrico até equipamentos de ultrassom, o que possibilita ao setor pronto atendimento, bem como a prática de pequenas cirurgias.

Igualmente o consultório dentário é servido de completo aparelhamento, a começar da cadeira anatômica, dotada de painel eletrônico para regular a posição do corpo.

Ainda no mesmo pavimento, dois vestiários, um masculino e outro feminino, com 648 armários, ao lado de um conjunto de chuveiros, banheiros, pias e espelhos, que proporcionam conforto e bem-estar.

Cardápio diferente, maiores opções de pratos, nova maneira de servir, zelo na qualidade da alimentação são as características do restaurante que funciona em vasto salão do segundo pavimento do novo prédio, juntamente com a cozinha modernamente aparelhada.

O salão de lazer ocupa todo o terceiro pavimento e diariamente constitui ponto de encontro dos funcionários após o almoço e o término do expediente.

Por fim, o quarto pavimento abriga a biblioteca técnica que tem como objetivo principal proporcionar um suporte bibliográfico aos funcionários da Imprensa Oficial, capacitando-os e atualizando-os quanto ao desenvolvimento tecnológico e científico, com vistas ao maior rendimento e qualidade de trabalho em suas áreas de ação. Saliente-se que a biblioteca reúne toda a coleção de livros, periódicos, folhetos e outros documentos de interesse para a Imprensa Oficial. O acervo está voltado para as áreas de Artes Gráficas, Jornalismo, Direito, Administração e assuntos correlatos.

Em seu todo, o novo edifício forma harmonioso conjunto de espírito integrador com vistas à valorização do funcionário e a sua maior adequação aos objetivos da empresa.

A DIRETORIA EXECUTIVA

A atual Diretoria Executiva da Imprensa Oficial do Estado S/A - IMESP é assim constituída: Caio Plínio Aguiar Alves de Lima, Diretor-Superintendente; Calixto Salomão, Diretor-Executivo Administrativo e Financeiro; Celso Martins de Carvalho, Diretor-Executivo do Jornal; José Sérgio de Toledo Cruz, Diretor-Executivo Comercial; e João Luís Jutglar Fábregas, Diretor-Executivo de Artes Gráficas.

Aspecto parcial do amplo restaurante. Mais de mil funcionários fazem nele suas refeições, em horários escalonados.

Eles fazem a IMESP

ADMINISTRAÇÃO E COMERCIAL

Paulo F. de A. Oliveira, Tadashi Tachibana, Edith de Mello Simões, Antonio Luiz Donadelli, Denise A. Estevão Ramos, Carlos Roberto Klefenz, Alice Helena Martins, Carlos A. T. Ribaldo, Andreia A. V. Guimarães, Maria Helena Patella, Marcelo Bergamini, Wilson M. de Novaes, Osvaldo José de Araujo, Normandia M. Palombo, Walter M. de Camargo, Walter de Assis V. Jr., Dulcinea B. A. Dariolli, Antonio Carlos Paulo, José Roberto Cunha, Ailton Araujo, Decio M. H. de Mello, Maria José G. de Sousa, Maria José S. D. Lopes, Lucila G. Tadema, Mario D. Fanucchi, Sonia Maria Tricarico, Eduardo Emilio Haidar, Roberson C. Valle, Paulo H. de Almeida, Carlos Taufik Haddad, Olga Correa Vianna, Maristela Guarniero, Palmyra Caffini, Decio A. Siqueira Dolci, Paulo de J. B. Castrillo, Pedro Luiz Martins, Cibele de Andrade, José Augusto Ferraz, Setsuko Ap. Outuki, Reinaldo Guarniero, Célia Ap. do Nascimento, Elaine Cardoso Almazan, Marlene da S. Oliveira, Elaine Rovero, Orlando S. Geampaulo, Laura Fátima Capo, Ana Maria F. Santos, Soraia Mathias, Dulcineia Alv Sanches, Irimar C. P. C. Bergamini, Terezinha de P. Xavier, Sérgio M. Bernardo, Maria de L. A. Ferreira, Maria Helena Previtali, Deise G. Paolani, Leonor Taioli Stefano, Elias Vieira, Leonilda Curtulo, Domingos M. Pernias, Paulo D. Batista, Luiz Carlos S. Menezes, Celia Kazuko Ozawa, Ariovaldo Jaccon, José Carlos Ribeiro, Antonio L. dos Santos, Valdirene M. Lopes, Waldemar Costa, Erminio Benites, Marisa Morone Nunes, Jorge Luis de Souza, Nelson Pereira, Maria T. Pongeluppe, Lourivaldo dos S. Farias, João B. de S. Ferreira, Reginaldo Torres Gomes, Antonio C. P. Pereira, Soarino Anjo Arcanjo, Levi Malaquias, Mario C. da Silva, Elson Domingues, Nanci Esper, Divaldo R. de Oliveira, Roberto do P. Domingues, Julia Rosa L. Pavani, João Carlos Rocco, Everli Bortolete, Roberto A. da S. Assis, Antonio P. Biaggioni, Wanderley de S. V. Boas, Cyra M. Morato Leite, Edgard Terlizzi, Silvia Liz Carreiro, Rosane M. Barra Moreira, Otto Berger Junior, Odete Cardoso Gama, Willian Rehder, Clodoaldo Orsi Silva, Adalgiso A. Santos, Vilma Ribeiro Caetano, Maria C. Della Volpe, Valdice N. de Carvalho, Celma Duarte, Valquiria C. Blanco, José Roberto Costa, Rosana Leite, Dagmar Dare, Maria Tereza B. Faria, Marcia M. G. Godoy, Luiz Eduardo Cacere, José Alfredo Andrade, Tania Mori Mancini, Neuza Helena Arrebola, Mercia S. Andre Costa, Maria Lucia F. Alamino, Renato Crestana, Pedro L. de Carvalho, Vanusia A. B. P. Pereira, Mauricio P. Ferreira, Rosana Aparecida Longo, Orlando Guedes Gondin, Luiz C. Domingues Graça, Rosangela S.S. Rodrigues, Arnaldo da Costa, Sidney Caballero, Yoshikazu Suzumura Fo, Francisco M. da Costa, Ailton A. C. dos Santos, Antonio Antiqueira, Mercedes Merli Silva, José Reinaldo dos Reis, Ivone Tálamo, José B. da Fonseca, Laerte Toledo Marques, Altair Ubaldo Fonseca, José Roberto de Salvo, João Rodrigues Coelho, Pedro Alves Teixeira, José F. dos Santos, Jezuino B. de Almeida, Nelson de O. Santos, Ailton O. do Nascimento, Arnaldo Borgo Junior, Edivaldo R. de Moraes, Moacir Alberto Martos, Benicio B. de Santana, Sebastião Marques, Sonia Regina M. Renzo, Maria José Feretti, Roberto B. da Silva, Ivone Sinhorelli, José Roberto Felicio, Antonio E. da Mota, Francisco R. de Almeida, Alcino Flauzino, José Claudio da C. Agra, José A. Campos da Silva, Maria Angela B. Santos, Nelson Marcondes, Manoel A. do N. Filho, Paulo Cosmo da Silva, Cidinei A. da Silva, Cesar Lopes Aguiar, José F. Fernandes, Miguel A. do Nascimento, Esdron Pires da Silva, Francisco M. P. Carvalho, Eliana F. de Oliveira, Geraldo S. Cardoso, Milton Della Costa, Antonio Lopes Rosa, Roseny da Silva, Sônia A. dos S. G. Gomes, Marta R. E. Fernandes de Araujo, Maria F. R. Nascimento, Zaqueu O. Cardoso, Maria Amelia Borges, Sebastião Galv. Mariano, Miguel Gallego Munhoz, Antonio H. S. Terreri, José Afonso de Andre, Dario Bio Lazzari, Sandra Regina Mattioli, José Roberto Cortasso, Ana Maria R. Zoboli, Mario Jorge Steinback, Roberto C. de Oliveira, Carlos A. Bertolotti, Agustin C. Davila Filho, Jorge F. das N. Filho, José F. Teixeira, José F. Afonso Couto, José Renato Freire, Carlos Alberto Turato, Lindomar C. Moreira, Leonildo da Silva, Nicolino Simone Neto, Rogerio P. de Souza, Ivail José de Andrade, Marcio Bonavolonta, Carlos E. G. de Carvalho, Izilda Ap. Pizzotti, Silvia Oliva de Lima, Lena Vania R. Pinheiro, Alice A. Barros Fontes, Marcelo Oliva Pereira, Ruth Ishimoto, Nilde P. de Barros, Silvana G. F. Guimarães, Aristides A. Camargo, Hilda Vieira de Souza, Wagner Vieira, Liliane Antunes, Pedro Moreira Neto, Irineu Gomes da Silva, Maria L. R. Nascimento, Wladimir Prieto Wruck, José Oliveira, Antonio C. dos Santos, Jorge B. de Almeida, José E. de Oliveira, Ormezino P. da Silva, Adalberto Ap. de Moura, Alda Guilherme, Aracy Boni Biagioli, José Carlos Lucas, Maria Regina Davidoff, Ana M. Quintaes Piotto, Rafael Elia, Renzo Bertello, Ines Etienne Romeo, Suely Campos Cardoso, Sueli Bolognese, Marilene F. de Almeida, Maria B. de F. Costa, Maria C. M. Lobosque, Geralda Rebouças, Hélio Alves, Alzira Vieira Campos, Zuleide A. do C. Pereira, Wilma Barbosa Freire, Maria de L. F. Oliveira, Lucia Lopes Luiz, Luzia Garcia Gerena, Paulina G. de Mesquita, José Paulino, Armelindo Vittoreti, Maria José A. Barbosa, Algemiro C. de Andrade, Anibal Luiz Gonçalves, Antonio Hilario, Pedro Erasto Bueno, Therezinha F. Toscano, Lucia de Fátima Ila, Irene Sumaio, Nair de Souza, Maria Lucia R. Quintela, Francisco U. Mateo, José Carneiro, Maria Celeste L. Couto, Maria do Carmo Faria, Maria Ap. F. de Carvalho, Maria da C. Cardoso, Ana Barbanoglo Augusto, Dulce Marques Dias.

Eles fazem a IMESP

ARTES GRÁFICAS

Ailton Carrascosa, Laurindo Flôrio, José Carlos Biaggioni, Jorge Tanielle, Moacir Martins Alves, Orlando Aguilera Masi, Ibsen Lemos, Antonio Carlos Bueno, Antonio José, Rosária de F. R. Azevedo, Luiz João Evangelista, Carlos Alberto Sanchez, Neusa Mitsue Shudo, Erlon Daffré Grassia, Margareth Lopes, Edelcio A. Galiazzo, Sérgio de O. Santos, Benedito Pereira Filho, João D. Scaglione, Elzio de Oliveira, Casemiro P. Andrezo, Salvador Sinhorelli, Octacilio Rodrigues, Paulo B. Fernandes, Jair Ap. Fernandes, Pedro Afonso de André, Anton Klaus D. Keidel, Luiz Dessena, Sebastião C. de Souza, Flavio Grilli, Eduardo J. da Fonseca, João A. Rodrigues, Hailton Norinobo Nime, Samuel dos S. Alves, Carlos Alb. P. de Castro, Cláudio Santos Freitas, Antonio F. de Oliveira, Antonio Lazaro Pereira, Antonio C. Ferreira, Jonas F. do Nascimento, João B. Nascimento, Rosálio Silva Mota, Wilson Naganuma Silva, Luiz Carlos Batista, Osmar Batista de Souza, Euclides Medeiros, João B. N. Sobrinho, Flávio V. de Souza, Olindo de Souza Neto, Laercio F. dos Santos, José F. de Andrade Filho, Sidney Gimenes, Haider da Silveira, José Luiz Santos Farias, Afonso Mingorance Filho, Edivaldo P. de Oliveira, Luiz G. Ribeiro Souza, Paulo Castro Camelo, Luiz Barbosa Alves, Ruberto A. F. de Araujo, José G. V. Nogueira, Orlando Galussi Filho, Jeronimo S. de Souza, Francisco Brunhara, Francelino F. S. Neto, Celso R. da Silva, Jair Pereira Freitas, Antonio José da Silva, Luiz Augusto Demétrio, José A. Campanha Silva, José Pedro Fernandes, Renato Rosario Ciuccio, Isac P. dos Santos, Luiz Roberto Franco, Gerson João Junior, João Alberto Soares, Luiz D. Avamileno, Francisco B. dos Santos, Jurandir B. de Lima, Marcelo Zacarias, Claudionor C. da Silva, José Luiz M. da Silva, José Geraldo G. Cunha, Casimiro J. Filho, Sergio F. dos Santos, Roberto Ferreira Lima, Odair José Fernandes, Vanderlei L. Pereira, Juvenal Viana Omena, Sebastião Gabriel, Carlos José da Costa, Josenir P. dos Santos, Luiz Piglialarme, José Hanashiro, José Antonio Avamileno, Pedro M. dos S. Cunha, José Luiz Armindo, Natalino Di Sevo, Oswaldo Baldarena, Geraldo Pinto Loureiro, Antonio Roberto Perin, José A. de Oliveira, Walter Acarino, Severino do R. de Souza, Luiz C. G. de Moraes, Rudiard Blondet, Gilberto Cecatto, Abel Bueno de Morais, Newton N. da S. Lopes, Waldemar Tavares, Djair Afonso, Walter M. Moreira, Jaltair B. de Lima, José Luiz Teixeira, Nilson Ramos, José Américo de Castro, Sergio Roberto Acarino, Paulo Alvarenga, Antonio Poloni, Benedito Pinto, Getulio Francisco Rosa, Vergilio Mattioli, José Gilmar Rodrigues, Lazaro Ap. Soares, Ronaldo Maciel Marques, Girvan Rodrigues Reis, Adair Munhoz Nunes, Guilherme Soares, Quirino L. Nunes Silva, Univaldo I. de Morais, Antonio Carlos Piccin, Neusa M. G. de Oliveira, Braz Costa, Antonio C. M. dos Santos, Arnaldo R. da Silveira, Odair Matias Filho, Geraldo W. de Souza, Nilza de F. C. Santos, Aparecida Bie, Ignacio A. F. da Costa, José Carlos Oliveira, Cândida Gomes de Omena, Dalva M. do Nascimento, Fabio Eloi Pinto, Francisco T. de Souza, Carlos Ap. Rezende, Gerson Gomes, Jonas Gomes Granja, Antonio T. da Silva, Rubens Provazi Meira, Valdir Munhoz Nunes, Eunice F. Machado, Joaquim Alencar Filho, Joel da Silva, Cláudio Perini, Antonio C.S. Ferreira, Maria Isabel Henrique, José Marcelino Filho, Rosalina M. dos Santos, Maria da Penha Santos, Divanise Lucas, Ulisses Henrique Jr., Rosana A.P. Calisto, Telcio Bilotti, Roberto Antonio Zambo, Maria T. Oliv. Domingos, Airton Garolla, Mari C. Pereira Silva, Luiz Sérgio Coalho, Nelson Aurélio, Eulina A. de A. Paulo, Geraldo R. Magalhães, Gilberto S. de Souza, Agnaldo B. Silva, Antonio Braz Moreira, Maria de Lourdes Froes, Maria A. Henrique, Maria de F. Marques, Sueli Alayon Saccomani, Vera Lúcia B. Amendola, Izilda A.A. Loyola, Lino Moura Torres, Sirlei da S. Rodrigues, Maria Ap. de Oliveira, Iracema P. de Oliveira, Josefina F.S.N. Silva, Neusa Ap. de Freitas, Maria da S. Agostinelli, José Batista da Silva, Maria Dorisvana L. Lima, Aparecida Arnal, Maria das D. da Silva, Izaira Maria de Souza, Iraildes de J. Rocha, Maria José B. da Silva, Maria Oncala Alfieri, Maria M. Saldanha Lelis, Lamara Amaya Lopes, Elza Rovero, Genésio M. da Silva, Ilda Maria dos Santos, Geraldo Pedro Heleno, Maria José Santos, Carlos A.A. da Silva, Maria do C.S. Santos, Maria de F.B. Cabrelli, Zenilda B. Tavares, Dulce e Rabelo, Eldimar C. da Silva, Marisa G. Montecelli, Nadir Fernanda Passos, Joana Nieton, Maria do Carmo Machado, Josué da Silva Barbosa, Luiz Benassi Neto, Maria Ap. B. Ribeiro, Maria Gilda de A. Papa, Gilson Rodrigues, Elisabete F. Passos, Janete Maria Santos, João Eleutério Rocha, José Paulo Barbosa, Mário Luis Demétrio, Osvaldo Dobilas, Edson Rocha, Reginaldo de Oliveira, Osmar da Silva, Oberdan Possebon, Carlos Lelio Veronez, Luiz A. de Cea Morcillo, Vagner Luiz, José Luiz Pinto, Adilson Grande, Dante Setta Manzoni, Fernando Mota Gaspar.

JORNAL

Eugênio Gertel, José Borba Garcia, Francisco C. Herrada, Antonio C. Teixeira, Rubens Rodrigues, Efigênio J. Pio Soares, Antonio A. Lazzarini, Elimar Garcia, Eliete Freitas Barbosa, Suzerly Moreno, Walquiria Ceroni, Emerson G. da Silveira, Luiz Carlos Teixeira, Leonel Victor M. Barbin, Sandra Cury Rehder, Junia Prado Teixeira, Dilson M. da Costa, Paulo de C.A. Machado, Sebastião G. Alberti, Beatriz B. de Freitas, Antonio da S. Azevedo, José Araripe de Faria, Genesio de O. Affonso, Maria das G. Leocadio, Ruy Barbosa Amaral, Armando Batista Gomes, Waldemar Lesjak Filho, Silvano W. de Brito, Olavo P. do Amaral, Simone de S. Oliveira, Sonia Oliveira Garcia, Maria AP. Rios Sifronio, Abiratan M. da Silva, Carlos Gamonal, José Elenaldo Santos, Heitor Dias Negrão, Gilberto A. E.Silva, Jesuino de Abreu Neto,

A FOTOCOMPOSIÇÃO

Maior preocupação foi reaproveitamento de pessoal para evitar dispensas

Todos os jornais diários de grande tiragem, ao passarem do sistema de composição a quente para a fotocomposição sofreram sérios abalos, enfrentando principalmente problemas de ordem trabalhista.

Na IMESP, a preocupação maior foi o aproveitamento de linotipistas e outros funcionários da composição a quente. Fizeram cursos profissionalizantes e hoje trabalham normalmente entre a moderna aparelhagem da Fotocomposição e Fotomecânica. Para acompanhar a evolução tecnológica já existente em dezenas de outras empresas jornalísticas de médio e grande porte do país, no campo da composição de texto, a IMESP, pelos seus diretores e técnicos, resolveu implantar um sistema de fotocomposição à altura de suas necessidades. Não só para atender ao enorme volume de trabalho de confecção dos vários cadernos do "Diário Oficial" (quase 450 páginas diárias), como as encomendas da área de Artes Gráficas, departamento que imprime atualmente, além de formulários e modelos oficiais, aproximadamente 2.000 páginas de editoriais, todos os meses.

ANTIGOS EM NOVAS FUNÇÕES

A grande preocupação da Diretoria da IMESP, foram os efeitos negativos que a transformação do sistema pudesse criar entre os funcionários atingidos pela desativação e conseqüente modernização dos processos de composição. Procurou-se, por isso, entre os equipamentos oferecidos, e, dentro das normas permitidas em lei, aquele que mais facilmente pudesse ser assimilado pelos linotipistas e demais operadores do sistema "quente", visando com isso seu melhor desempenho em novas funções. E asim, antigos profissionais da composição a quente, graças aos cursos profissionalizantes mantidos pelo SENAI, foram reaproveitados.

VINTE TERMINAIS

A fotocomposição instalada na IMESP abrange 20 terminaiseditores-corretores, 2 unifieds composer, 2 printers, 2 processadoras de papel RC, um telão (preview) e um hard copy (printview).

Os terminais inteligíveis operam independentemente, sendo inteiramente programáveis, obedecendo à última palavra em tecnologia eletrônica que simplifica o fluxo na digitação das matérias, através de eficiente modo de entrada de texto, substituindo com vantagem outros sistemas como o da fita perfurada e a leitura ótica.

TECLADO E VÍDEO

Um teclado universal, um vídeo medindo 9 polegadas e um conjunto de gravação em disco magnético onde podem ser armazenados 87.000 caracteres (equivalente a quatro páginas compactas do Diário Oficial), distribuídos em 33 arquivos, com índices que aparecem no vídeo sempre que solicitados, esses terminais podem ainda comunicar-se entre si, via telefone. Isto é, se necessário, o terminal pode ser adaptado para transportar matéria contida em um disco para outro terminal colocado à distância, através do telefone. Por exemplo: um terminal colocado no Palácio do Morumbi ou na Assembléia Legislativa poderá enviar texto digitado para gravação em outro terminal instalado na sede da IMESP, na Mooca.

PRINTER E FOTOCOMPOSITORA

Completadas as operações de gravação em disquetes, estes são colocados em leitores conectados ao Printer, que recebe o texto sem justificação e sem hifenação. A prova obtida vai para a revisão, retornando aos terminais editores-corretores para as emendas necessárias. Depois disso, os disquetes são novamente colocados nos leitores conectados com a fotocompositora CRT (tubos de raios catódicos), que desenvolve uma velocidade de composição de 1m14 por minuto, de grande flexibilidade, simplicidade de operação e excelente qualidade tipográfica, em largura de 45 paicas, velocidade essa que se mantém constante, mesmo mesclando-se diferentes corpos.

CAPACIDADE DE PRODUÇÃO

Em termos de produção, a fotocompositora produz um mínimo equivalente a 720.000 caracteres por hora, sendo dotadas de 8 grids, com 4 variações: claro, negrito, grifo e negrito grifo. Cada grid produz 76 diferentes corpos, em tamanhos variando entre 5 e 72 pontos. Isto significa que a fotocompositora de raios catódicos proporciona mais de 7.500 opções simultâneas e mescláveis.

OUTRAS CARACTERÍSTICAS

Todos os estilos, com suas respectivas variações podem ser feitos em negativo (reverse type), permitindo a mesclagem com tipos em positivo, aumentando ainda mais a versatilidade tipográfica.

Outras vantagens da fotocompositora adquirida pela IMESP: programação automática da composição, configuração de fios verticais e horizontais em 76 diferentes espessuras, cercaduras automáticas, inclusive com cantos arredondados, entrelinhamento de 0 a 99 pontos em incrementos de meio ponto, justificação por expansão de espaço entre palavras e/ou espaços entre letras, hifenação automática ou discricionária, saída em papel ou filme fotográficos, sangrados automáticos à francesa, alinhamento à esquerda ou à direita, composição irregular à esquerda ou à direita, etc.

A "UNIFIED COMPOSER"

Completando o sistema, a IMESP também adquiriu duas unifieds composer com teclado secretarial para texto, com 69 teclas, um vídeo de 15 polegadas em diagonal, com capacidade para 15 linhas, funções tipográficas, correção, controle de armazenamento em dois discos magnéticos com capacidade para 300.000 caracteres cada um, contendo 128 arquivos de tamanho variável, os quais permitem a classificação de matérias repetitivas (anúncios, editais, convocações, etc.) e comandos de saída ou ainda entrada por fita perfurada.

A unified composer pode operar em linha com um printer, o preview e a própria fotocompositora, além de um printview que fornece cópias diretas para revisão.

O processamento do papel ou filme fotográfico é obtido através de duas unidades de alta velocidade, reunindo as mais avançadas técnicas de qualidade e rendimento.

AUDITÓRIO

Um auditório especialmente construído para a realização de conferências, cursos e palestras tomou lugar do antigo restaurante. Com capacidade para 83 pessoas, destina-se não só a promoções internas da IMESP. Entidades e órgãos culturais e associados dele poderão se utilizar.

CURSOS-II

Para este ano, sempre visando à capacitação do funcionário da Imprensa Oficial do Estado em todos os setores de atividade, estão programados ainda os seguintes cursos internos: retoque de fotolito branco e preto; fotorreprodução em cores; retoque de fotolito em cores; prevenção de acidentes na Indústria Gráfica; aperfeiçoamento de vigilantes e porteiros; montagem final do fotolito; preparação de chapas offset; cópia de fotolito - básico; cópia de fotolito - avançado; tecnologia impressão offset; impressor offset - básico; impressor offset - avançado. E ainda cursos externos, entre os quais liderança e atitude e comportamento; formação básica de instrutores de treinamento; contabilidade de custos; seminário sobre sistemas e tecnologia micrográfica; curso básico de programação de produção; criatividade em vendas; análise transacional II; contabilidade para não contadores; prática de custos industriais; processo e instrumento da avaliação de treinamento; sistemas de arquivo e documentação; implantação do serviço social na empresa; atualização técnica de arquivos; administração de produção; crédito e cobrança; organização e administração de almoxarifados; análise de custos; planejamento de compras e outros.

Eles fazem a IMESP

ADMINISTRAÇÃO E COMERCIAL

José Calixto Lamim, Irineu Ferreira, Maria Ap. do Nascimento, Marly da C. Oliveira, Luciano da Cruz Moura, Josino das Neves, José Alves de Moura, Lizete P. da Silva, Maria Zita A. Gonçalves, Antonio B. de Campos, Geny B. Castrillo, Judite M. de Oliveira, Pedro Olimpio Alves, Marina Ap. de Souza, João Luiz de Souza, Raimunda Alves Ribeiro, Rubens Ribeiro, José Pedro de Paula, Celido D. Fernandes, Airton Correia Andrade, Albino Marchi, Magnolia Oliveira Lima, Valdemir M. dos Santos, Conceição A. Catharino, Marcos A. Stelmach, Severino J. dos Santos, Celia Lima e Silva, Maria R. O. Bacherolo, Paulo Sandoval, Antonio M. de Azevedo, Francisco Afonso Couto, Edna Santos Cerqueira, Marcus Dantas Schiavo, Claudinei da Silva, Renato Cavalheiro, Manoel Lourenço Silva, José Francisco Sobrinho, Nelsino Ferreira Souza, José Paulino Mafra, Antonio J. Nascimento, José Abel R. Vieira, Anacleto B. de Araujo, Vitor Ribeiro de Lima, Sebastião J. Pereira, Miguel Ramos de Souza, Santo D. F. do Prado Jesus Hilario, José da Silva, Mario Macorati, Sebastião M. Oliveira, Benedito Franque, Darci Cavalheiro, Antonio Olimpio, Geraldo M. de Lima, Noel Torres, José Marcelino Primo, Joaquim Moreira, José R. de A. Camargo, Venicio Brazil Gomes, Ruy Setta, Amaro S. de Andrade, Agostinho R. Magalhães, José Batista Cosmo, Luiz Carlos Galvão, Manoel M. dos S. Filho, Luis D. C. Trevissan, Gollo Inoue, Nelson Francisco, Benedito Martins, José Evangelista Santos, Aluizio Lucas Vieira, Antonio R. Gomes, José Belmonte, Manoel G. Ramos, Orlando Pinto, Reinaldo Balsamo Jr., Anderson Rodr Salomão, Carlos Alberto Campos, Alcino Trevisan, Antonio D. Graça, Reinaldo Iorio, José Garcia F. Filho, João Carlos da Cruz, Virgulino de A. Correia, Antonio Dias Garcia, Pedro P. do Nascimento, Nelson V. Sandoval, Paulo Bainok Junior, Alim Pinto da Trindade, João Batista Rodrigues, José Aguilar, Antonio Marcondes, Waldomiro Fernandes, Sebastião A. dos Santos, José Batista, Felix Firmo do Carmo, Manoel Batista Duarte, João de Almeida, Eliseu A. Cardoso, Raul Soares, Douglas N. Vasconcellos, José Soares dos Santos, João Araujo Vieira, Ecio Augusto Leonardi, Jonas R. Vieira Filho, Osvaldo Soares, Luiz C. Nazareno Pinto, José de Souza Braga, Ana Maria J. Alves, Maria A. O. de Araujo, Cristina Ap. G. Lazaro, Eunice Kusmini, Eliana Marcia Almeida, Rosa Maria Fumo, Silvio Tadeu Delprá, Claudio David, Maria Isabel Eduardo, Teresinha I. G. Palmieri, Rivadávia de B. Borges, Elaine S. Acurccio, Tarcisio de S. Coelho, Miriam Tortoretto, Francisco P. Souza Neto, Douglas F. Gorjon, Maria Tereza G. Soderi, Ruth Aparecida Silva, Carlos A. Rodrigues, Carlos Platero, Antonio Gomes da Silva, Sergio Tigani, Carlos Alberto Sgai, Emilio Murari, Ana Lucia P. Cardoso, Aracy Baque Berton, João Oswaldo Natale, Marcia Ap. G. R. Santos, Ignez Romeira Martins, Francisco M. Grasso, Suely Maria F. Morelato, Rosemberg Luiz Lavezzo, Maria de L. C. D. Moura, Laide Romero Manna, Lucia Haponczuk, Isabel Aparecida Frias, Maria do S. F. de Castro, Cleuza Cezario, Wirma Godoy Machado, Sarah de Meira Campos, Honorio L. Gonçalves, Sidney de [illegible] Ferreira, Acacio Sussumu Iwasaki, Rosival D. de Souza, Joaquim F. Aguiar Netto, Luiz Geraldino, Pedro Expedito, Arlindo Nobrega, Paulo Alves Cardoso, Genesio dos Reis, Armando Augusto Pires, Cosme Pires de Souza, Antonio M. de Andrade, Jairo H. da S. Junior, Mederico Marçal S. Neto, João B. G. Linhares, Nelson Ivo Penalosa, Attilio Borsanelli, Arnaldo C. dos Santos, Carlos Cezar Ortega, Francisco de S. Almeida, Moisés de Aquino, Silvio Ferrarezi, Lucio Luiz de Carvalho, Antonio dos Santos, Orlando B. da Silva, Osmiton Petenao, Lellis I. V. D'Amato, Valdionor G. dos Santos, Francisco dos Santos, Paulo Donizeti Bento, Carlos Bueno da Silva, José Carlos Ribeiro II, Claudionor L. da C. Leão, José Custódio da Silva, Vicente Dezuani, Sylvio Campos, Alaor de Figueiredo, Adriana Vicchiarelli, Angela C. Franco, Ailton Barros, Alfredo Remo Illiceto, Eloisa Sturari Nicolae, Maria Heloisa Simi, Myriam T. S. Pimentel, Cleonice Lima Teodoro, Jorge Luiz P. Sacomano, Sandra R. de Almeida, Ruy Inacio Alves, Artur Paulo Mihich, Vera Lucia Casare, Arlete F. de Souza, Magali R. Garavello, Mafalda B. Vicente, Gisele Lorena Bueno, Vania Ap. Franco Godoy, José Carlos Ramoni, Rosely Farinha, Irani dos Santos, Odete Alves de Moura, Maria Helena Favi, Suzimary F. Barboza, João da Silva, Ismael Bettoi, Alfredo de Lima, Messias Ribeiro Santos.

ARTES GRÁFICAS

Julio Pucci, Ladislau Neszlinger, Carlos Alberto Rudolf, Lenilma Lopes Menezes, Wilma Martins Lopes, Sandra H. G. de Carvalho, Regina Coeli de Lima, Joaquim Jóia, João Luiz Gatti, Linneu Godoy Junior, Euripedes C. Veronez, João O. Dagragnani, Francisco F. Freire, Neusa C. de Oliveira, Rita Inez da C. Pereira, Cleusa R. da Silva, Carmen L. B. O. Moreira, Maria de L. A. Poloni, Dejair Ap. dos Santos, Carlos P. Moreira, Airton Bernabé, Antonio Pedro Oliveira, Samuel Vitello, Roque de Souza Lima, João Domingues Moino, Valderio A. da Silva, Edson Acácio Cotta, Dirceu M. de Oliveira, Edison Pieralini, Elaine Chovich, Laerte Dentini, William D. Mariotto, Benedito A. Macedo, Reginaldo Lanzeloti, Edesio Caires Catulé, Manoel José de Ramos, Fátima Regina S. Lima, José Luiz de Alkmim, Maria R. G. de Oliveira, José Lucio da Silva, Osmair Pessota, Antonio J. Santos Filho, Manoel V. Francisco, Roberto F. Khodor Cury, Domingos A. B. Zagarino, Maria Gomes Motta, Silvia P. dos Santos,

A ROTATIVA

A nova rotativa "Goss Urbanite", adquirida pela IMESP, de Rockwell International Graphic Systems Division, foi montada, em ritmo acelerado, no prazo de 60 dias, e começará a rodar o Diário Oficial, em definitivo, dentro de dois meses, aproximadamente.

A nova impressora rotativa offset "Goss Urbanite", adquirida pela Imprensa Oficial do Estado S/A - IMESP, foi concebida pela firma Rockwell International Graphic Systems Division, dentro dos mais avançados padrões da engenharia norte-americana e tendo em vista proporcionar aos seus usuários a melhor qualidade possível de impressão, aliada ao mais simples e prático sistema operacional. Esses fatores vieram ao encontro das necessidades de ampliação e do desenvolvimento do grande parque gráfico da empresa.

Capacidade

Nossa "'Goss Urbanite" possui 8 unidades impressoras, tendo capacidade para produzir até 128 páginas no formato tablóide, num fluxo de 50 mil exemplares por hora. A máquina está instalada ao nível do chão, o que facilita em muito as tarefas operacionais, constando de quatro unidades superpostas (duas a duas), de um lado, e mais quatro unidades (uma a uma), com duas dobradeiras centrais que permitem operação alternativa com uma única impressora de oito unidades ou duas impressoras de quatro unidades cada. Com esses recursos técnicos podem ser produzidas uma ou duas publicações simultâneas, iguais ou diferentes, funcionando isolada ou conjuntamente, sincronizadas ou não, utilizando papéis de gramatura variável entre 35 e 80 g/m2, em superfície absorvente (papel jornal ou offset).

Impressão de Revistas

Além das vantagens já mencionadas, a nova impressora offset possui dispositivos especiais para obtenção de uma terceira dobra, formato revista, com acabamento de lombada executado através da aplicação automática de um filete de cola ou de grampos, refile lateral, pé e cabeça dos exemplares, comportando impressão a cores nas capas e em várias páginas do miolo, com perfeito esquadro de dobra. Isto proporcionará à IMESP condições para imprimir revistas de grande tiragem a custo mais baixo.

Esteiras Transportadoras

Levando-se em conta a necessidade de proceder-se à expedição dos diversos cadernos do Diário Oficial, Poder Executivo, Poder Judiciário, Inediatoriais e Diário Oficial do Município, em um único centro de endereçamento, empacotamento e remessa, para onde pudessem convergir os exemplares impressos nas duas dobradeiras do "Goss Urbanite", juntamente com aqueles produzidos pela offset "Cotrell-845", a equipe técnica da IMESP, responsável pelo projeto, concebeu a construção de duas esteiras transportadoras de jornais, com um curso aproximado de 40 metros cada uma, as quais levarão, automaticamente, os exemplares a partir das duas dobradeiras da nova impressora.

A Tinta

Também o setor de tintagem sofreu sensíveis modificações na construção da nova rotativa. Modernos dispositivos graduadores permitem uma distribuição perfeita de tinta sobre as chapas impressoras. A alimentação da tinta para as unidades é feita automaticamente, através do bombeamento de um depósito com capacidade para 200 litros.

A Alimentação de Papel

Eis aqui outro importante detalhe: a alimentação de papel em bobinas, que deixará de ser feita pelo processo tradicional, passando para um sistema totalmente automatizado de emenda, colagem e reposição permitindo a troca das bobinas com a máquina a plena velocidade. Tal operação é obtida através de comandos eletrônicos, hidráulicos e mecânicos sincronizados por um minicomputador. Isto permite a troca de bobinas de papel sem necessidade de interromper a impressão.

As Chapas e Blanquetas

Na "Goss Urbanite" torna-se muito fácil o trabalho de colocar e retirar as chapas offset, bem como a substituição de blanquetas, regulagem dos dispositivos umedecedores e demais operações. A fábrica preocupou-se em introduzir inovações que tornaram extremamente fáceis todas as fases de operação, culminando com a redução de horas de trabalho e com melhoria da qualidade de impressão e de produção.

CURSOS-I

Este ano, com o objetivo de capacitar funcionários da Imprensa Oficial do Estado ao desenvolvimento profissional, já foram realizados os seguintes cursos, dentro e fora da IMESP: Produção Visual Gráfica (básico); Impressão Tipográfica Automática; T.W.I. 1.ª fase - Ensino correto de um trabalho; Instrutor de Treinamento; Produção Visual Gráfica - avançado; Produção Visual Gráfica - jornal; Montagem e Preparação - fotolito; Fotorreprodução - branco e preto; Nova Folha de Pagamento; Sistemas de Microfilmagem; Técnico em Segurança do Trabalho; Sistemas Micrográficos e Tecnologia Micrográfica; Teste Szondi; Secretária Executiva; 2.º curso de Direção de Recursos Humanos; Autodesenvolvimento Profissional para Secretária Júnior; Análise Transacional; Seminário sobre Controle de Qualidade na Indústria Gráfica; Rotinas Trabalhistas; Curso Básico e Especial de Higiene Industrial; Curso Técnico Facit.

AFIMESP

Falou-se em várias ocasiões, durante o dia festivo, na AFIMESP - Associação dos Funcionários da Imprensa Oficial do Estado, entidade que congrega os servidores da IMESP e que, além de promover competições esportivas e programas recreativos, preocupa-se em desenvolver o funcionário culturalmente. O UNIMESP, orgão interno de circulação mensal, cuida também da divulgação das iniciativas sociais, culturais e esportivas da AFIMESP.

MICROFILMAGEM

Um grande passo no sentido da modernização foi dado com a implantação na Imprensa Oficial do Estado, há mais de dois anos, do sistema de microfilmagem, processo de redução de documentos, com o objetivo de ganhar espaço e tempo. A microfilmagem é, em termos mais ousados, a antecâmara do escritório sem papel, com a morte gradual dos arquivos mortos, substituídos por fitas magnéticas capazes de encerrar, em milímetros, milhares e milhões de informações que antes reclamariam o espaço físico de uma biblioteca. Até agora foram microfilmadas as coleções dos Diários Oficiais de 1891 a 1927 e as de 1942 a 1982.

O BUSTO

No novo hall nobre de entrada, no edifício da Administração que leva o nome de Wandyck Freitas, será localizado o busto do jornalista que durante anos exerceu o cargo de superintendente da Imprensa Oficial do Estado e a quem se deve a sua transformação, de repartição pública a Autarquia e, mais recentemente, a empresa pública. No hall, local reservado a exposições e de passagem obrigatória para o público, o busto relembrará sempre a figura de Wandyck Freitas, a quem tanto deve a Imprensa Oficial do Estado.

EXPOSIÇÃO

No pavimento térreo do prédio do jornal, onde se localizava a Linotipia, e também remodelado (entrada pela Rua João Antonio de Oliveira), uma área ampla ainda se encontra praticamente vazia. É que ali, onde já funcionam a Manutenção e a Zeladoria, será localizada a Exposição das Imprensas Oficiais de todo o país. Isso até agosto, quando se realizará em São Paulo a VI RIO (Reunião das Imprensas Oficiais). Máquinas, livros, cartazes, impressos, etc., ali serão mostrados, constituindo-se em precioso acervo histórico da imprensa antiga do Brasil.

BOLSAS DE ESTUDO

Neste ano, a Imprensa Oficial do Estado está concedendo bolsas de estudo aos seus funcionários que fazem os seguintes cursos regulares de formação: 1.º e 2.º graus; profissionalizantes de 2.º grau; supletivos de 1.º e 2.º graus; superiores e pós-graduação. A IMESP oferece ainda a estudantes universitários e a técnicos de nível médio estágios remunerados, para complementação de seus estudos.

APRENDIZADO

Com o intuito de proporcionar formação profissional especializada, a IMESP mantém menores matriculados no SENAI. Os aprendizes foram distribuídos nas seguintes ocupações: impressor offset; encadernador; retocador de fotolito. Em Artes Gráficas, no setor de Encadernação, a Imprensa Oficial do Estado empregou diversos deficientes visuais.

1983

MUNDO E BRASIL

_O Deops de São Paulo é extinto em 4 de março.
_O Instituto Pasteur de Paris identifica o vírus da Aids.
_A CUT é fundada em Congresso realizado em São Bernardo do Campo, em agosto.
_Pela primeira vez, após 1964, o Congresso rejeita um decreto do presidente relativo a reajustes salariais.
_Manifesto de dez governadores da oposição defende a volta das eleições diretas para presidente.

GOVERNO DE SÃO PAULO

_André Franco Montoro é o governador de 15 de março de 1983 a 15 de março de 1987.

IMPRENSA OFICIAL

_Em 25 de março, Audálio Ferreira Dantas assume a superintendência.
_Em junho, começa a funcionar o *Unimesp Extra*, jornal interno publicado pela Assessoria de Comunicação.

1984

MUNDO E BRASIL

_Grande mobilização em todo o país reivindica eleições diretas para presidente; a emenda é votada e rejeitada pela Câmara dos Deputados.

DIÁRIO OFICIAL

_Em abril de 1984, *D.O. Leitura*, além de ser encartado no *Diário Oficial*, passa a ter vida autônoma e distribuição mais ampla.
267. ENCARTE DO D.O.LEITURA

_Em 15 de maio, o caderno Judiciário do *Diário Oficial* passa a ser dividido em três seções.

Ano II • Número 23 • São Paulo, abril de 1984

D.O. Leitura

Publicação Cultural da Imprensa Oficial do Estado

O Xingu e seus mistérios

Zé Mauro: "O mundo precisa de ternura."

"Quilombo": a próxima atração.

1985

MUNDO E BRASIL

_Tancredo Neves, civil e oposicionista, é eleito presidente pelo Congresso, mas não chega a tomar posse. Seu falecimento, em 21 de abril, é registrado no *Diário Oficial* de 24 de abril, com uma mensagem do governador Franco Montoro.

268. ADEUS TANCREDO

O vice-presidente José Sarney assume o poder de 1985 a 1990.
_Estendido o direito de voto aos analfabetos.
_O Casarão das Rosas é tombado pelo Condephaat em 22 de outubro.

DIÁRIO OFICIAL

_O *D.O. Leitura* n.33, de fevereiro, informa que a publicação recebeu o Prêmio APCA de "Divulgação Cultural" de 1984.

269. D.O. LEITURA PREMIADO

18 — Leitura

SORTIDO

Cânticos de Amor, de Clarice Barbara, é um volume de estréia, na poesia, embora nem todas as composições sejam inéditas porque muitas já foram publicadas pela imprensa. A autora lançou, simultaneamente, *Ecologia Atuante*, coleção de estudos sobre sua especialidade. (Editora Soma, Rua Bráulio Gomes, 141 — São Paulo — SP).

Guia do Usuário do Apple II, de Lon Poole, Martin McNiff e Steven Cook, tradução de Paulo Borelli, é destinado à otimização do uso do computador Apple II: auxilia a programação nas duas versões do Brasil, usando som, cor e gráficos; explica o uso do monitor em linguagem de máquina e mostra como usar gráficos em alta resolução com o Integer Basic (Mcgraw-Hill).

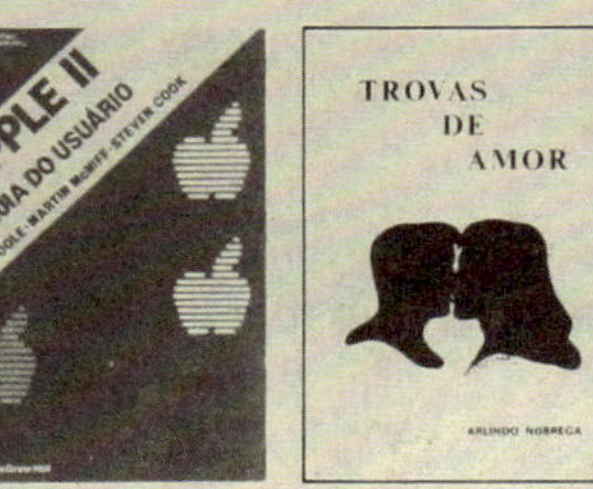

Trovas de Amor, de Arlindo Nóbrega, reúne dezenas de composições desse gênero malvisto pela crítica erudita mas certamente apreciado pelos leitores das coisas belas e simples. A trova é, essencialmente, fruto da legítima expressão popular e os trovadores a ela dedicam seu talento e sensibilidade, deixando de lado gêneros poéticos mais sofisticados. (Edição do autor).

A Imagem de Mário, organizado por Salvador Monteiro e Leonel Kaz, com a participação de vários colaboradores, o livro rememora toda a vida e a obra do autor de *Macunaíma* através de textos do próprio Mário de Andrad'e, extraídos dos seus livros em prosa e poesia e de sua vasta correspondência. O material iconográfico (195 fotos) é do Instituto de Estudos Brasileiros da USP. O lançamento é das Edições Alumbramento, Rio de Janeiro, em edição patrocinada pelo Banco Crefisul.

Gerencial Permanente (Desenvolvendo todos os gerentes todo o tempo ao mesmo tempo), de Francisco Gomes de Matos, estuda novas concepções de gerência, levando em conta a exigência de novos processos educacionais e novas tecnologias aplicáveis a este aspecto tão sensível da administração das empresas. O autor transmite sua experiência adquirida quando da transformação do obsoleto Banco da Prefeitura do Distrito Federal (Rio) no nascente e moderno Banco do Estado da Guanabara, e em trabalho análogo realizado nas empresas Atlântica/Boa Vista de Seguros e nas organizações do Grupo Nacional. (Livros Técnicos e Científicos Editora, Avenida Churchill, 94 — 20020 — Rio de Janeiro — RJ.)

A Literatura Brasileira no Século XX, de José Hildebrando Dacanal, do Instituto de Letras da Universidade Federal do Rio Grande do Sul, ensaio polêmico e sarcástico, que deveria ser lido e meditado por todos os "literatos e letrados" do país, especialmente nas Universidades, começa com esta observação: "... qualquer análise, por tosca e incompleta que seja, que pretenda lançar alguma luz sobre a produção literária deste século, tem como tarefa primeira e inadiável arredar o lixo acumulado durante tanto tempo e que continua presente em mentes e manuais, às quais e aos quais a lógica e o bom senso parecem arredios". (Mercado Aberto Editora, Rua Santos Dumont, 1.186 — 90.000 — Porto Alegre-RS.)

D.O. Leitura premiado

O D.O. Leitura, da Imprensa Oficial do Estado, recebeu o prêmio "Divulgação Cultural" de 1984, atribuído anualmente pela Associação Paulista dos Críticos de Arte, que o dividiu com a "Página do Livro" do "Diário Popular". Os demais prêmios referem-se a Literatura, Literatura Infantil e Juvenil, Música Popular, Música Erudita, Artes Visuais, Cinema, Televisão, Rádio, Teatro, Teatro Infantil e Dança. As categorias Literatura, Literatura Infantil e Juvenil, Artes Visuais, Teatro Infantil e Dança não foram contempladas com o Grande Prêmio da Crítica. O dia da entrega dos prêmios ainda não foi marcado por falta de data disponível, em futuro próximo, no Teatro Municipal de São Paulo, onde a cerimônia é realizada todos os anos. Esta é a relação integral dos premiados:

Literatura: Grande Prêmio da Crítica (não foi atribuído); Ficção: "A República dos Sonhos", de Nélida Piñon; Poesia: "Código das Águas", de Lindolf Bell e "Narciso", de Marcos Moreira Acioly; Ensaio: "A Cultura Popular em 'Grande Sertão: Veredas'", de Leonardo Arroyo; Tradução: Remy Gorga, filho, por "Histórias de Mayta"; Revelação: Egberto Penido por "No Giro dos Ventos"; Editoração: Coleção "Autores Africanos" da Editora Ática; Divulgação no Exterior: Jacques Thiérot, pela tradução de "Essa Terra", de Antonio Torres e outros; Acontecimento: Oitava Bienal Internacional do Livro; Realização Cultural: "As Imagens de Mário de Andrade", da Editora Alumbramento/Crefisul/Instituto de Estudos Brasileiros; Divulgação Cultural: D.O. Leitura e "Página do Livro", do Diário Popular; Prêmio Especial: José Aparecido de Oliveira; Menções Honrosas: Jubileu Literário de Elizabeth Marinheiro, Heloísa Santos Pereira (edição de "Mata Atlântica") e "Literatura em Videotexto" de Laura Cardoso, Rinaldo Gama e Márcia Braga; Voto de Louvor: Reativação da José Olympio Editora.

Literatura Infantil e Juvenil: Livro-autor (infantil): "Suriléia, Mãe-Monstrinha", de Lia Zatz; Poesia: José Paulo Paes por "É isso Ali"; Ilustração: Helena Alexandrino por "Caixa Mágica de Surpresa"; Revelação: Sersi Pardari por "O Cigano de Itaparica"; Produção Editorial: "Au Au Lambão", de Isis Valéria e Ana Raquel; Livro-autor (juvenil): "A Guerra do Lobisomem", de Carlos Moraes; Livro sem texto: "Outra Vez", de Angela Lago; Menção Especial: Edmir Perrotti, pela direção editorial nas Edições Paulinas; Menções: "Histórias da Rocinha"; Grande Prêmio da Crítica: não foi atribuído.

Música Popular: Grande Prêmio da Crítica: Presença da MPB nos comícios das diretas e nos palanques junto ao candidato Tancredo Neves; Show: Ney Matogrosso; Compositor: Chico Buarque de Hollanda; Arranjador: César Camargo Mariano; Cantor: Gilberto Gil; Cantora: Nana Caymmi; Conjunto Vocal: Língua de Trapo; Som Instrumental: Hermeto Paschoal; Revelação Feminina: Eliete Negreiros; Revelação Masculina: Eduardo Dusek; Disco: "Velô", de Caetano Veloso; Sopros: Paulo Moura; Cordas: Hélio Delmiro; Teclados: César Camargo Mariano; Percussão/Bateria: Robertinho Silva; Melhor Música: "Vai Passar", de Chico Buarque de Hollanda.

Música Erudita: Grande Prêmio da Crítica: Irmãos Vitale pelo jornal Música; Melhor Obra Sinfônica: não foi atribuído; Obra Vocal: "Cantata Chimporski", de Marlos Nobre; Obra Experimental: "Ventos", de Raul do Valle; Obra para Instrumento Solista: "Prelúdio-Fuga e Final para Órgão e Piano", de Amaral Vieira; Obra de Câmara: "Trio Marítimo", de Almeida Prado; Recitalista: pianista Francisco Silva; Solista: Cynthia Priolli; Cantora: Marília Siegl; Conjunto Vocal: "Meninos Cantores de São Paulo"; Conjunto Instrumental: Camerata Violinística; Regente: não foi atribuído; Regente Coral: Elias Moreira da Silva; Revelação: cravista Ilion Wjunki.

Artes Visuais: Grande Prêmio da Crítica: não foi concedido; Melhor Exposição: Escola de Paris (Masp); Melhor Retrospectiva: Lívio Abramo (MAM); Personalidade: Neyde Rosa Bonfiglioli; Revelação: Sérgio Prado (obra pictórica e arquitetônica); Fotografia: Hugo Desisant (MIS e Asco Galeria); Fotografia/Revelação: Arnaldo Pappalardo (Masp); Tapeçaria: não foi atribuído; Arte & Comunicação: não foi atribuído; Pintura: Carlos Araújo (Clube Monte Líbano); Desenho: Tuneu (Galeria Mônica Filgueiras); Gravura: Iole di Natale (Galeria Sesc/Paulista); Escultura: Antonio Poteiro (Galeria São Paulo); Pesquisa: Ismael Nery (Mac/Usp).

Cinema: Grande Prêmio da Crítica: "Cabra Marcado para Morrer", de Eduardo Coutinho; Filme: "Memórias do Cárcere", de Nélson Pereira dos Santos; Diretor: Nélson Pereira dos Santos; Roteiro Adaptado: "Memórias do Cárcere"; Roteiro original: Carlos Reichenbach, por "Extremos do Prazer"; Fotografia: Antonio Meliande, por "Flor do Desejo" e "Amor Voraz"; Argumento: não foi atribuído; Cenografia: "Quilombo"; Montagem: Eder Masini, por "Extremos do Prazer" e "Amor Voraz"; Ator: Carlos Vereza, por "Memórias do Cárcere"; Atriz: Débora Bloch, por "Noites do Sertão" e "Beth Balanço"; Ator Coadjuvante: Carlos Bucka, por "Baiano Fantasma"; Atriz Coadjuvante: Cristina Aché por "Noites do Sertão"; Música: não foi atribuído; Revelação: Murilo Salles, por "Nunca Fomos Tão Felizes", Figurinos: "O Mágico e o Delegado"; Prêmio Especial pelo Pioneirismo no Cinema Paulista: Gilberto Rossi; Menção Especial: Eduardo Escorel, por "O Cavalinho Azul"; Prêmio Especial: Leon Cakoff, pela organização da Oitava Mostra de Cinema Internacional de São Paulo.

Televisão: Grande Prêmio de Crítica: "Rabo de Saia"; Novela: "Vereda Tropical"; Texto de novelas: Sílvio de Abreu e Carlos Lombardi; Ator: Ney Latorraca, Nuno Leal Maia, Ary Fontoura; Atriz: Nathalia Thimberg, Georgia Gomide, Lucinha Lins, Débora Duarte, Miriam Pires, Marieta Severo; Revelação Masculina: Marcos Frota; Revelação Feminina: Dora Pellegrino; Musical: "Encontros Musicais com Tom Jobim"; Telejornalismo: "Jornal da Manchete"; Pesquisa: "Globo Reporter"; Debates: Ferreira Neto; Humorismo: não foi atribuído; Diretor de TV: Jorge Fernando, Guel Arraes e Walter Avancini; Infantil: "Bambalalão"; Feminino: "Mulheres em Desfile"; Esporte: "Show do Esporte"; Minissérie: "Santa Marta Fabril S/A"; Variedade: "Perdidos na Noite"; Apresentador: Ney Gonçalves Dias; Apresentadora: Etty Frazer, Paula Dip; Homenagem Póstuma: Elza Gomes e profissionais de jornalismo que morreram na cobertura de eventos jornalísticos.

Rádio: Grande Prêmio da Crítica: Rádio Bandeirantes pela cobertura das eleições de 1985; Musical: "Música Popular Walter Silva" (Cultura); Variedades: "Show da Manhã" (Jovem Pan); Cultura Geral: Eldorado AM; Jornalismo: "Bandeirantes Aconteceu", da Rádio Bandeirantes; Esportivo: "Terceiro Tempo" (Jovem Pan); Emissora de FM: "Diário do Grande ABC".

Teatro: Grande Prêmio da Crítica: Antunes Filho; Espetáculo: "Romeu e Julieta"; Diretor: Antonio Mercado ("Dueto para um Só"); Autor: Mário Prata ("Salto Alto" e "O Purgatório"); Ator: Othon Bastos ("Dueto para um Só"); Atriz: Martha Overbeck ("Dueto para um Só"); Iluminador: Dari de Brito ("Romeu e Julieta"); Direção Musical: Djalma Correia e Eugenia Teresa de Andrade ("A Casa de Bernarda Alba"); Sonoplastia: Ulisses Cohn ("Romeu e Julieta"); Cenotécnica: José Luiz Chimarski ("Dueto para um Só"); Cenografia: Gianni Ratto (vários trabalhos); Figurinos: Kalma Murtinho ("Negócios de Estado"); Revelação/Diretor: Marcelo Peixoto e Manuel Paiva ("Agora ou Nunca"); Revelação/Ator: Marco Antonio Pamio ("Romeu e Julieta"); Revelação/Atriz: Ligia de Paula ("Agora ou Nunca"); Revelação/Autor: Zeno Wilde ("O Meu Guri"); Revelação/Cenógrafo: Silvio Wopski ("A Casa de Bernarda Alba"); Coreografia e Direção de Dança: Paula Martins ("Romeu e Julieta"); Menções Especiais: Ruy Afonso (35 anos de teatro), Nitis Jacon (25 anos de teatro amador) e Carmelinda Guimarães pelo livro "Um Ato de Resistência — O Teatro de Oduvaldo Vianna Filho".

Teatro Infantil: Grande Prêmio da Crítica: não foi atribuído; Espetáculo: "Zá-Zã"; Diretor: Mayté Alves ("O Dia em que o Medo Virou Música"); Ator: Eurico Martins ("Canção de Assis"); Atriz: Cláudia Brioni ("Zá-Zã"); Autor: Carlos Queiroz Telles ("A Revolta dos Perus"); Cenógrafo: Teatro Alquímico Pinóchio; Figurinos: Augusto Francisco ("Zá-Zã"); Música: Irene Portela ("Oi Vento, Tudo Bem?"); Revelação: Elisabete Benetti ("O Dia em que o Medo Virou Música"); Espetáculo Paradidático: "Oi Vento, Tudo Bem?"; Especial: Conjunto de trabalho do grupo Os Corujinhas.

Dança: Espetáculo: "Quebra Nozes"; Coreógrafo: Maria Hulda Bittencourt. Os demais prêmios desta área não foram atribuídos.

Universidade Ontem e Hoje, organizado por Manoel José Gomes Tubino e com a colaboração de dez professores universitários, a obra aborda os grandes problemas da organização e do ensino superior no Brasil. Os trabalhos foram apresentados e debatidos por ocasião da abertura do Curso de Doutorado em Educação Brasileira na Universidade Federal do Rio de Janeiro. (Edição IBRASA, Rua Vinte e Um de Abril, 97 — 03047 — São Paulo-SP).

Comunicação: Teoria e Política, de José Marques de Melo, da Escola de Comunicações e Artes da USP, enfeixa uma série de ensaios que procuram dar conta das mutações por que passam a teoria e a pesquisa da comunicação na América Latina, especialmente no Brasil. O livro dá continuidade à já extensa bibliografia do autor dentro desse tema, sempre preocupado com a necessidade da democratização da informação como condição do exercício da cidadania — (Summus Editorial, Rua Cardoso de Almeida, 1.297 — 05013 — São Paulo-SP.)

A Tragédia da Rosa dos Alkmins, de Joaquim Inojosa, é uma seleção de crônicas publicadas entre 1969 e 1984 pelo veterano e incansável jornalista pernambucano em "O Jornal" e "Jornal do Comércio" do Rio de Janeiro. Dele escreve Guilherme Figueiredo: "Não conheço ninguém que tenha abordado tantos livros e tantos autores, grandes autores consagrados ou principiantes à espera de uma palavra de encorajamento. E não sei de outro jornalista que tenha participado tão presentemente da vida cotidiana do Brasil como este homem." (Editora Cátedra, Rua Senador Dantas, 20, Rio de Janeiro-RJ.)

Comandante Gravata, de Ariosto Augusto de Oliveira, é o segundo livro do autor de *Na Mão Grande*, tão bem recebido pelo público e pela crítica. Dos seus contos escreveu Valentim Facioli: "O texto de Ariosto encontra sua força maior na captação daquilo que no social é a expressão de todos os desarranjos humanos, na vida da cidade grande infernizada pela modernização capitalista". (Global Editora, Rua França Pinto, 836 — 04016 — São Paulo-SP.)

269

PORTE PAGO
ECT — DR/SP
UNIDADE Cidade de São Paulo
ISR — 40 — 3051/81

Diário Oficial

ESTADO DE SÃO PAULO

v. 95 | n. 074 | São Paulo | quarta-feira, 24 de abril de 1985 — PODER EXECUTIVO — SEÇÃO I

ADEUS TANCREDO

Agência Estado

Seu programa é nossa missão

Tancredo Neves foi o construtor e o mártir da democracia brasileira. Dedicou sua vida e ofereceu seu sacrifício para realizar a conciliação de todo o País em torno dos valores da justiça e da liberdade de nosso povo.

Nesta hora de amargura, devemos olhar para o exemplo do nosso Presidente, com uma disposição de vida. Devemos nos manter unidos na construção da Nova República que ele despertou. A luta de Tancredo Neves encarna o sofrimento, a resistência e a unidade do povo brasileiro. Unamo-nos, neste momento de dor, mediante nosso engajamento na tarefa de construir a verdadeira democracia que ele preparou: o regime do povo, para o povo e pelo povo brasileiro.

Tancredo nos indicou os rumos. Revelou o caminho a seguir e nos deu tarefas. Sua morte aumenta a nossa responsabilidade. Com sua sensibilidade e sua visão de estadista ele abriu os caminhos da renovação e da mudança. Nada deterá esta renovação, porque nasceu do desejo da nossa população e cristalizou suas esperanças.

Os compromissos da Aliança Democrática, que eram os compromissos de Tancredo, são agora de todo o povo brasileiro e não podem ser esquecidos.

Esse programa é nossa missão.

Como Governador, peço à população que, ao prestar a última homenagem ao nosso Presidente, o faça com tranqüilidade e renovada fé em nosso futuro. Esta é a melhor forma de expressar nosso sentimento de respeito àquele que durante toda a vida trabalhou pela conciliação nacional e os direitos de seu povo.

Tancredo Neves é hoje o símbolo da unidade nacional. Cabe a nós sermos os continuadores de sua obra. Faço minhas as palavras de seu último pronunciamento à Nação: "Não vamos nos dispersar. Continuemos reunidos, como nas praças públicas, com a mesma emoção, a mesma dignidade e a mesma decisão."

Deus guarde o nosso Presidente e dê forças e desprendimento a todos os brasileiros para cooperar nessa missão.

Adeus Tancredo, seu compromisso será honrado, seu programa é nossa missão.

Governador Franco Montoro

DECRETO N.º 23.403, DE 21 DE ABRIL DE 1985

Declara luto oficial pelo falecimento do Presidente da República Dr. Tancredo de Almeida Neves

FRANCO MONTORO, Governador do Estado de São Paulo, no uso de suas atribuições legais e,

Considerando o enorme pesar com o falecimento do Presidente Tancredo de Almeida Neves, que simboliza o sofrimento, a resistência, a esperança e a unidade do povo brasileiro,

Decreta:

Artigo 1.º — É declarado luto oficial no território do Estado de São Paulo, por oito dias, a partir de 21 de abril do corrente ano, em sinal de pesar pelo falecimento do Presidente da República, doutor Tancredo de Almeida Neves.

Artigo 2.º — Este decreto entrará em vigor na data de sua publicação.

Palácio dos Bandeirantes, 21 de abril de 1985.

FRANCO MONTORO

Luiz Carlos Bresser Pereira, Secretário do Governo

Publicado na Secretaria de Estado do Governo, aos 21 de abril de 1985.

1986

MUNDO E BRASIL

_Em março, a Confederação Geral dos Trabalhadores - CGT é criada.
_Eleições para a Assembleia Constituinte, governadores e deputados estaduais são realizadas em 15 de novembro, com vitória do PMDB.

IMPRENSA OFICIAL

_Wolfgang Schoeps é empossado como diretor superintendente em abril.

1987

MUNDO E BRASIL

_A Constituinte é instalada em 1º de fevereiro.
_Em julho e em dezembro, são realizados comícios por eleições diretas em 1988.

GOVERNO DE SÃO PAULO

_No dia 15 de março de 1987, Orestes Quércia toma posse como governador. Seu discurso e o de seu antecessor, por ocasião da transferência do cargo, são publicados no *Diário Oficial* de 16 de março. Quércia permanece no cargo até 15 de março de 1991.

270. DISCURSO DE MONTORO E DE QUÉRCIA

IMPRENSA OFICIAL

_Antonio Arnosti assume a superintendência em 10 de abril.

PORTE PAGO
ECT — DR/SP
UNIDADE: Cidade de São Paulo
ISR — 40 — 3051/81

Diário Oficial

ESTADO DE SÃO PAULO

v. 97	n. 050	São Paulo	segunda-feira, 16 de março de 1987 — PODER EXECUTIVO — SEÇÃO I

15 de março de 1987

FRANCO MONTORO

"Emoção e sentimento do dever cumprido"

Discurso de transmissão do Governo do Estado, pronunciado pelo Governador Franco Montoro

Este não é um ato isolado. Ele tem raízes no passado, responsabilidades graves no presente e abre, para nossa população, perspectivas de um futuro marcado pelas conquistas cada vez mais amplas da justiça e da liberdade.

Ele se liga à continuidade histórica, com mais de 20 anos de lutas, de um movimento democrático brasileiro, que se chamou MDB. E que, em determinado momento, para enfrentar as manobras da ditadura que tentava destruí-lo, passou a denominar-se Partido do Movimento Democrático Brasileiro — PMDB.

Essa foi e é a nossa luta. Luta do povo brasileiro para superar o arbítrio, a opressão, a miséria, as injustiças e as desigualdades de que é vítima.

Hoje dois militantes desse combate, perante milhares de outros companheiros, realizam um ato, ao mesmo tempo simbólico e real: pelo voto livre do povo de São Paulo, o militante Franco Montoro passa o Governo de São Paulo ao militante Orestes Quércia.

Quais as mudanças havidas entre a minha posse, quatro anos atrás, e o dia de hoje?

Transição Democrática

Quando assumi o Governo, em 15 de março de 1983, depois de vinte anos de experiência autoritária, e governadores nomeados, tornava-se efetiva a primeira vitória da democratização: a eleição direta dos governadores.

Continua

ORESTES QUÉRCIA

"Meu compromisso maior é com os pobres"

Discurso de posse do Governo do Estado, pronunciado pelo Governador Orestes Quércia

Com muita fé no futuro do meu País, assumo hoje o Governo do Estado de São Paulo. Em todos os mandatos que exerci desde Vereador, levado sempre pela decisão soberana das urnas, procurei a legitimidade. Fui buscá-la, em todos os dias da minha representação popular, nos sentimentos, nas frustrações, nas alegrias e nas esperanças do povo. Minha vida pública coincide com a vigorosa luta do povo brasileiro para superar o autoritarismo e construir um regime de justiça e de liberdade.

Foi sempre através do MDB, depois PMDB, partido que ajudei a criar, partido que nasceu como nascem as seitas perseguidas, que procurei servir à causa da minha gente.

Ao assumir o Governo do meu Estado, o Estado mais importante da Federação, reitero os mesmos compromissos de sempre, toda dedicação à causa da liberdade e da justiça, todo o empenho pela construção de um Brasil mais forte e mais independente.

O destino do País se escreve nas ruas de São Paulo. O que temos feito aqui e o que fizermos será sempre um roteiro da Pátria.

Como Governador, meu compromisso maior é com os mais pobres.

O autoritarismo, ao mesmo tempo em que atrelou o nosso destino a uma dívida externa irresponsável, definiu um estilo de governar no qual a maioria é desprezada. Os humildes não contam. São Paulo, com toda a sua pujança, é um Estado dilacerado pela angústia, principalmente nos grandes centros onde moram os homens

Continua

Continuação do discurso de Franco Montoro

Foi o primeiro passo. A partir daí mudamos o regime do País. Começamos a reescrever, todos juntos, a história de nosso Estado e do nosso Brasil. E teve início um processo realmente democrático.

Impossível não lembrar aqui a importância da participação de São Paulo nessa acidentada e gloriosa caminhada.

Foi aqui mesmo, neste Palácio, de portas abertas que se realizaram históricas reuniões que culminaram na grande campanha pelas eleições diretas para a Presidência da República.

Foi aqui, em dezembro de 1983, que se realizou a primeira reunião dos governadores eleitos pelo voto direto. Seu manifesto com o título "A NAÇÃO TEM O DIREITO DE SER OUVIDA" era um brado de alerta a despertar consciências e uma advertência aos detentores do poder autoritário.

Daqui saiu, também, a convocação do histórico comício da Praça da Sé pelas eleições diretas, no dia 25 de janeiro de 1984. Começou com ele a maior campanha cívica da história do País. A população deixou de ser mera espectadora dos acontecimentos e passou a ser participante ativa de nossa história.

Grandes comícios se realizaram em todo o Território Nacional culminando com o do Vale do Anhangabaú, com mais de um milhão de participantes, certamente a maior concentração pública de que se tem notícia no Brasil.

Derrotada a emenda das eleições diretas, foi ainda nesta Casa do Governo de São Paulo que os 10 governadores da oposição lançaram a candidatura de Tancredo Neves, aclamada pela população de todo o País e capaz de ser vencedora no próprio Colégio Eleitoral, com a união dos democratas de todos os partidos.

No dia da eleição de Tancredo Neves e José Sarney caiu a ditadura no Brasil e se iniciou um processo de normalização democrática que tem na Assembléia Nacional Constituinte, já eleita e instalada, seu ponto culminante. Esperamos todos que ela dê ao Brasil, com a maior brevidade, uma Constituição que assegure a todos os setores da população brasileira os caminhos democráticos e competentes para a solução de nossos problemas.

Descentralização e Participação

Mas as mudanças não ocorreram somente ao nível político da Nação. A democracia foi prática diária de meu governo. Foram ampliadas as franquias democráticas. O diálogo, a descentralização e a participação tornaram-se norma. Os movimentos de trabalhadores e de outros setores da sociedade civil foram respeitados e tiveram seus direitos assegurados.

Procurei fazer um Governo democrático, sério, justo, baseado na descentralização e participação. Ao invés de centralizar recursos e poder, meu governo apoiou e estimulou as iniciativas e a atuação dos diversos setores da população. E procurou desburocratizar a máquina do Estado, entregando, sempre que possível, poderes e recursos aos Municípios e órgãos locais. Foi assim na municipalização das construções escolares e da merenda escolar, com o estímulo à produção local de alimentos. Foi assim na multiplicação e descentralização dos centros de saúde, estradas vicinais, nos Fundos Municipais de Solidariedade, na criação das Regiões de Governo e nos mutirões da casa própria.

Para permitir a participação organizada de setores da população na solução de seus problemas, foram criados os Conselhos da Condição Feminina, dos Jovens, dos Negros, dos Idosos, dos Deficientes e outros.

A seriedade, o trabalho, o senso de justiça e, acima de tudo, o respeito pela dignidade e valor de cada pessoa inspiraram nosso trabalho.

Deu certo?

Saneamento Financeiro

Na área financeira, os resultados aí estão:

— o déficit orçamentário caiu de 9,7%, do orçamento em 1983, para 3,7% em 1984; 1,4% em 1985 e 0,5% em 1986;

Continua

Continuação do discurso de Orestes Quércia

mais ricos deste País, mas onde, sob as pontes e os viadutos, há quem viva e morra sem a graça de um sorriso.

A Constituinte, proclamada no clamor da praça pública, vai institucionalizar a República, elaborando o esteio jurídico da Nação. Mister se faz o equilíbrio social mais justo. Essa imensa maioria de miseráveis não pode continuar convivendo com os potentados.

Neste sentido humano levaremos São Paulo à vanguarda.

Nossa prioridade é a criança, principalmente a criança carente e abandonada, com direito à vida e à esperança.

O Estado tem que garantir a segurança do cidadão, a tranqüilidade e a harmonia da família, através de uma polícia rigorosa e honesta.

Entendimentos com o Governo Federal já iniciamos, mesmo antes de assumir, para juntos conseguirmos um transporte mais humano em São Paulo. O mesmo entendimento, a mesma compreensão, se fazem em torno da política habitacional, atentando para a humanização dos cortiços e das favelas.

Ao mesmo tempo, com o mesmo espírito de luta, projetamos, com a colaboração dos empresários, a industrialização do Interior.

Vamos implantar um sistema único de saúde no Estado e realizar o processo de municipalização, tanto da saúde como do ensino, rigorosamente de acordo com os ideais municipalistas da descentralização, que sempre moveram a minha vida pública.

Defesa do consumidor: despertar nos brasileiros de São Paulo a consciência do contribuinte, seus direitos e seus deveres. Espaços para a luta histórica da mulher e a definitiva igualdade para os negros. Respeito aos direitos dos velhos. Reforma agrária. Apoio à luta dos trabalhadores por um sindicalismo forte e independente.

Para os jovens, que saem de casa e da escola à procura de um destino, vamos oferecer a nova parceria que proclamamos em nossa campanha memorável.

Com a colaboração dos empresários da indústria, do comércio e da agricultura, sustentáculos da economia, garantindo-lhes investimentos na área energética e tecnológica, vamos iniciar um novo desenvolvimento em São Paulo, que favoreça toda a Nação.

Não permitiremos que a economia arrefeça e o fantasma da recessão comprometa a tranqüilidade dos assalariados.

Nosso diálogo com o Presidente Sarney, a quem reverencio e saúdo, nos dá plena convicção disto.

Não há razão para descrença. Somos um povo extraordinário e vamos realizar o nosso destino com sabedoria e com firmeza.

Uma nação jovem renasce a cada dia na energia e na sensibilidade do seu povo.

Essa confiança no futuro nos conduzirá a uma associação com os países latino-americanos.

Nosso governo em São Paulo empunhará a bandeira da integração latino-americana. Se as nações mais fortes sentem necessidade de se unir, como é o caso da Comunidade Econômica Européia, com muito mais razão, no interesse comum, precisamos estabelecer uma união definitiva. Temos uma mesma origem e um mesmo destino: somos irmãos.

Em apoio e incentivo a esta integração, neste governo e ainda neste ano, ao lado das iniciativas econômicas, vamos estabelecer critérios para o ensino da língua espanhola e da história do povo latino-americano nas escolas do nosso Estado.

Meus amigos,

Neste momento importante da minha vida, quero agradecer aos meus companheiros do PMDB a confiança que a mim jamais foi negada. Aos companheiros que sofreram comigo uma das campanhas mais sórdidas da história deste Estado, eu os conclamo à tranqüilidade, à segurança e à firmeza, tão necessárias ao sucesso da nossa causa.

Minha gratidão aos militantes, membros dos diretórios, prefeitos, vice-prefeitos, vereadores, deputados estaduais, federais e sena-

Continua

Diário Oficial

ESTADO DE SÃO PAULO

EXECUTIVO - SEÇÃO I

Diretor Adjunto do Jornal
Edimilson Gomes Cardial

REDAÇÃO
Rua João Antonio de Oliveira, 152 — CEP 03103 — São Paulo
Telefones 93-0484 e 291-3344 (ramal 242) — Telex (011) 34557

Recebimento de originais das repartições até 19 horas

ASSINATURAS
Tel. 291-3344 — ramais 221 e 239

REPARTIÇÕES E PARTICULARES
Assinatura com entrega domiciliar (só para SP — Capital) .... Semestral Cz$ 461,00
Assinatura com entrega via Correios .... Semestral Cz$ 310,00

FUNCIONÁRIOS PÚBLICOS ESTADUAIS
Assinatura com entrega domiciliar (só para SP — Capital) .... Semestral Cz$ 432,00
Assinatura com entrega via Correios .... Semestral Cz$ 281,00

A Imprensa Oficial do Estado não mantém agentes coletores de assinaturas

VENDA AVULSA
Exemplar do dia .... Cz$ 5,00 Exemplar atrasado .... Cz$ 7,00

AGÊNCIAS
CAPITAL — MARIA ANTONIA — Rua Maria Antonia, 294 — Fone 256-7232 • REPÚBLICA — Estação República do Metrô — Loja 516 — Fone 257-5815 • SÃO BENTO — Estação São Bento do Metrô — Loja 17 — Fone 229-6316.
POSTOS DE VENDA NO INTERIOR — ARAÇATUBA — Rua Almirante Barroso, 239 — Fone (0186) 23-6882 — ramal 22 • GUARATINGUETÁ — Rua Frei Lucas, 80 — Fone (0125) 22-3024 • MARÍLIA — Av. Rio Branco, 803 — Fone (0144) 33-5163 • PRESIDENTE PRUDENTE — Av. Manoel Goulart, 2109 — Fone (0182) 22-1622 • RIBEIRÃO PRETO — Av. 9 de Julho, 378 — Fone (016) 625-2345 — ramal 21 • SÃO JOSÉ DO RIO PRETO — Rua General Glicério, 3947 — Fone (0172) 33-8277 — ramal 146

IMPRENSA OFICIAL DO ESTADO S.A. IMESP

Diretor-Superintendente
WOLFGANG SCHOEPS

Diretoria
Artes Gráficas Carlos Eduardo Leite Perrone
Comercial Sérgio Akio Kobayashi
Financeira e Administrativa Júlio do Amaral Buschel
Jornal Elias Miguel Raide

SEDE E ADMINISTRAÇÃO
Rua da Mooca, 1.921 — CEP 03103 — São Paulo
Telefone 291-3344 (PABX) — Telex (011) 34557

1988

MUNDO E BRASIL

_O Partido da Social Democracia Brasileira - PSDB é fundado em 25 de junho, com Mario Covas como presidente do partido.

_A nova constituição é aprovada em 22 de setembro, e publicada no *Diário Oficial* fragmentariamente a partir do início de setembro. A promulgação ocorre em 5 de outubro.

1989

MUNDO E BRASIL

_Fernando Collor de Mello é eleito presidente em eleições diretas.

GOVERNO DE SÃO PAULO

_No dia 5 de outubro, é promulgada a nova Constituição do Estado de São Paulo, encartada no *Diário Oficial* n.189, de 7 de outubro.

271. CONSTITUIÇÃO DO ESTADO DE SÃO PAULO

DIÁRIO OFICIAL

_O *D.O. Leitura* comenta o Projeto Cultural IMESP e o lançamento de obra rara.

272. OBRA RARA | PROJETO CULTURAL IMESP

DIÁRIO DA ASSEMBLÉIA LEGISLATIVA

11ª LEGISLATURA

CONSTITUIÇÃO DO ESTADO DE SÃO PAULO

OUTUBRO 1989

PREÂMBULO

O Povo Paulista, invocando a proteção de Deus, e inspirado nos princípios constitucionais da República e no ideal de a todos assegurar justiça e bem-estar, decreta e promulga, por seus representantes, a

CONSTITUIÇÃO DO ESTADO DE SÃO PAULO

TÍTULO I
Dos Fundamentos do Estado

Artigo 1.º — O Estado de São Paulo, integrante da República Federativa do Brasil, exerce as competências que não lhe são vedadas pela Constituição Federal.

Artigo 2.º — A lei estabelecerá procedimentos judiciários abreviados e de custos reduzidos para as ações cujo objeto principal seja a salvaguarda dos direitos e liberdades fundamentais.

Artigo 3.º — O Estado prestará assistência jurídica integral e gratuita aos que declararem insuficiência de recursos.

Artigo 4.º — Nos procedimentos administrativos, qualquer que seja o objeto, observar-se-ão, entre outros requisitos de validade, a igualdade entre os administrados e o devido processo legal, especialmente quanto à exigência da publicidade, do contraditório, da ampla defesa e do despacho ou decisão motivados.

TÍTULO II
Da Organização dos Poderes

CAPÍTULO I
Disposições Preliminares

Artigo 5.º — São Poderes do Estado, independentes e harmônicos entre si, o Legislativo, o Executivo e o Judiciário.

§ 1.º - É vedado a qualquer dos Poderes delegar atribuições.

§ 2.º - O cidadão, investido na função de um dos Poderes, não poderá exercer a de outro, salvo as exceções previstas nesta Constituição.

Artigo 6.º — O Município de São Paulo é a Capital do Estado.

Artigo 7.º — São símbolos do Estado a bandeira, o brasão de armas e o hino.

Artigo 8.º — Além dos indicados no art. 26 da Constituição Federal, incluem-se entre os bens do Estado os terrenos reservados às margens dos rios e lagos do seu domínio.

CAPÍTULO II
Do Poder Legislativo

SEÇÃO I
Da Organização Do Poder Legislativo

Artigo 9.º — O Poder Legislativo é exercido pela Assembléia Legislativa, constituída de Deputados, eleitos e investidos na forma da legislação federal, para uma legislatura de quatro anos.

§ 1.º - A Assembléia Legislativa reunir-se-á, em sessão legislativa anual, independentemente de convocação, de 1.º de fevereiro a 30 de junho e de 1.º de agosto a 15 de dezembro.

§ 2.º - No primeiro ano da legislatura, a Assembléia Legislativa reunir-se-á, da mesma forma, em sessões preparatórias, a partir de 1.º de janeiro, para a posse de seus membros e eleição da Mesa.

§ 3.º - As reuniões marcadas para as datas fixadas no § 1.º serão transferidas para o primeiro dia útil subseqÕente, quando recaírem em sábado, domingo ou feriado.

§ 4.º - A sessão legislativa não será interrompida sem aprovação do projeto de lei de diretrizes orçamentárias e do projeto de lei do orçamento.

§ 5.º - A convocação extraordinária da Assembléia Legislativa far-se-á:

I - pelo Presidente, nos seguintes casos:

a) decretação de estado de sítio ou de estado de defesa que atinja todo ou parte do território estadual;

CARLOS RIZZINI

O LIVRO, O JORNAL E A TIPOGRAFIA NO BRASIL

1500-1822

COM UM BREVE ESTUDO GERAL SOBRE A INFORMAÇÃO

· MEIOS DE COMUNICAÇÃO
CORREIO
CATEQUESE
ENSINO
SOCIEDADES LITERÁRIAS
MAÇONARIA
ETC.

COM NUMEROSAS ILUSTRAÇÕES

IMPRENSA OFICIAL DO ESTADO S.A. IMESP

edição fac-similar

O Livro, o Jornal e a Tipografia no Brasil

Em formato 16x23, 470 páginas, *O Livro, o Jornal e a Tipografia no Brasil*, de 1946, de Carlos Rizzini, é uma dessas obras raras que a Imesp recupera, agora, em edição fac-similar e uma novidade: a introdução de três cores que facilitam a leitura e melhora a sua qualidade gráfica. Dividido em capítulos, o livro analisa a comunicação desde os seus primórdios até as sociedades literárias contemporâneas, detendo-se longamente em temas fascinantes como o Correio, a Catequese e o Ensino, com enfoque especial para o Brasil. Obra fundamental para historiadores, professores, jornalistas, gráficos e estudiosos do assunto, *O Livro, o Jornal e a Tipografia no Brasil* é farto em gravuras e ilustrações sobre os temas abordados. (Relançamento Imesp, com uma tiragem de dois mil exemplares, em primeira edição.)

Para adquirir seu exemplar na cidade de São Paulo: Rua da Mooca, 1.921; Rua Maria Antônia, 294; Estação República do Metrô — Loja 516; e Estação São Bento do Metrô — Loja 17. **No interior de São Paulo:** Rua Antônio João, 130 — Araçatuba; Rua Frei Lucas, 80 — Guaratinguetá; Avenida Rio Branco, 803 — Marília; Avenida Manoel Goulart, 2.109 — Presidente Prudente; Avenida Nove de Julho, 378 — Ribeirão Preto; Rua General Glicério, 3.974 — São José do Rio Preto; e Rua Sete de Setembro, 71 — Santos. ***Imprensa Oficial do Estado S.A. — IMESP***

Projeto Cultural Imesp

O Projeto Cultural Imesp objetiva colocar à disposição do grande público obras, já esgotadas, e de relevante interesse cultural e histórico que as editoras, por razões diversas, não têm interesse em publicar. A custos acessíveis, essas obras contribuem para a preservação de documentos históricos, além de permitir o acesso à pesquisa. As obras reeditadas pela Imesp são processadas em *fac-símile*, sistema pelo qual recuperamos opticamente obras antigas sem perda das suas qualidades técnicas. Dependendo do estado de preservação, algumas dessas obras são pré-recuperadas artesanalmente por técnicos e especialistas no assunto, antes mesmo de serem fac-similadas. Nas obras em primeira edição, composição, fotolito e impressão são feitos nas oficinas da empresa. Tanto num caso como no outro, a qualidade gráfica de impressão atesta a superioridade técnica de nossos equipamentos. Nesta 10.ª Bienal Internacional do Livro, em São Paulo, apresentamos ao público oito importantes títulos, além do lançamento de *O Livro, o Jornal e a Tipografia no Brasil*.

Imprensa Oficial do Estado S.A. – IMESP
Rua da Mooca, 1.921 – 03103 – São Paulo – SP

Tuca 20 Anos
Memória dos 20 anos de atividades do Tuca (Teatro da Universidade Católica) de São Paulo, desde a encenação da primeira peça *Vida e Morte Severina* em 1964, até o incêndio em 22 de setembro de 1984. Belíssimas imagens de Elis Regina, Gal Costa, Daniel Ortega, na *Noite da Nicarágua*, da 29.ª Reunião anual da SBPC, além de fotos e noticiário em publicações européias da excursão de *Vida e Morte Sèverina* na França e Portugal. Os direitos autorais da edição são revertidos para a reconstrução do Tuca. (Edição Imesp/Secretaria de Estado da Cultura)

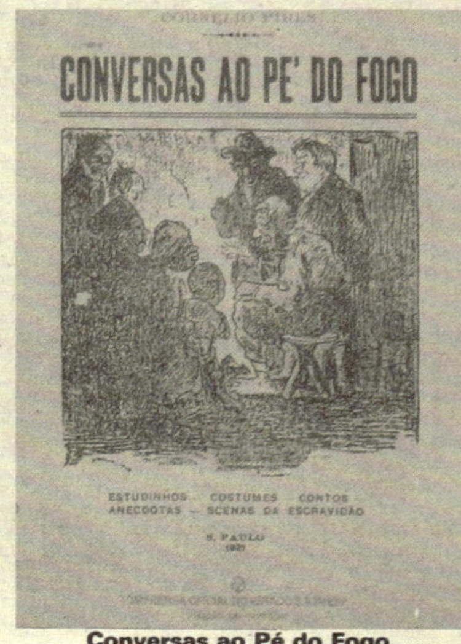

Conversas ao Pé do Fogo
Estudinhos, costumes, contos, *anedoctas* e *scenas* da escravidão do poeta maior da cultura caipira, Cornélio Pires. Em *Conversas ao Pé do Fogo*, datado de 1921, Cornélio se debruça sobre aspectos do folclore brasileiro, além de fazer um estudo dos tipos caipiras de São Paulo. Conferencista, de palavra fácil, homem extrovertido diante do público a quem fazia rir a todo o instante, Cornélio Pires foi também autor e intérprete da primeira música caipira gravada no Brasil. (Edição Imesp)

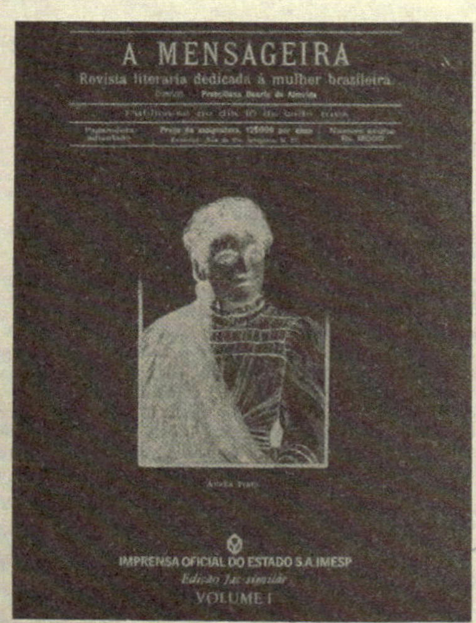

A Mensageira (2 vols.)
Coleção da revista *A Mensageira*, editada por Presciliana Duarte de Almeida. Publicação literária de 1897 a 1900, precursora do feminismo no Brasil. Obra de fundamental importância para historiadores, professores e leitores interessados no assunto. (Co-edição Imesp/Secretaria de Estado da Cultura)

Brasil Olímpico
Às vésperas das Olimpíadas de Seul, *Brasil Olímpico*, de Caetano Carlos Paioli, narra a história dos jogos olímpicos desde o seu nascimento, a mitologia grega, os doze deuses olímpicos, os festivais pan-helênicos até os detalhes das Olimpíadas de Antuérpia, em 1920, Berlim, 1936, Londres, 1948, e Los Angeles, em 1984. Relata a participação dos países e do Brasil em todas as modalidades esportivas. (Edição Imesp)

Imagens da Dança em São Paulo
Em quase 300 páginas, o registro do "instante coreográfico", congelado pela câmara fotográfica.
São imagens escolhidas entre cerca de 18 mil fotos do acervo da Divisão de Pesquisa do Centro Cultural São Paulo que mostram as diferentes tendências da linguagem da dança em São Paulo. Tradução da emoção e da beleza do movimento. (Co-edição Imesp/Centro Cultural São Paulo.)

Imagens do Teatro Paulista
Registro de várias décadas da atividade teatral paulista. Dividido em *Atores* (Procópio Ferreira, Sérgio Cardoso, Paulo Autran), *Cenas* (*Macunaíma*, O Jardim das Cerejeiras, Othello) e *Temas* (Na Carrêra do Divino, Rasta Coração e *Bella Ciau*).
Apresenta ainda introdução com fotos de cartazes famosos. (Convênio Imesp/Centro Cultural São Paulo.
Apoio cultural da revista *Senhor*.)

São Paulo Gigante & Intimista
Mais de 100 fotos, em preto e branco, revelando as agruras e as alegrias do homem simples, nas ruas, na praça, no metrô, no estádio de futebol. São 12 fotógrafos — André Boccato, Antônio Carlos D'Avila, Bernardo Magalhães, Cássio Vasconcelos, Emídio Luisi, Iatã Cannabrava, Joel La Laina Sene, José Augusto Varella Neto, Juvenal Pereira, Paul Constantinides, Paulo Peltier e Rosa Gauditano, organizadores da exposição de mesmo nome no Centro Cultural São Paulo. Artigos de Ignácio de Loyola Brandão e Stefania Bril.
(Edição Imesp/Centro Cultural São Paulo.)

O Homem do Povo
Com introdução de Augusto de Campos, *O Homem do Povo*, em edição especial, reúne os oito números do jornal criado e dirigido por Oswald de Andrade e Patrícia *Pagu* Galvão. Trata-se da coleção completa e inédita desse jornal que teve vida curta e tumultuada no início da década de 30.
(Edição Imesp/Divisão do Arquivo do Estado.)

1990

MUNDO E BRASIL

_Posse do presidente Collor em 15 de março.
_O Plano Collor determina o bloqueio de contas correntes e poupanças.
_O presidente Collor extingue a Embrafilme, a Funarte e outras entidades ligadas à cultura, e realiza demissões em larga escala de ferroviários, petroleiros e outros funcionários públicos, o que desencadeia várias greves em protesto.
_Realizam-se eleições para senador, deputado federal e estadual, e governador.

IMPRENSA OFICIAL

_O *Diário Oficial* de 28 de abril publica a nota "99 anos da Imprensa Oficial", em que faz um breve histórico da imprensa no Brasil e reproduz o manuscrito do decreto que cria a Imprensa Oficial.

273. MANUSCRITO HISTÓRICO 99 ANOS DA I.O.

PORTE PAGO
ECT – DR/SP
UNIDADE: Cidade de São Paulo
ISR – 40 – 3051/81

Diário Oficial
ESTADO DE SÃO PAULO

v. 100	n. 79	São Paulo	sábado, 28 de abril de 1990

PODER EXECUTIVO

99 anos da Imprensa Oficial

A história da Imprensa Oficial no Estado de São Paulo não se inicia apenas com a criação do Diário Oficial.

Um recuo histórico, necessário, permitir-nos-á delinear o surgimento da imprensa no Estado. Como se sabe, até 1808, com a vinda da Família Real ao Brasil, todo e qualquer tipo de material impresso era proibido. Criou-se, através do Decreto de 13 de maio de 1808, uma oficina tipográfica, na cidade do Rio de Janeiro — a Impressão Régia, administrada pela Secretaria de Estado dos Negócios Estrangeiros e da Guerra. Seu objetivo era imprimir, exclusivamente, toda legislação e papéis diplomáticos vindos das repartições do real serviço e quaisquer outras obras.

Foi somente em 1823, por meio da Portaria de 8 de janeiro, expedida pelo Ministro da Fazenda, Martim Francisco Ribeiro de Andrade, que na Província de São Paulo se dá início às atividades de imprensa.

O critério de publicação do Governo obedecia ao seguinte método: não possuindo tipografia própria, contratava os serviços de determinados periódicos para a publicação regular dos Atos Oficiais. Inúmeros foram os contratos mantidos entre o Governo da Província e as empresas jornalísticas, para a divulgação desses atos oficiais. Entre os diversos motivos que contribuíam para a cessação desse tipo de contrato, inclui-se, até mesmo, a incompatibilidade de opiniões existente entre os proprietários dos periódicos e os representantes governamentais.

Decreto nº 162

Crêa o "Diario Official do Estado de São Paulo"

O Governador do Estado, no exercicio da attribuição conferida pelo artigo 2º § 6º do Decreto nº 7 de 20 de novembro de 1889;

Decreta.

Artigo 1º - Fica creado um jornal com o titulo de "Diario Official do Estado de São Paulo", que se destinará á publicação dos Actos e do expediente do Governo, bem como do expediente das diversas repartições publicas do Estado.

Artigo 2º - O "Diario Official" será editado em officinas typographicas de propriedade do Estado, a que, sob a denominação generica de "Typographia do Estado de São Paulo", se poderão annexar, como dependencias, officinas para trabalhos concernentes á arte typographica, á pautação e á encadernação.

Artigo 3º - O pessoal encarregado da publicação do "Diario Official" e dos demais serviços será o seguinte.

1 Director
1 Sub Director
2 Redactores.
3 Revisores.
1 Administrador.
1 Archivista.
1 Chefe de Officina de obras e machinas
1 Chefe de Officina do jornal
1 Encarregado de remessa
1 Chefe de contabilidade.
2 Escripturarios
1 Continuo.

Artigo 4º - O Governador, em regulamento expedido para esse fim, organisará a Repartição do "Diario Official" e discriminará as attribuições dos empregados a que se refere o artigo antecedente, os quaes perceberão os vencimentos constantes da tabella annexa.

O Secretario do Governo o faça publicar.

Palacio do Governo do Estado de São Paulo, 28 de Abril de 1891.

A. [illegible]

Decreto manuscrito criando o Diário Oficial.

Assim sendo, em 1891 nasceu a tipografia do Estado, em conseqüência da compra feita, pelo Governo do Estado, do espólio do antigo jornal abolicionista A Redenção que, com o advento da Lei Áurea, cumprira seu objetivo.

Foi através do Decreto nº 162, de 28 de abril de 1891, redigido pelo governador Américo Brasiliense de Almeida Mello, que se oficializou o Diário Oficial do Estado de S. Paulo, dispondo em seu artigo 2º que: "O Diario Official" seria editado em "Officinas typographicas" de propriedade do Estado, sob a denominação genérica de 'Typographia do Estado de São Paulo'.

Em 1º de maio de 1891, sexta-feira, circulava o primeiro número do Diario Official.

Da pequena Typographia de 1891 originou-se a Imprensa Oficial do Estado S/A — IMESP, reafirmando, cada vez mais, sua importância dentro da indústria gráfica e colocando o homem como meta principal.

DECRETOS

DECRETO Nº 31.467, DE 27 DE ABRIL DE 1990

Dispõe sobre abertura de crédito s mentar ao orçamento da Secretar Estado do Governo, visando ao dimento de Despesas Correntes

ORESTES QUÉRCIA, Governador do Estado d Paulo no uso de suas atribuições legais e de confor de com o que dispõe o artigo 6º, da Lei nº 6.626, de dezembro de 1989,

Decreta:

Artigo 1º — Fica aberto um crédito de 1.671.550.500,00 (hum bilhão, seiscentos e setenta milhões, quinhentos e cinquenta mil e quinhentos zeiros), suplementar ao orçamento da Secretaria de do do Governo, observando-se as classifica Institucional, Econômica e Funcional-Programática, forme as Tabelas em anexo.

Artigo 2º — O crédito aberto pelo artigo anteri rá coberto com recursos a que alude o inciso II, do do artigo 43, da Lei Federal nº 4.320, de 17 de m de 1964.

Artigo 3º — Fica alterada a Programação Orça tária da Despesa do Estado, estabelecida pelo Anexo que trata o artigo 3º, do Decreto nº 31.108, de 28 d zembro de 1989, de conformidade com a Tabela 2, decreto.

Artigo 4º — Este decreto entrará em vigor na da sua publicação.

Palácio dos Bandeirantes, 27 de abril de 1990.

ORESTES QUÉRCIA

José Machado de Campos Filho,
Secretário da Fazenda

Frederico M. Mazzucchelli,
Secretário de Economia e Planejamento

Cláudio Ferraz de Alvarenga,
Secretário do Governo

Publicado na Secretaria de Estado do Governo, 27 de abril de 1990.

TABELA 1 -	SUPLEMENTACAO		VALORES EM CRUZEIR
28	SECRETARIA DE ESTADO DO GOVERNO		
28.01	ADMINISTRACAO SUPERIOR SECRETARIA E SEDE		
3.1.3.2	OUTROS SERVICOS E ENCARGOS		1.671.550.500
	SUB-TOTAL		1.671.550.500
	T O T A L		1.671.550.500

ATIVIDADES	CORRENTE	CAPITAL	TOT
COORDENACAO DA POLITICA GOVERNAMENTAL			
03.07.021.2.010	1.671.550.500,00		1.671.550.500
T O T A I S ...	1.671.550.500,00		1.671.550.500

TABELA 2 -	SUPLEMENTACAO	VALORES EM CRUZEIR
28	SECRETARIA DE ESTADO DO GOVERNO	
	ADMINISTRACAO DIRETA	
28.01	ADMINISTRACAO SUPERIOR SECRETARIA E SEDE	
	T O T A L	1.671.550.500,00
	2A. QUOTA	1.671.550.500,00

DECRETO Nº 31.468, DE 27 DE ABRIL DE 1990

Dispõe sobre abertura de crédito sup mentar ao orçamento da Secretaria Justiça, visando ao atendimento Despesas de Capital

ORESTES QUÉRCIA, Governador do Estado de S Paulo, no uso de suas atribuições legais, de conformi de com o que dispõe o artigo 6º, da Lei nº 6.626, de de dezembro de 1989,

Decreta:

Artigo 1º — Fica aberto um crédito de C 333.754.000,00 (trezentos e trinta e três milhões, se centos e cinquenta e quatro mil cruzeiros), suplemen ao orçamento da Secretaria da Justiça, observando-se classificações Institucional, Econômica e Funcion -Programática, conforme as Tabelas em anexo.

Seção I

Esta edição de 80 páginas contém os atos normativos e de interesse geral.

Secretarias

AGENDA DO GOVERNADOR

Dia 2 de maio — Quarta-feira

10h Visita às obras da linha Vila Madalena/Vila Prudente Metrô da Paulista — Vazamento do "Shield" no poço M nistro Rocha Azevedo (Conclusão do túnel) — Cantei de obras da estação Trianon/Masp Rua São Carlos do nhal, 743.
15h30 Secretário da Segurança Pública, Dr. Antonio Cláud Mariz de Oliveira.
16h30 Secretário do Governo, Dr. Cláudio Ferraz de Alvareng
20h30 Comemoração do dia da Independência de Israel — Clu "A Hebraica" — Rua Prof. Alceu de Assis, 12.

273

1991

MUNDO E BRASIL

_Começa a circular um projeto de unificação da ortografia da língua portuguesa, o qual é publicado pelo *D.O. Leitura* n.104, de janeiro.

_Inauguração da Casa das Rosas, na avenida Paulista, em 11 de março; trata-se do antigo Casarão das Rosas, tombado e restaurado, que passa a funcionar como equipamento cultural do estado.

_Começa a circular um projeto de unificação da ortografia da língua portuguesa, o qual é publicado pelo *D.O. Leitura* n.104, de janeiro.

_Em 1º de abril, o Tribunal Regional Federal de São Paulo considera ilegal o bloqueio das contas pelo Plano Collor, mas o Supremo Tribunal Federal impede a liberação do dinheiro, que só ocorrerá a partir de 15 de agosto.

_É criada a Força Sindical.

GOVERNO DE SÃO PAULO

_Luis Antônio Fleury Filho é o governador de 15 de março de 1991 a 1º de janeiro de 1995.

IMPRENSA OFICIAL

_Os 100 anos da Imprensa Oficial são lembrados no *D.O. Leitura* n.107, publicado em abril.

274

São Paulo, 9 (107) abril de 1991

PORTE PAGO ECT – DR/SP UNIDADE: Cidade de São Paulo ISR – 40 – 3051/81

D.O. Leitura

Publicação Cultural da Imprensa Oficial do Estado S.A. — IMESP

IMESP 100 ANOS 1891 1991

DIARIO OFFICIAL

DO ESTADO DE SÃO PAULO

ANNO I—3º DA REPUBLICA—N. 1 — SÃO PAULO — SEXTA-FEIRA 1 DE MAIO DE 1891

DIARIO OFFICIAL

Mais para não contravir os estylos do que para explicar o apparecimen- to desta folha e o fim a que ella des- tina-se na imprensa, cumpre-nos aqui expender o pensamento que o seu titulo de si mesmo annuncia.

O *Diario Official de S. Paulo* póde e deve visar, sem duvida, um objectivo social, prestando o seu concurso, mi- nimo que seja, á elucidação dos pro- blemas attinentes á conservação da ordem e á causa do progresso eco- nomico, industrial e politico do povo paulista. E' porém, antes de tudo, um orgam da administração, destinado a transmittir o pensamento e as delibe- rações governamentaes aos habitan- tes do Estado, esclarecendo e ex- plicando os actos administrativos quando mal comprehendidos, e jus- tificando-os quando censurados.

No desempenho dessa missão é o seu maximo dever interpretar fiel- mente os intuitos do governo, pre- servando a idéa que preside a gestão dos negocios publicos do falso con- ceito ou dos ataques dos adversa- rios, do que, todavia, não resulta ...

Não são nossas palavras uma im- pertinente admoestação, mas sim- ples prevenção, talvez superflua, ante o cavalheiroso acolhimento que aguardamos de todos os nossos col- legas da imprensa.

Sobre ser necessariaou apenas util a creação do *Diario Official*, é indis- putavel que a affirmativa tonar-se-á manifesta desde que se attenda ás exigencias da nova phaseem que vae entrar o Estado, após a sua organi- sação constitucional, e consequente desenvolvimento do expediente offi- cial, determinado pelo maior nume- ro e amplitude das attribuições do governo, bem como ao immenso ac- crescimo da população, das indus- trias e do commercio no territorio paulista, que hade forçosamente re- flectir sobre os serviços a cargo da publica administração.

Em taes condições é de ver-se que a melhor vontade da industria pri- vada não poderá dentro em pouco supprir a falta da imprensa official com a presteza e segurança indis- pensaveis aos trabalhos do governo do Estado.

Acreditamos, pois, que a fundação desta folha antecipa apenas alguns dias a satisfação de inilludivel ne- ...

dizia estar ameaçada, e o dr. chefe de policia não fez mais do que atten- der a esse pedido indo ao lugar do conflicto, onde verificou que delle resultara uma morte e alguns feri- mentos em empregados do fazen- deiro.

Restabelecida a tranquillidade e feitas as diligencias policiaes que o caso requeria, o dr. chefe de policia regressou immediatamente para esta capital.

ACTOS OFFICIAES

Expediente do Governo do Estado de S. Paulo

Dia 28 de Abril

1ª SECÇÃO

Foram exonerados dos cargos de presidentes de conselhos de in- strucção os cidadãos seguintes:

Christiano Teixeira Lopes, de Ca- çapava, por ter-se mudado do mu- nicipio;

Dr. Francisco Ignacio Moreira Marcondes, de Pindamonhangaba, a pedido;

—Foram nomeados para eguaes cargos:

De Caçapava, o cidadão Innocen- cio Teixeira de Mattos;

De Ubatuba, o tenente-coronel Manoel Pereira de Assumpção;

Do Patrocinio das Araras, o cida- dão Ignacio Ubaldino de Abreu.

—Declarou-se ao dr. juiz de di- reito 1º substituto da comarca de ... relevar ao cida- ... Andrade Rezende, ... poranga, da multa ... sta, pelo não com- ... ento á sessão do jury de 24 ... dezembro ultimo, por estar elle ... po occupado no serviço ... amento daquelle dis- ...

... OS DESPACHADOS

... De Antonio Olegario dos Santos ... rdoso, professor publico da 1ª ca- deira de Mogy das Cruzes e José Roberto dos Santos Cardoso da de Santa Izabel, pedindo exoneração dos cargos.—Concedo nos termos do art. 132 § 1º do regulamento de 22 de Agosto de 1887.

que as o... folha de... dade du... redactores, livr... devotados á causa politica don... A' bem der publico, ... dividuaes do seu esp... natural expansã... toda a vez que a ac... suras ou a violencia d... da os limites da mode... tezia e da dignidade manter-se o orgam ... ção: em tal caso, a ... será o silencio e o desprezo.

Imprensa Oficial do Estado S.A.

IMESP (1891-1991)

A 1º de maio de 1891 nascia a IMESP. A história de sua criação e de seus primeiros anos de vida é narrada nas matérias das páginas 2 e 24. Como parte das comemorações do nosso primeiro centenário, esta edição do D.O. LEITURA apresenta também o panorama do que era São Paulo na última década do século passado, procurando mostrar o múltiplo cenário no qual, entre tantas novidades do decênio, se inseria a Imprensa Oficial. Falamos da instalação do primeiro governo republicano, da primeira Constituição do Estado, do ousado empreendimento urbanístico que foi a abertura da Avenida Paulista, da instalação do Museu Paulista — todos comemorando agora o seu primeiro centenário — e também da vida artística, da imigração, dos primeiros passos do movimento operário, dos bairros da cidade e de tantos outros aspectos culturais que dariam a atual fisionomia da nossa cidade e do nosso Estado.

274. *D.O. LEITURA* | 100 ANOS DE I.O.

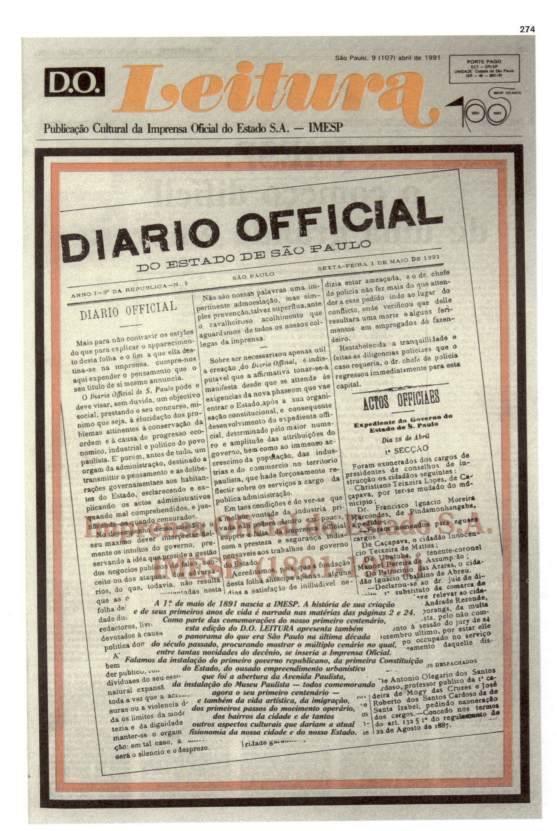

IMESP: o começo difícil de uma grande empresa

Empresa estatal altamente rentável, bem administrada, com um parque gráfico moderno e em permanente modernização, número de funcionários compatível com seu porte, a Imprensa Oficial do Estado S.A. — IMESP está, por qualquer indicador (patrimônio, endividamento, rentabilidade etc.), entre "as maiores e as melhores" indústrias gráficas do País. Responsável pela edição do Diário Oficial do Estado de São Paulo (média diária de 448 páginas, no mês de março, devendo-se notar que a edição de 28 de março teve 704 páginas), a IMESP edita também o Diário Oficial do Município de São Paulo e numerosas publicações oficiais (impressos burocráticos, revistas, folhetos e livros para as Secretarias, as Universidades Estaduais e as empresas públicas e até as cédulas da Justiça Eleitoral), executando um gigantesco trabalho gráfico que abastece numerosos ramos da administração.

O começo, porém, foi bem modesto. Sua primeira gráfica, adquirida de um jornal abolicionista que perdera a razão de ser exatamente porque se consumara a Abolição, foi considerada por um relatório da época "velha, minguada e imprestável herança". O texto abaixo, que narra o início desta empresa, tem valor histórico por dois motivos: um, implícito, porque é a própria história da IMESP; em segundo lugar porque se constitui em rara documentação relativa à história da imprensa no Brasil, considerando a pormenorizada relação de informações, números e outros dados relativos a uma oficina gráfica em São Paulo, no fim do século XIX.

O texto reproduz a parte inicial da "História do Diário Oficial — São Paulo — 1891-1933", do jornalista, escritor e educador Sud Mennucci, que também foi diretor do Diário Oficial de 1931 a 1947. A obra foi escrita especialmente para o Boletim do Ministério da Educação e Saúde e publicada pela Imprensa Oficial do Estado em 1934.

"A história do 'Diário Oficial' do Estado de São Paulo, durante a Primeira República, é uma longa odisséia de quarenta anos de misérias. Custa a crer que uma unidade da Federação como esta, colocada imediatamente à frente de todos os movimentos culturais da República, vanguardeira das boas iniciativas nacionais, se houvesse por tanto tempo esquecido desse departamento que devera ser, de longa data, um modelo de organização econômica e de eficiência técnica.

Proclamado o novo regime político, a necessidade da criação da Tipografia do Estado aparecera logo como urgentíssima, máxime depois que os constituintes de 91 haviam resolvido adotar o sistema federativo para a reconstrução do País. E Américo Brasiliense de Almeida Mello, que governava São Paulo no primeiro semestre de 1891, resolveu levar a idéia ao terreno da prática, publicando o Decreto n.º 162, de 28 de abril desse ano, criando o novo serviço, decreto a que se seguiu, com intervalo de três dias, o regulamento de 1.º de maio.

Pondo em execução imediata os dispositivos do decreto, o Governo Provisório adquiriu a pequena Tipografia Diniz & Sol, sita no Largo Sete de Setembro, 10, e nesse mesmo local instalou a nova repartição.

O antigo e minúsculo estabelecimento gráfico, que ficava nos fundos da Igreja dos Remédios(1), tinha uma história luminosa. Nele se editara 'A Redenção', a folha abolicionista de propriedade de Antonio Bento Souza e Castro, acolitado por todos aqueles belos e nobres espíritos que se bateram, como leões, pela causa sagrada da emancipação dos escravos.

Sancionada a Lei Áurea, findara-se o prélio glorioso de que saíra mortalmente ferida a estrutura econômica brasileira, mas que salvara os foros de civilização da cultura do País. A missão de 'A Redenção', no conceito público, estava finda. Ainda se tentou, durante alguns meses, prolongar-lhe a existência. Mas, cessada a campanha, cessara juntamente o entusiasmo dos abnegados defensores da causa abençoada, e em 1889 o jornal suspendia as publicações.

Com dois anos de inatividade, a tipografia ficara, naturalmente, desfalcada e desmantelada. E era 'essa velha, imprestável e minguada herança' (2) que coubera em partilha à imprensa oficial, na hora de reconstrução paulista: 'uma máquina pequenina, toda estragada, movida a pulso, só podendo tirar, no máximo, 4 páginas de uma vez (quando forem do tamanho das do 'Diário Oficial'), parando a cada momento e tendo necessidade de ser a miúdo remendada'(2).

Essa pequena máquina era um antigo prelo 'Alauzet', cuja data de entrada no País ninguém sabia, mas que pelo estado de conservação denunciava uma idade avançadíssima... O que não lhe impediu de continuar a trabalhar no 'Diário Oficial' pelo menos até 1899.

A oficina era tão desprovida de meios que não possuía máquina 'minerva', não tinha máquina de aparar (guilhotina), nem tipos novos para o jornal, que os existentes eram poucos e em mau estado, e nem tipos necessários à impressão de obras. Essa evidente situação de inferioridade não foi, contudo, empecilho a que o novo regime lançasse o seu jornal à publicidade.

Foi seu primeiro diretor efetivo o dr. João José Araújo, que em ofício dirigido à Secretaria, e existente no arquivo, declarava ter entrado no exercício do seu cargo a 1.º de junho de 1891, bem que o 'Diário Oficial' só registre a sua nomeação a 7 do mesmo mês.

Entretanto, a folha estava em circulação desde 1.º de maio. Quem a dirigira, pois, nesse espaço de tempo que medeia entre o aparecimento do 'Diário Oficial' e a posse de seu primeiro diretor? O arquivo da Repartição é mudo a respeito, e de nada informa, porquanto o primeiro copiador de ofícios começa a 29 de julho.

Afirma, contudo, o sr. Arlindo Andrade Glória, decano dos funcionários do 'Diário Oficial', com quarenta e dois anos de casa e dotado de uma excelente memória, que foi o sr. José Pedro Lessa, nomeado a princípio administrador e logo depois promovido a subdiretor, quem geriu os destinos do novo órgão até a chegada do dr. João José Araújo.

As intenções do governo

Como quer que fosse, a 1.º de maio de 1891, uma sexta-feira, o 'Diário Oficial' surgia no cenário administrativo de São Paulo, apresentado por este artigo-programa, de que reproduzimos em clichê o fac-símile:

'Mais para não contravir os estilos do que para explicar o aparecimento desta folha e o fim a que ela se destina na imprensa, cumpre-nos aqui expender pensamento que o seu título de si mesmo anuncia.

O 'Diario Oficial' de São Paulo pode e deve visar, sem dúvida, a um objetivo social, prestando o seu concurso, mínimo que seja, à elucidação dos problemas atinentes à conservação da ordem e à causa do progresso econômico, industrial e político do povo paulista. É porém, antes de tudo, um órgão da administração, destinado a transmitir o pensamento e as deliberações governamentais aos habitantes do Estado, esclarecendo e explicando os atos administrativos quando mal compreendidos, e justificando-os quando censurados.

No desempenho dessa missão é o seu máximo dever interpretar fielmente os intuitos do governo, preservando a idéia que preside a gestão dos negócios públicos do falso conceito ou dos ataques dos adversários, do que, todavia, não resulta que as opiniões sustentadas nesta folha deixem de traduzir a sinceridade duma convicção — a dos seus redatores, livre e espontaneamente devotados à causa da agremiação política dominante.

Àqueles cumpre, ainda assim, a bem da sua solidariedade com o poder público, refrear as tendências individuais do seu espírito e mesmo a natural expansão das suas idéias, toda a vez que a acrimônia das censuras ou a violência do ataque exceda os limites da moderação, da cortesia e da dignidade em que deve manter-se o órgão da administração: em tal caso, a única resposta será o silêncio e o desprezo.

Não são nossas palavras uma impertinente admoestação, mas simples prevenção, talvez supérflua, ante o cavalheiroso acolhimento que aguardamos de todos os nossos colegas de imprensa.

Sobre ser necessária ou apenas útil a criação do 'Diário Oficial', é indisputável que a afirmativa tornar-se-á manifesta desde que se atenda às exigências da nova fase em que vai entrar o Estado, após a sua organização constitucional, e conseqüente desenvolvimento do expediente oficial, determinado pelo maior número e amplitude das atribuições do governo, bem como ao imenso acréscimo da população, das indústrias e do comércio no território paulista, que há de forçosamente refletir sobre os serviços a cargo da pública administração.

Em tais condições é de ver-se que a melhor vontade da indústria privada não poderá, dentro em pouco, suprir a falta da imprensa oficial com a presteza e segurança indispensáveis aos trabalhos do governo do Estado.

Acreditamos, pois, que a fundação desta folha antecipa apenas alguns dias a satisfação de inilúdível necessidade.'

Deixando de lado a análise literária desse documento, com todas as características de haver sido escrito sobre a perna, ninguém diria que, com um falar tão altaneiro, nascesse a gazeta oficial tão pobre e tão nua que só possuísse estritamente o mínimo imprescindível para ser posta em circulação diariamente com as suas 4 ou 6 páginas de pequeno formato.

Mas não havia que estranhar, no alto tom de voz, que era simples reflexo do que estatuíra o Regulamento desse mesmo dia quanto às obrigações do novo matutino. É um relato que, embora um tanto longo, precisa ser lido e meditado para edificação de certas preocupações contemporâneas. A visão dos estadistas da República balbuciante diferia ao certo da dos que lhe sucederam ao depois, como este histórico dirá.

Rezava o art. 1º do citado Regulamento:

'O 'Diário Oficial' é o órgão de publicidade do Governo do Estado de São Paulo. Além do que for de lei, nele serão dados à publicidade:

Os despachos e atos do Governo do Estado;

Explicações dos atos do Governador, quando convier;

Os atos, despachos e expediente da Secretaria ou Secretarias do Estado e de todas as Repartições públicas nele existentes;

As declarações, anúncios, editais e avisos das mesmas Repartições bem como dos Juízes e Tribunais;

As leis, decretos e regulamentos do Governo Federal que devam ter execução neste Estado;

Documentos de interesse particular, que acompanharem atos ou despachos oficiais.'

E acrescentava o art. 2º:

"Além das publicações, a que o artigo anterior se refere, o 'Diário Oficial' deverá inserir, sempre que for possível:

A crônica do foro, despachos e sentenças dos Juízes e Tribunais;

Notícias sobre o movimento comercial, industrial, científico e artístico do Estado;

Resumo dos debates do Corpo Legislativo do Estado;

Extratos de relatórios organizados por motivo do serviço público;

Notícias sucintas sobre o movimento público, administrativo, comercial, financeiro, científico e artístico dos outros Estados da República, da Capital Federal e principais nações estrangeiras;

Escritos originais ou vertidos sobre ciências, artes, indústrias, especialmente a agrícola, viação, colonização e outros assuntos de interesse público;

Anúncios, avisos, declarações ou quaisquer outras publicações de caráter particular, uma vez que estejam de harmonia com a índole do jornal.'

E para que não faltasse nada à Repartição, como arma de exploração industrial e como elemento de combate e concorrência no mercado, alargava o art. 5º:

'Nessas oficinas (as do 'Diário Oficial'), serão editados e prontificados os trabalhos de caráter oficial, e, sendo possível, igualmente serão editadas e prontificadas encomendas de caráter particular, desde que não seja prejudicado o serviço público.'

A Repartição nascia, portanto, com todas as características de uma oficina que ia fazer concorrência legítima, e às claras, aos seus colegas já existentes e que não eram poucos, na pequena cidade de província à qual Campinas ainda contendia o direito de ser a capital do Estado.

E contra essa concorrência, embora já eivada do vício de monopólio para certas publicações, monopólio que se foi estendendo de ano para ano, a imprensa desorganizada e impreparada do tempo ainda não aprendera a protestar.

Primeiros passos

O 'Diário Oficial' foi cumprindo a sua missão burocrática, como podia. Tinha uma tiragem média de pouco mais de mil exemplares por dia, aparecendo numa edição que quase nunca ia além das 8 páginas, pessimamente paginadas, e nas quais, apesar das declarações tão peremptórias do artigo-programa e dos dispositivos legais, as informações e o noticiário não ultrapassavam a esfera do movimento estritamente administrativo da véspera, acrescido de alguns anúncios e editais.

Nem era mesmo um modelo de revisão ou de redação o pequeno e ilegível matutino. Encontravam-se despachos, como este que saiu à página 2 do nº 7, edição de 9 de maio de 1891, subordinado ao título 4ª Secção: 'Autorizou-se a Inspetoria dos Jardins a contratar uma música particular para tocar às quintas-feiras no Jardim da Luz.'

As suas instalações eram péssimas, a começar pelo prédio em que se localizara, mantendo as tradições de 'A Redenção'. Ficava, como dissemos, nos fundos da Igreja dos Remédios, abrangendo uma área com frente para o Largo Sete de Setembro, 10, onde existia a porta de entrada, e dando a outra para a Rua Onze de Agosto. O clichê junto (N.R. constante do livro do qual se transcreve o texto) mostra, além de uns cartazes moderníssimos, uma série de cinco portas que, ao tempo, não havia, existindo cinco janelas. As dependências, embora fossem em dois pavimentos, eram acanhadas e exíguas, o que não impedia que o governo republicano pagasse por elas aluguel e nelas permanecesse.

O maquinário continuava a ser o mesmo pequeno acervo em que brilhava o prelo 'Alauzet' do antigo jornal abolicionista, máquina que serviria até 1899.

Como não existisse oficina de encadernação, o trabalho de brochagem dos folhetos e livros que o governo encomendava à sua nova Repartição era efetuado na oficina de Casimiro Correa Pinto, sita à Rua Marechal Deodoro, hoje Praça da Sé. E como as encomendas governamentais não eram insignificantes, durante mais de quatro anos essa oficina se encarregou sempre dessa tarefa, recebendo por isso muitas dezenas de contos de réis.

A assinatura do órgão oficial que, em maio e junho de 1891, custava 12$000 por ano, tanto aos funcionários como aos particulares, passou logo a custar para estes últimos 18$000.

Todos esses senões não querem dizer, contudo, que o governo se houvesse desinteressado de sua nova criação. Muito ao contrário. Os copiadores de ofícios acusam que para as despesas de instalação e montagem do 'Diário Oficial' o governo fez entradas no valor global de 53:597$920, quantia respeitável para a época. Esse dinheiro destinara-se não apenas à compra do espólio de 'A Redenção', mas também à aquisição de papel necessário, que veio em abundância, tipos novos e máquinas indispensáveis, encomendadas na Europa.

Foi o dr. João José de Araujo quem fez as primeiras encomendas de material na Europa. Não chegou a recebê-las, porquanto o primeiro diretor, cujo efetivo exercício no cargo não foi maior que um semestre, a 15 de dezembro afastava-se em licença, substituído pelo sr. Pedro Braga, administrador do 'Diário Oficial'.

É difícil, com a falta de dados notada, acompanhar esses primeiros tempos da repartição, quanto ao pessoal. Quem devia substituir o diretor seria o subdiretor que, como vimos, era o sr. José Pedro Lessa. Mas, em dezembro, este já não estava no 'Diário', que abandonara em virtude da deposição do dr. Américo Brasiliense. Aliás, outros funcionários, que haviam sido nomeados, desapareceram do quadro sem deixar vestígios de sua passagem. Tal qual como se deu com José Pedro Lessa, perde-se a notícia dos seguintes funcionários: dr. Marcolino Pinto Cabral, Francisco Augusto de Andrade, Antonio Coelho de Souza, que foram do 'Diário Ofical' e que não existem mais em 1892.

A República, mal surgira, já sabia dispensar os seus serventuários sem nem sequer se dignar conceder-lhes o decreto de exoneração.

A primeira reforma

A licença do dr. João José de Araújo foi motivada pela saída do dr. Américo Brasiliense do Governo do Estado e pelas surpresas que poderiam aparecer em virtude da aprovação do art. 41 da lei orçamentária, Lei nº 15, de 11 de novembro de 1891 'autorizando o Governo a reorganizar os serviços das diversas Repartições públicas do Estado, harmonizando-as com o plano que adotar para a organização das Secretarias de Estado e equiparando os empregados de carteira e subalternos da mesma categoria, incluindo nesta disposição o 'Diário Oficial'.

Efetivamente, a 12 de março de 1892, surgia o Decreto nº 31, que 'marcava' o pessoal do 'Diário Oficial'. Este decreto, além de suprimir o nome de 'Tipografia do Estado', que fora dado à Repartição pelo art. 4º do Regulamento de 1º de maio, tinha a preocupação de restringir o pessoal, ao mesmo tempo que elevar os vencimentos dos que ficassem.

Pela primitiva organização, o pessoal era o seguinte: 1 diretor, 1 subdiretor, 2 redatores, 3 revisores, 1 administrador, 1 arquivista, 1 chefe de oficina de obras e máquinas, 1 chefe de oficina do jornal, 1 encarregado de remessa, 1 chefe de contabilidade, 2 escriturários e 1 contínuo.

Total, 16 funcionários, custando ao erário 41:520$000 anuais. E para quem verificou a mesquinha organização do 'Diário Oficial', ao nascer, esse exército de empregados era verdadeiramente excessivo. Parecia que houvera o empenho de colocar apenas protegidos, porque serviço, por certo, não havia para tanta gente.

Pela reforma o pessoal ficava reduzido a: 1 diretor-redator, 2 auxiliares de redação, 1 gerente, 1 chefe de oficinas, 1 encarregado da remessa, 1 escriturário, 1 auxiliar e 1 contínuo.

O corte era sensível, mas apenas em o número dos funcionários, que passavam de 16 a 9. Não nas despesas, que continuavam a ser, com os gastos da revisão, 41:500$000 anuais. Economia: 20$000 por ano.

Ao mesmo tempo que se reorganizava a Repartição, nomeava-se-lhe o novo diretor, Horácio de Carvalho, que no cargo devia permanecer, contando-se-lhe as comissões e as licenças, nada menos de 39 anos, isto é, de 11 ou 12 de março de 1892 a 9 de janeiro de 1931.

A luta pelo prédio

Horácio de Carvalho distinguiu-se logo por uma fase de intensa atividade, clamando reiteradamente contra o estado miserável em que lhe entregavam o 'Diário Oficial', se é que ele de fato merecia esse nome.

Deu de pronto balanço da situação, comunicando-o ao Governo pelo ofício de 11 de maio extenso memorial em que estudava os vários aspectos das necessidades da imprensa oficial.

Horácio de Carvalho encontrava-se em aperturas. Havia chegado a Santos o material encomendado na Europa, mas não era possível montar as máquinas porque não cabiam no prédio em que se instalara o 'Diário Oficial'. E este, com o material que possuía, em estado precaríssimo, punha a imprensa na iminência de suspender a publicação do órgão. Era preciso cuidar, e urgentemente, da mudança do prédio ou de adquirir um próprio, o que seria mais acertado.

Horácio de Carvalho, ainda no início de sua longa carreira e cheio de entusiasmo, conseguiu que o dr. Cesário Motta, então Secretário do Interior, e seu velho amigo desde o tempo da propaganda republicana, se interessasse por esta última solução. Depois de muitas 'demarches' e vistorias, autorizou-se a compra do prédio nº 21 da Rua Onze de Agosto, que pertencia aos herdeiros do Senador Nicolau de Campos Vergueiro, compra ajustada por 80:000$000. A adaptação do prédio foi confiada a Teodoro Sampaio, o ilustre engenheiro que nesse tempo residia em São Paulo e pertencia ao quadro da Diretoria de Obras Públicas.

A vitória do diretor do 'Diário Oficial' não teve longa duração. Logo depois de efetivada a compra, a Secretaria da Justiça pleiteou lhe fosse entregue a maior parte do edifício para nele instalar o Fórum Criminal, isto é, os cartórios e o Tribunal do Júri, e obteve do Governo do Estado ganho de causa. É o que se colige do Decreto nº 232, de 20 de fevereiro de 1894, cujo artigo 1º reza:

'É declarado de utilidade pública, para ser desapropriado, a fim de alargar-se a área destinada ao prédio em construção para o 'Diário Oficial' e para o Fórum, o terreno sito na Rua do Quartel, adjacente à casa nº 23 da mesma rua, e pertencente ao Convento do Carmo, com as seguintes dimensões: frente, 5,95; fundo, 35,40, dividindo de um lado com a casa citada, do outro com terreno do dito Convento e pelo fundo com terrenos que são em parte dependências da referida casa nº 23, compreendendo a área total de 206,06 metros quadrados'.

Embora citado em primeiro lugar no decreto, o 'Diário Oficial' só apanhava do prédio pouco mais ou menos a parte alargada, que seria insuficiente para as suas necessidades. Mas não lhe adiantava discutir. O Fórum instalou-se em primeiro lugar e o 'Diário Oficial' precisava mudar-se para qualquer parte o mais depressa possível. Teve de aceitar o que lhe ofereciam, mesmo porque em outubro de 1894 perdera o seu diretor, comissionado para escrever a história da Revolta de 1893, ou coisa parecida, comissão que durou até outubro de 1898, mas que a julgar, pelo grifo que Horácio de Carvalho após a uma nota de seu próprio punho, num dos seus cadernos de apontamentos, mais parecera o ato do governo propósito de afastá-lo do 'Diário Oficial' que propriamente intenção de obter o livro de que se falava.

Aliás, a história da Revolução de 1893, se foi escrita, o que é possível, porquanto Horácio de Carvalho era um escritor infatigável e fluente, nunca foi publicada.

E isso parece dar razão ao grifo do citado caderno de apontamentos.

O diretor efetivo foi substituído, durante esse tempo, a princípio pelo gerente Pedro Braga, isto é, de outubro de 1894 a julho de 1895, e por morte deste, pelo novo gerente, sr. Miguel Cardoso Júnior, nomeado a 5 de julho e empossado no cargo de diretor, interino, a 17 do mesmo mês.

A mudança do 'Diário Oficial' para a sua nova sede deu-se na última década de abril de 1895, pois a 2 de maio o diretor comunicava que já se achava em suas novas dependências. Com a mudança se fizera também a montagem do novo prelo 'Derriey', encomendado à firma Nebiolo & Cia., de Turim, na Itália, e cuja capacidade se afirmava ser de 5.000 exemplares por hora.

O prelo custara 15 mil francos, aproximadamente, e sua montagem fora entregue ao mecânico Ernesto H. Muller, que se prontificara a fazê-lo por 3:397$800. Terminados os trabalhos, verificou-se que o prelo não andava, que estava fora de nível e com as peças mal ajustadas. Foi preciso desmontá-lo e corrigir os defeitos. E como o prelo 'Alauzet', coitado, já não podia dar mais nada, o 'Diário Oficial' viu-se na contingência de mandar imprimir as suas edições fora, o que se fetuou na Tipografia Schettini, sita na Rua da Glória.

A segunda montagem mais as despesas com a instalação das outras máquinas custaram ao erário público a bagatela de réis 10:575$970.

O inventário de 1895

Vimos páginas atrás o que a repartição possuía em 1891. Em 1895, dando conta da inauguração da oficina de encadernação, que se efetuara a 14 de novembro, o diretor interino fez questão de arrolar o novo material que existia agora na imprensa oficial, e que, comparado ao antigo, já era algo, bem que para o serviço que a esperava aquilo fosse dotação ridícula. Era o seguinte:

1 prelo 'Derriey', novo, máquina enorme e pesada, prometendo 5.000 exemplares por hora, cousa que nunca cumpriu, porquanto foi sempre má e viveu em constantes consertos;

1 prelo 'Alauzet', movido a pulso, que vinha do tempo de 'A Redenção' e que era, nesse período, apenas um espectro e servia, quando muito, para motivo ornamental das oficinas, e que foi logo depois vendido;

1 máquina 'Le Soleil', tipo minerva, cuja data de entrada ou de compra não conseguimos averiguar, podendo apenas asseverar que ainda existe na Repartição, onde presta serviços, pelo menos, há 39 anos;

1 máquina de dourar, que ainda trabalha admiravelmente;

1 de costurar, com fios de arame;

1 de encadernar;

1 de cortar papelão (facão), que ainda existe em ótimo estado;

1 de serrilhar (picotar);

1 de aparar (guilhotina), que também ainda existe e presta serviços;

1 de dobrar;

1 prensa;

1 torno.

E Miguel Cardoso Júnior, aproveitando-se da oportunidade, fazia uma carga cerrada contra o prelo 'Derriey', para condená-lo e pedir um prelo novo 'Marinoni', em substituição, cousa moderna, que devia orçar aí por uns vinte contos de réis.

O Secretário do Interior, diante das ponderações, atendeu ao pedido e autorizou a compra. O prelo chegou a Santos em setembro de 1896, mas só foi instalado em julho de 1897, porque chegara com duas peças quebradas, e foi necessário substituí-las.

Miguel Cardoso Júnior dirigiu, interinamente, o 'Diário Oficial' durante mais de três anos. A não ser a lembrança que teve de solicitar uma 'fundidora de tipos', para economia da repartição, nada mais se encontra no arquivo que se possa levar ao seu ativo como iniciativa para tentar ao menos aparelhar as oficinas que administrava, pondo-as em harmonia com o progresso crescente do Estado.

Pelo contrário até, num dos seus relatórios anuais, frisou a circunstância de estar a repartição preparada para os serviços que dela exigiam. Não chegou a desconfiar que aquilo mal chegava a ser a tentativa de um esboço.

Finda a sua interinidade, ainda permaneceu na casa, na sua função de gerente, até falecer em 1915.

A volta do diretor efetivo

A 7 de outubro de 1898, Horácio de Carvalho reassumia o exercício de seu cargo, deixando, portanto, a comissão em que estivera.

Voltou com a mesma disposição de batalhar pelo seu 'Diário Oficial', de pô-lo à altura das necessidades de São Paulo, de transformá-lo, enfim, num órgão administrativo capaz de prover a todos os pedidos das outras Repartições.

O seu relatório de 1898, escrito em janeiro de 1899, três meses, portanto, depois da reassunção, é mais um apelo nesse sentido. Pedia mais amplas dependências, isto é, ou um prédio novo ou que lhe deixassem tomar maior espaço no que estava ocupando; dando ensanchas para que a Repartição crescesse. Reiterava a solicitação da máquina fundidora de tipos, que um ano antes fora feita por Miguel Cardoso Júnior. Pedia material novo em tipos, e, pela primeira vez, uma máquina de pautar.

Estes dois últimos pedidos foram autorizados e a máquina foi adquirida à Casa Laemmert & Cia., do Rio de Janeiro, por 2:800$000. Veio uma, primeiro, que foi recusada por não satisfazer as condições exigidas, e a segunda, aceita, era uma Will nº 2, que em agosto de 1899 já se encontrava funcionando e ainda aqui se encontra, apesar dos seus 34 anos de uso. É toda de madeira, e trabalha otimamente, embora o seu tipo antiquado a torne mais propriamente candidata a um lugar honroso num Museu Técnico-Profissional.

Das demais medidas pleiteadas, nada se fez. A intenção de melhorar o 'Diário Oficial' ficava ainda mais nas palavras que nos atos. É que já surgira a acusação, que ainda continua, de que ele é uma Repartição deficitária, apesar dos balanços anuais que demonstravam saldos líquidos, contínuos e permanentes, como se pode ver, no fim do volume, no quadro geral da produção do 'Diário Oficial' durante toda a sua existência.

Como se impunha ao ouvinte distraído esse estranho juízo, que era e é a negação da lógica e da verdade? Com um simples sofisma. Perguntava-se com ar sabido quanto havia arrecadado, em dinheiro, o 'Diário Oficial', no ano tal. Digamos, 120 contos de réis. Qual foi o total das despesas nesse ano? Digamos, 230 contos. Logo, o 'deficit' é de 110 contos de réis.

O raciocínio é simplista em demasia e denuncia claramente o vício de origem. Porque a análise da questão dá resultado bem diverso.

Em primeiro lugar, o 'Diário Oficial' ou Imprensa Oficial não é uma Repartição, mas duas: o jornal e a tipografia. E a prova está em que, em São Paulo, não há nenhum jornal que explore as duas atividades ao mesmo tempo. Um, e grande, que o tentou, acabou desembaraçando-se da oficina de obras para só ficar com o jornal.

Ora bem, a arrecadação do 'Diário Oficial' é feita exclusivamente pelos serviços que o jornal presta ao público, desde que a venda de obras avulsas, no montante da renda global, figura apenas com um contigente desprezível que mal chega a 1% do total.

Logicamente, pois, essa arrecadação, que hoje orça por réis 1.200:000$000, devia servir para custear as despesas do jornal, cousa que ela faz e com saldos insofismáveis e indiscutíveis.

Mas — e aqui entra em jogo a petição de princípio — exige-se que o 'Diário Oficial', com essa arrecadação exclusiva do jornal, custeie também as despesas da tipografia, pagando as obras, folhetos, impressos e avulsos que o governo encomenda à repartição, exigência estólida, cuja inconsistência lógica aparece logo a quem seja um bocadinho guarda-livros. Felizmente o Estado não encomenda ao 'Diário Oficial' todos os impressos de que tem necessidade, repartindo-os a empresas particulares. Mas se um dia se resolvesse a fazê-lo, o argumento vinha a dar nesta beleza de conclusão: que a Imprensa Oficial, arrecadando 1.200:000$000 anuais, devia, além de pagar as despesas do jornal, pagar ainda todos os impressos, que devem orçar em mais de 3.000 contos. Isso importa em dizer que o 'Diário Oficial', do nada, teria de tirar uma porção de milhares de contos de réis.

A balela, contudo, ganhou foros de cidade desde os primórdios da Repartição, insuflada naturalmente por quem sentia as desvantagens de sua existência — e é mais gente do que parece — e vive por aí, gorda e feliz, ainda nestes nossos modernos tempos de estudos intensivos de economia política e de tecnocracia.

Ramerrão

De 1900 em diante, o 'Diário Oficial' continuou a arrastar-se, vegetando sem o carinho da administração, que, na 1ª República, nunca compreendeu a Repartição e não foi capaz de a levar às magníficas realizações a que, por exemplo, Mussolini levou a sua 'Libreria dello Stato'. Já não falamos na Imprensa Oficial dos Estados Unidos, que ocupa cerca de 5.000 operários, e que é capaz de preparar um folheto, com o volume de um livro, em poucas, pouquíssimas horas. Lá a mentalidade foi sempre outra. No decênio, de 1921 a 1930, a Imprensa Oficial norte-americana custou ao erário público 128.635.276 dólares, e apenas arrecadou, em dinheiro, 10.615.764 dólares. E não consta que lá a considerem, por isso, deficitária!

Aqui, onde não se fez nada por ela, até 1930, ninguém se lembrou, por exemplo, de a aparelhar para a produção intensiva dos livros escolares. É inacreditável que, numa terra onde os grandes empreendimentos encontram meio propício, a Imprensa Oficial não imprima nas suas oficinas essas centenas de milhares de exemplares de obras didáticas, que o governo espalha beneficamente, às mãos-cheias, pelas crianças de seus milhares de estabelecimentos de ensino.

De 1900 a 1906 pouca coisa há que registrar. Em junho de 1901, o diretor dava parecer contrário a um pedido da Light & Power para a instalação de um motor elétrico, pelo preço de 2:500$000, cobrando outro tanto pelo fornecimento de energia elétrica anual. Horácio de Carvalho sustentava que o motor a gás era, no caso em apreço, mais econômico e mais cômodo para a Repartição, o que o não impediu de aceitar, quatro anos mais tarde, o citado assentamento por 1:500$000 e 200$000 mensais de fornecimento de força.

Em 1902 foi adquirida mais uma máquina de costurar para a encadernação, seção esta que vivia sobrecarregada de trabalho e de pedidos, sem que nunca se houvesse cuidado de dar-lhe o desenvolvimento de que carecia. Em janeiro de 1904, já Horácio de Carvalho reclamava a construção de um puxado para tal oficina, que só viu transformada em realidade em abril de 1906. Mais de dois anos para obter um melhoramento que ficou em 3:646$030!

E apesar de tão pequenos e ínfimos esses melhoramentos, não há remédio senão citá-los porque, do contrário, nada haveria que contar. A vida do 'Diário Oficial' era tão sem importância, figurava tão mesquinhamente no tabuleiro do xadrez administrativo, que para traçar-lhe a história não se pode fugir ao registro dessas miudezas insignificantes.

O golpe

Em 1906, inesperadamente, houve um governo que se preocupou com o 'Diário Oficial', e tratou de reformá-lo, o que obteve com a autorização contida no art. 43, da cauda orçamentária, da Lei nº 1.059 de 28 de dezembro desse ano. Mas não foi para ampliá-lo que a reforma veio, foi para mutilá-lo. Porque, sem a menor consulta ao diretor, explodia a 31 de agosto de 1907 o Decreto nº 1.505, pelo qual 'a repartição do 'Diário Oficial' teria a seu cargo exclusivamente a publicação do jornal 'Diário Oficial', ficando suprimidas as oficinas de obras, de encadernação e outras quaisquer que lhe estejam anexas'.

O português não é, positivamente, uma maravilha, mas as intenções não deixam margem a dúvidas de interpretação. Aliás, quem as tivesse, perdê-las-ia por certo com a leitura do art. 28 do mesmo decreto, que determinava:

'As obras, cuja impressão estiver começada e as encadernações já principiadas, serão terminadas com a máxima presteza; aquelas que ainda não tiverem sido iniciadas, não terão andamento, sendo os originais das obras e livros e papéis enviados para encadernar, devolvidos às repartições que os remeteram'.

O português continua a ser um modelo de tautologia, mas ninguém pode alegar que não entende o que o legislador deseja com tantas explicações: destruir as oficinas de obras do 'Diário Oficial' com a maior velocidade possível.

Não no conseguiu, entretanto. Esse próprio artigo — garrote que indicava a marcha da eliminação das oficinas, foi que as salvou. Havia em andamento várias obras de fatura lenta pela própria natureza do trabalho: o volume da 'Coleção de Leis e Decretos do Estado de São Paulo', e o 'Anuário Demógrafo-Sanitário', que nesses belos tempos vivia rigorosamente em dia. O governo ficava entre as duas alternativas: ou deixar terminá-las ou perder a enorme massa de trabalho já feito, pois que o decreto de reforma alcançava a repartição em setembro, quase no fim do ano. Teve que optar pela primeira solução, o que protelava, contra a vontade do governo, a extinção das oficinas.

Consultado o diretor sobre o tempo que exigiriam os trabalhos existentes para terminar, mostrou este que antes de junho de 1908 não era possível executá-los. E como não queria assistir à degringolada daquilo que lhe custara tanto esforço para criar, solicitou lhe fosse concedida a licença-prêmio de seis meses a que tinha direito, e entrou no seu gozo em princípio de março. Prolongou depois o seu afastamento, com mais três meses de licença comum.

Foi o prazo necessário a que o governo tivesse o tempo de refletir e de voltar atrás. Tendo verificado que a economia (sic), isto é a diminuição de despesas resultante da extinção das oficinas orçava por 100 contos de réis, e tendo apurado que só a impressão de duas obras de que tinha necessidade, no ano de 1908, ficar-lhe-iam em mais de 150 contos, o governo mudou de tática, continuando a mandar trabalhos ao 'Diário Oficial, até que em fins de novembro concordou em deixar reorganizar as oficinas, sem contudo revogar os dispositivos expressos do decreto de 31 de agosto de 1907.

Quando, em meados de dezembro, Horácio de Carvalho reassumiu o exercício, encontrou a sua repartição refeita do tremendo golpe que lhe havia desferido o governo Jorge Tibiriçá.

O tempo, entretanto, mostraria que não adiantara nada a prova feita da necessidade do 'Diário Oficial', nem mesmo esse fato concreto, contra o qual a administração se chocou, da impossibilidade de viver sem a sua oficina de obras. Nem mesmo recuando, depois da decisão assentada e sancionada, seria isso capaz de mudar a mentalidade reinante a respeito da utilidade da repartição.

Mais de um ano teve ela que esperar a revogação do decreto de 1907. Só a 4 de agosto de 1910, o Decreto nº 1922, valendo-se da autorização concedida pelo art. 49, letra D, da Lei nº 1.197 de 29 de dezembro de 1909 — sempre a cauda orçamentária — estatuiu que a repartição do 'Diário Oficial' teria a seu cargo não só a impressão e distribuição do jornal, como também oficinas para confecção de trabalhos concernentes à arte tipográfica, à encadernação e à pautação, tanto oficiais como particulares.

A reforma em 1910 repunha, portanto, o 'Diário Oficial' na mesma situação em que nascera em 1891. Além de poder atender a pedidos de particulares para as obras, o jornal publicaria, afora a matéria oficial:

artigos originais ou traduzidos sobre instrução pública, viação, colonização, estatística, ciências, artes e quaisquer assuntos de interesse geral;

'notícias de ocorrências notórias, políticas, comerciais, literárias e de outras ordens'.

Os legisladores e estadistas da velha guarda, como se vê, teimavam em assegurar ao 'Diário Oficial' o direito de concorrer na praça com a indústria privada.

E embora os dispositivos registrassem apenas veleidades que nunca chegariam a se efetivar na prática, a administração insistia, contudo, em deixar patente que não abria mão da prerrogativa e que a faria valer a qualquer tempo.

É isso, pelo menos, o que se pode deduzir dos decretos."

•

Hoje, a IMESP tem suas atribuições legais discriminadas pela Lei nº 228, de 30 de maio de 1974, que não incluiu na sua competência "o direito de concorrer na praça com a indústria privada".

Notas

1 — Nessa mesma Igreja, Antonio Bento, fazendo-a como que uma dependência do seu jornal, colecionava todos os instrumentos de tortura da raça desgraçada que os caifazes apanhavam, coleção que se foi enriquecendo a ponto de ser motivo para uma demorada visita dos curiosos, e que desapareceu, inexplicavelmente, sem deixar vestígios.

2 — Frases de Horácio de Carvalho, segundo diretor efetivo da Repartição, que nela permaneceu cerca de 39 anos, quando escreveu o seu primeiro relatório, referente a 1892, que é, aliás, o primeiro do "Diário Oficial".

1992

MUNDO E BRASIL

_Denúncias de corrupção e negociações de cargos ministeriais para conter a crise dão início ao declínio da era Collor. Em 26 de maio, o Congresso instala a CPI para apurar as denúncias do caso PC-Collor.
_Em 7 de julho, um grande protesto em Brasília dá início às manifestações pelo *impeachment* de Collor. O processo de impedimento tem início na Câmara em 8 de setembro.
_Por 441 votos a 38, a Câmara autoriza o Senado a processar Collor, que é afastado da presidência, em 29 de setembro.
_*Impeachment* do presidente Collor. O vice, Itamar Franco, assume o poder.
_Uma rebelião de presos na Casa de Detenção do Carandiru é barbaramente reprimida pela Polícia Militar e termina com a morte de 111 presos.
_O *D.O. Leitura* n.125, edição de outubro, é dedicado ao V Centenário do Descobrimento da América.

1993

MUNDO E BRASIL

_Vitória do Presidencialismo em plebiscito popular.

1994

MUNDO E BRASIL

_Nelson Mandela é eleito presidente da África do Sul, com expressiva repercussão global, governou até 1999. Líder político da África do Sul, lutou contra o apartheid, regime infame de segregação racial que marginalizava a população negra de seu país. Por isso, foi condenado à prisão perpétua e tendo ficado preso durante 26 anos, transformou-se no ícone da luta pela igualdade racial e política. Foi libertado em 1990.
_Em julho, é lançado o Plano Real e o país passa a ter uma nova moeda, o real.
_Fernando Henrique Cardoso vence as eleições para presidente.

DIÁRIO OFICIAL

_Após a edição n.150, de novembro, o *D.O. Leitura* deixa de circular.

1995

MUNDO E BRASIL

_No dia 1º de janeiro, entra em vigor o Mercosul; o presidente Fernando Henrique Cardoso toma posse e permanece no cargo até 1998.

GOVERNO DE SÃO PAULO

_Mario Covas é o governador de 1º de janeiro de 1995 a 10 de janeiro de 1999. O discurso de transmissão de cargo do governador Fleury e o discurso de posse de Covas são publicados no *Diário Oficial* n.1, de 1º de janeiro.

275. DISCURSO DE POSSE DE MARIO COVAS

IMPRENSA OFICIAL

_O *Diário Oficial* de 5 de janeiro publica o "Relatório de Gestão" de Antonio Arnosti, referente ao período 1987-1994.

276. RELATÓRIO DE GESTÃO ARNOSTI

_O jornalista Sergio Kobayashi assume a superintendência em 6 de janeiro.

DIÁRIO OFICIAL

_Em 17 de maio, o *Diário Oficial* passa a incluir o caderno Legislativo.
_O Decreto n.40399, de 24 de outubro, publicado em 25 de outubro, cria o sistema de mídia eletrônica, destinado à divulgação da íntegra de editais de licitações, contratos e concursos públicos.

277. CRIADA MÍDIA ELETRÔNICA

PORTE PAGO
DR/SP
ISR — 40 — 3051/81

Diário Oficial

ESTADO DE SÃO PAULO

v. 105 | n. 1 | São Paulo | domingo, 1º de janeiro de 1995

PODER EXECUTIVO

GOVERNADOR MÁRIO COVAS

PALÁCIO DOS BANDEIRANTES
AV. MORUMBI, 4.500 - MORUMBI - CEP 05698-000 - FONE 845-3344

ATOS DO GOVERNADOR

DECRETOS DE 31-12-94

Exonerando:

a pedido, nos termos do art. 58, I, § 1º, item 1, da LC 180-78, os a seguir mencionados, dos seguintes cargos que exercem em comissão:

Avanir Duran Galhardo, RG 2.678.482, do cargo de Secretário de Estado, da Secretaria da Administração e Modernização do Serviço Público;

José Pilon, RG 2.907.398-4, do cargo de Secretário de Estado, da Secretaria de Agricultura e Abastecimento;

Roberto Muller Filho, RG 2.925.653, do cargo de Secretário de Estado, da Secretaria da Ciência, Tecnologia e Desenvolvimento Econômico;

Ricardo Itsuo Ohtake, RG 2.302.025, do cargo de Secretário de Estado, da Secretaria da Cultura;

Carlos Estevam Aldo Martins, RG 6.312.890, do cargo de Secretário de Estado, da Secretaria da Educação;

Walter Pedro Bodini, RG 491.711-X, do cargo de Secretário de Estado, da Secretaria de Energia;

Fausto Eduardo Pinho Camunha, RG 2.813.551-9, do cargo de Secretário de Estado, da Secretaria de Esportes e Turismo;

Eduardo Maia de Castro Ferraz, RG 7.364.216, do cargo de Secretário de Estado, da Secretaria da Fazenda;

Frederico Pinto Ferreira Coelho Neto, RG 5.071.059, do cargo de Secretário de Estado, da Secretaria de Estado do Governo;

Geraldo Cesar Bassoli Cezare, RG 2.292.791, do cargo de Secretário de Estado, da Secretaria da Habitação;

Antonio Márcio Meira Ribeiro, RG 3.864.517, do cargo de Secretário de Estado, da Secretaria dos Transportes;

Odyr José Pinto Porto, RG 5.311.937, do cargo de Secretário de Estado, da Secretaria da Justiça e da Defesa da Cidadania;

Édis Milaré, RG 2.921.945, do cargo de Secretário de Estado, da Secretaria do Meio Ambiente;

Therezinha Fram, RG 1.515.307, do cargo de Secretário de Estado, da Secretaria da Criança, Família e Bem-Estar Social;

José Fernando da Costa Boucinhas, RG 2.581.291, do cargo de Secretário de Estado, da Secretaria de Planejamento e Gestão;

Cármino Antonio de Souza, RG 4.788.365, do cargo de Secretário de Estado, da Secretaria da Saúde;

Antonio de Souza Corrêa Meyer, RG 3.334.695, do cargo de Secretário de Estado, da Secretaria da Segurança Pública;

José de Mello Junqueira, RG 2.386.867, do cargo de Secretário de Estado, da Secretaria da Administração Penitenciária;

Jorge Fagali Neto, RG 2.804.541, do cargo de Secretário de Estado, da Secretaria dos Transportes Metropolitanos;

Plinio Gustavo Adri Sarti, RG 5.696.977, do cargo de Secretário de Estado, da Secretaria de Relações do Trabalho;

Antonio Félix Domingues, RG 5.484.491, do cargo de Secretário de Estado, da Secretaria de Recursos Hídricos, Saneamento e Obras;

Roberto Martinez, RG 2.713.576-7, do cargo de Secretário Particular, da Tabela I, do Subquadro de Cargos Públicos do Quadro da Secretaria do Governo.

Dirceu José Vieira Crysostomo, RG 8.527.668, do cargo, em comissão de Procurador Geral do Estado.

Dispensando:

a pedido, os a seguir mencionados, das seguintes funções:

Yassuo Suguimoto, RG 3.529.452, da função de Secretário Adjunto da Secretaria da Administração e Modernização do Serviço Público;

Manoel Luciano de Campos Filho, RG 1.359.906, da função de Secretário Adjunto da Secretaria de Agricultura e Abastecimento;

Paulo de Tarso Artêncio Muzy, RG 5.463.466, da função de Secretário Adjunto da Secretaria da Ciência, Tecnologia e Desenvolvimento Econômico;

João Roberto Vieira da Costa, RG 13.548.223, da função de Secretário Adjunto da Secretaria da Cultura;

Eurico Hideki Ueda, RG 2.910.924, da função de Secretário Adjunto da Secretaria da Educação;

Armando da Silva Prado Netto, RG 1.483.628, da função de Secretário Adjunto da Secretaria de Esportes e Turismo;

Norman Puggina, RG 2.669.241, da função de Secretário Adjunto da Secretaria da Fazenda;

Sergio João França, RG 2.449.453, da função de Secretário Adjunto da Secretaria de Estado do Governo;

Fernando Gomes da Silva, RG 3.834.003, da função de Secretário Adjunto da Secretaria da Habitação;

Arthur Ferreira Neves Filho, RG 4.162.050, da função de Secretário Adjunto da Secretaria dos Transportes;

Diwaldo Azevedo Sampaio, RG 1.201.629, da função de Secretário Adjunto da Secretaria da Justiça e da Defesa da Cidadania;

José de Ávila Aguiar Coimbra, RG 2.418.183, da função de Secretário Adjunto da Secretaria do Meio Ambiente;

Maria Cecília Ziliotto, RG 2.381.675, da função de Secretário Adjunto da Secretaria da Criança, Família e Bem-Estar Social;

Massamaro Sugawara, RG 2.692.711, da função de Secretário Adjunto da Secretaria de Planejamento e Gestão;

Jordão Pellegrino Júnior, RG 5.260.485, da função de Secretário Adjunto da Secretaria da Saúde;

José Eduardo de Barros Poyares, RG 3.053.488, da função de Secretário Adjunto da Secretaria da Segurança Pública;

Antonio Ferreira Pinto, RG 3.195.570, da função de Secretário Adjunto da Secretaria da Administração Penitenciária;

Oscar Emílio Welker Junior, RG 2.493.879-8, da função de Secretário Adjunto da Secretaria dos Transportes Metropolitanos;

Romeu José Bolfarini, RG 5.112.901, da função de Secretário Adjunto da Secretaria de Recursos Hídricos, Saneamento e Obras;

Sergio Cordeiro de Andrade, RG 7.812.941, da função de Subsecretário, da Subsecretaria de Apoio ao Município da Capital;

Dario dos Santos Melo, RG 7.273.816-9, da função de Subsecretário, da Subsecretaria de Apoio aos Municípios da Grande São Paulo, do Interior e do Litoral;

José Ricardo Baitello, RG 451.490-DF, da função de Subsecretário, da Subsecretaria para Assuntos do Governo do Estado de São Paulo, em Brasília, da Secretaria do Governo;

Wilson Fernandes Pereira, RG 1.215.972-4, da função de Assessor Especial do Governador;

Ricardo Augusto de Oliveira Mesquita, RG 5.804.385-8, da função de Assessor Especial do Governador;

Nader Wafae, RG 2.181.281, da função de Assessor Especial do Governador;

Luiz Carlos Martins Bonilha, RG 3.572.667, da função de Assessor Especial do Governador;

José Aparecido Miguel, RG 5.067.261, da função de Assessor Especial do Governador;

Issao Nishi, RG 1.097.759, da função de Assessor Especial do Governador;

Inocêncio Erbella, RG 1.785.982, da função de Assessor Especial do Governador;

Ernesto Lozardo, RG 3.498.854, da função de Assessor Especial do Governador;

Claudio Cintrão Forghieri, RG 5.536.810, da função de Assessor Especial do Governador;

Antonio Luiz Calderaro Teixeira, RG 4.108.103-1, da função de Assessor Especial do Governador;

Roberto Muller Filho, RG 2.925.653, da função de Secretário Executivo do Fórum Paulista de Desenvolvimento;

das funções de Coordenador do Grupo Executivo, da Comissão Especial para o Programa de Despoluição do Rio Tietê, José Fernando da Costa Boucinhas, RG 2.581.291.

Cessando:

os efeitos do decreto que designou José Fernando da Costa Boucinhas, RG 2.581.291, Secretário de Planejamento e Gestão, para responder, cumulativamente, pelo expediente da Secretaria da Fazenda.

DISCURSO DO GOVERNADOR LUIZ ANTONIO FLEURY FILHO, FEITO POR OCASIÃO DA CERIMÔNIA DE TRANSMISSÃO DE CARGO DO GOVERNADOR DO ESTADO DE SÃO PAULO — 1º DE JANEIRO DE 1995.

Senhores,

No momento em que se encerra o mandato que me foi confiado pelo voto de 7.840.703 brasileiros de São Paulo, permitam-me voltar no tempo até aquela manhã de há quatro anos em que assumi o cargo de governador do Estado mais pujante da federação.

No discurso de posse que então pronunciei, reiterava quatro compromissos básicos em relação a Educação, Saúde, Segurança e Habitação e conclamava todos para que se mobilizassem na resistência coletiva à crise econômica que então se avolumava com o desemprego crescente, a produção em queda livre e os altos índices de inflação.

Dizia eu, repetindo argumentos da campanha eleitoral, que haveria de me preocupar com a educação pois o País que todos sonhamos somente existirá com a escola pública mudada, transformada em instrumento de igualdade e de justiça social, dando ao filho do pobre as mesmas oportunidades de vencer na vida que tem o filho do rico.

Afirmava, na mesma ocasião, e com estas mesmas palavras, que haveria de dar prioridade à saúde, entendendo que saúde também inclui saneamento básico, que é prevenção constante, vigilância diuturna e respeito absoluto ao meio ambiente, saúde que não pode continuar sendo um privilégio de poucos.

Relembrava ainda a importância da segurança e da habitação, pois ir e vir com trlidade, ter a casa própria, poder pisar no seu chão, são direitos do trabalhador.

Desde então, passaram-se pouco menos de quatro anos. Entrego hoje o cargo, a meu sucessor, Mario Covas, governador livremente eleito, a quem desejo o melhor êxito no desempenho de suas funções.

Que me seja permitido neste momento solene da transmissão de poderes democraticamente concedidos fazer um breve resumo do que pude realizar. Chegou o momento de cotejar o que foi anunciado e o que foi cumprido. Chegou a hora do balanço.

Antes de mais nada, haverá lugar para uma palavra de agradecimento. O apelo que fiz para que todos se mobilizassem junto ao governo no combate ao desemprego e a recessão foi correspondido de imediato e com uma intensidade que surpreendeu os mais otimistas. O lançamento do Fórum Paulista de Desenvolvimento, no dia 1º de maio de 1991, contou com a presença atuante de amplos setores da sociedade, tanto empresários quanto sindicalistas, profissionais liberais, professores e representantes das mais diversas profissões, todos interessados em encontrar maneiras de relançar a economia paulista. De imediato registramos inúmeras sugestões relativas à agricultura, energia, construção civil, transporte, exportação, tecnologia, indústria de máquinaas, privatização e desburocratização.

Logo cuidamos de examiná-las e sempre que possíveis transformá-las em ações concretas. Nasceram assim mais de 100 iniciativas favorecendo a ampliação de empresas e a sua implantação no interior, a atualização tecnológica, o aumento de produtividade, a racionalização administrativa e a modernização da gestão empresarial, o aumento da produção de alimentos básicos e o desenvolvimento das regiões mais carentes como o Vale do Ribeira e Pontal do Paranapanema. Os investimentos que tiveram sua origem no Fórum ultrapassaram US$ 1,5 bilhão, dando lugar à criação de mais de 200 mil empregos diretos.

Uma iniciativa que sintetiza com perfeição o espírito do Fórum foi o acordo firmado entre as montadoras de automóveis, os principais sindicatos do setor e o Governo Federal. Através desse acordo, São Paulo diminuiu a alíquota do ICMS sobre o preço dos carros de 18% para 12%, o Governo Federal reduziu o IPI de 12% para 6% enquanto as montadoras comprometeram-se a cortar mais 10% no preço cobrado. Os trabalhadores, por sua vez, aceitaram compartilhar suas reivindicações salariais com a garantia de maior estabilidade.

Como resultado, a indústria automobilística saiu da profunda crise onde se encontrava e entrou numa fase de extraordinária prosperidade. Nos anos de 93 e 94 bateu todos os recordes de produção, desde a sua instalação no Brasil. O acordo já vai se tornando um exemplo clássico de como um sacrifício imediato no recolhimento fiscal pode impulsionar a produção resultando a médio prazo num aumento da arrecadação.

O espírito do Fórum também se refletiu com fidelidade no modelo de parceria entre o Estado e a iniciativa privada adotado em São Paulo. Como se tornou patente nos últimos anos, o Estado não dispõe de capacidade financeira para realizar todas as obras de infra-estrutura necessárias. No setor viário, por exemplo, concentramos os recursos próprios do governo na conservação, duplicação e recapeamento das estradas existentes, na melhoria das estradas vicinais de importância capital para o escoamento agrícola e em algumas obras de vulto que se afiguravam inadiáveis. Este foi o motivo pelo qual decidimos construir a rodovia Carvalho Pinto, dando seguimento à rodovia dos Trabalhadores. O grande mérito dos 73 quilômetros da Carvalho Pinto consiste em desafogar a Via Dutra que, além de muito mal conservada pelo Governo Federal, suporta um tráfego superior à sua capacidade. Por outro lado, entregamos as estações Clínicas e Ana Rosa II do Metrô e conseguimos a liberação de um empréstimo de US$ 420 milhões junto ao Banco Interamericano de Desenvolvimento (BID) para o início da construção da quinta linha entre Capão Redondo e Largo 13 em Santo Amaro.

Mas a solução mais ampla para as questões de infra-estrutura só parece possível com o modelo de parceria que passamos a adotar e no qual oferecemos a empresas privadas a concessão e permissão de serviços públicos, tendo como contrapartida a realização de importantes obras de infra-estrutura. Já se encontra em fase de concorrência pública a concessão dos três principais sistemas rodoviários de São Paulo — Anhanguera/Bandeirantes, Anchideta/Imigrantes e Castelo Branco e de oito travessias litorâneas.

Graças em boa parte à atuação criativa do Fórum, foi possível amenizar os efeitos da crise sobre as finanças do Estado preservando a sua capacidade de investir. Aqui faço um parêntese: o Banespa — mola propulsora do Fórum Paulista de Desenvolvimento — no último dia útil de meu governo, sexta-feira, 30 de dezembro, sofreu um ato de violência política, a pretexto da necessidade de uma administração compartilhada com o Banco Central. Violência marcada pela covardia, praticada na calada da noite. Violência injustificada contra São Paulo e contra os paulistas, que serve especialmente os interesses dos banqueiros privados.

Mas, como ia dizendo, graças a atuação criativa do Fórum Paulista de Desenvolvimento foi possível amerizar os efeitos da crise sobre as finanças do estado.

Durante o mandato procuramos respeitar nossas prioridades sociais. Saliente-se, na área da educação a construção de 204 novas escolas, a reforma de aproximadamente 5.000 e — o que ainda é mais importante — a transformação já efetivada de 1.614 escolas em escolas padrão, estando a criação de outras 400 prevista para 1995, todas elas com um número maior de aulas, professores mais bem pagos e uma série de exigências e qualidades. O velho sonho de devolver à escola pública a qualidade que foi sua no passado começou a se transformar em realidade. A melhor prova está nos índices de evasão e repetência da rede pública paulista que se tornaram os menores dos últimos 25 anos.

Na área da segurança também obtivemos resultados satisfatórios, sobretudo levando-se em conta que todas as grandes cidades do mundo conhecem o agravamento da violência, decorrência direta da recessão e do desemprego. A capital pau-

Diário Oficial

D.O.E.; São Paulo, 105 (1), domingo, 1º jan. 1995

DISCURSO DO GOVERNADOR MÁRIO COVAS, FEITO POR OCASIÃO DA CERIMÔNIA DE POSSE NO CARGO DE GOVERNADOR DO ESTADO DE SÃO PAULO — 1º DE JANEIRO DE 1995.

Tomo posse com humildade diante da grandeza de São Paulo — uma Argentina encravada no coração do Brasil. Tomo posse consciente dos desafios dramáticos que aguardam a mim e a minha equipe. Uma enorme responsabilidade pesa sobre os nossos ombros, agravada pelo volume e pela urgência das demandas populares.

Mas tomo posse, sobretudo, com os olhos postos sobre as nossas cidades, quando me vêm à mente imagens que reluzem como emblemas: o de trabalhadores que vão a pé ao trabalho, noite adentro, porque sem dinheiro para pagar a passagem do ônibus; a das mãos dos presos, penduradas fora das grades das celas das nossas delegacias, marcas da superlotação e da violência que lavra; a de mães angustiadas, carregando seus filhos no colo, na longa espera de um atendimento que falha. Tomo posse o coração pequeno, mas a consciência indignada, só de lembrar minhas andanças por este interior imenso, quando vi muitos milhares de bóias-frias madrugarem, para labutar na safra ou no plantio, e quando soube que, quase sempre, ficam cinco meses por ano sem emprego. São Paulo não merece isso.

Povo de meu Estado.

Nesse dia de hoje, misturam-se a estas justas inquietações, a alegria e a esperança que todos os paulistas cultivam: desde logo, por ser o Ano Novo, o calendário, que se inaugura, anima em cada um de nós a certeza de dias melhores; depois, porque a posse de novos dirigentes alimenta inegáveis expectativas. De algum modo, muitos acreditam que, com Fernando Henrique presidente, o Brasil nunca mais será o mesmo. E nessa perspectiva, sem dúvida, não erram.

Pois, como bem disse o presidente em seu discurso de despedida no Senado, a transição encetada no tempo de Geisel se completou. Mas, em especial, a "era de Vargas", com seu modelo de desenvolvimento autárquico e seu Estado intervencionista, findou. Um novo modelo está sendo construído, e São Paulo poderá manter nele seu lugar de dínamo e de colméia de cérebros e de iniciativas. A nova configuração assenta-se em três pilares: uma economia estabilizada e aberta; um Estado indutor do crescimento sustentado e parceiro do setor privado; uma integração competitiva com a economia internacional.

Mais que tudo, entretanto, há um eixo que é a razão de ser de todos os esforços para que o Brasil e São Paulo cresçam e se modernizem. Algo que transforma tudo em pré-condição. Trata-se do resgate da dívida social.

Eis o compromisso maior da minha candidatura e de meu governo: a determinação de *revolucionar o cotidiano dos paulistas*. Porque quero ver devolvida a dignidade a milhões de deserdados e quero ver convertido o Estado numa rede de eficiência no atendimento daqueles que estão nas pontas das linhas. Os usuários, os contribuintes, os cidadãos, àqueles que penam nas filas das escolas para matricular os filhos, àqueles que se desesperam nas salas de espera dos postos de saúde, àqueles que sofrem nos saguões das repartições públicas para tirar documentos ou para pedir informações, àqueles enfim se sentem enjeitados porque são tratados como se enjeitados fossem. Não é no assistencialismo que estou pensando, não, mas na competência em bem servir. Dadas as modernas tecnologias de gestão disponíveis, filas são aberrações, tanto quanto o são o analfabetismo, a ignorância e a fome.

Penso que, às vezes, mais vale eliminar uma fila do que construir um viaduto. Por respeito. Por decência. Por coerência com a razão de ser do Estado que não está aí para servir-se da sociedade, mas para servi-la. Vamos virar uma página na história paulista. Vamos oferecer qualidade de vida à população — cidadania se faz assim. Reitero o sentido mais profundo dos compromissos da minha campanha, quando olhos e ouvidos atentos indagam na minha fala, e em meus gestos, se serei o mesmo homem no Palácio que fui nos palanques. Falo alto e bom som: serei o mesmo, como sempre fui, um homem público com uma cara só, sem pirotecnia e sem meias-verdades, teimoso até, de tanto cumprir a palavra empenhada.

Sou portador de boa-nova. Carrego a esperança que chegou a hora de resgatar duas dignidades. A de São Paulo, para que se reafirme como Estado-líder da federação; a da população desvalida, para que conquiste efetiva cidadania. Não pretendo comandar no governo uma mera troca da equipe diretiva, como se substituíssemos a guarda de plantão.

São Paulo sempre padeceu de uma carência: desde os anos 30, nunca pôde equiparar sua influência política a seu peso econômico. Chegou a vez, por isso mesmo, de devolver a São Paulo a voz que lhe pertence. Uma voz que corresponda à sua importância estratégica. Mais ainda: é urgente recuperar o dinamismo econômico que sempre fez de São Paulo uma alavanca do desenvolvimento brasileiro. Com um acréscimo crucial, fruto da contemporaneidade: cumpre centrar parte dos esforços num desempenho pioneiro — o de difundir e praticar a Revolução Tecnocientífica que está em curso no Primeiro Mundo.

Esta revolução está transfigurando processos de produção e relações de trabalho, formas de gestão e matrizes de pensamento, vantagens comparativas entre as nações e modos de vida das populações. A partir dela, a capacidade intelectual e a competitividade empresarial passaram a reger as relações internacionais. São Paulo não tem como nem por que omitir-se ou posicionar-se com timidez. Deve responder à altura, ciente de sua responsabilidade histórica, em respeito aos talentos que abriga e em função da complexidade de sua infra-estrutura industrial, agrícola e de serviços.

A primeira jornada consiste em devolver a São Paulo seu lugar de direito. Para que a economia paulista se integre, com força plena, na economia internacional cada vez mais globalizada, gere mais empregos e redistribua mais renda. Mas esta jornada não basta a si mesma. É parte indispensável de um segundo resgate, cujo caráter não é político, nem tecnológico, mas social. Trata-se da dignidade de vida dos paulistas. Em particular, daqueles que se amontoam nas cidades-dormitório, daqueles que passam fome em meio à opulência de alguns e que sofrem a humilhação dos trens de subúrbio, daqueles que penam em abandono nos corredores dos hospitais e que se alienam na indigência de um ensino em crise. Resgatar sua dignidade é prover-lhes serviços públicos decentes para que eles não se sintam párias em sua própria terra. Para tanto, é preciso mobilizar recursos, arregimentar competências, sacudir crenças, varrer disparates burocráticos, inaugurar práticas que traduzam a vontade política em tijolos de solidariedade social.

É muito querer, sem dúvida. Mas quem não sonha não faz. Não quero ser o governador do Estado, que bate o ponto, exara despachos e assina decretos, na pachorrenta rotina do Palácio. Quero ser um divisor de águas. Quero infundir à minha equipe, e a essa generosa população que será servida, a coragem de desafiar as corporações que se encastelam em cada dobra da paisagem social. Quero romper com as tradições que se acomodam ao populismo e ao clientelismo. Quero fazer das políticas públicas um instrumento de redenção e de justiça social. Quero dar conta, sem vacilar um minuto, das urgências populares. Pretendo contribuir para apagar da memória estatística essas obscenidades que são nossos indicadores sociais.

Afinal, faz sentido saber que, numa terra em que tantos alimentos se produzem, dezenas de milhões enganem sua fome catando restos no lixo, ou tomando pinga, ou cheirando cola, ou simplesmente deixando o estômago roncar? Quando o Brasil precisou, a sede de combustível dos carros foi saciada com sofisticada produção de álcool, por que não encontrar respostas igualmente competentes quanto se trata da fome dos brasileiros? Como é possível aceitar que cidades pujantes como as nossas mostrem, em cada esquina, o horror de seus cortiços e as chagas de suas favelas? Mostrem gente com dentes apodrecidos, famílias desagregadas pelo desemprego, crianças batendo nos vidros dos carros atrás de um troco? Revelem, enfim, um Estado ausente, incapaz de cumprir suas funções por inoperância, incúria ou descontrole?

Vale dizer, temos duas frentes de combate: a primeira consiste em eliminar o descaso burocrático, a ineficiência técnica, o inchaço da máquina, os desperdícios inaceitáveis, a desordem nas finanças; visa a proceder a uma reengenharia do Estado para torná-lo capaz de cumprir suas funções. A segunda nos remete a uma problemática maior, quando o governo de São Paulo não poderá deixar de contribuir, de maneira eficaz, para redistribuir renda a tantos milhões de excluídos.

Há uma lógica nisso tudo que um simples princípio traduz: o de que todos deveriam ter *iguais condições para desfrutar oportunidades*. Não se trata, apenas, de assegurar iguais oportunidades, como reza a cartilha oficialista. É preciso ir além: não só garantir a todos o acesso a elas, mas criar condições para que todos possam tirar efetivo proveito dessas oportunidades. E como se faz isso? Assegurando uma educação universal e eficiente, uma saúde pública que funcione, moradias decentes, água tratada, um transporte coletivo seguro; em suma, satisfazendo as necessidades sociais básicas da população, com competência e sem discriminação.

Povo de São Paulo

Por onde começar? Vamos ser inflexíveis com a moral na gestão da coisa pública: vamos combater a corrupção, dizer basta ao loteamento dos cargos, acabar com o desperdício das obras inacabadas. Não faremos segredo das decisões, não usaremos manobras de bastidores, mas tornaremos acessíveis ao público os documentos oficiais. Vamos reinventar as práticas administrativas, usando formas empresariais de gestão. Vamos promover parcerias inovadoras com o setor privado e com o setor das associações voluntárias, delegando a produção de serviços públicos a quem tiver maior competência para fazê-lo. Vamos priorizar os investimentos com base em critérios de eficiência social e econômica. Vamos transformar empresas estatais e repartições públicas em centros de produção de resultados, para que possam prover serviços de qualidade para a população. Vamos descentralizar a gestão e avaliar os resultados, usando as tecnologias da informação para conferir autonomia às unidades locais — escolas, hospitais, distritos policiais, postos de saúde, escritórios regionais, serviços de assistência social e assim por diante —, e vamos mobilizar a população usuária para que avalie o desempenho dos serviços prestados.

A razão desta nova arquitetura para o Estado é sempre a mesma e vai ao encontro de meu maior compromisso de campanha: *reduzir a desigualdade e promover a justiça social*. Incluir no mercado de trabalho e de consumo quem está fora dele, fornecer oportunidades de emprego para quem queira trabalhar e estímulo para quem queira produzir. Propiciar melhores condições de vida para a população, através de serviços públicos que funcionem.

O povo clama por austeridade. Como iremos restaurar as finanças públicas? Através da moralização das práticas de gestão, graças à modernização dos métodos e da informatização dos processos. Sobretudo, pela redução dos custos. Pelo estímulo à dinamização da economia paulista. Pela cobrança da dívida ativa e pelo combate firme à sonegação. Pela renegociação, a preços de mercado, dos contratos e dos serviços. Pela securitização da dívida pública. Pelo financiamento dos investimentos através da concessão de serviços. Pela avaliação do desempenho das empresas estatais, com base em metas previamente negociadas. Pela revisão da política de isenções. Pela simplificação da tributação, beneficiando os pequenos contribuintes. Pela alienação, por fim, dos bens públicos improdutivos e pela racionalização do uso dos ativos existentes.

O povo clama por seriedade. Como induzir o aumento da produtividade e da competitividade da economia paulista? Vamos garantir regras estáveis e duradouras; quem produz e quem trabalha não pode ficar à mercê de sobressaltos, vítima de medidas tomadas na calada da noite. Vamos descomplicar a vida de quem queira produzir e simplificar a tributação. Vamos priorizar o investimento público que multiplique empregos e oportunidades. Vamos resgatar a cultura do trabalho e estimular as iniciativas empreendedoras, sobretudo das micro e pequenas empresas. Vamos formar parcerias com o setor privado para explorar novas oportunidades de mercado e aumentar a oferta de bens de consumo de massa. Vamos dar prioridade ao uso de instalações e equipamentos existentes. Vamos apoiar a criação de câmaras setoriais e de projetos de impacto regional. Vamos incentivar novas formas de trabalho autônomas, cooperativas, ligas e esquemas familiares, e dar especial atenção à economia informal para que possa desenvolver-se sem ferir os interesses das empresas formais. Vamos respaldar as organizações não-governamentais (as chamadas ONG's) nos programas de geração de emprego e de renda, e estimular as atividades industriais que usem intensivamente mão-de-obra. Vamos, por fim, desenvolver um programa de incubadoras e de parques tecnológicos, e dinamizar os institutos de pesquisa.

O povo clama por respeito. Como promover a cidadania e proteger as liberdades democráticas? Dando atenção aos segmentos que têm sido objeto de discriminação e de descaso. Atacando de frente os fatores de agressão ao meio ambiente: destinação do lixo, tratamento dos esgotos, águas contaminadas, controle da poluição, acesso a áreas verdes. Mas, principalmente: defendendo os direitos do consumidor e do contribuinte; criando comissões de avaliação da qualidade dos serviços públicos; instituindo ouvidores públicos que, em contato direto com a população, colherão queixas e sugestões e acompanharão ações corretivas; implantando núcleos de arbitragem setoriais para buscar soluções, junto aos fornecedores, dos problemas apresentados pelos consumidores.

O povo cansou de tanto desiludir-se. Chegou a hora da verdade. Chegou a hora de honrar, mais uma vez, minha dívida de gratidão. Devo a São Paulo minha formação escolar e acadêmica, aluno que fui de escolas públicas. Devo a esta terra a bênção de ter tido esposa, filhos e netos saudáveis e que me brindam com extraordinária felicidade. Devo à capital de São Paulo a rara experiência de ter sido seu prefeito durante trinta e três meses, oportunidade em que pude contribuir para encurtar as distâncias sociais que separam os paulistanos. Devo à generosidade do eleitorado de São Paulo três mandatos de deputado federal, um mandato de senador e, agora, um mandato de governador que — tenham todos certeza — viverei, dia após dia, com o empenho de quem tem pressa, com a sabedoria de quem tem humanidade, com a obstinação de quem tem compromissos, e, acima de tudo, com a responsabilidade de quem sabe que não pode falhar.

Governador de todos os paulistas, quero citar, por fim, alguns versos do saudoso poeta Vinícius de Moraes que resumem o imperativo da solidariedade social:

"Meu Senhor, tende piedade dos que andam de bonde
E sonham no longo percurso com automóveis, apartamentos...
Mas tende piedade também dos que andam de automóvel
Quando enfrentam a cidade movediça de sonâmbulos, na direção.

Tende piedade das pequenas famílias suburbanas
E em particular dos adolescentes que se embebedam de domingos
Mas tende mais piedade ainda de dois elegantes que passam
E sem saber inventam a doutrina do pão e da guilhotina."

Muito obrigado.

IMPRENSA OFICIAL DO ESTADO S. A. IMESP

Relatório de Gestão

Hoje é dia de troca de Diretoria da IMESP. Queremos saudar, na pessoa do novo Superintendente, Sergio Kobayashi, os novos diretores, fazendo votos de que tenham uma administração cheia de êxito, em benefício dos 33 milhões de habitantes do Estado, verdadeiros acionistas desta Sociedade Anônima. A estes, em nome da transparência e da publicidade, queremos relatar brevemente os resultados de nossa gestão.

Em face de que o Superintendente que hoje deixa o cargo é integrante da Diretoria desde abril de 1987, o período do relatório abrange desde essa data até dezembro de 1994. Quase 8 anos. De lá até agora, o Brasil teve 5 moedas diferentes, alternando-se períodos de estabilidade monetária e outros de altas taxas de inflação.

Por essa razão, não encontramos outra alternativa que não usar o US$ como moeda para permitir comparação consistente.

O que é a IMESP

A IMESP se dedica à produção e circulação do Diário Oficial do Estado, em 6 cadernos. Imprime, também, o Diário Oficial do Município de São Paulo.

Fornece produtos e serviços gráficos exclusivamente para o mercado público ou estatal.

É uma empresa econômica e financeiramente auto-suficiente, nunca tendo dependido de qualquer transferência de recursos do Tesouro do Estado. Sua expansão, renovação do parque gráfico e atualização tecnológica foram feitas sempre com recursos próprios e com pagamento à vista.

O gráfico mostra que o Jornal contribui com 78% do faturamento e a Gráfica com 22%. Mostra, ainda, que contra os órgãos do Estado de São Paulo, a IMESP só fatura 16%, incluindo-se assinaturas, modelos de formulários padronizados e serviços gráficos encomendados. Os demais 84% são recebidos de empresas, por publicidade legal, e de órgãos municipais e federais. Acresce notar que 48% das vendas gráficas são conseguidas mediante participação em concorrência.

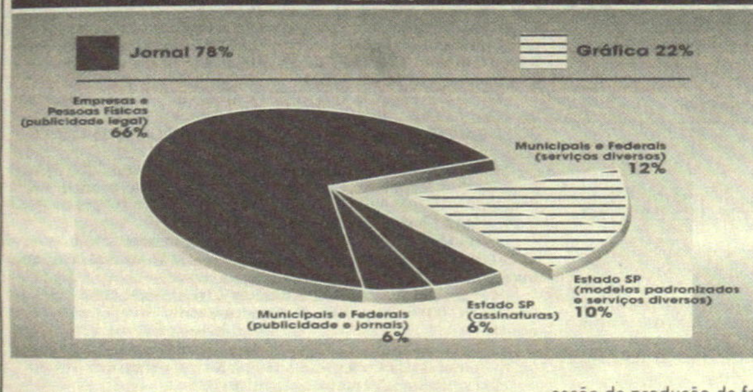

Todas as publicações de atos oficiais dos Três Poderes do Estado são feitas no D.O.E. gratuitamente, sem nenhum custo para os cofres públicos. E tomam 95% das páginas editadas. Somente os 5% restantes rendem faturamento.

Como era em fim de 1986

O balanço do ano anterior ao de nossa entrada na IMESP registrava um resultado econômico negativo de US$ 636 mil, em decorrência do congelamento de preços e de outros fatores. Registrava, também, um patrimônio dos acionistas de US$ 15,5 milhões, valor esse que nos foi confiado como investimento a ser administrado. Dívidas existiam, porém pequenas: US$ 0,5 milhão. O capital de giro líquido era de US$ 4,2 milhões e os prédios de 21.000m², as máquinas, outros equipamentos e veículos valiam US$ 11,8 milhões. O valor em caixa era de US$ 3 milhões. Havia 1.295 funcionários, com faturamento médio per capita de US$ 15,52, perfazendo no ano de 1986 um total de US$ 20,1 milhões. A divisão de jornal gastava 5.323 toneladas de papel de imprensa. Os 6 cadernos do Diário Oficial publicavam 13.617.659 centímetros de coluna no ano, sendo que desses somente 1.365.529 foram cobrados como publicidade legal. A maioria é gratuita e se refere a atos oficiais dos três poderes. Em 1986 se editavam 10.516 centímetros/coluna por funcionário, como média anual. O número de páginas montadas por funcionário era de 93.

Crescimento Patrimonial
Valor em US$ Mil

CONTAS/EXERCÍCIO	1986	1987	1988	1989	1990	1991	1992	1993	1994
ATIVO CORRENTE	6.809	8.498	8.470	12.693	24.689	12.967	15.386	13.635	43.452
(-) PASSIVO CORRENTE	2.618	3.572	3.441	5.330	13.188	5.316	6.737	4.666	10.418
= CAPITAL DE GIRO	4.191	4.926	5.029	7.363	11.501	7.651	8.649	8.969	33.034
+ ATIVO PERMANENTE	11.790	10.771	11.780	12.887	19.203	25.128	24.410	24.546	27.005
(-) DIVIDAS	504	168	0	0	0	0	0	0	0
PATRIMÔNIO DOS ACIONISTAS	15.447	15.529	16.809	20.250	30.704	32.779	33.059	33.515	60.039
EVOLUÇÃO DO PATR. ACIONISTAS	100	100,34	108,61	130,84	198,38	211,79	213,60	216,55	387,92

Taxa média de lucro ou retorno dos acionistas: 18,5% ao ano

A Divisão Gráfica embalava 1.630 toneladas de produtos gráficos, cobrando-se um preço médio de US$ 3.123,00 e totalizando-se US$ 5,1 milhões de faturamento. A Divisão de Jornal faturava US$ 15,0 milhões.

Em 1987, ano mais distante cujos dados foram levantados, a IMESP recolheu US$ 3,1 milhões de tributos, entre impostos, taxas e contribuições.

A taxa de ocupação da capacidade instalada das máquinas de impressão offset foi de 64%.

A IMESP dispunha de um único microcomputador de 8 bits. O D.O. Leitura, publicação cultural e de estudos de problemas brasileiros, com distribuição gratuita aos interessados, circulava com 16.800 exemplares.

Como ficou no fim de 1994

Já a partir de 1987 os resultados econômicos de cada ano foram positivos, sendo em maior monta nos exercícios em que se verificaram períodos de estabilidade monetária.

No último exercício de 1994 o lucro obtido foi maior do que todo o faturamento de 1986, alcançando-se a soma de US$ 26,5 milhões, após o imposto de renda devido e/ou pago.

A taxa média de lucro ou de retorno sobre o patrimônio dos Acionistas foi, de 1987 a 94, em média de 18,5% ao ano, o que significa renumeração real de capital acima das normalmente verificadas no mercado. As ações se valorizaram 288% no período, em dólar. O patrimônio público cresceu de US$ 15,5 para US$ 60,0 milhões, sendo que o investimento que nos fora confiado para que dele tomássemos conta, foi multiplicado por 4, em 8 anos.

A IMESP é, hoje, uma estatal que não tem dívidas. O capital de giro líquido cresceu em quase 8 vezes, alcançando-se US$ 33,0 milhões.

Houve uma completa renovação e atualização tecnológica das máquinas da Divisão Gráfica: 95% das existentes foram trocadas.

Assim foram adquiridas duas impressoras a 4 cores, sendo uma folha inteira e outra meia folha; a duas cores foram incorporadas 3 de folha inteira, 2 de 1/2 folha, 2 1/4 de folha e 2 ofício a uma cor. Além dessas permanece uma bicolor folha inteira, com dez anos de uso. Para acabamento, duas alceadeiras trilaterais, duas máquinas de costura e encapadeiras de livro, bem como diversas guilhotinas, contadoras de papel e duas dobradeiras, entre outros.

A tipografia foi desativada e, em seu espaço, implantada uma seção de produção de formulários contínuos com 3 máquinas, sendo 2 impressoras, a 4 e 3 cores respectivamente, e uma alceadeira/carbonadeira para até 4 vias.

Na impressora a 4 cores está sendo instalado um sistema eletrônico de "ink jet" que permitirá a personalização e, principalmente, a numeração que, por exemplo, se faz um a um nos vales transportes de grandes companhias.

Na rotativa do jornal, mais antiga, com mais de 20 anos de uso, foram instalados trocadores automáticos de bobina, um forno secador, uma folheadeira e substituída a dobradeira, incluindo-se um duplo paralelo.

Ainda, no Jornal, com o avanço da computação gráfica, foi substituído o antigo sistema de entrada de dados, por novos equipamentos com maior capacidade, tendo como concentrador Super microcomputadores (RISC) com 22 terminais para Digitação, terminais na Redação e Revisão e recebendo arquivos via modem do Palácio do Governo, ATL, Palácio da Justiça e Tribunal de Contas, em fase de implantação, estando estes interligados através de rede local com novos equipamentos de paginação como CAPS, Integrator, PCs e Macintosh. Também foi adquirido um Scanner para seleção e tratamento de cores e Imagesetters para saída com alta resolução.

Foi implantado um Sistema de composição e transmissão remota (via modem), junto ao Palácio dos Bandeirantes, especificamente na Assessoria Técnica do Governador, com equipamentos e funcionários da IMESP, visando agilizar a publicação dos atos oficiais no Diário Oficial.

Na área administrativa, financeira, comercial e do planejamento de 1 passou-se a 127 microcomputadores, 118 impressoras e vários outros periféricos, que no momento, estão sendo interligados em rede local. A instalação da microfilmagem está sendo substituída por um sistema de digitalização e armazenamento de imagens em discos ópticos.

Um sistema de circuito interno de TV está em fase final de instalação para fins de segurança de pessoal e patrimonial, bem como do processo produtivo de impressos de segurança (vales transporte, tiquetes de leite, cupons de pedágio e outros).

Em processo de licitação está a aquisição de sistema eletrônico de acesso e frequência de funcionários.

As instalações dos escritórios estarão de cara nova nos próximos dias. A parte elétrica, telefonia e som agora estão refeitos. Não mais gambiarras ou carpetes gastos e sujos. Novo lay-out, novo ambiente para os funcionários e um novo balcão de atendimento como o cliente merece.

A frota de veículos foi constante e totalmente renovada.

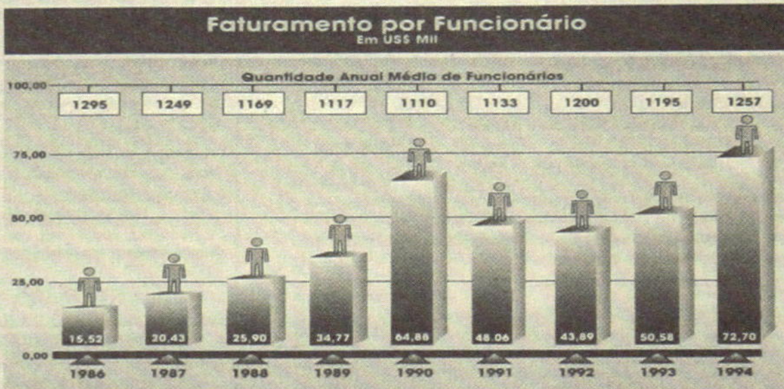

Todos esses investimentos foram pagos à vista e custaram US$ 34 milhões.

O valor em caixa atual é de US$ 12,6 milhões.

Em fim de 1994 havia 1.257 funcionários, 38 a menos que no início da administração. O faturamento médio per capita foi quintuplicado, passando-se para US$ 72,70 por funcionário. O faturamento total atingiu US$ 91,4 milhões.

A divisão de jornal passou a gastar 5.926 toneladas de papel de imprensa, imune de impostos.

Os 6 cadernos do DOE, em 1994, publicaram 23.121.913 centímetros/coluna, sendo que apenas 1.092.790 foram cobrados como publicidade legal.

Observa-se que nos últimos exercícios houve uma perda de espaço publicitário de 20%, em parte devido à transformação de sociedades anônimas em limitada, extinção de sociedades e mesmo evasão de publicidade legal. Em contrapartida, os preços foram aumentados, mantendo-se, sempre, a política de se cobrar 80% da tabela adotada pelos jornais econômicos da praça (Gazeta Mercantil, Diário do Comércio, Diário do Comércio e Indústria).

Em 1994, a média anual de centímetros/coluna editados por funcionário atingiu 18.394, representando um crescimento de 75% em relação a 1986, refletindo-se em igual incremento de produtividade. O número de páginas montadas por funcionário dobrou, indo para 178.

Ainda, neste último exercício, a Divisão Gráfica embalou 8.085 toneladas de produtos gráficos, cobrando-se um preço médio unitário por tonelada de US$ 2.500, representando uma redução de preços de praticamente 20%. Essa redução de preços alavancou maior escala de produção e vendas, alcançando estas últimas a soma de US$ 20,2 milhões.

Tributos Recolhidos
Período: 1987 a 1994
Em US$ Mil

Imposto de Renda US$ 21.949 30%
ICMS US$ 4.035 5%
C. Social US$ 6.217 8%
Cofins US$ 6.490 9%
Outros US$ 6.602 9%
FGTS US$ 8.285 11%
IAPAS US$ 20.488 28%

	1987	1988	1989	1990	1991	1992	1993	1994	TOTAL
PASEP	204	133	154	466	416	444	515	694	3006
COFINS	127	180	252	853	1017	1047	1205	1809	6490
ICMS	386	279	428	606	520	510	494	812	4035
IPI	81	62	82	138	76	80	70	131	720
ISS	132	137	220	384	170	184	234	553	2014
IAPAS	1467	1602	2578	3224	2401	2554	3201	3261	20488
FGTS	692	829	1129	1273	991	925	1189	1258	8285
IMP. de RENDA	0	361	1689	6902	1931	2580	1026	7520	21949
CONTR. SOCIAL	0	95	396	1728	485	611	355	2547	6217
TAXAS DIV.	7	9	12	219	194	40	37	344	862
TOTAL ANUAL	3096	3687	6890	15792	8201	8945	8326	18929	74066

A Divisão do Jornal faturou US$ 71,2 milhões.

Em 1994, o recolhimento de tributos atingiu US$ 18,9 milhões, destacando-se o imposto de renda com US$ 7,5 milhões.

A taxa de ocupação da capacidade instalada das máquinas de impressão offset foi de 86,2%, marca pouco atingível na indústria gráfica.

O D.O. Leitura, publicação que cada vez mais ganha a aprovação da sociedade, atingiu a marca de 48.000 assinantes.

Mais de um milhão de textos da Constituição Federal e Estadual foram distribuidos gratuitamente. Em abril de 1991, a Imprensa Oficial comemorou seu centenário e a classificação como segunda melhor empresa do setor de comunicação do país pela revista Exame - Melhores e Maiores, no ano 1990.

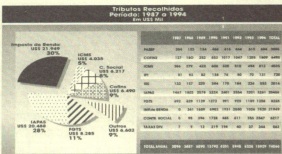

Um registro de nossa gratidão a todos os funcionários, colegas de diretoria e do conselho fiscal, pelas vitórias que juntos construímos. Nossa saudação a todos na pessoa do senhor Bettoi, colega com 65 anos de casa.

Aos amigos, colaboradores, fornecedores e clientes nosso agradecimento.

Aos Secretários de Governo e a seus Adjuntos um agradecimento especial pelo apoio recebido, saudando-os na pessoa dos prezados amigos Antonio Carlos Mesquita, que me indicou no Governo Quércia, e Cláudio Ferraz Alvarenga que me manteve no Governo Fleury.

À nova Diretoria e ao Governo Covas um augúrio de esperança e a certeza do sucesso.

ANTONIO ARNOSTI

Diário Oficial

PORTE PAGO
DR/SP
ISR - 40 - 3051/81

Estado de São Paulo

Volume 105 • Número 204 • São Paulo • Quarta-Feira, 25 de Outubro de 1995

PODER EXECUTIVO

GOVERNADOR MÁRIO COVAS
Palácio dos Bandeirantes
Av. Morumbi, 4.500 - Morumbi - CEP 05698-000 - Fone: 845-3344

DECRETOS

DECRETO Nº 40.399, DE 24 DE OUTUBRO DE 1995

Cria o sistema de mídia eletrônica destinado à divulgação da íntegra de editais de licitações, contratos e concursos públicos

MÁRIO COVAS, Governador do Estado de São Paulo, no uso de suas atribuições legais,

Considerando a necessidade de criar meios que permitam a participação mais ampla e constante da sociedade na fiscalização dos negócios públicos; e

Considerando que à economia do Estado interessa reduzir as barreiras burocráticas, inibidoras da participação de maior número de interessados em licitações promovidas pela Administração Pública direta e indireta,

Decreta:

Artigo 1º — Fica criado, no âmbito das Secretarias de Estado, das Autarquias, das Fundações instituídas ou mantidas pelo Poder Público Estadual e das Empresas em cujo capital o Estado tenha participação majoritária, bem como das entidades direta ou indiretamente por ele controladas, sistema de comunicação denominado Mídia Eletrônica — Negócios Públicos, destinado à divulgação de:

I — texto integral de editais de licitações públicas, nas modalidades de concorrência, tomada de preços, concurso e leilão;

II — texto integral de contratos resultantes de licitações nas modalidades referidas no inciso anterior;

III — texto integral de editais de concursos públicos para provimento de cargos ou preenchimento de funções-atividades e de empregos públicos;

IV — quadro comparativo de preços unitários de materiais e serviços licitados pelos órgãos e entidades abrangidos pelo sistema;

V — legislação referente a licitações públicas.

Artigo 2º — O sistema criado por este decreto será projetado e implantado pela Companhia de Processamento de Dados do Estado de São Paulo — PRODESP e operado em conjunto com a Imprensa Oficial do Estado S.A. — IMESP, obedecendo às seguintes normas:

I — o sistema deverá ter condições de atender a consultas provenientes de qualquer parte do País, feitas por meio informatizado;

II — o sistema deverá ter condições de ser acessado diretamente por linhas telefônicas comutadas ou por intermédio de redes informatizadas de comunicação;

III — as tarifas relativas ao fornecimento de informações constantes do sistema poderão ser cobradas mediante assinaturas ou por consultas eventuais, sem prévia inscrição do interessado;

IV — o sistema deverá contar com dispositivo que permita tarifação das consultas por chamadas ou volume de informações transmitidas;

V — a programação do banco de dados do sistema deverá permitir que as consultas sejam feitas pelos tipos de produtos ou serviços, pelos órgãos licitantes e pelas regiões do Estado a que se destinam os objetos das licitações.

Parágrafo único — Para definição dos termos da operação conjunta do sistema será celebrado convênio entre a PRODESP e a IMESP.

Artigo 3º — A Companhia de Processamento de Dados do Estado de São Paulo — PRODESP e a Imprensa Oficial do Estado S.A. — IMESP têm prazo de 30 (trinta) dias, a contar da data da publicação deste decreto, para iniciarem o funcionamento do sistema Mídia Eletrônica — Negócios Públicos, em caráter experimental.

§ 1º — A fase de funcionamento experimental, destinada aos ajustes técnicos e operacionais do sistema, não deverá exceder a 60 (sessenta) dias.

§ 2º — Durante a fase experimental não haverá tarifação pelo fornecimento das informações constantes do sistema.

Artigo 4º — A partir de 60 (sessenta) dias a contar da data da publicação deste decreto, as Secretarias de Estado, as Autarquias, as Fundações instituídas ou mantidas pelo Poder Público Estadual e as Empresas em cujo capital o Estado tenha participação majoritária, bem como as entidades direta ou indiretamente por ele controladas deverão encaminhar, à Imprensa Oficial do Estado S.A. — IMESP, juntamente com os resumos dos documentos referidos nos incisos I, II e III do artigo 1º, a serem publicados no Diário Oficial do Estado, os respectivos textos completos, gravados em meio magnético, para serem incluídos no sistema Mídia Eletrônica — Negócios Públicos.

§ 1º — A gravação em meio magnético, dos documentos a que se referem os incisos I, II e III do artigo 1º deste decreto, será feita conforme padrão a ser estabelecido pela IMESP, com o objetivo de facilitar o processamento eletrônico dos dados.

§ 2º — No prazo de 30 (trinta) dias a contar da publicação deste decreto, a IMESP deverá providenciar remessa de cópias do padrão de gravação magnética, a que se refere o parágrafo anterior, aos órgãos e entidades referidos no "caput" deste artigo.

§ 3º — A IMESP, a partir de 90 (noventa) dias da data da publicação deste decreto, ficará proibida de publicar no "Diário Oficial" os avisos dos documentos referidos nos incisos I, II e III do artigo 1º, caso não tenha recebido o respectivo texto completo, gravado em meio magnético.

Artigo 5º — Os representantes da Fazenda do Estado nas Empresas em cujo capital o Estado tenha participação majoritária adotarão as providências necessárias ao cumprimento do disposto neste decreto, atendida a legislação pertinente.

Artigo 6º — A Companhia de Processamento de Dados do Estado de São Paulo — PRODESP e a Imprensa Oficial do Estado S.A. — IMESP, ficam autorizadas a divulgar pelo sistema Mídia Eletrônica — Negócios Públicos licitações promovidas pelos Poderes Legislativo e Judiciário e por outros órgãos e entidades, podendo para esse fim celebrar convênios ou contratos com órgãos e entidades da Administração Pública direta e indireta, da União, de outros Estados e dos Municípios.

Artigo 7º — As despesas decorrentes deste decreto correrão por conta das dotações orçamentárias da Companhia de Processamento de Dados do Estado de São Paulo — PRODESP e da Imprensa Oficial do Estado S.A. — IMESP e da receita obtida com a cobrança de tarifas para fornecimento de informações pelo sistema Mídia Eletrônica — Negócios Públicos.

Artigo 8º — Este decreto entrará em vigor na data de sua publicação.

Palácio dos Bandeirantes, 24 de outubro de 1995

MÁRIO COVAS

Fernando Gomez Carmona
Secretário da Administração e Modernização do Serviço Público

Antonio Cabrera Mano Filho
Secretário de Agricultura e Abastecimento

Emerson Kapaz
Secretário da Ciência, Tecnologia e Desenvolvimento Econômico

Marcos Ribeiro de Mendonça
Secretário da Cultura

Teresa Roserley Neubauer da Silva
Secretária da Educação

Eduardo José Bernini
Secretário-Adjunto da Secretaria de Energia

Antonio Bragança Retto
Secretário-Adjunto, Respondendo pelo Expediente da Secretaria de Esportes e Turismo

Yoshiaki Nakano
Secretário da Fazenda

Antonio Duarte Nogueira Júnior
Secretário da Habitação

Plínio Oswaldo Assmann
Secretário dos Transportes

Belisário dos Santos Junior
Secretário da Justiça e da Defesa da Cidadania

Fábio José Feldmann
Secretário do Meio Ambiente

Marta Teresinha Godinho
Secretária da Criança, Família e Bem-Estar Social

Carlos Antonio Luque
Secretário-Adjunto da Secretaria de Economia e Planejamento

José da Silva Guedes
Secretário da Saúde

José Afonso da Silva
Secretário da Segurança Pública

João Benedicto de Azevedo Marques
Secretário da Administração Penitenciária

Cláudio de Senna Frederico
Secretário dos Transportes Metropolitanos

Walter Barelli
Secretário do Emprego e Relações do Trabalho

Hugo Vinicius Scherer Marques da Rosa
Secretário de Recursos Hídricos, Saneamento e Obras

Robson Marinho
Secretário-Chefe da Casa Civil

Antonio Angarita
Secretário do Governo e Gestão Estratégica

Publicado na Secretaria de Estado do Governo e Gestão Estratégica, aos 24 de outubro de 1995.

DECRETO Nº 40.400, DE 24 DE OUTUBRO DE 1995

Aprova Norma Técnica Especial relativa à instalação de estabelecimentos veterinários

MÁRIO COVAS, Governador do Estado de São Paulo, no uso de suas atribuições legais,

Decreta:

Artigo 1º — Fica aprovada a Norma Técnica Especial, anexa a este decreto, que dispõe sobre a instalação de estabelecimentos veterinários, determinando as exigências mínimas para este fim, uso de radiações, de drogas, medidas necessárias ao trânsito de animais e do controle de zoonoses.

Artigo 2º — Os estabelecimentos aludidos no artigo anterior e existentes na data de publicação deste decreto, têm prazo de 12 (doze) meses para se adequarem às exigências.

Artigo 3º — Este decreto entrará em vigor na data de sua publicação.

Palácio dos Bandeirantes, 24 de outubro de 1995

MÁRIO COVAS

José da Silva Guedes
Secretário da Saúde

Robson Marinho
Secretário-Chefe da Casa Civil

Antonio Angarita
Secretário do Governo e Gestão Estratégica

Publicado na Secretaria de Estado do Governo e Gestão Estratégica, aos 24 de outubro de 1995.

ANEXO
a que se refere o artigo 1º do
Decreto nº 40.400, de 24 de outubro de 1995

Norma Técnica Especial relativa às condições de funcionamento de estabelecimentos veterinários, determinando as exigências mínimas de instalações, de uso de radiações, de uso de drogas, de medidas necessárias para o trânsito de animais e do controle de zooneses

TÍTULO I
Das Definições

Artigo 1º — Consideram-se estabelecimentos veterinários para os efeitos desta Norma Técnica Especial:

I — consultório veterinário: o estabelecimento onde os animais são levados apenas para consulta, vedada a realização de cirurgias;

II — clínica veterinária: o estabelecimento onde os animais são atendidos para consulta, tratamento médico e cirúrgico; funciona em horário restrito, podendo ter, ou não, internação de animais atendidos;

III — hospital veterinário: o estabelecimento destinado ao atendimento de animais para consulta, tratamento médico e cirúrgico e internação de animais; funciona durante as vinte e quatro horas do dia;

IV — maternidade veterinária: o estabelecimento destinado ao atendimento de fêmeas prenhes ou paridas, para tratamento pré e pós-natal e realização de partos;

V — ambulatório veterinário: a dependência de estabelecimento industrial, comercial, de recreação ou de ensino e/ou pesquisa, onde são atendidos os animais pertencentes ao mesmo ou sob sua guarda, para exame clínico, curativos e pequenas cirurgias;

VI — serviço veterinário: a dependência de estabelecimento industrial, comercial, de recreação, de ensino e/ou de pesquisa, onde são atendidos animais pertencentes ao mesmo para exame clínico, tratamento médico e cirúrgico e análises clínicas;

VII — parque zoológico: o estabelecimento privado ou oficial, onde são mantidos animais vivos, nativos ou exóticos, domésticos ou silvestres, para visitação pública e exposição, com finalidade de lazer e/ou didática;

VIII — aquário: o estabelecimento onde são mantidos animais cujo habitat natural é a água doce ou salgada, com finalidade de lazer e/ou didática, ou criação comercial;

IX — hipódromo: o estabelecimento destinado à realização de corridas de cavalos e onde são mantidos equinos de propriedade de seus associados;

X — hípica: o estabelecimento onde são mantidos equinos e realizados exercícios de sela e/ou salto, para uso dos seus associados e/ou exibição pública;

XI — haras: o estabelecimento onde são criados equinos para qualquer finalidade;

XII — carrossel-vivo: o estabelecimento fixo ou nômade, destinado à montaria de equinos de sela, em recinto fechado, ao público em geral;

XIII — rodeio: o estabelecimento fixo ou nômade, onde são mantidos equinos, bovinos e bubalinos destinados a espetáculos e/ou competições de monta de chucros;

XIV — cinódromo: o estabelecimento recreativo destinado à realização de corridas de cães, onde são mantidos caninos de sua propriedade ou de seus associados;

XV — circo de animais: o estabelecimento fixo ou nômade, onde são exibidos animais amestrados, domésticos ou silvestres, ao público em geral;

XVI — escola para cães: o estabelecimento onde são recebidos e mantidos cães para adestramento;

XVII — pensão para animais: o estabelecimento onde são recebidos animais para estadia;

XVIII — granja de criação: o estabelecimento onde são criados animais de pequeno e médio porte destinados ao consumo (aves, coelhos, suínos, e outros);

XIX — hotel-fazenda: o estabelecimento de hospedagem de pessoas, localizado em zona rural, em cuja propriedade existem dependências de criação e manutenção de animais destinados ao abastecimento da despensa e cozinha, e/ou atividades esportivas e de lazer;

XX — pocilga ou chiqueiro: o estabelecimento destinado à criação de suínos com a finalidade de consumo ou fornecimento de reprodutores (matrizes);

XXI — canil de criação: o estabelecimento onde são criados caninos com finalidades de comércio;

XXII — gatil de criação: o estabelecimento onde são criados felinos com finalidades de comércio;

XXIII — "pet shop": a loja destinada ao comércio de animais, de produtos de uso veterinário, exceto medicamentos, drogas e outros produtos farmacêuticos, onde pode ser praticada a tosa e o banho de animais de estimação;

XXIV — drogaria veterinária: o estabelecimento farmacêutico onde são comercializados medicamentos, drogas e outros produtos farmacêuticos de uso veterinário;

XXV — biotério: a dependência de estabelecimento de pesquisa de ensino, comercial ou industrial, onde são mantidos animais vivos destinados à reprodução e desenvolvimento com a finalidade de servirem a pesquisas médicas, científicas, provas e testes de produtos farmacêuticos, químicos e biológicos, ou de diagnóstico;

XXVI — laboratório veterinário: o estabelecimento que realiza análises clínicas ou de diagnóstico referentes à veterinária;

SEÇÃO I

Esta edição, de 44 páginas, contém os atos normativos e de interesse geral.

Esta edição circula sem as publicações do Poder Legislativo devido ao atraso na remessa do material. Essas publicações estarão inseridas na próxima edição.

1996

IMPRENSA OFICIAL

_É implantado o Laboratório Técnico na Imprensa Oficial e são adquiridos importantes equipamentos de controle de qualidade dos papéis.

DIÁRIO OFICIAL

_Depois de um ano sem circular, o *D.O. Leitura* é retomado em janeiro, com novo projeto gráfico, em parceria com a Secretaria da Cultura: *D.O. Leitura/Cultura.*

1997

MUNDO E BRASIL

_Emenda constitucional permite a reeleição de presidentes, governadores e prefeitos.

IMPRENSA OFICIAL

_A rotativa *Goss Urbanite* é reformada, permitindo a impressão em formato menor e em quatro cores, com melhor qualidade e maior rapidez.

DIÁRIO OFICIAL

_Em 28 de abril, a Imprensa Oficial começa a disponibilizar o *Diário Oficial* na Internet.

_Considerando o aumento do volume de publicações e a necessidade de reduzir o volume de papel de imprensa, o Decreto n. 4224, de 16 de setembro, publicado em 17 de setembro, estabelece normas para a elaboração e publicação de atos administrativos no *Diário Oficial.*

278. D.O. ONLINE

00,00	03.10.97
75,00	03.10.97
90,00	03.10.97
90,00	03.10.97
60,00	03.10.97
00,00	03.10.97
00,00	03.10.97
10,00	03.10.97
86,00	03.10.97
20,00	03.10.97
00,00	03.10.97
00,00	03.10.97
80,00	03.10.97
00,00	03.10.97
00,00	03.10.97
70,00	03.10.97
00,00	03.10.97
00,00	03.10.97
00,00	03.10.97
00,00	03.10.97
00,00	03.10.97
20,00	03.10.97
60,00	03.10.97
61,00	

ONAL APITAL I

MENTO

s

mos do Inciso VIII do Artigo edidos de ISENÇÃO DO IPVA) dos nteressados abaixo

abaixo, deverão os autuados pagar essas importâncias dentro do prazo de 30 dias , sob pena de cobrança executiva. De conformidade com a legislação vigente, cabe recurso ao Tribunal de Impostos e Taxas , dentro do mesmo prazo. na fluência do prazo supra , a multa poderá ser paga com 35% ou 50% de desconto, desde que o imposto devido seja recolhido no mesmo ato. na hipótese de recurso, deverá o mesmo ser apresentado no Posto Fiscal da Capital - PFC -, no qual o autuado estiver jurisdicionado, onde o processo aguardará a fluência do prazo e poderá ser examinado./

DRTC II-01638/96 Comercio de Tecidos Ltda
Multa R$ 225.807,00
Imposto R$ 37.219,58

DRTCII-016745/96 - DKI-Papá Refeições Ltda-I 009392/94

Deferindo o pedido de credenciamento e autorização para realização de sorteios, exclusivamente na modalidade "Bingo Permanente", pelo prazo de 1 (um ano). - Decisão DRT/6-G 006/97 - Proc. DRT/6-3671/97 - LIGA RIBEIRÃOPRETANA DE FUTEBOL.

COORDENAÇÃO DA ADMINISTRAÇÃO FINANCEIRA

Despacho do Coordenador

Ratificando a decisão procedida pelo DAF/G às fls. 15, ficando confirmada desse modo, a dispensa de licitação nos termos do artigo 26 da Lei Federal nº 8666 de 21/6/93 e Lei Estadual nº 6544 de 22/11/89.Processo SF. 19566/97.

PUBLICAR NO DIÁRIO OFICIAL AGORA FICOU MAIS FÁCIL!

Transmitir suas matérias pelo sistema "on line" é tão simples quanto retirar um extrato bancário. Melhor ainda, você não precisa deslocar-se até um posto qualquer. Faz suas transmissões de sua sala de trabalho.

Lembre-se, porém, de que o prazo de cadastramento termina no dia 16 de dezembro de 1997. Depois dessa data não há como publicar as matérias que chegarem à redação em papel, porque o jornal será paginado eletronicamente.

Informe-se pelo telefone 291-3344 - ramais 318, 332, 378 e 397.

DIÁRIO OFICIAL

_Esse jornal passa a publicar de maneira diferenciada, a partir dessa data, "Artigos não-informatizados na origem e fora da Internet" e faz ampla divulgação para a adesão ao sistema *on-line*. Em um prazo de noventa dias, todo o material a ser publicado deverá ser enviado *on-line*.

279. NORMAS PARA PUBLICAÇÃO, REDE DE MUNICÍPIOS *ON-LINE*, TRANSMISSÃO VIA *MODEM*

_O Governo do Estado de São Paulo é o primeiro a instituir um programa de Direitos Humanos, e portanto, o Estado de São Paulo é pioneiro nesta prática. A íntegra do Programa Estadual de Direitos Humanos é publicada na edição de 17.09.97, na edição n.178 do D.O.

280. PROGRAMA ESTADUAL DE DIREITOS HUMANOS

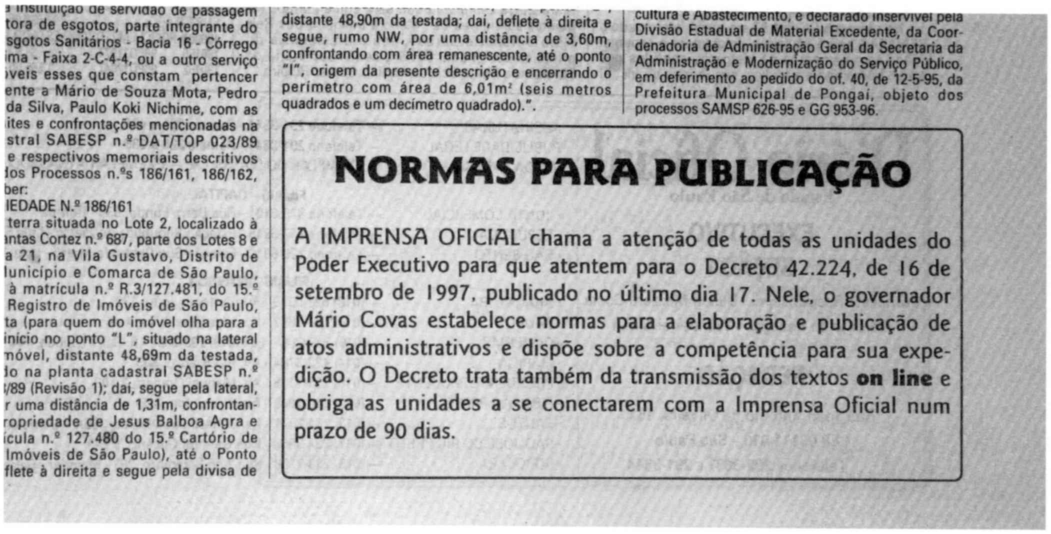

distante 48,90m da testada; daí, deflete à direita e segue, rumo NW, por uma distância de 3,60m, confrontando com área remanescente, até o ponto "I", origem da presente descrição e encerrando o perímetro com área de 6,01m² (seis metros quadrados e um decímetro quadrado).".

cultura e Abastecimento, e declarado inservível pela Divisão Estadual de Material Excedente, da Coordenadoria de Administração Geral da Secretaria da Administração e Modernização do Serviço Público, em deferimento ao pedido do of. 40, de 12-5-95, da Prefeitura Municipal de Pongaí, objeto dos processos SAMSP 626-95 e GG 953-96.

NORMAS PARA PUBLICAÇÃO

A IMPRENSA OFICIAL chama a atenção de todas as unidades do Poder Executivo para que atentem para o Decreto 42.224, de 16 de setembro de 1997, publicado no último dia 17. Nele, o governador Mário Covas estabelece normas para a elaboração e publicação de atos administrativos e dispõe sobre a competência para sua expedição. O Decreto trata também da transmissão dos textos **on line** e obriga as unidades a se conectarem com a Imprensa Oficial num prazo de 90 dias.

279

Hortolândia, 16 de setembro de 1.997
Jair Padovani
Prefeito Municipal de Hortolândia
(A debitar) (17)

HOMOLOGO a decisão da Comissão Permanente de Julgamento de Licitações que decidiu pela adjudicação do objeto / desta Tomada de Preços à empresa: COMERCIAL JOÃO AFONSO LTDA, no valor total de R$ 99.120,00 (noventa e nove / mil, cento e vinte reais).
(a) BENEDICTO SÉRGIO LENCIONI- PREFEITO DE JACAREÍ
(A debitar) (17)

Não saia de sua cidade !

Você não precisa mais vir a São Paulo para fazer suas publicações no **Diário Oficial.** Pelo sistema "on line" você transmite de onde estiver. E sem nenhum custo adicional. Informe-se conosco pelo telefone: 291-3344 Ramais 205, 299, 378 e 397.

279

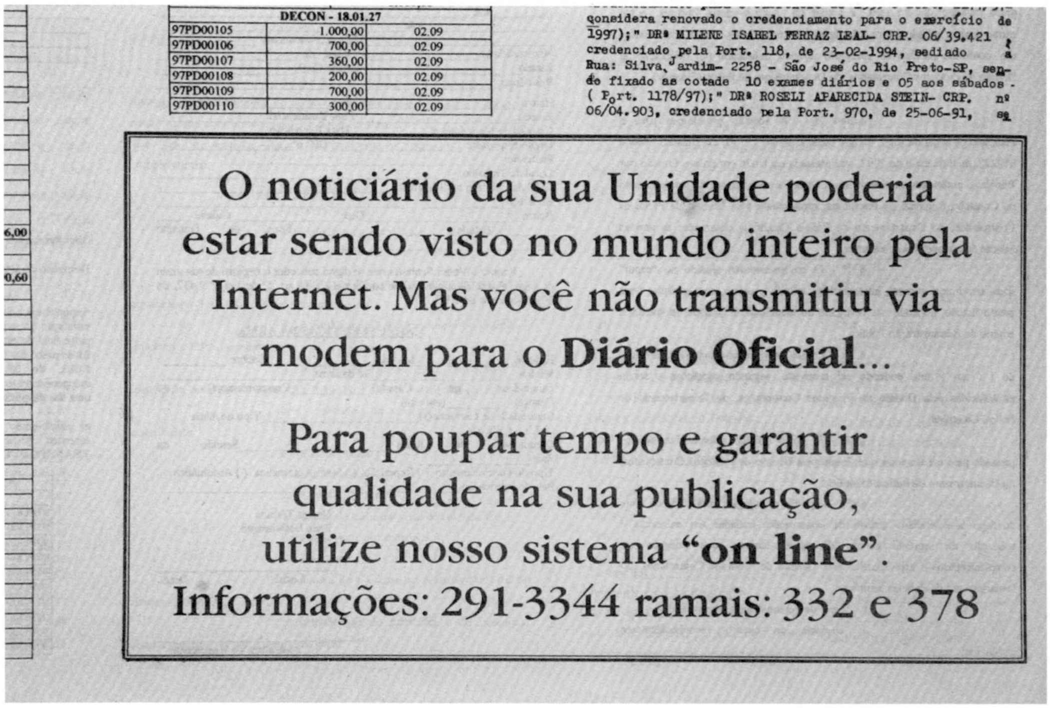

DECON - 18.01.27		
97PD00105	1.000,00	02.09
97PD00106	700,00	02.09
97PD00107	360,00	02.09
97PD00108	200,00	02.09
97PD00109	700,00	02.09
97PD00110	300,00	02.09

considera renovado o credenciamento para o exercício de 1997);" DRª MILENE ISABEL FERRAZ LEAL- CRP. 06/39.421 credenciado pela Port. 118, de 23-02-1994, sediado à Rua: Silva Jardim- 2258 - São José do Rio Preto-SP, sendo fixado as cotas de 10 exames diários e 05 aos sábados - (Port. 1178/97);" DRª ROSELI APARECIDA STEIN- CRP. nº 06/04.903, credenciado pela Port. 970, de 25-06-91, se

O noticiário da sua Unidade poderia estar sendo visto no mundo inteiro pela Internet. Mas você não transmitiu via modem para o **Diário Oficial**...

Para poupar tempo e garantir qualidade na sua publicação, utilize nosso sistema "**on line**". Informações: 291-3344 ramais: 332 e 378

279

PORTE PAGO
DR/SP
ISR - 40 - 3051/81

Diário Oficial

Estado de São Paulo

Poder Executivo

Seção I

GOVERNADOR MÁRIO COVAS
Palácio dos Bandeirantes
Av. Morumbi, 4.500 – Morumbi – CEP 05698-900 – Fone: 845-3344

http://www.imesp.com.br Volume 107 • Número 178 • São Paulo, quarta-feira, 17 de setembro de 1997

DECRETOS

DECRETO Nº 42.224, DE 16 DE SETEMBRO DE 1997

Estabelece normas para a elaboração e publicação de atos administrativos, dispõe sobre a competência para sua expedição e dá providências correlatas

MÁRIO COVAS, Governador do Estado de São Paulo, no uso de suas atribuições legais,

Considerando que o aumento do volume de publicações torna imperativa a adoção de medidas destinadas a reduzir o elevado consumo de papel de imprensa;

Considerando a necessidade de atualizar e aperfeiçoar as normas relativas à elaboração e publicação de atos administrativos; e

Considerando a necessidade de agilizar os procedimentos de produção do jornal, bem como de ampliar as formas de comunicação, de modo compatível com os processos de modernidade,

Decreta:

Artigo 1.º - São atos administrativos de competência privativa:

I - do Governador do Estado, o decreto;

II - dos Secretários de Estado, do Procurador Geral do Estado e dos Reitores das Universidades, a resolução;

III - de órgãos colegiados, a deliberação.

Artigo 2.º - Os atos administrativos não abrangidos pelo artigo anterior são:

I - de competência comum a todas as autoridades até o nível de Diretor de Serviço, a portaria;

II - de competência comum a todas as autoridades ou agentes da Administração, os ofícios, as ordens de serviço, as instruções e outros.

Artigo 3.º - Os atos administrativos, excetuados os decretos, aos quais se refere a Lei Complementar n.º 60, de 10 de julho de 1972, serão numerados em séries próprias, com renovação anual.

Parágrafo único - A numeração dos atos administrativos abrangidos por este artigo será precedida da sigla do órgão que os tenha expedido.

Artigo 4.º - Aplica-se na elaboração dos atos administrativos, no que couber, o disposto na Lei Complementar n.º 60, de 10 de julho de 1972.

Artigo 5.º - O Diário Oficial do Estado - Poder Executivo é editado em duas Seções:

I - Seção I, na qual são publicados:

a) emendas à Constituição;

b) leis complementares e ordinárias;

c) decretos numerados;

d) resoluções, deliberações, portarias, pareceres e outros atos administrativos de caráter normativo ou geral;

e) decretos não numerados, despachos governamentais e outros atos administrativos de caráter individual, não atinentes a pessoal da administração pública direta ou indireta;

f) editais, contratos, avisos, comunicados, notificações, intimações e quaisquer atos administrativos não relacionados com o pessoal da administração pública direta ou indireta;

g) matéria proveniente do Ministério Público, dos municípios do Estado de São Paulo e de órgãos federais;

II - Seção II, na qual serão publicados exclusivamente os atos administrativos atinentes ao pessoal da administração pública direta, das autarquias ou das fundações instituídas ou mantidas pelo Poder Público Estadual, não incluídos no inciso anterior.

Parágrafo único - São vendidas e assinadas em separado as Seções I e II do Diário Oficial do Estado - Poder Executivo.

Artigo 6.º - Serão publicados no Diário Oficial do Estado - Poder Executivo:

I - na íntegra:

a) emendas constitucionais, leis complementares e ordinárias, decretos, resoluções, deliberações e portarias de caráter normativo ou geral;

b) matéria que constituir decisão que firme doutrina ou norma geral;

c) resoluções pertinentes à distribuição de recursos financeiros;

II - em resumo:

a) resoluções, portarias e despachos de caráter individual;

b) apostilas;

c) licenças a funcionários para tratar de interesses particulares;

d) elogios aos integrantes da Polícia Civil e da Polícia Militar;

e) pareceres e relatórios finais dos concursos de professor titular e livre-docente das Universidades e das Faculdades estaduais;

f) editais de concorrência, tomada de preços, concursos e leilões e, facultativamente, convites;

g) editais de licitação de obras públicas;

h) contratos, convênios, ordens de execução de serviço, suas alterações e aditamentos;

i) contratos referentes a obras públicas, suas alterações e aditamentos.

§ 1.º - Em casos de retificação, serão publicados apenas os tópicos emendados, salvo se, por sua importância ou complexidade, deva a matéria ser reinserida na íntegra.

§ 2.º - Os atos administrativos serão publicados apenas uma vez, salvo aqueles que disponham de determinação legal em contrário.

§ 3.º - Quando, pela sua natureza, a matéria a ser publicada exigir maior divulgação, será chamada a atenção dos interessados, em edições posteriores, apenas para a data e página do Diário Oficial que a tiver inserido.

§ 4.º - Cada edital de abertura de concurso público será publicado na íntegra apenas uma vez.

§ 5.º - O disposto no parágrafo anterior aplica-se também aos demais editais, instruções ou comunicados relativos a concursos públicos, quando for necessária a publicação na íntegra.

§ 6.º - Quando, em função do interesse da Administração, houver necessidade de mais de uma publicação de editais, instruções ou comunicados relativos a concursos públicos, observar-se-ão, no que couber, os modelos de resumos a serem baixados pela Secretaria da Administração e Modernização do Serviço Público.

§ 7.º - As deliberações do Conselho Estadual de Educação referentes ao artigo 9.º, e parágrafos, da Lei n.º 10.403, de 6 de julho de 1971, serão publicadas apenas uma vez, quando da homologação ou do veto por resolução do Secretário da Educação.

Artigo 7.º - Não serão publicados:

I - escalas de férias;

II - deferimentos de férias do exercício ou de exercícios anteriores;

III - indeferimentos de férias por absoluta necessidade de serviço;

IV - concessões de salário-família e salário-esposa;

V - elogios a servidores, ressalvado o disposto na alínea "d" do inciso II do artigo anterior;

VI - pareceres sobre assuntos que não sejam de interesse geral ou que, por dependerem de apreciação por autoridade superior, ainda não tenham caráter final.

Parágrafo único - Os interessados terão ciência dos atos a que se referem os incisos I a V no processo em que foi proferida a decisão.

Artigo 8.º - As publicações de interesse específico de uma Secretaria de Estado e de suas unidades ou dos servidores a elas ligados deverão ser efetuadas em suplemento de tiragem reduzida, respeitado o direito de publicidade estabelecido na Constituição do Estado.

Artigo 9.º - As matérias destinadas ao Diário Oficial - Poder Executivo obedecerão:

I - às normas constantes deste decreto e de seu Anexo;

II - às instruções constantes do Manual de Normas de Publicação no Diário Oficial do Estado - Poder Executivo, a ser elaborado pela Imprensa Oficial do Estado S.A. - IMESP.

Artigo 10 - As Secretarias de Estado, as Autarquias, as Fundações instituídas ou mantidas pelo Poder Público Estadual e as Empresas em cujo capital o Estado tenha participação majoritária, bem como as entidades direta ou indiretamente por ele controladas, que ainda não estiverem interligadas à Imprensa Oficial do Estado S.A. - IMESP pelo sistema "on line", deverão entregar os originais à Redação do Diário Oficial até às 17 horas, impreterivelmente, para publicação no dia imediato.

Artigo 11 - Não se aplicam as normas deste decreto ao Diário Oficial da Justiça e ao Diário Oficial do Legislativo, cujas publicações serão regidas por Atos dos respectivos Poderes.

Artigo 12 - As matérias provenientes do Ministério Público serão publicadas no Diário Oficial do Estado - Poder Executivo de acordo com normas próprias, expedidas por ato daquele Órgão.

Artigo 13 - Este decreto e suas disposições transitórias entrarão em vigor na data de sua publicação, ficando revogadas as disposições em contrário, em especial:

I - o Decreto n.º 1, de 11 de julho de 1972;

II - o Decreto n.º 5.054, de 20 de novembro de 1974;

III - o Decreto n.º 5.939, de 31 de março de 1975;

IV - o Decreto n.º 13.954, de 14 de setembro de 1979;

V - o Decreto n.º 16.435, de 19 de dezembro de 1980;

VI - o Decreto n.º 28.428, de 27 de maio de 1988.

DISPOSIÇÕES TRANSITÓRIAS

Artigo 1.º - Os órgãos e entidades mencionados no artigo 10 deste decreto terão o prazo de 90 (noventa) dias, a contar da publicação deste decreto, para providenciar a conexão "on line" com a Imprensa Oficial do Estado S.A. - IMESP.

Artigo 2.º - A Imprensa Oficial do Estado S.A. - IMESP fica incumbida de fornecer toda a orientação necessária às unidades interessadas, bem como a ceder, gratuitamente, o programa que permita essa conexão.

Artigo 3.º - A Imprensa Oficial do Estado S.A. - IMESP deverá expedir, no prazo de 60 (sessenta) dias, a contar da publicação deste decreto, um Manual de Normas de Publicação para orientação dos órgãos e entidades mencionados no artigo 10 deste decreto, bem como das Prefeituras, Câmaras e Empresas Municipais que efetuam suas publicações no Diário Oficial do Estado - Poder Executivo.

Parágrafo único - O Manual de Normas de Publicação deverá ser impresso e distribuído gratuitamente aos interessados pela Imprensa Oficial do Estado S.A. - IMESP.

Palácio dos Bandeirantes, 16 de setembro de 1997
MÁRIO COVAS
Fernando Gomez Carmona
Secretário da Administração
e Modernização do Serviço Público
Francisco Graziano Neto
Secretário de Agricultura e Abastecimento
Emerson Kapaz
Secretário da Ciência, Tecnologia
e Desenvolvimento Econômico
Marcos Ribeiro de Mendonça
Secretário da Cultura
Teresa Roserley Neubauer da Silva
Secretária da Educação
David Zylbersztajn
Secretário de Energia
Israel Zekcer
Secretário de Esportes e Turismo
Yoshiaki Nakano
Secretário da Fazenda
Dimas Eduardo Ramalho
Secretário da Habitação
Michael Paul Zeitlin
Secretário dos Transportes
Belisário dos Santos Junior
Secretário da Justiça e da Defesa da Cidadania
Fábio José Feldmann
Secretário do Meio Ambiente
Marta Teresinha Godinho
Secretária da Criança, Família e Bem-Estar Social
André Franco Montoro Filho
Secretário de Economia e Planejamento
José da Silva Guedes
Secretário da Saúde
José Afonso da Silva
Secretário da Segurança Pública
João Benedicto de Azevedo Marques
Secretário da Administração Penitenciária
Cláudio de Senna Frederico
Secretário dos Transportes Metropolitanos
Walter Barelli
Secretário do Emprego e Relações do Trabalho
Antonio de Pádua Perosa

SUMÁRIO

Esta edição, de 64 páginas, contém os atos normativos e de interesse geral.

NESTA EDIÇÃO A ÍNTEGRA DO

PROGRAMA ESTADUAL DE DIREITOS HUMANOS

O Estado de São Paulo é o primeiro no Brasil a ter o seu Programa Estadual de Direitos Humanos. O PEDH foi lançado pelo Governo do Estado no domingo passado.

A íntegra desse histórico documento e a instituição da Comissão Especial de Acompanhamento do Programa estão na página 4 da edição do Diário Oficial, Executivo I, de ontem, 16-9-97.

1998

MUNDO E BRASIL

_O presidente Fernando Henrique Cardoso é reeleito.

IMPRENSA OFICIAL

_A Imprensa Oficial adquire a impressora Mitsubishi, ideal para a impressão de capas, com capacidade para imprimir 12 mil folhas por hora em cinco cores; adquire também a rotativa Solna e uma impressora KBA de quatro cores.

DIÁRIO OFICIAL

_Após a edição n.180, de maio, o *D.O. Leitura* deixa de circular.
_O Banco Central, com uma norma interna, dispensa as companhias de publicarem seus balanços nos diários oficiais, desconsiderando a Lei das Sociedades Anônimas. Sérgio Kobayashi, superintendente da Imprensa Oficial, move uma ação contra o Banco Central, ganha a causa e o Banco Central revoga a norma. A Imprensa Oficial divulga comunicado sobre o fato, datado de 26 de fevereiro.

1999

MUNDO E BRASIL

_O presidente Fernando Henrique Cardoso toma posse em 1º de janeiro e permanece no cargo até 2002.
_Inaugurado em 9 de julho o Complexo Cultural Júlio Prestes, que inclui a Sala São Paulo; o local onde antes havia funcionado a Estação Júlio Prestes passa a ser a sede da Orquestra Sinfônica do Estado de São Paulo – Osesp.

281. CRIAÇÃO DA OSESP | SALA SÃO PAULO

GOVERNO DE SÃO PAULO

_Mario Covas, reeleito governador, toma posse em 10 de janeiro de 1999, e permanece no cargo até 6 de março de 2001.
O *Diário Oficial* do dia 11 de janeiro destaca a posse de Covas.

282. POSSE DE MARIO COVAS

_O *Diário Oficial* de 11 de janeiro publica na íntegra o discurso de posse de Mario Covas.

283. AO TRABALHO, PAULISTAS!

281

PORTE PAGO
DR/SP
ISR - 40 - 3051/81

Diário Oficial

Estado de São Paulo

Poder Executivo

Seção I

GOVERNADOR MÁRIO COVAS
Palácio dos Bandeirantes
Av. Morumbi, 4.500 – Morumbi – CEP 05698-900 – Fone: 845-3344

http://www.imesp.com.br Volume 109 • Número 6 • São Paulo, segunda-feira, 11 de janeiro de 1999

MÁRIO COVAS ASSUMIU

E convocou a todos para a árdua tarefa de construção e para a retomada do desenvolvimento

Foto digital: Anderson Lima

O governador tomou posse para seu segundo mandato ao lado de dona Lila, do presidente da Assembléia Legislativa deputado Paulo Kobayashi, do vice-governador Geraldo Alckmin, do presidente do Tribunal de Justiça Dirceu de Mello, do presidente da Câmara Federal deputado Michel Temer e do ministro da Casa Civil Clóvis Carvalho.

Prioridade é diminuir as distâncias sociais

A íntegra do discurso do governador está na página 2

O govenador Mário Covas assumiu ontem seu segundo mandato. A posse foi no final da manhã, na Assembléia Legislativa. Na mesa, à direita de Covas, sentaram dona Lila Covas, o deputado Michel Temer, presidente da Câmara Federal e o ministro Clóvis Carvalho, representante do presidente Fernando Henrique Cardoso, e à esquerda, o presidente da Casa, deputado Paulo Kobayashi, o vice-governador Geraldo Alckmin e o presidente do Tribunal de Justiça Dirceu de Mello. No plenário, totalmente lotado, estavam governadores de outros seis Estados, mais sete ministros, parlamentares, prefeitos, religiosos e outras autoridades. Em seu discurso, Covas definiu as linhas da administração estadual no período 1999/2002. Nesse sentido ele disse, por exemplo, que "os necessitados do meu Estado, os pobres da minha cidade, terão no exercício da minha autoridade, ainda e sempre, o cuidadoso e obstinado esforço de diminuir as distâncias sociais, porque cabe colocar na equação autoridade-liberdade o ideal superior da igualdade".

"É, pois, uma sociedade solidária que urge criar", enfatizou o governador, "superando toda forma de exclusão e preconceito, tornando objetivo o anseio de justiça e eqüidade".

Covas reiterou que "o governo de São Paulo vai aprofundar a modernização da máquina pública, reforçar a infra-estrutura, atrair novos investimentos". E mais: "Vai estimular as micro, pequenas e médias empresas, para ampliar os postos de trabalho, enfrentando, assim, a questão central da sociedade moderna: a geração de empregos".

O governador destacou também que é "urgente baixar as taxas de juros a patamares que permitam estimular a produção e gerar empregos".

Por fim, Covas ressaltou: "Este País tem urgências" e "não suporta mais adiar a retomada do desenvolvimento". E conclamou: "Ao trabalho, paulistas!"

50 anos de vida pública

O governador Mário Covas foi deputado federal por três mandatos (1962, 1966 e 1982), prefeito da capital paulista (1983/85) e senador da República (1986/94). É engenheiro civil e químico industrial. Nasceu em Santos, no litoral de São Paulo, a 21 de abril de 1930. É casado com Lila Covas, tem dois filhos e quatro netos.

Fundador, ao lado do presidente Fernando Henrique Cardoso, do Partido da Social Democracia Brasileira (PSDB), criado em 1988, Covas foi um dos principais líderes do Movimento Democrático Brasileiro (MDB), sigla que aglutinou a resistência democrática no período de ditadura militar (1964/1984).

Com o mandato de deputado federal cassado em 1969, teve seus direitos políticos suspensos por 10 anos. Em 1982, retornou pela terceira vez à Câmara dos Deputados e foi secretário estadual de Transportes e, no seguinte, prefeito do município de São Paulo. Em 1986, elegeu-se senador, com a maior votação para o cargo já registrada no Brasil: 7,7 milhões de votos.

Em 1994, Mário Covas tornou-se governador de São Paulo, o maior Estado brasileiro, com 35 milhões de habitantes.

Em 1998 foi reeleito com 9.800.282 votos para exercer um segundo mandato.

Sua primeira gestão reestruturou o Estado, com forte atuação no combate às desigualdades sociais.

Nos dois primeiros anos de Governo, por exemplo, Covas reorganizou as finanças do Estado, com o saneamento das empresas públicas e programas de qualidade.

Implantou profunda reforma na Educação, envolvendo nada menos do que seis milhões de crianças e adolescentes que dependem da escola pública para sua formação e, na área da habitação popular, com a construção e entrega de mais de 120 mil unidades habitacionais.

Colocou em curso o plano de privatização e concessão de serviços públicos, envolvendo toda a área de infra-estrutura do Estado.

"AO TRABALHO, PAULISTAS!"

Eis a íntegra do discurso do governador Mário Covas ontem, na Assembléia Legislativa.

Senhoras e Senhores: Ao dirigir-me aos membros desta Casa é ao povo de São Paulo que falo. É a ele que saúdo como companheiros de viagem se saúdam: com entusiasmo e confiança no sucesso da jornada. No umbral de mais um milênio, às vésperas dos 500 anos da descoberta do Brasil, é para uma nova travessia que nos aprestamos, rumo à conquista do inadiável mundo do desenvolvimento, da solidariedade e da justiça social. Nosso caminho não é apenas o da esperança. São Paulo já provou ser capaz de renascer do caos em que foi atirado pela inépcia, pela incúria e pela incompetência.

E a dignidade reconquistada por São Paulo foi, com justiça, atribuída menos à atuação dos governantes, que ao reclamo do seu povo, há muito exigente da honradez e da ética. Honra não é palavra inventada para inflamar discurso, é virtude que deve ser exercida pelos governantes que entendem e respeitam as dificuldades da sua gente. Porque, exatamente sob a égide da honradez e da ética, os brasileiros de São Paulo construíram suas vidas: nas comunidades modestas das periferias; no anonimato das usinas e das fábricas; na exaustão dos canteiros de obras; na faina árdua dos campos; na solidão do quartinho dos fundos do apartamento burguês.

Os necessitados do meu Estado, os pobres da minha cidade, terão no exercício da minha autoridade, ainda e sempre, o cuidadoso e obstinado esforço de diminuir as distâncias sociais, porque cabe colocar na equação autoridade-liberdade o ideal superior da igualdade. Esta é a minha visão da social-democracia.

Urge criar uma sociedade solidária

É, pois, uma sociedade solidária que urge criar, superando toda forma de exclusão e preconceito, diminuindo as distâncias sociais, tornando objetivo o anseio de justiça e equidade. Propiciar oportunidades iguais é indispensável, mas não suficiente, à formação de uma sociedade fraterna, na qual cada homem e cada mulher reconheçam no outro mais um irmão. Unamos, pois, nossas forças para construí-la, neste mandato que encerra um século, mas que inicia um milênio.

Enganam-se os que tentam semear desesperança em terra paulista. Aqui o sonho é permitido, porque nos recusamos a dormir em berço esplêndido, esperando que nos ajudem hoje os algozes de ontem, os rejeitados e expulsos do poder, os acossados pela justiça, os que não acreditam e os que torcem pelo caos. Inegável porém, é que turbulências do Leste trouxeram momentos severos. Para ultrapassá-los, é imperativo que o País promova um intenso ajuste, assegurando, assim, o seu destino, que é o do desenvolvimento.

"Se o Brasil é ameaçado, São Paulo reage."

O País, porém, não é um ente distante, apartado da nossa realidade imediata. Não é apenas um mapa pendurado na parede. O Brasil somos nós, todos nós. São Paulo se atribui a responsabilidade de chamar para si, como se sua por inteiro fosse, qualquer missão de interesse nacional. São Paulo tem plena convicção de que o Estado e o País são uma única alma, um único corpo, e que não há dor ou aflição que ferindo um não afete o outro. Portanto, se o Brasil é ameaçado, São Paulo reage, recusando a irresponsabilidade como bússola e o quixotismo como estandarte. Igualmente, é preciso não confundir discordância com ultimato. Nem lealdade com subserviência. Lealdade é um valor praticado entre companheiros, mas há uma forma de lealdade que se sobrepõe a todas: a lealdade aos destinos do país. Apoiar não significa deixar de emitir discordância.

É o que São Paulo tem feito. Não apenas em seu interesse, mas também no da sociedade brasileira. A história republicana ensina e reitera que o povo e os políticos de São Paulo nunca desertaram da responsabilidade e do interesse. Importa, então, assumir a questão política com dignidade e audácia.

Em alguns momentos históricos, o inimigo da melhor vitória acaba sendo o bom senso trivial. Em outros, o melhor a fazer, ainda que mais arriscado, é ousar. Novos tempos requerem ousadia. Hoje vivemos o paradoxo de ver operários a ocupar fábricas, não para fazer greve, mas para poder trabalhar. A moeda estável, a derrota da inflação, a nova dinâmica da sociedade, tudo isso impõe que nos libertemos das regras ortodoxas. O Brasil não é um País que seja presa fácil ou inerme aos ataques da especulação predatória. Nossa economia já reúne instituições conquistadas e lideranças testadas e vitoriosas, além de políticos experientes e decididos.

Na adversidade, é preciso enfrentar, combater e vencer!

Adversidade? Não... Não me venham falar em adversidade. A vida me ensinou que, diante dela, só há três atitudes possíveis: enfrentar, combater e vencer! Por isso temos pressa. São Paulo não pode esperar um dia, um minuto, para oferecer ao país a sua parcela de luta para a construção do Brasil que o povo brasileiro merece. E se essa luta se trava em várias frentes, São Paulo estará - como sempre esteve - presente e atuante. Seja por uma questão de seriedade, seja por patriotismo, seja até por conveniência, São Paulo jamais virará suas costas ao Brasil.

São Paulo honrará todos os compromissos assumidos

Exatamente por isso, São Paulo honrará todos os compromissos assumidos. Exatamente por isso São Paulo vai lançar mão, com igual denodo, de todos os meios ao seu alcance para buscar o ponto de equilíbrio entre a indispensável estabilidade econômica e a urgente retomada do desenvolvimento. Nosso Estado espera, para muito cedo, que se rompa a aparente contradição entre crescimento e estabilidade. Na realidade, ambos são conceitos indissociáveis para a concretização do desenvolvimento sustentado. A existência da estabilidade não gera necessariamente desenvolvimento. Da mesma forma, desenvolvimento não implica forçosamente a estabilidade. Para que ambos convivam, é preciso vontade política nacional. E é essa vontade que deve ser perseguida. Não pensam assim os que não acreditam nos valores na democracia e tudo atribuem às forças do mercado. Não é este o caso da social-democracia.

Reforçaremos a posição de São Paulo como pólo de competitividade e desenvolvimento sustentado, mas como protagonista, e não como vítima, da globalização. Sem abrir mão do rigor orçamentário, o governo de São Paulo vai aprofundar a modernização da máquina pública, reforçar a infra-estrutura, atrair novos investimentos. Vai estimular as micro, pequenas e médias empresas, para ampliar os postos de trabalho, enfrentando, assim, a questão central da sociedade moderna: a da geração de empregos. É indispensável construir não um cenário, mas uma realidade na qual se universalize a qualidade de vida, dilatando-se os horizontes, abrindo-se novas oportunidades de futuro. É possível sonhar, mas é indispensável unir o sonhador àquele que realiza. É imprescindível juntar o que idealiza ao que executa, e apropriar-se do mundo com criatividade.

É urgente baixar as taxas de juros

Se é verdade que tudo que molesta o Brasil afeta São Paulo, é igualmente verdadeiro que tudo que prejudica São Paulo compromete o futuro do Brasil. São Paulo está preocupado com questões que, envolvendo o nosso e os demais Estados, envolvem todo o País. Refiro-me à necessidade, urgente, de baixar as taxas de juros a patamares que permitam estimular a produção e gerar empregos. Não é inteligente, e muito menos socialmente justo, que o País condene sua juventude e sua força de trabalho à escuridão da desesperança.

Atenção especial à criança, aos adultos e aos idosos

O Estado deve à criança o acesso à educação. Aos homens e mulheres em idade adulta, condições de vida compatíveis com o exercício da cidadania. E, aos idosos, a possibilidade de envelhecer com dignidade. Estes deveres se materializam em escola, habitação, segurança, transporte, e em muitas outras frentes, todas elas dependentes de recursos tributários originados da atividade produtiva. A equação é simples, e cruelmente singela.

Os juros altos diminuem a produção, que gera menor receita tributária, que inviabiliza investimentos do setor público. Urge romper este círculo vicioso, para que São Paulo e o Brasil possam oferecer a seus filhos algo mais que palavras vãs de fé e de esperança. Sou do litoral, formado no convívio da gente simples da beira-mar, da qual recebi muitos ensinamentos: o conhecimento das marés; a leitura dos céus; as rezas que chamam os ventos e as rezas que amainam as tempestades e trazem a calmaria. Com muitos, mas também com pescadores humildes como Pedro, que jogava a rede e recolhia almas, aprendi que o homem é indissociável do mundo natural e da comunidade a que pertence.

Que deve viver em harmonia com aquele, por mais que o sofistiquem a urbanização e a cultura; e que deve fundir-se intimamente com esta, respeitando, porém, a diversidade que possa apresentar. Essa fusão com o coletivo, fui buscá-la na política. E é a ela que devo um conhecimento mais profundo do povo de São Paulo.

Moldados por uma multiplicidade de raças e de crenças, do operário do ABC ao assentado do Pontal, do empresário e do pesquisador da Universidade ao bóia-fria dos canaviais que ondulam sobre a terra roxa - em todos eles, em cada um deles, se reconhece o mesmo direito à felicidade, a mesma confiança no futuro, e uma enorme disposição para a solidariedade. É essa gente que devemos honrar, e é essa gente que será honrada. As urnas apontaram um inequívoco desejo de estabilidade. Mas indicaram também - com eloquência - a exigência premente de maior justiça social.

Povo e governo não podem seguir dissociados. E quando aquele indica a rota, cabe a este persegui-la, conclamando para tanto toda a sociedade. Este País tem urgências. O Brasil não suporta mais adiar a retomada do desenvolvimento. São Paulo convoca a todos para esta árdua tarefa de construção e oferece, desde logo, todo seu vigor e amor à Pátria, sem temor e sem vacilação.

Ao trabalho paulistas!

SUMÁRIO

Esta edição, de 52 páginas, contém os atos normativos e de interesse geral.

IMPRENSA OFICIAL

_Em fevereiro, a Secretaria de Comunicação transfere para a Imprensa Oficial a responsabilidade de produzir *o Clipping* do governo do Estado. No mesmo mês, é criada a Livraria Virtual, no *site* da Imprensa Oficial.

_A primeira-dama Lila Covas e o secretário de governo e gestão estratégica, Antônio Angarita, participam das comemorações do 108º aniversário da Imprensa Oficial, em 28 de abril.

_A Imprensa Oficial assina contrato com o Fórum Permanente das Relações Universidade--Empresa - Uniemp, que começa a funcionar em 23 de dezembro.

DIÁRIO OFICIAL

_O *Diário Oficial* circula pela primeira vez em uma segunda-feira, no dia 11 de janeiro.

_Após um ano sem circular, O *D.O. Leitura* é relançado, em formato revista, no dia 28 de abril.

284. D.O. LEITURA É RELANÇADO EM FORMATO DE REVISTA

_O caderno Ineditoriais do *Diário Oficial* passa a se chamar D.O. Empresarial em 1º de julho.

284

D.O. Leitura

Publicação cultural da Imprensa Oficial do Estado - São Paulo, Ano 17 número 1 Maio de 1999 R$ 4,50

UMA FÁBULA DE

NO CALOR DA HORA

Como Sérgio Milliet explicou o Modernismo brasileiro ao mundo, em francês

Dois poemas do futuro livro de

MANOEL DE BARROS

"O homem que transferiu o seu ermo para o olho de um lagarto"

São João del Rei

O último reduto dos rituais arcaicos da Páscoa, em latim

2000

MUNDO E BRASIL

_Para comemorar o V Centenário do descobrimento do país, o *D.O. Leitura* traz encartados, em todas as edições, os fascículos "500 anos de Brasil", que abordam temas da cultura brasileira, coordenados por Zélio Alves Pinto.

GOVERNO DE SÃO PAULO

_O Decreto n. 45057, de 11 de julho, publicado no *Diário Oficial* em 12 de julho, institui o programa Acessa São Paulo com o objetivo de propiciar aos cidadãos paulistas o acesso à informática e à internet; sua implantação é de responsabilidade da Imprensa Oficial do Estado S.A.

285. PROGRAMA ACESSA SÃO PAULO

IMPRENSA OFICIAL

_A Imprensa Oficial começa a utilizar o sistema direto de gravação de chapa, que dispensa o uso de fotolito.

_O Serviço de Atendimento ao Consumidor (SAC) e a Livraria Virtual da Imprensa Oficial são anunciados na edição de 1º de julho.

4 - D.O.E.; Poder Executivo, Seção I, São Paulo, 110 (132), quarta-feira, 12 de julho de 2000

DECRETO Nº 45.056, DE 11 DE JULHO DE 2000

Dispõe sobre abertura de crédito suplementar ao Orçamento Fiscal da Secretaria da Segurança Pública, visando ao atendimento de Despesas Correntes

MÁRIO COVAS, Governador do Estado de São Paulo, no uso de suas atribuições legais,

Decreta:

Artigo 1º - Fica aberto um crédito de R$ 1.628.025,00 (Hum milhão, seiscentos e vinte e oito mil, vinte e cinco reais), suplementar ao orçamento da Secretaria da Segurança Pública, observando-se as classificações Institucional, Econômica e Funcional-Programática, conforme a Tabela 1, anexa.

Artigo 2º - O crédito aberto pelo artigo anterior será coberto com recursos a que alude o inciso II do § 1º do artigo 43 da Lei federal nº 4.320 de 17 de março de 1964, de conformidade com a legislação discriminada na Tabela 3, anexa.

Artigo 3º - Fica alterada a Programação Orçamentária da Despesa do Estado, estabelecida pelo Anexo I, de que trata o artigo 5º do Decreto nº 44.659, de 13 de janeiro de 2000, de conformidade com a Tabela 2, anexa.

Artigo 4º - Este decreto entra em vigor na data de sua publicação.

Palácio dos Bandeirantes, 11 de julho de 2000

MÁRIO COVAS

Yoshiaki Nakano

Secretário da Fazenda

Carlos Antonio Luque

Secretário-Adjunto, Respondendo pelo Expediente da Secretaria de Economia e Planejamento

João Caramez

Secretário-Chefe da Casa Civil

Antonio Angarita

Secretário do Governo e Gestão Estratégica

Publicado na Secretaria de Estado do Governo e Gestão Estratégica, aos 11 de julho de 2000.

TABELA 1	SUPLEMENTAÇÃO			VALORES EM REAIS
ÓRGÃO/UO/ELEMENTO/FUNCIONAL-PROGRAMÁTICA		FR	GD	VALOR
18000	SECRETARIA DA SEGURANÇA PÚBLICA			
18001	ADMINISTRAÇÃO SUPERIOR SECRETARIA E SEDE			
3 4 90 39	OUTROS SERVIÇOS DE TERCEIROS - PESSOA JURÍDICA	1		1.628.025,00
	TOTAL	1		1.628.025,00
FUNCIONAL-PROGRAMÁTICA				
06.122.0100.4162	APOIO ADMINISTRATIVO			1.628.025,00
		1	4	1.628.025,00
	TOTAL			1.628.025,00

TABELA 2	SUPLEMENTAÇÃO			VALORES EM REAIS
ÓRGÃO/QUOTAS MENSAIS/DOTAÇÃO CONTINGENCIADA		FR	GD	VALOR
18000	SECRETARIA DA SEGURANÇA PÚBLICA			
	TOTAL	1	4	1.628.025,00
	JUNHO			232.575,00
	JULHO			232.575,00
	AGOSTO			232.575,00
	SETEMBRO			232.575,00
	OUTUBRO			232.575,00
	NOVEMBRO			232.575,00
	DEZEMBRO			232.575,00

TABELA 3	MARGEM ORÇAMENTÁRIA		VALORES EM REAIS
ESPECIFICAÇÃO	VALOR TOTAL	RECURSOS DO TESOURO E VINCULADOS	RECURSOS PRÓPRIOS
LEI ART PAR INC ITEM			
10479 7 I	1.628.025,00	1.628.025,00	0,00
TOTAL GERAL	1.628.025,00	1.628.025,00	0,00

DECRETO Nº 45.057, DE 11 DE JULHO DE 2000

Institui o Programa Acessa São Paulo e dá providências correlatas

MÁRIO COVAS, Governador do Estado de São Paulo, no uso de suas atribuições legais,

Considerando que inúmeras atividades do Estado de São Paulo, governamentais e de prestação de serviços à população, utilizam recursos de tecnologia de informações;

Considerando o compromisso deste Governo com a qualidade dos serviços e informações prestados à população;

Considerando o compromisso com a utilização da tecnologia da informação para o benefício da sociedade, exposto no Programa de Governo;

Considerando que a Internet é uma tecnologia que permite inovar a forma de atendimento ao cidadão na prestação de serviços e informações e aumentar a eficácia e a eficiência deste atendimento; e

Considerando que grande parte da população do Estado de São Paulo não tem acesso à Internet,

Decreta:

Artigo 1º - Fica instituído, no Estado de São Paulo, o Programa Acessa São Paulo visando:

I - facilitar o acesso aos serviços e informações da Administração Pública Paulista por meio do uso da Internet;

II - a instalação de Centros Comunitários de Acesso e Produção de Informações, democratizando o uso da Internet.

Artigo 2º - Os Centros Comunitários de Acesso e Produção de Informações têm as seguintes atribuições:

I - disponibilizar para a comunidade o acesso à tecnologia de informação, especialmente à Internet;

II - promover a capacitação da comunidade no uso da tecnologia de informação;

III - orientar a comunidade no uso dos serviços e informações oferecidos por meio da Internet pela Administração Pública Estadual;

IV - fomentar a criação de conteúdo informacional por parte da comunidade atendida.

Artigo 3º - Cabe à Secretaria do Governo e Gestão Estratégica, em relação ao Programa Acessa São Paulo:

I - propor as diretrizes gerais a serem adotadas para o Programa;

II - coordenar a implantação e o desenvolvimento do Programa;

III - exercer ação articuladora ou coordenadora dos diversos órgãos e entidades da Administração Pública do Estado, objetivando a efetivação do Programa;

IV - aprovar parcerias entre órgãos da Administração Direta, entidades da Administração Indireta e entidades privadas para a viabilização do Programa;

V - avaliar o desempenho do Programa em um prazo de 180 (cento e oitenta) dias de sua implantação, propondo medidas para seu aperfeiçoamento.

Artigo 4º - A implantação do Programa Acessa São Paulo será de responsabilidade da Imprensa Oficial do Estado S.A. - IMESP, com a aprovação de seu Conselho Administrativo.

Artigo 5º - O Secretário do Governo e Gestão Estratégica poderá expedir normas complementares para orientação das ações a serem adotadas pelos órgãos e entidades abrangidos por este decreto.

Artigo 6º - Este decreto entra em vigor na data de sua publicação.

Palácio dos Bandeirantes, 11 de julho de 2000

MÁRIO COVAS

João Caramez

Secretário-Chefe da Casa Civil

Antonio Angarita

Secretário do Governo e Gestão Estratégica

Publicado na Secretaria de Estado do Governo e Gestão Estratégica, aos 11 de julho de 2000.

DECRETO Nº 45.058, DE 11 DE JULHO DE 2000

Convalida as disposições dos Decretos nºs 14.031, de 27 de setembro de 1979, 18.985, de 9 de junho de 1982, 31.910, de 19 de julho de 1990, e 40.196, de 17 de julho de 1995, que declaram de utilidade pública, para fim de desapropriação, imóveis situados nos Municípios de Campinas e Indaiatuba, necessários à ampliação do Aeroporto Internacional de Viracopos e dá nova redação ao artigo 4º do Decreto nº 14.031, de 27 de setembro de 1979

MÁRIO COVAS, Governador do Estado de São Paulo, no uso de suas atribuições legais,

Decreta:

Artigo 1º - Ficam convalidadas para todos os efeitos as disposições dos Decretos nºs 14.031, de 27 de setembro de 1979, 18.985, de 9 de junho de 1982, 31.910, de 19 de julho de 1990, e 40.196, de 17 de julho de 1995, que declaram de utilidade pública, para fim de desapropriação, imóveis necessários à ampliação do Aeroporto Internacional de Viracopos, em Campinas e Indaiatuba.

Artigo 2º - O artigo 4º do Decreto nº 14.031, de 27 de setembro de 1979, passa a ter a seguinte redação:

"Artigo 4º - As despesas com a execução do presente decreto correrão por conta da dotação consignada no orçamento da Empresa Brasileira de Infra-Estrutura Aeroportuária - INFRAERO, na forma a ser regulada em convênio a ser celebrado pelo Governo do Estado de São Paulo com a referida empresa.". (NR)

Artigo 3º - Este decreto entra em vigor na data de sua publicação.

Palácio dos Bandeirantes, 11 de julho de 2000

MÁRIO COVAS

João Caramez

Secretário-Chefe da Casa Civil

Antonio Angarita

Secretário do Governo e Gestão Estratégica

Publicado na Secretaria de Estado do Governo e Gestão Estratégica, aos 11 de julho de 2000.

ATOS DO GOVERNADOR

DESPACHOS DO GOVERNADOR, DE 11-7-2000

Nos processos GS-24-96 + GS-70-97 - ambos SAP, em que é interessado o Centro de Recursos Humanos, sobre autorização governamental para provimento/preenchimento de cargos e funções-atividades: Oficial Administrativo e Agente de Segurança Penitenciária de Classe I: "Diante dos elementos de instrução dos processos e das manifestações das Secretarias de Economia e Planejamento e da Fazenda, autorizo, em caráter excepcional, a Secretaria da Administração Penitenciária a adotar as providências necessárias visando ao provimento, em reposição, de 401 cargos de Oficial Administrativo e 604 de Agente de Segurança Penitenciária de Classe I, bem como o preenchimento de 95 funções-atividades de Oficial Administrativo, também em reposição, mediante abertura de concurso público, que fica autorizada a realizar, ou por meio de aproveitamento de remanescentes de concursos públicos, com prazo de validade em vigor e obedecidos os preceitos legais e regulamentares atinentes à espécie."

No Of. GS-662-2000-ATM-SET, sobre convênio: "Diante da manifestação da Secretaria de Esportes e Turismo, e nos termos do art. 1º do Dec. 44.319-99, aprovo a celebração de convênios entre aquela Pasta e as entidades relacionadas no Anexo, observado o disposto nos arts. 2º, 3º e 4º do referido decreto, obedecidos os demais preceitos legais e regulamentares atinentes à espécie."

ANEXO

ENTIDADE	OBJETO	VALOR (R$)
Federação Paulista de Xadrez	Projeto de implantação do xadrez nas escolas estaduais	50.000,00
Federação Paulista de Xadrez	Campeonato Paulista Absoluto de 2000	20.000,00
Federação Paulista de Beisebol e Softbol	Campeonato Mundial de Beisebol	32.000,00
Associação Cultural e Esportiva Piratininga	Competição Intercolonial de Atletismo	14.000,00
Associação de Pais e Amigos dos Excepcionais de Ribeirão Pires	Realização da 14ª Olimpíada Especial do Estado de São Paulo	50.000,00

No processo SJDC-261.666-2000, sobre convênio: "Diante dos elementos de instrução dos autos, autorizo a Secretaria da Justiça e da Defesa da Cidadania a celebrar convênio com a União, através do Ministério da Justiça, por meio da Secretaria de Estado dos Direitos Humanos, visando à plena continuidade do Programa de Proteção e Assistência a Vítimas e Testemunhas Ameaçadas - Provita, observados os preceitos legais e regulamentares atinentes à espécie."

No processo SJDC-261.729-2000, sobre convênio: "Diante dos elementos de instrução dos autos, autorizo a Secretaria da Justiça e da Defesa da Cidadania a celebrar convênio com a União, através do Ministério da Justiça, por meio da Secretaria de Estado dos Direitos Humanos, objetivando a implementação de serviços de atendimento jurídico, social e psicológico a familiares de vítimas de crimes, observados os preceitos legais e regulamentares atinentes à espécie."

GOVERNO E GESTÃO ESTRATÉGICA

Secretário: ANTONIO ANGARITA
Av. Morumbi, 4.500 - Morumbi - CEP 05698-900
Fone: 3745-3344

GABINETE DO SECRETÁRIO

Resolução SGGE-59, de 11-7-2000

Autoriza a Administração Superior da Secretaria e da Sede da Pasta a receber, por doação do Fundo Social de Solidariedade do Estado de São Paulo - Fussesp, os veículos que especifica

O Secretário do Governo e Gestão Estratégica, nos termos do art. 1º do Dec. 24.543-85, combinado com o art. 1º do Dec. 31.833-90, à vista do decidido nas 178ª e 179ª Reuniões Ordinárias do Conselho Deliberativo do Fundo Social de Solidariedade do Estado de São Paulo - Fussesp e da manifestação da Unidade Central de Transportes Internos - UCTI, resolve:

Artigo 1º - Fica a Administração Superior da Secretaria e da Sede da Pasta autorizada a receber, por doação do Fundo Social de Solidariedade do Estado de São Paulo - Fussesp, os seguintes veículos:

VEÍCULO	ANO/ MODELO	PLACAS	CHASSI
Chevrolet - Caminhão Baú	1987	CBL-8776	9BG683NMHGC007878
Chevrolet - Caminhão Baú	1984	CRH-6518	9BG5683PMEC019380
Volkswagen - Kombi	1986	CMP-8174	9BWZZZ26ZGP005894
Volkswagen - Gol	2000	FSS-0404	9BWZZZ377YP027544
Ford - Escort	1996	FSS-1996	8AFZZZ54ATJ036636
Volkswagen - Parati	2000	FSS-1011	9BWZZZ374YT043877
Chevrolet C10 - Camioneta	1976	WE-4177	C144FBR41694B
Ford - Fiesta	2000	BSV-3828	9BFZZZFHAYB277849
Volkswagen - Kombi	1990	QQ-1701	9BWZZZ23ZKP021063
Ford - Jipe	1971	BOI-8186	C52AA346059

Artigo 2º - Esta resolução entra em vigor na data de sua publicação.

Resolução SGGE-60, de 11-7-2000

Doação de veículos, declarados inservíveis, ao Departamento de Estradas de Rodagem - DER

O Secretário do Governo e Gestão Estratégica, com fundamento no art. 72, IX, do Dec. 44.723-2000, e à vista da manifestação da Unidade Central de Transportes Internos - UCTI, resolve:

Artigo 1º - Fica autorizada a doação, ao Departamento de Estradas de Rodagem - DER, de veículos pertencentes ao patrimônio das Secretarias de Estado adiante discriminadas, declarados inservíveis pela Comissão Executiva instituída para essa finalidade, da Unidade Central de Transportes Internos - UCTI, em deferimento ao Expediente DER-9-55.064/DME/DA/2000-ST:

I - da Secretaria da Segurança Pública - Polícia Militar do Estado de São Paulo:

a) Volkswagen - Santana, placas BRZ-0652, ano 1995, chassi 9BWZZZ32ZRP035234;

b) Volkswagen - Gol CL, placas BRZ-0563, ano 1994, chassi 9BWZZZ30ZRT127699;

c) Volkswagen - Voyage, placas BFG-3408, ano 1992, chassi 8AWZZZ30ZNJ019986;

II - da Secretaria da Saúde - Coordenadoria de Saúde do Interior: General Motors - Caravan SL, placas BPZ-1455, ano 1988, chassi 9BGVN15DJJB114740.

Artigo 2º - Esta resolução entra em vigor na data de sua publicação.

DEPARTAMENTO DE ADMINISTRAÇÃO

Extrato de Termo de Aditamento

Processo: GG 366-99 - Contrato: 5-97 - Parecer Jurídico: CJ/SGGE 136-2000 - Contratante: Secretaria do Governo e Gestão Estratégica - Contratada: Telerreal Comunicações Ltda. - Objeto: Prorrogação contratual - Vigência: A vigência do presente contrato fica prorrogada até 18-9-2001, a partir de 19-9-2000 - Valor Total: R$ 4.187,04 - Valor por Exercício: R$ 1.186,33, para o exercício de 2000; R$ 3.000,71, para o exercício de 2001 - Classificação de Recursos: 349039 - Data da Assinatura: Em 7-7-2000.

CADASTRO GERAL DE FORNECEDORES

Deliberação de 11-7-2000

Tendo em vista a edição do Decreto 42.921, de 11-3-98, publicado em 12-3-98 e Instrução Normativa C.S.A./CECI - 1, de 12-3-98, publicada em 13-03-98, decidiu:

Deferir os seguintes pedidos de Registro Cadastral para Fornecimento de Bens:Proc. GG 2448/2000 - Akira Comercial Ltda. - CNPJ 01.441.564/0001-22

Proc. GG 2254/2000 - Braga Comércio e Indústria Ltda. - CNPJ 45.285.442/0001-60

Proc. GG 2466/2000 - Laft Comercial Ltda-ME - CNPJ 02.531.792/0001-56

Proc. GG 2455/2000 - Willing Trading Importação e Exportação Ltda.

CNPJ 02.494.897/0001-82

Deferir os seguintes pedidos de Registro Cadastral para Fornecimento de Bens e Serviços:

Proc. GG 2464/2000 - Aotec Instrumentos Científicos Ltda. - CNPJ 52.201.456/0001-13

Proc. GG 2462/2000 - Servix Informática Ltda. - CNPJ 01.134.191/0001-47

Deferir os seguintes pedidos de Renovação de Registro Cadastral para Fornecimento de Bens:

Proc. SAM 0699/98 - Frangomar Comércio de Alimentos Ltda. - CNPJ 53.577.219/0001-14

Proc. SAM 0276/99 - Fridel Frigorífico Industrial Del Rey Ltda. - CNPJ 70.992.359/0003-30

Proc. SAM 0789/98 - MGL Comercial Distribuidora Ltda. - CNPJ 00.960.877/0001-24

Proc. SAM 0880/98 - N.Namura Tecidos Ltda. - CNPJ 01.113.433/0001-16

Proc. SAM 0279/99 - Silver Distribuidora Nacional de Moveis Ltda. - CNPJ 55.270.102/0001-19

Deferir os seguintes pedidos de Renovação de Registro Cadastral para Fornecimento de Bens e Serviços:

Proc. SAM 4162/98 - Aimara Comércio e Representações Ltda. - CNPJ 57.202.418/0001-07

Proc. SAM 0491/98 - Anello & Cia Ltda. - CNPJ 60.739.828/0001-98

Proc. SAM 0968/98 - Comercial Médica Ltda. - CNPJ 01.703.239/0001-90

Proc. SAM 0135/99 - Indústria Gráfica Brasileira Ltda. - CNPJ 61.418.141/0001-13

Proc. SAM 0911/98 - Ortopedia Americana Ltda. - CNPJ 56.939.085/0001-22

Proc. SAM 0640/98 - Rem Indústria e Comércio Ltda. - CNPJ 47.334.701/0001-20

INSTITUTO DE PREVIDÊNCIA DO ESTADO DE SÃO PAULO

Despacho da Superintendente, de 7-7-2000

Determinando à Comissão Processante Permanente da Autarquia, com fundamento no parágrafo único do artigo 270 da Lei 10.261-68, a instauração de Sindicância para apurar as responsabilidades funcionais dos servidores do escritório do IPESP da regional de Ribeirão Preto: Antonio Carlos Fusco, RG 4.198.749, engenheiro nível IV; Camilo Kamel Sian , RG 7.627.398, engenheiro nível II; Donato de Felício, RG 9.217.869, engenheiro nível II; Marco Antonio Gagliardi Costa Curta, RG 8.416.161, exercendo a função atividade de engenheiro III; Fernando Seixas Barbosa, RG 7.696.246, engenheiro III, contratados pelo regime celetista, por infringência à letra "h" do artigo 482 da CLT.

Extrato de Termo de Prorrogação e Reti-Ratificação

Ao Contrato de Prestação de Serviços ajustado em 22-11-96 - Processo IP. 6300-96 - Contratante: Instituto de Previdência do Estado de São Paulo - Ipesp - Contratado: Companhia de Processamento de Dados do Estado de São Paulo - Prodesp - Objeto: Sistema de Folha de Pagamento - KCX. - Prazo: 12 meses.

Extrato de Termo de Prorrogação, Aditamento, Reti-Ratificação

Ao Contrato de Prestação de Serviços ajustado em 22-11-96 - Processo IP. 6301-96 - Contratante: Instituto de Previdência do Estado de São Paulo - Ipesp - Contratado: Companhia de Processamento de Dados do Estado de São Paulo - Prodesp - Objeto: Sistema de Folha de Pagamento - KCX. - Prazo: 12 meses - Data da assinatura: 3-7-2000.

JUSTIÇA E DEFESA DA CIDADANIA

Secretário: EDSON LUIZ VISMONA
Pátio do Colégio, 148 - Centro - CEP 01016-040
Fone: 239-4399

GABINETE DO SECRETÁRIO

Resolução SJDC - 30, de 11-7-2000

O Secretário da Justiça e da Defesa da Cidadania, à vista do que consta do Pr.SJDC-56.550-67 e nos termos do artigo 6º da Lei 9.362, de 31 de maio de 1996 e de seu Regulamento, resolve:

Artigo 1º - Passa a integrar o Grupo de Planejamento Setorial da Pasta, Silvana Saraceni Carvalho, RG 17.321.674, como representante do Instituto de Medicina Social e de Criminologia de São Paulo - IMESC, em substituição a Sonia Maria de Souza Cruz, RG 14.192.262, no período de 17-7-2000 a 15-8-2000.

Artigo 2º - Esta Resolução entrará em vigor na data de sua publicação.

Despachos do Secretário

De 6-7-2000

Pr.SJDC-261.067-99 - 1º ao 3º vols. - Secretaria da Justiça e da Defesa da Cidadania - Contratação de empresa especializada em limpeza e conservação para CICs. Unidades Norte e Sul. "Homologo e Adjudico o objeto da presente licitação, com fundamento na legislação vigente e no parecer da Consultoria Jurídica, inserto às fls. 206/213, à empresa Paineiras - Limpeza e Serviços Gerais S/C Ltda, tudo na conformidade da ata e do quadro de classificação, respectivamente, de fls. 568 e 569/560."

DIÁRIO OFICIAL

_O Decreto n. 44886, de 11 de maio, publicado no *Diário Oficial* em 12 de maio, altera o Decreto n. 40.399, de 1995, referente à mídia eletrônica. O sistema passa a ser implantado e operado pela Imprensa Oficial, e poderá divulgar também contratos e concursos.

286. ALTERAÇÃO DO DECRETO DE MÍDIA ELETRÔNICA

_A partir da edição de 20 de junho, o *Diário Oficial* passa a publicar chamadas de primeira página para atos oficiais veiculados nas páginas internas.

DECRETO Nº 44.883, DE 11 DE MAIO DE 2000

Transfere, da administração da Secretaria da Segurança Pública para a da Secretaria do Governo e Gestão Estratégica, imóvel que especifica, situado na Capital

MÁRIO COVAS, Governador do Estado de São Paulo, no uso de suas atribuições legais e à vista da manifestação do Conselho do Patrimônio Imobiliário,

Decreta:

Artigo 1º - Fica transferido, da administração da Secretaria da Segurança Pública para a da Secretaria do Governo e Gestão Estratégica, com destino ao Centro de Transportes Internos, terreno com 15.249,79m² (quinze mil, duzentos e quarenta e nove metros quadrados e setenta e nove decímetros quadrados), parte de área maior, dotado de benfeitorias e construções, situado na Avenida Morvan Dias de Figueiredo, Vila Maria, Capital, tendo o terreno a descrição constante do laudo técnico e da planta anexos ao Processo PPI-102.073/90-PGE.

Artigo 2º - Este decreto entra em vigor na data de sua publicação.

Palácio dos Bandeirantes, 11 de maio de 2000
MÁRIO COVAS
Marco Vinicio Petrelluzzi
Secretário da Segurança Pública
Celino Cardoso
Secretário-Chefe da Casa Civil
Antonio Angarita
Secretário do Governo e Gestão Estratégica
Publicado na Secretaria de Estado do Governo e Gestão Estratégica, aos 11 de maio de 2000.

DECRETO Nº 44.884, DE 11 DE MAIO DE 2000

Introduz disposição de caráter transitório e dá nova redação a dispositivos do Decreto nº 41.719, de 16 de abril de 1997, alterado pelo Decreto nº 42.056, de 6 de agosto de 1997, que regulamenta a Lei nº 6.171, de 4 de julho de 1988, modificada pela Lei nº 8.421, de 23 de novembro de 1993, que dispõe sobre o uso, a conservação e a preservação do solo agrícola

MÁRIO COVAS, Governador do Estado de São Paulo, no uso de suas atribuições legais,

Decreta:

Artigo 1º - Passam a vigorar com a seguinte redação os dispositivos abaixo elencados do Decreto nº 41.719, de 16 de abril de 1997, alterado pelo Decreto nº 42.056, de 6 de agosto de 1997:

I - do artigo 5º:

a) a alínea "a", do item 5, do § 1º:

"a) os planos previstos no item 5 deverão ser entregues até 15 (quinze) de janeiro de cada ano no Escritório de Defesa Agropecuária da Secretaria de Agricultura e Abastecimento, em que estiver instalada a unidade agroindustrial, que repassará cópia ao Escritório Regional da CETESB. Após análise do plano, as duas entidades emitirão conjuntamente uma permissão bienal de queima;";

b) o item 7 do § 1º:

"7 - Caso ocorra incêndio acidental, por qualquer razão, em área de queima não tolerada, o fato deverá ser comunicado imediatamente ao Escritório de Defesa Agropecuária, que, em conjunto com a Secretaria do Meio Ambiente, através do Escritório Regional da CETESB, poderá permitir, em caráter excepcional, sua substituição por outra gleba de igual tamanho, de modo a manter-se a área total não queimada, como previsto no plano de evolução da eliminação da queima.";

c) o § 4º:

"§ 4º - O uso de queimada poderá ser autorizado pelo Diretor do Escritório de Defesa Agropecuária, da Coordenadoria de Defesa Agropecuária, mediante requerimento do interessado.";

II - o § 1º do artigo 12:

"§ 1º - A Coordenadoria de Defesa Agropecuária, da Secretaria de Agricultura e Abastecimento, é o órgão responsável pela fiscalização do cumprimento da legislação que dispõe sobre o uso, a conservação e a preservação do solo agrícola.";

III - do artigo 14:

a) o "caput":

"Artigo 14 - O infrator terá prazo de 15 (quinze) dias, a partir da ciência da autuação, para apresentar defesa dirigida ao Diretor do Escritório de Defesa Agropecuária, da Coordenadoria de Defesa Agropecuária, da Secretaria de Agricultura e Abastecimento, podendo, nesse prazo, ter vistas dos autos.";

b) o § 1º:

"§ 1º - No mesmo prazo fixado no "caput", o infrator poderá, alternativamente à defesa, apresentar compromisso de elaboração, em 60 (sessenta) dias, prorrogáveis por mais 60 (sessenta) dias, a critério do Escritório de Defesa Agropecuária, da Coordenadoria de Defesa Agropecuária, desde que solicitado por escrito e devidamente justificado, de projeto contendo a determinação das classes de capacidade de uso do solo da área em questão e um plano de definição de tecnologia de conservação de solo agrícola, obrigando-se formalmente a implantá-lo no prazo previsto.";

IV - do artigo 15:

a) o "caput":

"Artigo 15 - O projeto técnico de conservação do solo agrícola, proposto pelo autuado na forma estabelecida no § 1º do artigo anterior, deverá ser apresentado ao Escritório de Defesa Agropecuária, da Coordenadoria de Defesa Agropecuária, que o avaliará e, se for necessário, o remeterá à Coordenadoria de Assistência Técnica Integral, para correção, a ser efetuada, em prazo não superior a 30 (trinta) dias, contados da sua remessa.";

b) o § 1º:

"§ 1º - Em caso de força maior comprovada, o prazo estipulado no projeto técnico de conservação do solo agrícola poderá ser prorrogado, a juízo do Escritório de Defesa Agropecuária, da Coordenadoria de Defesa Agropecuária, desde que já iniciadas as obras de execução.";

c) o § 2º:

"§ 2º - Finda a implantação do projeto técnico de conservação do solo agrícola, deverá o autuado dar ciência ao Escritório de Defesa Agropecuária, da Coordenadoria de Defesa Agropecuária, a qual determinará a realização de inspeção.";

V - o artigo 19:

"Artigo 19 - A aplicação das penalidades constantes do artigo 13 deste decreto são da alçada:

I - dos Diretores dos Escritórios de Defesa Agropecuária, da Coordenadoria de Defesa Agropecuária, da Secretaria de Agricultura e Abastecimento: as previstas nos incisos I e II;

II - do Diretor do Centro de Fiscalização de Insumos e Conservação do Solo, do Grupo de Defesa Sanitária Vegetal, da Coordenadoria de Defesa Agropecuária, da Secretaria de Agricultura e Abastecimento: as previstas nos incisos I e III.";

VI - o "caput" e o parágrafo único do artigo 20:

"Artigo 20 - Das penalidades aplicadas, caberá recurso, no prazo de 15 (quinze) dias, a contar da ciência da penalidade aplicada, ao Diretor do Grupo de Defesa Sanitária Vegetal, da Coordenadoria de Defesa Agropecuária, da Secretaria de Agricultura e Abastecimento.

Parágrafo único - Acolhido o recurso no mérito, o Diretor do Grupo de Defesa Sanitária Vegetal, da Coordenadoria de Defesa Agropecuária, da Secretaria de Agricultura e Abastecimento, determinará o cancelamento do auto de infração e da penalidade aplicada.";

VII - o artigo 21:

"Artigo 21 - As multas aplicadas por infração à legislação sobre o uso, a conservação e a preservação do solo agrícola, bem como, o pagamento dos serviços previstos no inciso III do artigo 13 e no artigo 17 deste decreto serão recolhidos ao Fundo Especial de Despesas da Coordenadoria de Defesa Agropecuária.";

IX - o artigo 29:

"Artigo 29 - Serão estabelecidos em atos do Secretário de Agricultura e Abastecimento e do Coordenador de Defesa Agropecuária as instruções complementares que se fizerem necessárias para o fiel cumprimento deste decreto.".

Artigo 2º - Fica acrescentado ao Decreto nº 41.719, de 16 de abril de 1997, alterado pelo Decreto nº 42.056, de 6 de agosto de 1997, o artigo 30, com a seguinte redação:

"Artigo 30 - O prazo de que trata a alínea "a", do item 5, do § 1º deste decreto, fica prorrogado, no corrente exercício, excepcionalmente, até o dia 30 de abril.".

Artigo 3º - Este decreto entra em vigor na data de sua publicação, revogadas as disposições em contrário.

Palácio dos Bandeirantes, 11 de maio de 2000
MÁRIO COVAS
João Carlos de Souza Meirelles
Secretário de Agricultura e Abastecimento
Celino Cardoso
Secretário-Chefe da Casa Civil
Antonio Angarita
Secretário do Governo e Gestão Estratégica
Publicado na Secretaria de Estado do Governo e Gestão Estratégica, aos 11 de maio de 2000.

DECRETO Nº 44.885, DE 11 DE MAIO DE 2000

Altera a denominação da Coordenadoria de Pesquisa dos Agronegócios, da Secretaria de Agricultura e Abastecimento, para Agência Paulista de Tecnologia dos Agronegócios

MÁRIO COVAS, Governador do Estado de São Paulo, no uso de suas atribuições legais e à vista da exposição de motivos do Secretário de Agricultura e Abastecimento,

Decreta:

Artigo 1º - Fica alterada, para Agência Paulista de Tecnologia dos Agronegócios - APTA, a denominação da Coordenadoria da Pesquisa dos Agronegócios - CPA, da Secretaria de Agricultura e Abastecimento, mantidos o nível hierárquico, a estrutura, as atribuições e as competências previstas no Decreto nº 43.512, de 2 de outubro de 1998.

Artigo 2º - Este decreto entra em vigor na data de sua publicação.

Palácio dos Bandeirantes, 11 de maio de 2000
MÁRIO COVAS
João Carlos de Souza Meirelles
Secretário de Agricultura e Abastecimento
Celino Cardoso
Secretário-Chefe da Casa Civil
Antonio Angarita
Secretário do Governo e Gestão Estratégica
Publicado na Secretaria de Estado do Governo e Gestão Estratégica, aos 11 de maio de 2000.

DECRETO Nº 44.886, DE 11 DE MAIO DE 2000

Altera o Decreto nº 40.399, de 24 de outubro de 1995, que cria o sistema de mídia eletrônica destinado à divulgação da íntegra de editais de licitações, contratos e concursos públicos

MÁRIO COVAS, Governador do Estado de São Paulo, no uso de suas atribuições legais,

Decreta:

Artigo 1º - Os dispositivos a seguir relacionados do Decreto nº 40.399, de 24 de outubro de 1995, passam a vigorar com a seguinte redação:

I - o "caput" do artigo 2º, mantidos os seus incisos:

"Artigo 2º - O sistema criado por este decreto será implantado e operado pela Imprensa Oficial do Estado S.A. - IMESP, obedecendo às seguintes normas:"; (NR)

II - os artigos 6º e 7º:

"Artigo 6º - A Imprensa Oficial do Estado S.A. - IMESP fica autorizada a divulgar, pelo sistema Mídia Eletrônica - Negócios Públicos licitações, contratos e concursos promovidos pelos Poderes Legislativo e Judiciário e por outros órgãos e entidades, podendo para este fim celebrar convênios ou contratos com órgãos e entidades da Administração Pública direta e indireta da União, de outros Estados e dos Municípios.

Artigo 7º - As despesas decorrentes deste decreto correrão por conta das dotações orçamentárias da Imprensa Oficial do Estado S.A. - IMESP e da receita obtida com a cobrança de tarifas para fornecimento de informações pelo sistema Mídia Eletrônica - Negócios Públicos.". (NR)

Artigo 2º - Este decreto entra em vigor na data de sua publicação, ficando revogados o parágrafo único do artigo 2º e o artigo 3º do Decreto nº 40.399, de 24 de outubro de 1995.

Palácio dos Bandeirantes, 11 de maio de 2000
MÁRIO COVAS
Celino Cardoso
Secretário-Chefe da Casa Civil
Antonio Angarita
Secretário do Governo e Gestão Estratégica
Publicado na Secretaria de Estado do Governo e Gestão Estratégica, aos 11 de maio de 2000.

DECRETO Nº 44.887, DE 11 DE MAIO DE 2000

Transfere, da Procuradoria-Geral do Estado, para a Secretaria da Segurança Pública a administração do imóvel que especifica, situado no Município de São Paulo

MÁRIO COVAS, Governador do Estado de São Paulo, no uso de suas atribuições legais,

Decreta:

Artigo 1º - Fica transferido, da Procuradoria-Geral do Estado, para a Secretaria da Segurança Pública, com destino à instalação de sua sede e de outros órgãos e unidades, a administração do imóvel situado à Rua Líbero Badaró, nº 600, Subdistrito da Sé, Município de São Paulo, consistente em prédio e respectivo terreno, caracterizados nos elementos técnicos juntados ao Protocolo Especial de Cadastro PE 1.022, do Centro de Engenharia e Cadastro Imobiliário da Procuradoria-Geral do Estado.

Parágrafo único - Estando o imóvel ocupado atualmente pelo Ministério Público do Estado de São Paulo, a Secretaria da Segurança Pública assumirá sua efetiva administração na data de sua completa desocupação, quando se concluir a transferência da sede da Procuradoria-Geral de Justiça para o imóvel situado à Rua Riachuelo, nº 115, no Município de São Paulo.

Artigo 2º - Este decreto entra em vigor na data de sua publicação, ficando revogado o Decreto nº 43.697, de 14 de dezembro de 1998.

Palácio dos Bandeirantes, 11 de maio de 2000
MÁRIO COVAS
Marco Vinicio Petrelluzzi
Secretário da Segurança Pública
Celino Cardoso
Secretário-Chefe da Casa Civil
Antonio Angarita
Secretário do Governo e Gestão Estratégica
Publicado na Secretaria de Estado do Governo e Gestão Estratégica, aos 11 de maio de 2000.

DECRETO Nº 44.888, DE 11 DE MAIO DE 2000

Altera a redação do artigo 5º do Decreto nº 40.252, de 1º de agosto de 1995, que fixa as frotas de veículos das unidades orçamentárias da Secretaria da Segurança Pública e da Autarquia a ela vinculada

MÁRIO COVAS, Governador do Estado de São Paulo, no uso de suas atribuições legais,

Decreta:

Artigo 1º - O artigo 5º do Decreto nº 40.252, de 1º de agosto de 1995, passa a vigorar com a seguinte redação:

"Artigo 5º - A frota de veículos da Delegacia Geral de Polícia fica fixada nas seguintes quantidades:

I - Grupo "B" - 1 (um) veículo;

II - Grupo "S-1" - 950 (novecentos e cinqüenta) veículos;

III - Grupo "S-2" - 250 (duzentos e cinqüenta) veículos;

IV - Grupo "S-3" - 50 (cinqüenta) veículos;

V - Grupo "S-4" - 6.984 (seis mil, novecentos e oitenta e quatro) veículos.". (NR)

Artigo 2º - Este decreto entra em vigor na data de sua publicação, ficando revogado o Decreto nº 43.516, de 5 de outubro de 1998.

Palácio dos Bandeirantes, 11 de maio de 2000
MÁRIO COVAS
Marco Vinicio Petrelluzzi
Secretário da Segurança Pública
Celino Cardoso
Secretário-Chefe da Casa Civil
Antonio Angarita
Secretário do Governo e Gestão Estratégica
Publicado na Secretaria de Estado do Governo e Gestão Estratégica, aos 11 de maio de 2000.

DECRETO Nº 44.889, DE 11 DE MAIO DE 2000

Transfere, da Secretaria da Saúde, para a Procuradoria-Geral do Estado a administração do imóvel que especifica, situado no Município de São Paulo

MÁRIO COVAS, Governador do Estado de São Paulo, no uso de suas atribuições legais,

Decreta:

Artigo 1º - Fica transferido, da Secretaria da Saúde, para a Procuradoria-Geral do Estado, com destino à instalação de sua sede e de outros órgãos e unidades, a administração do imóvel situado à Avenida São Luís, nºs 91, 99 e 115, Subdistrito da Consolação, Município de São Paulo, consistente em prédio e respectivo terreno, caracterizados nos elementos técnicos juntados ao Protocolo Especial de Cadastro PE 725, do Centro de Engenharia e Cadastro Imobiliário da Procuradoria-Geral do Estado.

Parágrafo único - A Procuradoria-Geral do Estado assumirá a efetiva administração do imóvel na data de sua completa desocupação pela Secretaria da Saúde.

Artigo 2º - Este decreto entra em vigor na data de sua publicação.

Palácio dos Bandeirantes, 11 de maio de 2000
MÁRIO COVAS
José da Silva Guedes
Secretário da Saúde
Celino Cardoso
Secretário-Chefe da Casa Civil
Antonio Angarita
Secretário do Governo e Gestão Estratégica
Publicado na Secretaria de Estado do Governo e Gestão Estratégica, aos 11 de maio de 2000.

DECRETO Nº 44.890, DE 11 DE MAIO DE 2000

Dispõe sobre abertura de crédito suplementar ao Orçamento da Seguridade Social na Secretaria de Assistência e Desenvolvimento Social, visando ao atendimento de Despesas de Capital

MÁRIO COVAS, Governador do Estado de São Paulo, no uso de suas atribuições legais,

Decreta:

Artigo 1º - Fica aberto um crédito de R$ 26.150,00 (Vinte e seis mil, cento e cinqüenta reais), suplementar ao orçamento da Secretaria de Assistência e Desenvolvimento Social, observando-se as classificações Institucional, Econômica e Funcional-Programática, conforme a Tabela 1, anexa.

Artigo 2º - O crédito aberto pelo artigo anterior será coberto com recursos a que alude o inciso III do § 1º do artigo 43 da Lei federal nº 4.320, de 17 de março de 1964, de conformidade com a legislação discriminada na Tabela 3, anexa.

Artigo 3º - Fica alterada a Programação Orçamentária da Despesa do Estado, estabelecida pelo Anexo I, de que trata o artigo 5º, do Decreto nº 44.659, de 13 de janeiro de 2000, de conformidade com a Tabela 2, anexa.

Artigo 4º - Este decreto entra em vigor na data de sua publicação.

Palácio dos Bandeirantes, 11 de maio de 2000
MÁRIO COVAS
Yoshiaki Nakano
Secretário da Fazenda
André Franco Montoro Filho
Secretário de Economia e Planejamento
Celino Cardoso
Secretário-Chefe da Casa Civil
Antonio Angarita
Secretário do Governo e Gestão Estratégica
Publicado na Secretaria de Estado do Governo e Gestão Estratégica, aos 11 de maio de 2000.

TABELA 1	SUPLEMENTAÇÃO			VALORES EM REAIS
ORGÃO/UO./ELEMENTO/FUNCIONAL-PROGRAMÁTICA		FR	GD	VALOR
35000	SECRETARIA DE ASSISTÊNCIA E DESENVOLV. SOCIAL			
35001	ADMINISTRAÇÃO SUPERIOR SECRETARIA E SEDE			
4 5 90 92	DESPESAS DE EXERCÍCIOS ANTERIORES	1		26.150,00
	TOTAL	1		26.150,00
FUNCIONAL-PROGRAMÁTICA				
08.122.0100.1029	EQUIP. SOCIAIS - OBRAS			26.150,00
		1	5	26.150,00
	TOTAL			26.150,00

REDUÇÃO	VALORES EM REAIS			
ORGÃO/UO./ELEMENTO/FUNCIONAL-PROGRAMÁTICA		FR	GD	VALOR
35000	SECRETARIA DE ASSISTÊNCIA E DESENVOLV. SOCIAL			
35001	ADMINISTRAÇÃO SUPERIOR SECRETARIA E SEDE			
3 4 90 39	OUTROS SERVIÇOS DE TERCEIROS - PESSOA JURÍDICA	1		26.150,00
	TOTAL	1		26.150,00
FUNCIONAL-PROGRAMÁTICA				
08.122.0100.4041	APOIO ADMINISTRATIVO			26.150,00
		1	4	26.150,00
	TOTAL			26.150,00

TABELA 2	SUPLEMENTAÇÃO			VALORES EM REAIS
ÓRGÃO/QUOTAS MENSAIS/DOTAÇÃO CONTINGENCIADA		FR	GD	VALOR
35000	SECRETARIA DE ASSISTÊNCIA E DESENVOLV. SOCIAL			
	TOTAL	1	5	26.150,00
	MAIO			26.150,00

REDUÇÃO	VALORES EM REAIS			
ÓRGÃO/QUOTAS MENSAIS/DOTAÇÃO CONTINGENCIADA		FR	GD	VALOR
35000	SECRETARIA DE ASSISTÊNCIA E DESENVOLV. SOCIAL			
	TOTAL	1	4	26.150,00
	MAIO			26.150,00

TABELA 3	MARGEM ORÇAMENTÁRIA		VALORES EM REAIS
ESPECIFICAÇÃO	VALOR TOTAL	RECURSOS DO TESOURO E VINCULADOS	RECURSOS PRÓPRIOS
LEI ART PAR INC ITEM			
10479 7 UN. 3	26.150,00	26.150,00	0,00
TOTAL GERAL	26.150,00	26.150,00	0,00

286

2001

MUNDO E BRASIL

_Em abril, denúncias sobre a violação do painel do Senado durante as votações levam à renúncia de alguns deputados, entre eles Antonio Carlos Magalhães, para evitar a cassação.

_No dia 11 de setembro, quatro aviões são sequestrados por terroristas nos Estados Unidos e lançados contra o Pentágono e as torres gêmeas do World Trade Center; um deles explode na Pensilvânia. Em resposta, o presidente George W. Bush inicia uma violenta ofensiva sobre a suposta rede terrorista Al-Qaeda, comandada por Osama Bin Laden, culminando com o envio de tropas ao Iraque.

GOVERNO DE SÃO PAULO

_O governador Mario Covas licencia-se por motivo de saúde, vindo a falecer em 6 de março. O vice-governador Geraldo Alckmin assume o poder e permanece no cargo até 31 de dezembro de 2002. O *Diário Oficial* de 7 de março publica uma homenagem a Covas.

287. REPORTAGEM ESPECIAL EM HOMENAGEM AO GOVERNADOR MARIO COVAS, FALECIDO EM 6 DE MARÇO.

IMPRENSA OFICIAL

_O Portal www.investimentos.sp.gov.br entra no ar em 18 de janeiro.

_Em abril, a Biblioteca da Imprensa Oficial torna-se pública.

_No dia 10 de julho, o *Clipping* atinge a informatização total e a impressão digital.

_Em outubro, a Imprensa Oficial concebe a Gráfica-Escola São Paulo para preparar profissionalmente internos da Febem. O *Diário Oficial* de 16 de outubro noticia o fato. No mesmo ano, passa a integrar o programa Frentes de Trabalho de combate à exclusão social, que tem como objetivo reinserir o trabalhador — afastado há mais de doze meses — no mercado de trabalho.

_A Imprensa Oficial inicia o projeto de coedições com editoras universitárias, inaugurado com a Edusp.

_São adquiridas impressoras digitais Xeikon, que permitem pequenas tiragens e impressão diretamente a partir do computador, dispensando fotolitos e chapas, tanto de pequenos quanto de grandes formatos.

DIÁRIO OFICIAL

_O *D.O. Leitura* traz encartados em todas as edições os fascículos "Cadernos Paulistas", que abordam temas da história de São Paulo, coordenados por Zélio Alves Pinto.

_Em meados deste ano, o *Diário Oficial* passa a publicar páginas de notícias, no caderno Executivo I.

2002

MUNDO E BRASIL

_Epidemia de dengue assusta o país.
_Diversas rebeliões, várias delas comandadas pelo traficante Fernandinho Beira-Mar, expõem a fragilidade do sistema prisional brasileiro.
_A inflação dispara e o dólar atinge, em outubro, o valor mais alto após a vigência do Real.
_Luiz Inácio Lula da Silva é eleito presidente.

GOVERNO DE SÃO PAULO

_Em 9 de março, é inaugurado o primeiro infocentro do Acessa São Paulo em São José do Rio Preto.

IMPRENSA OFICIAL

_Em 2 de fevereiro, a Imprensa Oficial passa a ser o primeiro órgão público brasileiro autorizado a autenticar digitalmente cópias de seus produtos.
_Em maio de 2002, a Imprensa Oficial lança seus quatro serviços eletrônicos: o PUBnet, o *e-diariooficial*, o negócios públicos e o *e-justitia*.

DIÁRIO OFICIAL

_Começam a ser publicados os *Cadernos de Cidadania*, com periodicidade variável; o n.1 é encartado no *Diário Oficial* n.17, de 25 de janeiro.

288. SAI A PRIMEIRA EDIÇÃO DO *CADERNO DE CIDADANIA*

287

ATOS DO GOVERNADOR

GABINETE DO GOVERNADOR
DO ESTADO DE SÃO PAULO
DE/Ofício GG. GAF. nº 009/01
São Paulo, 6 de março de 2001
Senhor Presidente,

Cumpro o dever de comunicar a Vossa Excelência e, por vosso intermédio, à Egrégia Assembléia Legislativa que, a partir desta data, assumo o cargo de Governador de São Paulo nos termos do artigo 38, caput, in fine, da Constituição Estadual, em face do falecimento do eminente Governador Mário Covas Júnior.

Sirvo-me da oportunidade para atender o disposto no artigo 46 da Carta Paulista, conforme anexo, e renovar a Vossa Excelência e aos nobres Deputados meu respeito e consideração.

GERALDO ALCKMIN FILHO
Governador do Estado
A Sua Excelência o Senhor
Deputado Estadual Vanderlei Macris
Digníssimo Presidente da Assembléia Legislativa do Estado de São Paulo

GABINETE DO GOVERNADOR
DO ESTADO DE SÃO PAULO
DE/Ofício GG. GAF. nº 010/01
São Paulo, 6 de março de 2001
Senhor Presidente,

Cumpro o dever de comunicar a Vossa Excelência que, a partir desta data, assumo o cargo de Governador do Estado de São Paulo nos termos do artigo 38, caput, in fine, da Constituição Estadual, em face do falecimento do eminente Governador Mário Covas Júnior.

Sirvo-me da oportunidade para renovar a Vossa Excelência meu respeito e minha consideração.

GERALDO ALCKMIN FILHO
Governador do Estado
A Sua Excelência o Senhor
Desembargador Marcio Martins Bonilha
Digníssimo Presidente do Tribunal de Justiça do Estado de São Paulo

PORTE PAGO
DR/SP
ISR - 40 - 3051/81

Diário Oficial

Estado de São Paulo

GERALDO ALCKMIN FILHO
GOVERNADOR

PALÁCIO DOS BANDEIRANTES – Av. Morumbi, 4.500
Morumbi - CEP 05698-900 - Fone: 3745-3344

http://www.imprensaoficial.com.br Volume 111 • Número 43 • São Paulo, quarta-feira, 7 de março de 2001 SEÇÃO I

Sr. Governador
As palavras aqui impressas são poucas e o espaço ocupado por elas é pequeno. De propósito. Nosso objetivo é criar um contraste com a grandeza de sua obra e a importância de sua atuação como homem público, forte e guerreiro. Agora, descanse em paz.
Funcionários e diretores da Imprensa Oficial.

Mário Covas, um h

O governador Mário Covas, d
Instituto do Coração do Hospita
A morte foi decorr
Covas estava internado no Incor desde 25 de f
a distúrbios metabólicos, hemodinâmicos e d
diagnosticado e tratado em dezembro de 1

Foral
de vi

Mário Covas Júnior nasceu em Santos, em 21 de abril de 1930, filho de Mário Covas e Arminda Carneiro Covas. Casado com Florinda Gomes Covas, a dona Lila, deixa dois filhos, Renata e Mário, e quatro netos: Bruno, Gustavo, Mário e Sílvia.

Cursou o primeiro grau no Colégio Santista e o segundo grau no Colégio Bandeirantes, em São Paulo, onde também se graduou em química industrial e foi em seguida professor. Formou-se engenheiro civil pela Escola Politécnica da Universidade de São Paulo, turma de 1955. Teve intensa militância na política estudantil dos anos 50 e foi vice-presidente da União Brasileira dos Estudantes (UNE) em São Paulo. Formado, prestou concurso público na Prefeitura de Santos, onde trabalhou como engenheiro até 1962.

Covas praticou vários esportes na juventude, dedicando-se especialmente ao tênis e ao futebol. Sócio remido do Santos Futebol Clube, foi homenageado recentemente com o título de Conselheiro Emérito.

Candidatou-se a prefeito de Santos em 1961, pelo PST, ficando em segundo lugar. No ano seguinte, e pelo mesmo partido, elegeu-se deputado federal. Com a extinção dos partidos políticos em 1966, foi um dos fundadores do MDB, pelo qual nesse mesmo ano se reelegeu deputado federal.

Covas foi então escolhido líder da bancada oposicionista na Câmara dos Deputados. Aos 37 anos de idade, liderava uma bancada composta por figuras expressivas da vida política brasileira, como Tancredo Neves, Ulysses Guimarães, Franco Montoro, Yvete Vargas, entre outros.

Desde o primeiro mandato, iniciado em 1963, até o final do segundo, em 1968, Mário Covas foi todos os anos incluído na lista dos melhores parlamentares, organizada anualmente pelos jornalistas que acompanham o dia-a-dia do Congresso Nacional.

Em 16 de janeiro de 1969 Covas teve seu mandato cassado pela ditadura mi-

Diário Oficial
Estado de São Paulo
EXECUTIVO
SEÇÃO I
Gerente de Redação - Cláudio Amaral
REDAÇÃO
Rua João Antonio de Oliveira, 152
CEP 03111-010 – São Paulo
Telefone 6099-9800 - Fax 6099-9706
http://www.imprensaoficial.com.br
e-mail: imprensaoficial@imprensaoficial.com.br

ASSINATURAS – (11) 6099-9421 e 6099-9626
PUBLICIDADE LEGAL – (11) 6099-9420 e 6099-9435
VENDA AVULSA – EXEMPLAR DO DIA: R$ 2,38 — EXEMPLAR ATRASADO: R$ 4,80

FILIAIS – CAPITAL
• JUNTA COMERCIAL – (11) 3825-6101 - Fax (11) 3825-6573 - Rua Barra Funda, 836 - Rampa
• POUPATEMPO/SÉ – (11) 3117-7020 - Fax (11) 3117-7019 - Pça do Carmo, snº

FILIAIS - INTERIOR
• ARAÇATUBA – Fone/Fax (18) 623-0310 - Rua Antonio João, 130
• BAURU – Fone/Fax (14) 227-0954 - Pça. das Cerejeiras, 4-44
• CAMPINAS – Fone (19) 3236-5354 - Fone/Fax (19) 3236-4707 - Rua Irmã Serafina, 97 - Bosque
• MARÍLIA – Fone/Fax (14) 422-3784 - Av. Rio Branco, 803
• PRESIDENTE PRUDENTE – Fone/Fax (18) 221-3128 - Av. Manoel Goulart, 2.109
• RIBEIRÃO PRETO – Fone/Fax (16) 610-2045 - Av. 9 de Julho, 378
• SANTOS – Fone/Fax (13) 3234-2071 - Av. Conselheiro Nébias, 368A - 4º andar - salas 411
• SÃO JOSÉ DO RIO PRETO – Fone/Fax (17) 234-3868 - Rua Machado de Assis, 224 - Santa Cruz
• SOROCABA – Fone/Fax (15) 233-7798 - Rua 7 de Setembro, 287 - 5º andar - Sala 51

IMPRENSA OFIC
SERVIÇO PÚBLICO DE QUALI
DIRETOR-PRESIDENTE
Sérgio Kobayashi
DIRETOR VICE-PRESIDENTE
Carlos Conde
DIRETORES
Industrial: Carlos Nicolaewsky
Financeiro e Administrativo: Richard Vain
IMPRENSA OFICIAL DO ESTADO S.A. IM
C.G.C. 48.066.047/0001-84
Inscr. Estadual - 109.675.410.118
Sede e Administração
Rua da Mooca, 1.921 - CEP 03103-902 -
(PABX) 6099-9800 - Fax (11) 6692-350

em forte, guerreiro

eu às 5h30 de ontem (06/03) no Incor-HC/FMUSP), em São Paulo. a múltipla de órgãos. ratamento de quadro infeccioso grave, associado lecorrentes da evolução de um câncer de bexiga vas em novembro de 2000 e janeiro de 2001.

anos ública

e os direitos políticos sussos por dez anos. Alijado da a política do País, Mário vas dedicou-se à atividade ada, como engenheiro.

mbora proscrito, Covas ca perdeu contato com seus npanheiros e com a política. recuperar a plenitude de seus itos políticos, em 1979, foi se mesmo ano eleito presite do MDB de São Paulo.

Com a extinção do MDB, foi rincipal articulador da funda- do PMDB e seu presidente adual em três mandatos.

Eleito deputado federal com 0 mil votos em 1982, foi meado em março de 1983 retário dos Transportes do verno Montoro. Indicado por ntoro e aprovado pela Asmbléia Legislativa, tornou-se feito da Capital paulista em de maio, cargo que ocupou 31 de dezembro de 1985.

Os 33 meses da gestão Covas na Prefeitura paulistana foram dedicados a "encurtar as distâncias sociais" da cidade, como costumava dizer, com absoluta prioridade a obras e serviços na periferia. Desse período ficaram três marcas definitivas: os mutirões para construção de guias e posterior pavimentação de ruas, com intensa participação popular; a intervenção nas empresas privadas de ônibus, que ameaçavam locaute; e a instituição do passe gratuito no transporte coletivo para idosos, iniciativa pioneira no País.

Após deixar a Prefeitura, Mário Covas foi eleito senador, em 1986, com a maior votação da história do Brasil até então: 7,7 milhões de votos. Líder do seu partido na Assembléia Nacional Constituinte, Covas foi o grande articulador das comissões temáticas que garantiram a participação democrática de todos os segmentos organizados da sociedade na elaboração da Carta Magna.

Em junho de 1988, Mário Covas foi um dos fundadores do Partido da Social Democracia Brasileira (PSDB) e, meses depois, seu presidente nacional. No ano seguinte, 1989, seu partido o fez candidato a presidente da República, eleição em que obteve o quarto lugar. Em 1990, outra vez o PSDB o fez candidato, desta vez a governador, ficando em terceiro lugar.

Prestes a encerrar seu mandato de senador, Mário Covas foi eleito governador do Estado de São Paulo em 1994 com 8,6 milhões de votos e reeleito em 1998 com 9,8 milhões. Seu primeiro mandato foi dedicado ao saneamento das finanças públicas, encontradas em situação calamitosa.

O ajuste fiscal e o equilíbrio orçamentário praticados por Covas em São Paulo foram o principal fator de êxito do Plano Real e a conseqüente estabilidade econômica conquistada pelo País.

Com as finanças públicas em ordem e com um bem-sucedido programa de privatizações e concessões, Covas iniciou seu segundo mandato com a possibilidade de realizar o maior programa de investimentos da história de São Paulo.

SEPULTAMENTO SERÁ NO CEMITÉRIO DO PAQUETÁ, EM SANTOS

O corpo do governador Mário Covas deixou o stituto do Coração do Hospital das Clínicas de ão Paulo (Incor) na manhã de ontem e seguiu em reção ao Palácio dos Bandeirantes, onde foi elado.

Nesta quarta-feira, a Guarda de Honra abre o ortejo que transportará o corpo do governador, em arro do Corpo de Bombeiros, para Santos. Covas erá enterrado no Cemitério de Paquetá, na região entral da cidade onde nasceu.

A Guarda de Honra será feita por uma escolta de 4 cavalos no trajeto entre a sede do Governo aulista e o Obelisco dos Heróis de 32, no bairro do Ibirapuera. Do Obelisco até a entrada de Santos os cavalos darão lugar a uma Escolta Motorizada (motocicletas). Chegando à cidade, na Avenida São Francisco, próximo aos túneis e à Praça dos Andradas, a Escolta a Cavalo reassume a Guarda de Honra.

O cortejo termina na Praça José Bonifácio, onde acontecem as Honras Militares que serão prestadas pelo pelotão de Honras Fúnebres. Composto por 36 cadetes da Academia da Polícia Militar, o pelotão vai disparar uma salva de 21 tiros. Em seguida, o governador será sepultado ao lado de seu pai e de sua filha Sílvia.

Luto oficial - O governador Geraldo Alckmin Filho e o presidente do Tribunal de Justiça, desembargador Márcio Martins Bonilha, decretaram luto oficial por oito dias, a partir de ontem. Ambos determinaram ponto facultativo para ontem e hoje. O decreto do Executivo vale para todo o território do Estado de São Paulo e o ato do Judiciário suspendeu o expediente em todos os prédios da Justiça paulista.

Novo governador - O governador Geraldo Alckmin Filho comunicou na manhã de ontem aos presidentes da Assembléia Legislativa e do Tribunal de Justiça que assumia oficialmente a chefia do Executivo paulista. Ele informou ao deputado Vanderlei Macris e desembargador Márcio Martins Bonilha que o ato tinha como base o artigo 46 da Constituição Estadual.

SUPLEMENTO

Diário Oficial

Estado de São Paulo

GERALDO ALCKMIN
GOVERNADOR

PODER EXECUTIVO

PALÁCIO DOS BANDEIRANTES – Av. Morumbi, 4.500
Morumbi - CEP 05698-900 - Fone: 3745-3344

http://www.imprensaoficial.com.br volume 112 • Número 17 • São Paulo sexta-feira, 25 de janeiro de 2002 SEÇÃO I

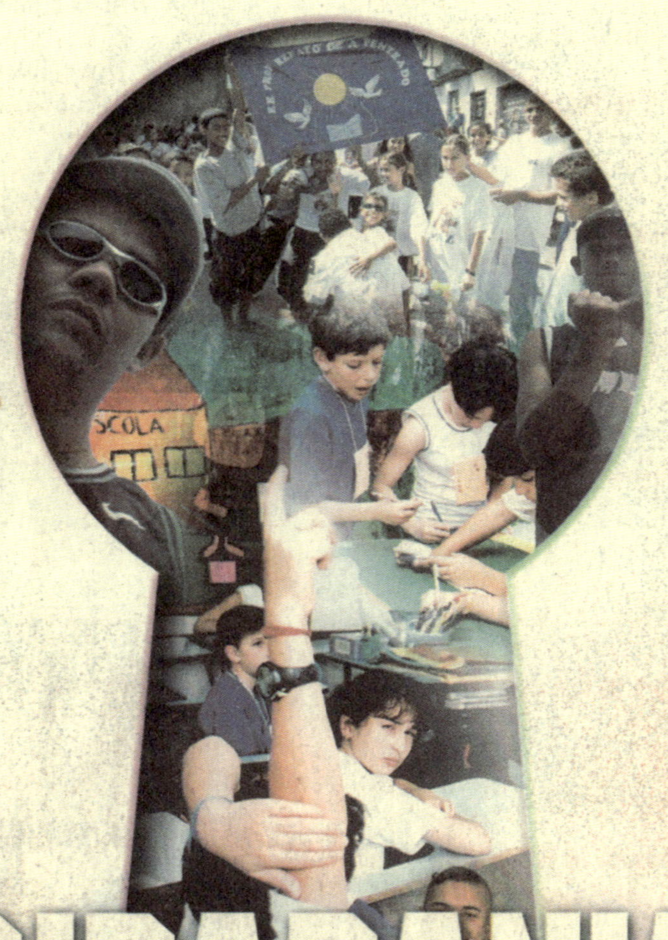

A IMPORTÂNCIA DO TRABALHO COMUNITÁRIO NA LUTA CONTRA A VIOLÊNCIA

O JOVEM JÁ NÃO ACEITA UMA RELAÇÃO AUTORITÁRIA COM O PODER

CIDADANIA COMEÇA NA ESCOLA

2003

MUNDO E BRASIL

_O presidente Luiz Inácio Lula da Silva toma posse em 1º de janeiro.
_A votação da reforma da Previdência é marcada por atos de violência no Congresso, mas termina sendo aprovada.
_A reforma tributária é aprovada, após muitas concessões.
_São realizadas várias invasões de terra, evidenciando a urgência da reforma agrária.

GOVERNO DE SÃO PAULO

_Geraldo Alckmin, reeleito governador, e o vice, Cláudio Lembo, tomam posse em 1º de janeiro de 2003; o *Diário Oficial* de 2 de janeiro publica um suplemento documentando o fato; Alckmin permanece no cargo até 30 de março de 2006.

289. SUPLEMENTO DO *DIÁRIO OFICIAL* DE 2 DE JANEIRO NOTICIA A POSSE DO GOVERNADOR GERALDO ALCKMIN

_O Decreto n. 47783, de 23 de abril, publicado no *Diário Oficial* em 24 de abril e republicado em 16 de maio, institui o programa estadual de leitura denominado "São Paulo: Um Estado de Leitores" e dá providências correlatas.

290. DECRETO INSTITUI O PROGRAMA "SÃO PAULO: UM ESTADO DE LEITORES"

IMPRENSA OFICIAL

_Hubert Alquéres é empossado como presidente em 1º de abril, como informa o *Diário Oficial* de 2 de abril.

_A Lei n. 11455, publicada no *Diário Oficial* n. 184, de 27 de setembro, altera a Lei n. 228, de 1974; amplia a área de atuação da Imprensa Oficial, que poderá utilizar novas mídias, bem como atuar como editora plena, com maior autonomia.

291. IMPRENSA OFICIAL PODERÁ ATUAR COMO EDITORA E UTILIZAR NOVAS MÍDIAS AMPLIANDO SUA ÁREA DE ATUAÇÃO

SUPLEMENTO

CORREIOS
MALA DIRETA POSTAL
5727/01 DR/SPM
Imprensa Oficial

Diário Oficial

Estado de São Paulo

GERALDO ALCKMIN
GOVERNADOR

PODER EXECUTIVO

http://www.imprensaoficial.com.br

São Paulo, quinta-feira, 2 de janeiro de 2003

SEÇÃO I

Luiz Carlos Leite

"Servir às pessoas será o alfa e o omega, o princípio e o fim da nossa administração - que terá, como instrumentos de medida, a régua e o compasso da cidadania."

Fernandes Dias Pereira

Geraldo Alckmin toma posse anunciando Estado empreendedor, educador, solidário e prestador de serviços de qualidade

O governador Geraldo Alckmin (PSDB) tomou posse ontem, na Assembléia Legislativa, em São Paulo, para o mandato 2003/2006, anunciando que nesse novo período o Governo do Estado atuará em quatro esferas e será empreendedor, educador, solidário e prestador de serviços de qualidade.

No discurso que fez no Legislativo paulista, Alckmin lembrou de Mário Covas e de Fernando Henrique Cardoso. Na coletiva que concedeu à imprensa, em seguida à posse, citou um outro fundador do PSDB, o ex-governador Franco Montoro.

Para homenagear Covas, de quem foi vice-governador, Alckmin repetiu as palavras que ele disse há oito anos, também num primeiro de janeiro, ao ser empossado e anunciar "novos tempos para São Paulo": "Tomo posse com humildade diante da grandeza de São Paulo. Tomo posse com o coração pequeno".

Homenageando o presidente Fernando Henrique Cardoso, que no meio da tarde deixaria a Presidência da República, em Brasília, o governador afirmou: "É um São Paulo mais forte que reencontramos hoje. É um Brasil maior. Um Brasil com uma economia estável, onde a tradição inflacionária cede lugar à cultura anti-inflação. Um Brasil com o mais alto saldo de sua balança comercial, nos últimos dez anos. Um Brasil no qual avançaram significativamente os indicadores sociais, em particular os relativos à saíde e à escolaridade da população. O Brasil do respeito internacional. O Brasil da democracia consolidada. O Brasil do presidente Fernando Henrique Cardoso."

Na seqüência, Alckmin voltou a citar Covas e FHC: "É a partir dessa sólida base, construída duramente por Mário Covas, no Estado, e por Fernando Henrique, no País, que os paulistas e brasileiros partem ao encontro do futuro."

Na coletiva à imprensa, Alckmin homenageou o ex-governador Franco Montoro, lembrando que ele defendia, sempre, a tese de que o que pode ser feito pelo município, deve ser feito no município. E acrescentou: o mesmo pode ser dito em relação ao Estado e com as atividades do Governo Federal que podem ser delegadas a administração estadual.

Diante de um plenário lotado de parlamentares estaduais e federais, secretários, ministros, autoridades de outros setores da sociedade, como o cardeal emérito dom Paulo Evaristo Arns, e populares, Alckmin ouviu o presidente da Assembléia Legislativa, Walter Feldman, lembrar o pai, Geraldo José Rodrigues Alckmin, e destacar as qualidades do governador, dizendo "O homem público deve ser humilde, discreto, austero, não deve buscar riqueza, mas sim a probidade do Estado e criar condições para que as instituições públicas e privadas possam se relacionar num fluxo de relações para que cada um possa dar sua contribuição ao crescimento da sociedade."

A íntegra do discurso do governador está na última página.

NOVO SECRETARIADO SERÁ EMPOSSADO ÀS 10h30 PÁGINAS 2 E 3

DECRETOS

DECRETO Nº 47.783, DE 23 DE ABRIL DE 2003

Institui o programa estadual de leitura denominado "SÃO PAULO: UM ESTADO DE LEITORES" e dá providências correlatas

GERALDO ALCKMIN, Governador do Estado de São Paulo, no uso de suas atribuições legais,

Considerando que o papel do Estado no fomento à leitura abrange, entre outras, ações voltadas à expansão do número de leitores, especialmente na infância e na juventude, e à democratização do acesso à informação; e

Considerando o hábito da leitura como instrumento de inclusão social,

Decreta:

Artigo 1º - Fica instituído o programa estadual de leitura denominado "SÃO PAULO: UM ESTADO DE LEITORES".

Artigo 2º - O programa estadual de leitura tem como objetivos promover:

I - o hábito da leitura junto à população do Estado de São Paulo;

II - o fomento dos meios de acesso à informação escrita.

Parágrafo único - As ações para o implemento das atividades previstas neste artigo serão coordenadas pela Secretaria da Cultura.

Artigo 3º - O programa estadual de leitura conta com um Conselho Consultivo integrado pelos seguintes membros, designados pelo Governador do Estado:

I - Secretário da Cultura;

II - Secretário de Assistência e Desenvolvimento Social;

III - Secretário da Educação;

IV - Secretário da Juventude, Esporte e Lazer;

V - Presidente da Imprensa Oficial do Estado de São Paulo - IMESP;

VI - 1 (um) representante da Fundação de Apoio à Universidade de São Paulo;

VII - até 25 (vinte e cinco) representantes da sociedade civil, profissionais ou autoridades do setor.

§ 1º - O Presidente do Conselho Consultivo será designado pelo Governador do Estado dentre os seus membros.

§ 2º - O Secretário da Cultura será o Vice-Presidente do Conselho Consultivo e exercerá também a coordenação dos seus trabalhos.

§ 3º - O mandato dos membros de que tratam os incisos VI e VII deste artigo será de 2 (dois) anos, permitida a recondução e a substituição.

§ 4º - As funções de membro do Conselho Consultivo não serão remuneradas, porém consideradas como de serviço público relevante.

Artigo 4º - Ao Conselho Consultivo cabe apoiar e sugerir alternativas para a política de leitura.

Artigo 5º - A Secretaria da Cultura adotará as providências necessárias à instalação e ao funcionamento do Conselho Consultivo.

Artigo 6º - O Conselho Consultivo deverá elaborar o seu regimento interno em até 30 (trinta) dias contados a partir da data de sua instalação.

Diário Oficial

Estado de São Paulo

GERALDO ALCKMIN
GOVERNADOR

PODER
EXECUTIVO

PALÁCIO DOS BANDEIRANTES – Av. Morumbi, 4.500
Morumbi - CEP 05698-900 - Fone: 3745-3344

http://www.imprensaoficial.com.br Volume 113 • Número 184 • São Paulo, sábado, 27 de setembro de 2003 SEÇÃO I

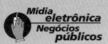

Alterações no regulamento do ICMS protegem economia paulista

Governador assina decretos que dispõem sobre alterações no Regulamento do Imposto sobre Circulação de Mercadorias e sobre Prestações de Serviços (RICMS). A redução da base de cálculo e a isenção do imposto foram medidas aplicadas em setores específicos, visando à proteção da economia paulista. **Pág. 3**

Lei altera atribuições da Imprensa Oficial

O governador do Estado promulga a Lei 11.455, que trata da alteração do objeto social da Imprensa Oficial do Estado. De acordo com a nova lei, a empresa pode certificar documentos, por meio digital ou mecânico, e prestar serviços de comunicação ao Estado. Editar e imprimir publicações de interesse público também dizem respeito às inovações. **Pág. 2**

Mídia eletrônica Negócios públicos

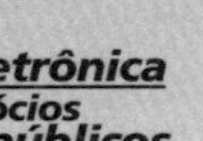

A Secretaria da Justiça e da Defesa da Cidadania realiza concorrência a fim de contratar empresa para a construção do Centro de Integração da Cidadania Feitiço da Vila, em Santo Amaro. Encerramento: dia 30-12, às 9h. **Pág. 47**

A Diretoria de Apoio Logístico da Polícia Militar do Estado abre pregão visando à compra de 266 veículos para policiamento integrado e rodoviário. Encerramento: dia 10-10, às 9h30. **Pág. 48**

O Centro de Atenção Integral à Saúde de Santa Rita lança pregão destinado à aquisição de medicamentos. Encerramento: dia 13-10, às 9h. **Pág. 56**

Concursos

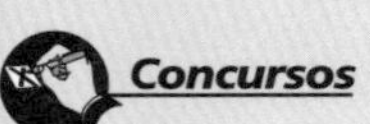

A Secretaria de Estado da Saúde convoca os candidatos inscritos em concurso nas categorias de atendente de consultório dentário e auxiliar de radiologia para a prova objetiva no dia 5-10. **Pág. 61**

O Hospital de Reabilitação de Anomalias Craniofaciais da USP abre processo seletivo para a função de auxiliar de administração. Inscrições: de 29-9 a 3-10. **Pág. 80**

A Faculdade de Filosofia, Letras e Ciências Humanas da USP promove processo seletivo de técnico para assuntos administrativos. Inscrições: de 29-9 a 3-10. **Pág. 81**

A Universidade Estadual de Campinas (Unicamp) realiza concurso para o cargo de professor doutor na área de Enfermagem Fundamental. Inscrições: 30 dias a contar do edital. **Pág. 85**

A Fundação para o Desenvolvimento Médico Hospitalar prorrogou, por mais seis meses, o prazo de validade dos concursos públicos para as funções de oficial administrativo I, II e III. **Pág. 89**

MAIS ENTIDADES PRESTAM ASSISTÊNCIA CARCERÁRIA

Cinco entidades passarão a prestar assistência à saúde, material, social, jurídica, educacional e psicológica a presos de centros de ressocialização. Os convênios firmados com a Secretaria da Administração Penitenciária abrangem os municípios de Sumaré, Marília, Lins, Araçatuba e Avaré. **Pág. 12**

ESTADO APRIMORA CUIDADO COM PACIENTE QUEIMADO

O secretário de Estado da Saúde designa grupo de trabalho para reabilitar pacientes queimados. A medida visa, também, a melhorar a capacidade de atendimentos aos usuários dos estabelecimentos de saúde que prestam esse tipo de assistência. Leia mais na **pág. 19**

UNICAMP CRIA PROGRAMA DO PESQUISADOR COLABORADOR

O reitor da Universidade Estadual de Campinas (Unicamp) cria o Programa do Pesquisador Colaborador. Trata-se de possibilitar a permanência de pesquisadores em pós-graduação, estagiários, na universidade, durante correção final da tese. **Pág. 38**

PGE reproduz últimas normas jurídicas federais

A Procuradoria Geral do Estado (PGE) publica normas jurídicas da Presidência da República. O Decreto 4.844 institui o horário de verão no País, e a Medida Provisória 131 estabelece normas para o plantio e comercialização da produção de soja da safra de 2004. **Pág. 104**

LEIS

LEI Nº 11.455, DE 26 DE SETEMBRO DE 2003

Altera a Lei nº 228, de 30 de maio de 1974, que autoriza a transformação da Imprensa Oficial do Estado em sociedade por ações, denominada "Imprensa Oficial do Estado S.A. - IMESP" e dá providências correlatas

O GOVERNADOR DO ESTADO DE SÃO PAULO:

Faço saber que a Assembléia Legislativa decreta e eu promulgo a seguinte lei:

Artigo 1º - O artigo 2º da Lei nº 228, de 30 de maio de 1974, passa a vigorar com a seguinte redação:

"Artigo 2º - A IMESP terá por objeto:

I - editar, imprimir e distribuir os Diários Oficiais e neles veicular as publicações determinadas por lei, de natureza pública e privada;

II - manter sob sua permanente guarda e conservação as publicações dos atos e documentos públicos e privados por ela veiculados, assegurando o acesso a qualquer interessado, pelos meios tecnológicos mais apropriados;

III - manter serviços de certificação digital e mecânica, de todos os atos e documentos públicos e privados, objeto de suas publicações;

IV - certificar por meio digital e mecânico a pedido de qualquer interessado, os documentos objeto de suas publicações;

V - prestar serviços de certificação digital para os Poderes Executivo, Legislativo e Judiciário da União, Estados e Municípios, e demais entidades de interesse público;

VI - promover e atualizar permanentemente serviços eletrônicos das publicações dos atos e documentos públicos e privados, garantindo o seu acesso mediante a utilização das mais avançadas tecnologias;

VII - editar e imprimir outras publicações de interesse público, tais como revistas, livros, cartazes, folhetos, coleções de leis e decretos, e demais impressos de interesse dos Poderes Executivo, Legislativo e Judiciário da União, Estados e Municípios, e demais entidades de interesse público;

VIII - a prestação de serviços de comunicação, diretamente ou por intermédio de terceiros, ao Estado;

IX - a capacitação e o aperfeiçoamento profissional de seus empregados.

§ 1º - Na hipótese do inciso I, compreender-se-á a matéria de interesse de particulares, de divulgação obrigatória nos jornais oficiais.

§ 2º - A publicação dos atos oficiais do Estado, na hipótese do inciso I, será gratuita." (NR)

Artigo 2º - Esta lei entra em vigor na data de sua publicação.

Palácio dos Bandeirantes, 26 de setembro de 2003
GERALDO ALCKMIN
Arnaldo Madeira
Secretário-Chefe da Casa Civil
Publicada na Assessoria Técnico-Legislativa, aos 26 de setembro de 2003.

DECRETOS

DECRETO Nº 48.103, DE 26 DE SETEMBRO DE 2003

Dispõe sobre a outorga da Medalha do Mérito Esportivo do Governo do Estado de São Paulo

GERALDO ALCKMIN, Governador do Estado de São Paulo, no uso de suas atribuições legais e com fundamento no artigo 3º do Decreto nº 46.934, de 19 de julho de 2002,

Decreta:

Artigo 1º - Fica outorgada a Medalha do Mérito Esportivo do Governo do Estado de São Paulo aos seguintes dirigentes, técnicos, auxiliares técnicos e atletas, representantes do Estado de São Paulo nos Jogos Pan Americanos de 2003 de Santo Domingo:

I - Dirigentes:
a) Carlos Arthur Nuzman;
b) Marcus Vinícius Simões Freire;
II - Chefes de Equipe:
a) Edgar Ferraz de Oliveira;
b) Geraldo Antônio do Amaral;
III - Técnicos:
a) Alberto Rigolo;
b) Alberto Pinto da Silva;
c) Alexandre Trevisan Schneider;
d) Aluísio Ferreira;
e) Carlos Augusto Negrão;
f) Fábio de Almeida Bossi;
g) Floriano Almeida;
h) Luís Juniti Shinohara;
i) Luci Nakama;
j) José Carlos Gomes de Oliveira;
l) Mauro Menezes;
IV - Auxiliares Técnicos:
a) Cláudio Trapaga Nascimento;
b) Ivonete Sartori;
V - Atletas:
a) Alex Ribeiro Garcia;
b) Alexandra do Nascimento;
c) Alexandre Flávio R. Folhas;
d) Alexandre Morelli Vasconcelos;
e) Aline Waleska Lopes Rosas;
f) Álvaro Affonso de Miranda Neto;
g) Ana Carolina Silveira Vasconcelos;
h) André Domingos da Silva;
i) André Luiz Chueri da Silva Barbosa;
j) André Luiz Pessanha Cordeiro;
l) André Luiz Quirino Pereira;
m) Andréa Berlanga Henriques;
n) Arnaldo de Souza Moreira Filho;
o) Bruno Bonfim;
p) Bruno Ventura dos Anjos;
q) Camila Hermeto Pedrosa;
r) Carlos Alberto Borges Jayme;
s) Carlos Augusto Pimenta Campos;
t) Carlos Honorato;
u) Carolina Ferraz Pereira de Moraes;
v) Cassius Ricardo Duran;
x) Célia Hijanete da Costa;
z) Cesar Almeida;
z1) Cíntia Lassalvia;
z2) Cíntia Silvia dos Santos;
z3) Claudia Leôncio Graner;
z4) Claudinei Quirino da Silva;
z5) Cristina Márcia da Silva;
z6) Daniel Ambrósio Bellangero;
z7) Daniel Andrey Hernandes;
z8) Daniel Baldacin;
z9) Daniel Polidoro Mameri;
z10) Danilo Aurélio Frugis;
z11) Danilo Nogueira;
z12) Demétrius Conrado Ferraciú;
z13) Diego Silva;
z14) Edivando de Souza Cruz;
z15) Ednanci Silva;
z16) Edson Luciano Ribeiro;
z17) Eduardo Alexandre M. Kwok;
z18) Eduardo Henrique dos Reis;
z19) Elisangela Maria Adriano;
z20) Emanuel Fernandes Queiroz;
z21) Eric Hayashida;
z22) Erik Michael Seegerer;
z23) Fábio Amante Chidiquimo;
z24) Fábio Asse Gonçalves;
z25) Fábio Coelho;
z26) Fábio Ferraresi Vanini;
z27) Fernando Scherer;
z28) Flavia Alvarenga Fernandes;
z29) Flavia Renata Delaroli;
z30) Gustavo Franca Borges;
z31) Gustavo Henrique L. da Silva;
z32) Gustavo Tsuboi;
z33) Hélio Lisboa Justino;
z34) Henrique Guimarães;
z35) Hudson Santos de Souza;
z36) Hugo Hoyama;
z37) Isabela Ferraz Pereira de Moraes;
z38) Jadel Gregório;
z39) Jair Henrique Alves Junior;
z40) Jaqson Luis Kojoroski;
z41) Jaqueline Godoy;
z42) Jardel Pizzinato;
z43) José Ronaldo do Nascimento;
z44) Josiane Tito da Silva;
z45) Juceli Aparecida Sales;
z46) Jurandir Andrade;
z47) Karen Redfern Góes;
z48) Leandro Ruiz Machado;
z49) Lilian Cristina Gonçalves;
z50) Luciana Tella;
z51) Lucimar Teodoro;
z52) Luís Francisco Camilo Júnior;
z53) Luiz Gustavo Vinagre Barros;
z54) Márcio Simão de Souza;
z55) Marcos Paulo dos Santos;
z56) Maria José dos Santos Jr.;
z57) Maria Laura Almirão;
z58) Mariana Tonetti Roriz;
z59) Marilson Gomes dos Santos;
z60) Mario Sabino;
z61) Mayla Siracusa;
z62) Melina Martins Teno;
z63) Micaela Martins Jacintho;
z64) Monique A. Ferreira;
z65) Murilo Becker da Rosa;
z66) Pablo Gomes Navarro;
z67) Paula Baracho Rosas Ribeiro;
z68) Rafael Alarcon;
z69) Renato Lamas Pinto;
z70) Renato Lopes Rogueira;
z71) Renato Tupan Ruy;
z72) Roberto Scheidt;
z73) Rogério Watanabe Polido;
z74) Ronivaldo Santos;
z75) Rubi Miranda Palmieri;
z76) Sandra Silva de Oliveira;
z77) Sebastian Ariel Cuattrin;
z78) Sebastian Szubski;
z79) Sérgio Santos;
z80) Sidirley Souza;
z81) Silvia Andréa Santos Luz;
z82) Silvia Helena Araújo Pinheiro;
z83) Soeli Garvão Zakreski;
z84) Tânia Ferreira;
z85) Tatiana Lemos de Lima;
z86) Tayra Rodrigues;
z87) Tess Helene Oliveira;
z88) Thiago de Farias Monte Monteiro;
z89) Vanderlei Cordeiro de Lima;
z90) Vânia Yukie Ishii;
z91) Vicente Berlanga Henriques;
z92) Vicente Lenilson de Lima;
z93) Vitor Camargo;
z94) Vívian Cristina Lopes;
z95) Viviane Filellini Costa;
z96) Viviane Jacques;
z97) Wingliton Rocha Barros;
z98) Yansel Alves da Cunha Galindo.

Artigo 2º - Este decreto entra em vigor na data de sua publicação.

Palácio dos Bandeirantes, 26 de setembro de 2003
GERALDO ALCKMIN
Arnaldo Madeira
Secretário-Chefe da Casa Civil
Publicado na Casa Civil, aos 26 de setembro de 2003.

DECRETO Nº 48.104, DE 26 DE SETEMBRO DE 2003

Dispõe sobre abertura de crédito suplementar ao Orçamento Fiscal no Departamento Aeroviário do Estado de São Paulo-DAESP, visando ao atendimento de Despesas Correntes

GERALDO ALCKMIN, Governador do Estado de São Paulo, no uso de suas atribuições legais,

Decreta:

Artigo 1º - Fica aberto um crédito de R$ 1.000.000,00 (Hum milhão de reais), suplementar ao orçamento do Departamento Aeroviário do Estado de São Paulo-DAESP, observando-se as classificações Institucional, Econômica e Funcional-Programática, conforme a Tabela 1, anexa.

Artigo 2º - O crédito aberto pelo artigo anterior será coberto com recursos a que alude o inciso III, do § 1º, do artigo 43, da Lei Federal nº 4.320, de 17 de março de 1964, de conformidade com a legislação discriminada na Tabela 3, anexa.

Artigo 3º - Fica alterada a Programação Orçamentária da Despesa do Estado, estabelecida pelo Anexo I, de que trata o artigo 6º, do Decreto nº 47.586, de 10 de janeiro de 2003, de conformidade com a Tabela 2, anexa.

Artigo 4º - Este decreto entra em vigor na data de sua publicação.

Palácio dos Bandeirantes, 26 de setembro de 2003
GERALDO ALCKMIN
Eduardo Guardia
Secretário da Fazenda
Andrea Calabi
Secretário de Economia e Planejamento
Arnaldo Madeira
Secretário-Chefe da Casa Civil
Publicado na Casa Civil, aos 26 de setembro de 2003.

TABELA 1 — *SUPLEMENTAÇÃO* — VALORES EM REAIS

ORGÃO/UO./ELEMENTO/FUNCIONAL-PROGRAMÁTICA		FR	GD	VALOR
16000	SEC. TRANSPORTES			
16056	DEPTO.AEROVIÁRIO DO ESTADO DE SP.-DAESP			
3 3 90 30	MATERIAL DE CONSUMO	1		363.268,00
3 3 90 39	OUTROS SERV. DE TERCEIROS - P. JURÍDICA	1		636.732,00
	TOTAL	1		1.000.000,00
FUNCIONAL-PROGRAMÁTICA				
26.781.1607.4320	MANUTENÇÃO AEROPORTOS/ INTERIOR			363.268,00
		1	3	363.268,00
26.781.1607.4767	SEGURANÇA OPERACIONAL E PATRIMONIAL			636.732,00
		1	3	636.732,00
	TOTAL			1.000.000,00

REDUÇÃO — VALORES EM REAIS

ORGÃO/UO./ELEMENTO/FUNCIONAL-PROGRAMÁTICA		FR	GD	VALOR
16000	SEC. TRANSPORTES			
16056	DEPTO.AEROVIÁRIO DO ESTADO DE SP.-DAESP			
3 3 90 14	DIÁRIAS - CIVIL	1		16.146,00
3 3 90 30	MATERIAL DE CONSUMO	1		6.201,00
3 3 90 33	PASSAGENS E DESPESAS COM LOCOMOÇÃO	1		13.621,00
3 3 90 39	OUTROS SERV. DE TERCEIROS - P. JURÍDICA	1		12.627,00
3 3 90 50	SERVIÇOS DE UTILIDADE PÚBLICA	1		62.758,00
3 3 90 96	RESSARCIMENTO DE DESP. DE PESSOAL REQUISITADO	1		37.954,00
4 4 90 51	OBRAS E INSTALAÇÕES	1		850.693,00
	TOTAL	1		1.000.000,00
FUNCIONAL-PROGRAMÁTICA				
26.122.0100.4262	SERVIÇOS ADMINISTRATIVOS			71.720,00
		1	3	71.720,00
26.126.2800.4661	SERVIÇOS DE INFORMATIZAÇÃO - S.TRANSPORT			5.412,00
		1	3	5.412,00
26.781.1607.1110	AEROPORTOS DO INTERIOR-OBRAS			850.693,00
		1	4	850.693,00
26.781.1607.4320	MANUTENÇÃO AEROPORTOS/ INTERIOR			72.175,00
		1	3	72.175,00
	TOTAL			1.000.000,00

TABELA 2 — *SUPLEMENTAÇÃO* — VALORES EM REAIS

ÓRGÃO/QUOTAS MENSAIS/DOTAÇÃO CONTINGENCIADA		FR	GD	VALOR
16000	SEC. TRANSPORTES			
16056	DEPTO.AEROVIÁRIO DO ESTADO DE SP.-DAESP			
	TOTAL	1	3	1.000.000,00
	SETEMBRO			1.000.000,00

REDUÇÃO — VALORES EM REAIS

ÓRGÃO/QUOTAS MENSAIS/DOTAÇÃO CONTINGENCIADA		FR	GD	VALOR
16000	SEC. TRANSPORTES			
16056	DEPTO.AEROVIÁRIO DO ESTADO DE SP.-DAESP			
	TOTAL	1	3	149.307,00
	DOTAÇÃO CONTINGENCIADA			149.307,00
	TOTAL	1	4	850.693,00
	DOTAÇÃO CONTINGENCIADA			850.693,00
	TOTALGERAL			1.000.000,00

TABELA 3 — *MARGEM ORÇAMENTÁRIA* — VALORES EM REAIS

ESPECIFICAÇÃO	VALOR TOTAL	RECURSOS DO TESOURO E VINCULADOS	RECURSOS PRÓPRIOS
LEI ART PAR INC ITEM			
11332 7 UN. 3	1.000.000,00	1.000.000,00	0,00
TOTAL GERAL	1.000.000,00	1.000.000,00	0,00

DECRETO Nº 48.105, DE 26 DE SETEMBRO DE 2003

Dispõe sobre abertura de crédito suplementar ao Orçamento Fiscal no Primeiro Tribunal de Alçada Civil, visando ao atendimento de Despesas Correntes

GERALDO ALCKMIN, Governador do Estado de São Paulo, no uso de suas atribuições legais,

Decreta:

Artigo 1º - Fica aberto um crédito de R$ 350.000,00 (trezentos e cinqüenta mil reais), suplementar ao orçamento do Primeiro Tribunal de Alçada Civil, observando-se as classificações Institucional, Econômica e Funcional-Programática, conforme a Tabela 1, anexa.

Artigo 2º - O crédito aberto pelo artigo anterior será coberto com recursos a que alude o inciso III, do § 1º, do artigo 43, da Lei Federal nº 4.320, de 17 de março de 1964, de conformidade com a legislação discriminada na Tabela 3, anexa.

Artigo 3º - Fica alterada a Programação Orçamentária da Despesa do Estado, estabelecida pelo Anexo I, de que trata o artigo 6º, do Decreto nº 47.586, de 10 de janeiro de 2003, de conformidade com a Tabela 2, anexa.

Artigo 4º - Este decreto entra em vigor na data de sua publicação.

Palácio dos Bandeirantes, 26 de setembro de 2003
GERALDO ALCKMIN
Eduardo Guardia
Secretário da Fazenda
Andrea Calabi
Secretário de Economia e Planejamento
Arnaldo Madeira
Secretário-Chefe da Casa Civil
Publicado na Casa Civil, aos 26 de setembro de 2003.

TABELA 1 — *SUPLEMENTAÇÃO* — VALORES EM REAIS

ORGÃO/UO./ELEMENTO/FUNCIONAL-PROGRAMÁTICA		FR	GD	VALOR
04000	PRIMEIRO TRIBUNAL DE ALÇADA CIVIL			
04001	PRIMEIRO TRIBUNAL DE ALÇADA CIVIL			
3 3 90 30	MATERIAL DE CONSUMO	1		170.000,00
3 3 90 39	OUTROS SERV. DE TERCEIROS - P. JURÍDICA	1		100.000,00
3 3 90 50	SERVIÇOS DE UTILIDADE PÚBLICA	1		80.000,00
	TOTAL	1		350.000,00
FUNCIONAL-PROGRAMÁTICA				
02.061.0300.4573	DISTRIBUIÇÃO DA JUSTIÇA CIVIL-SEG.INST			350.000,00
		1	3	350.000,00
	TOTAL			350.000,00

Diário Oficial
Estado de São Paulo

EXECUTIVO

SEÇÃO I

NÚCLEO DE REDAÇÃO

Chefe de Núcleo - Almyr Gajardoni
Rua João Antonio de Oliveira, 152
CEP 03111-010 – São Paulo
Telefone 6099-9800 - Fax 6099-9706
http://www.imprensaoficial.com.br
e-mail: imprensaoficial@imprensaoficial.com.br

ASSINATURAS– (11) 6099-9421 e 6099-9626
PUBLICIDADE LEGAL– (11) 6099-9420 e 6099-9435
VENDA AVULSA– EXEMPLAR DO DIA: R$ 2,80 — EXEMPLAR ATRASADO: R$ 5,65

FILIAIS - CAPITAL
• JUNTA COMERCIAL – Fone/Fax (11) 3825-6101 - Rua Barra Funda, 836 - Rampa
• POUPATEMPO/SÉ – Fone (11) 3117-7020 - Fax (11) 3117-7019 - Pça do Carmo, snº

FILIAIS - INTERIOR
• ARAÇATUBA – Fone/Fax (18) 623-0310 - Rua Antonio João, 130
• BAURU – Fone/Fax (14) 3227-0954 - Pça. das Cerejeiras, 4-44
• CAMPINAS – Fone/Fax (19) 3213-3473 - Av. Brasil, 2340 - Jd. Chapadão
• MARÍLIA – Fone/Fax (14) 422-3784 - Av. Rio Branco, 803
• PRESIDENTE PRUDENTE – Fone/Fax (18) 221-3128 - Av. Manoel Goulart, 2.109
• RIBEIRÃO PRETO – Fone/Fax (16) 610-2045 - Av. 9 de Julho, 378
• SÃO JOSÉ DO RIO PRETO – Fone/Fax (17) 234-3868 - Rua Machado de Assis, 224 - Santa Cruz
• SOROCABA – Fone/Fax (15) 233-7798 - Rua 7 de Setembro, 287 - 5º andar - Sala 51

IMPRENSA OFICIAL
SERVIÇO PÚBLICO DE QUALIDADE

DIRETOR-PRESIDENTE
Hubert Alquéres
DIRETOR VICE-PRESIDENTE
Luiz Carlos Frigerio
DIRETORES
Industrial: Teiji Tomioka
Financeiro e Administrativo: Richard Vainberg
IMPRENSA OFICIAL DO ESTADO S.A. IMESP
CNPJ 48.066.047/0001-84
Inscr. Estadual - 109.675.410.118
Sede e Administração
Rua da Mooca, 1.921 - CEP 03103-902 - SP
(PABX) 6099-9800 - Fax (11) 6692-3503

2004

MUNDO E BRASIL

_O prédio onde funcionara o Deops, totalmente reformado, é incorporado pela Pinacoteca do Estado em janeiro e passa a se chamar Estação Pinacoteca.

292. FACHADA DA ESTAÇÃO PINACOTECA

293. VISTA DAS CELAS

_No dia 11 de março, atentado terrorista mata cerca de 200 pessoas e fere mais de 1400 na Espanha.
_Leonel Brizola falece no Rio de Janeiro em 21 de junho.
_O governo inicia a campanha do desarmamento em 15 de julho.
_A família de Haroldo de Campos decide doar, para a Secretaria da Cultura do Estado de São Paulo, a biblioteca do poeta falecido em 2003, como informa o *Diário Oficial* de 22 de outubro.
_Em 9 de dezembro, após reforma, a Casa das Rosas é reinaugurada e incorpora a denominação Espaço Haroldo de Campos de Poesia e Literatura, de acordo com o Decreto n. 49237, de 9 de dezembro, publicado no *Diário Oficial* de 10 de dezembro; passa a abrigar a biblioteca do poeta, promove diversas atividades culturais e conta também com a Livraria Imprensa Oficial.
_No dia 26 de dezembro, um terremoto devasta o sudeste da Ásia, deixando mais de 100 mil mortos.

IMPRENSA OFICIAL

_O Decreto n. 48405, de 6 de janeiro, publicado no *Diário Oficial* de 7 de janeiro, institui o sistema de remessa de matérias para publicação no *Diário Oficial*—PUBNET, e o sistema *e-negociospublicos*, destinado à divulgação das licitações, das dispensas e das inexigibilidades, bem como dos editais e minutas de contrato, em substituição ao sistema de Mídia Eletrônica—Negócios Públicos. Na mesma edição, há uma matéria sobre o assunto.

294. O DECRETO PUBLICADO NO D.O. DE 7 DE JANEIRO, INSTITUI O SISTEMA DE REMESSA DE MATÉRIAS PARA PUBLICAÇÃO NO D.O. – PUBNET

_O Instituto Nacional de Tecnologia da Informação autoriza o credenciamento da Imprensa Oficial como Autoridade Certificadora da Infra-Estrutura de Chaves Públicas Brasileira, e a Receita Federal autoriza a empresa a emitir o *e-cpf*, ferramenta de segurança nas relações entre empresas e cidadãos com o fisco brasileiro. É instalada a sala-cofre para Certificação Digital.
_O Decreto n. 48599, de 12 de abril, publicado no *Diário Oficial* de 13 de abril, determina que a instituição e operacionalização da certificação digital no âmbito da Administração Pública Estadual sejam realizadas pela Imesp e pela Prodesp, sob acompanhamento e coordenação da Casa Civil. A Imprensa Oficial atuará como Autoridade Certificadora e Autoridade de Registro.
_Em abril, é criado o selo Imprensa Social, destinado à publicação de livros editados em parceria com organizações não-governamentais, com o objetivo de ampliar o acesso às informações e divulgar o trabalho das ONGs. O *Diário Oficial* de 13 de abril noticia o fato.

295. CRIADO O SELO IMPRENSA SOCIAL

_Em 15 de setembro, é lançado o novo Portal Corporativo da Imprensa Oficial. A "Ata da 83ª reunião extraordinária do Conselho de Administração", publicada no *Diário Oficial* de 7 de janeiro de 2005, documenta o fato.

292

293

DIÁRIO OFICIAL

ESTADO DE SÃO PAULO  Geraldo Alckmin - Governador

http://www.imprensaoficial.com.br Volume 114 • Número 3 • São Paulo, quarta-feira, 7 de janeiro de 2004

EXECUTIVO SEÇÃO I

Licitação do governo estadual estará disponível ao público na Internet

Objetivo é aumentar a concorrência entre empresas para reduzir o preço de produtos e serviços, propiciar economia ao Estado e mostrar transparência nas compras

Todas as licitações de qualquer órgão público do Estado de São Paulo, administração direta e indireta, estarão disponíveis no *site* desenvolvido pela Imprensa Oficial. Decreto neste sentido foi assinado pelo governador Geraldo Alckmin e publicado hoje no *Diário Oficial*, Poder Executivo, Seção I. A medida tem o objetivo de oferecer maior transparência às compras do governo estadual, dispondo informações dos processos licitatórios à população e a quem deseja vender ao Estado. O aumento do número de participantes nas concorrências deverá reduzir o preço de produtos e serviços, propiciando economia aos cofres públicos.

Empresas interessadas em vender produtos e serviços ao Estado encontrarão no *site* informações disponíveis por segmento de mercado (tipo de produto ou serviço), estágio de desenvolvimento da licitação (aviso, edital ou resultado), por local (cidade ou região da aquisição) ou por órgão público que está comprando (secretarias, fundações, empresas estatais). "Antes, as informações estavam dispersas nas páginas do *Diário Oficial*, agora também podem ser encontradas num só lugar, o *site*", explica Roberto Agune, coordenador do Sistema Estratégico de Informações (SEI) da Casa Civil. Também no mesmo local os interessados encontrarão informações sobre concursos públicos.

Agune informa que as empresas terão um espaço para se cadastrar e receber informações, em seu *e-mail*, sobre o produto ou serviço de interesse. "Esse recurso traz vantagens, pois assim o interessado não precisa acessar o *site* a todo momento para verificar se algum órgão do Estado pretende adquirir o produto ou serviço que ele oferece."

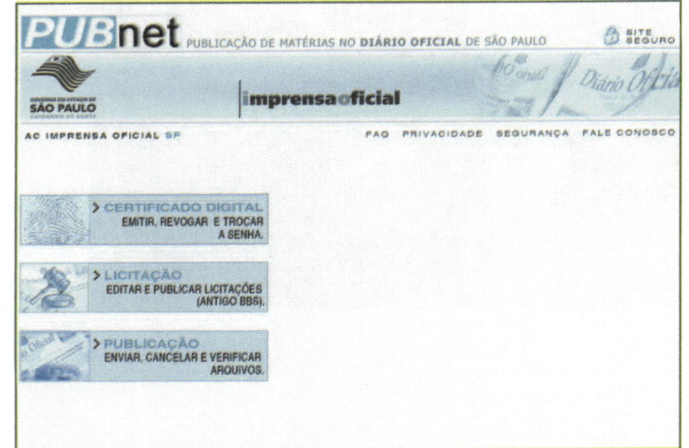

TUDO PELO *PUBNET*

Funcionários públicos que trabalham em licitações serão capacitados na semana que vem, no auditório da Secretaria da Fazenda, em São Paulo. Para a apresentação oficial do *site*, sob responsabilidade da Imprensa Oficial e da Casa Civil, deverão ser convidados aproximadamente 300 servidores.

O decreto também determina que os órgãos públicos estaduais enviem suas matérias (atos oficiais, licitações e outras determinações) para o *Diário Oficial* por intermédio do *http://www.pubnet.com.br*. Esse endereço já existe há mais de um ano, porém nem todas as matérias eram recebidas dessa maneira. Ainda existem, por enquanto, três outras formas de o *Diário Oficial* receber os textos (BBS, Wintrans e Shiva), que funcionam por linha telefônica. Com o decreto de hoje, os órgãos passarão a utilizar somente a Internet, pelo *pubnet*, que irá "alimentar" informações ao *e-negociospublicos*.

Otávio Nunes
Da Agência Imprensa Oficial

Ipesp convoca beneficiários para o recadastramento

Desde o dia 1º de janeiro os pensionistas do Instituto de Previdência do Estado de São Paulo (Ipesp) já podem fazer o seu recadastramento anual, no mês em que completam aniversário. O favorecido que, além da pensão mensal, recebe a aposentadoria pela Secretaria da Fazenda, precisará informar o fato ao atendente da agência, porque, neste caso, precisará ser recadastrado duas vezes, uma vez que são dois os sistemas de pagamento. O pensionista deve procurar a agência bancária onde são creditados seus benefícios, tendo em mãos CIC, RG (originais) e holerite. Quanto aos universitários, deverão entregar no banco a certidão de freqüência às aulas, expedida pela secretaria da faculdade, a declaração de matrícula e o tempo de duração do curso.

Aqueles que, por motivo de saúde, não puderem comparecer à agência bancária deverão comunicar a impossibilidade ao Ipesp por requerimento, no mês do seu aniversário e aguardar o agendamento de visita do representante do Instituto. Os atestados médicos para a finalidade de recadastramento não serão recebidos pelas agências bancárias.

Menores de 18 anos, só poderão ser representados pelos pais, tutor ou curador mediante apresentação dos seguintes documentos: para o caso de pai ou mãe, documento de identidade e certidão de nascimento (do menor) ou outro documento que comprove a filiação; se tutor ou curador, documento de identidade e cópia da tutela ou curatela. Os beneficiários que não efetuarem o recadastramento terão os pagamentos retidos.

Mais informações podem ser obtidas pelo telefone 08007019970 ou no *site www.ipesp.sp.gov.br*.

Da Assessoria de Imprensa do Ipesp

Conheça as novidades da Imprensa Oficial para a 18ª Bienal do Livro de São Paulo

No maior estande da feira, com 932 m², estarão expostos importantes lançamentos como os primeiros volumes da coleção Aplauso. A festa do livro terá publicações de todas as imprensas oficiais do Brasil, representadas pela Abio

O lançamento dos primeiros volumes da *Coleção Aplauso*, coordenada por Rubens Ewald Filho, os livros editados em parceria com Ongs e a nova edição do famoso *Dicionário de Política*, de Norberto Bobbio, estão entre as novidades da Imprensa Oficial do Estado na 18ª Bienal Internacional do Livro de São Paulo, que começa quinta-feira e termina dia 25, no Centro de Convenções Imigrantes. A parceria com editoras universitárias garante, mais uma vez, importantes lançamentos, a presença de grandes autores e atrações especiais no maior estande da bienal, com 932 metros quadrados.

Nesta edição, além da participação da Associação Brasileira das Editoras Universitárias (Abeu), a festa do livro terá as publicações de todas as imprensas oficiais do Brasil, representadas pela Associação Brasileira das Imprensas Oficiais (Abio). Como ocorreu em bienais anteriores, o estande da Imprensa e Abeu deverá atrair grande número de visitantes e movimentar a feira.

Ali estarão à disposição do público a produção das 21 principais editoras universitárias do País: Edusp (Universidade de São Paulo), UnB (Universidade de Brasília), UFMG (Universidade Federal de Minas Gerais), Editora da Unicamp, Unesp (Universidade Estadual Paulista), Edusc (Universidade Sagrado Coração), EDUFC (Universidade Federal do Paraná), EDUFSC (Universidade Federal de Santa Catarina), UFRGS (Universidade Federal do Rio Grande do Sul), Eduel (Universidade de Londrina) e outras. A Secretaria da Cultura também ocupará uma área do mesmo estande, localizado nas avenidas 2 e 3 (travessas O, P e Q), promovendo apresentações diárias de contadores de histórias, quarteto musical e o totem multimídia.

Lançamentos - O destaque da Imprensa Oficial será o lançamento dos primeiros volumes da *Coleção Aplauso*, que resgata histórias profissionais e pessoais de renomados atores e diretores de teatro, televisão e cinema, coordenada pelo crítico e comentarista Rubens Ewald Filho. Irene Ravache, Ruth de Souza e Anselmo Duarte contam suas vidas nos primeiros volumes.

São Paulo: Metrópole (Imprensa e Edusp), *Argonautas do Mangue* (com Unicamp), *Arquitetura em Madeira* (com Editora da Universidade Estadual de Londrina), *Guia dos Arquivos das Santas Casas de Misericórdia do Brasil* (volume 1), parceria com o Centro de Documentação e Informação Científica da PUC, e *A Casa*, de Jorge Marão Carnielo Miguel, editado com a Editora da Universidade Estadual de Londrina, são obras que poderão ser conferidas durante o evento.

Está de volta, ainda, o sucesso editorial *Dicionário de Política*, parceria com a Universidade de Brasília (UnB), de Norberto Bobbio, esgotado nas primeiras edições, que agora vem acompanhado por um CD. Com explicações e interpretações simples dos principais conceitos do universo do discurso político, o dicionário será lançado em dois volumes: volume 1, com 680 páginas e volume 2, com 264 páginas.

Da Agência Imprensa Oficial

Alguns lançamentos que a Imprensa Oficial fará na 18ª Bienal do Livro

Parceria promove transparência

A 18ª Bienal marcará o lançamento do projeto Imprensa Social, destinado à publicação de livros realizados em parceria com Ongs para dar visibilidade a trabalhos ligados às áreas de educação, saúde, comportamento, meio ambiente e minorias. Órgãos e associações como Unesco, Agência de Notícias dos Direitos da Criança, Geledés Instituto da Mulher Negra e Ação Educativa, entre outros, participam da iniciativa.

Nesta safra chegarão ao mercado obras como A Violência Silenciosa do Incesto, da Clínica Psicanalítica da Violência; Saúde Nutrição e Cultura, com a Associação Terra Indígena; A Escola Sustentável, com o Instituto de Permacultura e Ecocivilismo do Cerrado (Ipec); Aprendendo Português nas Escolas do Xingu, com Associação Terra Indígena e Instituto Socioambiental; Espelho Infiel, com Sindicato dos Jornalistas de São Paulo e Geledés; Pela Lente do Amor, parceria com a Ashoka Empreendedores Sociais e Lua Nova.

Diversidade de títulos - *Os últimos lançamentos da Imprensa Oficial, editados em parceria com universidades e organizações, estarão expostos no estande. Para conferir excelentes opções como Caixa Modernista, Ooó do Vovô, Páginas de Resistência, A Imprensa Confiscada pelo Deops, Aqui Dentro/Páginas de uma Memória: Carandiru, Dicionário de Política, Dicionário de Percussão, Igrejas Paulistas: Barroco e Rococó, A Origem do Nome dos Municípios Paulistas, Ao Encontro da Lei - O Novo Código Civil ao Alcance de Todos, Gilberto Freyre - China Tropical, Americanidade e Latinidade da América Latina e Outros Textos Afins, Palavras Repatriadas e Três Histórias Mais ou Menos Inventadas e muitos outros títulos.*

A série de sucesso Contos da Meia Noite, parceria entre a Imprensa Oficial e a TV Cultura, sai da tela da tevê e chega à bienal. Os programas de cinco minutos apresentando grandes nomes da nossa literatura, com atores famosos serão apresentados em vários horários para o público no estande da Imprensa Oficial do Estado.

Salão de idéias - *O livro Ooó do Vovô, editado pela Imprensa Oficial e Edusp, será destaque no Salão de idéias no dia 19, auditório 5, na palestra sobre O Vírus da Leitura, que terá a participação de José Mindlin e Vera Tess, uma das netas não biológicas, mas de coração, de Guimarães Rosa, que recebia cartões coloridos e mensagens carinhosas do avô. A mágica relação do escritor com as netas e seu universo literário garante informações que possibilitam às pessoas conhecerem melhor a vida e a obra de Guimarães Rosa.*

2005

MUNDO E BRASIL

_O Papa João Paulo II falece em 2 de abril. O Decreto n. 49511, de 2 de abril, publicado no *Diário Oficial*, de 5 de abril, declara luto oficial no estado, em sinal de pesar.

296 . LUTO OFICIAL NO ESTADO PELO FALECIMENTO DO PAPA JOÃO PAULO II

_No dia 7 de julho, atentados terroristas matam mais de 50 pessoas e deixam mais de 700 feridas em Londres.

_Em julho, denúncias de corrupção e de pagamentos de mensalidades aos deputados dão início a uma grave crise no governo federal, que leva a uma série de renúncias e à instalação de uma CPI para apurar os fatos.

_O furacão Katrina causa destruição nos Estados Unidos, no final de agosto.

_O Decreto n. 50125, de 25 de outubro, publicado no *Diário Oficial* em 26 de outubro, declara de utilidade pública a Fundação Mario Covas, com sede na capital.

_O Decreto n. 50322, de 8 de dezembro, publicado no *Diário Oficial* em 9 de dezembro, institui o Museu da Língua Portuguesa.

297. DECRETO INSTITUI O MUSEU DA LÍNGUA PORTUGUESA

IMPRENSA OFICIAL

_Em maio, é publicada uma edição especial, com ampla cobertura sobre os serviços digitais oferecidos pela Imprensa Oficial.

298. EDIÇÃO ESPECIAL PUBLICADA EM MAIO DE 2005 DESTACA OS AVANÇOS DA IMPRENSA OFICIAL NA ÁREA DE TECNOLOGIA DA INFORMAÇÃO

_Em outubro, é lançado o novo portal da Imprensa Oficial.

299. REPRODUÇÃO DA TELA DO NOVO PORTAL DA IMPRENSA OFICIAL REAFIRMA OS PASSOS DA EMPRESA RUMO À MODERNIZAÇÃO DOS SERVIÇOS ELETRÔNICOS PRESTADOS À COMUNIDADE

DIÁRIO OFICIAL

_Em 2 de janeiro, o caderno Diário do Município passa a se chamar Diário Oficial da Cidade.

296

Diário Oficial

Estado de São Paulo

Geraldo Alckmin - Governador

PODER **Executivo**

SEÇÃO I

Palácio dos Bandeirantes Av. Morumbi 4.500 Morumbi São Paulo CEP 05650-905 tel: 2193-8000

Volume 115 • Número 63 • São Paulo, terça-feira, 5 de abril de 2005 www.imprensaoficial.com.br

imprensaoficial

Decretos

DECRETO Nº 49.511, DE 2 DE ABRIL DE 2005

Declara luto oficial pelo falecimento do Papa João Paulo II

GERALDO ALCKMIN, Governador do Estado de São Paulo, no uso de suas atribuições legais,

Decreta:

Artigo 1º - Fica declarado luto oficial no território do Estado de São Paulo, por 7 (sete) dias, em sinal de profundo pesar pelo falecimento do Papa João Paulo II.

Artigo 2º - Este decreto entra em vigor na data de sua publicação.

Palácio dos Bandeirantes, 2 de abril de 2005

GERALDO ALCKMIN

Arnaldo Madeira

Secretário-Chefe da Casa Civil

Publicado na Casa Civil, aos 2 de abril de 2005.

DECRETO Nº 49.513, DE 4 DE ABRIL DE 2005

Identifica funções de direção específicas da carreira de Delegado de Polícia, a serem retribuídas mediante gratificação "pro labore" e dá providências correlatas

GERALDO ALCKMIN, Governador do Estado de São Paulo, no uso de suas atribuições legais e com fundamento no § 1º do artigo 4º da Lei Complementar nº 545, de 24 de junho de 1988 e alterações posteriores,

Decreta:

Artigo 1º - Para fins de atribuição da gratificação "pro labore", a que se refere o artigo 4º da Lei Complementar nº 545, de 24 de junho de 1988 e alterações posteriores, ficam caracterizadas como específicas da carreira de Delegado de Polícia as funções constantes do Anexo I, que faz parte integrante deste decreto, destinadas às unidades policiais criadas pelo Decreto nº 49.264, de 20 de dezembro de 2004.

Artigo 2º - Ficam extintas as funções de direção, constantes do Anexo II, que faz parte integrante deste

ANEXO II

a que se refere o artigo 2º do Decreto nº 49.513, de 4 de abril de 2005

DEPARTAMENTO DE POLÍCIA JUDICIÁRIA DE SÃO PAULO INTERIOR

DEINTER 4 - BAURU

UNIDADE EXTINTA	FUNÇÃO EXTINTA	QUANTIDADE	DECRETO QUE IDENTIFICOU A FUNÇÃO EXTINTA
Delegacias Seccionais de Polícia de:			
Presidente Prudente	Delegado Seccional de Polícia I	1	44.664, de 19.1.00
Adamantina	Delegado Seccional de Polícia II	1	44.664, de 19.1.00
Dracena	Delegado Seccional de Polícia II	1	44.664, de 19.1.00
Presidente Venceslau	Delegado Seccional de Polícia II	1	44.664, de 19.1.00

DECRETO Nº 49.514, DE 4 DE ABRIL DE 2005

Dispõe sobre abertura de crédito suplementar ao Orçamento Fiscal na Secretaria da Cultura, visando ao atendimento de Despesas Correntes

DECRETO Nº 49.489, DE 1º DE ABRIL DE 2005

Retificação do D.O. de 2-4-2005

Artigo 2º -

No artigo 2º, leia-se: O crédito aberto pelo artigo anterior será coberto com recursos a que alude o inciso II

Diário Oficial

Estado de São Paulo

Geraldo Alckmin - Governador

PODER **Executivo**

SEÇÃO I

Palácio dos Bandeirantes Av. Morumbi 4.500 Morumbi São Paulo CEP 05650-905 tel: 2193-8000

Volume 115 • Número 231 • São Paulo, sexta-feira, 9 de dezembro de 2005 www.imprensaoficial.com.br

imprensaoficial

Lei Complementar

LEI COMPLEMENTAR Nº 979, DE 8 DE DEZEMBRO DE 2005

Dispõe sobre a criação de cargos de Auditor do Tribunal de Contas no Quadro da Secretaria desse Tribunal e dá outras providências correlatas

O GOVERNADOR DO ESTADO DE SÃO PAULO:

Faço saber que a Assembléia Legislativa decreta e eu promulgo a seguinte lei complementar:

Artigo 1º - Ficam criados no Subquadro de Cargos Públicos da Secretaria do Tribunal de Contas, do SQC-III, Tabela I, prevista no inciso I do artigo 9º da Lei Complementar nº 743, de 27 de dezembro de 1993, 7 (sete) cargos de Auditor do Tribunal de Contas, enquadrados na conformidade do Anexo Único que faz parte integrante desta lei complementar.

Artigo 2º - Observada a ordem de classificação, os Auditores do Tribunal de Contas serão nomeados pelo Governador do Estado e empossados pelo Presidente do Tribunal de Contas, dentre brasileiros bacharéis em Ciências Jurídicas e Sociais, Ciências Contábeis e Atuariais, Ciências Econômicas ou Ciências da Administração, aprovados em concurso público de provas e títulos organizado pelo Tribunal de Contas, que satisfaçam os seguintes requisitos:

I - ter mais de trinta e cinco e menos de sessenta e cinco anos de idade;

II - idoneidade moral e reputação ilibada;

III - notórios conhecimentos jurídicos, contábeis, econômicos e financeiros ou de administração pública; e

IV - contar mais de dez anos de exercício de função ou de efetiva atividade profissional que exija os conhecimentos mencionados no inciso III.

§ 1º - Dois anos depois de tomar posse e entrar em exercício, o Auditor do Tribunal de Contas só perderá o cargo por sentença judicial transitada em julgado.

§ 2º - Antes de decorrido o prazo referido no § 1º deste artigo, a perda do cargo dependerá de deliberação do próprio Tribunal de Contas.

Artigo 3º - É vedado ao Auditor do Tribunal de Contas:

I - exercer, ainda que em disponibilidade, outro cargo ou função, salvo uma de magistério;

II - exercer cargo técnico ou de direção de sociedade civil, associação ou fundação, de qualquer natureza ou finalidade, salvo de associação de classe, sem remuneração;

III - exercer comissão remunerada ou não, inclusive em órgãos de controle da administração direta ou indireta, ou em concessionárias do serviço público;

IV - exercer profissão liberal, emprego particular, comércio, ou participar de sociedade comercial, exceto como acionista ou cotista sem ingerência;

V - celebrar contrato com pessoa jurídica de direito público, empresa pública, sociedade de economia mista, fundação, sociedade instituída e mantida pelo poder público ou empresa concessionária de serviço público, salvo quando o contrato obedecer a normas uniformes para todo e qualquer contratante; e

VI - dedicar-se à atividade político-partidária.

Artigo 4º - Compete ao Auditor do Tribunal de Contas:

I - substituir Conselheiros em suas ausências e impedimentos por motivo de licença, férias ou outro afastamento legal;

II - presidir a instrução dos processos que lhe forem distribuídos, quando não estiver convocado para substituir Conselheiro, relatando-os com proposta de decisão a ser votada pelos integrantes do Plenário ou da Câmara para a qual estiver designado;

III - exercer outras atribuições previstas no Regimento Interno do Tribunal.

Parágrafo único - O Auditor do Tribunal de Contas, quando em substituição a Conselheiro, terá as mesmas garantias e impedimentos do titular e, quando no exercício das demais atribuições da judicatura, as de Juiz Estadual de Direito da última entrância.

Artigo 5º - Ocorrendo alguma das hipóteses previstas no inciso I do artigo 4º e sempre que se fizer necessário, os Auditores do Tribunal de Contas exercerão a substituição mediante convocação do Presidente do Tribunal de Contas, de acordo com critérios previstos no Regimento Interno do Tribunal.

§ 1º - Em caso de vacância de cargo de Conselheiro, o Presidente do Tribunal de Contas, observados os critérios previstos no caput, convocará Auditor do Tribunal de Contas para exercer as funções inerentes ao cargo vago, até novo provimento.

§ 2º - Assiste ao Auditor do Tribunal de Contas o direito de perceber, por efeito da substituição e enquanto ela ocorrer, a remuneração devida ao Conselheiro.

Artigo 6º - Aplicam-se ao Auditor do Tribunal de Contas, no que couber, as normas legais atinentes a direitos e vantagens pecuniárias para os demais servidores do Quadro do Tribunal de Contas.

Artigo 7º - As despesas resultantes da aplicação desta lei complementar correrão à conta das dotações próprias consignadas no orçamento vigente, suplementadas, se necessário.

Artigo 8º - Esta lei complementar entra em vigor na data de sua publicação, revogadas as disposições em contrário.

DISPOSIÇÃO TRANSITÓRIA

Artigo único - Até a ocorrência da primeira posse no cargo de Auditor do Tribunal de Contas, os Conselheiros continuarão sendo substituídos nos termos da atual legislação.

Palácio dos Bandeirantes, 8 de dezembro de 2005.

GERALDO ALCKMIN

Eduardo Refinetti Guardia

Secretário da Fazenda

Arnaldo Madeira

Secretário-Chefe da Casa Civil

Publicada na Assessoria Técnico-Legislativa, aos 8 de dezembro de 2005.

ANEXO ÚNICO

ESCALA DE CLASSE E VENCIMENTO

AUDITOR do TRIBUNAL DE CONTAS - JORNADA COMPLETA

a que se refere o artigo 1º da Lei Complementar nº , de de 2005.

Denominação da Classe	Provimento	Jornada de Trabalho	Referência Mensal
Auditor do Tribunal de Contas	Efetivo SQC - III	40 horas semanais - Tabela I	R$ 3.743,75

Leis

LEI Nº 12.141, DE 8 DE DEZEMBRO DE 2005

Autoriza o Departamento de Estradas de Rodagem do Estado - DER a doar o imóvel que especifica

O GOVERNADOR DO ESTADO DE SÃO PAULO:

Faço saber que a Assembléia Legislativa decreta e eu promulgo a seguinte lei:

Artigo 1º - Fica o Departamento de Estradas de Rodagem - DER autorizado a alienar, por doação, ao Município de Nova Aliança, faixa de terreno com benfeitorias de terraplenagem e pavimentação, pertinente a trecho da Rodovia SP-355, entre o km 13 e o km 14+474,96m, com área total de 45.751,20m², destinada à utilização como via pública.

Artigo 2º - O imóvel de que trata o artigo 1º, caracterizado no Desenho nº CDT.9/6.819, constante do Processo nº 228.918, de 2000-DER, assim se descreve e confronta:

começa no ponto 0, junto a cerca de Sidnei Floriano; daí segue em curva com raio de 1.143,80m (um mil, cento e quarenta e três metros e oitenta centímetros) e desenvolvimento de 481,56m (quatrocentos e oitenta e um metros e cinqüenta e seis centímetros) até o ponto 1, confrontando do ponto 0 ao ponto 1 com Sidnei Floriano, Carlos Basílio Ayruth e parte de Cardovino Luis Bispo; daí segue com rumo de 16º22'39"SW e distância de 463,17m (quatrocentos e sessenta e três metros e dezessete centímetros) até o ponto 2, confrontando, do ponto 1 ao ponto 2, com parte de Cardovino Luis Bispo, Odécio Salioni, Mauricio José Honivati Zequim e parte de Julio Gabarrão Ruiz; daí segue em curva com raio de 836,08m (oitocentos e trinta e seis metros e oito centímetros) e desenvolvimento de 314,71m (trezentos e quatorze metros e setenta e um centímetros) até o ponto 3; daí segue com rumo de 37º56'40"SW e distância de 217,26m (duzentos e dezessete metros e vinte e seis centímetros) até o ponto 4, confrontando, do ponto 2 ao ponto 4 com Julio Gabarrão Ruiz; daí segue com rumo de 52º03'20"SE e distância de 30m (trinta metros) até o ponto 5, confrontando, do ponto 4 ao ponto 5, com o perímetro urbano de Nova Aliança (Rua do Comércio); daí segue com rumo de 37º56'40"NE e distância de 217,26m (duzentos e dezessete metros e vinte e seis centímetros) até o ponto 6, confrontando, do ponto 5 ao ponto 6, com Área de Preservação, Jardim Primavera e parte de João Rosa Vitoriano; daí segue em curva com raio de 866,08m (oitocentos e sessenta e seis metros e oito centímetros) e desenvolvimento de 326m (trezentos e vinte e seis metros) até o ponto 7, confrontando, do ponto 6 ao ponto 7, com parte de João Rosa Vitoriano, Olívio Mendicino e parte de Noel Carlos Holland; daí segue com rumo de 16º22'39"NE e distância de 463,17m (quatrocentos e sessenta e três metros e dezessete centímetros) até o ponto 8, confrontando, do ponto 7 ao ponto 8 com parte de Noel Carlos Holland, Antonio Marconi, Paulo Sergio Borega e parte de José Antonio Macagnani; daí segue em curva com raio de 1.113,80m (um mil, cento e treze metros e oitenta centímetros) e desenvolvimento de 468,93m (quatrocentos e sessenta e oito metros e noventa e três centímetros) até o ponto 9, confrontando, do ponto 8 ao ponto 9, com parte de Jose Antonio Macagnani, Maria Inês Osti Salomão e Jorge Carneiro Damiani; daí segue com rumo de 49º30'00"NW e distância de 30m (trinta metros) até o ponto 0, onde iniciou o referido perímetro, confrontando, do ponto 9 ao ponto 0, com o Departamento de Estradas de Rodagem - DER, encerrando área de 45.751,20m² (quarenta e cinco mil, setecentos e cinqüenta e um metros quadrados e vinte decímetros quadrados).

Artigo 3º - Da escritura deverão constar cláusulas, termos e condições que assegurem a efetiva utilização do imóvel para o fim a que se destina e impeçam sua transferência a qualquer título, estipulando-se que, em caso de inadimplemento, será o contrato rescindido, independentemente de indenização por benfeitorias realizadas.

Artigo 4º - Esta lei entra em vigor na data de sua publicação.

Palácio dos Bandeirantes, 8 de dezembro de 2005.

GERALDO ALCKMIN

Dario Rais Lopes

Secretário dos Transportes

Arnaldo Madeira

Secretário-Chefe da Casa Civil

Publicada na Assessoria Técnico-Legislativa, aos 8 de dezembro de 2005.

Decretos

DECRETO Nº 50.322, DE 8 DE DEZEMBRO DE 2005

Institui, na Secretaria da Cultura, o Museu da Língua Portuguesa e dá providências correlatas

GERALDO ALCKMIN, Governador do Estado de São Paulo, no uso de suas atribuições legais,

Considerando que a Língua Portuguesa constitui um dos maiores símbolos da identidade cultural do País, devendo ser valorizada como parte do patrimônio imaterial brasileiro;

Considerando que o Português, língua oficial para aproximadamente 270 milhões de pessoas, é o quinto idioma mais falado do mundo;

Considerando a importância de um espaço cultural que possibilite a valorização da nossa língua, inclusive pela abordagem diferenciada de suas modalidades, de seus sotaques incorporados ao longo do tempo, da influência estrangeira e das origens das palavras; e

Considerando que a Estação da Luz, um dos cartões postais da cidade de São Paulo, é um dos mais significativos monumentos arquitetônicos do País,

Decreta:

Artigo 1º - Fica instituído, na Secretaria da Cultura, junto ao Departamento de Museus e Arquivos, o Museu da Língua Portuguesa, como centro de referência permanente do idioma onde serão desenvolvidas atividades para a celebração, a compreensão e o uso da Língua Portuguesa.

Parágrafo único - O Museu da Língua Portuguesa, espaço cultural que não se caracteriza como unidade administrativa, será sediado no prédio, tombado pelo Governo Federal, denominado "Estação da Luz", no Município de São Paulo.

Artigo 2º - O Museu da Língua Portuguesa tem os seguintes objetivos básicos:

I - oferecer ao público em geral informações audiovisuais de caráter histórico, social e cultural sobre a Língua Portuguesa, em suas várias dimensões e possibilidades, organizadas em exposição permanente e em exposições temporárias;

II - propiciar, a estudantes e estudiosos, conferências, mesas-redondas, cursos e eventos interdisciplinares relativos à Língua Portuguesa em seus vários aspectos;

III - gerar produtos educacionais, como monitoria para escolas e atividades para formação de professores;

IV - disponibilizar conteúdos virtuais por meio da Internet.

Artigo 3º - Para a consecução de seus objetivos o Museu da Língua Portuguesa deverá, em especial:

I - manter oficinas culturais, que utilizarão diversas linguagens como música, teatro, dança e literatura para a valorização do idioma;

II - por meio de vários suportes tecnológicos, mostrar de maneira interativa o uso da Língua Portuguesa em diferentes mídias;

III - abrigar fóruns e debates liderados por instituições que tenham como missão a valorização da Língua Portuguesa.

Artigo 4º - Este decreto entra em vigor na data de sua publicação.

Palácio dos Bandeirantes, 8 de dezembro de 2005

GERALDO ALCKMIN

João Batista Moraes de Andrade

Secretário da Cultura

Arnaldo Madeira

Secretário-Chefe da Casa Civil

Publicado na Casa Civil, aos 8 de dezembro de 2005.

DECRETO Nº 50.323, DE 8 DE DEZEMBRO DE 2005

Dispõe sobre o expediente nas repartições públicas estaduais pertencentes à Administração Direta e Autarquias, relativo aos dias que especifica do exercício de 2006

GERALDO ALCKMIN, Governador do Estado de São Paulo, no uso de suas atribuições legais,

Decreta:

Artigo 1º - No exercício de 2006, além dos feriados declarados pela legislação pertinente, o expediente das repartições públicas estaduais pertencentes à Administração Direta e Autarquias observará, nos dias especificados, as disposições deste decreto, ficando ressalvadas as atividades essenciais e de interesse público.

Artigo 2º - Fica suspenso o expediente nas repartições públicas estaduais referidas no artigo anterior, relativo aos dias adiante mencionados:

I - 27 de fevereiro - segunda-feira - Carnaval;

II - 28 de fevereiro - terça-feira - Carnaval;

Artigo 3º - O expediente das repartições públicas estaduais a que alude o artigo 1º, relativo ao dia 1º de março - quarta-feira - Cinzas, terá seu início às 12 horas.

Artigo 4º - O disposto neste decreto não se aplica às repartições em que, por sua natureza, houver necessidade de funcionamento ininterrupto.

Artigo 5º - Os dirigentes das Fundações instituídas ou mantidas pelo Poder Público poderão adequar o disposto neste decreto às entidades que dirigem.

Artigo 6º - Este decreto entra em vigor na data de sua publicação.

Palácio dos Bandeirantes, 8 de dezembro de 2005.

GERALDO ALCKMIN

Antônio Duarte Nogueira Júnior

Secretário de Agricultura e Abastecimento

João Carlos de Souza Meirelles

Secretário da Ciência, Tecnologia e Desenvolvimento Econômico

João Batista Moraes de Andrade

Secretário da Cultura

Gabriel Chalita

Secretário da Educação

Mauro Guilherme Jardim Arce

Secretário de Energia, Recursos Hídricos e Saneamento

Eduardo Guardia

Secretário da Fazenda

Emanuel Fernandes

Secretário da Habitação

Dario Rais Lopes

Secretário dos Transportes

Hédio Silva Júnior

Secretário da Justiça e da Defesa da Cidadania

Suani Teixeira Coelho

Secretário-Adjunto, Respondendo pelo Expediente da Secretaria do Meio Ambiente

Maria Helena Guimarães de Castro

Secretária Estadual de Assistência e Desenvolvimento Social

Martus Tavares

Secretário de Economia e Planejamento

Luiz Roberto Barradas Barata

Secretário da Saúde

Saulo de Castro Abreu Filho

Secretário da Segurança Pública

Nagashi Furukawa

imprensaoficial

Tecnologia da Informação

São Paulo, maio de 2005 Edição especial

Governo Eletrônico avança

Imprensa Oficial torna-se a Autoridade Certificadora Digital do Estado de São Paulo

Leia nesta edição:

Certificação Digital
Garantia de segurança e autenticidade na transmissão de documentos pela Internet

Produtos Eletrônicos
Site da Imprensa Oficial, mais ágil e abrangente, conquista maiores espaços a cada dia

Tecnologia de ponta
Profissionais de alto nível, trabalhando com segurança total, garantem a inviolabilidade dos equipamentos eletrônicos da Imprensa Oficial

Acessa São Paulo
O maior programa governamental de inclusão digital do Brasil

Portal Corporativo

http://portal.imprensaoficial.com.br/imprensa/detalhe_imprensa.asp?X=X&id=2797

Portal SIS Apple Yahoo! Portal Palácio Google Maps Portal YouTube Wikipedia Notícias (171) Popular

io portal corporativo

Mapa do Portal Mais Notícias Clipping

A Imprensa

A Imprensa
Apresentação
Nossos Produtos
Nossos Clientes
Nossa Casa
Nossos Sistemas
Normas Internas
Organograma
Qualidade - SGQ
RNC
Atendimento a Clientes
Álbuns
Prêmios
Projetos Sociais
A Imprensa na imprensa
Portal de Negócios
Secretaria Geral
V&lacutedeos
Gestão de impressão e cópias
Blog 118 anos
Twitter

O Empregado
Palavra do Presidente
Localize
Quem Somos
Benefícios
Formulários
Restaurante
Ingresso grátis
Biblioteca
Aniversariantes
Saúde e Qualidade de Vida
Fale conosco
Afimesp
Dicionário

Mundo Externo
Gov. Estado SP
Cidadão.SP
Poupatempo
ABIO
ABEU
CBL
ANL
ABDR
Estadão

Novo Portal será marco na história da Imprensa Oficial

quinta-feira, 13 de outubro de 2005
Alterado em: 13 de outubro de 2005 - 8:15:14

 enviar por email

O ano de 2005 ficará marcado na história da Imprensa Oficial de São Paulo. O novo Portal, colocado no ar na última semana, será lembrado no futuro como uma ferramenta fundamental no processo de modernização da empresa. Além de facilitar a busca de informações do Diário Oficial, fornecer total segurança aos arquivos eletrônicos e oferecer serviços diferenciados aos usuários, o novo site tem como foco principal a atração de mais receitas à Imprensa Oficial.

O presidente Hubert Alquéres destacou, durante a reunião de gestão realizada ontem (segunda-feira, dia 10), que este é um portal de negócios. "Estamos diversificando nossas fontes de renda e acreditamos muito na ampliação do mercado de serviços eletrônicos", apontou.

O professor Hubert citou alguns avanços do novo Portal, como o **DO online**, que permite a busca facilitada e gratuita das últimas edições do Diário Oficial; o **DO busca**, pelo qual o cliente fará buscas por palavras-chave das edições anteriores do Diário Oficial; o **DO informa**, que envia um clipping de todos os cadernos do Diário Oficial, de acordo com a escolha de cada cliente; o **e-negocios.informa**, que também envia uma clipping, mas específico sobre licitações do Governo; a **certificação digital**, pela qual o cliente terá a autenticidade de documentos eletrônicos; entre outros.

Durante a reunião, também foi exposta uma linha do tempo da Imprensa Oficial paulista, mostrando a evolução dos últimos anos. O professor mostrou que entre 1891 e 1995 a empresa alternou momentos gloriosos com outros de grandes dificuldades. A partir de 1995, a Imprensa Oficial iniciou um processo consistente de modernização. "Em 1997 foi colocado o primeiro site no ar. Também foi neste ano que empresas como o Universo Online (UOL) iniciaram os trabalhos com internet no Brasil", comparou o professor.

Ele também lembrou que outro grande avanço ocorreu em 2001, com a implantação da PubNet. "Até então, para publicar no Diário Oficial era preciso enviar por fax ou vir até aqui e entregar os papéis. Com a PubNet, começamos a receber tudo via Internet", observou. Em 2003, outra melhoria, com o projeto de lei estadual que garantiu à Imprensa a incumbência de ser a certificadora oficial do Estado de São Paulo para arquivos digitais. "E agora, em 2005, implantamos o novo Portal com a tecnologia mais moderna de negócios pela internet", finalizou.

Imagem da Capa:

O Portal quer saber o que você achou desta matéria. Opine!

A matéria traz todas as informações necessárias

A matéria traz as informações necessárias e outras interessantes

Faltou informação

voltar

2006

MUNDO E BRASIL

_Marcos Pontes, primeiro astronauta brasileiro, volta à Terra, depois de passar dez dias no espaço.

_Em abril, Ellen Gracie torna-se a primeira mulher a ocupar a presidência do Supremo Tribunal Federal (STF), sucedendo ao ministro Nelson Jobim.

_O Brasil é eliminado da Copa Mundial de Futebol, pela França, pondo fim ao sonho do hexacampeonato.

_Raúl Castro assume provisoriamente o governo de Cuba, com plenos poderes delegados pelo irmão Fidel, após 47 anos ininterruptos no poder, desde o início da Revolução Cubana, em janeiro de 1959.

_Em março, denúncias sobre o ministro da Economia, Antonio Palocci, levam a seu afastamento e a uma séria crise política.

_No dia 20 de março, é inaugurado o Museu da Língua Portuguesa, na Estação da Luz.

300. ESTAÇÃO DA LUZ ONDE SE ENCONTRA INSTALADO O MUSEU DA LÍNGUA PORTUGUESA

GOVERNO DE SÃO PAULO

_Lei n. 12.268, de 20 de fevereiro de 2006, publicada no Diário Oficial do dia seguinte, institui o Programa de Ação Cultural – PAC que será implementado pela Secretaria de Estado da Cultura.

_No dia 30 de março, o governador Geraldo Alckmin deixa o cargo para candidatar-se à presidência pelo PSDB. O vice-governador, Cláudio Lembo, do PFL, assume o poder; seu discurso de posse, intitulado *Discurso das quatro dimensões*, é publicado no *Diário Oficial* de 1º de abril.

_Expansão da Linha 2 do Metrô com a inauguração das novas estações: Imigrantes, Chácara Klabin e Alto do Ipiranga.

301. LEI INSTITUI PROGRAMA DE AÇÃO CULTURAL - PAC.

IMPRENSA OFICIAL

_O Decreto n. 50688, de 31 de março, publicada no *Diário Oficial* em 1º de abril, dispõe sobre a classificação institucional da Casa Civil, decretando a Imprensa Oficial como uma de suas unidades orçamentárias.

_No dia 28 de abril, a Imprensa Oficial completa 115 anos e inaugura uma nova máquina offset Akiyama, 8 cores. Esta máquina possibilita a impressão em 4 cores frente e verso em uma única operação, com velocidade nominal de 13 mil folhas/hora, proporcionando grande ganho de produtividade.

DIÁRIO OFICIAL

_No dia 1º de maio, o *Diário Oficial* completa 115 anos.

_O *Diário Oficial* hoje é formado pelos seguintes cadernos: Executivo I e II, Judiciário I, II e III, D.O. Empresarial e Diário Oficial da Cidade.

Diário Oficial

PODER Executivo

Estado de São Paulo

Geraldo Alckmin - Governador

SEÇÃO I

Palácio dos Bandeirantes Av. Morumbi 4.500 Morumbi São Paulo CEP 05650-905 tel: 2193-8000

Volume 116 • Número 35 • São Paulo, terça-feira, 21 de fevereiro de 2006 www.imprensaoficial.com.br

imprensaoficial

Lei Complementar

LEI COMPLEMENTAR Nº 990, DE 20 DE FEVEREIRO DE 2006

Altera a Lei Complementar nº 686, de 1º de outubro de 1992, que dispõe sobre estágio no Ministério Público e dá outras providências

O GOVERNADOR DO ESTADO DE SÃO PAULO:

Faço saber que a Assembléia Legislativa decreta e eu promulgo a seguinte lei complementar:

Artigo 1º - O Artigo 13 da Lei Complementar nº 686, de 1º de outubro de 1992, alterado pelo artigo 57 da Lei Complementar nº 718, de 14 de junho de 1993, passa a ter a seguinte redação:

"Artigo 13 - O estagiário receberá bolsa mensal, a título de ajuda de custo, auxílio-alimentação e transporte, no valor correspondente a, no mínimo, R$300,00 (trezentos reais)." (NR)

Artigo 2º - As despesas resultantes da aplicação desta lei complementar correrão à conta das dotações próprias consignadas no orçamento.

Palácio dos Bandeirantes, 20 de fevereiro de 2006

GERALDO ALCKMIN

Luiz Tacca Júnior

Secretário da Fazenda

Arnaldo Madeira

Secretário-Chefe da Casa Civil

Publicada na Assessoria Técnico-Legislativa, aos 20 de fevereiro de 2006.

Leis

LEI Nº 12.268, DE 20 DE FEVEREIRO DE 2006

Institui o Programa de Ação Cultural - PAC, e dá providências correlatas

O GOVERNADOR DO ESTADO DE SÃO PAULO:

Faço saber que a Assembléia Legislativa decreta e eu promulgo a seguinte lei:

Artigo 1º - Fica instituído, no âmbito do Estado de São Paulo, o Programa de Ação Cultural - PAC, que será implementado pela Secretaria de Estado da Cultura.

Artigo 2º - São objetivos do PAC:

I - apoiar e patrocinar a renovação, o intercâmbio, a divulgação e a produção artística e cultural no Estado;

II - preservar e difundir o patrimônio cultural material e imaterial no Estado;

III - apoiar pesquisas e projetos de formação cultural, bem como a diversidade cultural;

IV - apoiar e patrocinar a preservação e a expansão dos espaços de circulação da produção cultural.

Artigo 3º - O PAC será constituído pelas seguintes receitas:

I - recursos específicos, fixados pela Secretaria de Estado da Fazenda, e consignados no orçamento anual da Secretaria de Estado da Cultura, aqui denominados "Recursos Orçamentários";

II - recursos do Fundo Estadual de Cultura criado pela Lei nº 10.294, de 3 de dezembro de 1968;

III - recursos provenientes do Incentivo Fiscal de que trata o artigo 6º da presente lei.

Artigo 4º - Os recursos do PAC serão destinados a atividades culturais independentes, de caráter privado, nos seguintes segmentos:

I - artes plásticas, visuais e design;

II - bibliotecas, arquivos e centros culturais;

III - cinema;

IV - circo;

V - cultura popular;

VI - dança;

VII - eventos carnavalescos e escolas de samba;

VIII - "hip-hop";

IX - literatura;

X - museu;

XI - música;

XII - ópera;

XIII - patrimônio histórico e artístico;

XIV - pesquisa e documentação;

XV - teatro;

XVI - vídeo;

XVII - bolsas de estudo para cursos de caráter cultural ou artístico, ministrados em instituições nacionais ou internacionais sem fins lucrativos;

XVIII - programas de rádio e de televisão com finalidades cultural, social e de prestação de serviços à comunidade;

XIX - projetos especiais - primeiras obras, experimentações, pesquisas, publicações, cursos, viagens, resgate de modos tradicionais de produção, desenvolvimento de novas tecnologias para as artes e para a cultura e preservação da diversidade cultural;

XX - restauração e conservação de bens protegidos por órgão oficial de preservação;

XXI - recuperação, construção e manutenção de espaços de circulação da produção cultural no Estado.

Artigo 5º - Constituirão receitas do Fundo Estadual de Cultura:

I - dotação orçamentária própria;

II - doações e contribuições dos governos federal, estaduais e municipais, de autarquias e de sociedades de economia mista;

III - doações e contribuições das pessoas físicas ou jurídicas de direito privado;

IV - repasses de organismos nacionais e internacionais, baseados em convênios;

V - juros de depósitos ou operações de crédito do próprio Fundo Estadual de Cultura;

VI - vetado;

VII - quaisquer outras receitas que legalmente incorporam-se ao Fundo Estadual de Cultura.

Artigo 6º - O contribuinte do Imposto sobre Operações Relativas à Circulação de Mercadorias e sobre Prestações de Serviços de Transporte Interestadual e Intermunicipal e de Comunicação - ICMS poderá, nos termos e condições estabelecidos pelo Poder Executivo, destinar a projetos culturais credenciados pela Secretaria de Estado da Cultura parte do valor do ICMS a recolher, apurado nos termos do artigo 47 da Lei nº 6.374, de 1º de março de 1989.

§ 1º - A concessão do incentivo fiscal previsto neste artigo deverá:

1 - observar o disposto na alínea "g" do inciso XII do § 2º do artigo 155 da Constituição Federal;

2 - ficar limitada a até 0,2% (dois décimos por cento) da parte estadual da arrecadação anual do ICMS relativa ao exercício imediatamente anterior, relativamente ao montante máximo de recursos disponíveis, a ser fixado em cada exercício pela Secretaria de Estado da Fazenda, para captação aos projetos credenciados pela Secretaria de Estado da Cultura em cada exercício.

§ 2º - Para fins de apuração da parte do valor do ICMS a recolher que poderá ser destinada aos projetos culturais de que trata o "caput", serão fixados, por meio de decreto, percentuais aplicáveis ao valor do saldo devedor do ICMS apurado pelo contribuinte, devendo esses percentuais variar de 0,01% (um centésimo por cento) a 3,0% (três por cento), de acordo com escalonamento por faixas de saldo devedor anual.

§ 3º - O disposto neste artigo não se aplica a contribuinte que não esteja em situação regular perante o Fisco, no que se refere ao cumprimento das obrigações principal e acessórias, e não satisfaça os requisitos estabelecidos pelo Poder Executivo.

Artigo 7º - Para as propostas de conteúdo artístico-cultural, com destinação exclusivamente pública para efeitos desta lei, considera-se:

I - projeto cultural: a proposta de conteúdo artístico-cultural, com destinação exclusivamente pública, e de iniciativa da produção independente, que receberá os benefícios do PAC;

II - gestor ou promotor: pessoa física ou jurídica responsável pelo projeto ou pelo seu desenvolvimento;

III - patrocinador: pessoa jurídica, contribuinte tributário de ICMS, que apoiar financeiramente projeto cultural.

Artigo 8º - Poderão apresentar projetos, como pessoa física, o próprio artista ou detentor de direitos sobre o seu conteúdo e, como pessoa jurídica, empresas com sede no Estado que tenham como objeto atividades artísticas e culturais, e instituições culturais sem fins lucrativos.

Parágrafo único - O disposto no "caput" deste artigo não se aplica a órgãos e entidades da administração pública, direta ou indireta, federal, estaduais e municipais, as quais poderão ser apenas beneficiárias de projetos referentes a atividades artísticas e culturais.

Artigo 9º - Fica vedada a utilização dos recursos do Incentivo Fiscal de que trata o artigo 6º para projetos em que seja beneficiária a empresa patrocinadora, bem como seus proprietários, sócios ou diretores, seus cônjuges e parentes em primeiro grau.

§ 1º - A utilização de recursos na forma prevista no "caput" deste artigo sujeitará a empresa patrocinadora ao cancelamento dos benefícios desta lei, com prejuízo dos valores eventualmente já depositados.

§ 2º - O disposto no "caput" deste artigo não se aplica aos projetos de conservação ou restauração de bens protegidos por órgão público.

Artigo 10 - Caberá ao Conselho Estadual de Cultura discutir e propor políticas públicas para o Estado na área de Cultura, bem como normas e diretrizes gerais da aplicação dos recursos da presente lei.

Artigo 11 - Os recursos consignados no orçamento anual da Secretaria de Estado da Cultura, previstos no inciso I do artigo 3º desta lei - "Recursos Orçamentários", têm como finalidades o apoio à pesquisa, criação e circulação de obras e atividades artísticas e culturais por meio de:

I - projetos artísticos e culturais propostos por pessoas físicas ou jurídicas, com ou sem fins lucrativos, e que tenham residência ou sede no Estado;

II - programas públicos estabelecidos em leis municipais que, por meio de concursos públicos, destinem recursos no orçamento do município para projetos de artistas e produtores culturais locais.

Parágrafo único - Fica vedada a concessão dos recursos de que trata o "caput" deste artigo a:

1. obras, produtos, eventos ou quaisquer projetos destinados a circuitos ou coleções particulares;

2. institutos, fundações, ou associações vinculadas a organizações privadas que tenham fins lucrativos e não tenham na arte e na cultura uma de suas principais atividades;

3. qualquer órgão, despesa ou projeto da administração pública direta ou indireta, seja ela municipal, estadual ou federal.

Artigo 12 - vetado.

Parágrafo único - vetado.

Artigo 13 - Anualmente, a Secretaria de Estado da Cultura poderá utilizar até 3,5% (três e meio por cento) dos recursos do PAC para pagamento dos membros das Comissões, hospedagem, transportes, consultorias e pareceres técnicos, contratações de serviços, operação da conta bancária e exigências legais decorrentes, divulgação, conferência estadual da cultura, pré-conferências e demais despesas necessárias à administração do PAC.

Artigo 14 - A participação dos projetos de produção cultural para obtenção de patrocínio com verba dos "Recursos Orçamentários" realizar-se-á por meio de editais públicos definidos pelo Conselho Estadual de Cultura.

Artigo 15 - Para inscrever o projeto no PAC, o proponente terá que comprovar domicílio ou sede no Estado há pelo menos 2 (dois) anos da data da inscrição.

Artigo 16 - A seleção dos projetos de produção cultural a serem beneficiados com verbas dos "Recursos Orçamentários" será feita por comissões julgadoras em cada área, designadas pelo Secretário de Estado da Cultura, composta cada uma por 5 (cinco) membros de notório saber na área de atuação definida pelo respectivo edital, na seguinte conformidade:

I - 2 (dois) membros escolhidos pelo Secretário de Estado da Cultura, que indicará entre eles o Presidente e Vice-Presidente;

II - 3 (três) membros escolhidos pelo Secretário de Estado da Cultura por meio de listas de nomes indicados por entidades artísticas do Estado.

Artigo 17 - vetado:

I - vetado;

II - vetado;

III - vetado.

Artigo 18 - Deverá constar de todo material de divulgação ou indicação dos projetos beneficiados por esta lei, o seguinte texto: GOVERNO DO ESTADO DE SÃO PAULO - PROGRAMA DE AÇÃO CULTURAL DA SECRETARIA DE CULTURA, ou outra forma que a Secretaria de Estado da Cultura indicar.

Artigo 19 - Os proponentes e seus responsáveis, que forem declarados inadimplentes em razão da inadequada aplicação dos recursos recebidos, ou pelo não-cumprimento do contrato, não poderão celebrar qualquer outro ajuste ou receber recursos do Governo do Estado por um período de 5 (cinco) anos.

Artigo 20 - Fica criada na Secretaria de Estado da Cultura a Comissão de Análise de Projetos - CAP, a ser constituída pelo Secretário de Estado da Cultura, com a finalidade de analisar e deliberar sobre os projetos culturais destinados à obtenção do incentivo fiscal previsto no inciso III, do artigo 3º desta lei.

§ 1º - A CAP será composta, de forma paritária, por servidores públicos e representantes da sociedade civil.

§ 2º - A Presidência da CAP será exercida por representante da Secretaria de Estado da Cultura, indicado pelo titular da Pasta.

Artigo 21 - Fica criado na Secretaria de Estado da Cultura, diretamente subordinado ao Gabinete do Secretário, o Núcleo de Gerenciamento dos projetos destinados à obtenção dos benefícios do Incentivo Fiscal de que trata o artigo 6º desta lei.

Parágrafo único - O Núcleo de Gerenciamento de que trata este artigo será constituído por servidores da Secretaria designados para estas atividades pelo Secretário de Estado da Cultura.

Artigo 22 - Fica instituída no Estado a Conferência Estadual de Arte e Cultura, que tem como objetivo organizar o debate, visando sistematizar demandas, propostas e diretrizes de políticas públicas que ampliem e consolidem o processo cultural no Estado.

Parágrafo único - A Conferência Estadual de Arte e Cultura, sob coordenação do Conselho Estadual de Cultura, será realizada a cada 2 (dois) anos, no Estado, e será precedida de pré-conferências.

Artigo 23 - O Poder Executivo regulamentará esta lei no prazo de 60 (sessenta) dias, a contar de sua publicação.

Artigo 24 - As despesas decorrentes da execução desta lei correrão à conta das dotações orçamentárias consignadas no orçamento vigente, suplementadas se necessário.

Artigo 25 - Esta lei entra em vigor na data de sua publicação, ficando revogada a Lei nº 8.819, de 10 de junho de 1994.

Palácio dos Bandeirantes, 20 de fevereiro de 2006

GERALDO ALCKMIN

João Batista de Andrade

Secretário da Cultura

Luiz Tacca Júnior

Secretário da Fazenda

Arnaldo Madeira

Secretário-Chefe da Casa Civil

Publicada na Assessoria Técnico-Legislativa, aos 20 de fevereiro de 2006.

LEI Nº 12.269, DE 20 DE FEVEREIRO DE 2006

(Projeto de lei nº 859/2001, do Deputado Sidney Beraldo - PSDB)

Institui o Programa Universidade na Comunidade

O GOVERNADOR DO ESTADO DE SÃO PAULO:

Faço saber que a Assembléia Legislativa decreta e eu promulgo a seguinte lei:

Artigo 1º - Fica instituído o Programa Universidade na Comunidade, destinado a promover, entre os alunos do sistema universitário do Estado, atividades junto a entidades filantrópicas e demais organizações da sociedade civil de interesse público.

Parágrafo único - As atividades de que trata o "caput" deste artigo poderão ser revertidas em créditos para a titulação do aluno, na forma estabelecida pela direção de cada faculdade.

Artigo 2º - O Poder Executivo regulamentará esta lei no prazo de 180 (cento e oitenta) dias a contar de sua vigência.

Artigo 3º - As despesas decorrentes da execução desta lei correrão à conta das dotações próprias, consignadas no orçamento vigente.

Artigo 4º - Esta lei entra em vigor na data de sua publicação.

Palácio dos Bandeirantes, 20 de fevereiro de 2006

GERALDO ALCKMIN

João Carlos de Souza Meirelles

Secretário de Ciência, Tecnologia e Desenvolvimento Econômico

Arnaldo Madeira

Secretário-Chefe da Casa Civil

Publicada na Assessoria Técnico-Legislativa, aos 20 de fevereiro de 2006.

LEI Nº 12.270, DE 20 DE FEVEREIRO DE 2006

(Projeto de lei nº 1161/2003, do Deputado Roberto Morais - PPS)

Institui o Programa de Assistência Médico-Ambulatorial aos Portadores da Doença de Parkinson e do Mal de Alzheimer

O GOVERNADOR DO ESTADO DE SÃO PAULO:

Faço saber que a Assembléia Legislativa decreta e eu promulgo a seguinte lei:

Artigo 1º - Fica criado o Programa Estadual de Assistência Médico-Ambulatorial aos Portadores da Doença de Parkinson e do Mal de Alzheimer.

Artigo 2º - As despesas decorrentes da aplicação desta lei correrão à conta das dotações orçamentárias próprias.

2007

MUNDO E BRASIL

_Visando estimular a ação missionária na América Latina, o papa Bento XVI visita o Brasil, e hospeda-se no Mosteiro de São Bento, em São Paulo. Durante a visita, celebra ainda a missa de canonização do 1º santo brasileiro, Frei Galvão.

302. PAPA BENTO XVI VISITA O BRASIL

_A FIFA – *Fédération Internationale de Football Association* anuncia que o Brasil sediará o Campeonato Mundial de Futebol de 2014.

303. COPA DO MUNDO DE 2014 NO BRASIL

_Arquiteto Oscar Niemeyer, um dos mais proeminentes arquitetos do Movimento Moderno de Arquitetura, autor do Conjunto da Pampulha, da nova capital – Brasília (primeira cidade moderna a ser tombada como monumento histórico e artístico internacional pela UNESCO), além de inúmeras obras no exterior, alcançando mais de 600 projetos, é eleito o arquiteto do século pela revista Time, no ano em que completou 100 anos.
Oscar Niemeyer faz 100 anos e é eleito pela revista *Time* o arquiteto do século XX

_O monumento ao Cristo Redentor, no Rio de Janeiro, é escolhido uma das sete maravilhas do mundo. Construído em 1931 e patrimônio histórico desde 1937, essa obra do engenheiro Heitor Silva Costa contou com a colaboração do escultor francês Paul Landowski e do artista plástico Carlos Oswald

GOVERNO DE SÃO PAULO

_José Serra, eleito governador, e o vice Alberto Goldman tomam posse em 1º de janeiro. Em seu discurso, publicado no *Diário Oficial* nº 2, de 3 de janeiro, propõe ética e desenvolvimento.

304. DISCURSO DE POSSE DE JOSÉ SERRA

_As unidades do Poupatempo Móvel na Grande São Paulo – decorrentes de programa criado em 1996 na gestão do governador Mario Covas, criando postos fixos de atendimento à população – realizam até 800 atendimentos diários oferecendo serviços rápidos para emissão de RG, carteira de trabalho, CPF, além de disponibilizar o e-poupatempo, acesso a mais de 2 mil serviços públicos eletrônicos.

_A criação do *Programa Bolsa Formação* regulamentado pelo Decreto n. 51.627, de 1º de março, publicado no *Diário Oficial* em 2 de março, prevê o aprimoramento da alfabetização no ensino fundamental, estabelecendo que cada sala de aula terá dois docentes, e estimulando a formação de professores auxiliares no intercâmbio e na prática pedagógica junto aos professores titulares.

_Projeto de lei governamental cria três faixas salariais; uma delas define o salário mínimo no Estado de São Paulo em R$ 410,00. Os valores foram fixados em base mensal, segundo critérios da Classificação Brasileira de Ocupações (CBO).

305. GOVERNADOR JOSÉ SERRA ASSINA PROJETO DE LEI QUE INSTITUI PISO SALARIAL EM SÃO PAULO

FIFA
For the Game. For the World.
FIFA
For the Game. For the World.
FIFA
For the Game. For the World.
FIFA
For the Game. For the World.

Diário Oficial

PODER **Executivo**

Estado de São Paulo

José Serra - Governador SEÇÃO I

Palácio dos Bandeirantes Av. Morumbi 4.500 Morumbi São Paulo CEP 05650-000 Tel. 2193-8000

Volume 117 • Número 2 • São Paulo, quarta-feira, 3 de janeiro de 2007 www.imprensaoficial.com.br

imprensaoficial

José Serra assume o governo de SP propondo ética e desenvolvimento

Ao assumir o governo do Estado de São Paulo, José Serra defendeu uma prática transformadora na política brasileira

"Venho a esta Casa propor uma ação pela ética, pelo desenvolvimento, pela justiça social, pela solidariedade ao Brasil. Sem cooptação nem barganhas fisiológicas, com uma situação responsável e uma oposição sadia e vigilante."

Essa frase foi pronunciada pelo governador José Serra, na cerimônia realizada na tarde da segunda-feira, dia 1º, na Assembléia Legislativa, quando foi empossado no cargo. Ela define e sintetiza os rumos que serão dados à nova administração do Estado, iniciada naquele momento.

Pouco antes, o governador e o vice-governador, Alberto Goldman, depois de apresentarem suas declarações públicas de bens, haviam prestado compromisso, prometendo "cumprir e fazer cumprir a Constituição do Estado e observar as leis", tal como determina a Constituição. Foram, então, lidos os termos de posse e os dois foram declarados, oficialmente, governador e vice-governador do Estado.

O Plenário Juscelino Kubitschek estava lotado, não apenas de populares, mas também de autoridades, como o presidente do Tribunal de Justiça, desembargador Celso Luiz Limongi; o presidente do Tribunal de Contas do Estado, Antônio Roque Citadini; o prefeito da capital, Gilberto Kassab; o procurador-geral de Justiça, César Rebello Pinho; o presidente da Câmara Municipal de São Paulo, vereador Antônio Carlos Rodrigues.

Encerrado o ato oficial, todas as autoridades presentes foram para a Esplanada do Palácio 9 de Julho. Ali o governador recém empossado recebeu honras militares e passou em revista a tropa formada por soldados da Polícia Militar do Estado.

Depois da cerimônia realizada na Assembléia Legislativa, governador e vice foram para o Palácio dos Bandeirantes, para a transmissão do cargo. Mais uma vez, o auditório estava lotado e Serra recebeu de Cláudio Lembo, que encerrava seu mandato, o pavilhão do Estado, que deve estar hasteado sempre que o governador estiver no Palácio. Mônica Serra foi homenageada por Renéa Lembo com um ramalhete, que simbolizou a transferência, entre elas, da presidência do Fundo Social de Solidariedade.

DANIEL GUIMARÃES

"A falta de desenvolvimento pune os mais necessitados; torna-os clientela cativa do assistencialismo"

Diante do mesmo conjunto de autoridades e personalidades, entre as quais o ex-presidente da República Fernando Henrique Cardoso, e vários prefeitos municipais, o novo governador anunciou suas primeiras providências administrativas. Determinou que todos os contratos em vigor e licitações em curso, no âmbito dos órgãos e entidades da administração pública estadual, sejam reavaliados e renegociados.

O Estado deverá reduzir despesas com cargos ou funções de provimento em comissão e serão adotadas medidas para economizar com despesas de pessoal. Será criado grupo de trabalho para fazer levantamento das dívidas do governo e fica obrigatório utilizar a modalidade pregão para aquisição de bens e serviços. Por último, o governador anunciou o recadastramento dos servidores públicos, ativos e inativos, e dos pensionistas, e instituiu os Conselhos de Governo e o Programa Estadual de Desburocratização.

Da Agência Imprensa Oficial

"A ineficiência crônica, a corrupção, o compadrio, o fisiologismo desmoralizam a democracia"

"Criar é transformar, é inovar. Não tenho medo do novo. Não há bom governo na história que não tenha ousado"

"Ser eficiente e ético no trato da coisa pública é um imperativo dos democratas"

"A população brasileira cobra de todos nós eficiência, respeito à coisa pública, honradez"

(José Serra, no discurso na Assembléia Legislativa)

Veja o discurso de posse do governador na última página

Diário Oficial

Estado de São Paulo

José Serra - Governador

PODER Executivo

SEÇÃO I

Palácio dos Bandeirantes Av. Morumbi 4.500 Morumbi São Paulo CEP 05650-000 Tel. 2193-8000

Volume 117 • Número 79 • São Paulo, quinta-feira, 26 de abril de 2007 www.imprensaoficial.com.br

imprensaoficial

Governador assina projeto de lei que institui piso salarial regional

Foram estabelecidas três faixas salariais; a primeira delas define o salário mínimo no Estado: R$ 410,00

O governador José Serra assinou ontem, no Palácio dos Bandeirantes, projeto de lei que institui o piso regional para os trabalhadores do Estado de São Paulo. O texto será enviado à Assembléia Legislativa para discussão e votação.

A Lei Complementar nº 103, de 14 de julho de 2000, autoriza os Estados a instituir o piso salarial regional para empregados que não tenham piso definido em lei federal, convenção ou acordo coletivo de trabalho. Ficam fora da abrangência da lei os servidores públicos municiais e estaduais e os que têm contrato de aprendizagem.

Durante a cerimônia de assinatura do projeto, o governador ressaltou que "as estimativas apontam para mais de um milhão de trabalhadores em São Paulo que poderão se beneficiar com a aprovação do novo projeto".

De acordo com o economista Roberto Macedo, professor da FEA- USP e pesquisador da Fipe, "o piso salarial não tem relação com o piso da Previdência Social, não interfere nas negociações salariais feitas pelos sindicatos, associações e corporações trabalhistas, nem provoca impactos na economia de Estado, pois não mexe com os salários dos funcionários públicos estaduais e municipais".

Valores – Três pisos foram definidos de acordo com a natureza das ocupações dos trabalhadores: R$ 410,00, R$ 450,00 e R$ 490,00 (confira no quadro ao lado as categorias contempladas). Os valores foram fixados em base mensal, segundo critérios da CBO (Classificação Brasileira de Ocupações). "Nenhum trabalhador privado poderá receber menos do que estes pisos. Essa é nossa estrutura de salário mínimo estadual", explicou o governador.

São Paulo é o quarto Estado a adotar o piso regional. Para efeitos de comparação, vale lembrar que os quatro pisos salariais do Rio Grande do Sul oscilam entre R$ 405,95 e R$ 441,86 e os seis do Rio de Janeiro têm variação entre R$ 404,02 e R$ 486,13. Já o Paraná fixou seis pisos com valores que vão de R$ 427,00 a R$ 437,90. O salário mínimo nacional é de R$ 380,00. O salário mínimo para funcionários públicos paulistas, não contemplados com a nova lei, assim como os servidores municipais, é de R$ 510,00.

Da Agência Imprensa Oficial

MILTON MICHIDA

Ao lado do deputado Vaz de Lima e do secretário do Trabalho Guilherme Afif Domingos, o governador José Serra assina o projeto do piso

Eis as faixas salariais:

R$ 410,00 – *Trabalhadores domésticos, serventes, trabalhadores agropecuários e florestais, pescadores, contínuos, mensageiros e trabalhadores de serviços de limpeza e conservação, de manutenção de áreas verdes e de logradouros públicos, auxiliares de serviços gerais de escritório, empregados não especializados do comércio, da indústria e de serviços administrativos, cumins, "barboys", lavadeiros, ascensoristas, trabalhadores de movimentação e manipulação de mercadorias e materiais e trabalhadores não especializados de minas e pedreiras.*

R$ 450,00 – *Operadores de máquinas e implementos agrícolas e florestais, de máquinas da construção civil, de mineração e de cortar e lavrar madeira, classificadores de correspondência e carteiros, tintureiros, barbeiros, cabeleireiros, manicures e pedicures, dedetizadores, vendedores, trabalhadores de costura e estofadores, pedreiros, trabalhadores de preparação de alimentos e bebidas, de fabricação e confecção de papel e papelão, trabalhadores em serviços de proteção e segurança pessoal e patrimonial, trabalhadores de serviços de turismo e hospedagem, garçons, cobradores de transporte coletivos, "barmen", pintores, encanadores, soldadores, chapeadores, montadores de estruturas metálicas, vidreiros e ceramistas, fiandeiros, tecelões, tingidores, trabalhadores de curtimento, joalheiros, ourives, operadores de máquinas de escritório, secretários, datilógrafos, digitadores, telefonistas, operadores de telefone e de telemarketing, atendentes e comissários de serviços de transporte de passageiros, trabalhadores de redes de energia e de telecomunicações, mestres e contramestres, marceneiros, trabalhadores em usinagem de metais, ajustadores mecânicos, montadores de máquinas, operadores de instalações de processamento químico e supervisores de produção e manutenção industrial.*

R$ 490,00 – *Administradores agropecuários e florestais, trabalhadores de serviços de higiene e saúde, chefes de serviços de transportes e de comunicações, supervisores de compras e de vendas, agentes técnicos em vendas e representantes comerciais, operadores de estação de rádio e televisão, de equipamentos de sonorização e de projeção cinematográfica e técnicos em eletrônica.*

_A Lei n. 12.685, de 28 de agosto, publicada no *Diário Oficial* no dia seguinte, dispõe sobre a criação do *Programa de Estímulo à Cidadania Fiscal do Estado de São Paulo* e dá outras providências, instituindo a Nota Fiscal Paulista. O objetivo da lei, sancionada pelo governador José Serra, é incentivar o consumidor a exigir o documento fiscal, recebendo de volta 30% do valor do imposto cobrado.

306. LEI CRIA NOTA FISCAL PAULISTA

306

Diário Oficial

PODER **Executivo**

Estado de São Paulo

José Serra - Governador | SEÇÃO I

Palácio dos Bandeirantes Av. Morumbi 4.500 Morumbi São Paulo CEP 05650-000 Tel. 2193-8000

Volume 117 • Número 163 • São Paulo, quarta-feira, 29 de agosto de 2007 www.imprensaoficial.com.br

imprensaoficial

Nova lei estadual garante devolução de 30% do ICMS aos consumidores

O projeto Nota Fiscal Paulista, que entra em vigor no dia 1º de outubro, tem como objetivo incentivar o consumidor a exigir o documento fiscal

O consumidor que exigir nota fiscal no ato da aquisição de bem ou serviço no Estado tem direito de receber de volta 30% do valor pago como Imposto sobre Circulação de Mercadorias e Serviços (ICMS). Isso é o que garante lei sancionada ontem pelo governador José Serra.

A lei cria o *Programa de Estímulo à Cidadania Fiscal do Estado de São Paulo*, cujo principal instrumento é o projeto Nota Fiscal Paulista. Ele determina a devolução ao consumidor de parte do que foi recolhido como imposto na compra de mercadorias, bens e serviços de transporte interestadual e intermunicipal. Para isso, no momento da compra, ele deve solicitar a nota, e fornecer o seu CPF ou CNPJ para ser registradona nota. O *slogan* de divulgação da nova sistemática faz o apelo: *Not@ Fiscal Paulista-Quanto mais você pede, mais você ganha*.

Not@Fiscal Paulista
Quanto mais você pede, mais você ganha.

A medida começará a valer nos restaurantes, em 1º de outubro, e será estendida a outros setores mês a mês, com os bares e similares na seqüência. A previsão é de que cerca de 100 mil empresas sejam incorporadas a cada 30 dias e de que até o final do primeiro semestre do próximo ano os mais de 750 mil estabelecimentos, distribuídos em todo o Estado, já tenham se ajustado. "Vamos reduzir a carga tributária do consumidor que faz suas compras no Estado de São Paulo. Nota Fiscal Paulista é a nota fiscal que gera créditos para os cidadãos", afirma o secretário Estadual da Fazenda, Mauro Ricardo Costa.

Além da diminuição da carga tributária individual, o programa tem como objetivo a redução da concorrência desleal entre as empresas, com o combate à pirataria e à sonegação. Ele prevê, ainda, premiação aos participantes, com distribuição de cupons, conquistados a cada R$ 100,00 em compras, para concorrer a prêmios a serem definidos pela Secretaria.

Bônus e multa – Para acionar a devolução, o estabelecimento precisa cadastrar o documento fiscal devidamente preenchido no *site* da Fazenda ou emitir nota fiscal *on-line* (esta já vinculada ao sistema). Ao final de cada mês, deve enviar à Secretaria, pela Internet, os arquivos das notas e cupons emitidos no mês anterior, apurar o imposto devido no período e efetuar o seu recolhimento ao tesouro estadual. Caso não cumpra a determinação, fica sujeito a multa de R$ 100 Ufesp (R$ 1.423,00) por nota não registrada.

O consumidor pode escolher de que forma deseja receber os créditos: por depósito na conta-corrente, como abatimento no valor da fatura do cartão de crédito, para pagar o Imposto sobre a Propriedade de Veículos Automotores (IPVA), ou ainda solicitar a transferência do valor para terceiros.

A devolução referente às compras feitas de janeiro a junho será feita a partir de outubro do mesmo ano. Para as compras feitas de julho a dezembro, ocorrerá em abril do ano seguinte. Por sua vez, para garantir o recebimento e optar pela forma do crédito, o contribuinte terá de cadastrar, pela Internet, uma senha no *site* da Fazenda, onde poderá também solicitar o recebimento de *e-mail* com o seu saldo.

O secretário-adjunto da Fazenda, George Tormin, considera que a necessidade de acesso à rede não deverá causar problemas para quem não possui computador. Segundo ele, o procedimento será amplamente divulgado e quem não tem acesso à internet poderá usar os postos do *Acessa São Paulo* para se cadastrar. "Hoje todo mundo acessa a Internet", ressalta.

O bônus a receber poderá ser acumulado por um período de cinco anos. Depois desse período, perde a validade. Há a possibilidade de ser destinado a instituições filantrópicas, por meio do cadastramento do Cadastro Nacional de Pessoa Jurídica (CNPJ). Para fazer essa opção, o contribuinte deve deixar em branco o campo para preenchimento com o seu CPF.

Pequenas empresas – São Paulo é o primeiro Estado a implantar esse sistema no país. A devolução não ocorrerá sobre os pagamentos de serviços de fornecimento de energia elétrica, gás canalizado e comunicação, assim como os de transações com automóveis, bebidas, combustíveis, entre outros produtos, que são tributados na indústria. Também não têm direito ao crédito os contribuintes inadimplentes com o Estado.

Outro ponto importante do programa se refere às regras do cálculo da devolução. Os 30% serão calculados sobre o valor total de créditos e débitos de ICMS do estabelecimento (os impostos recolhidos e recebidos) e divididos entre todos os que compraram no estabelecimento durante o mês de referência, conforme o valor da compra de cada um. Dessa forma, pode haver situações em que o valor a ser devolvido seja pequeno ou quase nada. É o caso do período em que o comerciante fez mais compras do que vendas.

O secretário-adjunto argumenta que isso caracteriza a sazonalidade natural do mercado, comum a todos, e que por isso não incidirá em perdas, pois acaba sendo compensada no decorrer do ano. "O consumidor vai perceber que não recebeu muito de um estabelecimento, mas foi compensado em suas compras no outro e assim por diante", explica.

Segundo ele, os créditos não deverão comprometer também a Lei de Responsabilidade Fiscal, uma vez que a renúncia relativa à concessão do crédito será compensada, de acordo com o projeto, pelo aumento da arrecadação de tributos decorrente da redução da evasão fiscal e da entrada em vigor do Simples Nacional que, diferentemente do Simples Paulista, não terá faixas de faturamento com isenção do imposto.

Simone de Marco
Da Agência Imprensa Oficial

Quem tem direito:
Todos os contribuintes, exceto os inadimplentes com o Estado, têm direito à devolução de 30% do valor pago com ICMS. O comerciante também tem de estar em dia com o recolhimento do ICMS

Como funciona:
Para ter direito, o consumidor precisa exigir a nota fiscal. O comerciante deve preenchê-la com o CPF do contribuinte e cadastrá-la no site da Secretaria da Fazenda. A nota fiscal on-line *já está integrada ao sistema da secretaria. O consumidor também precisa se cadastrar no sistema para poder receber o crédito.*

SERVIÇO
Site* da Fazenda: *www.fazenda.sp.gov.br

_O *Diário Oficial* de 25 de setembro anuncia a criação da nova fábrica de medicamentos da Fundação para o Remédio Popular (Furp) e um conjunto de medidas do governo do Estado que ampliou a distribuição gratuita de remédios à população.

_O Decreto n. 52.361, de 13 de novembro, publicado no *Diário Oficial* em 14 de novembro, cria o *Programa Ação Jovem* que tem por objetivo promover a inclusão social de jovens, na faixa etária de 15 a 24 anos, pertencentes a famílias com renda *per capita* mensal de até meio salário mínimo nacional, mediante a transferência direta de renda, como apoio financeiro temporário para estimular a conclusão da escolaridade básica, somada a ações complementares e de apoio à iniciação profissional.

IMPRENSA OFICIAL

_Os livros *Resmungos*, de Ferreira Gullar (edição Imorensa Oficial); *Passagens*, de Walter Benjamin (coedição Imprensa Oficial e Edufmg); e *Bilac, o Jornalista*, de Antônio Dimas (coedição Imprensa Oficial, Unicamp e Edusp), conquistaram o Prêmio Jabuti, sendo que *Resmungos* recebeu o 1º lugar em Contos e Crônicas, além do prêmio de Melhor Livro do Ano, na categoria não-ficção.

307. IMPRENSA OFICIAL GANHA TRÊS PRÊMIOS JABUTI

_Reportagem publicada no *Diário Oficial* de 30 de novembro traz foto do Edifício Copan onde se avista um painel com o número 100, pintado com cem flores em homenagem ao arquiteto Oscar Niemeyer que completaria 100 anos em 15 de dezembro.

308. CENTENÁRIO DE OSCAR NIEMEYER É COMEMORADO COM PAINEL NO EDIFÍCIO COPAN

Diário Oficial

PODER
Executivo

Estado de São Paulo

José Serra - Governador

SEÇÃO I

Palácio dos Bandeirantes Av. Morumbi 4.500 Morumbi São Paulo CEP 05650-000 Tel: 2193-8000

Volume 117 • Número 163 • São Paulo, quarta-feira, 29 de agosto de 2007 www.imprensaoficial.com.br

imprensaoficial

Leis

LEI Nº 12.685, DE 28 DE AGOSTO DE 2007

Dispõe sobre a criação do Programa de Estímulo à Cidadania Fiscal do Estado de São Paulo, e dá outras providências

O GOVERNADOR DO ESTADO DE SÃO PAULO:

Faço saber que a Assembléia Legislativa decreta e eu promulgo a seguinte lei:

Artigo 1º - Fica instituído o Programa de Estímulo à Cidadania Fiscal do Estado de São Paulo, com o objetivo de incentivar os adquirentes de mercadorias, bens e serviços de transporte interestadual e intermunicipal a exigir do fornecedor a entrega de documento fiscal hábil.

Parágrafo único - O acréscimo de arrecadação previsto no Programa de Estímulo à Cidadania Fiscal do Estado de São Paulo deverá ser adicionado à arrecadação prevista na Lei nº 12.677, de 16 de julho de 2007, que dispõe sobre as Diretrizes Orçamentárias para o exercício de 2008.

Artigo 2º - A pessoa natural ou jurídica que adquirir mercadorias, bens ou serviços de transporte interestadual e intermunicipal de estabelecimento fornecedor localizado no Estado de São Paulo, que seja contribuinte do Imposto sobre Operações Relativas à Circulação de Mercadorias e sobre Prestações de Serviços de Transporte Interestadual e Intermunicipal e de Comunicação - ICMS, fará jus ao recebimento de créditos do Tesouro do Estado.

§ 1º - Os créditos previstos no "caput" deste artigo somente serão concedidos se o documento relativo à aquisição for um Documento Fiscal Eletrônico, assim entendido aquele constante de relação a ser divulgada pela Secretaria da Fazenda.

§ 2º - Os créditos previstos no "caput" deste artigo não serão concedidos:

1. na hipótese de aquisições que não sejam sujeitas à tributação pelo ICMS;

2. relativamente às operações de fornecimento de energia elétrica e gás canalizado ou de prestação de serviço de comunicação;

3. se o adquirente for:

a) contribuinte do ICMS sujeito ao regime periódico de apuração;

b) órgão da administração pública direta da União, dos Estados e dos Municípios, bem como suas autarquias, fundações instituídas e mantidas pelo Poder Público, empresas públicas, sociedades de economia mista e demais entidades controladas direta ou indiretamente pela União, pelos Estados ou pelos Municípios, exceto as instituições financeiras e assemelhadas;

4. na hipótese de o documento emitido pelo fornecedor:

a) não ser documento fiscal hábil;

b) não indicar corretamente o adquirente;

c) tiver sido emitido mediante fraude, dolo ou simulação.

Artigo 3º - O valor correspondente a até 30% (trinta por cento) do ICMS, efetivamente recolhido por cada estabelecimento, será atribuído como crédito aos adquirentes de mercadorias, bens e serviços de transporte interestadual e intermunicipal na proporção do valor de suas aquisições em relação ao valor total das operações e prestações realizadas pelo estabelecimento fornecedor no período.

§ 1º - Para fins de cálculo do valor do crédito a ser concedido aos adquirentes, será considerado:

1. o mês de referência em que ocorreram os fornecimentos;

2. o valor do ICMS recolhido relativamente ao mês de referência indicado no item 1.

§ 2º - A cada R$ 100,00 (cem reais) em compras registradas em Documentos Fiscais Eletrônicos, o adquirente fará jus a um cupom numerado para concorrer, gratuitamente, a sorteio a que se refere o inciso III do artigo 4º, na forma a ser disciplinada pela Secretaria da Fazenda.

Artigo 4º - A Secretaria da Fazenda poderá, atendidas as demais condições previstas nesta lei:

I - estabelecer cronograma para a implementação do Programa de Estímulo à Cidadania Fiscal do Estado de São Paulo e definir o percentual de que trata o "caput" do artigo 3º, em razão da atividade econômica preponderante, do regime de apuração do imposto, do porte econômico do fornecedor ou da região geográfica de localização do estabelecimento fornecedor;

II - autorizar o direito de crédito em relação a documentos fiscais emitidos em papel, desde que sejam objeto de Registro Eletrônico na forma estabelecida pela Secretaria da Fazenda;

III - instituir sistema de sorteio de prêmios para os consumidores finais, pessoa natural ou as entidades a que se refere o inciso IV deste artigo, identificados em Documento Fiscal Eletrônico, observado o disposto na legislação federal;

IV - permitir que entidades paulistas de assistência social, sem fins lucrativos, cadastradas na Secretaria da Fazenda, sejam indicadas como favorecidas pelo crédito previsto no artigo 2º, no caso de o Documento Fiscal Eletrônico não indicar o nome do consumidor.

Artigo 5º - A pessoa natural ou jurídica que receber os créditos a que se refere o artigo 2° desta lei, na forma e nas condições estabelecidas pelo Poder Executivo, poderão:

I - utilizar os créditos para reduzir o valor do débito do Imposto sobre a Propriedade de Veículos Automotores - IPVA do exercício seguinte;

II - transferir os créditos para outra pessoa natural ou jurídica;

III - solicitar depósito dos créditos em conta corrente ou poupança, mantida em instituição do Sistema Financeiro Nacional, ou o crédito em cartão de crédito emitido no Brasil.

§ 1º - O depósito ou o crédito a que se refere o inciso III deste artigo somente poderá ser efetuado se o valor a ser creditado corresponder a, no mínimo, R$ 25,00 (vinte e cinco reais).

§ 2º - Serão cancelados os créditos que não forem utilizados no prazo de 5 (cinco) anos, contados da data em que tiverem sido disponibilizados pela Secretaria da Fazenda.

§ 3º - Não poderão utilizar os créditos os inadimplentes em relação a obrigações pecuniárias, de natureza tributária ou não-tributária, do Estado de São Paulo.

§ 4º - Os créditos relativos a aquisições ocorridas entre os meses de janeiro a junho poderão ser utilizados a partir do mês de outubro do mesmo ano-calendário; e os relativos a aquisições entre os meses de julho a dezembro, a partir do mês de abril do ano-calendário seguinte.

§ 5º - O IPVA, quando abatido ou quitado pelo crédito previsto no artigo 2º, não poderá sofrer qualquer decréscimo quanto ao cálculo do percentual destinado aos Municípios.

Artigo 6º - O Poder Executivo promoverá campanhas de educação fiscal com o objetivo de informar, esclarecer e orientar a população sobre:

I - o direito e o dever de exigir que o fornecedor cumpra suas obrigações tributárias e emita documento fiscal válido a cada operação ou prestação;

II - o exercício do direito de que trata o artigo 2º desta lei;

III - os meios disponíveis para verificar se o fornecedor está adimplente com suas obrigações tributárias perante o Estado de São Paulo;

IV - a verificação da geração do crédito relativo a determinada aquisição e do seu saldo de créditos;

V - documentos fiscais e equipamentos a eles relativos.

Artigo 7º - Ficará sujeito a multa no montante equivalente a 100 UFESPs - Unidade Fiscal do Estado de São Paulo, por documento não emitido ou entregue, a ser aplicada na forma da legislação de proteção e defesa do consumidor, o fornecedor que deixar de emitir ou de entregar ao consumidor documento fiscal hábil, relativo ao fornecimento de mercadorias, bens ou serviços, sem prejuízo de outras penalidades previstas na legislação.

Parágrafo único - Ficará sujeito à mesma penalidade o fornecedor que violar o direito do consumidor pela prática das seguintes condutas:

1. emitir documento fiscal que não seja hábil ou que não seja o adequado ao respectivo fornecimento;

2. deixar de efetuar o Registro Eletrônico do documento fiscal na Secretaria da Fazenda do Estado de São Paulo, quando o registro for exigido pela legislação.

Artigo 8º - Os créditos a que se referem o artigo 2º e o inciso IV do artigo 4º desta lei, bem como os recursos destinados ao sorteio de prêmios previsto no inciso III do referido artigo 4º, serão contabilizados à conta da receita do ICMS.

Artigo 9º - O Poder Executivo manterá, por intermédio do Banco Nossa Caixa S.A., Linha de Crédito Especial destinada à pequena e microempresa a fim de financiar, total ou parcialmente, o investimento necessário à implantação do Programa de Estímulo à Cidadania Fiscal do Estado de São Paulo.

Artigo 10 - O Poder Executivo encaminhará à Assembléia Legislativa, quadrimestralmente, Relatório de Prestação de Contas e Balanço dos créditos concedidos nos moldes do exercício do direito de que trata o artigo 2° desta lei, com indicação detalhada de todas as operações realizadas.

Artigo 11 - Fica acrescentado ao artigo 3º da Lei nº 7.645, de 23 de dezembro de 1991, que dispõe sobre a Taxa de Fiscalização e Serviços Diversos, o inciso XV, com a seguinte redação:

"Artigo 3º - São isentos da Taxa de Fiscalização e Serviços Diversos:

....

XV - A expedição de certidão negativa de tributos estaduais, nas hipóteses previstas na Tabela "A", subitem 10.4, "a", "b" e "c", desde que o serviço seja prestado por meio de sítio na internet.". (NR)

Artigo 12 - Ficam excluídos o subitem 9.2 e o item 12 da Tabela "A", anexa à Lei nº 7.645, de 23 de dezembro de 1991, que dispõe sobre a Taxa de Fiscalização e Serviços Diversos.

Artigo 13 - Esta lei entra em vigor na data de sua publicação.

Palácio dos Bandeirantes, 28 de agosto de 2007

JOSÉ SERRA

Mauro Ricardo Machado Costa

Secretário da Fazenda

Aloysio Nunes Ferreira Filho

Secretário-Chefe da Casa Civil

Publicada na Assessoria Técnico-Legislativa, aos 28 de agosto de 2007.

Decretos

DECRETO Nº 52.096, DE 28 DE AGOSTO DE 2007

Regulamenta o Programa de Estímulo à Cidadania Fiscal do Estado de São Paulo e dá outras providências

JOSÉ SERRA, Governador do Estado de São Paulo, no uso de suas atribuições legais e tendo em vista o disposto na Lei nº 12.685, de 28 de agosto de 2007,

Decreta:

Artigo 1° - O Programa de Estímulo à Cidadania Fiscal do Estado de São Paulo, instituído pela Lei nº 12.685, de 28 de agosto de 2007, com o objetivo de incentivar os adquirentes de mercadorias, bens e serviços de transporte interestadual e intermunicipal a exigir do fornecedor a entrega de documento fiscal hábil, será implementado conforme disposto neste decreto.

Artigo 2° - A pessoa física ou jurídica que adquirir mercadorias, bens ou serviços de transporte interestadual e intermunicipal de fornecedor localizado no Estado de São Paulo, inscrito no Cadastro de Contribuintes do ICMS - Imposto sobre Operações Relativas à Circulação de Mercadorias e sobre Prestações de Serviços de Transporte Interestadual e Intermunicipal e de Comunicação, fará jus ao recebimento de créditos do Tesouro do Estado.

§ 1° - Os créditos previstos no "caput" deste artigo somente serão concedidos se o fornecedor emitir um dos seguintes documentos:

1 - Nota Fiscal Eletrônica - NF-e;

2 - Nota Fiscal de Venda a Consumidor "On-Line" - NFVC-"On-Line";

3 - Cupom Fiscal emitido por equipamento Emissor de Cupom Fiscal - EFC, ou Nota Fiscal ou Nota Fiscal de Venda a Consumidor - NFVC emitidas mediante a utilização de impresso fiscal, e, em qualquer caso, desde que efetuado o respectivo Registro Eletrônico de Documento Fiscal - REDF.

§ 2° - Os créditos previstos no "caput" deste artigo não serão concedidos:

1 - na hipótese de aquisições não sujeitas à tributação pelo ICMS;

2 - relativamente às operações de fornecimento de energia elétrica, gás canalizado ou de serviço de comunicação;

3 - se o adquirente for:

a) contribuinte do ICMS não optante pelo Regime Especial Unificado de Arrecadação de Tributos e Contribuições - Simples Nacional, instituído pela Lei Complementar federal nº 123, de 14 de dezembro de 2006;

b) órgão da administração pública direta da União, dos Estados e dos Municípios, bem como suas autarquias, fundações instituídas e mantidas pelo Poder Público, empresas públicas, sociedades de economia mista e demais entidades controladas direta ou indiretamente pela União, pelos Estados ou pelos Municípios, exceto as instituições financeiras e assemelhadas;

4 - na hipótese de o documento emitido pelo fornecedor:

a) não ser documento fiscal hábil;

b) não indicar corretamente o adquirente e seu número de inscrição no CPF ou CNPJ;

c) tiver sido emitido mediante fraude, dolo ou simulação.

Artigo 3° - O valor correspondente a 30% (trinta por cento) do ICMS efetivamente recolhido por cada fornecedor paulista será distribuído entre os adquirentes de mercadorias, bens e serviços de transporte interestadual e intermunicipal, na proporção do valor de suas aquisições em relação ao valor total das operações e prestações realizadas, no período, pelo respectivo estabelecimento fornecedor.

§ 1° - Para fins de cálculo do valor do crédito a ser distribuído aos adquirentes, será considerado:

1 - o mês de referência em que ocorreram as aquisições;

2 - o valor das aquisições, deduzidas eventuais alterações, como por exemplo devoluções de compras;

3 - o valor do ICMS recolhido pelo fornecedor relativamente ao mês de referência indicado no item 1, desde que recolhido no respectivo prazo de pagamento ou até o último dia do segundo mês subseqüente àquele em que ocorreu a aquisição.

§ 2° - Os valores distribuídos na forma do "caput" serão disponibilizados como créditos aos adquirente, desde que atendidas as condições previstas no artigo 2°.

Artigo 4° - A Secretaria da Fazenda poderá, atendidas as demais condições previstas neste decreto:

I - estabelecer cronograma para a implementação do Programa de Estímulo à Cidadania Fiscal do Estado de São Paulo, em razão da atividade econômica preponderante, do regime de apuração do imposto ou do porte econômico do fornecedor;

II - instituir sistema de sorteio de prêmios para os consumidores finais, pessoas físicas ou entidades a que se refere o inciso III;

III - permitir que entidade paulista de assistência social, sem fins lucrativos, previamente cadastrada na Secretaria da Fazenda, inscreva-se como favorecida pelo crédito do Tesouro do Estado relativo a documento fiscal relacionado no § 1° do artigo 2°, na hipótese de o documento não indicar o consumidor;

IV - disciplinar os demais atos necessários à execução do disposto neste decreto.

§ 1° - Para fins da participação no sorteio de que trata o inciso II, será atribuído gratuitamente ao consumidor um cupom a cada R$ 100,00 (cem reais) utilizados na aquisição de mercadorias, bens e serviços, desde que atendidas as condições previstas no artigo 2°.

§ 2° - A entidade paulista de assistência social, sem fins lucrativos, previamente cadastrada na Secretaria da Fazenda, poderá participar do sorteio de que trata o inciso II, desde que se inscreva como favorecida pelo crédito do Tesouro relativo a aquisição de mercadorias, bens ou serviços, cujo correspondente documento fiscal, cumulativamente:

1 - não contenha a identificação do consumidor;

2 - esteja relacionado no §1° do artigo 2°.

§ 3° - Na hipótese de duas ou mais entidades inscreverem-se como favorecidas pelo crédito de uma mesma aquisição, o crédito será atribuído apenas à entidade que primeiro cadastrou o documento fiscal correspondente.

§ 4° - Compete à Secretaria da Justiça e da Defesa da Cidadania receber, analisar e efetuar o cadastramento de entidades paulistas de assistência social, sem fins lucrativos, que desejarem constar no cadastro da Secretaria da Fazenda, para fins do disposto neste decreto.

Artigo 5° - A pessoa física ou jurídica que receber os créditos a que se refere o artigo 2° deste decreto, na forma e nas condições estabelecidas pela Secretaria da Fazenda, poderá:

I - utilizar os créditos para reduzir o valor do débito do Imposto sobre a Propriedade de Veículos Automotores - IPVA do exercício seguinte;

II - transferir os créditos para outra pessoa física ou jurídica que conste na base de dados da Secretaria da Fazenda;

III - solicitar depósito dos créditos em conta corrente ou poupança, mantida em instituição do Sistema Financeiro Nacional, ou o crédito em cartão de crédito emitido no Brasil, constante de relação divulgada pela Secretaria da Fazenda.

§ 1° - O depósito ou o crédito a que se refere o inciso III somente poderá ser solicitado pelo favorecido se o valor a ser creditado corresponder a, no mínimo, R$ 25,00 (vinte e cinco reais) e se o valor já estiver disponível.

§ 2° - Serão cancelados os créditos que não forem utilizados no prazo de 5 (cinco) anos, contados da data em que tiverem sido disponibilizados pela Secretaria da Fazenda.

307

IV — São Paulo, 117 (163) **Diário Oficial** Poder Executivo - Seção I quarta-feira, 29 de agosto de 2007

Imprensa Oficial ganha três prêmios Jabuti com livros editados em 2006

Ao mesmo tempo que amplia a coleção de prêmios, a empresa consolida sua posição de casa editora

Os livros *Resmungos*, do poeta Ferreira Gullar, *Passagens*, do filósofo Walter Benjamin, *Bilac, o jornalista*, do professor Antônio Dimas, da Universidade de São Paulo, incorporaram mais três Prêmios Jabuti aos 33 que já integram a robusta coleção da Imprensa Oficial do Estado. A Câmara Brasileira do Livro, patrocinadora desse que é o mais importante prêmio literário do país, anunciou a premiação na terça-feira (21/8). *Resmungos* ficou em primeiro lugar na categoria Crônicas e Contos. *Passagens*, (co-edição com a Editora da Universidade Federal de Minas Gerais) recebeu o segundo em Tradução, posição também conquistada por *Bilac, o Jornalista* (3 volumes em co-edição com a Editora da Unicamp e Edusp) em Teoria/Crítica Literária.

Ao todo, foram inscritos nesta 49ª edição do prêmio 2.052 livros, avaliados em duas fases, por corpos de jurados diferentes. A entrega dos prêmios será feita no dia 31 de outubro, na Sala São Paulo, quando serão revelados também os vencedores, dentre os escolhidos, de dois prêmios especiais: Livro do Ano – Ficção e Livro do Ano – Não-Ficção.

O coordenador de mídia da Imprensa Oficial, Carlos Haddad, considera relevante para a empresa ter 35 obras premiadas com o Jabuti em um curto período, já que participa da seleção há apenas 10 anos. "Isso demonstra que ela está inserida no âmbito das mais importantes editoras do Brasil, graças à qualidade editorial e gráfica de seu trabalho", ressalta. A chefe de gabinete, Vera Lúcia Wey, destaca outro ponto: "O prêmio Jabuti é sempre muito importante para quem trabalha com livros, e para a Imprensa Oficial mais ainda, pois consolida junto ao mercado editorial nossa condição de casa editora".

Cecília Scharlach, coordenadora do projeto e da produção editorial de Resmungos, lembra que no ano passado, entre outros, o Jabuti foi ganho com *Machado de Assis, um gênio brasileiro*, de Daniel Piza, que classifica como um livro-referência. "Agora, o prazer e a alegria de conquistarmos o prêmio para o selo da casa, porém desta vez, trata-se da primeira colocação", comemora.

FOTOS: CLEO VELLEDA

Ferreira Gullar e o ilustrador Antônio Henrique Amaral: elogios pela obra *Resmungos*

Crônicas com arte – Sobre o livro vencedor na categoria de crônicas, Cecília informa que ele marca ainda a inovação nas peças gráficas de difusão da obra, tanto nos convites de lançamento, como nos postais que se tornaram, rapidamente, itens de colecionadores. "O livro mereceu atenção máxima, desde o projeto editorial a seu projeto gráfico", orgulha-se. Ela lembra que, tal como aconteceu com *Machado de Assis, um gênio brasileiro*, quando contatou pessoalmente o autor, o presidente da Imprensa Oficial e secretário de Comunicação do governo do Estado, Hubert Alquéres, teve papel fundamental na programação de *Resmungos*: "Com o mesmo entusiasmo com que acompanha todas as nossas edições, o presidente concorreu para com essa, discutindo pessoalmente, aqui e no Rio, com Antônio Henrique Amaral e Ferreira Gullar, detalhes desse livro".

Surpreendido com o prêmio, pelo qual nem sabia estar concorrendo, o autor de *Resmungos* se diz muito feliz com o Jabuti recebido pela publicação, que reúne uma seleção de crônicas escritas para o jornal *Folha de S Paulo*. Ferreira Gullar diz que é um reconhecimento de grande prestígio do seu trabalho, por ser conferido por um júri altamente qualificado. "É uma grande alegria, pois eu faço as coisas para os outros gostarem. É esse o objetivo", afirma.

O escritor faz questão de destacar a importância do trabalho do artista plástico e ilustrador Antônio Henrique Amaral, parceiro na publicação, e da coordenadora editorial. Conta que a idéia da realização nasceu da vontade de "conferir permanência" às ilustrações de Amaral, parceiro na coluna de crônicas e amigo há 40 anos. Segundo ele, o processo editorial foi tão vitorioso que resultou num belíssimo livro de arte. "O que é inusitado: um livro de arte com crônicas", comenta.

Antonio Henrique Amaral faz coro sobre a qualidade gráfica. "Realmente, de tão bonito que está, tem caráter de livro de arte", diz o ilustrador. Mas devolve o mérito ao amigo e parceiro. "O merecido prêmio foi para as crônicas", elogia.

O organizador de *Passagens*, Willi Bolle, vê na premiação um reconhecimento importante e faz questão de destacar o trabalho equipe. O livro é a primeira tradução para a língua portuguesa da obra-prima de Walter Benjamin e fruto de parceria entre a Editora da UFMG com Imprensa Oficial. "Saliento o trabalho das tradutoras Irene Aron e Cleonice Paes, a colaboração na organização de Olgária Matos e de toda a equipe de produção, que foi muito competente", diz Bolle.

O ganhador em Teoria/Crítica Literária, *Bilac, o Jornalista*, traz o resgate das intervenções jornalísticas do líder do movimento parnasiano, propondo uma nova visão sobre sua atuação. Segundo Antônio Dimas, a cidade do Rio de Janeiro é a grande personagem da crônica bilaqueana: uma cidade de um lado voltada para a cultura do século 19 e, de outro, dilacerada pelas contradições políticas do início do século 20. É essa faceta do poeta que ele mostra no livro, composto de três volumes. Uma proposta editorial vencedora, numa realização em que a Imprensa Oficial tem a Editora da Unicamp e a Edusp (Editora da USP) como parceiras.

Simone de Marco
Da Agência Imprensa Oficial

Professor Antônio Dimas: uma nova faceta do poeta Olavo Bilac, em três volumes

Willi Bolle, organizador de *Passagens*: primeira tradução da obra de Walter Benjamin

Prêmio tradicional

A Câmara Brasileira do Livro criou o Jabuti em 1958 e o seu troféu em 1959. É o mais tradicional prêmio literário do país. Foi se aprimorando e ganhando novas categorias ao longo dos anos. Hoje contempla desde romances a livros didáticos, além de aspectos gráficos das obras, como capa e projeto. Há mais de 20 anos, a curadoria está sob os cuidados de José Luis Goldfarb. Na primeira fase, seleciona 10 títulos em cada categoria e, na segunda, dos dez, são premiados os três mais votados em cada uma por um novo júri. Todos recebem R$ 3 mil em dinheiro. Entre eles, os escolhidos como Livro do Ano – Ficção e Livro do Ano – Não Ficção recebem ainda R$ 30 mil cada.

Entre os autores vencedores do prêmio constam nomes como Moacyr Scliar, Rachel de Queiroz, Carlos Heitor Cony, Chico Buarque, Gilberto Dimenstein, Carlos Drummond de Andrade, Flávio Moreira da Costa, Lygia Fagundes Telles. Jorge Amado levou o primeiro Jabuti na categoria Romance, com Gabriela, Cravo e Canela.

308

Em grafite, os 60 anos da Declaração Universal dos Direitos Humanos

Objetivo do evento, que reuniu cinco artistas para expressar sentimentos referentes aos artigos da Declaração, é despertar na juventude preocupação com a questão do respeito aos direitos humanos

Um quinteto de feras da arte do grafite, especialmente selecionado, movimentou o histórico Pátio do Colégio, na tarde de segunda-feira (8), para mostrar ao público trabalhos relacionados aos direitos humanos. Tudo ao som do *hip-hop* misturado com música eletrônica, executado pelo *DJ* RM, campeão brasileiro do DMC-Brasil 2008 (campeonato surgido na Inglaterra em 1985). A iniciativa foi da Secretaria Estadual da Justiça e Defesa da Cidadania, que comemora neste mês os 60 anos da Declaração Universal de Direitos Humanos com extensa e variada programação, até o dia 19.

O espetáculo, com duração de duas horas, atraiu dezenas de pessoas que circulavam pelo centro da cidade. Alex Rocha de Souza, contínuo do Hospital Nipo-Brasileiro, aplaudiu a idéia de ver artigos da Declaração Universal traduzidos no grafite. "Acho positivo a juventude conhecer esses direitos por meio da imagem, pois diz muito mais do que a leitura". Fã de *rap* e dos trabalhos de *DJs*, Francele de Lima, 14 anos, estudante da 8ª série, pouco sabe da Declaração, mas não vê a hora de se aprofundar mais nesse assunto durante os estudos no primeiro ano do ensino médio. "O conhecimento é essencial, seja pela leitura, seja por imagens como as que estão sendo feitas aqui, muito bonitas, por sinal".

Francele se referia às cinco telas nas quais os grafiteiros desenvolveram suas idéias, entre elas uma fada no meio das nuvens soltando uma pomba, símbolo da paz, outra sobre os deficientes, questões da liberdade de expressão e da discriminação. De certa forma, ali se acham representados cinco dos 30 artigos da Declaração: o quadro, de autoria de Denise, realça a luta dos direitos das pessoas com deficiência. O grafiteiro Toddy destacou a liberdade de expressão ao mostrar várias mãos levantadas em vermelho e branco; e o artista Bonga evidenciou o direito dos negros. Já Markone, desenvolveu tema referente ao direito dos imigrantes, e Ana Cláudia, a liberdade.

Cada um dos cinco grafiteiros escolheu um tema da Declaração Universal dos Direitos Humanos para produzir sua obra

Ana Cláudia, Toddy, Bonga, Markone e Denise, diante da Secretaria da Justiça, no Pátio do Colégio: lição de cidadania

Declaração Universal: respeito e liberdade

A Declaração Universal dos Direitos Humanos foi proclamada pela Assembléia Geral da Organização das Nações Unidas, realizada no dia 10 de dezembro de 1948, com uma incisiva abertura: "A Assembléia Geral proclama a presente Declaração Universal dos Direitos Humanos como o ideal comum a ser atingido por todos os povos e todas as Nações, com o objetivo de que cada indivíduo e cada órgão da sociedade, tendo sempre em mente esta declaração, se esforce, através do ensino e da educação, por promover o respeito a esses direitos e liberdades e, pela adoção de medidas progressivas de caráter nacional e internacional, por assegurar o seu reconhecimento e a sua observância universais e efetivos, tanto entre os povos dos próprios Estados-membros, quanto entre os povos dos territórios sob sua jurisdição".

Entusiasmo – O objetivo do evento era despertar na juventude a preocupação com a questão do respeito aos direitos humanos, explorando seu interesse pela expressão artístico-cultural do grafite. Para isso, foram procurados artistas renomados, como Toddy, que esteve recentemente no Canadá participando do Encontro de Jovens das Américas. Além de autor de trabalhos em eventos importantes, o artista está engajado em muitas discussões sobre o grafite. Para ele, grafite expressa muito do que o jovem quer conhecer, ou defender, e dá uma injeção de ânimo ao provocar a sociedade.

Bonga acredita que esse é o momento ideal para levar a discussão a quem é desprovido desses direitos, principalmente para o jovem da periferia.

"Considero um avanço estar aqui, hoje, discutindo esses temas.

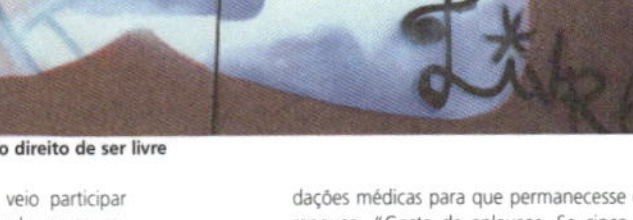

Desenho de Ana Cláudia: pelo direito de ser livre

Outro artista, Markone, veio participar mesmo com o joelho machucado em conseqüência de um jogo de futebol. "Já se vê que o meu negócio é mesmo a arte", brinca, ao mesmo tempo em que comenta que o trabalho vai enriquecer ainda mais o seu currículo.

Ex-professor na Fundação Gol de Letra e editor da revista *Brazilisgraff*, é de sua autoria o grafite no túnel da Avenida Paulista, sobre a imigração japonesa. Animado com o novo trabalho, diz que ignorou as recomendações médicas para que permanecesse em repouso. "Gosto de aplausos. Se cinco ou seis pessoas pararem e olharem o que estou fazendo, já me considero realizado".

Parceiros da arte – A iniciativa da pasta da Justiça é uma parceria com a Assessoria de Defesa da Cidadania, da Secretaria de Estado da Cultura, Coordenadoria Estadual da Juventude, do Instituto Polis e do Sesc Itaquera, onde haverá outro evento de grafite, com mais cinco telas, sobre o mesmo tema desenvolvido no Pátio do Colégio.

Maria das Graças Leocádio
Anderson Moriel Mattos
Mateus Ribeiro
Da Agência Imprensa Oficial

Do Império Romano aos dias de hoje

Desde o Império Romano, grafite é marca feita em um muro ou nome dado às inscrições gravadas em paredes. Considera-se grafite uma forma caligrafada ou um desenho pintado ou gravado – normalmente em espaço público. Por muito tempo encarado como assunto irrelevante, o grafite está caracterizado como forma de expressão incluída no âmbito das artes visuais – mais especificamente, da *street art* ou arte urbana, em que o artista aproveita os espaços públicos, criando uma linguagem para interferir na cidade.

Entre os grafiteiros, talvez o mais célebre seja Jean-Michel Basquiat, que na década de 1970 despertou a atenção da imprensa nova-iorquina, sobretudo pelas mensagens poéticas que deixava nas paredes dos prédios abandonados de Manhattan. Basquiat foi reconhecido como um dos mais significativos artistas do final do século 20.

Desenho de Markone: pelos direitos dos imigrantes

DJ RM: grafite ao som do hip-hop misturado com música eletrônica

Desenho de Denise: pelos direitos das pessoas com deficiência

Desenho de Bonga: pelos direitos de todas as raças

Desenho de Toddy: pelo direito à liberdade de expressão

Todos têm seus direitos

A Declaração Universal dos Direitos Humanos é um marco histórico na luta pela igualdade, liberdade e pela dignidade da pessoa humana, que comemora 60 anos de existência. Com 30 artigos, destaca os direitos e deveres que devem ser cumpridos e respeitados por todos. A Declaração foi elaborada no fim da segunda guerra mundial, quando se instalou a Organização das Nações Unidas (ONU), como forma de repúdio aos atos bárbaros cometidos naquela ocasião, e para garantir que eles jamais tornassem a se repetir. A seguir, resumo dos artigos:

- Todas as pessoas nascem livres e iguais
- Todos têm capacidade para gozar os direitos e liberdades estabelecidos na Declaração
- Todos têm direito à vida, à liberdade e à segurança pessoal
- Ninguém será mantido em escravidão ou servidão
- Ninguém será submetido à tortura
- Todos têm direito de ser reconhecidos, em todos os lugares, como pessoa
- Todos são iguais perante a lei
- O Estado deve defender todos os cidadãos contra atos que violem esses direitos
- Ninguém será preso arbitrariamente
- Todos têm direito a julgamento justo por tribunal regularmente estabelecido
- Todos são considerados inocentes até que se prove sua culpa
- Ninguém será sujeito a interferências em sua vida privada
- Toda pessoa tem direito à liberdade de locomoção e de deixar qualquer país e a ele regressar
- Os perseguidos por motivos políticos têm direito a asilo em outro país
- Todos têm direito a uma nacionalidade
- Todos têm direito de formar uma família
- Todos têm direito à propriedade
- Toda pessoa tem direito à liberdade de pensamento, consciência e religião
- Todos podem expressar livremente sua opinião
- Todos podem se reunir e se associar livremente, para fins pacíficos
- Todos têm direito de participar do governo do seu país
- Todos têm direito ao trabalho e a receber salário igual por trabalho igual aos dos outros cidadãos
- Todos têm direito a repouso e lazer
- Todos têm direito a um padrão de vida capaz de assegurar a si e à sua família saúde e bem-estar
- A maternidade e a infância têm direito a cuidados e assistência especiais
- Toda pessoa tem direito à instrução gratuita nos graus elementares
- Os pais têm prioridade de direito na escolha da instrução que será ministrada aos seus filhos
- Todos têm direito de participar da vida cultural da comunidade
- Todos têm direito à proteção dos interesses morais e materiais decorrentes de qualquer produção científica, literária ou artística de que seja autor
- No exercício de seus direitos, a pessoa estará sujeita apenas às limitações determinadas pela lei

2008

MUNDO E BRASIL

_Extinta a Contribuição Provisória sobre Movimentação Financeira (CPMF), criada pela Lei n. 9.311, de 24 de outubro de 1996, destinada especificamente ao custeio da saúde pública, da previdência social e do Fundo de Combate e Erradicação da Pobreza.

_Completa 60 anos a Declaração Universal dos Direitos Humanos, proclamada pela Assembleia Geral da Organização das Nações Unidas (ONU), realizada no dia 10 de dezembro de 1948, como o ideal comum a ser atingido por todos os povos e todas as nações.

309. DECLARAÇÃO UNIVERSAL DOS DIREITOS HUMANOS COMPLETA 60 ANOS

_Morre Ruth Cardoso, antropóloga e professora universitária, criou e coordenou o *Programa Comunidade Solidária* com o objetivo de combater a pobreza e a exclusão social no Brasil. Casada com Fernando Henrique Cardoso, presidente da República, em dois mandatos consecutivos (1995-1998 e 1999-2002), não gostava de ser chamada de primeira-dama.

310. MORRE EM SÃO PAULO RUTH CARDOSO

_Aos 101 anos falece a atriz Dercy Gonçalves. Conhecida por seus textos improvisados em cena e o uso de palavrões desafiando qualquer moralismo ou censura, ela fez história no teatro de revista, passando pelos cassinos que marcaram época e pelos teatros da praça Tiradentes. Seu primeiro filme foi *Samba em Berlim*, em 1943, aos 37 anos, ao lado do ator Grande Otelo.

_O compositor, cantor e pintor Dorival Caymmi – tido como mestre por Tom Jobim, Chico Buarque, Caetano Veloso e Gilberto Gil – falece aos 94 anos. Caymmi compôs *O que é que a Baiana Tem* e *Suíte dos pescadores* considerados clássicos da Música Popular Brasileira.

_Após debates e discussões, o Supremo Tribunal Federal (STF) em uma votação controversa (6 x 5), libera a utilização de células-tronco embrionárias para aplicação em pesquisas científicas e terapias.

310

311

Diário Oficial

PODER **Executivo**

Estado de São Paulo

José Serra - Governador | SEÇÃO I

Palácio dos Bandeirantes Av. Morumbi 4.500 Morumbi São Paulo CEP 05650-000 Tel. 2193-8000

Volume 118 • Número 32 • São Paulo, quarta-feira, 20 de fevereiro de 2008 www.imprensaoficial.com.br | imprensaoficial

Estado de São Paulo está celebrando o centenário da imigração japonesa

Navio Kasato Maru atracou em junho de 1908 em Santos com as primeiras famílias que vieram trabalhar nos cafezais do oeste paulista

A administração estadual lançou na semana passada o calendário de eventos do centenário da imigração japonesa no Brasil. A programação inclui eventos até o final do ano. A partir de março, serão realizadas exposições e oficinas nos palácios do governo paulista.

Na capital, as atividades serão realizadas nos palácios do Horto, localizado na zona norte, e no dos Bandeirantes, sede do governo paulista, na região sul. No interior, as mostras serão no Palácio Boa Vista, em Campos do Jordão, e integram o *Projeto Heranças Culturais*, que promove e incentiva encontros com a arte estrangeira.

Cíntia Cury e
Da Agência Imprensa Oficial

Porto de Santos, 18 de junho de 1908: navio Kasato Maru traz as primeiras 165 famílias

Palácio de Himejijo (maquete): tombado pela Unesco como patrimônio cultural da humanidade

Influência na agricultura

Com programação especial no calendário, a Secretaria Estadual de Agricultura e Abastecimento irá mostrar a influência dos imigrantes japoneses no desenvolvimento do setor e no estímulo às novas tecnologias de produção. As atividades serão realizadas nos 15 pólos regionais de pesquisa da secretaria distribuídos pelo Estado.

A série de exposições e seminários *Contribuição da Colônia Japonesa na Agricultura Paulista* será realizada de março a outubro. Usará espaços nos eventos e feiras agropecuárias com *kits*-cenários demonstrativos e palestras técnicas. A estimativa é atingir um público de 7,5 milhões de pessoas.

Entre abril e novembro, o Museu de Pesca de Santos irá revelar técnicas de pesca e alguns traços da cultura japonesa. O marco inicial da imigração foi a chegada do navio Kasato Maru ao Porto de Santos, em 18 de junho de 1908. Nele vieram as primeiras 165 famílias para trabalhar nos cafezais do oeste paulista. Até 1940, cerca de 180 mil japoneses já haviam deixado sua terra natal para trabalhar no Brasil.

Calendário dos eventos

Na capital

De 5 de março a 8 de junho

– O Palácio dos Bandeirantes receberá a mostra *Templos e Palácios Japoneses*. A atração traz maquetes de construções e edifícios nipônicos pertencentes ao acervo do Consulado do Japão em São Paulo.

De 20 de junho a 28 de setembro

– Chega a exposição *Da Figura à Abstração: Presença Japonesa na Arte Brasileira*. Em destaque, pinturas e esculturas de artistas imigrantes japoneses e descendentes, pertencentes ao Acervo Artístico-Cultural dos Palácios, do Museu de Arte Contemporânea da Universidade de São Paulo e do Instituto Mabe. O endereço é Avenida Morumbi, 4.500.

De 5 de julho a 31 de agosto

– O Palácio do Horto receberá *Templos e Palácios Japoneses*.

– De 20 de junho a 31 de agosto, chegarão as oficinas *Técnicas Artísticas Japonesas*, na Rua do Horto, 197, Tremembé.

No interior

De 20 de junho a 31 de agosto

– Também estão previstas as oficinas *Técnicas Artísticas Japonesas*. A lista de cursos inclui *origami* (arte de dobrar o papel), *shôdô* (caligrafia), *washi-ê* (colagem), *kiri-ê* (recorte de papel e formação de desenhos), *oshi-ê* (artesanato com tecido e algodão), *mangá* (arte da história em quadrinhos), *raku* (arte da cerâmica) e *ikebana* (arte do arranjo floral).

De 5 de julho a 31 de agosto

– O Palácio Boa Vista receberá a exposição *Heranças Japonesas na Cerâmica Brasileira*. Em destaque, peças artísticas produzidas em ateliês paulistas desde a primeira até a terceira geração de artistas nipônicos. O endereço é Avenida Adhemar de Barros, 3.001.

Polícia Civil oferece mais de 140 vagas para delegado de 5ª classe

A Academia de Polícia Doutor Coriolano Nogueira recebe, até o dia 29 de fevereiro, inscrições para o concurso público para preencher 147 cargos de delegado de polícia de 5ª classe. O edital do processo seletivo foi publicado no *Diário Oficial* de 13 de fevereiro. Está disponível para consulta e cópia no *site* da Polícia Civil.

O salário oferecido é de R$ 3.680,18, corresponde à soma dos valores do salário-base, da gratificação pelo regime especial de trabalho policial, do adicional de insalubridade, do adicional de local de exercício e da ajuda de custo alimentação. O adicional de insalubridade será atribuído a partir da homologação do laudo médico específico. Serão reservadas sete vagas (5%) do total para candidatos portadores de necessidades especiais.

Inscrição e provas – A inscrição será validada com o preenchimento e o envio do requerimento específico e o efetivo pagamento, até o dia 29 de fevereiro, da taxa de R$ 49,10, pelo *site* do Banco Nossa Caixa. Caso o candidato não tenha acesso à rede mundial de computadores, a ficha poderá ser preenchida nos postos do Poupatempo e do Infocentro.

O conteúdo das provas abrange Direito Constitucional e Direitos Humanos, Direito Administrativo, Direito Penal, Direito Processual Penal, Legislação Especial, Direito Civil, Medicina Legal e Criminologia.

Processo seletivo – O concurso será realizado em três fases eliminatórias: uma prova de 100 testes de múltipla escolha, prova escrita, que consiste em uma dissertação e quatro questões e prova oral. Após a prova escrita, os candidatos serão submetidos a exames psicotécnico e físico, não-eliminatórios, por profissionais designados pela Academia de Polícia.

Carolina Ionta e
Da Agência Imprensa Oficial

SERVIÇO
Edital do concurso: *www.policia-civ.sp.gov.br*
Inscrição: *www.nossacaixa.com.br*

_Completa 150 anos a teoria da seleção natural das espécies de autoria de Charles Darwin.

_Barack Obama é eleito pelo Colégio Eleitoral o primeiro presidente negro dos EUA, pelo Partido Democrata, com repercussão em escala global. A festa da vitória foi comemorada por mais de 1 milhão de pessoas e transmitida para todo o mundo.

GOVERNO DE SÃO PAULO

_O *Diário Oficial* de 20 de fevereiro publica matéria sobre os 100 anos da imigração japonesa, lembrando que o "navio *Kasato Maru* atracou em junho de 1908 em Santos com as primeiras famílias que vieram trabalhar nos cafezais do oeste paulista".

311. ESTADO DE SÃO PAULO CELEBRA O CENTENÁRIO DA IMIGRAÇÃO JAPONESA

_O Decreto n. 52.952, de 30 de abril, publicado no *Diário Oficial* em 1º de maio, cria o Instituto do Câncer de São Paulo – Octavio Frias de Oliveira, Organização Social de Saúde, criada pelo Governo do Estado em parceria com a Fundação Faculdade de Medicina para ser o maior hospital especializado em tratamento de câncer da América Latina. Além de atendimento médico, seus profissionais desenvolvem atividades de ensino e pesquisa para transformar o Instituto em um centro de referência de nível internacional na área do câncer, inclusive no estudo de novos fármacos e tratamentos inovadores para a doença.

312. DECRETO CRIA INSTITUTO DO CÂNCER DE SÃO PAULO

_O Decreto n. 52.973, de 12 de maio, publicado no *Diário Oficial* em 13 de maio, institui a Rede de Reabilitação *Lucy Montoro* para as pessoas portadoras de deficiências físicas.

_O Decreto n. 53.351, de 26 de agosto, publicado no *Diário Oficial* em 27 de agosto, cria o Museu da Energia, o Museu da História do Estado de São Paulo, o Museu do Café e o Museu do Futebol.

313. DECRETO INSTITUI OS MUSEUS DA ENERGIA, DA HISTÓRIA DE SÃO PAULO, DO CAFÉ E DO FUTEBOL

_Acessa São Paulo inaugura novos postos nos municípios do Guarujá e de Cubatão. Este programa de inclusão digital — criado em 2000 pelo governo de São Paulo – se encontra instalado em 353 cidades, dispõe de 404 postos, com 3.936 computadores e possui mais de 1 milhão de usuários cadastrados.

_O Programa Poupatempo, recebe de forma ininterrupta praticamente 100% de aprovação de seus usuários nas pesquisas realizadas pelo Ibope. As novas unidades ampliarão em 50% a atual capacidade de atendimento à população do Estado, conforme matéria publicada no *Diário Oficial* de 25 de janeiro.

_O governador José Serra encaminhou à Assembleia Legislativa projeto de lei que proíbe o fumo em ambientes de uso coletivo público ou privado.

314. GOVERNO PAULISTA COMBATE O TABAGISMO EM TODO O ESTADO

_Gilberto Kassab é eleito prefeito de São Paulo, após ter sido vice-prefeito de José Serra de 2007 a 2008. Em sua gestão foi regulamentada a Lei da Cidade Limpa que entrou em vigor em 1º de janeiro de 2007. Essa legislação tem por objetivo eliminar a poluição visual em São Paulo, proíbe todo tipo de publicidade externa, como *outdoors* e painéis em fachadas de prédios.

IMPRENSA OFICIAL

_A tramitação de projetos e ações na Assembleia Legislativa de São Paulo ganha moderna tecnologia com a aquisição do sistema de certificação digital da Imprensa Oficial.

315. ASSEMBLEIA LEGISLATIVA GANHA AGILIDADE COM A CERTIFICAÇÃO DIGITAL

_Com a utilização da Certificação Digital desenvolvido pela Imprensa Oficial, 3 toneladas de papel são economizadas todos os meses no Assembleia do Estado.

_Compra de duas impressoras monocromáticas Nipson para atender às demandas de trabalhos promocionais e editoriais que exigem resoluções e lineaturas compatíveis com as impressões feitas em sistema off-set.

DIÁRIO OFICIAL

_O *Diário Oficial* de 1º de outubro informa que a partir desta data, sem custo, qualquer cidadão pode acessar *on-line* o banco de dados de 7 milhões de páginas publicadas, desde 1º de maio de 1891, quando circulou a primeira edição.

316. ACESSO ON-LINE AOS 117 ANOS DO *DIÁRIO OFICIAL*

Diário Oficial

PODER
Executivo

Estado de São Paulo

José Serra - Governador

SEÇÃO I

Palácio dos Bandeirantes Av. Morumbi 4.500 Morumbi São Paulo CEP 05650-000 Tel: 2193-8000

Volume 118 • Número 81 • São Paulo, quinta-feira, 1º de maio de 2008 www.imprensaoficial.com.br

imprensaoficial

Decretos

DECRETO Nº 52.952, DE 30 DE ABRIL DE 2008

Dispõe sobre a criação do Instituto do Câncer de São Paulo - Octavio Frias de Oliveira, na Secretaria da Saúde e dá providências correlatas

JOSÉ SERRA, Governador do Estado de São Paulo, no uso de suas atribuições legais,

Decreta:

Artigo 1º - Fica criado, na Secretaria da Saúde, integrando a estrutura da Coordenadoria de Serviços de Saúde, o Instituto do Câncer de São Paulo - Octavio Frias de Oliveira.

Artigo 2º - O Instituto do Câncer de São Paulo - Octavio Frias de Oliveira deverá atuar como hospital dedicado exclusivamente ao controle do câncer, devendo:

I - desenvolver ações de prevenção, diagnóstico e tratamento de qualquer tipo e localização de neoplasia maligna, em todas as modalidades assistenciais;

II - constituir um centro de excelência em ensino e pesquisa em oncologia, colaborando para a produção e disseminação do conhecimento científico nesta área;

III - estabelecer parcerias com instituições nacionais e internacionais afins.

Artigo 3º - Este decreto entra em vigor na data de sua publicação.

Palácio dos Bandeirantes, 30 de abril de 2008
JOSÉ SERRA
Luiz Roberto Barradas Barata
Secretário da Saúde
Aloysio Nunes Ferreira Filho
Secretário-Chefe da Casa Civil
Publicado na Casa Civil, aos 30 de abril de 2008.

DECRETO Nº 52.953, DE 30 DE ABRIL DE 2008

Autoriza a Fazenda do Estado a permitir o uso, a título precário e por prazo indeterminado, em favor da Faculdade de Medicina da Universidade de São Paulo, dos bens imóvel e móveis que especifica

JOSÉ SERRA, Governador do Estado de São Paulo, no uso de suas atribuições legais,

Decreta:

Artigo 1º - Fica a Fazenda do Estado autorizada a permitir o uso, a título precário e gratuito e por prazo indeterminado, em favor da Faculdade de Medicina da Universidade de São Paulo, do imóvel situado na Avenida Dr. Arnaldo, 255, no Bairro do Pacaembu, nesta Capital do Estado de São Paulo, com 7.227,10m² (sete mil, duzentos e vinte e sete metros quadrados e dez decímetros quadrados) de terreno e 84.483,36m² (oitenta e quatro mil, quatrocentos e oitenta e três metros quadrados e trinta e seis decímetros quadrados) de construção, conforme identificado no processo SS-1.294/2008, bem como dos bens móveis descritos, caracterizados e quantificados no referido processo.

Parágrafo único - O imóvel e os bens móveis de que trata o "caput" deste artigo deverão ser destinados à implementação de serviços de assistência à saúde.

Artigo 2º - A permissão de uso de que trata este decreto será efetivada por meio de termo a ser lavrado pela unidade competente da Procuradoria Geral do Estado, dele devendo constar as condições impostas pela permitente.

Artigo 3º - Este decreto entra em vigor na data de sua publicação.

Palácio dos Bandeirantes, 30 de abril de 2008
JOSÉ SERRA
Luiz Roberto Barradas Barata
Secretário da Saúde
Aloysio Nunes Ferreira Filho
Secretário-Chefe da Casa Civil
Publicado na Casa Civil, aos 30 de abril de 2008.

DECRETO Nº 52.954, DE 30 DE ABRIL DE 2008

Declara de utilidade pública, para fins de instituição de servidão administrativa, pela Companhia de Saneamento Básico do Estado de São Paulo - SABESP, faixas de terra necessárias à implantação de coletor tronco de esgoto, integrante do Sistema de Esgoto Sanitário - S.E.S., situadas no bairro do Portão, zona urbana do Município e Comarca de Cotia, e dá providências correlatas

JOSÉ SERRA, Governador do Estado de São Paulo, no uso de suas atribuições legais e nos termos dos artigos 2º, 6º e 40 do Decreto-lei federal nº 3.365, de 21 de junho de 1941, alterado pela Lei federal nº 2.786, de 21 de maio de 1956,

Decreta:

Artigo 1º - Ficam declaradas de utilidade pública, para fins de instituição de servidão administrativa, pela Companhia de Saneamento Básico do Estado de São Paulo - SABESP, empresa concessionária de serviço público, por via amigável ou judicial, faixas de terra com área de 2.168,22m² (dois mil, cento e sessenta e oito metros quadrados e vinte e dois decímetros quadrados), necessárias à implantação de coletor tronco de esgoto, integrante do Sistema de Esgoto Sanitário no município, ou a outro serviço público, situadas no bairro do Portão, Município e Comarca de Cotia, descritas e caracterizadas na planta cadastral de código CT-GII-224/06 e memoriais descritivos, referentes aos cadastros Sabesp nºs 0149/302, 0149/303 e 0149/304, constantes do Processo S.S.E. nº 1427/2007, com as medidas, limites e confrontações a seguir descritos, os quais constam pertencer, respectivamente, a Socipal-Sociedade Civil, Participação e Administração Ltda; Carlos de Gioia; e Vilson Bartuira Aguiar, a saber:

I - Propriedade nº 0149/302: instituição de servidão administrativa numa faixa de terra inserida em uma área denominada Sítio dos Victor, antigo Sítio dos Mendes, no Município e Comarca de Cotia, deste Estado, pertencente à Matrícula 9.703 do C.R.I. da Comarca de Cotia e representada no desenho SABESP CT-GII-224/06, tendo início no ponto aqui designado A, situado na divisa com Mary Nishikawa Sakamoto (Matrícula 62.153), na linha titulada de 207,00m distante 31,73m do caminho que liga a referida propriedade à Estrada de Rodagem São Paulo-Cotia, atualmente alinhamento da Rua Janaúba; daí segue pela referida linha por 3,16m confrontando com Mary Nishikawa Sakamoto, até o ponto aqui designado B; deflete à esquerda segue confrontando com área de mesma propriedade, com ângulo externo de 251°37'26", por 54,46m até o ponto aqui designado C; segue à esquerda, com ângulo externo de 187°07'46", por 57,04m até o ponto aqui designado D; segue à direita, com ângulo externo de 140°51'54", por 45,80m até o ponto aqui designado E; segue à direita, com ângulo externo de 157°12'20", por 5,70m até o ponto aqui designado F, confrontando desde o ponto B com área da mesma propriedade; daí deflete à esquerda e segue pela linha titulada de 102,00m com ângulo externo de 334°00'35", por 6,92m confrontando com Carlos de Gioia (Transcrição 3.090), até o ponto aqui designado G; segue à esquerda, confrontando com área de mesma propriedade, com ângulo externo de 228°47'04", por 47,56m até o ponto aqui designado H; segue à esquerda, com ângulo externo de 219°08'06", por 57,92m até o ponto aqui designado I; segue à direita, com ângulo externo de 172°52'15", por 55,27m até o ponto inicial A, confrontando desde o ponto G com área da mesma propriedade, encerrando a área de 485,75m² (quatrocentos e oitenta e cinco metros quadrados e setenta e cinco decímetros quadrados);

II - Propriedade nº 0149/303: instituição de servidão administrativa numa faixa de terra inserida em uma área, parte da Gleba 5, situada na Servidão Existente e Estrada de Servidão de Passagem e Estrada Existente, no Município e Comarca de Cotia, deste Estado, pertencente à Transcrição 3.090 C.R.I. da Comarca de Cotia e representada no desenho SABESP CT-GII-224/06, tendo início no ponto aqui designado P, situado entre os marcos 2 e 3 (titulados) distante 83,63m do marco 2, dividindo com uma servidão existente, atualmente com Vilson Bartuira Aguiar (Matrícula 2.188); daí segue pela referida divisa rumo de 31°11'45", por 3,38m até o ponto aqui designado Q; deflete à esquerda e segue confrontando com área da mesma propriedade, com ângulo externo de 242°30'23", por 14,22m até o ponto aqui designado R; segue à esquerda, com ângulo externo de 246°17'31", por 45,07m até o ponto aqui designado S; segue à esquerda, com ângulo externo de 189°54'28", por 39,29m até o ponto aqui designado T; segue à esquerda, com ângulo externo de 194°14'05", por 23,86m até o ponto aqui designado U; segue à direita, com ângulo externo de 147°06'36", por 46,87m até o ponto aqui designado V; segue à esquerda, com ângulo externo de 183°22'52", por 57,11m até o ponto aqui designado X; segue à direita, com ângulo externo de 123°46'19", por 96,31m até o ponto aqui designado G, situado entre os marcos 17 e 1 titulados, confrontando desde o ponto Q, com área de mesma propriedade; segue à esquerda confrontando com propriedade de Raul Moraes Victor ou Sucessores, atualmente Socipal - Sociedade Civil, Participação e Administração Ltda (Matrícula 9.703), com rumo de 09°27'00"SE, por 6,92m até o ponto aqui designado F; segue à esquerda, confrontando com área de mesma propriedade, com ângulo externo de 205°59'25", por 92,25m até o ponto aqui designado J; segue à esquerda, com ângulo externo de 236°47'45", por 59,14m até o ponto aqui designado K; segue à direita, com ângulo externo de 176°37'08", por 47,98m até o ponto aqui designado L; segue à esquerda , com ângulo externo de 215°15'07", por 24,67m até o ponto aqui designado M; segue à direita, com ângulo externo de 163°24'12", por 38,63m até o ponto aqui designado N; segue à direita, com ângulo externo de 170°05'32", por 42,85m até o ponto aqui designado O; segue à direita, com ângulo externo de 113°42'29", por 13,82m até o ponto inicial P, confrontando desde o ponto F com área da mesma propriedade, encerrando a área de 1.131,08m² (um mil, cento e trinta e um metros quadrados e oito decímetros quadrados);

III - Propriedade nº 0149/304: Instituição de servidão administrativa numa faixa de terra inserida em um terreno situado no bairro do Portão, Município e Comarca de Cotia, deste Estado, pertencente à Matrícula 2.188 do C.R.I. da Comarca de Cotia, e representada no desenho SABESP CT-GII-224/06, tendo início no ponto aqui designado Q, situado entre os marcos 6 e 7 titulados, distante 18,82m do marco 6, na divisa com Carlos de Gioia (Transcrição 3.090); daí segue pela referida divisa com rumo de 32°38'30"SW, por 3,38m até o ponto aqui designado P; segue à esquerda, confrontando com área de mesma propriedade, com ângulo externo de 242°30'23", por 35,45m até o ponto aqui designado W; segue à esquerda, com ângulo externo de 208°01'42", por 45,77m até o ponto aqui designado Y; segue à esquerda, com ângulo externo de 230°04'41", por 46,51m até o ponto aqui designado Z; segue à direita, com ângulo externo de 168°25'49", por 57,21m até o ponto aqui designado A1, confrontando desde o ponto P com área da mesma propriedade, situado entre os marcos 20 e 21 titulados; segue confrontando com Komei Nakamura com rumo de 9°40'00"NW, por 3,00m até o ponto aqui designado A2; segue à esquerda, confrontando com área de mesma propriedade, com ângulo externo de 266°44'06", por 57,34m até o ponto aqui designado A3; segue à esquerda, com ângulo externo de 191°34'11", por 45,41m até o ponto aqui designado A4; segue à direita, com ângulo externo de 129°55'19", por 43,62m até o ponto aqui designado A5; segue à direita, com ângulo externo de 151°58'18", por 36,26m até o ponto inicial Q, confrontando desde o ponto A2 com área da mesma propriedade, encerrando a área de 551,39m² (quinhentos e cinqüenta e um metros quadrados e trinta e nove decímetros quadrados).

Artigo 2º - Fica a Companhia de Saneamento Básico do Estado de São Paulo - SABESP, autorizada a invocar o caráter de urgência no respectivo processo judicial, para os fins do disposto no artigo 15 do Decreto-lei federal nº 3.365, de 21 de junho de 1941, alterado pela Lei federal nº 2.786, de 21 de maio de 1956.

Artigo 3º - As despesas decorrentes da execução do presente decreto correrão por conta de verba pró-

Comunicado

GESTÃO PÚBLICA

UNIDADE CENTRAL DE RECURSOS HUMANOS

A Coordenadora da Unidade Central de Recursos Humanos,

considerando que os dirigentes dos órgãos de recursos humanos são responsáveis diretos pela gestão do recadastramento anual instituído pelo Decreto nº 52.691, de 1º de fevereiro de 2008;

considerando que à vista do que dispõe o artigo 5º do Decreto nº 52.691, de 1º de fevereiro de 2008, foram expedidas normas complementares para execução do recadastramento anual (Resolução SGP nº 004, de 10, publicada em 11 e retificada em 18 de março de 2008);

considerando que à vista do que dispõe o artigo 4º do Decreto nº 52.691, de 1º de fevereiro de 2008, é incumbência desta Unidade Central de Recursos Humanos, a coordenação, controle e acompanhamento mensal do recadastramento anual,

COMUNICA:

Os órgãos de recursos humanos, com o auxílio da Resolução SGP nº 004, de 10, publicada em 11 e retificada em 18 de março de 2008 e do Manual de Navegação - Servidores, deverão prestar aos servidores, empregados públicos e militares em atividade, de seus respectivos órgãos, todas as orientações necessárias durante o processo de recadastramento.

Na hipótese de persistência de dúvidas e problemas de suporte técnico, os Dirigentes dos Órgãos de Recursos Humanos deverão solicitar manifestação por meio do "Fale Conosco" do site da Unidade Central de Recursos Humanos - www.recursoshumanos.sp.gov.br.

Diário Oficial

PODER
Executivo

Estado de São Paulo

José Serra - Governador

SEÇÃO I

Palácio dos Bandeirantes Av. Morumbi 4.500 Morumbi São Paulo CEP 05650-000 Tel: 2193-8000

Volume 118 • Número 160 • São Paulo, quarta-feira, 27 de agosto de 2008 www.imprensaoficial.com.br

imprensaoficial

Leis

LEI Nº 13.186, DE 26 DE AGOSTO DE 2008

(Projeto de lei nº 8/06, do Deputado Vanderlei Macris - PSDB)

Dá denominação ao viaduto que especifica

O GOVERNADOR DO ESTADO DE SÃO PAULO:
Faço saber que a Assembléia Legislativa decreta e eu promulgo a seguinte lei:
Artigo 1º - Passa a denominar-se "Adalberto Cattani" o viaduto localizado no km 79,250 da Rodovia SP 255, que liga o Jardim Aeroporto ao Jardim Santos Dumont, no Município de Araraquara.
Artigo 2º - Esta lei entra em vigor na data de sua publicação.
Palácio dos Bandeirantes, 26 de agosto de 2008.
JOSÉ SERRA
Mauro Guilherme Jardim Arce
Secretário dos Transportes
Aloysio Nunes Ferreira Filho
Secretário-Chefe da Casa Civil
Publicada na Assessoria Técnico-Legislativa, aos 26 de agosto de 2008.

LEI Nº 13.187, DE 26 DE AGOSTO DE 2008

(Projeto de lei nº 128/06, do Deputado Sidney Beraldo - PSDB)

Dá denominação ao viaduto que especifica

O GOVERNADOR DO ESTADO DE SÃO PAULO:
Faço saber que a Assembléia Legislativa decreta e eu promulgo a seguinte lei:
Artigo 1º - Passa a denominar-se "Evaristo Bette" o viaduto localizado no km 137 da Rodovia SP 127, trevo do Distrito do Morro Alto, no Município de Itapetininga.
Artigo 2º - Esta lei entra em vigor na data de sua publicação.
Palácio dos Bandeirantes, 26 de agosto de 2008.
JOSÉ SERRA
Mauro Guilherme Jardim Arce
Secretário dos Transportes
Aloysio Nunes Ferreira Filho
Secretário-Chefe da Casa Civil
Publicada na Assessoria Técnico-Legislativa, aos 26 de agosto de 2008.

LEI Nº 13.188, DE 26 DE AGOSTO DE 2008

(Projeto de lei nº 421/06, do Deputado Roberto Engler - PSDB)

Dá denominação ao viaduto que especifica

O GOVERNADOR DO ESTADO DE SÃO PAULO:
Faço saber que a Assembléia Legislativa decreta e eu promulgo a seguinte lei:
Artigo 1º - Passa a denominar-se "Altino Bellodi" o viaduto que faz parte do complexo viário (trevo) localizado no km 331,800 da Rodovia Brigadeiro Faria Lima - SP 326, no Município de Jaboticabal.
Artigo 2º - Esta lei entra em vigor na data de sua publicação.
Palácio dos Bandeirantes, 26 de agosto de 2008.
JOSÉ SERRA
Mauro Guilherme Jardim Arce
Secretário dos Transportes
Aloysio Nunes Ferreira Filho
Secretário-Chefe da Casa Civil
Publicada na Assessoria Técnico-Legislativa, aos 26 de agosto de 2008.

LEI Nº 13.189, DE 26 DE AGOSTO DE 2008

(Projeto de lei nº 613/06, do Deputado Duarte Nogueira - PSDB)

Dá denominação ao dispositivo de entroncamento que especifica

O GOVERNADOR DO ESTADO DE SÃO PAULO:
Faço saber que a Assembléia Legislativa decreta e eu promulgo a seguinte lei:
Artigo 1º - Passa a denominar-se "Sidnei Pereira dos Anjos" o dispositivo de entroncamento localizado no km 75,870 da Rodovia SP 215 com o km 22,970 da Rodovia SP 201, no Município de Santa Cruz das Palmeiras.
Artigo 2º - Esta lei entra em vigor na data de sua publicação.
Palácio dos Bandeirantes, 26 de agosto de 2008.
JOSÉ SERRA
Mauro Guilherme Jardim Arce
Secretário dos Transportes
Aloysio Nunes Ferreira Filho
Secretário-Chefe da Casa Civil
Publicada na Assessoria Técnico-Legislativa, aos 26 de agosto de 2008.

LEI Nº 13.190, DE 26 DE AGOSTO DE 2008

(Projeto de lei nº 307/07, do Deputado Vinícius Camarinha - PSB)

Dá denominação ao dispositivo de segurança que especifica

O GOVERNADOR DO ESTADO DE SÃO PAULO:
Faço saber que a Assembléia Legislativa decreta e eu promulgo a seguinte lei:
Artigo 1º - Passa a denominar-se "Benedito Graciano" o dispositivo de segurança localizado no km 205,500 da Rodovia Deputado João Lázaro de Almeida Prado - SP 255, no Município de São Manuel.
Artigo 2º - Esta lei entra em vigor na data de sua publicação.
Palácio dos Bandeirantes, 26 de agosto de 2008.
JOSÉ SERRA
Mauro Guilherme Jardim Arce
Secretário dos Transportes
Aloysio Nunes Ferreira Filho
Secretário-Chefe da Casa Civil
Publicada na Assessoria Técnico-Legislativa, aos 26 de agosto de 2008.

LEI Nº 13.191, DE 26 DE AGOSTO DE 2008

(Projeto de lei nº 601/07, do Deputado Roberto Massafera - PSDB)

Dá denominação ao viaduto que especifica

O GOVERNADOR DO ESTADO DE SÃO PAULO:
Faço saber que a Assembléia Legislativa decreta e eu promulgo a seguinte lei:
Artigo 1º - Passa a denominar-se "Manoel Rodrigues" o viaduto (PSU) localizado no km 49,307, integrante do complexo viário de entroncamento da Rodovia Comandante João Ribeiro de Barros - SP 255 com a SP 318, no Município de Rincão.
Artigo 2º - Esta lei entra em vigor na data de sua publicação.
Palácio dos Bandeirantes, 26 de agosto de 2008.
JOSÉ SERRA
Mauro Guilherme Jardim Arce
Secretário dos Transportes
Aloysio Nunes Ferreira Filho
Secretário-Chefe da Casa Civil
Publicada na Assessoria Técnico-Legislativa, aos 26 de agosto de 2008.

LEI Nº 13.192, DE 26 DE AGOSTO DE 2008

(Projeto de lei nº 1348/07, do Deputado Campos Machado - PTB)

Dá denominação à Casa da Agricultura que especifica

O GOVERNADOR DO ESTADO DE SÃO PAULO:
Faço saber que a Assembléia Legislativa decreta e eu promulgo a seguinte lei:
Artigo 1º - Passa a denominar-se "Salim Sahão" a Casa da Agricultura de Borborema.
Artigo 2º - Esta lei entra em vigor na data de sua publicação.
Palácio dos Bandeirantes, 26 de agosto de 2008.
JOSÉ SERRA
João de Almeida Sampaio Filho
Secretário de Agricultura e Abastecimento
Aloysio Nunes Ferreira Filho
Secretário-Chefe da Casa Civil
Publicada na Assessoria Técnico-Legislativa, aos 26 de agosto de 2008.

LEI Nº 13.193, DE 26 DE AGOSTO DE 2008

(Projeto de lei nº 48/08, do Deputado Gilson de Souza - DEM)

Dá denominação à Casa da Agricultura que especifica

O GOVERNADOR DO ESTADO DE SÃO PAULO:
Faço saber que a Assembléia Legislativa decreta e eu promulgo a seguinte lei:
Artigo 1º - Passa a denominar-se "Fábio de Salles Meirelles" a Casa da Agricultura de Franca.
Artigo 2º - Esta lei entra em vigor na data de sua publicação.
Palácio dos Bandeirantes, 26 de agosto de 2008.
JOSÉ SERRA
João de Almeida Sampaio Filho
Secretário de Agricultura e Abastecimento
Aloysio Nunes Ferreira Filho
Secretário-Chefe da Casa Civil
Publicada na Assessoria Técnico-Legislativa, aos 26 de agosto de 2008.

LEI Nº 13.194, DE 26 DE AGOSTO DE 2008

(Projeto de lei nº 160/08, do Deputado Edson Giriboni - PV)

Dá denominação à Casa da Agricultura que especifica

O GOVERNADOR DO ESTADO DE SÃO PAULO:
Faço saber que a Assembléia Legislativa decreta e eu promulgo a seguinte lei:
Artigo 1º - Passa a denominar-se "Joaquim Aleixo Machado" a Casa da Agricultura de Itapetininga.
Artigo 2º - Esta lei entra em vigor na data de sua publicação.
Palácio dos Bandeirantes, 26 de agosto de 2008.
JOSÉ SERRA
João de Almeida Sampaio Filho
Secretário de Agricultura e Abastecimento
Aloysio Nunes Ferreira Filho
Secretário-Chefe da Casa Civil
Publicada na Assessoria Técnico-Legislativa, aos 26 de agosto de 2008.

Decretos

DECRETO Nº 53.351, DE 26 DE AGOSTO DE 2008

Cria, na Secretaria da Cultura, os equipamentos culturais que especifica, da área de Preservação do Patrimônio Museológico, e dá providências correlatas

JOSÉ SERRA, Governador do Estado de São Paulo, no uso de suas atribuições legais,

Decreta:

Artigo 1º - Ficam criados, na Secretaria da Cultura, os seguintes equipamentos culturais da área de Preservação do Patrimônio Museológico a que se refere o inciso II do artigo 71 do Decreto nº 50.941, de 5 de julho de 2006, com a nova redação dada pelo inciso II do artigo 2º do Decreto nº 51.916, de 20 de junho de 2007:
I - Museu da Energia - Estado de São Paulo;
II - Museu da História do Estado de São Paulo;
III - Museu do Café - Estado de São Paulo;
IV - Museu do Futebol - Estado de São Paulo.
Parágrafo único - Fica criado, ainda, como parte integrante do Museu da História do Estado de São Paulo, o Centro Paulista de Documentação - SPDOC.
Artigo 2º - Os equipamentos culturais criados pelo artigo 1º deste decreto têm, cada um, as seguintes finalidades:
I - Museu da Energia - Estado de São Paulo, a preservação, a pesquisa e a divulgação do patrimônio histórico e cultural do setor energético paulista e brasileiro;
II - Museu da História do Estado de São Paulo, a preservação, a pesquisa e a divulgação da história política, econômica e social do Estado de São Paulo;
III - Museu do Café - Estado de São Paulo:
a) a preservação da história e da memória do café e da importância de sua contribuição para o desenvolvimento econômico, social e cultural do Estado de São Paulo e do Brasil;
b) atuar como um centro cultural e de difusão de conhecimento sobre o café e o agronegócio no Estado de São Paulo;
IV - Museu do Futebol - Estado de São Paulo, a preservação, a pesquisa e a divulgação da história e da memória do futebol no Estado de São Paulo e no Brasil.
Parágrafo único - O Centro Paulista de Documentação - SPDOC, do Museu da História do Estado de São Paulo, tem por finalidade produzir, organizar, pesquisar, publicar e divulgar documentos e depoimentos referentes à memória e à história política, econômica e social do Estado de São Paulo, atuando em parceria e colaboração com:
1. a Unidade do Arquivo Público do Estado, da Casa Civil;
2. arquivos municipais;
3. universidades e instituições afins.
Artigo 3º - Este decreto entra em vigor na data de sua publicação.
Palácio dos Bandeirantes, 26 de agosto de 2008
JOSÉ SERRA
João Sayad
Secretário da Cultura
Aloysio Nunes Ferreira Filho
Secretário-Chefe da Casa Civil
Publicado na Casa Civil, aos 26 de agosto de 2008.

DECRETO Nº 53.352, DE 26 DE AGOSTO DE 2008

Disciplina a dispensa e a restituição do Imposto sobre a Propriedade de Veículos Automotores - IPVA no caso de furto ou roubo no Estado de São Paulo e dá outras providências.

JOSÉ SERRA, Governador do Estado de São Paulo, no uso de suas atribuições legais e considerando o disposto no artigo 11 da Lei 6.606, de 20 de dezembro de 1989, na redação dada pela Lei 13.032, de 29 de maio de 2008,

Decreta:

Artigo 1º - A dispensa do pagamento do Imposto sobre a Propriedade de Veículos Automotores - IPVA, nas hipóteses de privação dos direitos de propriedade por furto ou roubo ocorridos em território paulista, se dará a partir do mês seguinte ao da data do evento.
Parágrafo único - A dispensa do pagamento do imposto, relativamente a veículo sujeito a registro e licenciamento perante o Departamento Estadual de Trânsito - DETRAN, será processada pela Secretaria da Fazenda, independentemente de solicitação, quando da inserção dos dados da ocorrência no Cadastro Geral de Veículos do DETRAN.
Artigo 2º - Será restituído o imposto pago nas hipóteses de furto ou roubo do veículo, quando ocorrido no território paulista, proporcionalmente à razão de 1/12 (um doze avos) por mês de privação dos direitos de propriedade.
§ 1º - O valor da restituição caberá ao proprietário que constar no Cadastro de Contribuintes do IPVA na data em que for caracterizada a privação dos direitos de propriedade, desde que não constem débitos para a mesma pessoa.
§ 2º - A restituição será processada pela Secretaria da Fazenda, independentemente de solicitação.
§ 3º - A Secretaria da Fazenda divulgará a relação dos contribuintes com direito ao ressarcimento e o valor da restituição, até o dia 28 de fevereiro do exercício subseqüente ao da ocorrência do furto ou roubo.
Artigo 3º - A dispensa de pagamento e a restituição previstas, quando não puderem ser processadas automaticamente, poderão ser requeridas pessoalmente, em qualquer posto de atendimento ao contribuinte da Secretaria da Fazenda, instruindo o pedido com os elementos comprobatórios da privação de seus direitos de propriedade.
Artigo 4º - O interessado poderá recorrer das decisões proferidas, de acordo com a disciplina a ser estabelecida pela Secretaria da Fazenda.
Artigo 5º - Constatada, a qualquer tempo, a falta de autenticidade dos dados ou que o interessado não satisfazia ou deixou de satisfazer as condições legais ao reconhecimento da dispensa ou da restituição, será devido o imposto correspondente com os acréscimos legais, sem prejuízo da imposição das penalidades cabíveis.
Artigo 6º - Na hipótese de recuperação do veículo:
I - no mesmo exercício da ocorrência do furto ou roubo:
a) existindo saldo de imposto a recolher, este deverá ser pago no prazo de 30 (trinta) dias, contado da data do evento;

quinta-feira, 3 de abril de 2008 **Diário Oficial** Poder Executivo - Seção I São Paulo, 118 (62) – III

Não é permitido fumar em nenhum local do Governo do Estado de São Paulo

Empresas privadas adotam medidas similares e até fabricante de cigarros tem seu programa antitabaco

No Palácio dos Bandeirantes, placas estrategicamente colocadas: agora, o único lugar para as baforadas dos fumantes é na rua

Em agosto de 2007, o Governo de São Paulo lançou o programa para *Promoção de Ambientes Livres do Tabaco* que premia empresas, edifícios e outros espaços públicos livres da fumaça dos cigarros. E começou dando o bom exemplo: placas estrategicamente colocadas, no interior e no exterior do Palácio dos Bandeirantes, sede do Governo, anunciavam uma drástica proibição: "Em prol da saúde de nossos colaboradores, este é um Ambiente Livre do Tabaco.Não é permitido fumar em nenhum local". Ainda há fumantes trabalhando no Palácio, mas levam vida dura: para satisfazer o vício, precisam ir até a Avenida Morumbi, alguns passos fora dos portões de entrada. Lá dentro não pode de jeito nenhum, e nem nos automóveis oficiais que circulam pela cidade. Todos os funcionários da recepção foram treinados para orientar os visitantes sobre a proibição.

"A medida não foi tomada de uma hora para outra. O projeto de combate ao cigarro existe há cinco anos e seguimos os passos do *Programa de Combate ao Tabagismo* indicado pelo Instituto Nacional de Câncer (Inca)", explica Silvia Aléssio, diretora do departamento de Recursos Humanos (RH) da Casa Civil.

Trabalham no Palácio dos Bandeirantes 950 pessoas, das quais 190 fumantes. Psicólogo, médico, assistente social e até medicamentos ajudam o funcionário a largar o cigarro, se desejar. "A adesão ao programa é fácil, basta inscrever-se e participar de sessões de terapia que auxiliam a evoluir no combate ao vício. O cônjuge que fuma pode participar e os trabalhadores terceirizados, também", informa o médico José Raimundo Sicca. Os medicamentos utilizados no tratamento são subsidiados em 100%.

No ano passado, 58 funcionários se inscreveram para o programa. Desses, 35 passam pelas sessões de terapia. Carlos Humberto Gothchalk, diretor do Centro de Desenvolvimento Pessoal da Casa Civil (CDP) diz que a média terapêutica é boa, de acordo com parâmetros internacionais. O índice de efetividade do programa é de 15%.

Julha Nakamura, do Centro de Gestão de Pessoal, e Maria Cristina Ferreira, do Gabinete da Secretaria da Casa Civil, sabem bem o que é a dependência do cigarro. Fumantes há mais de 30 anos, aderiram à iniciativa logo na primeira turma. Hoje, elas comemoram: estão sem fumar há mais de seis meses.

Além do Palácio dos Bandeirantes, o programa atinge o Palácio dos Campos Elíseos, o Palácio de Inverno de Campos do Jordão, o Fundo de Solidariedade e Desenvolvimento Social e Cultural do Estado de São Paulo (Fussesp), o Arquivo do Estado e a Corregedoria Geral do Estado (CGE).

Souza Filho, da CPTM: quatro meses sem fumar

Cleuzenir Souto de Assumpção, diretora do Núcleo de Pessoal do Fussesp, conseguiu abandonar o cigarro com o apoio do programa de terapia tabagística do Palácio. Deixou de fumar há um ano e trocou o maço de cigarros por caminhadas.

Proibição – De forma geral, esse esforço para diminuir o tabagismo na administração pública estadual espalhou-se por todas as repartições e empresas. No Metrô, por exemplo, a proibição do cigarro vale desde o dia 2 de janeiro para seus 7,5 mil funcionários. Fábio Nascimento, gerente de RH da companhia, explica que a política de combate ao tabaco junto aos colaboradores existe desde 1998.

"Começamos com política de sensibilização, por meio de cartazes e *folders*. Os funcionários que queriam parar com o vício foram encaminhados para tratamento adequado com acompanhamento médico-psicológico", recorda o executivo.

Os resultados da adesão à medida foram acompanhados anualmente. Segundo Nascimento, os fumantes, no início do projeto, eram 23% do pessoal. Hoje, esse índice caiu para 15%. "Os funcionários não-fumantes tornaram-se fiscais do programa e reclamavam muito daqueles que insistiam com o hábito. No final de 2007, chegamos a um consenso de que era possível adotar normas de proibição total, já que 85% dos servidores não fumavam".

O técnico de informática do Metrô, Ailson de Figueiredo, é um deles. Fumante há 26 anos, resolveu deixar o hábito, "quando foram criados os fumódromos no Metrô. Na época, eu trabalhava no almoxarifado e saía muitas vezes para acender um cigarro. Naquele ano, aderi ao programa e parei definitivamente".

Proibição também nos automóveis oficiais

Campeãs – A Companhia de Saneamento Básico do Estado de São Paulo (Sabesp) tem o programa *Pare* (voltado ao funcionário portador de dependência química), adotado em 1993. Com a sua incorporação ao *Viver Feliz*, passou a atender, também, os empregados dependentes do tabaco. Hoje, existem 10 grupos de tratamento psicoterapêutico que se reúnem semanalmente.

A Sabesp recebeu o Selo Prata, em dezembro de 2007, durante o 1º Encontro Estadual de Ações para Controle do Tabagismo no Estado de São Paulo, promovido pela Secretaria Estadual de Saúde.

A Imprensa Oficial do Estado também teve seu programa de combate ao tabagismo premiado em 2003 pela Secretaria Estadual da Saúde. O programa está incluído no Grupo Ideal (Grupo de Intervenção em Drogas, Álcool e Tabagismo. O programa existe desde 1998 e tem uma equipe formada por assistente social (Izilda Pizzotti), psicóloga (Márcia Tadeu Simões) e médico do trabalho (Ary Papa Seguillar). "O nosso colaborador recebe atendimento especializado que o ajuda a livrar-se do vício do cigarro", explica Luiz Carlos Quadrelli, gerente de Recursos Humanos.

O executivo diz que foram criados espaços demarcados na empresa para quem fuma, uma vez que o cigarro não é permitido dentro das salas.

O funcionário interessado em parar de fumar pode procurar a assistente social que o encaminhará ao médico do trabalho para prescrição do tratamento adequado para cada pessoa. "Parte do tratamento é subsidiada. Na primeira tentativa, 90% são pagos pela empresa, e na segunda o valor cai para 50%", informa Izilda.

O custo do vício

Dados da OMS revelam que há cerca de 1,25 bilhão de fumantes em todo o mundo: um terço da população adulta. Só no Brasil são 33 milhões. Estudos indicam que 80% dos fumantes manifestam desejo de largar o vício, mas apenas 3% conseguem.

O Brasil está entre os países com menor incidência de tabagismo do mundo (16,4%). Na capital paulista, 60,3% dos fumantes consomem cerca de dois maços (40 cigarros) por dia, segundo a Secretaria Estadual da Saúde.

Para diminuir esse número, os governos federal, estadual e municipal e a sociedade civil unem esforços para combater a dependência do tabaco. No Brasil, a Lei Federal nº 9.294/96 e o Decreto Federal nº 2.018 regulamentam o uso de cigarros em ambientes fechados de uso coletivo e em instituições públicas e espaços privados.

Pesquisa da Consultoria Visanté simula o custo de um fumante. O estudo concluiu que, se ele ganhar um salário de R$ 1 mil, custará, em média, R$ 2,4 mil ao ano, levando-se em conta paradas diárias de meia hora, dez faltas e maior utilização do convênio médico.

Gothchalk, Silvia e Sicca: nada de cigarro no Palácio

Respirar e viver – A Companhia Paulista de Trens Metropolitanos (CPTM) tem em seu quadro 6 mil colaboradores e esteve sempre atenta ao problema do cigarro. "A empresa sempre combateu o tabagismo. Em 1992, começamos a campanha com palestras. Com a criação do *Programa de Qualidade de Vida*, ampliamos, resolvemos atuar no foco do problema e passamos a dar condições de apoio ao empregado que queria parar de fumar", explica Carlos Adriano Pacheco, gerente de Desenvolvimento Organizacional de RH.

Vivian Pinfari, responsável pela área de saúde ocupacional, explicou que o funcionário que adere à iniciativa é encaminhado a um médico pneumologista e recebe remédio para combater o cigarro. O tratamento é extensivo aos seus familiares e também está à disposição dos trabalhadores terceirizados.

"Em março, começou o treinamento de 2,2 mil funcionários da Linha C que lidam diretamente com o público. O objetivo é cuidar dos usuários que ainda insistem em fumar dentro das composições ou das estações", afirma Vivian.

Rita Severino Oliveira, usuária dos trens da CPTM, aprova a medida. "Fumei durante 40 anos, mesmo durante a gravidez de meus dois filhos. Somente quando comecei a freqüentar a Igreja envangélica, há quatro anos, é que eu descobri o quanto estava fazendo mal para a minha saúde".

Até a sogra – Francisco Antônio de Souza Filho, chefe geral de estações, não pensou duas vezes. Fumante desde os 17 anos sentia-se envergonhado por não conseguir acompanhar os amigos quando "ia bater uma bolinha". Quando soube do programa, aderiu rapidamente. "Tomei a medicação e estou sem fumar há quatro meses", conta satisfeito. O resultado não poderia ser melhor: Francisco engordou 12 quilos, eliminados rapidinho com atividade física. "Faço caminhada todos os dias e carrego todo mundo comigo, inclusive a sogra".

O Tribunal de Contas do Estado de São Paulo iniciou o projeto de combate ao tabagismo neste ano. Os funcionários que desejam parar de fumar contam com a ajuda de psicólogos e o tratamento também é estendido aos familiares. Hoje, existem dois locais reservados para fumantes. Estarão abertos até setembro, quando serão fechados e o fumo proibido totalmente.

Bons exemplos – Os exemplos se repetem nas instituições privadas. Aproximadamente há três anos, a Associação Comercial de São Paulo desenvolve um projeto de campanhas para promoção de hábitos saudáveis de vida. "Quando resolvemos ampliar nosso refeitório, precisamos do alvará de funcionamento dos bombeiros e eles nos chamaram a atenção para um problema que persistia em nossa organização: os funcionários que fumavam saíam de suas salas (onde era proibido fumar) e acendiam seus cigarros nas escadas", diz Fernando Moya, superintendente de RH.

Para reduzir o problema, foi construída uma área aberta no subsolo, onde é possível fumar. A partir daí, o cigarro foi proibido nas escadarias do prédio e foram retirados os cinzeiros dos andares. "Temos um universo de população jovem (45 aprendizes ligados ao *Projeto Degrau* e 50 *office-boys*) e não podemos ficar omissos diante do problema dentro da organização", diz o executivo.

Com as medidas adotadas, três gerentes que eram fumantes inveterados, como o superintendente financeiro Thadeu Coelho Cata Treta, abandonaram o vício. "Acendi o meu primeiro cigarro aos 14 anos e não parei mais". Com o tempo, o hábito foi prejudicando a saúde do executivo, que só parou quando descobriu, após exames detalhados, que a nicotina e os outros componentes do cigarro haviam obstruído suas artérias.

Rita Oliveira, usuária dos trens da CPTM, aprova a medida: problemas para a saúde

Coelho: artérias obstruídas e a decisão de parar

Além da beleza – Como o Governo paulista, a multinacional de cosméticos Avon investe em campanhas de saúde entre seus 6 mil funcionários. Deste total, 60% são mulheres, além de 1,2 milhão de revendedoras espalhadas pelo Brasil.

"Desde 1997, a Avon Brasil modificou seu programa de qualidade de vida e passou a focar nos pilares: saúde, prevenção, recreação, lazer e social", esclarece Elza Maio, coordenadora de responsabilidade social para o público interno da Avon Brasil.

Em 2004, foi lançado o programa *Viver Zen*, cujo objetivo é promover a saúde, melhorar a qualidade de vida do funcionário e a auto-estima. Pesquisa realizada em 1996 detectou que 20% de seus empregados eram dependentes de tabaco. A partir daí, a companhia passou a investir em campanhas anuais de sensibilização e formação de grupos de apoio. "Hoje, além da campanha de sensibilização, encaminhamos o funcionário para tratamento ajudamos os familiares. O tratamento dura um ano. Além disso, treinamos os gestores para detectar os possíveis funcionários com problema de dependência química e que precisam de auxílio". A empresa custeia o tratamento antitabaco.

"Desde que começamos a campanha, verificamos que 30% dos fumantes pararam com o vício. Na empresa não existe fumódromo, porque temos grandes espaços abertos, mas vamos demarcar lugares específicos para quem quer continuar fumando. Hoje, trabalham na Avon 273 fumantes. Desde 2005 foram atendidos 95 funcionários que quiseram parar com o vício.

Melhor é não fumar – De acordo com a Souza Cruz, a maior produtora de cigarros do País, o negócio da empresa não é persuadir as pessoas a fumar, mas oferecer marcas de qualidade a adultos que decidiram fumar, livre e conscientemente.

A companhia reconhece que o único modo de se evitar completamente os riscos associados ao consumo de cigarros é não fumar.

A assessoria de imprensa da Souza Cruz informou que a companhia respeita as leis vigentes em relação ao fumo e que definiu, há tempos, áreas exclusivas para seus empregados fumantes e não-fumantes, tecnicamente adequadas e sinalizadas. Outras regras foram adotadas: por exemplo, não é permitido fumar na presença de mulheres grávidas e todos os profissionais que atendem diretamente o público (recepcionistas e seguranças) estão proibidos de fumar em seus postos de trabalho, ainda que essas áreas tenham sido designadas como áreas de fumantes.

Ajuda gratuita – O Centro de Referência em Álcool, Tabaco e Outras Drogas (Cratod), da Secretaria de Estado da Saúde, mantém programa de tratamento voltado exclusivamente para os funcionários públicos (municipais, estaduais e federais, estes desde que sediados em São Paulo) que desejam parar de fumar.

De acordo com Estela Regina Martins, coordenadora de Tabagismo do Cratod, a maioria das pacientes que procuram a entidade são mulheres. Levantamento do Cratod mostra que homens e mulheres entre 45 e 49 anos são os maiores interessados em abandonar o vício. Representam 16,91% dos avaliados que têm interesse em parar de fumar. Entre os fumantes com idade entre 20 e 24 anos, a intenção de parar foi manifestada por apenas 7,90%.

Segundo Estela, as pessoas mais velhas têm mais interesse em deixar de fumar que os jovens porque, na meia idade, o fumante começa a sentir os efeitos do tabaco no organismo.

Maria Lúcia Zanelli
Da Agência Imprensa Oficial

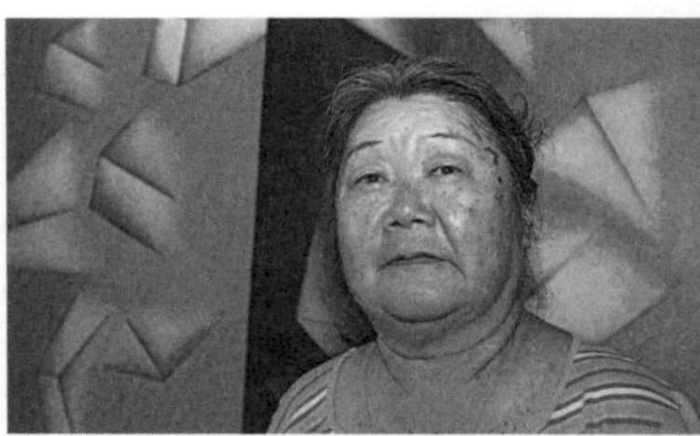
Julha Nakamura: fumante por 30 anos, está há mais de seis meses longe dos cigarros

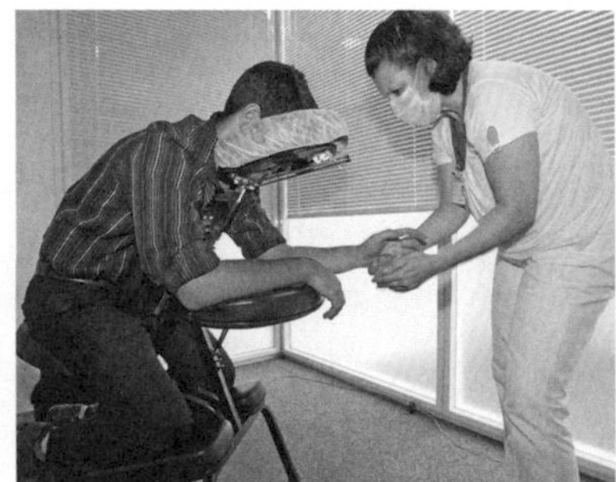
Programa *Viver Zen*, da Avon: cuidados com a saúde e qualidade de vida do funcionário

Cresce número de fumantes nos países em desenvolvimento

Estudo da Organização Mundial de Saúde (OMS) mostra que, em todo o mundo, o número de fumantes cresceu mais nos países em desenvolvimento – cerca de 40% entre 1980 e 2005. A explicação está nas maciças campanhas antitabagistas desenvolvidas nos países desenvolvidos, que reduziram drasticamente o consumo de cigarros pelos seus habitantes. Nos Estados Unidos, por exemplo, a venda de cigarros caiu 41% entre 1980 e 2006.

Relatório da Universidade de Bath (Inglaterra) revela que o número de mulheres fumantes dobrou na Rússia desde 1991. Dos sete países que mais consomem cigarros atualmente (China, Índia, Indonésia, Rússia, EUA, Japão e Brasil) cinco são emergentes.

Imprensa Oficial relata experiências de Certificação Digital no CertForum

Emissão de certificados para Legislativo paulista e de crachás funcionais para os mais de mil funcionários está entre os trabalhos

Com a utilização da Certificação Digital desenvolvido pela Imprensa Oficial, 3 toneladas de papel deixaram de ser consumidas todos os meses na Assembléia Legislativa do Estado de São Paulo. Além da economia, essa ação poupa 45 árvores, informou a diretora do Departamento de Informática e Desenvolvimento Organizacional da Assembléia, Maria de Fátima Porcaro, durante palestra na sexta edição do Fórum de Certificação Digital (6º CertForum). Mais de mil pessoas se inscreveram para participar do evento realizado no auditório do Hotel Renaissance, em São Paulo.

Primeira palestrante do dia, a diretora destacou que o Legislativo paulista foi o primeiro a adotar a ferramenta que "traz segurança, confiabilidade, integridade e agilidade na tramitação de processos legislativos". A Imprensa Oficial apresentou outra experiência pioneira no uso de certificado digital, o desenvolvimento dos crachás dos funcionários, que reúnem num único cartão identificação visual e lógica e controle de acesso físico e certificação digital.

O 6º CertForum foi aberto pelo diretor-presidente do Instituto Nacional de Tecnologia da Informação (ITI), idealizador do evento, e pelo presidente da Câmara Brasileira de Comércio Eletrônico (câmara-e.net), responsável pela organização. O fórum propicia trocas de experiências, compartilhamento de conhecimento, realização de negócios e debates sobre o futuro da certificação digital, enumerou o diretor-presidente do ITI, Renato Martini.

Experiência em certificação – O presidente da Imprensa Oficial, Hubert Alquéres, em vídeo de apresentação da empresa, disse que a instituição hospeda o *site* do governo paulista e cuida de todas as operações que envolvem a produção do *Diário Oficial*. Destacou que a Imprensa é a primeira empresa pública certificadora, a única que possui ISO 9001, é a Autoridade Certificadora dos três níveis administrativos (municipal, estadual e federal), desde 2003. Entre os clientes, enumerou a Assembléia, as secretarias da Fazenda e da Educação, Banco Nossa Caixa e particulares. Afirmou, ainda, que a Certificação Digital é uma ferramenta "poderosa e competente para garantir a segurança nas transações da Internet que faz parte da vida das pessoas e das empresas".

CLEO VELLEDA

Novas tecnologias: São Paulo recebeu pela primeira vez o Fórum de Certificação Digital

O encontro ocorreu pela primeira vez em São Paulo e é considerado preparatório para a edição de Brasília, agendada para novembro. Na platéia, empresários, especialistas, acadêmicos, fornecedores de soluções de *hardware* e *software* acompanharam as palestras sobre os usos e benefícios proporcionados pela certificação e pelas novas tecnologias.

Em sua palestra *A Expansão da Certificação Digital no Estado de São Paulo*, Maria de Fátima disse que a ferramenta desenvolvida pela Imprensa Oficial é utilizada no Correio Eletrônico, notícias/*e-clipping* e nos processos legislativos. Disse que o processo começou há dois anos e tem obtido aceitação dos usuários. Já foram distribuídos 140 certificados na Assembléia. A previsão é que a partir deste mês a ferramenta esteja disponível para os 94 deputados, chefes de gabinete e diretores da área administrativa.

Padrão internacional – "Com o sistema, será possível que um mesmo documento seja assinado por todos os deputados ao mesmo tempo", reforça Maria de Fátima. A diretora exibiu vídeo em que destaca os benefícios trazidos pela Certificação Digital e mostra até o calo no dedo do presidente da Assembléia de tanto assinar documentos. Entre outros usos, diz que a ferramenta permite que os integrantes da Assembléia assinem propostas legislativas e processos administrativos, como nomeação e exoneração e sistema de coleta de notícias sobre a Assembléia.

O gerente de produtos de tecnologia da Imprensa Oficial, Márcio Lopes Moreira, relatou a experiência da empresa na emissão de crachás funcionais com certificação digital na palestra *Identificação Funcional com Certificação Digital ICP-Brasil*. Disse que a iniciativa de disseminar a ferramenta "dentro de casa" foi um desafio porque incluiu toda a administração e os funcionários da gráfica. Afirmou que o cartão de identificação pessoal, que segue padrão daqueles utilizados pelo governo dos EUA, foi "muito bem aceito".

Márcio Moreira destacou que os funcionários "mostram com orgulho o crachá com Certificação Digital porque permite estar inserido no mundo tecnológico". Assegurou que o sucesso do projeto se deveu à cooperação de quase todos os setores da empresa, à comunicação, à divulgação e à confecção de cartilhas para que todos os mais de mil empregados "recebessem bem a nova tecnologia que traz grande mudança de cultura".

A experiência da Imprensa Oficial em Certificação Digital começou em 2001 com a digitalização das edições do *Diário Oficial*, publicadas a partir de 1891. Hoje tem um dos maiores acervos públicos digitalizados do Brasil, com 7 milhões de páginas e 1,2 *terabyte* de informações. De 2002 até este ano, a empresa contabiliza quase 170 mil certificados. Informatizada, hospeda o *site* do Executivo paulista, desenvolve *sites* e produtos ligados ao universo da informática e como autoridade oficial do governo confere autenticidade aos documentos que trafegam pela Internet.

Claudeci Martins
Da Agência Imprensa Oficial

Farmácia Dose Certa distribui livros grátis até sexta-feira

Nesta semana, quem for retirar remédio em cinco unidades da *Farmácia Dose Certa*, na capital, receberá gratuitamente um clássico da literatura brasileira. O projeto *Livro e Saúde*, da Secretaria da Saúde, pega carona na realização da Bienal do Livro em São Paulo, para distribuir cerca de cinco mil exemplares de diferentes títulos e autores, até sexta-feira (22).

Os exemplares poderão ser retirados nas unidades das farmácias das estações Clínicas, Sé, Brás, Santana e Vila Mariana do Metrô. Entre os títulos disponíveis estão *A Moreninha*, de Joaquim Manoel Macedo, *Memórias de um Sargento de Milícias*, de Manoel Antônio Almeida, e *Iracema*, de José de Alencar.

Além dos livros, os pacientes ganharão também um marcador de páginas, com diferentes frases e pensamentos de grandes autores. São cinco tipos diferentes de dizeres, como *Alguns nascem grandes, outros atingem a grandiosidade e alguns têm a grandiosidade lançada sobre si*, de William Shakespeare. Os livros foram doados pelas editoras Escala, Saraiva e Cult.

As farmácias *Dose Certa* distribuem medicamentos básicos, como analgésicos, xaropes, pomadas, antiinflamatórios e antibióticos, além de anticoncepcionais e remédios relacionados à saúde mental. Para retirá-los basta apresentar receita médica emitida pela rede pública de saúde, contendo o nome do princípio ativo do medicamento. O atendimento é de segunda a sexta-feira, das 8 às 17 horas.

Da Assessoria de Imprensa
da Secretaria da Saúde

Serviço

Onde retirar remédios e livros de graça
Metrô Brás – Rua Domingos Paiva, s/nº
Metrô Clínicas – Av. Dr. Arnaldo, 555
Metrô Santana – Av. Cruzeiro do Sul, 3.173
Metrô Sé – Praça da Sé, s/nº
Vila Mariana – Av. Prof. Noé Azevedo, 106

Novo prédio da Fatec Pindamonhangaba permitirá expansão do número de alunos

Os alunos da Faculdade de Tecnologia (Fatec) de Pindamonhangaba retomaram as aulas neste segundo semestre em um novo câmpus. O Estado aplicou R$ 1,8 milhão em obras na unidade, que recebeu investimentos também de empresas parceiras e da prefeitura local. Antes da inauguração, a Fatec funcionava no prédio da Escola Técnica (Etec) João Gomes de Araújo.

A nova construção tem quatro blocos. Três deles foram reformados e adaptados, por meio de parceria entre o município e o governo estadual, que investiu também em mobiliário e equipamentos. Atualmente, a faculdade tem 240 alunos, e as obras possibilitarão o aumento desse número. De acordo com a diretora superintendente do Centro Paula Souza, professora Laura Laganá, o plano de expansão da unidade prevê 960 vagas em três turnos.

GILBERTO MARQUES

Laboratórios da nova Faculdade de Tecnologia

A Fatec de Pindamonhangaba promove o curso superior de tecnologia em Metalurgia, criado com o objetivo de atender à demanda do parque industrial siderúrgico e metalúrgico da região, onde estão localizadas grandes empresas, como Villares e Novelis. No processo seletivo para o segundo semestre deste ano, 247 candidatos se inscreveram para concorrer às 40 vagas oferecidas no período noturno (média de 6,1 candidatos por vaga).

A professora Laura afirma que a faculdade terá mais um curso ligado à manutenção de equipamentos. "As empresas do Parque Metal, de Pindamonhangaba, participaram da elaboração da grade curricular, sobretudo porque grande parte de seus funcionários estuda nesta unidade", informa.

O município de Pindamonhangaba integra a Região Administrativa de São José dos Campos, que dispõe de outras três Fatecs, nas cidades de Cruzeiro, Guaratinguetá e São José dos Campos. A partir de 2009, os municípios de São Sebastião e Taubaté, que integram o plano de expansão para o ensino profissional, também terão Fatecs.

Da Agência Imprensa Oficial

A partir de hoje cidadão pode acessar on-line os 117 anos do Diário Oficial

Gigantesco banco de dados traz as 7 milhões de páginas publicadas, desde 1º de maio de 1891 até hoje; o serviço é gratuito

O governo do Estado dá mais um passo enorme para garantir a transparência do seu trabalho na administração pública: a partir de hoje, todas as informações sobre suas ações estarão disponíveis na Internet, para qualquer pessoa interessada, gratuitamente. E não apenas as deste governo, mas de todos os que o antecederam, praticamente desde a Proclamação da República. Trata-se de um gigantesco banco de dados, de 1,126 terabyte, com cerca de 7 milhões de páginas do *Diário Oficial*, impressas a partir de 1º de maio de 1891, quando foi criada a Imprensa Oficial do Estado. Ele é atualizado diariamente, com a inclusão das páginas das novas edições do jornal.

"A Imprensa Oficial nasceu", explica o diretor-presidente da empresa, Hubert Alquéres, "a partir dos ideais da República, de democratizar e perenizar o acesso à informação. Este é o resumo do projeto de digitalização do D.O.: visamos valorizar e dar transparência às informações de interesse público. Além disso, garantir sua perenidade".

O projeto de digitalização de todo o conteúdo do jornal exigiu três anos de trabalho e investimentos da ordem de R$ 9 milhões. Depois da passagem para o suporte digital, um programa de reconhecimento de caracteres (OCR) foi usado para tornar as imagens compreensíveis para o sistema de buscas por palavras-chave. A consulta *on-line* está disponível desde 2006, mas nem todos os serviços eram gratuitos. "A cobrança era um fator limitante do acesso", diz Alquéres. "Seguindo as diretrizes do atual governo, que pretende tornar o Estado uma referência na oferta de serviços *on-line*, decidimos liberar a pesquisa no acervo".

IMPRENSA OFICIAL DO ESTADO

DIARIO OFFICIAL

DO ESTADO DE SÃO PAULO

ANNO I–3º DA REPUBLICA–N. 1 SÃO PAULO SEXTA-FEIRA 1 DE MAIO DE 1891

Capa da primeira edição do **Diário Oficial** do Estado, que circulou em 1º de maio de 1891

Isso não significa que o *Diário Oficial* do Estado estará disponível apenas na Internet. A versão impressa continuará sendo produzida, para atender seus cerca de 10 mil assinantes, em sua maioria órgãos e entidades da administração pública, empresas privadas, escritórios de advocacia. Também é possível consultar essas páginas, e até copiá-las, se necessário, na sede da Imprensa Oficial, ou no Poupatempo Sé. A legitimidade dos documentos copiados da versão *on-line* pode ser garantida pela certificação digital, oferecida pela Imprensa Oficial, uma das seis certificadoras autorizadas do Brasil.

Cadernos – No acervo *on-line* estão todos os cadernos já publicados. Atualmente, o *Diário Oficial* do Estado está dividido em sete cadernos: Executivo I, com decretos e atos do governador, assuntos ligados às Secretarias, Procuradoria Geral do Estado, universidades públicas, Ministério Público, Defensoria Pública, diário dos municípios, licitações e assuntos referentes a órgãos federais que digam respeito a São Paulo; Executivo II, com tudo que se refere ao funcionalismo público do Estado; Empresarial, onde saem atas, balanços, editais, comunicados, concorrências, convocações, licitações e encerramentos; Cidade de São Paulo, com assuntos relativos à Prefeitura da capital; Legislativo, com informações sobre os trabalhos da Assembléia Legislativa. Há ainda os cadernos do Tribunal Regional do Trabalho, 15ª Região, com os processos em tramitação em Campinas e subdistritos, do Tribunal Regional Eleitoral e da Ordem dos Advogados do Brasil, com assuntos relacionados a essas instituições. Os cadernos do Poder Judiciário estadual deixaram de ser impressos em outubro de 2007, mas estão no banco de dados digital, como todos os outros, e continuam sendo atualizados diariamente.

Da Agência Imprensa Oficial

SERVIÇO

Para acessar: *www.imprensaoficial.com.br*

Recurso judicial de SP obriga Petrobras a vender diesel mais limpo

O governo de São Paulo, por meio do Ministério Público Federal, obteve vitória judicial que permitirá o uso de combustível mais limpo. A decisão judicial obriga a Petrobrás a distribuir e vender o diesel conhecido como S-50, menos poluente, em pelo menos uma bomba em cada ponto de comercialização de combustíveis no País, a partir de 1o de janeiro de 2009.

A decisão do juiz José Carlos Motta, da 19ª Vara Cível, determinou ainda que a Agência Nacional do Petróleo (ANP) regulamente a distribuição do diesel S-50 no prazo de 90 dias. A intenção é garantir o fornecimento do combustível em todo o território nacional até que ocorra a integral substituição do comercializado no País atualmente, que apresenta alto teor de enxofre: 2.000 ppm (partes por milhão), 500 ppm e 200 ppm do elemento. O S-50 possui 50 ppm de enxofre.

A medida tem a finalidade de estabelecer condições para que, a partir do ano que vem, seja cumprida a Resolução 315/2002 do Conselho Nacional de Meio Ambiente (Conama), que prevê o uso de diesel com 50 ppm de enxofre. Assim, abre caminho para o efetivo cumprimento da lei que prevê veículos e combustíveis "mais limpos" no País.

Agilidade – Um novo recurso garantiu ainda que a empresa deverá vender o S-50 por preço "suficientemente próximo" ao do combustível menos limpo. A decisão complementar foi tomada no dia posterior à da medida liminar, para atender a embargo de declaração da Procuradoria Geral do Estado sobre a questão do valor, que não havia ficado muito clara. A preocupação era de que o S-50 fosse economicamente inviável para o consumidor.

JOSÉ JORGE

Combustível com menor concentração de enxofre vai gerar menos poluentes na atmosfera

Segundo os técnicos da Secretaria do Meio Ambiente, o cumprimento da Resolução Conama 315 deverá alterar o perfil da distribuição do diesel no País. No Brasil são comercializados 3,8 bilhões de litros de diesel por mês, em 52.518 postos, com venda do diesel "inferior" (S-2000) em 41.066 postos e do "metropolitano" (S-500) em 11.452 postos. No Estado de São Paulo, são comercializados 950 milhões de litros de diesel por mês, em 11.391 postos (7.232 vendem o Diesel S-2000 e 4.159 o S-500).

Com a oferta do S-50 em pelo menos uma bomba em cada posto, 52.518 tanques deverão ser destinados exclusivamente para a comercialização desse combustível em todo o País. Considerando que um tanque pequeno tem capacidade para 15 mil litros, o total de Diesel S-50 será de, pelo menos, 788 milhões de litros, ou 21% do volume comercializado mensalmente no Brasil.

Fiscalização

O abastecimento nacional de combustíveis é fiscalizado pela Agência Nacional do Petróleo (ANP). Ela tem poder para emitir autos de infração, interditar bombas de abastecimento nos postos revendedores em que sejam constatadas irregularidades e cancelar o registro de produtos. Pode manter convênios com órgãos da administração pública direta e indireta da União, Estados, Distrito Federal e municípios. O objetivo dos convênios é ampliar e tornar mais ágeis as ações de fiscalização.

Da Assessoria de Imprensa da Secretaria do Meio Ambiente

2009

MUNDO E BRASIL

_A gripe influenza "A" – H_1N_1, conhecida como gripe suína, mesmo com as medidas de vacinação em massa – se alastra pelo mundo e se transforma na primeira pandemia do século XXI. A OMS - Organização Mundial de Saúde, elevou para seis o nível máximo de alerta e quase 30 mil pessoas foram contaminadas pelo vírus.
_O Supremo Tribunal Federal (STF) decidiu suspender por completo o teor da Lei de Imprensa, editada em 1967 durante o regime militar, que previa, entre outros pontos, a censura prévia aos meios de comunicação e a apreensão de publicações pelo governo.
_Morre Michael Jackson, um dos maiores ídolos da música *pop* mundial das décadas de 1980 e 1990.
_A Conferência das Nações Unidas sobre mudanças climáticas procurou definir a resposta mundial ao aquecimento global que ameaça o planeta. Sua abertura oficial foi em Copenhague. A missão da histórica conferência, foi a de pretender limitar a dois graus centígrados o aumento da temperatura média da superfície da Terra, obrigando seus signatários à drástica redução das emissões de gases do efeito estufa.
_Três linhas transmissoras de energia elétrica se desligam na região da divisa entre Paraná e São Paulo provocando blecaute que se estendeu por 18 Estados brasileiros e pelo Paraguai. A hidrelétrica de Itaipu deixou de funcionar. O blecaute, conhecido como "apagão de 2009" ocorreu em 10 de novembro.
_Morre aos 100 anos o antropólogo francês Claude Lévi-Strauss que viveu no Brasil de 1935 a 1939, quando foi professor da Universidade de São Paulo. Em 1955, publicou *Tristes Trópicos*, narrativa de sua viagem ao Brasil e ensaio científico sobre os indígenas cadiuéus, bororos, nambiquaras e tupi-caraíbas. A obra *tornou*-se um clássico da etnologia e de estudos antropológicos sobre o país.

GOVERNO DE SÃO PAULO

_O Projeto de Lei n. 1, que institui a Política Estadual de Mudanças Climáticas (PEMC), foi aprovado por unanimidade na Assembleia Legislativa. Após sanção do governador José Serra, São Paulo tomará a dianteira, no País, no combate ao aquecimento global e na efetivação de medidas de adaptação

317. SÃO PAULO CRIA POLÍTICA PIONEIRA DE COMBATE AO AQUECIMENTO GLOBAL

_Projeto Integrado do Arquivo Público do Estado e Universidade de São Paulo inaugura *site* com disponibilização de documentos do antigo Departamento Estadual de Ordem Política e Social (Deops), referentes à ditadura militar, inventariando prontuários e fichas policiais, além de jornais e panfletos confiscados pelo regime de exceção.
_Cerca de 120 mil pessoas visitam a exposição Mania de Colecionar, disposta nos 7 mil metros do recém-inaugurado Museu do Futebol.
__O Decreto n. 54.284, de 29 de abril, publicado no *Diário Oficial* no dia seguinte, institui o Programa *Visão do Futuro*, destinado à prevenção e recuperação da saúde ocular dos alunos do ensino fundamental.
_Lei n. 13.541, de 7 de maio, publicada no Diário Oficial em 8 de maio, proíbe o consumo de cigarros, cigarrilhas, charutos, cachimbos ou qualquer outro produto fumígeno, derivado ou não do tabaco, na forma que especifica.

318. LEI ESTADUAL ANTIFUMO

_O Decreto n. 54.297, de 5 de maio, publicado no *Diário Oficial* em 6 de maio, cria a Escola de Formação e Aperfeiçoamento dos Professores do Estado de São Paulo.
_O Decreto n. 54.669, de 11 de agosto, publicado no Diário Oficial do dia seguinte, cria a São Paulo Companhia de Dança.

319. DECRETO CRIA A SÃO PAULO COMPANHIA DE DANÇA

_Lei Complementar n. 1.097, de 27 de outubro, publicada no Diário Oficial em 28 de outubro, institui o sistema de promoção para os integrantes do Quadro do Magistério da Secretaria da Educação e dá outras providências.

320. LEI INSTITUI SISTEMA DE PROMOÇÃO MERITÓRIA PARA O MAGISTÉRIO

IMPRENSA OFICIAL

_Aquisição de duas máquinas de costura e uma alceadeira em linha; conjunto de CTPs Agfa para confecção de chapas para impressão off-set e impressora off-set Heildelberg plana duas cores.
_Modernização do parque gráfico da IO.

Diário Oficial
Estado de São Paulo
José Serra - Governador

PODER Executivo
SEÇÃO I

Palácio dos Bandeirantes Av. Morumbi 4.500 Morumbi São Paulo CEP 05650-000 Tel. 2193-8000
Volume 119 • Número 201 • quarta-feira, 28 de outubro de 2009 www.imprensaoficial.com.br
imprensaoficial

São Paulo cria política pioneira no combate ao aquecimento global

Aprovada pela Assembleia Legislativa, lei que institui a Política Estadual de Mudanças Climáticas foi enviada para sanção do governador

A Política Estadual de Mudanças Climáticas (Pemc), instituída pelo Projeto de Lei nº 1/2009, foi aprovada por unanimidade na Assembleia Legislativa. Com sua entrada em vigor, após sanção do governador, São Paulo tomará a dianteira, no País, no combate ao aquecimento global e na efetivação de medidas de adaptação. O instrumento abrange diversos temas, como transporte, uso do solo e desenvolvimento econômico. "O principal trunfo da política é ser uma lei", avalia o assessor técnico da Secretaria do Meio Ambiente (SMA), o engenheiro Oswaldo Lucon.

Destaca, ainda, como maior avanço da iniciativa, a definição da meta de redução global de 20% nas emissões de dióxido de carbono (CO_2) até 2020, com base nos dados de 2005. "Essa meta norteará todas as ações de governo", explica Lucon. "E terá efeito sinalizador para as ações dos outros Estados brasileiros", prevê. Para ele, a Pemc significa o forte compromisso do Estado com a redução da emissão de gases do efeito estufa. "É essa posição que levaremos para a conferência da ONU, que acontecerá em dezembro, em Copenhague", afirma.

Compõem a Pemc, definições, objetivos, diretrizes, formas de comunicação, avaliação, articulação e operacionalização referentes à questão, bem como o disciplinamento do uso do solo, o planejamento emergencial contra catástrofes e instrumentos econômicos para as ações, como incentivos e taxações, entre outras providências. Estão determinadas, por exemplo, a criação do Conselho Estadual de Mudanças Climáticas, de caráter consultivo, e a permanência da atuação do Fórum Paulista de Mudanças Climáticas. Além disso, o Fundo Estadual de Prevenção e Controle da Poluição (Fecop), que já apoia projetos relacionados ao controle da poluição e preservação do meio ambiente, terá como atribuição financiar ações e planos específicos de adaptação aos efeitos das mudanças climáticas. Os recursos serão destinados às regiões e setores da economia mais afetados por catástrofes naturais e aos municípios com maior vulnerabilidade.

Sustentabilidade – Foi estipulada ainda a redução do prazo de elaboração da Comunicação Estadual, que conterá o inventário de emissões dos gases de efeito estufa de origem antrópica, ou seja, resultantes de atividades humanas. A ideia é que esse instrumento seja integrado pelas áreas de energia, transportes, agricultura e educação. "Os setores agora serão obrigados a agir imediatamente para a preparação dos inventários", enfatiza o assessor técnico da SMA.

Na área de transportes, a Pemc incentiva a criação de políticas públicas que priorizem o transporte sustentável, como a construção de ciclovias, a criação de programas de carona solidária, a implantação da inspeção veicular e outras medidas que distribuam melhor o tráfego por rodovias. São alcançadas também pela política a licitação sustentável, a responsabilidade pós-consumo, a conservação de energia, a utilização de combustíveis mais limpos e energias renováveis, a extração mineral que minimize o consumo de combustíveis fósseis, a redução do desmatamento, a construção civil com base sustentável, o gerenciamento dos recursos hídricos, entre muitas outras ações.

Simone de Marco
Da Agência Imprensa Oficial

Visão avançada

Em 2005, o decreto que criou o Fórum Paulista de Mudanças Climáticas já previa a elaboração de política estadual sobre a questão. Logo depois, foi definida equipe na SMA para pensá-la. A diretriz preconizada no trabalho foi a de que a política deveria ser instituída na forma de lei pedagógica, bastante detalhada, e que adotasse definições já consagradas. Segundo Oswaldo Lucon, São Paulo sempre teve visão avançada em relação ao tema e, logo após a Convenção do Clima, em 1992, adotou a postura de que, por ser um Estado bastante desenvolvido, deveria tomar a frente. "O que era debate científico amadureceu e se reflete nas ações do dia a dia, nas quais todos emitem poluentes e são comprometidos por isso. Alguns emitem mais, outros sentem mais os efeitos. Por isso, promover a distribuição justa de benefícios econômicos e ônus ambientais é, no fundo, o grande objetivo da política climática paulista", conclui.

Escolas economizam 70 milhões de litros de água por mês

Graças ao programa da Sabesp, escolas de São Paulo estão economizando 70 milhões de litros de água por mês, desde junho de 2008. Essa quantidade equivale à redução mensal média de 37%. Chamado de *Programa Uso Racional da Água* (Pura), recebeu adesão de 644 escolas públicas da capital. A água economizada é suficiente para abastecer mais de 16 mil pessoas. Além de redução de consumo, o programa contribui para preservar o meio ambiente. Ao todo, 1.299 imóveis ligados à Secretaria de Educação da capital irão aderir ao Pura até 2010. Aos conveniados, a Sabesp faz pesquisa e correção de vazamentos, promove programas de educação ambiental, gestão do consumo de água via internet (telemedição) e troca de equipamentos comuns por economizadores.

GABRIEL GÓES

Pura: pela preservação do meio ambiente

Para as escolas da rede municipal paulista, a Sabesp também lançou dois manuais específicos e didáticos. Um deles mostra ao professor como ensinar ao aluno a consumir água de forma consciente e discutir a temática em sala de aula e em cada disciplina. Todas as escolas receberão as cartilhas. Outro benefício é a redução de tarifa. Das 644 escolas municipais, 504 assinaram o Contrato de Tarifação para Entidades Públicas que dá direito a 25% de desconto na conta de água. A exigência é que a instituição precisa ter economizado pelo menos 10% no consumo de água e manter esse índice. Outras cem instituições de ensino devem assinar o contrato nos próximos meses.

Da Agência Imprensa Oficial

Defensores públicos paulistas integram Força Nacional

Quatro defensores públicos do Estado de São Paulo estão em Minas Gerais para integrar a Força Nacional da Defensoria Pública em Execução Penal (FNDP). O trabalho, que segue até o dia 30, começou em cinco unidades prisionais de Ribeirão das Neves, na Região Metropolitana de Belo Horizonte. Criada em agosto, a FNDP pretende apressar a tramitação de processos de pessoas presas. Defensores públicos de todo o País atuarão nos Estados que solicitarem o reforço. Nessa primeira ação, a FNDP reuniu 41 defensores para passar um pente-fino em cerca de 5 mil processos de pessoas presas em Ribeirão das Neves. Somente o Estado de São Paulo tem quase 170 mil detentos, dos quais 90% não têm condições de pagar um advogado. Em breve, a Força trabalhará também em São Paulo, em virtude do elevado número de presos e dos poucos defensores públicos no Estado.

Da Assessoria de Imprensa da Defensoria Pública do Estado de São Paulo

Diário Oficial

PODER **Executivo**

Estado de São Paulo

José Serra - Governador

SEÇÃO I

Palácio dos Bandeirantes Av. Morumbi 4.500 Morumbi São Paulo CEP 05650-000 Tel: 2193-8000

Volume 119 • Número 84 • São Paulo, sexta-feira, 8 de maio de 2009 www.imprensaoficial.com.br

imprensaoficial

Leis

LEI Nº 13.541, DE 7 DE MAIO DE 2009

Proíbe o consumo de cigarros, cigarrilhas, charutos, cachimbos ou de qualquer outro produto fumígeno, derivado ou não do tabaco, na forma que especifica

O GOVERNADOR DO ESTADO DE SÃO PAULO:

Faço saber que a Assembleia Legislativa decreta e eu promulgo a seguinte lei:

Artigo 1º - Esta lei estabelece normas de proteção à saúde e de responsabilidade por dano ao consumidor, nos termos do artigo 24, incisos V, VIII e XII, da Constituição Federal, para criação de ambientes de uso coletivo livres de produtos fumígenos.

Artigo 2º - Fica proibido no território do Estado de São Paulo, em ambientes de uso coletivo, públicos ou privados, o consumo de cigarros, cigarrilhas, charutos ou de qualquer outro produto fumígeno, derivado ou não do tabaco.

§ 1º - Aplica-se o disposto no "caput" deste artigo aos recintos de uso coletivo, total ou parcialmente fechados em qualquer dos seus lados por parede, divisória, teto ou telhado, ainda que provisórios, onde haja permanência ou circulação de pessoas.

§ 2º - Para os fins desta lei, a expressão "recintos de uso coletivo" compreende, dentre outros, os ambientes de trabalho, de estudo, de cultura, de culto religioso, de lazer, de esporte ou de entretenimento, áreas comuns de condomínios, casas de espetáculos, teatros, cinemas, bares, lanchonetes, boates, restaurantes, praças de alimentação, hotéis, pousadas, centros comerciais, bancos e similares, supermercados, açougues, padarias, farmácias e drogarias, repartições públicas, instituições de saúde, escolas, museus, bibliotecas, espaços de exposições, veículos públicos ou privados de transporte coletivo, viaturas oficiais de qualquer espécie e táxis.

§ 3º - Nos locais previstos nos parágrafos 1º e 2º deste artigo deverá ser afixado aviso da proibição, em pontos de ampla visibilidade, com indicação de telefone e endereço dos órgãos estaduais responsáveis pela vigilância sanitária e pela defesa do consumidor.

Artigo 3º - O responsável pelos recintos de que trata esta lei deverá advertir os eventuais infratores sobre a proibição nela contida, bem como sobre a obrigatoriedade, caso persista na conduta coibida, de imediata retirada do local, se necessário mediante o auxílio de força policial.

Artigo 4º - Tratando-se de fornecimento de produtos e serviços, o empresário deverá cuidar, proteger e vigiar para que no local de funcionamento de sua empresa não seja praticada infração ao disposto nesta lei.

Parágrafo único - O empresário omisso ficará sujeito às sanções previstas no artigo 56 da Lei federal n.º 8.078, de 11 de setembro de 1990 - Código de Defesa do Consumidor, aplicáveis na forma de seus artigos 57 a 60, sem prejuízo das sanções previstas na legislação sanitária.

Artigo 5º - Qualquer pessoa poderá relatar ao órgão de vigilância sanitária ou de defesa do consumidor da respectiva área de atuação, fato que tenha presenciado em desacordo com o disposto nesta lei.

§ 1º - O relato de que trata o "caput" deste artigo conterá:

1 - a exposição do fato e suas circunstâncias;

2 - a declaração, sob as penas da lei, de que o relato corresponde à verdade;

3 - a identificação do autor, com nome, prenome, número da cédula de identidade, seu endereço e assinatura.

§ 2º - A critério do interessado, o relato poderá ser apresentado por meio eletrônico, no sítio de rede mundial de computadores - "internet" dos órgãos referidos no "caput" deste artigo, devendo ser ratificado, para atendimento de todos os requisitos previstos nesta lei.

§ 3º - O relato feito nos termos deste artigo constitui prova idônea para o procedimento sancionatório.

Artigo 6º - Esta lei não se aplica:

I - aos locais de culto religioso em que o uso de produto fumígeno faça parte do ritual;

II - às instituições de tratamento da saúde que tenham pacientes autorizados a fumar pelo médico que os assista;

III - às vias públicas e aos espaços ao ar livre;

IV - às residências;

V - aos estabelecimentos específica e exclusivamente destinados ao consumo no próprio local de cigarros, cigarrilhas, charutos, cachimbos ou de qualquer outro produto fumígeno, derivado ou não do tabaco, desde que essa condição esteja anunciada, de forma clara, na respectiva entrada.

Parágrafo único - Nos locais indicados nos incisos I, II e V deste artigo deverão ser adotadas condições de isolamento, ventilação ou exaustão do ar que impeçam a contaminação de ambientes protegidos por esta lei.

Artigo 7º - As penalidades decorrentes de infrações às disposições desta lei serão impostas, nos respectivos âmbitos de atribuições, pelos órgãos estaduais de vigilância sanitária ou de defesa do consumidor.

Parágrafo único - O início da aplicação das penalidades será precedido de ampla campanha educativa, realizada pelo Governo do Estado nos meios de comunicação, como jornais, revistas, rádio e televisão, para esclarecimento sobre os deveres, proibições e sanções impostos por esta lei, além da nocividade do fumo à saúde.

Artigo 8º - Caberá ao Poder Executivo disponibilizar em toda a rede de saúde pública do Estado, assistência terapêutica e medicamentos antitabagismo para os fumantes que queiram parar de fumar.

Artigo 9º - Esta lei entra em vigor no prazo de 90 (noventa) dias após a data de sua publicação.

Palácio dos Bandeirantes, 7 de maio de 2009.

JOSÉ SERRA

Luiz Antônio Guimarães Marrey

Secretário da Justiça e da Defesa da Cidadania

Luiz Roberto Barradas Barata

Secretário da Saúde

Guilherme Afif Domingos

Secretário do Emprego e Relações do Trabalho

Aloysio Nunes Ferreira Filho

Secretário-Chefe da Casa Civil

Publicada na Assessoria Técnico-Legislativa, aos 7 de maio de 2009.

Decretos

DECRETO Nº 54.311, DE 7 DE MAIO DE 2009

Institui a Política Estadual para o Controle do Fumo, regulamenta a Lei nº 13.541, de 7 de maio de 2009, que proíbe o consumo de produtos fumígenos, derivados ou não do tabaco, em ambientes de uso coletivo, total ou parcialmente fechados, e dá providências correlatas

JOSÉ SERRA, Governador do Estado de São Paulo, no uso de suas atribuições legais,

Decreta:

CAPÍTULO I

Disposição Preliminar

Artigo 1º - Este decreto institui a Política Estadual para o Controle do Fumo e regulamenta a Lei nº 13.541, de 7 de maio de 2009, que proíbe o consumo de cigarros, cigarilhas, charutos, cachimbos ou de qualquer outro produto fumígeno, derivado ou não do tabaco, na forma que especifica.

CAPÍTULO II

Política Estadual para o Controle do Fumo

SEÇÃO I

Objetivos e Diretrizes da Política Estadual para o Controle do Fumo

Artigo 2º - A Política Estadual para o Controle do Fumo tem por objetivos:

I - a redução do risco de doenças provocadas pela exposição à fumaça do tabaco e de outros produtos fumígenos;

II - a defesa do consumidor;

III - a criação de ambientes de uso coletivo livres do fumo.

Artigo 3º - A Política Estadual para o Controle do Fumo será implementada com a integração de providências:

I - do Poder Público;

II - dos empresários e demais responsáveis por ambientes de uso coletivo, fechados ou parcialmente fechados;

III - da comunidade.

§ 1º - Caberá ao Estado fornecer informações, exercer a fiscalização e prestar assistência terapêutica e medicamentos antitabagismo, conforme o disposto no artigo 6º deste decreto.

§ 2º - Caberá aos empresários e demais responsáveis por ambiente de uso coletivo, fechados ou parcialmente fechados, adotar as medidas previstas no artigo 7º deste decreto.

§ 3º - Para o controle do fumo em ambientes de uso coletivo, fechados ou parcialmente fechados, é facultada a participação de qualquer pessoa ou de entidades de classe e da sociedade civil, na forma prevista nos artigos 13, 14 e 15 deste decreto.

SEÇÃO II

Informação oficial, fiscalização e assistência terapêutica

Artigo 4º - As Secretarias da Saúde e da Justiça e da Defesa da Cidadania, observados os respectivos campos funcionais:

I - realizarão campanhas de saúde pública e divulgação, de cunho educativo, nos meios de comunicação, como jornais, revistas, rádio e televisão, para amplo conhecimento quanto à nocividade do fumo e esclarecimento sobre os deveres, proibições e sanções da Lei nº 13.541, de 7 de maio de 2009;

II - divulgarão as medidas administrativas adotadas para aplicação da Lei nº 13.541, de 7 de maio de 2009, e os estudos mais relevantes sobre o tabagismo, com a manutenção de sítio específico na rede mundial de computadores - internet.

Artigo 5º - O cumprimento da Lei nº 13.541, de 7 de maio de 2009, será fiscalizado, no âmbito de suas respectivas atribuições, pela Fundação de Proteção e Defesa do Consumidor - PROCON/SP e pelo Centro de Vigilância Sanitária, órgão da Secretaria da Saúde, os quais poderão celebrar, para esse fim, convênios com a União e Municípios, observado o disposto no Decreto nº 40.722, de 20 de março de 1996.

§ 1º - No exercício da fiscalização de que trata o "caput" deste artigo, orientada, precipuamente, para a proteção ao fumante passivo e a identificação de barreiras impeditivas da dispersão de fumaça, observar-se-á o seguinte:

1. os quartos de hotéis, pousadas e similares, desde que ocupados, equiparar-se-ão a residências;

2. os estabelecimentos prisionais e as unidades de cumprimento de medidas socioeducativas se sujeitarão às normas próprias de execução penal e de proteção à criança e ao adolescente, respectivamente;

3. o PROCON/SP e o Centro de Vigilância Sanitária compartilharão as informações coligidas e coordenarão as respectivas atuações de fiscalização.

§ 2º - As Secretarias da Saúde e da Justiça e da Defesa da Cidadania divulgarão, em conjunto e periodicamente, relatório tendo por objeto os resultados da fiscalização de que trata este artigo.

Artigo 6º - A Secretaria da Saúde organizará a prestação de assistência terapêutica aos dependentes do tabaco, incluído o fornecimento de medicamentos prescritos por médico integrante do Sistema Único de Saúde - SUS.

SEÇÃO III

Medidas de cuidado, Proteção e Vigilância nos Ambientes de Uso Coletivo, Fechados ou Parcialmente Fechados, e Sanções Aplicáveis

Artigo 7º - A obrigação de cuidado, proteção e vigilância para impedir a prática das infrações previstas na Lei nº 13.541, de 7 de maio de 2009, compreende a adoção, por empresários e responsáveis, das seguintes medidas:

I - afixação de avisos de proibição, previstos no § 3º do artigo 2º da Lei nº 13.541, de 7 de maio de 2009, que deverão ser confeccionados na forma e dimensões indicadas em resolução conjunta dos Secretários da Saúde e da Justiça e da Defesa da Cidadania;

II - determinação às pessoas sujeitas ao seu poder de direção, inclusive empregados e prepostos, para que, nos ambientes de uso coletivo, total ou parcialmente fechados:

a) não consumam produtos fumígenos;

b) informem os respectivos frequentadores da proibição de fumar;

III - determinação ao fumante para que não consuma produtos fumígenos;

IV - comunicação à Polícia Militar para que providencie o auxílio necessário à imediata retirada do fumante que não atender à determinação de que trata o inciso III deste artigo.

§ 1º - Os avisos de proibição serão afixados em número suficiente para garantir sua visibilidade na totalidade dos respectivos ambientes.

§ 2º - Nos veículos de transporte coletivo, viaturas oficiais e táxis, admitir-se-á a redução das dimensões do aviso, desde que assegurada sua visibilidade.

§ 3º - Nos meios de transporte sobre trilhos, afixar-se-á o número suficiente de avisos para garantir sua visibilidade em cada vagão.

Artigo 8º - A adoção, no âmbito das repartições públicas estaduais, das medidas relacionadas no artigo 7º deste decreto constituirá atribuição da chefia de cada órgão.

Parágrafo único - O descumprimento, por servidor público estadual, do disposto na Lei nº 13.541, de 7 de maio de 2009, e neste decreto, acarretará as sanções disciplinares previstas na Lei nº 10.261, de 28 de outubro de 1968 - Estatuto dos Funcionários Públicos Civis do Estado.

Artigo 9º - O empresário que se omitir na adoção das medidas a que se refere o artigo 7º deste decreto ficará sujeito às sanções previstas no artigo 56 da Lei federal nº 8.078, de 11 de setembro de 1990 - Código de Defesa do Consumidor, aplicáveis na forma de seus artigos 57 a 60, sem prejuízo das sanções previstas no artigo 112 da Lei nº 10.083, de 23 de setembro de 1998 - Código Sanitário do Estado, aplicáveis na forma de seus artigos 113 a 122.

Parágrafo único - Considera-se empresário, nos termos do artigo 966 do Código Civil, quem exerce profissionalmente atividade econômica organizada para a produção ou a circulação de bens ou de serviços.

Artigo 10 - Quando não houver relação de consumo, o responsável por ambiente de uso coletivo, total ou parcialmente fechado, fica sujeito unicamente às sanções previstas no artigo 112 da Lei nº 10.083, de 23 de setembro de 1998 - Código Sanitário do Estado, aplicáveis na forma de seus artigos 113 a 122.

Artigo 11 - Os órgãos encarregados da fiscalização de que trata o artigo 5º deste decreto, na imposição de sanções, levarão em conta a reincidência, respeitadas as normas próprias sobre a matéria.

Artigo 12 - O PROCON/SP e o Centro de Vigilância Sanitária, observada a legislação pertinente a cada esfera de atribuição, harmonizarão a aplicação das respectivas sanções, editando, se necessário, normas específicas para a dosimetria das multas.

SEÇÃO IV

Participação da comunidade

Artigo 13 - Os relatos de fatos que possam configurar infração à Lei nº 13.541, de 7 de maio de 2009, serão feitos mediante o preenchimento e a assinatura de formulário, nos moldes do Anexo deste decreto, o qual poderá ser remetido pelo correio ou entregue diretamente nos postos de atendimento do PROCON/SP ou do Centro de Vigilância Sanitária.

Parágrafo único - Os empresários ou responsáveis pelos ambientes a que se refere o § 2º do artigo 2º da Lei nº 13.541, de 7 de maio de 2009, deverão fornecer ao interessado, gratuitamente, o formulário de que trata este artigo.

Artigo 14 - O PROCON/SP e o Centro de Vigilância Sanitária disponibilizarão, nos sítios da rede mundial de computadores - internet a que se refere o inciso II do artigo 4º deste decreto, canal específico para o recebimento de denúncias de descumprimento do disposto na Lei nº 13.541, de 7 de maio de 2009, e neste decreto.

Parágrafo único - Para o fim de que trata o "caput" deste artigo, poderão o PROCON/SP e o Centro de Vigilância Sanitária disponibilizar linhas telefônicas exclusivas.

Artigo 15 - O Poder Executivo, por intermédio das Secretarias da Saúde e da Justiça e da Defesa da Cidadania, incentivará a atuação de entidades de classe, de empregados e empregadores, e de entidades da sociedade civil organizadas para a defesa do consumidor ou proteção da saúde, notadamente mediante a celebração de convênios tendo por objeto:

I - o compartilhamento de informações acerca do cumprimento da Lei nº 13.541, de 7 de maio de 2009;

II - a adoção de ações destinadas a auxiliar o fumante a abandonar o consumo de produtos fumígenos;

III - o estímulo a iniciativas que promovam os direitos assegurados pela Lei nº 13.541, de 7 de maio de 2009.

Capítulo III

Disposições Finais

Artigo 16 - Os Secretários da Saúde e da Justiça e da Defesa da Cidadania poderão editar normas complementares para o cumprimento deste decreto.

Artigo 17 - Este decreto entra em vigor 90 (noventa) dias após sua publicação.

Palácio dos Bandeirantes, 7 de maio de 2009

JOSÉ SERRA

Luiz Roberto Barradas Barata

Secretário da Saúde

Luiz Antonio Guimarães Marrey

Secretário da Justiça e da Defesa da Cidadania

Aloysio Nunes Ferreira Filho

Secretário-Chefe da Casa Civil

Publicado na Casa Civil, aos 7 de maio de 2009.

1. Penitenciária "Dr. Paulo Luciano de Campos" de Avaré;

2. Penitenciária "Dr. Sebastião Martins Silveira" de Araraquara;

e) da Coordenadoria de Unidades Prisionais da Região Oeste do Estado, Penitenciária de Assis;

III - 1 (uma) Equipe de Portaria e 1 (uma) Equipe de Inclusão, na estrutura do Núcleo de Segurança e Disciplina de cada um dos seguintes estabelecimentos penais:

a) da Coordenadoria de Unidades Prisionais de São Paulo e da Grande São Paulo, Centro de Progressão Penitenciária de São Miguel Paulista;

b) da Coordenadoria de Unidades Prisionais da Região do Vale do Paraíba e Litoral, Penitenciária Feminina "Santa Maria Eufrásia Pelletier" de Tremembé;

c) da Coordenadoria de Unidades Prisionais da Região Noroeste do Estado, Penitenciária Feminina de Ribeirão Preto;

d) da Coordenadoria de Unidades Prisionais da Região Oeste do Estado, Centro de Readaptação Penitenciária "Dr. José Ismael Pedrosa" de Presidente Bernardes.

Parágrafo único - Os Núcleos de Portaria e as Equipes de Portaria funcionarão, cada um, em 4 (quatro) turnos.

Artigo 2º - As unidades a seguir indicadas, criadas pelo artigo 1º deste decreto, têm os seguintes níveis hierárquicos:

I - de Serviço:

a) os Núcleos de Portaria;

b) os Núcleos de Inclusão;

II - de Seção:

a) as Equipes de Portaria;

b) as Equipes de Inclusão.

SEÇÃO II

Das Atribuições

Artigo 3º - Os Núcleos de Portaria e as Equipes de Portaria têm, em suas respectivas áreas de atuação, as seguintes atribuições:

I - atender ao público em geral;

II - realizar revistas na portaria, à entrada e saída de presos, veículos e volumes, bem como de servidores e visitas;

III - recepcionar os que se dirigem ao estabelecimento penal, inclusive presos, acompanhando-os às unidades a que se destinam;

IV - anotar as ocorrências de entradas e saídas do estabelecimento penal;

V - receber, registrar e distribuir os objetos destinados aos presos;

VI - receber a correspondência dos servidores e dos presos;

VII - examinar e providenciar a distribuição da correspondência dos presos;

VIII - examinar e expedir a correspondência escrita pelos presos;

IX - distribuir a correspondência dos servidores;

X - manter registro de identificação de servidores do estabelecimento penal e das pessoas autorizadas a visitar os presos.

Artigo 4º - Os Núcleos de Inclusão e as Equipes de Inclusão têm, em suas respectivas áreas de atuação, as seguintes atribuições:

I - receber, guardar e devolver, nos casos de liberdade, os pertences dos presos;

II - receber e encaminhar ao Centro Administrativo ou ao Núcleo Administrativo do estabelecimento penal, conforme o caso, o dinheiro trazido pelo preso quando de sua entrada;

III - receber e conferir os documentos referentes à inclusão do preso;

IV - providenciar a identificação datiloscópica e fotográfica dos presos e elaborar os respectivos documentos de identificação;

V - encaminhar os novos presos às unidades envolvidas no processo de internação.

SEÇÃO III

Das Competências

Artigo 5º - Os Diretores dos Núcleos têm, em suas respectivas áreas de atuação, as seguintes competências:

I - manter seus superiores imediatos permanentemente informados sobre o andamento das atividades das unidades;

II - avaliar o desempenho das unidades e responder pelos resultados alcançados, bem como pela adequação dos custos dos trabalhos executados;

III - apresentar relatórios sobre os serviços executados pelas unidades;

IV - praticar todo e qualquer ato ou exercer quaisquer das atribuições das unidades ou dos servidores subordinados;

V - avocar, de modo geral ou em casos especiais, as atribuições das unidades ou dos servidores subordinados;

VI - em relação à administração de material e patrimônio, requisitar, à unidade competente, material permanente ou de consumo.

Artigo 6º - São competências comuns aos Diretores dos Núcleos e aos Chefes das Equipes, em suas respectivas áreas de atuação:

I - cumprir e fazer cumprir as leis, os decretos, os regulamentos, as resoluções, as decisões, os prazos para desenvolvimento dos trabalhos e as ordens das autoridades superiores;

II - transmitir a seus subordinados as diretrizes a serem adotadas no desenvolvimento dos trabalhos;

III - propor à autoridade superior o programa de trabalho e as alterações que se fizerem necessárias;

IV - orientar e acompanhar as atividades dos servidores subordinados;

V - opinar e propor medidas que visem ao aprimoramento de sua área;

VI - manter a regularidade dos serviços, expedindo as necessárias determinações ou representando às autoridades superiores, conforme o caso;

VII - manter ambiente propício ao desenvolvimento dos trabalhos;

VIII - providenciar a instrução de processos e expedientes que devam ser submetidos à consideração superior, manifestando-se, conclusivamente, a respeito da matéria;

IX - indicar seus substitutos, obedecidos os requisitos de qualificação inerentes à função;

X - em relação ao Sistema de Administração de Pessoal, as previstas no artigo 38 do Decreto nº 52.833, de 24 de março de 2008.

SEÇÃO IV

Do "Pro Labore"

Artigo 7º - Para efeito da atribuição da gratificação "pro labore" de que trata o artigo 14 da Lei Complementar nº 959, de 13 de setembro de 2004, ficam caracterizadas como específicas da carreira de Agente de Segurança Penitenciária as funções a seguir discriminadas, destinadas às unidades criadas pelo artigo 1º deste decreto, na seguinte conformidade:

I - 552 (quinhentas e cinquenta e duas) de Diretor de Serviço, assim distribuídas:

a) 436 (quatrocentas e trinta e seis) para os Núcleos de Portaria, sendo 1 (uma) para cada turno;

b) 116 (cento e dezesseis) para os Núcleos de Inclusão;

II - 20 (vinte) de Chefe de Seção, assim distribuídas:

a) 16 (dezesseis) para as Equipes de Portaria, sendo 1 (uma) para cada turno;

b) 4 (quatro) para as Equipes de Inclusão.

SEÇÃO V

Disposições Finais

Artigo 8º - As atribuições e competências previstas neste decreto poderão ser detalhadas mediante resolução do Secretário da Administração Penitenciária.

Artigo 9º - Ficam excluídas das atribuições dos Núcleos de Segurança e das Equipes de Segurança, integrantes, respectivamente, dos Centros de Segurança e Disciplina e dos Núcleos de Segurança e Disciplina, dos estabelecimentos penais especificados no artigo 1º deste decreto, as relacionadas à inclusão de presos e à portaria.

Parágrafo único - O Secretário da Administração Penitenciária deverá, dentro do prazo de 60 (sessenta) dias contados a partir da data da publicação deste decreto, apresentar proposta de revogação dos dispositivos, de cada decreto, que definem as atribuições excluídas por este artigo.

Artigo 10 - Ficam extintos, no Quadro da Secretaria da Administração Penitenciária, 119 (cento e dezenove) cargos vagos, sendo:

I - 84 (oitenta e quatro) de Chefe I;

II - 12 (doze) de Auxiliar de Laboratório;

III - 1 (um) de Oficial Operacional;

IV - 11 (onze) de Técnico de Laboratório;

V - 11 (onze) de Técnico de Radiologia.

Parágrafo único - O Departamento de Recursos Humanos, da Secretaria da Administração Penitenciária, providenciará a edição, no prazo de 15 (quinze) dias contados a partir da data da publicação deste decreto, de relação dos cargos extintos por este artigo, contendo nome do último ocupante e motivo da vacância.

Artigo 11 - A criação das unidades previstas no artigo 1º vincula-se, ainda, ao cumprimento do disposto no artigo 21 do Decreto nº 54.294, de 4 de maio de 2009.

Artigo 12 - Este decreto entra em vigor na data da sua publicação.

Palácio dos Bandeirantes, 11 de agosto de 2009

JOSÉ SERRA

Lourival Gomes

Secretário da Administração Penitenciária

Aloysio Nunes Ferreira Filho

Secretário-Chefe da Casa Civil

Publicado na Casa Civil, aos 11 de agosto de 2009.

DECRETO Nº 54.669, DE 11 DE AGOSTO DE 2009

Cria, na Secretaria da Cultura, como equipamento cultural da área de Difusão Cultural, a São Paulo Companhia de Dança e dá providências correlatas

JOSÉ SERRA, Governador do Estado de São Paulo, no uso de suas atribuições legais,

Decreta:

Artigo 1º - Fica criada, na Secretaria da Cultura, como equipamento cultural da área de Difusão Cultural, a que se refere o inciso I do artigo 71 do Decreto nº 50.941, de 5 de julho de 2006, com a nova redação dada pelo inciso II do artigo 2º do Decreto nº 51.916, de 20 de junho de 2007, a São Paulo Companhia de Dança.

Artigo 2º - O equipamento cultural criado pelo artigo 1º deste decreto tem por finalidade o fomento à produção, à difusão e à sustentação da dança cênica, com enfoque na diversidade cultural brasileira.

Artigo 3º - Para a consecução de sua finalidade, cabe à São Paulo Companhia de Dança, na área de atuação que lhe é própria:

I - produzir espetáculos e apresentações de dança no Brasil e no exterior;

II - desenvolver:

a) programas educativos e de formação, capacitação, treinamento e aprimoramento de profissionais da dança;

b) programas e ações de incentivo à formação de platéias;

III - apoiar e promover a realização de cursos, exposições, estudos, pesquisas e conferências;

IV - difundir o repertório da dança brasileira e internacional;

V - manter intercâmbio educacional e cultural, com instituições nacionais e estrangeiras;

VI - constituir e preservar registros e memória da arte da dança, sem prejuízo das atribuições previstas no artigo 261 da Constituição Estadual para o Conselho de Defesa do Patrimônio Histórico, Arqueológico, Artístico e Turístico do Estado de São Paulo (CONDEPHAAT).

Artigo 4º - Este decreto entra em vigor na data de sua publicação.

Palácio dos Bandeirantes, 11 de agosto de 2009

JOSÉ SERRA

João Sayad

Secretário da Cultura

Aloysio Nunes Ferreira Filho

Secretário-Chefe da Casa Civil

Publicado na Casa Civil, aos 11 de agosto de 2009.

DECRETO Nº 54.670, DE 11 DE AGOSTO DE 2009

Transfere da administração da Secretaria do Meio Ambiente para a da Secretaria da Justiça e da Defesa da Cidadania, a área que especifica

JOSÉ SERRA, Governador do Estado de São Paulo, no uso de suas atribuições legais e a vista da manifestação do Conselho do Patrimônio Imobiliário,

Decreta:

Artigo 1º - Fica transferida da administração da Secretaria do Meio Ambiente para a da Secretaria da Justiça e da Defesa da Cidadania, uma área com 36.526,96m² (trinta e seis mil, quinhentos e vinte e seis metros quadrados e noventa e seis decímetros quadrados), localizada no Município de Rio Claro, com frente para o Anel Viário, lado par, esquina com a Avenida Projetada, lado impar, parte de área maior, cadastrada no SGI sob o nº 18.777, devidamente registrada no 1º Cartório de Registro de Imóveis da Comarca de Rio Claro sob o nº 39.204, conforme identificada no expediente GDOC-18798-280687/2009-PGE.

Parágrafo único - O imóvel de que trata o "caput" deste artigo, destinar-se-á à construção do Fórum da Comarca de Rio Claro.

Artigo 2º - Este decreto entra em vigor na data de sua publicação.

Palácio dos Bandeirantes, 11 de agosto de 2009

JOSÉ SERRA

Francisco Graziano Neto

Secretário do Meio Ambiente

Luiz Antonio Guimarães Marrey

Secretário da Justiça e da Defesa da Cidadania

Aloysio Nunes Ferreira Filho

Secretário-Chefe da Casa Civil

Publicado na Casa Civil, aos 11 de agosto de 2009.

DECRETO Nº 54.671, DE 11 DE AGOSTO DE 2009

Transfere os cargos que especifica e dá providências correlatas

JOSÉ SERRA, Governador do Estado de São Paulo, no uso de suas atribuições legais e nos termos dos artigos 54 e 55 da Lei Complementar nº 180, de 12 de maio de 1978,

Decreta:

Artigo 1º - Ficam transferidos os cargos providos constantes do Anexo I, que faz parte integrante deste decreto.

Artigo 2º - Ficam transferidos os cargos vagos constantes do Anexo II, que faz parte integrante deste decreto.

Artigo 3º - Ficam os Secretários de Estado autorizados a procederem, mediante apostila, à retificação dos seguintes elementos informativos constantes dos anexos a que se referem os artigos anteriores:

I - nome do servidor;

II - dados da cédula de identidade;

III - situação do cargo, no que se refere ao provimento e vacância, mesmo que em decorrência de alterações ocorridas.

Artigo 4º - As despesas decorrentes da aplicação deste decreto correrão à conta de dotações próprias consignadas no orçamento vigente.

Artigo 5º - Este decreto entra em vigor na data de sua publicação.

Palácio dos Bandeirantes, 11 de agosto de 2009

JOSÉ SERRA

João de Almeida Sampaio Filho

Secretário de Agricultura e Abastecimento

Mauro Ricardo Machado Costa

Secretário da Fazenda

Guilherme Afif Domingos

Secretário do Emprego e Relações do Trabalho

João Sayad

Secretário da Cultura

Paulo Renato Costa Souza

Secretário da Educação

Claury Santos Alves da Silva

Secretário de Esporte, Lazer e Turismo

Aloysio Nunes Ferreira Filho

Secretário-Chefe da Casa Civil

Publicado na Casa Civil, aos 11 de agosto de 2009.

ANEXO I
a que se refere o artigo 1º do
Decreto nº 54.671, de 11 de agosto de 2009

CARGO	REF.	E.V.	SQC	OCUPANTES	R.G.	DO	PARA
EXECUTIVO PÚBLICO	1	N.U.	SQC-III	EDUARDO FILIPPINI	12.139.802	QSAA	QSF
EXECUTIVO PÚBLICO	1	N.U.	SQC-III	JÚLIO CÉSAR MEIRON DE SOUZA REIS	39.923.406-8	QSERT	QSC
EXECUTIVO PÚBLICO	1	N.U.	SQC-III	PRISCILA RIGON GARCIA LOURENÇO	17.613.995-3	QSE	QSAA
EXECUTIVO PÚBLICO	1	N.U.	SQC-III	SERGIO ROBERTO DE MORAES	23.491.989-9	QSAA	QSF
EXECUTIVO PÚBLICO	1	N.U.	SQC-III	ANTÔNIO FRANCISCO RODRIGUES DOS SANTOS	17.971.849-6	QSE	QSF
EXECUTIVO PÚBLICO	1	N.U.	SQC-III	ANA MARIA MARCON PALLINI	12.859.131-6	QSE	QSF
OFICIAL ADMINISTRATIVO	1	N.I.	SQC-III	JOSÉ FERNANDO DA SILVA	15.810.594-1	QSELT	QSF

ANEXO II
a que se refere o artigo 2º do
Decreto nº 54.671, de 11 de agosto de 2009

CARGO	REF.	E.V.	SQC	EX-OCUPANTES	R.G.	MOTIVO DA VACÂNCIA	DO	PARA
EXECUTIVO PÚBLICO	1	N.U.	SQC-III	CRIADO PELA LEI Nº 8.833, DE 25 DE JULHO DE 1994	-	-	QSF	QSAA
EXECUTIVO PÚBLICO	1	N.U.	SQC-III	CRIADO PELA LEI Nº 8.833, DE 25 DE JULHO DE 1994	-	-	QSC	QSERT
EXECUTIVO PÚBLICO	1	N.U.	SQC-III	CRIADO PELA LEI Nº 8.833, DE 25 DE JULHO DE 1994	-	-	QSAA	QSE
EXECUTIVO PÚBLICO	1	N.U.	SQC-III	CRIADO PELA LEI Nº 8.833, DE 25 DE JULHO DE 1994	-	-	QSF	QSAA
EXECUTIVO PÚBLICO	1	N.U.	SQC-III	CRIADO PELA LEI Nº 8.833, DE 25 DE JULHO DE 1994	-	-	QSF	QSAA
EXECUTIVO PÚBLICO	1	N.U.	SQC-III	RITA DE CASSIA RIZZO SILVA	15.797.853	EXONERAÇÃO	QSF	QSE
OFICIAL ADMINISTRATIVO	1	N.I.	SQC-III	ANALICE PRAZERES MARTINS	7.858.227	APOSENTADORIA	QSF	QSELT

Atos do Governador

DECRETOS DE 11-8-2009

Dispensando Paulo José Justino Vianna e Pedro Augusto Marcello das funções de, respectivamente, membros titular e suplente do Conselho Estadual de Defesa do Contribuinte - Codecon, na qualidade de representantes do Sebrae-SP - Serviço de Apoio às Micro e Pequenas Empresas de São Paulo.

Designando:

com fundamento no art. 21, §§ 1º e 2º, da LC 939-2003, alterada pelas LC 941-2003, e 970-2005, Paulo Melchor e Sandra Regina Bruno Fiorentini para integrarem, respectivamente como membros titular e suplente, o Conselho Estadual de Defesa do Contribuinte - Codecon, na qualidade de representantes do Sebrae-SP - Serviço de Apoio às Micro e Pequenas Empresas de São Paulo, em complementação aos mandatos de Paulo José Justino Vianna e Pedro Augusto Marcello;

nos termos do § 2º do art. 2º do Dec. 52.349-2007, os adiante relacionados para integrarem, como membros, o Comitê Estadual para os Refugiados - CER, na qualidade de representantes:

da Secretaria Estadual de Assistência e Desenvolvimento Social: Rosemare Silva Gonçalves, RG 3.395.595, como titular, em substituição a Cláudio Tucci Junior, RG 25.112.842-x, que fica dispensado;

da Secretaria do Emprego e Relações do Trabalho: Pedro Rubez Jehá, RG 32.424.638-9, como suplente, em substituição a Nelson de Almeida Prado Hervey Costa, RG 24.982.277-5, que fica dispensado;

da Secretaria de Relações Institucionais: Amélia Junko Watanabe, RG 3.345.535, como titular, em substituição a Gilmar Viana da Conceição, RG 6.808.251-4, que fica dispensado;

da Secretaria da Segurança Pública: Valdir Assef Junior, RG 24.349.559-6, como titular, em substituição a Felippe Marques Angeli, RG 26.390.000-9, que fica dispensado.

DESPACHOS DO GOVERNADOR, DE 11-8-2009

No processo SS-1231-2007 c/ aps. SS-629-2002 + SS-637-2006, sobre ressarcimento de débito: " Diante dos elementos de instrução constantes dos autos, destacando-se a manifestação do Secretário da Saúde e o parecer 893-2009, da AJG, autorizo que o ressarcimento do débito do Município de Barra do Chapéu, pelo descumprimento do Termo Aditivo 3-2006, firmado em 8-6-2006, ao Convênio SUS-SP, celebrado em 10-5-2002, se faça parceladamente, nos moldes propostos, observadas, entretanto, as normas legais e regulamentares pertinentes e as recomendações assinaladas na referida peça opinativa."

No processo SS-4800-2007 (SPdoc-61541-2009) c/ aps. SS-484-2008 + SS-242-2006, sobre ressarcimento de débito: "Diante dos elementos de instrução constantes dos autos, destacando-se a manifestação do Secretário da Saúde e o parecer 889-2009, da AJG, autorizo que o ressarcimento do débito do Município de Jaborandi, pelo descumprimento do Termo Aditivo 1-2006, firmado em 16-5-2006, ao Convênio SUS-SP, celebrado em 20-3-2002, se faça parceladamente, nos moldes propostos, observadas, entretanto, as normas legais e regulamentares pertinentes e as recomendações assinaladas na referida peça opinativa."

No processo SE-1.691-07 (CC-81.816-09), sobre convênio: "Diante dos elementos de instrução constantes dos autos, tendo presente a exposição de motivos oferecida pela Secretaria da Educação, bem como do Parecer 2416-2009, da Consultoria Jurídica da Pasta, autorizo a celebração do 2º Termo de Aditamento e Reti-Ratificação ao Convênio celebrado e aditado em 9-1-2008 que entre si celebram o Estado de São Paulo, por meio da Secretaria da Educação e a Associação de Assistência à Criança Deficiente - AACD, na ação compartilhada para o atendimento educacional de alunos com deficiência física, para reformulação do Plano de Trabalho, obedecidas as normas legais e regulamentares atinentes à espécie, bem como as recomendações do aludido parecer."

Diário Oficial

PODER
Executivo

Estado de São Paulo

José Serra - Governador

SEÇÃO I

Palácio dos Bandeirantes Av. Morumbi 4.500 Morumbi São Paulo CEP 05650-000 Tel. 2193-8000

Volume 119 • Número 201 • São Paulo, quarta-feira, 28 de outubro de 2009 www.imprensaoficial.com.br

imprensaoficial

Lei Complementar

LEI COMPLEMENTAR Nº 1097, DE 27 DE OUTUBRO DE 2009

Institui o sistema de promoção para os integrantes do Quadro do Magistério da Secretaria da Educação e dá outras providências

O GOVERNADOR DO ESTADO DE SÃO PAULO:

Faço saber que a Assembléia Legislativa decreta e eu promulgo a seguinte lei complementar:

Artigo 1º - Fica instituído, nos termos desta lei complementar, o sistema de promoção para os integrantes do Quadro do Magistério da Secretaria da Educação.

Artigo 2º - Promoção é a passagem do titular de cargo das classes de docentes, de suporte pedagógico e de suporte pedagógico em extinção, para faixa imediatamente superior da que estiver enquadrado, mediante aprovação em processo de avaliação teórica, prática ou teórica e prática, de conhecimentos específicos, observados os interstícios, os requisitos, a periodicidade e as demais condições previstas nesta lei complementar.

§ 1º - O interstício mínimo para fins de promoção de trata o "caput" deste artigo, computado sempre o tempo de efetivo exercício do servidor, é de 4 (quatro) anos na faixa inicial e de 3 (três) anos nas faixas subsequentes.

§ 2º - Os interstícios serão computados a partir da data:

1 - do início do exercício no cargo, na faixa inicial;

2 - da última promoção, nas demais faixas.

§ 3º - Interromper-se-á o interstício a que se refere o § 1º deste artigo quando o servidor estiver em uma das situações previstas nos incisos I a VI do artigo 23 da Lei Complementar nº 836, de 30 de dezembro de 1997.

Artigo 3º - Para participar do processo de avaliação de que trata o "caput" do artigo 2º desta lei complementar, o servidor deverá estar classificado na unidade de ensino ou administrativa há pelo menos 80% (oitenta por cento) do tempo fixado como interstício para a promoção a que concorre e somar pelo menos 80% (oitenta por cento) do máximo de pontos possível da tabela de frequência, de acordo com sua assiduidade ao trabalho.

§ 1º - Observado o disposto nos §§ 1º e 2º do artigo 2º desta lei complementar, os critérios para a contagem do tempo de permanência na unidade de ensino ou administrativa e a tabela de frequência serão estabelecidos em decreto, mediante proposta da Secretaria da Educação.

§ 2º - A tabela de frequência estabelecerá pontuação especial para os servidores que não usufruírem de abonos de faltas, a qualquer título, previstos na legislação.

Artigo 4º - A promoção de que trata esta lei complementar será processada anualmente, produzindo seus efeitos a partir do dia 1º de julho do ano a que corresponder a promoção, salvo no processo de promoção previsto no artigo 2º de suas Disposições Transitórias, cujos efeitos retroagirão a 1º de janeiro de 2010.

§ 1º - Poderá concorrer à promoção o servidor que, no dia 31 de março do ano a que corresponder a promoção:

1 - esteja em efetivo exercício;

2 - tenha cumprido o interstício de que trata o §1º do artigo 2º desta lei complementar;

3 - comprove atender os requisitos de que trata o artigo 3º desta lei complementar.

§ 2º - A abertura do concurso de promoção dar-se-á no mês de maio de cada ano.

§ 3º - O processo de avaliação previsto no "caput" do artigo 2º deverá ser realizado em julho de cada ano.

§ 4º - Observadas as condições estabelecidas nesta lei complementar, poderão ser beneficiados com a promoção até 20% (vinte por cento) do contingente total de integrantes de cada uma das faixas das classes de docentes, suporte pedagógico e suporte pedagógico em extinção, existente na data da abertura de cada processo de promoção.

§ 5º - Quando o contingente total de integrantes de cada uma das faixas das classes de docentes, suporte pedagógico e suporte pedagógico em extinção for igual ou inferior a 4 (quatro), poderá ser beneficiado com a promoção 1 (um) servidor, desde que atendidas as exigências legais.

Artigo 5º - Em cada processo de avaliação a que se refere o "caput" do artigo 2º desta lei complementar, observada escala de 0 (zero) a 10 (dez) pontos, será exigido desempenho mínimo para promoção, na seguinte conformidade:

I - da faixa 1 para faixa 2: 6 (seis) pontos;

II - da faixa 2 para faixa 3: 7 (sete) pontos;

III - da faixa 3 para faixa 4: 8 (oito) pontos;

IV - da faixa 4 para faixa 5: 9 (nove) pontos.

Artigo 6º - Os servidores que atingirem o desempenho mínimo previsto no artigo 5º serão classificados de acordo com os seguintes critérios:

I - maior pontuação no processo de avaliação;

II - maior tempo de permanência na unidade de ensino ou administrativa de classificação, considerada a faixa em que concorrer à promoção;

III - maior pontuação na tabela de frequência de que trata o artigo 3º desta lei complementar.

§ 1º - O servidor que não obtiver classificação suficiente para ser promovido, em relação ao limite fixado no § 4º do artigo 4º desta lei complementar, poderá concorrer às subsequentes promoções para a mesma faixa assegurada:

1 - a pontuação obtida, sem participar de novas avaliações;

2 - a maior das pontuações obtidas, caso opte por participar de novas avaliações.

§ 2º - Com a promoção, perdem a validade todos os resultados obtidos pelo servidor em avaliações anteriores.

Artigo 7º - Na vacância, os cargos pertencentes às classes de docentes e de suporte pedagógico, do Quadro do Magistério, retornarão à faixa e nível iniciais da respectiva classe.

Artigo 8º - Passam a vigorar com a seguinte redação os dispositivos adiante indicados:

I - o artigo 3º da Lei Complementar nº 669, de 20 de dezembro de 1991, alterado pelo artigo 1º da Lei Complementar nº 688, de 13 de outubro de 1992:

"Artigo 3º - O adicional de local de exercício será computado no cálculo do décimo terceiro salário, nos termos do § 2º do artigo 1º da Lei Complementar nº 644, de 26 de dezembro de 1989, das férias, de 1/3 (um terço) de férias e dos proventos de aposentadoria.

§ 1º - Para fins de proventos, o adicional de local de exercício será calculado proporcionalmente, à razão do tempo de contribuição previdenciária sobre a referida vantagem e do tempo de contribuição para aposentadoria.

§ 2º - Sobre o valor do adicional de local de exercício a que se refere esta lei complementar incidirão os descontos previdenciários e de assistência médica devidos." (NR)

II - o artigo 3º da Lei Complementar nº 679, de 22 de julho de 1992, alterado pelo artigo 43 da Lei Complementar nº 836, de 30 de dezembro de 1997:

"Artigo 3º - O adicional de transporte corresponderá:

I - para o Supervisor de Ensino, 20% (vinte por cento) do valor do Nível I, da Faixa 1, da Estrutura II, da Escala de Vencimentos - Classes Suporte Pedagógico;

II - para o Diretor de Escola, 10% (dez por cento) do valor do Nível I, da Faixa 1, da Estrutura I, da Escala de Vencimentos - Classes Suporte Pedagógico." (NR)

III - o artigo 3º da Lei Complementar nº 687, de 7 de outubro de 1992:

"Artigo 3º - O adicional de local de exercício será computado no cálculo do décimo terceiro salário, nos termos do § 2º do artigo 1º da Lei Complementar nº 644, de 26 de dezembro de 1989, das férias, de 1/3 (um terço) de férias e dos proventos de aposentadoria.

§ 1º - Para fins de proventos, o adicional de local de exercício será calculado proporcionalmente, à razão do tempo de contribuição previdenciária sobre a referida vantagem e do tempo de contribuição para fins de aposentadoria.

§ 2º - Sobre o valor do adicional de local de exercício a que se refere esta lei complementar incidirão os descontos previdenciários e de assistência médica devidos." (NR)

IV - da Lei Complementar nº 836, de 30 de dezembro de 1997:

a) o "caput" do parágrafo único do artigo 20:

"Artigo 20 - ....

Parágrafo único - Fica assegurada a evolução funcional pela via acadêmica por enquadramento automático em níveis retribuitórios superiores da respectiva classe, na faixa em que estiver enquadrado, dispensados quaisquer interstícios, na seguinte conformidade:" (NR)

b) os artigos 27, 28, 29 e 30:

"Artigo 27 - O integrante do Quadro do Magistério, quando nomeado para cargo de outra classe da mesma carreira, será enquadrado, na data do exercício, no mesmo nível do seu cargo ou função-atividade de origem e na faixa inicial do novo cargo.

§ 1º - Na aplicação do disposto no "caput" deste artigo, não serão considerados os níveis decorrentes da aplicação da Evolução Funcional de que tratam os artigos 18 a 26 desta lei complementar, quando coincidir o requisito para a evolução obtida e para o provimento do novo cargo.

§ 2º - Na hipótese de o enquadramento do novo cargo resultar em vencimento inferior ao anteriormente percebido, a diferença será paga em código específico a título de vantagem pessoal, com os adicionais temporais e os reajustes gerais devidos.

§ 3º - Nos casos de designação para cargo ou função de outra classe, o integrante da carreira do magistério perceberá o vencimento correspondente à faixa e nível retribuitório inicial da nova classe.

§ 4º - O integrante das classes de docentes, ocupante de função-atividade, que for nomeado para cargo de mesma denominação, será enquadrado no mesmo nível e faixa da função-atividade de origem.

Artigo 28 - Os portadores de curso de nível superior com licenciatura curta serão contratados como Professor Educação Básica I e remunerados pela carga horária cumprida, com base no valor referente ao Nível IV, da Faixa 1, Estrutura I, da Escala de Vencimentos - Classes Docentes, na conformidade do disposto no artigo 35 desta lei complementar.

Artigo 29 - Os portadores de curso de nível superior com licenciatura plena, que atuarem em componente curricular diverso de sua habilitação, e os portadores de diploma de Bacharel, serão contratados como Professor Educação Básica I e remunerados pela carga horária cumprida, com base no valor referente ao Nível IV, da Faixa 1, da Estrutura I, da Escala de Vencimentos - Classes Docentes, na conformidade do disposto no artigo 35 desta lei complementar.

Artigo 30 - Os não portadores de curso de nível superior, que atuarem no ensino fundamental de 5ª a 8ª séries ou no ensino médio, poderão ser admitidos como Professor Educação Básica I e remunerados pela carga horária cumprida, com base no valor referente ao Nível I, da Faixa 1, da Estrutura I, da Escala de Vencimentos - Classes Docentes, na conformidade do disposto no artigo 35 desta lei complementar." (NR)

c) os incisos I e II e parágrafo único do artigo 32:

"Artigo 32 - ....

I - Escala de Vencimentos - Classes Docentes - EV-CD, composta de 2 (duas) Estruturas de Vencimentos, compreendendo:

a) Estrutura I, constituída de 5 (cinco) faixas e 5 (cinco) níveis, aplicável à classe de Professor Educação Básica I;

b) Estrutura II, constituída de 5 (cinco) faixas e 5 (cinco) níveis, aplicável à classe de Professor Educação Básica II;

II - Escala de Vencimentos - Classes Suporte Pedagógico - EV-CSP, composta de 2 (duas) Estruturas de Vencimentos, compreendendo:

a) Estrutura I, constituída de 5 (cinco) faixas e 5 (cinco) níveis, aplicável à classe de Diretor de Escola;

b) Estrutura II, constituída de 5 (cinco) faixas e 5 (cinco) níveis, aplicável à classe de Supervisor de Ensino.

Parágrafo único - Cada classe de docente e de suporte pedagógico é composta de 5 (cinco) níveis e 5 (cinco) faixas de vencimentos, correspondendo o primeiro nível e faixa ao vencimento inicial das classes e os demais níveis e faixas decorrem, respectivamente, de Evolução Funcional e de Promoção." (NR)

d) o artigo 37:

"Artigo 37 - O Professor Educação Básica I que ministrar aulas nas 5ª a 8ª séries do ensino fundamental, na forma prevista no parágrafo único do artigo 6º desta lei complementar, terá a retribuição referente a essas aulas calculada com base no Nível I, Faixa 1, da Estrutura I, da Escala de Vencimentos - Classes Docentes." (NR)

e) os incisos I e II do artigo 2º das Disposições Transitórias:

"Artigo 2º - ....

......

I - Escala de Vencimentos - Classe Docente em Extinção-EV-CDE, constituída de 5 (cinco) faixas e 5 (cinco) níveis, aplicável à classe de Professor II;

II - Escala de Vencimentos - Classes Suporte Pedagógico em Extinção-EV-CSPE, composta de 2 (duas) Estruturas de Vencimentos, compreendendo:

a) Estrutura I, constituída de 5 (cinco) faixas e 5 (cinco) níveis, aplicável às classes de Assistente de Diretor de Escola, Coordenador Pedagógico e Orientador Educacional;

b) Estrutura II, constituída de 1 (uma) faixa e 5 (cinco) níveis, aplicável à classe de Delegado de Ensino." (NR)

V - o "caput" do artigo 2º da Lei Complementar nº 1.018, de 15 de outubro de 2007:

"Artigo 2º - A Gratificação de Função corresponde à importância resultante da aplicação do percentual de 15% (quinze por cento) sobre o Nível I, da Faixa 1, da Estrutura I, da Escala de Vencimentos-Classes de Suporte Pedagógico-EV-CSP, de que trata o artigo 32 da Lei Complementar nº 836, de 30 de dezembro de 1997, alterada pelo inciso I do artigo 1º da Lei Complementar nº 1.053, de 4 de julho de 2008, para jornada de 40 (quarenta) horas semanais de trabalho e proporcional nos demais casos." (NR)

Artigo 9º - O enquadramento das classes constantes dos Anexos I e II a que se refere o artigo 1º da Lei Complementar nº 836, de 30 de dezembro de 1997, fica alterado, respectivamente, na conformidade dos Anexos I e II desta lei complementar.

Artigo 10 - As Escalas de Vencimentos de que trata o artigo 32 e o artigo 2º das Disposições Transitórias da Lei Complementar nº 836, de 30 de dezembro de 1997, com alterações posteriores, em decorrência da instituição da promoção de que trata esta lei complementar, ficam fixadas na conformidade do Anexo III que a integra.

Artigo 11 - O disposto nesta lei complementar aplica-se aos ocupantes de funções-atividades docentes, desde que devidamente habilitados, abrangidos pelo disposto no § 2º do artigo 2º da Lei Complementar nº 1.010, de 1º de junho de 2007, cujo interstício será contado a partir da primeira vinculação à Secretaria de Estado da Educação.

Artigo 12 - O Poder Executivo regulamentará esta lei complementar.

Artigo 13 - As despesas decorrentes da aplicação desta lei complementar correrão à conta das dotações próprias consignadas no orçamento da Secretaria da Educação, suplementadas se necessário.

Artigo 14 - Esta lei complementar e suas disposições transitórias entram em vigor na data de sua publicação, ficando revogados:

I - o inciso III do artigo 2º das Disposições Transitórias da Lei Complementar nº 836, de 30 de dezembro de 1997;

II - os incisos II e III do artigo 1º da Lei Complementar nº 958, de 13 de setembro de 2004;

III - o artigo 4º da Lei Complementar nº 1.094, de 16 de julho de 2009.

DISPOSIÇÕES TRANSITÓRIAS

Artigo 1º - Em decorrência do disposto no artigo 9º desta lei complementar ficam os cargos e funções-atividades dos servidores pertencentes ao Quadro do Magistério enquadrados nas faixas estabelecidas nos Anexos I e II desta lei complementar, mantidos os respectivos níveis.

Parágrafo único - Os títulos dos ocupantes de cargo ou de função-atividade serão apostilados pelas autoridades competentes.

Artigo 2º - Excepcionalmente, no processo de promoção relativo ao ano de 2010, poderá concorrer à promoção o servidor que, no dia 30 de novembro de 2009, esteja em efetivo exercício e cumpra os interstícios e demais condições estabelecidas nesta lei complementar.

Parágrafo único - A abertura do concurso de promoção, de que trata o "caput" deste artigo, dar-se-á no mês de janeiro de 2010 e deverá ser homologado até o dia 31 de março de 2010.

Palácio dos Bandeirantes, 27 de outubro de 2009

JOSÉ SERRA

Paulo Renato Souza

Secretário da Educação

Sidney Estanislau Beraldo

Secretário de Gestão Pública

Mauro Ricardo Machado Costa

Secretário da Fazenda

Francisco Vidal Luna

Secretário de Economia e Planejamento

Aloysio Nunes Ferreira Filho

Secretário-Chefe da Casa Civil

2010

MUNDO E BRASIL

_Terremoto de 8 graus na escala Richter provoca grande destruição no Haiti, matando cerca de 230 mil pessoas. O Brasil mantém tropas de paz neste país, desenvolvendo trabalho humanitário, desde junho de 2004, por indicação do Conselho de Segurança da Organização das Nações Unidas (ONU)

GOVERNO DE SÃO PAULO

_Lei n. 14.163 de 25 de junho, publicada no *Diário Oficial* em 26 de junho autoriza o Poder Executivo a realizar operações de crédito com instituições financeiras nacionais e internacionais cujos recursos serão aplicados na cultura, no metrô e no Rodoanel Mário Covas.

321.LEI APROVA RECURSOS PARA INVESTIMENTOS EM CULTURA E INFRAESTRUTURA.

É inaugurado mais um trecho do Rodoanel – que liga Mauá à Rodovia Régis Bittencourt ao trecho Oeste do anel viário, em Embu, na Grande São Paulo – dos 177 quilômetros estimados pelo projeto do Rodoanel.

322. NOVO TRECHO DO RODOANEL METROPOLITANO É ABERTO AO TRÁFEGO

_Reportagem do *Diário Oficial* de 19 de fevereiro mostra a importância do *Projeto Guri* criado há 15 anos, na descoberta de jovens talentos. Jovens que participavam das aulas para principiantes agora brilham entre as estrelas internacionais da música erudita, na Bulgária e na Suiça.

_Lei antifumo paulista completa um ano e já é modelo para outros Estados. A norma – conforme matéria no *Diário Oficial* de 20 de maio – é cumprida por quase 100%, tanto na cidade de São Paulo como nas demais regiões.

IMPRENSA OFICIAL / *DIÁRIO OFICIAL*

_Em 1º de maio, o *Diário Oficial* completa 119 anos.

_O *Diário Oficial* é formado atualmente pelos seguintes cadernos: Executivo Seção 1, Executivo Seção 2, Empresarial (inclui, uma vez por semana o Caderno Junta Comercial), Diário Oficial Cidade de São Paulo e OAB.

_Aquisição de duas impressoras Heildelberg off-set planas, 5 cores e uma impressora off-set rotativa Goss.

Diário Oficial

Estado de São Paulo

Alberto Goldman - Governador

PODER **Executivo**

SEÇÃO I

Palácio dos Bandeirantes Av. Morumbi 4.500 Morumbi São Paulo CEP 05650-000 Tel. 2193-8000

Volume 120 • Número 120 • São Paulo, sábado, 26 de junho de 2010 www.imprensaoficial.com.br

imprensaoficial

Leis

LEI Nº 14.163, DE 25 DE JUNHO DE 2010

Autoriza o Poder Executivo a realizar operações de crédito com instituições financeiras internacionais, organismos multilaterais e bilaterais de crédito, bancos privados internacionais, bem como o Banco Nacional de Desenvolvimento Econômico e Social - BNDES e a Caixa Econômica Federal - CEF, e dá outras providências correlatas

O GOVERNADOR DO ESTADO DE SÃO PAULO:

Faço saber que a Assembleia Legislativa decreta e eu promulgo a seguinte lei:

Artigo 1º - Fica o Poder Executivo autorizado a realizar operações de crédito junto a instituições financeiras internacionais, organismos multilaterais e bilaterais de crédito, entidades de crédito nacional e internacional, dentre elas o Banco Nacional de Desenvolvimento Econômico e Social - BNDES, a Caixa Econômica Federal - CEF, o Banco Interamericano de Desenvolvimento - BID, o Banco Internacional para Reconstrução e Desenvolvimento - BIRD, o Japan Bank for Internacional Cooperation - JBIC e Consórcio de Bancos Internacionais, a Japan International Cooperation Agency - JICA, cujos recursos serão aplicados, obrigatoriamente, na execução dos seguintes Projetos:

I - Complexo Cultural - Teatro da Dança de São Paulo, até o valor equivalente a R$ 233.700.000,00 (duzentos e trinta e três milhões e setecentos mil reais), a cargo da Secretaria da Cultura;

II - Linha 17 - Ouro e obras do entorno do Estádio Cícero Pompeu de Toledo, até o valor de R$ 1.332.000.000,00 (um bilhão trezentos e trinta e dois milhões de reais), a cargo da Companhia do Metropolitano de São Paulo - METRÔ, compreendendo a implementação do Projeto Monotrilho e obras de urbanização no Entorno do Estádio Cícero Pompeu de Toledo;

III - Rodoanel Mário Covas - Trecho Norte, até o valor equivalente a US$ 1.148.633.000,00 (um bilhão cento e quarenta e oito milhões seiscentos e trinta e três mil dólares norte-americanos), e ou o equivalente em moeda nacional à época da contratação, a cargo da Secretaria dos Transportes.

Parágrafo único - As taxas de juros, os prazos, as comissões e os demais encargos serão os vigentes à época das contratações dos respectivos empréstimos, admitidos pelo Banco Central do Brasil, para registro de operações da espécie, obedecidas as demais prescrições e normas.

Artigo 2º - Para assegurar o pagamento integral das operações de crédito contratadas com a CEF e o BNDES nos termos desta lei, fica o Poder Executivo autorizado a ceder ou a dar em garantia, por qualquer forma em direito admitida, os direitos e créditos relativos ou resultantes das cotas ou parcelas da participação do Estado na arrecadação da União, na forma do disposto no artigo 159, inciso I, alínea "a", e inciso II, da Constituição Federal.

Artigo 3º - O negócio jurídico de cessão ou constituição de garantia celebrado com a CEF deverá atender às condições usualmente praticadas por aquela instituição financeira, incluindo, entre outras, as seguintes prescrições:

I - caráter irrevogável e irretratável;

II - cessão dos direitos e créditos a título "pro solvendo", ficando a quitação condicionada ao efetivo recebimento dos valores cedidos pelo credor;

III - sub-rogação automática da vinculação em garantia ou da cessão, sobre os direitos e créditos que venham a substituir os impostos previstos no artigo 159, inciso I, alínea "a", e inciso II, da Constituição Federal, no caso de sua extinção, assim como em relação aos novos fundos que sejam criados em substituição;

IV - outorga de poderes ao credor para cobrar e receber diretamente da União, ou do banco centralizador que faça as vezes de seu agente financeiro, os direitos e créditos dados em garantia, até o montante necessário ao pagamento integral das parcelas da dívida vencidas e não pagas, incluindo os respectivos acessórios, no caso de inadimplemento do Estado;

V - outorga de poderes ao credor para cobrar e receber diretamente da União, ou do banco centralizador que faça as vezes de seu agente financeiro, os direitos e créditos que tenham sido objeto de cessão, na data de vencimento das parcelas da dívida de responsabilidade do Estado, até o limite do valor devido, incluindo os respectivos acessórios.

Artigo 4º - As operações de crédito externas serão garantidas pela República Federativa do Brasil.

§ 1º - Para obter as garantias da União com vistas às contratações de operações de crédito externas de que trata esta lei, fica o Poder Executivo autorizado a prestar contragarantias ao Tesouro Nacional.

§ 2º - As contragarantias de que trata o § 1º deste artigo compreendem a cessão de:

1 - direitos e créditos relativos a cotas ou parcelas da participação do Estado na arrecadação da União, na forma do disposto no artigo 159, incisos I, alínea "a", e II, da Constituição Federal, ou resultantes de tais cotas ou parcelas transferíveis de acordo com o preceituado na mesma Constituição;

2 - receitas próprias do Estado a que se referem os artigos 155 e 157 da Constituição Federal, nos termos do § 4º do artigo 167, acrescentado pela Emenda Constitucional nº 3, de 17 de março de 1993.

Artigo 5º - Os recursos provenientes das operações de crédito serão consignados como receita no orçamento do Estado, ficando a Secretaria de Economia e Planejamento autorizada a adotar as providências que se façam necessárias.

Artigo 6º - Os orçamentos do Estado consignarão, anualmente, os recursos necessários ao atendimento das despesas relativas à amortização, juros e demais encargos decorrentes das operações de crédito autorizadas por esta lei.

Artigo 7º - Esta lei entra em vigor na data de sua publicação.

Palácio dos Bandeirantes, 25 de junho de 2010

ALBERTO GOLDMAN

Mauro Ricardo Machado Costa

Secretário da Fazenda

Francisco Vidal Luna

Secretário de Economia e Planejamento

Luiz Antônio Guimarães Marrey

Secretário-Chefe da Casa Civil

Publicada na Assessoria Técnico-Legislativa, aos 25 de junho de 2010.

Decretos

DECRETO Nº 55.953, DE 25 DE JUNHO DE 2010

Dispõe sobre abertura de crédito suplementar aos Orçamentos Fiscal e da Seguridade Social em Diversos Órgãos da Administração Pública, visando ao atendimento de Despesas Correntes e de Capital

ALBERTO GOLDMAN, Governador do Estado de São Paulo, no uso de suas atribuições legais, considerando o disposto no artigo 8º da Lei nº 13.916, de 22 de dezembro de 2009,

Decreta:

Artigo 1º - Fica aberto um crédito de R$ 36.279.540,00 (Trinta e seis milhões, duzentos e setenta e nove mil, quinhentos e quarenta reais), suplementar ao orçamento de Diversos Órgãos da

Administração Pública, observando-se as classificações Institucional,

Econômica, Funcional e Programática, conforme a Tabela 1, anexa.

Artigo 2º - O crédito aberto pelo artigo anterior será coberto com recursos a que alude o inciso III, do § 1º, do artigo 43, da Lei Federal nº 4.320, de 17 de março de 1964, de conformidade com a legislação discriminada na Tabela 3, anexa.

Artigo 3º - Fica alterada a Programação Orçamentária da Despesa do Estado, estabelecida pelo Anexo, de que trata o artigo 5º, do Decreto nº 55.312, de 05 de janeiro de 2010, de conformidade com a Tabela 2, anexa.

Artigo 4º - Este decreto entra em vigor na data de sua publicação.

Palácio dos Bandeirantes, 25 de junho de 2010

ALBERTO GOLDMAN

Mauro Ricardo Machado Costa

Secretário da Fazenda

Francisco Vidal Luna

Secretário de Economia e Planejamento

Luiz Antonio Guimarães Marrey

Secretário-Chefe da Casa Civil

Publicado na Casa Civil, aos 25 de junho de 2010.

TABELA 1 — *SUPLEMENTAÇÃO* — VALORES EM REAIS

ORGÃO/UO./ELEMENTO/FUNCIONAL/PROGRAMÁTICA		FR	GD	VALOR
08000	SECRETARIA DA EDUCAÇÃO			
08001	ADMINISTRAÇÃO SUPERIOR SECRETARIA E SEDE			
3 3 90 39	OUTROS SERV. DE TERCEIROS - P.JURÍDICA	1		310.000,00
4 4 40 51	OBRAS E INSTALAÇÕES	1		180.000,00
4 4 40 52	EQUIPAMENTOS E MATERIAL PERMANENTE	1		120.000,00
4 4 90 52	EQUIPAMENTOS E MATERIAL PERMANENTE	1		100.000,00
	TOTAL	1		710.000,00
FUNCIONAL-PROGRAMÁTICA				
12.126.0807.5986	INFORMATIZAÇÃO CONTÍNUA DA EDUCAÇÃO BÁ			220.000,00
		1	4	220.000,00
12.361.0801.5810	AÇÃO COOP. EST.-MUNICÍPIO CONSTR. ESCO			490.000,00
		1	3	310.000,00
		1	4	180.000,00
	TOTAL			710.000,00
08007	COORDENADORIA DE ENSINO DO INTERIOR			
4 4 90 52	EQUIPAMENTOS E MATERIAL PERMANENTE	1		105.000,00
	TOTAL	1		105.000,00
FUNCIONAL-PROGRAMÁTICA				
12.361.0815.5159	MANUTENÇÃO DA REDE DE ENSINO FUNDAMENT			105.000,00
		1	4	105.000,00
	TOTAL			105.000,00
09000	SECRETARIA DA SAÚDE			
09002	COORDENADORIA DE REGIÕES DE SAÚDE			
3 3 40 39	OUTROS SERV. DE TERCEIROS - P.JURÍDICA	1		55.000,00
3 3 50 43	SUBVENÇÕES SOCIAIS	1		3.128.500,00
4 4 40 51	OBRAS E INSTALAÇÕES	1		945.000,00
4 4 50 42	AUXÍLIOS	1		800.000,00
	TOTAL	1		4.928.500,00
FUNCIONAL-PROGRAMÁTICA				
10.302.0930.4849	APOIO FINANCEIRO ENT. FILANTRÓPICAS/MUN			4.928.500,00
		1	3	3.183.500,00
		1	4	1.745.000,00
	TOTAL			4.928.500,00
10000	SECRETARIA DE DESENVOLVIMENTO			
10001	SECRETARIA DE DESENVOLVIMENTO			
3 3 40 39	OUTROS SERV. DE TERCEIROS - P.JURÍDICA	1		50.000,00
4 4 40 51	OBRAS E INSTALAÇÕES	1		200.000,00
4 4 40 52	EQUIPAMENTOS E MATERIAL PERMANENTE	1		100.000,00
	TOTAL	1		350.000,00
FUNCIONAL-PROGRAMÁTICA				
19.572.1027.5849	ESTUDOS NA ÁREA DE INOVAÇÃO E COMPETIT			50.000,00
		1	3	50.000,00
19.661.1015.5991	APOIO ÀS INCUBADORAS			300.000,00
		1	4	300.000,00
	TOTAL			350.000,00
10063	CENTRO EST.EDUC.TECNOLÓGICA PAULA SOUZA			
3 3 90 39	OUTROS SERV. DE TERCEIROS - P.JURÍDICA	1		226.000,00
4 4 90 52	EQUIPAMENTOS E MATERIAL PERMANENTE	1		300.000,00
	TOTAL	1		526.000,00
FUNCIONAL-PROGRAMÁTICA				
12.363.1024.2226	EXPANSÃO DE MATRÍCULAS ENSINO PÚBLICO			526.000,00
		1	3	226.000,00
		1	4	300.000,00
	TOTAL			526.000,00
12000	SECRETARIA DA CULTURA			
12001	SECRETARIA DA CULTURA			
3 3 40 39	OUTROS SERV. DE TERCEIROS - P.JURÍDICA	1		364.000,00
3 3 50 41	CONTRIBUIÇÕES	1		4.299.000,00
4 4 40 51	OBRAS E INSTALAÇÕES	1		395.000,00
4 4 40 52	EQUIPAMENTOS E MATERIAL PERMANENTE	1		140.000,00
4 4 50 42	AUXÍLIOS	1		50.000,00
	TOTAL	1		5.248.000,00
FUNCIONAL-PROGRAMÁTICA				
13.392.1201.5706	ATIVIDADE CULTURAL			5.248.000,00
		1	3	4.663.000,00
		1	4	585.000,00
	TOTAL			5.248.000,00
13000	SECRETARIA DE AGRICULTURA E ABASTECIMENTO			
13001	ADMINISTRAÇÃO SUPERIOR SECRETARIA E SEDE			
3 3 40 30	MATERIAL DE CONSUMO	1		130.000,00
3 3 40 39	OUTROS SERV. DE TERCEIROS - P.JURÍDICA	1		80.000,00
4 4 40 51	OBRAS E INSTALAÇÕES	1		100.000,00
4 4 40 52	EQUIPAMENTOS E MATERIAL PERMANENTE	1		380.000,00
4 4 50 42	AUXÍLIOS	1		220.000,00
	TOTAL	1		910.000,00
FUNCIONAL-PROGRAMÁTICA				
20.122.1310.4455	GESTÃO POLÍTICAS PÚBLICAS DOS AGRONEGÓ			220.000,00
		1	4	220.000,00
20.606.1309.4770	INTEGRAÇÃO MUN.SIST.EST. INT.AGR.ABASTE			690.000,00
		1	3	210.000,00
		1	4	480.000,00
	TOTAL			910.000,00
17000	SEC. DA JUSTIÇA E DA DEFESA DA CIDADANIA			
17001	SEC. DA JUSTIÇA E DA DEFESA DA CIDADANIA			
3 3 90 39	OUTROS SERV. DE TERCEIROS - P.JURÍDICA	1		540.000,00
4 4 90 52	EQUIPAMENTOS E MATERIAL PERMANENTE	1		50.000,00
	TOTAL	1		590.000,00
FUNCIONAL-PROGRAMÁTICA				
14.422.1703.5615	PROMOÇÃO PROTEÇÃO DIR.HUMANOS E DA CID			590.000,00
		1	3	540.000,00
		1	4	50.000,00
	TOTAL			590.000,00
17047	FUND.INST.DE TERRAS EST.DE S.P. "JOSÉ GOMES DA SILVA"-ITESP			
4 4 90 51	OBRAS E INSTALAÇÕES	1		15.000,00
	TOTAL	1		15.000,00
FUNCIONAL-PROGRAMÁTICA				
21.631.1710.1044	INFRAESTRUTURA AGRÁRIA			15.000,00
		1	4	15.000,00
	TOTAL			15.000,00
26000	SECRETARIA DO MEIO AMBIENTE-SMA			
26001	ADMINISTRAÇÃO SUPERIOR SECRETARIA E SEDE			
3 3 40 39	OUTROS SERV. DE TERCEIROS - P.JURÍDICA	1		200.000,00
3 3 50 39	OUTROS SERV. DE TERCEIROS - P.JURÍDICA	1		110.000,00
3 3 90 39	OUTROS SERV. DE TERCEIROS - P.JURÍDICA	1		120.000,00
4 4 40 51	OBRAS E INSTALAÇÕES	1		510.000,00
4 4 40 52	EQUIPAMENTOS E MATERIAL PERMANENTE	1		260.000,00
4 4 50 42	AUXÍLIOS	1		65.000,00
4 5 91 65	CONSTITUIÇÃO OU AUMENTO DE CAPITAL DE EMPRES	1		119.000,00
	TOTAL	1		1.384.000,00
FUNCIONAL-PROGRAMÁTICA				
18.541.2602.4360	CAPACITAÇÃO EM EDUCAÇÃO AMBIENTAL			210.000,00
		1	3	210.000,00
18.541.2607.5063	GESTÃO DE UNIDADES DE CONSERVAÇÃO			270.000,00
		1	3	220.000,00
		1	4	50.000,00
18.542.0001.1854	SUBSCRIÇÃO DE AÇÕES DA CETESB			119.000,00
		1	5	119.000,00
18.542.2604.1359	FINANCIAMENTO PROJETOS AMBIENTAIS PELO			650.000,00
		1	4	650.000,00
18.542.2610.5717	IMPLEMENT.AÇÕES VOLTADAS P/CONSERV.BIO			135.000,00
		1	4	135.000,00
	TOTAL			1.384.000,00
26045	FUNDAÇÃO P/CONSERV.E PROD. FLORESTAL SP.			
3 3 50 39	OUTROS SERV. DE TERCEIROS - P.JURÍDICA	1		120.000,00
	TOTAL	1		120.000,00
FUNCIONAL-PROGRAMÁTICA				
18.543.2607.5715	RECUP. SERRA DO MAR E MOSAICOS MATA AT			120.000,00
		1	3	120.000,00
	TOTAL			120.000,00
26046	FUNDAÇÃO PARQUE ZOOLÓGICO DE SÃO PAULO			
4 4 40 51	OBRAS E INSTALAÇÕES	1		50.000,00
	TOTAL	1		50.000,00
FUNCIONAL-PROGRAMÁTICA				
18.541.2610.5060	PROTEÇÃO À FAUNA SILVESTRE			50.000,00
		1	4	50.000,00
	TOTAL			50.000,00
26097	CETESB-COMPANHIA AMBIENTAL DO ESTADO DE SÃO PAULO			
4 4 50 42	AUXÍLIOS	1		119.000,00
	TOTAL	1		119.000,00
FUNCIONAL-PROGRAMÁTICA				
18.542.2604.5065	AVALIAÇÃO DA QUALIDADE AMBIENTAL			119.000,00
		1	4	119.000,00
	TOTAL			119.000,00
35000	SEC. ESTADUAL DE ASSISTÊNCIA E DESENVOLV. SOCIAL			
35007	FUNDO ESTADUAL DE ASSISTÊNCIA SOCIAL - FEAS			
4 4 40 51	OBRAS E INSTALAÇÕES	1		3.085.000,00
4 4 40 52	EQUIPAMENTOS E MATERIAL PERMANENTE	1		7.848.880,00
4 4 50 42	AUXÍLIOS	1		4.066.120,00
	TOTAL	1		15.000.000,00
FUNCIONAL-PROGRAMÁTICA				
08.244.3513.1825	IMPLANTAÇÃO DE EQUIPAMENTOS SOCIAIS			15.000.000,00
		1	4	15.000.000,00
	TOTAL			15.000.000,00
39000	SECRETARIA DE SANEAMENTO E ENERGIA			
39001	SECRETARIA DE SANEAMENTO E ENERGIA			
3 3 90 41	CONTRIBUIÇÕES	1		470.000,00
	TOTAL	1		470.000,00

322

BIBLIOGRAFIA

Amaral, Antonio Barreto do. *Dicionário da história de São Paulo.* São Paulo, Governo do Estado, 1980.

Aprile, Jurema & Alencar, José Roberto de. *Um pulo no claro. Oito anos de ousadia na Imprensa Oficial.* São Paulo, Labortexto Editorial, 2003.

Caruso, Victor. *Relatório de 1940.* São Paulo, Imprensa Oficial do Estado, 1941.

Diário Oficial do Estado de São Paulo, maio de 1891 a abril de 2006.

Fausto, Boris. *História do Brasil.* São Paulo, Edusp, 2002.

Governo do Estado de São Paulo. *Leis e decretos referentes à sua organização e funcionamento desde a data de sua criação.* São Paulo, Imprensa Oficial do Estado, 1942.

Imprensa Oficial. Serviço Público de Qualidade [Relatório de Gestão de 1 de janeiro de 1995 a 31 de dezembro de 2002].

Maranhão, Ricardo (coord.). *Um retrato no jornal. A história de São Paulo na Imprensa Oficial* (*1891-1994*). São Paulo, Imprensa Oficial do Estado, 1994.

Mennucci, Sud. *Memorial apresentado em 12 de março de 1946.*

___. *História do Diário Oficial. São Paulo* (*1891-1933*). São Paulo, Imprensa Oficial do Estado, 1934.

Relatório Imprensa Oficial – Serviço público de qualidade, São Paulo, 2005.

Ribeiro, Darcy. *Aos trancos e barrancos. Como o Brasil deu no que deu.* Rio de Janeiro, Editora Guanabara, 1985.

Tálamo, Ivone (coord.). *A Imprensa Oficial do Estado: síntese histórica através de seus documentos 1891-1981.* São Paulo, Imprensa Oficial do Estado, 1983.

CRÉDITOS ICONOGRÁFICOS

Acervo Cinemateca Brasileira p. 171, 195

Acervo Iconographia p. 149, 165, 206, 210

Acervo Iconographia Osesp p. 259

Acervo Museu Paulista da Universidade de São Paulo p. 46, 47, 157, 158, 159, 160

Acervo Tinhorão
Instituto Moreira Salles, p. 91, superior, p. 209 (Hans Gunter Flieg)

Agência Na Lata, © Renato Stockler p. 309

Arquivo Fundação Mário Peixoto p. 108

Associação dos Amigos do Tempo Glauber p. 189, 196, 201

Biblioteca Guita e José Mindlin p. 76, 77, 79, 80, 81, 89, 90, 91 inferior, 92, 96, 97, 104, 109, 112, 131, 152, 157, 158, 159, 160, 161, 163, 164, 168, 169, 173, 178, 182, 183, 195, 220

Casa de Lucio Costa p. 179

Fotos reproduzidas do livro *História do Diário Oficial – São Paulo (1891-1933)* – Imprensa Oficial p. 6, 7, 8, 9, 10, 11, 12, 13, 14, 15, 16, 17, 18, 19, 20, 21, 147

Fotos reproduzidas do livro *Palácio dos Bandeirantes: Catálogo da Galeria dos Governadores – Acervo Artístico Cultural dos Palácios do Governo,* p. 28, 69, 87, 104, 133, 155, 170, 176, 183

Fotos reproduzidas do livro *Um retrato no jornal: A história de São Paulo na Imprensa Oficial (1891-1994)* – Imprensa Oficial p. 32, 33, 66, 67, 73, 94, 95, 102, 106, 107, 113, 114, 115, 139, 161, 172, 174, 175, 179, 215

Fotografias de Cleo Velleda p. 46, 47, 108, 155, 156, 157, 158, 277, 285, 286 e 287

Fotografia de Milton Michida (superior), p. 309

Folhapress p. 187, 223, 288 (Jorge Araújo), 293 (Bernardo Gutiérrez), 295 (Bruno Miranda),

LC Barreto p. 195

Marcos Vilas Boas p. 4, 22, 23 e capa

Produções Cinematográficas RF. Farias LTDA p. 228

AGRADECIMENTOS

Arquivo Fundação Mário Peixoto

Biblioteca Guita e José Mindlin

Instituto Moreira Salles

Museu Paulista da Universidade de São Paulo

A despeito dos esforços de pesquisa empreendidos pela Editora para identificar a autoria das fotos desta obra, parte delas não é de autoria conhecida de seus organizadores. Agradecemos o envio ou comunicação de toda informação relativa à autoria e/ou a outros dados que por ventura estejam incompletos, para que sejam devidamente creditados em próxima edição.

FORMATO
24x30cm
TIPOLOGIA
akzidenz grotesk
PAPEL CAPA
cartão supremo
duo design 300g/m²
PAPEL MIOLO
offset 90 g/m²
NÚMERO DE PÁGINAS
316
tiragem
1500

Dados Internacionais de Catalogação na Publicação
Biblioteca da Imprensa Oficial do Estado de São Paulo

Do registro oficial da história: 1891 - 2010 / [Organização Cecília Scharlach, pesquisa de Gênese Andrade] – São Paulo : Imprensa Oficial do Estado de São Paulo, 2010.
316 p.:il.color.

Vários autores.
Bibliografia.
ISBN 978-85-7060-927-4

1. Imprensa Oficial do Estado (São Paulo) – História 2. Imprensa Oficial (São Paulo). Diário Oficial – História I. Andrade, Gênese II. Scharlach, Cecília

Índices para catálogo sistemático:
1. São Paulo : Estado : Imprensa Oficial : História 070 509 81

Foi feito o depósito legal na Biblioteca Nacional
(lei nº 10.994, de 14.12.2004)

Impresso no Brasil 2010

Imprensa Oficial do Estado de São Paulo
Rua da Mooca, 1.921 Mooca
03103-902 São Paulo SP
sac 0800 01234 01
sac@imprensaoficial.com.br
livros@imprensaoficial.com.br
www.imprensaoficial.com.br

**GOVERNO DO ESTADO
DE SÃO PAULO**

GOVERNADOR
Alberto Goldman

**IMPRENSA OFICIAL DO
ESTADO DE SÃO PAULO**

DIRETOR-PRESIDENTE
Hubert Alquéres

DIRETOR INDUSTRIAL
Teiji Tomioka

DIRETOR FINANCEIRO
Flávio Capello

DIRETORA DE GESTÃO
DE NEGÓCIOS
Lucia Maria Dal Medico

GERENTE DE PRODUTOS EDITORIAIS
E INSTITUCIONAIS
Vera Lúcia Wey

COORDENAÇÃO EDITORIAL
Cecília Scharlach

TEXTOS
Cecília Scharlach

ASSISTÊNCIA EDITORIAL
Francisco Alves da Silva
Viviane Vilela

SUPERVISÃO E ACOMPANHAMENTO GRÁFICO
Edson Lemos

TRATAMENTO DE IMAGEM
Leandro Alves Branco

PRODUÇÃO GRÁFICA
Nanci Roberta da Silva Cheregati

ASSISTÊNCIA À EDITORAÇÃO
Teresa Lucinda Ferreira de Andrade

PESQUISA DE IMAGENS
Tais Mattos

PESQUISA E SELEÇÃO DE FATOS HISTÓRICOS E CULTURAIS
DO *DIÁRIO OFICIAL* DE 1891 – 2006
Gênese Andrade

PESQUISA E SELEÇÃO DOS DESTAQUES
DO *DIÁRIO OFICIAL* DE 2006 – 2010
Francisco Alves da Silva

PROJETO GRÁFICO
warrakloureiro

CTP, IMPRESSÃO E ACABAMENTO
Imprensa Oficial
do Estado de São Paulo